Kontaktadresse nach EU-Produktsicherheitsverordnung:
produktsicherheit@fischerverlage.de

Im August 1914 begann der Erste Weltkrieg. Ohne dass die Zeitgenossen dies schon ahnten, war es der Anfang einer Katastrophe, die bis weit über das Jahr 1918 hinaus wirkte. Wie kam es, dass viele Menschen in Deutschland diesen Krieg herbeiwünschten, und warum ließ sich die deutsche Reichsleitung auf das Risiko eines großen Konflikts ein?

Volker Ullrich sieht im Neben- und Gegeneinander von rückständigen und fortschrittlichen Elementen in Politik, Gesellschaft und Kultur des Kaiserreichs eine Ursache. Aus der brisanten Mixtur von Kraftbewusstsein und Zukunftsangst, Technikeuphorie und Endzeitstimmung erklärt er die nervöse Reizbarkeit, die zu einem spezifischen Merkmal wilhelminischer Politik und Mentalität wurde und die konservativen Führungsschichten 1914 zur »Flucht nach vorn« in den Weltkrieg trieb.

In seiner glänzend erzählten Geschichte des Deutschen Kaiserreichs, die erstmals 1997 erschienen ist, gelingt es dem Autor, die frappierenden Widersprüche und Ambivalenzen der Epoche anschaulich darzustellen. Darüber hinaus wird die Frage nach den Kontinuitäten zwischen dem Kaiserreich und dem »Dritten Reich« mit neuer Schärfe aufgeworfen: Vieles, was im Nationalsozialismus schreckliche Wirklichkeit werden sollte, war bereits in der wilhelminischen Ära angelegt.

Ergänzt wird die aktuelle Neuausgabe durch ein umfassendes Nachwort, in dem die seit 1997 erschienene Forschungsliteratur mit ihren neuen Erkenntnissen vorgestellt wird.

Volker Ullrich, geboren 1943, studierte Geschichte, Literaturwissenschaft und Philosophie. Der promovierte Historiker ist Autor der »Zeit« und Mitherausgeber des Magazins »Zeit-Geschichte« und lebt in Hamburg. Von 1990 bis 2009 leitete er das Ressort »Politisches Buch« bei der Hamburger Wochenzeitung. Ullrich hat zahlreiche historische Werke zum 19. und 20. Jahrhundert veröffentlicht. Bei S. Fischer erscheint 2013 »Adolf Hitler. Die Jahre des Aufstiegs 1889–1939. Biographie«. Für sein publizistisches Wirken wurde er mit dem Alfred-Kerr-Preis und der Ehrendoktorwürde der Friedrich-Schiller-Universität Jena ausgezeichnet.

Weitere Informationen, auch zu E-Book-Ausgaben, finden Sie bei www.fischerverlage.de

Volker Ullrich

DIE NERVÖSE GROSSMACHT 1871–1918

Aufstieg und Untergang des deutschen Kaiserreichs

FISCHER Taschenbuch

3. Auflage
Erweiterte Neuausgabe

Hedderichstr. 114, 60596 Frankfurt am Main

Printed in Germany
ISBN 978-3-596-19784-2

Inhaltsverzeichnis

TEIL II DAS WILHELMINISCHE DEUTSCHLAND

Vorwort

Noch eine Geschichte des deutschen Kaiserreichs? Gibt es davon mittlerweile nicht genug? Ist diese Geschichte nicht viele Male erzählt und gedeutet, gepriesen und verflucht worden? Ja, das alles ist richtig, und dennoch gibt es drei gute Gründe, noch einmal den Versuch einer Synthese zu wagen:

1. Die neueren Gesamtdarstellungen aus der Feder von Thomas Nipperdey, Wolfgang J. Mommsen und Hans-Ulrich Wehler sind ohne Zweifel allesamt herausragende Werke der Geschichtsschreibung.[1] Die deutsche Geschichtswissenschaft hat derzeit kaum etwas Besseres zu bieten; auch im internationalen Vergleich präsentiert sie sich damit auf der Höhe der Zeit. Es soll nicht verschwiegen werden, daß das vorliegende Buch vor allem diesen drei Gelehrten wichtige Erkenntnisse und Einsichten verdankt. Wenn Nipperdey in allzu großer Bescheidenheit bekannte: »Wir sind Zwerge auf den Schultern von Riesen«,[2] so gilt dies natürlich erst recht für diese Untersuchung.

Dennoch haben die drei genannten Großwerke einige Nachteile, über die sich nur schwer hinwegsehen läßt: Sie sind überaus umfangreich, und sie richten sich in erster Linie an die Fachwissenschaft. Nipperdey pflegt einen bedächtigen, altväterlich-belehrenden Vorlesungsstil, der auf die Dauer doch sehr strapaziös ist. »Es finden sich kaum Zitate von Zeitgenossen«, so hat der englische Sozialhistoriker Richard Evans angemerkt, »es gibt keine Beschreibung … kaum einmal eine Anekdote oder kleine Geschichte. Die Menschen, die in dieser Epoche lebten, kommen kaum zu Wort. Statt dessen hören wir ständig die Stimme Nipperdeys, der sie abwägt, ausgleicht und bewertet.«[3] Dieses Urteil läßt sich, in abgewandelter Form, auch auf die Arbeiten von Wolfgang J. Mommsen und Hans-Ulrich Wehler beziehen, wobei besonders der Bielefelder Historiker mit seiner Neigung, das sozialhistorische Material möglichst vollständig und in allen Verästelungen auszubreiten, selbst dem einschlägig vorgebildeten Leser über weite Strecken schwerverdauliche Kost zumutet.

Schließlich weisen alle drei Werke trotz ihrer ausladenden Dimensionen gewisse Begrenzungen auf. Wehlers Konzept von *Gesellschaftsgeschichte* orientiert sich bekanntlich an Max Weber. Seine Schlüsselkategorie sind die »marktbedingten Klassen«. Da die meisten Frauen im Kaiserreich nicht am Markt positioniert waren, sprich: keiner bezahlten Erwerbstätigkeit nachgingen, fallen sie aus Wehlers Analyse weitgehend heraus. Es handelt sich also, strenggenommen, um eine halbierte Gesellschaftsgeschichte. Wolfgang J. Mommsens zwei Bände zeichnen sich dadurch aus, daß den politikgeschichtlich akzentuierten Teilen der Darstellung jeweils längere Exkurse über die Kultur des Kaiserreichs angefügt werden. Allerdings wird *Kultur* hier reduziert auf die Hervorbringungen der bürgerlichen Hochkultur; die *populäre* Kultur oder Massenkultur, die gerade um die Jahrhundertwende bedeutsame Veränderungen in Lebensformen und Lebensstilen hervorbrachte,[4] wird hingegen fast vollständig ausgeblendet. Nipperdey hat im ersten Band seiner DEUTSCHEN GESCHICHTE 1866–1918 eine beeindruckende Fülle von sozial- und kulturhistorischen Phänomenen abgehandelt; allerdings werden diese streng getrennt von den struktur- und politikgeschichtlichen Teilen des zweiten Bandes, so daß sich der Leser selbst zusammenreimen muß, wie das eine mit dem anderen verknüpft ist.

Demgegenüber versucht dieses Buch die Geschichte des Kaiserreichs nicht nur in einem überschaubaren Rahmen zu halten, sondern sie auch so zu erzählen, daß ein größeres, nicht nur fachlich interessiertes Publikum daran Gefallen finden kann. Angestrebt wird gleichwohl eine moderne Synthese aus Politik-, Gesellschafts- und Kulturgeschichte, welche die Ergebnisse der neuesten, zum Teil hochspezialisierten Forschung berücksichtigt und dem Leser darüber hinaus Einblicke gibt in Kontroversen der Geschichtswissenschaft der letzten Jahrzehnte. Zweifellos ist das ein ehrgeiziges Unterfangen. Gerade die sozialhistorische Analyse läßt sich, wie man weiß, nur schwer in Form erzählender Geschichtsschreibung vermitteln. Dennoch wurde mit dem vorliegenden Band der Versuch eines solchen Brückenschlags unternommen.

2. Ein weiterer Grund, sich aufs neue der Geschichte des Kaiser-

reichs zuzuwenden, hängt zusammen mit der Debatte um das Buch von Daniel Jonah Goldhagen HITLERS WILLIGE VOLLSTRECKER, das im vergangenen Jahr die Gemüter erregte.[5] Wie immer man über die provozierenden Thesen des amerikanischen Politologen denken mag: sie zwingen uns, die Vorgeschichte des *Dritten Reiches* – und das heißt auch immer die Geschichte des deutschen Kaiserreichs – noch einmal genauer ins Auge zu fassen. Nur vierzehn Jahre nach dem Untergang der Hohenzollernmonarchie wurde die Macht an Hitler übertragen – mit den bekannten schrecklichen Folgen für Deutschland und die Welt. Von den langen Schatten abzusehen, die der Nationalsozialismus nach rückwärts wirft, ist schlechterdings unmöglich. Thomas Nipperdey bezeichnet in seiner Bilanz am Ende des zweiten Bandes die Perspektive auf das Jahr 1933 nicht nur als legitim, sondern als notwendig: »Wer sich ihr entziehen wollte, verfiele der einsichtslosen Apologie der Vergangenheit.«[6] Tatsächlich aber hat Nipperdey in seiner Darstellung versucht, eine Art *cordon sanitaire* um das Kaiserreich zu ziehen und die Kontinuitäten, die von hier ins *Dritte Reich* führen, im Lichte des Rankeschen Diktums, wonach jede Epoche unmittelbar zu Gott sei, entweder abzumildern oder ganz verschwinden zu lassen.

Gegen solche Bemühungen, das Kaiserreich künstlich von seiner Nachgeschichte zu distanzieren, wendet sich dieses Buch. Es weiß sich der Forderung Hans-Ulrich Wehlers verpflichtet, daß »die Erklärung jenes Absturzes, der die deutsche Geschichte im 20. Jahrhundert nur sehr wenige Jahre nach dem Untergang des Kaiserreichs in die unverhüllte Barbarei geführt hat«, ein »unumgänglicher Fluchtpunkt des bilanzierenden Urteils« bleiben müsse.[7] Das bedeutet nicht etwa, daß ich einfach angeknüpft hätte an jene Theorie vom *deutschen Sonderweg*, die in der Kluft zwischen ökonomischer Modernisierung und politischer Rückständigkeit ein Grundübel der neueren deutschen Geschichte und die eigentliche Ursache für Deutschlands Abweichen von einem als *normal* betrachteten westlichen Entwicklungspfad zu erkennen meinte. Diese Theorie, die seit Wehlers immer noch überaus anregender Skizze zur Geschichte des Kaiserreichs aus dem Jahre 1973[8] für über ein Jahrzehnt die Deutungen beherrschte, ist inzwischen von der historischen Forschung modifiziert und auch vom Kopf der »Bielefelder Schule« im dritten Band seiner

Deutschen Gesellschaftsgeschichte zwar nicht ganz fallengelassen, aber doch erheblich abgeschwächt worden.[9]

Heute bietet sich die Geschichte des Kaiserreichs in der Tat weitaus komplexer und vielgestaltiger dar, als es das relativ einfache Erklärungsmodell vom *deutschen Sonderweg* seinerzeit nahezulegen schien. Widersprüche und Ambivalenzen zeigen sich auf allen Ebenen von Gesellschaft, Politik und Kultur – ja, die Gleichzeitigkeit des Ungleichzeitigen scheint geradezu das Hauptcharakteristikum der Jahrzehnte vor und nach 1900 zu sein: Neben einer überaus dynamischen, innovativen Industriewirtschaft finden wir die monströse Spätblüte einer neoabsolutistischen Hofkultur; neben erstaunlichen Leistungen in Wissenschaft und Technik eine weitverbreitete Uniformgläubigkeit, die Vergötzung alles Militärischen; neben Tendenzen zur Parlamentarisierung und Demokratisierung die latente Drohung mit dem Staatsstreich, das Liebäugeln mit der Militärdiktatur; neben einer lebendigen avantgardistischen Kulturszene die plüschigste Salonkunst; neben einer erstaunlichen kulturellen Liberalität die kleinlichsten Zensurschikanen und eine harte Klassenjustiz; neben der Sozialfigur des wilhelminischen *Untertanen,* wie sie Heinrich Mann in seinem Roman so trefflich geschildert hat,[10] den selbstbewußten großbürgerlichen Unternehmer und den klassenbewußten sozialdemokratischen Arbeiter; neben auftrumpfendem Kraftgefühl und ungebremster Aggressivität ein tiefsitzendes Gefühl von Angst und Unsicherheit. In diesem Neben- und Ineinander des scheinbar Unvereinbaren liegt vermutlich ein Erklärungsschlüssel für die nervöse Reizbarkeit, in der dieses Buch – im Anschluß an die wegweisenden Untersuchungen Joachim Radkaus[11] – ein spezifisches Merkmal von Politik und Mentalität der wilhelminischen Ära sieht.

Eine Geschichte des Kaiserreichs kommt also nicht umhin, die widerspruchsvolle Verbindung von Beharrung und Modernität, von Rückständigkeit und Fortschritt auf den verschiedenen Ebenen zu thematisieren. Dabei geht es nicht darum, mit Nipperdey nun unter allen Umständen »den Urgroßeltern vor dem Ersten Weltkrieg … Gerechtigkeit widerfahren zu lassen«[12] – was heißt hier schon Gerechtigkeit? –, sondern um das schlichte Gebot, vielschichtige, sich überlagernde Strukturen, Prozesse und Phänomene zunächst einmal zu erfassen und zusammenhängend zu deuten. Eine ausschließlich auf das Jahr 1933 fixierte Perspektive würde der verblüffenden Vielfalt und Widersprüchlichkeit der Epoche zweifellos nicht gerecht. Neben den besonderen Belastungen ist auch nach den verschütteten Möglichkeiten, den entwicklungsfähigen Momenten zu fragen. Der Untergang des Kaiserreichs war durch die Gründungskonstellation von 1870/71 so wenig determiniert wie das Scheitern der Weimarer Demokratie durch die mißglückte Revolution von 1918/19. Aber noch einmal: Die Frage, inwieweit im Kaiserreich bereits Voraussetzungen und Bedingungen geschaffen wurden für den einzigartigen Zivilisationsbruch von 1933, bleibt die entscheidende Herausforderung, der kein Historiker, der sich mit dieser Zeit befaßt, ausweichen kann.

3. Ein dritter Grund, sich heute wieder mit der Geschichte des Kaiserreichs zu beschäftigen, liegt in der Zäsur von 1989/90 beschlossen, die offensichtlich nicht nur vielen einst linken Intellektuellen, sondern auch manchem Historiker hierzulande den Kopf verdreht hat. Es berührt merkwürdig, wenn Wolfgang J. Mommsen zu Beginn seiner Darstellung verkündet: »Es wäre gewiß unangemessen, wenn man in dem wiederentstandenen deutschen Staat nur eine Fortsetzung des deutschen Kaiserreichs sehen wollte«, um gleich darauf in der Bismarck-Schöpfung doch den »zentralen Orientierungspunkt für die nationale Identität der Deutschen« zu entdecken.[13] Und es ist gewiß kein Zufall, daß Nipperdey den Abschluß seines Werkes auf den 3. Oktober 1991, den *Tag der deutschen Einheit,* datiert und zugleich seiner Freude darüber Ausdruck gegeben hat, daß er »das unverhoffte Glück der Vereinigung Deutschlands« noch erleben durfte.[14]

Ich gestehe gern, daß ich derlei Gefühle zu keinem Zeitpunkt teilen konnte – sosehr ich es begrüßt habe, daß die Menschen in der DDR sich aus eigener Kraft und unblutig der SED-Herrschaft entledigten, wie die revolutionären Arbeiter und Soldaten 81 Jahre zuvor sich der Hohenzollernherrschaft entledigt hatten. Doch eingedenk des katastrophal fehlgeschlagenen Experiments des ersten deutschen Nationalstaats schien mir jene schwarz-rot-goldene Jubelstimmung, wie man sie am *Tag der deutschen Einheit* beobachten konnte, gänzlich unangebracht. Noch ist nicht ausgemacht, ob das zweite Experiment mit einem deutschen Nationalstaat in der Mitte Europas glücken wird. Die

Zeichen dafür stehen allerdings ungleich günstiger als vordem: Die neue Berliner Republik ist zunächst einmal kleiner als das Kaiserreich, und sie ist nicht aus einem Krieg hervorgegangen; sie pflegt relativ entspannte Beziehungen zu allen Nachbarstaaten; sie agiert in ihrer Außen- und Militärpolitik eher zurückhaltend, jedenfalls keineswegs im Stile eines neuen auftrumpfenden *Wilhelminismus,* für den manche Kritiker bereits sichere Anzeichen zu erkennen glaubten. Vor allem aber: Das vereinigte Deutschland ist diesmal fest eingebunden in die westliche Allianz und deren demokratisches Wertesystem. Die alte Antinomie zwischen *westlicher Zivilisation* und *deutscher Kultur,* eine Grundbedingung der deutschen Sonderentwicklung, ist aufgehoben; die Gefahr, daß Deutschland wieder zum unberechenbaren Störenfried Europas und der Welt werden könnte, ist damit erheblich reduziert.

Das bedeutet freilich nicht, daß schwere innere Verwerfungen und Krisen künftig ausgeschlossen werden können. Gerade ein Blick auf die Endphase des Kaiserreichs zeigt, wie rasch ein relativ stabiles Gemeinwesen aus den Fugen geraten kann, wenn die soziale Ungleichheit zu krasse Formen annimmt und wenn die Politik die Fähigkeit zu rechtzeitigen Reformen verliert. Das war im Ersten Weltkrieg der Fall, in dem sich alle strukturellen Probleme des Kaiserreichs bündelten und zugleich potenzierten. Dieser Teil ist nicht zufällig der umfangreichste des Buches; er ist im Hinblick auf kommende gesellschaftliche Konflikte vielleicht auch der lehrreichste.

Thomas Karlauf hat das Manuskript kenntnisreich und stilsicher redigiert. Ihm bin ich zu großem Dank verpflichtet. Ebenso danke ich Walter H. Pehle, der das Buch angeregt und den Entstehungsprozeß mit Geduld und ermunterndem Zuspruch begleitet hat.

TEIL I

DAS DEUTSCHE REICH IM ZEITALTER BISMARCKS

»Schwarz, weiß und rot! um ein Panier
Vereinigt stehen Süd und Norden;
Du bist im ruhmgekrönten Morden
Das erste Land der Welt geworden:
Germania, mir graut vor dir!«

(Georg Herwegh: Epilog zum Kriege, Februar 1871)

1. Die Gründung des Kaiserreichs

Die Kaiserproklamation in Versailles

Es war bitterkalt im Spiegelsaal des Schlosses von Versailles, an jenem 18. Januar 1871, als das deutsche Kaiserreich ausgerufen wurde. Das Ganze war eine militärische Veranstaltung. Wohin der Blick auch fiel – Uniformen, Helme, Säbel, Fahnen und Standarten; die wenigen Gestalten im Frack verloren sich inmitten dieser kriegerischen Gesellschaft.[1] Das Volk war nicht vertreten, nicht einmal durch eine Abordnung des gewählten Parlaments, des norddeutschen Reichstags – ein getreues Abbild der Tatsache, daß der kleindeutsch-preußische Nationalstaat nicht durch demokratischen Willensentscheid, sondern durch Siege auf dem Schlachtfeld zustande gekommen war.

Um den besiegten Gegner zusätzlich zu demütigen, hatte man – eine Instinktlosigkeit ohnegleichen – als Ort der Proklamation gerade jenes Prachtschloß Ludwigs XIV. gewählt, mit dem sich für viele Franzosen Ruhm und Glanz einer vergangenen Epoche verbanden. Und auch das Datum war von hohem Symbolwert: 170 Jahre zuvor, am 18. Januar 1701, hatte der Sohn des Großen Kurfürsten als Friedrich I. den Königsthron in Preußen bestiegen. Die preußische Geschichte, so sollte suggeriert werden, war nun endlich an ihrem Zielpunkt angelangt. »Morgen ist hier großer Mummenschanz, d. h. es soll der deutsche Kaiser proklamiert werden, am alten Krönungstag der preußischen Könige«, notierte Paul Bronsart von Schellendorff, ein hoher Generalstabsoffizier, am 17. Januar in sein Tagebuch, und er mokierte sich über die »Helden des Zeremoniells«, die schon in Versailles eingetroffen waren.[2]

Fast hätte die Zeremonie noch in letzter Minute abgesagt werden müssen. Denn König Wilhelm I., der sich ohnehin nur widerstrebend zur Annahme der Kaiserwürde hatte entschließen können, weil er instinktiv spürte, daß er damit »von dem alten Preußen ... Abschied nehmen müßte«[3], sperrte sich bis zuletzt gegen den ihm von Bismarck zugedachten Titel *Deutscher Kaiser*. Hätte der preußische König geahnt, daß Bismarck den bayerischen Monarchen Ludwig II. erst durch erhebliche finanzielle Zuwendungen hatte bewegen können, Wilhelm I. im Namen der deutschen Fürsten die Kaiserkrone anzubieten – sein Widerstand wäre vermutlich noch heftiger ausgefallen. Wenn schon, dann wollte er wenigstens *Kaiser von Deutschland* heißen. Dem aber widersetzte sich Bismarck, weil damit ein territorialer Herrschaftsanspruch verbunden schien, der den mühsam ausgehandelten Kompromiß mit den süddeutschen Staaten hätte in Frage stellen können.

Die Gegensätze in der Titelfrage überschatteten noch die Zeremonie im Spiegelsaal. Im Anschluß an eine kurze Ansprache Wilhelms I. verlas Bismarck, »der ganz grimmig verstimmt aussah«, »in tonloser, ja geschäftlicher Art und ohne jegliche Spur von Wärme oder feierlicher Stimmung« die Proklamation *An das deutsche Volk*.[4] Darin wurde die heikle Titelfrage insofern ausgeklammert, als nur von der »deutschen Kaiserwürde« die Rede war. Auch der Großherzog von Baden vermied es in seinem Hoch auf »Seine Kaiserliche und Königliche Majestät, Kaiser Wilhelm«, die Empfindlichkeiten der einen wie der anderen Seite zu reizen. Und doch blieb bei Wilhelm I. eine nachhaltige Verstimmung zurück. Bei der anschließenden Gratulationscour übersah er ganz bewußt den Mann, der die deutsche Einheit unter Preußens Führung zustande gebracht hatte. »Diese Kaisergeburt war eine schwere«, beklagte sich Bismarck einige Tage später in einem Brief an seine Frau Johanna, »und Könige haben in solchen Zeiten ihre wunderlichen Gelüste, wie Frauen, bevor sie der Welt hergeben, was sie doch nicht behalten können. Ich hatte als Accoucheur mehrmals das dringende Bedürfnis, eine Bombe zu sein und zu platzen, daß der ganze Bau in Trümmer gegangen wäre.«[5]

Nicht nur auf den Reichsgründer selbst, sondern auch auf manchen anderen Teilnehmer wirkte die Inszenierung vom 18. Januar 1871 alles andere als erhebend. Vor allem die anwesenden Bayern empfanden Trauer bei dem Gedanken, künftig einem von Preußen dominierten Deutschland anzugehören. »Ach Ludwig«, schrieb Prinz Otto am 2. Februar an seinen königlichen Bruder, »ich kann Dir gar nicht beschreiben, wie unendlich weh und schmerzlich es mir während der Zeremonie zu Mute war, wie sich jede Faser in meinem Innern sträubte und empörte gegen all das, was ich mit ansah … Alles so kalt, so stolz, so glänzend, so prunkend und großtuerisch und herzlos und leer … Mir war's so eng und schal in diesem Saale, erst draußen in der freien Luft atmete ich wieder auf. Dieses wäre also vorbei.«[6]

Ganz anders wurde die Reichsgründung offenbar in Deutschland erlebt, und zwar auch in den süddeutschen Staaten, wo es vor 1870 noch starke Aversionen gegen einen Anschluß an den Norddeutschen Bund gegeben hatte. Der nationalliberale Reichstagsabgeordnete Hans Viktor von Unruh beobachtete während einer Reise durch Baden und Württemberg im Frühjahr 1871: »In allen Schenkstuben hingen, wenn auch schlechte, wohlfeile Bildnisse des Kaisers, Bismarcks, des Kronprinzen und Moltkes … Kaiser und Reich fanden enthusiastische Zustimmung.«[7] Unter dem Eindruck der Kaiserkrönung in Versailles und der Kapitulation von Paris wenige Tage später schrieb der auf dem rechten Flügel der Nationalliberalen stehende Historiker Heinrich von Sybel an seinen langjährigen politischen Weggefährten Hermann Baumgarten: »Wodurch hat man die Gnade Gottes verdient, so große und mächtige Dinge erleben zu dürfen? Und wie wird man nachher leben? Was zwanzig Jahre der Inhalt alles Wünschens und Strebens gewesen, das ist nun in so unendlich herrlicher Weise erfüllt! Woher soll man in meinen Lebensjahren noch einen neuen Inhalt für das weitere Leben nehmen?«[8]

Dennoch gab es gerade für die Nationalliberalen keinen Grund zur Euphorie. Zwar hatte sich Bismarck seit 1866 mit ihnen ausgesöhnt, weil er nur zu genau wußte, daß das Werk der deutschen Einheit ohne oder gar gegen die stärkste gesellschaftliche Kraft der Zeit, die bürgerliche Nationalbewegung, nicht vollendet werden konnte. Zugleich aber hatte der Kanzler sorgfältig darauf geachtet, daß Reichstag und Parteien im Prozeß der Reichsgründung von jedem direkten Einfluß auf den Gang der Verhandlungen ferngehalten wurden. Das deutsche Reich sollte als dynastische Gründung ins Leben treten, durch Vereinbarung der Fürsten und nicht durch die Initiative des Parlaments. Und so war die Kaiserproklamation am 18. Januar zuallererst auch ein dynastischer Akt, wobei in der Dominanz der Uniformen der Charakter des neuen Reiches als eines Militärstaats unübersehbar zutage trat. »Dieser militärisch-höfische Charakter, der dem deutschen Kaisertum in der Stunde seiner Geburt aufgeprägt wurde, hat ihm angehaftet, solange ein Hohenzoller die Kaiserkrone getragen hat. Das wurde eine Grund-Tatsache der deutschen politischen Entwicklung.«[9] In dieses Urteil des liberalen Publizisten Erich Eyck aus dem Londoner Exil 1943 ist bereits die Kenntnis des Späteren, des unrühmlichen Endes der Hohenzollernmonarchie 1918, eingegangen. Aus der Perspektive von 1871 nahm sich der weitere Gang der Dinge nicht so eindeutig aus. So schwer die Hypothek auch wog, die aus der Konstellation der Geburtsstunde erwuchs – die Weichen waren damit noch nicht unausweichlich auf Scheitern und Untergang gestellt. Wie sich der deutsche Nationalstaat, der aus drei Kriegen hervorgegangen war, in der äußeren und inneren Politik entwickeln, welche Kräfte in ihm vorherrschen, wie sich insbesondere das Machtverhältnis zwischen Krone, Regierung und Parlament verteilen und ob es den Liberalen gelingen würde, die militärstaatlich-autoritäre Prägung der Gründungsphase zu überwinden, das mußte sich in der Zukunft erweisen.

Der Gründungsmythos des neuen Reiches

Aus staatsrechtlicher Sicht war die Kaiserproklamation in Versailles nur eine, wenn auch wichtige Etappe auf dem Wege zur Reichsgründung. Mindestens ebenso bedeutsam war die Verabschiedung der neuen Reichsverfassung durch den Reichstag am 16. April 1871. Doch nicht dieser Tag wurde zum Symbol deutscher Einheit, sondern die Szene im Schlosse von Versailles, die unter Ausschluß der Öffentlichkeit stattgefunden hatte. Künstler, Publizisten, Historiker wetteiferten darin, sie zum nationalen Großereignis, zum identitätsstiftenden Schöpfungsakt zu verklären. Auf der Skala nationaler Gedenktage im Kaiserreich rangierte das Reichsgründungsfest an erster Stelle – noch vor Kaisers Geburtstag am 22. März (später, zu Zeiten Wilhelms II., am 27. Januar) und dem Sedantag am 2. September.[10]

Die Kaiserproklamation im Spiegelsaal von Versailles, 18. Januar 1871.
Gemälde von Anton von Werner (Friedrichsruher Fassung).

Keiner hat so zur Popularisierung des Gründungsmythos beigetragen wie Anton von Werner mit seinem berühmten Bild der Kaiserproklamation, das, unzählige Male reproduziert, zur nationalen Ikone der Deutschen wurde. Der Historienmaler hatte am 15. Januar 1871 ein Telegramm des preußischen Hofmarschalls von Eulenburg erhalten mit der Aufforderung, sich umgehend ins Hauptquartier nach Versailles zu begeben, wo er etwas seines »Pinsels Würdiges erleben« würde.[11] Er traf gerade noch rechtzeitig ein, um die Zeremonie im Spiegelsaal mitzuerleben. Noch in Versailles begann Anton von Werner mit Entwürfen und Skizzen. Es dauerte allerdings noch einige Jahre, bis das Werk vollendet und am 22. März 1877, dem 80. Geburtstag Wilhelms I., dem Kaiser als Geschenk der Fürsten und freien Städte überreicht werden konnte.

Das großflächige Gemälde suchte den Eindruck einer detailgetreuen, fast photographischen Wiedergabe des Geschehens zu erwekken; in Wirklichkeit lieferte Anton von Werner durch die Komposition und das Arrangement der Figuren eine bestimmte idealisierende und heroisierende Interpretation des historischen Ereignisses.[12] Noch deutlicher zeigt sich diese Tendenz in der zweiten Fassung des Bildes von 1882: Die Hauptprotagonisten, allen voran Wilhelm I. und Bismarck, sind hier unverkennbar in den Mittelpunkt gerückt. Anstelle der blauen Dienstuniform trägt der Reichskanzler jetzt die weiße Galauniform der Kürassiere, wodurch er gleichsam als eine germanische Lichtgestalt die Blicke in besonderer Weise auf sich zieht. Mittelalterliche Reichsidee und preußischer Machtstaatsgedanke wurden in der Ikonographie des Gründungsaktes miteinander verschmolzen, Vergangenheit und Gegenwart versöhnt in der Vorstellung einer besonderen nationalen Sendung der Hohenzollern, die am 18. Januar ihre Erfüllung gefunden habe.

In den nationalliberalen Historikern der Reichsgründungszeit fand dieser Ursprungsmythos seine wirkungsmächtigsten Propagandisten. Gebannt vom militärischen Sieg über Frankreich und dem staatsmännischen Geschick Bismarcks, verfolgten sie den *deutschen Beruf Preußens* bis ins Mittelalter zurück. In dieser teleologischen Sicht der Reichsgründung »erschien die preußisch-deutsche Geschichte als ein sich mit Notwendigkeit erfüllender Entwicklungsprozeß, der von Luther und der Reformation über den Großen Kurfürsten und Friedrich den Großen bis zur preußischen Reformzeit führte, um dann im Werk Bismarcks seinen krönenden Abschluß zu finden«.[13] Es werde wohl nicht mehr allzulange dauern, spottete der große Basler Historiker Jacob Burckhardt am Ende des Jahres 1872, »bis die ganze Weltgeschichte von Adam an siegesdeutsch angestrichen und auf 1870/71 orientiert sein wird«.[14]

Mit seiner nach 1871 begonnenen DEUTSCHEN GESCHICHTE IM 19. JAHRHUNDERT verfolgte Heinrich von Treitschke, der historiographische Herold des neuen Reiches, die Absicht, »eine allen Gebildeten gemeinsame nationale Geschichtsüberlieferung« zu schaffen und damit ein »einmütiges Gefühl froher Dankbarkeit« zu wecken – Dankbarkeit vor allem für jene »politischen Helden«, die den »Traum vom preußischen Reich deutscher Nation« verwirklicht hätten.[15] Daß allein die idealisierte preußische Militärmonarchie das Werk der Reichsgründung vollbringen konnte – das stand für Treitschke, das stand für die gesamte borussisch geprägte Historikerzunft nach 1871 ganz außer Frage: »Die Macht Preußens in unserem neuen Reiche ist von langer Hand her durch redliche stille Arbeit vorbereitet; darum wird sie dauern.«[16] Neben Anton von Werners Gemälde hat Treitschkes Geschichtsschreibung das historisch-politische Bewußtsein der Deutschen nach 1871, vornehmlich jener Schichten, die sich selbst für gebildet hielten, am stärksten geformt.

Von Anfang an trug der neue Reichsnationalismus Züge eines überschießenden Selbstbewußtseins, verbunden mit einem Gestus anmaßender Überheblichkeit gegenüber anderen Nationen, vor allem dem besiegten Frankreich. Deutlich wurde das bereits beim triumphalen Empfang der heimkehrenden Truppen in Berlin am 16. Juni 1871. Ein Augenzeuge, der Dichter Berthold Auerbach, schrieb einen Tag später an einen Freund: »Als die 81 französischen Trikoloren und goldenen Adler vorübergetragen wurden und ein Jubelschrei ohnegleichen erdröhnte, da durchschauerte es mich unsagbar: es ist vollbracht, der sinnenverwirrende blutlechzende Dämon der Gloire ist niedergeworfen, hoffentlich für alle Zeit.«[17]

Daß der Sieg über Frankreich nicht nur der Tüchtigkeit der Armee, sondern auch der Überlegenheit deutscher Kultur zu verdanken sei, war eine weitverbreitete Überzeugung. In seinen UNZEITGEMÄSSEN BETRACHTUNGEN von 1873 warnte Friedrich Nietzsche vor solchem Triumphalismus: »Von allen schlimmen Folgen aber, die der letzte mit Frankreich geführte Krieg hinter sich drein zieht, ist vielleicht die schlimmste ein weitverbreiteter, ja allgemeiner Irrtum: der Irrtum der öffentlichen Meinung und aller öffentlich Meinenden, daß auch die deutsche Kultur in jenem Kampfe gesiegt habe und deshalb jetzt mit den Kränzen geschmückt werden müsse, die so außerordentlichen Begebnissen und Erfolgen gemäß seien. Dieser Wahn ist höchst verderblich: nicht etwa, weil er ein Wahn ist – denn es gibt die heilsamsten und segensreichsten Irrtümer – sondern weil er im Stande ist, unseren

Sieg in eine völlige Niederlage zu verwandeln: in die Niederlage, ja Exstirpation des deutschen Geistes zu Gunsten des deutschen Reiches.«[18]

Reichsgründung und europäisches Gleichgewicht

Generationen von Historikern haben die Vollendung der deutschen Einheit dem überragenden politischen Genie Bismarcks zugeschrieben. Tatsächlich wurde sie entscheidend begünstigt durch eine ungewöhnliche internationale Konstellation: jenes »Wellental der Großen Politik« (Ludwig Dehio)[19] nach dem Krimkrieg (1854–56), das die Mitte Europas weitgehend vom Druck der Großmächte entlastete. Rußland konzentrierte sich nach der Niederlage auf die Expansion in Ostasien und die Modernisierung seiner Gesellschaft. Der große Nachholbedarf an inneren Reformen setzte der außenpolitischen Manövrierfähigkeit des Zarenreiches Grenzen.[20] Auch die Aufmerksamkeit der englischen Politik war durch innenpolitische Probleme, vor allem durch die Kämpfe um die Wahlrechtsreform, dazu von globalen Verpflichtungen des Empire stark in Anspruch genommen. Was die Verhältnisse in Mitteleuropa betraf, verfolgte die britische Regierung eine Politik der Nichteinmischung, wobei sie gegen die Errichtung eines von Preußen dominierten deutschen Nationalstaats im Prinzip nichts einzuwenden hatte, weil sie darin ein Gegengewicht zu den Ambitionen Napoleons III., mithin eine Garantie für das Gleichgewicht auf dem Kontinent erblickte.[21]

Das relative Desinteresse sowohl Rußlands als auch Englands an Zentraleuropa erleichterte es Bismarck, den Krieg mit Österreich um die Vorherrschaft in Deutschland 1866 und die Auseinandersetzung mit Frankreich 1870 zu begrenzen. Wenn der Reichskanzler später betonte, daß die deutsche Einheit »unter dem bedrohenden Gewehranschlag des übrigen Europa ins Trockene gebracht« worden sei,[22] dann war das eine Übertreibung, die die eigenen Verdienste in besonders hellem Lichte erstrahlen lassen sollte.

Nach der Schlacht von Sedan, der Abdankung Napoleons III. und dem Bekanntwerden der Pläne für eine Annexion Elsaß-Lothringens schlug die Stimmung sowohl in London als auch in Petersburg um. Man befürchtete, daß Frankreich zu nachhaltig geschwächt und dadurch das europäische Gleichgewicht aus den Angeln gehoben werden könnte. Die Sympathien der öffentlichen Meinung in Europa wandten sich der Dritten Republik zu, insbesondere der belagerten Hauptstadt Paris, deren Außenforts seit Ende 1870 unter deutschem Artilleriebeschuß lagen. »Man erblickt in uns nicht mehr die unschuldig Bedrohten, sondern vielmehr die übermütigen Sieger, die sich an der Bezwingung des Gegners nicht mehr genügen lassen, sondern sein gänzliches Verderben herbeiführen wollen«, notierte besorgt Kronprinz Friedrich Wilhelm am 31. Dezember 1870.[23]

Die Beunruhigung der politischen Kreise Englands über die Machtverschiebung in der Mitte Europas brachte unüberhörbar der konservative Oppositionsführer im britischen Unterhaus, Benjamin Disraeli, am 9. Februar 1871, wenige Tage nach der Kaiserproklamation und dem Abschluß des Waffenstillstands, zum Ausdruck: »Dieser Krieg bedeutet die deutsche Revolution, ein größeres politisches Ereignis als die Französische Revolution des letzten Jahrhunderts ... Das Gleichgewicht der Macht ist völlig zerstört, und das Land, welches am meisten darunter leidet und die Wirkungen dieser Veränderung am stärksten spürt, ist England.«[24] Ende Februar 1871 berichtete der deutsche Botschafter in London, Albrecht Graf von Bernstorff, an Bismarck: »Selbst die uns bisher freundlich oder doch weniger feindlich gesinnten Blätter zeigen jetzt eine Leidenschaftlichkeit gegen Deutschland, wie sie bisher im Laufe des Krieges noch nicht hervorgetreten ist.«[25] Auch aus der Sicht der russischen Regierung hatten die deutschen Militärs 1870/71 »zu gründlich gesiegt«[26], und sie machte aus ihrem Unbehagen über diese Entwicklung keinen Hehl. Das neugegründete Deutsche Reich war, so schien es, im Begriff, das Frankreich Napoleons III. in seiner Rolle als potentielle Vormacht in Europa zu beerben.

Doch in den Monaten zwischen dem Abschluß des Präliminarfriedens am 26. Februar und der Ratifizierung des Friedensvertrages in Frankfurt am 10. Mai 1871 trat wiederum ein Stimmungsumschwung, diesmal zuungunsten Frankreichs, ein. Verursacht wurde er durch den Kommune-Aufstand in Paris, der nicht nur unter den Konservativen Europas, sondern auch in weiten Kreisen des liberalen Bürgertums

Ängste vor Chaos und Anarchie hervorrief. Preußen-Deutschland, das der großbürgerlichen französischen Regierung des Adolphe Thiers erlaubte, das kühne Experiment der Selbstorganisation der Pariser Massen blutig niederzuschlagen, erschien nun als ein Bollwerk gegen die *rote Gefahr*. Insofern trug der Kommune-Aufstand dazu bei, »psychologische und stimmungsmäßige Voraussetzungen zu schaffen, welche die Einfügung der neuen Großmacht in die europäische Staatengemeinschaft erleichterten«.[27] Daß es freilich noch großer Anstrengungen bedurfte, um die anderen Mächte an die Existenz eines deutschen Nationalstaats in der Mitte Europas zu gewöhnen – dies war Bismarck von Anfang an bewußt.

2. Probleme der inneren Reichsgründung

»Setzen wir Deutschland, sozusagen, in den Sattel! Reiten wird es schon können«, so hatte Bismarck noch im März 1867 prophezeit.[1] Doch so problemlos wie die äußere Einheit vollzog sich die innere Einheit nicht. Es wuchs nicht einfach zusammen, was zusammengehörte. Nicht nur wirkten die Partikularismen, die sich aus den unterschiedlichen Traditionen der Einzelstaaten speisten, auf vielfältige Weise fort. Durch seine Innenpolitik nach 1871 riß Bismarck überdies neue, tiefe Gräben auf. Die innere Reichsgründung blieb unvollendet. Dies hat schon Max Weber in seiner akademischen Antrittsrede von 1895 zum Angelpunkt seiner Kritik am Lebenswerk des Reichskanzlers gemacht. »Denn dieses Lebenswerk hätte« – so stellte er fest – »doch nicht nur zur äußeren, sondern auch zur inneren Einigung der Nation führen sollen und jeder von uns weiß: das ist nicht erreicht. Es konnte mit seinen Mitteln nicht erreicht werden.«[2]

Verfassung und Regierungssystem des Kaiserreichs

Am 3. März 1871 fanden die Wahlen zum ersten deutschen Reichstag statt. Wählen durften alle Männer ab 25 Jahre. Bismarck hatte das allgemeine Wahlrecht in die Verfassung des Norddeutschen Bundes aufgenommen, nicht etwa um Demokratie und Parlamentsherrschaft den Weg zu bereiten, sondern im Gegenteil: um die konservative, königstreue Wählerschaft, vor allem auf dem Lande, zu mobilisieren und die Liberalen zu schwächen. Daß diese Rechnung nicht aufging, hatten allerdings schon die Wahlen zum Norddeutschen Reichstag gezeigt, und das zeigte sich auch am 3. März 1871. Eindeutige Gewinner waren die Nationalliberalen, die mit 32,7 Prozent der Stimmen und 125 Mandaten als stärkste Partei aus der Wahl hervorgingen, während auf die beiden konservativen Parteien, Deutschkonservative und Freikonservative, zusammen 23 Prozent der Stimmen bzw. 94 Mandate entfielen. Überraschend gut schnitt das Zentrum ab, die erst 1870 gegründete Partei der katholischen Wählerschaft; sie wurde mit 18,6 Prozent und 63 Mandaten zweitstärkste Partei. Die linksliberale Fortschrittspartei mußte sich mit 8,8 Prozent bzw. 46 Mandaten zufriedengeben. Die noch jungen, zudem zerstrittenen Sozialdemokraten konnten nur 3,2 Prozent und 2 Mandate erringen.[3]

Die Wahlbeteiligung lag mit 51 Prozent relativ niedrig. Das scheint darauf hinzudeuten, daß keineswegs alle Schichten der Bevölkerung gleichermaßen von nationaler Leidenschaft erfaßt waren. Die Reichsbegeisterung blieb, vorerst jedenfalls, vor allem eine Sache des nationalliberalen Bürgertums.

Am 21. März 1871 wurde im Weißen Saal des Königlichen Schlosses in Berlin der Reichstag mit einer Thronrede Wilhelms I. eröffnet. Um die vollzogene Synthese von Reichsidee und Kaisermythos zu zelebrieren, hatte man aus der alten Kaiserpfalz Goslar den Thronsessel Heinrichs III. heranschaffen lassen; preußische Generäle, allen voran der siegreiche Feldherr Helmuth von Moltke, trugen die Reichsinsignien[4] – eine Symbolhandlung, die noch einmal auf die Ursprünge des Kaiserreichs verwies. Im Unterschied zur Proklamation in Versailles waren diesmal die gewählten Vertreter des Volkes anwesend, doch inmitten der hohen Würdenträger wirkten sie eher wie Statisten: »Wenn die Szenerie dazu bestimmt war, dem liberalen Bürgertum vor Augen zu führen, wer im Deutschen Reich der Zukunft das Sagen haben werde, so ließ sie es an Deutlichkeit nicht fehlen. Paradeuniformen und weiße Helmbüsche waren nicht nur Teil eines lebenden Bildes im Stil zeitgenössischer Historienmalerei, sondern politische Demonstration.«[5]

Erste Aufgabe des Reichstags war die Verabschiedung der Reichsverfassung. Bismarck hatte von Anfang an klargemacht, daß es nicht um einen ganz neuen Entwurf, sondern nur um eine Anpassung der Verfassung des Norddeutschen Bundes an die veränderten Verhältnisse ging. Die Nationalliberalen fügten sich, in der stillen Hoffnung, daß es zu einem späteren Zeitpunkt möglich sein würde, verfassungspolitische Korrekturen durchzusetzen. Lediglich die Zentrumsfraktion machte sich mit ihrem Antrag auf eine verfassungsrechtliche Garantie von Grundrechten zum Fürsprecher alter liberaler Forderungen, stieß damit aber bei den anderen Parteien auf keine Gegenliebe. Am 14. April 1871 wurde die revidierte Verfassung des Norddeutschen Bundes mit nur wenigen Gegenstimmen als neue Reichsverfassung angenommen.

Die Verfassung des Kaiserreichs war ein merkwürdiger Zwitter, eine Mischung aus konservativen und progressiven Elementen. Sie suchte die historisch gegensätzlichen Kräfte und Ideen – Föderalismus und Unitarismus, Volkssouveränität und monarchisches Prinzip – auszubalancieren und zugleich die preußische Hegemonie in Deutschland zu zementieren. Mit der Gewährung des allgemeinen, gleichen, direkten und geheimen Wahlrechts kam sie dem demokratischen Trend der Zeit weit entgegen, doch enthielt sie andererseits starke Sicherungen gegen eine Weiterentwicklung in Richtung auf ein parlamentarisches System. Manches ließ dieses komplizierte Kompromißprodukt in der Schwebe, so daß man es mit Wolfgang J. Mommsen als ein »System umgangener Entscheidungen« charakterisieren kann.[6]

Das deutsche Kaiserreich war ein Bundesstaat, dem 25 Einzelstaaten angehörten: vier Königreiche (Preußen, Sachsen, Bayern, Württemberg); sechs Großherzogtümer (Baden, Hessen, Mecklenburg-Schwerin, Mecklenburg-Strelitz, Sachsen-Weimar-Eisenach, Oldenburg); fünf Herzogtümer (Braunschweig, Sachsen-Meiningen, Sachsen-Altenburg, Sachsen-Coburg-Gotha, Anhalt); sieben Fürstentümer (Schwarzburg-Rudolstadt, Schwarzburg-Sonderhausen, Waldeck, Reuß ältere Linie, Reuß jüngere Linie, Schaumburg-Lippe, Lippe); drei freie Städte (Lübeck, Bremen, Hamburg); dazu das Reichsland Elsaß-Lothringen, das 1871 annektiert worden war.

Formal betrachtet, stand der Bundesrat, die Vertretung der Einzelstaaten, an der Spitze der Verfassungsorgane. Darin kam die von Bismarck zäh aufrechterhaltene Fiktion zum Ausdruck, daß das Reich auf der freien Vereinbarung der Fürsten beruhe, die *verbündeten Regierungen* mithin als eigentliche Träger der Souveränität anzusprechen seien. Ausdrücklich hatte der Reichskanzler sich dagegen gewandt, den Bundesrat in *Reichsrat* umzubenennen, weil dadurch die föderalistischen Grundlagen des Reiches als eines *ewigen Bundes* der Fürsten nicht mehr deutlich genug hervorträten. Der Bundesrat setzte sich zusammen aus Bevollmächtigten der einzelstaatlichen Regierungen. Von den 58 Stimmen entfielen auf Preußen 17, Bayern 6, Sachsen und Württemberg je 4, Baden und Hessen-Darmstadt je 3, Mecklenburg-Schwerin und Braunschweig je 2, während die übrigen siebzehn Kleinstaaten jeweils eine Stimme besaßen. Auf den ersten Blick schien Preußen, der bei weitem größte und bevölkerungsreichste Bundesstaat, stark benachteiligt, weil es nicht einmal über ein Drittel der Stimmen gebot und so jederzeit majorisiert werden konnte. Tatsächlich aber verfügte es über genügend Druckmittel, um die von ihm wirtschaftlich abhängigen nord- und mitteldeutschen Kleinstaaten seinen Wünschen gefügig zu machen. Faktisch besaß Preußen in diesem Gremium stets ein Übergewicht. Hinzu kam, daß der Vorsitz im Bundesrat dem Reichskanzler zustand, der als preußischer Ministerpräsident und Außenminister die preußischen Bevollmächtigten zum Bundesrat »instruierte«.

Der Bundesrat diente jedoch nicht nur als Instrument der preußischen Hegemonie, indem er diese zugleich absicherte und verhüllte. Ihm war von Bismarck darüber hinaus die Funktion zugedacht, den Machtgelüsten des Reichstags und der Parteien Grenzen zu setzen und jede Entwicklung zum Parlamentarismus zu blockieren. In dieser Konstruktion des Bundesrats als Gegengewicht zum Reichstag lag – wie Thomas Nipperdey hervorgehoben hat – das »eigentliche Geheimnis der deutschen, der Bismarckschen Reichsverfassung«.[7]

Zu den Aufgaben des Bundesrats gehörten nicht nur die Gesetzgebung des Reiches und die Verabschiedung des Reichshaushalts, gleichberechtigt mit dem Reichstag, sondern der Erlaß von Verwaltungsvorschriften hinsichtlich der Ausführung der Gesetze sowie eine Reihe weiterer Exekutivfunktionen im Rahmen der Reichsaufsicht und der auswärtigen Politik. Insofern stellte er eine Art Gesamtregierung dar, deren Ausschüsse ursprünglich die fehlenden Reichsministerien ersetzen sollten. In der Praxis jedoch kamen die Gesetzesinitiativen zumeist aus den preußischen Ministerien. Der Geschäftsführung durch den Reichskanzler fiel dabei eine Schlüsselrolle zu. Er konnte ihm politisch mißliebige Beschlüsse des Reichstags scheitern lassen, indem er sich hinter dem Votum des Bundesrats verschanzte. Ebenso traten der

Kanzler, erst recht die preußischen Minister und später die Staatssekretäre der Reichsämter nicht als Mitglieder einer *Reichsregierung* – die Bezeichnung wurde sorgfältig vermieden –, sondern als Bundesratsbevollmächtigte vor den Reichstag, womit die wirkliche Regierung »gleichsam hinter dem Bundesrat versteckt« wurde.[8] Sinn dieser ungewöhnlichen »juristischen Konstruktion der Regierung des Reiches aus dem Bundesrat heraus«[9] war es, die preußisch dominierte Exekutive, soweit es ging, gegenüber dem Reichstag abzuschirmen und ihr ein größtmögliches Maß an Handlungsautonomie zu sichern.

Obwohl, laut Verfassung, der Bundesrat auch Exekutivbefugnisse ausübte, lag die ausführende Gewalt in Wirklichkeit beim Kaiser und beim Reichskanzler. Der Kaiser war das monarchische Oberhaupt des Reiches. Als König von Preußen führte er zugleich das *Präsidium des Bundes* – wiederum eine die tatsächlichen Machtverhältnisse eher verschleiernde Formel. Denn der Kaiser war im Kreis der Bundesfürsten nicht primus inter pares, sondern besaß kraft seines kaiserlichen Amtes eine den anderen Landesherren weit überlegene Autorität. Er bestimmte als oberster Kriegsherr über Heer und Marine, entschied über Krieg und Frieden, ernannte und entließ die Reichsbeamten, einschließlich des Reichskanzlers, berief Bundesrat und Reichstag ein, verkündete die Reichsgesetze und überwachte deren Ausführung. Ein Vetorecht gegen die vom Bundesrat und Reichstag verabschiedeten Gesetze räumte ihm die Verfassung allerdings nicht ein.

Die Monarchie war an die Verfassung gebunden; insoweit war sie konstitutionell. Aber sie besaß in der kaiserlichen *Kommandogewalt* einen harten extrakonstitutionellen Kern. Das war ein Teil des Erbes, das Preußen in den kleindeutschen Nationalstaat einbrachte. In allen militärischen Angelegenheiten entschied allein der Monarch, beraten durch sein *Militärkabinett,* das sich zu einer Art Nebenregierung entwickelte. Hier zeigte sich die militärstaatlich-autoritäre Prägung der Reichsgründung am deutlichsten, und gerade hier, in den tradierten militärischen Vorrechten der Krone, lag auch ein Ansatzpunkt zur Errichtung eines »persönlichen Regiments«, wie es der spätere Kaiser Wilhelm II. anstreben sollte.

Nach der Verfassung bestimmten Kaiser und Reichskanzler gemeinsam die Richtlinien der Politik. Der Kanzler mußte die kaiserlichen

Anordnungen und Verfügungen »gegenzeichnen«; damit übernahm er zugleich die Verantwortung vor Reichstag und Öffentlichkeit. Schon das macht deutlich, daß der Reichskanzler mehr war als ein bloßer Gehilfe des Kaisers. Zwar war er vom Vertrauen des Monarchen abhängig, der ihn jederzeit entlassen konnte. Doch wurde diese Möglichkeit wesentlich eingeschränkt durch das gewaltige politische Prestige, das Bismarck als Gründer des Reiches jederzeit in die Waagschale werfen konnte. Mit der Drohung seines Rücktritts besaß er ein sehr wirkungsvolles Mittel, dem Kaiser seinen Willen aufzuzwingen. »Es ist nicht leicht, unter einem solchen Kanzler Kaiser zu sein«, soll Wilhelm I. einmal geklagt haben.[10]

Schon Zeitgenossen fühlten sich angesichts der Sonderstellung Bismarcks an eine *Kanzlerdiktatur* erinnert. Neuerdings hat Hans-Ulrich Wehler versucht, die Ausnahmeposition des Reichsgründers nach Max Weber als »charismatische Herrschaft« zu charakterisieren – eine Deutung, die auf Kritik gestoßen ist.[11] Wie immer man die Rolle Bismarcks in dem von ihm geschaffenen und geprägten Herrschaftssystem begrifflich faßt – sicher ist, daß er aufgrund seiner langjährigen politischen Erfahrung, seiner starken Persönlichkeit und seines Ansehens als »Macher« der deutschen Einheit eine Machtfülle auf sich vereinigte, die über seine verfassungsrechtlichen Befugnisse weit hinausreichte. Und die sicherten ihm ohnehin schon einen bedeutenden Einfluß. Der Reichskanzler bekleidete in der Regel zugleich das Amt des preußischen Ministerpräsidenten und das des Außenministers, besaß also eine stabile Hausmacht im konservativ-monarchischen Bollwerk Preußen.

Als Vorsitzender des Bundesrats versammelte er den stärksten Stimmenblock, den der preußischen Bundesratsbevollmächtigten, hinter sich. Und er war es schließlich, der die Reichspolitik vor dem Reichstag vertrat. Der Reichskanzler war also das einzige verfassungsmäßige Bindeglied zwischen Kaiser, preußischem Staatsministerium, Bundesrat und Reichstag. Er war die eigentliche Integrationsfigur, die das komplizierte System austarierte. Das machte ihn zwar nach mehreren Seiten abhängig, eröffnete ihm aber, wenn er es nur geschickt genug anstellte, beachtliche Handlungsspielräume. Bismarck hat diese Spielräume auf seine Weise optimal genutzt.

Ursprünglich hatte Bismarck als der einzige verantwortliche Reichsminister ganz ohne Reichsbehörden auskommen wollen. Das von ihm geschaffene Reichskanzleramt sollte den normalen Geschäftsverkehr mit den anderen Regierungsinstanzen koordinieren, während die eigentliche Regierungsarbeit weiterhin in der Zuständigkeit der preußischen Fachressorts verbleiben sollte. Angesichts der dem Reich zuwachsenden Aufgaben entwickelte sich das Reichskanzleramt unter seinem ersten Präsidenten, Rudolf von Delbrück, jedoch rasch »zu einer Superbehörde, die zu Bismarcks Ärger immer größere Eigenständigkeit an den Tag legte und das Arcanum imperii des Bismarckschen Systems, nämlich die ›Fassade der Regierung‹ aus dem Bundesrat heraus, zunehmend mißachtete«.[12] So wurden nach und nach bestimmte Aufgabenbereiche aus dem Reichskanzleramt ausgegliedert und dafür eigene *Reichsämter* geschaffen, darunter das Auswärtige Amt, das Reichsamt des Innern, das Reichsjustizamt, das Reichsschatzamt.

Ein Reichskriegsamt wurde nicht eingerichtet – die Zuständigkeit für das Heer blieb beim preußischen Kriegsminister –, dafür aber 1889 ein Reichsmarineamt: eine jener Paradoxien, die aus der Sonderstellung des preußischen Militärs erwuchsen.

An die Spitze der Reichsämter wurden sogenannte *Staatssekretäre* berufen, die dem Reichskanzler untergeordnet waren. Darin wird wieder der Wille Bismarcks erkennbar, keine verantwortlichen Reichsministerien zuzulassen, weil sie die Kompetenzen des Bundesrats schmälern und »zu Einfallstoren einer parlamentarischen Kontrolle über die Regierung werden könnten«.[13] Sorgfältig achtete der Kanzler daher auch darauf, daß das, was um ihn herum entstand, nicht als *Reichsregierung* firmierte. Erst später, nach dem Sturz Bismarcks, bürgerte sich die Bezeichnung *Reichsleitung* ein.

Der durch Kaiser und Kanzler verkörperten Exekutive und dem Bundesrat als Vertretung der Einzelstaaten stand die gewählte Volksvertretung, der Reichstag, gegenüber. Die Legislaturperiode war zunächst auf drei Jahre beschränkt und wurde 1888 auf fünf Jahre ausgeweitet. Allerdings konnten der Kaiser und – über den Bundesrat – auch der Kanzler den Reichstag vorzeitig auflösen und Neuwahlen ansetzen. Die Androhung der Auflösung des Reichstags war die stärkste Waffe der Regierung gegenüber einer widerspenstigen Parlamentsmehrheit.

Die Abgeordneten des Reichstags erhielten keine Diäten (erst von 1906 an wurde ihnen eine Aufwandsentschädigung gezahlt). Bismarck wollte dadurch verhindern, daß die parlamentarische Tätigkeit sich zu einem Erwerbsberuf entwickelte. Die Folge war, daß unbemittelte Bürger gar nicht erst kandidieren konnten, sofern ihre Partei ihnen nicht aushalf.

Nach dem Wahlgesetz von 1871 war als Abgeordneter gewählt, wer die absolute Mehrheit der abgegebenen Stimmen in einem der 397 Wahlkreise auf sich vereinigen konnte. Erreichte ein Bewerber die absolute Mehrheit nicht, kam es zu einer Stichwahl der beiden bestplazierten Kandidaten. Dabei wurden Wahlabsprachen zwischen den Parteien getroffen, die sich später vor allem gegen die stärkste oppositionelle Kraft im Kaiserreich, die Sozialdemokratie, richteten.

Benachteiligt war die SPD auch durch die Wahlkreiseinteilung, die auf dem Bevölkerungsstand von 1864 beruhte und den Verschiebungen im Zuge von Industrialisierung und Verstädterung seit den siebziger Jahren nicht gerecht wurde. Begünstigt waren dadurch vor allem die konservativen Parteien, die ihr Wählerreservoir in den agrarischen Gebieten besaßen. Die Sozialdemokratie, die ihre Klientel vor allem in den Großstädten und industriellen Ballungszentren hatte, mußte in der Regel erheblich mehr Stimmen für den Gewinn eines Mandats mobilisieren als ihre bürgerlichen Konkurrenten.[14]

Es wäre verfehlt, im Reichstag lediglich »ein konstitutionelles Feigenblatt für ein ansonsten autoritäres Regiment« zu sehen.[15] Die Verfassung wies ihm eine Reihe wichtiger Kompetenzen zu: Erstens war er maßgeblich an der Gesetzgebung beteiligt. Ohne seine Zustimmung gab es keine Gesetze (gegen den Bundesrat, das heißt gegen den Kanzler und die preußische Ministerialbürokratie, konnte er allerdings auch keine Gesetze durchbringen). Zweitens verfügte der Reichstag über das Budgetrecht, also über die jährliche Bewilligung der Einnahmen und Ausgaben. Der Militäretat war von der strengen Budgetkontrolle insofern ausgenommen, als er die Ausgaben jeweils für mehrere Jahre festlegte – wiederum »eine beträchtliche Einbruchstelle militärischer Einflüsse auf die Politik«[16]. Schließlich hatte der Reichstag über das Petitions- und Interpellationsrecht die Möglichkeit, alle Bereiche der Regierungstätigkeit zum Gegenstand öffentlicher parlamentarischer Debatten zu machen. Die Immunität der Abgeordneten garantierte dabei ein hohes Maß an Freiheit und Offenheit der Kritik.

Doch *ein* Recht besaß der Reichstag nicht: Zwar konnte er die Politik des Reichskanzlers mißbilligen – ihn durch ein Mißtrauensvotum zum Rücktritt zwingen, das konnte er aber nicht. Damit fehlte ihm das entscheidende Qualitätsmerkmal einer parlamentarischen Verfassung. Der Reichskanzler übernahm zwar (laut Artikel 17) die politische Verantwortung für Anordnungen und Verfügungen des Kaisers; aber wirklich verantwortlich, im Sinne einer Bindung seiner Politik an Mehrheitsbeschlüsse, war er dem Parlament nicht, ebensowenig wie die preußischen Staatsminister oder Staatssekretäre der Reichsämter. Verfassungsrechtlich handelten sie als Bevollmächtigte des – für das Parlament nicht greifbaren – Bundesrats. Anders als in parlamentarisch regierten Staaten gab es im Kaiserreich keine Regierung aus verantwortlichen Ministern. Zudem war der Aufstieg von Parlamentariern in Regierungsämter verfassungsrechtlich dadurch erschwert, daß nach Artikel 9 eine gleichzeitige Mitgliedschaft im Reichstag und im Bundesrat ausgeschlossen war. Das hieß, daß Parteiführer, die in verantwortliche Positionen aufrücken wollten, ihr Reichstagsmandat aufgeben und sich damit ihres parlamentarischen Rückhalts begeben mußten.

So besaß der Reichstag kaum eine Möglichkeit, die Exekutive wirksam zu kontrollieren oder gar gestaltenden Einfluß auf die Regierungspolitik zu gewinnen. Damit fehlte den Parteien aber auch ein wesentlicher Anreiz, sich auf gemeinsame Ziele zu verständigen, Interessengegensätze zu überbrücken und Kompromisse zu schließen. Wenn Bismarck selber sich später über das »Überwuchern des Parteihaders und des Fraktionshasses« beklagte,[17] dann vergaß er, daß er an der Denaturierung der Parteien maßgeblich beteiligt war. Sie hat schon früh zu einem realitätsfernen Doktrinarismus und einer ideologisch fixierten Lagermentalität der Parteien beigetragen, die sich als schwere Belastung für die Einführung eines parlamentarischen Systems in Deutschland erweisen sollte.[18]

Dennoch war das Kaiserreich, verfassungspolitisch betrachtet, keine

Sackgasse. Zwar setzte vor allem die hegemoniale Stellung Preußens mit der Dominanz der auf die Krone eingeschworenen Armee und Bürokratie einer Entwicklung zu mehr Freiheit und Demokratie von vornherein Grenzen. Die Frage aber war, ob die starken institutionellen Barrieren, die Bismarck gegen eine Parlamentarisierung aufgerichtet hatte, auf Dauer Bestand haben würden. Diese Frage richtete sich zuallererst an die Liberalen. Sie hatten sich, jedenfalls soweit es ihren nationalen Flügel betraf, seit 1866 mit dem zuvor verachteten Konfliktminister arrangiert, um die äußere Reichsgründung nicht zu gefährden und – nach 1871 – um die innere Reichsgründung voranzubringen. Es lag jetzt an ihnen, die liberal-parlamentarische Ausgestaltung der Verfassung durchzusetzen – gegen Bismarck.

Vom Gründerboom zum Gründerkrach

Die Reichsgründung fiel in eine Phase ökonomischer Prosperität. Ein lang anhaltender Aufschwung sorgte in allen Branchen für Wachstum und Beschäftigung. Getragen von einer Welle des wirtschaftsliberalen Optimismus, konnte Bismarck die deutsche Einheit unter Dach und Fach bringen.

Der konjunkturelle Aufschwung setzte sich nach dem deutsch-französischen Krieg fort, ja, er wies in den sogenannten Gründerjahren nach 1871 alle Merkmale eines überschäumenden Booms auf. Wesentlichen Anteil daran hatte die Überschwemmung des deutschen Kapitalmarkts mit fünf Milliarden Goldfranc, deren Zahlung Frankreich im Frankfurter Friedensvertrag vom Mai 1871 auferlegt worden war. Wider Erwarten gelang es der französischen Regierung, die riesige Summe mittels einer internationalen Anleihe in kürzester Frist aufzubringen. Bereits im September 1873 beglich Paris die letzte Rate.

Der rasche Kapitaltransfer wirkte stimulierend auf das Wirtschaftsleben. Ein Teil der Geldes wurde in die Modernisierung des Heeres und den Festungsbau investiert; davon profitierten vor allem die Rüstungs- und die Bauindustrie. Ein anderer Teil wurde von den einzelstaatlichen Regierungen dazu verwendet, die Kriegsanleihen zurückzuzahlen. Diese Mittel flossen direkt auf den Kapitalmarkt und such-

Barackenstadt von Berlin, um 1875.
Lithographie von C. H. Schulz.

ten dort nach Anlagemöglichkeiten. Die vermehrte Nachfrage nach zinsgünstigen Wertpapieren trieb die Aktienkurse in die Höhe und stachelte die Spekulationslust an.

Angeheizt wurde die Konjunktur nicht nur durch die französischen Milliarden, sondern auch durch eine wirtschaftsliberale Gesetzgebung, die die letzten Beschränkungen im Kapitalverkehr beseitigte. Im Juni 1870 wurde die Konzessionspflicht für Aktiengesellschaften aufgehoben. Daraufhin wurden zwischen 1870 und 1874 in Preußen 857 Aktiengesellschaften gegründet.[19] Dem rheinischen Wirtschaftsführer Gustav Mevissen erschien es im Juni 1872, als würde »das Erwerbsleben des ganzen großen Deutschen Reiches ... sich in eine riesenhafte Aktiengesellschaft verwandeln«.[20]

Keineswegs alle Neugründungen zeichneten sich durch Solidität aus, im Gegenteil: es gab nicht wenige Schwindelunternehmen, deren einziger Zweck sich im spekulativen Börsengeschäft erschöpfte. Durch allerlei Tricks, etwa durch reißerisch aufgemachte Presseartikel, wurden die Aktienkurse künstlich hochgetrieben und dem Publikum nahezu unbegrenzte Gewinne vorgegaukelt. Viele Glücksritter wußten die Gunst der Stunde zu nutzen und häuften innerhalb kurzer Zeit riesige Vermögen an. Wie kaum ein anderer verkörperte der preußische Eisenbahnkönig Bethel Henry Strousberg die fiebrige Haussestimmung der Gründerjahre und die ihr innewohnenden Gefahren.[21]

Angelockt durch die Aussicht, rasch viel Geld zu verdienen, wurden aber auch Bürger, die mit den Usancen der Börse nicht vertraut waren. Das Spekulationsfieber erfaßte weite Kreise der Bevölkerung: »Und alle, alle flogen sie ans Licht, und alle tanzten mit in dieser Hetzgaloppade um das angebetete goldene Kalb: der gewitzte Kapitalist und der unerfahrene Kleinbürger, der General und der Kellner, die Dame von Welt, die arme Klavierlehrerin und die Marktfrau, man spekulierte in den Portierlogen und in den Theatergarderoben, in dem Atelier des Künstlers und im stillen Heim des Gelehrten, der Droschkenkutscher auf dem Bock und *Aujuste* in der Küche verfolgten mit Sachkenntnis und fieberndem Interesse das Emporschnellen der Kurse. Die Börse feierte Hausse-Orgien, Millionen, aus dem Boden gestampft, wurden gewonnen, der Nationalwohlstand hob sich zu scheinbar ungeahnter Höhe. Ein Goldregen rieselte über die trunkene Stadt.«[22]

Doch hinter allem Gründerrausch, hinter der Jagd nach Geld und Luxus verbargen sich tiefe Unsicherheiten und Verwerfungen. Keiner spürte das deutlicher als der Reichsgründer selbst. Im Mai 1872 klagte Bismarck einem Vertrauten, dem freikonservativen Abgeordneten und späteren preußischen Landwirtschaftsminister Robert Lucius von Ballhausen: »Mein Schlaf ist keine Erholung, ich träume weiter, was ich wachend denke. Neulich sah ich die Karte von Deutschland vor mir, darin tauchte ein fauler Fleck nach dem anderen auf und blätterte sich ab.«[23]

Wer sich durch die protzigen Fassaden der neuen Banken, Ladenpassagen und Hotels nicht täuschen ließ, der konnte auch in der Reichshauptstadt viele solcher »faulen Flecke« entdecken, etwa in den Barackenkolonien am Rande der Stadt, wo die Ärmsten der Armen, die Obdachlosen, Unterschlupf fanden. Eine hemmungslose Bauspekulation trieb Bodenpreise und Mieten in die Höhe. Zwischen 1871 und 1873 stiegen die Mieten von Quartal zu Quartal nicht selten um das

Doppelte und Dreifache. Neureiche Börsianer, die jeden Preis zu zahlen bereit waren, verdrängten die bisherigen Mieter aus ihren Wohnungen. Viele der weniger bemittelten Berliner waren gezwungen, in eine der grauen Mietskasernen umzuziehen, die wie Pilze aus dem Boden schossen.[24]

Der Groll über die Wohnungsnot entlud sich immer wieder in Krawallen, am heftigsten in der Blumenstraße im Juli 1872, als ein Schuhmacher mit Polizeigewalt aus seiner Wohnung vertrieben werden sollte. Tagelang war das Stadtviertel in Aufruhr, lieferten sich Bevölkerung und Polizei regelrechte Straßenschlachten.[25] Zur gleichen Zeit erlebten Berlin und andere Industriezentren eine Welle von Streiks, die alle bisherigen Arbeitskämpfe an Umfang und Dauer übertraf. Diese erste große Streikbewegung im Kaiserreich zeigte, wieviel sozialer Sprengstoff sich gerade in den Gründerjahren unter der Hülle scheinbarer Prosperität anzusammeln begann.[26] In der bürgerlichen Öffentlichkeit wurde sie denn auch als ernstes Gefahrensymptom gedeutet.

Inmitten des verzückten Tanzes um das Goldene Kalb grassierten Ängste vor wirtschaftlichen und sozialen Erschütterungen. Sie wurden verstärkt, als der nationalliberale Abgeordnete Eduard Lasker Anfang Februar 1873 von der Rednertribüne des preußischen Abgeordnetenhauses aus den Gründerschwindel beim Namen nannte. Insbesondere prangerte er das *System Strousberg* an – jenes Geflecht aus Manipulation und Korruption bei der Vergabe von Eisenbahnkonzessionen, in das auch hohe Beamte im preußischen Handelsministerium verstrickt waren.[27] Laskers sensationelle Enthüllungen erschütterten das Vertrauen des Publikums und nährten das Empfinden, daß es so wie bisher nicht mehr lange gutgehen könne.

Wie immer kündigten Vorboten die Krise an: Im März 1873 erschienen im Wirtschaftsteil deutscher Zeitungen alarmierende Börsenmeldungen.[28] Von der Möglichkeit einer »Katastrophe in Wien« war im April die Rede; am 9. Mai 1873 war sie bereits eingetreten: Die Wiener Börse veröffentlichte einen Kurszettel, auf dem statt der Notierungen nur Striche verzeichnet waren. Noch herrschte an den deutschen Aktienbörsen eine trügerische Ruhe, doch Anfang Oktober 1873 fand der faule Spekulationszauber auch hier ein jähes Ende: Die Berliner

Quistorpsche Vereinsbank, eine typische Treibhausblüte der Gründerzeit, mußte ihre Zahlungen einstellen. Dem Zusammenbruch folgten eine Welle von Konkursen und ein beispielloser Verfall der Aktienkurse. Panik ergriff alle großen und kleinen Finanzjongleure. Ohnmächtig mußten sie mit ansehen, wie ihre Vermögen sich buchstäblich über Nacht in Nichts auflösten. Die Hausse der Gründerjahre endete im großen Börsenkrach: »Krach! Krach! und durch ganz Deutschland hallte es, dieses kleine zermalmende Wort, und von der Donau, der Seine, der Themse und dem Tiber grollte es zurück, dieses furchtbare und unvergeßliche Wort!«[29]

Drei Jahre nach der Reichsgründung war von der Euphorie der ersten Stunde nichts mehr zu spüren; Katerstimmung machte sich breit. »Ein wenig ernüchtert«, schrieb die NATIONAL-ZEITUNG am 25. Dezember 1873, »nahen wir der Schwelle des nächsten Jahres, wir haben gleichsam die frohen Feste vorausgenommen, und die sauren Wochen der Arbeit stehen uns bevor.«[30]

Die Hoffnung auf eine rasche Überwindung der Krise erfüllte sich nicht. Der Börsenkrach weitete sich vielmehr im Laufe der Jahre 1874/75 aus zu einer Produktions- und Absatzkrise, von der nach und nach alle Branchen erfaßt wurden. In ihrem Jahresbericht für 1876 klagte die Handelskammer Aachen: »Vielleicht niemals seit dem dreißigjährigen Krieg sah man eine Krise von dieser Dauer und das Traurigste ist, kein Ende ist noch zu ersehen, und man weiß nicht wie es anders werden soll.«[31]

Die psychologische Wirkung der sogenannten *Gründerkrise* war enorm. Der bislang weitverbreitete Glaube an die Segnungen des freien Marktes und das freie Spiel der Kräfte war erschüttert. Der Optimismus der Gründungsära machte tiefer Niedergeschlagenheit und Mutlosigkeit Platz. Wie häufig bei Wirtschaftskrisen war jedoch die Stimmung der Zeitgenossen schlechter als die tatsächliche Lage. Was sich seit 1873 im Deutschen Reich ereignete, war eine notwendige Anpassungs- und Modernisierungskrise nach einer beispiellosen Phase der Hochkonjunktur, in der die deutschen Unternehmer allzu sorglos gewirtschaftet hatten – so sorglos, daß sie sich um die internationale Wettbewerbsfähigkeit kaum noch gekümmert hatten. Die Folge war, daß auf der Weltausstellung in Philadelphia 1876 die deutschen

Produkte von einem Beobachter, dem Berliner Professor Franz Reuleaux, mit dem Urteil *billig und schlecht!* bedacht wurden. Reuleaux führte die mangelnde Qualität zurück auf die deutsche Selbstüberschätzung seit 1870/71: »Aber das neue Deutschland ist verwöhnt von seinen Schmeichlern, die Phrase von Deutschlands Bestimmung und Stellung ist ihm oft ins Gesicht gesagt worden, das Lied seines Ruhmes so oft vorgetrillert worden, daß es die Fühlung mit den Forderungen verloren hat, welche ein internationaler Wettkampf an seine Kräfte stellt.«[32]

Jetzt, nach dem konjunkturellen Einbruch, waren die Betriebe gezwungen, ihre Produktion zu rationalisieren und die Arbeitsproduktivität zu erhöhen. Die Lasten des Gesundschrumpfungsprozesses trugen, wie immer in einer kapitalistischen Wirtschaft, die Arbeiter. In fast allen Bereichen der Industrie und des Handels kam es zu Entlassungen. In den Berliner Maschinenbaubetrieben zum Beispiel, in denen 1873 noch rund 35 000 Arbeiter in Lohn und Brot standen, waren 1877 nur noch 16 000 beschäftigt, also nicht einmal mehr die Hälfte. Nach zeitgenössischen Schätzungen waren 1878/79 25 bis 28 Prozent der Arbeiter im Bereich der Industrie und des produzierenden Gewerbes ohne Beschäftigung.[33] Arbeitslosigkeit, sozialer Abstieg, Verelendung, Obdachlosigkeit – das war der Teufelskreis, in den viele Arbeiter unverschuldet hineingerieten.

Hans Rosenberg hat, in Anlehnung an die vor allem von Nikolai Kondratieff entwickelte Theorie der langen Wellen der Konjunktur, die Periode von 1873 bis 1896 als *Große Depression* bezeichnet.[34] Diese Deutung entsprach auch der pessimistischen Wahrnehmung der Zeitgenossen, für die der Börsenkrach von 1873 als »eine Art traumatischer Erfahrung«[35] nachwirkte. Dennoch erweist sich der Begriff *Große Depression* zur Charakterisierung der Wirtschaftsentwicklung seit 1873 als insgesamt wenig geeignet. Nüchtern betrachtet handelte es sich nämlich eher um eine normale Abkühlung der Konjunktur nach einer Phase der Überhitzung. Und schon im Herbst 1880 war die Talsohle der Wirtschaftsflaute durchschritten. Seitdem setzte der Trend eines zwar verlangsamten, aber relativ kontinuierlichen (von kurzfristigen Rückschlägen unterbrochenen) Wachstums ein. Man kann also nicht sagen, daß die *Gründerkrise* die industriekapitalistische Entwicklung der deutschen Volkswirtschaft nachhaltig gebremst hätte. Im Gegenteil: dadurch, daß sie diese zwang, sich durch schmerzhafte Umstrukturierungen zu modernisieren, hat sie deren Leistungs- und Wettbewerbsfähigkeit auf lange Sicht verbessert.

Gravierender waren die Auswirkungen auf die politische Kultur und Mentalität im neuen Kaiserreich. Nachdem der erste Schock überwunden war, setzte eine Suche nach den Schuldigen ein. Sie waren bald gefunden: Da waren einmal die Liberalen, die durch ihre manchesterliche Wirtschaftspolititik angeblich den Boden für die hemmungslose Spekulationswut bereitet hatten; und da waren zum anderen die Juden, die traditionellen Sündenböcke in Zeiten der Krise. Nicht selten wurden beide Gruppen zusammen Zielscheibe von Angriffen – etwa in einem Artikel der KREUZZEITUNG, des Sprachrohrs der preußischen Konservativen, vom Juni 1875, überschrieben: »Die Ära Bleichröder, Delbrück, Camphausen und die neudeutsche Wirtschaftspolitik«. Darin wurde die »Geld- und Wirtschaftspolitik des deutschen Reiches« eine *Judenpolitik* genannt, die »von und für Juden« betrieben werde.[36] Massive Anwürfe richteten sich besonders gegen Gerson Bleichröder, Bismarcks Privatbankier. Er verkörperte in den Augen der Antisemiten all das, was sie zu verabscheuen gelernt hatten: »den Juden mit legendärem Reichtum und geheimnisvoller Macht, den Parvenü und Plutokraten, der die geheiligte Rangordnung durchbrochen hatte«.[37]

In die gleiche Kerbe wie die KREUZZEITUNG schlug der Publizist Otto Glagau mit einer Enthüllungsserie, die von Dezember 1874 an in der vielgelesenen Familienzeitschrift DIE GARTENLAUBE erschien und später in zwei Büchern separat veröffentlicht wurde. Für Glagau war der ganze »Börsen- und Gründungsschwindel« Ausdruck einer großangelegten jüdischen Verschwörung, gegen die sich die Deutschen zur Wehr setzen müßten: »Nicht länger dürfen falsche Toleranz und Sentimentalität, leidige Schwäche und Furcht uns Christen abhalten, gegen die Auswüchse, Ausschreitungen und Anmaßungen der Judenschaft vorzugehen. Nicht länger dürfen wir's dulden, daß die Juden sich überall in den Vordergrund und an die Spitze drängen, überall die Führung, das große Wort an sich reißen. Sie schieben uns Christen stets bei Seite, sie drücken uns an die Wand, sie benehmen uns die Luft und den Atem ... Seit vielen Jahrhunderten ist es wieder zum ersten

Mal, daß ein fremder, an Zahl so kleiner Stamm die große eigentliche Nation beherrscht. Die ganze Weltgeschichte kennt kein zweites Beispiel, daß ein heimatloses Volk, eine physisch wie psychisch entschieden degenerierte Rasse, bloß durch List und Schlauheit, durch Wucher und Schacher, über den Erdkreis herrscht.«[38]

Dem alten Klischeebild vom raffgierigen Juden fügte der Antisemitismus der siebziger Jahre einige neue Züge hinzu: Juden wurden mit Börse und Aktiengesellschaft identifiziert, also mit jenen Einrichtungen, in denen sich der moderne Wirtschaftsgeist am augenfälligsten materialisierte. Für all jene, die die Mechanismen der kapitalistischen Entwicklung nicht durchschauten, die sich dadurch bedroht, betrogen, zurückgesetzt fühlten, boten die demagogischen Phrasen von der »Judenherrschaft des Liberalismus« und der »verjudeten Macht des Kapitals« einleuchtende Erklärungsmuster. Im neuen Antisemitismus steckte mithin auch ein kräftiger Schuß Antikapitalismus, ein Protest gegen die moderne Wirtschaftsgesinnung, und er schlug Wurzeln bis hinein ins akademische Bildungsbürgertum.[39]

Die Wiederbelebung und ideologische Aufladung des Antisemitismus war das schwerwiegendste und nachhaltigste Ergebnis der *Gründerkrise*. Darin offenbarte sich – so hat Johannes Willms treffend formuliert –, »wie innerlich hohl und zerrissen trotz aller äußeren Stärke und allen äußeren Glanzes dieses aus Blut und Eisen und in den Preßwehen der liberalen Hochkonjunktur geborene preußisch-deutsche Reich doch war. Jetzt kam die schmutzige Nachgeburt zum Vorschein.«[40] Und diese Nachgeburt begleitete das Kaiserreich bis in seine letzten Tage; sie wurde zu einem prägenden Element seiner politischen Kultur.

Der erste innenpolitische Präventivkrieg: der »Kulturkampf«

Kaum hatte Bismarck das kleindeutsch-preußische Reich geeint, brach er einen schweren Konflikt mit der katholischen Kirche vom Zaun. Über die Motive des Reichskanzlers ist viel spekuliert worden. Sicher ist, daß ihm die konfessionellen Gegensätze zwischen Katholiken und Protestanten ziemlich gleichgültig waren; ihn trieb kein missionarischer Eifer, keine antikatholische Kreuzzugsstimmung. Ausschlaggebend für ihn war vielmehr die Tatsache, daß im Herbst 1870 mit dem Zentrum eine Partei entstanden war, die sich auf Anhieb als zweitstärkste Kraft im Reichstag etablieren konnte.

Offenbar hat Bismarck »mit seinem nervösen Sinn für die Zerbrechlichkeit seiner Schöpfung«[41] in der Existenz dieser neuen Formation eine Gefahr für die innere Ordnung des Reiches gesehen. Denn im Zentrum sammelten sich die Kräfte des politischen Katholizismus, die sich im neuen preußisch-protestantisch geprägten Reich in die Rolle einer Minderheit gedrängt sahen. Darüber hinaus unterschied sich das Zentrum von den bisherigen bürgerlich-liberalen Honoratiorenparteien dadurch, daß es breitere Kreise der Wählerschaft, auch aus unteren Volksschichten, anzusprechen und als Protestpotential zu organisieren vermochte. Als eine schichten- und klassenübergreifende Bewegung konkurrierte es mit Bismarcks personalplebiszitärer Herrschaftstechnik, die auf die Mobilisierung gerade der konservativen, königstreuen Teile der Bevölkerung gegründet war. Kurz: das Zentrum war in den Augen des Reichskanzlers eine potentiell subversive Kraft, in der sich föderalistische und populistische Tendenzen zu einer unheiligen Allianz zusammengefunden hatten. Der »innenpolitische Präventivkrieg«[42], den er gegen die katholische Kirche entfesselte, galt vorrangig dem Ziel, das Zentrum als politischen Faktor auszuschalten.

Daneben spielte anscheinend von Anfang an auch eine Rolle, daß Bismarck die Liberalen, die in dieser Frage mit ihm zusammengingen, an sich binden und politisch korrumpieren wollte, indem er sie zu Komplizen einer innenpolitischen Auseinandersetzung gegen eine demokratisch legitimierte Partei des Reichstags machte.

Auch die Nationalliberalen empfanden die Gründung des Zentrums als einen Affront. Die Augsburger Allgemeine, eines ihrer Sprachrohre, bezeichnete die neue, konfessionell ausgerichtete Partei als einen »giftigen Schwamm«; ihre Anwesenheit im Reichstag bedeute ein größeres Unglück als »eine verlorene große Schlacht an der Loire«.[43] Anders als für Bismarck war für die Liberalen der Kampf gegen das Zentrum nicht nur politisch, sondern auch weltanschaulich bestimmt – als Teil einer umfassenden Auseinandersetzung zwischen dem modernen Nationalstaat und der katholischen Kirche, die mit dem

Syllabus errorum von 1864 und dem auf dem Vatikanischen Konzil 1870 verkündeten Unfehlbarkeitsdogma einen Beweis ihrer Rückständigkeit geliefert hatte. Gerade durch die Doktrin der päpstlichen Unfehlbarkeit, die auch unter den deutschen Katholiken keineswegs unumstritten war, sah sich der liberale Zeitgeist besonders herausgefordert. Die Vorstellung, daß es neben der Nation – dem Maß aller Dinge – noch andere, übernationale Bindungen religiöser Art geben könne, war den Liberalen geradezu unerträglich. »Die größte Gefahr für das junge Reich«, schrieb Alfred Dove Anfang Januar 1871, gehe von der »finsteren Macht Roms« aus, die »ihre schwere Hand bedrohend und beängstigend über manchem deutschen Gewissen« halte, »gleich feindlich dem Staatsbewußtsein wie der Entwicklung des Volkstums«.[44]

Das Zentrum selbst trug dazu bei, solche antiklerikalen Schreckbilder zu bekräftigen. Gleich bei seinem Debüt im neuen Reichstag am 30. März 1871 brachte es eine Adresse ein, in der das Deutsche Reich aufgefordert wurde, sich für die Wiederherstellung der weltlichen Macht des Papstes einzusetzen. (Der Kirchenstaat war im September 1870 durch italienische Truppen besetzt worden.) Für die Liberalen war dieses Ansinnen ein Beweis dafür, daß das Zentrum seine Weisungen *ultra montes* (jenseits der Berge), also vom Papst empfange und mithin die Loyalität gegenüber Rom höher stelle als die Verpflichtung gegenüber der eigenen Nation. Bismarck wiederum wertete den Vorstoß des Zentrums als einen Angriff auf seine ureigenste Domäne, die Gestaltung der auswärtigen Politik. Nachdem sein Versuch, den Vatikan zu einer Distanzierung vom Zentrum zu bewegen, fehlgeschlagen war, entfesselte er im Sommer 1871 eine Pressekampagne gegen die *ultramontane Partei*. In jedem Provinzblatt und in jeder größeren Zeitung – so ein Beobachter – müsse »der Katholik täglich lesen, daß er ein Vaterlandsfeind, ein Römling und ein Dummkopf und daß seine Geistlichkeit der Abschaum der Menschheit sei«.[45]

Es blieb nicht bei Verdächtigungen und Beschimpfungen. Ende Juni 1871 holte Bismarck zum ersten Schlag aus, indem er die Katholische Abteilung im preußischen Kultusministerium auflösen ließ. Sie war 1841, nach dem Kölner Kirchenstreit, eingerichtet worden, um ein einvernehmliches Verhältnis zwischen preußischem Staat und katholischer Kirche herzustellen. Bereits ein halbes Jahr später folgte der zweite Schlag: Auf Vorschlag der bayerischen Regierung wurde im Bundesrat ein Gesetz eingebracht, das jeden Geistlichen mit Strafe bedrohte, der »Angelegenheiten des Staates« in einer, wie es hieß, »den öffentlichen Frieden gefährdenden Weise zum Gegenstand einer Verkündung oder Erörterung« machte. Dieser sogenannte *Kanzelparagraph* war ein klares Ausnahmegesetz, das – wie Eugen Richter, der Führer der linksliberalen Fortschrittspartei, zu Recht warnte – »aus der Rüstkammer der Reaktion« stammte.[46] Dennoch stimmten die Nationalliberalen (bis auf Eduard Lasker) dem Gesetz zu – und setzten sich erstmals offen über eigene Prinzipien hinweg.

Bismarck sah sich dadurch ermutigt, auf seinem Konfliktkurs voranzuschreiten. Sein nächstes Ziel war ein Schulaufsichtsgesetz, das den Einfluß der beiden christlichen Konfessionen auf die Schulen ausschalten sollte. Dieses Vorhaben stieß nicht nur unter Katholiken, sondern auch unter altpreußischen Konservativen, die um ihren Rückhalt in der ländlichen Bevölkerung fürchteten, auf Widerstand. Im Januar 1872 entließ Bismarck den widerstrebenden preußischen Kultusminister Heinrich von Mühler und ernannte zu seinem Nachfolger den Vortragenden Rat im Justizministerium, Adalbert Falk. Von diesem energischen Juristen, der den Typus des *Geheimratsliberalen* verkörperte, erwartete der Reichskanzler zu Recht, daß er die härtere Gangart gegen das Zentrum unterstützen und staatliche Machtinteressen über mögliche rechtsstaatliche Bedenken stellen würde.[47]

Am 30. Januar 1872, kurz nach dem Amtsantritt Falks, hielt Bismarck eine Schmährede im preußischen Abgeordnetenhaus, die einer »scharf gezielten Kriegserklärung an das Zentrum« gleichkam:[48] Er habe, so verkündete er, die Bildung der Zentrumsfraktion »nicht anders betrachten können als im Lichte einer Mobilmachung der Partei gegen den Staat«. In dieser Auffassung sei er durch die ganze Politik des Zentrums seither bestätigt worden. Statt »eine Stütze der Regierung« zu sein, habe die Partei in ihren Wahlkampagnen »gerade an die Leidenschaften der unteren Klassen, der Masse« appelliert, »um sie zu erregen gegen die Regierung«. Und dabei habe sie die Zustimmung all jener Kräfte gefunden, »die, sei es vom nationalen, sei es vom revolutionären Standpunkt aus gegen den Staat feindlich gesinnt« seien:

bei Welfen, Elsaß-Lothringern, Polen, Dänen, nicht zuletzt aber auch bei den Sozialisten.[49]

Reichsfeinde – dies war das Stigma, mit dem Bismarck künftig alle gesellschaftlichen Gruppen und politischen Parteien belegte, die sich seinem Herrschaftswillen nicht bedingungslos unterordneten. Wäre es dem Reichskanzler wirklich um die Einheit der Nation, um die Vollendung der inneren Reichsgründung gegangen, dann hätte er versuchen müssen, die Minoritäten, die sich noch abseits hielten, zu gewinnen. Statt dessen grenzte er aus, polarisierte, stilisierte den Konflikt mit dem Zentrum zu einem Kampf zwischen Licht und Finsternis. Zu Recht hielt ihm Ludwig Windthorst, der Sprecher der Zentrumsfraktion und große parlamentarische Gegenspieler Bismarcks, entgegen: »Ich weiß nicht, was der Herr Minister-Präsident als Bekämpfung des Staates ansieht … aber, meine Herren, ich bin so frei, anzunehmen, daß es nicht richtig ist, daß der Herr Minister-Präsident der Staat sei.«[50]

Von Bismarck vor die Alternative gestellt, entweder seinen Konfliktkurs zu unterstützen oder der Nähe zum *reichsfeindlichen* Zentrum geziehen zu werden, stimmten die Konservativen dem Schulaufsichtsgesetz zu. Die Liberalen feierten die Anerkennung des Grundsatzes einer von kirchlichen Einflüssen freien staatlichen Schule als Sieg des Fortschritts. Überhaupt wähnten sie sich, durch die Liaison mit Bismarck bestärkt, auf dem Wege zur *regierenden Partei* im neuen Reich, und Windthorst versäumte nicht, dem Reichskanzler eben dies als Konsequenz seiner Politik vorzuhalten. In Wirklichkeit trat das Ziel des Parlamentarismus und einer freieren Gesellschaft in dem Maße in den Hintergrund, wie sich die Liberalen durch Bismarck immer tiefer in seine Auseinandersetzung mit dem Zentrum verstricken ließen, die den Charakter eines *Kulturkampfes* annahm. Den Begriff, der dem Konflikt den Namen gab, prägte der Arzt und Abgeordnete der Fortschrittspartei Rudolf Virchow in einer Debatte im preußischen Abgeordnetenhaus am 17. Januar 1873 – zu einem Zeitpunkt, als der liberale Optimismus durch den heraufziehenden *Gründerkrach* noch nicht gebrochen war.

Im Juni 1872 wurde der Jesuitenorden verboten; dessen Mitglieder konnten durch die Polizei aus ihren Wirkungsbereichen ausgewiesen werden – eine Bestimmung, die bereits auf das spätere Sozialistengesetz verweist. Vorausgegangen war dem Verbot eine öffentliche Hetzkampagne, in der die *Jesuiten als Speerspitze einer ultramontanen* Verschwörung verteufelt wurden. Wilhelm Buschs Bildergeschichte PATER FILUCIUS war nur eines der zahlreichen anrüchigen Produkte, in denen die antikatholischen Affekte sich ungehemmt Ausdruck verschafften.[51]

Schritt um Schritt erweiterte Bismarck das Feld der Auseinandersetzung, indem er auch den Heiligen Stuhl direkt einbezog: Im Mai 1872 ernannte er den Kardinal Gustav zu Hohenlohe, einen notorischen Jesuitengegner, zum Botschafter beim Vatikan, ohne zuvor dessen Zustimmung einzuholen. Das war eine gezielte Provokation: Die erwartete Ablehnung des Papstes wollte Bismarck zur Verschärfung des innenpolitischen Kampfkurses nutzen. In der darüber stattfindenden Reichstagsdiskussion fiel jener berühmte, immer wieder zitierte Satz des Reichskanzlers: »Nach Canossa gehen wir nicht – weder körperlich noch geistig.«[52] Mit der Beschwörung des Canossa-Mythos war der Konflikt mit der katholischen Kirche zu einer Angelegenheit der nationalen Ehre geworden, in der es kein Zurückweichen mehr gab.

Durch eine Serie von Kampfgesetzen, die im Mai 1873 in Kraft traten, griff der Staat massiv in die inneren Belange der Kirche ein: Danach durfte auf ein Priesteramt nur noch berufen werden, wer Gymnasium und Universität besucht und neben der theologischen Prüfung ein zusätzliches *Kulturexamen* in Philosophie, Geschichte und deutscher Literatur abgelegt hatte (wie es in Baden schon 1867 eingeführt worden war[53]). Für die Besetzung eines geistlichen Amtes galt eine *Anzeigepflicht*; ohne die Zustimmung der Staatsbehörden durfte kein Geistlicher angestellt oder versetzt werden; alle kirchlichen Disziplinarmaßnahmen wurden staatlicher Aufsicht unterworfen; ein weiteres Gesetz erleichterte den Kirchenaustritt, indem es eine einfache Erklärung vor einem Richter für ausreichend befand.[54]

Als sich die katholischen Bischöfe weigerten, die Mai-Gesetze anzuerkennen, antwortete Bismarck mit einer weiteren Verschärfung der Kampfmaßnahmen: Ein im Mai 1874 verabschiedetes Gesetz bot die Handhabe, Geistliche, die ihr Amt ohne Zustimmung der staatlichen

Behörde ausübten, an ihrer Tätigkeit zu hindern, auch durch Ausweisung aus dem betreffenden Ort oder gar durch Ausbürgerung. Ein Jahr später folgte das *Brotkorbgesetz*, das die Einstellung aller finanziellen Zuwendungen an die Kirche vorsah, solange sich die Geistlichen nicht auf die Beachtung der Mai-Gesetze verpflichtet hatten. Die Kampf- und Ausnahmegesetzgebung war begleitet von Schikanen, Zensurmaßnahmen und Gesinnungsschnüffelei.

Doch Bismarck hatte die Widerstandskraft der katholischen Kirche unterschätzt. Sein Versuch, einen Keil zwischen Episkopat und Gläubige zu treiben, scheiterte, mehr noch: Die Verfolgung schweißte sie erst recht zusammen. Kein katholisches Seminar übernahm das staatliche *Kulturexamen*; nicht ein preußischer Bischof erfüllte die *Anzeigepflicht*. Wurden Geldstrafen wegen Mißachtung der Mai-Gesetze verhängt, weigerte sich die Geistlichkeit zu zahlen. Wurde daraufhin ihr Eigentum gepfändet und zwangsversteigert, gab dies immer wieder Anlaß zu Protestkundgebungen. Schließlich gingen die Behörden dazu über, die unbotmäßigen Geistlichen, darunter auch einige prominente Bischöfe, zu verhaften und ins Gefängnis zu werfen. Allein in den ersten vier Monaten des Jahres 1875 wurden 241 Geistliche, 136 Redakteure und 210 weitere Katholiken zu Geld- und Haftstrafen verurteilt. 20 Zeitungen waren konfisziert, 74 Wohnungen durchsucht, 113 Personen vertrieben oder interniert und 55 Versammlungen aufgelöst worden.[55] Besorgt konstatierte die liberale FRANKFURTER ZEITUNG, daß Deutschland bald wohl »als ein einziges großes Gefängnis erscheine«.[56] Mehr als tausend Pfarrstellen in Preußen waren vakant, das heißt, ein Viertel aller Gemeinden war ohne seelsorgerische Betreuung.

Die Maßregelungen ließen die gläubigen Katholiken nur noch enger zusammenrücken. Passiver Widerstand und ziviler Ungehorsam wurden zur Demonstration katholischer Solidarität. Flüchtige Priester wurden versteckt; verurteilte Geistliche zum Gefängnistor begleitet. Nicht selten ersteigerten Gemeindemitglieder bei öffentlichen Auktionen das verpfändete Mobiliar und gaben es an die kirchlichen Autoritäten zurück. An nationalen Feiertagen, Kaisers Geburtstag oder am Sedantag, hielten sich die Katholiken ostentativ von allen Festlichkeiten fern, und sie weigerten sich auch, die schwarz-weiß-rote Reichsflagge zu hissen. Sie bekundeten auf diese Weise ihre Distanz zu einer Nation, aus der sie sich ausgeschlossen fühlten.

Der Protest gegen den *Kulturkampf* entfaltete sich als eine breite soziale Bewegung von unten. Die katholischen Gemeinden verteidigten mit ihren religiösen Institutionen zugleich gewachsene Lebensformen. In die Abwehr staatlicher Eingriffe mischten sich Erscheinungen einer neuen Volksfrömmigkeit. In diesen Zusammenhang gehört auch eine wenig bekannte Episode, auf die der englische Historiker David Blackbourn den Blick gelenkt hat: Tausende katholischer Pilger strömten in den siebziger Jahren in Dörfer des Saarlands, des Ermlands und Bayerns, wo angeblich die Jungfrau Maria erschienen war. Wurde einer dieser Orte zum Bannbezirk erklärt, verstanden es die Katholiken, das Verbot zu umgehen.[57]

Die Solidarität unter den Katholiken schlug sich auch in deutlichen Stimmengewinnen für das Zentrum nieder: Bereits bei den preußischen Landtagswahlen im November 1873 konnten sie, zum Erstaunen ihrer Gegner, ihre Mandate von 52 auf 90 erhöhen. Die Reichstagswahlen vom Januar 1874 bestätigten den Trend: Das Zentrum verdoppelte gegenüber 1871 seine Stimmenanteile; die Zahl seiner Reichstagssitze stieg von 63 auf 91. Bismarcks Kampagne zur Vernichtung des politischen Katholizismus hatte das genaue Gegenteil bewirkt: Das Zentrum hatte sich konsolidiert und war auf dem besten Wege, sich zur ersten Massenpartei in Deutschland zu entwickeln.

Unter dem Eindruck dieses Fehlschlags begann Bismarck nach Mitteln und Wegen zu suchen, die Situation zu entspannen und zu einem Modus vivendi mit der katholischen Kirche zu kommen. Einen Ansatzpunkt dafür bot der Tod Pius' IX. im Februar 1878. Der neue Papst Leo XIII. war seinerseits einem Kompromiß nicht abgeneigt und sandte entsprechende Signale nach Berlin. Zwischen 1880 und 1883 wurden die rigorosesten Kampfgesetze der Reihe nach zurückgenommen, bis dann 1886/87 der Friedensschluß mit der Kurie auch förmlich besiegelt wurde.[58]

Bismarcks Wende stand im Zusammenhang mit einem innenpolitischen Kurswechsel während der Jahre 1878/79. Die Partnerschaft mit den Nationalliberalen war dem Kanzler lästig geworden; er strebte eine Verschiebung der politischen Kräfteverhältnisse nach rechts, zu den

Konservativen an, und in dieser Konstellation war auch dem Zentrum eine neue Rolle zugedacht.

Der Schaden, den der *Kulturkampf* angerichtet hatte, war allerdings beträchtlich. Das innenpolitische Klima war vergiftet, das Verhältnis zwischen den beiden christlichen Konfessionen belastet und das Vertrauen eines großen Teils der katholischen Bevölkerung zum neuen Staat nachhaltig gestört. Noch lange Zeit fühlten sich Katholiken diskriminiert und als Bürger zweiter Klasse behandelt. Es dauerte viele Jahre, bis die tiefen Wunden vernarbt waren.

Einen hohen Preis zahlten auch die Nationalliberalen. Sie hatten sich mit Bismarck im *Kulturkampf* verbündet und dabei fast alle Prinzipien über Bord geworfen, für die der Liberalismus einst eingetreten war. Zu Recht hielt Windthorst ihnen in einer Rede im preußischen Abgeordnetenhaus am 15. Mai 1876 vor: »Meine Herren ... in den drei Jahren sind sie, ohne es selbst zu wissen, vollständig von Ihrem ursprünglichen liberalen Standpunkt herabgekommen und Sie sind jetzt nichts anderes als ... die Unterstützer der Regierung, die reine, absolut ministerielle Partei, die alles bewilligt, was der Minister verlangt.«[59]

In dieser Beziehung war Bismarcks Rechnung aufgegangen: Er hatte die Nationalliberalen zu Komplizen seiner Gewaltpolitik gemacht, indem er sie dazu brachte, Maßnahmen zu unterstützen und mitzutragen, die den Idealen des Liberalismus hohnsprachen. »Im Namen der Freiheit unterschrieben sie Gesetze, die ihr ins Gesicht schlugen, und stellten ihre Partei, die doch vorgab, das Recht des Einzelnen gegen jegliche willkürliche Autorität zu vertreten, uneingeschränkt hinter einen Staat, der keine Grenze für seine Macht anerkannte.«[60] Der Substanzverlust des deutschen Liberalismus war, auf lange Sicht, die wohl schwerwiegendste Folge des *Kulturkampfes*.

Die innenpolitische Wende von 1878/79

Die Jahre 1878/79 bedeuteten eine Zäsur in der inneren Entwicklung des Kaiserreichs: Bismarck brach mit der bis dahin stärksten Partei, den Nationalliberalen, mit deren Unterstützung er nicht nur den *Kulturkampf* gegen das Zentrum geführt, sondern auch wichtige gesetzgeberische Vorhaben zur Vereinheitlichung des Währungs-, Rechts- und Verwaltungssystems durch den Reichstag gebracht hatte. Dieser innenpolitische Kurswechsel stand im Zusammenhang mit tiefgreifenden Veränderungen in Wirtschaft und Gesellschaft seit dem großen *Gründerkrach* von 1873. Neben den sozialpsychologischen Folgen, vor allem der Reaktivierung und Radikalisierung des Antisemitismus, war das wichtigste Ergebnis der krisenhaften wirtschaftlichen Entwicklung die Entstehung von Interessenverbänden, die sich mit neuen, aggressiven Werbe- und Agitationsmethoden an Regierung und Öffentlichkeit wandten. Den Anfang machten die durch den Konjunktureinbruch von 1873 besonders hart getroffenen Unternehmer der Eisen- und Stahlindustrie. Im November 1873 gründeten sie den *Verein Deutscher Stahl- und Eisenindustrieller* – die erste ganz Deutschland umfassende Interessenvertretung der Schwerindustrie. Im Januar 1876 entstand, als Dachorganisation verschiedener gewerblich-industrieller Interessenverbände, der *Centralverband deutscher Industrieller* (CdI), in dem wiederum die rheinisch-westfälische Eisen- und Stahlindustrie einen beherrschenden Einfluß besaß.

Gemeinsamer Nenner der industriellen Interessenmobilisierung war die Abkehr vom liberalen Freihandel, der die Wirtschaftspolitik in der Phase der Hochkonjunktur seit 1866/67 bestimmt hatte, und die Forderung nach Einführung von Schutzzöllen, durch welche die einheimische Produktion von der lästigen ausländischen Konkurrenz abgeschirmt werden sollte: »Das große Ziel, welches der Zentralverband auf seine Fahne schreiben muß, ist Schutz der nationalen Arbeit in Industrie, Handwerk und Landwirtschaft, Solidarität aller volkswirtschaftlichen Arbeit.«[61]

Die Schutzzollagitation der Schwerindustrie war allerdings ohne durchschlagende Wirkung, solange die Großlandwirtschaft an ihrer traditionellen freihändlerischen Orientierung festhielt. Gerade hier bahnte sich jedoch Mitte der siebziger Jahre ein Wandel an. Billiges Getreide vor allem aus Rußland und den Vereinigten Staaten verdrängte die deutsche Agrarwirtschaft nicht nur aus ihren wichtigsten Exportmärkten, sondern drückte auch auf dem deutschen Markt die Preise. Die Agrarkrise war politisch besonders brisant, weil sie die wirtschaftliche Basis der alten preußischen Machtelite direkt bedrohte. Unter dem

Druck der ausländischen Konkurrenz begannen sich auch die ostelbischen Agrarier dem Verlangen nach protektionistischen Maßnahmen zu öffnen. Im Februar 1876 schufen sie sich mit der *Vereinigung der Steuer- und Wirtschaftsreformer* eine Interessenorganisation, die sich für Einfuhrzölle auf ausländisches Getreide stark machte. Diese Forderung lief auf eine Subventionierung der Großgrundbesitzer zu Lasten der Verbraucher hinaus, welche die Getreidezölle mit einem höheren Brotpreis würden bezahlen müssen. In den Ruf der Interessenverbände nach »Schutz der nationalen Arbeit« mischten sich antisemitische Stereotype und ein aggressiver Nationalismus. Das Schlagwort »Deutschland den Deutschen« kam auf.[62]

Bevor das Interessenbündnis von Industrie und Landwirtschaft, die informelle Allianz aus *Eisen und Roggen*, geschmiedet werden konnte, mußten noch manche Hindernisse überwunden werden. Unter den Agrariern waren antiindustrielle Ressentiments weit verbreitet. Der Forderung nach Schutzzöllen auch für industrielle Produkte mochten sie sich nur ungern anschließen, weil sich dadurch die Importe für landwirtschaftliche Maschinen verteuerten. Es bedurfte langer und schwieriger Verhandlungen, bis die unterschiedlichen Interessen unter einen Hut gebracht waren. Im Oktober 1877 einigten sich der CdI und die *Vereinigung der Steuer- und Wirtschaftsreformer* schließlich auf ein gemeinsames Zollprogramm. Schritt um Schritt festigte sich die zunächst noch fragile schutzzöllnerische Interessenkoalition. Im Februar 1879, auf dem 10. Kongreß Deutscher Landwirte, wurde das »unverbrüchliche Bündnis« zwischen Landwirtschaft und Industrie förmlich besiegelt.

Bismarck hatte sich in der Frage *Freihandel oder Schutzzoll* zunächst zurückgehalten. Auf das Zusammengehen von Industriellen und Agrariern zugunsten des Protektionismus nahm er keinen direkten Einfluß, wiewohl er zu erkennen gab, daß ihm eine Selbstorganisation der wirtschaftlichen Interessen ohne Beteiligung der Parteien nicht unwillkommen war. Daß die wirtschaftspolitischen Wünsche der Schutzzollallianz dann zum Dreh- und Angelpunkt seiner innenpolitischen Umorientierung wurden, hatte vor allem zwei Gründe. Zum einen eröffnete sich hier die Möglichkeit, das Reich von den Finanzzuweisungen der Bundesstaaten, den sogenannten Matrikularbeiträgen, unabhängig zu machen. Dieses System der Matrikularbeiträge war Bismarck nicht nur politisch lästig, weil es das Reich zum Kostgänger der Länder machte; es war auch den steigenden finanzpolitischen Verpflichtungen des Reiches nicht mehr gewachsen. Durch Außenzölle mit genügender Ertragshöhe sollten die Finanzen des Reichs auf eine feste Grundlage gestellt werden.

Zum anderen – und dies war gewiß der wichtigere Aspekt – sah Bismarck in der Mobilisierung der wirtschaftlichen Interessen unter dem Banner des *Solidarprotektionismus* ein Mittel, die Liberalen in die Schranken zu verweisen und allen Bestrebungen, die Reichsverfassung in fortschrittlichem Sinne auszugestalten, eine Grenze zu ziehen. Letztlich ging es ihm um eine »Politik der Systemstabilisierung«[63], das heißt darum, die sozialkonservativen Grundlagen des preußisch-deutschen Staates festzuschreiben und seine eigene, im Reich und Preußen verankerte Machtstellung zu zementieren. Dahinter stand erkennbar bereits die Sorge vor einem Thronwechsel. Denn im Gegensatz zu Wilhelm I. war Kronprinz Friedrich Wilhelm, unter dem Einfluß der Kronprinzessin Victoria, liberalen Ideen durchaus zugeneigt. Von ihm mußte Bismarck befürchten, daß er, einmal auf dem Thron, ein *Kabinett Gladstone* mit liberalen Politikern bilden würde. Dem wollte der Reichskanzler rechtzeitig vorbeugen. Er habe die »Empfindung«, so ließ er 1876 den hanseatischen Gesandten in Berlin wissen, »daß es an der Zeit sei, den liberalen Bestrebungen, soweit sie auf Schwächung der obrigkeitlichen Gewalt gerichtet« seien, entschieden entgegenzutreten. Am ehesten könne er dies erreichen, wenn er den »conservativen Elementen« freie Bahn schaffe.[64]

Allerdings sollte man sich davor hüten, Bismarcks innenpolitischem Handeln zuviel Zielstrebigkeit und Konsequenz zu unterstellen. Der Übergang zur Schutzzollpolitik und, damit verbunden, der Bruch mit den Liberalen vollzogen sich nicht nach einem großen Generalplan, sondern in zögernden, tastenden Schritten, wobei sich der Kanzler in dem für ihn charakteristischen Politikstil immer auch noch andere Optionen offenhielt. Ein erstes Signal für die bevorstehende Wende war der Rücktritt des Chefs des Reichskanzleramts, Rudolf von Delbrück, der allgemein als Exponent einer liberalen Wirtschaftspolitik galt, ein zweites die Neugründung der Deutsch-Konservativen Partei im

Juli 1876, die sich ausdrücklich zu der von Bismarck geschaffenen politisch-sozialen Ordnung bekannte, sich zugleich aber auch die agrarprotektionistischen Parolen der *Vereinigung der Steuer- und Wirtschaftsreformer* zu eigen machte. Damit zeichnete sich, vorausgesetzt, daß der *Kulturkampf* beendet war und die Aussöhnung mit dem Zentrum gelingen würde, eine neue parlamentarische Mehrheitsbildung ab, in der die Nationalliberalen nicht mehr über eine Schlüsselstellung verfügten.

Schon bei den Reichstagswahlen vom 10. Januar 1877 zeigte sich eine deutliche »Kräfteverschiebung nach rechts«.[65] Die Nationalliberalen blieben zwar stärkste Fraktion, mußten aber, ebenso wie die linksliberale Fortschrittspartei, Stimmenverluste hinnehmen; die beiden konservativen Parteien konnten hingegen zulegen, während die Position des Zentrums nach dem großen Wahlsieg von 1874 nahezu stabil blieb.

Im Laufe des Jahres 1877 unternahm Bismarck einen Schritt, der dem angestrebten Ziel einer konservativen Sammlung zuwiderzulaufen schien: Er bot dem Führer der Nationalliberalen, Rudolf von Bennigsen, an, als Minister in die preußische Regierung einzutreten, er offerierte ihm sogar den Posten eines Vizekanzlers. Wie ernst es ihm mit diesem Angebot war, ist schwer zu sagen. Möglicherweise war das Ganze nur ein taktischer Schachzug, um die Spannungen innerhalb der Nationalliberalen Partei zu verschärfen und den linken Flügel um Eduard Lasker abzusprengen. Wie auch immer, Bennigsen stellte als Bedingung für seinen Eintritt in die Regierung, daß noch zwei weitere Nationalliberale, die zudem dem linken Flügel zugerechnet wurden, zu Ministern ernannt würden. Darauf aber konnte sich Bismarck nicht einlassen. Bennigsen und seine Parteifreunde glaubten, daß die Zeit für sie arbeite, und die Regierung schließlich einen noch höheren Preis für die parlamentarische Unterstützung zahlen würde. Doch mit ihrer Gegenforderung hatten sie »ihre Karte überreizt«[66] und Bismarck die Chance zugespielt, die Zusammenarbeit mit den Nationalliberalen aufzukündigen.

In seinem pommerschen Gut Varzin, wohin sich der Kanzler für längere Zeit zurückgezogen hatte, wurde die politische Wende nun fieberhaft vorbereitet. »Wir stehen vor einer Krisis in den inneren Angelegenheiten, wie sie seit zehn Jahren nicht dagewesen ist«, schrieb der Chef der Reichskanzlei, Christoph von Tiedemann, Ende November 1877. »Es passiert hinter den Kulissen mehr, als man ahnt.«[67] In einer als sensationell empfundenen Reichstagsrede am 22. Februar 1878 lüftete Bismarck erstmals den Schleier, der bisher über seinen Plänen gelegen hatte: Er sprach sich für die Errichtung eines staatlichen Tabakmonopols aus, deutete aber zugleich an, daß dies nur der erste Schritt auf dem Wege zu einem grundsätzlichen Kurswechsel im Sinne der Schutzzollpolitik sein würde. Das kam einer Kriegserklärung an den freihändlerisch orientierten Flügel der Nationalliberalen gleich. Für aufmerksame Beobachter war jetzt klar, daß der Reichskanzler auf eine ganz neue innenpolitische Konstellation hinarbeitete: »Der Systemwechsel wird immer deutlicher erkennbar, und die Parteien in den Parlamenten sind in voller Umwandlung begriffen«, schrieb der badische Großherzog Friedrich I. Anfang April 1878. »Je nachdem (wie) die nächsten Regierungsvorlagen im Reichstag behandelt werden, ist zu gewärtigen, daß eine Auflösung desselben erfolgt.«[68]

Tatsächlich wurde die Auflösung des Reichstags für Bismarck im Frühjahr 1878 zu einer Kardinalfrage seiner inneren Politik. Denn so, wie das Parlament zusammengesetzt war, konnte er nicht hoffen, seine Pläne durchzubringen. Ein unvorhersehbares Ereignis kam ihm zur Hilfe: Am 10. Mai feuerte der Klempnergeselle Max Hödel zwei Kugeln auf Kaiser Wilhelm I. ab, ohne ihn zu treffen. Obwohl dem Attentäter keine politischen Motive noch gar Beziehungen zur Sozialdemokratie nachgewiesen werden konnten, war Bismarck entschlossen, aus dem Vorfall Kapital für seine innenpolitischen Zwecke zu schlagen. »Sollte man nicht von dem Attentat Anlaß zu sofortiger Vorlage gegen Sozialisten und deren Presse nehmen?« wies er den preußischen Innenminister Graf Botho von Eulenburg an.[69] Innerhalb weniger Tage wurde ein Gesetzentwurf ausgearbeitet. Er war bewußt so formuliert, daß er für die liberale Mehrheit im Reichstag unannehmbar war. Die erwartete Ablehnung wiederum wollte Bismarck zum Vorwand nehmen, den Reichstag aufzulösen.

Drei Wochen später spielte ihm der Zufall noch einmal in die Hände: Am 2. Juni 1878 verübte ein offenbar psychisch gestörter Mann namens Dr. Karl Nobiling ein neuerliches Attentat auf den greisen Kaiser und verletzte ihn schwer. »Dann lösen wir den Reichstag auf«, rief Bismarck spontan aus, als ihm die Nachricht überbracht wurde.[70] Nach einer anderen Quelle soll der Kanzler noch deutlicher geworden sein: »Jetzt habe ich die Kerle, jetzt drücke ich sie an die Wand, bis sie quietschen.«[71] Gemeint waren nicht die Sozialdemokraten, sondern die Nationalliberalen.

In dem Wahlkampf, der unmittelbar nach Auflösung des Reichstags am 11. Juni entbrannte, zog Bismarck alle Register plebiszitärer Manipulation. Hemmungslos wurden Krisenangst und Revolutionsfurcht geschürt; die staatlich gelenkte Presse münzte das Wählervotum um in eine Entscheidung für oder gegen den Reichsgründer. Der Ausgang der Reichstagswahlen entsprach dennoch nicht ganz den Erwartungen Bismarcks. Zwar fielen die Nationalliberalen von 128 auf 99, die Linksliberalen von 35 auf 26 Sitze, während die Deutsch-Konservativen ihre Mandate von 40 auf 59, die Freikonservativen (Reichspartei) die ihren von 38 auf 57 steigern konnten. Doch immer noch besaßen die Liberalen mit 125 Sitzen ein leichtes Übergewicht über die konservativen Fraktionen, die es zusammen auf 106 Sitze brachten. Die parlamentarische Schlüsselrolle fiel mithin dem Zentrum zu, das zu seinen 93 Sitzen einen hinzugewann. Die zum neuen Bürgerschreck avancierten Sozialdemokraten fielen mit 9 Mandaten (statt bisher 12) noch kaum ins Gewicht.

Trotz des unverkennbaren Rechtsrucks hatten die Wahlen Bismarck immer noch keine gefügige Reichstagsmehrheit beschert. Deshalb spielte der Kanzler mit dem Gedanken, das Parlament mehrmals hintereinander aufzulösen,[72] ja, er drohte sogar mit einer Revision der Reichsverfassung. Lehne auch der neue Reichstag das Sozialistengesetz ab, so äußerte er in einem Gespräch mit Kultusminister Adalbert Falk im August 1878, dann werde er sein Amt niederlegen und es nur wiederaufnehmen, wenn der Kaiser den Reichstag abermals auflöse: »Wenn die Auflösung wieder keinen Erfolg habe, dann sei ein juristischer Staatsstreich nötig. Deutschland könne dann eben nicht reiten. Der Bündnisvertrag müsse gelöst werden und damit die Verfassung umgeworfen werden.«[73] Die Drohung mit dem Staatsstreich gehörte fortan »zu einem latent wirksamen Bestandteil der deutschen Verfassungswirklichkeit«.[74] Sie führte in die Innenpolitik des Kaiserreichs ein neues, gewaltsames Element ein, dessen Wirkung darauf berechnet war, Parlament und Parteien einzuschüchtern und gefügig zu machen. Im Notfall – so lautete Bismarcks unmißverständliche Botschaft – werde er die monarchische Autorität und das, wofür sie stand, auch durch ein Säbelregiment verteidigen.

Am 19. Oktober 1878 nahm der Reichstag den zweiten Entwurf eines Sozialistengesetzes mit den Stimmen der beiden konservativen Parteien und der Nationalliberalen an. Innerhalb der nationalliberalen Fraktion war es zuvor zu heftigen Auseinandersetzungen gekommen, doch hatte man sich schließlich, nach einigen Präzisierungen des Gesetzestextes, für die Zustimmung entschieden. Das war ein weiterer Schritt auf dem »geraden Weg in den politisch-moralischen Bankrott« der Partei.[75] Denn mit Rechtsgleichheit und Rechtsstaatlichkeit, Kernprinzipien des Liberalismus, hatte das Ausnahmegesetz gegen die Sozialdemokratie nichts mehr zu tun.

Am 17. Oktober 1878, zwei Tage vor Verabschiedung des Sozialistengesetzes, war eine *Volkswirtschaftliche Vereinigung des Reichstags* mit einer Erklärung für die Schutzzollpolitik an die Öffentlichkeit getreten. Sie war von 204 (der insgesamt 397) Abgeordneten unterzeichnet; davon gehörten 75 den beiden konservativen Fraktionen, 87 dem Zentrum und 27 dem rechten Flügel der Nationalliberalen an. Für Bismarck war das ein Signal, nun das Kernstück seines innenpolitischen Programms, den Zolltarif, zügig in die Tat umzusetzen. In einem Schreiben vom 15. Dezember informierte er den Bundesrat über die Grundzüge des geplanten wirtschaftspolitischen Kurswechsels. An der gesetzgeberischen Vorbereitung nahm Bismarck selbst intensiven Anteil. Bereits am 4. April 1879 wurde dem Reichstag der Gesetzentwurf zugeleitet, Anfang Mai die Debatte darüber eröffnet.

Für die Nationalliberalen wurde die Auseinandersetzung über den neuen Zolltarif zum Sprengsatz. Ihr rechter Flügel hatte sich von vornherein auf eine Unterstützung des protektionistischen Kurses festgelegt; die Wortführer des linken Flügels blieben der freihändlerischen Tradition der Partei verhaftet. Sie argwöhnten zu Recht, daß die von Bismarck betriebene Zusammenführung großindustrieller und großagrarischer Interessen nur reaktionären Zielen diene und, wie Max von Forckenbeck im Januar 1879 warnte, den »Untergang jeder konstitutionell freiheitlichen Entwicklung« bedeuten könne.[76] Der tiefe Riß zwischen Schutzzöllnern und Freihändlern war nicht mehr zu kitten; schon vor den Reichstagsverhandlungen drohte die Fraktion auseinanderzubrechen. Eduard Lasker goß zusätzlich Öl ins Feuer, als er dem Reichskanzler in einer großen Rede am 8. Mai 1879 vorwarf, einseitige Interessenpolitik im Dienste der Besitzenden zu betreiben. Bismarck reagierte überaus gereizt. In seiner Antwortrede ließ er seinen Ressentiments gegen die in seinen Augen nichtsnutzigen Berufsparlamentarier freien Lauf. Lasker gehöre zu »denjenigen Herren, die ja bei der Herstellung unserer Gesetze in allen Stadien der Gesetzgebung die Majorität bilden, von denen die Schrift sagt: sie säen nicht, sie ernten nicht, sie weben nicht, sie spinnen nicht, und doch sind sie gekleidet«.[77]

Vergeblich versuchte Bennigsen, den offenen Bruch mit Bismarck zu vermeiden. Er bot dem Kanzler Unterstützung für das Schutzzollprogramm an, sofern nur konstitutionelle Garantien gegen eine Aushöhlung des parlamentarischen Budgetrechts gewährt würden. Doch Bismarck war nun entschlossen, die Zusammenarbeit mit den Nationalliberalen definitiv zu beenden und sich statt ihrer das Zentrum als neue parlamentarische Stütze zu verpflichten. Das Zusammengehen mit der Partei der Katholiken war möglich geworden, seit zwischen Berlin und Rom Gespräche über eine Beendigung des *Kulturkampfes* begonnen hatten. Seine Zustimmung zum Zolltarif machte das Zentrum allerdings von einer Bedingung abhängig: Alle Zolleinnahmen des Reichs, die einen Betrag von 130 Millionen Mark überstiegen, sollten an die Bundesstaaten überwiesen werden; der zusätzliche Finanzbedarf des Reiches sollte wie bisher durch Matrikularbeiträge gedeckt werden. Bismarck war bereit, diese *Franckensteinsche Klausel* – so benannt nach ihrem Urheber, dem Zentrumspolitiker Freiherrn Georg von und zu Franckenstein – zu akzeptieren, obwohl der Kompromiß ihn von seinem Ziel einer völligen finanziellen Unabhängigkeit des Reiches von den Bundesstaaten abbrachte. Am 12. Juli 1879 wurden die Zollvorlagen mit den Stimmen der konservativen Parteien, des Zentrums sowie von 20 nationalliberalen Abgeordneten angenommen. Damit war nicht nur der Bruch Bismarcks mit den Liberalen vollzogen, sondern zugleich der Zerfall der Nationalliberalen Partei durch Abspaltung zunächst des rechten, dann des linken Flügels eingeleitet.

Helmut Böhme hat, bezogen auf die Wende von 1878/79, von einer

»Reorganisation des preußisch-deutschen Staatswesens« gesprochen, die einer »Neugründung« des Reiches gleichgekommen sei.[78] Das ist gewiß eine Übertreibung. Denn der militärisch-autoritäre, sozialkonservative Charakter war dem Deutschen Reich bereits in seiner Geburtsstunde eingeprägt worden; durch die Entscheidungen von 1878/79 wurde er allerdings dauerhaft befestigt. Folgenreich waren diese Entscheidungen – wie Ernst Engelberg pointiert hat – »nicht deswegen, weil sich im Wesen des Staates etwas geändert hätte, sondern weil sich, obwohl es der historische und politische Fortschritt eigentlich erforderte, eben nichts geändert hatte«.[79] Alle Ansätze zu einer liberalen Weiterentwicklung der Verfassung, die in der Reichsgründungsära im Bereich des Möglichen gelegen hatten, wurden vorerst abgeschnitten. Und das war nicht nur auf den Machiavellismus Bismarcks zurückzuführen, sondern auch auf den Opportunismus der Nationalliberalen. Sie hatten es »niemals gewagt, sich Bismarcks personalplebiszitärer Machtstellung, die auf seinem enormen Ansehen gerade in bürgerlichen Schichten beruhte, entschlossen entgegenzustellen«; vielmehr hatten sie »immer wieder versucht, an seinem großen Prestige zu partizipieren und sich in seinem Glanze zu sonnen«.[80] Als er sie nicht mehr brauchte, ließ Bismarck die Nationalliberalen fallen, nicht ohne zuvor kräftig zur inneren Zerstörung der Partei beigetragen zu haben.

Wenn es Bismarck auch in der Folgezeit nicht gelang, eine stabile, zuverlässige Mehrheit im Reichstag zu gewinnen, so war das Ergebnis von 1878/79 doch die Wendung zu einer konservativen Politik, die ihren Rückhalt in Preußen suchte: »Durch die künstliche, kostspielige Konservierung ihrer überkommenen agrarwirtschaftlichen Basis sollte die traditionelle Hegemonie der preußisch-deutschen Grund-, Militär- und Verwaltungsaristokratie, der alten, priviligierten Herrscherelite der vorindustriellen Gesellschaft und des vorkonstitutionellen Staates auch im Zeitalter der permanenten Industrierevolution und des allgemeinen Wahlrechts mit Hilfe eines neu errichteten, von landwirtschaftlichen und industriellen Großproduzenten gestützten Dammes gegen den *Umsturz* von unten und den Ansturm der internationalen Konkurrenz von außen stabilisiert werden.«[81]

Gerade weil der Reichstag sich als Instrument der sozialkonservativen Stabilisierungspolitik auf Dauer nicht gebrauchen ließ, hielt Bismarck die Akzentuierung Preußens als Basis seiner Machtstellung für notwendig. Und in Preußen begann nach dem Rücktritt der letzten Minister mit liberalen Neigungen – unter ihnen Kultusminister Falk – im Sommer 1879 ein streng konservatives Regiment. Unter der Ägide des neuen Innenministers Robert von Puttkamer wurde die preußische Bürokratie in den achtziger Jahren von allen liberalen Elementen »gesäubert«. Blinde Staatsgläubigkeit und monarchische Gesinnungstreue gehörten fortan zur unverzichtbaren Voraussetzung für eine Karriere im preußischen Verwaltungsdienst.

Die zweite bedeutsame Folge der Wende von 1878/79 war die Schwächung und Demoralisierung des politischen Liberalismus. Der linke Flügel um Eduard Lasker, Ludwig Bamberger, Max von Forckenbeck spaltete sich im August 1880 als *Sezession* von der Nationalliberalen Partei ab und schloß sich 1884 mit der Fortschrittspartei zur Deutsch-Freisinnigen Partei zusammen.[82] Den strukturellen Niedergang des Liberalismus konnte allerdings auch die neue Partei nicht aufhalten. Die Rest-Nationalliberalen schwenkten unter Führung des Bennigsen-Nachfolgers Johannes Miquel nach 1883 ganz auf die Linie einer gouvernementalen Partei ein, die sich rückhaltlos zur Politik Bismarcks bekannte. Ihre parlamentarische Vertretung schmolz in den achtziger Jahren – abgesehen von einem einmaligen, im Bündnis mit den konservativen Parteien, dem sogenannten *Kartell*, erzielten Wahlerfolg 1887 – auf ein Drittel der ursprünglichen Stärke zusammen. Angesichts der Aufspaltung des liberalen Lagers und der Rechtswendung der Nationalliberalen besaß die Perspektive einer demokratisch-parlamentarischen Entwicklung in Preußen-Deutschland einstweilen kaum eine Chance. Im Juli 1887 vertraute Ludwig Bamberger seinem Tagebuch die resignierte Feststellung an, daß »pomphafte Unterwürfigkeit« die Mentalität der »deutschen Mittelklassen« präge: »Der deutsche Parlamentarismus war eine Episode und ich in dieser Episode ein Mitspieler.«[83]

Der zweite innenpolitische Präventivkrieg: Sozialistengesetz und Sozialgesetzgebung

Als Bismarck sich anschickte, den *Kulturkampf* gegen die katholische Kirche zu beenden, hatte er bereits einen neuen Präventivkrieg nach innen eröffnet: gegen die sozialdemokratische Bewegung. Es gehörte zu seiner Herrschaftstechnik der »negativen Integration«, innenpolitische Konflikte anzuheizen, Minderheiten als *Reichsfeinde* zu stigmatisieren, um auf diese Weise die Mehrheit zu sammeln und auf sein Ziel der konservativen Stabilisierung zu verpflichten.[84] Was die Bestrebungen der Sozialdemokratie anging, war es für Bismarck viel einfacher, eine Gefahrensituation zu simulieren, als im Falle des Zentrums. Denn in den Augen des nationalen Bürgertums galten die Sozialdemokraten als *vaterlandslose Gesellen*, seit sie im Herbst 1870 gegen die Annexion von Elsaß-Lothringen Stellung bezogen und ihre Sympathien mit der neuen Republik in Frankreich bekundet hatten.[85] Das diffuse Gefühl, daß in Gestalt der Emanzipationsbewegung des *vierten Standes* eine neue, bedrohliche Kraft heranwuchs, steigerte sich unter dem Eindruck der Pariser Kommune und der Resonanz, die sie unter deutschen Sozialdemokraten fand. In einer Reichstagsrede vom 25. Mai 1871 nannte August Bebel, neben Wilhelm Liebknecht Führer der 1869 gegründeten *Sozialdemokratischen Arbeiterpartei* (SDAP), den Kampf in Paris »ein kleines Vorpostengefecht«, und er prophezeite, »daß die Hauptsache uns in Europa noch bevorsteht, und daß, ehe wenige Jahrzehnte vergehen, der Schlachtruf des Pariser Proletariats: ›Krieg den Palästen, Friede den Hütten, Tod der Not und dem Müßiggange!‹ der Schlachtruf des gesamten europäischen Proletariats sein wird«.[86]

Bismarck hat im Herbst 1878, anläßlich der Beratung des Sozialistengesetzes im Reichstag, erklärt, »jener Anruf der Kommune« sei »ein Lichtstrahl« gewesen, »der in die Sache fiel«; von diesem Augenblick an habe er »in den sozialdemokratischen Elementen einen Feind erkannt, gegen den der Staat, die Gesellschaft sich im Stande der Notwehr befindet«.[87] Es ist jedoch sehr zweifelhaft, ob Bismarck bereits 1871 so gedacht hat. Denn die sozialdemokratische Arbeiterbewegung war zu diesem Zeitpunkt eine sehr schwache Kraft, zudem noch in zwei Parteien gespalten: die im *Allgemeinen Deutschen Arbeiterverein* (ADAV) organisierten Lassalleaner und die Eisenacher um Bebel und Liebknecht. Bei den ersten Reichstagswahlen vom März 1871 kamen beide Gruppierungen zusammen nur auf 3,2 Prozent der abgegebenen Stimmen bzw. auf 2 Mandate. Obwohl der Prozeß der Herausbildung einer Klasse industrieller Lohnarbeiter rasch voranschritt, war die Verankerung beider sozialdemokratischer Parteien in dieser neuen Klasse vorerst noch gering. Ihre Anhänger rekrutierten sie überwiegend aus Berufen mit handwerklich-zünftlerischer Tradition. So erklärt sich auch, warum Buchdrucker, Schneider, Schuhmacher, Tischler, Maurer, Zigarrenarbeiter in der frühen Arbeiterbewegung den Ton angaben und Führungspositionen in den Organisationen bekleideten.[88] Zwar bekannte sich die SDAP, im Unterschied zum ADAV, zur internationalen Arbeiterassoziation in London, doch war dies noch nicht gleichbedeutend mit einer Rezeption zentraler Elemente der Marxschen Theorien.

Von einer ernsthaften Bedrohung der bestehenden Ordnung konnte also zur Zeit der Reichsgründung noch keine Rede sein. Dennoch hat Bismarck die von der Sozialdemokratie ausgehende Gefahr von Anfang an dramatisiert. Dabei spielten sowohl außen- wie innenpolitische Überlegungen eine Rolle. Für seine Außenpolitik nach 1871 bot der *cauchemar des révolutions*[89] einen günstigen Ansatzpunkt; die alte *Heilige Allianz* der drei konservativen Mächte Preußen-Deutschland, Österreich-Ungarn und Rußland im Zeichen monarchischer Solidarität wiederzubeleben. In der inneren Politik ließ sich das Schreckgespenst der *roten Gefahr* trefflich nutzen, um die Furcht der besitzenden Klassen vor dem sozialen Umsturz zu schüren und die politischen Ambitionen des liberalen Bürgertums zu zügeln.

Von Anfang an hat Bismarck allerdings auch erkannt, daß der sozialdemokratischen Bewegung mit Repressivmaßnahmen allein nicht beizukommen war. Deshalb verfolgte er eine Doppelstrategie: die Unterdrückung der sozialdemokratischen Agitation auf der einen und die Lösung der *Arbeiterfrage* durch eine fortschrittliche Sozialpolitik auf der anderen Seite. »Peitsche und Zuckerbrot«[90] – das war die spezifische Kombination, mit der der Kanzler auf diesem Feld der innenpolitischen Auseinandersetzung zu agieren gedachte. In einer Notiz an den preußischen Handelsminister von Itzenplitz vom 21. Oktober 1871 faßte Bismarck, als Resümee seiner Gespräche mit dem österreichischen Reichskanzler Beust, zusammen: »1. Entgegenkommen gegen die Wünsche der arbeitenden Klassen durch Gesetzgebung und Verwaltung, soweit mit den allgemeinen Staatsinteressen verträglich. 2. Hemmung der staatsgefährlichen Agitationen durch Verbots- und Strafgesetze.«[91] Die sozialdemokratische Bewegung in »ihrer gegenwärtigen Verirrung«, so führte Bismarck in einem weiteren Schreiben an Itzenplitz vom 17. November aus, könne nur dadurch aufgehalten und »in heilsamere Wege« umgeleitet werden, »daß man realisiert, was in den sozialistischen Forderungen als berechtigt erscheint und in dem Rahmen der gegenwärtigen Staats- und Gesellschaftsordnung verwirklicht werden kann«.[92]

In der Praxis allerdings kam zunächst die repressive Variante zum Zuge, während Bismarck seine sozialpolitischen Pläne vorerst auf Eis legte. Im März 1872 wurden Bebel und Liebknecht in einem *Hochverratsprozeß* vor dem Leipziger Schwurgericht zu je zwei Jahren Festungshaft verurteilt; Bebel erhielt überdies noch wegen *Majestätsbeleidigung* eine Freiheitsstrafe von neun Monaten, sein Reichstagsmandat wurde kassiert. Damit hatte die Staatsmacht zwei Märtyrer der sozialistischen Bewegung geschaffen, die sich großer Popularität nicht nur in der Arbeiterschaft erfreuten. Als Bebel den Zug verließ, um seine Haft auf der Festung Hubertusburg anzutreten, salutierten die Bahnbeamten, als würde ein Staatsoberhaupt verabschiedet.[93]

Die beiden Angeklagten hatten den Prozeß zu einem Tribunal gegen die Klassenjustiz umfunktioniert. Das gab der sozialdemokratischen Bewegung einen starken Auftrieb. Bereits bei den Reichstagswahlen vom Januar 1874 konnten SDAP und ADAV ihren Stimmenanteil mehr als verdoppeln. Sie erhielten 6,8 Prozent bzw. 9 Reichstagsmandate.

Die preußische Regierung antwortete mit dem Versuch, durch eine Verschärfung der Pressegesetze und des Strafrechts die weitere Ausbreitung der Sozialdemokratie zu unterbinden. Doch noch war die liberale Reichstagsmehrheit nicht bereit, den Staatsbehörden vorbehaltlos auf diesem Wege zu folgen. Ohnehin boten die bestehenden Gesetze ausreichend Handhaben für Repressalien und Schikanen aller Art. Besonders unrühmlich tat sich dabei der Magdeburger Staats-

Karikatur »Zur Verschärfung des Sozialistengesetzes«, Holzschnitt von Hermann Scherenberg, in: »Ulk«, 17. Jahrgang, Nr. 4 vom 26.1.1888.

anwalt Hermann Tessendorf hervor, der auf Bismarcks Betreiben 1873 nach Berlin versetzt wurde – »ein beschränkter Bürokrat und stümperhafter Jurist, aber eine jener servilen Naturen, die vor keinem Handlangerdienste zurückschreckten«, so hat ihn Franz Mehring, der Historiker der deutschen Sozialdemokratie, charakterisiert.[94] In der Ära dieses wütenden Sozialistenfressers hagelte es Geld- und Gefängnisstrafen wegen »Schmähung von Staatseinrichtungen«, »Aufreizung verschiedener Bevölkerungsklassen gegeneinander«, »Widerstandes gegen die Staatsgewalt«, »Majestätsbeleidigung«. Ein Höhepunkt dieser ersten Verfolgungswelle war das Verbot des ADAV im Juni 1874. Allerdings waren nicht alle Bundesstaaten bereit, der harten Linie Preußens zu folgen, wodurch ein Teil der Wirkung verpuffte.

Unterstützung fand die Repressionspolitik der preußischen Staatsorgane vor allem bei den Unternehmern an Rhein und Ruhr. Seit dem Konjunktureinbruch von 1873 gingen die Eisen- und Stahlindustriellen dazu über, gerade solche Arbeiter zu entlassen, die im Verdacht sozialdemokratischer Neigungen standen. Alfred Krupp, der bald zum ersten Rüstungsfabrikanten des Kaiserreichs aufstieg, hatte bereits im Juni 1872 in einem Aufruf an die Arbeiter seiner Gußstahlfabrik davor gewarnt, den falschen Parolen, welche sich »herumtreibende Aufwiegler in die Betriebe tragen«, Folge zu leisten, und im Stile eines Gutsherrn erklärt, »daß ich in meinem Hause wie auf meinem Boden Herr sein und bleiben will«.[95]

Die Verfolgung traf Lassalleaner und Eisenacher gleichermaßen, und dadurch wurde ein großer Teil der Differenzen hinfällig, die beide sozialdemokratischen Parteien bisher getrennt hatten. Im Mai 1875 schlossen sie sich in Gotha zur *Sozialistischen (später Sozialdemokratischen) Arbeiterpartei Deutschlands* (SAP) zusammen. Die vereinigte Partei zählte allerdings nicht einmal 30 000 Mitglieder – ein Zeichen dafür, wie schwach ihre Basis in der Industriearbeiterschaft noch war. Als die SAP im Mai 1876 in Preußen verboten wurde, wich die Parteiführung in die Hansestadt Hamburg aus, deren liberaleres politisches Klima bessere Aktionsmöglichkeiten bot. Bei den Reichstagswahlen im Januar 1877 erzielte die SAP mit 9,1 Prozent der Stimmen und 12 Mandaten ein überraschend gutes Ergebnis.

Wiederum suchten die Staatsbehörden in einer Verschärfung der Repression das letzte Auskunftsmittel. Die beiden Attentate auf Kaiser Wilhelm I. boten den Vorwand für das schon seit längerem vorbereitete Ausnahmegesetz. »Gegen die Sozialdemokraten«, erklärte der Reichskanzler auf der Sitzung des preußischen Kronrats vom 5. Juni 1878, sei »ein Vernichtungskrieg zu führen durch Gesetzesvorlagen, welche die sozialdemokratischen Vereine, Versammlungen, die Presse, die Freizügigkeit (durch die Möglichkeit von Ausweisungen und Internierung) träfen«.[96]

Nach dem *Gesetz gegen die gemeingefährlichen Bestrebungen der Sozialdemokratie*, das am 21. Oktober 1878 in Kraft trat und dreimal – 1881, 1884, 1887 – verlängert wurde, waren alle Vereine, Versammlungen und Druckschriften verboten, »welche durch sozialdemokratische, sozialistische oder kommunistische Bestrebungen den Umsturz der bestehenden Staats- und Gesellschaftsordnung bezwecken«.[97] Personen, die wegen Verstoßes gegen die Bestimmungen des Gesetzes verurteilt worden waren, konnte durch die Landespolizeibehörden der Aufenthalt in bestimmten Bezirken oder Ortschaften untersagt werden. Nach Paragraph 28 des Gesetzes durfte im Falle einer angeblichen Gefährdung der öffentlichen Sicherheit der sogenannte *Kleine Belagerungszustand* verhängt werden. Aus den davon betroffenen Bezirken oder Orten durften sozialdemokratische »Agitatoren« ohne weiteres ausgewiesen werden. Praktisch war damit die gesamte Arbeiterbewegung der Willkür von Polizei und Justiz ausgeliefert.

Dennoch handelte es sich nicht um ein Verbot der Sozialdemokratie schlechthin; das Recht, sich an Wahlen zu beteiligen und in Parlamenten zu betätigen, wurde der Partei nicht genommen. Aus dieser Besonderheit des Sozialistengesetzes, die einen Zustand der Halbillegalität konstitutierte, schöpften die Führer der SAP die Hoffnung, das Verbot der sozialdemokratischen Organisationen und Zeitungen unterlaufen und Bismarcks Absichten hintertreiben zu können.

»Die Entrechtung der deutschen Arbeiterklasse war vollbracht, aber ihr Heldenzeitalter hob an«, so hat Franz Mehring die Annahme des Sozialistengesetzes im Reichstag kommentiert.[98] Doch von heroischem Widerstand war zunächst wenig zu spüren. Vielmehr herrschten in den Reihen der Sozialdemokraten Ratlosigkeit und Verwirrung. Es zeigte sich, daß die immer noch kleine Partei auf das Ausnahmegesetz nur schlecht vorbereitet war. Das von August Geib geleitete Zentralwahlkomitee der SAP in Hamburg löste sich bereits zwei Tage vor Inkrafttreten des Gesetzes freiwillig auf und empfahl allen sozialdemokratischen Vereinen, diesem Beispiel zu folgen. Offiziell erklärte sich die Parteiführung für einen Kurs strikter Legalität: »An unserer Gesetzlichkeit müssen unsere Feinde zugrundegehen.«[99]

Solche Wohlverhaltensbekundungen machten auf Bismarcks Prätorianer wenig Eindruck. Schon in den ersten Wochen wurden zahlreiche Arbeitervereine und Gewerkschaften aufgelöst, die meisten sozialdemokratischen Zeitungen verboten. Versuche, an deren Stelle harmlose Blätter herauszubringen, um wenigstens die Existenz der Genossenschaftsdruckereien zu retten und Drucker und Redakteure vor Arbeitslosigkeit zu bewahren, wurden in vielen Fällen unterbunden. »Mit einem Federzug vernichtete die Polizei, was durch viele Jahre unter großer Mühe und Opfern aller Art aufgebaut worden war.«[100]

Am 28. November 1878 wurde gemäß Paragraph 28 des Sozialistengesetzes der *Kleine Belagerungszustand* über Berlin und Umgebung verhängt. Bereits am nächsten Tag wurden 67 Sozialdemokraten ausgewiesen. Die Mehrzahl wandte sich nach Hamburg, das dadurch – wie Bismarck im Juli 1880 verärgert feststellte – »einer der Hauptherde der Sozialdemokratie, ja gewissermaßen der Vorort derselben« wurde.[101] Am 28. Oktober 1880 beugte sich der Hamburger Senat schließlich dem Drängen der preußischen Regierung und verhängte über Hamburg, Altona und Umgebung den *Kleinen Belagerungszustand.* Jetzt zeigte sich, daß »auch in den Samthandschuhen der Hamburger Polizei scharfe Nägel steckten«,[102] daß es also mit der vielberufenen Liberalität der Freien Hansestadt, auf die Hamburgs Stadtväter bis heute stolz sind, nicht weit her war. Über 350 Sozialdemokraten wurden aus Hamburg ausgewiesen, mehr als aus jeder anderen Stadt. Nicht wenige der Ausgewiesenen entschlossen sich, dem unwirtlichen Land den Rücken zu kehren und nach Amerika auszuwandern.

Indessen erwiesen sich gerade die Ausweisungen als ein zweischneidiges Schwert. Im Protest gegen dieses himmelschreiende Unrecht formierte sich der sozialdemokratische Widerstand. Durch Sammelaktionen für die Betroffenen und deren Familien wurden die Bande der Solidarität neu geknüpft. Bis weit ins liberale Bürgertum hinein genossen die Verfemten und Verfolgten Sympathien. Bei Begräbnissen von führenden Sozialdemokraten, etwa August Geibs in Hamburg Anfang August 1879, folgten Zehntausende dem Sarg. Tausende gaben den Auswanderern das Geleit zum Hafen. Durch Ausflüge ins Grüne lernten die Sozialdemokraten, sich dem Zugriff der Polizei zu entziehen. In seinen Erinnerungen hat August Bebel, der in den Jahren des Sozialistengesetzes endgültig zur unumstrittenen Führungsfigur der Sozialdemokratie emporstieg, auf humorvolle Weise beschrieben, wie er mit den Spitzeln der Politischen Polizei, die ihn auf Schritt und Tritt bewachten, Katz und Maus spielte.[103] Es war eine Periode schlimmer

Verfolgung und böser Willkür, und doch ist sie nicht vergleichbar mit den zwölf Jahren Nazidiktatur, weil sie den Verfolgten noch genügend Möglichkeiten ließ, phantasievolle Formen des zivilen Ungehorsams zu entdecken und zu praktizieren.

Zu den besonderen Leistungen auf diesem Gebiet gehörte die Gründung einer Parteizeitung in Zürich und deren illegale Verbreitung im Reich. Die erste Nummer des SOZIALDEMOKRAT erschien am 28. September 1879; rasch erreichte das Blatt eine Auflage von mehreren Tausend Exemplaren, die mit Hilfe eines feingesponnenen Vertriebsnetzes, der berühmten, von Julius Motteler organisierten ROTEN FELDPOST, in die Hände der Parteigenossen gelangten. In der revolutionären Sprache des Zentralorgans spiegelte sich die Radikalisierung eines Teils der Mitgliedschaft wider, die in einem deutlichen Kontrast zu der eher vorsichtig-pragmatischen Haltung der Reichstagsfraktion stand. Erst jetzt, in der verschärften Konfrontation mit dem Klassenstaat, fanden die Marxschen Theorien weite Resonanz, weil sie dem Bedürfnis nach einer die faktische Pariasituation der Sozialdemokratie erklärenden und zugleich den Weg in eine bessere Zukunft weisenden Parteiideologie entgegenkam.

Bereits Ende Dezember 1880 mußte der Berliner Polizeipräsident feststellen, »daß der Mut der deutschen Sozialdemokratie noch immer ungebrochen ist, daß die Bewegung, welche eine Zeitlang etwas erschlafft war, jetzt wieder einen neuen Aufschwung genommen hat und daß die Gemüter wieder von den besten Hoffnungen erfüllt sind«.[104] Der sich abzeichnende Fehlschlag veranlaßte Bismarck, nun auch die zweite Variante seines Konzepts in die Tat umzusetzen, das heißt, nicht mehr nur die Sozialdemokraten mit der Peitsche der Unterdrückung zu traktieren, sondern zugleich den Arbeitern das Zuckerbrot der Sozialreform zu reichen. »Wenn der Arbeiter keinen Grund mehr zur Klage hätte, wären der Sozialdemokratie die Wurzeln abgegraben«, hatte der Reichskanzler 1878 gegenüber einem seiner engsten Vertrauten, dem Alt-48er Lothar Bucher, geäußert.[105] Die Reformen auf sozialpolitischem Gebiet sollten die Arbeiter gegen die Lockungen der Sozialdemokratie immunisieren, die Partei von ihrer Rekrutierungsbasis abschneiden. Zugleich hoffte Bismarck, dem monarchischen Staat auf diesem Wege langfristig Loyalität auch in der ständig wachsenden

Klasse der Industriearbeiterschaft zu sichern. Sozialpolitik wurde von ihm nicht begriffen als Instrument zur Humanisierung der industriellen Arbeitswelt – deshalb lehnte er auch jeden Gedanken an eine Erweiterung des Arbeiterschutzes ab –, auch nicht als Hebel zum fortschrittlichen Umbau der Gesellschaft, sondern als Mittel seiner konservativen Stabilisierungspolitik. Ihr Ziel war – wie es in der Begründung des ersten Entwurfs des Unfallversicherungsgesetzes 1881 hieß –, »auch in den besitzlosen Klassen der Bevölkerung ... die Anschauung zu pflegen, daß der Staat nicht bloß eine notwendige, sondern auch eine wohltätige Einrichtung sei«.[106]

Das sozialpolitische Reformwerk der achtziger Jahre wurde nicht in einem großen Wurf, sondern stückweise, nach vielen bürokratischen Reibungsverlusten und langwierigen Gesetzgebungsprozeduren, verwirklicht. Den Anfang machte das Gesetz über die Krankenversicherung 1883; erst im dritten Anlauf kam 1884 das Gesetz über die Unfallversicherung zustande; den Abschluß bildete 1889 die Einführung der Alters- und Invalidenversicherung. Das Ergebnis war ein System der Sozialversicherung, das im damaligen Europa als das fortschrittlichste gelten konnte.[107] Und dennoch hat Bismarck sein politisches Ziel, die Sozialdemokratie zu schwächen und die Arbeiterschaft zu pazifizieren, nicht erreicht. Das lag nicht nur an der offensichtlichen Koppelung der Sozialgesetzgebung mit dem repressiven Sozialistengesetz, sondern auch an der Dürftigkeit der materiellen Versicherungsleistungen. Die Unsicherheiten und Risiken der Arbeiterexistenz vermochte die Sozialversicherung zwar zu mildern, aber keineswegs zu beseitigen.[108] Und Dankbarkeit, die Bismarck erwartete, konnten sozialdemokratische Arbeiter schon gar nicht empfinden zu einer Zeit, da ihre Organisationen verboten waren und ihre Wortführer drangsaliert wurden.

Durch die Kombination von Repression und Sozialreform wurde die Anziehungskraft, welche die Sozialdemokratie auf die Arbeiterschaft ausübte, nicht geschwächt, sondern eher gestärkt. »Die Trägerin der sozialistischen Ideen, die sozialdemokratische Partei, ist über das ganze Reich verbreitet, wohl organisiert und in stetigem Wachstum begriffen«, meldete der Berliner Polizeipräsident im Juli 1886. »Sie hat bereits in vielen Beziehungen einen maßgeblichen Einfluß auf die Bestrebungen der Arbeiter erlangt, dem diese sich um so williger hingeben, als die sozialdemokratische Partei mit einer gewissen Berechtigung sich darauf berufen kann, daß das bisher auf dem Gebiete der Gesetzgebung zum Besten der Arbeiter Geschaffene wesentlich ihrer Anregung zu verdanken sei. Gerade deswegen ist aber auch an die Beseitigung dieses Einflusses, sei es durch repressive, sei es durch weitere reformatorische Maßregeln, kaum noch zu denken.«[109] Doch von dieser Einsicht waren Bismarck und seine Beamten noch weit entfernt. Auf das anscheinend unaufhaltsame Wachstum der Sozialdemokratie – die Zahl ihrer Wähler stieg von 550 000 (9,7 Prozent) 1884 auf 763 000 (10,1 Prozent) 1887 – antwortete der Staat nach einer Phase der relativ »milden Praxis« bis Mitte der achtziger Jahre mit einer neuerlichen Verschärfung der Repression. Alles, was dadurch bewirkt wurde, war eine Stärkung der radikalen Tendenzen innerhalb der Arbeiterbewegung. Längst bevor das Sozialistengesetz 1890 auslief, war deutlich, daß auch Bismarcks zweiter innenpolitischer Präventivkrieg gescheitert war.

3. Deutsche Aussenpolitik nach 1871

Halbe oder ganze Hegemonie?
Das Deutsche Reich im Konzert der europäischen Mächte

Die Gründung des Deutschen Reiches leitete eine neue Periode in der Entwicklung des europäischen Staatensystems ein. An die Stelle des Deutschen Bundes, der ein halbes Jahrhundert lang die Mitte Europas gegen äußeren Druck abgefedert hatte, war ein geschlossener Machtblock getreten – »ein furchteinflößender Betonklotz, aus dem sehr viele Kanonenrohre herausragten«, wie Sebastian Haffner bildhaft formuliert hat.[1] Das traditionelle europäische Gleichgewicht war durch die neue Machtbildung im Herzen des Kontinents aus den Angeln gehoben. Allein aufgrund seiner Größe, seiner wirtschaftlichen Kraft und seiner im Krieg gegen Frankreich eindrucksvoll bewiesenen militärischen Stärke besaß der preußisch-deutsche Nationalstaat »eine halbhegemoniale Stellung«[2] in Europa. Und die Annexion von Elsaß-Lothringen weckte den Argwohn, Bismarck werde auf dem einmal beschrittenen Weg der Eroberungen nicht haltmachen, sondern die halbe Hegemonie des Deutschen Reiches in eine volle verwandeln wollen. »Da ich ihn nun kenne, werde ich nicht länger überrascht sein, ihn die Landkarte Europas weit mehr ändern zu sehen, als von Kaiser Napoleon erwartet wurde«, so berichtete der englische Botschafter Odo Russell im Dezember 1870 aus dem preußischen Hauptquartier.[3]

Derlei Befürchtungen konnte die deutsche Außenpolitik nach 1871 nur dann zerstreuen, wenn sie allen hegemonialen Ambitionen entsagte, sich in ihren Zielen selbst begrenzte und sich ganz dem Dienst der Friedenssicherung verschrieb. Bereits in seiner Thronrede zur Eröffnung des Reichstages im März 1871 erklärte Kaiser Wilhelm I., daß das Deutsche Reich keine weiteren territorialen Ansprüche stelle und sich fortan ganz seiner inneren Entwicklung zuwenden wolle: »Das neue Deutschland ... wird ein zuverlässiger Bürge des europäischen Friedens sein, weil es stark und selbstbewußt genug ist, um sich die Ordnung seiner eigenen Angelegenheiten als ein ausschließliches, aber auch ausreichendes und zufriedenstellendes Erbteil zu bewahren.«[4] Doch das war Rhetorik, der Taten erst noch folgen mußten. Offenbar hat Bismarck das Mißtrauen, das dem im Feldlager vor Paris geborenen deutschen Nationalstaat von allen Seiten entgegenschlug, zunächst unterschätzt; es dauerte eine geraume Zeit, bis er sich auf die neue Situation eingestellt hatte. Anders, als es die Bismarck-Orthodoxie wahrhaben wollte, wuchs der Reichskanzler nach 1871 nicht sofort in die Rolle des konsequenten Friedenswahrers hinein. Seine Außenpolitik der frühen siebziger Jahre war vielmehr, ähnlich wie seine Innenpolitik, von nervöser Unberechenbarkeit – »auftrumpfend und zugleich beschwichtigend, säbelrasselnd und zugleich von düsteren Visionen heimgesucht«.[5] Wie die neue Großmacht in der Mitte Europas von den Nachbarn als Bedrohung empfunden wurde, so empfand Bismarck selbst die deutsche Lage als bedroht. Daß – wie er später einmal in einer Reichstagsrede sagte – »Millionen Bajonette ihre polare Richtung doch im ganzen in der Hauptsache nach dem Zentrum Europas haben, und daß wir im Zentrum Europas stehen und schon infolge unserer geographischen Lage, außerdem infolge der ganzen europäischen Geschichte den Koalitionen anderer Mächte vorzugsweise ausgesetzt sind«[6] – dies war sein Alptraum von Anfang an. Das Deutsche Reich vor den bedrohlichen Folgen seiner Gründung zu bewahren und Europa allmählich mit dessen Existenz zu versöhnen, wurde zum Leitmotiv seiner Außenpolitik. Doch mit welchen Methoden diesem Ziel am besten gedient sei, darüber war sich der Reichskanzler zunächst nicht im klaren.

Mit einer schweren Hypothek hatte die deutsche Außenpolitik nach 1871 zu rechnen: der Gegnerschaft Frankreichs. War die militärische Niederlage für die *grande nation* schon bitter genug – unerträglich wurde sie erst durch die Annexion von Elsaß-Lothringen. Das blieb ein Stachel, der am französischen Nationalstolz bohrte und das Revanchebedürfnis reizte.

Bismarck ging davon aus, »daß jede (französische) Regierung, welcher Partei sie auch angehören möge, die Revanche als ihre Hauptaufgabe betrachten wird«: »Es kann sich nur darum handeln, welche Zeit die Franzosen brauchen werden, um ihre Armee und ihre Bündnisse so weit zu reorganisieren, daß sie ihrer Ansicht nach fähig ist, den Kampf wiederaufzunehmen.«[7] Um dieser Gefahr zu begegnen, war der Reichskanzler bestrebt, Frankreich machtpolitisch dauerhaft zu schwächen und es bündnispolitisch zu isolieren. Aus diesem Grunde wandte er sich auch gegen alle Pläne einer monarchischen Restauration in Frankreich, wie sie etwa der deutsche Botschafter in Paris, Graf Harry von Arnim, befürwortete. Die republikanische Staatsform war Bismarck im Nachbarland angenehmer, weil sie, wie er hoffte, Frankreich instabil halten und seine Bündnisfähigkeit einschränken würde.

Auch die Beziehungen zu Rußland gestalteten sich nach 1871 schwieriger. Durch seine wohlwollende Neutralität hatte das Zarenreich die Reichsgründung überhaupt erst möglich gemacht. Dafür erwartete es jetzt deutsche Gegenleistungen. In einem Telegramm an seinen Neffen, Zar Alexander II., vom 27. Februar 1871 erkannte der frischgekürte deutsche Kaiser die deutsche Dankesschuld ausdrücklich an: »Preußen wird niemals vergessen, daß es Ihnen zu verdanken ist, wenn der Krieg nicht die äußersten Dimensionen angenommen hat.«[8] Auch Bismarck legte auf die Fortsetzung der traditionell guten Beziehungen zu Rußland größten Wert, doch anders als Wilhelm I. ließ er sich dabei nicht durch monarchische Gefühlspolitik, sondern durch nüchterne Staatsräson leiten. Eine zu enge, einseitige Bindung an das Zarenreich lehnte er ab, und daher suchte er bereits seit November 1870 einen Ausgleich mit Österreich, dem Besiegten von 1866. Die Kontaktaufnahme wurde dadurch erleichtert, daß Ende 1871 mit dem Ungarn Julius Graf Andrássy ein verständigungsbereiter Politiker das Außenministerium am Ballhausplatz übernahm, der »zum wichtigsten Partner Bismarcks in der internationalen Arena der siebziger Jahre« wurde.[9] Allerdings blieb eine deutsche Vorbedingung für jede Verständigung mit Wien, »daß kein Schatten auf Deutschlands Verhältnis zu Rußland falle«.[10]

Mit Rußland und Österreich-Ungarn zugleich gute Beziehungen zu pflegen, ohne für die eine oder andere Seite optieren zu müssen, das wurde zur Grundlinie der Bismarckschen Außenpolitik der siebziger Jahre, Zweifellos stand das Zusammengehen der drei Monarchien »unter konservativem Vorzeichen«.[11] Es knüpfte an den Gedanken antirevolutionärer Solidarität der drei Kaiserreiche an, ohne daß Bismarck an eine einfache Neuauflage der *Heiligen Allianz* aus der Metternich-Ära dachte. Ihm ging es primär um eine Sicherung der neugewonnenen halbhegemonialen Position Preußen-Deutschlands. Und hier lag der Kern für einen potentiellen Konflikt mit dem Zarenreich. Denn an der Neva mochte man es nicht verwinden, daß das einstige Mündel sich zum Vormund gemausert hatte. Es blieb ein Grundproblem der deutschen Außenpolitik nach 1871, das deutsche Sicherheitsinteresse mit den russischen Kompensationsansprüchen in Übereinstimmung zu bringen.

Im September 1872 trafen sich Wilhelm I., Zar Alexander II. und Kaiser Franz Joseph in Berlin, um vor aller Welt die Eintracht der drei konservativen Mächte zu demonstrieren. Doch der glanzvolle äußere Rahmen dieser *Drei-Kaiser-Entrevue* konnte kaum verdecken, daß die Gespräche wenig konkrete Ergebnisse zeitigten. Und auch das Dreikaiserabkommen, das ein Jahr später, am 22. Oktober 1873, zustande kam, zeichnete sich durch große Unverbindlichkeit aus. Die Monarchen versprachen sich, »den gegenwärtig in Europa herrschenden Friedenszustand zu befestigen«, Differenzen durch »direkte und persönliche Verständigung zwischen den Souveränen« auszuräumen, im übrigen »auf dem Gebiete der Grundsätze« zusammenzustehen.[12] Das war wenig mehr als eine gutgemeinte Willenserklärung, und doch war sie für Bismarck von Wert, weil dadurch ein Aufbrechen des latenten russisch-österreichischen Gegensatzes auf dem Balkan verhindert und die Befürworter eines frankophilen Kurses in St. Petersburg gebremst werden konnten.

Schon bald zeigte sich jedoch, wie fragil die vielbeschworene Solidarität der drei konservativen Monarchien war und wie wenig sie dazu taugte, Frankreich auf Dauer isoliert zu halten. Unerwartet rasch hatte sich die Dritte Republik von den Kriegsfolgen erholt. Nachdem sie die letzte Rate der Kriegskontribution vorzeitig beglichen hatte, mußten die deutschen Besatzungstruppen im Herbst 1873 die östlichen Departements räumen. Frankreich kehrte damit als ein ernstzunehmender Faktor ins europäische Kräftespiel zurück. Diese Entwicklung war aus deutscher Sicht um so beunruhigender, als die russische Diplomatie unter Fürst Gortschakow Fühler nach dem Quai d'Orsay auszustrecken begann. Bismarcks Sorge vor einer russisch-französischen Annäherung steigerte sich an der Jahreswende 1874/75 zu einer stetigen Angst: Er sah am Horizont eine neue Kaunitzsche Koalition (das Kriegsbündnis zwischen Rußland-Frankreich-Österreich gegen Preußen 1756); nicht Frankreich, Deutschland drohte die Isolierung. Es war diese *Einkreisungs*-Furcht, »die – im einzelnen modifiziert – in den folgenden Jahrzehnten mehrfach wiederkehren sollte und bei der Reichsleitung leicht zu existenzgefährdenden Kurzschlußhandlungen führen konnte«.[13]

In dieser angespannten Situation entschloß sich Bismarck zu einem ungewöhnlichen Schritt: Anfang Februar 1875 entsandte er einen jungen Karrierediplomaten, Joseph Maria von Radowitz, als *Envoyé en mission extraordinaire* nach St. Petersburg – offiziell, um den seit längerem erkrankten Botschafter Prinz Reuß zu vertreten, inoffiziell aber mit weitergehenden Instruktionen. Über deren Inhalt gehen die Meinungen in der Forschung bis heute auseinander. Schon wenige Tage nach der Abreise des Sondergesandten aus St. Petersburg kursierte in den europäischen Hauptstädten das Gerücht, Radowitz habe der russischen Regierung ein weitgehendes Angebot unterbreitet, nämlich »freie Hand« für das Zarenreich im Orient als Gegenleistung für ein Stillhalten im Falle eines erneuten Krieges zwischen Deutschland und Frankreich. Bismarck und auch Radowitz haben immer bestritten, daß es ein solches Angebot gegeben habe; andererseits ist Bismarcks spätere Aussage, die Entsendung von Radowitz habe lediglich der Vorbereitung des für Mai geplanten Zarenbesuches in Berlin gedient, wenig glaubwürdig. Die Aufgabe von Radowitz war es offenbar, wie Ulrich Lappenküper bemerkt hat, »das Terrain in St. Petersburg zu sondieren … Der Kanzler durfte sich nicht darauf beschränken, einen Versuchsballon steigen zu lassen, dessen Aufgabe lediglich die Erforschung des von dem Kabinett an der Neva zu erwartenden Entgegenkommens gewesen wäre; vielmehr mußte er konkret die Zusicherung der Nichteinmischung St. Petersburgs in einem Krieg zwischen Berlin und Paris einholen und bot dazu als Quidproquo die Unterstützung russischer Balkanaspirationen.«[14] Wenn das stimmt, wäre es ein eindrucksvoller Beweis, für wie dramatisch Bismarck die außenpolitische Situation im Frühjahr 1875 ansah. Die russische Staatsführung wies die deutsche

Offerte brüsk zurück. Damit – so Lappenküper – sei Bismarck nichts anderes übriggeblieben, als »die vorhandene Spannungssituation zu einer europäischen Krise (zu) eskalieren, um die aus seiner Sicht verschärfte Kriegsgefahr auf direktem Weg gegen Frankreich zu bannen«.[15] Insofern gehört das Scheitern der Radowitz-Mission in die unmittelbare Vorgeschichte der *Krieg-in-Sicht*-Krise, die im April und Mai 1875 Europa in Atem hielt.

Bismarcks Drohpolitik: die *Krieg-in-Sicht*-Krise 1875

Am 12. März 1875 verabschiedete die Nationalversammlung in Paris ein *Cadre*-Gesetz, das den Abschluß einer umfassenden Reorganisation der französischen Armee bildete. Es sah unter anderem eine Erhöhung der Linienregimenter von drei auf vier Bataillone vor. Die praktischen Auswirkungen dieser Umstrukturierung wurden von den militärischen Stellen in Berlin überschätzt, zum Teil wohl auch absichtlich übertrieben. Sie deuteten sie als ein untrügliches Anzeichen dafür, daß Frankreich mit aller Macht auf den ersehnten Revanchekrieg hinarbeitete. Dagegen, so mahnten sie, gelte es sich rechtzeitig zu wappnen, notfalls auch durch einen Präventivkrieg. Der Gedanke begann in deutschen Generalstabskreisen populär zu werden.

Bismarck, der sich nach dem Fehlschlag der Radowitz-Mission in einem Zustand höchster Nervosität befand, kam diese Entwicklung nicht ungelegen. Er sah darin eine Möglichkeit, Frankreich unter Druck zu setzen. »Die übermäßigen und dauernd nicht haltbaren französischen Rüstungen«, schrieb er am 5. April 1875 an Kaiser Wilhelm I., »deuten darauf hin, daß Frankreich sich bereit macht, früher als wir glauben dürften, schnell zur Aktion überzugehen.«[16] Freilich kam es Bismarck gar nicht auf die Beseitigung einer – faktisch gar nicht vorhandenen – »Kriegsgefahr im Westen« an, sondern darauf, die verfahrene außenpolitische Lage zu Deutschlands Gunsten zu klären. Frankreich, das sich anschickte, in den Kreis der Großmächte zurückzukehren, sollte massiv eingeschüchtert und den deutschen Wünschen gefügig gemacht werden. Gleichzeitig wollte Bismarck an der Reaktion der anderen Mächte testen, wie weit er mit seiner Drohpolitik gehen konnte. Es war ein gefährliches Spiel mit dem Feuer. Zum erstenmal agierte das Deutsche Reich als faktische Führungsmacht auf dem Kontinent.

Die Offensive des Kanzlers begann mit einer breitangelegten publizistischen Kampagne. Am 8. April 1875 erschien in der Berliner POST ein Leitartikel, dessen Schlagzeile »Ist der Krieg in Sicht?« der Krise den Namen gab. Sein Verfasser, Constantin Rößler, rückte die von den französischen Rüstungen angeblich ausgehende Gefahr in den Mittelpunkt seiner Betrachtungen. Für ihn stand außer Frage, daß die Reorganisation des französischen Heeres als »ein Werk ad hoc, das heißt für den baldigen Krieg« geplant sei, und nicht als eine »auf die Dauer berechnete, auf die Dauer erträgliche Reform«. Daraus zog Rößler den Schluß: »Wenn wir ... unsere an die Spitze gestellte Frage: ist der Krieg in Sicht? beantworten wollen, so müssen wir sagen: der Krieg ist allerdings in Sicht, was aber nicht ausschließt, daß die Wolke sich zerstreut.«[17]

Es kann kein Zweifel bestehen, daß dieser Alarmartikel, ebenso wie die nachfolgenden in der regierungsnahen NORDDEUTSCHEN ALLGEMEINEN ZEITUNG oder in Heinrich von Treitschkes PREUSSISCHEN JAHRBÜCHERN, mit der Presseabteilung des Auswärtigen Amtes abgestimmt waren und mit Wissen und Billigung des Reichskanzlers veröffentlicht wurden.[18] Die Beunruhigung, welche die Pressekampagne in ganz Europa auslöste, war Bismarck erwünscht, ging es ihm doch darum, »ein recht helles Schlaglicht auf die verwirrende Situation« zu werfen,[19] um Frankreich zur Zurücknahme seiner Rüstungsmaßnahmen zu zwingen und ihm dadurch eine schwere diplomatische Niederlage beizubringen. Als er erkannte, daß mit dem Pressefeldzug allein diese Wirkung nicht erreicht werden konnte, verschärfte er den politischen Druck. In mehreren Gesprächen mit diplomatischen Vertretern in der Reichshauptstadt drohten Mitarbeiter des Kanzlers, aber auch der deutsche Generalstabschef Helmuth von Moltke in der zweiten Aprilhälfte unverhüllt mit einem Präventivkrieg, falls Frankreich nicht einlenke.[20] Es blieb allerdings bei Drohgebärden. Eine ernsthafte Absicht, den Drohungen Taten folgen zu lassen, läßt sich nicht nachweisen, weder bei den Politikern noch bei den Militärs. Eine wirkliche Kriegsgefahr hat es im Frühjahr 1875 nicht gegeben.

Doch Bismarck hatte sich verrechnet: Frankreich gab nicht klein bei, sondern nutzte das deutsche Säbelrasseln zu einer diplomatischen Gegenoffensive. Am 29. April wandte sich der französische Außenminister Duc de Decazes an die Regierungen in London, St. Petersburg und Wien, um sie unter Hinweis auf die deutschen Präventivkriegsdrohungen vor der Gefahr des furor teutonicus zu warnen und zu einer gemeinsamen Intervention in Berlin zu bewegen. Wenige Tage später, am 6. Mai, veröffentlichte die Londoner TIMES einen vermutlich von Decazes inspirierten Artikel ihres Pariser Korrespondenten, »a french scare«, der die von Deutschland ausgehende Bedrohung in grellen Farben malte.[21]

Damit waren nun auch die anderen europäischen Mächte, allen voran Großbritannien, auf den Plan gerufen. Bislang hatte die seit Februar 1874 amtierende konservative Regierung Disraeli die Politik der Nichteinmischung des liberalen Kabinetts Gladstone fortgesetzt und sich mit Stellungnahmen bewußt zurückgehalten. Noch am 21. April sprach sich Disraeli gegen ein Zusammengehen mit Frankreich in der Krise aus. Doch die besorgniserregenden Nachrichten aus Paris und Berlin führten in den ersten Maitagen zu einer »temporären Wendung in der britischen Europa-Politik«.[22] Mit Queen Victoria kam der britische Premier überein, gegen Bismarcks Pressionspolitik, die nach Ansicht Victorias immer deutlicher auf eine kontinentale Vorherrschaft abzielte, nunmehr eine konzertierte Aktion der europäischen Mächte in Gang zu setzen. In St. Petersburg rannte er damit offene Türen ein; auch für Zar Alexander II. hatte Bismarck mit seiner unberechenbaren, zwischen Präventivkriegsdrohungen und Friedensbeteuerungen schwankenden Politik längst die Grenze des Erträglichen überschritten. Das Verhalten des deutschen Reichskanzlers erinnerte ihn an Napoleon I., »der am Ende jedes Krieges sogleich einen Vorwand suchte, um einen neuen zu beginnen«.[23] In Wien allerdings fand der Plan einer gemeinsamen Intervention in Berlin keinen Anklang. Graf Andrássy hielt während der ganzen Krise an seinem »Kurs eines kühl kalkulierenden Abwartens« fest[24] – in der Hoffnung, dadurch die eigene Position als einzig zuverlässiger Partner Berlins aufwerten zu können.

Am 9. Mai sprach der englische Botschafter Lord Russell in der Wilhelmstraße vor, um im Namen der britischen Regierung gegen die den

Frieden gefährdende deutsche Politik zu protestieren. Schlagartig erkannte Bismarck, daß durch das sich abzeichnende Zusammenwirken Englands, Frankreichs und Rußlands dem Reich die politische Isolierung drohte, und sofort entschloß er sich zum Rückzug. Am 10. Mai ließ er durch die NORDDEUTSCHE ALLGEMEINE ZEITUNG und die französische Nachrichtenagentur *Agence Havas* die Nachricht verbreiten, daß die deutsche Regierung auf die Forderung nach Rücknahme des *Cadre*-Gesetzes verzichte. Als am selben Tage Zar Alexander II. und Gortschakow in Berlin eintrafen, fanden sie eine im Vergleich zum Vortag wesentlich entspanntere Situation vor. Dennoch ließ Gortschakow es sich nicht nehmen, die Rolle eines Friedensstifters zu spielen. In einem Zirkulartelegramm vom 13. Mai erweckte er den Eindruck, als sei der Friede allein dank seiner und des Zaren Intervention gerettet worden: »L'Empereur quitte Berlin parfaitement convaincu des dispositions conciliantes qui y règnent et qui assurent le maintien de la paix.«[25] Bismarck war über dieses Verhalten so erbost, daß er noch in seinen Erinnerungen mit Invektiven gegen Gortschakow nicht sparte: Der sei ihm, »einem vertrauenden und nichtsahnenden Freunde, plötzlich und hinterrücks auf die Schulter« gesprungen, »um dort eine Zirkus-Vorstellung« auf seine Kosten »in Szene zu setzen«.[26]

Bismarcks Drohpolitik gegenüber Frankreich war gescheitert: Nicht Paris wurde als Störenfried in Europa identifiziert, sondern Berlin, und hier besonders der deutsche Reichskanzler Otto von Bismarck. Gegen dessen »irrlichternde, aggressive Dynamik«[27] schlossen sich England und Rußland vorübergehend zur gemeinsamen Abwehr zusammen. Ihre Intervention in Berlin Anfang Mai 1875 bedeutete »eine nachträgliche machtpolitische Garantie des seit 1871 bestehenden Status quo in Zentraleuropa«.[28] Unmißverständlich waren damit die Grenzen markiert, welche die deutsche Außenpolitik nicht überschreiten durfte, wollte sie nicht die politische Isolierung des Deutschen Reiches provozieren. Durch seine die Reaktionen der europäischen Mächte falsch einschätzende Politik hatte Bismarck eine Situation heraufbeschworen, »die für einen Augenblick die Kriegskoalition von 1914 aufblitzen ließ, ohne daß damit freilich bereits der Weg in die Katastrophe determiniert wurde«.[29]

Aus den Erfahrungen des Frühjahrs 1875 zog Bismarck eine Lehre:

Sichern ließ sich die halbhegemoniale Stellung des Deutschen Reiches nur durch eine defensive, dem Prinzip der *Saturiertheit* verpflichteten Politik: »Das Spiel mit der Kriegsgefahr mußte unterbleiben, das Reich sich als Pol der Ruhe, nicht der Unruhe bewähren.«[30] Erst seit der *Krieg-in-Sicht*-Krise kann von einer aktiven Friedenspolitik Bismarcks gesprochen werden – einer Politik, die das deutsche Sicherheitsinteresse an die Vermeidung eines Krieges in Europa band. Zu diesem Zwecke entwickelte Bismarck eine Strategie, welche die Spannungen vom Zentrum an die Peripherie Europas verlagerte – in der Absicht, dort die rivalisierenden Interessen der anderen Großmächte zugleich zu fördern und zu zähmen, während das Deutsche Reich in der vorteilhaften Position der Hinterhand blieb.

Konfliktverlagerung an die Peripherie: Orientkrise und Berliner Kongreß 1878

Ein Glücksfall kam Bismarck zur Hilfe: Im Sommer 1875 brachen in Bosnien und der Herzegowina Aufstände aus. Sie richteten sich vor allem gegen die Benachteiligung und Unterdrückung der nichtmuslimischen Bevölkerung durch die despotische türkische Provinzverwaltung. Der Aufstandsbewegung schlossen sich im darauffolgenden Frühjahr die Bulgaren an, und wenig später erklärten auch die autonomen Fürstentümer Serbien und Montenegro der Pforte den Krieg. Die Tage der türkischen Herrschaft auf dem Balkan schienen gezählt. Doch der »kranke Mann am Bosporus« zeigte sich militärisch schlagkräftiger als vermutet. Die türkischen Truppen bezwangen die Serben und nahmen anschließend grausame Rache an den Aufständischen. Dadurch wurden die europäischen Mächte auf den Plan gerufen, allen voran Rußland, die Schutzmacht der orthodoxen Christen auf dem Balkan, und Österreich-Ungarn, dem die balkanischen Wirren an seiner Südflanke nicht gleichgültig bleiben konnten.

Bismarck war die Zuspitzung der Lage auf dem Balkan höchst willkommen. Denn sie zog die Aufmerksamkeit der europäischen Mächte vom Zentrum ab, bot ihm mithin die Chance, aus der selbstprovozierten Isolierung des Frühjahrs 1875 herauszukommen und die außenpolitische Bewegungsfreiheit zurückzuerlangen. Vorteilhaft fiel für die deutsche Diplomatie ins Gewicht, daß sie – anders als die übrigen Großmächte – auf dem Balkan keine politischen Interessen verfolgte, welche – wie der Kanzler in einer Reichstagsrede Anfang Dezember 1876 erklärte – auch nur »die gesunden Knochen eines einzigen pommerschen Musketiers wert« gewesen wären.[31]

Bedeutete das Aufbrechen des Balkankonflikts zunächst eine Entlastung der deutschen Außenpolitik, so stellte sie diese doch auch vor neue Probleme. Denn Rußland, in dem sich ein panslawistischer Nationalismus zunehmend und lautstark Gehör verschaffte, verlangte vom Deutschen Reich nun die Begleichung der seit 1870 ausstehenden Rechnung, das heißt eine vorbehaltlose Unterstützung seiner Balkanpolitik auch gegen die rivalisierenden Interessen Österreich-Ungarns. Von seiner Sommerresidenz bei Jalta, Livadia, ließ Zar Alexander II. Anfang Oktober 1876 in Berlin anfragen, wie sich Deutschland im Falle eines Krieges zwischen dem Zarenreich und der Donaumonarchie verhalten würde. Unverblümt sprach er die Erwartung aus, daß »Seine Majestät der Kaiser geradeso handeln würde, wie er (das heißt Alexander II.) es 1870 getan«.[32]

Gerade eine solche einseitige Festlegung hatte Bismarck immer vermeiden wollen. In seiner Antwort auf die »Anfrage aus Livadia« lehnte er eine Option zugunsten von St. Petersburg unmißverständlich ab: Sowenig eine Beeinträchtigung der russischen Machtstellung geduldet werden könne, sowenig könne es im deutschen Interesse liegen, »wenn die österreichische Monarchie in ihrem Bestande als europäische Macht oder in ihrer Unabhängigkeit derart gefährdet würde, daß einer der Faktoren, mit denen wir im europäischen Gleichgewicht zu rechnen haben, für die Zukunft auszufallen drohte«.[33]

In den Jahren der kontinentalen Hochspannung 1876/77 fand Bismarcks Außenpolitik zu ihrem eigentlichen Bewegungsgesetz, »nämlich durch kontrollierte Benutzung machtpolitischer Rivalitäten Ausgleich zu schaffen und durch gezügelte Pflege internationaler Spannungen Frieden zu stiften«.[34] Die Grundzüge dieses Konzepts hat Bismarck während eines Kuraufenthalts in Bad Kisssingen im Sommer 1877 seinem Sohn Herbert in die Feder diktiert. In diesem zu Recht berühmt gewordenen *Kissinger Diktat* vom 15. Juli 1877 skizzierte der Reichskanzler als angestrebtes Ziel seiner Außenpolitik das Bild einer »politischen Gesamtsituation, in welcher alle Mächte außer Frankreich unser bedürfen, und von Koalitionen gegen uns durch ihre Beziehungen zueinander nach Möglichkeit abgehalten werden«.[35]

Es versteht sich, daß dieses ehrgeizige Ziel, mit dem Bismarck seinen Alptraum einer gegen Deutschland gerichteten Koalitionsbildung zu bannen suchte, sich nicht anders als in Gestalt einer latenten Hegemonie des Deutschen Reiches verwirklichen ließ. Diesem sollte eine das europäische Mächtegleichgewicht zugleich regulierende und austarierende Funktion zufallen, und zwar dergestalt, »daß die Beziehungen der Mächte in einem flüssigen Aggregatzustand gehalten wurden und Deutschland – selbst frei von festen Bindungen – die machtpolitischen Gegensätze steuerte«.[36] Auf diese Weise sollte das Reich – nach einem vielzitierten Wort Bismarcks – zur »Bleigarnitur am Stehaufmännchen Europa« werden, zu einer Macht also, die Status quo und Frieden in Europa verbürgte, zugleich aber dafür sorgte, daß Spannungen und Reibungen in den für Deutschland ungefährlichen Randzonen des Kontinents erhalten blieben. Diese Strategie der Konfliktableitung an die Peripherie barg, neben dem Vorteil einer »freien Mittlerstellung«, die sie eröffnete, auch beträchtliche Risiken in sich. Denn solche Peripheriekonflikte waren nur schwer steuerbar und konnten leicht zu einem heißen Krieg eskalieren. Überdies war nicht auszuschließen, daß sich diese Strategie eines Tages erschöpfen und auf ihren Erfinder zurückschlagen könnte, und zwar spätestens dann, wenn die anderen Mächte es müde wurden, von Bismarck gegeneinander ausgespielt zu werden.[37]

Ohnehin befand sich Deutschland zum Zeitpunkt des *Kissinger Diktats* von dem darin beschriebenen Idealzustand der europäischen Mächtekonstellation weit entfernt. Nachdem Rußland, von der reservierten Haltung Berlins enttäuscht, sich Wien zugewandt und mit diesem im Abkommen von Reichsstadt vom 8. Juli 1876 und im Budapester Vertrag vom 15. Januar 1877 über die beiderseitigen Interessen auf dem Balkan sich verständigt hatte, erklärte es am 24. April 1877 der Türkei den Krieg. Trotz zäher Gegenwehr waren die türkischen Truppen der russischen Übermacht nicht gewachsen. Nach dem Fall der

Festung Plewa im Dezember 1877 mußte die Pforte Ende Januar 1878 einen Waffenstillstand schließen. Ihm folgte am 3. März der Präliminarfrieden von San Stefano, dessen Bestimmungen weit über das hinausgingen, was Rußland und Österreich-Ungarn in Reichsstadt und Budapest vereinbart hatten. Das betraf vor allem die Errichtung eines unter russischer Patronage stehenden großbulgarischen Staates, der dem Zarenreich als Sprungbrett für den Zugang zu den Meerengen, dem alten Ziel russischer Außenpolitik,[38] dienen sollte. Nicht nur Österreich-Ungarn, sondern auch England sahen sich in ihren Interessen aufs stärkste herausgefordert. Ein großer Krieg, den Bismarck gerade vermeiden wollte, schien kaum noch abwendbar zu sein.

Als Ausweg aus der Krise schlug Außenminister Andrássy die Einberufung einer Konferenz der europäischen Mächte vor, auf der über die Neuordnung der Verhältnisse auf dem Balkan beraten werden sollte. Als Konferenzort kam eigentlich nur Berlin in Betracht, denn die deutsche Politik hatte sich durch ihr glaubwürdig bekundetes Desinteresse an den orientalischen Fragen für eine Vermittlerrolle empfohlen, die Bismarck in einer Reichstagsrede vom 19. Februar 1878 mit der Formel vom »ehrlichen Makler« umschrieb. Weder wolle das Deutsche Reich, versicherte er, den »napoleonischen Weg« der Hegemonie gehen noch »der Schiedsrichter« oder »auch nur der Schulmeister in Europa« sein, sondern durch seine guten Vermittlerdienste »das Geschäft wirklich zustande bringen«.[39] Ganz so selbstlos allerdings, wie Bismarck vorgab, war die deutsche Politik nicht. Vielmehr hoffte der Kanzler, aus der russisch-österreichisch-englischen Rivalität auf dem Balkan und an den Meerengen Gewinn zu ziehen nicht nur für die Erhaltung des Friedens, sondern auch für die Reaktivierung des Dreikaiserbündnisses. An einer dauerhaften Lösung der Balkanprobleme war er allerdings nicht interessiert; vielmehr bezeichnete er es im November 1878, vier Monate nach dem Berliner Kongreß, als einen Triumph deutscher Staatskunst, wenn es gelänge, »das orientalische Geschwür offenzuhalten, dadurch die Einigkeit der anderen Mächte zu vereiteln und unseren eigenen Frieden zu sichern«.[40] Eine solche Politik schloß ein positives Eingehen auf die nationalen Selbständigkeitsbestrebungen der Balkanvölker aus; diese blieben bloße Objekte im machtpolitischen Poker der europäischen Kabinette.

Auf dem Berliner Kongreß, der am 13. Juni 1878 zusammentrat und einen Monat später zu Ende ging, war Bismarck die beherrschende Figur.[41] Obwohl gleichzeitig durch die innenpolitische Wende stark in Anspruch genommen, entledigte er sich der Aufgabe, als »ehrlicher Makler« zwischen den Mächten zu vermitteln, mit großem Geschick. Durch seine souveräne Verhandlungsführung erwarb er sich Anerkennung selbst bei denen, die ihm zuvor mit größtem Mißtrauen begegnet waren. »Aus dem Störenfried Europas ... war so binnen weniger Jahre eine Art Garant seiner Ordnung geworden.«[42] Zweifellos stand der Reichskanzler damals auf dem Höhepunkt seines Ansehens als europäischer Staatsmann, ja eigentlich kann »erst seit dem Berliner Kongreß von einem *Zeitalter Bismarcks* in Europa gesprochen werden«.[43]

Doch der persönliche Erfolg des Kanzlers war politisch teuer erkauft. Was Zeitgenossen als glanzvolle Bestätigung der deutschen Schlüsselposition in Europa empfanden, nimmt sich in rückschauender Betrachtung weit weniger imposant aus. »Denn faktisch präsidierte Bismarck« – so Wolfgang J. Mommsen – »dem feierlichen Begräbnis des Drei-Kaiser-Bündnisses.«[44] Rußland fühlte sich um die Früchte seines Sieges über die Türkei betrogen. Zwar ging es nicht leer aus im Länderschacher: Es bekam Teile Bessarabiens, die es nach dem Krimkrieg 1856 verloren hatte, zurück, dazu einige Gebiete in der asiatischen Türkei. Doch statt des russischen Satellitenstaates Großbulgarien wurde ein autonomes, dem türkischen Sultan weiterhin tributpflichtiges Fürstentum Bulgarien geschaffen. Die südliche Provinz Ostrumelien, die im Frieden von San Stefano bereits Bulgarien zugefallen war, wurde wieder abgetrennt und unter türkische Oberverwaltung gestellt. Seinem wichtigsten Ziel, den Meerengen, war das Zarenreich keinen Schritt näher gekommen. Das wurde als um so schmerzlicher empfunden, als die beiden rivalisierenden Mächte ihre Position auf dem Balkan bzw. im östlichen Mittelmeer erheblich ausbauen konnten: Österreich-Ungarn bekam das Recht auf Besetzung Bosniens und der Herzegowina zugesprochen; England erwarb die strategisch wichtige Insel Zypern.

Die Schuld an dem in ihren Augen unbefriedigenden Ergebnis suchte die russische Diplomatie beim Deutschen Reich, insbesondere beim Reichskanzler, dem sie vorwarf, sich der aus dem russischen

Wohlverhalten von 1870/71 resultierenden Verpflichtung entzogen zu haben. So führte der Berliner Kongreß zu einer nachhaltigen Abkühlung im deutsch-russischen Verhältnis. Die Einführung des Schutzzolltarifs 1879, durch den die russischen Agrarexporte nach Deutschland erschwert wurden, fügte den bisherigen Spannungen noch eine zusätzliche wirtschaftspolitische Dimension hinzu. Der lang angestaute Groll in St. Petersburg über die deutsche Politik entlud sich im August 1879 in einem Handschreiben Alexanders II. an Kaiser Wilhelm I.: In diesem sogenannten *Ohrfeigenbrief* beklagte sich der Zar bitter über die deutsche Undankbarkeit, und er drohte damit, daß bei einer weiteren Verschlechterung der beiderseitigen Beziehungen die Konsequenzen »verheerend für unsere beiden Länder« werden könnten.[45] Das *Drei-Kaiser-Abkommen* war damit zerbrochen. Wie schon an der Jahreswende 1874/75 sah sich die deutsche Politik mit einer Gefahr konfrontiert, die Bismarck alptraumartige Ängste verursachte: daß sich Rußland mit Frankreich verbünden, dem Deutschen Reich also ein Zweifrontenkrieg drohen könnte. Die deutsche Diplomatie mußte nach neuen bündnispolitischen Sicherungen Ausschau halten.

Der Aufbau des Bismarckschen Bündnissystems

Die erste und folgenreiche Konsequenz, die der Reichskanzler aus den Spannungen mit St. Petersburg zog, war eine Intensivierung der Beziehungen zu Österreich-Ungarn. Seit Ende August 1879 verhandelte er mit dem österreichischen Außenminister Andrássy über den Abschluß eines Bündnisses.

Dabei schwebte Bismarck ursprünglich eine umfassende Allianz vor, »eine Art von gegenseitiger Assekuranz-Gesellschaft für den Frieden«[46], die von den Parlamenten beider Staaten förmlich ratifiziert und um eine deutsch-österreichische Zollunion ergänzt werden sollte. Dieser Gedanke knüpfte an alte großdeutsche Mitteleuropa-Pläne an, wie sie der österreichische Ministerpräsident Schwarzenberg bereits 1848/49 entwickelt hatte. Allerdings sollten die Rollen jetzt vertauscht sein: Nicht Österreich, sondern Preußen-Deutschland würde die Führung in einem solchen mitteleuropäischen Block zufallen.

Wie groß die Bereitschaft des Kanzlers wirklich war, auf die Karte einer mitteleuropäischen Politik zu setzen, ist umstritten.[47] Er hat die Idee sogleich fallenlassen, als sich Andrássy weigerte, darüber zu verhandeln. Dessen Gegenvorschlag lief auf den Abschluß eines konventionellen Defensivbündnisses hinaus, dessen Spitze gegen Rußland gerichtet sein sollte. Allerdings wollte Bismarck sich nicht ausschließlich auf ein solches Bündnis mit der Habsburgermonarchie fixieren. Von Anfang an verfolgte er vielmehr das Ziel, auch Rußland wieder an das Deutsche Reich heranzuziehen und das Dreikaiserverhältnis als Basis seiner Außenpolitik zu erneuern. Zeige man St. Petersburg jetzt die kalte Schulter und verständige sich mit Wien, dann werde auch der Zar bald einlenken und sich zur Wiederaufnahme der alten Partnerschaft bereit finden. »Das Drei-Kaiser-Bündnis im Sinne einer friedlichen und erhaltenden Politik bleibt ein ideales Ziel der Politik«, bekräftigte er in einem Schreiben an Wilhelm I. Anfang September 1879.[48]

Doch der achtzigjährige Monarch, dessen Weltbild durch die überlieferte dynastische Freundschaft zu Rußland und die preußisch-österreichische Rivalität der fünfziger und sechziger Jahre geprägt war, widersetzte sich hartnäckig dem Abschluß des Bündnisses mit Österreich-Ungarn. Erst als Bismarck mit Rücktritt drohte, gab er seinen Widerstand auf: »Meine ganze moralische Kraft ist gebrochen«, klagte er.[49] Am 7. Oktober 1879 wurde der Zweibundvertrag in Wien unterzeichnet und am 16. Oktober von Wilhelm I. ratifiziert. Beide Regierungen sicherten sich für den Fall eines russischen Angriffs gegenseitigen Beistand, für den Fall des Angriffs einer anderen Macht wohlwollende Neutralität zu. Würde allerdings dieser Angriff einer dritten Macht in Verbindung mit Rußland erfolgen, dann sollte ebenfalls der Casus foederis eintreten. Diese Bestimmung zielte auf Frankreich, von dem man annahm, daß es ohne Rußland das Deutsche Reich nicht angreifen werde.

Der zunächst auf fünf Jahre abgeschlossene Zweibund bildete »einen Markstein in der europäischen Geschichte«.[50] Zum erstenmal war Bismarck von der im *Kissinger Diktat* umrissenen Idealposition eines »freien Mittlers« abgewichen und eine festere Bindung mit einer anderen Macht eingegangen – eine Bindung, aus der eine Dauerallianz wurde, die erst mit dem Zusammenbruch der beiden Reiche 1918 enden sollte. »Mit einem Ruck war der politischen Maschinerie Europas eine stabile Achse eingezogen worden, die den Lauf des großmächtlichen Räderwerks teilweise fixierte.«[51] Das Gespenst der Kaunitzschen Koalition von 1756 war damit gebannt. Was nach wie vor drohte, war die Gefahr eines Zweifrontenkrieges mit Rußland und Frankreich. Zu diesem Zweck bedurfte es weiterer bündnispolitischer Absicherungen, für die der Zweibund allerdings eine günstige Ausgangsbasis darstellte. Die Wirkung, die Bismarck sich davon erhofft hatte, trat ein: Seit Ende 1879 suchte das von inneren Krisen geschüttelte Zarenreich – im März 1881 wurde Alexander II. auf offener Straße ermordet – eine Wiederannäherung an das Deutsche Reich. Die Verhandlungen über eine Erneuerung des Dreikaiserverhältnisses zogen sich in die Länge, weil die Wiener Diplomatie sich bedeckt hielt. Erst Bismarcks Drohung mit einer deutsch-russischen Separatverständigung brachte sie zum Einlenken.

Der am 18. Juni 1881 geschlossene Dreikaiservertrag verpflichtete die Vertragspartner zu wohlwollender Neutralität, falls einer von ihnen in einen Krieg mit einer vierten Macht verwickelt würde. Rußland konnte also bei einem Krieg mit England der Neutralität Deutschlands, Deutschland bei einem Krieg mit Frankreich der Neutralität Rußlands sicher sein. Außerdem kamen die Dreikaisermächte überein, ihre Interessen auf dem Balkan abzustimmen. Im Vergleich zum Dreikaiserabkommen von 1873 zeichnete sich der Dreikaiserbund von 1881 durch größere Substanz und Verbindlichkeit aus; dennoch hat Bismarck den Wert des Vertrages angesichts der fortdauernden russisch-österreichischen Balkanrivalität und des panslawistischen Nationalismus im Zarenreich – dieser »unberechenbaren Elementargewalt«[52] – nicht überschätzt. Immerhin bot er zunächst für drei Jahre – und nach der Verlängerung 1884 für weitere drei Jahre – Sicherheit vor dem Alptraum einer französisch-russischen Koalition. Im April 1882 konnte Bismarck zum erstenmal bekennen, daß ihm die auswärtige Politik »auch keine einzige schlaflose Stunde« bereite.[53]

Zu dieser Beruhigung trug auch der Dreibundvertrag zwischen dem Deutschen Reich, Österreich-Ungarn und Italien vom 20. Mai 1882 bei. Die Voraussetzung dafür war geschaffen worden, seit Frankreich, von Bismarck ermuntert, 1881 Tunis besetzt und Tunesien zu einem französischen Protektorat erklärt hatte. Das war ein empfindlicher Rückschlag für die italienische Politik, die in Nordafrika eigene Expansionsinteressen verfolgte. So suchte Italien, seinen traditionellen Ansprüchen auf die *unerlösten Gebiete* im Habsburgerreich (Südtirol und Triest) vorläufig entsagend, Anlehnung an den Zweibund. Deutschland und Österreich-Ungarn sicherten Italien Beistand zu, falls es von Frankreich angegriffen würde; Italien versprach militärische Unterstützung bei einem unprovozierten französischen Angriff auf Deutschland und verpflichtete sich zur Neutralität in einem russisch-österreichischen Krieg. Für Bismarck bestand der Wert des Dreibundvertrages vor allem in der Stärkung der Stellung Österreich-Ungarns. Im Falle eines Konflikts mit Rußland war dessen Südflanke vor einem italienischen Angriff geschützt.

Der Dreibundvertrag, der 1883 um den Anschluß Rumäniens an die Zweibundmächte ergänzt wurde, bildete den Schlußstein in einem mehrschichtig angelegten Bündnissystem, das gleichermaßen der deutschen Sicherheit wie dem europäischen Frieden dienen sollte. Allerdings handelte es sich nicht um ein starres, fugenlos ineinandergreifendes System von Vereinbarungen, sondern um ein mühevoll ausbalanciertes, »kompliziertes Verflechtungsgebilde«,[54] dessen einzelne Elemente in gewisser Spannung zueinander standen. Dieser gleichsam fließende, labile Zustand war durchaus im Sinne Bismarcks: Er wollte, ohnehin ein illusionäres Unterfangen, den expansiven Tendenzen der anderen Mächte keine Zügel anlegen, sondern sie nur so weit eingrenzen, »daß die Stabilität des Mächtesystems als solches nicht in Frage gestellt und eine maximale Entlastung der Position des Reiches bewirkt würde«.[55] Das erwies sich jedoch als zunehmend schwieriger, zumal da das Deutsche Reich Anfang der achtziger Jahre die bis dahin geübte kolonialpolitische Zurückhaltung aufgab.

Anfänge deutscher Kolonialpolitik

In den ersten Jahren nach der Reichsgründung hatte Bismarck noch allen kolonialen Versuchungen konsequent widerstanden. Als die französische Regierung während der Friedensverhandlungen im Februar 1871 eigenen Kolonialbesitz in Ostasien als Kompensation für einen deutschen Verzicht auf Elsaß-Lothringen anbot, winkte er ab: »Ich will auch gar keine Kolonien. Die sind bloß zu Versorgungsposten gut… Diese ganze Koloniegeschichte wäre für uns genau so wie der seidne Zobelpelz in polnischen Adelsfamilien, die keine Hemden haben.«[56]

Bismarcks vorrangiges Ziel war zunächst auf die Sicherung der errungenen Machtstellung des Deutschen Reiches gerichtet. »Gebietserwerbungen außerhalb Europas«, welche geeignet waren, das ohnehin vorhandene »Mißtrauen gegen die Friedlichkeit unserer Gesinnungen« zu schüren, lehnte er ab, weil sie – wie er im Juni 1873 Wilhelm I. wissen ließ – »eine Quelle nicht der Stärke, sondern der Schwäche für Deutschland werden müßten«.[57]

Die seit 1875 verfolgte außenpolitische Strategie der Konfliktableitung an die Peripherie setzte voraus, daß das Deutsche Reich eigenen expansiven Ambitionen entsagte und auch in Übersee nicht als direkter Konkurrent der anderen europäischen Großmächte in Erscheinung trat. Das bedeutete nicht, daß dem Reichskanzler die überseeischen Unternehmungen vornehmlich Hamburger und Bremer Kaufleute gleichgültig gewesen wären. Vielmehr war er seit Mitte der siebziger Jahre bemüht, dem deutschen Handel in Übersee staatliche Unterstützung zuteil werden zu lassen, etwa durch den Abschluß von Handelsverträgen oder durch Bereitstellung konsularischer Dienste. »Wenn sich die Regierung des Kaisers die Verfolgung einer eigentlichen Kolonialpolitik versagt, so hat sie umso mehr den Beruf, den deutschen Handel gegen unberechtigte Eingriffe in die Freiheit seiner Bewegung zu schützen«, schrieb er Anfang März 1875 in einer Protestnote an die spanische Regierung, die 1874 die Palau-Inseln und die Karolinen unter ihre Souveränität gestellt und dort den freien Handel eingeschränkt hatte.[58]

Gegen den Erwerb von Kolonien sprachen zu diesem Zeitpunkt nicht nur außen-, sondern auch innenpolitische Gründe. Noch arbeitete Bismarck mit den Nationalliberalen zusammen, unter denen die Verfechter des Freihandels den Ton angaben. Sie begrüßten das wirtschaftliche Engagement in Übersee, sprachen sich aber zugleich gegen eine staatlich betriebene Kolonialpolitik aus. Und auch in der Öffentlichkeit spielte das Interesse an kolonialen Fragen in den siebziger Jahren noch kaum eine Rolle.

Das änderte sich mit der Abkehr vom Freihandel und dem Übergang zur Schutzzollpolitik im Jahre 1879. Erst jetzt entstand, von Industriellen, Bankiers und Kaufleuten gefördert, eine koloniale Bewegung. In einer Flut von Broschüren wurde die Forderung erhoben, daß nun auch das Deutsche Reich in den Kreis der Kolonialmächte eintreten müsse. Kolonien – so lauteten die Argumente der Kolonialagitatoren, an ihrer Spitze Friedrich Fabri, der Leiter der Rheinischen Missionsgesellschaft in Wuppertal[59] – könnten den wachsenden Strom deutscher Auswanderer aufnehmen; sie seien überdies notwendig, um den deutschen Binnenmarkt zu entlasten und Industrie und Handel neue, zukunftsträchtige Absatzmärkte zu erschließen. Dadurch würden künftig Überproduktionskrisen vermieden oder zumindest in ihren Auswirkungen gemildert und die sozialen Spannungen, die den Bestand der bürgerlichen Gesellschaft bedrohten, gleichsam exportiert.

Neben sozioökonomische und sozialimperialistische traten machtpolitische Erwägungen. Ohne Kolonien würde Deutschland den Anschluß verlieren und zu einer Macht zweiten Grades herabsinken. Im Wettlauf um die überseeischen Territorien dürfe das Reich deshalb nicht zurückstehen; im Gegenteil, es müsse den Erwerb von Kolonien als große, neue nationale Aufgabe begreifen, für die es sich zu streiten lohne.

Alle diese Argumente standen Pate bei der Gründung des *Deutschen Kolonial-Vereins* im Dezember 1882, dem zahlreiche führende Persönlichkeiten aus Politik, Wirtschaft, Wissenschaft und Publizistik angehörten – Vertreter jener gesellschaftlichen Eliten, »die das Bismarcksche System des Solidarprotektionismus mitgeschaffen hatten und seit 1879 trugen«.[60] Welche Absicht hinter dem Unternehmen stand, gab Hermann Fürst zu Hohenlohe-Langenburg, einer der Initiatoren, in einem Brief vom Oktober 1882, wenige Wochen vor Gründung des Kolonialvereins, offen zu erkennen: »Immer mehr befestigt

»Die neue Crinoline«. Bismarck schneidert der unwilligen Germania einen modischen Kolonial-Reifrock. Holzschnitt von Gustav Heil, in: »Berliner Wespen«, Nr. 11 vom 13.3.1885.

sich in mir die Überzeugung, daß wir in Deutschland die Gefahr ... des Sozialdemokratismus nicht wirksamer bekämpfen können, als wenn wir uns in überseeischen Ländern Luft schaffen, und zwar so bald wie möglich.«[61]

Bismarck hat sich gegenüber den Bestrebungen der Kolonialbewegung zunächst distanziert verhalten. Noch Anfang der achtziger Jahre sprach er sich entschieden gegen Kolonien aus: »Wir haben keine genügende Flotte, um sie zu schützen, und unsere Bürokratie ist nicht gewandt genug, die Verwaltung solcher Länder zu leiten.«[62] Doch schon kurze Zeit später, 1883/84, entschloß er sich, den Kolonialgedanken aufzugreifen und für seine Politik nutzbar zu machen. Über die Gründe für diesen Kurswechsel gehen die Meinungen bis heute auseinander. Hans-Ulrich Wehler hat, die ältere Forschung souverän gegen den Strich lesend, das Hauptmotiv in einem inneren Systemzwang gesehen, nämlich darin, »durch Expansion stetiges, gesichertes wirtschaftliches Wachstum und gesellschaftliche Stabilität zu bewahren oder wiederzugewinnen und infolgedessen die soziale Hierarchie und politische Machtstruktur zu erhalten«.[63] Letztlich sei Bismarcks Kolonialpolitik einem sozialimperialistischen Kalkül entsprungen: Durch Aufgreifen der Kolonialparole habe er von inneren Schwierigkeiten ablenken und seine eigene Herrschaftsstellung neu befestigen wollen.

Demgegenüber hat etwa Lothar Gall darauf insistiert, daß für den Übergang zu einer aktiven Kolonialpolitik »in erster Linie außen- und machtpolitische Überlegungen« ausschlaggebend gewesen seien.[64] Durch eine über kolonialen Interessenausgleich mögliche Annäherung an Frankreich habe Bismarck auf »eine Auflockerung der Gesamtsituation« gezielt und zu ganz »neuen außenpolitischen Kombinationen« gelangen wollen.[65] Nach dieser Deutung blieb das erste deutsche Ausgreifen in die *Weltpolitik* gebunden an die europäische Mächtekonstellation und die besonderen Gefahren, die sie für die Stellung des Reiches in der Mitte Europas aufwarf.

In der Frage der Kolonialpolitik gab es jedoch weder einen eindeutigen Primat der Innenpolitik noch eine klare Priorität der Außenpolitik, sondern ein Geflecht sich überschneidender Motive und Interessen, wobei wirtschaftspolitischen Erwägungen eine gewisse Vorrangstellung zukam. Bismarck hat nie einen Hehl daraus gemacht, daß ihm die

Gewinnung neuer Absatzmärkte – gerade vor dem Erfahrungshintergrund der *Gründerkrise* und der anschließenden Depression – als ein wichtiges Ziel erschien. »Unsere Kolonialbestrebungen sind Hilfsmittel für die Entwicklung … des deutschen Exports«, so beschrieb er den Wert der deutschen *Schutzgebiete*.[66]

Mit dem wirtschaftspolitischen Argument aufs engste verknüpft waren innenpolitische Überlegungen. Der um sich greifende Kolonialenthusiasmus bot in Bismarcks Augen einen günstigen Ansatzpunkt, um jene Kräfte zu stärken, die er hinter der Fahne der Schutzzollpolitik gesammelt hatte. Bereits im Vorfeld der Reichstagswahlen vom Herbst 1884 war die Kolonialpolitik das beherrschende Thema. »Die ganze Kolonialgeschichte ist ja Schwindel«, soll Bismarck damals gesagt haben, »aber wir brauchen sie für die Wahlen.«[67] Tatsächlich waren die Linksliberalen die großen Verlierer der Wahlen; insofern ging Bismarcks Rechnung auf.

Der Kanzler hat die koloniale Parole als Integrationsmittel benutzt, ohne sich jedoch zu deren Gefangenen zu machen. Dem widerspricht nicht, daß er im diplomatischen Schriftverkehr gelegentlich gerade diesen Eindruck zu erwecken suchte, um vor allem England zu mehr Entgegenkommen gegenüber den deutschen kolonialpolitischen Wünschen zu bewegen. »Die öffentliche Meinung legt gegenwärtig in Deutschland ein so starkes Gewicht auf die Kolonialpolitik, daß die Stellung der Regierung im Innern von dem Gelingen derselben wesentlich abhängt«, hieß es zum Beispiel in einem Erlaß an den deutschen Botschafter in London, den Grafen Münster, vom 25. Januar 1885.[68]

Was die außenpolitische Seite betrifft, so hat Bismarck tatsächlich versucht, über eine Zusammenarbeit in kolonialen Fragen zu einer Verbesserung der Beziehungen zu Frankreich zu gelangen. Durch Unterstützung der französischen Interessen in Übersee hoffte er, das Revanchebedürfnis des westlichen Nachbarn mildern und dessen Blicke vom *Loch in den Vogesen* ablenken zu können. Damit eröffnete sich auch eine Chance, die Rivalität zwischen Frankreich und England auf kolonialpolitischem Gebiet zu fördern und ein Zusammengehen beider Mächte gegen Deutschland zu verhindern.

Die antienglische Stoßrichtung dieser Politik besaß, deutlich erkennbar, zugleich eine innenpolitische Funktion: Bismarck wollte vorbeugend dafür Sorge tragen, daß im Falle des bevorstehenden Thronwechsels die englischen Sympathien des Kronprinzen und seiner Frau Victoria nicht zu großen Einfluß auf die Politik des Reiches gewännen. Im Rückblick hat Bismarcks Sohn Herbert, der es unter seinem Vater bis zum Staatssekretär im Auswärtigen Amt brachte, dieses Motiv sogar als ausschlaggebend bezeichnet: »Wir mußten auf eine lange Regierung (des Kronprinzen) gefaßt sein, während welcher der englische Einfluß dominieren … würde; um diesem vorzubeugen, mußte die Kolonialpolitik eingeleitet werden, welche volkstümlich ist und jeden Augenblick Konflikte mit England herbeiführen kann.«[69]

Offiziell eingeläutet wurde die deutsche Kolonialpolitik durch ein Telegramm Bismarcks an den deutschen Konsul in Kapstadt, in dem er die Besitzungen des Bremer Kaufmanns Adolf Lüderitz in Angra Pequena, dem Kern der späteren Kolonie Deutsch-Südwestafrika, unter den Schutz des Reiches stellte. Diesem Entrée, das sogleich heftige diplomatische Auseinandersetzungen mit England nach sich zog, folgten rasch weitere Inbesitznahmen: Im Juli 1884 hißte der Afrikaforscher und Reichskommissar Gustav Nachtigal im Auftrag der Reichsleitung die deutsche Flagge in Togo und Kamerun. Im Februar 1885 erhielt Carl Peters für Verträge, die er im Namen seiner *Gesellschaft für Deutsche Kolonisation* mit Häuptlingen in Ostafrika abgeschlossen hatte, einen kaiserlichen Schutzbrief. Im April/Mai 1885 wurden Nordost-Neuguinea (unter der Bezeichnung *Kaiser-Wilhelms-Land*) und die Inselgruppe Nova Britannia (unter der Bezeichnung *Bismarck-Archipel*) zu *Schutzgebieten* des Deutschen Reiches erklärt.

Ursprünglich hatte Bismarck das direkte staatliche Engagement so gering wie möglich halten wollen. Noch im September 1884 versicherte er dem französischen Botschafter in Berlin, daß nur die Ausdehnung des ungehinderten Handels, nicht jedoch »die räumliche Ausdehnung der deutschen kolonialen Besitzungen … das Ziel der deutschen Politik« sei.[70] Was ihm vorschwebte, war ein informeller Imperialismus, das heißt, der Staat sollte sich möglichst im Hintergrund halten und wirtschaftliche Initiative und Verwaltung den privaten Interessenten überlassen, für deren Schutz das Reich allerdings die Garantie übernehmen wollte. Doch das Engagement in Übersee entwickelte eine eigene Dynamik. Was mit Schutzverträgen für Handelsniederlassungen begann, endete mit staatlich verwalteten Kolonialgebieten, deren Konsolidierung in den folgenden zwei Jahrzehnten große Summen verschlang.

Das Deutsche Reich war damit eingetreten in den Kreis der Kolonialmächte. Es beteiligte sich, »wenn auch vorerst mit verhaltener Energie«,[71] am Wettlauf um koloniale Besitzungen in Übersee, vor allem in Afrika. Ermöglicht wurde dieser Schritt ins Zeitalter des Imperialismus durch eine ungewöhnlich günstige internationale Konstellation. Die weltpolitischen Gegensätze zwischen Rußland und England im Nahen Osten und in Asien, die Rivalitäten zwischen England und Frankreich in Nordafrika und im Kongo lenkten die Aufmerksamkeit vom europäischen Kontinent ab und verschafften der deutschen Politik viel Spielraum. Die neue kolonialpolitische Rolle des Deutschen Reiches fand ihren Ausdruck auch auf der Berliner Kongokonferenz vom November 1884 bis Februar 1885, die Bismarck in enger Abstimmung mit der französischen Regierung unter Jules Ferry durchgesetzt hatte, um den Zugriff Englands auf die Kongomündung abzuwehren und darüber hinaus völkerrechtlich verbindliche Regelungen für die Ausübung kolonialer Herrschaft festzulegen. In der am 25. Februar 1885 unterzeichneten Kongo-Akte wurden – neben der Anerkennung eines Kongo-Staates unter dem belgischen König Leopold II. als Souverän – eine Freihandelszone in Zentralafrika, freie Schiffahrt auf Kongo und Niger sowie das Verbot des Sklavenhandels vereinbart.[72] Bismarck »erreichte damit einen kolonialpolitischen Akkord, der dem deutschen Handel einen ergiebigen Markt erschloß und das Reich maßgeblich in den Anspruch Europas einstimmen ließ, über große Teile der Welt nach eigenen Bedürfnissen ... zu verfügen«.[73]

Doch schon im Frühjahr 1885 veränderte sich die Situation grundlegend. Der Sturz Ferrys im März entzog der deutsch-französischen Kolonialentente die Grundlage; fortan war die Revanche wieder der Fixpunkt der französischen Politik. Kurze Zeit später brachen auf dem Balkan erneut die Gegensätze auf. Die kontinentalen Probleme rückten wieder ins Zentrum der Bismarckschen Außenpolitik. Im Dezember 1888 fertigte er einen engagierten Verfechter des Kolonialgedankens, den Afrikareisenden Eugen Wolff, mit den Worten ab: »Ihre

Karte von Afrika ist ja sehr schön, aber meine Karte von Afrika liegt in Europa. Hier liegt Rußland, und hier ... liegt Frankreich, und wir sind in der Mitte; das ist meine Karte von Afrika.«[74]

So blieb die Kolonialpolitik unter Bismarck eine Episode, allerdings eine höchst folgenreiche. Denn ihre Ergebnisse ließen sich nicht rückgängig machen. Selbst wenn der Reichskanzler dies gewollt hätte: die Antriebskräfte imperialistischer Expansion, die von den inneren Notwendigkeiten des Industriekapitalismus gespeist wurden, hatten längst eine Eigendynamik entwickelt. Gewiß, noch waren Überseepolitik und Kolonialexpansion nicht von dem ehrgeizigen Ziel diktiert, das Reich in den Rang einer Weltmacht zu heben. Doch ebensowenig zu verkennen ist, daß die Anfänge des deutschen Imperialismus 1884/85 bereits ihre Schatten vorauswarfen auf die wilhelminische *Weltpolitik*. Bismarck war hier, wie auch auf dem Felde der Innenpolitik, nicht Bremser, sondern Vorreiter von Tendenzen, die freilich erst nach seinem Sturz 1890 zur vollen Entfaltung kommen sollten.

4. Das Ende der Bismarck-Ära

Die Krise des Bismarckschen Bündnissystems

In der zweiten Hälfte der achtziger Jahre geriet Bismarcks Bündnissystem in eine schwere Zerreißprobe. Wieder war es der Balkan, Europas Krisenherd Nummer eins, der für Spannungen sorgte und die Kabinette der Großmächte in Atem hielt. Die auf dem Berliner Kongreß 1878 mühsam ausgehandelten Regelungen gerieten in Gefahr, als im September 1885 in Ostrumelien ein Aufstand gegen die osmanische Herrschaft ausbrach. Er erzwang binnen kurzem die Vereinigung des Gebiets mit dem Fürstentum Bulgarien, also jene großbulgarische Lösung, wie sie Rußland im Frieden von San Stefano angestrebt, gegen den Widerstand der anderen Großmächte aber nicht hatte durchsetzen können.

Inzwischen hatten sich jedoch die Vorzeichen verkehrt. Denn Alexander von Battenberg, der Neffe Zar Alexanders II., der 1879 auf russisches Betreiben zum Fürsten von Bulgarien gewählt worden war, zeigte wenig Neigung, die ihm zugedachte Rolle eines willfährigen Vasallen russischer Großmachtpolitik zu spielen; vielmehr entwickelte er sich mehr und mehr zum Exponenten eines nach Selbständigkeit drängenden bulgarischen Nationalismus. Die Situation wurde noch zusätzlich dadurch kompliziert, daß Serbien, seit 1881 mit Wien durch einen Schutzvertrag verbunden, eine Vergrößerung Bulgariens ohne Kompensationen nicht hinnehmen wollte und dem östlichen Nachbarn im November 1885 den Krieg erklärte. Am Zarenhof glaubte man, hinter dem militärischen Vorgehen Serbiens die lenkende Hand Österreich-Ungarns zu erkennen, und in dieser Überzeugung wurde die russische Politik bestärkt, als Wien den militärisch schwer bedrängten Serben zur Hilfe eilte, um das Schlimmste zu verhüten.

Während der bulgarischen Wirren 1885/86, in deren Verlauf die österreichisch-russischen Spannungen sich bis hart an den Rand eines

Krieges hochschaukelten, zerbrach endgültig das Dreikaiserabkommen von 1881. Die russische Regierung sah in der Wahl des proösterreichischen Prinzen Ferdinand von Sachsen-Coburg-Koháry zum neuen Fürsten von Bulgarien (als Nachfolger des zunächst von russischen Offizieren gekidnappten, dann zum Rücktritt gezwungenen Prinzen von Battenberg) eine schwere Provokation. Obwohl sich Bismarck in allen Phasen der Krise bemüht hatte, ausgleichend zu wirken und den russischen Interessen in Bulgarien, so weit es ging, entgegenzukommen, richtete sich die Erbitterung in St. Petersburg doch vor allem gegen Berlin. Die panslawistischen, deutschfeindlichen Stimmungen gewannen in der russischen öffentlichen Meinung die Oberhand und drängten jene Kreise in der Hofaristokratie, die immer noch auf die Karte der traditionellen dynastischen Beziehungen zu Preußen setzten, in die Defensive. Zum wortmächtigen Sprecher dieses neuen großrussischen Nationalismus wurde der einflußreiche Journalist Michael Katkow. Er forderte bereits 1886, daß sich das Zarenreich von den Bindungen an die Mittelmächte freimachen und statt dessen seine Beziehungen zu Frankreich ausbauen solle. »Deutschland steht so hoch, weil es auf Rußlands Schultern steht«, verkündete er.[1]

Diese Entwicklung war für Bismarck um so alarmierender, als zur gleichen Zeit in Frankreich revanchistische Tendenzen wieder kräftigen Auftrieb erhielten. Im Januar 1886 wurde mit General Georges Boulanger ein exponierter Vertreter der antideutschen Politik zum Kriegsminister ernannt. Zeitweilig genoß dieser *général revanche,* dem cäsaristische Neigungen im Stile Napoleons III. nachgesagt wurden, eine beachtliche Popularität, zumal nachdem Bismarck ihn öffentlich als Kriegstreiber attackiert hatte. Boulanger wurde bereits im Mai 1887 gestürzt, doch die Gefahr, daß sich russischer Panslawismus und französischer Revanchismus verbinden könnten, blieb bestehen. Sie bereitete nicht nur dem deutschen Reichskanzler wachsende Sorge. Unter deutschen Militärs begann man immer lauter darüber nachzudenken, wie sich die Situation durch einen Präventivkrieg mit einem Schlage zugunsten des Deutschen Reiches bereinigen ließe. Anführer der Kriegspartei in Berlin war der Generalquartiermeister Alfred Graf von Waldersee, der seit 1882 als Stellvertreter Moltkes faktisch als Chef des Großen Generalstabs fungierte. Er halte »einen europäischen

Krieg für kaum vermeidlich«, notierte er Anfang Mai 1886 in sein Tagebuch; die Chancen, diesen Krieg zu gewinnen, seien um so besser, »je früher er kommt«.[2] Den Präventivkriegsideen Waldersees schloß sich auch der junge Prinz Wilhelm an, der schon bald als Wilhelm II. den Thron besteigen sollte. »Ob Krieg wird, weiß niemand«, schrieb der Enkel Wilhelms I. Anfang 1887. »Aber das Beste wäre es, wenn es bald losginge; das Warten bringt nur Nachteile.«[3]

Doch so bedenkenlos Bismarck in der Innenpolitik präventiv gegen vermeintliche Gefahren agiert hatte: in seiner Außenpolitik wandte er sich kategorisch gegen diese Methode, überhaupt gegen die von Waldersee und seinem Anhang gepflegte Vorstellung, daß ein großer Krieg über kurz oder lang unvermeidlich sei. Sein gesamtes kunstvoll verschachteltes Bündnissystem war ja darauf angelegt, einen Krieg zu verhindern, bei dem das Deutsche Reich nichts zu gewinnen, aber alles zu verlieren hatte. So reagierte er auf die west-östliche Doppelkrise 1885/86 seinerseits mit einer doppelten Strategie: Einerseits verstärkte er, auch um den Militärs entgegenzukommen, die deutschen Rüstungsanstrengungen; andererseits aber bemühte er sich, das Gebäude seines Bündnissystems zu festigen, nachdem ein Eckpfeiler, das Dreikaiserabkommen, herausgebrochen war.

Die Wehrvorlage, die im November 1886 im Reichstag eingebracht wurde, sah eine Erhöhung der Friedenspräsenzstärke des deutschen Heeres von 427 000 auf 468 000 Mann vor. In einer großen, allseits beachteten Reichstagsrede vom 11. Januar 1887 ließ Bismarck keinen Zweifel daran, daß die Heeresverstärkung allein einem defensiven Zweck, dem Schutz des Deutschen Reiches vor französischer Revanche, diene. Solange er Kanzler sei, werde er Frankreich nicht angreifen. Zugleich wies er die Vorstellung der Militärs zurück, »einen Krieg zu führen deshalb, weil er später vielleicht doch geführt werden muß«. »Wir haben keine kriegerischen Bedürfnisse«, so faßte er zusammen, was seit 1875 Maxime seiner Außenpolitik geworden war, »wir gehören zu den – was der alte Fürst Metternich nannte: saturierten Staaten, wir haben keine Bedürfnisse, die wir durch das Schwert erkämpfen könnten.«[4]

Der nächste Schritt war die Erneuerung des Dreibundvertrages von 1882. Sie kam nach schwierigen Verhandlungen am 20. Februar 1887 zustande, und zwar dadurch, daß den expansionistischen Aspirationen Italiens in Nordafrika und auf dem Balkan in zwei Zusatzabkommen Rechnung getragen wurde. In die defensiv konzipierte Bündnispolitik Bismarcks mischten sich erstmals offensive Elemente, die den ursprünglichen Zweck zu konterkarieren schienen. »Der Widerspruch zwischen Friedensabsicht und Kriegsvorbereitung klaffte, vom Bismarckschen Bündnisgeflecht mehr und mehr Besitz nehmend, drohend auf.«[5]

Eine Abstützung erfuhr der Dreibund durch die im gleichen Jahr geschlossenen Mittelmeer-Vereinbarungen zwischen Italien, England und Österreich-Ungarn. Darin verpflichteten sich die drei Mächte zur Aufrechterhaltung des Status quo im Mittelmeer, in der Adria, im Ägäischen und im Schwarzen Meer. Die Abkommen, die zwar ohne direkte Beteiligung, aber doch mit Unterstützung der deutschen Reichsleitung zustande kamen, richteten sich gegen die russischen Expansionsbestrebungen auf dem Balkan, inbesondere gegen die Absicht, die Meerengen unter russische Kontrolle zu bringen. Ihr Wert bestand für Bismarck in erster Linie darin, daß es zum erstenmal gelungen war, England aus seiner *splendid isolation* herauszulocken und mittelbar an den Dreibund heranzuführen. Das bedeutete nicht nur einen Erfolg hinsichtlich der Isolierung Frankreichs, sondern zugleich eine Stärkung der Position Österreich-Ungarns gegenüber Rußland. Eine weitergehende Bindung an die Mittelmächte lehnte England allerdings ab. Das mit der Mittelmeerentente übernommene Engagement genügte seinem Interesse an der Wahrung des Gleichgewichts in Europa. Als Bismarck später, Anfang 1889, noch einmal Fühler nach London ausstreckte, um die Möglichkeiten eines Bündnisses zu sondieren, verhielt sich der englische Premier Salisbury reserviert. England wollte seine außenpolitische Bewegungsfreiheit nicht durch zusätzliche Verpflichtungen auf dem Kontinent einengen lassen.

Trotz der antirussischen Spitze der Mittelmeerentente war Bismarck bestrebt, den Draht nach St. Petersburg nicht völlig abreißen zu lassen. Am 18. Juni 1887 wurde der sogenannte Rückversicherungsvertrag unterzeichnet: Darin sicherten sich die beiden vertragschließenden Parteien wohlwollende Neutralität zu für den Fall, daß eine von ihnen unprovoziert angegriffen würde, also Deutschland von

Frankreich oder Rußland von Österreich-Ungarn. Seine eigentliche Brisanz erhielt der Vertrag durch ein »ganz geheimes Zusatzprotokoll«, in dem das Deutsche Reich »die geschichtlich erworbenen Rechte Rußlands auf der Balkanhalbinsel«, also vor allem in Bulgarien, anerkannte und dem Zar politisch-moralische Unterstützung versprach, falls er sich genötigt sehe, den »Schlüssel seines Reiches«, die Meerengen, in die Hand zu nehmen.

Über die Frage, inwieweit der Rückversicherungsvertrag mit den anderen Verträgen überhaupt in Einklang zu bringen war, ist lange gestritten worden. Zweifellos stand das geheime Zusatzprotokoll im Widerspruch insbesondere zur Mittelmeerentente: »Während das eine Abkommen Rußland den Weg nach den Meerengen und nach Konstantinopel freigab, war es die Aufgabe des anderen, ihn vor dem russischen Expansionsdrang zu versperren und den Status quo im Orient zu schützen.«[6] Wären die Bestimmungen des geheimen Zusatzprotokolls bekannt geworden, hätte das die Glaubwürdigkeit der deutschen Außenpolitik erschüttert und Bismarck schwer kompromittiert. In Zeiten, in denen die Regeln der Geheimdiplomatie von allen Seiten beachtet wurden, war mit einem vorzeitigen Bekanntwerden des Vertrages allerdings nicht zu rechnen.

Im übrigen sollte der Gegensatz zwischen Rückversicherungsvertrag und Mittelmeerentente nicht überbewertet werden. Denn der Sinn der Abkommen bestand gerade darin, eine Situation zu verhindern, in der die Bündnisverpflichtungen wirksam werden konnten. Die rivalisierenden Interessen der anderen Mächte sollten gefördert und dadurch zugleich neutralisiert werden – insofern lag diese Politik auf der im *Kissinger Diktat* programmatisch vorgezeichneten Linie. Freilich handelte es sich – wie Wolfgang J. Mommsen hervorgehoben hat – »um eine ausgesprochen manieristische Steigerung der diplomatischen Strategie Bismarcks«,[7] die nur erklärbar ist aus der Verschlechterung der außenpolitischen Lage Deutschlands in der zweiten Hälfte der achtziger Jahre und der zunehmenden Schwierigkeit, die Spannungen der Großmächte an die Peripherie zu lenken. Bismarck hat gleichwohl an diesem in den siebziger Jahren entwickelten Konzept festgehalten, »und dies, obwohl bei nüchterner Betrachtung nicht zu übersehen war, daß die Verhältnisse sich umzukehren drohten, daß die

Abhängigkeit des Reiches von seinen Bündnispartnern ständig wuchs und die Versuche, dies auszutarieren, zu immer komplizierteren und waghalsigeren Aktionen und Manövern führten«.[8]

Selbst für Herbert von Bismarck, seit 1885 als Staatssekretär des Auswärtigen wichtigster Gehilfe des alternden Kanzlers, war der Rückversicherungsvertrag nicht mehr als eine Notlösung, ein Hilfsmittel, dessen Wert vor allem darin lag, daß er »uns im Ernstfall die Russen wohl doch 6 bis 8 Wochen länger vom Halse (hält) als ohnedem«.[9] Bismarck dachte hier etwas weiter. Für ihn zählte vor allem, daß die neugeknüpfte Verbindung nach St. Petersburg Rußland vorerst daran hinderte, sich mit Frankreich zu liieren. »Wäre Rußland für die nächste Zukunft ganz ohne Vertrag mit uns oder mit Österreich«, äußerte er dem Kaiser gegenüber, »so würde uns jede Kontrolle der Bahnen, welche die russische Politik gehen könnte, fehlen.«[10] Dennoch war für den Reichskanzler auch mit dem Rückversicherungsvertrag die Gefahr eines Zweifrontenkrieges keineswegs gebannt. Am Ende des Jahres 1887 stellte er in einem Gespräch mit dem preußischen Kriegsminister Bronsart von Schellendorf eine düstere Prognose: »Nach Lage der europäischen Politik ist es wahrscheinlich, daß wir in nicht zu ferner Zeit den Krieg gegen Rußland und Frankreich gleichzeitig zu bestehen haben werden.«[11]

Tatsächlich hatte sich das deutsch-russische Verhältnis nach Abschluß des Rückversicherungsvertrages nicht verbessert, sondern geradezu dramatisch verschlechtert. Die Gründe dafür lagen nicht zuletzt in der mehrgleisigen Politik Bismarcks selbst. Denn während er auf diplomatischer Ebene weiterhin den Ausgleich mit St. Petersburg suchte, verschärfte er zugleich auf handels- und finanzpolitischem Gebiet den Konfrontationskurs, um auf diese Weise den antideutschen Kreisen in der russischen Metropole den Wert der deutschen Freundschaft recht handgreiflich vor Augen zu führen. Ende 1887 wurden die Einfuhrzölle auf Getreide von 3 auf 5 Mark pro Doppelzentner heraufgesetzt, wodurch die russischen Agrarexporteure schwer getroffen wurden. Noch gravierender wirkte sich das Anfang November 1887 ergangene Verbot an die Reichsbank aus, russische Wertpapiere als Pfand für Kredite anzunehmen. Dieses Lombardverbot »kam einer wirtschaftlichen Kriegserklärung schon sehr nahe«,[12] denn das Deutsche

Reich war in den Jahren zuvor Rußlands größter Kapitalgeber geworden. Ein großer Teil der russischen Auslandsanleihen, die das Zarenreich für den wirtschaftlichen Modernisierungsprozeß benötigte, wurde über Berliner Banken vermittelt. Das Lombardverbot führte denn auch sofort zu einem Kurssturz russischer Wertpapiere an den deutschen Börsen; der russische Staatskredit im Ausland war schwer angeschlagen.

Doch Bismarcks Kalkül, einen potentiellen Gegner durch Anlegen der wirtschaftspolitischen Daumenschraube gefügig zu machen, ging nicht auf. Rußland konnte seine Kreditwürdigkeit auf den internationalen Finanzmärkten schneller wiederherstellen als erwartet. Seinen riesigen Kapitalbedarf suchte es jetzt allerdings nicht mehr in Berlin, sondern in Paris zu decken. »Deutschlands Versuch, als wirtschaftlicher Muskelprotz Wirkung zu erzielen, war gescheitert.«[13] Was Bismarck durch sein kunstvolles, kompliziertes Bündnissystem immer hatte verhindern wollen – das russisch-französische Bündnis –, hatte er durch seine riskanten wirtschaftspolitischen Kampfmaßnahmen nun selbst ungewollt in die Wege geleitet. Mit der Plazierung der ersten großen Staatsanleihe auf dem französischen Kapitalmarkt begann eine Periode sich intensivierender russisch-französischer Zusammenarbeit, zunächst auf wirtschaftlichem, dann auch auf militärischem Gebiet. Die Weichen für die russisch-französische Allianz waren gestellt, auch wenn die russische Politik es vorerst noch vermied, offen für Frankreich zu optieren.

Nicht nur für Gerson Bleichröder, Bismarcks Finanzberater, blieb die mehrdeutige deutsche Politik gegenüber Rußland ein Buch mit sieben Siegeln.[14] Auch in der deutschen Öffentlichkeit fanden die außenpolitischen Schachzüge des Reichskanzlers immer weniger Verständnis; das ihnen zugrundeliegende Ziel, die Aufrechterhaltung des Friedens mit allen, notfalls auch problematischen Mitteln, stieß auf immer geringere Akzeptanz. Statt sich auf die Verteidigung des Status quo zu beschränken, solle das Deutsche Reich – seiner Wirtschaftskraft entsprechend – eine dynamische Außenpolitik betreiben und dabei auch das Risiko eines Krieges nicht scheuen: Das war eine verbreitete Überzeugung nicht nur unter Militärs, sondern auch in Teilen der öffentlichen Meinung. »Wenn Deutschland in der Weltpolitik auf diese bescheidene Rolle sich beschränken wollte«, mahnte die KÖLNISCHE VOLKSZEITUNG Ende August 1886, »dann hätte das deutsche Volk sich die Ströme von Blut und Schweiß sparen können, welche dazugehörten, das Deutsche Reich zu gründen.«[15]

Selbst im Auswärtigen Amt regten sich Widerstände gegen den bisherigen Kurs der Außenpolitik. Sie kristallisierten sich um den Vortragenden Rat Friedrich von Holstein, einen tüchtigen, aber intriganten Beamten, der seine diplomatische Karriere Bismarck verdankte, dessen Politik er jedoch seit Mitte der achtziger Jahre zunehmend mißtrauischer begleitete. Wie die Militärfronde um Graf Waldersee drängte Holstein darauf, das Bündnis mit Österreich-Ungarn strikt antirussisch auszurichten – in der Überzeugung, daß Bismarcks »Friedenskarren« über kurz oder lang doch »im Sande stecken« bleiben werde.[16] »Hier ist eigentlich alle Welt für den Krieg«, berichtete Holstein im Januar 1888 dem deutschen Botschafter in London, Graf Hatzfeldt, »mit fast alleiniger Ausnahme von S(einer) D(urchlaucht), der die äußersten Anstrengungen macht, um den Frieden zu erhalten.«[17] Bismarcks Zeit, so schien es vielen, war abgelaufen.

Das Dreikaiserjahr 1888

Am 9. März 1888 starb, fast einundneunzigjährig, Kaiser Wilhelm I. Damit schien eine neue Ära in Deutschland anzubrechen. Denn sein Nachfolger Kronprinz Friedrich Wilhelm, der als Friedrich III. den Thron bestieg, galt als Hoffnungsträger des Liberalismus. Ihm wurden, anders als seinem stockkonservativen Vater, Sympathien für ein parlamentarisches System nach englischem Muster nachgesagt. Seine Verbindung mit der resoluten, ihm geistig überlegenen Kronprinzessin Vicky, der ältesten Tochter der englischen Königin Victoria, hatte solchen Vorstellungen ebenso Nahrung gegeben wie sein Kontakt zu maßgeblichen Repräsentanten des Liberalismus wie Franz von Roggenbach, Max von Forckenbeck und Ludwig Bamberger. Was für die einen Gegenstand der Hoffnung war, wurde für die anderen Anlaß zur Sorge. Bismarck hatte sich seit den siebziger Jahren immer wieder mit der Frage beschäftigt, was geschehen würde, wenn Wilhelm I. starb.

Und er hatte für diesen Fall schon früh Vorkehrungen getroffen, um den Thronfolger »in eherne Zwänge konservativ einzumauern«[18] und einen innenpolitischen Kurswechsel unmöglich zu machen. Die unerwartet lange Lebenszeit des greisen Kaisers, der den Kanzler trotz gelegentlicher Widerrede im großen und ganzen schalten und walten ließ, kam diesen Bestrebungen entgegen. Und ein weiterer Zufall spielte Bismarck in die Hände: Friedrich III. war, als er endlich die Nachfolge antreten konnte, bereits ein todkranker Mann; ihm sollten nur 99 Tage Regierungszeit vergönnt bleiben.

Im Frühjahr 1887 hatten die Ärzte Geschwulste im Hals des Kronprinzen festgestellt. Zwei deutsche Spezialisten diagnostizierten Kehlkopfkrebs und wollten sofort operieren. Doch der hinzugezogene englische Arzt Morell Mackenzie hielt, unterstützt von Rudolf Virchow, die Geschwulst für gutartig. Der Mediziner-Disput verzögerte den notwendigen Eingriff, der beim damaligen Stand der medizinischen Kenntnisse allerdings lebensgefährlich war.[19] Anfang November 1887 gab es jedoch keinen Zweifel mehr: Kronprinz Friedrich Wilhelm, der sich zur Erholung in San Remo an der Riviera aufhielt, war unheilbar an Krebs erkrankt. Die Bestürzung war allgemein. »Wir alle (stehen) zu sehr unter dem Eindrucke der schrecklichen Nachrichten über des Kronprinzen Befinden, um heiter sein zu können«, notierte eine Berliner Hofdame, die Baronin von Spitzemberg.[20] Anfang Februar 1888 nahmen die Ärzte eine Tracheotomie, einen Luftröhrenschnitt, vor, der dem sechsundfünfzigjährigen Patienten die Atmung erleichterte, ihm zugleich aber endgültig die Stimme raubte. Als ein »total gebrochener Mann«[21] kehrte er am 11. März nach Berlin zurück.

So lag über der Inthronisation Friedrichs III. bereits der Schatten der Vergeblichkeit. »Zu spät! Der furchtbare Gedanke verfolgt mich Tag und Nacht«, so klagte Kaiserin Victoria in den Briefen an ihre Mutter, die Queen.[22] Alles, was der neue Herrscher in der kurzen Spanne, die ihm blieb, tun konnte, waren einige symbolische Handlungen, etwa Ordensverleihungen an liberale Persönlichkeiten und – das immerhin ein deutliches Signal – die Entlassung des reaktionären preußischen Innenministers Robert von Puttkamer. Alle weitergehenden Pläne scheiterten am Widerstand des Reichskanzlers. Er engte die Wirkungsmöglichkeiten des Kaiserpaares so weit ein, daß die Kaiserin sich zu Recht von einem »Wall der Opposition« umgeben fühlte.[23] Unter anderem verhinderte Bismarck die Heirat zwischen dem Prinzen Alexander von Battenberg und einer Tochter des Kaiserpaares, weil dies die Kreise seiner auswärtigen Politik gestört hätte. Ja, er ging so weit, mit seinem Rücktritt zu drohen, ein Mittel, von dem er auch schon gegenüber Wilhelm I. Gebrauch gemacht hatte, um seinen Willen durchzusetzen. Bismarck empfand besonders die selbstbewußte, für ihre Zeit erstaunlich emanzipierte Kaiserin Victoria als eine Bedrohung. Welche Ängste in ihm schlummerten, offenbarte er einer Vertrauten, der Baronin von Spitzemberg: Die Kaiserin »sei eine *wilde Frau,* wenn er ihr Bild ansehe, so graue ihm oft vor der ungebrochenen Sinnlichkeit, die aus ihren Augen spreche«.[24]

Victoria ihrerseits haßte Bismarck, den sie als Ursache aller politischen Fehlentwicklungen nach 1871 sah. Sie verkannte nicht sein politisches Genie, aber das von ihm geschaffene »System« hielt sie für verwerflich. Er habe so viel Brutales, Zynisches, so wenig Anständiges und Ehrliches in seiner Natur, daß »er als Beispiel oder Ideal sehr gefährlich« wirken könne[25] – gefährlich gerade für die Generation ihres ältesten Sohnes, des Prinzen Wilhelm, die sich für den Machtmenschen Bismarck und seinen machiavellistischen Regierungsstil leicht begeistern ließ. Als um so schwerer empfand Victoria die Tragik der *übersprungenen Generation,* die Unmöglichkeit, die Weichen noch in eine andere Richtung zu stellen.

Hätten die Weichen überhaupt anders gestellt werden können? Die Frage hat zu vielen Spekulationen verleitet. Für Friedrich Nietzsche etwa war das frühe Ende Friedrichs III. ein Unglück, weil damit »die letzte Hoffnung« auf eine freiheitliche Entwicklung in Deutschland zu Grabe getragen worden sei.[26] Doch ist sehr zweifelhaft, ob der Thronfolger, wenn er länger regiert hätte, viel an den bestehenden Machtstrukturen hätte ändern und die Verfassung in liberalem Sinne hätte weiterentwickeln können. Denn seit der innenpolitischen Wende von 1878/79 bestimmte die Allianz von *Roggen und Eisen,* von Großgrundbesitz und Schwerindustrie, das gesellschaftspolitische Kräfteverhältnis. In engem Schulterschluß blockierten die alten Machteliten in Adel, Bürokratie und Militär, denen sich das Großbürgertum zugesellte, alle Tendenzen, die auf Liberalisierung und *Parlamentsherr-*

schaft zielten. Mit der Zähmung der Nationalliberalen und ihrer Einbindung in das »Kartell« mit den konservativen Parteien sowie mit der Niederlage der Linksliberalen in den Wahlen von 1887 waren zudem die parlamentarischen Grundlagen für eine liberale Kurskorrektur entscheidend geschwächt worden. Der Substanzverlust des deutschen Liberalismus hatte sich bereits vor 1888 vollzogen, und damit waren einem Umbau des konstitutionellen Systems im Sinne eines *Ministeriums Gladstone* von vornherein Grenzen gesetzt.

Überdies waren die liberalen Sympathien des Kronprinzen keineswegs so entschieden und die Neigung, sie auch kämpferisch durchzusetzen, nicht so ausgeprägt, wie das manchem nach seinem Ableben erscheinen mochte. Das lange Warten auf den Thron hatte Friedrich Wilhelm zermürbt. Schon seit Ende der siebziger Jahre zeigten sich bei ihm deutliche Anzeichen der Resignation. »Die Unmöglichkeit, während meiner besten Mannesjahre Hand an's Werk zu legen, hat mich ... ganz niedergedrückt«, klagte er im Mai 1879 in einem »melancholischen« Brief an seine Frau.[27] Das Bewußtsein, daß seine Zeit bereits abgelaufen war, bevor sie eigentlich begonnen hatte, quälte den Kronprinzen. Seine zunehmende Frustration war symptomatisch für die Krise, in der sich der Liberalismus seit der konservativen Wende von 1878/79 befand. Als ein schwacher Mann, ohne Selbstvertrauen und politischen Elan, so erschien Friedrich Wilhelm Gegnern und Freunden gleichermaßen, und zwar längst bevor sich die ersten Anzeichen seiner todbringenden Krankheit bemerkbar machten. Er verkörperte also allenfalls »eine tragisch verkümmerte Alternative«,[28] nicht aber einen kraftvollen Neuanfang deutscher Politik.

Bismarck wußte, daß er von diesem schwächlichen *Kronprinzenliberalismus* wenig zu befürchten hatte. Mehr Sorgen bereiteten ihm, seit er Ende 1887 von der unheilbaren Krebserkrankung des Thronfolgers wußte, die politischen Ambitionen von dessen ältestem Sohn, des Prinzen Wilhelm. Auf ihn, den nächsten in der Erbfolge, richteten sich jetzt alle Blicke. Als Wilhelm II. bestieg er, gerade 29 Jahre alt, am 15. Juni 1888 den Thron.

Bereits im Dezember 1882 hatte Graf Waldersee, der politische Mentor des Prinzen, frohlockt: »Wenn seine Eltern sich das Ziel gesetzt hatten, einen konstitutionellen König zu erziehen, der sich gehorsam vor der Souveränität einer Kammermajorität beugt, so haben sie Unglück gehabt. Es kommt anscheinend das genaue Gegenteil heraus.«[29] Tatsächlich hatte sich der Prinz zu diesem Zeitpunkt bereits dem liberalen, anglophil geprägten Klima seines Elternhauses entfremdet. Ihn faszinierte vielmehr das schneidige Milieu des preußischen Offizierskasinos, zu dem er zeitlebens eine geradezu symbiotische Beziehung unterhielt. Seine Bewunderung für alles Militärische, eine geradezu kindliche Freude an Uniformen gingen einher mit einer tiefen Verachtung für Liberalismus und Parlamentarismus. Während eines Berlin-Besuchs im Jahre 1883 stellte der österreichische Thronfolger Kronprinz Rudolf verwundert fest, daß »Prinz Wilhelm trotz seiner Jugend ein hartgesottener Junker und Reaktionär« geworden sei, der vom Parlament nie anders als von »Saubude« spreche und Abgeordnete als »Hundekerle« beschimpfe, »die man mit der Peitsche traktieren müsse«.[30] Und auch die Kronprinzessin machte sich zu diesem Zeitpunkt bereits keine Illusionen mehr über die politische Entwicklung ihres ältesten Sohnes: »Willie ist chauvinistisch und ultra-preußisch in einem Grade und mit einer Gewalt, die für mich oft schmerzlich ist.«[31]

Daß es soweit gekommen war, daran waren die Eltern allerdings nicht ganz schuldlos. Wilhelm hatte durch einen ärztlichen Kunstfehler bei seiner Geburt einen Schaden davongetragen: Der linke Arm blieb verkrüppelt. Diese Behinderung wäre an und für sich kein großes Unglück gewesen, wenn die Ärzte nicht an dem kleinen, sensiblen Jungen herumgedoktert und ihn mit den unglaublichsten Therapien malträtiert hätten und wenn der Geburtsschaden von der Mutter nicht als persönliche Kränkung empfunden worden wäre, die sie einerseits durch übergroße Fürsorge, andererseits durch bewußte Härte zu kompensieren suchte. Als Erzieher des Prinzen engagierte sie einen pedantischen Hauslehrer, Dr. Georg Hinzpeter, der es mit Zucht und Strenge versuchte, wo doch einzig liebevolle Zuwendung und Ermutigung geholfen hätten. Der überforderte Junge reagierte mit Ablehnung, schließlich mit Haß auf seine Eltern. Was Victoria nicht müde wurde zu beklagen – die Unreife, der Egoismus, die Herzenskälte und Taktlosigkeit ihres Sohnes –, war, wie John C. G. Röhl plausibel gezeigt hat, das Ergebnis eines gänzlich fehlgeleiteten Erziehungsexperiments.

In dem Maße, in dem Prinz Wilhelm sich von seinen Eltern abwendete, öffnete er sich den Einflüssen jenes neuen, reichsdeutschen Nationalismus, der nach 1871 zunehmend das politisch-gesellschaftliche Klima des Kaiserreichs bestimmte. Als Korpsstudent in der schlagenden Verbindung der Bonner Borussia fühlte sich der Prinz ebenso wohl wie später als Leutnant im Potsdamer Garderegiment. Hier wie dort war nicht der schlappe Liberalismus der Alt-48-er gefragt, sondern das Siegespathos der neuen Enkelgeneration, die mit Bismarck und der Reichsgründung groß geworden war und sich nun anschickte, die Zügel selbst in die Hand zu nehmen.

Das innerfamiliäre psychische Drama und der politisch vermittelte Generationskonflikt trafen also zusammen, und erst dieses Zusammentreffen machten aus dem Prinzen Wilhelm das, was er zeitlebens blieb: eine narzißtisch gestörte Persönlichkeit, die ihre Unsicherheit durch Kraftmeierei zu übertönen suchte, gehemmt und unbeherrscht, unstet und taktlos, für Schmeicheleien stets empfänglich, getrieben von einem ganz unpreußischen Hang zum Theatralischen und zur donnernden Rhetorik, dabei erfüllt von einem starken monarchischen Sendungsbewußtsein, der anachronistischen Idee des *Gottesgnadentums.* Für Bismarck empfand Prinz Wilhelm anfänglich Bewunderung, weil er in ihm eine starke Gegenfigur zum eigenen schwachen Vater sah. Doch wurde bereits vor 1888 deutlich, daß der Thronerbe – anders als sein Großvater – sich vom Reichskanzler nicht die politische Marschroute vorschreiben lassen, sondern eigene Wege gehen würde. Ende November 1887 besuchte er, von der Öffentlichkeit stark beachtet, eine Versammlung des berüchtigten Hofpredigers Adolf Stoecker und dokumentierte so seine geistige Verwandtschaft mit den reaktionärsten, antisemitischen Kreisen in der Reichshauptstadt. Bismarck mahnte daraufhin den Prinzen in einem langen Schreiben zu politischer Zurückhaltung. Damit er als Monarch später »die nötige freie Hand« behalte, dürfe nicht der Eindruck entstehen, daß er »schon als Thronfolger von der öffentlichen Meinung zu einer bestimmten Parteirichtung gerechnet« werde.[32] Doch Prinz Wilhelm zeigte sich wenig beeindruckt. Auch im Verkehr mit dem um vieles älteren Reichskanzler bediente er sich eines auftrumpfenden, frechen Tons, der bereits die Leitmelodie seines späteren *persönlichen Regiments* anklingen ließ: »Wer gegen mich ist, den zerschmettere ich!«

Ende 1887 äußerte sich Bismarck höchst abfällig über den Prinzen Wilhelm: Der sei »ein Brausekopf, könne nicht schweigen, sei Schmeichlern zugänglich und könne Deutschland in einen Krieg stürzen, ohne es zu ahnen und zu wollen«.[33] Besonders beunruhigte den Kanzler die enge Verbindung des Thronfolgers zur Kriegspartei um Waldersee. Im Mai 1888, vier Wochen vor dem Tode Kaiser Friedrichs III., klagte er: »Der junge Herr will den Krieg mit Rußland, möchte womöglich gleich das Schwert ziehen.« Und der Reichskanzler seufzte: »Wehe meinen Enkeln!«[34] So zeichneten sich bereits zu diesem Zeitpunkt die Konflikte ab, die sich nach der Thronbesteigung des Prinzen Wilhelm rasch zuspitzen und im März 1890 mit der Entlassung Bismarcks enden sollten.

Bismarcks Sturz

Der Regierungsantritt Wilhelms II. wurde in der Öffentlichkeit freundlich aufgenommen. Nach der bedrückenden, lähmenden Atmosphäre der 99-Tage-Herrschaft Friedrichs III. schien nun ein frischer Wind einzukehren. »Ja, der junge Kaiser«, beobachtete Baronin von Spitzemberg im August 1888, »hetzt sein Leute schön herum, besonders die Militärs, und die Zugluft, die gegenwärtig in Berlin weht, mag manchem gefährlicher dünken als ein Feldzug! ... Aber stände nicht als letzter der Helden der großen Zeit unser Kanzler hinter dem jungen Draufgeher, es könnte einem ab und zu bange werden vor dem Übereifer, der allzu scharf dareinfährt.«[35]

Die Hoffnung, der Kanzler werde auf das ungestüme Temperament des jungen Herrschers beschwichtigend wirken, erwies sich als trügerisch. Wilhelm wollte sich von dem alten Fuhrmann nicht gängeln lassen; er wollte die Zügel selbst in die Hand nehmen. »Sechs Monate will ich den Alten verschnaufen lassen, dann regiere ich selbst«, soll er im Kreis seiner hochkonservativen Freunde getönt haben.[36] Bismarck war sich wohl bewußt, welche Gefahr ihm aus dem forcierten Selbstgefühl und der nervösen Unrast des Monarchen erwuchs, zumal da sich in der Öffentlichkeit der Eindruck verfestigt hatte, daß es seine eigene Politik an zukunftweisenden Impulsen fehlen lasse. »Es gelingt nichts mehr«, unter dieser Überschrift eines Leitartikels vom April 1889 brachte das Zentrumsblatt GERMANIA eine weitverbreitete Stimmung zum Ausdruck.[37]

Um dem drohenden Machtverlust zu entgehen, griff Bismarck auf ein bewährtes Rezept zurück: Durch Konfliktverschärfung und Polarisierung suchte er das innenpolitische Klima anzuheizen. Dazu bot sich bereits im Mai 1889 eine Gelegenheit, als ein Streik der Bergarbeiter ausbrach. Er weitete sich rasch auf das ganze Ruhrgebiet aus und führte vielerorts zu blutigen Zusammenstößen. Bismarck kam diese Streikbewegung gerade recht. Sie dürfe, forderte er im preußischen Staatsministerium, »nicht zu glatt und rasch beigelegt« werden, sondern müsse sich »der liberalen Bourgeoisie fühlbarer« machen. Daher sei es das Beste, »wenn man gewissermaßen den Brand in sich ausbrennen lasse, statt ihn mit Gewalt zu ersticken«.[38] Ein langer Arbeitskampf – spekulierte der Reichskanzler – werde aufs neue Revolutionsängste im Bürgertum schüren und ihm die Handhabe für eine verschärfte Repressionspolitik gegen die Sozialdemokratie bieten.

Doch Wilhelm II. wollte den Konfliktkurs nicht mitmachen. Er setzte auf Verhandlungen, empfing gar – eine stark beachtete Geste – eine Delegation der streikenden Arbeiter und mahnte die Arbeitgeber zu konzilianterem Verhalten. Geleitet von der Idee eines *sozialen Königtums*, die ihm seine engeren Berater ins Ohr gesetzt hatten, begann der Kaiser sich für einen Ausbau der Arbeiterschutzgesetzgebung stark zu machen. Für Bismarck, der jeden direkten staatlichen Eingriff in die Arbeitsverhältnisse strikt ablehnte, war dieses Reformprojekt eine gefährliche Marotte, eine »Humanitätsduselei«,[39] welche die Begehrlichkeiten der Arbeiter nur steigern werde. Statt dem Kaiser auf diesem Wege zu folgen, brachte er Ende Oktober 1889 im Reichstag den Entwurf eines verschärften Sozialistengesetzes ein. Im Unterschied zum alten, das im Herbst 1890 auslief, sollte das neue Gesetz unbefristet sein. Mit diesem Vorstoß war – wie Bismarck-Biograph Lothar Gall schreibt – »die Entscheidungsschlacht eröffnet«.[40] Stimmte der Reichstag dem Gesetzentwurf zu, dann war der Politik der sozialen Versöhnung, wie sie dem Kaiser vorschwebte, der Boden entzogen. Verweigerte der Reichstag aber seine Zustimmung, dann war mit einer

Komplikation der innenpolitischen Verhältnisse zu rechnen. In beiden Fällen war Bismarck der Nutznießer. Besorgt schrieb Großherzog Friedrich I. von Baden Ende November 1889: »Der Reichskanzler treibt uns in einen schweren Konflikt, für den er selbst nicht mehr die Kraft besitzt, die seiner früheren Autorität entsprach!«[41]

Tatsächlich zeichnete sich schon bei der ersten Lesung des Gesetzentwurfs im Reichstag Anfang November 1889 ein tiefer Riß im Lager des *Kartells* ab, jener Mehrheit aus den beiden konservativen Parteien und den Nationalliberalen, auf die sich Bismarck seit den Wahlen von 1887 stützen konnte. Die Nationalliberalen verlangten eine Abmilderung des Gesetzes, vor allem eine Entschärfung des Ausweisungsparagraphen; die Konservativen sprachen sich dagegen aus. Bismarck tat nichts, um die Gegensätze zu überbrücken; vielmehr suchte er sie jetzt erst recht auf die Spitze zu treiben. Im Dezember 1889 vertraute er einem Besucher in Friedrichsruh an: »Mit der Eventualität einer feindseligen Majorität (im Reichstag) muß man ja immer rechnen; man kann drei-, viermal auflösen, zuletzt muß man doch die Töpfe zerschlagen. Diese Fragen, wie die der Sozialdemokratie ... werden nicht gelöst ohne Bluttaufe, wie die deutsche Einheit auch.«[42] Bismarck, so schien es, war entschlossen, den Staatsstreich nicht mehr nur anzudrohen, sondern mit dieser Drohung ernst zu machen.

Über diese Entwicklung alarmiert, formierte sich in Berlin die Kanzler-Fronde. Man kann von einer regelrechten Verschwörung sprechen. In deren Mittelpunkt standen drei Männer: Friedrich von Holstein, die »graue Eminenz« im Auswärtigen Amt, General Graf von Waldersee, seit langem ein Intimfeind Bismarcks, und Graf Philipp zu Eulenburg, damals Gesandter in Oldenburg, mit Prinz Wilhelm seit 1886 in enger Freundschaft verbunden. Holstein lieferte Eulenburg fortlaufend vertrauliche Nachrichten aus dem Amt, die dieser brühwarm dem Kaiser hinterbrachte. So war Wilhelm II. über Bismarcks Absichten gut im Bilde. Während eines Spazierganges im Berliner Tiergarten Mitte Januar 1890 schüttete er seinem Freund Eulenburg sein Herz aus: Der Kanzler wolle über ein verschärftes Sozialistengesetz einen Konflikt herbeiführen, »der eine Verfassungsänderung im Gefolge haben werde, ja wohl eigentlich solle«. Dadurch werde er, der Kaiser, in eine »ganz entsetzliche Lage« gebracht, denn er wolle seine Regierung nicht »mit einer Art von Revolution, Schießen und sonstigen Gewaltmaßregeln« beginnen.[43] Folgte er dem Kanzler auf seinem Konfliktkurs, würde er sich an ihn binden und von ihm abhängig werden: Wilhelm mußte den Kampf aufnehmen.

Am 24. Januar 1890 rief der Kaiser den Kanzler zu einer Kronratssitzung ins Berliner Schloß. Hier entwickelte er zunächst in längeren Ausführungen sein Reformprogramm zum Arbeiterschutz und verlangte anschließend, den umstrittenen Ausweisungspararaphen des Sozialistengesetzes fallenzulassen. Bismarck lehnte jedes Entgegenkommen schroff ab und bot seinen Rücktritt an: Wenn der Kaiser »in einer so wichtigen Frage anderer Meinung sei, so sei er wohl nicht mehr recht an seinem Platze«. Falle das Gesetz im Reichstag durch, »müsse man sich ohne dasselbe behelfen und die Wogen höher gehen lassen. Dann möge es zu einem Zusammenstoß kommen.« Doch Wilhelm II. wies jeden Gedanken an ein gewaltsames Vorgehen gegen die Sozialdemokratie zurück: Er wolle »nicht seine ersten Regierungsjahre mit dem Blut seiner Untertanen färben«.[44] Da aber die anderen Minister, vom Kaiser einzeln befragt, sich hinter den Kanzler stellten, blieb dem Monarchen nichts übrig, als in dieser Frage nachzugeben. Am nächsten Tag wurde das Sozialistengesetz im Reichstag in dritter Lesung abgelehnt; das *Kartell* war damit endgültig zerbrochen.

Ein »irreparabler Bruch« war aber auch im Verhältnis zwischen Kaiser und Kanzler eingetreten, wie ein Teilnehmer des Kronrats bezeugte.[45] Daran änderte auch nichts, daß Bismarck sich in der Arbeiterschutzfrage scheinbar konzessionsbereit zeigte und sich an der Ausarbeitung zweier sozialpolitischer Erlasse beteiligte. Sie wurden am 4. Februar 1890 veröffentlicht und allgemein als ein Sieg Wilhelms II. interpretiert. Allerdings hatte der Kanzler die übliche Gegenzeichnung verweigert – ein Zeichen dafür, daß von einem wirklichen Sinneswandel bei ihm nicht die Rede sein konnte. Mit seinem Gegner und Freunde gleichermaßen verwirrenden Zickzackkurs in diesen Wochen verfolgte er nur noch ein einziges Ziel: sich mit allen Mitteln an der Macht zu halten, die ihm doch, wie er erkennen mußte, zusehends entglitt. Und zu diesem Zwecke scheute er nicht davor zurück, eine explosive innenpolitische Situation heraufzubeschwören, die dem Kaiser keine andere Wahl ließ, als sich auf ihn, den alten, erfahrenen Krisenmanager, zu stützen.

Diese Situation schien mit den Reichstagswahlen am 20. Februar 1890 in greifbare Nähe gerückt. Die Kartellparteien erlitten eine schwere Niederlage. Die eigentliche Sensation aber war das Abschneiden der Sozialdemokraten: Sie wurden mit 19,7 Prozent der Stimmen stärkste Partei. Allerdings verhinderte die ungerechte Wahlkreiseinteilung und die Isolierung der Sozialdemokraten bei den Stichwahlen, daß sich dieser Wahlerfolg auch in eine entsprechende Zahl von Mandaten umsetzte. Die Sozialdemokraten kamen auf 35 Sitze, während das Zentrum mit nur 18,6 Prozent der Stimmen es auf 106 Mandate brachte und damit stärkste Fraktion im Reichstag wurde.

Der Ausgang der Wahlen zeigte: »Das System Bismarcks, der zwei Jahrzehnte lang in immer neuen taktischen Ausfällen und regelrechten *innenpolitischen Präventivkriegen* die Parteien in Schach gehalten und jegliche Annäherung an eine parlamentarische Regierungsweise abgeblockt hatte, war am Ende; so wie bisher konnte es nicht weitergehen.«[46] Doch von dieser Einsicht war Bismarck selbst weit entfernt. Noch einmal versuchte er in einer Audienz am 25. Februar, den Kaiser für ein verschärftes innenpolitisches Kampfprogramm zu gewinnen – scheinbar mit Erfolg, denn auch Wilhelm II. stand unter dem Schock des Wahlergebnisses. Neben dem verschärften Sozialistengesetz sollte dem Reichstag jetzt auch noch eine große Militärvorlage präsentiert werden. Für den erwarteten Fall, daß diese Vorlagen auch nach mehrmaliger Reichstagsauflösung keine Mehrheit finden würden, skizzierte der Kanzler in einer Sitzung des preußischen Staatsministeriums vom 2. März 1890 folgendes Szenario: Da der Bund, auf dem die Verfassung beruhe, von den Fürsten geschlossen worden sei, könnten diese »nötigenfalls« auch den Beschluß fassen, »von dem gemeinschaftlichen Vertrage allseitig zurückzutreten«. Der Entwurf des Protokolls enthielt an dieser Stelle einen Zusatz, den Bismarck herausstrich, offenbar weil er seine Intentionen allzu deutlich wiedergab: »Auf diese Weise würde es möglich sein, sich von dem Reichstage loszumachen, wenn die Wahlen fortgesetzt schlecht ausfallen sollten.«[47]

Doch Bismarck unterschätzte den Einfluß der konservativen Fronde in der Umgebung Wilhelms II., die nun mit aller Macht auf seinen

Sturz hinarbeitete. Den letzten Anstoß gab der Kanzler selbst, als er sich am 12. März heimlich mit dem Führer des Zentrums, seinem alten parlamentarischen Gegenspieler Ludwig Windthorst, traf, um die Möglichkeiten für ein Bündnis auf konservativ-klerikaler Grundlage zu sondieren. Denn wie immer verfolgte Bismarck neben seinen Staatsstreichplänen auch noch andere Optionen. Diesmal aber hatte er überreizt; jetzt gingen auch die konservativen Parteien auf Distanz zum Kanzler.

Am Morgen des 15. März 1890 ließ Wilhelm II., »flegelhaft, wie die junge Majestät nun einmal war«,[48] Bismarck aus dem Bett holen und überschüttete ihn mit Vorwürfen. Er beklagte sich über wiederholte Eigenmächtigkeiten des Kanzlers und ließ ihn schließlich wissen, daß von ihm keine Zustimmung zur Auflösung des Reichstags und zur Einbringung der geplanten Militärvorlage zu erwarten sei. Da verlor auch Bismarck alle Beherrschung. Es habe nicht viel gefehlt, erzählte der Kaiser wenig später, und er hätte ihm »das Tintenfaß an den Kopf geworfen«.[49]

Das war der Bruch. Am 17. März gab Bismarck im preußischen Staatsministerium seinen Entschluß zum Rücktritt bekannt; einen Tag später reichte er sein Abschiedsgesuch ein. Es war ein letztes Meisterstück, so abgefaßt, daß dem Kaiser die ganze Verantwortung für das Zerwürfnis zufiel. Geschickt brachte Bismarck die Außenpolitik ins Spiel, die in der Entlassungskrise gar keine wichtige Rolle gespielt hatte. Wilhelm II. – so lautete der versteckte Vorwurf – wolle eine andere, zum Krieg treibende Politik gegenüber dem Zarenreich, wofür er, der Kanzler, nicht die Hand bieten könne. Damit war der Keim gelegt für eine Legende: daß Bismarcks Erben es waren, die sein kunstvoll angelegtes Bündnissystem mutwillig zerstörten und das Kaiserreich in die Isolierung trieben.

Die demütigende Form der Entlassung kann nicht darüber hinwegtäuschen, daß sie notwendig und überfällig war. Denn eine Durchführung des Kampfprogramms im Sinne Bismarcks hätte zu schweren innenpolitischen Auseinandersetzungen, womöglich gar zu einem Bürgerkrieg, führen und das gesamte Werk des Reichsgründers in Frage stellen können. Wilhelm II. war in diesem Falle gut beraten, als er sich weigerte, den Weg der Gewalt und des Staatsstreiches zu gehen.

Bismarck spricht auf dem Lehrter Bahnhof
zu seiner Verabschiedung aus dem Salonwagen, 29. März 1890.

Und er befand sich darin in Übereinstimmung mit dem überwiegenden Teil der öffentlichen Meinung. Während im Ausland der Sturz des Kanzlers Besorgnisse weckte – die berühmte Karikatur in der englischen Zeitschrift PUNCH brachte sie am markantesten zum Ausdruck –, herrschte in Deutschland allenthalben Erleichterung. »Es ist ein Glück, daß wir ihn los sind« – dieser Ausruf Theodor Fontanes war typisch.[50] Den großen Bahnhof, mit dem er am 29. März aus Berlin verabschiedet wurde, nannte der gestürzte Kanzler, der sich grollend nach Friedrichsruh zurückzog, ein »Leichenbegängnis erster Klasse«.[51] Es war ein schwerer Abgang, ein kalter Abschied, nicht anders zu erwarten bei einem Mann, der in seiner Machtverliebtheit viele, die ihm nahestanden, zerbrochen und der es nicht geduldet hatte, daß sich neben ihm selbständige, charaktervolle politische Köpfe entwickeln konnten.

Bilanz der Bismarck-Ära

Bald nach 1890 setzte ein Umschwung in der öffentlichen Wertschätzung Bismarcks ein. Friedrichsruh wurde zum Wallfahrtsort einer wachsenden Schar von Verehrern. 450 Ehrenbürgerschaften deutscher Städte wurden dem *Alten im Sachsenwald* angetragen; zu seinem 80. Geburtstag am 1. April 1895 erreichten ihn eine halbe Million Glückwünsche. Überall im Deutschen Reich wurden Bismarck-Denkmäler errichtet, die meisten nach seinem Tode 1898. Sie zeigten den Reichsgründer als martialischen Recken, in Uniform mit Pickelhaube, mit gewaltigen Kürassierstiefeln und Säbel an der Seite – als wehrhaften Schmied und Roland des Reiches, der allen Bedrohungen furchtlos trotzt.[52]

Hinter dem Mythos vom *Eisernen Kanzler* verschwand, was seine Außenpolitik seit Mitte der siebziger Jahre ausgezeichnet hatte: der Sinn für Mäßigung und Selbstbeschränkung, geboren aus der Einsicht, daß das Reich in der Mitte Europas nur Bestand haben würde, wenn es sich selbst als *saturiert* definierte. Statt dessen wurde der ehemalige Reichskanzler nun zur Kultfigur eines überhitzten Nationalismus, zum »Eideshelfer für imperialistische Aspirationen«[53]. Da half es wenig, daß Bismarck, solange er konnte, solchen Fehldeutungen seines politischen Erbes entgegenzutreten suchte. Der junge Graf Kessler, der mit einer Studentendelegation 1891 Bismarck in Bad Kissingen einen Besuch abstattete, konnte seine Enttäuschung nicht verbergen: »Je länger man zuhörte, um so stärker zwang sich einem die Erkenntnis auf, daß, was er sagte, sich an eine Generation wandte, die der Vergangenheit angehörte ... Er bot uns jungen Deutschen als Lebenszweck ein politisches Rentnerdasein, die Verteidigung und den Genuß des Erworbenen; unser Schaffensdrang ging leer aus.«[54] Bismarck wurde verehrt, doch dem Streben nach *Weltpolitik* galt seine konservative Gleichgewichtspolitik als nicht mehr zeitgemäß.

Hinter dem ins Mythische überhöhten Bismarck-Bild verschwanden aber auch die schweren Hypotheken, die er seinen Nachfolgern in der Innenpolitik hinterlassen hatte. Durch seine Neigung, gesellschaftspolitische Konflikte zu dramatisieren und nach dem Freund-Feind-Schema zu polarisieren, trug Bismarck ein gewalttätiges Element in die innere Politik, das die politische Kultur des Kaiserreichs nachhaltig vergiftete. »Wer mit ihm gehe, sei sein Freund, wer wider ihn gehe, sein Feind – bis zur Vernichtung«, so hat er im August 1878, als er die Weichen für die innenpolitische Wende stellte, bekräftigt.[55] Zuerst die Katholiken, dann die Sozialdemokraten hatten zu spüren bekommen, daß es ihm damit ernst war. Die Ausgrenzung politisch Andersdenkender als *Reichsfeinde*, die Knebelung des Parlaments und der Parteien, die reaktionäre Formierung der Beamtenschaft – das waren Belastungen, die sich verhängnisvoll auf die deutsche Politik auswirken sollten. Der Schaden der Bismarck-Epoche, so zog der Althistoriker Theodor Mommsen am Ende seines Lebens Bilanz, sei »unendlich viel größer« gewesen »als ihr Nutzen«: »Die Gewinne an Macht waren Werte, die bei dem nächsten Sturme der Weltgeschichte wieder verlorengehen; aber die Knechtung der deutschen Persönlichkeit, des deutschen Geistes, war ein Verhängnis, das nicht mehr gutgemacht werden kann.«[56]

Ganz ähnlich hat sich Max Weber 1917 in einem kritischen Rückblick auf die »Erbschaft Bismarcks« geäußert: »Er hinterließ eine Nation ohne alle und jede politische Erziehung, tief unter dem Niveau, welches sie in dieser Hinsicht zwanzig Jahre vorher bereits erreicht hatte. Und vor allem eine Nation ohne allen und jeden politischen Willen, gewohnt, daß der große Staatsmann an ihrer Spitze für sie die Politik schon besorgen werde.« In dieser obrigkeitsstaatlichen Fixierung, der ein »völlig machtloses Parlament« entsprach, sah Weber den »bei weitem schwersten Schaden« der Bismarck-Zeit.[57]

Bereits 1887 hatte der Liberale Georg von Bunsen geklagt: »Bismarck macht Deutschland groß und die Deutschen klein.«[58] Das ist, über Theodor Mommsen, Max Weber bis hin zu Erich Eycks großer Bismarck-Biographie aus den vierziger Jahren, der wesentliche Inhalt liberaler Bismarck-Kritik geblieben. Aber waren es nicht gerade die Liberalen gewesen, die es dem Reichskanzler leichtgemacht hatten, indem sie sich selbst kleiner machten, als sie waren? Einer von ihnen, Ludwig Bamberger, hat am Ende des Jahrhunderts selbstkritisch angemerkt, Bismarck habe sich nur deshalb über das Parlament hinwegsetzen können, weil er die »politische Unreife des deutschen Bürgerstandes« erkannt und hier nicht die Kraft gefunden habe, die ihn zu Rücksichten hätte zwingen können.[59] Daran ist viel Wahres.

Bismarck in Zivil, um 1890.
Foto von A. Bockmann.

Geblendet durch Bismarcks Erfolge 1866/71, hatten die Nationalliberalen ihre liberalen Prinzipien auf dem Altar nationaler Einheit geopfert. Ihre Unterwerfungsbereitschaft hatte sich Bismarck zunutze gemacht, als er nach 1871 sich ihrer als Juniorpartner bediente und sie 1878, als er sie nicht mehr brauchte, mit einem Fußtritt verabschiedete, um im Zeichen des Übergangs vom Freihandel zum Schutzzoll die Vorherrschaft der konservativen Kräfte in Preußen-Deutschland neu zu befestigen.

Allerdings wäre es zu einfach, zwischen *guter* Außenpolitik und *schlechter* Innenpolitik zu unterscheiden. Dies ist schon deshalb nicht zulässig, weil zwischen Innen- und Außenpolitik Bismarcks ein untrennbarer Zusammenhang bestand. »Wie in einem System kommunizierender Röhren«, so hat Hans-Ulrich Wehler diese Interdependenz beschrieben, »entsprach der sozialkonservativen Zähmungspolitik im Innern nach 1871 zunächst eine konservative Beharrungspolitik auch auf der europäischen Bühne, um das Gewonnene abzusichern.«[60] Überdies kann weder Bismarcks Innenpolitik unter ausschließlich negativen Vorzeichen betrachtet werden – mit seiner Sozialpolitik setzte er, wenn diese auch seinem konservativen Zähmungskonzept entsprang, Maßstäbe –, noch verdient seine Außenpolitik allein positive Würdigung. Denn der Grundgedanke seiner außenpolitischen Strategie, Spannungen und Konflikte an die Peripherie abzuleiten, erwies sich seit Mitte der achtziger Jahre zunehmend als illusorisch. Um dem *cauchemar des coalitions* zu entgehen, war Bismarck zu immer gewagteren diplomatischen Manövern gezwungen – zuletzt durch den Abschluß des Rückversicherungsvertrages mit Rußland 1887, dessen Wert der Kanzler selbst weitgehend zunichte machte, indem er gleichzeitig einen Wirtschaftskrieg gegen das Zarenreich entfesselte und dieses dadurch erst auf die Seite Frankreichs trieb. Und in der Kolonialpolitik 1884/85 setzte Bismarck, wider Willen, Kräfte frei, die er nicht mehr bannen konnte. Die Dynamik des expandierenden Industriekapitalismus unterlief gleichsam die offizielle Außenpolitik und ließ »die relativ statische Vorstellung deutscher Saturiertheit bald als unangemessene Metapher« erscheinen.[61] Bismarck war mit seiner Politik an eine Grenze gelangt. Seine Nachfolger sollten diese Grenze überschreiten.

TEIL II

DAS WILHELMINISCHE DEUTSCHLAND

»Wir haben ja in unserer inneren und in unserer äußeren Politik in Lügen gelebt. Ein schreierischer, überforscher, renommistischer, schwatzhafter Geist war durch die Alldeutschen in unser Volk getragen worden.«

(Reichskanzler Theobald von Bethmann Hollweg zu Theodor Wolff, 9. Februar 1915)

1. Vom Agrar- zum Industriestaat

Der große Sprung nach vorn: die wirtschaftliche Entwicklung 1890 bis 1914

Nach den ökonomisch schwierigen, von Wachstumsstörungen begleiteten zwei Jahrzehnten im Anschluß an den *Gründerkrach* von 1873 setzte Mitte der neunziger Jahre eine beispiellose Hochkonjunktur ein, die, von zwei kurzen Rezessionen (1901/02 und 1907/08) unterbrochen, bis zum Ausbruch des Ersten Weltkriegs anhielt. In den Chefetagen der führenden Unternehmen und Banken machte sich ein robuster Optimismus breit, es herrschte »eine allgemeine Euphorie, wie es sie seit der Gründerzeit der frühen siebziger Jahre nicht mehr gegeben hatte«.[1] In der Erinnerung lebten diese beiden Jahrzehnte fort als die goldenen Jahre einer Dauerprosperität, als Europas Belle Époque, in der es scheinbar nur noch aufwärts ging. Und tatsächlich mochte es einem durch Kriegs- und Nachkriegswirren verschreckten Bürgertum nach 1918 scheinen, als sei die Welt vor 1914 noch ganz in Ordnung gewesen. Daß dies keineswegs der Fall war, daß hinter der glanzvollen Fassade bürgerlicher Sekurität die Keime des Krieges und der Revolution heranreiften, hat Eric J. Hobsbawm in seinem großen Spätwerk Das Imperiale Zeitalter gezeigt.[2]

Manche Historiker sprechen, bezogen auf die Dynamik der wirtschaftlichen Entwicklung nach 1895, von einem ersten deutschen *Wirtschaftswunder*: »Stolz auf die eigene wirtschaftliche Leistung wurde, wie erneut in den fünfziger Jahren in der Bundesrepublik, zu einem unüberhörbaren Element der nationalen Identität der Deutschen.«[3] Die Wachstumsraten waren tatsächlich imponierend. Zwischen 1895 und 1913 verdoppelte sich die Gesamtproduktion von Industrie und Handwerk, die Wertschöpfung der gesamten Volkswirtschaft wies eine Steigerung um fünfundsiebzig Prozent auf. Die Nettoinvestitionen kletterten auf eine neue Rekordhöhe; sie stiegen durchweg schneller als der Verbrauch der privaten und öffentlichen Haushalte. Das heißt, daß ein großer Teil des wirtschaftlichen Zugewinns reinvestiert wurde, und dies vor allem in die wachstumsintensiven Branchen.

Die rasante Produktivitätssteigerung in der Industrie überforderte die Aufnahmefähigkeit des Binnenmarkts. Mit Macht drängte das Deutsche Reich auf die Weltmärkte; die deutschen Exporte nahmen von 1895 an sprunghaft zu. 1913 kam Deutschland knapp hinter Großbritannien auf den zweiten Platz im Welthandel; in einigen Bereichen hatte es der bis dahin führenden Handelsnation bereits den Rang abgelaufen. »Wohin immer man auch blickt: Vor 1914 konnte kein Zweifel mehr daran aufkommen, daß die deutsche Industriewirtschaft nach einer furiosen Aufholjagd in das weltweit führende Spitzentrio vorgestoßen war, das jetzt aus den Vereinigten Staaten, Großbritannien und dem Deutschen Reich bestand.«[4]

Der Ende des 19. Jahrhunderts zwischen führenden Nationalökonomen ausgetragene Streit, ob Deutschland *Agrarstaat* bleiben oder *Industriestaat* werden müsse, erweist sich vor dem Hintergrund dieser wirtschaftlichen Realität als Scheindebatte. Denn der Übergang zum *Industriestaat* hatte längst vor 1895 eingesetzt; in den Jahrzehnten vor 1914 wurde diese Entwicklung allerdings noch einmal entscheidend forciert. Ihre Signatur erhielt sie durch den Siegeszug der »als Kapitalgesellschaften verfaßten, zweckrational und systematisch organisierten Großunternehmen, die den Klein- und Mittelbetrieb in den Hintergrund drängten – an Beschäftigtenzahl sowie hinsichtlich ihres ökonomischen und sozialen Gewichts«.[5]

Die Wachstumsdynamik der deutschen Volkswirtschaft verdankte sich vor allem dem Aufstieg neuer industrieller Leitsektoren: der chemischen Industrie und der Elektroindustrie. In beiden Bereichen errang das Deutsche Reich eine führende Stellung auf den Weltmärkten, bei einigen Produkten, etwa künstlichen Farbstoffen oder pharmazeutischen Erzeugnissen, bis hin zum Monopol. »Dieser große Sprung nach vorne, der Deutschland zu einer Hegemonial- und fast zu einer Monopolstellung verhalf, hat in seiner technischen Virtuosität und seinem aggressiven unternehmerischen Geist keine Parallelen. Er bildete die größte Leistung des deutschen Kaiserreichs«, so hat der amerikanische Wirtschaftshistoriker David S. Landes den fabelhaften Aufstieg der deutschen Großchemie kommentiert.[6]

Grundlage des Erfolgs war eine qualitativ neuartige Verbindung von Wissenschaft, Technologie und industrieller Produktion. In den führenden deutschen Chemieunternehmen – der Badischen Anilin und Soda Fabrik (BASF) in Ludwigshafen, den Farbwerken Hoechst bei Frankfurt am Main und den Bayer-Werken in Leverkusen – arbeiteten vor 1914 Hunderte von akademisch ausgebildeten Chemikern. Aus ihren Forschungs- und Entwicklungsabteilungen gingen die Erfindungen hervor, die Deutschland einen technologischen Vorsprung vor allen Konkurrenten sicherten.

Noch höhere Wachstumsraten hatte der andere Leitsektor der zweiten Industrialisierungswelle, die Elektroindustrie, zu verzeichnen. Auch hier spielten technische Innovationen eine große Rolle, etwa die Entwicklung des Elektromotors, der nicht nur in Industrie-, sondern auch in Handwerksbetrieben eine billige und effiziente Energiequelle zur Verfügung stellte. Die Entdeckung und Nutzbarmachung der Elektrizität schuf eine gewaltige Nachfrage, die den Bau großer Kraftwerke und Verteileranlagen erforderlich machte. In den Städten wurde die elektrische Beleuchtung zunächst der Straßen und öffentlichen Gebäude, bald auch in Privatwohnungen eingeführt; die alten Pferdebahnen wurden durch elektrisch betriebene Straßenbahnen ersetzt. Die beiden Marktführer – Siemens und die Allgemeine Elektrizitäts-Gesellschaft (AEG) – teilten sich vor 1914 75 Prozent der deutschen elektrotechnischen Produktion und besaßen zugleich eine starke Position auf dem Weltmarkt.

Traditonell stark war auch die Stellung des deutschen Maschinenbaus. Er zählte bereits zu den Leitsektoren der ersten Industrialisierungsphase; doch erst in der Zeit des Kaiserreichs errang er »seine bis heute andauernde Weltgeltung«.[7] Mit 1,9 Millionen Beschäftigten im Jahre 1913 (17 Prozent der Gesamtzahl) rückte er zum größten deutschen Industriezweig überhaupt auf. Allerdings spielte die Automobilindustrie – *die* Zukunftsindustrie des 20. Jahrhunderts – vor 1914 kaum eine Rolle. Ein Auto zu besitzen war ein Luxus, den sich nur wenige Wohlhabende leisten konnten. Im gesamten Reich waren bei Ausbruch des Krieges noch nicht einmal 100 000 PKW zugelassen.

Wenn auch die klassischen Leitsektoren der industriellen Revolution – Kohlebergbau sowie Eisen- und Stahlindustrie – nicht mehr den

Motor der Wachstumsdynamik bildeten, behielten sie doch eine wichtige Funktion als Rückgrat der deutschen Wirtschaft, und in gewisser Weise wurden sie durch die Hochkonjunktur nach 1895 revitalisiert. Mit einer durchschnittlichen jährlichen Steigerungsrate von 4,7 Prozent wies der deutsche Steinkohlebergbau ein beachtliches Wachstum auf. Allein im Ruhrgebiet, dessen Bedeutung gegenüber den Kohlerevieren in Oberschlesien und an der Saar noch zunahm, stieg die Kohleförderung zwischen 1895 und 1913 von 41 auf 110 Millionen Tonnen, also fast um das Dreifache. Ähnlich hohe Zuwachsraten hatte die Stahl- und Roheisenproduktion zu verzeichnen. Bereits vor der Jahrhundertwende produzierte das Deutsche Reich mehr Kohle und Stahl als Großbritannien, und bis 1914 hatte es die britische Konkurrenz auch im Export überflügelt.

Ermöglicht wurde dieser Erfolg durch eine Konzentrationsbewegung in der rheinisch-westfälischen Schwerindustrie, und zwar nach zwei Richtungen hin: »einmal durch horizontale Zusammenschlüsse auf die Errichtung großer Zechenunternehmen, zum anderen vertikal auf das Entstehen und die Vergrößerung von Konzernen als gemischte Werke«.[8] Dieser Prozeß doppelter Konzentration übte einen starken Modernisierungsdruck aus, was sich wiederum günstig auf die Produktionskosten auswirkte. Damit verknüpft war die Bildung von Kartellen, die sich über Absprachen von Produktionsmengen und Absatzpreisen Marktvorteile zu sichern wußten. Am erfolgreichsten agierte hier das *Rheinisch-Westfälische Kohlensyndikat* von 1893, das unter Führung Emil Kirdorfs, des Generaldirektors der Gelsenberg AG, »eine zuvor unbekannte Zusammenballung wirtschaftlicher Macht verkörperte«.[9]

Das auffälligste Kennzeichen der Unternehmensentwicklung seit den neunziger Jahren war die Tendenz zum Großbetrieb mit mehr als tausend Beschäftigten: »In ihm ballten sich Leistungskraft und Marktmacht auf unübersehbare Weise zusammen.«[10] 1913 beschäftigte die Firma Krupp 73 000, Thyssen 30 000, Mannesmann 15 000 Menschen. Industriegiganten dieser Größenordnung wurden auch zu einem gesellschaftlichen Faktor allererster Ordnung, denn von ihnen hingen Arbeitsplatzangebot, Steueraufkommen und Kommunalpolitik ganz entscheidend ab.

Zur bevorzugten Unternehmensform wurde die Aktiengesellschaft. Bereits 1907 waren von den hundert größten Industrieunternehmen 77, also mehr als Dreiviertel, in Aktiengesellschaften organisiert. Die Hauptursache war der enorme Kapitalbedarf gerade in den wachstumsintensiven Branchen. Bei der Industriefinanzierung war die Kooperation mit den Großbanken unverzichtbar; diese sicherten sich ihren Einfluß wiederum über die Besetzung der Aufsichtsratsposten. So war die Deutsche Bank, seit der Jahrhundertwende unbestritten Branchenprimus, maßgeblich am Auf- und Ausbau der Elektroindustrie beteiligt, unter anderem durch ihre Beteiligung an der AEG, »der ersten erfolgreichen Industriegründung der Deutschen Bank« überhaupt.[11] Georg Siemens, Direktor der Deutschen Bank, war zeitweilig auch Aufsichtsratsvorsitzender der AEG. Vor 1914 war allein die Deutsche Bank in 186 Aufsichtsräten vertreten.

Die – auch im internationalen Vergleich – auffallend enge Verflechtung zwischen Großindustrie und Großbanken im Kaiserreich muß als ein »bedeutendes Faktum der deutschen Wirtschaftsgeschichte« vor 1914 gelten.[12] Während Rudolf Hilferding in seiner klassischen Studie über das FINANZKAPITAL aus dem Jahre 1910 noch von einem beherrschenden Einfluß der Banken über die Industrie ausging, erweisen sich die Beziehungen zwischen Banken und Industrie im Rückblick als vielgestaltiger und komplizierter, als es die Vorstellung von einer »systematischen Suprematie der einen oder anderen Seite« zum Ausdruck bringt.[13] Die meisten Großunternehmen pflegten Geschäftsbeziehungen mit mehreren Banken und konnten ihre Unabhängigkeit gerade dadurch wahren, daß sie die Konkurrenz der Banken untereinander zum eigenen Vorteil zu nutzen verstanden. Jürgen Kocka hat am Beispiel des Hauses Siemens die Ambivalenz des Verhältnisses betont, in dem sich kurzfristige Profitinteressen der Banken und langfristige Kalkulationen sowie personalpolitische Ziele des Unternehmens gegenüberstanden. Im Konfliktfall habe sich das Unternehmen eher als »der stärkere Partner« erwiesen, »wenn sich solche Überlegenheit auch innerhalb bestimmter Grenzen gegenseitiger Abhängigkeit hielt, deren sich beide Seiten anscheinend wohl bewußt waren«.[14]

Wie immer man das Verhältnis zwischen Großbanken und Industrie vor 1914 bestimmt, sicher ist, daß ihre Kooperation den Prozeß der

Konzentration mächtig vorangetrieben hat: »Zu seinen vielfach negativ beurteilten Folgen gehörte die zunehmende Macht-, Ressourcen- und Finanzkonzentration sowie die Zentralisierung von Marktentscheidungen in wenigen Großunternehmen, für die die Entwicklung der beiden Elektroriesen Siemens und AEG und vor allem natürlich die gewaltigen vertikalen Imperien der montanen Schwerindustrie besonders markante Beispiele bieten.«[15]

Angesichts des rapide sich entwickelnden industriellen Systems schien der traditionelle Zweig der gewerblichen Wirtschaft, das Handwerk, vom Untergang bedroht. So hatte es schon Marx vorausgesagt, und so sah es auch eine Mehrheit der Sozialwissenschaftler im kaiserlichen Deutschland. Für sie sprach Werner Sombart, als er am Vorabend des Ersten Weltkriegs feststellte, das Handwerk sei »in allen seinen Teilen angefressen, zersetzt, bedroht, gefährdet«.[16] Doch die Untergangsprophetien erfüllten sich nicht. Im Gegenteil: Das Handwerk vermochte sich wider Erwarten gut zu behaupten, wenn auch um den Preis tiefgreifender Veränderungen und Umschichtungen. Die Zahl der Kleinbetriebe (mit bis zu fünf Beschäftigten) ging drastisch zurück. Der Anteil des Kleingewerbes an den gewerblich Beschäftigten sank von fast 60 Prozent (1882) auf 32 Prozent (1907), also um die Hälfte. Gleichzeitig wuchs, vor allem in den Städten, die Zahl der Handwerksbetriebe mit zehn und mehr Beschäftigten. Die Übergänge zwischen handwerklichen und industriellen Produktionsformen waren hier durchaus fließend. In absoluten Zahlen nahm die Produktion des Kleingewerbes zu, auch wenn sie mit dem Tempo der industriellen Entwicklung nicht Schritt halten konnte. Insofern leistete auch das Handwerk einen nicht zu unterschätzenden Beitrag zum Wirtschaftswachstum vor 1914.

Allerdings verlief die Entwicklung in einzelnen Gewerbezweigen recht unterschiedlich. Manche Handwerksberufe verschwanden vollständig – etwa die Schiffszimmerer – oder existierten nur noch in rudimentärer Form weiter wie Schuhmacher oder Schneider, die nur mehr mit Reparaturen beschäftigt waren bzw. sich als Heimarbeiter für die Konfektionsindustrie verdingen mußten. Eindeutig zu den Gewinnern des Industrialisierungsprozesses zählte das traditionelle Nahrungsmittelgewerbe. Fleischer, Bäcker und Konditoren profitierten nicht nur vom Bevölkerungswachstum, sondern auch vom Rückgang der Selbstversorgung infolge zunehmender Urbanisierung. Auch das Baugewerbe erlebte eine kräftige Expansion, es war bereits seit der Jahrhundertwende »der beschäftigungsstärkste Sektor der Handwerkswirtschaft« überhaupt.[17] Neue, leistungsfähige Handwerke kamen hinzu, zum Beispiel Elektriker oder Feinmechaniker.

Insgesamt zeigte das Kleingewerbe eine erstaunliche Überlebens- und Anpassungsfähigkeit. Besonders in den städtischen Ballungszentren öffneten sich ihm neue, lukrative Möglichkeiten. Auch wenn die Einkommensverhältnisse sich von denen der Facharbeiter in der Industrie nur wenig unterschieden, hielten viele Handwerker doch an einem Sonderbewußtsein fest, »das auf seine Eigenständigkeit innerhalb des gesellschaftlichen Systems pochte und die Trennungslinie zur industriellen Arbeiterschaft betonte«.[18] Die Angst vor Proletarisierung, das heißt vor dem Verlust der Selbständigkeit und dem Absinken auf den Status eines unselbständigen Fabrikarbeiters, erwies sich als eine der stärksten Triebfedern in den organisatorischen und politischen Bestrebungen der Handwerkerschaft.

Die Behörden suchten diese Mentalität durch eine die handwerklichen Interessen gezielt fördernde Gewerbepolitik für ihre sozialkonservative, gegen Sozialdemokratie und Liberalismus gerichtete Politik zu nutzen. Das Handwerksgesetz von 1897 gestattete die Einführung von Zwangsinnungen, sofern eine Mehrheit der örtlichen Meister dafür stimmte. In einer Novelle des Gesetzes von 1908 wurde überdies der *kleine Befähigungsnachweis* verlangt, das heißt, nur Handwerksmeister durften Lehrlinge ausbilden. Freilich, entscheidend für die Konsolidierung des Handwerks vor 1914 war nicht der Protektionismus der staatlichen Gewerbepolitik, sondern die Innovationsbereitschaft vieler handwerklicher Betriebe selbst.

Auch die Landwirtschaft konnte sich bis 1914 bemerkenswert erfolgreich behaupten. Zwar verlor sie ihre ökonomische Vorrangstellung an die Industrie, doch blieb sie »noch immer ein maßgeblicher Sektor von Wirtschaft und Gesellschaft« im Kaiserreich.[19] Der Anteil der in der Landwirtschaft Arbeitenden sank von 43 Prozent 1890 auf 35 Prozent 1913. Immerhin war damit noch jeder dritte Erwerbstätige im Agrarsektor beschäftigt. Die Klagen der Großagrarier, die nicht müde wurden, den Niedergang der Landwirtschaft an die Wand zu malen, erwiesen sich als unbegründet. Zwar sahen sich die deutschen Erzeuger durch die internationale Getreideüberproduktion einem ständigen Preisdruck ausgesetzt, doch wurde der Rückgang der Agrarpreise durch die Schutzzölle in seiner Wirkung gedämpft und durch die gleichzeitigen Produktivitätssteigerungen mehr als aufgefangen.

Der Prozeß der Modernisierung und Rationalisierung der Landwirtschaft machte gerade in den Jahrzehnten vor dem Ersten Weltkrieg große Fortschritte. Die Hektarerträge verdoppelten sich, nicht zuletzt infolge des vermehrten Einsatzes von künstlichen Düngemitteln. Moderne Maschinen – Dreschmaschinen, Mähmaschinen, Drillmaschinen – fanden zunehmend Verwendung nicht nur auf den großen Gütern Ostelbiens, sondern auch in Regionen, in denen mittlere landwirtschaftliche Betriebe vorherrschten. Maschinisierung und technischer Fortschritt zogen eine Veränderung der Arbeitsbedingungen nach sich; die Landwirtschaft geriet »unwiderruflich in den Sog kapitalistischer Verhältnisse«.[20] Die älteren, patriarchalisch geprägten Arbeitsverhältnisse und Loyalitätsbindungen lösten sich auf; die Landarbeiter wurden zu reinen Lohnempfängern. Überdies verteilte sich die Arbeit stärker saisonal, weil sich zum Beispiel mit der Einführung der Dreschmaschine die Winterarbeitszeit erheblich verkürzte. Die landwirtschaftlichen Großbetriebe waren daher eher an zeitlich befristeten Verträgen interessiert; mit der Saisonarbeit nahm auch die Mobilität der Landarbeiterschaft zu. Viele Landarbeiter wanderten in die neuen städtischen Ballungszentren ab. Um die entstandenen Lücken zu füllen, griffen die ostelbischen Großgrundbesitzer zunehmend auf das Angebot billiger polnischer Arbeitskräfte zurück. Bevölkerungsverschiebungen und Wanderungsbewegungen gehören zu den charakteristischen Merkmalen der wilhelminischen Epoche.

Bevölkerung und Mobilität

Die deutsche Bevölkerung wuchs zwischen 1890 und 1913 von 49,4 Millionen auf 66,9 Millionen, also gut um ein Drittel. Was die Einwohnerzahl betraf, lag das Deutsche Reich in Europa auf Platz zwei hinter dem zaristischen Rußland, aber deutlich vor allen anderen europäischen Großmächten. Diese starke Zunahme muß als »eine fundamentale Tatsache des Lebens der Deutschen«[21] gewertet werden, die auch im Bewußtsein der Zeitgenossen eine nicht geringe Rolle gespielt hat. War schon die enorme Wirtschaftskraft des Kaiserreichs für seine Nachbarn ein Anlaß für mancherlei Befürchtungen, so wurden diese durch das explosive Bevölkerungswachstum noch verstärkt. Die Macht in der Mitte Europas schien in jeder Beziehung von einer ungebremsten Dynamik nach vorn getragen zu werden.

Verursacht war das Wachstum der deutschen Bevölkerung vor allem durch den Rückgang der Sterblichkeit, und zwar sowohl bei Säuglingen als auch bei älteren Menschen. Hier spielten die Fortschritte in der Medizin und der medizinischen Versorgung eine Rolle, aber auch bessere Ernährung und Hygiene. Zwar gab es, was Krankheitsrisiko und Lebenserwartung betraf, weiterhin klassenspezifische Unterschiede, aber sie schliffen sich bis 1914 deutlich ab. Die durchschnittliche Lebenserwartung, die 1871 bei 38,5 Jahren für Frauen und 35,6 Jahren für Männer gelegen hatte, erhöhte sich bis 1910 auf 48,3 Jahre für Frauen und 44,8 Jahre für Männer. Mit der Mortalitätsrate sank – wenn auch langsamer – die Geburtenziffer, eine Folge des veränderten generativen Verhaltens zunächst vor allem in den Mittelschichten, bald auch in der Facharbeiterschaft, die sich immer mehr am Leitbild einer Zwei- bis Dreikinderfamilie orientierten.

Bis zum Beginn der neunziger Jahre des 19. Jahrhunderts konnte die deutsche Wirtschaft der wachsenden Bevölkerung noch nicht genügend Erwerbsmöglichkeiten bieten. Deshalb blieb Deutschland auch nach der Reichsgründung von 1871 ein Auswanderungsland. In den drei Jahrzehnten nach 1866 verließen 2,9 Millionen Deutsche ihre Heimat; die meisten suchten in den Vereinigten Staaten ihr Glück. Nach 1893, mit der einsetzenden Hochkonjunktur, riß die Massenauswanderung plötzlich ab und schrumpfte zu einem Rinnsal: »Die Neue

Welt lag jetzt in Deutschland selbst.«[22] Die Auswanderungswelle nach Übersee wurde nun umgelenkt in die Binnenwanderung von Ost nach West, von den agrarischen Gebieten in die expandierenden industriellen Zentren – die »größte Bevölkerungsbewegung in der deutschen Geschichte«.[23] Sie bewirkte ein bis dahin nicht gekanntes Maß an Mobilität. Nach der Jahrhundertwende wohnte nur noch die Hälfte der Menschen an dem Ort ihrer Geburt, jeder zweite Deutsche hatte also Anteil an der großen Wanderung. Manchem zeitgenössischen Beobachter flößte diese Entwicklung Angst ein: »Ist das letzte Resultat unserer heutigen sozialen Zustände« – fragte der prominente Sozialökonom Gustav Schmoller 1889 – »eine hausierende Vagabundage der ganzen arbeitenden Bevölkerung, ein Durcheinanderschütteln der Menschen von Ort zu Ort, von Geschäft zu Geschäft, wie es selbst Nomaden nicht kannten?«[24]

Zum größten Anziehungspunkt dieser Wanderungsströme wurde das Ruhrgebiet. Kleinstädte wie Hamborn, das 1890 gerade 4260 Einwohner zählte, hatten sich um 1910 bereits zu industriellen Zentren mit mehr als 100 000 Menschen gewandelt. Insgesamt betrug die Zahl der Zuwanderer aus den östlichen Provinzen bis 1914 etwa eine halbe Million Menschen, wobei über die Hälfte Polen preußischer Nationalität waren. »Auf einzelnen Zechen sprach die Mehrheit der Bergleute polnisch, und in Orten wie Bottrop gab es Straßenzüge und Stadtteile, in denen die deutsche Sprache kaum weiterhalf.«[25] Die sogenannten *Ruhrpolen* verstanden es – auch aufgrund einer politisch motivierten Diskriminierung –, ihre kulturelle Identität zu behaupten. Sie bildeten eigene Vereine und Gewerkschaften, lebten in eigenen Zechenkolonien, welche die ethnische Abkapselung förderten. Dennoch gab es vor 1914 durchaus »produktive Ansätze einer multikulturellen Koexistenz und Symbiose, auch wenn sie sich erst in einem mühsamen Prozeß herausbildeten«.[26]

In den neunziger Jahren trat in manchen Bereichen der deutschen Wirtschaft an die Stelle des bisherigen Überangebots ein Mangel an Arbeitskräften. Besonders die preußische Agrarwirtschaft konnte die Lücken, die durch die Massenabwanderung aus den ländlichen Regionen gerissen wurden, nicht mehr mit einheimischen Arbeitskräften stopfen. Ohne daß dies sogleich ins Bewußtsein der Zeitgenossen trat, erlebte das Deutsche Reich nun eine kontinuierlich steigende Zuwanderung. Lebten 1871 nur 207 000 Ausländer in Deutschland, so waren es 1910 bereits 1,2 Millionen, wobei in dieser Zahl die hohe Dunkelziffer der illegal Zugewanderten nicht erfaßt ist. Die größten Kontingente – etwa zwei Drittel – an ausländischen Wanderarbeitern stellten die Polen aus dem russischen Kongreßpolen und dem österreichisch-ungarischen Galizien. Sie arbeiteten vorwiegend in sogenannten *Schnitterkolonnen* auf den großen Gütern Ostelbiens. Der junge Max Weber warnte Anfang der neunziger Jahre vor der Gefahr einer »Überfremdung«, einer »Polonisierung des Ostens«,[27] und die liberale KÖLNISCHE ZEITUNG schärfte 1905 ihren Lesern ein: »Wir müssen unsere Grenze ... wenn wir den folgerichtigen Willen haben, in unseren Ostmarken nicht das Germanentum noch mehr als bisher von fremden Volksbestandteilen überfluten zu lassen, mit fester Hand gegen die Zuwanderung politisch und wirtschaftlich nicht vorteilhafter Elemente schützen.«[28]

Die preußischen Behörden beeilten sich, solchen Ängsten durch ein restriktives System der Wanderungssteuerung und Ausländerkontrolle entgegenzukommen. Es zielte darauf ab, »den nötigen Arbeitskräftezustrom aus dem östlichen Ausland nicht zur Einwanderung geraten zu lassen, sondern ihn in den Bahnen der Saisonwanderung zu halten«.[29] Durch Einführung einer *Legitimitätskarte* wurde der ausländische Arbeiter für die Dauer seines Aufenthalts an einen bestimmten Arbeitgeber gebunden; gleichzeitig wurde er einem »Rückkehrzwang« unterworfen, das heißt, er mußte sich verpflichten, nach Ablauf der Beschäftigung in sein Herkunftsland zurückzukehren. Mit diesem preußischen Modell einer *regulierten Ausländerzufuhr* wurde in Deutschland die unselige »Tradition einer institutionalisierten Diskriminierung von ausländischen Arbeitern« begründet, »bei der Staatsangehörigkeit und sozialer Status zu Kriterien staatlicher Reglementierung wurden«.[30]

Straßenbahngleisbau am »Plärrer« in Nürnberg, vor 1909. Foto von F. Schmidt.

Urbanisierung und soziale Frage

Im Zuge der Ost-West-Binnenwanderung beschleunigte sich das Wachstum der Städte in einem rasanten Tempo. Hatte es zur Zeit der Reichsgründung erst acht Städte mit mehr als 100 000 Einwohnern gegeben, so waren es vierzig Jahre später, 1910, bereits 48. Klar an der Spitze lag die Reichshauptstadt Berlin mit 2,07 Millionen Einwohnern, gefolgt von Hamburg (932 000), München (596 590), Leipzig (589 800), Dresden (548 300), Köln (516 500) und Breslau (512 100). Der Anteil der Bevölkerung, der im Zeitraum zwischen 1871 und 1910 in Städten (mit mindestens 20 000 Einwohnern) lebte, wuchs von 11 auf 37 Prozent. 1914 war bereits jeder fünfte Deutsche ein Großstädter. »Nirgends in Europa war das Städtewachstum größer als im damaligen Deutschland.«[31]

Der unaufhaltsame Prozeß der Verstädterung bedeutete jedoch nicht nur ein quantitatives Wachstum, sondern auch einen qualitativen Wandel »zu einer neuartigen städtischen Lebensform, zur Urbanität«.[32] Die überwiegend jungen, unverheirateten Männer und Frauen vom Lande, die in die Stadt kamen, mußten sich hier ganz neuen Lebensverhältnissen und -gewohnheiten anpassen. Zuallererst verlangte dies »die Umstellung von der gewohnten, auf persönliche Beziehungen gegründeten agrarischen oder kleinstädtisch-bürgerlichen Ordnung auf die unpersönliche, sach- und leistungsbezogene Ordnung, wie sie die industrielle Arbeitswelt setzte«.[33] Diese Umstellung verlief keineswegs problemlos, sondern schuf mancherlei Spannungen und Konflikte. Sie zeigten sich am deutlichsten auf dem Wohnungsmarkt. Die schier unerschöpfliche Nachfrage nach erschwinglichem Wohnraum förderte eine hektische Baukonjunktur. In vielen Städten wurden die Neuankömmlinge, aber auch die aus der Innenstadt Verdrängten in häßlichen, schlecht ausgestatteten Mietskasernen untergebracht, die in aller Eile und zumeist ohne Rücksicht auf landschaftliche Gegebenheiten am Rande der Stadt aus dem Boden gestampft wurden.

Die Großstadt wirkte vor 1914 »keineswegs als der große Schmelztiegel«,[34] der die vorhandenen schichten- und klassenspezifischen Unterschiede allmählich nivellierte und auflöste; vielmehr verschärften sich in ihr und durch sie Tendenzen zur sozioökonomischen Segregation, das heißt zur räumlichen Trennung der Gesellschaftsschichten je nach Sozialisations- und Klassenlage. Vollkommen war diese Trennung zwar nie; es gab fließende Übergänge etwa zwischen stärker proletarisch und kleinbürgerlich geprägten Stadtteilen oder zwischen bürgerlichen Wohnvierteln und den Villengebieten der reichen Oberschicht, so daß man – mit Adelheid von Saldern – eher von einer »relativen Segregation«[35] sprechen sollte. Aber aufs Ganze gesehen waren die Klassenunterschiede in der Wohnsituation doch beträchtlich und deutlich wahrnehmbar. Eine regulierende Rolle spielten hier vor allem die Mietpreise. Sie lagen zum Beispiel in Hamburg in einem typisch bürgerlichen Wohnviertel wie Harvestehude achtmal höher als in einem proletarischen Stadtteil wie Barmbek. Die Umweltbelastungen in einem Arbeiterviertel waren in der Regel um ein Vielfaches höher als in bürgerlichen Wohngebieten. So war es auch kein Zufall, daß die große Choleraepidemie in Hamburg im Jahre 1892 ihre meisten Opfer in den ärmeren Stadtteilen forderte; die Wahrscheinlichkeit, an der Seuche zu erkranken, lag hier fast viermal so hoch wie in den Vierteln der Reichen an der Alster. »Beengtes Wohnen, unzulängliche Hygiene und sanitäre Einrichtungen, verseuchtes Wasser, fehlende Möglichkeiten, das Wasser abzukochen, und schlecht belüftete Räume trugen dazu bei, die Infektion zu verbreiten.«[36]

Arbeiterfamilien wohnten nicht nur beengt, sie wechselten auch sehr häufig die Wohnung, manche zwei- oder dreimal im Jahr, die einen freiwillig, weil sie auf der Suche nach größerem und billigerem Wohnraum waren, die anderen gezwungenermaßen, weil sie mit ihrer Miete in Rückstand geraten waren und ihnen vom Hauswirt gekündigt wurde. In vielen Großstädten gehörte das Bild einer Arbeiterfamilie, die ihre Habseligkeiten auf einem Handkarren oder Leiterwagen transportierte, zum Alltag vor 1914. Allerdings verblieben die Umziehenden zumeist in dem angestammten Wohnquartier.

Die extrem hohe innerstädtische Mobilität wurde durch den ständigen Strom an neuen Zuwanderern noch verstärkt. Viele der jüngeren, ledigen Arbeiter, die sich noch keine Wohnung leisten konnten, suchten nach ihrer Ankunft eine Schlafstelle bei einer Familie. Diese sogenannte *Schlafgängerei* war vor allem in den Industriestädten des Ruhrgebiets eine Massenerscheinung. Sie bot den Neuankömmlingen »mehr als ein Dach über dem Kopf«, nämlich »Kontakte, Schutz, Vertrautheit und auch Geborgenheit in einer fremden, wenig gastfreundlichen Umgebung«.[37] Für die Quartiergeber wiederum war die Aufnahme von Schlafgängern und Untermietern häufig notwendig, um die hohen Mieten zahlen zu können. Allerdings ging der Anteil der Schlafgänger in den Arbeiterhaushalten bis 1914 langsam zurück – ein Zeichen dafür, daß sich die Wohnverhältnisse allmählich besserten, »ohne daß deshalb angenommen werden dürfte, daß zur Zeit des Kaiserreichs ein nur annähernd befriedigender Stand erreicht worden wäre«.[38]

Die Verbesserung der Wohnqualität war Teil einer allgemeinen Hebung des Lebensstandards der städtischen Arbeiterbevölkerung vor 1914. Zwar blieben die Einkommensverbesserungen deutlich hinter den Produktivitätssteigerungen zurück; immerhin stiegen auch die Reallöhne relativ kontinuierlich. Sie lagen 1900 um 11 Prozent und 1913 um 25 Prozent über dem Stand von 1895. Dieser anhaltende Real-

Umzug mit einem Leiterwagen in Berlin, vor 1900. Foto von Heinrich Zille.

lohnanstieg war laut Hans-Ulrich Wehler »das hervorstechende Merkmal der Epoche«.[39] Er entlastete viele Arbeiterhaushalte von den drängendsten materiellen Nöten, war insofern ein Stück Entschärfung der *sozialen Frage*. Der Siegeszug des Reformismus in der sozialdemokratischen Arbeiterbewegung vor 1914 bliebe ohne diese Entwicklung gänzlich unverständlich.

Freilich darf man diese Verbesserungen nicht überbewerten. Denn im Durchschnitt bewegten sich die Löhne der Arbeiterschaft nur wenig oberhalb des Existenzminimums. Immer noch wurde der größte Teil des Einkommens von den Grundbedürfnissen – Nahrung, Wohnung, Kleidung – aufgezehrt, und immer noch bedeutete jede längere Arbeitslosigkeit oder Arbeitsunfähigkeit des Haupternährers eine finanzielle Katastrophe, die durch keine private Vorsorge und kein soziales Netz aufgefangen wurde. Nicht gebannt war weiterhin auch das Gespenst der Altersarmut; es drohte relativ früh, spätestens nach dem vierzigsten Lebensjahr, wenn die physische Leistungsfähigkeit der Arbeiter nachließ. Kurzum: Arbeiterhaushalte lebten im Kaiserreich, allen Erleichterungen zum Trotz, karg; über das Lebensnotwendige hinausgehende Bedürfnisse konnten nur selten befriedigt werden. Die großen Risiken des Arbeiterdaseins – Krankheit, Invalidität, Arbeitslosigkeit – beherrschten auch weiterhin die Lebenswelt der Betroffenen.

2. Das Herrschaftssystem unter Kaiser Wilhelm II.

Das »persönliche Regiment«

Am 31. Dezember 1890 notierte Baronin Spitzemberg in ihr Tagebuch: »Das letzte Jahrzehnt des Jahrhunderts treten wir an im Zeichen der jungen Generation, die, mit ihrem stürmischen Kaiser unerwartet früh ans Ruder gekommen, mit vollen Segeln in das wild bewegte Zeitenmeer hinaustreibt. Wohin?«[1] Diese bange Frage stellten sich damals nicht nur die Anhänger des gestürzten Reichsgründers.

In der rückschauenden Betrachtung scheint sich das Ende bereits deutlich abzuzeichnen: Mit der Thronbesteigung Wilhelms II. und dem Sturz Bismarcks, so sahen es die Nachgeborenen, begann der abschüssige Weg, der das Kaiserreich in den Untergang führte. Doch diese Sicht der Dinge wird der Wirklichkeit nicht gerecht; sie ist Teil der Bismarck-Legende, die in der deutschen Geschichtsschreibung lange Zeit fast unangefochten dominierte. Denn vieles, woran das Kaiserreich nach 1890 laborierte, war bereits in Bismarcks Schöpfung enthalten oder zumindest angelegt: die Illiberalität der inneren Zustände, der Antiparlamentarismus, die Neigung, gesellschaftliche Gruppen als *Reichsfeinde* auszugrenzen, das Liebäugeln mit dem Staatsstreich, schließlich die eigentümliche, zwischen latenter und faktischer Hegemonie schwankende Position des Reiches in der Mitte Europas. Daß diese Konstitutionsproblematik des deutschen Nationalstaats nicht korrigiert, sondern im Gegenteil verschärft wurde: dies allerdings wird man den politischen Erben Bismarcks zu Recht vorhalten können. Unvermeidlich vorgezeichnet war dieses Ende nicht; immer wieder hätte es Möglichkeiten gegeben, die Weichen in eine andere Richtung zu stellen.

Die Epoche zwischen 1890 und 1914 wird allgemein mit dem Beiwort *wilhelminisch* gekennzeichnet. Damit wird zum Ausdruck gebracht, daß Wilhelm II. – so wie Bismarck in den beiden Jahrzehnten zuvor – in dieser Phase deutscher Geschichte als Schlüsselfigur anzusehen ist. Der junge Kaiser verkörperte in der Tat in einem ganz ungewöhnlichen Maße die widersprüchlichen Befindlichkeiten einer Nation, die innerhalb kurzer Zeit zur führenden Wirtschaftsmacht in Europa aufgestiegen war: Er war unsicher und arrogant, intelligent und impulsiv, vernarrt in die moderne Technik und zugleich verliebt in Pomp und Theatralik. »Es kann belacht, beklagt, verflucht, aber von niemandem geleugnet werden, daß der Name dieses Herrschers 30 Jahre lang für Millionen ein feuriges Fanal, eine schmetternde Fanfare, eine berauschende Parole gewesen ist. Seit Fredericus hatte man es auf deutschem Boden nicht mehr erlebt, daß ein ganzes Zeitalter Stempel und Etikett eines Fürsten trug«, schrieb Egon Friedell 1931 im dritten Band seiner KULTURGESCHICHTE DER NEUZEIT.[2]

Das ist gewiß eine Überzeichnung. Wilhelm II., der der Epoche den Namen gab, war nicht der einzige, der ihr den Stempel aufgedrückt hat. Richtig aber ist, daß viele Deutsche sich in ihm wiedererkennen konnten, als Repräsentant eines Zeitgeistes, der es liebte, den deutschen Großmachtanspruch schneidig in die Welt hinauszuposaunen. »In unserem Kaiser drückt sich der Geist der neuen Zeit aus und in unserer Zeit der Geist unseres Kaisers«, so lautete die Kernaussage eines dreibändigen Prachtwerks DEUTSCHLAND UNTER WILHELM II., das zum 25jährigen Regierungsjubiläum des Kaisers im Jahre 1913 herauskam.[3] Ohne Frage war Wilhelm II. im Bürgertum lange Zeit populär – trotz (oder gerade wegen?) seiner selbstherrlichen Allüren und rhetorischen Entgleisungen. Und auch in der Arbeiterschaft, weniger in ihren sozialdemokratisch beeinflußten Teilen, erfreute er sich einiger Beliebtheit. In Hamburger Arbeiterkneipen etwa konnte man in den neunziger Jahren neben kritischen Stimmen auch solche hören, »die Wilhelm II. als einen tatkräftigen und entschlossenen Politiker priesen«.[4] Ihm wurde offenbar von nicht wenigen Arbeitern der wirtschaftliche Aufschwung Deutschlands und, in dessen Gefolge, die Hebung des Lebensstandards auch der unteren Schichten als persönliches Verdienst angerechnet.

Rein formal betrachtet, bedeutete der Übergang vom *System Bismarck* zur Regierung Wilhelms II. keine Änderung in der Realverfassung des Reiches; tatsächlich aber verschob sich dadurch die eingespielte Machtverteilung zwischen Monarch und Reichskanzler nicht unbeträchtlich. Zwar hatte Bismarck immer wieder öffentlich betont, daß der Kaiser der eigentliche Regent sei und er, der Kanzler, nur der treue Diener seines Herrn. Doch das war Rhetorik; faktisch bestimmte Bismarck die Richtlinien der Politik, und er entschied auch über die Ernennung und Entlassung von Ministern und Staatssekretären. Im Konfliktfall hatte sich Wilhelm I. immer seinem Kanzler gebeugt, wohl wissend, daß dieser ihm an politischer Weitsicht und Tatkraft überlegen war. Bismarcks Rücktrittsgesuche nach 1871 hatten denn auch nur den Sinn, sich des Vertrauens des Monarchen, dessen er zu seiner Amtsführung bedurfte, zu versichern.

Die von ihm sorgsam gepflegte Lebenslüge seines Systems – die Fiktion des monarchischen Regiments – begann sich jedoch nach 1888 gegen Bismarck selbst zu kehren, als nämlich der neue Kaiser sie wörtlich nahm und sich ihrer bediente, um mit der politischen Bevormundung durch den Kanzler Schluß zu machen. Dabei handelte es sich in den Augen Wilhelms II. und seiner engsten Ratgeber um mehr als nur um den Versuch, nach der *Kanzlerdiktatur* Bismarcks eine normale Balance im Verhältnis zwischen Monarchen und Reichskanzler wiederherzustellen. Vielmehr wollte der jugendliche Herrscher selbst regieren, gewissermaßen sein eigener Kanzler sein. Hätte Friedrich der Große einen Bismarck an seiner Seite gehabt, soufflierten ihm seine Höflinge, wäre er nie der Große geworden. »Und er will der Große werden«, so äußerte Bismarck im März 1891. »Ich bin der dicke Schatten, der zwischen ihm und der Ruhmessonne steht, er kann nicht wie sein Großvater zugeben, daß von dem Glanze der Regierung etwas auf seine Minister falle.«[5]

Seinen Selbstherrschaftsanspruch hat Wilhelm II. in seinen öffentlichen Auftritten und Reden immer wieder mit einer das Publikum schockierenden, manchmal auch amüsierenden Direktheit vorgetragen. »Einer nur ist Herr im Lande«, erklärte er etwa im Mai 1891 auf einem Bankett des rheinischen Provinziallandtags in Düsseldorf, »und das bin ich. Keinen anderen werde ich neben mir dulden.« Und im September 1891 schrieb er in das Goldene Buch der Stadt München den aufsehenerregenden Satz: »Suprema lex regis voluntas!« (Der Wille des Königs ist oberstes Gebot).[6] Er habe »dem monarchischen Bewußtsein einen Ausdruck geben wollen«, erklärte der Kaiser auf Nachfrage.[7] Auch vor seinen Militärs machte Wilhelm II. keinen Hehl aus seinem überbordenden monarchischen Selbstgefühl: »Ihr wißt alle gar nichts. Nur ich weiß etwas, nur ich entscheide«, verkündete er im März 1897 seinen Admiralen.[8]

Was Zeitgenossen besonders irritierte, war, daß die autokratischen Neigungen Wilhelms II. sich verbanden mit der monarchischen Ideologie des Gottesgnadentums und eines romantisierten mittelalterlichen Kaisertums. »Er glaubt, das Neue mit ganz Altem besorgen zu können, er will Modernes aufrichten mit Rumpelkammerwaffen«, schrieb Theodor Fontane seinem Freund Friedlaender im April 1897,[9] und Maximilian Harden geißelte 1896 in seiner ZUKUNFT die Abkehr vom nüchternen preußischen Stil und die Flucht in den »Luxus der alten Kaiserei«: »Das Heilige Römische Reich Deutscher Nation ist tot, und ein neues Geschlecht kann mit einer Leiche auf dem Rücken nicht leben ... Kein noch so feiner Faden verbindet uns mit dem Leintuch, in dessen Falten das schlotternde Gespenst hustend einherkeucht, und Barbarossas Raben sind uns nur die krächzende Erinnerung an ein Kinderstubenmärchen.«[10]

Zur selben Zeit, als sich im wilhelminischen Deutschland ein forcierter Wandel zur Industriegesellschaft vollzog, erlebte es eine monströse Spätblüte höfischer Kultur, am deutlichsten dokumentiert in dem 62 Rangstufen umfassenden *Hof-Rang-Reglement* und der Reaktivierung eines verstaubten Hofzeremoniells.[11] Über einen Hofball im Februar 1905 berichtete der spätere Generalstabschef Helmuth von Moltke: »Es macht mir immer einen ganz merkwürdigen Eindruck, wenn ich den Einzug des Hofes in den Weißen Saal sehe, der Kaiser bringt immer so ein Stück Mittelalter hinter sich her ... es ist, als ob die Toten auferstehen mit Zopf und Puder.«[12] Der Versuch, an der Schwelle zum 20. Jahrhundert in einer der führenden Industrienationen der Welt eine spätabsolutistische Hofkultur zu neuem Leben zu erwecken, war ein merkwürdiger Anachronismus. Er verlieh dem wilhelminischen Kaisertum, bei aller Aufgeschlossenheit für moderne Entwicklungen in Technik und Wissenschaft, zugleich »etwas Forciertes, Künstliches, Unzeitgemäßes, Reaktionäres, ja in manchen Zügen Groteskes.«[13]

Galatafel zur Hochzeit von Prinzessin Viktoria Luise
und Herzog Ernst August von Braunschweig, 1913.
Gemälde von C. Matania.

Der unverblümte Herrschaftsanspruch Wilhelms II. und die Theatralik seines Auftretens riefen schon bald nach seiner Thronbesteigung Befremden und Kritik hervor. Friedrich von Holstein, die *graue Eminenz* im Auswärtigen Amt, sprach im November 1894 von einem »Operettenregiment«,[14] und der alte Liberale Eugen Richter tadelte in einer Reichstagsrede vom 18. März 1897 den kaiserlichen Krypto-Absolutismus: »Deutschland ist ein monarchisch konstitutionelles Land, aber nach dem Programm: sic volo, sic iubeo – regis voluntas suprema lex mag man vielleicht in Rußland noch eine Zeit regieren können, das deutsche Volk läßt sich auf die Dauer nicht danach regieren.«[15]

Manche Beobachter fragten sich angesichts der autokratischen Allüren Wilhelms II. und seiner Freunde und Gegner gleichermaßen vor den Kopf stoßenden taktlos-aggressiven Reden, ob der junge Kaiser an Größenwahn leide, ob er vielleicht nicht ganz normal sei.[16] Im Frühjahr 1894 veröffentlichte der Historiker Ludwig Quidde die Broschüre CALIGULA. EINE STUDIE ÜBER RÖMISCHEN CÄSARENWAHNSINN, eine beissende Satire auf Wilhelm II., gekleidet in die Form einer wissenschaftlichen Abhandlung über den römischen Kaiser Caligula. Das Publikum, auch das aristokratische, delektierte sich an dieser intelligenten Majetätsbeleidigung; die kleine Schrift erlebte in kurzer Zeit zahlreiche Auflagen. Doch ihr Verfasser bezahlte seine plötzliche Berühmtheit mit gesellschaftlicher Ächtung. »Er bekam massiv zu spüren, was es hieß, wenn ein Liberaler die Grenze zwischen Politik und Wissenschaft anders, als die Mehrheitsmeinung es wollte, verstand.«[17]

Für die Regierungsweise Wilhelms II. bürgerte sich bereits in den neunziger Jahren die Bezeichnung *persönliches Regiment* ein. Der Begriff wurde zumeist im negativen Sinn verwendet; in ihm bündelte sich die Kritik an dem unberechenbaren Eingreifen des Kaisers in die Staatsgeschäfte, an seiner Betonung des Gottesgnadentums und an seinen impulsiven Reden, durch die immer wieder in der Innen- und Außenpolitik Porzellan zerschlagen wurde.[18] Doch entsprach der lauthals verkündete Anspruch, selbst regieren zu wollen, auch der tatsächlichen Herrschaftspraxis? War das *persönliche Regiment* etwa nur Schein? Über diese Frage hat es unter Historikern einen langen Streit gegeben. Erich Eyck, der liberale Kritiker, brachte schon im Titel seiner 1948 veröffentlichten politischen Geschichte des Deutschen Kaiserreichs von 1890 bis 1914 DAS PERSÖNLICHE REGIMENT WILHELMS II. zum Ausdruck, daß der Kaiser sehr wohl eine entscheidende Rolle im Herrschaftssystem seiner Zeit gespielt hatte.[19] Demgegenüber kam Elisabeth Fehrenbach in ihrer Studie über die WANDLUNGEN DES DEUTSCHEN KAISERGEDANKENS 1871–1918 (1969), an die ältere Kritik Fritz Hartungs anknüpfend, zu dem Ergebnis, daß »das erstrebte persönliche Regiment Wilhelms II. ... eine bloße Fiktion« gewesen sei. Allerdings räumte sie ein, daß nicht wenige auch der kritischen Zeitgenossen »die Fiktion des Selbstherrschertums aufrechterhielten und sein Gelingen wünschten«.[20]

Hans-Ulrich Wehler hat diesen Befund in seinem Kaiserreich-Buch aus dem Jahre 1973 noch zugespitzt. Für ihn reduziert sich die Rolle Wilhelms II. im Grunde auf die eines »Schattenkaisers«; hinter »der Attrappe« seines »hochfahrenden Regiments« und den »byzantinischen Sprachspielen seiner Beraterclique«, die ihm die »Illusion kaiserlicher Entscheidungsgewalt« vorgaukelten, sieht er die »anonymen Kräfte der autoritären Polykratie« am Werk, die um ihren Anteil an der Macht konkurrierten.[21] Zu Recht hat John C. G. Röhl gegen diese avancierteste Interpretation der Strukturgeschichte eingewandt, daß die Existenz rivalisierender gesellschaftlicher Gruppen und politischer Machtfaktoren für sich genommen noch kein Beweis für die schwache Position des Kaisers sei, sondern im Gegenteil eher als institutionalisierter Ausdruck eines auf dem Prinzip des »Allerhöchsten Vertrauens« aufgebauten Regierungssystems gedeutet werden könne.[22] Röhl gelangt zu dem Schluß, daß Wilhelm II. und sein Hof ein System anstrebten und auch verwirklichten, in dem der Monarch den Mittelpunkt bildete und die wesentlichen Entscheidungen traf.[23]

Kein Zweifel: Wilhelm II. war kein absoluter Herrscher, kein Diktator, der alles allein bestimmte, aber auch, jedenfalls in den Jahrzehnten vor 1914, kein »Schattenkaiser« (zu einem solchen wurde er erst im Weltkrieg, als ihn die Militärs um Hindenburg und Ludendorff faktisch entmachteten). Sein *persönliches Regiment* war mehr als bloßer Schein; es wurde zum Bestandteil einer sich ändernden Verfassungswirklichkeit. Dazu gehörte erstens die »Entourage« des Kaisers, also seine engere Umgebung am Hofe, die, preußischer Tradition gemäß, durch die Dominanz der Militärs bestimmt wurde, vor allem durch jenen Kreis von Flügeladjudanten und Ordonnanzen, mit denen der Kaiser intensiver als mit seinen zivilen Ministern verkehrte[24] Die Hofgesellschaft wurde dadurch zu einem Ort, an welchem der Einfluß der Armee auf die Politik direkt umgesetzt werden konnte.

Dazu gehörten, zweitens, die Chefs der drei Geheimen Kabinette, des Militär-, Marine- und Zivilkabinetts, die den Monarchen in allen Personalangelegenheiten berieten. Sie bildeten »gewissermaßen das Bindeglied zwischen Hof und Staat«.[25] Da Wilhelm II., anders als sein Großvater, auf sein verfassungsgemäßes Recht pochte, den Kanzler, die Minister, Staatssekretäre und Botschafter nach eigenem Belieben zu ernennen und zu entlassen, war der Einfluß des Zivilkabinetts beträchtlich. Noch bedeutsamer aber war die gesellschaftspolitische Machtposition des Militär- und des Marinekabinetts, über die alle Beförderungen und Versetzungen in Armee und Marine liefen.

Neben der uneingeschränkten Kommandogewalt, die er als oberster Kriegsherr besaß, war die Kontrolle über alle Personalentscheidungen, besonders im militärischen Bereich, das wichtigste Machtmittel in der Hand des Monarchen. Sie bot ihm die Möglichkeit, sich ein zuverlässiges, ihm unbedingt ergebenes Offizierkorps heranzuziehen. Monarchische und militärische Macht wurden in der wilhelminischen Zeit mehr denn je »zwei sich gegenseitig stützende Säulen, ja standen in geradezu symbiotischem Verhältnis zueinander«.[26]

Drittens gehörte zur Wirklichkeit des *persönlichen Regiments* der Freundeskreis Wilhelms II., jene Clique von unverantwortlichen Ratgebern, die das Ohr des Kaisers besaßen und diesen in ihrem Sinne zu beeinflussen suchten.[27] Im Mittelpunkt stand Philipp Graf zu Eulenburg, »des Kaisers bester Freund«[28], seit Frühjahr 1891 Gesandter in München, der schon bei der Entlassung Bismarcks eine zentrale Rolle als Vermittler zwischen der Gruppe um Holstein und Waldersee und dem kaiserlichen Hof gespielt hatte. Eulenburg war ein überzeugter Anhänger der Idee des *persönlichen Regiments,* und er setzte seinen ganzen Einfluß daran, Wilhelm II. mit loyalen Ministern und Staatssekretären zu umgeben, welche die politischen Pläne und Visionen des jungen Kaisers in konkrete Politik umsetzen konnten. In der *Liebenberger Tafelrunde,* inmitten von Schmeichlern und Intriganten, fühlte sich der unsichere, von Minderwertigkeitskomplexen geplagte

Monarch am wohlsten. Sie fungierte als eine Art personalpolitische Clearingstelle, bis Maximilian Harden, einen Skandal provozierend, 1907 die homosexuellen Beziehungen einiger ihrer Mitglieder an den Pranger stellte und Eulenburg politisch und gesellschaftlich vernichtete.

Wichtiger vielleicht noch als die direkten waren die indirekten Einflußmöglichkeiten Wilhelms II. Das *persönliche Regiment* legte gewissermaßen die Grenzen fest, innerhalb derer sich das politische Handeln vollzog, und es bestimmte auch die Karrierenormen, die jeder beachten mußte, der in der wilhelminischen Gesellschaft vorankommen wollte. »Jeder Staatsmann und Beamter, jeder Armee- und Marineoffizier, jede politische Gruppe innerhalb der führenden Elite, jedes Mitglied der Hofgesellschaft – alle waren dazu verdammt, um die Gunst der ›Allerhöchsten Person‹ zu werben.«[29] John C. G. Röhl hat deshalb vorgeschlagen, statt des mißverständlichen Terminus *persönliches Regiment* den von Norbert Elias geprägten Begriff des »Königsmechanismus« zu verwenden, weil er das Werben der untereinander rivalisierenden Gruppen und Personen um das Vertrauen des Herrschers prägnanter zum Ausdruck bringe.[30]

Zweifellos begünstigte diese Struktur der wilhelminischen Hofgesellschaft die Herausbildung einer Mentalität des Opportunismus und des Kriechertums. Wie da intrigiert und finassiert, um Pöstchen geschachert und um die Gunst des Monarchen gebuhlt wurde, erinnert stark an die Hofschranzenwelt des 18. Jahrhunderts; jedenfalls würde man diesen Sumpf aus Kabale und Korruption, Byzantinismus und Vetternwirtschaft kaum für die Schaltstelle der Macht in einer der führenden Industrienationen zu Beginn dieses Jahrhunderts halten. Wilhelm II. offen zu widersprechen, wagte bald keiner mehr, weil in kaiserliche Ungnade zu fallen hieß, allen Karriereambitionen zu entsagen. Kein Wunder, daß der Monarch bei soviel rückgratloser Liebedienerei glaubte, sich gegenüber seinen Ministern und hohen Offizieren keinerlei Hemmungen auferlegen zu müssen. Seine Luxusjacht *Hohenzollern,* mit der er alljährlich zu einer Nordlandreise in See stach, verwandelte sich in ein »schwimmendes Offizierskasino«, in dem »die hochkarätigen Gefolgsleute seinen skurrilen Einfällen rettungslos ausgeliefert« waren.[31]

Ein Diplomat, Alfred Kiderlen-Wächter, beschrieb während einer dieser Reisen den »ulkigen Anblick«: »Wenn all die alten Kracher von Militärs gemeinsam die Kniebeuge machen müssen mit verzerrten Gesichtern! Der Kaiser lacht manchmal laut auf und hilft mit Rippenstößen nach. Die alten Knaben tun dann so, als ob diese Auszeichnung ihnen eine besondere Freude machen würde, ballen aber die Faust in der Tasche und schimpfen nachher unter sich über den Kaiser wie alte Weiber.«[32]

Das waren mehr als die neckischen Ferienspäße eines launischen, etwas infantil gebliebenen Herrschers. Das war vielmehr charakteristisch für die Nonchalance, mit der Wilhelm II. im alltäglichen Umgang sein *persönliches Regiment* zur Geltung brachte. Diese ganz unpreußische Art des Aus-der-Rolle-Fallens trug ebenso wie seine rhetorischen Entgleisungen dazu bei, das Ansehen der Krone zu mindern. »So wird das große Kapital, von Wilhelm I. überkommen, immer kleiner«, warnte der preußische Gesandte in München Anton Graf Monts im März 1897. »Selbst die treuesten, monarchisch gesinnten Männer werden irre an allem, was ihnen heilig erschien, und Perspektiven öffnen sich, die Grauen erregen.«[33]

Der Einfluß Wilhelms II. auf die Gestaltung der deutschen Politik war allerdings nicht konstant. Vielmehr müssen hier verschiedene Phasen unterschieden werden. Zwischen 1890 und 1897 ging es zunächst um die Durchsetzung des *persönlichen Regiments,* wobei es zu teilweise heftigen Konflikten mit Kanzlern und preußischen Ministern kam. Sie kulminierten in der sogenannten *Köller-Krise* vom Dezember 1895, als Wilhelm II. zum ersten und zum letzten Mal während seiner Regierungszeit durch den geschlossenen Widerstand des preußischen Staatsministeriums gezwungen wurde, einen Minister zu entlassen, dem er zuvor sein Vertrauen ausgesprochen hatte.[34]

Mit der Ernennung Bülows zum Staatssekretär des Auswärtigen 1897 und, drei Jahre später, zum Reichskanzler hatten Wilhelm II. und sein Freund Eulenburg ihr Ziel erreicht. Bülow hatte sich für das höchste Amt durch das Versprechen empfohlen, sich lediglich »als ausführendes Werkzeug Sr. Majestät (zu) betrachten, gewissermaßen als sein politischer Chef des Stabes«: »Mit mir würde im guten Sinne, aber tatsächlich ein persönliches Regime beginnen.«[35] Damit hatte sich in den ersten zehn Jahren der Regierungszeit Wilhelms II. das Verhältnis zwischen Monarch und verantwortlicher Regierung faktisch verkehrt. »Während Bismarck – auch wenn er es bisweilen vorzog, die Fiktion des königlichen Willens hervorzuheben – faktisch allein entschied, so regierte jetzt tatsächlich der Kaiser, während der Reichskanzler, die Minister und Staatsekretäre zu ausführenden Organen seines Willens herabgesunken waren.«[36] Dieses nun tatsächlich etablierte *persönliche Regiment* führte das Kaiserreich in der DAILY-TELEGRAPH-Affäre vom November 1908 in eine schwere innenpolitische Krise. Auch wenn die Position des Kaisers damals schwer erschüttert wurde und von einem *persönlichen Regiment* seitdem nicht mehr gesprochen werden kann, blieb Wilhelm II. immer noch »ein wesentlicher, schwer kalkulierbarer Macht- und Entscheidungsfaktor« der deutschen Politik.[37] Im Ersten Weltkrieg allerdings verfielen Ansehen und Autorität des Kaisers rasch. Am Ende gab es keine Partei oder gesellschaftliche Gruppe mehr, die bereit gewesen wäre, sich der Forderung nach seiner Abdankung entgegenzustellen.[38]

Die Kanzler nach Bismarck

Zum Nachfolger Bismarcks bestellte der Kaiser Leo von Caprivi – einen 59 Jahre alten General, der sich im deutsch-französischen Krieg von 1870/71 als Führer einer Armee ausgezeichnet und danach im preußischen Kriegsministerium und als Chef der Admiralität seine organisatorischen Fähigkeiten unter Beweis gestellt hatte.[39] Allerdings besaß er keinerlei politische Erfahrung, und schon Zeitgenossen haben darüber gerätselt, warum die Wahl Wilhelms II. ausgerechnet auf diesen Karriereoffizier gefallen war. Die Antwort ist relativ einfach: Caprivi galt einerseits als energische, durchsetzungsfähige Persönlichkeit; andererseits aber war er, was seine innen- und sozialpolitischen Vorstellungen betraf, gerade kein Scharfmacher. Von ihm erhoffte sich der Kaiser Unterstützung für sein Programm der inneren Versöhnung, das ihn am Anfang seiner Regierungszeit noch leitete. Daß Wilhelm II. in Caprivi nur einen willfährigen Handlanger gesehen habe, Wachs in den Händen seiner autokratischen Neigungen, ist eine nachträgliche Legende. Vorerst brauchte der Monarch nicht einen schwächlichen Übergangskandidaten, sondern einen starken Mann, der imstande war, das mit dem Abgang Bismarcks unvermeidlich entstehende Machtvakuum rasch auszufüllen.

Caprivi hatte sich nicht nach dem Amt gedrängt. Er wußte, wie schwer es sein würde, aus dem Schatten seines Vorgängers herauszutreten. Gleich in seiner ersten Rede im preußischen Landtag am 15. April 1890 schlug er ungewohnte Töne an: Er werde »das Gute nehmen –, von wo und durch wen es auch kommt«, wenn es nur »mit dem Staatswohl vereinbar« sei.[40] Statt wie Bismarck die innenpolitischen Kräfte zu polarisieren, setzte Caprivi auf Ausgleich und Versöhnung. Scharf erkannte er die entscheidenden Mängel des Bismarckschen Systems: »Indem er die in der äußeren Politik zulässigen Mittel skrupellos auf die innere übertrug, indem er unseren alten guten ... Beamtenstand zum Servilismus erzog, indem er jeden Widerspruch persönlich nahm und die Charaktere beugte oder entfernte, hat er Schaden getan ... der lange nachwirken wird.«[41]

Im Gegensatz zu Bismarcks autoritärem Regierungsstil bekannte sich Caprivi zum Prinzip der Kollegialität, das heißt, er gab den preußischen Ministern und den Staatssekretären der Reichsämter größere Freiheit zur Entwicklung und Durchsetzung eigener politischer Vorstellungen. Diese durchaus honorige Selbstbescheidung bezahlte er allerdings mit einer Schwächung seiner Autorität als Reichskanzler. Denn die preußischen Minister ließen nun, statt enger zusammenzuarbeiten, ihren jeweiligen Ressortegoismen freien Lauf. Einige von ihnen, besonders der starke Finanzminister Johannes von Miquel, begannen insgeheim gegen den Kanzler zu intrigieren. Der wiederum war als Militär alter Schule viel zu gradlinig, um sich an dem Intrigenspiel zu beteiligen, wie es sich in der höfischen Kamarilla des Kaisers immer mehr einbürgerte.

Im März 1892 ging Caprivi in der Strategie des Machttransfers noch einen Schritt weiter, indem er – nach Auseinandersetzungen über ein preußisches Volksschulgesetz, das dem Zentrum einige Konzessionen versprach – freiwillig von seinem Amt als preußischer Ministerpräsident zurücktrat, um sich fortan auf die Aufgabe des Reichskanzlers und zugleich preußischen Außenministers zu beschränken. Dieser halbe Rückzug war zweifellos ein politischer Fehler, denn ohne den Rückhalt in Preußen war die komplizierte Regierungsmaschinerie, wie sie Bismarck ersonnen hatte, nicht zu bedienen. Der »Alte im Sachsenwald« ließ denn auch kaum eine Gelegenheit aus, um über die Torheit seines Nachfolgers herzuziehen: »Ein Reichskanzler, der nicht auf die Autorität des preußischen Staatsministeriums gestützt ist, schwebt mit der seinigen in der Luft wie ein Seiltänzer.«[42] Bismarcks Geringschätzung hat lange Zeit auch das abfällige Urteil der Geschichtsschreibung über Caprivi bestimmt. Dabei ist häufig übersehen worden, daß dieser einen – für einen preußischen General überraschend – wachen Sinn für die Bedürfnisse der expandierenden Industriewirtschaft besaß. Das zeigte sich vor allem in seiner Handelsvertragspolitik,[43] die eindeutig die Priorität auf die Förderung industrieller Belange legte. Damit machte er sich aber die Klasse zum erbitterten Gegner, ohne deren Unterstützung ein Reichskanzler in Preußen-Deutschland auf Dauer schwer regieren konnte: die ostelbischen Großgrundbesitzer. An der Opposition der Agrarkonservativen und dem Ränkespiel der Hofkamarilla sollte Caprivi schließlich scheitern. Am 26. Oktober 1894, viereinhalb Jahre nach Bismarcks Entlassung, erhielt er seinen Abschied.

Die Ernennung des Fürsten Chlodwig zu Hohenlohe-Schillingsfürst zum Nachfolger Caprivis löste allgemeines Erstaunen aus. »Ein katholischer Bayer Kanzler und preußischer Ministerpräsident ... das wird ein schönes Geschrei unter den Stockpreußen geben!« prophezeite die Baronin Spitzemberg.[44] Der aus einem alten fränkischen Adelsgeschlecht stammende Hohenlohe, der zwischen 1866 und 1870 bayerischer Ministerpräsident gewesen war und seit 1885 den Posten eines Statthalters von Elsaß-Lothringen bekleidete, war, als ihn der kaiserliche Ruf erreichte, fast 76 Jahre alt, also bereits etwas älter als Bismarck zum Zeitpunkt seiner Entlassung. Schon äußerlich stach er von seinen beiden Vorgängern ab: Von kleiner, eher unansehnlicher Gestalt, besaß er doch die Manieren eines vollendeten Grandseigneurs.[45]

Hohenlohe selbst war keineswegs davon überzeugt, der richtige Mann auf dem Stuhl Bismarcks zu sein. Noch kurz vor seiner Ernennung formulierte er seine eigenen Bedenken gegen eine Kanzlerschaft:

»1. Alter und Gedächtnisschwäche, Krankheit. 2. Mangelnde Redegabe. 3. Mangelnde Kenntnis der preußischen Gesetze und Verhältnisse. 4. Nichtmilitär. 5. Mangel an den nötigen Mitteln.«[46] Was den letzten Punkt betraf, so half Wilhelm II. großzügig aus: Er zahlte Hohenlohe aus seiner Privatschatulle jährlich 120 000 Mark – zusätzlich zu dem Jahresgehalt des Reichskanzlers von 54 000 Mark (das allerdings wesentlich unter dem Einkommen lag, das Hohenlohe als Statthalter von Elsaß-Lothringen bezogen hatte). Daraus ergab sich eine mit zunehmender Dauer seiner Kanzlerschaft wachsende Abhängigkeit vom Kaiser, der den mit ihm entfernt verwandten Hohenlohe mit »Onkel« anredete und ihn überhaupt wenig respektvoll behandelte. Hohenlohes Nachgiebigkeit gegenüber den Eigenmächtigkeiten Wilhelms II. bestärkten diesen in seinen selbstherrlichen Allüren. »Sie müssen ihm raten« – so schrieb Holstein an Eulenburg –, »bei gewissen Anlässen dem Kaiser gegenüber den Reichskanzler herauszukehren. In Wirklichkeit geriert sich der alte Herr jetzt so, als wäre er der zweite Oberstkämmerer der Familie.«[47]

Tatsächlich aber geschah nichts, um die Autorität Hohenlohes zu stärken. Je mehr der Einfluß Wilhelms II. auf die Politik wuchs, desto stärker verlor der Kanzler an Ansehen. Schon bald sah Hohenlohe seine einzige Aufgabe nur noch darin, »übereilte Beschlüsse hintanzuhalten«,[48] also den Kaiser vor allzu großen Torheiten zu bewahren. So weit war es, sechs Jahre nach dem Ausscheiden Bismarcks, mit dem Reichskanzleramt gekommen!

Nach dem Willen Eulenburgs und der Hofkamarilla war Hohenlohe ohnehin nur die Rolle eines Interimskanzlers zugedacht. Er sollte so bald wie möglich durch einen fähigeren, energischeren Politiker ersetzt werden, und als solcher wurde schon bald nach Hohenlohes Ernennung Bernhard von Bülow gehandelt – damals deutscher Botschafter in Rom. »Bernhard ist der wertvollste Beamte, den Ew. Majestät haben, der prädestinierte Reichskanzler der Zukunft«, so empfahl Eulenburg seinen Duzfreund,[49] und Wilhelm II., empfänglich für alle Schmeicheleien, machte sich den Vorschlag seines Intimus bald zu eigen. »Bülow soll mein Bismarck werden, und wie der Großpapa nach außen Deutschland zusammenschmetterte, so wollen wir beide im Innern den Wust von Parlamentarismus und Parteischablone reinigen!«[50]

Allerdings sollte der Übergang von Hohenlohe zu Bülow nicht abrupt, sondern möglichst sanft, in einer Art Stufenplan verwirklicht werden. Die erste Stufe wurde 1897 mit einem großen Personalrevirement vollzogen: Bülow wurde zum Staatssekretär des Auswärtigen Amtes ernannt. Gleichzeitig rückten mit Konteradmiral Alfred Tirpitz als Staatssekretär des Reichsmarineamts, Arthur Graf von Posadowsky-Wehner als Staatssekretär des Reichsamts des Innern und Miquel als Vizepräsident des Staatsministeriums Exponenten der neuen wilhelminischen Welt-, Flotten- und Sammlungspolitik an die Spitze der Regierung. Hohenlohe widersetzte sich dem Wechsel nicht, obwohl er klar erkannte, daß er damit nur noch die Rolle eines »Strohmanns« spielte. Er litt an Asthma und zunehmender Schwerhörigkeit – »ein fast achtzigjähriger, müder, kranker, ganz indolenter, völlig passiver Greis«, so Bülow über ihn.[51] Die Zeichen des neuen Industriezeitalters verstand Hohenlohe nicht mehr; er freue sich, schrieb er 1899 an seinen Sohn, daß er »längst den Schlaf der Gerechten schlafen werde, wenn einmal Flugmaschinen erfunden sein werden. Gott, wird das unausstehlich sein!«[52]

Am Ende seiner Amtszeit nahm Hohenlohes Autoritätsverfall geradezu groteske Formen an. »Niemand fragt mehr nach ihm, niemand spricht mehr von ihm«, sorgte sich August Graf zu Eulenburg, der Oberhofmarschall des Kaisers, im Februar 1899, »in der Diplomatie wie in den parlamentarischen Kreisen werden höchstens schnöde Witze gemacht und die Décadence der Reichskanzler-Stellung beklagt.«[53] Im Oktober 1900 bat Hohenlohe endlich um seine Entlassung; wenige Monate später, im Juli 1901, starb er in einem Schweizer Kurort.

Bülow war mit 51 Jahren noch relativ jung, als er das Kanzleramt übernahm, und er regierte länger als alle Nachfolger Bismarcks – nämlich neun Jahre. Kein Zweifel, daß er zeitweilig ein populärer Reichskanzler war, »verkörperte er doch geradezu das wilhelminische Zeitalter«.[54] Neben einem unbändigen Ehrgeiz brachte Bülow noch andere karrierefördernde Voraussetzungen mit: die Herkunft aus altem mecklenburgischen Adel, weitreichende gesellschaftliche Beziehungen, ein beträchtliches Vermögen, das seine Mutter, Tochter einer führenden Hamburger Großkaufmannsfamilie eingebracht hatte, dazu Gewandtheit im öffentlichen Auftreten und eine mit Zitaten und Bonmots blendende Rhetorik, durch die er seine Gesprächspartner zu beeindrucken wußte.

Wie sein Vater, der es unter Bismarck zum Staatssekretär des Auswärtigen gebracht hatte, schlug auch Bülow die diplomatische Laufbahn ein. Er kam, dank mächtiger Protektion, schneller voran als seine Mitbewerber. Nach dem Tode seines Vaters 1887 und dem Sturz Bismarcks 1890 mußte er nach einem neuen Gönner Ausschau halten. Er fand ihn in Philipp Graf Eulenburg, dem einflußreichen Kaiserfreund. Bülow fütterte ihn mit faustdicken Schmeicheleien für Wilhelm II., die dieser nur allzu bereitwillig aufsog. »Ich hänge mein Herz immer mehr an den Kaiser. Er ist so bedeutend!« schrieb Bülow im Februar 1898, kurz nach seiner Berufung zum Staatssekretär des Auswärtigen Amtes. »Er ist mit dem großen König und dem großen Kurfürsten weitaus der bedeutendste Hohenzoller, der je gelebt hat. Er verbindet in einer Weise, wie ich es nie gesehen habe, Genialität, echteste und ursprünglichste Genialität, mit klarsten *bon sens* … Gott erhalte uns den großen Monarchen und edelsten Menschen!«[55]

Solche Elogen mögen uns heute nur noch lächerlich erscheinen; sie gehörten aber zum unentbehrlichen Inventar eines Systems, in dem alles auf das »Allerhöchste Vertrauen« eines für Schmeicheleien extrem anfälligen Monarchen gestellt war. Bülow brachte es allerdings, was berechnende Liebedienerei betraf, zu besonderer Kunstfertigkeit, und das war eine wesentliche Bedingung für seinen Sprung ins Kanzleramt.

Auch während seiner Kanzlerschaft blieb sich Bülow bewußt, daß seine Stellung letztlich vom persönlichen Wohlwollen Wilhelms II. abhing. Er vermied es daher, dem sprunghaften Monarchen offen entgegenzutreten, versuchte statt dessen, ihn unauffällig zu dirigieren und seine impulsiven Willensäußerungen behutsam zu korrigieren, wobei er den kaiserlichen Herrn stets in dem Glauben ließ, »nicht nur das erste, sondern auch das letzte Wort in der Sache selbst gesprochen zu haben«.[56] Mit dieser Taktik gelang es Bülow immerhin, über einige Jahre die Beziehungen zu Wilhelm II. weitgehend störungsfrei zu halten. Das *persönliche Regiment* hatte seinen Zauberlehrling gefunden. »Bernhard lasse ich ruhig schalten. Seit ich ihn habe, kann ich ruhig schlafen. Ich lasse ihn gewähren und weiß, daß alles gut geht!« schwärmte der Kaiser im Juli 1901.[57]

Zum irreparablen Bruch zwischen Kaiser und Kanzler kam es in der DAILY-TELEGRAPH-Affäre vom November 1908,[58] die zu einem erheblichen Teil in der Verantwortung Bülows lag, weil er es versäumt hatte, den Text des kaiserlichen Interviews vor der Veröffentlichung zu lesen. Wilhelm II. fühlte sich, als die Wogen der öffentlichen Empörung über ihm zusammenschlugen, von Bülow schnöde im Stich gelassen und suchte seitdem nur noch nach einer günstigen Gelegenheit, sich von seinem einstigen Lieblingskanzler zu trennen. Im Juni 1909, als Bülows parlamentarischer Rückhalt an der Reichsfinanzreform zerbrach, war es soweit. Alle Versuche eines politischen Comebacks scheiterten an der unvermindert anhaltenden Feindseligkeit des Kaisers.

Anders als Hohenlohe und Bülow hatte Theobald von Bethmann Hollweg seinen politischen Aufstieg nicht über den diplomatischen Dienst, sondern über die Verwaltungslaufbahn gemacht. Landrat im Kreise Oberbarmin (hier lag auch Hohenfinow, das Gut, das sein Vater gekauft hatte), Rat im Oberpräsidium Potsdam, Regierungspräsident in Bromberg, Oberpräsident der Provinz Brandenburg – das waren die Stufen einer steilen Karriere, bevor er 1905 zum preußischen Innenminister und 1907 zum Staatssekretär des Innern berufen wurde. Der Enkel des Gründers der liberal-konservativen preußischen *Wochenblattpartei* der fünfziger Jahre, Moritz August von Bethmann Hollweg, genoß den Ruf eines hervorragenden Fachmanns auf dem Gebiet der inneren Verwaltung; was die auswärtige Politik betraf, besaß er so gut wie keine Erfahrung. Dies war auch der Grund, warum Bethmann Hollweg den Posten des Reichskanzlers nicht ohne Zögern annahm: »Nur ein Genie oder ein von Machtkitzel und Ehrgeiz verzehrter Mensch kann ein solches Amt anstreben. Und ich bin keines von beiden«, schrieb er in den Tagen seiner Ernennung.[59] Wilhelm II. hatte sich zunächst gegen diese Ernennung gesträubt, weil der damals 56jährige Bethmann Hollweg so gar nicht dem Typus eines wilhelminischen Politikers à la Bülow entsprach: Er war ernst und pflichtbewußt, ohne Allüren, kein Höfling, der dem Kaiser nach dem Munde redete, kein Mann des *persönlichen Regiments,* der seinen Aufstieg der Protektion der kaiserlichen Entourage verdankte.

Von allen Reichskanzlern des Kaiserreichs ist Bethmann Hollweg der umstrittenste. Nicht nur die Urteile der Zeitgenossen, auch die der Historiker gehen weit auseinander. *The Enigmatic Chancellor* (Der rätselhafte Kanzler) – so hat der amerikanische Historiker Konrad H. Jarausch seine Bethmann-Biographie überschrieben, und dieses Rätsel ist bis heute nicht ganz gelüftet worden.[60] Zweifellos hat die Unsicherheit des Urteils etwas zu tun mit der Zwiespältigkeit seiner inneren Politik, jener Strategie der Diagonale, mit der er die divergierenden politischen und gesellschaftlichen Interessen auszubalancieren suchte. Die Folge war, daß er es eigentlich niemandem ganz recht machen konnte: »Ihm schwebte oft mehr vor, als die Rechte zugestehen wollte, weniger, als die Linke forderte.«[61]

Gewiß hängt das schwankende Bild Bethmann Hollwegs aber auch damit zusammen, daß ausgerechnet er, der auch in der äußeren Politik eher einen behutsam-ausgleichenden Kurs anstrebte, das deutsche Kaiserreich in den Ersten Weltkrieg führte. Dabei bewies er gerade in der Julikrise 1914 eine erstaunliche Energie und Nervenstärke, die mit dem Klischeebild vom zaudernden, handlungsscheuen »Philosophen von Hohenfinow« kaum in Einklang zu bringen sind. Bemerkenswert zielstrebig agierte der Reichskanzler auch im August 1916, als er sich für die Ablösung des Generalstabschefs Falkenhayn und seine Ersetzung durch die *Sieger von Tannenberg,* Hindenburg und Ludendorff, stark machte. Damit trug er jedoch ungewollt zu seiner eigenen Entmachtung bei, denn die neuen Herren der Obersten Heeresleitung waren es, die ein knappes Jahr später, im Verein mit einer Mitte-Links-Reichstagsmehrheit, den Kanzler stürzten.

An den letzten drei Kanzlern läßt sich der Niedergang der politischen Klasse im untergehenden wilhelminischen Reich ablesen: Georg Michaelis, seit Februar 1917 preußischer Staatskommissar für Volksernährung, ein politischer Nobody, der zur Verblüffung aller auf den Stuhl des Reichskanzlers gehievt wurde, den er schon nach wenigen Monaten wieder räumen mußte; Georg von Hertling, bayerischer Ministerpräsident, ein müder, kranker 74jähriger Greis, der tatenlos zusah, wie die Militärs das Kaiserreich in den Abgrund steuerten; schließlich Prinz Max von Baden, dem nichts mehr zu tun übrigblieb, als dem sterbenden Regime den Totenschein auszustellen.

Läßt man den Reigen der Reichskanzler an sich vorbeiziehen, so ist der Schluß unabweisbar: Keiner erreichte auch nur annähernd das Format, das erforderlich gewesen wäre, um das komplizierte Verfassungs- und Regierungssystem, das Bismarck geschaffen hatte, effektiv zu bedienen und funktionstüchtig zu halten. Darin liegt noch nachträglich ein starkes Argument gegen dieses System: daß es ganz auf Bismarcks außergewöhnliche Fähigkeiten zugeschnitten war und von Politikern weniger robuster, weniger machiavellistischer Statur kaum ausgefüllt werden konnte. Allerdings hatten es Bismarcks Nachfolger auch insofern schwerer, als sie es nicht nur mit einem sich in Selbstherrscherallüren gefallenden Monarchen, sondern auch mit einem an Gewicht zunehmenden Parlament und neuen machtvollen Interessenverbänden zu tun hatten.

Die Stellung des Reichstags

Über die Betrachtung des *persönlichen Regiments* Wilhelms II. und des Verhältnisses von Monarch und Reichskanzler darf die *dritte Macht* im Staate, das Parlament, nicht außer acht gelassen werden. Denn der Reichstag war, trotz seiner verfassungsmäßigen Beschränkungen, keineswegs eine zur politischen Ohnmacht verdammte Institution. Vielmehr nahm sein Einfluß gerade in der Zeit des Wilhelminismus ständig zu. Das hing zum einen zusammen mit der Tendenz zum Interventionsstaat und, als deren Folge, der Expansion der öffentlichen Haushalte. Kolonien, Heeresvermehrungen, später die Schlachtflotte, dazu der Ausbau des Sozialstaats – all das kostete Geld und ließ sich nur in Zusammenarbeit mit dem Reichstag, vor allem mit dessen Budgetkommission, verwirklichen.

Zum anderen hatte das wachsende Gewicht des Parlaments auch etwas zu tun mit der Entstehung eines »politischen Massenmarktes« (Hans Rosenberg), der Politisierung und Mobilisierung breiter Wählerschichten. Der Reichstag war das öffentliche Forum, wo wirkungsvoll und lautstark Interessen artikuliert und die großen Fragen der Innen- und Außenpolitik debattiert werden konnten. Hier bündelten sich »am stärksten die Hauptströmungen der Epoche: Sozialintervention, Nationalismus, Massendemokratie«.[62]

Schließlich spiegelten sich im Bedeutungszuwachs des Reichstags auch Veränderungen im Verfassungsgefüge selbst. Der Bundesrat, der nach Bismarcks Willen »das Bollwerk gegen die Parlamentarisierung« bilden sollte,[63] verlor im Zuge der »Ver-Reichung«, das heißt der Vereinheitlichung von Gesetzgebung und Verwaltung, an Gewicht zugunsten der zentralstaatlichen Behörden. Die Reichsämter, ursprünglich Hilfsorgane des Kanzlers, entwickelten sich zu einem eigenen, von den einzelstaatlichen Regierungen unabhängigen Machtzentrum. Für die Reichsleitung bürgerte sich im amtlichen Sprachgebrauch seit der Jahrhundertwende der – von Bismarck streng tabuierte – Begriff der *Reichsregierung* ein. Mit diesem Prozeß der Verselbständigung der Reichsleitung verknüpft war eine deutliche Aufwertung der Position der Staatssekretäre, also der Chefs der Reichsämter, die immer mehr in die Rolle von Reichsministern hineinwuchsen, auch wenn es faktisch keine Reichsministerien gab. Bei der Ausarbeitung wichtiger Gesetzesvorlagen wurden, statt wie früher die preußischen Ministerien, die Reichsämter federführend. Und in der politischen Praxis wurde es üblich, daß die Staatssekretäre, statt die Vorlagen zuerst im Bundesrat einzubringen, sich vorab mit den Führern der Reichstagsfraktionen verständigten, um ein Gesetz über die parlamentarische Hürde zu bringen. Das Bedürfnis nach kontinuierlicher Gesetzgebung und nach Deckung der staatlichen Ausgaben verstärkte mithin die Notwendigkeit, »den Dualismus von Exekutive und Legislative durch intensive Kontakte zwischen Regierung und Parlament zu überwinden und damit das Parlament stärker in die Regierungsarbeit einzubeziehen«.[64]

Manfred Rauh hat im Blick auf die skizzierten Veränderungen in der Verfassungswirklichkeit von einer »stillen Parlamentarisierung« des Kaiserreichs vor 1914 gesprochen.[65] Darunter versteht er einen schrittweisen Lernprozeß: »Durch die Zusammenarbeit mit der Regierung wird das Parlament seiner Macht erst gewahr, lernt es erst, daß und wie die Regierung in Abhängigkeit von ihm geraten kann.«[66] Das konstitutionelle System erscheint in dieser Sicht als ein transitorisches Phänomen, weil in ihm die Weiterentwicklung zum Parlamentarismus gleichsam unausweichlich angelegt gewesen sei.

Richtig ist, daß der Reichstag seine Rolle als eigenständiger Faktor der Gesetzgebung bis 1914 nicht nur behaupten, sondern ausbauen konnte – insofern gab es eine Parlamentarisierungstendenz. Doch Rauh unterschätzt die Stärke der antiparlamentarischen Gegenkräfte, die trotz der von ihm diagnostizierten Aufweichung des Bismarckschen Systems fortbestanden. So war zwar durch den politischen Gewichtsverlust des Bundesrats auch die preußische Hegemonie über das Reich eingeschränkt – außer Kraft gesetzt aber war sie damit nicht: »Gegen Preußen jedenfalls konnte das Reich nicht regiert werden. Und natürlich, über das Militär, das preußische Beamtentum als Hauptreservoir der Reichsbeamten, über den preußischen Adel, über die Umgebung des Kaisers blieb das konservative Preußen eine beherrschende Macht.«[67] Daß auch unter Wilhelm II. immer wieder mit dem Staatsstreich gedroht wurde, ja, diese Drohung zu einem stillen Bestandteil der Verfassungswirklichkeit werden konnte, wäre ohne die besondere Stellung des preußischen Militärs im Kaiserreich kaum denkbar gewesen.

Es war von hoher symbolischer Bedeutung, daß bei der Schlußsteinlegung des nach Plänen des Architekten Paul Wallot gebauten Reichstagsgebäudes am 5. Dezember 1894 der Reichstagspräsident von Levetzow in der Uniform eines Landwehrmajors erschien. Ein Witzblatt nannte die ganze Zeremonie »Wallotssteins Lager«.[68] Und ebenso charakteristisch war, daß die Widmungsinschrift auf der Mamortafel über dem Hauptportal »Dem deutschen Volke« auf Einspruch Wilhelms II. unterblieb. (Erst im Dezember 1916, im dritten Jahr des Weltkriegs, als das Kaiserreich bereits mit Riesenschritten seinem Untergang entgegeneilte, wurde sie angebracht.) Der Kaiser machte aus seiner Geringschätzung der Volksvertretung nie einen Hehl. Nur wenige Tage nach der Einweihung des Reichstagsgebäudes sprach er abfällig von einem »Reichsaffenhaus«,[69] und bei anderer Gelegenheit, nach den Reichstagswahlen 1903, bekannte er, »es sei vollständig gleichgültig, ob in dem Reichstagskäfig rote, schwarze oder gelbe Affen herumsprängen«.[70]

Solche Äußerungen offener Parlamentsfeindschaft waren keineswegs auf den Monarchen und seinen Hofstaat beschränkt. Der Österreicher Josef Redlich empfand 1908/09 als »ganz besonders eigentümliches Merkmal« im staatlichen Leben Deutschlands »das tiefgewurzelte Gefühl des Antiparlamentarismus«: »Die Deutschen haben sich gewöhnt, die eigenen Volksvertretungen, auch den nach dem allgemeinen Wahlrecht gebildeten Reichstag mit unverhohlener Geringschätzung und Mißtrauen, ja oft geradezu mit Hohn und Abneigung zu betrachten, in der parlamentarischen Arbeit eine im Grunde nutzlose Zeit- und Kraftverschwendung zu erblicken.« »Höchstes Selbstbewußtsein und umfassende tatsächliche Machtstellung der Bürokratie und der Militärs auf der einen, geringstes Selbstvertrauen und geringste Einflußsphäre der Volksvertretung auf der anderen Seite« – diese Polarität kennzeichnete nach Redlich die »Eigenart der gegenwärtigen deutschen Regierungsweise«, die er als ein »System des konstitutionellen Antiparlamentarismus« bezeichnete.[71]

Eine ähnliche Beobachtung machte Redlichs Landsmann Joseph Maria Baernreither, mehrfach Minister in österreichischen Kabinetten, während eines Berlinaufenthalts im Jahre 1913. In Gesprächen mit hohen Beamten fiel ihm auf, »wie geringschätzig die Herren der Regierung über Parlament und Parlamentarier urteilten« und daß sie »keine Achtung« vor deren Arbeit zeigten. Die Reichstagsverhandlungen, so erzählte man ihm, »glichen dem Spiel der Kinder im Tiergarten, die aus Sand Kuchen zusammenballen«.[72] Obwohl die Vertreter der Reichsbürokratie in zunehmendem Maße gezwungen waren, mit den Reichstagsfraktionen zu kooperieren, pflegten die meisten die Vorstellung von der Überparteilichkeit des monarchischen Obrigkeitsstaats, als dessen eigentliche Sachwalter sie sich selbst verstanden. Und daraus leiteten sie einen Überlegenheitsanspruch gegenüber den Parlamentariern ab, in denen sie kaum mehr als Wortführer kleinlicher Parteiinteressen sehen wollten.

Umgekehrt zeigte auch der Reichstag wenig Neigung, von seinen gestiegenen Möglichkeiten politischer Mitgestaltung entschlossen Gebrauch zu machen, das heißt vor allem: auf Weiterentwicklung des politischen Systems hin zur Parlamentarisierung zu drängen. Das hing entscheidend mit der Struktur des Parteiensystems zusammen. Die in den verschiedenen Parteien gebündelten gesellschaftlichen, konfessionellen und regionalen Interessen ließen sich nur schwer nach übergreifenden verfassungspolitischen Prioritäten formieren. »Es gab keine kohärente Politik des Reichstags als Ganzem gegenüber der Regierung.«[73] Das heißt aber auch: Es gab keine zielgerichtete Parlamentarisierungspolitik, die eine feste Mehrheitsbildung im nichtkonservativen Parteispektrum vorausgesetzt hätte. Zu einer solchen kam es erst im Sommer 1917, unter dem Eindruck der drohenden militärischen Erschöpfung des Kaiserreichs.

Auch das in der neuen Geschäftsordnung des Reichstags von 1912 eingeführte Recht, dem Reichskanzler im Anschluß an eine Interpellation das Mißtrauen auszusprechen, kam eher einem »symbolischen Protestakt«[74] gleich, weil ein solches Mißtrauensvotum für den Regierungschef keine Konsequenzen nach sich ziehen mußte. So stieg zwar der Einfluß des Reichstags auf die innere Politik bis 1914, gleichzeitig aber hatten sich die Parteien – mit Ausnahme der Sozialdemokratie – recht wohnlich im Vorhof der Macht eingerichtet.

Parteien und Verbände

In den frühen neunziger Jahren des 19. Jahrhunderts, also in der Ära Caprivi, setzte ein tiefgreifender Strukturwandel des deutschen Parteiwesens ein. Bisher war, jedenfalls im Lager der bürgerlichen Parteien, Politik im wesentlichen eine Sache von Honoratioren gewesen, relativ kleinen Gruppen von Persönlichkeiten, die durch ihren gesellschaftlichen Status herausgehoben waren und das Vertrauen der ihnen nahestehenden Sozialgruppen genossen. Dementsprechend glichen auch die Organisationen eher lockeren Verbindungen politisch Gleichgesinnter. Unter dem Druck – teilweise auch nach dem Vorbild – der Sozialdemokratie, der nach dem Fall des Sozialistengesetzes der Durchbruch zur Massenbewegung gelang, wandelten sich nun auch die bürgerlichen Honoratiorenkomitees, die nur in Wahlzeiten und während der Parlamentssitzungen aktiv gewesen waren, zu modernen Mitgliederparteien mit einem ausgebauten Apparat und besoldeten Funktionären.[75]

Die tiefere Ursache dieses Strukturwandels lag in dem beschriebenen Übergang vom Agrar- zum Industriestaat und dem damit verbundenen Prozeß der Ausdifferenzierung und Politisierung gesellschaftlicher Interessen. Es formierten sich große, schlagkräftige Interessenverbände, die auf die politische Willensbildung in den Parteien einwirkten und die Auswahl der Kandidaten für die Reichstags- und Landtagswahlen beeinflußten. Sigmund Neumann hat im Blick auf die zunehmende Verquickung von wirtschaftlichen Partikularinteressen und Parteipolitik vor 1914 von einer »Verwirtschaftlichung der Parteien« gesprochen.[76] Mag das auch eine unzulässige Vereinfachung sein, weil nicht alle Parteien gleichermaßen unter den beherrschenden Einfluß von Interessenverbänden gerieten, so ist doch richtig, daß der populistische Druck auf die Parteiführungen allgemein wuchs. Denn durch die neue, intensive Form der Interessenartikulation, gefördert durch den Aufschwung der Massenpresse, wurde die wilhelminische Gesellschaft insgesamt politisiert; immer breitere Bevölkerungsschichten nahmen am politischen Geschehen aktiv Anteil. Das schlug sich auch in der Beteiligung an den Reichstagswahlen nieder: Von 51 Prozent im Jahre 1871 stieg sie auf 84,9 Prozent im Jahre 1912.

Die Liberalen

Am schwersten taten sich die Liberalen, die klassischen Vertreter der Honoratiorenpolitik, mit den neuen Herausforderungen der Industriegesellschaft und des politischen Massenmarktes. Der Niedergang des Liberalismus, der mit Bismarcks Übergang zum Protektionismus Ende der siebziger Jahre begonnen hatte, setzte sich nach 1890 fort.[77] Die Nationalliberalen, die Reichsgründungspartei par excellence, verloren ihre parlamentarische Schlüsselposition. Bei den Reichstagswahlen 1890, die den Bruch des *Kartells* mit den konservativen Parteien besiegelte, erhielt sie nur noch 16,3 Prozent der Stimmen (und 42 Mandate). Über die Stärke einer Fraktion mittlerer Größe gelangte die Partei bis 1914 nicht mehr hinaus.

Nicht besser erging es den Linksliberalen, die zudem in sich heillos zerstritten waren und durch mehrere Spaltungen noch zusätzlich geschwächt wurden. Die Deutsche Freisinnige Partei, die 1884 aus dem Zusammenschluß von Fortschrittspartei und nationalliberalen *Sezessionisten* entstanden war, brach 1893 über eine von der Regierung

Caprivi eingebrachte große Militärvorlage auseinander. Unter Führung von Eugen Richter schloß sich eine Mehrheit zur *Freisinnigen Volkspartei* zusammen, welche die alte linksliberale Tradition der Fortschrittspartei fortsetzte. Eine rechte Minderheit konstituierte sich unter dem Namen *Freisinnige Vereinigung*. Beide Parteien erlebten bei den Reichstagswahlen von 1893 ein Desaster: Zusammen entfielen auf sie nur noch 14,8 Prozent der Stimmen (und 37 Mandate). Die *Freisinnige Vereinigung* war »in gewisser Weise ein Generalstab ohne Armee«.[78] Sie war zwar reich an prominenten Persönlichkeiten aus Wissenschaft und Kommerz, und sie besaß auch beträchtlichen Einfluß in der liberalen Publizistik, doch fehlte ihr nahezu jeder organisatorische Unterbau.

Nach weiteren Abspaltungen und neuerlichen Fusionen brachten es die Nationalliberalen und die vereinigten Linksliberalen bei den Reichstagswahlen von 1912 zusammen nur auf 25 Prozent der Stimmen (und 87 Mandate). »Verglichen mit der Mitte der 70er Jahre, als die Liberalen auf nahezu allen Ebenen des Reiches über Mehrheiten verfügten, befand sich der Liberalismus um 1914 auf breiter Front auf absteigender Linie.«[79]

Die Gründe für den Niedergang des Liberalismus sind vielfältig. Einer der wichtigsten ist darin zu sehen, daß die liberalen Parteien – anders als das Zentrum und die Sozialdemokratie – nicht in festen *sozial-moralischen Milieus* verankert waren.[80] Die Mittelschichten, die traditionelle liberale Klientel, waren viel zu inhomogen, als daß sie ein stabiles Wählerpotential hätten abgeben können. Sie umfaßten Beamte und Angestellte, Richter und Professoren, Rechtsanwälte und Lehrer, Fabrikanten und Kaufleute, Handwerker und Landwirte, kurz: »ein weites und komplexes Gefüge von Sozialgruppen, die sich auf den mittleren Ebenen der Schichten- und Statushierarchien befanden«.[81] Im Vergleich zu anderen Parteien war der Anteil der besitz- und bildungsbürgerlichen Gruppen relativ hoch. Der typisch liberale Wahlkreis lag in der Regel zwischen den von den Konservativen beherrschten ländlichen Regionen und den großen städtischen und industriellen Ballungszentren, in denen die Sozialdemokraten dominierten. Allerdings ging die Zahl der Wahlkreise, in denen liberale Kandidaten bereits im ersten Wahlgang eine Mehrheit erringen konnten, seit 1890 kontinuierlich zurück. 1912 gelang es nur noch vier Bewerbern, allesamt von der Nationalliberalen Partei, ihr Mandat ohne den Umweg über die Stichwahl zu erobern.

Konfrontiert mit den Forderungen konkurrierender Gruppen, großindustrieller wie mittelständischer und agrarischer Provenienz, suchte Ernst Bassermann, Parteiführer der Nationalliberalen seit 1897, die verschiedenen Interessen auszubalancieren, indem er die Partei auf eine »mittlere Linie« verpflichtete.[82] Dies war allerdings nur um den Preis eines verschwommenen Profils möglich. Der Historiker Friedrich Meinecke schrieb einmal, ihm erscheine Bassermann »wie ein Steuermann, der innerlich selbst nicht ganz klar darüber war, ob man mehr nach rechts oder mehr nach links, wohin wohl seine eigene Neigung mehr führte, steuern solle«.[83]

Damit ist ein weiterer Grund für die nachlassende Attraktivität des Liberalismus genannt. Seine Anhänger besaßen »keine Weltanschauung als Panzer, an dem Verunsicherung, erzeugt durch den rasanten gesellschaftlichen Wandel, abprallen konnte«.[84] Die nationale Einheit, die große Zukunftsvision der Nationalliberalen, war mit der Reichsgründung erreicht; die Hoffnung, das neue Reich in freiheitlichem Sinne um- und ausgestalten zu können, war spätestens mit dem Tod des Thronfolgers 1888 gescheitert, jedenfalls fürs erste. In den neunziger Jahren suchten die Nationalliberalen den Liberalismus wieder zukunftsfähig zu machen, indem sie sich vorbehaltlos der wilhelminischen *Weltpolitik* verschrieben. »Die Nationalliberale Partei wird die Regierung auf dem eingeschlagenen Wege einer kräftigen und zielbewußten Handhabung der Kolonialpolitik unterstützen«, hieß es in der Berliner Erklärung der Partei vom 5. Oktober 1896.[85]

Auch die Linksliberalen gaben nach der Jahrhundertwende Schritt für Schritt ihre Vorbehalte gegen die staatliche Kolonialpolitik auf. Erleichtert wurde diese Neurorientierung durch den Tod Eugen Richters im Jahre 1906. Der tiefere Grund lag jedoch in der Suggestion, die diese Politik auch auf große Schichten des Bildungsbürgertums ausübte: »Die Verbindung von *Weltpolitik*, nationalem Machtstaat und industriegesellschaftlicher Modernität übte eine Faszination aus, der gerade das liberale Bürgertum angesichts seiner politisch-gesellschaftlichen Weltbilder keine belastbaren Dämme entgegenzusetzen hatte.«[86]

Die Konservativen

Langfristig wirkte sich der Trend zur Industrialisierung und Urbanisierung, zu Mobilität und Massenpolitik auch zuungunsten der Konservativen aus. Denn deren Stärke beruhte ja gerade »auf ihrer engen Verknüpfung mit der in den Agrargebieten des ostelbischen Preußen und in Mecklenburg gesellschaftlich, ökonomisch und politisch tonangebenden Schicht der oft adligen Großgrundbesitzer«.[87] Seit den siebziger Jahren gab es zwei konservative Parteien nebeneinander, die sich in ihrer sozialen Zusammensetzung, ihrer Programmatik und ihrem politischen Profil nicht wesentlich unterschieden: die 1876 gegründete Deutsch-Konservative Partei, die Bismarcks innenpolitischen Konfliktkurs bedingungslos unterstützt hatte, und die Freikonservative Partei (Reichspartei), die eine etwas gemäßigtere, gouvernementale Variante des Konservatismus repräsentierte und in den Zeiten des *Kartells* 1887 bis 1890 eine Art Scharnierfunktion zwischen Deutschkonservativen und Nationalliberalen ausübte. Als politische Gruppierung, die sowohl führende Vertreter des Großgrundbesitzes als auch der Schwerindustrie vereinigte, war die Reichspartei besonders geeignet, zwischen agrarischen und industriellen Interessen zu vermitteln.

Beide konservativen Parteien sahen sich nach 1890 einer schleichenden Erosion ihrer Wählerschaft ausgesetzt. Die Deutsch-Konservativen, die 1890 noch 12,4 Prozent der Stimmen (und 73 Mandate) erzielt hatten, fielen bis 1912 auf 9,2 Prozent (43 Mandate). Noch stärkere Einbußen mußte die Reichspartei hinnehmen: Ihr Stimmenanteil ging von 6,7 Prozent 1890 auf 3 Prozent 1912 zurück, die Zahl ihrer Mandate sank von 20 auf 14. Dabei lag der Mandatsanteil proportional höher als der Stimmenanteil, weil die anachronistische Wahlkreiseinteilung die ländlichen Regionen und damit vor allem die konservative Wählerschaft begünstigte.

Das ostelbische Preußen blieb das Kernland der Konservativen. Dort gewannen sie die meisten ihrer Reichstagsmandate; und dort sicherte ihnen das Dreiklassenwahlrecht immer noch eine Vorrangstellung im preußischen Abgeordnetenhaus. Für den deutsch-konservativen Parteiführer Ernst von Heydebrand und der Lasa – den ungekrönten König von Preußen – und seine Parteigänger kam deshalb bis 1914, ja bis zum Ende der Hohenzollernmonarchie 1918 eine Reform des preußischen Klassenwahlrechts nicht ernsthaft in Betracht.[88]

Auf ihrem Parteitag Anfang Dezember 1892 gaben sich die Deutsch-Konservativen ein neues Parteiprogramm – das Tivoli-Programm (so genannt nach dem Tagungsort, der Tivoli-Brauerei in Berlin). Es enthielt neben dem traditionellen Bekenntnis zur Monarchie, zu den christlichen Staatseinrichtungen, zur Stärkung der Wehrkraft und Aufrechterhaltung der Schutzzölle auch ein neues Element – den Antisemitismus: »Wir bekämpfen den vielfach sich vordrängenden und zersetzenden jüdischen Einfluß auf unser Volksleben.« Mit dem Ausspielen der antisemitischen Karte suchten die Konservativen ihre soziale Basis im Mittelstand zu verbreitern – eine Fehlrechnung, weil die radikalen Antisemitenparteien, die in den neunziger Jahren entstanden, hier zeitweilig erfolgreicher agieren konnten.[89] Dennoch war die Neuorientierung der Deutschkonservativen folgenreich: Mit der Übernahme eines der zentralen Programmpunkte der militanten Mittelstandsideologie war »die für die spätere deutsche Geschichte so verhängnisvolle Synthese konservativer und nationalistisch-völkisch-antisemitischer Ideen in die Wege geleitet«.[90]

Diese Tendenz wurde zweifellos verstärkt durch die enge Allianz, welche die Konservativen mit dem *Bund der Landwirte* eingingen.[91] Der BdL diente als eine Art Wahlkampfmaschine der Konservativen. Er unterstützte in der Regel nicht nur die Kandidaten der Deutsch-Konservativen Partei, sondern nahm auch schon Einfluß auf die Auswahl der Kandidaten. Mehr noch: er trug durch den populistischen und demagogischen Stil seiner Agitation dazu bei, völkisch-antisemitisches Gedankengut in weiten Kreisen der konservativen ländlichen Bevölkerung gesellschaftsfähig zu machen. So ist es wohl berechtigt, mit Hans-Jürgen Puhle davon zu sprechen, daß der *Bund der Landwirte* den Konservatismus zugleich stabilisierte und verformte, indem er ihm Züge einer rein agrarischen Interessenpartei aufprägte und ihn dadurch ideologisch radikalisierte.[92]

Das Zentrum

Im Unterschied zu den Liberalen und den Konservativen konnte das Zentrum seine Position nach 1890 weitgehend behaupten. Der Stimmenanteil bei den Reichstagswahlen lag immer knapp unter 20 Prozent, nur in den Wahlen von 1912 mit 16,4 Prozent deutlich darunter. Die Zahl der Mandate schwankte zwischen 106 im Jahre 1890 und 91 im Jahre 1912. Neben den Konservativen profitierte auch das Zentrum von der ungerechten Wahlkreiseinteilung; sein Anteil an Mandaten lag immer wesentlich höher als der an Stimmen. Außerdem besaß die Partei die größte Zahl der sicheren Wahlkreise im Kaiserreich. Das verweist auf die hohe Bindekraft des katholischen Milieus, an der schon Bismarcks Repressionspolitik gescheitert war. Ein dichtes Netz von Vereinen sorgte für eine zusätzliche sekundäre Abstützung in der Wählerschaft. Von besonderer Bedeutung war hier der 1890 gegründete *Volksverein für das katholische Deutschland.* Er zählte bereits im Gründungsjahr über 100 000 Mitglieder und entwickelte sich bis 1914 mit über 800 000 Mitgliedern zu »einer Art Ersatz-Massenorganisation der Partei, jedenfalls im Westen Deutschlands«.[93] Die Hauptaufgabe sah der Verein darin, die eigene Klientel durch Broschüren, Vorträge, Massenversammlungen gegen die »Irrlehren« der Sozialdemokratie zu immunisieren, deren Anziehungskraft auch auf katholische Arbeiter zunehmend wuchs.

Das Zentrum war, seiner sozialen Struktur nach, eine schichten- und klassenübergreifende Partei: »In ihm trafen sich aristokratische Großgrundbesitzer und kleinbürgerliche Existenzen, Industrielle und Arbeiter, bürgerliche Honoratioren und kleinbürgerliche Unterschichten, Angehörige des bedrohten *alten* und Vertreter des aufsteigenden *neuen* Mittelstands.«[94] In dem Maße, wie der Druck von außen nachließ, die einigende Klammer des Kulturkampfes schwächer wurde, traten die Interessendivergenzen zwischen den verschiedenen sozialen Gruppen deutlicher hervor. Zwar blieb die gemeinsame Konfession immer noch das stärkste Bindemittel; doch für die Parteiführung wurde es nach dem Tode der charismatischen Leitfigur Ludwig Windthorst 1891 zusehends schwieriger, die heterogene Anhängerschaft zusammenzuhalten und auf eine politische Linie zu verpflichten. Heftige innerparteiliche Richtungskämpfe waren die Folge, aber auch – das war die Kehrseite – »ein hohes Maß an programmatischer Offenheit und praktischer Flexibilität«,[95] das die Partei nach verschiedenen Seiten hin kooperations- und koalitionsfähig machte.

Die gemeinsam durchlittene Erfahrung der Repression im Bismarck-Reich teilte das Zentrum mit der Sozialdemokratie; mit dieser und den Linksliberalen wußte es sich einig im Bemühen um die Wahrung rechtsstaatlicher Grundsätze. Unter dem Einfluß der katholischen Soziallehre und eines regen Arbeitnehmerflügels war das Zentrum auch aufgeschlossen für Forderungen nach einem Ausbau des Sozialstaats. Die stark repräsentierten agrarisch-mittelständischen Interessen wiederum verwiesen die Partei eher auf ein Bündnis mit den Konservativen. Und auch was die Rolle der Kirche im öffentlichen Leben und im Erziehungswesen anging, stand das Zentrum den konservativen Parteien näher als Liberalen und Sozialdemokraten. »Es kann«, so bemerkte Friedrich Naumann 1905, »mit dem Zentrum nach rechts hin gearbeitet werden, auch mit dem Zentrum nach links hin, auch mit dem Zentrum und der liberalen Mitte. Niemals aber kann eine große Angelegenheit ohne das Zentrum durchgeführt werden … Auf diesem Wege entscheidet das Zentrum, die Partei der Mitte, über die deutsche Politik.«[96]

Tatsächlich besaß das Zentrum seit den achtziger Jahren eine parlamentarische Schlüsselstellung. Es löste damit in gewisser Weise die Nationalliberalen als regierende Partei ab. Unter der neuen bürgerlichen Parteiführung mit Windthorst-Nachfolger Ernst Lieber an der Spitze, die den Einfluß der aristokratisch-konservativen Honoratioren zurückdrängte, zeigte das Zentrum wachsende Bereitschaft, die Außen- und Militärpolitik des kaiserlichen Deutschland zu unterstützen. 1898 stimmte es der ersten großen Flottenvorlage zu und wurde so zum Mitträger der neuen wilhelminischen *Weltpolitik*. Eine Zäsur bildeten die Jahre der konservativ-liberalen *Blockpolitik* unter Reichskanzler Bülow, als sich das Zentrum vorübergehend isoliert sah – »eine nachgerade traumatische Erfahrung für eine Scharnierpartei«.[97] Doch schon 1909, nach dem Zerbrechen des Bülow-Blocks, wurde mit der Bildung des sogenannten *schwarz-blauen Blocks* die Kooperation mit den Konservativen wiederaufgenommen. Für einen Linkskurs, das heißt ein Bündnis mit Fortschrittlicher Volkspartei und Sozialdemokratie, wie sie die Opposition um den jungen württembergischen Abgeordneten Matthias Erzberger ins Auge faßte, gab es vor 1914 keine Mehrheit. Was die Partei in den Vorkriegsjahren zusammenhielt, waren nicht Ziele wie Parlamentarisierung und Demokratisierung, sondern ein überhitzter Nationalismus und Antisozialismus.

Die bemerkenswerte Stabilität der parlamentarischen Position des Zentrums kann allerdings nicht über die inneren Bruchlinien hinwegtäuschen, welche die Partei durchzogen. Sie zeigten sich etwa im sogenannten *Zentrumsstreit* von 1906, als der leitende Redakteur der KÖLNISCHEN VOLKSZEITUNG, Julius Bachem, in einem Artikel unter der Überschrift »Wir müssen aus dem Turm heraus« verlangte, das Zentrum müsse aus dem Ghetto der konfessionellen Einseitigkeit und Engherzigkeit heraustreten und weltoffener werden. Dieser Aufruf löste eine heftige Gegenbewegung der Integralisten aus, welche die Identität der Partei bedroht sahen. Auch wenn die Bindung an Konfession und Kirche sich bis 1914 allmählich abschwächte – für eine überkonfessionelle Öffnung des Zentrums war die Zeit offensichtlich noch nicht reif.

Die Sozialdemokratie

Nach dem Fall des Sozialistengesetzes entwickelten sich die Sozialdemokratie und die mit ihr eng verbundenen *Freien Gewerkschaften* rasch zu einer Massenbewegung. 1914 zählte die SPD, wie sich die Partei seit dem Erfurter Parteitag 1891 nannte, knapp 1,1 Millionen Mitglieder, in den Gewerkschaften waren 2,6 Millionen Mitglieder organisiert. In den Reichstagswahlen setzte sich der kontinuierliche (nur 1907 vorübergehend unterbrochene) Aufschwung der SPD fort: Ihr Stimmenanteil erhöhte sich von 19,7 Prozent 1890 auf 34,8 Prozent 1912. Mit 110 Abgeordneten stellte die Partei unmittelbar vor Ausbruch des Ersten Weltkriegs die stärkste Fraktion im Reichstag.

Trotz dieser imposanten Entwicklung stieß die Sozialdemokratie bereits vor 1914 an eine gewisse Sättigungsgrenze. Ihre Hochburgen besaß sie in den Großstädten und Industrieregionen mit überwiegend protestantischer Bevölkerung. Bei den katholischen Arbeitern dominierte weiterhin der Einfluß des Zentrums, auch wenn die Integrationskraft des konfessionellen Milieus langsam nachließ. Der Zugang zu den ländlichen Regionen blieb der SPD weitgehend verschlossen, nicht nur wegen der strikten sozialen Kontrolle durch Gutsbesitzer und Bauern, sondern auch wegen der einseitig auf die Bedürfnisse der gewerblichen Arbeiter ausgerichteten Parteiagitation. Und ebensowenig gelang es der Sozialdemokratie, in den Schichten des *neuen Mittelstands*, bei Beamten und Angestellten, Fuß zu fassen. So blieb die SPD, was ihre Mitglieder und Wähler betraf, »eine relativ reine Klassenpartei«,[98] noch weit entfernt vom Charakter einer Volkspartei.

Dem entsprach das Selbstverständnis, wie es sich unter dem Sozialistengesetz ausgebildet hatte. Unter dem Druck der Verfolgung hatte die SPD zentrale Elemente der Marxschen Theorie übernommen, sich also ideologisch radikalisiert; zugleich aber war die Reichstagsfraktion der Sozialdemokratie, ungeachtet der revolutionären Rhetorik, auf einen vorsichtig-pragmatischen Kurs eingeschwenkt, um nicht auch die letzte legale Wirkungsmöglichkeit zu verlieren. Diese der Partei inhärente Spannung zwischen Theorie und Praxis machte sich nach 1890, sobald die einigende Klammer der Bismarckschen Repressionspolitik wegfiel, in scharf ausgetragenen Richtungskämpfen Luft. Während die Opposition der *Jungen* auf eine entschieden revolutionäre, außerparlamentarische Strategie drängte, forderte der bayerische Parteiführer Georg von Vollmar in seinen berühmten *Eldorado-Reden* von 1891 das genaue Gegenteil – nämlich eine entschlossene Reformpolitik, die auch vor Kompromissen mit den linksbürgerlichen Parteien nicht zurückscheute.

Das auf dem Parteitag in Erfurt im Herbst 1891 verabschiedete neue Parteiprogramm suchte die Gegensätze zu überbrücken: Im ersten theoretischen Teil wurden die zentralen Postulate der Marxschen Geschichts- und Gesellschaftsanalyse zur Richtschnur der Parteiarbeit erklärt; der zweite Teil enthielt einen Katalog von Gegenwartsforderungen, der sich an radikaldemokratischen und sozialpolitischen Reformzielen orientierte. Mit diesem im wesentlichen von Karl Kautsky und Eduard Bernstein mühsam ausbalancierten Kompromiß waren freilich die theoretischen Auseinandersetzungen über den künftigen Kurs der Partei nicht beigelegt. In der zweiten Hälfte der neunziger Jahre wandte sich Bernstein gegen einige Axiome der offiziellen Parteitheorie, die mit der sozioökonomischen Realität ganz offenkundig im Widerspruch standen: Vom Verschwinden des Mittelstands, von der zunehmenden Verelendung des Proletariats und von dem in Bälde zu erwartenden Zusammenbruch der bürgerlichen Gesellschaft könne keine Rede sein. Bernstein wollte den dialektischen Widerspruch zwischen radikaler Theorie und reformerischer Praxis, zwischen »Endziel« und »Bewegung« auflösen, indem er die Partei zwang, sich ehrlich zu machen, das heißt sich zu dem zu bekennen, »was sie heute in Wirklichkeit ist: eine demokratisch-sozialistische Reformpartei«.[99] Dabei verkannte er allerdings die identitätsstiftende Funktion, welche die revolutionäre Rhetorik mit ihren Zukunftsverheißungen für die Mehrheit der Parteimitglieder besaß. Darauf wies Ignaz Auer, der Wortführer eines theoriefernen »Praktizismus«[100] im Parteivorstand hin, als er 1899 an Bernstein appellierte: »Mein lieber Ede, das was Du verlangst, so etwas sagt man nicht, so etwas tut man.«[101]

Sympathien fand Bernsteins Vorstoß bei den Reformisten in den Gewerkschaftsleitungen und den sozialdemokratischen Landtagsfraktionen in den süddeutschen Staaten, wo das politische Klima liberaler und die Klassengegensätze weniger schroff waren. Auf heftigen Widerstand stieß der Revisionismus hingegen bei den Parteilinken, die sich um Rosa Luxemburg zu formieren begannen. Diesen ging es vor allem darum, die revolutionäre theoretische Position der Sozialdemokratie auch praktisch zu machen, das heißt den politischen und ökonomischen Tageskampf als eine Strategie zur Eroberung der Macht anzulegen. Seit der russischen Revolution von 1905 galt die Idee eines General- oder Massenstreiks als ein probates Mittel zur Aktivierung der eigenen Anhängerschaft.

Weder der revisionistisch-reformistische noch der radikal linke Flügel vermochte sich vor 1914 in der Partei durchzusetzen. Bestimmend blieb vielmehr das sogenannte *Zentrum* um den Parteivorsitzenden August Bebel und den Chefideologen Karl Kautsky, das an der alten »bewährten Taktik«, der Kombination von radikaler Parteiideologie und vorsichtig-abwartender politischer Praxis festhielt – gemäß dem von Kautsky formulierten Selbstverständnis, wonach die Sozialdemokratie zwar »eine revolutionäre, nicht aber eine Revolution machende Partei« war. Dieser »revolutionäre Attentismus«[102] war kaum geeignet, die Rechte oder Linke auf Dauer ruhigzustellen, wenngleich ihm, nicht zuletzt aufgrund der enormen Popularität Bebels, doch ein beachtliches Maß an innerparteilicher Integration gelang. Jedenfalls lag die Möglichkeit einer Spaltung der Sozialdemokratie vor 1914 außerhalb des Vorstellungshorizonts.

Die Ambivalenz sozialdemokratischer Politik zwischen Revolutionserwartung und Reformaktivismus entsprach allerdings auch der eigentümlichen Doppelrolle, auf welche die SPD in der wilhelminischen Klassengesellschaft fixiert wurde. Auf der einen Seite blieben Sozialdemokraten, auch nach 1890, als *vaterlandslose Gesellen* diskriminiert und ausgegrenzt. Polizei und Justiz führten vielerorts einen erbarmungslosen Kleinkrieg gegen ihre Presse und Organisationen. Diese Erfahrung eines fortdauernden »Klassenkampfes von oben« ließ die Parteimitglieder enger zusammenrücken und förderte die Ausbildung einer eigenen Subkultur, die sich von der feindlichen bürgerlichen Umwelt abgrenzte. Auf der anderen Seite aber wuchsen die sozialdemokratischen und gewerkschaftlichen Organisationen, je größer sie wurden, immer mehr in die bestehende Ordnung hinein, die ihnen trotz aller Behinderungen doch auch vielfältige Betätigungsmöglichkeiten bot. »Negative Integration« ist dieser unentschiedene Schwebezustand der SPD zwischen Ausgrenzung und Einbeziehung genannt worden.[103] Sie prägte, gleichsam als Pendant zum »revolutionären Attentismus«, das Verhalten der sozialdemokratischen Arbeiterbewegung vor 1914.

Industrielle und agrarische Interessenpolitik

Neben den Parteien bildete sich seit den siebziger Jahren »als ein sekundäres System gesellschaftlicher Mächte«[104] ein Netz von Verbänden, die ihre Aufgabe darin sahen, die jeweiligen wirtschaftlichen und gesellschaftlichen Interessen gegenüber Regierung und Verwaltung zur Geltung zu bringen sowie öffentliche Meinung und Wahlen in ihrem Sinne zu beeinflussen. Die Entstehung der Interessenverbände hängt zum einen zusammen mit dem verstärkten Eingreifen des Staates ins Wirtschaftsleben, also mit der Entwicklung zum Interventionsstaat, welche die Differenzierung der Interessen entscheidend vorantrieb; zum anderen mit dem spezifischen deutschen Konstitutionalismus, der den von der Regierungsverantwortung ausgeschlossenen Parteien die Integration divergierender Interessen erschwerte und somit günstige Bedingungen für eine außerparlamentarische Interessenorganisation schuf.

Den Anfang machte die Industrie. Nachdem der 1876 gegründete *Centralverband deutscher Industrieller* (CDI) sein vordringliches Ziel, den Übergang zum Schutzzoll, erreicht hatte, weitete er sein Tätigkeitsfeld auf sämtliche Bereiche industrieller Interessenvertretung aus. Dabei gelang es ihm, eine »Mittlerstellung zwischen Unternehmen und zentraler Staatsverwaltung« zu erringen.[105] Obwohl sich dem CDI nach und nach Fachverbände unterschiedlicher Branchen anschlossen, machte sich auf Dauer doch das Übergewicht der Schwerindustrie bemerkbar. Das zeigte sich unter anderem auch darin, daß die Geschäftsführung des CDI und des *Vereins deutscher Eisen- und Stahlindustrieller* von 1893 an für fast zwei Jahrzehnte in einer Hand, nämlich der von Henry Axel Bueck, lag.

Die Dominanz der schwerindustriellen Interessen führte zu verbandsinterner Opposition und – als deren Ergebnis – zur Gründung eines zweiten industriellen Spitzenverbands, des *Bundes der Industrie* (BDI), im Jahre 1895. Der BDI stilisierte sich, in dezidierter Wendung gegen die »Bevormundung« durch die Großindustrie, zur Interessenvertretung vor allem der kleinen und mittleren Betriebe: »Es gibt auch in der Industrie den Bauer, der dem Staat mit aller Sorgfalt erhalten bleiben muß.«[106] Im neuen Verband organisierten sich vor allem Unternehmerverbände der Fertigindustrie, die stärker exportorientiert waren und daher an niedrigen Importpreisen für ausländische Rohstoffe ein Interesse hatten. Im Unterschied zum CDI vertrat der BDI in der Sozialpolitik einen gemäßigten Kurs, und da in der Fertigindustrie mehr Arbeiter gewerkschaftlich organisiert waren als in der Schwerindustrie, war dem BDI auch an geregelten Beziehungen zur organisierten Arbeiterschaft gelegen. So trat er unter anderem schon frühzeitig für den Abschluß von Tarifverträgen ein.

Der BDI war, was Mitgliederzahl, Finanzkraft und politische Einflußmöglichkeiten betraf, dem CDI deutlich unterlegen. Seine Stärke beruhte vor allem auf den Landesverbänden, deren größter, der *Ver-*

band Sächsischer Industrieller, dem jungen Syndikus Gustav Stresemann als Sprungbrett für seine Karriere in der Nationalliberalen Partei diente. Während der CDI seine guten Beziehungen zur hohen Bürokratie zu nutzen wußte, wandte sich der BDI beim *Lobbying* stärker an Reichstag und Parteien. Auch in den parteipolitischen Präferenzen unterschieden sich beide industriellen Spitzenverbände. Der CDI fühlte sich zunächst vor allem den Freikonservativen verbunden, später auch dem rechten Flügel der Nationalliberalen; die Sympathien des BDI lagen eher bei der durch Parteiführer Bassermann repräsentierten Position der liberalen Mitte.

Noch bedeutsamer als die Organisation der industriellen Interessen in CDI und BDI war die Tatsache, daß mit dem *Bund der Landwirte* (BdL) eine überaus schlagkräftige Interessenvertretung der Landwirtschaft entstand. Gegründet wurde er im Februar 1893 als Reaktion auf die Handelsvertragspolitik Caprivis.[107] Innerhalb kurzer Zeit entwickelte er sich zu einer dynamischen Massenbewegung, welche die Politisierung der ländlichen Gesellschaft, vor allem in den protestantischen Gebieten Ostelbiens, vorantrieb. Im Mai 1893 zählte er bereits 162 000 Mitglieder; bis Anfang 1914 erhöhte sich diese Zahl auf 330 000. Zwar stellten Bauern die weitaus größte Zahl der Mitglieder, doch die führenden Positionen im Verband bekleidete die kleine Schicht der zumeist adligen Großgrundbesitzer, die preußischen Junker. Deren oberstes Ziel war es, die deutsche Landwirtschaft durch Schutzzölle und Subventionen gegen die billigere ausländische Konkurrenz abzuschirmen und dadurch ihren ökonomischen Niedergang aufzuhalten. »Die deutsche Landwirtschaft ist das erste und bedeutendste Gewerbe, die festeste Stütze des deutschen Reiches und der Einzelstaaten«, hieß es im Programm des Bundes von 1893.[108]

Auf wirkungsvolle Weise verband der BdL modernes Management mit einem brisanten Konglomerat aus reaktionären und neudeutsch-populistischen Ideologien: Nationalismus, Antiliberalismus und Antisozialismus mischten sich mit einem rabiaten Antisemitismus, der die ohnehin in der ländlichen Bevölkerung tiefverwurzelten Ressentiments gegen *die* Juden aufnahm und radikalisierte. Hier gab es eine starke Gemeinsamkeit mit den Deutsch-Konservativen, die sich bereits in ihrem Tivoli-Programm von 1892 zum Fürsprecher des Antisemitismus gemacht hatten. Die Zusammenarbeit des BdL mit den Deutsch-Konservativen war von Anfang an eng. Der Bund sicherte durch die Organisation des Wahlkampfes der Partei den populären Rückhalt auf dem Lande; dadurch erreichte er, daß die Deutsch-Konservative Partei sich freiwillig in eine Abhängigkeit zum BdL begab. Agrarische Interessenpolitik und konservative Parteipolitik wurden zum Synonym. Und diese Konstellation erklärt auch, warum das konservative Milieu bis 1914 relativ stabil blieb und seine gesellschaftspolitische Dominanz behaupten konnte. Ohne die Bedeutung des BdL zu übertreiben, läßt sich feststellen, daß dieser agararische Interessenverband »ein großer, einflußreicher, zeitweise beherrschender Machtfaktor in Deutschland« war,[109] der die Richtung der Wirtschafts- und Sozialpolitik wesentlich bestimmte und zugleich eine mächtige Barriere gegen innere Reformen darstellte.

Gegen die Vorherrschaft der Agrarier formierte sich 1909 eine breite antifeudale Sammlungsfront, der *Hansa-Bund für Gewerbe, Handel und Industrie*. Der Bund, in dem neben den führenden Handelskammern und Börsen alle Spitzenverbände von Handel, Gewerbe und Industrie vertreten waren, suchte nicht nur die Interessen der Großwirtschaft, sondern auch die des alten und neuen Mittelstands zu integrieren. Im Mai 1913 waren ihm 20 000 Einzelmitglieder und weitere 280 000 Mitglieder in korporativen Verbänden angeschlossen; mithin war der *Hansa-Bund* »die mitgliederstärkste, auf breitester Basis aufbauende wirtschaftspolitische Vereinigung zur damaligen Zeit«.[110] Zweck des Verbandes war es, wie sein Vorsitzender Jacob Rießer darlegte, den Kampf aufzunehmen »gegen eine einseitig-demagogische Richtung, welche bewußt die Lasten und Rechte im Staate ungleich verteilen will«, also gegen die Agrarier, denen gegenüber das »erwerbstätige deutsche Bürgertum eine seiner wirtschaftlichen Bedeutung entsprechende Stellung in der Gesetzgebung, Verwaltung und Leitung des Staates« erhalten müsse.[111] Eine Änderung der Herrschaftsverhältnisse zugunsten des Bürgertums war aber – dies wußte Rießer – ohne eine Schleifung der Bastionen konservativer Macht in Preußen nicht möglich. Deshalb forderte er unter anderem eine Reform des preußischen Dreiklassenwahlrechts und eine Neueinteilung der Reichstagswahlkreise.

Trotz Betonung der parteipolitischen Neutralität war die weitgehende Übereinstimmung mit den Forderungen der liberalen Parteien nicht zu übersehen. Das galt auch für die Vorstellungen im Bereich der Wirtschafts- und Sozialpolitik, die eher denen der am Export interessierten Großhandels-, Banken- und Industriekreise entsprachen. So war von Anfang an der Konflikt mit den durch den CDI repräsentierten Kräften der Schwerindustrie programmiert. Die Führung des CDI hatte sich ohnehin nur aus taktischen Erwägungen an der Gründung des *Hansa-Bundes* beteiligt; sie wollte sich einen gewissen Einfluß im neuen Verband sichern. Keineswegs aber war daran gedacht, das alte, im Zeichen des Solidarprotektionismus geschlossene Bündnis mit den Konservativen aufzukündigen, das, obwohl es nicht spannungs- und störungsfrei war, sich doch als beständig erwiesen hatte.[112] So versuchte die CDI-Führung, die Abwehrfront gegen die Junker, wie sie Rießer anstrebte, umzufunktionieren in ein Kampfbündnis gegen die Linke, vor allem gegen SPD und Gewerkschaften. Als sie damit nicht durchdrang, schied die Mehrzahl der Direktoriumsmitglieder des CDI bereits 1911 wieder aus dem *Hansa-Bund* aus. Der Versuch, die Schwerindustrie aus dem Bündnis mit der Landwirtschaft herauszulösen und in eine antifeudale Sammlungsbewegung zu integrieren, war damit gescheitert. Der Einfluß des *Hansa-Bundes* blieb trotz seiner imposanten Mitgliederzahl begrenzt, zumal da er – anders als der BdL – sich nicht als Kampf- und Agitationsverband verstand.

Statt dessen rückte, auch in Reaktion auf den großen Erfolg der SPD bei den Reichstagswahlen 1912, das rechte Interessenlager wieder enger zusammen. Die Reaktivierung der konservativen Sammlungspolitik führte im August 1913 zum Zusammenschluß von CDI, BdL und Reichsdeutschem Mittelstandsverband im sogenannten *Kartell der schaffenden Stände* – von Gustav Stresemann als »Kartell der raffenden Hände« verspottet. Man sollte die Bedeutung dieses Kartells nicht überschätzen, wie es vor allem Dirk Stegmann getan hat, der in diesem Zusammenschluß den zentralen Faktor der deutschen Innenpolitik vor 1914 sieht;[113] man sollte ihn aber auch nicht – wie Hartmut Kaelble – zum Instrument »einer unverbindlichen Fühlungnahme« zwischen den rechten Wirtschaftsverbänden verharmlosen.[114] Was das *Kartell der schaffenden Stände* vereinte, war das Produzenteninteresse an einem »Schutz der nationalen Arbeit«, also das Status-quo-Interesse an den Zöllen, verbunden mit einer entschieden reaktionären Sozialpolitik und einer ebenso entschiedenen Frontstellung gegen Sozialdemokratie und Gewerkschaften. Diese Gemeinsamkeit, die auf den Beistand der Bürokratie zählen konnte, erwies sich als stark genug, um die auf Veränderung der Herrschaftsverhältnisse drängenden Kräfte zu überspielen und alle reformerischen Alternativen zu blockieren.

Deshalb geht auch fehl, wer im Mit- und Gegeneinander der großen Interessenverbände vor 1914 Elemente eines modernen Pluralismus sieht und daraus eine unausweichliche Tendenz zur Demokratisierung des wilhelminischen Herrschaftssystems ableitet. Im Gegenteil: »Die Verbände der Produktionsinteressen bevorzugten eine autoritäre Politik und stützten ein politisches System, das gerade durch einen antidemokratischen Pluralismus gekennzeichnet blieb.«[115]

3. Der »Neue Kurs« in der Aussen- und Innenpolitik nach 1890

Die Abkehr vom außenpolitischen System Bismarcks

»Der Kurs bleibt der alte, und nun Volldampf voraus!« so verkündete Wilhelm II. am 22. März 1890, wenige Tage nach der Entlassung Bismarcks.[1] Doch der Kurs blieb mitnichten »der alte«. Denn kaum war der neue Reichskanzler Leo von Caprivi im Amt, traf er eine Entscheidung, die für die weitere Entwicklung des Kaiserreichs folgenreich sein sollte: die Nichtverlängerung des Rückversicherungsvertrages.

Bereits im Februar 1890 hatte die russische Regierung ihre grundsätzliche Bereitschaft bekundet, das Abkommen mit dem Kaiserreich zu verlängern. Die ersten Gespräche darüber begannen Mitte März, fielen also mitten in die Krise um die Entlassung Bismarcks. Die Annahme des Petersburger Hofes, daß auch dessen Nachfolger an den bestehenden vertraglichen Bindungen interessiert bleiben müßte, wurde rasch enttäuscht. Caprivi war zwar ebensowenig wie der neue Staatssekretär des Auswärtigen, Adolf Freiherr Marschall von Bieberstein, Verfechter einer strikt antirussischen Politik, doch ihm erschien das Spiel »mit fünf Glaskugeln«,[2] das Bismarcks Bündnissystem, zumal in seiner Schlußphase, ausgezeichnet hatte, als zu riskant. Er wollte auch in der Außenpolitik klare, überschaubare Verhältnisse, und er wurde darin unterstützt von seinen wichtigsten Beratern im Auswärtigen Amt, vor allem vom Vortragenden Rat Friedrich von Holstein, der nach Bismarcks Sturz und nach dem Rückzug seines Sohnes Herbert für einige Jahre zur Zentralfigur der deutschen Außenpolitik aufrückte. »Eine so komplizierte Politik«, faßte Unterstaatssekretär Graf von Berchem die Bedenken am 25. März 1890 zusammen, »deren Gelingen ohnedies jederzeit fraglich geworden ist, vermögen wir nicht weiter zu führen nach dem Ausscheiden eines Staatsmannes, der bei seiner Tätigkeit auf dreißigjährige Erfolge und einen geradezu magnetisierenden Einfluß im Ausland sich stützen konnte.«[3]

Nachdem selbst der langjährige Botschafter in St. Petersburg, Wilhelm von Schweinitz, sich für die Nichtverlängerung ausgesprochen hatte, gelang es Caprivi, auch Kaiser Wilhelm II. umzustimmen. Sein Hauptargument, daß der Rückversicherungsvertrag mit anderen vertraglichen Verpflichtungen des Reiches nicht vereinbar sei, entsprach zwar den Tatsachen, übersah allerdings, daß diese Widersprüchlichkeit von Bismarck gewollt oder zumindest in Kauf genommen worden war als inhärenter Bestandteil seiner Strategie, die Spannungen von der europäischen Mitte an die Peripherie abzulenken und einer einseitigen Option zwischen Wien und St. Petersburg auszuweichen. Für die Repräsentanten des *neuen Kurses* hingegen galt es, dieses vielschichtige, komplizierte Vertragswerk auf ein handhabbares Maß zurückzuführen. Alle Angebote des russischen Außenministers Giers, mit den Deutschen doch noch zu schriftlichen Vereinbarungen zu kommen – sei es in Form eines Austausches von Noten oder eines Briefwechsels zwischen den Monarchen –, wurden von der Wilhelmstraße in der Form höflich, in der Sache aber entschieden zurückgewiesen.[4]

Die Nichtverlängerung des Rückversicherungsvertrages mit Rußland ist in der historischen Forschung lange Zeit als eine verhängnisvolle Fehlentscheidung interpretiert worden. Dadurch sei Rußland geradezu in die Arme Frankreichs getrieben und der erste Schritt zur außenpolitischen Isolierung des Reiches vollzogen worden. Dieses Urteil geht zurück auf die Kritik Bismarcks selbst, der nichts unversucht ließ, seine Nachfolger im Amte als außenpolitische Dilettanten bloßzustellen, ja nicht einmal davor zurückschreckte, in seinem Hausblatt, den Hamburger Nachrichten, nach und nach das Geheimnis um den Rückversicherungsvertrag zu enthüllen.[5] Die Kampagne des zornigen »Alten im Sachsenwald« spekulierte mit der Vergeßlichkeit seiner Bewunderer. Denn die Entfremdung zwischen Rußland und dem Kaiserreich war nicht erst eine Folge des Kurswechsels unter Caprivi; sie hatte bereits in Bismarcks letzten Regierungsjahren eingesetzt, ausgelöst vor allem durch den von ihm entfesselten Handelskrieg gegen das Zarenreich. Bereits vor 1890 hatte die russische Regierung, als Reaktion darauf, sich nach Paris zu orientieren begonnen. Nicht erst die Entscheidung Caprivis, das Abkommen auslaufen zu lassen, hat also die Annäherung zwischen Paris und St. Petersburg herbeigeführt, wohl aber hat sie diese wesentlich beschleunigt. Insofern markierte die Nichtverlängerung des Rückversicherungsvertrages eine wichtige Etappe. Sie gab den »letzten Anstoß für die grundlegende Umorientierung der zarischen Außenpolitik«,[6] indem sie das Hindernis beseitigte, das einer russisch-französischen Allianz bislang im Wege gestanden hatte. Langfristig waren damit »die Weichen gestellt für weitreichende Veränderung im gesamten Beziehungsgefüge der Großmächte«.[7] An die Stelle der Gleichgewichtspolitik Bismarcks, welche das halbhegemoniale Machtpotential des Deutschen Reiches klug zügelte und in ein europäisches Sicherheitssystem einband, traten sich verfestigende Allianzen und Blockbildungen, die immer weniger Spielraum ließen für einen friedlichen Ausgleich der divergierenden machtpolitischen Interessen.

Zur selben Zeit, als die Berliner Diplomatie auf Distanz zum Zarenreich ging, suchte sie eine Annäherung an England. Der Ansatzpunkt dafür waren Verhandlungen über eine Abgrenzung der kolonialen Interessen, die bereits unter Bismarck eingeleitet worden waren und nun von seinem Nachfolger zügig zum Abschluß gebracht wurden. In dem am 1. Juli 1890 unterzeichneten Abkommen verzichtete Deutschland auf Ansprüche in Ostafrika, unter anderem auf die Insel Sansibar, und handelte sich dafür die Rückgabe der strategisch wichtigen Insel Helgoland ein, die seit 1815 in britischem Besitz war. Die Hoffnung der Wilhelmstraße, über die kolonialpolitische Verständigung zu einer engeren Zusammenarbeit mit England auch in den europäischen Angelegenheiten zu kommen, erfüllte sich nicht. Die englische Regierung – gleich ob unter konservativer oder liberaler Führung – war nach wie vor an einer einseitigen Bindung an den Dreibund nicht interessiert. Im Gegenteil, sie achtete mehr denn je darauf, daß ihre Handlungsfreiheit nach allen Seiten gewahrt blieb. Und die deutsche Diplomatie besaß, nachdem sie ihren Draht zu St. Petersburg gekappt hatte, kein Druckmittel mehr, die britische Weltmacht von den Vorteilen einer engeren Kooperation mit Berlin zu überzeugen. So rückte Großbritannien in den neunziger Jahren wieder in die Rolle eines Schiedsrichters der europäischen Politik, die es in den späten siebziger Jahren an Bismarck hatte abtreten müssen.

Das Helgoland-Sansibar-Abkommen stieß in Deutschland auf die wütende Kritik der Kolonialenthusiasten. Eine Flut von Denkschriften und Petitionen ergoß sich über die Regierung Caprivi; in der Presse war von einem »Olmütz der deutschen Kolonialpolitik« die Rede.[8] Zu einem Sammelbecken des Protests wurde der Allgemeine Deutsche Verband, der sich im Juli 1894 den Namen Alldeutscher Verband gab. In einem Aufruf »Deutschland wach' auf!« wandte er sich leidenschaftlich gegen die Abtretung der Kolonialgebiete in Ostafrika: »Wer kann ein Volk von 50 Millionen, das seine beste Kraft dem Kriegsdienst weiht, das jährlich über eine halbe Milliarde Mark für Kriegswesen ausgibt, wer kann ein solches Volk daran hindern, einen Vertrag zu zerreißen, der offenkundig dazu dienen soll, die kommenden Geschlechter um ihr Erbteil am Planeten zu betrügen?«[9]

Caprivi hatte für die Weltmachtträume der Kolonialschwärmer wenig übrig. Manche glaubten, »wenn wir nun Kolonien hätten und kauften einen Atlas, und da malten wir Afrika blau an, dann wären wir große Leute geworden«, spottete er in einer Reichstagsrede im Mai 1890.[10] »Je weniger Afrika, desto besser für uns«, lautete seine Maxime,[11] die an die Skepsis des späten Bismarck anknüpfte.

Für die Repräsentanten des *neuen Kurses* war »Weltpolitik« noch nicht die lockende außenpolitische Zauberformel. Insofern waren sie Traditionalisten, deren Denken um die kontinentaleuropäische Mächtekonstellation zentriert blieb. Ihr Hauptaugenmerk diente – neben dem Versuch einer Annäherung an England – der Festigung der mitteleuropäischen Allianz. Im Mai 1891 wurde der Dreibund von 1882 – vorzeitig – verlängert, wobei das Deutsche Reich und Österreich-Ungarn dem italienischen Bündnispartner ausdrücklich Unterstützung bei seinen Ansprüchen auf Tripolis zusicherten.[12]

Stand diese Strategie der Bündnissicherung noch am ehesten in der Kontinuität der Bismarckschen Außenpolitik, so führte Caprivi doch ein neues Element ein: Durch Abschluß einer Reihe von Handelsverträgen suchte er zugleich die mitteleuropäische Machtbasis des Reiches zu stärken und den Bedürfnissen der deutschen Exportwirtschaft Rechnung zu tragen. Klarer als Bismarck hatte der in die Politik verschlagene General erkannt, daß die Zukunft Deutschlands als eines exportorientierten Industriestaats auf Dauer nur gesichert werden konnte, wenn mit dem einseitig die landwirtschaftlichen Interessenten begünstigenden System des Protektionismus gebrochen wurde. Dem Handelsvertrag mit Österreich-Ungarn im Mai 1891 schlossen sich in rascher Folge Verträge mit der Schweiz, Belgien und Italien an; zwei Jahre später folgten Spanien, Rumänien und Serbien. Innerhalb weniger Jahre war so ein verzweigtes System von Handelsverträgen entstanden, das auf eine Liberalisierung des zwischenstaatlichen Handels zielte und der deutschen Industrie den Zugang zu neuen Märkten eröffnete.[13]

Zweifellos entsprang Caprivis offensive Handelsvertragspolitik nicht nur wirtschaftspolitischen, sondern auch machtpolitischen Überlegungen. Durch Schaffung eines von Deutschland dominierten mitteleuropäischen Wirtschaftsraums wollte er die Machtstellung des Deutschen Reiches langfristig sichern und ihm kraft seines ökonomischen Potentials zu einer Art friedlicher Hegemonie in Europa verhelfen. Während er sich allerdings hütete, dieses Ziel öffentlich kundzutun, vielmehr in seiner Rhetorik den Hegemonieanspruch europäisch verbrämte, machte Wilhelm II. im Kreise seiner Getreuen aus seinen geheimsten Wünschen keinen Hehl. »Ich hoffe«, erklärte er auf einer Nordlandfahrt im Sommer 1892, »daß Europa allmählich den Grundgedanken meiner Politik durchschauen wird: Die Führung im friedlichen Sinne – eine Art Napoleonische Suprematie-Politik … in friedlichem Sinne.«[14]

Caprivis Handelsvertragspolitik stieß auf den erbitterten Widerstand der Agrarier, die »nicht nur ihre wirtschaftliche Position erheblich beeinträchtigt, sondern darüber hinaus ihre traditionelle Vorrangstellung in Staat und Gesellschaft unmittelbar gefährdet« sahen.[15] Im Februar 1893 schlossen sie sich zum *Bund der Landwirte* zusammen, der sich bald zu einer der mitgliederstärksten und einflußreichsten Interessengruppen im wilhelminischen Kaiserreich entwickelte.[16] Die Proteste der Agrarier steigerten sich zur haßerfüllten Kampagne, als Caprivi daranging, die Zollmauern einzureißen, welche die ostelbische Landwirtschaft vor den russischen Getreidezufuhren geschützt hatten. Nach langwierigen Verhandlungen konnte im Februar 1894 die Unterschrift unter den deutsch-russischen Handelsvertrag gesetzt werden. In gewisser Weise sollte er ein Ersatz sein für den Rückversicherungsvertrag, das heißt, die Beziehungen zu St. Petersburg wieder verbessern. Doch diese Hoffnung erwies sich als Illusion. Der Prozeß der Annäherung Rußlands an Frankreich war nicht mehr umkehrbar.

Bereits der Besuch der französischen Flotte in Kronstadt 1891 hatte vor aller Welt den Wandel im Verhältnis zwischen Paris und St. Petersburg demonstriert. Bald darauf begannen Gespräche über ein gemeinsames Vorgehen im Kriegsfall, die im April 1892 zum Abschluß einer russisch-französischen Militärkonvention führten. Sie wurde Ende 1893 durch Notenaustausch ratifiziert. Damit hatte vertragliche Gestalt angenommen, was als französisch-russischer Zweibund in die Geschichte einging – »ein Bündnis von historischer Bedeutung, das entscheidend zur Festlegung der Kräfteverteilung im Ersten Weltkrieg beitragen sollte«.[17] Bismarcks *cauchemar des coalitions* war Wirklichkeit geworden.

In Berlin wurde diese Veränderung zunächst keineswegs als eine dramatische Verschlechterung empfunden. Man gab sich hier der täuschenden Illusion hin, als könne man eine *Politik der freien Hand* treiben. England, so nahm man an, würde aufgrund seiner unüberwindlichen weltpolitischen Interessengegensätze mit dem Zarenreich im Nahen Osten und in Asien schließlich doch Anlehnung an den Dreibund suchen müssen. Tatsächlich aber wurden nach dem Abgang Caprivis im Oktober 1894 die Beziehungen zu Großbritannien immer schlechter. Die wilhelminische Außenpolitik verfiel in eine »springende Unruhe« (Hermann Oncken), einen Zickzackkurs, der sie »wie hilflos zwischen den maßgeblichen Kräften der Staatenwelt, den Briten und Russen, hin und her« schwanken ließ.[18] In fast allen Regionen der Welt – im Nahen Osten, in Fernost oder in Afrika – geriet die deutsche Diplomatie, meist durch eigene Ungeschicklichkeit, mit der englischen Weltmacht aneinander. Am heftigsten brach der deutsch-britische Gegensatz Anfang Januar 1896 in der Südafrikapolitik auf, als Wilhelm II. nach der Abwehr des *Jameson Raid* in Transvaal dem Burenpräsidenten Ohm Krüger ein Glückwunschtelegramm sandte.[19] Diese sogenannte Krüger-Depesche enthielt eine gezielte Spitze gegen England und löste dort eine nachhaltige Verstimmung aus. Zum erstenmal wurde deutlich, zu welch fatalen Konsequenzen das Eingreifen des impulsiven Monarchen in die Außenpolitik führen konnte.

Insgesamt läßt sich die Außenpolitik zwischen 1890 und 1897 als eine Phase des Übergangs charakterisieren. Einerseits bewegten sich die Repräsentanten des *neuen Kurses* »trotz aller Unterschiede und neuer Akzente noch immer im Schatten der außenpolitischen Gedanken- und Vorstellungswelt des Reichsgründers«.[20] Andererseits zeichnete sich nach dem Scheitern von Caprivis Konzeption, durch wirtschaftliche Zusammenarbeit die Interessengegensätze zu versöhnen und auf friedlichem Wege die deutsche Hegemonie in Europa zu erringen, in Umrissen bereits ein neue außenpolitische Leitvorstellung ab, die dem Kraftgefühl des jungen Reiches und der Dynamik seiner wirtschaftlichen Entwicklung Rechnung trug: der Weg in die *Weltpolitik*.

Das Scheitern der inneren Reformpolitik

Auch in der Innenpolitik bedeutete der Übergang von Bismarck zu Caprivi einen Kurswechsel. Der neue Reichskanzler wollte die scharfen Gegensätze, die Bismarck aufgerissen hatte, versöhnen; er strebte eine sachliche Zusammenarbeit mit allen Parteien des Reichstags (mit Ausnahme der Sozialdemokratie) an, ohne sich von festen parlamentarischen Mehrheiten abhängig zu machen. Denn natürlich fand dieser »aufgeklärte Beamten-Konservatismus«[21] seine Grenze dort, wo die monarchische Prärogative selbst auf dem Spiele stand. An weitreichende Konzessionen an den Reichstag, geschweige denn an eine Parlamentarisierung der Reichsverfassung, hat Caprivi nicht gedacht; so wie die Machtverhältnisse im Kaiserreich beschaffen waren, hätte er dies auch gar nicht durchsetzen können, selbst wenn er gewollt hätte. Ohnehin verfolgte das preußische Staatsministerium, in dem die stramm konservativen Minister weiterhin den Ton angaben, den *neuen Kurs* in der Innenpolitik mit erheblichem Mißtrauen.

Caprivi eröffnete seine »Politik des inneren Burgfriedens«[22] mit einer bedeutsamen Geste: Von einer Erneuerung des Sozialistengesetzes, die beim Sturz Bismarcks eine wesentliche Rolle gespielt hatte, wurde ausdrücklich Abstand genommen; statt dessen wurden die

»sozialpolitischen Erlasse« Wilhelms II. vom Februar 1890 nun zielstrebig in die Tat umgesetzt. Unter der Federführung des Handelsministers Hans Freiherr von Berlepsch wurde ein ganzes Bündel gesetzgeberischer Maßnahmen auf den Weg gebracht, welches die staatliche Fürsorge für das Wohlergehen der Arbeiterschaft in öffentlich wirksamer Weise demonstrieren sollte. Dazu gehörte als erstes eine Novelle der Gewerbeordnung von 1869: Sonntagsarbeit wurde verboten, ebenso Fabrikarbeit von Kindern unter 13 Jahren; die Arbeitszeit von Jugendlichen unter 16 Jahren wurde auf zehn, die von Frauen auf elf Stunden täglich begrenzt. Der Bundesrat erhielt die Befugnis, für Betriebe mit besonders schweren oder gesundheitsschädigenden Arbeitsbedingungen eine Maximalarbeitszeit festzulegen. Eine zweite wichtige Neuerung war die Einführung von paritätisch zusammengesetzten Gewerbegerichten, die bei arbeitsrechtlichen Konflikten als Schlichtungsstelle wirken sollten. Diese Einrichtung bewährte sich hervorragend, so daß sie 1902 für alle Gemeinden ab 20 000 Einwohner obligatorisch wurde.

Mit diesen Reformen war »ein wichtiger Schritt in Richtung auf ein größeres Maß an sozialem Frieden« getan.[23] Ihr Leitgedanke war, den Schutz der Arbeiter auf betrieblicher Ebene zu verbessern und ihnen ein Minimum an Mitspracherecht bei der Regelung der eigenen Arbeitsverhältnisse zu verschaffen. Doch die daran geknüpfte Erwartung, es könne gelingen, die industrielle Arbeiterschaft mit dem Obrigkeitsstaat auszusöhnen und sie gegen die Lehren der Sozialdemokratie zu immunisieren, erfüllte sich nicht. Bereits bei den Reichstagswahlen von 1893 konnte die SPD ihre Stimmenzahl wiederum beträchtlich steigern – von 19,7 auf 23,3 Prozent. Enttäuscht darüber, daß die Arbeiter die kaiserlichen Wohltaten nicht mit politischem Wohlverhalten honorierten, wandten sich Wilhelm II. und seine Ratgeber schon bald von dem Gedanken der Sozialreform ab. Und in demselben Maße wuchs wiederum die Neigung, dem anscheinend unaufhaltsamen Aufstieg der Sozialdemokratie mit einer Politik der Repression zu begegnen. »Es verlangte sie mehr danach, der unbotmäßigen Arbeiterschaft eine erhöhte Dosis an Arbeitertrutz zu verabreichen.«[24] Die Sozialpolitik des *neuen Kurses* geriet in die Defensive.

Reformpolitisches Stückwerk blieb auch die Modernisierung des Steuersystems in Preußen. Sie war vor allem das Werk des preußischen Finanzministers Johannes von Miquel: Das bisherige System der Klassensteuer, das die Steuerzahler in Klassen zusammenfaßte, in denen sie jeweils die gleiche Steuer zahlte, wurde ersetzt durch eine Einkommenssteuer mit einer sehr maßvollen Progression; das führte zu einer größeren Steuergerechtigkeit. Vom Plan einer Erbschaftssteuer mußte Miquel aufgrund der Widerstände im konservativen und nationalliberalen Lager allerdings ablassen.

Das höhere Steueraufkommen sollte dazu dienen, die Gemeindefinanzen auf eine solidere Grundlage zu stellen. Damit verknüpft war der Plan einer Reform der Landgemeindeordnung in den östlichen Provinzen Preußens. Er sah vor, eine größere Zahl von kleinen Landgemeinden mit benachbarten, verwaltungsmäßig selbständigen Gutsbezirken zusammenzulegen. Diese Reform geriet sogleich unter heftigen Beschuß der Konservativen, die ihre politische Machtbasis, die patriarchalische Stellung der ostelbischen Rittergutsbesitzer auf dem Lande, bedroht sahen. Am Ende wurde die Vorlage im preußischen Abgeordnetenhaus nur in einer stark verwässerten Form angenommen: Die geplante Zusammenlegung von Gutsbezirken und Landgemeinden sollte vom freien Beschluß der jeweiligen Körperschaften abhängig gemacht werden, was in der Praxis bedeutete, daß es nur in Ausnahmefällen dazu kam. »Das politische und soziale Übergewicht des Großgrundbesitzes mit allen seinen bedenklichen Schattenseiten blieb bestehen.«[25]

Bereits nach wenigen Jahren hatte sich der reformpolitische Elan der neuen Ära Caprivi verbraucht. Der Kanzler, der im Innern eine Politik der »Versöhnung« hatte betreiben wollen, sah sich von allen Seiten harscher Kritik ausgesetzt. »Da er sich mit den Interessen keiner Partei verbündet hatte, gewann er auch von keiner Partei dauernde Unterstützung.«[26] Mit dem Entwurf eines Volksschulgesetzes, das den christlichen Kirchen wieder Einfluß auf den Religionsunterricht geben sollte, suchte er Annäherung an das Zentrum. Doch zugleich verprellte er damit die liberalen Parteien, die sich entschieden gegen eine Rekonfessionalisierung des Schulwesens wandten. Auf Drängen Wilhelms II. mußte Caprivi den Gesetzentwurf zurückziehen, womit er wiederum das Zentrum verärgerte. Mit seiner Politik der Handelsverträge zog er sich die erbitterte Feindschaft der preußischen Konservativen zu.

Gleichzeitig mußte Caprivi mit der Daueropposition des Altkanzlers rechnen, der kein gutes Haar an ihm ließ.

Zwar konnte Caprivi 1893 noch einen innenpolitischen Erfolg verbuchen, als er eine große Heeresvorlage, die eine beträchtliche Erhöhung der Friedenspräsenzstärke des Landheeres vorsah, über die parlamentarischen Hürden brachte. Doch auch dieser Erfolg erwies sich als Pyrrhussieg, denn als Gegenleistung hatte der Reichskanzler einer Verkürzung des Wehrdienstes von drei auf zwei Jahre zustimmen müssen, was bei Wilhelm II. auf beträchtlichen Unmut stieß. Als der Monarch schließlich im Herbst 1894 unter dem Einfluß seiner hochkonservativen Umgebung von seinem Kanzler verlangte, die Weichen in der Innenpolitik zurückzustellen und ein neues *Umsturzgesetz* gegen die Sozialdemokratie einzubringen, blieb Caprivi keine andere Wahl, als seinen Rücktritt anzubieten. Sein Scheitern bedeutete eine Zäsur, denn damit endete vorerst der Versuch einer Neurorientierung der Reichspolitik im Sinne eines behutsamen Reformkurses.

Mit dem Rücktritt Caprivis begann eine Periode konservativen Wiedererstarkens. Die Sozialpolitik wurde eingefroren; ihr Protagonist, Handelsminister von Berlepsch, schied 1896 resigniert aus dem Amt. Zur vorherrschenden Doktrin wurde, was der saarländische Großindustrielle und Kaiserfreund Karl Freiherr von Stumm-Halberg verkündete: daß alle Sozialpolitik nur zum Sozialismus führe und man der Sozialdemokratie nur beikommen könne, indem man sie bekämpfe. Die Kanzlerschaft Hohenlohes erschöpfte sich denn auch weitgehend in dem Versuch, den Kampfkurs gegen die SPD zu reaktivieren. Im Dezember 1894 brachte die Regierung die sogenannte *Umsturzvorlage* im Reichstag ein – eine Art »Ausnahmegesetz gegen die Sozialdemokratie in den Formen des geltenden Rechts«.[27] Mit ihren sehr dehnbaren Bestimmungen richtete sich die Vorlage freilich nicht nur gegen die Sozialdemokratie, sondern gegen alle der Regierung mißliebigen Bestrebungen in Politik, Wissenschaft und Kunst. So war es nicht verwunderlich, daß sie im Mai 1895 im Reichstag mit großer Mehrheit abgelehnt wurde.

Auch für den Versuch, als Ersatz für die *Umsturzvorlage* das preußische Vereins- und Versammlungsrecht zu verschärfen, fand sich im preußischen Abgeordnetenhaus keine Mehrheit. Und schließlich fiel auch die sogenannte *Zuchthausvorlage*, die eine Verschärfung der Strafen für die Behinderung von *Arbeitswilligen* bei Streiks vorsah, im November 1899 im Reichstag durch. So begann man in der Umgebung des Kaisers wieder mit der Idee zu liebäugeln, die seinerzeit zur Entlassung Bismarcks geführt hatte – nämlich die Blockade der inneren Politik notfalls durch eine Änderung des Reichstagswahlrechts, also durch einen kalten Staatsstreich, zu durchbrechen. Als im Herbst 1896 in Hamburg ein großer Streik der Hafenarbeiter ausbrach, hielt General von Waldersee, damals Korpskommandeur in Altona, den Zeitpunkt für eine gewaltsame Unterdrückung der Sozialdemokratie für gekommen. Doch davor schreckte Wilhelm II. auch diesmal zurück. Obwohl die immer wiederkehrenden Staatsstreichideen nie ins Stadium konkreter politischer Planung traten, blieben sie »ein sehr reales Drohpotential über Reichstag und Regierung«,[28] das seine einschüchternde Wirkung nicht verfehlte.

Wie verfahren die innenpolitische Lage in der Zeit der Kanzlerschaft Hohenlohes war, demonstriert die Tatsache, daß ein relativ nebensächliches Problem wie die Reform der Militärstrafprozeßordnung über Jahre hinweg zu einem heiß umkämpften Zentralthema der deutschen Innenpolitik avancieren konnte. Die Reform war wiederholt vom Reichstag gefordert worden, ehe das preußische Staatsministerium im Oktober 1895 einen Entwurf vorlegte, der als wichtigste Neuerung die Öffentlichkeit der bis dahin geheim verhandelten militärischen Strafprozesse vorsah. Wilhelm II. erblickte darin eine Gefahr für seine absolute, vom Reichstag unabhängige Kommandogewalt über die Armee, und er wurde in dieser Ansicht bestärkt durch seine militärische Umgebung bei Hofe. Nach jahrelangen qualvollen Auseinandersetzungen einigten sich Kaiser und Kanzler auf einen Kompromiß: Der Monarch stimmte der Öffentlichkeit des Verfahrens unter dem Vorbehalt zu, daß ihm in bestimmten Fällen ein Recht zur Aufhebung dieser Klausel zugestanden wurde. Die neue Militärgerichtsordnung wurde am 1. Dezember 1898 unterzeichnet und trat am 1. Januar 1900 in Kraft – zum selben Zeitpunkt wie das *Bürgerliche Gesetzbuch*, die umfassende Kodifizierung des Zivilrechts, die zweifellos eine der wenigen bedeutsamen gesetzgeberischen Leistungen der Regierung Hohenlohe darstellt.

4. Weltmachtstreben, Schlachtflottenbau und nationale Sammlung

Anfänge wilhelminischer Welt- und Flottenpolitik (1897–1901)

Am 6. Dezember 1897 hielt der frischgebackene Staatssekretär des Auswärtigen Amtes Bernhard von Bülow im Reichstag seine Jungfernrede. Zwei Kernsätze erregten besondere Aufmerksamkeit: »Die Zeiten, wo der Deutsche dem einen seiner Nachbarn die Erde überließ, dem anderen das Meer und sich selbst den Himmel reservierte, wo die reine Doktrin thront – diese Zeiten sind vorüber ... Mit einem Worte: Wir wollen niemanden in den Schatten stellen, aber wir verlangen auch unseren Platz an der Sonne.«[1] Bülows Rede markierte eine Zäsur in der Geschichte der deutschen Außenpolitik. Das Kaiserreich schickte sich nun endgültig an, den engen Rahmen der Kontinentalpolitik zu sprengen und dem lockenden Ruf nach überseeischer Expansion zu folgen.

Eigentlich war diese Entscheidung gar nichts Ungewöhnliches; sie entsprach einer allgemeinen Bewegung, für die sich bereits um die Jahrhundertwende der Begriff *Imperialismus* einbürgerte. Für den britischen Liberalen John A. Hobson bezeichnete dieser »Ausdruck, der auf jedermanns Lippen liegt ... die mächtigste Strömung in der gegenwärtigen Politik der westlichen Welt«.[2] Die führenden Industriestaaten, einschließlich der neuen fernöstlichen Großmacht Japan, wetteiferten um Kolonien und Einflußzonen; in den Jahrzehnten vor 1914 fielen die letzten noch freien Gebiete auf dem Globus unter ihre formelle oder informelle Herrschaft. Der Kampf um Absatzmärkte und Rohstoffbasen, um Handelsplätze und Flottenstützpunkte war die mächtige ökonomische Antriebsfeder dieser neuen imperialistischen Konkurrenz. Er verband sich mit einem Prestigedenken, in dem sich Ansehen und Stärke der europäischen Staaten zunehmend über ihre Stellung in Übersee definierten.[3] »Nachdem der Status einer Großmacht auf diese Weise davon abhing, daß ein Land seine Flagge über einem Palmenstrand (oder, was wahrscheinlicher war, über mit Buschwerk bestandenen Landstrichen) wehen lassen konnte« – so hat Eric J. Hobsbawm ironisch angemerkt –, »wurde der Erwerb von Kolonien an sich bereits zu einem Statussymbol, ganz unabhängig von deren Wert.«[4] Sollte, konnte eine so junge, dynamische Industrienation wie die deutsche da abseits stehen? Mußte sie sich nicht beteiligen an der großen Jagd nach kolonialer Beute, wenn sie nicht hoffnungslos ins Hintertreffen geraten wollte?

Dennoch war Deutschlands Eintritt in die *Weltpolitik*, so sehr er sich in den allgemeinen Trend der Zeit einfügte, von Anfang an mit schweren – ja, wie sich zeigen sollte, existenzbedrohlichen – Hypotheken belastet. Mit seinem forcierten Anspruch auf einen »Platz an der Sonne« kam das Kaiserreich im Grunde zu spät; denn um 1900 war die Aufteilung der Welt schon weitgehend abgeschlossen. Die Folge war, daß der Neuling unter den europäischen Großmächten überall dort, wo er seinen Fuß hinsetzte, auf entgegenstehende Interessen der arrivierten Kolonialmächte, vor allem des britischen Weltreichs, stieß. Das Bewußtsein der Verspätung und das Bedürfnis, Versäumtes überstürzt nachholen zu müssen, verliehen der wilhelminischen *Weltpolitik* von Anfang an Züge einer nervösen Unrast, die für Beunruhigung im Mächtekonzert sorgte. Hinzu kam, daß das schweifende Streben nach weltpolitischer Präsenz sich kaum auf konkrete koloniale Erwerbungen richtete, sondern eher dem »objektlosen Imperialismus« im Sinne Joseph Schumpeters entsprach.[5] »Während sich die Ziele des britischen, französischen und russischen Imperialismus in Afrika und Asien eher auf identifizierbare Objekte bezogen, tauchte das Reich wie ein Irrlicht überall gleichzeitig auf.«[6]

Die vor allem von Peter Winzen vertretene These, Bülow habe, als er 1897 zum Staatssekretär des Auswärtigen Amtes berufen wurde, ein festumrissenes »Weltmachtkonzept« besessen, das er mit beharrlicher Konsequenz auch als Reichskanzler verfolgte,[7] wird der irrlichternden Dynamik der deutschen *Weltpolitik* nicht gerecht. Was diese Politik kennzeichnete, war keine klare, zielgerichtete Konzeption, noch weniger eine durchdachte Planung, sondern ein hektischer Aktivismus, gepaart mit notorischer Unberechenbarkeit. Immer dabei sein, überall

Flagge zeigen – das wurde zum Bewegungsgesetz wilhelminischer Politik. Kein Wunder, daß der Parvenü in der imperialistischen Arena bald als Störenfried empfunden wurde, gegen den die übrigen Mächte sich zusammenschließen zu müssen glaubten.

Fragt man nach den Motiven und Antrieben der deutschen *Weltpolitik*, so tut man gut daran, die Selbstaussagen wilhelminischer Politiker nicht allzu wörtlich zu nehmen. Bülow hat noch nach dem Ersten Weltkrieg, als das Kaiserreich bereits der Vergangenheit angehörte, die Weichenstellung von 1897 damit verteidigt, daß dem deutschen Volk »das Recht auf Gleichberechtigung mit anderen großen Nationen« nicht vorenthalten werden durfte.[8] Doch hinter der harmlos scheinenden Formel von der »Gleichberechtigung« verbarg sich der ehrgeizige »Wille zur Weltgeltung«,[9] das heißt zu einem den beiden anderen führenden Wirtschaftsnationen, Großbritannien und den Vereinigten Staaten, mindestens ebenbürtigen Weltmachtstatus. Dieser Anspruch lief, wie die Dinge lagen, auf eine Neugruppierung der Mächtekonstellation zu Deutschlands Gunsten, ja auf eine Revolutionierung des internationalen Systems hinaus.

Von Anfang an spielten bei dem Entschluß zur *Weltpolitik* auch innenpolitische Erwägungen eine wichtige Rolle, ohne daß diesen eine primäre oder gar ausschlaggebende Bedeutung zugesprochen werden sollte.[10] In einer kraftvollen äußeren Politik erkannte Bülow eine Chance, die innenpolitischen Konflikte zu entspannen und große Teile des Volkes, vor allem die Mittelschichten, hinter die Parole der »nationalen Sammlung« zu scharen. In diesem Sinne schrieb der Staatssekretär Ende Dezember 1897 an seinen Freund Eulenburg: »Ich lege den Hauptakzent auf die auswärtige Politik… Nur eine erfolgreiche äußere Politik kann helfen, versöhnen, beruhigen, sammeln, einigen.«[11]

Es bedurfte keiner großen Anstrengungen, um die neue außenpolitische Leitvorstellung populär zu machen. Besonders in bürgerlich-akademischen Kreisen hatte die Überzeugung von der Notwendigkeit überseeischer Expansion längst feste Wurzeln geschlagen. *Weltpolitik* – so erschien es einer vor Vitalität überschäumenden jungen Generation – war die logische Konsequenz der Reichsgründung, bezeichnete eigentlich erst deren Vollendung. Max Weber hat in seiner berühmten Freiburger Antrittsrede von 1895 dem Zeitgeist Ausdruck verliehen: »Wir müssen begreifen, daß die Einigung Deutschlands ein Jugendstreich war, den die Nation auf ihre alten Tage beging und seiner Kostspieligkeit halber besser unterlassen hätte, wenn sie der Abschluß und nicht der Ausgangspunkt einer deutschen Weltmachtpolitik sein sollte.«[12]

Die Entscheidung zur *Weltpolitik* entsprang nicht einem einsamen Ratschluß Wilhelms II. und Bülows; sie wurde getragen von der begeisterten Zustimmung des Bildungsbürgertums, während sich die traditionellen Eliten in Heer und Bürokratie zunächst eher reserviert verhielten. Der Kaiser, der ein gutes Gespür für populäre Stimmungen besaß, glaubte sich an die Spitze der Bewegung setzen zu sollen, wobei er – wiederum bezeichnend – das Eintreten für eine entschieden imperialistische Politik mit einem romantischen Sendungsbewußtsein verquickte. Im Frühjahr 1898 erklärte er: »Ich habe dieselbe Aufgabe, welche nach Heinrich I. seiner Zeit Otto dem Großen zufiel, nämlich das Reich nach außen fertig, stark, glanzvoll erscheinen zu lassen. Die Deutschen müssen jetzt den Wechsel auf das Reich ziehen.«[13]

Auf Wilhelm II. geht auch die Idee zurück, die seit Ende der neunziger Jahre ins Zentrum der deutschen Politik rückte: der Bau einer großen deutschen Schlachtflotte. Beeinflußt durch das vielgelesene und hochgepriesene Werk des Amerikaners Alfred T. Mahan INFLUENCE OF SEA-POWER UPON HISTORY (1890) glaubte der Monarch, daß nur eine starke Seestreitkraft dem deutschen Anspruch auf Weltmacht Geltung verschaffen könne. In Konteradmiral Alfred von Tirpitz, einem Mann von ungewöhnlicher Energie und Durchsetzungskraft, fand er einen kongenialen Partner bei der Ausführung seines Lieblingsprojekts. Tirpitz hatte sich bereits vor seiner Ernennung zum Staatssekretär des Reichsmarineamts im Juni 1897 nachdrücklich für den Bau einer Schlachtflotte ausgesprochen: »Unserer Politik fehlt bis jetzt vollständig der Begriff der politischen Bedeutung der Seemacht. Wollen wir aber gar unternehmen, in die Welt herauszugehen und wirtschaftlich durch die See erstarken, so errichten wir ein gänzlich hohles Gebäude, wenn wir nicht gleichzeitig ein gewisses Maß von Seekriegsstärke uns verschaffen.«[14]

In den siebziger Jahren hat es einen Streit darüber gegeben, ob sich die Flottenpolitik des wilhelminischen Deutschland eher aus einem »Primat der Innenpolitik« oder einem »Primat der Außenpolitik« erklären lasse. Volker R. Berghahn hat in seiner Studie über den TIRPITZ-PLAN (1971) im Anschluß an die Forschungen Eckart Kehrs Ende der zwanziger Jahre den Bau der Schlachtflotte als »innenpolitische Krisenstrategie« gedeutet, durch die das traditionelle gesellschaftlich-politische Machtgefüge gegen die Kräfte der Veränderung abgeschirmt werden sollte.[15] Kritiker haben dagegen eingewandt, daß dies allenfalls eine erwünschte Nebenwirkung, keinesfalls aber Hauptabsicht gewesen sei: In der Flottenrüstung sei der Vorrang außenpolitischer Zielsetzungen ganz unstrittig.[16]

Man sollte beides berücksichtigen, denn bei der Planung zum Bau der Schlachtflotte waren – wie in der Konzeptualisierung der deutschen *Weltpolitik* insgesamt – außen- und innenpolitische Überlegungen von Anfang an eng verknüpft. Zum einen sollte sie »als machtpolitischer und notfalls auch als militärischer Hebel« dienen, »mit dem Großbritannien, die damalige erste Seemacht der Welt, aus seiner maritimen und kolonialen Hegemonialstellung verdrängt werden sollte«.[17] Im internen Schriftverkehr hat Tirpitz aus dieser offensiven, gegen England zielenden Stoßrichtung nie einen Hehl gemacht: »Für Deutschland«, so schrieb er in einer Denkschrift vom Juli 1897, »ist zur Zeit der gefährlichste Gegner zur See England. Es ist auch der Gegner, gegen den wir am dringendsten ein gewisses Maß an Flottenmacht als politischer Machtfaktor haben müssen ... Unsere Flotte muß demnach so eingerichtet werden, daß sie ihre höchste Kriegsleistung zwischen Helgoland und der Themse entfalten kann.«[18]

Zum anderen sollte die Flotte als innenpolitisches Kampfinstrument fungieren. Das heißt, sie sollte das Budgetrecht (und damit das Machtgewicht) des Reichstags durch langfristige Festlegung der Geschwaderbauzeiten schwächen. Zugleich versprach sich Tirpitz von der »neuen großen nationalen Aufgabe und dem damit verbundenen Wirtschaftsgewinn« – wie seine berühmte Formulierung lautete – »ein starkes Palliativ gegen gebildete und ungebildete Sozialdemokraten«.[19] Die Flotte als Instrument und Symbol der deutschen *Weltpolitik* sollte die nationalen Energien bündeln, von inneren Schwierigkeiten kompensatorisch ablenken und die überkommene Macht- und Herrschaftsordnung zementieren helfen. Insofern war Schlachtflottenpolitik, wie Hans-Ulrich Wehler betont hat, »immer auch Innen- und Gesellschaftspolitik«.[20]

Um das Flottenprogramm innenpolitisch durchzusetzen, bediente sich Tirpitz bereits sehr moderner Formen des militärischen Lobbyismus und der Mobilisierung der öffentlichen Meinung. Auf Reichstagsabgeordnete wurde gezielt Einfluß genommen, um deren Zustimmung für die Flottenvorlagen zu erhalten. Parallel dazu inszenierte das Reichsmarineamt eine breit angelegte Propagandakampagne, um den Flottenenthusiasmus über die bürgerlichen Schichten hinaus auch in die Arbeiterschaft zu tragen. Der Marineanzug wurde zum bevorzugten Kleidungsstück der deutschen Jugend. Unterstützt wurde das Reichsmarineamt vom 1897 gegründeten Flottenverein, dem mitgliederstärksten aller nationalistischen Verbände im Kaiserreich.

Gegenüber Reichstag und Öffentlichkeit wurde die offensive Zielsetzung der Schlachtflotte nicht preisgegeben. Statt dessen wurde die sogenannte Risikotheorie lanciert. Sie begründete die Notwendigkeit der Flottenrüstung mit dem klassischen Abschreckungsargument: Die deutsche Seemacht müsse so stark sein, daß es Großbritannien nicht wagen könne, in einem Kontinentalkrieg Partei für Deutschlands Gegner zu ergreifen. Doch letztlich ging es um mehr als um Abschreckung, nämlich darum, auf maritimem Gebiet mit England gleichzuziehen, um ihm seine weltpolitische Vorherrschaft streitig zu machen und ihm im Ernstfall auch militärisch gewachsen zu sein. »Wie der Hohenzollern-Aar den zweiköpfigen österreichischen aus dem Felde geschlagen und dem gallischen Hahn die Flügel gestutzt hat«, umwarb Bülow im April 1900 den Monarchen, »so soll er mit Gottes Hilfe und Euerer Majestät Kraft und Weisheit auch noch mit dem englischen Leoparden fertig werden. Seine Fittiche wachsen.«[21]

Dieses Ziel markierte, wie Klaus Hildebrand scharf hervorgehoben hat, »einen Qualitätssprung in der deutschen Außenpolitik«.[22] Hatten Bismarck und auch noch sein Nachfolger Caprivi sich bemüht, England an den Dreibund heranzuführen, um die halbhegemoniale Stellung des Deutschen Reiches auf dem Kontinent abzustützen, so stieß die wilhelminische *Weltpolitik* mit dem Bau der Schlachtflotte direkt in das Herz des britischen Weltreichs. »Riskant, fast übermütig, ja leichtfertig setzte man zum weltpolitischen Sprung an. Ein hasardeurhafter Zug des Alles oder Nichts haftete der Entscheidung zum Flottenbau an.«[23] Weltmacht oder Untergang – das wurde zum tödlichen Handlungszwang, unter den sich die wilhelminische Politik selbst stellte. »Auch hier heißt es ganz oder gar nicht«, notierte Korvettenkapitän Georg Alexander von Müller, der spätere Chef des kaiserlichen Marinekabinetts, im Jahre 1896. »Mit der ganzen Kraft der Nation einsetzen, rücksichtslos, auch den großen Krieg nicht scheuend, oder aber Beschränkung auf die Kontinentalmacht.« Ein »Mittelding« – so Müller – bedeute nur »eine Vergeudung von personellen und materiellen Mitteln«.[24]

Bis zur Vollendung des Schlachtflottenbaus – von Tirpitz auf etwa zwei Jahrzehnte veranschlagt – mußte freilich eine Gefahrenzone durchschritten werden. Der »Kopenhagen-Komplex«,[25] das heißt, die Vorstellung, daß England durch einen überraschenden Angriff der noch unfertigen deutschen Flotte ein ähnliches Schicksal bereiten könnte wie dem dänischen Geschwader im Herbst 1807, stand der deutschen Reichsleitung als Schreckensvision deutlich vor Augen. Deshalb, so mahnte Bülow im Juli 1899, müsse das Deutsche Reich in seiner überseeischen Expansionspolitik zunächst »vorsichtig operieren, wie die Raupe, bevor ihr die Schmetterlingsflügel gewachsen sind«.[26] Es war indessen abenteuerlich, zu meinen, man könne im Windschatten der internationalen Aufmerksamkeit still und heimlich aufrüsten, um danach mit einem Paukenschlag die britische Weltmacht in die Schranken zu fordern. So litt die wilhelminische Welt- und Flottenpolitik von Anfang an unter einem gefährlichen Wirklichkeitsverlust.

Die ersten Schritte auf weltpolitischem Parkett waren unsicher und tastend. In China, einem bevorzugten Aktionsfeld der imperialistischen Mächte, sicherte sich das Deutsche Reich 1897/98 die Bucht von Kiautschou und wirtschaftliche Vorzugsrechte im Hinterland, der Provinz Schantung. 1899 kaufte es der spanischen Regierung einige kleine Inselgruppen im Pazifik (die Marianen, Karolinen und Palau) ab, und noch im selben Jahr erreichte es die Anerkennung seiner Ansprüche auf dem nördlichen Teil des Samoa-Archipels. So bescheiden sich diese Ergebnisse der deutschen *Weltpolitik* auch ausnahmen, so schwer-

Wilhelm II. während seiner »Hunnenrede« in Bremerhaven, 27. Juli 1900.
Foto von H. Breuer.

wiegend waren die diplomatischen Folgen. Denn das Ausgreifen in den fernöstlichen und pazifischen Raum erhöhte die Spannungen nicht nur zu England und Rußland, sondern auch zu den Vereinigten Staaten. Und selbst dort, wo das Deutsche Reich internationale Gemeinsamkeit demonstrierte – wie bei der Niederschlagung des chinesischen Boxeraufstands 1900 –, zeichnete es sich durch Plumpheit unvorteilhaft aus. Die berüchtigte *Hunnenrede*, mit der Wilhelm II. das deutsche Expeditionskorps am 27. Juli 1900 in Bremerhaven verabschiedete, hat dem deutschen Ansehen in der Welt nachhaltig geschadet: »Pardon wird nicht gegeben; Gefangene nicht gemacht. Wer Euch in die Hände fällt, sei in Eurer Hand. Wie vor tausend Jahren die Hunnen unter ihrem König Etzel sich einen Namen gemacht, der sie noch jetzt in der Überlieferung gewaltig erscheinen läßt, so möge der Name Deutschland in China in einer solchen Weise bekannt werden, daß niemals wieder ein Chinese es wagt, einen Deutschen auch nur scheel anzusehen.«[27]

Noch größere Probleme als in Ostasien und im Pazifik handelte sich die unstete deutsche *Weltpolitik* in einer anderen Region ein, in der Türkei und in Kleinasien. Hinter der mit viel Pomp inszenierten Orient-Reise Wilhelms II. im Spätherbst 1898 verbargen sich handfeste wirtschaftliche Interessen. Wilhelminische Politiker, Industrielle und Bankiers entdeckten im Osmanischen Reich einen vielversprechenden Markt, den es mit den Mitteln der *pénétration pacifique* zu erobern galt. So griff man die Gelegenheit beim Schopfe, als der korrupte türkische Sultan Abdul Hamid den Deutschen antrug, die anatolische Eisenbahn über Bagdad bis zum Persischen Golf weiterzuführen. Ende 1898 wurde einem Bankenkonsortium unter Führung der Deutschen Bank die Vorkonzession für den Bau der Bagdadbahn erteilt. Damit war »der Grundstein für den nunmehr kaum noch aufzuhaltenden Aufstieg des Deutschen Reiches zur wirtschaftlich und politisch dominanten Macht am Goldenen Horn gelegt«.[28]

Damit wurde das Deutsche Reich aber auch in die Spannungen in dieser Krisenregion hineingezogen. Nicht nur Rußland, sondern auch England fühlte sich durch das deutsche Engagement herausgefordert: Rußland, weil es sein traditionelles Ziel, die Meerengen, England, weil es seine strategische Position am Persischen Golf bedroht sah. Deutlicher konnte der Bruch mit einer Kardinalmaxime Bismarckscher Außenpolitik nicht demonstriert werden: Hatte der Reichsgründer im »Offenhalten des orientalischen Geschwürs« ein vorzügliches Instrument gesehen, das Reich außenpolitisch zu entlasten, so schob sich die wilhelmische *Weltpolitik* mit ihrem ehrgeizigen Bagdadbahn-Projekt gewissermaßen zwischen die englische und russische Einflußsphäre in dieser Region. Berlin selbst trug auf diese Weise dazu bei, die weltpolitischen Rivalitäten zwischen den beiden Flügelmächten zu entspannen und deren beiderseitiges Mißtrauen auf sich zu ziehen.

Zunächst freilich schien es, als würde sich noch einmal die Gelegenheit zu einer Verständigung mit Großbritannien bieten. Ende März 1898 unterbreitete der britische Kolonialminister Joseph Chamberlain dem deutschen Botschafter in London, Paul Graf von Hatzfeldt, den »Wunsch nach einer bindenden Abmachung zwischen England und dem Dreibund«.[29] Hinter diesem Angebot stand die Befürchtung, daß Großbritannien angesichts der eskalierenden Konflikte mit Frankreich in Nordafrika und mit Rußland in Ostasien seine weltpolitischen Kräfte überfordern könne. Deshalb – so meinte Chamberlain – müsse es seine traditionelle Politik der *splendid isolation* aufgeben und sich nach Bündnispartnern auf dem Kontinent umsehen.

In Berlin dachte man aber gar nicht daran, auf Chamberlains Bündniswerben einzugehen oder es auch nur ernsthaft zu prüfen. Für Bülow ging es zuallererst darum, die gegen England gerichtete Flottenrüstung voranzubringen. Überdies glaubte er in seltsamer Verkennung der Lage, daß sich das Deutsche Reich weiterhin eine Politik der freien Hand leisten könne. »Das Ideal für uns«, so umriß er im August 1898 gegenüber Wilhelm II. seine außenpolitische Leitidee, »bleibt stets die von Euerer Majestät vorgezeichnete feste und indepente Stellung zwischen England und Rußland, unabhängig nach beiden Seiten hin.«[30]

Dahinter stand die zum Dogma gewordene Annahme, daß der britisch-russische Gegensatz letztlich unüberbrückbar sei, daß der *russische Bär* und der *englische Löwe* sich über kurz oder lang über ihre rivalisierenden Interessen im Fernen Osten, in Afghanistan und Persien in die Haare geraten würden. Die deutsche Diplomatie könne angesichts des erwarteten säkularen Zusammenstoßes ruhig abwarten und zusehen, wie sich die Dinge zu ihrem Vorteil entwickelten. »Daß die allgemeine Entwicklung in die genau entgegengesetzte Richtung verlief, entging den wilhelminischen Staatsmännern.«[31]

Allerdings vermied es die Wilhelmstraße, Chamberlains Angebot brüsk zurückzuweisen. Vielmehr gab sie London zu verstehen, daß sie, ohne bereits ein Bündnis ins Auge zu fassen, an einer Verständigung über konkrete Einzelfragen durchaus interessiert sei. Unterstrichen wurde diese scheinbare *goodwill*-Haltung durch die strikte Neutralität, auf die sich die Reichsleitung während des im Herbst 1899 ausgebrochenen Burenkriegs verpflichtete, ungeachtet der anglophoben Stimmungen in der deutschen Öffentlichkeit. Tatsächlich kam es zu einigen Abkommen mit Großbritannien – so im August 1898 über eine eventuelle Aufteilung der portugiesischen Kolonien in Afrika und im Oktober 1900 über eine Abgrenzung der Interessensphären in China. Doch diese Ansätze zu einer weltpolitischen Kooperation trugen kaum Früchte. Und auch als die britische Regierung im Januar 1901 noch einmal Fühler nach Berlin ausstreckte, stieß sie auf wenig Gegenliebe. Bülow selbst sorgte schließlich für einen Eklat, als er Anfang Januar 1902 Chamberlain in einer Reichstagsrede wegen einer kritischen Äußerung über die deutsche Kriegführung 1870/71 öffentlich abkanzelte: »Laßt den Mann gewähren und regt euch nicht auf. Er beißt auf Granit.«[32] Mit dieser »Granitrede«, die in der englischen Öffentlichkeit einen ähnlichen Entrüstungssturm auslöste wie seinerzeit das Krüger-Telegramm Wilhelms II., war der Gesprächsfaden nach London vorerst abgerissen.

War damit eine »Jahrhundertchance« vertan?[33] Seit den zwanziger Jahren hat die Frage nach den Gründen für das Scheitern der deutsch-englischen Bündnisgespräche die historische Forschung beschäftigt. Sicher ist, daß es sich bei der Ouvertüre Chamberlains nicht um ein konkretes »Bündnisangebot«, sondern um einen Versuchsballon handelte. Und ebenso gewiß ist, daß der Kolonialminister nicht für die gesamte britische Regierung, sondern nur für eine, wenn auch einflußreiche Fraktion sprach. Premierminister Salisbury, damals noch der maßgebliche britische Staatsmann, verhielt sich gegenüber der Idee eines Bündnisses mit Deutschland von Anfang an reserviert – aus der alten Furcht, in die kontinentaleuropäischen Händel hineingezogen zu werden. Dennoch: Einen größeren Anteil am Scheitern des britisch-deutschen Dialogs hatte die Reichsleitung, weil sie nicht einmal den Versuch unternahm, die Chancen einer Verständigung mit Großbritannien wirklich auszuloten. Fixiert auf den Flottenbau und das Dogma der freien Hand, ließen die wilhelminischen Politiker die Gelegenheit, wenn nicht zu einem Bündnis, so doch zu einem Modus vivendi mit dem britischen Weltreich zu gelangen, ungenutzt verstreichen.

Die wachsende außenpolitische Isolierung des Deutschen Reiches (1901–1909)

»Für uns liegt, soweit sich jetzt erkennen läßt, kein Grund vor, die Politik der freien Hand aufzugeben.«[34] Als Friedrich von Holstein, bis zu seiner Verabschiedung 1906 der starke Mann im Auswärtigen Amt, dies im März 1902 so selbstbewußt wie sorglos konstatierte, hatten sich die außenpolitischen Handlungsmöglichkeiten des Deutschen Reiches bereits deutlich verschlechtert.

Auf der einen Seite machte Italien Anstalten, sich den Verpflichtungen des Dreibundvertrages zu entziehen. In bilateralen Verhandlungen einigte es sich 1900 mit Frankreich über eine Abgrenzung der kolonialen Interessensphären in Nordafrika. Darüber hinaus verpflichtete es sich »zu strikter Neutralität, wenn Frankreich zur Verteidigung seiner Ehre oder seiner Sicherheit als Folge einer direkten Provokation die Initiative zu einer Kriegserklärung ergreift«[35] – eine Abmachung, die gegen den Geist und die Intention des Dreibundvertrags verstieß. Auch wenn dieser 1902 noch einmal erneuert wurde, war der »Funktionsverlust des Bündnisses«[36] unverkennbar. Bülow versuchte vor dem Reichstag das Abdriften Italiens herunterzuspielen: »In einer glücklichen Ehe muß der Gatte auch nicht gleich einen roten Kopf kriegen, wenn seine Frau einmal mit einem anderen eine unschuldige Extratour tanzt.«[37] Doch glücklich war die Ehe der Dreibundpartner längst nicht mehr; vor allem in den Beziehungen zwischen Österreich-Ungarn und Italien überwogen die Gegensätze die Gemeinsamkeiten.

Auf der anderen Seite begann Großbritannien, nachdem ihm das Deutsche Reich die kalte Schulter gezeigt hatte, nach anderen Allianzpartnern Ausschau zu halten. Ende Januar 1902 schloß es ein Bündnis mit Japan, in dem sich beide Seiten wohlwollende Neutralität zusicherten für den Fall, daß eine von ihnen im ostasiatischen Raum in einen Krieg mit einer dritten Macht verwickelt werde. In Berlin begrüßte man das Bündnis in der Erwartung, daß sich dadurch sowohl die russisch-japanischen als auch die englisch-russischen Gegensätze im Fernen Osten verschärften. Nutznießer dieser Entwicklung könne nur Deutschland sein, dem dann die erwünschte Rolle eines Züngleins an der Waage zufalle. Befangen im Wunschdenken, verkannten die wilhelminischen Politiker, daß Englands Defensivallianz mit Japan nur der erste Schritt war auf dem Wege zu einer grundlegenden Umorientierung der englischen Außenpolitik, die auf eine »globale Flurbereinigung«[38] hinauslief. Nach dem Debakel des Burenkrieges (1899–1903) suchte Großbritannien, wo immer dies möglich war, durch bilaterale Abkommen weltpolitische Spannungen abzubauen und Konflikte zu entschärfen, um seine eigenen imperialen Positionen zu festigen – und um zugleich der bedrohlich wachsenden Macht des Deutschen Reiches Schranken zu setzen.

Auch als sich im Laufe des Jahres 1903 Meldungen häuften, daß Engländer und Franzosen, die noch fünf Jahre zuvor im Sudan militärisch fast aneinandergeraten waren, nun über eine Beilegung ihrer kolonialen Streitfragen verhandelten, reagierte die deutsche Diplomatie mit arroganter Sorglosigkeit. Man könne das »gar nicht pomadig genug nehmen«, erklärte Bülow.[39] Die Nachricht vom Abschluß der Entente cordiale am 8. April 1904 führte dann allerdings zu einem bösen Erwachen. »Auf dem Auswärtigen Amte herrscht tiefe Niedergeschlagenheit über das französisch-englische Abkommen betreffs Marokko, eine der schlimmsten Niederlagen der deutschen Politik seit dem (französisch-russischen) Zweibunde«, notierte Baronin Spitzemberg.[40] Und Holstein klagte, Deutschland sei nun »außer Stande, irgendwelche überseeischen Erwerbungen zu machen«. Sein Prestige sei »in den letzten Jahren gesunken, während unsere Gegner und Rivalen einen Ring zu bilden im Begriff sind«.[41]

Tatsächlich hatte die Mächtekonstellation sich dramatisch zu Deutschlands Ungunsten verändert. Wider Erwarten hatten die alten Rivalen England und Frankreich zu einem Ausgleich ihrer kolonialen Differenzen gefunden: Frankreich erkannte die englische Vorherrschaft in Ägypten uneingeschränkt an; dafür gab Großbritannien Frankreich nunmehr freie Hand in Marokko. Obwohl das Kolonialabkommen sich nicht direkt gegen eine andere Macht richtete, war es doch unverkennbar in eine weitergehende Bündnisperspektive eingebettet, die auf eine politische Isolierung des Deutschen Reiches zielte. Eine Verständigung über die kolonialen Probleme werde, erklärte der französische Außenminister Delcassé zwei Monate vor Abschluß der Entente, die politische Allianz mit England nach sich ziehen: »Mein lieber Freund, welch schöne Aussichten würden sich dann vor uns auftun! Stellen Sie sich das einmal vor! ... Wenn wir uns gleichzeitig auf Rußland und England stützen könnten, wie stark würden wir Deutschland gegenüber dastehen.«[42]

Durch den russisch-japanischen Krieg 1904/05 schien sich die internationale Lage vorübergehend noch einmal zu Deutschlands Gunsten zu wenden. Das Zarenreich erlitt Niederlage auf Niederlage und sah sich bald schweren innenpolitischen Erschütterungen ausgesetzt. Für die deutsche Außenpolitik bedeutete diese Entwicklung eine spürbare Entlastung; die Gefahr eines Zweifrontenkrieges war vorerst gebannt. Im Auswärtigen Amt und im Generalstab wurden im Sommer 1904 Überlegungen angestellt, ob man die Schwächung Rußlands nicht dazu nutzen sollte, einen Präventivkrieg gegen Frankreich vom Zaun zu brechen. In diesem Zusammenhang ist, wie Gerhard Ritter nachgewiesen hat, die erste Fassung des Aufmarschplanes des Generalstabschef Schlieffen entstanden. Sie trug die Überschrift »Angriffskrieg gegen Frankreich«: Unter Verletzung der belgischen Neutralität sollten die französischen Armeen durch eine großangelegte Umfassungsoperation innerhalb weniger Wochen niedergeworfen werden.[43]

Doch Bülow und Tirpitz wandten sich gegen einen Präventivkrieg zu diesem Zeitpunkt, nicht zuletzt weil sie befürchteten, daß England dadurch seinerseits zu einem Präventivschlag gegen die unfertige deutsche Flotte provoziert werden könnte. Auch sie wollten freilich die Gunst der Stunde nicht verstreichen lassen, ohne Frankreich, dessen Vordringen in Marokko man in Berlin mit Argusaugen beobachtete, einen Denkzettel zu verpassen. Am 31. März 1905 landete Wilhelm II. überraschend im marokkanischen Hafen Tanger. Die Blitzaktion war kein Alleingang des impulsiven Kaisers; sie war von der Wilhelmstraße sorgfältig geplant worden. Dadurch sollte, wie Bülow in einem Gespräch mit dem bayerischen Gesandten Graf Lerchenfeld im Juni 1905 betonte, »die Gegenwart Deutschlands im Weltkonzert« bewiesen werden.[44] Es ging also in erster Linie um Prestigepolitik und erst in zweiter Linie um die wirtschaftlichen Interessen deutscher Unternehmen in Marokko. Frankreich sollte politisch gedemütigt, die noch junge französisch-englische Entente als Papiertiger vorgeführt werden. Deshalb gab sich die Reichsleitung auch nicht damit zufrieden, daß der französische Außenminister Delcassé im Juni 1905 auf deutschen Druck zum Rücktritt gezwungen wurde; vielmehr bestand sie darauf, die Zukunft Marokkos der Entscheidung einer internationalen Konferenz zu unterwerfen, die Anfang des folgendes Jahres in Spanien zusammentreten sollte.

Im Sommer 1905 hielten Wilhelm II. und Bülow auch den Zeitpunkt für gekommen, ein Lieblingsprojekt zu verwirklichen: die Idee eines Kontinentalbündnisses mit Rußland.[45] Die Situation dafür schien günstiger als jemals zuvor. Der Zar war über die mangelnde französische Unterstützung im russisch-japanischen Krieg enttäuscht. Und auch das Verhältnis zu Großbritannien war gestört, seit die russische Ostseeflotte im Oktober 1904 an der Doggerbank englische Fischerboote versenkt hatte in der Annahme, es handle sich um japanische Torpedoboote. Bülow hatte den Zwischenfall sogleich genutzt, um der russischen Regierung einen konkreten Bündnisvorschlag zu unterbreiten »Es handelt sich hier«, schrieb er dem Kaiser am 16. November, »um eine wirklich großartige und für die zuschauende Welt gänzlich unerwartete Weichenstellung.«[46] Doch der Zar hatte, nach anfänglicher Neigung, schon bald einen Rückzieher gemacht: Die Beziehungen zu Frankreich gingen vor.

Anfang Juli 1905, anläßlich eines Treffens des Kaisers mit dem Zaren nahe der finnischen Insel Björko, nahm die Reichsleitung einen neuen Anlauf, und diesmal schienen ihre Bemühungen von Erfolg gekrönt. Es gelang Wilhelm II., seinen Vetter Nikolaus II. zur Unterzeichnung eines Defensivbündnisses zu bewegen. Darin sicherten sich Rußland und Deutschland für den Fall eines Angriffs durch eine dritte Macht gegenseitige Bündnishilfe in Europa zu, und zwar mit allen Land- und Seestreitkräften. Enthusiastisch feierte der Kaiser den Björkovertrag als einen »Wendepunkt in der Geschichte Europas«, weil er Deutschland »endlich aus der scheußlichen Greifzange Gallien-Rußland« befreie.[47] Doch das Vertrauen in die Rechtskraft der Zarenunterschrift erwies sich als voreilig. Auf Drängen seiner Ratgeber rückte Nikolaus II. bald von der geschlossenen Vereinbarung ab, weil sie mit den russischen Verpflichtungen gegenüber Frankreich unvereinbar war. Der Björkovertrag blieb eine Totgeburt; Rußland dachte gar nicht daran, sich durch die deutschen Winkelzüge in einen Gegensatz zu Frankreich manövrieren zu lasen.

Deutlich wurde das auch auf der Marokkokonferenz, die von Januar bis April 1906 im südspanischen Algeciras tagte. Die russische Delegation stellte sich im entscheidenden Moment hinter den französischen Standpunkt, ebenso wie die Delegationen Englands, der USA, ja selbst Italiens. Nicht, wie erwartet, Frankreich, sondern das Deutsche Reich sah sich isoliert; es konnte sich nur noch auf die Unterstützung Österreich-Ungarns verlassen. Am Ende wurde zwar die Souveränität Marokkos formell bekräftigt, doch zugleich erhielt Frankreich eine Sonderstellung, die ihm weiterhin die friedliche Durchdringung des Landes gestattete.

Die Konferenz von Algericas bedeutete eine schwere diplomatische Niederlage des Deutschen Reiches. Der Versuch, durch eine kurzsichtige Drohpolitik Frankreich in die Enge zu treiben, war gescheitert. Die Bande zwischen den Ententepartnern festigten sich. Ende 1905 begannen Beratungen zwischen französischen und britischen Militärs über eine Zusammenarbeit beider Mächte im Kriegsfall. Besorgt registrierte der neue Staatssekretär im Auswärtigen Amt, Heinrich von Tschirschky, noch während der Algeciras-Konferenz im März 1906, daß »sich wenig auffällig, aber unverkennbar das Netz einer Koalition um Deutschland gezogen« habe.[48] Das Wort von der »Einkreisung« tauchte auf und begann sich im politischen Vokabular der wilhelminischen Politiker einzunisten. Er warne vor einer Politik, erklärte Bülow im November 1906 im Reichstag, »die darauf ausginge, Deutschland einzukreisen, einen Kreis von Mächten um Deutschland zu bilden, um es zu isolieren und lahmzulegen«.[49] Doch was so lautstark als finstere Machenschaften mißgünstiger Nachbarn angeprangert wurde, war hausgemacht, provoziert durch die eigene prestigesüchtige Welt- und Flottenpolitik, war »selbstverursachte Auskreisung«.[50]

Für die britische Regierung war spätestens 1905/06 klargeworden, daß die deutsche Flottenrüstung auf nichts anderes zielte als auf die

Bedrohung der englischen Weltmachtposition. Sie reagierte auf die Herausforderung mit dem sogenannten *Dreadnought-Sprung*, das heißt mit dem Bau von Großkampfschiffen eines neuen Typs, die, was Panzerung, Feuerkraft und Geschwindigkeit betraf, den bisherigen Schlachtschiffen weit überlegen waren.[51] Mit einer neuen Flottenvorlage zog Tirpitz 1906 nach. Sie sah ebenfalls eine Typenvergrößerung und eine beträchtliche Steigerung der finanziellen Aufwendungen für die Flotte vor. Damit begann eine Phase des offenen Wettrüstens zur See, bei dem das Deutsche Reich nur den kürzeren ziehen konnte. Denn der Weg, den England in der Rüstungsfinanzierung ging – die direkte Besteuerung –, blieb im Kaiserreich angesichts der machtvollen Opposition der konservativen Führungsschichten blockiert. Es erwies sich als immer schwieriger, die Riesensummen, die der Flottenbau verschlang, aufzubringen. Der Rüstungswettlauf schlug auf die Innenpolitik zurück. Zehn Jahre, nachdem der Tirpitz-Plan ersonnen worden war, zeichnete sich sein Scheitern ab.

Die forcierte Flottenrüstung verschärfte die Spannungen zwischen Deutschland und England – und sie entschärfte zugleich die Gegensätze zwischen England und Rußland. Am 31. August 1907 geschah, was die deutsche Politik für ausgeschlossen gehalten hatte: Großbritannien und das Zarenreich verständigten sich in einem Abkommen über die Abgrenzung ihrer Interessensphären im Nahen Osten und in Asien. In Berlin sorgte die Nachricht für Aufregung; sie gab der ohnehin grassierenden Einkreisungsfurcht neue Nahrung. »Wie geschickt auch immer der Wortlaut des Vertrages gefaßt sein mag«, schrieb der Geschäftsträger in St. Petersburg, von Miquel, am 27. September an Bülow, »der Eindruck bleibt nicht aus, daß die Mächte ein Syndikat gegründet haben, mit dem wir zu rechnen haben werden.«[52] Mit der russisch-britischen KoventION von 1907 hatte sich die Entente cordiale zur Triple-Entente erweitert. Die deutsche *Weltpolitik* stand vor einem Scherbenhaufen; der Politik der freien Hand war der Boden entzogen. Die Folge war, daß sich das Deutsche Reich mehr denn je auf Österreich-Ungarn als den einzig verbliebenen verläßlichen Bündnispartner angewiesen sah. »Treues Zusammenstehen mit Österreich-Ungarn«, bekräftigte Bülow im Sommer 1908, müsse der »oberste Grundsatz der deutschen auswärtigen Politik bleiben«.[53]

Es war allerdings nicht nur die vielzitierte »Nibelungentreue« (das Schlagwort prägte Bülow in einer Reichstagsrede vom 13. März 1909[54]), welche das Deutsche Reich veranlaßte, sich in der Bosnischen Annexionskrise 1908/09 vorbehaltslos hinter Österreich-Ungarn zu stellen. Die Krise hatte eine längere Vorgeschichte. Im Juni 1908 hatte in Konstantinopel die *jungtürkische* Revolution gesiegt und das despotische Regime des Sultans Abdul Hamid beseitigt. Damit kamen bürgerlich-nationalistische Politiker ans Ruder, die die Türkei zu einem modernen, homogenen Nationalstaat westlicher Prägung umwandeln wollten. Das führte rasch zu einer Verschärfung der Nationalitätenkonflikte auf dem Balkan. Österreich-Ungarn befürchtete, daß eine modernisierte Türkei sich seinen imperialistischen Interessen in dieser Region künftig widersetzen könnte, und proklamierte am 7. Oktober 1908 die Annexion der seit 1878 besetzten, nominell aber zum Osmanischen Reich gehörenden Provinz Bosnien und Herzegowina. Das Zarenreich, das sich seit der Niederlage im russisch-japanischen Krieg wieder stärker dem Balkan zugewandt und dort eine Rolle als Schutzmacht vor allem der Serben übernommen hatte, fühlte sich durch die einseitige Verletzung des Berliner Vertrages durch Österreich-Ungarn herausgefordert und drohte mit militärischen Gegenmaßnahmen. Der Konflikt eskalierte rasch »zu einer schweren europäischen Krise, die in mancher Hinsicht die mächtepolitische Konstellation vorwegnahm, die im Juli 1914 zum Ausbruch des Ersten Weltkriegs führen sollte«.[55]

Die deutsche Regierung tat nichts, um beruhigend und mäßigend auf Wien einzuwirken. Im Gegenteil: Sie gab dem Bündnispartner am 30. September 1908 einen Blankoscheck für eine aktive Verfolgung seiner Balkanpolitik, auch gegenüber den Serben. Dahinter stand zweifellos die Absicht, die Krise um Bosnien-Herzegowina für eine Kraftprobe mit der Triple-Entente zu nutzen und diese, wenn möglich, darüber auseinanderzubringen.[56] Für dieses Ziel nahm Bülow bewußt das Risiko eines europäischen Krieges in Kauf. Doch Rußland wich, anders als in der Julikrise 1914, vor der Kriegsdrohung zurück, weil es sich nach der Niederlage gegen Japan militärisch noch nicht wieder stark genug fühlte. Es mußte die Annexion von Bosnien-Herzegowina anerkennen. Das war eine schwere diplomatische Demütigung des Zarenreichs und ein Prestigeerfolg für Österreich-Ungarn, der allerdings teuer erkauft war. Denn statt, wie erhofft, den »Einkreisungsring« zu sprengen, schweißte ihn die deutsche Politik erst richtig zusammen. Die Triple-Entente festigte sich zur Triple-Allianz. Insgesamt war die außenpolitische Bilanz von Bülows Kanzlerschaft niederschmetternd: »Das Ansehen der deutschen Diplomatie war ernstlich heruntergewirtschaftet, ohne daß das damit verbundene innenpolitische Kalkül, nämlich die Stabilisierung des kaiserlichen Regiments gegenüber einer immer kritischeren Öffentlichkeit und den zunehmend auf eine Partizipation an den politischen Entscheidungsprozessen pochenden Parteien, aufgegangen wäre.«[57]

Die Neuauflage der Sammlungspolitik (1897–1906)

Bülow war sich von Anfang an darüber im klaren, daß die ambitionierte deutsche Weltmachtpolitik innenpolitisch nur durchzusetzen war, wenn sie nicht nur von den alten konservativen Eliten, sondern auch vom national gesinnten Bürgertum, insbesondere den akademisch gebildeten Schichten, getragen und unterstützt wurde. Sein Konzept, alle »staatserhaltenden Elemente« unter der Parole der *Weltpolitik* zu sammeln, war deshalb auch breiter angelegt als die vom preußischen Finanzminister, Johannes von Miquel, inaugurierte Strategie der »Sammlung« der »produzierenden Stände« – gemeint waren Großgrundbesitz und Schwerindustrie –, die an das von Bismarck 1878/79 geschmiedete Bündnis von *Roggen und Eisen* anknüpfte.[58] Anfang 1895 skizzierte Bülow in einem Brief an Eulenburg die Grundrichtung seiner künftigen Innenpolitik: »Die Basis der kaiserlichen inneren Politik muß eine möglichst breite sein, damit Konservative, Nationalliberale, gemäßigte Klerikale und maßvollere Linksliberale auf ihr Platz finden: Einerseits wegen der Aufrechterhaltung der Reichseinheit, andererseits weil wir im Kampfe gegen die soziale Revolution eine lange und tiefe Phalanx brauchen.«[59]

Die antisozialistische Grundhaltung dieses Sammlungskonzepts entpuppte sich allerdings als weniger scharf ausgeprägt, als es nach diesen Worten scheinen könnte. Bülow hatte bereits Mitte der neunziger Jahre, nach dem Scheitern der *Umsturz-Vorlage*, erkannt, daß die Zeit der Ausnahmegesetze gegen die Sozialdemokratie vorbei war. Für den späteren Reichskanzler gab es grundsätzlich »zwei Methoden, die sozialistische Krankheit zu bekämpfen: die diktatorische, bismarckisch-bonapartistische, mit Ausnahmegesetzen, Knebelung von Presse und Vereinen, nötigenfalls Repression und Coup d'état, kurz à la Doktor Eisenbart, ferro et igni; und die liberale, englisch-amerikanisch-schweizerische Art, welche ohne viel Medizinen oder gar (nicht unbedingt gebotene) operative Eingriffe die allmähliche Genesung von der Heilkraft der Natur, ruhiger Lebensweise usw. erwartet«.[60] Es ist keine Frage, daß Bülow während seiner Kanzlerschaft der zweiten, flexiblen Methode den Vorzug gab; er erhoffte sich davon »die Einrenkung des vierten Standes in den Staatsorganismus«,[61] mit anderen Worten: die allmähliche Aussöhnung der sozialdemokratischen Arbeiterbewegung mit dem wilhelminischen Obrigkeitsstaat.

So erklärt sich auch, warum unter der Federführung des Staatssekretärs im Reichsamt des Innern, Graf Artur von Posadowsky-Wehner, die ins Stocken geratene Sozialpolitik wieder aufgenommen wurde. Noch im Jahre 1900 wurde die Unfallversicherung erweitert; es folgte die Einführung obligatorischer Gewerbegerichte (als Schlichtungsinstanzen bei Arbeitskonflikten). 1903 wurde die Dauer der Krankenversicherung verlängert und das Verbot der Kinderarbeit unter zwölf Jahren auf die Heimindustrie ausgedehnt. Überdies stellte das Reich Mittel für den Arbeiterwohnungsbau zur Verfügung. Im Grundsatz hielt freilich auch Posadowsky, wie zuvor Berlepsch, »an jenem obrigkeitlich geprägten Modell fest, das schon in der Vergangenheit wenig Anziehungskraft auf die Arbeiterschaft gehabt hatte, mochte diese auch die bescheidenen Segnungen der staatlichen Reglementierung der Arbeitsbedingungen vor Ort und die Verbesserung der Reichweite der Sozialversicherung mit einer gewissen Befriedigung zur Kenntnis nehmen«.[62] Als sich die erhoffte versöhnende Wirkung der reaktivierten Sozialpolitik nicht einstellte, die Sozialdemokraten vielmehr bei den Reichstagswahlen von 1903 kräftig zulegten und bald darauf mit dem Crimmitschauer Textilarbeiterstreik einer der heftigsten Arbeitskämpfe im Kaiserreich entbrannte, erlahmte der Reformeifer rasch.

Bei alledem mußte Bülow Rücksicht nehmen auf die konservativen Agrarier, ohne die, wie er Eulenburg schon 1892 geschrieben hatte, in Preußen-Deutschland »auf die Länge nicht wohl regiert werden« könne: »Regierung und Konservative müssen bei uns zusammenhalten und sich vertragen wie Mann und Frau in der Ehe.«[63] Dabei gab es Konfliktstoff genug. Da war zum einen der Bau des Mittellandkanals, der den Rhein mit der Elbe verbinden sollte – ein Projekt, für das sich auch Wilhelm II. begeistern konnte. Die Konservativen liefen gegen das Vorhaben Sturm, weil sie wegen der niedrigen Wasserfrachtsätze ein Einströmen preiswerten Getreides aus dem Ausland befürchteten.[64] Zweimal, 1899 und 1901, lehnten sie die Kanalvorlagen ab – das zweitemal nutzte Bülow die Gelegenheit, um seinen Gegenspieler Miquel zum Rücktritt zu zwingen und seine Autorität als Kanzler zu stärken. Im Februar 1905, nachdem die Regierung auf den Bau der Verbindung zwischen Hannover und der Elbe, das eigentliche Herzstück des Projekts, verzichtet hatte, passierte die Kanalvorlage den Reichstag. Wieder einmal hatte sich gezeigt, daß im Kaiserreich gegen den harten Widerstand der Agrarier sich kaum etwas durchsetzen ließ.

Der zweite Streitpunkt betraf die Revision der Zolltarife. 1905/06 liefen die Caprivischen Handelsverträge ab. Schon lange vorher bedrängten die Agrarier die Reichsleitung, ihre 1897 gegebene Zusage einzulösen und die Einfuhrzölle für Agrarprodukte drastisch zu erhöhen, nämlich von 3,50 auf 7,50 Mark pro Doppelzentner. Bülow war zwar den Wünschen der Landwirtschaft gegenüber durchaus aufgeschlossen, wollte aber zugleich die entgegenstehenden Interessen der exportorientierten deutschen Industrien berücksichtigt wissen. Ihm ging es darum, einen »Weg zwischen den beiden Leuchttürmen (zu) finden: wirksamer Schutz für die Landwirtschaft auf der einen, Handelsverträge, mit denen sich unsere Industrie gedeihlich entwickeln könne, auf der anderen Seite«.[65] Mit dieser mittleren Linie handelte sich die Reichsleitung harsche Kritik ein. Die militanten Konservativen warfen ihr, angetrieben von der Agitation des Bundes der Landwirte, mangelnde Berücksichtigung agrarischer Interessen vor. Die Sozialdemokraten befürchteten von der Erhöhung der Zollsätze eine Steigerung der Lebensmittelpreise, sprachen von *Brotwucher* und beklagten die Willfährigkeit der Regierung gegenüber den erpresserischen Forderungen der Junker. Nach monatelangen heftigen innenpolitischen Auseinandersetzungen wurde schließlich am 14. Dezember 1902 im Reichstag ein Kompromißantrag mit den Stimmen des Zentrums, der Nationalliberalen, der Freikonservativen und einer gemäßigten Gruppe der Deutschkonservativen angenommen: Er entsprach zwar nicht den Erwartungen der Agrarier, war diesen aber dennoch weit entgegengekommen. Die Minimaltarife für Weizen wurden auf 5,50 Mark, für Roggen und Hafer auf 5 Mark pro Doppelzentner angehoben.

Bülow feierte die Verabschiedung des Zolltarifgesetzes von 1902 als einen wichtigen Erfolg seiner Sammlungspolitik. Das Bündnis von Agrariern und Schwerindustriellen, »die soziologische Basis der Weltpolitik«,[66] hatte sich als stabil erwiesen. Gleichzeitig war es gelungen, mit einem Appell an die gemeinsame nationale Aufgabe auch die bürgerlichen Mittelschichten und ihre Repräsentanten im Parlament einzubeziehen. Voraussetzung dafür war nicht nur eine intensive Pressepolitik – hier stand Bülow mit dem Pressechef des Auswärtigen Amtes, Otto Hammann, ein sehr fähiger Gehilfe zur Seite –,[67] sondern auch ein ungewohnt gewandter Umgang mit Parlamentariern. In informellen Gesprächen mit den Führern der Reichstagsfraktionen (natürlich mit Ausnahme der Sozialdemokraten) pflegte Bülow seine Gesetzesvorlagen vorzubereiten und das Terrain für Kompromisse zu sondieren. Das war ein neuer Stil, der Eindruck machte, nicht zuletzt weil der Kanzler sich auch bei seinen Auftritten als Debattenredner im Reichstag durch Schlagfertigkeit und Witz auszeichnete.

Besonders angewiesen war Bülow auf das Wohlverhalten des Zentrums. Ohne die Zustimmung der katholischen Partei hätten weder die Flotten- noch die Zollvorlagen durch den Reichstag gebracht werden können. Das Zentrum rückte damit »in die Position quasi einer regierenden Partei«,[68] und es ließ sich seine Mitwirkung durch eine Reihe von Gegenleistungen honorieren. Dazu gehörte etwa die Streichung des Paragraphen 2 des Jesuitengesetzes aus der Zeit des Kulturkampfes, der den Regierungen die Vollmacht gegeben hatte, Angehörige des Jesuitenordens auszuweisen.

Ende 1906 entschloß sich Bülow plötzlich, mit dem Zentrum zu brechen. Die Gründe für diesen überraschenden Schritt sind nicht ganz eindeutig. Durch die vorausgegangenen außenpolitischen

Schlappen war Bülows Prestige angeschlagen und auch das Vertrauen des Kaisers in seine Regierungskunst nicht mehr ungebrochen. Dessen hochkonservative Berater bestärkten ihn in dem Argwohn, daß der Kanzler zu nachgiebig sei gegenüber den Machtgelüsten des Reichstags und insbesonders den Katholiken zu große Zugeständnisse mache. Hinzu kam, daß Bülow nach einem Ohnmachtsanfall im Reichstag im April 1906 einen längeren Erholungsurlaub einlegen mußte. Seine Abwesenheit nutzen seine Gegner, um gegen ihn zu intrigieren. Bülow glaubte, als er im Spätherbst seine Amtsgeschäfte wiederaufnahm, zunächst seine Stellung beim Kaiser neu befestigen zu müssen. Die Wendung gegen das Zentrum schien dazu das geeignete Mittel.

Den Anlaß zum Bruch bot ihm das Zentrum selbst. Anfang 1904 hatten sich die Herero in Südwestafrika gegen die deutsche Kolonialherrschaft erhoben; ein deutsches Expeditionskorps schlug den Aufstand in einem brutalen Vernichtungsfeldzug nieder, wobei ein großer Teil des Hererovolkes den Tod fand.[69] Im Frühjahr 1906 erhob der Zentrumsabgeordnete Matthias Erzberger im Reichstag schwere Vorwürfe gegen die deutsche Kolonialverwaltung und jene Firmen, die sich am Völkermord bereichert hatten. Im Dezember 1906 lehnte das Zentrum gemeinsam mit den Sozialdemokraten den Nachtragshaushalt zum Kolonialetat ab. Bülow löste daraufhin den Reichstag auf. Mit dem ihm eigenen Machtinstinkt erkannte er die Chance, den Wahlkampf unter einer zugkräftigen nationalen Parole zu führen, und zwar zugleich gegen das Zentrum und gegen die Sozialdemokratie. Sein Ziel war, das alte Bismarcksche *Kartell*, also das Bündnis der konservativen Parteien mit den Nationalliberalen, wieder zum Leben zu erwecken, erweitert um die national neu bekehrten Linksliberalen. Sie sollten sich zu einem *Block* zusammenschließen gegen all jene, die man der »nationalen Unzuverlässigkeit« verdächtigte. »Kampf für Ehr' und Gut der Nation gegen Sozialdemokraten, Polen, Welfen und Zentrum«, so lautete die zentrale Wahllosung, die Bülow an der Jahreswende 1906/07 ausgab.[70]

Die Krise des »persönlichen Regiments«: Bülow-Block, Daily-Telegraph-Affäre und Reichsfinanzreform (1906–1909)

Am 14. Dezember 1906, einen Tag nach Auflösung des Reichstags, warnte Max Weber in einem Brief an Friedrich Naumann davor, der Wahlparole »für den Kaiser gegen das ›machtlüsterne‹ Zentrum« zu folgen; vielmehr müsse das *persönliche Regiment* mit seinen bedenklichen Auswirkungen zum Thema des Wahlkampfes gemacht werden: »Das Maß an Verachtung, welches uns, als Nation, im Ausland ... entgegengebracht wird, weil wir uns dieses Regime dieses Mannes ›gefallen lassen‹, ist nachgerade ein Faktor von erstklassiger ›weltpolitischer‹ Bedeutung für uns geworden. Kein Mann und keine Partei, die in irgend einem Sinne ›demokratische‹ und zugleich ›nationalpolitische‹ Ideale pflegt, darf die Verantwortung für dieses Regime, dessen Fortdauer unsere Weltstellung mehr bedroht als alle Colonialprobleme irgend welcher Art, auf sich nehmen.«[71]

Tatsächlich stand der Wahlkampf jedoch ganz im Zeichen einer von Bülow entfesselten beispiellosen nationalistischen Kampagne. Rosa Luxemburg sprach rückblickend von einer »geistigen Pogromatmosphäre«,[72] die in den Wochen vor der Wahl in Deutschland geherrscht habe. Die Regierung mischte sich massiv in den Wahlkampf ein. Alle Beamten wurden verpflichtet, »für die Bildung eines Blocks der konservativen und liberalen Parteien einzutreten«;[73] gleichzeitig wurden Hilfstruppen in Gestalt der nationalen Agitationsverbände mobilisiert. Eine besondere Rolle spielte dabei der im Mai 1904 gegründete *Reichsverband gegen die Sozialdemokratie,* für den der Wahlkampf Anfang 1907 zur »großen Bewährungsprobe« wurde.[74]

Der Appell an niederste nationale Instinkte und die Massenmobilisierung sorgten für eine Rekordwahlbeteiligung von 84,7 Prozent (1903: 76,1). Dennoch brachten die »Hottentottenwahlen«, wie August Bebel sie nannte, nicht ganz das von Bülow erhoffte Ergebnis. Denn das Zentrum konnte sogar noch einen Sitz hinzugewinnen und blieb mit 105 Mandaten stärkste Fraktion. Der eigentliche Verlierer der Wahl waren die Sozialdemokraten, deren Mandatszahl von 79 auf 43 zurückging (obwohl sich ihr Stimmenanteil nur geringfügig von 31,7

Prozent auf 28,9 Prozent verringert hatte). Der Verlust fiel auch deshalb so deutlich aus, weil sich die Sozialdemokraten in den Stichwahlen einer geschlossenen Front der konservativen und liberalen Parteien gegenübersahen. Diese erreichten eine insgesamt komfortable Mehrheit und bildeten als *Block*-Parteien nunmehr das neue Regierungslager.

Der Bülow-Block war gewissermaßen »eine Neuauflage der Sammlungspolitik in einer schiefen Frontlinie«.[75] Das Neue daran war die Einbindung der linksliberalen Parteien, das heißt die Erweiterung ins Spektrum des fortschrittlichen, akademisch gebildeten Bürgertums, auf das die wilhelminische Welt- und Flottenpolitik eine nicht unbeträchtliche Faszination ausübte. Manche Linksliberalen erkannten in der Bildung des Bülow-Blocks eine Chance, aus der unfruchtbaren Daueropposition herauszukommen und ihr politisches Gewicht zugunsten demokratischer Reformen in die Waagschale zu werfen. Allerdings sollte die neue Kombination im Reichstag nicht als Vorstufe zu einer parlamentarischen Regierungsweise im Kaiserreich mißverstanden werden. Bülow war, obwohl er seine Politik nun fest an eine bestimmte Parteienkoalition band, doch keineswegs geneigt, sich zum Schrittmacher einer Parlamentarisierung aufzuschwingen. Worum es ihm ging, war »eine behutsame Modernisierung des bestehenden Systems, unter Beschneidung alter Zöpfe und überlebter obrigkeitlicher Strukturen, aber gewiß nicht eine Änderung der Verfassung als solcher«.[76] Die Basis seiner Macht, das wußte er, blieb die Vertrauensstellung beim Kaiser, nicht sein Rückhalt bei einer Parlamentsmehrheit.

Zudem war der Bülow-Block von Anfang an alles andere als geschlossen. Zwischen den Flügelparteien, den Konservativen und den Linksliberalen, bestanden in zentralen Fragen der Innenpolitik tiefe Meinungsverschiedenheiten. Als Sprengsatz erwies sich vor allem das Problem des preußischen Dreiklassenwahlrechts.[77] Die Liberalen, vor allem ihr linker Flügel, forderten eine Demokratisierung des Wahlrechts, die Konservativen lehnten sie kategorisch ab, wohl wissend, daß hier das Fundament ihrer Vorherrschaft in Preußen zur Disposition stand. Ende Juli 1907 erklärte Friedrich Naumann im BERLINER TAGEBLATT die Wahlrechtsreform zur »Lebensfrage des Blocks«. Er entfesselte damit »ein hoch aufflammendes Feuer, das schnell abbrannte, aber nie wieder zu glimmen aufhörte«.[78]

Bülow lavierte in der Wahlrechtsfrage, indem er sie zunächst einmal auf die lange Bank schob. Das kam einer »dilatorischen Unterwerfung der Regierung unter die Konservativen«[79] gleich und verdroß begreiflicherweise die Liberalen. Um diese zu besänftigen, kam der Kanzler ihnen in weniger strittigen Fragen entgegen: Zum einen konzedierte er eine Liberalisierung des Majestätsbeleidigungsparagraphen im Strafgesetzbuch, zum anderen eine Neufassung des Vereins- und Versammlungsrechts, nach der Frauen die politische Betätigung gestattet wurde und die Vollmachten der Polizei zur Überwachung von Vereinen und Versammlungen eingeschränkt werden sollten. Für Streit sorgte ein auf Betreiben des neuen Staatssekretärs des Innern, Theobald von Bethmann Hollweg, eingefügter *Sprachenparagraph,* der in allen öffentlichen Versammlungen nur die deutsche Sprache zulassen wollte. Gegen diese, vor allem die Polen in den preußischen Ostprovinzen diskriminierende Bestimmung regte sich linksliberaler Protest. Schließlich wurde in die Endfassung des Gesetzes vom April 1908 ein fragwürdiger Kompromiß hineingeschrieben, der die Geltung des *Sprachenparagraphen* in Landesteilen mit über 60 Prozent nicht deutsch Sprechenden aussetzte, und zwar für die Dauer von zwanzig Jahren.

Die Auseinandersetzungen um das Reichsvereinsgesetz standen bereits im Schatten einer Affäre, welche die Öffentlichkeit erregte: Seit Herbst 1906 führte der Publizist Maximilian Harden in seiner Zeitschrift DIE ZUKUNFT eine Kampagne gegen die Kamarilla um Eulenburg und die *Liebenberger Tafelrunde*. Er warf ihr, durchaus zu Recht, einen unheilvollen Einfluß auf die deutsche Politik, vor allem auf den Kaiser selbst, vor. Doch scheute Harden gleichzeitig nicht davor zurück, von belastendem Material über die homosexuellen Neigungen einiger Mitglieder des Liebenberger Kreises, das man ihm zugespielt hatte, Gebrauch zu machen. Damit provozierte er einen Skandal, denn Homosexualität galt als schlimme Verfehlung, als Ausdruck krankhafter Verweichlichung und wurde nach Paragraph 175 des Strafgesetzbuches mit Strafe bedroht. Hardens Enthüllungen zogen eine Serie von Prozessen nach sich, die sich zu regelrechten Schlammschlachten entwickelten und selbst intimste Details aus dem Innenleben der aristokratischen Oberschicht an die Öffentlichkeit zerrten. Am Ende wurde Eulenburg des Meineides überführt; er war gesellschaftlich vernichtet, doch auch das Ansehen der kaiserlichen Hofgesellschaft hatte schweren Schaden genommen.[80]

Im Herbst 1908 rückte Wilhelm II. selbst ins Zentrum der öffentlichen Kritik. Am 28. Oktober veröffentlichte der DAILY TELEGRAPH ein »Interview« mit dem Kaiser, das alles übertraf, was der Monarch sich bislang an Taktlosigkeiten geleistet hatte.[81] Der Text beruhte auf Gesprächen, die Wilhelm II. 1907/08 mit einem englischen Obersten a. D., Edward Stuart Wortley, geführt hatte. Bülow hatte versäumt, ihn zu lesen, und auch die Beamten des Auswärtigen Amtes hatten ihn nur flüchtig geprüft – ein Lehrbeispiel für die chaotische, operettenhafte Regie der wilhelminischen Ära.

Nicht nur die kaiserlichen Äußerungen selbst, auch die bizarren Vorgänge um die Veröffentlichung des Interviews lösten, als sie bekannt wurden, einen Sturm der Entrüstung aus. Darin entlud sich nun alles, was sich im Laufe von zwei Jahrzehnten an Verdruß über das *persönliche Regiment* angesammelt hatte – und zwar quer durch alle Gruppen und Parteien bis hinauf zu den Spitzen des kaiserlichen Hofes. »Etwas derartiges an sträflicher Lumperei, gewissenlosem Leichtsinn ist wohl je nicht dagewesen und wohl geeignet, das schon so erschütterte Vertrauen in unsere politische Leitung ganz zu zerstören«, notierte Baronin Spitzemberg am 1. November 1908.[82]

Alle Blicke richteten sich jetzt auf den Reichstag, von dem sich weite Teile der alarmierten Öffentlichkeit die notwendige innenpolitische Kurskorrektur versprachen. Doch die Gegensätze zwischen den Parteien waren größer als der gemeinsame Wille, den Monarchen in die Schranken zu weisen und die Krise zu einer Umverteilung der Macht in Preußen-Deutschland zu nutzen. So endete auch die zweitägige große Reichstagsdebatte am 10./11. November, bei aller Kritik an den Auswüchsen des *persönlichen Regiments*, ohne konkretes Ergebnis – »ein Ventil, keine Staatsaktion«, so hat Theodor Eschenburg geurteilt.[83] Die Parlamentarier gaben sich mit einer Erklärung zufrieden, die Bülow am 17. November dem Kaiser abhandelte. Darin versprach Wilhelm II. künftig mehr Zurückhaltung zu üben und die verfassungsmäßigen Verantwortlichkeiten zu wahren.

Dennoch blieb die DAILY-TELEGRAPH-Affäre nicht folgenlos. Das Vertrauensverhältnis zwischen Kaiser und Kanzler war unwiderruflich zerstört. Der Monarch mochte es Bülow nicht verzeihen, daß er sich im Reichstag nicht entschiedener vor ihn gestellt hatte. »Der Sündenbock war Ich, und Mein Reichskanzler wusch sich die Hände in Unschuld«, klagte er am 9. Dezember dem österreichischen Botschafter.[84] Bülow war fortan ein Kanzler auf Abruf; Wilhelm II. wartete nur noch auf eine günstige Gelegenheit, ihm den Laufpaß zu geben.

Diese Gelegenheit kam mit den Auseinandersetzungen um die Reichsfinanzreform, die seit Ende 1908 die deutsche Innenpolitik beherrschten.[85] Schon lange konnten die steigenden Ausgaben des Reiches, vor allem für Heeresrüstung und Schlachtflottenbau, nicht aus den laufenden Einnahmen gedeckt werden. Die Folge war eine – auch für damalige Verhältnisse – rasant steigende Staatsverschuldung. Bereits im August 1908 hatte Bülow angesichts der chronischen Finanznot an Holstein geschrieben: »Wir können nicht gleichzeitig das erste Heer der Welt haben … die großzügigste und kostspieligste Sozialpolitik unter allen Völkern treiben und eine Risikoflotte bauen und erneuern.«[86]

Eine Sanierung der Reichsfinanzen war unumgänglich. Doch woher die Mittel nehmen, wo neue Steuerquellen erschließen? Diese Frage barg viel innenpolitischen Sprengstoff, denn sie berührte nicht nur das empfindliche Gleichgewicht zwischen Bundesstaaten und Reich, wie es sich seit Bismarcks Zeiten eingespielt hatte, sondern auch die Besitzstände der herrschenden gesellschaftlichen Gruppen. Die bundesstaatlichen Regierungen, allen voran Preußen, widersetzten sich einer durchgreifenden Finanzreform, weil sie sich ihre tradierten Rechte, vor allem den Zugriff auf die direkten Einkommens- und Vermögenssteuern, nicht schmälern lassen wollten. Die Konservativen verteidigten die steuerpolitischen Privilegien der Großagrarier mit Zähnen und Klauen; deshalb waren sie auch gegen die Einführung einer direkten, die Besitzenden belastenden Reichssteuer. Die Kosten für die wilhelminische Welt- und Flottenpolitik wollten sie den weniger Begüterten aufbürden, und zwar möglichst über eine Erhöhung der indirekten Verbrauchssteuern. Die liberalen Parteien hielten eine so einseitige Verteilung der Steuerlasten für gefährlich, weil dadurch die Sozialdemokraten noch mehr Zulauf bekommen würden. Die SPD wiederum forderte eine stärkere Belastung der Besitzenden über direkte

Steuern und eine Senkung der Abgabelasten für die breiten Schichten der Bevölkerung. Auf keinem anderen Politikfeld, außer dem der preußischen Wahlrechtsreform, waren die Interessen so gegensätzlich, die Positionen so festgefahren. Es verwundert daher nicht, daß die Reichsleitung die dringende Sanierung der Reichsfinanzen erst spät und dann zunächst auch nur halbherzig anpackte.

1908 hatte die Verschuldung ein Ausmaß erreicht, das eine Lösung dringend erforderlich machte. Um das Defizit zu decken, brauchte das Reich 500 Millionen Mark zusätzlicher Steuereinnahmen pro Jahr. Nach der Regierungsvorlage, die Ende 1908 dem Reichstag zugeleitet wurde, sollten davon vier Fünftel durch Erhöhung der Konsumsteuern (auf Bier, Schnaps, Tabak etc.) und ein Fünftel durch eine Ausdehnung der (1906 als erste direkte Besitzsteuer eingeführten) Erbschaftssteuer auf Ehegatten und Kinder aufgebracht werden. Der Löwenanteil der neuen Abgaben sollte also wiederum von den Verbrauchern getragen werden.

Dennoch liefen die Konservativen gegen die geplante erweiterte Erbschaftssteuer Sturm. Der Bund der Landwirte zog alle Register einer hemmungslosen Demagogie: Von einer Zerstörung des »Familiensinns«, von einer »undeutschen«, ja »sozialistischen« Maßnahme war die Rede.[87] Am 24. März 1909 teilte der Vorsitzende der deutschkonservativen Reichstagsfraktion, Oskar von Normann, dem nationalliberalen Fraktionsführer Ernst Bassermann mit, daß seine Partei entschlossen sei, die Erbschaftssteuer im Reichstag zu Fall zu bringen. Das bedeutete faktisch die Aufkündigung des *Blocks*. Zu diesem Zeitpunkt zeichnete sich bereits eine neue Parteienkonstellation ab: Seit Bekanntwerden der Steuerpläne arbeitete das Zentrum zielstrebig auf eine Verständigung mit den Konservativen hin, um den verhaßten Reichskanzler zu stürzen und sich selbst wieder in die parlamentarische Schlüsselstellung zu bringen, die es vor den *Hottentottenwahlen* eingenommen hatte.

Vergeblich versuchte Bülow, die Konservativen doch noch umzustimmen. »Ich glaube, meine Herren«, rief er ihnen am 16. Juni 1909 im Reichstag zu, »Sie werden noch lange warten, bis Sie wieder einen Kanzler bekommen, der die konservativen und agrarischen Interessen und die wirklichen und dauernden Bedürfnisse der Landwirtschaft so konsequent und ... so erfolgreich fördert wie ich.«[88] Am 24. Juni 1909 wurde der entscheidende Passus des Erbschaftssteuergesetzes im Reichstag abgelehnt. Zwei Tage später bat Bülow den Kaiser um seine Entlassung. Er hatte sein politisches Schicksal mit dem Erfolg der Reichsfinanzreform verknüpft, und er wußte, daß es nach dem Auseinanderbrechen des *Blocks* für ihn keine Hoffnung gab, das Vertrauen des Kaisers zurückzugewinnen. Um den Eindruck zu vermeiden, daß der Reichskanzler von einer Parlamentsmehrheit gestürzt worden war, mußte Bülow auf Wunsch Wilhelms II. noch so lange im Amt ausharren, bis der von der neuen konservativ-klerikalen Mehrheit gebilligte Steuerkompromiß unter Dach und Fach war. Das geschah am 10. Juli: In dem nun beschlossenen Steuerpaket wurde die Erbschaftssteuer ersetzt durch weitere Verbrauchssteuern und eine stärkere Besteuerung des mobilen Kapitals (Abgaben auf Wertpapiere, Schecks, Wechsel). Das Ganze war eine aus engstirnigem Interessenegoismus geborene Notlösung, nicht aber eine tragfähige Grundlage zur Bewältigung der anstehenden Finanzprobleme.

Wie es um die Finanzlage des Deutschen Reiches stand, hat keiner deutlicher zum Ausdruck gebracht als Adolf Wermuth, Staatssekretär im Reichsschatzamt, in einem Schreiben an die Ressortchefs vom 26. August 1909. Darin forderte der oberste Finanzwächter des Reiches kategorisch »nicht nur einen Stillstand, sondern ein kraftvolles Zurückschrauben« der Rüstungsausgaben, weil andernfalls der »völlige Zusammenbruch des Finanzwesens und aller darauf gegründeten nationalen Betätigung« drohe.[89] Dreizehn Jahre nach ihrer Inaugurierung war die deutsche *Weltpolitik* an eine Grenze gestoßen.

5. Der Weg in die Sackgasse

Zwischen Entspannung und Krisenverschärfung: die deutsche Außenpolitik 1909 bis 1914

Theobald von Bethmann Hollweg trat, als er im Juni 1909 ins Reichskanzleramt berufen wurde, auf außenpolitischem Terrain ein schwieriges Erbe an. Bismarcks *cauchemar des coalitions*, der Alptraum eines drohenden Zweifrontenkrieges, war Wirklichkeit geworden. Mehr noch: den angestammten Rivalen, Frankreich und Rußland, hatte sich, durch den deutschen Schlachtflottenbau herausgefordert, das britische Weltreich hinzugesellt. Infolge der eigenen unberechenbaren, ungeschickt auftrumpfenden Politik hatte sich das Deutsche Reich in die außenpolitische Isolierung manövriert und damit erst jenen »Einkreisungsring«[1] schmieden helfen, der nun in der deutschen Öffentlichkeit lebhaft beklagt wurde.

Deutschlands ungünstige bündnispolitische Lage zu verbessern und zugleich dämpfend auf die nationalistisch aufgeheizten öffentlichen Leidenschaften einzuwirken – das sah der neue Reichskanzler als seine vordringliche Aufgabe an. Den Hebel für eine Politik vorsichtiger Entspannung wollte er ansetzen im Verhältnis zu Großbritannien. In der gegebenen Situation des Jahres 1909, so hat er noch in seinen Erinnerungen betont, mußte Deutschland versuchen, »die Hauptgefahr der französisch-russischen Allianz, die wir in sich nicht sprengen konnten, dadurch zu brechen, daß dem Zweibund der englische Kredit für seine antideutsche Politik geschmälert wurde. Das bedeutete für uns den Versuch, uns mit England zu verständigen.«[2] Unterstützung fand Bethmann Hollweg unter anderem beim einflußreichen Hamburger Reeder und Kaiserfreund Albert Ballin. Nach einem Besuch in England im Sommer 1909 unterstrich auch dieser die Notwendigkeit, mit der englischen Regierung über ein Flottenabkommen zu verhandeln: »Sonst jagt man uns den Atem aus und wir haben in 2 Jahren für die vermehrten Kriegsschiffbauten eine neue Finanzkatastrophe, oder einen Krieg.«[3]

Die Verhandlungen, die im Oktober 1909 unter dem Siegel strenger Geheimhaltung aufgenommen wurden, standen freilich von Anfang an unter einem Unstern. Denn als Gegenleistung für geringfügige Konzessionen in der Flottenrüstung verlangte die deutsche Regierung nicht mehr und nicht weniger als eine Kehrtwende in der englischen Außenpolitik, nämlich die förmliche Zusicherung der Neutralität Großbritanniens für den Fall eines Krieges mit Frankreich und Rußland. Dieses Junktim von Flotten- und Neutralitätsabkommen war für das britische Kabinett von vornherein nicht akzeptabel; es nährte in Großbritannien den keineswegs unbegründeten Verdacht, daß es der deutschen Seite nur darauf ankomme, die Entente auseinanderzudividieren, um danach in aller Ruhe die deutsche Hegemonie über Kontinentaleuropa zu errichten. Keineswegs war die britische Regierung bereit, um eines politischen Abkommens mit Deutschland willen seine Verbindungen mit Frankreich und Rußland aufs Spiel zu setzen. Und wenn überhaupt, dann konnte ein solches Abkommen erst nach einer Verständigung in der Flottenrüstung in Frage kommen.

Umgekehrt glaubte Bethmann Hollweg Abstriche von den deutschen Flottenplänen innenpolitisch nur dann durchsetzen zu können, wenn sie mit erheblichen englischen Zugeständnissen, eben dem angestrebten Neutralitätsabkommen, gekoppelt waren. Ohnehin war die Konzessionsbereitschaft des Großadmirals Tirpitz außerordentlich gering; er war lediglich bereit, sich auf ein jährliches Bautempo im Verhältnis von 3:2 zugunsten von Großbritannien festlegen zu lassen. Alles andere – so ließ er unentwegt verlauten – würde »die Weltmachtstellung des Deutschen Reiches« gefährden, die auf dem Aufbau einer starken deutschen Flotte beruhe.[4] Einen offenen Konflikt mit dem populären Großadmiral, der sich der Unterstützung des Kaisers sicher war, konnte der Kanzler nicht riskieren, und er hätte dafür auch in weiten Kreisen der bürgerlichen Öffentlichkeit kaum Verständnis gefunden. Obwohl der Flottenenthusiasmus der neunziger Jahre sich inzwischen deutlich abgekühlt hatte, galt es als unumstößlich, am Flottenbau festzuhalten und dafür Opfer zu bringen.

Bei diesem Stand der Dinge nimmt es nicht wunder, daß die Verhandlungen bald ins Stocken gerieten. Um sie wieder in Gang zu bringen, suchte Bethmann Hollweg – ähnlich wie schon sein Vorgänger – die Briten mit der Möglichkeit einer deutsch-russischen Verständigung zu schrecken. Bei einem Besuch von Zar Nikolaus II. in Potsdam Anfang November 1910 kamen Deutsche und Russen sich tatsächlich ein Stück näher. Der russische Außenminister Sasonow sagte zu, dem Weiterbau der Bagdadbahn keine Hindernisse mehr in den Weg zu legen; umgekehrt erkannte das Deutsche Reich Persien als russische Interessensphäre an. Allerdings lehnte es die russische Delegation ab, diese Absprachen in ein alsbald zu veröffentlichendes Abkommen umzuwandeln. Wie für England waren auch für das Zarenreich die guten Beziehungen zu seinen Ententepartnern wichtiger als eine mögliche Übereinkunft mit Deutschland. Und durch sein Engagement im Orient besaß das Reich – anders als zu Bismarcks Zeiten – kein Druckmittel mehr, um England und Rußland gegeneinander auszuspielen.

Dennoch hielt Bethmann Hollweg an der Absicht fest, über eine Verbesserung der Beziehungen zu Rußland eine Détente mit England zustande zu bringen. Schon die Potsdamer Entrevue vom November 1910 war für ihn vor allem Mittel zum Zweck; sie sollte, wie er einem Privatbrief anvertraute, als »Sprungbrett für eine Verständigung mit England« dienen.[5] Tatsächlich wurde der Gesprächsfaden bald wiederaufgenommen und mit Verhandlungen über den Austausch von Informationen über die Flottenprogramme begonnen. Doch was immer daraus an Klimaverbesserungen im deutsch-britischen Verhältnis hätte resultieren können – es wurde zunichte gemacht durch die provokative Politik der deutschen Reichsleitung in der zweiten Marokkokrise des Jahres 1911.[6]

Verantwortlich für diese Politik war in erster Linie Alfred von Kiderlen-Wächter, seit Juni 1910 Staatssekretär des Äußeren, ein eigenwilliger, zur Selbstüberschätzung neigender Karrierediplomat, der im Unterschied zu Bethmann Hollweg wieder eine schärfere Gangart in der Außenpolitik favorisierte. Als französische Truppen im Mai 1911 unter Verletzung der Algeciras-Akte die marokkanische Hauptstadt Fes besetzten, sah Kiderlen-Wächter darin eine günstige Gelegenheit, die Marokkofrage noch einmal aufzurollen. Wie in der ersten Marokkokrise von 1905/06 sollte mittels einer diplomatischen Offensive, die mit dem Krieg drohte, ohne ihn wirklich zu wollen, Frankreich in die Enge getrieben und die Entente cordiale einem Haltbarkeitstest unterworfen werden. Über den erwarteten Prestigeerfolg hinaus sollte aber auch für die kolonialpolitischen Interessen des Reiches etwas herausspringen. Deutschland sollte sich nach Kiderlens Vorstellung in den Besitz der marokkanischen Häfen Agadir und Mogadar setzen und dann »in Ruhe mit ansehen und abwarten, ob etwa Frankreich uns in seinem Kolonialbesitz geeignete Kompensationen anbieten wird, für die wir dann die beiden Häfen verlassen könnten«.[7]

Zur Vorbereitung des Coups veranlaßte Kiderlen-Wächter deutsche Bankiers und Unternehmer, ihr wirtschaftliches Interesse an Marokko nachdrücklich zu bekunden. Darüber hinaus suchte er durch eine enge Zusammenarbeit mit den nationalen Agitationsvereinen die deutsche Öffentlichkeit mobilzumachen. Bereits im April 1911 traf er sich mit dem Vorsitzenden des Alldeutschen Verbandes, Heinrich Claß, um eine Arbeitsteilung zu vereinbaren: Die Alldeutschen sollten die nationalistische Trommel rühren und die imperialistischen Begehrlichkeiten anheizen, um der deutschen Diplomatie ein zusätzliches Druckmittel für ihr erpresserisches Manöver in die Hand zu geben: »Ich kann dann sagen: ja, ich bin ja versöhnlich, aber die öffentliche Meinung muß berücksichtigt werden.«[8]

Die Liaison mit den Alldeutschen war für die Regierung keineswegs unproblematisch. Denn im Verlauf der Krise sollte sich zeigen, daß man im Lager der nationalen Rechten tatsächlich auf Erwerbungen in Marokko spekulierte. Heinrich Claß selber brachte diese Erwartungen in einer Broschüre WEST-MAROKKO DEUTSCH!, die in kurzer Zeit zahlreiche Auflagen erlebte, ungeschminkt zum Ausdruck. Später, im August 1911, als die Krise ihrem Höhepunkt zutrieb, mußte Kiderlen-Wächter eingestehen: »Die ich rief, die Geister, werd' ich nun nicht los.«[9]

Ausgelöst wurde die zweite Marokkokrise durch einen Paukenschlag: Am 1. Juli 1911 ankerte das deutsche Kanonenboot *Panther* vor Agadir. Diese Machtdemonstration, ein »spektakulärer Akt imperialistischer Kanonenbootdiplomatie«,[10] erregte im In- und Ausland größtes Aufsehen. In Deutschland herrschte fast einhellig Begeisterung (reserviert bis ablehnend verhielten sich nur einige linksliberale Zeitungen und die SPD-Presse). »Hurrah! Eine Tat«, jubelte die RHEI-

NISCH-WESTFÄLISCHE ZEITUNG, ein der Schwerindustrie nahestehendes Blatt. »Der deutsche Träumer erwacht aus zwanzigjährigem Dornröschenschlaf.«[11]

Doch die deutsche Diplomatie hatte sich, was die Reaktion Großbritanniens betraf, verrechnet. Im Foreign Office erkannte man sehr früh, daß hinter den deutschen Drohgebärden nicht nur das Verlangen nach kolonialpolitischer Kompensation stand, sondern daß es um Frankreichs Position in Europa und damit auch um die Zukunft der Entente ging. In einer großen Rede im Londoner Mansion House am 21. Juli 1911 machte der britische Schatzkanzler David Lloyd George klar, daß in der Marokkofrage auch lebenswichtige Interessen Englands berührt würden und daß es notfalls dafür zu kämpfen bereit sei.[12] Das war eine deutliche Warnung an die Adresse der deutschen Reichsleitung, ihre unverantwortliche Droh- und Bluffpolitik nicht fortzusetzen, die Europa unversehens an den Rand einer großen militärischen Konfrontation geführt hatte.

Mehrfach drohte der *trockene Krieg* (Hans Delbrück) im Spätsommer 1911 in einen heißen Krieg umzusschlagen. Erst nach langwierigen Verhandlungen einigten sich die Kontrahenten Anfang November 1911 auf einen Kompromiß: Das Deutsche Reich verzichtete auf politischen Einfluß in Marokko und begnügte sich mit der Zusicherung, daß deutsche Unternehmen sich dort frei und ungehindert betätigen dürften. Faktisch erkannte es damit das französische Protektorat über das nordafrikanische Land an. Dafür erhielt es Gebiete des französischen Kongo im Tausch mit einem Landstreifen Togos. Das war »alles andere als ein strahlender Erfolg, wenn man bedenkt, daß er mit unverantwortlich hohem Risiko und immens nachteiligen Konsequenzen errungen worden war«.[13]

Es gab nur wenige einsichtige Stimmen in Deutschland, die das magere Resultat der Marokkokrise als wohlverdiente Quittung für die eigene verfehlte Politik akzeptierten. Dazu gehörte etwa der Leiter der Zentralabteilung im Reichsmarineamt, Kapitän Hopman, der in seinem Tagebuch beklagte, daß »wir ... nur zu schnell hoch hinaus gewollt u(nd) als Parvenus das Maul zu voll genommen« hätten.[14] In der nationalistischen Presse regte sich indessen gewaltiger Unmut über das *neue Olmütz*, wie der Marokkovertrag vom 4. November 1911 vielfach genannt wurde. Die Enttäuschung entlud sich in einer turbulenten Reichstagsdebatte am 9. und 10. November. Sprecher der Konservativen, des Zentrums und der Nationalliberalen warfen der Regierung einen Ausverkauf nationaler Interessen vor. Der nationalliberale Parteiführer Bassermann verstieg sich gar zu der Behauptung, daß Deutschland durch sein schmähliches Zurückweichen in der Marokkokrise sich »aus der Reihe der Großmächte« definitiv verabschiedet habe.[15]

Sowohl nach außen als auch nach innen war der Ausgang der zweiten Marokkokrise für die deutsche Politik ein Fiasko. Die britisch-französische Entente, die Kiderlen-Wächter hatte schwächen, wenn nicht gar sprengen wollen, wurde durch das deutsche Vorgehen erst recht gefestigt. Noch während der Krise verabredeten die Generalstäbe Großbritanniens und Frankreichs einen gemeinsamen Operationsplan, um für den Fall eines Krieges gegen Deutschland gerüstet zu sein. In Kreisen der deutschen Militärs erhielt der Präventivkrieggedanke neuen Auftrieb. »Wenn wir aus dieser Affaire wieder mit eingezogenem Schwanz herausschleichen«, warnte der deutsche Generalstabschef Helmuth von Moltke im August 1911, »wenn wir uns nicht zu einer energischen Forderung aufraffen können, die wir bereit sind, mit dem Schwert zu erzwingen, dann verzweifle ich an der Zukunft des Deutschen Reiches.«[16]

In Privatbriefen beklagte Bethmann Hollweg zwar den aufgeheizten Rüstungsnationalismus – »das deutsche Volk hat in diesem Sommer so leichtfertig mit dem Krieg gespielt. Das stimmt mich ernst, dem muß ich entgegentreten«[17] –, aber die Kriegstreiber offen in die Schranken zu weisen, das vermochte der Kanzler nicht, weil er sich dadurch in Gegensatz zu großen Teilen der Öffentlichkeit und des politisch-militärischen Establishments gebracht hätte. Gerade der Druck der chauvinistischen Strömungen in der öffentlichen Meinung, deren sich Kiderlen-Wächter während der Marokkokrise hatte bedienen wollen, engte den außenpolitischen Spielraum der Regierung erheblich ein.

In gewisser Weise markierte die Marokkokrise von 1911 einen Einschnitt in der Geschichte des Kaiserreichs. Die Vorstellung, daß der große Krieg über kurz oder lang doch kommen könne, ja kommen müsse, weil sich nur durch ihn die äußeren und inneren Probleme lösen ließen, setzte sich immer stärker im öffentlichen Bewußtsein durch.[18] Der württembergische Gesandte in Berlin, Axel von Varnbüler, berichtete im Dezember 1911 aus der Reichshauptstadt: »Bei Hoch und Niedrig besteht das Empfinden, daß dieser Marokkohandel, so friedlich er auch jetzt beigelegt ist, uns doch dem Kriege um einen großen Schritt näher gebracht hat – die große Auseinandersetzung etwas früher oder später unvermeidlich geworden ist.«[19] Mit dieser Überzeugung von der Unvermeidbarkeit eines europäischen Konflikts wuchs zugleich die Bereitschaft der militärischen Eliten, den Ring der sogenannten »Einkreisung« durch einen Präventivkrieg zu durchbrechen. Charakteristisch für dieses Denken war das Buch des Generals a. D. Friedrich von Bernhardi DEUTSCHLAND UND DER NÄCHSTE KRIEG, das im Frühjahr 1912 erschien und sofort große Resonanz fand. Bernhardi traf den Nerv des Zeitgeistes, wenn er feststellte, »daß wir den Krieg um unsere Weltmachtstellung unter keinen Umständen vermeiden können und daß es keineswegs darauf ankommt, ihn möglichst lange hinauszuschieben, sondern vielmehr darauf, ihn unter möglichst günstigen Bedingungen herbeizuführen.«[20]

Noch allerdings war Bethmann Hollweg nicht bereit, den Scharfmachern in der militärischen Führung und der nationalistischen Presse kampflos das Feld zu überlassen. Sein primäres außenpolitisches Ziel blieb auch nach dem Debakel der Marokkopolitik der Ausgleich mit Großbritannien. »In einem modus vivendi mit England … erblicke ich die Forderung des Tages«, teilte er Ende Dezember 1911 einem Vertrauten mit. »Daran arbeite ich, aber die Widerstände von allen Seiten sind kaum zu überwinden.«[21] Die größten Widerstände kamen nach wie vor aus dem Reichsmarineamt. Tirpitz setzte hier alle Hebel in Bewegung, um eine geplante neue Flottenvorlage durchzubringen, und er scheute auch nicht davor zurück, über den deutschen Marineattaché in London, Wilhelm Widenmann, den Kaiser mit ganz einseitigen Informationen über die englische Haltung zu versorgen. Man müsse dem britischen Löwen die Krallen zeigen, weil ihm nur das Eindruck mache, lautete die stereotype Formel der Falken in der Führungsspitze des Deutschen Reiches. Demgegenüber fand Bethmann Hollweg mit seinem Ausgleichskurs entschiedene Unterstützung nur beim deutschen Botschafter in London, Graf Wolff-Metternich, der unaufhörlich vor den verhängnisvollen Folgen einer Flottennovelle warnte: »Wo liegt für uns die Notwendigkeit, den Gegensatz zu England künstlich zu verschärfen, wenn wir doch nicht sein Erbe antreten können? Wir setzen alles aufs Spiel, ohne zu wissen, was wir gewinnen wollen oder können.«[22]

Dennoch schien sich im Februar 1912 noch einmal eine Wende in den deutsch-englischen Beziehungen anzubahnen, als der britische Kriegsminister Lord Haldane zu Sondierungsgesprächen in Berlin eintraf. Einen Tag vor seiner Ankunft, am 7. Februar, hatte Wilhelm II. allerdings in einer Thronrede die neue Flotten- und Heeresvorlage angekündigt, was das Klima der Verhandlungen von vornherein belastete. In den Gesprächen mit Bethmann Hollweg am 8. und mit Wilhelm II. und Tirpitz am 9. Februar beschränkte Haldane sich weitgehend auf die Rolle des Zuhörers, ohne die englischen Vorbehalte gegen die forcierte deutsche Flottenrüstung deutlich zu artikulieren. Dadurch erweckte er auf seiten seiner deutschen Gesprächspartner den Eindruck, daß Großbritannien jetzt zu gewähren bereit sei, was es 1909/10 noch abgelehnt hatte – nämlich gegen geringfügige Konzessionen auf dem Gebiet des Flottenbaus (Tirpitz erklärte sich lediglich bereit, das Bautempo für die neuen Schlachtschiffe zeitlich etwas zu strecken) in ein Neutralitätsabkommen mit dem Deutschen Reich einzuwilligen. Daß dies ein veritables Mißverständnis war, sollte sich schon wenige Tage nach dem Haldane-Besuch zeigen. Das britische Kabinett wies die deutschen Zugeständnisse in der Flottenrüstung als völlig unzureichend zurück. Zwar war man in London von Bethmann Hollwegs aufrichtigem Verständigungswillen durchaus überzeugt, aber es überwog das Mißtrauen gegen die Falken in der deutschen Regierung. Und als Haldane bei seiner Rückkehr erklärte, daß in Berlin die eine Hand nicht wisse, was die andere tue, wirkte dies nicht gerade beruhigend.

Das Scheitern der Haldane-Mission bedeutete eine empfindliche Niederlage des Reichskanzlers. Die unmittelbare Folge war die von Tirpitz schon lange betriebene Abberufung des Londoner Botschafters Metternich von seinem Posten. »Einmal mehr hatte sich die Flottenpolitik als schwere Hypothek für eine konstruktive Außenpolitik erwiesen.«[23] Für Bethmann Hollweg blieb angesichts der verfahrenen

Situation nur der Versuch, durch eine *Politik der kleinen Schritte* vielleicht doch noch zu einer Annäherung an England zu gelangen. Das hieß, da die Blockbildung in Zentraleuropa vorerst nicht aufzulösen war, Spannungen an der Peripherie abzubauen. Auf diese Weise hoffte der Kanzler, »allmählich das Kapital an Vertrauen zurückzugewinnen, ohne welches wir uns weder politisch noch wirtschaftlich konsolidieren können«.[24]

Seit Frühjahr 1912 begannen Verhandlungen zwischen Deutschland und England über eine Aufteilung der portugiesischen Kolonien und die Bagdadbahn, ein besonders umstrittenes Prestigeprojekt deutscher *Weltpolitik*. An ihnen war maßgeblich der langjährige Geschäftsträger an der deutschen Botschaft in London, Richard von Kühlmann, beteiligt.[25] Dieser war überzeugt, durch eine Verständigung über kolonialpolitische Fragen das Verhältnis zu England allmählich entspannen zu können. WELTPOLITIK UND KEIN KRIEG – so lautete der Titel einer von ihm inspirierten Broschüre des Publizisten Hans Plehn, in der, gleichsam als Gegenentwurf zu Bernhardis Schrift von 1912, das außenpolitische Programm der gemäßigten Kräfte in der Reichsleitung formuliert wurde.[26] Ganz ohne Erfolgsaussichten schien dieses Programm nicht zu sein. Im Oktober 1913 setzten Kühlmann und der englische Außenminister Grey ihre Unterschrift unter ein Abkommen, das die Aufteilung der portugiesischen Kolonien in einer nicht allzu fernen Zukunft ins Auge faßte. Mit dieser Vereinbarung, die für das Reich wesentlich günstiger ausfiel als der 1898 ausgehandelte Vertrag, war die deutsche Politik ihrem Ziel der Schaffung eines deutschen Mittelafrika einen großen Schritt näher gekommen. Wichtiger noch war, daß sich Deutsche und Briten nach langwierigen Verhandlungen auch über die Bagdadbahn verständigen konnten. In den Monaten Februar bis Juni 1914 wurde eine ganze Reihe von Abkommen paraphiert, die das ehrgeizige Unternehmen international absicherten und so einen das deutsch-britische Verhältnis seit der Jahrhundertwende stark belastenden Faktor beseitigten.[27]

Doch die Erwartung, daß die Einigung in peripheren Fragen allmählich auch zu einer allgemeinen politischen Annäherung führen würde, erfüllte sich nicht. Zwischen dem Deutschen Reich und England stand weiterhin als entscheidende Barriere für eine Verständigung die wilhelminische Flottenhochrüstung. Das galt auch für das vorübergehende deutsch-englische Zusammenwirken während der Balkankriege 1912/13, durch die die Spannungen zwischen den rivalisierenden Bündnissystemen in Europa noch einmal wesentlich verschärft wurden.

Daß der Balkan vor 1914 wieder ins Zentrum der europäischen Politik rückte, lag vor allem an der chronischen Schwäche des Osmanischen Reiches. Italien machte sie sich Anfang 1912 zunutze, als es sich in einem lang vorbereiteten Coup Libyen einverleibte. Das stachelte die Balkanstaaten an, sich nun ihrerseits von den Resten der türkischen Oberhoheit zu befreien. Im Oktober 1912 erklärten Serbien, Bulgarien, Griechenland und Montenegro, die sich zum *Balkanbund* zusammengeschlossen hatten, der Türkei den Krieg. Schon nach wenigen Tagen zeichnete sich die vollständige militärische Niederlage der türkischen Armee ab. Damit aber drohte sich der regionale Konflikt zu einem europäischen Flächenbrand auszuweiten. Denn Österreich-Ungarn war keineswegs gewillt, eine Ausdehnung Serbiens bis an die Adria zuzulassen; Rußland hingegen unterstützte Serbien eben in diesem Ziel, um dadurch seinen eigenen Einfluß auf dem Balkan zu stärken.

Die deutsche Reichsleitung sah sich angesichts der dramatischen Zuspitzung der Situation mit einem Dilemma konfrontiert: Entweder sie gewährte Österreich-Ungarn Rückendeckung auch für ein militärisches Vorgehen gegen Serbien und nahm damit die Gefahr eines großen europäischen Krieges in Kauf, oder aber sie entzog sich dem Verlangen nach Unterstützung der österreichisch-ungarischen Balkanpolitik und riskierte damit, ihren letzten Bündnispartner zu verlieren. Kiderlen-Wächter, der bis zu seinem plötzlichen Tod Ende 1912 die Fäden der deutschen Außenpolitik in der Hand hielt, suchte den Ausweg aus diesem Dilemma in einer auf schmalem Grat balancierenden Doppelstrategie, die darauf zielte, »die Großmachtstellung und das Prestige des Habsburger Reiches und das Bündnis auch mit den Waffen gegenüber einem russischen Angriff zu verteidigen, aber mit den Mächten der Tripleentente – eben unter dem Druck der Kriegsgefahr – zu einer friedlichen Lösung der Adriakrise zu gelangen«.[28]

Auf dieser Linie operierte die deutsche Politik in den folgenden Wochen: Einerseits suchte sie gemeinsam mit England nach einem diplomatischen Ausweg aus der Krise, wobei sie auf die Kriegspartei in Wien – etwa durch den »Kalten-Wasserstrahl«-Artikel in der offiziösen NORDDEUTSCHEN ALLGEMEINEN ZEITUNG vom 25. November 1912 –[29] abkühlend wirkte; andererseits aber ließ sie keinen Zweifel daran, daß – wie Bethmann Hollweg am 2. Dezember 1912 im Reichstag erklärte – Deutschland seine Bündnispflichten erfüllen würde, falls die Österreicher »bei der Geltendmachung ihrer Interessen wider alles Erwarten von dritter Seite angegriffen und damit in ihrer Existenz bedroht werden sollten«.[30] Diese Erklärung war für die britische Regierung der Anlaß, tags darauf durch Kriegsminister Haldane klarstellen zu lassen, daß England bei einem europäischen Konflikt schon im Interesse der Wahrung des Gleichgewichts nicht den »stillen Zuschauer« spielen könne und »unter keinen Umständen eine Niederwerfung der Franzosen« hinzunehmen bereit sei.[31]

Wilhelm II. geriet, als er von der Warnung Haldanes erfuhr, so in Harnisch, daß er am 8. Dezember 1912 hinter dem Rücken des Reichskanzlers und des Staatssekretärs des Äußeren seine engsten militärischen Berater zu einer Krisensitzung zusammentrommelte. In dieser Besprechung, an der neben Moltke und Tirpitz der Chef des Admiralstabs, Josia von Heeringen, und der Chef des kaiserlichen Marinekabinetts, Admiral Georg Alexander von Müller, teilnahmen, ließ der Kaiser keinen Zweifel daran, daß er nach den Äußerungen Haldanes die Politik der Annäherung an England endgültig für gescheitert hielt, das Deutsche Reich sich also auf einen großen europäischen Krieg unter Einschluß Englands einstellen müsse. Deshalb forderte er die Vertreter der Marine auf, den Bau von U-Booten zu beschleunigen und Maßnahmen zur Verhinderung englischer Truppentransporte über den Kanal vorzubereiten. Während Moltke dem Monarchen entschieden beipflichtete – »Ich halte einen Krieg für unvermeidbar u(nd) je eher je besser« –, sprach sich Tirpitz für »das Hinausschieben des großen Kampfes um 1½ Jahre« aus. Damit erregte er allerdings den heftigen Unwillen des Generalstabschefs, der einwandte, daß die Marine »auch dann nicht fertig sein« werde, die Armee aber »in immer ungünstigere Lage« käme, »denn die Gegner rüsteten stärker als wir, die wir mit dem Gelde sehr gebunden seien«.[32]

An diesem *Kriegsrat* vom 8. Dezember 1912, wie Bethmann Hollweg die Veranstaltung wenige Tage später ironisch nannte,[33] hat sich Ende der sechziger Jahre eine heftige Kontroverse entzündet. Nach Auffassung Fritz Fischers – und einiger Historiker, die ihm darin gefolgt sind – wurde an diesem Tage definitiv beschlossen, den Krieg um die Vorherrschaft in Europa zu führen; nur der Zeitpunkt sei noch einmal vertagt worden, weil es darum gegangen sei, das deutsche Volk psychologisch noch besser auf den Waffengang vorzubereiten.[34] Diese Deutung ist zu Recht auf erhebliche Skepsis gestoßen.[35] Bereits der Umstand, daß niemand aus der politischen Führung des Reiches zur Krisenkonferenz geladen war, relativiert deren Bedeutung. Er verweist eher auf das schon von Haldane während seines Berlin-Besuchs im Februar 1912 konstatierte Chaos in der Spitze des Reiches als auf eine langfristige, zielstrebige, von allen Entscheidungsinstanzen gleichermaßen getragene Planung des Hegemonialkrieges von 1914. Das heißt allerdings nicht, daß dem sogenannten *Kriegsrat* »ein eigentlicher Stellenwert kaum zuzumessen sei«, wie Egmont Zechlin gemeint hat.[36] Denn ein solches Urteil verkennt, worin die eigentliche Bedeutung der Konferenz vom 8. Dezember 1912 lag: in der erneut und nachdrücklicher als bisher bekundeten Disposition der Militärs, den für unvermeidlich gehaltenen Krieg zu einem möglichst günstigen Zeitpunkt vom Zaun zu brechen. Diese »spezifische Präventivkriegsbereitschaft«[37] sollte im Laufe der nächsten Monate noch zunehmen und auf die Entscheidungen der deutschen Politik des Jahres 1914 einen verhängnisvollen Einfluß gewinnen.

Unmittelbare Auswirkungen hatte der »Kriegsrat« nicht; sein praktisches Ergebnis war, wie Admiral von Müller notierte, »so ziemlich Null«.[38] Reichskanzler Bethmann Hollweg und der neue Staatssekretär des Äußeren, Gottlieb von Jagow, bemühten sich erfolgreich, in enger Kooperation mit England die Balkankrise zu entschärfen und eine für alle Mächte akzeptable Lösung zu finden. Das gemeinsame Krisenmanagement bewährte sich auch, als nach dem Abschluß des Präliminarfriedens von London im Mai 1913 die siegreichen Balkanstaaten – Bulgarien einserseits, Serbien und Griechenland andererseits – sich im Streit um die türkische Beute schon bald in die Haare gerieten. Der zweite Balkankrieg, in dessen Verlauf auch Rumänien und die Türkei auf die Seite Serbiens und Griechenlands traten, endete mit der Niederlage Bulgariens. Gewinner war vor allem Serbien, das sein Gebiet noch einmal bedeutend vergrößern konnte. Durch die Gründung eines selbständigen albanischen Staates wurde ihm allerdings der erstrebte Zugang zur Adria verwehrt. Auch nach dem Friedensschluß von Bukarest im August 1913 blieb der Balkan ein Pulverfaß, das für den europäischen Frieden um so gefährlicher war, als sich hier die Aspirationen der jungen Balkanstaaten mit den österreichisch-ungarischen und russischen Großmachtinteressen konfliktträchtig überschnitten.

Die Balkankriege 1912/13 läuteten eine neue Runde im Rüstungswettlauf ein. In allen europäischen Ländern wurden die Streitkräfte verstärkt, militärische Nachschubwege ausgebaut und Waffensysteme modernisiert. Die großen Rüstungsfirmen erzielten Umsätze wie noch nie. Im Deutschen Reich verlagerte sich die Priorität von der Marine zurück auf die Heeresrüstung. Nachdrücklich setzte sich auch Bethmann Hollweg für diese Umsteuerung der Rüstungspolitik ein, nicht zuletzt deshalb, weil er auf diese Weise Tirpitz' Forderung nach einer neuen Flottenvorlage abwehren konnte, die seine Bemühungen um einen Ausgleich mit England stark belasten mußte. »Ob der Flotte haben wir die Armee vernachlässigt und uns ringsum Feinde geschaffen«, schrieb er im Frühjahr 1913. »Die Armeevorlage ist unbedingt nötig. Wir können keinen Rekruten missen, der den Kuhfuß tragen kann.«[39] Die Heeresvorlage, die das Kriegsministerium im März 1913 dem Reichstag vorlegte, war »die größte ... die es je im Deutschen Reich gegeben hatte«.[40] Sie sah eine Vermehrung des Heeres um 117 000 Mann, 15 000 Unteroffiziere und 5000 Offiziere vor. Dennoch blieb sie weit hinter den Forderungen des Generalstabs von Ende 1912 zurück, der eine Verstärkung der Friedenspräsenzstärke um 300 000 Mann verlangt hatte (was eine Aufstockung des Heeres um fast die Hälfte bedeutet hätte).

Die fieberhafte Aufrüstung heizte die internationalen Spannungen an. Bereits Ende 1913 führte eine neue Krise Europa an den Rand eines großen Krieges. Anlaß war die Entsendung einer deutschen Militärmission unter Generalleutnant Otto Liman von Sanders nach Konstantinopel im Dezember 1913. Offiziell sollte sie die türkische Armee, die im Balkankrieg vollkommen versagt hatte, reorganisieren; doch ihr inoffizieller Auftrag ging weit darüber hinaus – nämlich dem Deutschen Reich eine strategische und politische Schlüsselstellung am Bosporus zu sichern, getreu der von Botschafter Hans Freiherr von Wangenheim bereits im April 1913 formulierten Devise, daß die »Macht, welche die Armee kontrolliert ... in der Türkei immer die stärkste sein« werde.[41] Liman wurde zum Generalinspekteur der osmanischen Armee und Chef aller Kriegsschulen ernannt, darüber hinaus zum kommandierenden General des ersten türkischen Armeekorps in Konstantinopel, das für die Verteidigung der Meerengen zuständig war.

Besonders die letztgenannte Funktion mußte die zaristische Regierung »an einem ihrer wundesten Punkte«[42] treffen, denn das Deutsche Reich war, wie es schien, drauf und dran, Rußland den Weg zu seinem traditionellen außenpolitischen Ziel, die Kontrolle über Konstantinopel und die Meerengen, zu versperren. Entsprechend heftig fiel die Reaktion in St. Petersburg aus. Unmißverständlich wies Außenminister Sasonow darauf hin, daß Rußland seine Interessen massiv verletzt sehe und zu deren Verteidigung notfalls auch zu den Waffen greife. Frankreich unterstützte den Bündnispartner in seinem Widerstand gegen die deutsche Militärmission, während England sich in dieser Frage auffallend zurückhielt. Die Krise konnte schließlich dadurch beigelegt werden, daß die deutsche Regierung scheinbar einlenkte: Liman von Sanders wurde zum türkischen Marschall befördert, womit er automatisch vom Kommando über das 1. Armeekorps in Konstantinopel entbunden wurde.

Der Friede war noch einmal gerettet, aber das deutsch-russische Verhältnis hatte einen Tiefstand erreicht: »Die beiden Reiche balancierten buchstäblich auf Messers Schneide.«[43] In der deutschen Öffentlichkeit schlugen die Wogen einer antirussischen Stimmung hoch, im Frühjahr 1914 nahmen sie Züge einer regelrechten »Massenhysterie« an.[44] Am 1. März 1914 erschien in der KÖLNISCHEN ZEITUNG ein offenbar amtlich inspirierter Artikel des Petersburger Korrespondenten des Blattes. Darin wurde behauptet, daß Rußland »zum Kriege gegen Deutschland« rüste und seine Vorbereitungen im Herbst 1917 abgeschlossen haben werde.[45] Dieser *Alarmruf*, der an den *Krieg-in-*

Sicht-Artikel der POST aus dem Jahre 1875 erinnert, löste nicht nur eine Panik an der Börse, sondern auch eine heftige Pressekampagne aus. Von der politischen Rechten bis hinein ins liberale Lager erscholl die Warnung vor der »russischen Gefahr«, wurde besorgt gefragt, ob man ruhig zuwarten dürfe, bis das Zarenreich über Deutschland herfalle, oder ob man nicht dem erwarteten Angriff zuvorkommen müsse. »Fälle sind freilich denkbar«, schrieb das liberale BERLINER TAGEBLATT am 9. März 1914, »wo ein Staat von einem übermächtigen, bis an die Zähne gerüsteten Nachbar immer mehr in die Enge gedrängt, ihm Licht und Luft abgeschnitten wird, und wo es Pflicht der Selbsterhaltung sein kann, dem Feind nicht auch noch die Wahl des ihm am günstigsten scheinenden Moments zum Gnadenstoß zu lassen.«[46]

Sorge vor der wachsenden Macht Rußlands plagte auch Reichskanzler Bethmann Hollweg. Seit seiner Rußlandreise im Juli 1912 war er beunruhigt über »die aufstrebende, künftig übermächtige russische Industriemacht« mit ihrem »Reichtum an Bodenschätzen und derber physischer Menschenkraft«. Nach seiner Rückkehr äußerte er – auf den Gutspark in Hohenfinow deutend – Zweifel, »ob es Zweck habe, neue Bäume zu pflanzen, in wenigen Jahren wären die Russen ja doch da«.[47]

Auch im Frühjahr 1914 war die Reichsleitung jedoch noch nicht bereit, um einer vermeintlich von Rußland ausgehenden Bedrohung willen einen Präventivkrieg zu führen. Eben dies aber forderte die militärische Führung mit wachsender Ungeduld. »Die Aussichten in die Zukunft bedrückten ihn schwer«, offenbarte Generalstabschef von Moltke seinem Gesprächspartner Staatssekretär von Jagow Ende Mai/Anfang Juni 1914 während einer Autofahrt von Potsdam nach Berlin. »In 2–3 Jahren würde Rußland seine Rüstungen beendet haben. Die militärische Übermacht unserer Feinde wäre dann so groß, daß er nicht wüßte, wie wir ihrer Herr werden könnten. Jetzt wären wir ihnen noch einigermaßen gewachsen. Es bliebe seiner Ansicht nichts übrig, als einen Präventivkrieg zu führen, um den Gegner zu schlagen, solange wir den Kampf noch einigermaßen bestehen könnten.«[48] Jagow wies den Gedanken an einen Präventivkrieg zwar nicht grundsätzlich zurück, gab aber zu bedenken, daß der günstigste Zeitpunkt möglicherweise schon verpaßt sei. Zugleich drückte er seine

Hoffnung aus, daß das Verhältnis zu England sich so weit verbessern lasse, »daß ein allgemeinen Krieg ziemlich ausgeschlossen oder doch weniger gefährlich sein würde«.

Diese Hoffnung erhielt im Juni 1914 einen starken Dämpfer. Durch einen Informanten in der russischen Botschaft in London erfuhr die deutsche Regierung, daß England und Rußland geheime Verhandlungen über eine Marinekonvention führten, die unter anderem auch gemeinsame Flottenoperationen für den Fall eines Krieges gegen das Deutsche Reich vorsah.[49] Diese Nachricht wurde in der Reichsleitung sehr ernst genommen. Die Tatsache, daß der britische Außenminister Grey nach einigen von deutscher Seite lancierten Presseberichten die Verhandlungen über die Marinekonvention im Unterhaus in Abrede stellte, wertete Bethmann Hollweg als Vertrauensbruch. Seiner Englandpolitik, die auf geduldigen, behutsamen Ausgleich angelegt war, schien die Basis entzogen zu sein.

Das bedeutete aber auch eine entscheidende Schwächung seiner innenpolitischen Position. Denn der Reichskanzler besaß jetzt kaum noch ein Argument, um den Befürwortern eines Präventivkriegs in der militärischen Führung überzeugend entgegentreten zu können. Dies war die Situation, als am 28. Juni 1914 ein unvorhersehbares Ereignis eintrat: das Attentat auf den österreichisch-ungarischen Thronfolger und seine Frau in Sarajewo.

Zwischen bürokratischem Reformkurs und Selbstblockade: die deutsche Innenpolitik 1909 bis 1914

Auch in der Innenpolitik hatte Bülow seinem Nachfolger einen Scherbenhaufen hinterlassen. Nach dem Auseinanderbrechen des *Blocks* über der Frage der Reichsfinanzreform waren die parteipolitischen Gegensätze so polarisiert wie selten zuvor in der Geschichte des Kaiserreichs. In der bürgerlich-liberalen Öffentlichkeit herrschte eine ungeheure Erbitterung über den Interessenegoismus der Konservativen, dem sich die Zentrumspartei aus Machtkalkül angeschlossen hatte. Gegen die konservativ-agrarische Interessenpolitik und ihre einseitige Bevorzugung durch die staatliche Bürokratie formierte sich Mitte 1909 im *Hansa-Bund* eine großbürgerlich-liberale Sammlungsbewegung aus Handel, Banken und Industrie.[50] Zugleich führte der Protest gegen das *Junkersystem* innerhalb der liberalen Parteien zu einer deutlichen Stärkung der linken Kräfte. Nicht nur unter Linksliberalen, sondern auch unter Nationalliberalen mehrten sich die Stimmen, die in einem Großblock »von Bassermann bis Bebel«, wie er in Baden bereits bestand, einen Ausweg aus der verfahrenen innenpolitischen Situation des Reiches erblickten.

Allerdings gab es weder in der Nationalliberalen Partei noch in der SPD bereits eine Mehrheit für eine solche Kursänderung auf Reichsebene. Auf beiden Seiten waren die Berührungsängste noch viel zu groß. Blieb die Idee eines *Großblocks*, also einer Koalition der liberalen Parteien mit der Sozialdemokratie, einstweilen eine Chimäre, so war umgekehrt eine Neuauflage der konservativ-liberalen Sammlungspolitik auf absehbare Zeit nicht zu erwarten. Im Gegenteil: Im konservativen Lager versteifte sich der Widerstand gegen jede Liberalisierung des politischen Systems in dem Maße, wie sich in der bürgerlichen Öffentlichkeit und den liberalen Parteien die Gewichte nach links verschoben.

Bethmann Hollweg konnte sich also, anders als sein Vorgänger, nicht auf eine feste Parlamentsmehrheit stützen. »Majoritätsbildung von Fall zu Fall blieb der einzige Ausweg.«[51] Ohnehin hatte der Kanzler sein Amt mit dem klaren Auftrag angetreten, von den pseudoparlamentarischen Experimenten in der Art des Bülow-Blocks Abstand zu nehmen. Künftig müsse der Reichstag, so forderte Wilhelm II., »mehr an den Zügel genommen werden«.[52] Doch Bethmann Hollweg bedurfte, was dies betraf, gar keiner Ermahnungen. Er war nach Herkunft und politischem Temperament ein preußischer Konservativer, dem nichts ferner lag, als etwa einer parlamentarischen Regierungsweise den Weg zu bereiten. Sein Ziel war vielmehr, das bestehende konstitutionelle System zu festigen, die Machtansprüche des Reichstags zurückzuschrauben und die Konservativen allmählich von ihrem antigouvernementalen Kurs abzubringen. In der Praxis bedeutete dies die Rückkehr zu einer Regierung *über den Parteien*, gestützt vor allem auf tüchtige und zuverlässige Fachleute in den Ressorts. Durch geschickte Personalpolitik, souveräne Handhabung des komplizierten Regierungsapparats, nicht zuletzt auch durch seine unbedingte Loyalität zu Wilhelm II. verstand es Bethmann Hollweg, »seine Stellung in der gouvernementalen Hierarchie zu stabilisieren und konkurrierende Gewalten auszuschalten«.[53] Das galt auch für das preußische Staatsministerium, mit dem der Reichskanzler bis in die Kriegszeit hinein ein relativ reibungsloses Zusammenarbeiten ermöglichte.

Verteidigung des Status quo – das schloß für Bethmann Hollweg Reformen keineswegs aus. Im Gegenteil, er hielt sie für notwendig, um das bestehende System elastisch und damit auch offen für Veränderungen zu halten. Allerdings durften sie an den Grundlagen der eingespielten Machtverteilung nicht rühren, insofern handelte es sich von vornherein um »konservativ begrenzte Reformen«.[54] Behutsame Modernisierung zum Zwecke der Systemstabilierung war der Grundgedanke dieser gouvernementalen Reformpolitik, mit der Bethmann Hollweg an den aufgeklärten Konservatismus Caprivis anknüpfte. Wie eng sein Handlungsspielraum freilich war, zeigte sich schon bei zwei der wichtigsten Reformvorhaben, die der Kanzler bald nach seinem Amtsantritt in Angriff nahm: der Reform des preußischen Dreiklassenwahlrechts und der Verabschiedung einer Verfassung für Elsaß-Lothringen.

Die heikle Wahlrechtsfrage hatte Bethmann Hollweg von Bülow geerbt. Er wollte sie möglichst rasch vom Tisch haben, damit sie nicht in den für Ende 1911 erwarteten Reichstagswahlkampf hineingezogen wurde. Um die Konservativen nicht zu verprellen, sollte die Reform sich auf das »durchaus Notwendige« beschränken.[55] Das heißt, es sollten nur die gröbsten Auswüchse des Dreiklassenwahlrechts beseitigt, dieses selbst aber in seinem Grundcharakter nicht angetastet werden. Die Regierungsvorlage, die Anfang Februar 1910 dem preußischen Landtag zugeleitet wurde, sah neben einer leichten Reduzierung einiger einkommens- und besitzbedingter Privilegien die Einführung der direkten Wahl der Abgeordneten, eine Neufestsetzung der Stimmenbezirke und eine Höhereinstufung sogenannter *Kulturträger* (darunter wurden vor allem langgediente Beamte und Offiziere verstanden) vor. Die Auswirkungen dieser Vorlage wären insgesamt bescheiden gewesen: Danach hätten 7 Prozent statt bisher 3,8 Prozent der Wähler in der ersten Klasse, 17 Prozent statt 13,8 Prozent in der zweiten Klasse und 76 statt 82,4 Prozent in der dritten Klasse wählen dürfen. Der Eindruck, das es sich hier eher um »eine kosmetische Operation«[56] als um eine wirklich durchgreifende Reform handelte, wurde durch die Rede Bethmann Hollwegs vor dem Abgeordnetenhaus am 10. Februar 1910 unterstrichen: Darin wies er jeden Gedanken einer Übertragung des Reichstagswahlrechts auf Preußen kategorisch von sich und verteidigte das bestehende Klassenwahlrecht mit dem seltsam unzeitgemäßen, in den Ohren des Kaisers aber sicher wohlgefällig klingenden Hinweis auf »gottgewollte Abhängigkeiten«.

So waren die Chancen, daß die Regierungsvorlage eine Mehrheit fand, von vornherein gering, zumal da der Reichskanzler, von den Gepflogenheiten seines Vorgängers abweichend, auf jegliche Fühlungnahme mit den Parteiführern verzichtete und sich damit jeder Möglichkeit begab, auf den Willensbildungsprozeß in den Parteien Einfluß zu nehmen. Thomas Kühne hat in diesem Zusammenhang von einem »Abdriften der Regierung in einen bürokratisch-etatistischen Autismus« gesprochen.[57] Den Konservativen ging der Regierungsentwurf, obwohl er ihnen in der Sache entgegenkam, immer noch zu weit, während sich die Nationalliberalen und noch stärker die Linksliberalen in ihren Reformerwartungen enttäuscht sahen. Die schärfste Kritik an der »hundsföttischen Vorlage« – so der SPD-Abgeordnete Heinrich Ströbel –[58] übten die Sozialdemokraten. Seit Februar 1910 organisierten sie zahlreiche Protestkundgebungen gegen das Dreiklassenwahlrecht. Ihren Höhepunkt fanden sie in dem verbotenen *Wahlrechtsspaziergang* am 6. März 1910, den die Parteiführung an der Berliner Polizei vorbei vom Treptower Park in den Tiergarten dirigierte, wo 150 000 ihrer Anhänger friedlich demonstrierten.[59]

Doch alle Massenproteste blieben wirkungslos; sie bestärkten die Regierung eher in ihrer Abwehrhaltung gegen eine durchgreifende Wahlrechtsreform. Nach langem Hin und Her in Abgeordnetenhaus und Herrenhaus, bei dem kein tragfähiger Kompromiß erzielt werden konnte, zog Bethmann Hollweg Ende Mai 1910 die Gesetzesvorlage zurück. Die Reform war gescheitert, und bis zum Beginn des Ersten Weltkriegs unternahm die Regierung keinen neuen Anlauf mehr, sie doch noch zu verwirklichen.

Erfolgreicher agierte Bethmann Hollweg bei seinem zweiten Reformprojekt, der Ausarbeitung einer Verfassung für Elsaß-Lothringen. Auch diese Reform war überfällig, denn vierzig Jahre nach der Annexion besaß das *Reichsland* noch immer nicht den Status eines normalen Bundesstaates. Die Regierung wurde ausgeübt durch einen dem Kaiser direkt unterstellten Statthalter; ihm zur Seite stand ein Landesausschuß aus Notabeln. Dieses Regiment in der »Art einer Kronkolonie«[60] war längst zu einem Anachronismus geworden, der die Integration Elsaß-Lothringens in das Reich erschwerte und den Bewohnern das Gefühl gab, nur »Deutsche zweiter Klasse« zu sein. Bethmann Hollweg hatte sich bereits als Staatssekretär des Innern nachdrücklich für eine Verfassungsreform im *Reichsland* stark gemacht, und als Reichskanzler griff er diesen Gedanken wieder auf. Allerdings galt es auch hier, einige Widerstände zu überwinden, und zwar nicht nur unter den konservativen Mitgliedern des preußischen Staatsministeriums, die Nachteile für die Stellung Preußens befürchteten, falls Elsaß-Lothringen zu einem selbständigen Bundesstaat erhoben wurde, sondern auch unter den Militärs, die das Reichsland in erster Linie als Glacis betrachteten und im Autonomieverlangen der Elsässer »nichts als die taktische Verschleierung einer antideutschen Strategie« zu erkennen meinten.[61]

Die Verfassungsvorlage, die im Januar 1911 zur Beratung an den Reichstag ging, trug den Stempel einer unentschlossenen Halbheit, wie sie für alle innenpolitischen Reformvorhaben der Vorkriegszeit kennzeichnend war. Von der Gewährung einer bundesstaatlichen Autonomie für Elsaß-Lothringen war nicht mehr die Rede, wohl aber war als wichtiges Zugeständnis das allgemeine, gleiche und freie Wahlrecht für den Landtag vorgesehen, das allerdings durch einige Wohnsitz- und Berufsklauseln sowie Alterszusatzstimmen eingeschränkt wurde. Als Gegengewicht gegen die demokratisch gewählte Zweite Kammer, den Landtag, sollte ein Oberhaus fungieren, dem zur einen Hälfte Vertreter von Kirche, Staatsverwaltung und Berufsständen, zur anderen vom Kaiser ernannte Honoratioren angehörten. In dieser Mischform aus unterschiedlichen Elementen erweist sich der Verfassungsentwurf als ein typischer »Zwitter zwischen einer fortschrittlichen, konstitutionellen und einer obrigkeitlich-monarchischen Herrschaftsordnung«.[62]

Dennoch wurde, nachdem auch in der Frage der Repräsentanz Elsaß-Lothringens im Bundesrat ein Kompromiß erzielt worden war (das Reichsland erhielt drei Stimmen, die aber nicht gezählt werden durften, wenn sie zugunsten Preußens den Ausschlag gaben), die Verfassungsreform im Mai 1911 mit großer Mehrheit im Reichstag angenommen. Auch die Sozialdemokraten stimmten zum erstenmal einem wichtigen Reichsgesetz zu, weil ihnen an der Durchsetzung des allgemeinen Wahlrechts (trotz der einschränkenden Zusatzbestimmungen) gelegen war. Die Konservativen sahen sich unversehens parlamentarisch isoliert, und sie reagierten auf diese Erfahrung mit wütenden Angriffen auf den in ihren Augen zu nachgiebigen Reichskanzler. Bethmann Hollweg stand vor dem Grunddilemma aller wilhelminischen Kanzler: daß ohne oder gar gegen die Konservativen eine Politik moderater Reformen kaum durchzuhalten war. Ein Schwenk nach links, hin zu einer parlamentarischen Reformmehrheit, wie sie sich anläßlich der Verabschiedung der elsaß-lothringischen Verfassung erstmals in Ansätzen abgezeichnet hatte, kam aufgrund der festgezurrten Machtstrukturen im Kaiserreich, allein mit Rücksicht auf Wilhelm II., nicht in Betracht. So versuchte Bethmann Hollweg sich durch eine »Politik der Diagonale«,[63] die eine eindeutige Festlegung nach der einen wie der anderen Seite vermied, lavierend zwischen den sich polarisierenden Kraftfeldern in der Innenpolitik zu bewegen.

Der Ausgang der Reichstagswahlen vom Januar 1912 machte diese Aufgabe nicht gerade leichter. Das Ergebnis war ein deutlicher Ruck nach links. Der große Gewinner war die Sozialdemokratie, die mit 34,8 Prozent der Stimmen ihr bisher bestes Ergebnis erzielen konnte. Auch die Linksliberalen, die als Fortschrittliche Volkspartei zum erstenmal geschlossen zur Wahl antraten, konnten Stimmen dazugewinnen, während die beiden konservativen Parteien, das Zentrum und auch die Nationalliberalen zum Teil starke Verluste hinnehmen mußten.

Im Vorfeld des zweiten Wahlgangs kam es – »ein einschneidendes Ereignis auf dem Weg zu einer Gemeinsamkeit der Linken, zur späteren Weimarer Koalition«[64] – zu einem geheimen Stichwahlabkommen zwischen der Fortschrittspartei und der Sozialdemokratie. Die SPD versprach, in einer Reihe von Wahlkreisen ihren Wahlkampf zu »dämpfen«, in anderen den Kandidaten der FVP direkt zu unterstützen; umgekehrt empfahlen die Fortschrittler ihren Wählern dort, wo sie ohne Chance waren, die Stimmabgabe für die Sozialdemokraten. Auch wenn am Ende die FVP stärker von dem Abkommen profitierte als die SPD, kam es doch auch dieser zugute: Mit 110 Abgeordneten wurde die SPD stärkste Partei im Reichstag. Die Parteien des *schwarzblauen Blocks*, Konservative und Zentrum, verloren erheblich und kamen zusammen nur noch auf 165 Mandate.

Rein rechnerisch war zum erstenmal eine Mehrheit für eine Großblockpolitik »von Bassermann bis Bebel« auf Reichsebene vorhanden. Doch das war vorerst nicht mehr als eine theoretische Möglichkeit, weil weder der linke Flügel in der SPD noch der rechte der Nationalliberalen eine Zusammenarbeit wollte. Faktisch bestand daher nach den Wahlen eine Pattsituation, »in der nahezu jeder politische Machtfaktor die anderen Formationen gesellschaftlich-politischer Interessen blockieren konnte«.[65] Diese Selbstblockade wurde bereits deutlich bei der Wahl des dreiköpfigen Reichstagspräsidiums am 9. Februar 1912. Mit den Stimmen der Fortschrittspartei und eines Teils der Nationalliberalen wurde zum erstenmal auch ein Sozialdemokrat, Philipp Scheidemann, zum Vizepräsidenten gewählt. Doch aufgrund des öffentlichen Protests traten seine beiden Kollegen aus den bürgerlichen Fraktionen zurück. Bei der nun fälligen Neuwahl wurde Scheidemann nicht wiedergewählt – ein Zeichen dafür, wie groß auch auf seiten der bürgerlichen Mittelparteien die Reserven gegenüber der Sozialdemokratie immer noch waren. Es lag eben nicht nur an den Heißspornen der SPD-Linken und den Dogmatikern um Parteiführer Bebel – wie gelegentlich behauptet wird –, wenn es vor 1914 nicht zu einer Zusammenarbeit der Sozialdemokratie mit dem liberalen Bürgertum kam.[66]

Paradoxerweise stärkte der Linksruck in den Wahlen von 1912 nicht die auf Parlamentarisierung und Demokratisierung drängenden Kräfte; er erhöhte vielmehr den informellen Einfluß von Gruppen im außerparlamentarischen Raum: des Militärs, der Staatsbürokratie, der Hofkamarilla, nicht zuletzt auch der nationalen Verbände, wie der Alldeutschen oder des neugegründeten Wehrvereins, die sich immer mehr zur publizistischen Speerspitze des reformfeindlichen Lagers entwickelten. Bethmann Hollweg mußte, mehr noch als bisher, Rücksicht nehmen auf die Empfindlichkeiten des konservativen Establishments im Reich und in Preußen, das sich nach dem Erdrutschsieg der Sozialdemokratie nun erst recht hinter seinen Machtpositionen verschanzte.

Das zeigte sich auch in der Sozialgesetzgebung. Wurde mit der Verabschiedung der Reichsversicherungsordnung, welche die verschiedenen Zweige der Sozialversicherung zusammenfaßte, 1911 noch ein wichtiger Schritt in Richtung auf einen Ausbau des Sozialstaats getan, so geriet die Sozialpolitik 1912 ins Stocken. Die pausenlosen Vorwürfe aus dem Arbeitgeberlager an die Adresse der Reichsleitung, sie sehe dem Anwachsen der »sozialdemokratischen Flut« tatenlos zu, verfehlten ihre Wirkung nicht. Es kam zu einem »allgemeinen sozialpolitischen Klimasturz in der Öffentlichkeit«.[67] In weiten Kreisen des Bürgertums machte sich das Gefühl breit, daß in den Sozialreformen ein »Rechenfehler« steckte, weil sie die Arbeiter nicht davon abhielten, die SPD zu wählen. Renommierte Nationalökonomen wie Lujo Brentano und Gustav Schmoller sahen sich seit Frühjahr 1912 als »sozialistische Agitatoren« und »gewerbsmäßige, fanatische Hetzer« diffamiert. Um den angeblichen »Terror« von SPD und Gewerkschaften zu brechen, forderten die Arbeitgeber mit wachsender Ungeduld eine Neuauflage der antisozialistischen Repressionspolitik.

Die Radikalisierung eines großen Teils der deutschen Schwerindustriellen und ihre Bereitschaft, zur Aufrechterhaltung ihrer Stellung »einen offenen Konflikt bis hin zum Bürgerkrieg zu provozieren«,[68] zeigten sich besonders deutlich während des Bergarbeiterstreiks an der Ruhr im März 1912. Von vornherein war dieser Arbeitskonflikt von den Unternehmern als große Machtprobe angelegt. Er sollte, wie Gustav Krupp von Bohlen und Halbach den Kaiser am 12. März, einen Tag nach Streikbeginn, wissen ließ, für die sozialdemokratischen Organisationen mit einer so »gründlichen Niederlage« enden, »daß die Suggestion ihres unaufhaltsamen Siegeszuges, mit der sie jetzt die Massen hinter sich herzieht, vielleicht dadurch gebrochen werden könnte«.[69] Entsprechend massiv gingen Polizei und Zechenwehren von Anfang an gegen die Streikenden vor, und schließlich rückten sogar 5000 Soldaten (Infanterie, Kavallerie und zwei Maschinengewehrabteilungen) in die Kreise Dortmund, Hamm und Recklinghausen ein. Vor der vereinten Übermacht von Unternehmern, Behörden und Militärs mußten die

Streikenden kapitulieren. Nach elf Tagen wurde der Ausstand ergebnislos abgebrochen. Der Redakteur einer Dortmunder SPD-Zeitung zog eine bittere Bilanz: »Man lebte hier wirklich kaum schlimmer als in einem von einer feindlichen Macht beherrschten Lande. Soviel Fanatismus, schimpflicher Verrat, Falschheit und Niedertracht, soviel brutale Gewalt wird auch dem verhaßtesten Feinde gegenüber nicht geübt. Bis zum Beginn des Bürgerkriegs, wo Mann gegen Mann kämpft, war es wirklich nicht mehr weit, und überall drohten die Maschinengewehre.«[70]

Auf die Niederschlagung des Streiks folgten schwere Repressalien der Staats- und Unternehmermacht. Viele Arbeiter wurden gemaßregelt, angezeigt und verurteilt. Selten hat die wilhelminische Klassenjustiz ihr wahres Gesicht so deutlich offenbart wie in den skandalösen Schnellprozessen im Anschluß an den Ruhrbergarbeiterstreik des Jahres 1912.[71]

Doch damit nicht genug: Aus dem Unternehmerlager erscholl jetzt nachdrücklicher als zuvor der Ruf nach einer Einschränkung des Koalitionsrechts und nach schärferen Maßnahmen zum »Schutz der Arbeitswilligen«. Gleichzeitig mehrten sich in Kreisen der politischen Rechten wieder Stimmen, die in einem Staatsstreich den einzigen Ausweg aus der verfahrenen innenpolitischen Lage sahen. Zum Adressaten dieser Forderung wurde der Kronprinz, der schon seit langem seine Sympathien mit den Alldeutschen zu erkennen gegeben hatte. Im Herbst 1913 übersandte ihm Ludwig von Gebsattel, Vorstandsmitglied des *Alldeutschen Verbandes*, eine Denkschrift, in der unter anderem eine Revision des Reichstagswahlrechts zugunsten eines Pluralwahlrechts verlangt wurde, das an die Militärpflicht und die Höhe der gezahlten Wehrsteuer gebunden sein sollte.[72] Der Kronprinz war begeistert und sandte ein Exemplar der Denkschrift an seinen Vater, dem er zugleich nahelegte, sich einen Reichskanzler zu suchen, der »Tod und Teufel nicht fürchtet und durchgreift«. Doch Wilhelm II. wollte, obwohl er in seiner Antwort selbst darüber klagte, daß die Regierung es »oft an der erwünschten Schneidigkeit fehlen« lasse, von einer Ablösung Bethmann Hollwegs nichts wissen, und noch mehr schreckte er vor einem Staatsstreich zurück. Auch der Reichskanzler erteilte in einer langen Denkschrift den Plänen Gebsattels eine verklausulierte, im Kern aber deutliche Absage: »Der Staatsstreich ist geboten, wenn ohne ihn der Staat zugrunde geht. Ob diese Voraussetzung gegeben ist, entscheidet am letzten Ende nur der Erfolg. Jeder erfolglose Staatsstreich ist entweder eine Dummheit oder ein Verbrechen.«

Ebensowenig war die Reichsleitung geneigt, sich von ihren Gegnern in Großindustrie und Großlandwirtschaft, die sich im April 1913 mit dem sogenannten *Kartell der schaffenden Stände* zur neuen Sammlung formiert hatten,[73] in einen Konflikt mit dem Reichstag und den Gewerkschaften hineintreiben zu lassen. Deshalb behandelte sie auch die Forderung nach einer Aushebelung des Koalitionsrechts und einem Verbot des Streikpostenstehens dilatorisch, indem sie sich auf eine ohnehin verschärfte Praxis der Streikbekämpfung durch Verwaltung und Justiz berief und im übrigen die Arbeitgeberverbände auf eine spätere Strafrechtsreform vertröstete.

Den Graben zwischen der auf Reformen drängenden Reichstagsmehrheit und den ultrakonservativen Scharfmachern im militärischen Establishment und im großagrarisch-industriellen Rechtskartell zu überbrücken, erwies sich als immer schwieriger. In der Frage der finanziellen Deckung der großen Militärvorlage vom März 1913 etwa gelang es Bethmann Hollweg nicht, eine auch für die Konservativen akzeptable Lösung zustande zu bringen, obwohl er ihnen bis an den Rand des Vertretbaren entgegenkam. Verabschiedet wurde schließlich Ende Juni 1913 ein Kompromiß, der die Einführung einer progressiv angelegten Reichsvermögenszuwachssteuer vorsah. Nicht nur die meisten Zentrumsabgeordneten, sondern auch die Sozialdemokraten stimmten der Deckungsvorlage zu, weil ihnen in diesem Fall die Anerkennung des Prinzips einer direkten Reichssteuer wichtiger war, als die Militärvorlage der Regierung zu Fall zu bringen. Erstmals in der Geschichte des Deutschen Reiches war damit »ein wichtiges Finanzgesetz gegen den geschlossenen Widerstand der Konservativen durchgesetzt« worden –[74] ein unerhörtes Ereignis, das Bethmann Hollweg in eine prekäre Position auch gegenüber dem Monarchen brachte.

Durch sein Verhalten in der *Zabern-Affäre*[75] nur einige Monate später konnte der Reichskanzler bei Wilhelm II. wieder einigen Boden gutmachen. Ausgelöst wurde die Affäre durch einen jungen Leutnant, der während einer Exerzierstunde durch sein naßforsches Gerede elsässische Rekruten beleidigt hatte. Der Vorfall auf dem Kasernenhof brachte die ohnehin gespannten Beziehungen zwischen den preußischen Militärs und der elsässischen Zivilbevölkerung zur Explosion. Es kam zu zahlreichen antipreußischen Kundgebungen und – im Gegenzug – zu Mißhandlungen und willkürlichen Verhaftungen von Zivilisten. Da Kaiser und Armeeführung sich weigerten, den Skandal durch Versetzung oder Abberufung der beteiligten Offiziere aus der Welt zu schaffen, wuchs sich die ganze Angelegenheit zu einer Grundsatzfrage aus, die an den Kern der wilhelminischen Realverfassung rührte: das ungleiche Verhältnis von militärischer und ziviler Macht.

Obwohl Bethmann Hollweg sich völlig darüber im klaren war, daß die Militärs in Zabern ihre Kompetenzen bei weitem überschritten und sich unrechtmäßig Polizeiaufgaben angemaßt hatten, ergriff er in der Reichstagsdebatte vom 3. Dezember 1913 demonstrativ Partei für die Armee: »Der Rock des Königs muß unter allen Umständen respektiert werden.« Noch entschiedener verteidigte der neue preußische Kriegsminister Erich von Falkenhayn die kaiserliche Kommandogewalt und löste mit seinen im schneidigen Kasinoton vorgetragenen Injurien gegen die Kritiker der Militärprovokationen einen Entrüstungssturm aus, »wie ihn das Parlament in seiner Geschichte noch nicht erlebt hatte«.[76] Am Ende der leidenschaftlich erregten Debatte machte der Reichstag von seiner neuen Geschäftsordnung Gebrauch und sprach Bethmann Hollweg mit überwältigender Mehrheit – 293 gegen 54 Stimmen bei 4 Enthaltungen – das Mißtrauen aus. Nur die Konservativen hatten diesmal, allerdings auch nur halbherzig, den ungeliebten Kanzler unterstützt. Direkte politische Konsequenzen hatte das Reichstagsvotum nicht, auch wenn der Ansehensverlust Bethmann Hollwegs in der Öffentlichkeit beträchtlich war. Den Kaiser allerdings dürften die schweren Angriffe aus dem Parlament eher darin bestärkt haben, an seinem Kanzler festzuhalten.

Die Zaberner Ereignisse fanden ein Nachspiel in zwei Kriegsgerichtsverfahren gegen die beiden hauptverantwortlichen Offiziere. Wie kaum anders zu erwarten, endeten sie mit einem doppelten Freispruch. Die liberale FRANKFURTER ZEITUNG kommentierte das so: »Das Bürgertum hat eine Niederlage erlitten. Das ist das eigentliche und sichtbare Zeichen des Zaberner Prozesses … In der Auseinandersetzung zwischen Militärgewalt und Zivilgewalt hat das Kriegsgericht das Recht der unbeschränkten Herrschaft der ersteren gegenüber dem Bürgertum statuiert.«[77] Tatsächlich bedeutete das Ende der Zabern-Affäre einen Triumph für die Militärs. Ihre priviligierte gesellschaftliche Sonderstellung war erneut bestätigt, die exklusive Sphäre kaiserlicher Kommandogewalt uneingeschränkt behauptet worden. Wider bessere Einsicht hatte sich der Reichskanzler, um politisch zu überleben, vor das militärisch-konservative Lager gestellt, das sich gegen jede Änderung des Status quo sträubte. Auch in der letzten großen innenpolitischen Krise des Kaiserreichs am Vorabend der Katastrophe vermochten es die auf Reformen drängenden Kräfte nicht, den eisernen Ring der Selbstblockade des wilhelminischen Staatswesens aufzubrechen.

6. Die Flucht nach vorn: Julikrise und Kriegsausbruch 1914

Die deutsche Risikopolitik im Juli 1914

Am 28. Juni 1914 wurden der österreichische Thronfolger Erzherzog Franz Ferdinand und seine Frau von Bosniern serbischer Nationalität ermordet. Das Attentat veränderte die politische Gesamtsituation mit einem Schlag. Als einer der ersten erfaßte das Wilhelm II. Ein Telegramm des deutschen Botschafters in Wien, Heinrich von Tschirschky, vom 30. Juni, in dem dieser berichtete, er nutze jede Gelegenheit, »um ruhig, aber sehr nachdrücklich und ernst vor übereilten Schritten zu warnen«, versah der Monarch mit der erbosten Randbemerkung: »Tschirschky soll den Unsinn gefälligst lassen! Mit den Serben muß aufgeräumt werden, und zwar bald.«[1] »Jetzt oder nie!« lautete die kaiserliche Devise, und auch in der Militärführung glaubte man nun mit dem schon lange geforderten Präventivkrieg Ernst machen zu sollen. Von militärischer Seite werde »wieder gedrängt, daß wir es zum Kriege jetzt, wo Rußland noch nicht fertig (ist), kommen lassen sollten«, berichtete der sächsische Gesandte in Berlin am 2. Juli 1914.[2]

Auch in Wien waren einflußreiche Kreise in Armee und Politik nicht gewillt, die Gunst der Stunde ungenutzt verstreichen zu lassen. Vor allem Generalstabschef Franz Conrad von Hötzendorf sah in dem Mord von Sarajewo eine willkommene Gelegenheit, endlich gegen das verhaßte Serbien loszuschlagen, das der österreichich-ungarischen Balkanpolitik im Wege stand. Allerdings war für ein militärisches Vorgehen – das wußte man am Ballhausplatz – die Rückendeckung durch den deutschen Bündnispartner unerläßlich. Denn schließlich stand Serbien unter dem Schutz des Zarenreiches, das einer militärischen »Bestrafung« Serbiens kaum tatenlos zusehen würde.

Am 4. Juli wurde Graf Alexander Hoyos, Kabinettschef im k.u.k. Außenministerium, nach Berlin entsandt, um die Haltung der deutschen Regierung zu erkunden. Das Ergebnis seiner Mission fiel zur vollen Zufriedenheit der Kriegspartei in Wien aus. Wilhelm II. und Reichskanzler Bethmann Hollweg sicherten Österreich-Ungarn die deutsche Unterstützung zu – mehr noch: Sie drängten auf rasches und energisches Handeln. Er würde es bedauern, gab der Kaiser am 5. Juli dem österreichischen Botschafter Szögyeni zu verstehen, »wenn wir (d. h. die Österreicher) den jetzigen für uns so günstigen Moment unbenützt ließen«, und tags darauf machte auch Bethmann Hollweg keinen Hehl daraus, daß er »ebenso wie sein kaiserlicher Herr ein sofortiges Einschreiten unsererseits gegen Serbien als radikalste und beste Lösung unserer Schwierigkeiten am Balkan« ansehe.[3] In den Gesprächen zwischen den österreichischen Diplomaten und der Reichsleitung in Postdam und Berlin am 5./6. Juli 1914 wurden die Weichen für die künftigen Entscheidungen in der Julikrise gestellt: Österreich-Ungarn erhielt grünes Licht für eine militärische Aktion gegen Serbien, die – wie Arthur Zimmermann, Unterstaatssekretär im Auswärtigen Amt, Hoyos gegenüber freimütig bemerkte – zu »90 % Wahrscheinlichkeit« einen europäischen Krieg bedeutete.[4] Und auch der Reichskanzler war sich bewußt, daß die deutsche Regierung mit dem *Blankoscheck* an den Bundesgenossen ein sehr hohes Risiko eingegangen war. Am Abend des 6. Juli, nach seiner Rückkehr auf sein Gut Hohenfinow, gestand er einem Vertrauten, dem jungen Legationssekretär im Auswärtigen Amt, Kurt Riezler: «Eine Aktion gegen Serbien kann zum Weltkrieg führen.«[5] War damit schon »die endgültige Entscheidung für den Krieg gefallen«?[6] Dies würde bedeuten, daß Bethmann Hollweg diesen Krieg von Anfang an wollte und daß er dabei »nach einem wohldurchdachten, raffinierten Drehbuch« handelte.[7]

Über diese Frage hat es seit dem Erscheinen von Fritz Fischers Buch GRIFF NACH DER WELTMACHT im Herbst 1961 eine langjährige, leidenschaftliche Debatte, die sogenannte *Fischer-Kontroverse*, gegeben.[8] Sie hat bei allen produktiven Anstößen, die von ihr ausgingen, bis heute zu keiner Einigung geführt. Läßt man die ältere apologetische Version vom »Hineinschlittern« der europäischen Mächte in den Weltkrieg beiseite, die kaum noch Fürsprecher findet, so stehen sich im wesentlichen drei Interpretationen gegenüber. Die erste verbindet sich mit dem Namen Fritz Fischers und seiner Schüler, die nachzuweisen glaubten, die deutsche Reichsleitung habe im Juli 1914 in der sicheren Erwartung, England neutral halten zu können, den Kontinentalkrieg mit Rußland und Frankreich provoziert, um über die Erringung einer Hegemonie in Europa endlich auch den deutschen Anspruch auf eine Weltmachtstellung in die Tat umzusetzen.[9] Diese Auffassung hat Fischer schrittweise radikalisiert bis zur Behauptung eines von langer Hand geplanten und zielstrebig herbeigeführten Angriffskrieges.[10] Noch in seinen jüngsten Publikationen hat der Hamburger Gelehrte diese Deutung mit Vehemenz verteidigt.[11]

Eine zweite Gruppe von Historikern, repräsentiert vor allem durch Wolfgang J. Mommsen und Hans-Ulrich Wehler, interpretiert die deutsche Politik im Juli 1914 vor dem Hintergrund der verfahrenen innenpolitischen Lage des Kaiserreichs. Angesichts wachsender innerer Schwierigkeiten und mangels Reformalternativen hätten sich die in die Defensive gedrängten konservativen Führungsschichten dazu entschlossen, die »Flucht nach vorn« anzutreten, das heißt die systemimmanente Blockade durch eine aggressive Wendung nach außen zu durchbrechen. Das deutsche Handeln in der Julikrise war demnach nicht Ergebnis einer zielstrebigen Kriegsplanung zur Durchsetzung expansiver Ziele, sondern Ausdruck einer primär innenpolitisch bedingten Krisenbewältigungsstrategie, mit deren Hilfe die traditionellen Eliten ihre gefährdete Machtstellung stabilisieren wollten.[12]

Eine dritte Gruppe, zu deren Exponenten unter anderen Egmont Zechlin, Karl Dietrich Erdmann, Andreas Hillgruber und neuerdings vor allem Klaus Hildebrand zu rechnen sind, betrachtet demgegenüber die Entscheidungen des Juli 1914 vornehmlich im Lichte außenpolitisch-strategischer Überlegungen. In der damaligen Krisensituation sei es darum gegangen, den Prozeß einer ständigen Verschlechterung der internationalen Position des Reiches umzukehren und damit letztlich seine Bewegungsfreiheit als Großmacht zu bewahren. In einer als defensiv verstandenen Gesamtkonstellation habe die Reichsleitung zu einer diplomatischen Offensive Zuflucht genommen, die zwar von vornherein das Risiko eines großen Krieges einkalkulierte, diesen aber nicht wirklich herbeiführen wollte. Vielmehr habe sie gehofft, den österreichisch-serbischen Konflikt lokalisieren zu können. Mit dieser Politik des »kalkulierten Risikos« sei sie indessen gescheitert.[13]

Keine der hier nur kurz skizzierten Denkschulen kann für sich beanspruchen, auf alle Probleme, die sich im Zusammenhang mit dem Kriegsausbruch 1914 und der Rolle der deutschen Reichsleitung stellen, überzeugende Antworten gefunden zu haben. Fritz Fischers große Leistung ist zweifellos, die Frage nach den ökonomischen und gesellschaftlichen Antriebskräften des deutschen Hegemoniestrebens und damit auch die nach den Kontinuitätslinien zwischen Kaiserreich und *Drittem Reich* scharf markiert zu haben. Für seine Deutung scheint zunächst der Umstand zu sprechen, daß schon kurz nach Kriegsausbruch sehr weitreichende Kriegsziele formuliert wurden, die dann im berühmt-berüchtigten *Septemberprogramm* Bethmann Hollwegs ihren Niederschlag fanden.[14] In seinem zweiten großen Werk KRIEG DER ILLUSIONEN (1969) hat Fischer dokumentiert, daß in diesem Kriegszielprogramm nichts auftaucht, was nicht schon vor 1914 von einflußreichen wirtschaftlichen Interessengruppen und nationalen Agitationsvereinen gefordert worden wäre.[15]

Doch ein entscheidendes Glied in seiner Beweiskette hat Fischer nicht schließen können: Es ist ihm nicht gelungen, überzeugend nachzuweisen, daß die aus ökonomischen Interessen abgeleiteten Ziele tatsächlich die Entscheidungen der maßgeblichen politischen Instanzen in Berlin bestimmten und nicht erst als Reaktion auf den Kriegsausbruch und in Überschätzung der ersten großen militärischen Erfolge Eingang in die politischen Überlegungen der Reichsleitung gefunden haben. Unaufgelöst bleibt zudem der Widerspruch zwischen der von Fischer behaupteten Dominanz sozioökonomischer Faktoren und der zugleich von ihm betonten individuellen Verantwortung für die Auslösung des Krieges: »Zwei oder drei Leute entschieden das Schicksal Europas«, hat er erst kürzlich pointiert festgestellt, wobei er zu diesen neben Bethmann Hollweg und Jagow noch den Unterstaatssekretär im Auswärtigen Amt, Wilhelm von Stumm, zählt.[16] Als revisionsbedürftig hat sich schließlich die Annahme Fischers erwiesen, daß der Reichskanzler und seine Mitarbeiter allesamt fest mit der englischen Neutralität gerechnet hätten. Für die meisten politisch Verantwortlichen in der Reichsleitung läßt sich dies vielmehr nicht nachweisen.[17]

Der von Wolfgang J. Mommsen und Hans-Ulrich Wehler gewählte

Ansatz scheint geeignet, ein schlüssiges Erklärungsmodell für das Verhalten von Machteliten in Krisensituationen zu liefern: »Eliten, die sich derart mit dem Rücken zur Wand verteidigen, ist in erhöhtem Maße die Einstellung eigen, hohe Risiken einzugehen, um ihre Spitzenposition in der soziopolitischen Hierarchie zu behaupten.«[18] Das Problem dieser Deutung besteht – ähnlich wie bei Fischer – in der Verbindung der allgemeinen soziostrukturellen Erklärungsebene mit den konkreten Entscheidungen deutscher Politik in der Julikrise. Von Bethmann Hollweg sind mehrfach Äußerungen überliefert, in denen er sich nachdrücklich von der Vorstellung distanzierte, man könne mittels eines Krieges die innere Ordnung des Kaiserreichs stabilisieren. So wies er gerade am Tage des *Blankoschecks* am 6. Juli 1914 die Auffassung des konservativen Parteiführers von Heydebrand, »ein Krieg würde zu einer Stärkung der patriarchalischen Ordnung und Gesinnung führen«, als empörenden »Unsinn« zurück.[19] Die entscheidende Frage ist, wie hoch man den innenpolitischen Spielraum des Kanzlers veranschlagt, ob man ihm – trotz seiner geschwächten Position – noch ein gewisses Maß an Entscheidungs- und Durchsetzungsfähigkeit zugesteht oder ob man den »Bürokraten an der Spitze der kaiserlichen Regierung«, wie Wehler, lediglich als Gefangenen »in der Polykratie der formellen und informellen Entscheidungszentren« sieht, der die Reichspolitik weder habe führen noch koordinieren können.[20]

Den Forschungen vor allem Zechlins und Hillgrubers verdanken wir eine differenzierte Motivanalyse der handelnden deutschen Politiker in den verschiedenen Phasen der zum Weltkrieg eskalierenden Krise. Die auf Persönlichkeit und Konzeption Bethmann Hollwegs konzentrierte Sichtweise bringt es allerdings mit sich, daß die Darstellung der sozioökonomischen Grundlagen der deutschen *Weltpolitik* und der innenpolitischen Zwänge, denen sich der Kanzler ausgesetzt sah, in den Hintergrund rückt. Problematisch erscheint auch die Kennzeichnung der deutschen Politik als »präventive Abwehr« einer »als zunehmend gefährlich erscheinenden außenpolitischen Bedrohung«.[21] Denn von einem »Prävenire« kann man im üblichen Wortsinn nur sprechen, wenn von der Gegenseite die unmittelbare Gefahr einer Aggression droht – eine Situation, die im Juli 1914 nachweislich nicht gegeben war. Und es gibt auch keinerlei Anhaltspunkte dafür, daß die Entente für

1916/17 einen Angriffskrieg plante. Schließlich fällt auf, daß so dehnbare Begriffe wie *Bewegungsfreiheit* und *Handlungsspielraum* einfach dem Sprachgebrauch der damals handelnden Politiker entnommen, nicht aber weiter befragt und inhaltlich präzisiert werden.

Von Reichskanzler Bethmann Hollweg, der ohne Frage in der Julikrise 1914 eine Schlüsselrolle gespielt hat, sind außer dem amtlichen Schriftverkehr keine privaten Dokumente überliefert, die Aufschlüsse über seine wirklichen Intentionen geben könnten. Um so größere Bedeutung kommt dem Tagebuch seines Vertrauten Kurt Riezler zu, das Karl Dietrich Erdmann 1972 veröffentlicht hat. Die Bedenken hinsichtlich der Authentizität der Notizen Riezlers vom Juli 1914, die in den achtziger Jahren aufkamen, haben sich im wesentlichen als nicht stichhaltig erwiesen.[22] Vielmehr muß dieser Quelle weiterhin ein zentraler Stellenwert in der Auseinandersetzung um die *Kriegsschuldfrage* zugesprochen werden. Zum einen war Riezler in den kritischen Julitagen in ständiger Nähe des Reichskanzlers und begleitete ihn auch nach Hohenfinow; zum anderen besteht zwischen der von Riezler in seinem Anfang 1914 unter dem Pseudonym J. J. Ruedorffer veröffentlichten Buch GRUNDZÜGE DER WELTPOLITIK DER GEGENWART entwickelten *Theorie des kalkulierten Risikos* und der politischen Konzeption des Kanzlers in der Julikrise ein auffälliger Zusammenhang.[23] Angesichts der hochgerüsteten, in zwei Lager erstarrten Bündnissysteme, so Riezlers Theorie, könne nur der Staat eine Verschiebung der Mächtekonstellation erreichen, der mit der Methode des »Bluffs« die Kriegsdrohung möglichst überzeugend vortrage, das heißt zu einer Risikopolitik hart am Rande des Krieges bereit sei. Solche Vorstellungen haben im Sommer 1914 die Hemmschwelle unter den deutschen Politikern offenkundig gesenkt; diese ließen sich auf »ein todernstes Spiel« ein, »das sie zwar zu kalkulieren versuchten, das aber doch insgesamt unwägbar war«.[24]

Die Aufzeichnungen Riezlers zeigen eines ganz deutlich: Als die Reichsleitung mit ihrem *Blankoscheck* dem Verbündeten Österreich-Ungarn freie Hand für eine militärische Aktion gegen Serbien gab, war sie nicht *kriegswillig* in dem Sinne, daß sie den großen Krieg unter allen Umständen herbeiführen wollte; wohl aber tat sie alles, um diesen Krieg unvermeidlich zu machen. Kein festumrissenes Eroberungsprogramm trieb diese Politik an, auch nicht eine exzessiv übersteigerte sozialimperialistische Krisenstrategie, sondern ein merkwürdiges Gemisch aus übertriebenen Befürchtungen, irrationalen Erwartungen und dilettantischen Fehlrechnungen.

In Berlin war man geplagt von der Vorstellung, der morsche Vielvölkerstaat Österreich-Ungarn könne über kurz oder lang auseinanderbrechen. Österreich werde »immer schwächer und unbeweglicher«, klagte der Reichskanzler am Abend des 6. Juli seinem Intimus auf der Veranda seines Schlosses in Hohenfinow. »Die Unterwühlung von Norden und Südosten her« sei schon »sehr weit vorgeschritten«.[25] Ein entschiedenes Vorgehen gegen Serbien schien geeignet, der Donaumonarchie zu einem Prestigeerfolg zu verhelfen und so den scheinbar unaufhaltsamen Prozeß ihres Machtverfalls zu stoppen.

Mehr noch als über das nachlassende politische Gewicht des einzigen Bundesgenossen war die Reichsleitung beunruhigt über die wachsende politische, vor allem aber militärische Stärke Rußlands. »Die Zukunft gehört Rußland, das wächst und wächst und sich als immer schwererer Alp auf uns legt«,[26] orakelte der Kanzler am selben Abend des 6. Juli, und vierzehn Tage später, als die Krise kurz vor ihrer entscheidenden Eskalationsstufe stand, äußerte er, wiederum bei einem Überblick »über die ganze Lage«: »Rußlands wachsende Ansprüche und ungeheure Sprengkraft. In wenigen Jahren nicht mehr abzuwehren, zumal wenn die jetzige europäische Constellation bleibt.«[27] In der Krisensituation des Sommers 1914 zeigte sich, wie stark Moltkes düstere Prophezeiungen, welche die reale Gefahrensituation künstlich dramatisierten, inzwischen auch vom Denken der führenden Politiker in Berlin Besitz ergriffen hatten. Die von der Reichsleitung gewünschte und gedeckte »Strafaktion« gegen Serbien sollte der Prüfstein für die russische Kriegsbereitschaft sein. Zeigte sich das Zarenreich auf die gezielte Provokation zum Krieg entschlossen, dann war es nach Ansicht Bethmann Hollwegs und seiner engsten Mitarbeiter besser, den Krieg jetzt zu führen als zu einem späteren Zeitpunkt, wenn – wie die Militärs versicherten – die Chancen, ihn zu gewinnen, sich nur verschlechtern könnten.

Es gab allerdings noch eine andere Krisenlösung, und die war offenbar die vom Kanzler erwünschte: Rußland wich vor der Kriegsdrohung zurück, sei es, daß es das militärische Risiko scheute, daß der Bündnispartner Frankreich ihm den Beistand versagte oder London mäßigend auf St. Petersburg und Paris einwirkte. Dann eröffnete sich die Möglichkeit, über die erwartete diplomatische Niederlage Rußlands die Triple-Entente zu sprengen und zu einer für Deutschland vorteilhaften Neugruppierung der Mächtekonstellation in Europa zu gelangen. Diese Überlegung faßte Riezler am 8. Juli 1914 in dem Satz zusammen: »Kommt der Krieg nicht, will der Zar nicht oder rät das bestürzte Frankreich zum Frieden, so haben wir doch noch Aussicht, die Entente über diese Aktion auseinanderzumanövrieren.«[28]

Für Bethmann Hollweg selbst war die Entscheidung von Anfang Juli 1914 – wie er Riezler gegenüber äußerte – »ein Sprung ins Dunkle«[29] mit vielen Unwägbarkeiten, vor allem was die Reaktion der Gegenseite betraf. Kalkulierbar halten ließ sich das eingegangene extrem hohe Risiko, wenn überhaupt, nur unter einer Bedingung: Wenn Österreich-Ungarn die günstige psychologische Situation, die in den ersten Tagen nach dem Fürstenmord in Sarajewo bestand, für einen sofortigen militärischen Schlag gegen Serbien nutzte und damit die anderen Mächte vor vollendete Tatsachen stellte: »Ein schnelles fait accompli, und dann freundlich gegen die Entente, dann kann der Choc ausgehalten werden«, so umriß Riezler am 11. Juli die Hoffnung auf eine Lokalisierung des Konflikts.[30] Während die deutsche Regierung den Bündnispartner zu raschem Handeln antrieb, mußte sie gleichzeitig nach außen Normalität demonstrieren und jeden Anschein vermeiden, als würde sie »durch Aufpeitschung der nationalen Leidenschaften auf eine europäische Konflagration losarbeiten«.[31] Der Kaiser trat, wie gewohnt, seine Nordlandreise an, die Militärs gingen in Sommerurlaub. Hinter dieser täuschenden Fassade der Friedfertigkeit bereitete Berlin seinen bislang waghalsigsten Coup vor.

Doch in Wien ließ man, zum Leidwesen der deutschen Diplomatie, kostbare Zeit verstreichen. Es dauerte volle zwei Wochen, bis am 19. Juli endlich der Text des Ultimatums an Serbien fertiggestellt war. Mit Rücksicht auf den Staatsbesuch des französischen Präsidenten Poincaré in St. Petersburg wurde der Zeitpunkt für die Übergabe des Ultimatums erst auf den 23. Juli, den Tag der Abreise der französischen Delegation, festgelegt. Durch diese zeitliche Verzögerung entfiel das für das deutsche Krisenkalkül zentrale Überraschungsmoment – die erste große Fehlrechnung der deutschen Politik in der Julikrise.

Ihr folgte eine zweite, nicht minder gravierende: Das Ultimatum war in voller Absicht so abgefaßt, daß es für Serbien unannehmbar war, wenn es nicht als souveräner Staat abdanken wollte. Doch entgegen allen Erwartungen schlug die serbische Regierung das Ultimatum nicht glatt aus, sondern kam den österreichischen Forderungen sehr weit entgegen. Damit aber entfiel jede Legitimation für ein militärisches Vorgehen gegen Serbien, auf das das gesamte deutsche Kalkül in der Julikrise aufgebaut war. Ging Österreich-Ungarn auf die serbische Antwort nicht ein, dann war für die Staatsmänner der Entente klar, daß die Mittelmächte nur einen Vorwand suchten, um die entscheidende Kraftprobe zu riskieren. Jetzt rächte es sich, daß die Berliner Regierung kein Krisenkonzept besaß, das eine flexible Reaktion erlaubte. Eine diplomatische Lösung vor dem Anlaufen der militärischen Aktion gegen Serbien hatte man von vornherein aus den Überlegungen ausgeklammert. So lief das Ganze fast zwangsläufig auf die Alternative hinaus: diplomatische Niederlage der Entente oder Weltkrieg.

Eben weil die Reichsleitung die Eröffnung des österreichisch-serbischen Krieges als entscheidende Eskalationsstufe ihrer Risikopolitik brauchte, behandelte sie alle britischen Vermittlungsinitiativen bis zum Beginn der Feindseligkeiten entweder ablehnend oder dilatorisch. Im Foreign Office war man über die Weigerung Berlins, gemeinsam mit London nach Wegen aus der Krise zu suchen, entrüstet. So bemerkte Unterstaatssekretär Nicolson am 27. Juli: »Wir sind Zeugen eines höchst zynischen und verwegenen Vorgehens, und Deutschland sollte um seines eigenen Ansehens willen durch Taten beweisen, daß es nicht gewillt ist, sich daran zu beteiligen.«[32] Spätestens mit der Ablehnung der serbischen Antwortnote durch Österreich-Ungarn interpretierten nicht nur die russische, sondern auch die französische und die britische Regierung die deutsche Politik als kriegsbereit, und alle drei zeigten sich entschlossen, auf diese Provokation mit Entschiedenheit zu antworten.

In Berlin wurde die Vorbereitung auf den für immer wahrscheinlicher gehaltenen großen europäischen Krieg zunehmend durch die innenpolitisch motivierte Taktik bestimmt, Rußland als den Verantwortlichen für den Ausbruch des Konflikts erscheinen zu lassen. Nur unter dieser Voraussetzung konnte Bethmann Hollweg hoffen, die Unterstützung auch der deutschen Sozialdemokratie für den Krieg zu finden. »Rußland aber muß rücksichtslos unter allen Umständen ins Unrecht gesetzt werden«, forderte der Reichskanzler in einem Telegramm an Kaiser Wilhelm II. vom 26. Juli.[33]

Am 29. Juli – nach Eröffnung der österreichischen Kampfhandlungen gegen Serbien, der darauf erfolgten russischen Teilmobilmachung und der Mitteilung des englischen Außenministers Grey, daß England in dem bevorstehenden Konflikt nicht neutral bleiben könne – unternahm die deutsche Regierung zum erstenmal den Versuch, die Eskalation der Krise abzubrechen und den Bündnispartner auf den Weg einer diplomatischen Lösung der Krise zu drängen. Doch wie sollte die Wiener Regierung für dieses plötzliche Bremsmanöver Verständnis aufbringen, nachdem sie zuvor von Berlin immer nur in entgegengesetztem Sinne beeinflußt worden war? Die Risikoschwelle zum Weltkrieg war bereits überschritten. Am 30. Juli mußte der Kanzler vor dem preußischen Staatsministerium eingestehen, daß »die Direktion verloren (gegangen) und der Stein ins Rollen geraten« sei.[34] Die deutsche Politik des kalkulierten Risikos war gescheitert, weil sie von vornherein mit unkalkulierbaren Risiken belastet war.

Ohnehin war der Spielraum der Diplomatie durch die angelaufenen Mobilmachungsmaßnahmen auf ein Minimum zusammengeschrumpft. Seit dem 29. Juli sah sich Bethmann Hollweg einem wachsenden Druck der Militärs ausgesetzt, die russische Teilmobilmachung mit der deutschen Generalmobilmachung zu beantworten. Zwar rechneten – wie wir heute wissen – weder Generalstabschef Moltke noch Kriegsminister Falkenhayn fest mit einem kurzen Krieg;[35] doch das gesamte militärisch-strategische Konzept des deutschen Generalstabs – der sogenannte *Schlieffen-Plan* – war, in seltsamem Widerspruch dazu, auf die schnelle Entscheidungsschlacht im Westen angelegt. Um den für das Gelingen des Plans unabdingbaren zeitlichen Vorsprung der Mobilmachung gegenüber Rußland nicht zu verlieren, drängte die militärische Führung auf rasches Losschlagen. Noch widersetzte sich Bethmann Hollweg. Sollte wenigstens das zweite Element seines Krisenkonzepts, die Strategie der Schuldzuweisung, zum Erfolg führen, dann mußte Rußland seine Truppen zuerst voll mobilisieren. Am Mittag des 31. Juli traf in Berlin die lang erwartete Nachricht von der russischen Generalmobilmachung ein. »Die Würfel sind gefallen«, eröffnete Unterstaatssekretär Zimmermann kurz darauf dem Schweizer Botschafter Alfred de Claparède.[36] Am 1. August, gegen 17 Uhr, verkündete das Deutsche Reich die allgemeine Mobilmachung und – wenig später – die Kriegserklärung an Rußland. »Stimmung glänzend«, notierte Admiral von Müller in sein Tagebuch: »Die Regierung hat eine glückliche Hand gehabt, uns als die Angegriffenen hinzustellen.«[37] Am 3. August folgte die Kriegserklärung an Frankreich und – nach dem Einmarsch deutscher Truppen ins neutrale Belgien – am 4. August die Kriegserklärung Englands an Deutschland. Der Krieg war nicht mehr aufzuhalten.

Hätte er überhaupt aufgehalten werden können? Von einem »Fatum größer als Menschenmacht«[38] sprach Bethmann Hollweg am 27. Juli 1914, als alle Nachrichten aus den europäischen Hauptstädten bereits das Scheitern seiner Risikopolitik signalisierten. Doch der Krieg war keineswegs ein unabwendbares Schicksal, so sehr sich die deutschen Militärs und Politiker in diese Vorstellung verliebt hatten. Welcher Weg aus der Krise hätte herausführen können, wird etwa in einem Gespräch des stellvertretenden französischen Außenministers Bienvenu-Martin mit dem deutschen Botschafter in Paris am 28. Juli deutlich: »Das beste Mittel zur Vermeidung eines allgemeinen Krieges sei die Verhinderung eines lokalen.«[39] Mit anderen Worten: Die Donaumonarchie mußte auf die militärische Aktion gegen Serbien verzichten, zu der sie von Berlin gedrängt worden war, und sich mit der serbischen Antwortnote als Grundlage für weitere Verhandlungen zufriedengeben. Nur auf dieser Basis war Rußland ein Disengagement ohne Gesichtsverlust zuzumuten. Das hätte jedoch zuallererst verlangt, daß die deutsche Reichsleitung von dem Grundgedanken ihrer Risikopolitik – nämlich Rußland massiv herauszufordern und die Entente geradezu provokativ vor die Alternative Krieg oder diplomatische Demütigung zu stellen – Abstand nahm. Dazu aber war sie bis Ende Juli 1914 nicht bereit, und deshalb trägt sie eindeutig die Hauptverantwortung für die Entfesselung des Ersten Weltkrieges.

Darüber war man sich im engeren Führungskreis der deutschen

Machteliten während der ersten Monate und Jahre des Krieges durchaus im klaren. Ende August 1914 berichtete Arthur Gwinner, einer der Direktoren der Deutschen Bank, der beste Kontakte zur Reichsleitung unterhielt, seinem Gesprächspartner Admiral von Capelle, daß man in Berlin »planmäßig darauf hingearbeitet« habe, »Österreich fest zu engagieren, um seiner sicher zu sein«. Die ganze Aktion gegen Serbien sei »doch von vornherein in solcher Form eingeleitet worden, daß der Konflikt unvermeidlich war ... Sie haben ein gefährliches Spiel in der Wilhelmstraße gespielt, wollten mit Rußland ebenso verfahren wie in der bosnischen Krise und haben sich geirrt.«[40] Einige Zeit später hat sich Gwinner noch schärfer über die deutsche Politik in der Julikrise 1914 geäußert: »Die ganze Art, wie der hochernste Zwischenfall von Sarajewo von Deutschland behandelt worden ist, war eine Dummheit, was im Staatshandwerk ein Verbrechen ist.«[41]

Wie Gwinner war auch der Hamburger Reeder Albert Ballin davon überzeugt, daß die deutsche Reichsleitung im Juli 1914 den Krieg fahrlässig ausgelöst hatte. In einem Brief an Staatssekretär Jagow vom 3. Juli 1915 schrieb er diesem offen: »Ich habe jede Nachsicht für einen Mann, der wie E(ure) E(xzellenz) so schwer belastet ist und die entsetzliche Verantwortung zu tragen hat für die Inscenierung dieses Krieges, der Deutschland Generationen prächtiger Menschen kostet und es für 100 Jahre zurückwirft.«[42] Mehrfach äußerte sich auch der frühere Reichskanzler Bülow höchst kritisch über die Politik seines Nachfolgers in der Julikrise. 1915 notierte er: »Den Weltkrieg damit erklären zu wollen, daß er unvermeidlich gewesen wäre wie ein Erdbeben oder ein Platzregen oder irgendein anderes Naturereignis, hat etwas Kindliches.« Und ein Jahr später hielt er fest: »Wir haben ihn (d. h. den Krieg) aber ja selbst herbeigeführt mit dem (von uns zugelassenen oder inspirierten) Ultimatum an Serbien.«[43]

Auch unter den Entscheidungsträgern selbst war in den ersten Kriegsjahren das Bewußtsein vorherrschend, durch die eigene Politik den Krieg heraufbeschworen zu haben. »Wir haben nicht geblufft«, versicherte Unterstaatssekretär Stumm dem Chefredakteur des BERLINER TAGEBLATTS, Theodor Wolff, im Februar 1915. »Wir waren darauf gefaßt, daß wir den Krieg mit Rußland haben würden. Aber Österreich mußte seine Sache mit Serbien doch endlich einmal austragen. Wenn

Extrablätter zum Kriegsausbruch in Berlin, 1. August 1914.

der Krieg nicht jetzt gekommen wäre, hätten wir ihn unter schlechteren Bedingungen in zwei Jahren gehabt.«[44] »Ob man von Berlin aus zu energischem Vorgehen gedrängt habe?« fragte Theodor Wolff im September 1915 den früheren Botschafter in London, Fürst von Lichnowsky, und erhielt zur Antwort: »Natürlich habe man gedrängt, Tschirschky sei ja fortwährend herumgegangen und habe erklärt, wenn Österreich sich das (die Ermordung des Erzherzogs) gefallen lasse, sei es keine Großmacht mehr … Moltke habe den Standpunkt vertreten, besser jetzt als in zwei Jahren, und habe Bethmann beeinflußt.«[45] Bethmann Hollweg selbst bestätigte dies, als er im Januar 1918 – einige Monate nach seiner Entlassung als Reichskanzler – gegenüber dem Reichstagsabgeordneten der Fortschrittlichen Volkspartei, Conrad Haußmann, äußerte: »Ja, Gott, in gewissem Sinne war es ein Präventivkrieg. Aber wenn der Krieg doch über uns hing, wenn er in zwei Jahren noch viel gefährlicher und unentrinnbarer gekommen wäre und wenn die Militärs sagen, jetzt ist es noch möglich, ohne zu unterliegen, in zwei Jahren nicht mehr! Ja, die Militärs!«[46]

Versucht man abschließend ein Gesamturteil über die deutsche Risikopolitik in der Julikrise, so bietet sich vielleicht folgende Kurzformel an: Die hausgemachte *Einkreisungs*-Psychose, vor allem die Furcht vor einer angeblich drohenden »russischen Gefahr«, verbunden mit dem Bedürfnis, endlich den gordischen Knoten der innenpolitischen Blockade zu durchschlagen, trieben die deutsche Reichsleitung in eine hochgefährliche Konfliktstrategie mit den Ententemächten, die auf einer völlig ungesicherten, im Kern realitätsfernen militärischen Lagebeurteilung beruhte und die – mit innerer Folgerichtigkeit – zum Weltkrieg eskalierte. Bedrohungsangst und Aggressionslust waren auf eigentümliche Weise miteinander verknüpft. Es ist deshalb auch müßig, darüber zu streiten, ob die deutsche Politik im Juli 1914 offensiv oder defensiv gewesen sei: Sie war beides zugleich. »Eine riskante Partie aus Furcht« – so charakterisierte Kurt Riezler in einem Brief an Theodor Wolff vom März 1930 das deutsche Hasardspiel im Sommer 1914.[47]

Das »Augusterlebnis«

Mit dem Beginn des Ersten Weltkriegs verbindet sich die Vorstellung eines rauschhaften, alle Bevölkerungsschichten erfassenden nationalen Erweckungserlebnisses. Umbrandet von einer Begeisterungswelle ohnegleichen, so heißt es, seien die Deutschen in den Krieg gezogen. Die überlieferten Fotografien von jubelnden Kriegsfreiwilligen und blumenumkränzten Militärtransporten, die hymnischen Lobpreisungen des *Augusterlebnisses* in unzähligen Gedichten und Artikeln scheinen diesen Eindruck zu bestätigen. Doch bei näherem Hinsehen zeigt sich, daß das Bild einer alle Klassengegensätze überwindenden Begeisterung, wie es bis heute von den meisten Geschichtsbüchern kolportiert wird,[48] der Wirklichkeit nicht entspricht. Vielmehr fielen die Reaktionen der Bevölkerung auf die Nachricht vom Kriegsausbruch, je nach gesellschaftlicher Schicht, sozialer Lage und politischem Bewußtsein, recht unterschiedlich aus.[49]

Am ehesten trifft das Klischee von der allgemeinen Kriegsbegeisterung für das Bildungsbürgertum zu. Sogar Max Weber, der der deutschen Vorkriegspolitik äußerst kritisch gegenübergestanden hatte, ließ sich bei Kriegsbeginn zu der Äußerung hinreißen: »Denn einerlei wie der Erfolg ist – dieser Krieg ist groß und wunderbar«.[50] In bürgerlich-akademischen Schichten war auch der gesellschaftliche Druck auf junge Männer am größten, sich freiwillig zum Krieg zu melden. Dennoch war auch hier die tatsächliche Zahl der Kriegsfreiwilligen wesentlich geringer, als es die amtliche Propaganda verlauten ließ.[51] Der Hurrapatriotismus des vorwiegend bürgerlichen Publikums, der seit den letzten Julitagen sich auf den Straßen vornehmlich der Großstädte lautstark bemerkbar machte, war wohlfeil; sobald es galt, nationale Solidarität zu praktizieren, blieb von solchen lärmenden Bekenntnissen in der Regel nicht allzuviel übrig.

Am empfänglichsten zeigten sich noch Intellektuelle, Schriftsteller und Künstler. Mehreres kam zusammen: Unzufriedenheit mit den verkrusteten Verhältnissen der wilhelminischen Gesellschaft, Überdruß an der bürgerlichen Saturiertheit und dem Komfort einer langen Friedenszeit, aber auch die Sehnsucht nach Aufbruch und Erneuerung. »Wie hätte der Künstler, der Soldat im Künstler nicht Gott loben sollen für den Zusammenbruch einer Friedenswelt, die er so satt, so überaus satt hatte!« schrieb Thomas Mann, einer der Wortführer der geistigen Mobilmachung von 1914. »Krieg! Es war die Reinigung, Befreiung, was wir empfanden, und eine ungeheure Hoffnung.«[52] Der Suggestivwirkung konnten sich nur wenige entziehen. Selbst Erich Mühsam, der Schwabinger Anarchist und Bohemien, ein überzeugter Antimilitarist, fiel ihr zeitweilig zum Opfer. In den ersten Augusttagen ertappte er sich »irgendwie ergriffen von dem allgemeinen Taumel, entfacht von zorniger Leidenschaft«, und er fand »die Einmütigkeit des Gefühls, eine gerechte Sache zu führen, bei aller Verblendung, ergreifend«.[53]

Begeistert vom rauschhaften Gemeinschaftserlebnis Anfang August 1914 zeigte sich auch die Mehrheit der deutschen Juden. Für sie verband sich damit die Hoffnung, durch bedingungslosen Patriotismus endlich ihre volle Zugehörigkeit zur deutschen Nation unter Beweis stellen zu können. Noch fast dreißig Jahre später erinnerte sich Stefan Zweig: »Um der Wahrheit die Ehre zu geben, muß ich bekennen, daß in diesem ersten Aufbruch der Massen etwas Großartiges, Hinreißendes und sogar Verführerisches lag, dem man sich schwer entziehen konnte ... Alle Unterschiede der Stände, der Sprachen, der Klassen, der Religionen waren überflutet für diesen einen Augenblick von dem strömenden Gefühl der Brüderlichkeit ... Jeder einzelne erlebte die Steigerung seines Ichs, er war nicht mehr der isolierte Mensch von früher, er war eingetan in einer Masse, er war Volk, und seine Person, seine sonst unbeachtete Person hatte einen Sinn bekommen.«[54] Daß in dieser Beschreibung viel Wunschprojektion steckte, sollte sich bald erweisen.

Ganz anders wurde der Ausbruch des Krieges in den ländlichen Regionen erlebt. Hier war von patriotischem Taumel wenig zu spüren. »Bringt die begeisterten Berliner hierher zwischen unsre fünfzehn Bauernhäuser, und sie werden verstummen«, notierte der Herausgeber der SCHAUBÜHNE, Siegfried Jacobson, der seinen Sommerurlaub 1914 auf einer Nordseeinsel verbrachte, und der Sohn eines pommerschen Landarbeiters erinnerte sich viele Jahre später, wie die Verlesung der Mobilmachungsorder am 2. August 1914 in seinem Dorf aufgenommen wurde: »Ein jähes Entsetzen lähmte minutenlang die Menschen.«[55] Benjamin Ziemann, der als erster das »ländliche Augusterlebnis 1914« untersucht hat, kommt zu dem Ergebnis, daß für die meisten Bauern und Landarbeiter der Kriegsbeginn »kein Aufbruch zur nationalen Einheit, sondern ein eher verhalten oder depressiv aufgenommener Schritt in eine ungewisse Zukunft war«.[56]

Ähnliche Reaktionen sind für die Arbeiterschaft in den Industriezentren bezeugt. Auch hier war von Kriegsenthusiasmus zunächst nichts zu bemerken. Noch Ende Juli 1914 demonstrierten, vom SPD-Parteivorstand dazu aufgerufen, Hunderttausende gegen den drohenden Krieg. Diese Bewegung zeichnete sich, wie Wolfgang Kruse nachgewiesen hat, »durch eine breite Massenbeteiligung, eine intensive Ablehnung des Krieges und nicht zuletzt auch durch eine hohe Bereitschaft von Teilen der Basis zu entschiedenen Protestaktionen aus«.[57] In mehreren Orten kam es im Anschluß an die Versammlungen zu Straßendemonstrationen, nicht selten auch zu gewalttätigen Auseinandersetzungen mit der Polizei. Was Spitzel der Hamburger Politischen Polizei Ende Juli 1914 in Arbeiterkneipen erlauschten, war typisch für die Einstellung vieler Sozialdemokraten: »Was geht uns das an, wenn der österreichische Thronfolger ermordet worden ist? Dafür sollen wir unser Leben lassen? Wie kommen wir dazu?« – »Ich bin froh, daß ich nicht mehr mit (in den Krieg) brauche. Denn mich für andere Leute totschießen zu lassen, dazu habe ich keine Lust.«[58]

Die Desinformationspolitik Bethmann Hollwegs sorgte allerdings für eine nachhaltige Irritation der sozialdemokratischen Antikriegsbewegung. Geschickt zielte der Kanzler auf das antizaristische Sentiment in der deutschen Sozialdemokratie, als es ihm gelang, Rußland den Schwarzen Peter für die Auslösung der Generalmobilmachung zuzuschieben. Auf der Woge einer systematisch geschürten antirussischen Haßpropaganda, die in der sozialdemokratischen Presse ein bereitwilliges Echo fand, wurden nun auch Teile der SPD-Anhänger in den Strudel des Chauvinismus hineingerissen. Dennoch kann auch jetzt von einer allgemeinen Kriegsbegeisterung in der Arbeiterschaft nicht gesprochen werden, eher von Niedergeschlagenheit, Verzweiflung und Resignation. Ein junger Bremer Sozialdemokrat beobachtete am 1. August 1914 auf dem Bahnhof, wo die ersten mobilisierten Truppen verabschiedet wurden, »die jämmerlichste Stimmung«, die er »je erlebt« hatte: »Mütter, Frauen und Bräute und die übrigen Angehörigen bringen die jungen Männer zum Zug und weinen. Alle haben das Gefühl: es geht direkt zur Schlachtbank.«[59] Ähnliche Szenen sind aus zahlreichen anderen deutschen Städten überliefert.

Nach der Zustimmung der SPD-Reichstagsfraktion zu den Kriegskrediten am 4. August 1914 und unter dem Eindruck der ersten Siegesmeldungen aus dem Westen schlug Mitte August 1914 die Stimmung um. Jetzt wurde auch in Arbeitervierteln die Reichsflagge gehißt, erklangen auch aus Arbeiterkneipen patriotische Lieder. Anfang September 1914 faßte der Berliner Polizeipräsident die Beobachtungen seiner Beamten zusammen: »Kriminalbeamte, die dienstlich viel in Arbeiterkreisen zu tun haben, wollen es kaum glauben, daß es dieselben Leute sind, die noch vor kurzem in Protestversammlungen die Internationale hochleben ließen und jetzt patriotisch überschäumen.«[60] Bei vielen Sozialdemokraten, die vor 1914 als *vaterlandslose Gesellen* verteufelt worden waren, bestand offenbar ein Nachholbedarf an patriotischer Pflichterfüllung. Hier kamen nationale Gefühle zum Durchbruch, die durch den deklamatorischen Antimilitarismus der Partei vor 1914 nur oberflächlich überdeckt worden waren.

Ein Kriegsfreiwilliger gibt seiner Mutter nach der Einkleidung in der Kaserne seine Zivilkleidung zurück, August 1914.

Gewiß, es steckte in dem nationalen Aufbruch von 1914 auch echter Patriotismus, viel Ernstes und Verpflichtendes, gerade unter sozialdemokratischen Arbeitern. Dennoch sollten darüber nicht die bedenklichen Elemente übersehen werden, die dem Gemeinschaftserlebnis dieser Tage beigemischt waren. Dazu gehörte zum Beispiel die sogenannte *Spionitis*, eine Spionagefurcht, die Züge einer kollektiven Hysterie annahm. Jeder, der auch nur entfernt fremd aussah oder sich auffällig verhielt, geriet rasch in den Verdacht, ein feindlicher Spion zu sein. In vielen Städten wurden regelrechte Jagden auf Ausländer veranstaltet; nicht selten wurden harmlose Passanten von aufgeregten Bürgern krankenhausreif geschlagen. Die wildesten Gerüchte fanden die gläubigsten Ohren. So wurde kolportiert, daß zahlreiche Autos mit sagenhaften Goldschätzen von Frankreich nach Rußland unterwegs seien – mit der Folge, daß viele Kraftwagenfahrer belästigt wurden. Andere Tatarenmeldungen besagten, daß französische Agenten Brunnen mit Pest- und Cholerabazillen vergiftet und daß französische Flugzeuge Bomben auf deutsche Städte abgeworfen hätten. Das Deutsche Reich glich Anfang August 1914, wie der Stuttgarter Polizeidirektor in einem Aufruf an die Schutzleute feststellte, einem »Narrenhaus«: »Die Einwohnerschaft fängt an, verrückt zu werden … Jeder sieht in seinem Nebenmenschen einen russischen oder französischen Spion und meint die Pflicht zu haben, ihn und den Schutzmann, der sich seiner annimmt, blutig zu schlagen … Wolken werden für Flieger, Sterne für Luftschiffe, Fahrradlenkstangen für Bomben gehalten, Telephon- und Telegraphendrähte mitten in Stuttgart sollen zerschnitten, Brücken gesprengt, Spione standrechtlich erschossen und die Wasserleitungen vergiftet worden sein. Es ist nicht abzusehen, wie sich das alles gestalten soll, wenn die Zeiten wirklich einmal schwieriger werden.«[61]

Die Massenhysterie der ersten Kriegstage zeigt überaus deutlich, auf welch brüchigen Grundlagen das angeblich so lautere *Augusterlebnis* ruhte. In Haßgesängen gegen die »Feinde« und der schrillen Gereiztheit gegen alle Andersdenkenden suchten die wilhelminischen Hurrapatrioten die Gefühle von Angst und Unsicherheit zu überschreien, die der Kriegsausbruch auch bei ihnen auslöste. Der Gesinnungsterror traf all jene, die es wagten, noch eine andere als die offiziell erlaubte Meinung zu vertreten. »Man muß glauben«, schrieb der Kruppdirektor Wilhelm Muehlon, einer der wenigen, der sich nicht einen Augenblick von der Kriegspsychose des August 1914 beeindrucken ließ, »es gibt überhaupt keine Kritik oder Opposition mehr im Volk, selbst im engsten Kreise scheint man keinen Meinungsaustausch zu wünschen, sondern nur noch Offenbarungen und Gebote der Staatsautorität.«[62] Für Muehlon war, was sich auf den Straßen abspielte, »Radau mit polizeilicher Genehmigung«, in dem sich die »rohen Instinkte« und der »lenkbare Unverstand im Volke« ein Ventil schufen.[63] Und ihn schauderte bei dem Gedanken, daß eine Nation, die gerade im Augenblick der größten Mobilisierung ihrer Kräfte ihre politische Unreife so nachdrücklich unter Beweis stellte, militärisch siegen und die Hegemonie auf dem Kontinent erringen könnte: »Europa wird ein Erdteil werden, der die Unannehmlichkeiten des Besuches kaum lohnt. Außerhalb der Grenzen von Neu-Germanien aber dürfen sich die Deutschen nicht sehen lassen.«[64]

TEIL III

DIE GESELLSCHAFT DES KAISERREICHS

»Preußen – und mittelbar ganz Deutschland – krankt an unsren Ostelbiern. Über unsren Adel muß hinweggegangen werden; man kann ihn besuchen wie das Ägyptische Museum und sich vor Ramses und Amenophis verneigen, aber das Land ihm zuliebe regieren, in dem Wahn: dieser Adel sei das Land – das ist unser Unglück, und solange dieser Zustand fortbesteht, ist an eine Fortentwicklung deutscher Macht und deutschen Ansehns nach außen hin gar nicht zu denken.«

(Theodor Fontane an
Georg Friedlaender, 5. April 1897)

1. Soziale Schichtung und Gesellschaftsordnung

Der Adel

»Die alte Herrenschicht«, so schrieb der Liberale Friedrich Naumann im Jahre 1900, »ist in Verteidigungszustand geraten und benutzt nun alle Mittel, um sich in einem demokratisch werdenden Zeitalter über Wasser zu halten.«[1] Das war klug beobachtet. Denn tatsächlich befand sich der Adel seit den revolutionären Umwälzungen Ende des 18. Jahrhunderts überall in Europa in der Defensive; seine strategische Herrenstellung unterlag einem »langsamen Prozeß allmählichen Machtverfalls«.[2] Aufs Ganze gesehen vermochte die Großlandwirtschaft, die ökonomische Basis der Adelsherrschaft, mit dem aufkommenden Industriekapitalismus nicht Schritt zu halten, auch wenn die wirtschaftliche Lage vieler Großgrundbesitzer gerade in Ostelbien sich im Kaiserreich günstiger darstellte, als es die Klagelieder ihrer agrarischen Interessenvertreter vermuten ließen.[3] Seinen ökonomischen Bedeutungsverlust kompensierte der Adel durch eine um so zähere Verteidigung seiner politischen Privilegien. Dabei gelang es der deutschen Aristokratie, speziell den preußischen Junkern – »das Rückgrat aristokratisch-autoritärer Herrschergruppen ›ostelbischen‹ Gepräges« – erstaunlich gut, zentrale strategische Positionen im herrschenden Machtapparat zu behaupten und auf diese Weise »im sozialen und politischen Leben der Nation eine ungewöhnlich einflußreiche Rolle bis zum Zusammenbruch der konservativen Monarchie« zu spielen.[4] In dieser außerordentlichen Beharrungskraft liegt eine Besonderheit der deutschen Entwicklung vor 1914, gerade auch im Vergleich mit England oder Frankreich.

Eine wichtige Voraussetzung bildete zweifellos die Leistungsbilanz der Bismarckschen Reichsgründung. Denn dadurch erfuhr der Adel, der die Führungskräfte in den siegreichen Armeen gestellt hatte, eine enorme Aufwertung seines gesellschaftlichen Prestiges, und zwar in einem so nachhaltigen Maße, »daß er von diesem Erfolgspolster im Grunde bis 1918 zehren konnte«.[5] Doch hätte der Adel kaum seine dominierende Stellung an der Spitze der gesellschaftlichen Pyramide bewahren können, wenn er nur zäh dem Reaktionären verhaftet geblieben wäre und es nicht zugleich auch verstanden hätte, sich flexibel auf die Erfordernisse der industriellen Welt einzustellen. Im Laufe des 19. Jahrhunderts verwandelte sich die Gutsaristokratie in eine mobile agrarische Unternehmerklasse, die ihre Betriebe nach kapitalistischen Rentabilitätskriterien bewirtschaftete. Im Einzelfall, wie in Oberschlesien, beteiligte sich der Adel auch an industriellen Unternehmungen und brachte es hier zu großen Reichtümern. Zu den zehn reichsten Männern in Preußen wurden 1913 allein sechs oberschlesische Aristokraten und Industrielle gezählt, darunter vor allem Fürst Guido Henckel von Donnersmarck, der Prototyp eines schlesischen Magnaten.[6]

Die Öffnung der alten Geburtsaristokratie für nichtadlige Großbürger – sei es durch Nobilitierung, durch Heiratspolitik oder durch den Verkauf von Rittergütern – führte »der gesellschaftlichen Elite frische Lebenskraft in Form von Reichtum und Talenten zu«.[7] Es war gerade diese bemerkenswerte Fähigkeit zur Assimilierung und Integration von »Neuankömmlingen«, die erheblich zur Revitalisierung des Adels als herrschender Gesellschaftsformation im Kaiserreich beitrug.[8] Und auch in politischer Hinsicht erwiesen sich die preußischen Junker als durchaus anpassungsfähig. Obwohl strikt antidemokratisch und antiparlamentarisch gesinnt, lernten sie rasch, »moderne Parteipolitik im eigenen Interesse zu betreiben«.[9] Mit dem Bund der Landwirte schufen sie sich eine schlagkräftige agrarische Lobby, die beherrschenden Einfluß auf die Politik der konservativen Parteien ausübte. Freilich handelte es sich, wie Hans Rosenberg in einem bis heute wegweisenden Aufsatz bereits 1958 gezeigt hat, bei dieser Art des modernen Lobbyismus um eine »Pseudodemokratisierung«, weil sich die Beteiligung der Rittergutsbesitzer am politischen Wettbewerb im Grunde »auf das Tragen der demokratischen Maske und die Ausbeutung demokratischer Methoden für undemokratische Ziele« beschränkte.[10]

Der Bereitschaft zur Öffnung entsprach auf der anderen Seite eine Tendenz zur Abschottung. Sorgfältig achtete der Adel darauf, daß seine soziale Exklusivität gewahrt blieb. Dem Engländer Sidney Whitman, der in den achtziger Jahren das kaiserliche Deutschland bereiste, fiel auf: »Sie haben allmählich eine Scheidewand aufgerichtet, von der man wohl behaupten darf, daß sie die Geburtsaristokratie vom Geistesadel und vom Mittelstand strenger scheidet, als diese in irgendeinem anderen europäischen Lande geschieden sind.«[11] Junge Adlige oder bürgerliche Aufsteiger mußten sich den tradierten Normen und Ritualen anpassen, wenn sie als vollwertige Mitglieder der blaublütigen Gesellschaft akzeptiert werden wollten. Dazu bedurfte es nicht einmal eines besonderen Nachdrucks, denn häufig gebärdeten sich die neuadligen oder nichtadligen Rittergutsbesitzer in ihrem Lebensstil junkerlicher als die Junker selbst. Hartnäckig verteidigte der preußische Adel seine Herrenrechte auf dem Lande. Auch wenn durch die Kreisordnung von 1872 und die Landgemeindereform von 1892 einige Privilegien der adligen Großgrundbesitzer beseitigt wurden, blieb »ihre tatsächliche Herrenstellung als Besitzer von Obrigkeitsrechten im wesentlichen unerschüttert«.[12] Und so elastisch die preußischen Junker die parlamentarischen Institutionen für ihre Interessen zu benutzen wußten, so starr hielten sie zugleich am Dreiklassenwahlrecht »als Bollwerk des aristokratischen Obrigkeitsstaates in Preußen« fest.[13] Dadurch sicherten sie sich die Vorherrschaft im preußischen Abgeordnetenhaus. In der Ersten Kammer, dem Herrenhaus, besaßen sie aufgrund der sie einseitig begünstigenden Zugehörigkeitskriterien ohnehin ein erdrückendes Übergewicht.

Seinen dominierenden politischen Einfluß verdankte der Adel vor allem der Besetzung von Schlüsselpositionen in Bürokratie, Diplomatie und Armee. 1911 waren 11 von 12 Oberpräsidenten, 23 von 36 Regierungspräsidenten und 268 von 481 Landräten und Oberamtmännern in Preußen adliger Herkunft.[14] Am stärksten aristokratisch geprägt war das Amt des Oberpräsidenten; die Inhaber dieser Spitzenposition in der Bürokratie entstammten, bis auf wenige Ausnahmen, den Mitgliedern der alten preußischen Adelsgeschlechter, »die schon seit Generationen bedeutende Amtsträger in Verwaltung und Militär hervorgebracht hatten«.[15] Die adlige Herkunft spielte, wenngleich in geringerem Maße, auch bei der Ernennung der Landräte, der wichtigsten Funktionsträger auf der Ebene der Kreisverwaltungen, eine Rolle.

»Ist es möglich bei uns liberal zu regieren?« fragte der preußische Staatssekretär des Innern, Clemens von Delbrück, angesichts der Dominanz konservativer Adliger in der Verwaltung. »Seit 25 Jahren ist kein Landrat, kein Regierungsrat oder Regierungspräsident, kaum ein Oberpräsident, kein Amtsvorsteher, kaum ein Gemeindevorsteher in Ostelbien bestätigt worden, der nicht konservativ bis in die Knochen war. Wir befinden uns in einem eisernen Netz konservativer Verwaltung und Selbstverwaltung.«[16]

Auch für die Karriere im diplomatischen Dienst war das Adelsprädikat in der Regel unerläßlich. Nicht zu Unrecht hat Albert Ballin, der Direktor der HAPAG, von der Wilhelmstraße 76, dem Sitz des Auswärtigen Amtes in Berlin, mißbilligend als einem »Klub« gesprochen, »in welchem man bei und durch Geburt aufgenommen sein muß«.[17] Von den 548 Diplomaten, die zwischen 1871 und 1914 dem Kaiserreich dienten, waren nicht weniger als 377, das heißt 69 Prozent, adlig.[18] Die Auslandsmissionen wurden fast ausschließlich mit Adligen besetzt, die wichtigsten Gesandtenposten auf dem Kontinent waren sogar Angehörigen des Hochadels vorbehalten. In Wien, so drückte es einmal ein deutscher Diplomat aus, »beginnt der Mensch mit dem Grafen«.[19] Ähnlich verhielt es sich in der Wilhelmstraße selbst. Die Staatssekretäre und die Vortragenden Räte der Politischen Abteilung, der einflußreichsten Sektion, waren in der Regel adliger Herkunft. Nur in den weniger angesehenen Sektionen, etwa der Kolonialabteilung, im Konsulardienst oder in weniger attraktiven überseeischen Gesandtschaften waren Bürgerliche häufiger vertreten.

Die Wilhelmstraße rechtfertigte das Übergewicht der Aristokratie im diplomatischen Korps damit, daß Adlige mehr im Ausland herumgekommen seien als ihre bürgerlichen Mitbewerber und auch über größere Gewandtheit im Auftreten verfügten. In den meisten Fällen hatte die Besetzung von diplomatischen Posten allerdings wenig mit der tatsächlichen Befähigung der Bewerber zu tun, sondern allein mit dem Stammbaum und gesellschaftlichen Beziehungen. Für die dadurch gewährleistete »soziale Homogenität des diplomatischen Korps zahlte das Reich einen hohen politischen Preis«.[20] Denn häufig waren hier statt selbständigem Urteilsvermögen und Weltläufigkeit nur ein bornierter Korpsgeist und aristokratische Weltfremdheit anzutreffen.

Je höher der Rang, desto geringer die bürgerliche Präsenz – dieses Prinzip galt auch im preußischen Offizierskorps, traditionell eine Domäne des ostelbischen Junkertums. Zwar sank der Adelsanteil unter den preußischen Offizieren von 65 Prozent im Jahre 1860 auf 30 Prozent im Jahre 1913, also um mehr als die Hälfte, aber dies war vor allem eine Folge des starken Ausbaus des Heeres vor 1914; auch ist dabei zu berücksichtigen, daß noch am Vorabend des Ersten Weltkriegs die höheren Führungspositionen – vom Obersten aufwärts – überwiegend mit Adligen besetzt waren.[21] Jedenfalls ist es unzulässig, vom wachsenden Anteil bürgerlicher Offiziere auf eine *Verbürgerlichung* des Offizierskorps zu schließen. Vielmehr sorgten strenge Auswahlkriterien und die gezielte Personalpolitik der Militäradministration dafür, »daß die Exklusivität und Homogenität des Korps erhalten blieben«.[22]

Adlige Offiziere waren stark überrepräsentiert in den Garderegimentern Berlins und bestimmten Traditionsregimentern der Bundesstaaten. Besonders beliebt war der Dienst in der Kavallerie, galt diese doch als angemessene Form standesgemäßer Selbstverwirklichung. Hingegen sahen sich bürgerliche Offiziere häufig auf weniger geschätzte Waffengattungen verwiesen (Fußartillerie, Verkehrstruppen etc.) oder in kleine Garnisonsorte an den Grenzen abgeschoben. Selbst im Generalstab stellten die Adligen noch drei von vier Offizieren. Allerdings wurde hier die Konkurrenz bürgerlicher Aufsteiger, die mit den technischen und organisatorischen Problemen moderner Kriegführung vertraut waren, bereits vor 1914 als latente Bedrohung empfunden, wie die Karriere des jungen Generalstabsoffiziers Erich Ludendorff zeigt.[23]

Vor allem das Offizierskorps profitierte von der Popularität, in der sich die Armee seit den siegreichen Einigungskriegen sonnen durfte. Auf der gesellschaftlichen Prestigeleiter nahm es eine unangefochtene Spitzenstellung ein. »Es gibt keine höhere Funktion als die des Offiziers«, schrieb ein norwegischer Beobachter im Jahre 1907, »sie überragt alle Zivilämter. Die Offiziere bilden die oberste Klasse der Gesellschaft.«[24] Diese einzigartige Stellung des Berufsmilitärs in Staat und Gesellschaft des Kaiserreichs steigerte nicht nur das Selbstgefühl der Offizierskaste bis hin zu einer arroganten Verachtung alles Zivilen; sie bewirkte auch, daß militärische Denk- und Verhaltensmuster eine weit in die Gesellschaft ausstrahlende soziale Leitbildfunktion gewinnen konnten. Besonders deutlich zeigte dies die Attraktivität, die der Reserveoffizier in bürgerlichen Kreisen besaß.[25] Nicht nur in adligen Salons und Klubs, auch auf Hausbällen der feinen bürgerlichen Gesellschaft waren junge Gardeleutnants heißbegehrte und vielumworbene Gäste. »Man reißt sich förmlich um die Bekanntschaft mit Offizieren.«[26] Im preußischen Hofreglement rangierten Minister hinter Generälen, und während die Offiziersuniform ihren Träger automatisch »hoffähig« machte, galt das für die Zivilbeamten erst vom Rat 2. Klasse an. Die gesellschaftliche Ausnahmestellung des Offizierskorps zeigte sich auch im Alltag, etwa darin, daß Offiziere bevorzugt bedient wurden oder Zivilisten ihnen auf dem Bürgersteig Platz machten.

Seine Stellung als »erster Stand« im Staate sicherte das Offizierskorps nach innen durch einen rigide gehandhabten Ehrenkodex. Er verlangte von jedem Offizier, jederzeit und ohne Rücksichten auf das eigene persönliche Wohl für die *Standesehre* einzutreten. Beleidigungen waren daher auch »niemals Privatangelegenheiten, sondern tangierten stets das Offizierskorps als Ganzes«.[27] Das bedeutete zugleich, daß einem beleidigten Offizier gar keine andere Wahl blieb, als die verletzte Ehre auf eine dem Sozialstatus entsprechende Weise zu verteidigen, das heißt im Duell. Ungeachtet wachsender öffentlicher Kritik am militärischen Duellzwang, erlebte diese anachronistisch anmutende Form standesgemäßer Konfliktregulierung im Kaiserreich eine ungeahnte Renaissance. Darin spiegelt sich nicht zuletzt auch das sozialdefensiv motivierte Interesse der alten Machtelite, »die exklusive und priviligierte Rolle des Offizierskorps hervorzuheben und vor (staats)-bürgerlicher Nivellierung zu bewahren«.[28]

Bei der Verteidigung seiner Sonderstellung erwies sich der Adel, aufs Ganze gesehen, als außerordentlich erfolgreich. Bis zum Ende der Hohenzollernmonarchie 1918 »lag die wirkliche Macht bei der preußischen Bürokratie und Armee, nicht beim Parlament«.[29] Gewiß, die preußischen Junker waren nicht die einzige gesellschaftliche Gruppe, die im Kaiserreich antidemokratischen und militaristischen Überzeugungen nachhing, und sie waren auch nicht die entschiedensten Verfechter der deutschen *Weltpolitik*. Dennoch leisteten sie, wie Dominik Lieven in seiner vergleichenden Studie zur Geschichte des europäischen Adels vor 1914 betont hat, »unzweifelhaft einen erheblichen Beitrag zur Verhinderung einer liberalen Demokratisierung und zu einem Meinungsklima, das der Führung des Deutschen Reiches 1914 die Entscheidung zum Krieg erleichterte«.[30]

Bürgertum und Kleinbürgertum

Der Begriff *Bürgertum* ist, im streng soziologischen Sinn, eine höchst amorphe Kategorie. Er umfaßt eine Vielzahl von Berufsgruppen, die sich nach ökonomischer Macht, gesellschaftlichem Ansehen und politischem Einfluß stark unterscheiden. So ist denn auch strittig, was diese so variable Sozialformation überhaupt an Gemeinsamkeit ausgezeichnet und sie in spezifischer Weise gegen andere gesellschaftliche Gruppen abgegrenzt hat. Mit Sicherheit war es weder eine ökonomisch bestimmte Klassenlage noch eine Identität gesellschaftlicher und politischer Interessen. Am ehesten läßt es sich – mit Jürgen Kocka – definieren über das, was man *bürgerliche Kultur* nennen könnte, also ein Ensemble von Normen, Mentalitäten und Lebensweisen, die für bürgerliche Schichten charakteristisch waren.[31] Doch genau hier setzt das Problem ein, denn nach vorherrschender Ansicht unter Sozialhistorikern war gerade die Gesellschaft des Kaiserreichs durch ein spezifisches »Defizit an Bürgerlichkeit« gekennzeichnet.

Gemeinhin werden zum Bürgertum gezählt: Industrielle, Bankiers, Kaufleute, Direktoren (Manager), also Unternehmer und Kapitalbesitzer als Repräsentanten der *Bourgeoisie* oder des Wirtschaftsbürgertums. Dazu zählt man weiter die Angehörigen der freien Berufe (z. B. Ärzte und Rechtsanwälte), Professoren und Gymnasiallehrer, Pfarrer, Richter und höhere Verwaltungsbeamte, Ingenieure, Architekten, Naturwissenschaftler – also Berufsgruppen, die in der Regel eine akademische Ausbildung besaßen und deshalb gern mit dem Kompositum *Bildungsbürgertum* bezeichnet werden. Beide Formationen umfaßten (einschließlich der Familienangehörigen) vor 1914 3,6 bis 3,8 Millionen Menschen, das heißt rund 6 Prozent der Reichsbevölkerung.[32] Rechnet man zu diesem großbürgerlichen Doppelkern des weiteren die kleinbürgerlichen Selbständigen in Handel, Gewerbe und

Dienstleistungssektor – Handwerker, Händler, Gastwirte etc. –, die rasch wachsende Schar der kleinen Angestellten und Beamten – den sogenannten *neuen Mittelstand* – sowie Randgruppen des Bildungsbürgertums wie Journalisten, Künstler, Bohemiens, so kommt man auf eine Zahl von maximal 15 Prozent. Die Rede vom bürgerlichen Zeitalter sollte nicht darüber hinwegtäuschen, daß das Bürgertum, was seinen Anteil an der Bevölkerung des Kaiserreichs betraf, nur eine Minderheit darstellte.

Das Wirtschaftsbürgertum

Das deutsche Wirtschaftsbürgertum befand sich seit dem Durchbruch des industriellen Kapitalismus im zweiten Drittel des 19. Jahrhunderts deutlich im Aufwind. Durch die anhaltende Hochkonjunkturphase von Mitte der neunziger Jahre an erhielt dieser Aufwärtstrend noch zusätzliche Impulse. Der Aufstieg des Kaiserreichs zur stärksten Industrienation auf dem Kontinent wurde nicht zuletzt der Leistungsfähigkeit und Risikobereitschaft deutscher Unternehmer zugeschrieben. Ihr gesellschaftliches Prestige, das in der ersten Hälfte des 19. Jahrhunderts noch hinter dem des Bildungsbürgertums zurückgestanden hatte, erfuhr dadurch eine beachtliche Aufwertung. Hinzu kam, daß sich das Bildungsniveau der Wirtschaftsbürger verbesserte. Immer mehr Unternehmersöhne besuchten die höhere Schule, machten das Abitur und absolvierten anschließend ein Hochschulstudium, wobei technisch-naturwissenschaftliche Fächer dominierten. Die Akademisierung der Unternehmerschaft bedeutete einen Statusgewinn in einer Gesellschaft, in der Bildung immer noch ein hoher Rang zuerkannt wurde.[33]

Mit ökonomischem Erfolg und gesellschaftlichem Ansehen wuchs auch der Wohlstand und mit diesem die Neigung, die neu erworbenen Reichtümer demonstrativ zur Schau zu stellen. »Die wilhelminische Ära war das goldene Zeitalter des Parvenüs«, schreibt die amerikanische Historikerin Dolores Augustine, der wir die erste gründliche Untersuchung über den Habitus der Vermögenseliten im Kaiserreich verdanken.[34] Vor dem Ersten Weltkrieg stellten die Großunternehmer bereits die Mehrheit unter den Multimillionären in Deutschland.

Durch den Aufbau straff organisierter, schlagkräftiger Interessenorganisationen vermochten sie ihren Einfluß auf Verwaltung und Politik wirksam geltend zu machen. Führende Industrielle, Bankiers und Kaufleute hatten Zugang zur Hofgesellschaft, also zu dem inneren Zirkel der Macht im Kaiserreich; einige von ihnen, etwa der Ruhrindustrielle Friedrich Alfred Krupp oder der Hamburger Reeder Albert Ballin, pflegten freundschaftliche Beziehungen zu Wilhelm II.

So bildete sich in den Jahrzehnten vor dem Ersten Weltkrieg eine wirtschaftsbürgerliche Oberschicht heraus, deren Mitglieder reich, angesehen und einflußreich waren und vielfältige Kontakte zur alten adligen Machtelite in Großlandwirtschaft, Heer und Bürokratie besaßen. Dennoch hat sich die lange vorherrschende These von einer *Feudalisierung* des deutschen Großbürgertums als nicht stichhaltig erwiesen. Sie hatte bereits in der linksliberalen zeitgenössischen Kritik eine Rolle gespielt, und sie wurde in der Sozialgeschichtsschreibung der Bundesrepublik wieder aufgegriffen, zuerst und am nachdrücklichsten von Friedrich Zunkel in seiner 1962 veröffentlichten Studie über die rheinisch-westfälischen Unternehmer. Nach der gescheiterten Revolution von 1848/49, vollends nach der Niederlage im preußischen Verfassungskonflikt habe das Wirtschaftsbürgertum seine liberalen politischen Ambitionen gezügelt, sich ganz auf seine ökonomischen Interessen konzentriert und sich mit der Rolle eines Juniorpartners der Aristokratie zufrieden gegeben. Damit sei nicht nur die antidemokratische, obrigkeitsstaatliche Prägung des Kaiserreichs besiegelt, sondern zugleich ein Prozeß der Anpassung der Bourgeoisie an den Adel eingeleitet worden, der dazu geführt habe, daß immer mehr Unternehmer ihren bürgerlichen Status aufgaben und der Anziehungskraft aristokratischer Lebensformen erlagen.[35]

Dies schien vielen eine schlüssige Erklärung für das spezifische »Defizit an Bürgerlichkeit«, das, wie die Protagonisten dieser Deutung behaupteten, Deutschlands »Sonderweg« in die Moderne begleitet und schließlich seinen Absturz in die Barbarei des Nationalsozialismus bewirkt habe. Neuere empirische Untersuchungen zwingen, wie gesagt, zu einer Korrektur dieser allzu eingängigen Interpretation.[36] So hat ein Vergleich der Nobilitierungspraxis ergeben, daß britische Unternehmer wesentlich größere Chancen auf ein Adelsprädikat besaßen.

Während in Preußen zwischen 1871 und 1918 lediglich 11 Prozent aller Adelserhebungen auf Unternehmer entfielen, waren es im gleichen Zeitraum in Großbritannien 36 Prozent.[37] In seiner Kollektivbiographie 248 führender westfälischer Schwerindustrieller der Jahre 1852 bis 1913 hat Toni Pierenkemper lediglich drei Nobilitierungen nachweisen können – eine geradezu sensationell niedrige Zahl.[38] Nicht wenige prominente Ruhrindustrielle, etwa Friedrich Alfred Krupp oder Emil Kirdorf, lehnten die angebotene Erhebung in den Adelsrang selbstbewußt ab – »ein Paradebeispiel dafür, daß Stolz auf die eigene Leistung und exorbitanter Reichtum nicht unbedingt die von der Feudalisierungsthese konstatierte ›Titelsehnsucht‹ förderten«.[39]

Auch in der Gruppe der 502 Multimillionäre unter deutschen Unternehmern, die Dolores Augustine untersucht hat, kam Nobilitierung selten vor. Danach besaßen nur 18 Prozent dieser »Superreichen« einen Adelstitel; über drei Viertel gingen also leer aus oder waren gar nicht erpicht auf eine Standeserhebung.[40]

Zu einem ähnlichen Ergebnis gelangt man, wenn man zwei andere Indikatoren – das Heiratsverhalten und die Berufswahl von Unternehmersöhnen – in den Blick nimmt. Dirk Schumann hat in einer Fallstudie über die bayerischen Unternehmer vor 1914 gezeigt, daß »die Einheirat in den Adel allgemein und selbst beim Konnubium der Unternehmer der Elite wie auch dem ihrer Töchter nur eine nachgeordnete Rolle« spielte.[41] Selbst die deutschen Multimillionäre, die sich eine adlige Lebensführung am ehesten leisten konnten, heirateten ganz überwiegend bürgerliche Frauen; nur knapp 10 Prozent aller Schwiegerväter waren adlig, dagegen rund 70 Prozent Unternehmer und Geschäftsleute. Und auch die Töchter der reichsten bürgerlichen Unternehmerfamilien heirateten seltener in den Adel ein, als häufig angenommen wurde, wobei es sich hier zudem meist um den frisch nobilitierten, nicht um den alten Adel handelte.[42]

Auch die Berufswahl der Söhne von Multimillionären deutet kaum auf eine zielstrebige Annäherung des Großbürgertums an den Adel. Eine große Mehrheit – über 70 Prozent – trat in die Fußstapfen ihrer Väter und wurde wieder Unternehmer. Nur ganz wenige – etwa jeder Zehnte – wählten einen aristokratischen Beruf, wurden Großgrundbesitzer, Diplomat oder Offizier. Etwa doppelt so hoch lag der Anteil unter den Söhnen der nobilitierten Millionäre, auf welche die aristokratische Welt offenbar eine größere Anziehungskraft ausübte. Doch rechtfertigt auch das »keineswegs die Theorie einer quasi geschlossenen Abwanderung des potentiellen Unternehmernachwuchses als Folge der Nobilitierung der Väter«.[43]

Insgesamt trennte die deutschen Großunternehmer eine größere soziale Distanz vom Adel als etwa ihre Standesgenossen in England oder Frankreich; von einer großbürgerlich-adligen Symbiose oder Fusion kann keine Rede sein.[44] Natürlich neigte die zu Reichtum gelangte großbürgerliche Elite dazu, sich mit Statussymbolen zu umgeben, die bislang dem Adel vorbehalten waren. Dazu gehörte zum Beispiel der Erwerb von Rittergütern: »Schloß und Grundbesitz demonstrierten, daß man mithalten, ja, den Adel aus seiner eigentlichen Domäne sogar verdrängen konnte.«[45] Doch in wenigen Fällen war der Kauf eines Rittergutes verbunden mit einem Rückzug aus dem bürgerlichen Beruf und dem Überwechseln in eine Rentierexistenz. Vielmehr nutzten die neureichen Geschäftsleute ihre Landsitze als Ort der Erholung und als Rahmen für prunkvolle Feste; manche sahen darin auch eine besonders attraktive Vermögensanlage.[46] Wie auch immer: Der aufwendige Lebensstil, den die Großbourgeoisie im Kaiserreich pflegte, bedeutete keine bloße Adelsimitation, sondern hatte vor allem den Sinn, »in aller Öffentlichkeit wirtschaftlichen Erfolg vorzuführen, sich dadurch nach unten abzugrenzen und soziale Exklusivität zu wahren, aber auch Geschäfte anzubahnen und die eigene wirtschaftliche Bonität unter Beweis zu stellen«.[47]

Das hieß nicht, daß das Großbürgertum im Kaiserreich nicht auch empfänglich gewesen wäre für staatliche Titel- und Ordensverleihungen. »Die Vorliebe für Titel«, fiel dem französischen Vorleser der Kaiserin 1887 auf, »ist einer der in Frankreich bekanntesten Charakterzüge der Deutschen.«[48] Besonders beliebt war in Unternehmerkreisen der Titel eines Kommerzienrates oder Geheimen Kommerzienrates. Fast zwei Drittel der Spitzenindustriellen durften sich so nennen. Er verlieh »eine von der Obrigkeit ausgesprochene und verbriefte Dignität, die sich im Geschäftsleben zudem als Ausweis von Seriosität und Kreditwürdigkeit überaus nutzbringend einsetzen ließ«.[49] Der Staat verfolgte mit der Titelverleihung die Absicht, das ursprünglich geringe

Prestige der Wirtschaftsbürger aufzuwerten und sich zugleich deren politische Loyalität zu sichern.[50] Dem diente ebenso ein ausgefeiltes System von Verdienstorden, deren Vergabe an den unzweifelhaften Nachweis einer regierungstreuen Gesinnung gebunden war.

Titel und Orden waren im monarchischen Obrigkeitsstaat ein wichtiges Instrument der politischen Verhaltenssteuerung. Sie zeichneten nicht nur feine, staatlich bestimmte Unterschiede des wirtschaftlichen Erfolgs und gesellschaftlichen Prestigebedürfnisses nach, sondern schufen auch Trennlinien innerhalb des Wirtschaftsbürgertums selbst. Allerdings sollte man das in seiner Wirkung nicht überschätzen. Selbst in der Gruppe der reichsten Unternehmer gab es nicht wenige, die sich staatlichen Ehrentiteln gegenüber reserviert verhielten;[51] ein Vergleich mit Großbritannien zeigt zudem, daß britische Unternehmer und Geschäftsleute nicht weniger, sondern stärker an Ehrentiteln interessiert waren als ihre deutschen Kontrahenten.[52] In der verbreiteten Wertschätzung für Titel und Orden spiegelt sich alles in allem ein etatistischer Grundzug, eine spezifische Nähe zum monarchischen Staat und seiner Bürokratie. Diese Orientierung »markierte eine Mentalitätskonstante der wirtschaftsbürgerlichen Oberklassen«. Sie »prägte den Lebensstil, das Denken, und mit ihr ließen sich wirtschaftliche und soziale, individuelle und kollektive Interessen in Einklang bringen, ohne daß dadurch die ökonomische Dynamik irgendwie gehemmt worden wäre«.[53]

Auf der innerbetrieblichen Ebene dokumentierte sich diese Mentalität in einem Leitungsstil, der mit dem zeitgenössischen Begriff vom *Herr im Hause* durchaus treffend umschrieben wird. Die großindustriellen Unternehmer regierten »ihren« Betrieb wie der Staat seine Untertanen – in einer Mischung aus paternalistischer Fürsorge und antisozialistischer Repression. Besonders ausgeprägt war die autoritäre Gestaltung der Arbeitsbeziehungen in der Schwerindustrie und im Bergbau, weshalb hier auch von einem »Grubenmilitarismus« die Rede war. In der Tat erinnerten der barsche Kommandoton der »Vorgesetzten« und die strikte Subordination der »Untergebenen« an vorindustrielle, militärisch-bürokratische Traditionen.[54] Armee und Staatsverwaltung des Kaiserreichs standen den großindustriellen Unternehmern als nachahmenswertes Vorbild vor Augen. Vom Leitbild einer modernen Betriebsverfassung war man weit entfernt.

Das Bildungsbürgertum

Wie das Wirtschaftsbürgertum so erfuhr auch das Bildungsbürgertum in den Jahrzehnten vor 1914 tiefgreifende Veränderungen. Durch die inbrünstig herbeigesehnte Gründung eines deutschen Nationalstaats öffneten sich ihm neue Wirkungsfelder und Berufe. Der Ausbau von Verwaltung und Justiz, des Bildungs- und Gesundheitswesens, der Siegeszug von Industrie und Technik, die Professionalisierung der freien Berufe, die Verrechtlichung der Arbeitsbeziehungen – all das erforderte eine immer größere Zahl von akademisch geschultem Personal. Zwischen 1871 und 1914 verdoppelte sich das Bildungsbürgertum bei einer gleichzeitigen Zunahme der Reichsbevölkerung um 65 Prozent.[55]

Mit dieser Expansion ging, anscheinend paradox, ein fortschreitender Bedeutungsverlust einher. War noch bis Mitte des 19. Jahrhunderts die kulturelle Hegemonie des Bildungsbürgertums ganz unbestritten, so büßte es im Kaiserreich zunehmend seine Prägekraft ein. Das einst so hoch geschätzte humanistische Bildungsideal verflachte immer mehr zum patentierten »Berechtigungswesen«, das die Tür zu attraktiven Berufswegen öffnete. »Die rasch wachsende Verlederung der Menschen datiert von den Examinas, und wir sind deshalb das langweiligste Volk, weil wir das Examensvolk sind«, klagte Theodor Fontane 1896.[56] Noch 1856 hatte ein Bildungsbürger selbstbewußt formuliert: »Der Besitz persönlicher höherer Bildung … ist der Ritterschlag der Neuzeit.«[57]

Freilich, dieser hochgemute Anspruch galt einem Ideal, dem nur die wenigsten gerecht zu werden vermochten. Denn was »Bildung« bedeutete, wie sie sich mit den praktischen Bedürfnissen des Erwerbslebens vereinbaren ließ, das blieb einigermaßen nebulös. Als der vierzehnjährige Harry Graf Kessler, der 1882 von der St. George's School in Ascot nach Hamburg wechselte, um dort die berühmte Gelehrtenschule des Johanneums zu besuchen, machte er in der Pension des Pastors Blümer, wo er Unterkunft gefunden hatte, eine interessante Beobachtung: »Sehr sonderbar war die Rolle der ›Bildung‹ im Blümerschen Haus. Wenn von jemand gesagt wurde, er sei ›ungebildet‹, so war das so, wie wenn es in England hieß, jemand sei ›kein Gentleman‹, es gab

Eine bürgerliche Familie vor dem Theaterbesuch in großer Abendtoilette, 1909.

nichts Geringschätzigeres. Der Kult der Bildung hat etwas Mystisches! Auch insofern, als sein eigentlicher Gegenstand nicht zu fassen war und kaum je aus einem allgemeinen Nebel hervortrat.«[58]

Die Berufung auf »Bildung« verkam, wie das Beispiel der Hamburger Pastorenfamilie zeigt, nicht selten zur dünkelhaften Attitüde, zum Mittel sozialer Distinktion, mit dem man sich nach oben und unten abgrenzte. Der elitäre Anspruch ließ sich indes um so weniger aufrechterhalten, je mehr Aufsteiger aus kleinbürgerlichen Schichten in die klassischen Domänen des Bildungsbürgertums eindrangen und je häufiger Söhne reichgewordener Unternehmer und Kaufleute ein Studium ergriffen und sich damit vom Makel *ungebildeter* Parvenüs befreiten. Mochten auch namhafte Vertreter des Geisteslebens nach wie vor auf den verpflichtenden Charakter der humanistischen Bildungsidee pochen: mit der Spezialisierung der Wissenschaften und der fortschreitenden Akademisierung verlor das Bildungsbürgertum unaufhaltsam »an Kompetenz, Wissensbestände zu repräsentieren und zu normieren«.[59] Gegen Ende des 19. Jahrhunderts fiel einem Beobachter auf, daß der naturwissenschaftlich-technische »Teil moderner Civilisation« in Deutschland »in dem Bewußtsein der Gebildeten sich als solcher noch nicht genügend festgesetzt« habe, auch wenn die »Überhebung des klassisch Gebildeten über den Techniker, den Kaufmann immer weniger geduldet« werde.[60]

Nicht nur was sein gesellschaftliches Prestige, sondern auch was seine materielle Situation betraf, geriet das Bildungsbürgertum gegenüber dem Wirtschaftsbürgertum ins Hintertreffen. Die klassisch Gebildeten, die sich selbst gern als »geistige Aristokratie« empfanden – die Professoren, Gymnasiallehrer, Pfarrer –, verarmten zwar nicht, sondern hatten Anteil am steigenden Wohlstand vor 1914. Doch im Vergleich zum neuen Reichtum der wirtschaftsbürgerlichen Oberklassen nahmen sich ihre Einkünfte eher bescheiden aus. Alle Beobachtungen, die von einer wachsenden Harmonisierung der Gegensätze zwischen Besitz- und Bildungsbürgertum im Zeichen einer allseits akzeptierten Priorität der Bildungsidee ausgehen, verkennen diese grundlegende Kräfteverschiebung innerhalb des Bürgertums.[61] Das Selbstbewußtsein, das ökonomische Macht und gesellschaftlicher Einfluß den neureichen Industriekapitänen und Bankherren verliehen, sprach etwa aus einem Brief Walther Rathenaus an den Schriftsteller Frank Wedekind vom November 1904: »Die wahre Macht halten die klugen Emporkömmlinge. Vanderbildt, Rockefeller, Carnegie, Krupp sind die Könige und das Schicksal unserer Zeit.«[62]

Diesem erfolgsverwöhnten Pathos entsprachen auf seiten des Bildungsbürgertums Selbstzweifel und Statusängste. Ein ausgeprägtes Krisenbewußtsein mit stark kulturpessimistischem Einschlag machte sich seit der Jahrhundertwende breit – jene vielzitierte Fin-de-siècle-Stimmung, die auch in Literatur und Malerei ihren Niederschlag fand und vor allem als ein Symptom für den Identitätsverlust (bildungs)-bürgerlicher Intellektueller zu deuten ist.[63] Die daraus resultierende Verunsicherung äußerte sich in einem verstärkten Abgrenzungsbedürfnis nach unten. »Das akademisch gebildete Bürgertum«, konstatierte der Historiker Friedrich Meinecke kurz vor Ende des Ersten Weltkrieges, im Rückblick auf das untergehende Reich, »einst in der Offensive gegen die alten herrschenden Schichten, dann zu einer gewissen Mitherrschaft mit ihnen vereinigt und zum Teil verschmolzen, fühlt sich nunmehr in der Defensive gegenüber allen Schichten, die durch den Übergang vom Agrarstaat zum Industriestaat entstanden sind – den breiten Massen der Arbeiter und Angestellten.«[64]

Das Gefühl wachsender Bedrohung, nicht zuletzt durch den Aufstieg des organisierten Proletariats, trieb das Bildungsbürgertum nach rechts, an die Seite der alten Machteliten, und machte es aufnahmebereit für kompensatorische Ideologien wie Nationalismus und Militarismus. Bereits 1895 beklagte Friedrich Paulsen, der Historiker des deutschen Bildungssystems, den grassierenden »inhumanen Hochmut« in bildungsbürgerlichen Schichten, »der durch Prunksucht und Schneidigkeit den Minderen die eigene Vornehmheit zu Gemüte« führe, den »lärmenden, phrasenhaften, bornierten Nationaldünkel, der sich für Patriotismus« ausgebe.[65] Es war kein Zufall, daß das Programm einer deutschen *Weltpolitik* gerade im Bildungsbürgertum begeisterte Aufnahme fand. Damit einher ging eine erhöhte Wertschätzung, ja Vergötzung alles Militärischen.

Als wichtigstes Scharnier im Verhältnis zwischen Bildungsbürgertum und Militärmonarchie fungierte die Institution des Reserveoffiziers. Sie erlaubte »jungen Leuten von Bildung«, die sich als *Einjährig-*

Freiwillige meldeten, nach dem selbstfinanzierten Dienstjahr sich als Offiziersaspiranten zur Reserve beurlauben zu lassen, um sich in den folgenden zwei Jahren nach weiteren Übungen und Prüfungen für das Offizierspatent zu qualifizieren.[66] Gerade für Söhne des Bürgertums stellte das Einjährigen-Freiwilligensystem eine attraktive Möglichkeit dar, die zivile Karriereplanung mit einem militärischen Titel zu verbinden, der seinem Träger ein hohes gesellschaftliches Ansehen verschaffte und seine Aussichten auf berufliches Fortkommen entscheidend verbesserte. Es verwundert daher nicht, daß der Reserveoffizier im Kaiserreich zur bürgerlichen Leitfigur avancierte. Als die »charakteristische Gestalt unserer Tage« bezeichnete ihn die Zeitschrift DER GRENZBOTE 1889,[67] und August Bebel, der sozialdemokratische Parteiführer, erklärte 1896 im Reichstag: »Wir leben ja heute überhaupt im Reserveleutnantszeitalter … und der Moralkodex des Reserveleutnants ist der Moralkodex der bürgerlichen Klassen geworden.«[68]

Reserveoffiziere legten großen Wert darauf, bei jeder sich bietenden Gelegenheit den bürgerlichen Frack mit des *Königs Rock*, der Uniform, zu vertauschen. Auch im Zivilleben wähnten sie sich ständig »im Dienst«, was sich in einem betont schneidigen und forschen Auftreten bemerkbar machte. Schulinspektoren ließen Lehrer »strammstehen«; Lehrer traktierten ihrerseits die Schüler in schnarrendem Befehlston. In der Hierarchie der Titel rangierte der Leutnant der Reserve etwa auf Heirats- oder Todesanzeigen an der Spitze, selbst noch vor der Mitgliedschaft in renommierten wissenschaftlichen Akademien.[69]

Über die Institution des Reserveoffiziers fand der ursprünglich dem Adel vorbehaltene Ehrenzweikampf Eingang ins Bürgertum. Ihre erste Bekanntschaft mit dem Duellkomment machten Reserveoffiziere bereits vor ihrer Militärzeit in den studentischen Korporationen, der zweiten großen Prägestätte wilhelminischer Bürgersöhne. Auf dem Paukboden Mensuren auszufechten und dabei Verletzungen ohne Zucken hinzunehmen, das erschien ihnen als höchster Beweis von Mut und Männlichkeit. Manche zeitgenössischen Beobachter fühlten sich beim Anblick der rotverquollenen Narben im Gesicht, der sogenannten *Schmisse*, »lebhaft an eine Platte mit gehackten Beefsteaks« erinnert.[70]

So überrascht es auch nicht, daß Akademiker neben Offizieren das größte Kontingent in der Duellstatistik des Kaiserreichs stellten. Höhere Beamte, Universitätsprofessoren, Gymnasiallehrer, Rechtsanwälte, Ärzte wetteiferten in der Bereitschaft, ihre Ehre oder die ihrer Frau im Zweikampf zu verteidigen. Dennoch handelte es sich hier, wie Ute Frevert nachgewiesen hat, nicht darum, eine adlige Konvention einfach zu imitieren, also um ein feudales Relikt, das umstandslos in die bürgerliche Lebenswelt überführt worden wäre. Vielmehr besaß der Ehrenkodex einen »spezifischen Eigensinn«, der ihn gerade für Männer aus dem Bildungsbürgertum attraktiv machte. Das Duell eröffnete »die Möglichkeit, den eigenen, aus einem antiständischen Berufsethos entspringenden Anspruch auf individuelle Integrität glaubhaft zu inszenieren«. Verantwortung zu übernehmen für das eigene Tun, mit Leib und Leben einzustehen für Worte und Handlungen, »dies war ein Anspruch, der dem bürgerlichen Persönlichkeitsmodell und seinem Vollkommenheitsstreben eingeschrieben war«.[71] So erklärt es sich auch, daß ein so scharfer Kritiker des Wilhelminismus wie Max Weber sich öffentlich als Duellanhänger bekannte und 1910, als bald fünfzigjähriger Hochschullehrer, nicht zögerte, die Ehre seiner Frau zu verteidigen, nachdem diese, eine Aktivistin der bürgerlichen Frauenbewegung, in einem Zeitungsartikel beleidigt worden war. Nur die Weigerung seines Kontrahenten verhinderte einen Waffengang.[72]

Ungeachtet seines adligen Ursprungs wurde das Duell im Kaiserreich »zu einem maßgeschneiderten Ritual im Dienste bildungsbürgerlicher Geltungsinteressen«.[73] Diese blieben allerdings gebunden an ein Wertesystem, dessen prägende gesellschaftliche Kraft das vom Adel dominierte preußische Offizierskorps war.

Das Kleinbürgertum

Pierre Bourdieu hat in seiner Soziologie der »feinen Unterschiede« die Sozialfigur des Kleinbürgers trefflich charakterisiert: »Kleine Sorgen, kleine Nöte – der Kleinbürger ist ein Bürger, der auf kleinem Fuße lebt. Seine ganze Erscheinung, in der sich seine objektive Beziehung zur Gesellschaft zeigt, ist die eines Menschen, der sich klein machen muß, um durch die enge Pforte zu passen, die zur Bourgeoisie führt.«[74]

Die Definition erfaßt wesentlich Elemente des Kleinbürgertums:

seine Situierung am Rande des Bürgertums, die Beengtheit seiner materiellen Existenz, zugleich aber die Orientierung an einer bürgerlichen Lebensführung, verbunden mit einem ausgeprägten Willen zum sozialen Aufstieg und einer ebenso entschiedenen Abgrenzung nach unten, zum Industrieproletariat.

Hervorgegangen war das Kleinbürgertum aus dem zerfallenen traditionellen Stadtbürgertum um die Mitte des 19. Jahrhunderts. Den *happy few*, die mit den aufstrebenden industriellen Unternehmern, der *Bourgeoisie*, zur neuen wirtschaftsbürgerlichen Elite fusionierten, stand die große Masse der Handwerker und Kleinhändler gegenüber, die an ökonomischer und gesellschaftlicher Bedeutung einbüßten. Sie blieben zwar ökonomisch selbständig, unterlagen also nicht den Zwängen der Lohnarbeit, doch war ihre Selbständigkeit unsicher und gefährdet. Mit diesem Prozeß einher ging eine Bedeutungsverschiebung des *Mittelstands*-Begriffs. Umfaßte er noch bis zur Reichsgründung vor allem die durch Besitz und Bildung privilegierten gutbürgerlichen Schichten, so verengte er sich im letzten Drittel des 19. Jahrhunderts zunehmend auf die Kleingewerbetreibenden in Handwerk und Handel.[75] Zu diesen beiden Hauptgruppen des sogenannten *alten* Mittelstands trat die rasch wachsende Zahl der Angestellten, die Gustav Schmoller in einem Vortrag in Leipzig 1897 »als Kern des neu sich bildenden Mittelstands« ausmachte.[76] Das Schlagwort vom *neuen* Mittelstand war damit eingeführt, und es hat sich seitdem als Unterscheidungskriterium bewährt.

Handwerker und Kleinhändler wurden im Kaiserreich »von einer machtvollen Aufstiegs-, aber auch Abstiegsdynamik unablässig in Bewegung gehalten«.[77] Einige Branchen des Handwerks – etwa das Bau- oder Nahrungsgewerbe – profitierten von Industrialisierung und Urbanisierung. Sie hatten Teil an der ökonomischen Konzentrationsbewegung mit ihrem Trend hin zu größeren, leistungsfähigeren, mit Kapital und modernen Maschinen hinreichend ausgestatteten Betrieben. Andere traditionelle Handwerkszweige – Schneider, Schuhmacher oder Tischler – waren der billiger produzierenden Konkurrenz der städtischen Fabriken und ländlichen Hausindustrie nicht gewachsen. Ihre Angehörigen fristeten ein bescheidenes Dasein, häufig am Rande einer proletarischen Existenz. Über die Hälfte aller Handwerksbetriebe waren 1907 noch *Alleinbetriebe,* das heißt, sie wurden von einem einzelnen Meister ohne alle Hilfskräfte geführt.[78] Der Abstand zwischen einem solchen proletarisierten *Alleinmeister* und einem erfolgreichen Unternehmer im Bauhandwerk, der Hunderte von Leuten beschäftigte, konnte kaum größer sein.

Ähnliche Unterschiede in Einkommen und Sicherheit gab es auch im Kleinhandel. Neben den Spezialgeschäften, die in den vornehmen Geschäftsstraßen der Großstädte die Bedürfnisse ihrer zahlungskräftigen Kundschaft zu befriedigen suchten, gab es die vielen kleinen Gemischtwaren- und Kolonialwarenläden, die nur geringen Gewinn abwarfen und deren Inhaber häufig wechselten. Dennoch nahm die Zahl der kleinen Ladengeschäfte bis 1914 stark zu, was zu einer dauernden Überbesetzung in vielen Branchen des Kleinhandels führte. Gleichzeitig sahen sich die Einzelhändler einem doppelten Zangengriff ausgesetzt: zum einen durch die großen Kauf- und Warenhäuser, die in den achtziger und neunziger Jahren gegründet wurden; zum anderen durch die Konsumvereine, die sich wachsenden Zuspruchs vor allem in der großstädtischen Arbeiterschaft erfreuten.[79] Überbesetzung und Unterkapitalisierung auf der einen, die überlegene Konkurrenz der Warenhäuser und Konsumvereine auf der anderen Seite brachten viele Kleinhandelsläden schon bald nach Gründung in Bedrängnis. Die Zahl der Pleiten und Konkurse war konstant hoch. In Bremen – um ein Beispiel zu nennen – mußte zwischen 1890 und 1914 ein Drittel aller Kleinhändler schon nach sechs Jahren das Geschäft aufgeben.[80]

Was lag angesichts dieser prekären Situation näher, als den Beistand des Staates anzurufen? So unterschiedlich die Interessen von Einzelhändlern und Handwerkern waren, in einer Forderung stimmten sie prinzipiell überein: Der Staat, hieß es, habe die Pflicht, den gewerblichen Mittelstand vor »unlauterem Wettbewerb« zu schützen und seine Überlebensfähigkeit zu sichern. Der Ruf nach protektionistischen Maßnahmen wurde unterstrichen durch den Hinweis auf die unentbehrliche gesellschaftliche Ausgleichsfunktion des Mittelstands: »Reich und Monarchie stürzen zusammen, sobald es nur noch eine unbekümmerte Plutokratie und ein haßerfülltes Proletariat gibt, sobald der als Puffer und Ausgleich dienende Mittelstand verschwunden ist.«[81]

Der ideologisch überhöhte Anspruch, der eigentliche Stabilitätsgarant von Staat und Gesellschaft zu sein, verband sich mit einer höchst wachen Angst vor einem Verlust der ökonomischen Selbständigkeit. Handwerker und Kleinhändler fühlten sich von zwei Seiten bedroht – vom Großkapital und vom Proletariat. Da das Großkapital vor allem mit jüdischen Bankiers und Warenhausbesitzern in Verbindung gebracht wurde, war die Aufnahmebereitschaft für antisemitische Ressentiments seit den neunziger Jahren in Kreisen des *alten* Mittelstands besonders groß.[82] Auf der anderen Seite war die Agitation der Sozialdemokratie, die dem Kleinbürgertum getreu der Marxschen Tradition einen baldigen Untergang prophezeite, kaum dazu angetan, antisozialistische Vorbehalte abzubauen. Im Gegenteil: Sie bestärkte Handwerker und Kleinhändler eher in ihrer Furcht vor einem Absinken ins Proletariat. So scharf allerdings, wie häufig angenommen wird, war die Grenze zwischen Kleinbürgertum und Arbeiterklasse nicht gezogen. Viele kleine Handwerksbetriebe, Einzelhandelsgeschäfte und Gastwirtschaften lagen in proletarisch geprägten Stadtteilen; zwangsläufig entstanden hier Kontakte zur Arbeiterbevölkerung, ohne daß damit Sympathien für die sozialdemokratischen Organisationen verbunden sein mußten. Immerhin wuchs die Zahl der Kleinmeister und Ladenbesitzer, die sich bis 1914 der SPD anschlossen, und noch größer war die Zahl derjenigen, die aus Protest auch einmal SPD wählten.[83]

Obwohl die Interessenorganisationen des *alten* Mittelstands in sich zersplittert und bei weitem nicht so schlagkräftig waren wie der Bund der Landwirte, konnten sie doch einige Erfolge verbuchen. So wurden im Handwerk die *fakultativen Zwangsinnungen* und der *kleine Befähigungsnachweis* eingeführt, so daß die Berechtigung zum selbständigen Gewerbebetrieb an die Meisterprüfung gekoppelt war. Die Warenhäuser wurden in den meisten Einzelstaaten mit einer Steuer belegt, um ihnen das Preisdumping zu erschweren. Heinz-Gerhard Haupt hat, vielleicht etwas überpointiert, von einer »Hochzeit mittelstandsfreundlicher Politik vor 1914« gesprochen.[84] Tatsächlich waren es weniger ökonomische als politische Gründe, welche die Berliner Regierung veranlaßten, den Forderungen von Handwerkern und Kleinhändlern ein Stück weit entgegenzukommen. Durch gezielte *Mittelstandspolitik* sollte die soziale Basis des konservativen Lagers verbreitert und die Sammlungsfront gegen Liberalismus und Sozialdemokratie gestärkt werden. Diesem Ziel entsprach auch ein intensiviertes Werben von Parteien und Verbänden um den *alten* Mittelstand seit den neunziger Jahren. Einen vorläufigen Höhepunkt fanden diese Bemühungen im Sommer 1913, als die größte mittelständische Organisation, der *Reichsdeutsche Mittelstandsverband,* sich mit dem Bund der Landwirte und dem Zentralverband deutscher Industrieller zum *Kartell der schaffenden Stände* zusammenschloß. Es war symptomatisch, »daß ein erheblicher Teil des Kleingewerbes Anlehnung bei den konservativsten der alten ›Eliten‹ suchte und von ihnen eine Art wechselseitiger Rückversicherung gegenüber allen Kräften erwartete, die den Status quo in Richtung auf mehr Wettbewerb und mehr Demokratie zu ändern strebten«.[85]

Die Frontstellung gegen die Arbeiterschaft und deren Organisationen teilte der *alte* mit dem *neuen* Mittelstand, als dessen Kern sich im Kaiserreich die Angestellten herausschälten. Die exakte Größenordnung dieser neuen sozialen Formation läßt sich nur schwer ermitteln, weil ihre Definition zunächst noch unscharf war und deshalb unterschiedliche Beschäftigungskategorien dazugerechnet wurden. Faßt man die Angestellten in der Wirtschaft und im staatlich-kommunalen Bereich zusammen, so wurden zu Beginn der achtziger Jahre etwa eine halbe Million Erwerbstätige (2,8 Prozent) registriert; nach der letzten Berufszählung im Jahre 1907 hatte sich diese Zahl auf knapp zwei Millionen erhöht, was einem Anteil von 7 Prozent der Erwerbstätigen entsprach. Auf zehn Lohnarbeiter kam bereits ein Angestellter.[86] Noch dramatischer zeigte sich die Veränderung in manchen Großunternehmen. Bei Siemens stieg die Zahl der Arbeiter zwischen 1890 und 1912 um das 16fache von 2540 auf 44378, die der Angestellten hingegen um das 34fache, von 360 auf 12 502. Hier betrug das Verhältnis zwischen Arbeitern und Angestellten bereits 3,5 : 1.[87]

Die Expansion der Angestelltenschaft war auf mehrere Faktoren zurückzuführen: zum einen auf das Wachstum der Großbetriebe, der Warenhäuser und Filialketten, der Banken und Versicherungen, der staatlichen und kommunalen Verwaltungen; zum anderen auf die zunehmende Schriftlichkeit und Arbeitsteilung in der Produktion, die Trennung von Hand- und Kopfarbeit, die büromäßige Organisation der Verwaltung, des Lohn- und Rechnungswesens, des Umgangs mit Behörden und Verbänden. Überall in großen Privatunternehmen entstanden Angestelltenabteilungen, in denen eine strikte Verteilung von Kompetenzen und genau reglementierte Geschäftsgänge den Arbeitsalltag bestimmten.[88] Zudem erforderte die zunehmende Verwissenschaftlichung der Produktion immer mehr geschultes Fachpersonal: Ingenieure, Chemiker, Zeichner, Laborgehilfen.

Die neue Erwerbsklasse der Angestellten war in sich ebenso heterogen wie der *alte* Mittelstand. Zu ihr zählte der kleine Kommis im Einzelhandel wie der Kontorist im Großhandel, der Werkmeister im mittelständischen Unternehmen wie der Prokurist im industriellen Betrieb. Von den niederen Stellen in Industrie und Dienstleistungssektor mit nur geringen Qualifkationsanforderungen reichte sie hinauf bis in hohe Verwaltungs- und Leitungspositionen mit kontrollierenden und koordinierenden Funktionen.

Angestellte waren wie Arbeiter unselbständig, und doch unterschieden sie sich in charakteristischer Weise. Sie waren vorwiegend mit nichtkörperlicher Arbeit beschäftigt, daher war ihre Tätigkeit in der Regel sauberer und mit geringerer physischer Belastung verbunden. Im Durchschnitt besaßen Angestellte nicht nur eine bessere Ausbildung als Arbeiter, sie verdienten auch mehr als diese. Zudem genossen sie eine größere Arbeitsplatzsicherheit und innerbetriebliche Privilegien wie Urlaub, Prämien und auch kürzere Arbeitszeiten.[89]

Mit der Zunahme der Angestellten verstärkte sich allerdings die Tendenz, ihre anfangs eher beamtenähnliche Stellung einem Arbeitnehmerverhältnis anzugleichen. Durch betriebliche Dienstordnungen wurden die Bürotätigkeiten zunehmend reglementiert und hierarchisiert, die Angestellten selbst einer strengeren Kontrolle unterworfen. Gleichzeitig verringerten sich die Verdienstunterschiede zwischen Angestellten und Arbeitern. Während etwa bei Siemens die Arbeiterlöhne von 1903 bis 1912 um durchschnittlich 390 Mark oder 35 Prozent angehoben wurden, stiegen die Angestelltengehälter in derselben Zeitspanne nur um 121 Mark oder 5 Prozent.[90]

Trotz der sich abschleifenden Unterschiede fühlten sich die meisten Angestellten nicht als Arbeitnehmer, geschweige denn als Proletarier; vielmehr orientierten sie sich, was Familie, Ausbildung, Konsum- oder

Freizeitverhalten betraf, am Modell bürgerlicher Lebensführung. Gerade kleine und mittlere Angestellte grenzten sich besonders nachdrücklich nach unten ab und »betonten ihre Differenz zu den Arbeitern um so stärker, je weniger sie ihren objektiven Arbeits- und Sozialverhältnissen nach dazu berechtigt waren«.[91] Siegfried Kracauer hat in seiner klassischen Studie über DIE ANGESTELLTEN aus dem Jahre 1929 von einem »falschen Bewußtsein« gesprochen,[92] doch auch »falsches Bewußtsein« kann, wie die historische Erfahrung lehrt, gesellschaftliche Realität und politische Verhaltensmuster prägen.

Die Angestellten jedenfalls pochten auf ihren Sonderstatus, und sie wurden darin bestärkt durch die Unternehmensleitungen, die durch ein differenzierendes System von Gratifikationen und Sonderleistungen nicht nur die Angestellten untereinander spalteten, sondern zugleich deren Solidarisierung mit den Arbeitern zu verhindern suchten. Auch der Staat entdeckte im Rahmen seiner neuen *Mittelstandspolitik* die Angestellten als ein Reservoir, das im Kampf gegen die Sozialdemokratie mobilisierbar war. Deshalb kam er auch den Wünschen der Angestellten nach einem eigenen Versicherungssystem entgegen, das ihre Sonderstellung festschreiben sollte. 1911 wurde durch ein Reichsgesetz die Angestelltenversicherung eingeführt, welche die Alters- und Invalidenversicherung der Angestellten unabhängig von jener der Arbeiter organisierte. Dieses Gesetz wirkte »gleichsam als sozialpolitische Geburtshilfe der Angestellten«;[93] künftig galt als Angestellter, wer angestelltenversicherungspflichtig war.

Das Selbstverständnis einer von der Lohnarbeiterschaft klar distanzierten berufsständischen Gruppe leitete auch die Versuche der Angestellten, eigene Interessenorganisationen aufzubauen. Zu deren wichtigster avancierte im Kaiserreich der *Deutschnationale Handlungsgehilfen-Verband.* 1893 aus einem lokalen Hamburger Berufsverband hervorgegangen, zählte er 1913 bereits 123 000 Mitglieder. Der DNHV vertrat nicht nur die wirtschaftlichen und sozialen Interessen der kaufmännischen Angestellten, sondern prägte auch deren politische Orientierung im Sinne einer militant gewerkschaftsfeindlichen, nationalistisch-antisemitischen Programmatik. Auf diese Weise trug er nicht unerheblich zur Ausbildung und Verbreitung der völkischen Ideologie im *neuen* Mittelstand bei.[94]

Nur eine kleine Minderheit, vor allem um den *Bund der technisch-industriellen Beamten* (1913: 23 000 Mitglieder), akzeptierte den Streik als Mittel des Arbeitskampfes und zeigte sich zu begrenzter Zusammenarbeit mit den Arbeitergewerkschaften bereit. Die Mehrheit der Angestelltenverbände beharrte auf der scharfen Abgrenzung von den Arbeiterorganisationen, verbunden mit einer Betonung der »Kragenlinie«, also der eigenen berufsständischen Sonderrolle.

Industriell-gewerbliche Arbeiterschaft

»Öde, reizlos, hoffnungslos fließt das ewig gleiche Leben des Proletariers dahin.«[95] Als der Nationalökonom Werner Sombart 1906 die Arbeiterexistenz auf diese einprägsame Kurzformel brachte, stand er sichtlich noch unter dem Eindruck der Marxschen Theorien, die von einer fortgesetzt sich verschärfenden Spaltung der Gesellschaft in Besitzende und Nichtbesitzende, Bourgeoisie und Proletariat, ausgingen. Tatsächlich verzeichnete der industriell-gewerbliche Sektor vor 1914 eine gewaltige Zunahme an Lohnarbeitern. Von 4,8 Millionen im Jahre 1882 stieg ihre Zahl bis 1907 auf 10,6 Millionen, was etwa einem Drittel aller Erwerbstätigen entsprach. Die Gesamtzahl der in Industrie, Handel und Verkehr Beschäftigten übertraf bereits die in der Landwirtschaft Tätigen, die in den achtziger Jahren noch die mit Abstand größte Erwerbsgruppe gebildet hatten.[96]

Die Expansion der Industriearbeiterschaft war allerdings begleitet von neuen Formen der Differenzierung untereinander. Die Vorstellung einer in sich geschlossenen, einheitlichen großen Arbeiterklasse zählt zu den zählebigen Mythen einer marxistisch inspirierten Arbeitergeschichtsschreibung, die in den späten sechziger Jahren im Gefolge der Studentenbewegung in den westlichen Ländern noch einmal eine Renaissance erlebte. Schon 1926 hatte der Soziologe Goetz Briefs vor der Ansicht gewarnt, »das Proletariat sei eine graue, unterschiedslose Masse, eine Art homogener Sozialsubstanz«.[97] Ein Blick auf die inneren Strukturen der Arbeiterschaft vor 1914 zeigt tatsächlich eine frappierende Vielzahl von Abstufungen und Ungleichheiten. Dazu trugen zum Beispiel »biologische« Kategorien wie Geschlecht und Alter bei. Zwar dehnte sich die Frauenarbeit im Kaiserreich besonders in einigen neuen Industrien wie der Feinmechanik, der Elektrotechnik und der chemischen Industrie aus, doch insgesamt überwog der Anteil der Männer bei weitem. Erwerbsarbeit von Frauen wurde in aller Regel nicht nur schlechter entlohnt; sie wurde auch geringer geschätzt und galt als nachgeordnet. »Im Bereich der Geschlechterbeziehungen reproduzierte sich in der Arbeiterklasse mithin in besonderer Ausprägung, was gesamtgesellschaftlich für selbstverständlich gehalten wurde.«[98]

Als Folge des raschen industriellen Wachstums insbesondere in der Hochkonjunkturphase nach 1895 verjüngte sich die Arbeiterschaft. 1907 waren bereits fast 40 Prozent der männlichen Arbeiter jünger als 25 Jahre. Zugleich wuchs die Zahl derer, die von dem gravierenden Phänomen der Altersarmut betroffen waren. Bis zum 30. Lebensjahr erreichte ein Industriearbeiter in der Regel den Höhepunkt seiner physischen Leistungsfähigkeit und damit seines Einkommens. Nach Erreichen des 40. Lebensjahres – »eine Art Wendemarke der Arbeiterexistenz« – sank der Verdienst allmählich ab.[99] Mit dem Eintritt in die Fünfziger war der wirtschaftliche und berufliche Abstieg vorgezeichnet. Alternde Arbeiter wurden entweder in der innerbetrieblichen Lohnhierarchie herabgestuft oder als »verbraucht« ganz aus dem angestammten Berufsfeld herausgedrängt. Im Hamburger Hafen zum Beispiel gab es eine große Gruppe von Arbeitern, die aus Altersgründen anderswo keine Beschäftigung mehr fanden und in der Hafenarbeit ihren letzten Rettungsanker erblickten.[100]

Ein zweiter Komplex von Unterschieden wurde durch die regionale Herkunft bestimmt. Der Kern der industriellen Arbeiterschaft konzentrierte sich zwar in den Großbetrieben der städtischen Ballungszentren, doch daneben gab es noch die große Anzahl derer, die im kleinstädtischen Milieu lebten und ihre Bindungen an das Land noch nicht aufgegeben hatten. Nicht unwichtig war, ob jemand schon längere Zeit in der Großstadt ansässig und mit den Bedingungen der Fabrikarbeit vertraut war oder, vor kurzem zugewandert, sich erst an den industriellen Arbeitsrhythmus gewöhnen mußte. Zwischen Ansässigen und Zugewanderten kam es nicht selten zu Spannungen,

Eine Gießerei-Halle für Stahlformen im Essener Martin-Werk III der Firma Krupp, vor 1906.

nicht zuletzt deshalb, weil die Neigung der letzteren, gegen unzureichende Löhne und unzumutbare Arbeitsbedingungen zu protestieren, nicht besonders ausgeprägt war. Das galt besonders für ausländische Arbeiter, die häufig Tätigkeiten verrichteten, für die deutsche Arbeiter nicht mehr in genügender Zahl zur Verfügung standen. Man kann hier von einer »Unterschichtung der Arbeiterklasse«[101] durch die Zuwanderer sprechen, was ein solidarisches Handeln zunächst beeinträchtigte.

Drittens sorgten die beruflichen Qualifikationen für mannigfache Abstufungen innerhalb der Arbeiterschaft. In den Fabriken bildete sich eine differenzierte Hierarchie zwischen Gelernten und Ungelernten, Fach- und Hilfsarbeitern heraus, die durch die unterschiedliche Art der Beschäftigung, der Entlohnung und des sozialen Ansehens akzentuiert wurde. Für den linkssozialistischen Pädagogen Otto Rühle war der Unterschied zwischen gelernten und ungelernten Arbeitern sogar eine Hauptursache für die mangelnde Einheit der Arbeiterklasse – »der erste Gegensatz, der in den Reihen des Proletariats aufbrach«

und »zur Quelle zahlloser Kämpfe und Feindschaften wurde«.[102] Gerade Facharbeiter, die einen qualifizierten handwerklichen Beruf erlernt hatten, suchten auch im industriellen Großbetrieb noch einiges von ihrem tradierten Berufsstolz zu kultivieren. So fühlten sich die Mechaniker im Stammwerk von Siemens weniger als Arbeiter denn als Ausübende eines »Kunst-Gewerbes«. Nicht nur auf die jungen, meist ungelernten Zuwanderer vom Lande, welche die am schlechtesten entlohnten und gesundheitsschädlichsten Tätigkeiten verrichten mußten, sondern auch auf die Gelernten blickten sie mit einem gewissen Dünkel herab.[103] In vielen Fabriken und Betrieben bildete sich um einen Stamm von seßhaften Facharbeitern eine fluktuierende Masse von hochmobilen, ungelernten jungen Arbeitern, die es nicht lange an einem Arbeitsplatz hielt und die häufig mit dem Betrieb zugleich den Ort wechselten. In Hamburg zählte die Polizeibehörde im Jahre 1892 unter 90 000 Lohnarbeitern knapp 20 000 solcher Gelegenheitsarbeiter.[104]

Neben Geschlecht, Alter, Herkunft, Qualifikation, Mobilität spielte schließlich auch die Religion eine Rolle. Auch wenn der »Prozeß der Entkirchlichung«[105] insbesondere in der Arbeiterschaft unaufhaltsam voranschritt, blieb der Einfluß der Konfessionen doch wirksam. Die Lebenswelt im Ruhrgebiet etwa war in starkem Maße bestimmt durch ein katholisches Milieu, das von einem breitgefächerten Vereinswesen gestützt wurde. Zugewanderten Arbeitern bot sich hier eine Orientierung, die es ihnen erlaubte, an vertrauten Gewohnheiten festzuhalten.[106] Die konfessionelle Bindung überlagerte nicht selten die klassenspezifische Identität bzw. verband sich mit dieser auf eine manchmal höchst spannungsreiche Weise. Noch in den Bildern der Sozialdemokratie vom *Zukunftsstaat*, die deutlich eschatologische Züge trugen, war das Bedürfnis nach einer Art Ersatzreligion spürbar.[107]

Den skizzierten Unterschieden, die ständig neue Distanzen und Differenzierungen zwischen verschiedenen Arbeitergruppen schufen, entsprachen andererseits Gemeinsamkeiten der proletarischen Lebenslagen, die genau in die umgekehrte Richtung wirkten, nämlich zugunsten einer Homogenisierung der industriellen Arbeiterschaft als sozialer Klasse. Allen Arbeitern gemeinsam war zuallererst ihre abhängige Stellung im kapitalistischen Produktionsprozeß, also das Verhältnis der Lohnarbeit, das sie zwang, ihre Arbeitskraft zu Bedingungen, die sie nicht beeinflussen konnten, anzubieten. Die existentielle Erfahrung der Fremdbestimmung war ein fester Bestandteil des Arbeiterbewußtseins, auch dort, wo es noch nicht von der sozialdemokratischen Partei geformt war. Hamburger Polizeibeamte, die, als Proletarier verkleidet, in Kneipen Gespräche belauschten, notierten die immer wiederkehrende Klage von Arbeitern, als »Menschen zweiter Klasse betrachtet« zu werden und »der Profit- und Ausbeuterpolitik der Unternehmer unterworfen« zu sein.[108]

Gemeinsam war den Industriearbeitern auch der innerbetriebliche Alltag, die kollektive Erfahrung von Mühsal, Monotonie und physischer Erschöpfung. Paul Göhre, ein junger protestantischer Pfarrer, der 1890 sechs Wochen lang in der Werkzeugabteilung einer Maschinenbaufabrik in Chemnitz arbeitete, faßte seine Eindrücke ein Jahr später zusammen: »Es ist in der Tat keine Kleinigkeit, elf Stunden des Tages mit 120 Mann in einem von öligem, schmierigem Dunste, von Kohlen- und Eisenstaube geschwängerten Raume auszuhalten. Nicht eigentlich die meist schweren Handgriffe und Arbeitsleistungen, sondern dieses Zusammenleben, Zusammenatmen, Zusammenschwitzen vieler Menschen, diese dadurch entstehende ermüdende Druckluft, das nie verstummende, nervenabstumpfende, gewaltige, quietschende, dröhnende, ratschende Geräusch, und das unausgesetzte elfstündige Stehen in ewigem Einerlei, oft an ein und derselben Stelle – dies alles zusammen macht unsere Fabrikarbeit zu einer alle Kräfte anspannenden, aufreibenden Tätigkeit.«[109]

Zwar sank die tägliche Arbeitszeit von durchschnitttlich zwölf Stunden in den siebziger Jahren bis 1914 schrittweise auf elf, schließlich auf zehn Stunden; die durchschnittliche Wochenarbeitszeit, die 1871 noch bei 72 Stunden gelegen hatte, ging bis zum Ersten Weltkrieg auf 55 Stunden zurück. Seit der Jahrhundertwende war der freie Sonntag in der Industrie weitgehend durchgesetzt, in einigen Branchen wurde auch schon der freie Samstagnachmittag üblich. Die den Arbeitern zur Verfügung stehende freie Zeit wuchs, auch wenn nur wenige Betriebe einige Tage Urlaub gewährten.[110] Doch gleichzeitig wurde die Arbeit durch Einführung neuer Techniken und rationaler Arbeitsorganisation intensiviert und einer strengen Kontrolle unterworfen. Besonders deutlich spiegelte sich der unbedingte Herrschaftsanspruch der Unternehmer in den Fabrikordnungen des Kaiserreichs. Sie suchten die Arbeiter in ein Zwangskorsett reglementierter Vorschriften zu pressen und drohten für regelwidriges Verhalten Strafen an. So sah etwa die Arbeitsordnung der Friedrich-Alfred-Hütte in Rheinhausen von 1896 vor, daß »Ungehorsam und Widersetzlichkeit gegen die Meister und sonstigen Vorgesetzten« diese zur »sofortigen Entlassung« berechtige.[111]

Über »schwere Arbeit«, »Überanstrengung« und »Antreiberei« klagten Stahlarbeiter im Ruhrgebiet in einer vom Deutschen Metallarbeiter-Verband veranstalteten Umfrage im Jahre 1912. Der Produktionsdruck, den die Betriebsleitungen über die Meister auf die Arbeitsgruppen übertrugen, wurde »zum prägenden Strukturmerkmal der Arbeitsbeziehungen« in der Eisen- und Stahlindustrie.[112] Daß sich unter diesen Bedingungen immer wieder schwere Unfälle ereigneten, ist nicht verwunderlich. Das galt auch für andere Industriebranchen. Zwar wurde der Arbeiterschutz bis 1914 insgesamt verbessert, das Gewerbeinspektionswesen ausgebaut, doch blieben die gesundheitlichen Belastungen und die Unfallrisiken besonders in der Hüttenindustrie und im Bergbau groß. Obwohl die Reallöhne im Schnitt deutlich stiegen,[113] blieb das Gros der Arbeiterschaft von einer gesicherten Existenz noch weit entfernt. In vielen Arbeiterfamilien konnte der Unterhalt nur durch den Zuverdienst von Frau und Kindern gesichert werden. Bei Unfall, Krankheit oder Tod des Haupternährers drohte rasch Verelendung. Hinzu kam die Geißel der Arbeitslosigkeit, die jeden Arbeiter, gleich ob gelernt oder ungelernt, treffen konnte. Allerdings war die Arbeitsmarktlage im Kaiserreich nach dem konjunkturellen Aufschwung der neunziger Jahre recht günstig: Durchschnittlich lag die Arbeitslosigkeit in den beiden Vorkriegsjahrzehnten zwischen zwei und drei Prozent.[114]

Je mehr die Arbeiter aufgrund gemeinsamer Arbeits- und Lebensbedingungen sich als Kollektiv verstanden und eine Identität als soziale Klasse entwickelten, desto mehr wuchs ihre Bereitschaft, gemeinsam für die Verbesserung ihrer Situation zu kämpfen. »Der beste Arbeiterschutz sind die Arbeiter selbst, wenn sie einmütig zusammenstehen im Kampfe gegen den Kapitalismus«,[115] notierte ein Polizeibeamter im Dezember 1900 nach einem Spitzelbesuch in einer Hamburger Arbeiterkneipe. Der Widerstand gegen die Zumutungen und Zwänge des Fabriksystems konnte sehr verschiedene Formen annehmen – von eigensinnigen Unterbrechungen der Arbeit, etwa durch illegale Pausen,[116] bis hin zu großen, organisierten Streiks. Insgesamt nahm die Zahl der Arbeitskämpfe zwischen 1890 und 1913 erheblich zu – ein Zeichen für das zusehends rauhere sozialpolitische Klima im Kaiserreich. Streikkämpfe und Aussperrungen waren über Jahrzehnte »eine lebensgeschichtlich zentrale Erfahrung der Arbeiter, die deren gesellschaftliches und politisches Bewußtsein nachhaltig prägte«. Sie »setzten Kräfte frei, die halfen, Selbstwertgefühle zu entwickeln, Grundlagen für interessenverbundene Solidarität zu schaffen und diese dann organisatorisch zu verstetigen«.[117] Allerdings mußten sich streikbereite Arbeiter vor 1914 nicht nur gegen die organisierte Unternehmermacht behaupten, sondern in zunehmendem Maße auch gegen die Gewerkschaftsleitungen, die die Konfliktfreudigkeit zu zügeln und in ihre Strategie des regulierten Interessenausgleichs einzupassen suchten.

Verbindend wirkte aber vor allem das Sozialmilieu, das Zusammenleben im Arbeiterquartier mit seinen engen Nachbarschaftskontakten, mit Festen und Feiern. Es besteht kein Anlaß, das Leben in den proletarischen Wohnbezirken romantisierend zu verklären. Die Wohnungen waren in aller Regel überbelegt; Lärm erfüllte die Hinterhöfe; die Gerüche des Rinnsteins mischten sich mit dem Gestank der Aborte. Über das Gängeviertel, ein typisches Arbeiterviertel in Hamburg, notierte ein bürgerlicher Besucher 1897: »Man empfindet mit Schillers Taucher, wenn man aus diesen Gängen heraus wieder auf die Straße tritt, in der ein kühlerer Wind Razzia gehalten auf die Dünste der Menschenwohnungen: Es freue sich, wer da atmet in rosigem Licht, da drinnen aber ist's fürchterlich.«[118]

Dennoch: In diesem Milieu entstand Solidarität, gerade auch in Abgrenzung zur bürgerlichen Welt, die auf die so gänzlich andere proletarische Lebensweise mit einer Mischung aus Faszination und Abscheu blickte. Hier formte sich so etwas wie eine *Kultur der Armut* mit ihrem ganz eigenen, auf den Augenblick orientierten Lebensstil.[119] Der Genuß von Alkohol zum Beispiel nahm in der Regel keineswegs die exzessiven Formen an, die dem bürgerlichen Bild vom proletarischen Elendsalkoholismus entsprachen: »Die Mehrheit der Arbeiter gab sich nicht dem Alkohol hin, sondern lernte sehr wohl zu unterscheiden, wann, was und wieviel sie trank.«[120]

Mittelpunkt der Geselligkeit, zugleich ein Ort des Ausspannens und der ungezwungenen Kommunikation war die Kneipe – nach den Worten Karl Kautskys »das einzige Lokal, in dem die niederen Volksklassen frei zusammenkommen und ihre gemeinsamen Angelegenheiten besprechen können«: »Ohne Wirtshaus gibt es für den deutschen Proletarier nicht bloß kein geselliges, sondern auch kein politisches Leben.«[121] In den Kneipen sprachen Arbeiter aus, was sie bedrückte – die Enge der häuslichen Verhältnisse, die tägliche Schinderei im Betrieb, die Diskriminierung und Ausgrenzung durch Polizei und Justiz; aber sie sprachen hier auch darüber, was sie sich erhofften – mehr Sicherheit, mehr Gerechtigkeit, mehr Freiheit. Der Einfluß der sozialdemokratischen Ideen auf die Meinungen der Arbeiter war in diesen Kneipengesprächen deutlich zu spüren, und doch war das, was sich hier artikulierte, nur selten ein scharf konturiertes proletarisches *Klassenbewußtsein*, eher ein entwickeltes *Arbeiterbewußtsein*, in dem »das vielgespriesene Vereinsleben in der Arbeiterbewegung zumindest bis zur Jahrhundertwende keine sehr große Rolle spielte«.[122]

Von der *Arbeiterkultur* im weiteren Sinne zu unterscheiden ist die *Arbeiterbewegungskultur*. Zu den Bildungs- und Kultureinrichtungen, die im Umfeld der sozialdemokratischen Organisationen, SPD und Gewerkschaften, entstanden und von diesen getragen wurden, gehörten Vereine, die sich im besonderen um die Organisierung der Freizeitbedürfnisse von Arbeitern kümmerten – Sportvereine, Sängerbünde, Wandervereine, Theater- und Laienspielgruppen, Taubenzüchtervereine –, aber auch die von der Arbeiterbewegung geschaffenen Institutionen wie Gewerkschaftshäuser, Konsumgenossenschaften, Arbeitersekretariate, Leihbibliotheken, Lesezirkel, Feuerbestattungsvereine.[123] Von der Wiege bis zur Bahre waren sozialdemokratische Arbeiter eingespannt in ein weitverzweigtes Netz von Vereinen und »Vorfeldorganisationen«. *Arbeiterkultur* und *Arbeiterbewegungskultur* bildeten eine »Gegenwelt gegen die Bürgerwelt«,[124] die dem einzelnen eine Zuflucht bot und ihm eine sinnreiche Perspektive auf eine wie immer geartete sozialistische Zukunft eröffnete.

Zugleich vermittelte diese sozialdemokratische Subkultur allerdings auch (klein)bürgerliche Normen und Werte wie Ordnung, Sauberkeit und Disziplin. Es wäre jedoch falsch, für die Jahrzehnte vor 1914 bereits von einer *Verbürgerlichung* der Arbeiterklasse zu sprechen. Was die Wirklichkeit von Arbeiterkultur und Arbeiterleben ausmachte, war vielmehr ein Ineinandergreifen von zwei gegenläufigen Prozessen: fortschreitende Integration und anhaltende Ausgrenzung, vorsichtige Annäherung an (klein)bürgerliche Lebensformen und distanzschaffendes Weiterwirken einer scharfen Klassentrennung. Kurzum: Arbeiter waren im Kaiserreich »noch nicht eingebürgert, nicht integriert – trotz aller Fortschritte, die es in dieser Richtung gab«.[125]

Bauern und Landarbeiter

In den Augen asphaltmüder Intellektueller vor dem Ersten Weltkrieg erschien das Dorf nicht selten als glückliche Gegenwelt zum nervösen Großstadtgetriebe, als Refugium einer harmonischen konfliktfreien Gemeinschaft, in der noch die alten Werte gepflegt wurden. Kritik an den Folgen von Industrialisierung und Verstädterung verband sich mit einer Bewegung der Agrarromantik, die das »einfache Landleben« pries und im »fröhlichen Landmann« das Sinnbild von Natürlichkeit und ursprünglicher Kraft zu erkennen meinte.[126]

Dies waren Projektionen, die mit der Wirklichkeit nicht viel zu tun hatten. Gewiß, nach außen bildete »der bäuerliche Kosmos eine relativ geschlossene Sphäre für sich, die nicht von ferne solche Zustrombewegungen erlebte, wie sie für das Bürgertum oder die städtischen Arbeiterklassen charakteristisch waren«.[127] Doch innerhalb der dörflichen Welt gab es ein hierarchisch abgestuftes System der gesellschaftlichen Ungleichheit, das für Spannungen und Konflikte sorgte. Die »zentrale Steuerungs-Kategorie«[128] im Leben der Dorfbewohner war die Größe des Hofbesitzes. Sie entschied über die Position in der dörflichen Rangordnung, und damit auch über soziale Wertschätzung und Heiratsverhalten. Auffallend war ein hohes Maß an sozialer Endogamie, das heißt, geheiratet wurde innerhalb fester sozialer Kreise, so daß sich die gesellschaftlichen Unterschiede über Generationen hinweg reproduzierten und sich die Ungleichheit »in immer denselben Familiennamen fast naturgesetzhaft« widerspiegelte.[129]

Unterhalb der Schicht der adlig-bürgerlichen Großgrundbesitzer (mit Betrieben über 100 Hektar) rangierten die Großbauern (mit 20 bis 100 Hektar), gefolgt von Bauern mit mittelgroßen Betrieben (5 bis 20 Hektar), den Kleinbauern (mit 2 bis 5 Hektar) und den *Parzellisten*, den Zwergeigentümern (mit 1 bis 2 Hektar). Auch wenn die Besitzgrößen regional unterschiedlich verteilt waren – in Ostelbien dominierte der Großgrundbesitz, in Norddeutschland aufgrund der Anerbenfolge der mittelgroße Betrieb, in den Realteilungsgebieten Südwestdeutschlands der kleinbäuerliche Besitz –, so blieb doch der Anteil der verschiedenen Besitzklassen an der Gesamtzahl der selbständig Erwerbstätigen in der Landwirtschaft seit der Reichsgründung konstant. Die Großagrarier stellten 0,4 Prozent, die Großbauern rund 5 Prozent, die Mittelbauern rund 18 Prozent, die Kleinbauern ebenfalls 18 Prozent und die *Parzellisten* 58 Prozent. Mehr als drei Viertel aller ländlichen Eigentümer (4,4 von 5,6 Millionen) waren also Klein- und Kleinstbauern; sie bewirtschafteten jedoch nur 15 Prozent der landwirtschaftlichen Nutzfläche.[130]

Während zwischen großen, mittleren und kleinen Bauern scharf markierte Grenzen verliefen, waren die Übergänge zwischen Kleinbauern und ländlichen Unterschichten fließend. Viele der Parzellenbesitzer fristeten eine kümmerliche Existenz; da die Landwirtschaft nicht genügend abwarf, mußten sie einer Nebenbeschäftigung nachgehen – im Heimgewerbe, als Pendler in einem naheliegenden Industriebetrieb oder als Tagelöhner bei Großbauern und Gutsbesitzern. Von den 4,4 Millionen Kleinbauern und *Parzellisten* waren mehr als 4 Millionen auf einen solchen Nebenerwerb angewiesen: »Von der bäuerlichen Gesellschaft lebensfähiger Landwirte reden heißt von allenfalls einem Viertel der ländlichen Gesellschaft reden!«[131]

Ebenso wie die Bauern waren auch die Landarbeiter aufgespalten in mehrere Gruppen, jeweils geschieden nach ihren Funktionen im Arbeitsprozeß und den Modalitäten ihrer Beschäftigung. Neben den Gesindeleuten, Knechten und Mägden gab es – vor allem im ostelbischen Preußen – den kontraktlich gebundenen Gutstagelöhner, dazu den buchstäblichen Tagelöhner, der durch keinen Arbeitsvertrag gebunden war, schließlich als Untergruppe dieser freien ländlichen Lohnarbeiter die Wander- und Saisonarbeiter, die seit den neunziger Jahren vor allem aus den polnischen Gebieten rekrutiert wurden.[132] Die Zahl der in der Landwirtschaft abhängig Beschäftigten ging von 3,82 Millionen im Jahre 1882 auf 3,17 Millionen im Jahre 1907 zurück – eine Folge der zunehmenden Neigung gerade der männlichen Landarbeiter zur Abwanderung in die städtischen Industrieregionen.

Das Gesinde wurde, wie es Franz Rehbein in seiner 1911 zuerst veröffentlichten Autobiographie DAS LEBEN EINES LANDARBEITERS drastisch formuliert hat, »als eine Art lebendiger Mittelstufe zwischen Vieh und Herrschaft angesehen und demgemäß auch ›gehalten‹«.[133]

Die zumeist ledigen Knechte und Mägde wohnten auf den Höfen der Arbeitgeber und erhielten neben Kost und Logis einen festen, vor Dienstantritt vereinbarten Geldbetrag. Sie mußten für alle Arbeiten auf dem Guts- bzw. Bauernhof zur Verfügung stehen: Fütterung und Pflege des Viehs, Gespannführung, Besorgung des Haushalts, Bestellung des Feldes, Erntearbeiten. Die Arbeitszeit war faktisch unbegrenzt, in sommerlichen Stoßzeiten von 3 Uhr morgens bis 10 Uhr abends. Die Löhne waren gering; bei den Mägden lagen sie noch deutlich niedriger als bei den Knechten. Der Gesindedienst blieb zumeist eine Durchgangsstufe, besonders für die Mägde, die hofften, eines Tages in eine kleine Bauernwirtschaft einheiraten zu können.[134]

Die Gesindeordnungen, die das Bürgerliche Gesetzbuch von 1900 nicht antastete, unterwarfen Knechte und Mägde der hausväterlichen Gewalt des Dienstherrn, zu der unter anderem das Züchtigungsrecht gehörte. Durch einen detaillierten Katalog von Rechtsbeschränkungen und Zwangsmaßnahmen sollte das Gesinde gefügig gemacht und »in eine Art von reglementiertem Kindschaftszustand« versetzt werden.[135] So war das ländliche Gesinderecht eine jener »Bastionen, von denen aus sich der agrarisch geprägte vorkonstitutionelle Obrigkeitsstaat am beharrlichsten gegen die Herausforderungen liberaler Freiheitspostulate und den Einfluß der heraufziehenden Industriegesellschaft zu verteidigen suchte«.[136]

Kennzeichnend für das ländliche Gesinde waren nicht nur die engen Abhängigkeiten von der Dienstherrschaft, sondern auch ausgeprägte Rangunterschiede untereinander, in denen sich die hierarchische Gliederung der Dorfgesellschaft widerspiegelte. Am deutlichsten zeigten sie sich in den Tisch- und Eßsitten. Dem Bauern zur Seite saß der Großknecht als Zeichen seines Vorrangs vor dem übrigen Gesinde; den Abschluß der Männerbank bildete meist der Junge, der für das Hüten des Viehs zuständig war. Eine ähnliche Abstufung wiederholte sich auf der Frauenbank.[137]

Mit der Kapitalisierung der Landwirtschaft ging die Zahl der kontraktlich gebundenen Gutstagelöhner, die vom Arbeitgeber eine Kate und ein Stück Land zur eigenen Nutzung gestellt bekamen, kontinuierlich zurück, während zugleich der Typus des freien Lohnarbeiters auch auf dem Lande unaufhaltsam im Vordringen war. Max Weber hat deshalb bereits 1894 im Blick auf die ländlichen Arbeitsverhältnisse von einem Prozeß der Proletarisierung gesprochen: »Die Unterschiede in der Stellung der einzelnen Kategorien von Arbeitern nivellieren sich, und die Person des Unternehmers wird für die ländlichen Arbeiter in ähnlicher Weise *fungibel*, wie sie es für die gewerblichen regelmäßig schon ist.«[138]

Wie es um die Lage der Gutstagelöhner bestellt war, hat wiederum niemand treffender beschrieben als Franz Rehbein: »Wir arbeiteten, wir aßen, wir schliefen – und arbeiteten wieder, ganz so wie Ackerpferde: hüh, hott und prr. In stiller Abgeschiedenheit, fern von Dorf und Stadt, verging hier ein Tag nach dem andern in ewig gleicher Tretmühlenarbeit.«[139] Kein Wunder, daß viele Landarbeiter den Wunsch verspürten, der Landwirtschaft den Rücken zu kehren und ihr Glück in der Stadt zu suchen. *Landflucht* war eine Form des Sozialprotests; in ihr artikulierte sich das Aufbegehren gegen die Zwänge einer Arbeitsverfassung, »die sich den Ansprüchen und dem Lebensgefühl einer mobilisierten Gesellschaft nicht länger gewachsen zeigte«.[140]

Dagegen suchten sich die ostelbischen Rittergutsbesitzer zu wappnen, indem sie immer größere Kontingente ausländischer Saisonarbeiter anheuerten. Die Motive, die sie dazu bewogen, hat einer ihrer Sprecher 1906 mit entwaffnender Offenheit ausgesprochen: »Im Sommer flotte Arbeit, mit allem beizeiten fertig, Mieten und Scheunen noch flugs ausgedroschen, und dann fort mit der Gesellschaft! Im Winter braucht man dann nur Leute zum Viehfüttern und Dungausfahren.«[141] Die ausländischen Arbeiter waren nicht nur billig, sondern auch anspruchslos; für die alteingesessene Landbevölkerung waren sie mißtrauisch beäugte Eindringlinge, zu denen man außerhalb der Arbeit kaum Kontakt pflegte.

Eigentlich wäre es Aufgabe der deutschen Sozialdemokratie gewesen, sich dieser diskriminierten Minderheit im besonderen anzunehmen. Doch die SPD-Agitation war in erster Linie auf die industriell-gewerblichen Arbeiter als Adressaten orientiert; auf die Bedingungen des Landes vermochte sie sich nur unzureichend einzustellen.[142] Sie behandelte die Landarbeiter eher wie Objekte, ohne nähere Kenntnis von deren Problemen und Bedürfnissen. Zudem fehlte es auf dem Land an gewerkschaftlichem Rückhalt, weil die Streikverbote der Gesindeordnungen die gewerkschaftliche Organisierung faktisch unmöglich machten. Gemeinsam entwickelten Großgrundbesitzer und preußische Staatsverwaltung ein überaus erfolgreiches Arsenal an repressiven Methoden, um die Ausbreitung der sozialdemokratischen Bewegung auf dem Land zu unterbinden.

Konturen der wilhelminischen Klassengesellschaft

Auf der Gründungsversammlung des Vereins für Sozialpolitik im Jahre 1872 in Eisenach warnte Gustav Schmoller, einer der bekanntesten Nationalökonomen im Kaiserreich, vor der Gefahr einer »zu großen Ungleichheit der Vermögens- und Einkommensverteilung«. Sie würde zu einem »erbitterten Klassenkampf« führen und »mit der Zeit auch alle freien politischen Institutionen vernichten«. Deshalb – so seine Forderung – dürfe der Staat dieser Entwicklung »nicht gleichgültig zusehen«.[143]

Tatsächlich blieb jedoch die Gesellschaft des Kaiserreichs durch ein hohes Maß sozialer Ungleichheit geprägt. Trotz der allmählichen Verbesserung der Realeinkommen lebte die große Masse der Bevölkerung in materiell beengten Verhältnissen. Nach Schätzungen blieben bis

1914 zwischen 60 und 70 Prozent der Lohnempfänger unterhalb der Besteuerungsgrenze. Die soziale Schichtung im Kaiserreich glich einer Birne: »Aus einem weit ausgebuckelten riesigen proletarischen Sockel wächst der schlanke Hals der Mittelklassen empor, der mit dem nadeldünnen Schlußstück der Oberklassen endet«, so hat Hans-Ulrich Wehler die Sozialhierarchie charakterisiert,[144] und noch plastischer hat es schon Werner Sombart beschrieben: »Es ist dieselbe breite Bettelsuppe armer und kümmerlicher Existenzen, auf der die paar Reichen wie Fettaugen schwimmen.«[145]

Die wilhelminische Gesellschaft war eine Klassengesellschaft, scharf abgestuft nach Besitz, Vermögen, Prestige. Gleich, ob man nun mit Marx den Besitz oder Nichtbesitz an Produktionsmitteln als entscheidendes Kriterium des Klassenbegriffs annimmt oder diesen mit Max Weber an die zentrale Verteilungsfunktion des Marktes knüpft: die Zugehörigkeit zur Klasse bestimmte primär die soziale Position und die Lebenschancen. Dabei markierte der Gegensatz zwischen den kapitalistischen Unternehmern und der quantitativ stark zunehmenden Zahl der industriell-gewerblichen Lohnarbeiter, sowohl was ihre (objektive) Stellung am Markt als auch ihr (subjektives) gesellschaftliches Bewußtsein betraf, die deutlichste soziale Scheidelinie. Allerdings waren diese beiden Hauptklassen in sich vielfach differenziert. Weder gab es »die« Arbeiterklasse noch »die« Bourgeoisie als geschlossene, sich antagonistisch gegenüberstehende Blöcke. Zudem wurde der Gegensatz nicht nur abgefedert durch die sogenannten *Zwischenklassen* des *alten* und *neuen* Mittelstands, sondern überlagert durch außerökonomische Faktoren, die vielfach quer zur Klassenscheidung verliefen – etwa der Stadt-Land-Gegensatz oder konfessionelle Unterschiede.

All das unterschied das Kaiserreich kaum von anderen industriellen Gesellschaften seiner Zeit. Was allerdings eine deutsche Besonderheit ausmachte, war ein Überhang an älteren, ständischen Traditionen, die gleichsam als feudales Erbe in die moderne, marktbedingte Klassengesellschaft hineinragten und sie überformten. »Es wird später deutschen Geschichtsschreibern schwer verständlich sein«, hat schon Walther Rathenau vermutet, »wie in unserer Zeit zwei Schichtungssysteme sich wechselseitig durchdringen konnten: das erste ein Überrest der alten Feudalordnung, das zweite das kapitalistische.«[146]

Am deutlichsten zeigte sich das Ineinander von ständischen und kapitalistischen Strukturen in der herausgehobenen Stellung, die der Adel innerhalb der Klassengesellschaft des Kaiserreichs einnahm. Ohne ihre Anpassungsfähigkeit an die Erfordernisse des modernen, marktorientierten Kapitalismus, ohne ihre Bereitschaft zur Umwandlung in eine agrarische Unternehmerklasse hätte die grundbesitzende Aristokratie ihre Sonderrolle als *erster Stand* kaum konservieren können. Aber diese Sonderrolle entsprach auch der Politik des preußischen Staates, die den Adel auf vielfältige Weise privilegierte, etwa durch einen die Interessen der Großagrarier einseitig begünstigenden Protektionismus oder durch die bevorzugte Besetzung von Spitzenpositionen in Offizierskorps, Diplomatie und Staatsverwaltung mit Adligen. Indem er die Erosion der überkommenen Machtstellung des Junkertums verzögerte und ihm sein Überleben als oberster Stand sicherte, beeinflußte der Staat die soziale Schichtung im Kaiserreich ganz wesentlich mit.

Das galt auch für einen anderen Bereich, nämlich den des staatlich regulierten Bildungssystems mit seinen verschiedenen Abschlüssen und den damit verbundenen Sozialchancen. Damit ist die Frage nach der vertikalen Mobilität angesprochen: Wie offen oder geschlossen waren die Klassenschranken in der wilhelminischen Gesellschaft? Nach den bislang vorliegenden Untersuchungen[147] scheint es ziemlich eindeutig zu sein, daß die Möglichkeiten des sozialen Aufstiegs begrenzt waren. Für die Arbeiterschaft im Kaiserreich waren die ungleichen Zugangschancen zum höheren Schulwesen die entscheidende Mobilitätsbarriere. Das Gymnasium, die wichtigste Aufstiegsschleuse, blieb Arbeiterkindern vor 1914 so gut wie verschlossen; ihr Anteil an den Universitätsabsolventen lag unter einem Prozent. Begabte junge Arbeiter suchten deshalb Karriere über die Organisationen der Arbeiterbewegung zu machen, die – nach einer Beobachtung von Robert Michels – gleichsam als »Klassenerhöhungsmaschine« fungierten.[148]

Sozialer Aufstieg vollzog sich in der Regel innerhalb der eigenen Klasse – also zum Beispiel vom ungelernten zum Facharbeiter –, seltener über die Schicht- und Klassengrenzen hinweg. Wo es zu einer schichtübergreifenden Mobilität kam, handelte es sich zumeist um einen Aufstieg in kleinen Schritten, der sich über mehrere Generationen hinziehen konnte. Etwa in der Weise, daß Söhne aus der Arbeiterklasse in die untere Mittelschicht, den *neuen* Mittelstand der kleinen Angestellten oder niederen Beamten, aufrückten, deren Söhnen dann wiederum der Sprung ins Bildungsbürgertum und damit in mittlere und gehobene Beamtenstellen gelang. Als Drehscheibe einer solchen Mehr-Generationen-Mobilität hat offenbar der Volksschullehrerberuf eine besonders wichtige Rolle gespielt.

Aber insgesamt dominierte in den gehobenen Positionen des Wirtschafts- und Bildungsbürgertums doch das Prinzip der Selbstrekrutierung. Obwohl sich vor 1914 unverkennbar »Ansätze zu einer behutsamen Öffnung des gesellschaftlichen Systems im Sinne stärkerer vertikaler Mobilität« abzeichneten, waren die Klassengrenzen doch alles andere als fließend, blieb das wilhelminische Deutschland eine scharf segmentierte Gesellschaft »mit einer festgefügten Sozialordnung von beträchtlicher Rigidität«.[149]

2. Frauen in der Männergesellschaft

Rechtliche Situation

Männer und Frauen waren im Deutschen Kaiserreich weit von einer Gleichberechtigung entfernt. Das Bürgerliche Gesetzbuch (BGB), das im Jahr 1900 in Kraft trat, fixierte vielmehr die rechtliche Benachteiligung der Frauen, und das flächendeckend für das ganze Reich. Zwar trug es in seinem *Allgemeinen Teil* dem Zeitgeist Rechnung, indem es den Frauen einen vollgültigen Rechtsstatus zuerkannte; doch wurden im *Besonderen Teil* des Familienrechts dem Ehemann weiterhin erhebliche Vorrechte eingeräumt: Er war das Haupt der Familie, entschied »in allen das gemeinschaftliche eheliche Leben betreffenden Angelegenheiten«; er war juristischer Vormund seiner Kinder, seine Meinung gab in Erziehungsfragen den Ausschlag; er verfügte über das Vermögen, das seine Frau in die Ehe einbrachte, und er konnte seiner Frau auch verbieten, erwerbstätig zu sein, wenn dadurch die »ehelichen Interessen« beeinträchtigt wurden.[1]

In mancherlei Hinsicht, etwa was Scheidungsmöglichkeiten und Unterhaltszahlungen betraf, fiel das BGB sogar hinter die liberalen Ansätze des Preußischen Allgemeinen Landrechts von 1794 zurück.[2] Es erschwerte die Scheidung, indem es vom strikten Verschuldungsprinzip ausging und eheliche Zerrüttung nur als Ausnahme anerkannte. Überdies waren Unterhaltsregelungen für nicht vermögende Frauen so ungünstig, daß schon von daher eine schwer überwindbare Barriere gegen eine Scheidung aufgerichtet wurde. Insgesamt schrieb das Familienrecht als allgemeine Norm fest, was sich in der Praxis der bürgerlichen Familie im Laufe des 19. Jahrhunderts herausgebildet hatte: die klare Rollenverteilung zwischen den Geschlechtern, welche den Männern die Sphäre der Berufs- und Erwerbsarbeit, den Frauen hingegen die Sorge um Haushalt und Familie vorbehielt. Insofern trug es, wie Ute Gerhard hervorgehoben hat, Züge »eines sich neu etablierenden, bürgerlichen Patriarchalismus«, der die Ehefrau unter eine Art Vormundschaft des Mannes stellte.[3]

Auch im öffentlich-politischen Raum war die Dominanz der Männer rechtlich abgesichert. Seit Mitte des 19. Jahrhunderts war Frauen eine Betätigung in politischen Vereinen und Parteien untersagt. (Eine Ausnahme machten hier lediglich Baden und – seit 1893 – Hamburg.) Erst durch das 1908 verabschiedete Vereinsgesetz wurde dieses Hindernis auch in Preußen aus dem Weg geräumt. Damit war das männliche Politikmonopol zwar formell durchbrochen, aber faktisch bestand es weitgehend fort. Politik galt im Kaiserreich als ausgemachte Männersache. Frauen – so erklärte etwa der Bonner Historiker Heinrich von Sybel – seien von Natur aus unfähig zu »logischem Raisonnement« und »methodischer Dialektik«; sie würden in der politischen Arena nur den »charakteristischen Reiz der Weiblichkeit« einbüßen, ohne doch »mit der Arbeit des Mannes wetteifern (zu) können«. Und sein Berliner Kollege Heinrich von Treitschke sekundierte: »Obrigkeit ist männlich ... Das ist ein Satz, der sich eigentlich von selbst versteht.«[4]

Selbstverständlich war es für Männer daher auch, daß Frauen das Wahlrecht vorenthalten wurde. Eben das »Stimmrecht der Frauen« aber war, wie die Berliner Publizistin und Frauenrechtlerin Hedwig Dohm bereits 1876 schrieb, »der Schritt über den Rubikon«. Denn Frauen würden solange der Gewalt von Männern ausgesetzt sein, »bis das weibliche Geschlecht Teil hat an der Abfassung der Gesetze, von denen es regiert wird«.[5] Doch blieb den Kämpferinnen für das Frauenstimmrecht in Deutschland (wie übrigens auch in weniger obrigkeitsstaatlich geprägten Ländern wie England und Frankreich) vor 1914 der Durchbruch versagt. Erst mit dem Zusammenbruch des Kaiserreichs 1918 erhielten Frauen erstmals das Wahlrecht und damit die Möglichkeit, ihre politischen Interessen zur Geltung zu bringen.

Auf scharfe Abwehr stieß zunächst auch das Verlangen nach gleichberechtigtem Zugang von Mädchen und Frauen zu den öffentlichen Schul- und Bildungseinrichtungen. Die Vorurteile der Männerwelt gegen eine Zulassung von Frauen zum Studium faßte 1872 Theodor von Bischoff, ein international anerkannter Mediziner, zusammen: »Es fehlt dem weiblichen Geschlecht nach göttlicher und natürlicher Anordnung die Befähigung zur Pflege und Ausübung der Wissenschaften und vor allem der Naturwissenschaften und der Medizin.«[6] Erst allmählich gewöhnten sich konservative Professoren und Beamte im Kaiserreich an den Gedanken, daß auch Frauen eine angemessene Schulbildung erhalten und auch für sie die Universitäten geöffnet werden müßten. Eine vom Berliner Publizisten Arthur Kirchhoff 1897 veranstaltete Umfrage unter 122 Wissenschaftlern verschiedener Disziplinen spiegelte den Meinungswandel. Eine Mehrheit beantwortete die Frage, ob Frauen zum wissenschaftlichen Studium befähigt seien, grundsätzlich zustimmend; doch nur eine Minderheit sprach sich ohne jeden Vorbehalt für die Zulassung von Frauen zu den Universitäten aus. Max Planck etwa, Direktor des Instituts für Theoretische Physik an der Universität Berlin, warnte davor, die Gleichberechtigung zu weit zu treiben. Auch wenn einzelne Frauen Talent und Begabung für die Wissenschaften besäßen, könne man doch »nicht stark genug betonen, daß die Natur selbst der Frau ihren Beruf als Mutter und Hausfrau vorgeschrieben« habe »und daß Naturgesetze unter keinen Umständen ohne schwere Schädigungen ... ignoriert werden« könnten.[7]

Bis zur Jahrhundertwende gelang es den Frauen jedoch nur, als Gasthörerinnen Zutritt zu den Universitäten zu erlangen; in Preußen bedurften sie dazu noch der besonderen Erlaubnis des Kultusministers. Erst im Jahre 1899 hob Baden an seinen beiden Universitäten Heidelberg und Freiburg das Immatrikulationsverbot für Frauen auf. Es folgten 1903 Bayern, 1904 Württemberg und 1906 Sachsen, schließlich, 1908, auch Preußen. Bei Kriegsausbruch studierten an deutschen Universitäten 4056 Frauen, das waren gerade 6,7 Prozent der Gesamtstudentenschaft.[8]

Mit der Zulassung der Frauen zu den Universitäten war deren Benachteiligung und Diskriminierung allerdings keineswegs beendet. Viele Hochschullehrer und auch Studenten konnten es nicht verwinden, daß Frauen nun in ein bislang den Männern vorbehaltenes Reservat eindrangen, und reagierten mit feindseliger Abwehr. Und auch nach Abschluß eines Studiums blieb Frauen der Zutritt zu vielen akademischen Berufen verwehrt. Nicht selten waren es die Ehemänner von Akademikerinnen, die verhinderten, daß ihre Frauen eine ihrer Qualifikation entsprechende Berufstätigkeit aufnehmen konnten.

Symptomatisch dafür war das Schicksal Clara Immerwahrs, die mit Fritz Haber, dem Chemiker und späteren Nobelpreisträger, verheiratet war. Diese hochbegabte junge Chemikerin, die 1900, mit 30 Jahren, als erste Frau an der Universität Breslau ihren Doktor gemacht hatte, wurde von ihrem Mann in die traditionelle Rolle der Hausfrau und Mutter gedrängt, für die sie nicht geschaffen war und in der alle ihre glänzenden wissenschaftlichen Fähigkeiten verkümmern mußten. Den Schlußpunkt in diesem wilhelminischen Ehedrama setzte Clara Immerwahr – mit ihrem Selbstmord im Mai 1915.[9]

Familienleben

In vorindustrieller Zeit war die Familie eine Produktionsgemeinschaft. Arbeit und Haushalt bildeten eine Einheit, in der der Mann zwar, gemäß dem vorherrschenden patriarchalischen Verständnis, die Rolle des *Hausvaters* spielte, die Frau aber, trotz ihrer untergeordneten Position, einen wichtigen Beitrag zur gemeinsamen Wirtschaft leistete. Mit dem Vordringen des Industriekapitalismus im 19. Jahrhundert löste sich dieser Zusammenhang außerhalb der agrarischen Lebenswelt auf, traten Erwerbsbereich und familiäre Sphäre auseinander. »Strenge Trennung des Geschäftes und seiner Rücksichten vom Familien- und häuslichen Leben mußt Du obenan auf Deine Fahnen schreiben«, riet Werner Siemens seinem Bruder Carl, als dieser sich anschickte zu heiraten. »Im Hause soll die Frau gebieten, im Geschäft = Null sein, sonst ist es Pantoffelregiment, was weder ihr noch dem Manne Ehre macht.«[10]

Diese Rollenverteilung setzte sich als Leitbild einer bürgerlichen Familie in der zweiten Hälfte des 19. Jahrhunderts immer mehr durch: Der Mann ging seinem Beruf außerhalb des Hauses nach und fand hier sein eigentliches Bewährungsfeld; die Frau hatte derweil den Haushalt zu führen und sich um die standesgemäße Aufziehung der Kinder zu kümmern. Mehr noch: Ihr oblag es, dem Manne im familiären Heim eine Atmosphäre der Harmonie und Geborgenheit zu bieten, die ihn für den harten Geschäftsalltag mit seinem Leistungs- und Konkurrenzdruck entschädigen sollte. »Vor der Schwelle seines Hauses gehört er der Arbeit, hinter derselben dem friedlichen Genuß«, meinte Lorenz von Stein in seiner 1875 erschienenen Schrift DIE FRAU AUF DEM GEBIET DER NATIONALÖKONOMIE.[11]

Der Veränderung des innerfamiliären Beziehungsgefüges entsprach ein neues Ideal der Ehe. Sie sollte ein von sachlich-materiellen Interessen möglichst freier, von gegenseitiger Zuneigung und Liebe bestimmter Bund fürs Leben sein. Tatsächlich tat sich im ausgehenden 19. und frühen 20. Jahrhundert zwischen diesem neuen Eheideal und der Wirklichkeit bürgerlicher Ehen eine erhebliche Kluft auf. Wo die romantische Liebe beschworen wurde, war nicht selten geschäftsmäßiges Kalkül im Spiel. In Unternehmerfamilien bildeten heiratsfähige Töchter »eine Art Investitionsfonds, der für den Gedeih des Unternehmens gezielt eingesetzt wurde«.[12] Nicht nur Eltern aus dem Wirtschaftsbürgertum stellten Nachforschungen über finanzielle Situation und Karrierechancen künftiger Schwiegersöhne an; auch in bildungsbürgerlichen Familien galt die gesicherte berufliche Existenz des Auserwählten als unverzichtbar.[13] Dennoch waren Bürgerkinder im Laufe des 19. Jahrhunderts immer weniger bereit, den Heiratswünschen ihrer Eltern einfach Folge zu leisten; vielmehr bestanden auch die Töchter darauf, bei der Gattenwahl ein Wort mitzureden. Reine Vernunfts- und Geschäftsehen wurden seltener, aber auch reine Liebesehen waren keineswegs die Norm; erst wenn beides zusammenkam – die Emotionen und das materielle Interesse –, war eine eheliche Verbindung aussichtsreich.

Durch die sozial begrenzten Schauplätze des Sich-Kennenlernens und -Näherkommens war die Möglichkeit von nichtstandesgemäßen Beziehungen, von *Mesalliancen*, von vornherein stark reduziert. Ob bei Familienfeiern oder Hausbällen, auf Bildungsreisen oder während eines Kuraufenthalts, bei Konzerten oder beim Schlittschuhlauf – immer trafen Söhne und Töchter des Bürgertums hier auf ihresgleichen. So verwundert es auch nicht, daß in diesen geselligen Verkehrskreisen die meisten Heiraten angebahnt wurden. Den ersten Flirts schloß sich eine Phase der Werbung an, bis schließlich das Jawort der Braut und die Zustimmung des Brautvaters eingeholt, Aussteuer und Mitgift vereinbart und die Hochzeitsreise arrangiert waren.

In der Regel heirateten Bürgersöhne erst nach abgeschlossener Berufsausbildung, mit Ende zwanzig, Anfang dreißig. Die Bräute waren fast immer jünger, nicht selten um zehn Jahre und mehr. Diese Altersdifferenz verstärkte das ohnehin bestehende Autoritätsgefälle zwischen den Ehepartnern. Die meisten Frauen lernten notgedrungen, ihre eigenen Bedürfnisse zurückzustellen und sich dem Ehemann klaglos unterzuordnen. In ihren Tagebüchern aber haderten viele mit ihrer reduzierten Existenz als Ehefrau und Mutter. »Gustav lebt sein Leben, und ich habe auch das seine zu leben«, notierte Alma Mahler, die 1902 den fast zwei Jahrzehnte älteren Komponisten Gustav Mahler geheiratet hatte: »Ich weiß, daß der Mann in der Welt draußen das Pfauenrad zu schlagen hat, während er sich zu Haus ›ausruhen‹ will. Das ist das Los der Frau.« Und zwei Jahre später, nach der Geburt ihrer zweiten Tochter, klagte sie: »Ich bin etwas über zwanzig Jahre alt. Ganz still ist mein Leben. Kinder – Gustav. Gustav – Kinder …!«[14]

Während der bürgerliche Mann in seiner beruflichen Tätigkeit aufging und daraus sein Selbstgefühl ableitete, blieb seiner Frau nichts übrig, als sich mit dem Beruf des Mannes zu identifizieren. Sie durfte dessen Titel und Rang vor ihrem Namen führen – »Frau Doktor«, »Frau Justizrat«, »Frau Kommerzienrat« –, bei Kaffeekränzchen und Abendgesellschaften sich als Regisseurin gepflegter Gastlichkeit präsentieren, ansonsten aber hatte sie sich ganz mit der Rolle als aufopfernde Mutter und Ehefrau zu bescheiden, die ohne viel Aufhebens das tägliche Pensum der Hausarbeit bewältigte. Zwar ging in den meisten bürgerlichen Familien wenigstens ein Dienstmädchen der Frau des Hauses zur Hand; dennoch war diese mit den Anforderungen der Haushaltsführung voll in Anspruch genommen, zumal wenn, was zunächst noch üblich war, aus der Ehe eine stattliche Kinderzahl hervorging. Kein Wunder, daß manche Bürgerfrau vor diesen Belastungen, für die es keine gesellschaftliche Anerkennung gab, immer wieder für kürzere Zeit in Krankheiten flüchtete, in Migräneanfälle oder nervöse Unpäßlichkeiten, die man vielleicht auch als versteckte Form der Rebellion deuten kann.[15]

Der Erziehungsstil in bürgerlichen Familien war autoritär geprägt. Den elterlichen Anweisungen widerspruchslos zu gehorchen, die Autorität des Vaters fraglos zu akzeptieren – das lernten die Kinder von klein auf. Früh eingeübt wurde auch das auf Leistung, Pünktlichkeit und Pflichterfüllung gegründete bürgerliche Arbeitsethos. Schlendrian und Müßiggang galten als Laster, Selbstdisziplin und ökonomische Zeiteinteilung als Tugend. Die Devise, daß »ohne Fleiß kein Preis« zu gewinnen sei, sogen Bürgerkinder gleichsam mit der Muttermilch ein. Bürgerliche Eltern scheuten keine Kosten, um den Jungen eine angemessene Ausbildung zukommen zu lassen; für die Mädchen blieb die höhere Töchterschule, wo sie auf ihre künftige Rolle als Hausfrau und Gesellschafterin des Mannes vorbereitet wurde.

Je größer die Opfer waren, die bürgerliche Familien für die Ausbildung der Kinder erbrachten, desto stärker lastete auf den Söhnen der Druck, den elterlichen Erwartungen zu entsprechen. Die sich häufende Zahl von Schülerselbstmorden um die Jahrhundertwende zeigt, daß manche dieser Bürde nicht gewachsen waren. »Wie Eisenbahnunfälle und Abstürze von Touristen, so scheinen auch Schülerselbstmorde in Deutschland zu einer stehenden Zeitungsrubrik zu werden«, stellte ein Steglitzer Gymnasialprofessor 1908 fest.[16]

Vor 1914 gab es allerdings manche Anzeichen einer Veränderung im Eltern-Kind-Verhältnis. Der Erziehungsstil wurde lockerer, die Beziehungen zwischen den Eltern partnerschaftlicher. Das hing mit einer Veränderung des generativen Verhaltens zusammen. Zunächst im Bildungsbürgertum und im *neuen* Mittelstand, dann auch im Besitzbürgertum setzte sich die Tendenz durch, die Kinderschar durch Geburtenkontrolle zu beschränken. Die Zwei- bis Dreikindfamilie wurde normal. Damit wuchsen aber auch die Chancen, den einzelnen Kindern ein höheres Maß an Fürsorge und liebevoller Zuwendung zuteil werden zu lassen. Individualisierung und Intimität prägten zunehmend das familiäre Klima. Obwohl dieses bürgerliche Familienmuster sich zunächst nur in einer gesellschaftlichen Minderheit – dem oberen und mittleren Bürgertum – durchsetzte, strahlte es auf andere soziale Schichten aus und wurde hier zum nachahmenswerten Vorbild.

Das galt auch für die industrielle Arbeiterschaft. Wenn Werner Sombart 1906 besorgt konstatierte, daß der Arbeiter »für das Familienleben und das Familienleben für ihn verloren« sei, ja, »im Proletariat ein Geschlecht« heranwachse, »für das die Familiengemeinschaft so gut wie gar nicht mehr« existiere,[17] entsprach dies nicht der Lebenswirklichkeit. Ehe und Familie waren vielmehr auch in der Arbeiterschaft eine allseits akzeptierte soziale Norm. Freilich, den Wunsch nach einem »trauten Heim«, einem harmonischen Familienleben konnten sich vor 1914 nur kleine Gruppen aus der hochqualifizierten Facharbeiterschaft, der *Arbeiteraristokratie*, erfüllen. Für die große Mehrheit der Arbeiter »blieb die Familie, was sie für die ›arbeitenden Klassen‹ bereits vor der Industrialisierung gewesen war, eine Erwerbs-, Zweck- und Notgemeinschaft«.[18]

Arbeiter heirateten in der Regel früher als Bürger, meist zwischen dem 25. und 30. Lebensjahr. Das hing damit zusammen, daß die materielle Basis für eine Eheschließung früher gegeben war.[19] Mann und Frau suchten und fanden sich im Umkreis des proletarischen Milieus, im Quartier, am Arbeitsplatz, auf Tanzböden oder Rummelplätzen, zunehmend auch über das Vereinsleben der organisierten Arbeiterbewegung. Bei der Partnerwahl spielten Besitz und Mitgift keine Rolle; hingegen war sehr häufig eine ungeplante Schwangerschaft das eigentliche Heiratsmotiv. Nicht nur bei ländlichen Tagelöhnern, sondern auch bei Industriearbeitern war vorehelicher Geschlechtsverkehr nichts Ungewöhnliches oder moralisch Verwerfliches; allerdings war der soziale Druck groß, ein solches Verhältnis zu legalisieren, wenn sich ein Kind anmeldete. »Wehe dem Manne, der es versuchen wollte, sich seinen Pflichten einem Mädchen gegenüber zu entziehen! Er dürfte sich nicht mehr auf der Straße blicken lassen, ohne Gefahr zu laufen, von seinen Kameraden verprügelt zu werden«, erfuhr eine bürgerliche Sozialwissenschaftlerin bei ihren Studien im Jahre 1902 von Wuppertaler Textilarbeiterinnen.[20]

Auch in Arbeiterfamilien ging es, nach dem vorherrschenden Rollenverständnis der Zeit, recht patriarchalisch-autoritär zu. Der Mann hatte das Sagen; als alleiniger oder hauptsächlicher *Ernährer* der Familie beanspruchte er, wenigstens »Herr im eigenen Hause« zu sein. Seine Bedürfnisse hatten Vorrang; die Frau lernte, auf die eigenen zu verzichten. Noch 1908 hieß es in einer offiziellen Gewerkschaftspublikation: »In der Arbeiterfamilie ist es nun einmal so: Der Mann, der ja arbeiten muß, bekommt von der Nahrung den größten Anteil, auch die Kinder erhalten so viel wie möglich. Übrig bleibt in den meisten Fällen die Mutter; sie begnügt sich mit Schmecken, wenn zu wenig da ist, und lebt von Brot, Kaffee und Kartoffeln. Die Frau des Arbeiters bringt sich der Familie täglich zum Opfer.«[21]

Erwerbsarbeit und Politik waren Sache der Männer, Haushalt, Kindererziehung, später auch Geburtenplanung die der Frauen. Die Männer sahen es deshalb auch nicht gern, wenn ihre Ehefrauen nebenbei einer Beschäftigung nachgingen, nicht zuletzt weil damit die Furcht vor »Lohndrückerei« verbunden war.[22] Doch häufig waren Arbeiterfamilien auf den Neben- oder Zuverdienst angewiesen, weil das Einkommen des Mannes für den Lebensunterhalt nicht ausreichte. Durch den Zwang zur Nebenerwerbstätigkeit – sei es in Heimarbeit, in Putzkolonnen oder anderen schlechtbezahlten Dienstleistungen – erhöhte sich die Überbeanspruchung der Arbeiterfrauen, die durch die rasch wachsende Kinderschar und die Mühsal der täglichen Hausarbeit ohnehin schon stark belastet waren. Chronische Erschöpfung und frühzeitiger Verfall waren die Folge.

Zusätzlich erschwert wurde das proletarische Familienleben durch die unzureichenden Wohnverhältnisse, durch das Leben auf engstem Raum, das durch den Zwang zur Aufnahme von familienfremden Personen, sogenannten »Schlafgängern«, noch verschärft wurde. Für die einzelnen Familienmitglieder gab es unter diesen Bedingungen keinen eigenen Bereich, keinen Raum, in den man sich zurückziehen konnte. Diese halboffene Familienstruktur hat das Konflikt- und Aggressionspotential offenbar noch vergrößert. Es entlud sich immer wieder in unkontrollierten Gewaltausbrüchen alkoholisierter Ehemänner. Für viele Arbeiterkinder wurden prügelnde Familienväter zu einem lebenslang nachwirkenden Trauma. So erinnnerte sich Adelheid Popp in ihrer 1909 zuerst erschienenen Autobiographie JUGEND EINER ARBEITERIN an »die Angst, die ich, in einer Ecke oder dem Bett verkrochen, ausstand, wenn es eine häusliche Szene gab, wenn mein Vater zu wenig Geld nach Hause brachte und die Mutter ihm Vorwürfe machte … Mein Vater war jähzornig, er schlug dann die Mutter, die oft nur halb angekleidet fliehen mußte, um sich bei Nachbarn zu verbergen.«[23] Auch in Arbeiterfamilien machten sich jedoch bereits vor 1914 deutliche Anzeichen eines Wandels bemerkbar. Steigende Reallöhne, kürzere Arbeitszeiten und bessere Wohnungen erhöhten die materiellen Spielräume und trugen wesentlich zur familiären Stabilisierung bei. In den städtischen Arbeitervierteln ging – deutliches Symptom eines »sehr tiefgreifenden Mentalitätswandels«[24] – die Zahl der Geburten nach der Jahrhundertwende stark zurück; in der Facharbeiterschaft setzte sich, wie schon bei Beamten und Angestellten, die Tendenz zur Kleinfamilie mit zwei bis drei Kindern durch. Gleichwohl spielte sich ein Großteil des kindlichen Alltags in Arbeiterfamilien nach wie vor außerhalb der familiären Obhut ab – auf der Straße und in Hinterhöfen, wo proletarische Cliquen sich zusammenfanden und ihre Revierkämpfe austrugen.[25]

Die besserverdienenden Facharbeiter versuchten nicht nur im generativen Verhalten, sondern auch in den Konsumgewohnheiten sich einem (klein)bürgerlichen Lebensstil anzupassen. Die *gute Stube* mit dem Sofa als Prunkstück galt als besonders erstrebenswertes Statussymbol, das von Arbeiterfrauen »wie ein Heiligtum verschlossen gehalten« wurde.[26] Freilich spiegelte sich darin nicht nur die Sehnsucht nach Behaglichkeit, sondern das selten benutzte Mobiliar diente auch als eine Art Versicherung für Krisenfälle: Bei Arbeitslosigkeit und Arbeitsunfähigkeit des Mannes wanderte die *gute Stube* Stück für Stück ins Pfandhaus.

Sexualität

Wie für Ehe und Familie galt auch für den Bereich der Sexualmoral: Das Bürgertum setzte die Normen der Respektabilität, an denen sich auch die anderen sozialen Schichten ausrichten sollten.[27] Und diese Normen waren stark repressiv geprägt. Eine Gesellschaft wie die bürgerliche, die soviel Wert auf Arbeit, Selbstdisziplin und Affektkontrolle legte, hatte ein vitales Interesse daran, Sexualität zu kontrollieren und einzuhegen. Das Geschlechtliche wurde tabuisiert, mit einem Schleier der Diskretion und Heimlichkeit umgeben. Das führte zu teilweise grotesken Formen der Prüderie. Das Wort »Hose« durfte eine Dame öffentlich nicht in den Mund nehmen: »Sie mußte, wenn sie schon der Existenz eines so sinnengefährdenden Objekts wie einer Männerhose überhaupt Erwähnung tat, dafür das unschuldigere

›Beinkleid‹ oder die eigens erfundene Bezeichnung ›Die Unaussprechliche‹ wählen.«[28] Der Anblick des nackten Körpers, ja auch nur von Teilen desselben, war verpönt. Beim sommerlichen Badevergnügen an der Elbe mußten Frauen von Stand einen Badekarren benutzen, um vor aller Augen verborgen und von allen getrennt das Wasser aufzusuchen.[29]

Aufklärung über Sexualität fand in bürgerlichen Familien nicht statt. Eltern konnten mit ihren Sprößlingen über das Thema nicht sprechen, schon gar nicht darüber, wie Kinder gezeugt werden. Was Adelheid Mommsen über ihre Mutter berichtet, die Frau des Althistorikers Theodor Mommsen, die sechzehn Kinder zur Welt brachte, war keine Ausnahme: »Sie war bis in ihr Alter von einer rührenden, mädchenhaften Schüchternheit, die es ihr unmöglich machte, über seelische Erlebnisse zu reden. Das konnte sie ebensowenig wie über gewisse körperliche Dinge. Als die Geburt eines Enkelkinds bevorstand, dem die jüngste von uns hätte Mutter sein können, haben wir ihr gesagt, sie dürfe nun wirklich davon reden, wir glaubten nicht mehr an den Klapperstorch.«[30]

Vor allem Mädchen wurden wie asexuelle Wesen erzogen, mit dem Ergebnis, daß sie in geschlechtlichen Dingen ahnungslos blieben und in dieser Hinsicht völlig unvorbereitet in die Ehe stolperten. Die Hochzeitsnacht wurde für viele Bürgerfrauen zu einem Schock. Nicht wenigen erging es wie der Mutter der Sozialistin und Feministin Lily Braun, die, wie sie ihrer Tochter oft erzählte, »in den ersten acht Tagen ihres Zusammenlebens mit ihrem Mann am liebsten davongelaufen wäre, wenn sie sich nicht vor ihren Eltern geschämt hätte. Erst ganz allmählich kam ihr die Erkenntnis, daß ihr Gatte kein Verbrecher, ihr Schicksal kein abnormes war.«[31]

Nach diesem Präludium standen die Zeichen für ein erfülltes eheliches Sexualleben nicht gerade günstig. Und dennoch gab es, wie Peter Gay einfühlsam geschildert hat, in vielen bürgerlichen Ehen nach einer gewissen Phase der Erprobung ein viel reicheres, leidenschaftlicheres Liebesleben, als es die gängigen Anschauungen vom »viktorianischen Zeitalter« vermuten ließen.[32] Bürgerliche Paare handelten offenbar nach dem Motto: Es tun, aber nicht darüber reden! Gerade das macht es für den Sozialhistoriker so schwierig, hinter den Wandschirm vorsätzlicher Schicklichkeit und gezierter Prüderie zu blicken. Wie bürgerliche Frauen sich im Ehebett fühlten, ob sie den sexuellen Verkehr genossen oder nur mehr oder weniger passiv über sich ergehen ließen – darüber gibt es nur spärliche Zeugnisse.

Sicher aber ist: Gerade die Heimlichtuerei und das Versteckspiel förderten eine doppelte Moral, und zwar unterschieden nach Geschlechtern. Frauen, so verlangte es die Konvention, hatten »unberührt« in den Stand der Ehe zu treten; von Männern wurde hingegen ein gewisses Maß an Erfahrung auf sexuellem Gebiet erwartet, das sie allerdings bei Frauen außerhalb der eigenen Schicht, bei Dienstmädchen oder Prostituierten, erwerben sollten. Frauen mußten ihrem Mann treu sein; Ehebruch wurde mit gesellschaftlicher Ächtung bestraft. Männern wurden Seitensprünge verziehen; sie galten als ein *Kavaliersdelikt.*[33]

Deutlichstes Zeichen der herrschenden Doppelmoral war der Anstieg der Prostitution, die Kehrseite bürgerlicher Wohlanständigkeit. Allein in Berlin gab es um die Jahrhundertwende bis zu 50 000 Prostituierte, von denen die meisten Straßendirnen waren, die ihre Liebesdienste öffentlich anboten.[34] Nur ein kleiner Teil war polizeilich registriert und unterlag damit der Kontrolle der Gesundheitsämter. Prostituierte rekrutierten sich vor allem aus Frauen der Unterschichten, aus ehemaligen Dienstmädchen und Kellnerinnen, Fabrik- und Heimarbeiterinnen. In den meisten Fällen war es die nackte ökonomische Not, die Frauen dazu brachte, ihren Körper als Ware zu verkaufen. Ihre Kunden kamen überwiegend aus dem Bürgertum, waren Oberschüler und Studenten, die ihre ersten »Erfahrungen« suchten, aber auch verheiratete Männer, die ihre sexuellen Bedürfnisse bei ihren Ehefrauen nicht ausleben konnten. In der Arbeiterschaft spielte Prostitution hingegen kaum eine Rolle. Arbeiterfrauen begegneten ihren sich prostituierenden Geschlechtgenossinnen mit offener Verachtung. »Ebenso derb und frei wie die Arbeiterinnen in der Liebe sind«, konstatierte eine Soziologin 1893, »zeigen sie tiefe und ernste Empörung für jede gewerbsmäßig betriebene Unzucht, und ganz speziell für solche Mädchen, die sich an ›feine‹ Herren vergeben.«[35]

So »derb und frei«, wie hier behauptet, war freilich das Sexualverhalten von Arbeiterinnen und Arbeitern keineswegs, wenngleich es hier etwas lockerer zuging als im Bürgertum. Jungfräulichkeit etwa war kein Wert an sich; wenn Mann und Frau sich für das *Miteinandergehen* entschieden hatten, bestand kein Anlaß mehr, sexuelle Bedürfnisse aufzuschieben. Bei der Enge der Wohn- und Schlafverhältnisse war es unvermeidlich, daß die Kinder frühzeitig mit der Körperlichkeit und Sexualität der Erwachsenen konfrontiert wurden. Diese Unmittelbarkeit der Wahrnehmung bedeutete indes nicht, daß sie auch gezielt aufgeklärt worden wären.[36] Zwischen Arbeitereltern und ihren Kindern herrschte in diesem Punkt eine ähnliche Sprachlosigkeit wie im Bürgertum. Sexuelle Aufklärung erfuhren Arbeiterkinder von Spielkameraden auf der Straße, später als Lehrlinge in der Fabrik durch die zotenreichen Erzählungen von älteren Kollegen. Onanie – von Generationen von Medizinern und Pädagogen als schwere Sünde gebrandmarkt – war für Arbeiterkinder nicht minder schuldbelastet wie für ihre Altersgenossen aus bürgerlichen Familien.[37] Am Arbeitsplatz waren junge Arbeiterinnen häufig sexuellen Belästigungen ausgesetzt; sie verstanden es allerdings auch, sich dagegen handfest zur Wehr zu setzen. Kurzum, von einem unbefangenen Umgang des Proletariats mit Sexualität kann keine Rede sein, schon gar nicht von einem völligen Verfall der Sitten, wie ihn die Horrorbilder bürgerlicher Beobachter beschworen.

Gegen Ende des 19. Jahrhunderts, verstärkt seit der Jahrhundertwende, zeichneten sich Veränderungen ab, in denen sich bereits die erotische Revolution der zwanziger Jahre ankündigte. Die *sexuelle Frage* wurde zum Gegenstand hitziger wissenschaftlicher Diskussionen, die nicht nur in entlegenen medizinischen Fachzeitschriften ausgetragen wurden. Hauptangriffspunkt war das polarisierende Stereotyp, das der Frau einen von Natur weniger ausgeprägten Sexualtrieb zuschrieb als dem Mann. Der Sexualwissenschaftler Iwan Bloch berichtete 1907, er habe »zu diesem Punkte« eine ganze Anzahl gebildeter Frauen befragt: »Ohne Ausnahme erklärten sie die Theorie von der geringeren geschlechtlichen Sensibilität der Weiber für unrichtig, viele meinten sogar, sie sei größer und nachhaltiger als beim Manne.«[38] Ein Jahr später führte Sigmund Freud in seiner Abhandlung DIE KULTURELLE SEXUALMORAL UND DIE MODERNE NERVOSITÄT die oft beobachtete Frigidität bei Frauen zurück auf die repressive Sexualerziehung. Weil die Sexualität der Mädchen zwanghaft unterdrückt werde, reagierten viele Ehefrauen mit Abwehr auf das sexuelle Verlangen des Mannes und flüchteten sich in Neurosen.[39]

Die gängigen Vorstellungen darüber, was im Geschlechtsleben normal und was anormal sei, wurden einer kritischen Prüfung unterzogen. Das betraf auch die Homosexualität, welche die ältere Medizin als krank und abartig eingestuft hatte und die der berüchtigte Paragraph 175 des Strafgesetzbuches unter Strafe stellte.[40] Die neue Offenheit in der Diskussion über Sexualität rückte auch die Entkriminalisierung der Homosexualität in den Bereich des Diskutierbaren. 1897 gründete der Berliner Arzt Magnus Hirschfeld ein »wissenschaftlich-humanitäres Komitee«, das sich in mehreren Petitionen an den Reichstag für eine Beseitigung des Paragraphen 175 einsetzte.[41] In der militarisierten wilhelminischen Männergesellschaft, in der Homosexualität als unmännliches Verhalten stigmatisiert war, hatte dieses Begehren allerdings keinerlei Aussicht auf Erfolg. Und der Skandal um den kaiserlichen Freund Philipp Eulenburg 1906/07 trug dazu bei, öffentlich Stimmung gegen die Homosexuellen zu machen.[42]

Auch im Umkreis von Schriftstellern und Künstlern wurde es um die Jahrhundertwende modern, die herkömmlichen Begriffe von Ehe, Liebe und Sexualität in Frage zu stellen. In seinem Drama FRÜHLINGSERWACHEN (erschienen 1891, uraufgeführt 1906) prangerte Frank Wedekind die verheerenden Folgen an, welche die repressive Sexualmoral der Erwachsenen, kombiniert mit übertriebenem schulischen Leistungsdruck, für die Jugendlichen hatte. Die Tagebücher des Dramatikers aus jenen Jahrzehnten, vor allem aus seiner Pariser Zeit 1892–94, belegen, daß er sich selbst nicht ohne Erfolg mühte, die bürgerlichen Normen zu durchbrechen und ein reiches erotisches Leben zu führen.[43] Im Jahre 1900 veröffentlichte die Schriftstellerin Elisabeth Dauthendey ein Buch unter dem programmatischen Titel VOM NEUEN WEIBE UND SEINER LIEBE. Darin proklamierte sie das Leitbild der »neuen Frau«, die sich zu ihren sexuellen Wünschen bekennt und sich frei für oder gegen ihre Liebhaber entscheidet.[44] An diesem Leitbild orientierten sich damals bereits einige Frauen im Milieu der Schwabinger Bohème, unter ihnen vor allem Franziska von Reventlow, die der scheinheiligen Männerwelt den Kampf ansagte: »So geht mir doch mit der Behauptung, die Frau sei monogam! – Weil ihr sie dazu zwingt, ja!«[45]

Die Befürworterinnen der *freien Liebe* waren in der wilhelminischen Ära eine kleine, avantgardistische Minderheit, die nicht nur von Männern, sondern auch von den eigenen Geschlechtsgenossinnen teils belächelt, teils mit Haß verfolgt wurden. Dennoch wirkten ihre Ideen in die Gesellschaft hinein und bereiteten hier den Boden für eine Veränderung von Alltagsgewohnheiten. Das fing mit der Kleidung an. Die Panzerungen, in die der weibliche Körper eingezwängt war, machten weiten, luftigen Gewändern Platz. Der »Flucht aus der bewegungshemmenden Beengtheit von Kleidern und Korsetts« entsprach ein Heraustreten von Frauen der wohlhabenden Mittelschicht »aus dem schummerigen Kokon der bürgerlichen Innenräume ins Freie«.[46] Sportliche Betätigung – sei es auf dem Tenniscourt oder dem Golfplatz – war nach der Jahrhundertwende kein ausschließliches Privileg der Männer mehr. Mutige Damen wagten sich auf das neue Verkehrsmittel Fahrrad und eroberten sich dadurch eine neue Bewegungsfreiheit. »Das Bicycle hat zur Emanzipation der Frauen aus den höheren Gesellschaftsschichten mehr beigetragen als alle Bestrebungen der Frauenbewegung zusammengenommen«, urteilte die Frauenrechtlerin Rosa Mayreder 1905.[47]

Auch die Badesitten lockerten sich. Männer und Frauen durften sich in *Familienbädern* gemeinsamen Badefreuden hingeben. Und hier und dort war an Stränden und in Bädern vor 1914 bereits etwas aufregend Neues zu sehen: Frauen in knappen Badetrikots anstelle der bislang üblichen Schwimmkostüme, die fast den ganzen Körper verhüllten.

Manche zogen sich auch ganz aus. Die Anhänger der in Mode kommenden *Freikörperkultur* priesen Nacktheit als Rückkehr zur naturgemäßen Lebensform, als Befreiung von den Zwängen der Zivilisation. Diese neue Bewegung trug von Anfang an Züge schwärmerischer Übersteigerung. Von »Lichtleib« und »Lichtkleid« war da die Rede; »Lichtgebet« hieß das Kultbild des Malers Hugo Höppener, der sich Fidus nannte: Es zeigt einen nackten Jüngling mit wehenden Haaren und weit ausgestreckten Armen auf einem Felsvorsprung, die Sonne anrufend.

Gewiß, die »Neuentdeckung des Körpers«[48] drängte die falsche

Foto aus dem Geheimarchiv der kaiserlichen Polizei: Neben Gummiwaren wurden zur Abtreibung benötigte »Mutterspritzen« angeboten.

Scham und Prüderie zurück, machte ein unbefangeneres Verhältnis der Geschlechter zumindest in Kreisen der jugendlichen Lebensreformbewegung möglich. Doch wichtiger für einen freieren Umgang mit Sexualität im Alltag wurde ein anderes Phänomen, nämlich die verbesserte Kenntnis über Methoden der Empfängnisverhütung. Seit der Jahrhundertwende kam ein schwunghafter Versand- und Hausierhandel mit Verhütungsmitteln in Gang. »Ein ganzes Heer von sachgemäß ›unterrichteten‹ Hausiererinnen wandert in den Großstädten treppauf, treppab«, berichtete 1913 eine Zeitung, »um unter allerhand Vorwänden und Deckadressen die bekannten Mittel zur Verhütung der Empfängnis anzubieten.«[49] Die bekannten Mittel – das waren vor allem Kautschukprodukte wie das Kondom oder Diaphragma, die nach und nach ältere Hilfsmittel wie den mit Essig getränkten Schwamm verdrängten. Für Arbeiter waren diese neuen Produkte zu teuer, als daß sie sie regelmäßig hätten erstehen können. Hier blieb nach wie vor der Coitus interruptus die häufigste, allerdings wenig zuverlässige Methode der Empfängnisverhütung. So schwebten gerade Arbeiterfrauen in ständiger Angst vor ungewollter Schwangerschaft. »Ihr ganzes Denken und Fühlen ist auf die Verhütung der Empfängnis gerichtet«, erklärte ein schlesischer Bergmann bei einer Befragung im Jahre 1907. »Man sieht es überall an der Unterhaltung. Bleibt die Menstruation zum Datum aus, gleich ist die Angst groß, denn jede Arbeiterfrau weiß, was ein Kind mehr bedeutet, wieder mehr Sorge und Not, denn der Verdienst steigt nicht. So ist bei der Arbeiterfrau ein fortwährendes in der Angst leben von einer Periode zur anderen, denn auch die Präservative verfehlen oft die Wirkung.«[50]

Die Kriminalstatistik weist für die Zeit vor 1914 eine rasch zunehmende Zahl von Verurteilungen wegen Abtreibung aus. Die Dunkelziffer war hoch. Schätzungen gehen von bis zu 500 000 Abtreibungen jährlich aus. Und auch hier wirkte sich die klassenspezifische Benachteiligung von Arbeiterfrauen aus. Da sie kein Geld hatten, um bei einem diskreten Arzt die Abtreibung vornehmen zu lassen, mußten sie sich an Engelmacherinnen und Kurpfuscherinnen wenden oder selber zur Stricknadel oder anderen Hausmitteln greifen. Jährlich starben bei verpfuschten Abtreibungen Tausende von Frauen – ein Ergebnis des Paragraphen 218. Im Jahre 1912 riefen zwei sozialdemokratische Ärzte aus Berlin, Alfred Bernstein und Julius Moses, beide aktiv beteiligt an der Aufklärung über Empfängnisverhütung in den Unterschichten, zu einem nationalen *Gebärstreik* auf: Der Kapitalismus könne, so argumentierten sie, nur besiegt werden, wenn sich die Frauen weigerten, Kinder zu gebären, das heißt die herrschenden Klassen weiterhin mit billigen Arbeitskräften und Soldaten zu versorgen. Während die *Gebärstreik*-Kampagne von den Frauen in der SPD teilweise enthusiastisch begrüßt wurde, stieß sie in der SPD-Führung auf heftige Mißbilligung, weil sie dem sozialistischen Dogma, alles Elend der Arbeiter auf die ökonomische Ausbeutung im Kapitalismus zurückzuführen, widersprach.[51]

Frauenarbeit

Entgegen der vorherrschenden Ideologie, nach der die Frau an den *häuslichen Herd* gehöre und sich der Aufziehung der Kinder zu widmen habe, war die Erwerbstätigkeit von Frauen auch im Kaiserreich unverzichtbar. Absolut verläßliche Angaben über den Umfang der Frauenarbeit fehlen, weil die Zahl der mithelfenden weiblichen Familienangehörigen von der Statistik nicht immer genau erfaßt wurde. Nach Schätzungen stieg die Zahl der erwerbstätigen Frauen von 5,52 (1882) über 6,58 (1895) auf 9,49 Millionen (1907); ihr Anteil an der Gesamtzahl der Erwerbstätigen blieb mit rund dreißig Prozent etwa konstant.[52] Nach der Berufszählung von 1907 waren 48,8 Prozent aller weiblichen Erwerbspersonen im Agrarsektor beschäftigt, 22 Prozent im industriell-gewerblichen Bereich, 9,8 Prozent in Handel und Verkehr, 13,2 Prozent in häuslichen Diensten und 3 Prozent in freien Berufen und im öffentlichen Dienst.[53]

Die meisten Frauen arbeiteten nach wie vor als Tagelöhnerinnen und Mägde in der Landwirtschaft. Spätestens seit der Jahrhundertwende waren viele junge Frauen nicht mehr ohne weiteres bereit, die Misere des ländlichen Gesindedaseins zu ertragen. Eine wachsende Zahl schloß sich dem Zug der Männer in die großen Städte an, wie konservative Beobachter mit Sorge registrierten: »Dungbereiten, Kühemelken, Rübenhacken dünkt diese modern gekleideten Dämchen unter ihrer Würde. Die Landflucht ist allgemein. Mehr Putz, mehr Tanz, mehr Geld, das treibt die jungen Mädchen in die Städte und meist auch ins Elend.«[54]

In Wirklichkeit war es nicht Vergnügungssucht, sondern die Hoffnung auf ein besseres, materiell weniger beengtes und sozial weniger kontrolliertes Leben, die junge unverheiratete Frauen dazu brachte, dem Land den Rücken zu kehren. In den Städten suchten die meisten zunächst Arbeit in häuslichen Diensten und fanden auch rasch eine Stellung, denn Dienstmädchen gehörten zum bürgerlichen Haushalt, ja sie galten als ein unverzichtbares Statussymbol. Allein in Berlin wurden um 1900 über 100 000 Dienstmädchen gezählt; sie hatten die männlichen Dienstboten fast vollständig verdrängt.[55]

Dienstmädchen erhielten im Haus der Herrschaft Kost und Logis, dazu einen zumeist bescheiden bemessenen Lohn. Die Arbeitszeiten waren lang; ein Sechzehnstundentag war nicht unüblich. Sie waren *Mädchen für alles*, zuständig für Kochen, Waschen, Nähen, Bügeln, Putzen, Einkaufen, Kindererziehung. Im Innenbereich der bürgerlichen Familie war das Dienstmädchen unentbehrlich und störend zugleich. Es mußte als Arbeitskraft ständig verfügbar sein und zugleich als Person möglichst unauffällig bleiben. Die Dienstbotenklingel hielt es in Trab, eine enge Kammer oder der Hängeboden in der Küche verbannte es in die hintersten Ecken der herrschaftlichen Wohnung. Dieser zwiespältige Status zwischen Einschließung und Ausgrenzung wurde durchbrochen, wenn die bürgerliche Familie ihren gesellschaftlichen Verpflichtungen nachkam: »Auf der Bühne bürgerlicher Repräsentation und Geselligkeit waren die Dienstboten zugleich Kulissenschieber und Kulisse selbst.«[56]

Nicht selten waren Dienstmädchen den sexuellen Zudringlichkeiten des Hausherrn und seiner heranwachsenden Söhne ausgesetzt. Besonders auf Männer, die unter dem abweisenden Verhalten ihrer Ehefrauen litten, wirkten Dienstmädchen anziehend, wobei auch die in bürgerlichen Kreisen verbreiteten Phantasien über die sexuelle Triebhaftigkeit von Angehörigen der Unterschicht eine Rolle spielten. Allerdings hat die neuere Sozialgeschichtsschreibung die lange kolportierte Auffassung, daß aus Dienstmädchen besonders häufig Prostituierte wurden, nicht bestätigt. Nur die wenigsten harrten freilich auch ein Leben lang treu bei der Herrschaft aus. Vielmehr war die Dienstmädchenstellung ein typischer Übergangsberuf. Nach einer gewissen Zeit, in der Regel nach zwei oder drei Jahren, schieden die meisten aus, entweder um zu heiraten oder um sich eine Arbeit in der Fabrik zu suchen.

Auch die Fabrikarbeit war schlecht bezahlt, bestand häufig aus monotonen Tätigkeiten, doch besaß sie gegenüber dem Dienstmädchendasein den Vorzug geringerer persönlicher Abhängigkeit. Am größten war der Anteil der jungen, ungelernten Arbeiterinnen in den traditionell »weiblichen« Branchen, dem Textil- und Bekleidungsgewerbe und der Nahrungs- und Genußmittelindustrie. Aber auch in einigen neuen Industrien wie der Elektrotechnik, der Feinmechanik oder der chemischen Industrie fand Frauenarbeit vor dem Ersten Weltkrieg Eingang. Im Berliner Stammwerk von Siemens waren bereits 1894 dreihundert Arbeiterinnen beschäftigt, ein Drittel der Belegschaft. Allerdings ging die Beschäftigung der Frauen nicht, wie die Gewerkschaftsorganisation befürchtete, auf Kosten der Männer, sondern begleitete die allgemeine Expansion des Werkes und die Differenzierung von Funktionen, die zu einer ausgeprägten geschlechtsspezifischen Arbeitsteilung führte. Junge Arbeiterinnen wurden nicht nur eingestellt, weil ihre Arbeitskraft billiger war, sondern weil sie die für viele Tätigkeiten in der Elektroindustrie gewünschte *feine Hand* mitbrachten.[57]

Nach der Heirat, spätestens nach der Geburt des ersten Kindes gaben die meisten Fabrikarbeiterinnen ihren Beruf auf. Das heißt aber nicht, daß sie ganz aus dem Erwerbsleben ausschieden. Vor allem die Heimarbeit bot eine Möglichkeit, Hausarbeit, Kinderbetreuung und Lohnarbeit zu vereinbaren, freilich um den Preis der Selbstausbeutung. In einigen Branchen, vor allem in der Konfektionsindustrie, erlebte die Heimarbeit zur Zeit des Kaiserreichs einen Aufschwung.[58] Dazu trug die Einführung der Nähmaschine bei, welche die Produktionsleistung einer Näherin um ein Vielfaches steigerte. Die Anschaffung dieses häuslichen Produktionsmittels stellte eine erhebliche finanzielle Belastung dar, die in Ratenzahlungen mühsam abgetragen werden mußte.

Heimarbeit war von starken saisonalen Schwankungen abhängig, und sie wurde extrem schlecht bezahlt, zum einen, weil sie als bloßer Zuverdienst zum Familieneinkommen angesehen wurde, zum ande-

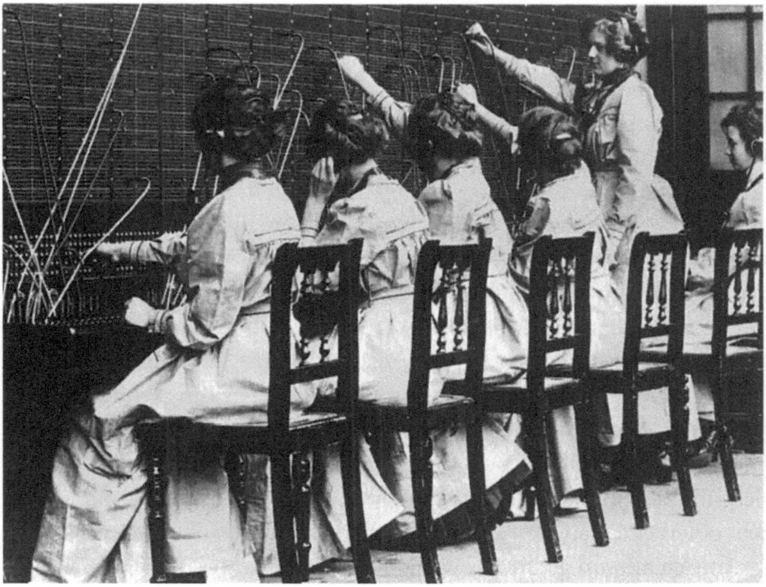

Frauenarbeit: Telefonistinnen, um 1900.

ren, weil Heimarbeiterinnen sich in einer vergleichsweise schwachen Arbeitsmarktposition befanden. Wenn der Haupternährer ausfiel, reichte der Lohn nicht, um wenigstens das Existenzminimum zu sichern. Für alleinstehende Konfektionsarbeiterinnen war deshalb Gelderwerb durch Prostitution oftmals »die letzte Überlebensmöglichkeit«.[59]

Mit der Expansion von Handel und Dienstleistungsgewerbe boten sich Frauen auch in diesem Bereich neue Beschäftigungsmöglichkeiten. Die Zahl der weiblichen Angestellten stieg von 110 661 im Jahre 1882 auf 639 563 im Jahre 1907.[60] Dabei handelte es sich zunächst vor allem um Verkäuferinnen; erst nach der Jahrhundertwende öffneten sich weiblichen Angestellten allmählich auch Büros und Kontore. Die wachsende Bürokratisierung von Organisation und Verwaltung, dazu technische Neuerungen wie die Schreibmaschine, das Telefon, Rechen- und Buchungsmaschinen schufen neue Arbeitsfelder für weibliche Berufe, für Kontoristinnen, Sekretärinnen, Telefonistinnen. Wie die Verkäuferinnen in den großen Warenhäusern waren auch die weiblichen Angestellten im Büro sehr jung; das 30. Lebensjahr stellte bereits eine kritische Grenze dar, was zeigt, daß auch diese neuen Erwerbsfelder im Lebenszyklus der Frauen als Übergangsstadium begriffen wurden. Was die soziale Herkunft anging, gab es deutliche Unterschiede: Die meisten Verkäuferinnen kamen aus der Arbeiterschaft und besaßen nur geringe Schulbildung und berufliche Qualifikation; die Kontoristinnen hingegen stammten überwiegend aus Familien des Kleinbürgertums, seltener der Facharbeiterschaft. Ihre Tätigkeit war verknüpft mit der Perspektive des sozialen Aufstiegs. Arbeitszeiten und Bezahlung waren für Büroangestellte günstiger als für Verkäuferinnen.

Für Töchter aus dem mittleren und gehobenen Bürgertum begann nach dem Abschluß der höheren Mädchenschule eine Phase der gepflegten Langeweile, des Wartens auf den Heiratskandidaten, in die sich mit zunehmender Dauer die Furcht mischte, als *alte Jungfer* sitzenzubleiben. Manche Familien von Beamten oder Kaufleuten konnten es sich allerdings immer weniger leisten, unversorgte Töchter jahrelang mitzuernähren. Als einzige Erwerbsquelle, die als halbwegs akzeptabel galt, bot sich für junge Frauen gutbürgerlicher Herkunft zunächst der Beruf der Lehrerin an, der aus dem älteren der Gouvernante hervorgegangen war.[61] 1896 gab es in Preußen 14 600 festangestellte Lehrerinnen, von denen rund 10 000 an Volksschulen unterichteten, die übrigen an privaten und öffentlichen höheren Mädchenschulen.[62]

Gegen die *Feminisierung* des Lehrerberufs regte sich heftiger Widerstand in der Lehrerschaft. Die Tatsache, daß Lehrerinnen nicht verheiratet sein, folglich auch keine Kinder bekommen durften, wurde als ein Argument gegen ihre Tätigkeit ins Feld geführt. So erklärte ein Oberlehrer auf dem Münchner Lehrertag 1906: »Die Lehrerin, die von der Mütterlichkeit ausgeschlossen ist, untersteht dem Naturgesetz des raschen Verblühens. Die äußere Magerkeit hat zur Folge, daß der innere Mensch oft auch trocken, alt und verbittert wird.«[63] Verschärft wurden die Spannungen zwischen männlichen und weiblichen Lehrkräften durch die unterschiedliche soziale Herkunft: Volksschullehrer kamen zumeist aus dem Kleinbürgertum; sie hatten um die Jahrhundertwende ihrem lange verachteten und verspotteten Berufsstand einige Respektabilität verschafft, empfanden sich als soziale Aufsteiger und reagierten nun überaus empfindlich auf die weibliche Konkurrenz.

Weniger Widerstand begegnete Frauen aus dem Bürgertum, die sich in spezifisch »weiblich« betrachteten Berufen wie der Krankenpflege und Sozialarbeit engagierten. Hier gab es seit Ende des 19. Jahrhunderts einen deutlichen Professionalisierungsschub: Der Ausbau kommunaler Dienstleistungen im Bereich der Wohnungs- und Gesundheitsfürsorge brachte neue Stellen, die vorzugsweise mit Frauen besetzt wurden. 1910 waren in deutschen Städten 400 Frauen in besoldeten Ämtern der Wohlfahrtspflege tätig –[64] eine Zahl, die statistisch nicht sonderlich zu Buche schlug, ebensowenig wie die der ersten Ärztinnen, die vor 1914 in Berlin und anderen Orten eine Praxis eröffneten; aber ein Anfang war gemacht.

Frauenbewegung und Frauenemanzipation

Die Bildungschancen von Frauen zu verbessern, ihre Berufstätigkeit zu fördern – das waren auch wesentliche Ziele der organisierten Frauenbewegung, wie sie sich nach ersten Ansätzen in der Revolution von 1848/49 Mitte der sechziger Jahre zu formieren begann.[65] 1865 wurde in Leipzig unter der Führung der Altachtundvierzigerin Louise Otto-Peters der *Allgemeine Deutsche Frauenverein* (ADF) gegründet, ein Jahr später in Berlin ein *Verein zur Förderung der Erwerbsfähigkeit des weiblichen Geschlechts*, nach seinem Gründer und Vorsitzenden Adolf Lette kurz *Lette-Verein* genannt. Aus ihm wiederum ging 1869 ein *Verband Deutscher Frauenbildungs- und Erwerbsvereine* hervor, der jedoch allen weitergehenden Emanzipationsforderungen eine Absage erteilte. Nichts, hieß es in einem Rechenschaftsbericht des *Lette-Vereins*, liege ihm ferner »als die sogenannte Emanzipation der Frauen auf sozialem oder gar politischem Gebiet«.[66]

Über diese selbstgesetzte Beschränkung ging die Entwicklung rasch hinweg. Dafür sorgten vor allem politisch aktive Lehrerinnen, die, nicht zufällig, in der frühen Frauenbewegung eine hervorragende Rolle spielten: Auguste Schmidt, Gertrud Bäumer, Hedwig Dohm,

Minna Cauer, Anita Augspurg und nicht zuletzt Helene Lange. Diese gründete 1890 den *Allgemeinen Deutschen Lehrerinnenverein,* der um die Jahrhundertwende bereits 16 000 Mitglieder zählte. 1894 schließlich vereinigten sich die verschiedenen Organisationen zum *Bund Deutscher Frauenvereine* (BDF). Dieser Dachverband, dem am Vorabend des Ersten Weltkriegs über 2000 Vereine mit fast 500 000 Mitgliedern angehörten, entwickelte sich zum Mittelpunkt der bürgerlichen Frauenbewegung.

Von Anfang an trafen im BDF recht unterschiedliche Vorstellungen von Emanzipation aufeinander. Eine große Mehrheit der Frauen hielt an der Überzeugung von der Wesensverschiedenheit der Geschlechter fest und betonte emphatisch die *Mütterlichkeit* als weibliche Eigenart, von der über den engen Kreis der Familie hinaus eine segensreiche, zivilisierende Wirkung auf die Gesellschaft ausstrahlen könne. »Nicht um formale Gleichberechtigung als letztes Ziel, sondern um die gleich lebendige, gleich volle und reiche Wirkung aller weiblichen Werte auf die Kultur, um ein reicheres Einströmen spezifisch weiblicher Kräfte in die Gesamtanschauung der Welt« müsse es der Frauenbewegung gehen, erklärte Gertrud Bäumer 1905.[67] In der Praxis neigte dieser gemäßigte Mehrheitsflügel eher zu einem pragmatischen Verhalten. Man setzte auf die wachsende Einsicht der Männer vor allem im liberalen Bürgertum, wollte jedenfalls tunlichst vermeiden, sie allzusehr vor den Kopf zu stoßen.

Demgegenüber forderte ein kleiner radikaler Flügel, zentriert um den *Verein Volkswohl* von 1899, später um den *Verband fortschrittlicher Frauenvereine,* ein entschiedenes Eintreten für die staatsbürgerlichen Rechte der Frauen und für eine Reform des Paragraphen 218. Da die moderate Mehrheit im BDF nicht einmal in der Frage des Frauenwahlrechts für ein offensives Vorgehen zu gewinnen war, gründeten die engagierten Verfechterinnen politischer Partizipation 1902 einen eigenen Verband, den *Verein für Frauenstimmrecht,* der den Kampf für das allgemeine, gleiche, direkte und geheime Wahlrecht für beide Geschlechter auf sein Panier schrieb. Allerdings erreichte dieser Kampf längst nicht die Militanz, welche etwa die englische Suffragettenbewegung auszeichnete.[68]

Neben der bürgerlichen Frauenbewegung und deutlich von dieser geschieden, entwickelte sich im Kaiserreich ein Pendant in Gestalt der sozialdemokratischen Frauenbewegung. Die Haltung der SPD zur Emanzipation der Frauen wurde vor allem geprägt durch das Buch des Parteiführers August Bebel DIE FRAU UND DER SOZIALISMUS von 1879, das bis 1910 in 50 Auflagen verbreitet war – das meistgelesene theoretische Werk in der deutschen Sozialdemokratie überhaupt.[69] Laut Bebel waren die Frauen in der kapitalistischen Gesellschaft gleich zweifach unterdrückt, zum einen durch die »gesellschaftliche Abhängigkeit von der Männerwelt«, zum anderen »durch die ökonomische Abhängigkeit, in der sich Frauen im allgemeinen und die proletarischen Frauen im besonderen ... befinden«.[70] Diese doppelte Unterdrückung könne nur beseitigt werden, wenn die kapitalistische Wirtschafts- und Gesellschaftsordnung durch eine sozialistische ersetzt werde. Eine Lösung der *Frauenfrage* war für Bebel nur denkbar als Teil einer umfassenden Lösung der *sozialen Frage*.

Das bedeutete nicht, daß Bebel den Kampf für politische Gleichberechtigung der Frauen im Rahmen der bestehenden Ordnung geringschätzte. Die SPD war die einzige politische Partei im kaiserlichen Deutschland, die in ihrem Erfurter Programm von 1891 das Wahlrecht für alle Reichsangehörigen »ohne Unterschied des Geschlechts« forderte – und dies, obwohl Bebel durchaus bewußt war, daß das Frauenstimmrecht der SPD schaden konnte, weil der größere Teil der Frauen eher die Konservativen und Liberalen wählen würde. 1895 stellte die sozialdemokratische Reichstagsfraktion erstmals den Antrag, Frauen »im Namen der Rechtsgleichheit der Geschlechter« sowie aus »Fortschrittsgründen« das allgemeine, gleiche und direkte Stimmrecht zu verleihen.[71] Er stieß, wie nicht anders zu erwarten, bei den anderen Parteien auf Abwehr, und fortan verzichtete auch die SPD darauf, die Forderung nach Ausdehnung des Stimmrechts auf Frauen offensiv zu vertreten. Wichtiger war für sie, das Reichstagswahlrecht auch auf Länderebene, vor allem in Preußen, durchzusetzen.

Schwierig gestaltete sich auch der Versuch, Fraueninteressen im Rahmen der sozialdemokratischen Partei zu organisieren. Die Arbeiterinnenvereine, die bereits während des Sozialistengesetzes, verstärkt nach dessen Aufhebung 1890 entstanden, sahen sich kleinlichen Polizeischikanen ausgesetzt. Die Handhabe dazu bot das anachronistische

Vereinsgesetz in zahlreichen Bundesstaaten, das Frauen die Mitgliedschaft in Parteien und politischen Vereinen untersagte. Um die Klippen des Vereinsrechts zu umschiffen, wurde beim Parteivorstand in Berlin eine *Frauenagitationskommission* ins Leben gerufen; im übrigen behalfen sich die politisch aktiven Frauen mit einem informellen System von Vertrauensleuten, das sich dem Zugriff der Polizei entzog. Eine dominierende Rolle beim Aufbau der proletarischen Frauenbewegung in den neunziger Jahren spielte Clara Zetkin, Tochter eines sächsischen Schullehrers, die selber ein Lehrerinnenseminar absolviert und sich in jungen Jahren mit einem emigrierten russischen Sozialisten liiert hatte.[72] Unter ihrer redaktionellen Leitung erschien seit 1891 die Frauenzeitschrift DIE GLEICHHEIT, die es bis 1914 immerhin auf 125 000 Abonnentinnen brachte.

Zetkin vertrat eine Politik der *reinlichen Scheidung*, das heißt, sie lehnte jede Zusammenarbeit mit der bürgerlichen Frauenbewegung, auch mit dessen radikalem Flügel, strikt ab. Darüber entzündete sich nach der Jahrhundertwende ein Konflikt mit Lily Braun, einer zur Sozialdemokratie gestoßenen Generalstochter und Professorenwitwe, die in ihrem Buch DIE FRAUENFRAGE (1901) unmißverständlich für eine Kooperation mit den bürgerlichen Frauenrechtlerinnen warb. Clara Zetkin behielt in diesem Streit die Oberhand, weil ihre Position »ein Abbild der von August Bebel in der Partei insgesamt eingenommenen Stellung« war.[73] Doch nach 1908, als mit dem neuen Vereinsgesetz Frauen erstmals die Möglichkeit erhielten, sich in der SPD zu organisieren, neigte sich ihre Ära einem raschen Ende zu. Die Verschiebung der innerparteilichen Kräfteverhältnisse zugunsten des reformistischen Flügels in der Partei, die mit einer zunehmenden Sympathie Zetkins für die radikale Linke einherging, schwächte die Machtposition der lange Zeit unbestrittenen Wortführerin der proletarischen Frauenbewegung. An ihrer Stelle wurde 1908 die linientreue Luise Zietz als Frauensekretärin und Leiterin des Frauenbüros in den Parteivorstand gewählt. Zetkin behielt die Redaktion der GLEICHHEIT, so daß sich auch in den beiden Führungspositionen, welche die Partei für Frauen zu vergeben hatte, deutlich die Flügelbildung in der SPD vor 1914 abzeichnete.

In den letzten Jahren vor Ausbruch des Ersten Weltkriegs nahm die

Zahl der weiblichen Parteimitglieder rasch zu: Sie stieg von 29 458 im Jahre 1908 auf 174 754 im Jahre 1914, das heißt von 5,5 Prozent auf 16,1 Prozent der Gesamtmitgliedschaft.[74] Zum Großteil handelte es sich dabei nicht um Fabrikarbeiterinnen, sondern um die nichtberufstätigen Ehefrauen engagierter Sozialdemokraten. In der Besetzung von Führungsämtern in den verschiedenen Parteigliederungen waren die Frauen, trotz ihres inzwischen recht stattlichen Organisationsgrades, deutlich unterrepräsentiert. Viele Sozialdemokraten betrachteten das politische Engagement der Frauen mit gemischten Gefühlen, da sie – darin nicht viel weiter als bürgerliche Männer – meinten, daß die eigentliche weibliche Berufung in der Haushaltsführung und Kindererziehung liege. Die sozialistische Emanzipationstheorie war die eine, die praktische Rollenverteilung in sozialdemokratischen Familien häufig die andere Sache.

Was es hieß, das männliche Politikmonopol in der SPD herauszufordern, bekam niemand deutlicher zu spüren als Rosa Luxemburg, die streibare linke Sozialistin. Besonders für die reformistischen Praktiker in der Partei stellte die junge promovierte Genossin, die sie so selbstbewußt attackierte, eine ungeheure Provokation dar. Auch der Theoriepapst der SPD, Karl Kautsky, fühlte sich durch sie mehr als einmal herausgefordert. Rosa Luxemburg, die immer wieder lebhaft über die »unbewegliche Stickluft« in der Sozialdemokratie klagte, sah sich bereits vor 1914 weitgehend politisch isoliert. Nach ihrer Niederlage auf dem Magdeburger Parteitag 1910 schrieb sie in einem Brief: »Ach, mir ist manchmal hier schrecklich zumute, und ich möchte am liebsten fort aus Deutschland. In irgendeinem sibirischen Dorf spürt man mehr Menschentum als in der deutschen Sozialdemokratie.«[75]

3. Bildung – Wissenschaft – Kultur

Das Schulwesen

»In der rauhen Wirklichkeit des heutigen Schulwesens entscheiden nicht der Wunsch und die Fähigkeiten des einzelnen Kindes darüber, welche Schule es besuchen soll, sondern ein für das körperliche wie geistige Können an sich vollkommen gleichgültiger Faktor: das Geld des Vaters! In Wirklichkeit besitzt das deutsche Schulwesen nicht eine fortschrittliche, anregende und befruchtende Vielseitigkeit, sondern es ist durch die schulfremde, äußere Gewalt des Geldes schroff und intolerant in zwei an Größe und Leistungsfähigkeit total ungleiche Lager geschieden, es wird wie die ganze heutige Gesellschaftsordnung durch den Klassengegensatz zerklüftet.« Mit diesen Worten charakterisierte Heinrich Schulz, ein Bildungsexperte der Sozialdemokratie, im Jahre 1911 das Schulwesen im Kaiserreich.[1] Zweifellos war damit ein wesentliches Kennzeichen getroffen: die scharfe Grenze zwischen höherer und niederer Bildung, die mit der sozialen Klassenteilung aufs engste verknüpft war, ja durch diese ständig reproduziert wurde. Dennoch erweist sich das von Schulz gezeichnete Bild von der Schullandschaft im wilhelminischen Deutschland bei genauerem Hinsehen als »allzu grob und vereinfachend«.[2] Vieles war auch hier in den Jahrzehnten vor 1914 in Bewegung; die Veränderungsdynamik im Zuge der fortschreitenden Industrialisierung erzwang auch Korrekturen im Bildungssystem.

Die Volksschulen

Vor 1914 war die Volksschule tatsächlich eine Schule des Volkes. Für etwa neunzig Prozent der schulpflichtigen Kinder blieb sie das einzige Tor zur Bildung. Die Durchsetzung der Schulpflicht war zur Zeit der Reichsgründung in Deutschland bereits weitgehend vollzogen; seit den achtziger Jahren kamen faktisch alle Kinder dieser Pflicht nach, so daß die Zahl der Analphabeten auf ein Minimum zusammenschrumpfte. Das Kaiserreich nahm damit im internationalen Vergleich einen Spitzenplatz ein.[3] Dieser Fortschritt war begleitet von quantitativen und qualitativen Verbesserungen des Elementarschulwesens. Die Ausgaben für die Volksschulen erhöhten sich in den Jahrzehnten nach 1871 um ein Vielfaches. Durch Vermehrung der Lehrerstellen konnten die Klassenfrequenzen gesenkt werden. Kamen in Preußen 1886 noch durchschnittlich 75 Schüler auf einen Lehrer, so waren es 1911 noch 56. Die durchschnittliche Anzahl der Schüler pro Klasse sank im selben Zeitraum von 64 auf 51. Nicht nur die Schüler-Lehrer-Relation verbesserte sich, sondern auch die Ausstattung der Schulen mit Lehrmitteln und die Breite des Angebots.

Allerdings gab es, was die Modernisierung des niederen Schulwesens betraf, ein deutliches Stadt-Land-Gefälle. Vor 1914 lagen über 80 Prozent aller Volksschulen in ländlichen Gemeinden; der Anteil der Schüler hingegen war bereits auf knapp über 60 Prozent gesunken – eine Folge der Urbanisierung und der Tatsache, daß die Mehrzahl der städtischen Volksschulen mehrklassig war. Auf dem Lande hingegen waren 1886 noch die Hälfte, 1911 immerhin noch knapp ein Drittel aller Schulen »einklassig«, das heißt, daß der Lehrer alle Kinder zwischen 6 und 14 Jahren in einer Klasse unterrichten mußte. Auch die Schüler-Lehrer-Relation war auf dem Lande wesentlich ungünstiger als in der Stadt. In über 70 Prozent der Schulen mußte ein Lehrer 120 bis 200 Kinder unterrichten, was in einer *Kulturnation,* als die sich das Kaiserreich verstand, einem »öffentlichen Skandal« gleichkam.[4]

Die Ursache für die relative Rückständigkeit der ländlichen Schulverhältnisse lag vor allem in der mangelnden Aufgeschlossenheit der traditionellen Machteliten. Weder adlige Großgrundbesitzer noch vermögende Großbauern zeigten sich interessiert daran, daß den Landeskindern über die elementaren Kenntnisse des Lesens, Schreibens und Rechnens hinaus noch anderes Wissen vermittelt wurde. Sie weigerten sich, zusätzliche Mittel bereitzustellen mit dem Argument, daß die wirtschaftliche Leistungsfähigkeit der Gemeinden nicht überfordert werden dürfe. (Trotz des wachsenden Staatsanteils mußten die Kommunen für den größten Teil der Schulunterhaltung aufkommen.) Behindert wurde die Modernisierung der Landschulen überdies durch die geistliche Schulaufsicht, die nach wie vor auf den Lehrplan und die soziale Stellung des Lehrers einen großen Einfluß ausübte. Vielerorts empfanden Volksschullehrer die Gängelei durch Pfarrer als entwürdigend und reagierten darauf mit heftiger Abwehr.

In den Städten war der Einfluß der Kirchen deutlich rückläufig; hier konnte sich daher »der säkulare Trend einer zügig voranschreitenden Volksschulmodernisierung« viel eher durchsetzen.[5] Bereits 1911 besuchten drei Viertel aller städtischen Volksschüler Schulen mit sieben oder acht *aufsteigenden Klassen*. Die vollausgebaute achtklässige städtische Volksschule wurde zu einem Leitmodell für ein leistungsfähiges Grundschulwesen. Allerdings blieb den Volksschülern – gleich ob sie die einklassige Dorfschule oder ihr achtklässiges städtisches Pendant besucht hatten – der Zugang zu weiterführenden Bildungsanstalten weitgehend verwehrt. Daran konnte auch die Einrichtung von *gehobenen Klassen* an den Volksschulen, aus denen sich die sogenannten Mittelschulen entwickelten, nichts Entscheidendes ändern. Nur in Ausnahmefällen führte ein Besuch von öffentlichen oder privaten Mittelschulen »über die Grenze hinweg ins Reich der höheren Bildung«.[6]

Abgekoppelt vom höheren Bildungswesen blieb auch der Beruf des Volksschullehrers. Die pädagogische Ausbildung wurde nicht akademisiert, sondern bewegte sich im Kreislauf des niederen Schulwesens: Von der Volksschule führte der Weg über Präperandenanstalt und Lehrerseminar zurück in die Volksschule. Da das niedere Lehramt nur geringes Ansehen genoß, überdies schlecht bezahlt wurde, verlor es selbst in den Schichten des *alten Mittelstands* (Handwerker, Kaufleute, Landwirte), aus denen der pädagogische Nachwuchs sich bislang vorzugsweise rekrutiert hatte, an Attraktivität. Die Folgen zeigten sich in einem chronischen Lehrermangel an Volksschulen. Um diesem Mangel abzuhelfen, wurde die Besoldung von den siebziger Jahren an schrittweise angehoben. Spätestens nach der Jahrhundertwende waren Volksschullehrer »materiell so gut gestellt, daß ihnen eine deutlich von der Lebenshaltung der Arbeiterschaft abgehobene Lebensweise möglich war«.[7] Das machte den Beruf nun auch attraktiv für Angehörige des *neuen Mittelstands*, die die Sicherheit einer beamtenähnlichen Versorgung zu schätzen wußten. Allerdings blieb die Distanz zu den

Gymnasiallehrern groß, die vor 1914 etwa doppelt soviel verdienten und sich scharf von ihren nichtakademischen Berufskollegen abgrenzten.

Die politische Haltung der Volksschullehrer im Kaiserreich war trotz nationaler Grundtönung nicht einheitlich: Auf Landschullehrern lastete der Druck, sich ihrem konservativen politischen Umfeld anzupassen; ihre Kollegen in der Stadt hingegen waren eher progressiv gestimmt und neigten dem Linksliberalismus zu. In einigen Großstädten mit starker Arbeiterbewegung wie Hamburg oder Bremen gab es unter Volksschullehrern auch Sympathien für die Sozialdemokratie, die jedoch nicht zu offenkundig gezeigt werden durften, weil sonst eine Entlassung aus dem Schuldienst drohte. Die Distanzierung von den sozialdemokratischen »Irrlehren« war vielmehr »die schützende Generalklausel, unter der sich Volksschullehrer in der wilhelminischen Klassengesellschaft eigenständig politisch artikulieren und kritisch zu Wort melden konnten«.[8]

Nach 1871 nahmen die Versuche zu, die Volksschule in den Dienst obrigkeitsstaatlicher Interessen zu stellen. Das Leitbild einer betont *vaterländischen Erziehung* gewann an Bedeutung, und das hieß: die Schule sollte konservativ-monarchische Gesinnungen vermitteln, sollte zu Gehorsam und Respekt vor dem Militär erziehen, die Verdienste der Hohenzollerndynastie ins rechte Licht rücken und überdies – wie Wilhelm II. in seiner vielzitierten Ordre von 1889 festlegte – die Zöglinge gegen die »den göttlichen Geboten und der christlichen Sittenlehre widersprechenden ... Lehren der Sozialdemokratie immunisieren«.[9] Dennoch wäre es falsch, die Volksschule im Kaiserreich als eine reine Untertanenschule zu betrachten, die der »Perpetuierung der Sozialstruktur und der gesellschaftlichen Machtverhältnisse« gedient habe.[10] Denn auf der anderen Seite mußten auch die niederen Schulen, ob die Regierenden das wollten oder nicht, dem wirtschaftlichen und gesellschaftlichen Wandel Rechnung tragen, indem sie zum Beispiel das Fächerangebot um die *Realien*, in erster Linie Naturwissenschaften, erweiterten und größere Vielfalt der Schulformen ermöglichten. Gerade in der Schulpolitik zeigte sich mithin »das konservative Dilemma: modernisieren zu müssen, aber die Folgen der Modernisierung auch begrenzen, einhegen und einbinden zu wollen«.[11]

Die höheren Schulen

Das Gymnasium, die älteste und traditionsreichste höhere Schule, behauptete auch nach 1871 zunächst seine Monopolstellung. Es vermittelte nicht nur jenes humanistische Bildungsgut, das als geistiges Rüstzeug der bürgerlichen Eliten galt und die Denk- und Sprechweise der meinungsbildenden Institutionen nachhaltig prägte. Auf ihm allein konnte man zudem jene Bildungspatente erwerben, welche die Tür zum mittleren und höheren Staatsdienst öffneten – von der *mittleren Reife* (ab 1877 mit dem Privileg des *einjährig-freiwilligen* Militärdienstes verbunden) bis zum Abitur, das zum Universitätsstudium mit anschließendem Staatsexamen berechtigte. Durch die Koppelung der verschiedenen Laufbahnen des zivilen und militärischen Staatsdienstes mit den gymnasialen Schulabschlüssen »schuf sich die ›beamtete Intelligenz‹ ein Instrument, mit dessen Hilfe sie dem eigenen ›Stand‹ eine große innere Geschlossenheit verleihen, ihren Einfluß auf den Staat verstärken und den Zuzug in die eigenen Reihen kontrollieren konnte«.[12]

Seit den siebziger Jahren geriet das Gymnasium freilich zunehmend in die Kritik. Die humanistische Bildung mit ihrer starken Betonung der alten Sprachen, Latein und Griechisch, entspreche, so hieß es, nicht mehr den »Anforderungen der Gegenwart«, sie müsse »realistischer«, praxisnäher sein, das heißt, den Bedürfnissen der rasch expandierenden Industriegesellschaft und des neuen deutschen Machtstaates angepaßt werden. Die Kritiker forderten demgemäß eine Reform der höheren Schulen, die den modernen Sprachen, Mathematik und Naturwissenschaften, aber auch Deutsch und Geschichte einen höheren Stellenwert im gymnasialen Fächerkanon einräumte.[13]

Über diese Forderung entbrannte ein Jahrzehnte währender Schulkrieg, der *Humanismus-Realismus-Streit,* in dem es nicht nur um Lehrinhalte, sondern auch um das ausgeklügelte System sozialer Chancen ging. Die Verfechter einer *realistischen* Bildung wollten das traditionelle Monopol der Gymnasien brechen und konzentrierten ihre Anstrengungen auf die Aufwertung der Realschulen, die sich in den meisten deutschen Staaten bereits vor 1871 etabliert hatten. Mit der Anerkennung der Realschulen 1. Ordnung (mit Latein, aber ohne

Griechisch) als Realgymnasium und der Realschulen 2. Ordnung (ohne Latein, mit Schwerpunkt auf mathematisch-naturwissenschaftlichen Fächern) als Oberrealschulen Anfang der achtziger Jahre war ein bedeutsamer Schritt in dieser Richtung getan. Allerdings dauerte es noch bis zum Jahre 1900, bevor die Abschlüsse dieser drei höheren Schulen als grundsätzlich gleichberechtigt anerkannt wurden. Das Gymnasium büßte damit zwar seine fast hundert Jahre währende privilegierte Stellung als Schleuse zum Universitätsstudium ein, behielt jedoch seinen Grundcharakter als prestigeträchtige Eliteschule im wesentlichen bei.[14]

Mit der Expansion der höheren Schulen wuchs die Anzahl der höheren Schüler, allein in Preußen von 106 000 (1873) auf 241 000 (1914). Allerdings verlagerten sich die Gewichte zwischen den verschiedenen Schultypen. Der Schüleranteil des Gymnasiums sank von 63 Prozent (1886) auf 46 Prozent (1911); die lange bedrohten Realgymnasien erreichten 1911 mit 22 Prozent fast wieder den Stand von 1886 (25 Prozent), während sich die Oberrealschulen als eigentlicher Gewinner erwiesen: 1911 besuchten sie 31 Prozent der höheren Schüler, fast dreimal soviel wie noch Mitte der achtziger Jahre (12 Prozent).[15] Eine ähnliche Umschichtung zeigte sich bei den Abiturienten: Noch 1900 kamen 82 Prozent von ihnen vom Gymnasium, 12,5 Prozent vom Realgymnasium und nur 5,5 Prozent von der Oberrealschule. Vierzehn Jahre später lautete das Verhältnis 60 : 24 : 16.[16]

Der Dreigliedrigkeit der höheren Schule entsprach ein jeweils spezifisches Sozialprofil: Die Gymnasien rekrutierten ihre Schüler immer noch vor allem aus dem Bildungsbürgertum, Realgymnasien und Oberrealschulen hingegen stärker aus dem Wirtschaftsbürgertum und dem *alten Mittelstand,* also den Familien von Unternehmern, Kaufleuten, Handwerksmeistern und Angehörigen technischer Berufe. Insgesamt zeigte sich eine deutliche, wenngleich in der Wirkung begrenzte Tendenz zur sozialen Öffnung auch der Gymnasien für aufstiegsorientierte Schichten, insbesondere für Söhne von Volksschullehrern, kleinen Beamten und Bauern. Insofern bildeten die höheren Schulen »keinen sorgsam abgeschlossenen bildungsaristokratischen Exklusivraum« mehr.[17] Das soziale Rekrutierungsfeld und damit die Bildungschancen hatten sich vor 1914 zweifellos erweitert, ohne daß damit der

Klassencharakter des höheren Schulwesens grundsätzlich angetastet worden wäre. Kinder aus Arbeiterfamilien waren auf Gymnasien nach wie vor kaum zu finden.

Mit Ausbau und Wandel des höheren Schulwesens veränderte sich auch der Typus des Gymnasiallehrers. Aus dem *klassischen Philologen,* der das Ideal der humanistischen Allgemeinbildung verkörperte, wurde im Laufe von zwei Generationen ein auf bestimmte Fächer spezialisierter Unterrichtsbeamter.[18] In der Prüfungsordnung von 1898 wurde erstmals ein für alle Lehrer an höheren Schulen gleichwertiger einheitlicher Befähigungsnachweis eingeführt: Jeder Kandidat mußte fortan mindestens in einem Fach die Lehrbefähigung für sämtliche Klassen, einschließlich des Oberstufenunterrichts, und in zwei anderen Fächern für mittlere Klassen erbringen. Die Amtsbezeichnung *Oberlehrer,* die sich ursprünglich nur auf die in der Oberstufe unterrichtenden Lehrer bezog, wurde jetzt auf das gesamte wissenschaftliche Lehrpersonal an höheren Schulen ausgedehnt.

So entstand im letzten Jahrzehnt vor dem Ersten Weltkrieg ein akademischer Berufsstand, der sich der *Elite der Nation* zugehörig fühlte und sich in dünkelhafter Arroganz von den Volksschullehrern abgrenzte. Dieses forcierte Selbstbewußtsein gründete sich nicht nur auf das hohe Sozialprestige, sondern auch auf eine beachtliche materielle Statusverbesserung. Schritt um Schritt wurde die Besoldung der Gymnasiallehrer angehoben, bis sie schließlich 1907 die begehrte Gleichstellung mit Richtern und höheren Verwaltungsbeamten erreichte. In der Einkommenspyramide nahmen die Oberlehrer damit »einen Platz unter den ersten vier Prozent« ein.[19]

Was Mentalität und politische Orientierung betrifft, kann man die Oberlehrer mit Fug und Recht als einen »angepaßten Stand« bezeichnen.[20] Sie identifizierten sich vorbehaltlos mit dem Machtstaat wilhelminischer Prägung, ja sie zählten zu den begeistertsten Befürwortern von Flottenbau und *Weltpolitik.* Daher überrascht es auch nicht, daß Oberlehrer in großer Zahl in den nationalistischen Agitationsvereinen, dem Alldeutschen Verband oder dem Flottenverein, vertreten waren.

Allerdings gab es vor 1914 auch im Bereich der höheren Schulen eine Gegenströmung zu sturer Paukerei und hirnlosem Nationalismus. Sie zeigte sich in Gestalt vielfältiger reformpädagogischer Ansätze und Initiativen. »Pädagogik vom Kinde aus« – das wurde um die Jahrhundertwende zum populären Schlagwort. In den *Landerziehungsheimen* von Hermann Lietz oder der *Freien Schulgemeinde* von Gustav Wyneken wurden die neuen Konzepte praktisch erprobt. All das stand in engem Zusammenhang mit der bürgerlichen Jugendbewegung vor 1914, die gegen die Enge und Erstarrung der wilhelminischen Gesellschaft rebellierte.[21] Freilich, die reformpädagogische Bewegung blieb minoritär, das normale Schulleben im Kaiserreich wurde davon kaum berührt, geschweige denn in seiner Substanz verändert.

Universitäten und Hochschulen

Die deutschen Universitäten und Hochschulen genossen während des Kaiserreichs sowohl im In- als auch im Ausland großes Ansehen. Sie galten gerade in der geglückten Verbindung von Forschung und Lehre als ein »Vorbild der wissenschaftlichen Welt«,[22] dem viele andere Länder beim Aufbau ihres eigenen Universitätssystems nachzueifern sich bemühten. Die international führende Position der deutschen Hochschulen wurde durch die Tatsache unterstrichen, daß von den vor Kriegsausbruch verliehenen Nobelpreisen ein ungewöhnlich hoher Anteil auf deutsche Gelehrte entfiel, insbesondere auf Naturwissenschaftler und Mediziner. Freilich war auch auf dem Gebiet dieser so hoch gepriesenen Bildungsinstitutionen vieles in Bewegung. Neben glanzvollen Leistungen zeigten sich auch manche Krisensymptome, die das überkommene Humboldtsche Universitätsideal in Frage stellten.

Ausbau und Differenzierung

Die Geschichte der deutschen Hochschulen zwischen 1871 und 1914 ist die einer außerordentlichen Expansion. Zu den neunzehn Universitäten, die es zur Zeit der Reichsgründung gab, kamen drei weitere: die *Reichsuniversität* Straßburg (1872), die zur Universität ausgebaute Akademie in Münster (1902) und die neugegründete Stifteruniversität

Frankfurt am Main (1914). Im gleichen Zeitraum wurden die bereits bestehenden acht polytechnischen Schulen in Technische Hochschulen umgewandelt, dazu noch drei weitere Technische Hochschulen – in Aachen (1870), in Danzig (1904) und in Dresden (1910) – neu gegründet. Mit diesem neuen Universitätstypus wurde eine Praxislücke geschlossen, welche die traditionelle Humboldtsche Universität mit ihrem Ausschluß der anwendungsorientierten Wissenschaften gelassen hatte. Die Technischen Hochschulen erfreuten sich der besonderen Förderung Kaiser Wilhelms II., und er war es auch, der mit der Verleihung des Promotionsrechts an die TH 1899 deren formelle Gleichstellung mit den Universitäten besiegelte. Zum Dank promovierten sie ihn 1913 zum *Dr. ing. ehrenhalber*.[23]

Den Technischen Hochschulen gelang es, sich einen Löwenanteil der naturwissenschaftlich-technischen Ausbildung zu sichern, ja auch in vielen Bereichen der Forschung den Universitäten den Rang abzulaufen. Die außergewöhnliche Dynamik des deutschen Industriekapitalismus vor 1914 wäre ohne die kontinuierliche Bereitstellung einer größeren Zahl gut ausgebildeter technischer Experten nicht denkbar gewesen. Wilhelm II. war sich dieser Tatsache bewußt, wenn er immer wieder verkündete: »Das neue Jahrhundert wird beherrscht durch die Wissenschaft, inbegriffen die Technik, und nicht wie das vorige durch die Philosophie. Dem müssen wir entsprechen.«[24]

Noch beeindruckender als der äußere Ausbau war ein innerer »Differenzierungsprozeß, welcher die relativ homogene neuhumanistische Universität in ein breitgefächertes Hochschulsystem verwandelte«.[25] Mit fortschreitender Spezialisierung veränderte sich die Struktur des universitären Wissenschaftsbetriebs. Neue Disziplinen entstanden, bereits bestehende fächerten sich auf in zahlreiche Subdisziplinen. Diese wiederum zogen die Einrichtung neuer Lehrstühle nach sich. Die Zahl der Ordinariate nahm zu, und mit ihnen auch die der Institute, Seminare und Kliniken, in denen sich die Forschung zunehmend konzentrierte. All das erforderte erhebliche finanzielle Mehraufwendungen. Die preußische Hochschulverwaltung trug dem bereitwillig Rechnung. In der Ära Friedrich Althoffs, seit 1897 Leiter der Unterrichtsabteilung im preußischen Kultusministerium, wurden die Ausgaben für die Hochschulen um ein Vielfaches gesteigert. Anders als heute war zu Beginn des Jahrhunderts die Erkenntnis verbreitet, daß die Zukunft von Wirtschaft und Gesellschaft in ganz entscheidendem Maße von der Qualität des Bildungssystems abhängt. Althoff, ein Mann »mit Witterung für das Neue und Bedeutende«,[26] hat den Prozeß der Modernisierung des Hochschulsystems bürokratisch-rational geplant und entschlossen gegen alle Widerstände, auch aus Kreisen der Professoren, durchgesetzt. Unter seiner Leitung wandelte sich die Wissenschaft zum »Großbetrieb«, wie der Theologe und Wissenschaftspolitiker Adolf von Harnack 1905 in den PREUSSISCHEN JAHRBÜCHERN bemerkte.[27] Aus ehemals eher beschaulichen Stätten der Lehre und Forschung wurden nun die ersten *Massenuniversitäten*; die größte befand sich im Jahre 1914 mit 8024 Studenten in Berlin, gefolgt von München (6626), Leipzig (5359), Bonn (4524) und Freiburg (3178).[28]

In diesen Zahlen spiegelt sich die enorme Steigerungsrate der Studenten – von 14 157 im Jahre 1870 auf 60 225 im Sommersemester 1914. Berücksichtigt man darüber hinaus die Studenten der Technischen Hochschulen und anderer Einrichtungen wie Handelsschulen und Bergakademien, kommt man sogar auf eine Zahl von 80 000. Das bedeutete eine Steigerung von über 300 Prozent, während im gleichen Zeitraum die Reichsbevölkerung nur um 58 Prozent zunahm. Kein Wunder, daß angesichts dieses überproportionalen Anstiegs sich immer wieder Stimmen meldeten, die vor einer »Überfüllung« der akademischen Berufe warnten und das Gespenst eines »gelehrten Proletariats« an die Wand malten.[29] Tatsächlich kam es in der zweiten Hälfte der achtziger Jahre zu einem Überhang von Kandidaten für den Staatsdienst, was die preußische Regierung dazu veranlaßte, eine Reihe von Abschreckungsmaßnahmen zu ergreifen, indem sie z. B. Studiengebühren erhöhte und Prüfungsbestimmungen verschärfte. Das führte in den späten neunziger Jahren zu einer verstärkten Nachfrage, die eine neue Expansionswelle auslöste. Aufgrund dieser Erfahrungen verzichtete das Kultusministerium nach 1900 auf direkte Steuerungsmaßnahmen und »ließ der Hochschulfrequenz danach praktisch freien Lauf«.[30]

Professoren und Studenten

Im Zuge des Ausbaus der Universitäten und Hochschulen differenzierte sich auch der Lehrkörper. An der Spitze, was Einkommen wie Sozialprestige betraf, standen die ordentlichen Professoren, die Ordinarien. Sie allein waren Träger der akademischen Selbstverwaltung; aus ihrer Mitte wurden Rektor und Senat gewählt, ebenso die Dekane der einzelnen Fakultäten. Diese Gruppe verstand sich selbst als bildungsaristokratische Elite; in der abgestuften akademischen Hierarchie entsprach ihre herausgehobene Position »fast der Stellung von Ministern im regulären Staatsdienst«.[31]

Deutlich darunter angesiedelt waren die Extraordinarien oder außerordentlichen Professoren – auch sie Staatsbeamte, allerdings mit weniger Rechten und schlechter besoldet als die Ordinarien. Dagegen waren die Privatdozenten, die dritte Gruppe der Lehrbefugten, weder Beamte, noch erhielten sie irgendein festes Gehalt; vielmehr waren sie, da die Kolleggelder in der Regel zur Sicherung ihres Lebensunterhalts nicht ausreichten, auf Privatvermögen angewiesen, wenn sie nicht ein Leben in Armut fristen wollten.[32]

Das quantitative Verhältnis zwischen diesen drei Gruppen veränderte sich bis 1914 beträchtlich. Während die Zahl der ordentlichen Professoren nur geringfügig zunahm (1886/87: 1015; 1911/12: 1297), stieg die der Extraordinarien fast um das Doppelte (von 459 auf 791) und die der Privatdozenten fast um das Zweieinhalbfache (von 571 auf 1225).[33] Mit anderen Worten: Ein Großteil der zusätzlichen Lehrverpflichtungen, die durch Ausbau und Differenzierung der Hochschulen entstanden, mußten von Extraordinarien und Privatdozenten übernommen werden.

Für den Privatdozenten war der Weg zur Professur mit vielen Unwägbarkeiten gepflastert, so daß die individuelle akademische Karriereplanung einem Glücksspiel glich. Zwischen dem Abschluß der Promotion und der Erstberufung vergingen nicht selten 15 Jahre, ja manchmal war die Privatdozentur keine Durchgangsstufe zu höheren Weihen, sondern ein Provisorium auf Dauer. »Ich kenne Privatdozenten«, bemerkte der Soziologe Georg Simmel 1913, »die in diesem Fegefeuer einer ewigen Spannung, einer stets lebendig erhaltenen und nie befriedigten Sehnsucht, einer als unwürdig und dauernd provisorisch empfundenen Position menschlich zugrunde gegangen sind.«[34]

Da die akademische Laufbahn nicht nur unsicher, sondern auch kostspielig war, stand sie eigentlich nur Söhnen aus wohlhabenden Familien offen. Daher ist die Konstanz in der sozialen Herkunft der Hochschullehrerschaft vor 1914 auch nicht überraschend. Es dominierte eindeutig die Selbstrekrutierung aus dem Bildungsbürgertum; allerdings erhöhte sich der Anteil von Söhnen aus wirtschaftsbürgerlichem Sozialmilieu, während Aufsteiger aus dem *alten* oder *neuen* Mittelstand, erst recht aus Arbeiterfamilien eine seltene Ausnahme blieben.

Nicht nur in ihrer sozialen Zusammensetzung, sondern auch in ihren politischen Einstellungen wiesen die Universitätslehrer ein hohes Maß an Homogenität auf. Deutlich feststellbar war »ein Entliberalisierungsprozeß ... in welchem das liberale Engagement der Reichsgründungszeit zugunsten wissenschaftspositivistischer Haltungen aufgegeben und dann um die Jahrhundertwende von einem imperialistischen Sendungsbewußtsein verschiedenster Schattierung abgelöst wurde«.[35] Insofern vollzog sich an den Universitäten des Kaiserreichs nur das, was für das Bildungsbürgertum insgesamt kennzeichnend war. Das politische Spektrum der Hochschullehrerschaft verengte sich zusehends auf die bürgerliche Mitte und die Rechte. Der entschieden liberale Gelehrtentyp, wie ihn Theodor Mommsen oder Rudolf Virchow in der Tradition der politischen Professoren des Vormärz verkörpert hatten, verschwand seit den achtziger Jahren; an seine Stelle trat der sich »unpolitisch« gebende Spezialist und Fachmann, der aber im Normalfall einer robusten Neigung zur sozialkonservativen Anpassung frönte.[36] Allerdings gab es, vornehmlich in den jungen Disziplinen der Nationalökonomie und Soziologie, eine Gruppe von fortschrittlichen und liberal denkenden Wissenschaftlern – Lujo Brentano, Gustav Schmoller, Werner Sombart, Max Weber, Georg Simmel –, die sich durch ihr Engagement in sozialpolitischen Fragen einen gewissen Einfluß auf die öffentliche Diskussion sichern konnten.[37]

Wie groß der politische Konformitätsdruck an den Universitäten war, zeigte der Fall des jüdischen Privatdozenten der Physik, Leo Arons, der durch seine Aktivitäten für die Sozialdemokratie aufgefallen war. Mit Hilfe eines speziellen Gesetzes, des *Lex Arons* von 1898, wurden Privatdozenten dem bislang nur für Beamte geltenden Disziplinarrecht unterworfen, wodurch das preußische Staatsministerium die Möglichkeit erhielt, Arons gegen den Widerstand der Philosophischen Fakultät der Universität Berlin die Venia legendi zu entziehen. Allen Nachwuchswissenschaftlern wurde so eindrücklich die Grenze der akademischen Freiheit vor Augen geführt, die sie nicht überschreiten durften, wenn sie ihre berufliche Karriere nicht gefährden wollten.[38]

Im Unterschied zur Professorenschaft verband sich mit der starken Zunahme der Studentenschaft zugleich eine deutliche Erweiterung ihres sozialen Rekrutierungsfeldes. Die Ursache lag zweifellos in der Beseitigung des gymnasialen Abiturmonopols. Realgymnasium und Oberrealschule stellten vor 1914 eine zunehmend größere Zahl von Studenten, und das hieß auch, daß die Universität in stärkerem Maße als bisher für die aufstiegsorientierten bürgerlichen Mittelklassen zugänglich wurde. Der Anteil der Söhne aus dem Bildungsbürgertum an preußischen Hochschulen sank auf weniger als ein Viertel ab; mehr als die Hälfte aller Studenten rekrutierte sich mittlerweile aus dem *alten* und *neuen* Mittelstand. Von dieser – auch im internationalen Vergleich – durchaus beachtlichen sozialen Öffnung der Universitäten im Kaiserreich blieben allerdings die unteren Klassen, also der weitaus größte Teil der Bevölkerung, ausgeschlossen.[39]

Das Bild der Studenten in der Öffentlichkeit wurde stark geprägt durch das Verbindungswesen, das im Kaiserreich eine Blütezeit erlebte. Man hat den Corpsstudenten als »Idealbild der wilhelminischen Ära« bezeichnet,[40] und daran ist viel Wahres. Denn die Corps waren die exklusivsten und prestigeträchtigsten unter allen Verbindungen. Hier wurde der *Komment*, jener studentische Verhaltenskodex mit seinen eigenen Gewohnheiten und Gebräuchen, ausgebildet, der als Modell die gesamte studentische Kultur prägte. Dazu gehörte, als wichtigstes Element, die Bestimmungsmensur. Hier ging es, anders als beim Duell, nicht um die Wiederherstellung der verletzten Ehre, sondern um eine nach festen Regeln ausgefochtene Kampfpartie, bei der die Beteiligten ihre Tapferkeit dadurch unter Beweis zu stellen hatten, daß sie schmerzende Hiebe ins Gesicht ohne Zucken hinnahmen.[41] Schmisse galten »als eigentliches Zeichen corpsstudentischen Man-

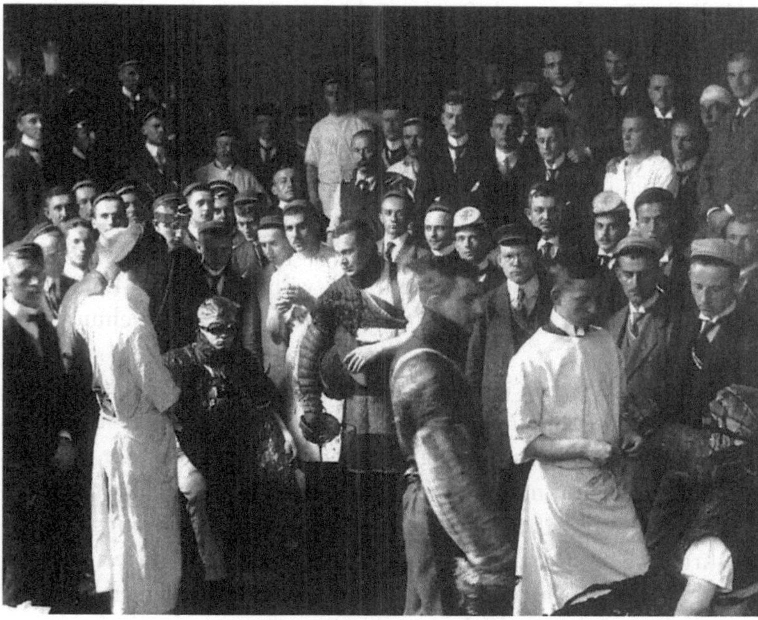

Studenten bei der Mensur, um 1900.

nesmutes«;[42] sie waren das Eintrittsbillet in die satisfaktionsfähige Welt der schlagenden Verbindungen, legten sie doch sichtbar Zeugnis ab von dem erfolgreich durchgestandenen akademischen Initiationsritus.

Das zweite wesentliche Erziehungsmittel war der Trinkzwang. Er verlangte von den Jüngeren, den Füchsen, mit der gleichen Menge Bier (oder einem anderen alkoholischen Getränk) nachzukommen, wenn ein Älterer ihm zutrank – und dabei selbst dann noch *Haltung* zu bewahren, wenn sie sturzbetrunken waren. Nicht selten führten solche *Bierkommente* zu feuchtfröhlichen Zechgelagen, »aber es war eine in höchstem Maße ritualisierte, durch ein Gerüst von Zwängen eingehegte Fröhlichkeit«,[43] die auf ausländische Beobachter überaus abstoßend wirkte. Die DEUTSCHE KORPSZEITUNG indes verteidigte das kommentmäßige Trinken als unverzichtbaren Bestandteil studentischer Erziehung: »Die Kneipe ist für uns, was der vielgelästerte Kasernenhofdrill, der Parademarsch für den Soldaten. So wie dort das hundertmal wiederholte ›Knie beugt!‹ nacheinander Faulheit, Wurstigkeit, Trotz, Wut, Schlappheit und Ermattung überwindet und aus dem Gefühl hilfloser Ohnmacht und völliger Willenlosigkeit die Disziplin hervorgehen läßt, so bietet bei uns das ›Rest weg!‹ dem Älteren vor dem Jüngeren immer Gelegenheit, seine unbedingte Überlegenheit zu zeigen, zu strafen, Abstand zu wahren, die Atmosphäre zu erhalten, die für das ständige Erziehungswerk des Corps unbedingte Erfordernis ist.«[44] Deutlich wird hier, wie sehr das wilhelminische Militär mit seinem Leitbild von Befehl und Gehorsam bei der Corpserziehung Pate gestanden hatte.

Von den Corps ging ein starker Anpassungsdruck auf die übrigen studentischen Vereinigungen aus. Ihm gaben zuerst die Burschenschaften nach, die ihr ursprünglich liberales Profil nach der Reichsgründung endgültig mit einer stramm nationalistischen Ausrichtung vertauschten und Anfang der achtziger Jahre die Bestimmungsmensur einführten. Einem ähnlichen Wandlungsprozeß unterlagen Landsmannschaften und Turnerschaften, ja selbst in farbentragenden protestantischen und katholischen Verbindungen machte sich der habitusprägende Einfluß der Corps bemerkbar, auch wenn sie die Mensur ablehnten. Eine Gegenbewegung um die zur Zeit der Jahrhundertwende gegründete *Freistudentenschaft,* die eine Rückkehr zum humanistischen Ideal der Selbstbildung propagierte, konnte die Vorherrschaft des Korporatismus nicht erschüttern.[45]

Von den schlagenden Verbindungen angelockt wurden Studienanfänger vor allem durch das Netzwerk an Protektion und Patronage, das sich daran knüpfte und das für die künftige berufliche Karriere die verheißungsvollsten Aussichten eröffnete. Eine Namensliste mit den *Alten Herren* der Korporationen liest sich wie ein *Who is Who* der deutschen Eliten, angefangen von Wilhelm II., dem »ersten Corpsstudenten des Deutschen Reiches«.[46] In den hohen Verwaltungsämtern und den Führungspositionen der Wirtschaft waren ehemalige Corpsburschen stark vertreten, und Beziehungen zu ihnen über eine Verbindungsmitgliedschaft war ein wichtiger Aktivposten bei der Statussicherung oder beim sozialen Aufstieg.

Wichtiger noch als diese in der Öffentlichkeit immer wieder heftig beklagte Günstlingswirtschaft waren die gesellschaftlichen Langzeitfolgen der Corpserziehung. Die schlagenden Verbindungen waren die entscheidende Prägestätte, die über die Zugehörigkeit zur wilhelminischen Gesellschaft entschied und in der ein fester Kanon von Verhaltens- und Empfindungsweisen geformt wurde. Durch sie wurde, wie Norbert Elias gezeigt hat, die Ausbildung einer »Persönlichkeitsstruktur« begünstigt, »bei der die Selbstzwänge, also auch das eigene Gewissen, der Unterstützung durch den Fremdzwang einer starken Herrschaft bedurften, um funktionieren zu können«.[47] Damit war eine wesentliche Bedingung für die Entzivilisierung der Gesellschaft geschaffen worden, deren negative Auswirkungen weit über das Ende des Kaiserreichs hinausreichten.

Anfänge der Großforschung

Schon vor der Jahrhundertwende verbreitete sich die Einsicht, daß angesichts der stürmischen Entwicklung der Wissenschaften Veränderungen in der Forschungsorganisation unumgänglich seien. »Auch die Wissenschaft hat ihr soziales Problem«, bemerkte der Althistoriker Theodor Mommsen in einer Rede vor der Preußischen Akademie der Wissenschaften 1890. »Wie der Großstaat und die Großindustrie, so ist die Großwissenschaft, die nicht von Einem geleistet, aber von Einem geleitet wird, ein notwendiges Element unserer Kulturentwicklung, und deren rechte Träger sind die Akademien oder sollten es sein.«[48] Was Mommsen vorschwebte, war die Zusammenfassung von bislang vereinzelt arbeitenden Gelehrten in außeruniversitären Einrichtungen, wo sie gemeinsam große Forschungsaufgaben bewältigen konnten. Diese Idee gewann nicht nur unter Geisteswissenschaftlern, sondern auch unter Naturwissenschaftlern an Boden, seit die Studentenzahlen an den Universitäten in die Höhe schnellten und viele Professoren durch die wachsenden Anforderungen der Lehre so stark in Anspruch genommen wurden, daß sie kaum noch zu eigener Forschung kamen.

Der Ruf nach einer modernen Großforschung richtete sich zuallererst an die Adresse des Staates, der hier nicht nur in seiner Rolle als Finanzier, sondern auch als Organisator des Wissenschaftsbetriebs gefragt war. Bald nach seiner Gründung 1871 hatte das Reich Initiativen zur Förderung der Forschung unternommen. So übernahm es bereits bestehende wissenschaftliche Institutionen im Ausland, etwa das *Archäologische Institut* in Rom, unterstützte die Arbeiten von wissenschaftlichen Expeditionen und finanzierte editorische Großunternehmen wie die MONUMENTA GERMANIAE HISTORICA[49] oder das GRIMMSCHE DEUTSCHE WÖRTERBUCH. Darüber hinaus betrieb es seit den siebziger Jahren den Aufbau von staatlichen Einrichtungen, in denen naturwissenschaftliche und medizinische Grundlagenforschung vorangetrieben werden sollte. So wurde 1876 das *Kaiserliche Deutsche Gesundheitsamt* gegründet, in dessen bakteriologischem Laboratorium Robert Koch seine bahnbrechenden Entdeckungen des Tbc- und des Cholera-Erregers machte.

1887 wurde ein weiteres, vom Reich bezahltes Forschungsinstitut, die *Physikalisch-Technische Reichsanstalt* unter Leitung des Physikers Hermann von Helmholtz ins Leben gerufen. Für diese Neugründung, in deren Forschungsabteilung Max Planck seine Quantentheorie experimentell überprüfen konnte, hatte sich besonders auch der Großindustrielle Werner von Siemens engagiert, aus der klaren Erkenntnis heraus, daß die naturwissenschaftliche Forschung »immer den sicheren Boden des technischen Fortschritts« bilde und die deutsche Industrie ihre internationale Spitzenstellung nicht halten könne, »wenn das Land nicht gleichzeitig an der Spitze des naturwissenschaftlichen Fortschritts steht«.[50]

Die drohende Aussicht, das Kaiserreich könne wissenschaftlich ins Hintertreffen geraten, führte 1911 zur Gründung der *Kaiser-Wilhelm-Gesellschaft,* die einen »außerordentlich erfolgreichen neuen Typ einer außeruniversitären, aber akademisch geprägten Forschungsorganisation« verkörperte.[51] In seiner berühmten Gründungsdenkschrift vom 21. November 1909 an den Kaiser stellte der Theologe und Wissenschaftsorganisator Adolf von Harnack die Angst vor einer Überflügelung durch ausländische Mächte in den Mittelpunkt: Wehrkraft und Wissenschaft – so behauptete er – seien »die beiden starken Pfeiler der Größe Deutschlands, deren Pflege niemals aufhören oder stillstehen« dürfe.[52] Mit dieser an die Bedrohungsparanoia der wilhelminischen Eliten wirkungsvoll anknüpfenden Argumentation fand

Harnack das Ohr des Kaisers. Wilhelm II., der Förderung von Wissenschaft und Technik ohnehin zugetan, machte sich das Projekt zu eigen. Seiner Protektion war es auch zuzuschreiben, daß Industrielle und Bankiers durch großzügige Spenden das Unternehmen auf eine solide finanzielle Basis stellten. Der preußische Staat übernahm lediglich die Kosten für die Grundstücke in Berlin-Dahlem und die Direktorenstellen der fünf Institute (Chemie, physikalische Chemie und Elektrochemie, Experimentelle Theorie, Arbeitsphysiologie, Kohleforschung), die mit hervorragenden Forschern besetzt wurden. So übernahm Fritz Haber, der Entdecker der Ammoniaksynthese, die Leitung des Instituts für Physikalische Chemie und Elektrochemie.[53]

Die Gründung der *Kaiser-Wilhelm-Gesellschaft* war ein »Markstein in der deutschen Wissenschaftspolitik«.[54] Sie ebnete den Weg für eine neue Form der Kooperation von Wirtschaft, Staat und Wissenschaft, die für die moderne Großforschung in Deutschland kennzeichnend wurde.

Kultur im Kaiserreich

Offizielle Reichskunst und künstlerische Avantgarde

Die Hoffnung, daß die Reichsgründung dem Kulturleben in Deutschland kräftige neue Impulse zuführen würde, erfüllte sich zunächst nicht. Im Gegenteil: Künstler und Schriftsteller ließen sich vielfach allzu bereitwillig in den Dienst der offiziellen Kulturpolitik nehmen, der es vor allem darum ging, die Macht und Herrlichkeit des neuen Deutschen Reiches zu preisen. Auf die ersten Jahrzehnte nach 1871 zurückblickend, beklagte Jacob Burckhardt die Vergötzung des nationalen Machtstaats zu Lasten der Kultur: »Das kleinstaatliche Denken wird wie eine bisherige Schande perhorresziert; alle Tätigkeit für dasselbe genügt den treibenden Individuen nicht; man will nur zu etwas Großem gehören und verrät damit deutlich, daß die Macht das erste, die Kultur höchstens ein ganz sekundäres Ziel ist.«[55]

Am deutlichsten zeigte sich die Tendenz in der bildenden Kunst. Unter der Ägide Anton von Werners, seit 1875 Direktor der Hochschule für bildende Künste in Berlin, entwickelte sich die historisierende Monumentalmalerei zum bevorzugten Genre.[56] Sie entsprach dem Kunstgeschmack Wilhelms I., noch mehr dem seines Enkels Wilhelm II., dessen besonderer Gunst sich von Werner erfreute. War der junge Kaiser auf dem Gebiet von Technik und Wissenschaft modernen Entwicklungen gegenüber aufgeschlossen, so vertrat er in Fragen der Kunst überaus konventionelle, rückwärtsgewandte Anschauungen. In seinen Augen hatte die Kunst der idealistischen Erbauung zu dienen, den Nationalstolz zu pflegen, vor allem dem hohenzollernschen Herrscherhaus zu huldigen.[57] Und sein erster künstlerischer Berater tat alles, um ihn in dieser Auffassung nicht nur zu bestärken, sondern die Wünsche Seiner Majestät auch loyal auszuführen. Dank kaiserlicher Protektion vereinigte Anton von Werner eine ungewöhnliche Machtfülle auf sich, die er konsequent nutzte, um die Stätten der bildenden Kunst von modernen Einflüssen abzuschirmen.

Ebenso konventionell, auf Repräsentation und Herrschaftsbedürfnisse zugeschnitten waren Bildhauerei und Architektur. Mit der Reichsgründung brachen für Bildhauer goldene Zeiten an. Zahlreiche Denkmäler wurden in Auftrag gegeben oder endlich fertiggestellt, so das Hermannsdenkmal Ernst von Bandels, das 37 Jahre nach Beginn der Bautätigkeit im August 1875 feierlich eingeweiht wurde. In der Gestalt Hermann des Cheruskers, die als »symbolischer Garant der Einheit fungieren« sollte, fand der Gründungsmythos des Reiches seinen wirkungsmächtigsten Ausdruck.[58] Die neue staatliche Selbstdarstellung in Form nationaler Großmonumente prägte von den siebziger Jahren an zunehmend auch die politische Topographie der Reichshauptstadt Berlin. Auf die Einweihung der Siegessäule 1873, die an die militärischen Großtaten im Krieg gegen Österreich und Frankreich erinnern sollte, folgte der Ausbau des Zeughauses zu einer »Ruhmeshalle für die preußische Armee«.[59] Den fragwürdigen Höhepunk dieser Art Triumpharchitektur bildete die Siegesallee mit 32 Standbildern brandenburg-preußischer Herrscher. Bei ihrer Einweihung im Dezember 1901 legte Wilhelm II. sein kunstpolitisches Credo ab: »Eine Kunst, die sich über die von Mir bezeichneten Gesetze und Schranken hinwegsetzt, ist keine Kunst mehr.«[60] Hatte Wilhelm I., was den patriotischen Kult um seine Person anging, stets Zurückhaltung geübt, so brachen nach seinem Tode 1888 alle Dämme. Zeitgenossen sprachen von einer wahren »Denkmalsseuche«.[61] 300 bis 400 Denkmäler für Wilhelm I. wurden errichtet; manche, etwa die »Porta Westfalica«, das »Deutsche Eck« bei Koblenz, das Kyffhäuser-Denkmal, dienten weniger der Erinnerung an die Person des Monarchen als vielmehr der Selbstfeier der preußischen Monarchie und ihrer angeblichen nationalen Mission. Gekrönt wurde das Programm der Monumentalisierung der Hohenzollernherrschaft 1897 mit der Errichtung des Nationaldenkmals für Wilhelm I. auf der Berliner Schloßfreiheit. Entworfen hatte es Reinhold Begas, der Lieblingsbildhauer Wilhelms II.[62]

Überboten wurden die Kaiser-Wilhelm-Denkmäler noch durch die Bismarck-Denkmäler, die nach dessen Tode 1898 wie Pilze aus dem Boden schossen. Hinter der Neigung, den Reichsgründer ins Heldenhafte zu steigern, ja ihn zur mythischen Figur schlechthin zu erheben, verbarg sich letztlich ein aus Realitätsflucht und Bedrohungsgefühl gespeistes Krisenbewußtsein, wie es für die Vorkriegsära des wilhelminischen Deutschland charakteristisch war. Am anschaulichsten Gestalt gewann es im Leipziger Völkerschlachtdenkmal, das 1913 mit großem Pomp eingeweiht wurde.[63]

Helmuth Plessner hat treffend von einem »wurmstichigen Verlegenheitshistorismus« gesprochen, der nach 1871 als Ersatz für fehlende politische Traditionen habe dienen müssen.[64] Das galt auch für die architektonische Gestaltung der großen öffentlichen Bauten, die sich häufig historisierender Stilelemente wie der Neo-Renaissance und des Neo-Barocks, zuletzt auch der Neo-Romantik, des Lieblingsstils Wilhelms II., bediente. Im Vordergrund stand nicht die Funktion, sondern die symbolische Repräsentation: »Man will imponieren, Macht demonstrativ zeigen: Die gelassene Selbstverständlichkeit älterer Herrschaftsbauten schwindet.«[65]

Weniger eindeutig zu fassen sind die Entwicklungen in Musik und Literatur nach 1871. Richard Wagner, »die bewegende und polarisierende Gestalt der Musik, ja der Kunst der Epoche«,[66] stand in mancherlei Hinsicht quer zum bürgerlichen Kulturbetrieb. Seine Untergangs- und Götterdämmerungstöne paßten schlecht zum Pathos der *Gründerzeit*, seine an Schopenhauer orientierte pessimistische Weltsicht widersprach dem liberalen Fortschrittsoptimismus jener Jahre, seine Musik war »in einem bis dahin unerhörten Maße Musik der Ambivalenz: Leid und Lust, Süße und Not, die neuen dissonanten und übergängigen Akkorde, die Mischklänge und Motivtransformationen, ja die Verdrängung der Tonart durch Motive und Akkorde: Das ermöglichte es, komplexe Emotionen auszudrücken«.[67]

Dennoch war die Wirkung Wagners enorm und ging weit über das Musikalische hinaus. Im Jahre 1876 wurde das Nationaltheater in Bayreuth eröffnet, in dem ausschließlich die Musikdichtungen Wagners aufgeführt werden sollten. Es war gedacht als Gegenort zur neudeutschen Repräsentationskultur, als eine nationale Weihestätte, in welcher die Besucher zur »wahren, echten Deutschheit« zurückfinden sollten, wie sie Wagner in den Epen des Mittelalters und dem altdeutschen Milieu der Meistersinger von Nürnberg repräsentiert sah.[68] Seit den siebziger Jahren entstanden überall im Kaiserreich Wagner-Vereine, die sich vor allem in bildungsbürgerlichen Schichten großen Zuspruchs erfreuten.[69] Die Bayreuther Festspiele wurden zu einem Wallfahrtsort mystischer Offenbarung. Auch Wilhelm II. entwickelte für Wagners Werkidee mit ihrer Mischung aus Nibelungenbegeisterung und völkischem Germanenwahn, aus Vernichtungsantisemitismus und Deutschtumsideologie ein unwiderstehliches Faible.[70] Bereits als Prinz begeisterte er sich für die *Bayreuther Sache*, wurde Mitglied des Potsdamer Wagner-Vereins, und bald nach seinem Regierungsantritt beehrte er Cosima Wagner mit einem Besuch. In seinem Briefwechsel mit dem Wagnerianer und verbohrten Judenhasser Houston Stewart Chamberlain feierte er Wagner als den »markigen gewaltigen Schöpfer unserer neuen germanischen Tonwelt«.[71]

Im Juni 1918 – in der Zeit der Götterdämmerung des Kaiserreichs – hat Walther Rathenau die Wirkung Wagners auf die Mentalität der wilhelminischen Zeitgenossen unübertrefflich beschrieben: »Es ist kaum einzuschätzen, wie stark die letzte Generation vom Einfluß Richard Wagners gebannt war, und zwar nicht so entscheidend von seiner Musik wie von der Gebärde seiner Figuren, ja seiner Vorstellungen. Vielleicht ist dies nicht ganz richtig: vielleicht war umgekehrt die Wagnersche Gebärde der erfaßte Widerhall – er ein ebenso großer Hörer wie Töner – des Zeitgefallens. Es ist leicht, eine Gebärde aufzurufen, schwer, sie zu benennen: Sie war der Ausdruck einer Art von theatralisch-barbarischem Tugendpomp ... Man wünschte, daß jedesmal von uns das erlösende Wort mit großer Geste gesprochen werde, man wünschte, historische Momente gestellt zu sehen, man wollte das Schwert klingen und die Standarten rauschen hören.«[72]

Klingende Schwerter, rauschende Standarten – das waren auch in der populären Literatur der Reichsgründungszeit beliebte Motive. Sie bediente sich vorzugsweise historischer Stoffe, um die ursprüngliche Kraft und das Heldentum der germanischen Vorväter ins rechte Licht zu setzen. Felix Dahns EIN KAMPF UM ROM (1876) wurde für Generationen von Jugendlichen zur Pflichtlektüre; Gustav Freytags Romanzyklus DIE AHNEN (1872–81) avancierte in bildungsbürgerlichen Haushalten rasch zum unvermeidlichen Konfirmationsgeschenk. Die großen Meister des poetischen Realismus hingegen – Wilhelm Raabe und Theodor Fontane – blieben deutlich auf Distanz zu einem derart flachen Patriotismus. Sie hatten zwar die Reichsgründung als Erfüllung ihrer politischen Wünsche begrüßt, doch schon bald wandten sie sich enttäuscht von der politischen und kulturellen Wirklichkeit des geeinten Deutschland ab. »Dem deutschen Leser und Philister das Behagen zu nehmen, die gründerzeitliche Identität« – das wurde ein Hauptthema des späten Raabe.[73] 1884 hielt er einem Freunde dessen einstigen patriotischen Überschwang vor: »Ich für mein Teil habe Dich schon Anno 1870 gewarnt, unsere Nation nicht zu sehr zu loben… Wir sind am Feiertag wahrlich nicht besser als andere Völker und am Werktag wahrhaftig auch nicht.«[74]

Auch Fontane wandte sich nachdrücklich gegen den »patriotischen Radau« der Gründerjahre und die neue bourgeoise »Reichsherrlichkeit«, in der die alten preußischen Tugenden ihre verbindliche Kraft verloren.[75] Mit Trauer beobachtete er den Niedergang der einst von ihm geschätzten preußischen Adelskultur, ihre Erstarrung in Konventionen, und das gleichzeitige Vordringen einer protzigen Schicht von Neureichen. Als geradezu verabscheuungswürdig, als Karikatur des alten »Geistes von Potsdam«, erschien ihm der nun omnipräsente Typus des Reserveleutnants. In seinem Roman L'ADULTERA (1882) läßt er Melanie von Straaten nach einem Blick auf die Visitenkarte eines Besuchers sagen: »Auch wieder einer. Und noch dazu aus der Reserve! Mir widerlich dieser ewige Leutnant. Es gibt gar keine Menschen mehr.«[76] Direkte Gesellschaftskritik war im Romanwerk des späten

Fontane freilich eher selten; hier bevorzugte er die leisen, humorvollen Töne, während er in seinen Briefen bisweilen recht deutlich wurde. So schrieb er im Februar 1896 an James Morris: »Alles Interesse ruht beim vierten Stand. Der Bourgeois ist furchtbar, und Adel und Klerus sind altbacken, immer wieder dasselbe. Die neue, bessere Welt fängt erst beim vierten Stande an … Sie, die Arbeiter, packen alles neu an, haben nicht bloß neue Ziele, sondern auch neue Wege.«[77]

In dieser Sympathieerklärung des alten Fontane für den *vierten Stand* erkennt man den Nachhall einer neuen literarischen Bewegung, des Naturalismus, der seit den achtziger Jahren gegen die imperiale Repräsentationskultur der Gründerära wie auch gegen die Weichzeichnung der sozialen Wirklichkeit durch den poetischen Realismus angetreten war. Begeistert hatte Fontane Gerhart Hauptmanns sozialkritisches Drama VOR SONNENUNTERGANG aufgenommen, das 1889 in der *Freien Bühne* unter der Leitung von Otto Brahm uraufgeführt wurde und sogleich einen Skandal verursachte. Die *Freie Bühne* richtete sich gegen den staatlich geförderten kommerziellen Theaterbetrieb; sie war als privater Verein organisiert, um zensurfreie Aufführungen zu ermöglichen. Parallel dazu gründete der Verleger Samuel Fischer die literarische Zeitschrift FREIE BÜHNE, die bald unter dem Titel NEUE DEUTSCHE RUNDSCHAU zum wichtigsten Forum der jungen Autoren werden sollte.[78]

Die Auseinandersetzungen um den Naturalismus erreichten im Frühjahr 1892 einen Höhepunkt, als die Aufführung von Hauptmanns Drama DIE WEBER am *Deutschen Theater* gerichtlich untersagt wurde – ein Verbot, das später vom preußischen Oberlandesgericht wieder aufgehoben wurde. Für Wilhelm II. waren die Werke der naturalistischen Autoren, die auch die Schattenseiten der industriekapitalistischen Produktionsweise beleuchteten, nichts anderes als »Rinnsteinliteratur«. Er ließ nach Aufführung der WEBER im *Deutschen Theater* 1894 die kaiserliche Hofloge kündigen, und er verweigerte 1898 Käthe Kollwitz, deren WEBER-Illustrationen zu den herausragenden gesellschaftskritischen Kunstwerken im wilhelminischen Deutschland gehören, eine ihr zugesprochene Auszeichnung. All das konnte den Erfolg Hauptmanns auf deutschen Bühnen nicht verhindern. Bis 1914 rückte der einst skandalumwitterte Dramatiker zum gefeierten Dichterfürsten auf, der sich einer weitaus größeren Popularität erfreute als etwa die Propheten der antinaturalistischen Gegenbewegungen, des Impressionismus, des Symbolismus und der Dekadenz – Hugo von Hofmannsthal, Stefan George, Rainer Maria Rilke –, oder auch der junge Thomas Mann, der gleichwohl mit seinem Romanerstling über den Niedergang einer großbürgerlichen hanseatischen Kaufmannsfamilie BUDDENBROOKS (1901) auf Anhieb einen Welterfolg errang.

Was mit der literarischen Bewegung des Naturalismus begann, setzte sich in den bildenden Künsten der neunziger Jahre fort: Eine neue Generation von Avantgardekünstlern begann sich von der herrschenden Repräsentations- und Salonkultur und ihren Institutionen abzuwenden und eine autonome, von staatlicher Bevormundung freie Kunst zu propagieren. Der Anstoß ging von München aus – bis zur Jahrhundertwende »die unumstrittene Kunsthauptstadt Deutschlands«.[79] Dort sagte sich 1892 ein Teil der Künstler vom offiziellen Kunstbetrieb los und rief eine *Secession* ins Leben. Im selben Jahr kam es zu heftigen Auseinandersetzungen im Verein Berliner Künstler, als eine Ausstellung der Werke Edvard Munchs auf Beschluß einer Mehrheit der Mitglieder vorzeitig geschlossen wurde. Eine Gruppe um Max Liebermann und Walter Leistikow gründete eine *Freie Künstlervereinigung*, die allerdings erst 1898 – nach Ablehnung eines Bildes von Leistikow durch die Jury der jährlichen Kunstausstellung – den endgültigen Bruch mit dem Verein Berliner Künstler vollzog.[80]

Die Berliner Secession formierte sich in den eineinhalb Jahrzehnten ihrer Existenz zu einer bedeutenden kulturellen Macht, die dem hohlen Pathos der offiziellen Reichskunst ein wirksames Gegengewicht entgegenzusetzen vermochte. Ihre wichtigste Aufgabe sah sie darin, der zeitgenössischen Kunst, vor allem den in Deutschland noch kaum bekannten Werken des französischen Impressionismus, ein freies Forum zu bieten. Sie wurde deshalb auch von ihren Gegnern »als Werkzeug eines gefährlichen kosmopolischen Modernismus«[81] verteufelt. Der Attraktivität der von der Secession veranstalteten Ausstellungen konnte das keinen Abbruch tun. Wirksame Unterstützung erhielten die Secessionisten durch Bruno und Paul Cassirer, deren 1898 eröffnete Galerie zu einem Mittelpunkt des vibrierenden Berliner Kulturlebens wurde. Paul Cassirer verkörperte »einen neuen Typus des

Kunsthändlers in Deutschland«.[82] Er förderte junge Maler und Bildhauer wie Max Slevogt, Lovis Corinth oder Ernst Barlach und gewährte ihnen den notwendigen finanziellen Rückhalt. Bruno Cassirer gab seit 1902 die Zeitschrift KUNST UND KÜNSTLER heraus, die sich unter der Schriftleitung Karl Schefflers zum einflußreichsten Medium der kulturellen Moderne entwickelte.

Um 1900 hatte Berlin seine provinzielle Rückständigkeit überwunden und München als führende Kulturmetropole den Rang abgelaufen. Der Markt war »zur hauptsächlichen kulturellen Regulierungsinstanz geworden«,[83] und er schränkte die Möglichkeiten behördlicher und polizeilicher Repression ein. Ein florierender Kunsthandel, eine einflußreiche Kunstkritik, nicht zuletzt ein kapitalkräftiges Mäzenatentum lockten viele Künstler in die Reichshauptstadt. »Berlin ist doch ungeheuer anregend«, notierte Alfred Lichtwark, der Direktor der Hamburger Kunsthalle, im Januar 1898. »Was strömt hier alles zusammen. Man fühlt sich in einem Wirbel.«[84]

Im Streit um den deutschen Kunstbeitrag für die Weltausstellung in St. Louis 1904[85] wurde allerdings deutlich, daß sich die Wortführer des konventionellen Kunstgeschmacks mit Wilhelm II. an der Spitze noch keineswegs geschlagen gaben. Ursprünglich hatte eine unabhängige Jury darüber entscheiden sollen, welche Exponate im deutschen Pavillon in St. Louis gezeigt werden sollten; auf Betreiben Anton von Werners wurde diese Entscheidung jedoch zurückgenommen, worauf die Secessionisten ihre Beteiligung absagten. In liberalen Teilen der Öffentlichkeit erhob sich gegen diese staatliche Gängelung der Kunst, hinter der man zu Recht den Einfluß des Kaisers vermutete, lebhafter Protest. In Weimar gründeten Secessionsmitglieder, Kunstkritiker und Sammler unter der Schirmherrschaft des Großherzogs eine Gegenorganisation zur offiziösen *Allgemeinen Deutschen Kunstgenossenschaft*, den *Deutschen Künstlerbund*. »Befreiung vom Gewissenszwang in der Kunst, Freiheit der Kunst, absolute Toleranz des Staats« – so lautete das maßgeblich von Harry Graf Kessler, dem Vizepräsidenten bestimmte Programm.[86]

Im Februar 1904 debattierte auch der Reichstag über die Angelegenheit. In seltener Einmütigkeit verurteilten die Sprecher fast aller Parteien die autokratische Kulturpolitik, ja sie zögerten nicht, auch den unheilvollen Einfluß des Kaisers auf diesem Gebiet anzuprangern. Am weitesten in seiner Kritik ging der Sprecher der Sozialdemokratie, Albert Südekum: »Und wir danken gefälligst für eine Kunstrepublik mit Wilhelm II. an der Spitze.« Wegen dieser Äußerung zur Ordnung gerufen, verbesserte sich Südekum: Er habe sagen wollen, »mit Anton von Werner an der Spitze«,[87] was eigentlich auf dasselbe herauslief. Das liberale BERLINER TAGEBLATT kommentierte: »Es war ein großer parlamentarischer Tag … eine merkwürdige Parade vor dem obersten Kunstherrn.«[88] Tatsächlich artikulierte sich in der Reichstagsdebatte über die Kunstausstellung in St. Louis zum erstenmal massiv Unzufriedenheit über das *persönliche Regiment* Wilhelms II., die viereinhalb Jahre später in der DAILY-TELEGRAPH-Affäre noch heftiger aufbrechen und das Kaiserreich an den Rand einer Staatskrise bringen sollte.[89]

Es wäre allerdings ein Trugschluß zu meinen, Wilhelm II. habe mit seiner Animosität gegen die moderne Kunst eine krasse Außenseiterposition eingenommen. Mit seinem »untrüglichen Sinn für den Geschmack des breiten Publikums«[90] formulierte der Kaiser nur, was weite Kreise auch des Bürgertums empfanden. Der Impressionismus galt in ihren Augen als eine dem »deutschen Wesen« fremde, ausländische Kunst. Er wurde als »welscher Stil« verunglimpft, und nicht selten mischten sich in diese Ablehnung auch antisemitische Töne gegen jüdische Kunsthändler und Kunstkritiker. Deshalb war es dem Kaiser und den getreuen Anhängern seines »persönlichen Kunstregiments« auch ein Dorn im Auge, daß der Direktor der Berliner Nationalgalerie, Hugo von Tschudi, sich gerade für die Werke der französischen Impressionisten besonders engagierte. Nach einem jahrelangen Dauerkonflikt wurde Tschudi 1909 entlassen; er fand allerdings in München sofort eine neue Wirkungsstätte als Leiter der dortigen Gemäldesammlungen. Dieser Vorgang macht noch einmal deutlich, daß die föderale Struktur des Reiches und der polyzentrische Charakter des Kulturlebens einer rigiden staatlichen Kontrolle und Gängelung Grenzen setzten.

So war es auch kein Zufall, daß die modernen Bestrebungen in der Architektur nicht von Berlin, sondern von München und Dresden ausgingen. Aus den Vereinigten Werkstätten für Kunst und Handwerk in

München und den Dresdner Werkstätten für Handwerkskunst, die stark unter dem Einfluß des Jugendstils standen, ging 1907 der *Deutsche Werkbund* hervor.[91] Ihm gehörten bald alle führenden deutschen Architekten an: Fritz Schumacher, Hermann Muthesius, Peter Behrens, Walter Gropius, Hans Poelzig. Die Grundidee war die Abkehr vom monumentalen Historismus der Gründerzeit und die Hinwendung zur Sachlichkeit und Funktionalität, und zwar sowohl was die Konstruktion der Bauten als auch was die Produktion von Gebrauchsgütern betraf. Kunst sollte mit der industriellen Welt versöhnt werden, sollte die gesamte Geschmackskultur revolutionieren im Sinne zeitgemäßer, klarer, schöner Formen. Der Aufbruch in die Moderne vollzog sich hier besonders eindrucksvoll: Innerhalb weniger Jahre fanden deutsche Architektur und deutsches Design Anschluß an die internationale Entwicklung, ja sie errangen eine führende Position – wiederum ein Beweis dafür, daß es in der wilhelminischen Gesellschaft trotz aller obrigkeitlichen und konservativen Prägungen durchaus dynamische Entwicklungspotentiale gab.[92]

Auch in Malerei und Literatur kam es im letzten Jahrzehnt vor 1914 zu bemerkenswerten Neuerungen, die sich mit dem Begriff des Expressionismus verbinden.[93] Eine neue Generation von Künstlern und Schriftstellern suchte mit den bisherigen Anschauungen über die Funktion der Kunst radikal zu brechen. Kunst sollte nicht mehr die Wirklichkeit, nicht mehr die Vielfalt der äußeren Eindrücke wiedergeben, sondern – mit den Worten des Malers Franz Marc – »ein unirdisches Sein zeigen, das hinter allem wohnt«.[94] Sie sollte visionär sein, Gestaltung der Welt aus dem inneren Erleben, bis hin zur Ekstase, zum Schrei. Das künstlerische Sendungsbewußtsein verband sich mit einer Revolte gegen die saturierte bürgerliche Welt, gegen die wilhelminischen Väter, die als Repräsentanten einer überlebten patriarchalischen Gesellschaftsordnung galten.

Wie immer bei künstlerischen Aufbrüchen war auch die Rebellion des Expressionismus zunächst Sache von kleinen Zirkeln: In Dresden gruppierte sie sich um die Maler der *Brücke* (Ernst Ludwig Kirchner, Erich Heckel, Karl Schmidt-Rottluff, später Emil Nolde, Max Pechstein, Otto Mueller), in München um die Gruppe des *Blauen Reiter* (Wassily Kandinsky, Franz Marc, August Macke). Den expressionistischen Künstlern erschien die Berliner Secession als inzwischen längst etabliert, zu wenig aufgeschlossen für das Neue. Die unvermeidlich daraus entstehenden Abgrenzungs- und Profilierungsbedürfnisse führten 1910 zum Bruch der Secession und zur Gründung einer *Neuen Secession*, welche die Vertreter der Avantgarde um sich scharte.[95] In der Literatur waren es vor 1914 vor allem die Lyriker – Georg Heym, Georg Trakl, Ernst Stadler –, die das expressionistische Lebensgefühl in kühnen Sprachbildern zum Ausdruck brachten. Nirgendwo teilte sich die Vorahnung kommender großer Erschütterungen und Katastrophen deutlicher mit als hier. Beispielhaft sei das berühmte Gedicht »Weltende« von Jakob van Hoddis aus dem Jahre 1911 angeführt:[96]

Dem Bürger fliegt vom spitzen Kopf der Hut,
In allen Lüften hallt es wie Geschrei.
Dachdecker stürzen ab und gehn entzwei,
Und an den Küsten – liest man – steigt die Flut.

Der Sturm ist da, die wilden Meere hupfen
An Land, um dicke Dämme zu zerdrücken.
Die meisten Menschen haben einen Schnupfen.
Die Eisenbahnen fallen von den Brücken.

Anfänge moderner Massenkultur

Nicht nur in der dünnen Luft bürgerlicher Hochkultur, sondern auch in den *niederen* Regionen, den alltäglichen Bereichen der Kultur vollzogen sich um die Jahrhundertwende starke Veränderungen, so daß man mit einigem Recht die beiden Jahrzehnte vor und nach 1900 als »eine markante Epochenscheide« bezeichnen kann.[97] In diese Zeit fallen die Ursprünge der modernen Konsumgesellschaft, die das Gesicht des 20. Jahrhunderts entscheidend prägen sollte. Die steigende Kaufkraft auch des Kleinbürgertums und der Arbeiterschaft verhalf der Konsumgüterindustrie zu kräftigen Wachstumsraten. Lebensmittel wurden in zunehmendem Maße industriell hergestellt – von »Maggi's altbewährter Suppen- und Speisewürze«, die sich in Deutschland zum Verkaufsschlager entwickelte,[98] bis hin zur Zigarette, die von einem Luxusgut zu einem Massenprodukt wurde, das sich auch bei Frauen wachsender Beliebtheit erfreute, ja »geradezu Symbol des Femininen« wurde.[99] Der Markenartikel trat seinen Siegeszug an: »Er machte Deutschland erst zu einem einheitlichen (Verbraucher-)Markt und war damit ein wesentlicher Faktor der Entlokalisierung und Entregionalisierung, der Formierung einer deutschen Gesellschaft an der Schwelle des 20. Jahrhunderts. Mit ihm ganz eng verknüpft entwickelte sich die Werbung ... als direkter Appell der Produzenten an die Konsumenten, zu einem maßgeblichen Faktor von Konsum und später auch der Kultur.«[100]

Zum bevorzugten Umschlagplatz der Massenartikel wurden die neuen prächtigen Konsumtempel aus Glas und Eisen, die Warenhäuser, die in gewisser Weise ein Spiegelbild der wilhelminischen Vorkriegsgesellschaft waren.[101] Über das größte seiner Art, das 1897 in Berlin erbaute Warenhaus Wertheim am Leipziger Platz, schrieb der Sozialist Paul Göhre 1907 zugleich irritiert und fasziniert: »Wer das Haus Wertheim zum ersten Male betritt, empfängt den Eindruck eines erdrückenden Gewirres. Menschen fast zu jeder Tageszeit in ununterbrochenen Strömen; unabsehbare, immer neue Reihen von Verkaufsständen; ein Meer von Warenmassen, ausgebreitet; Treppen, Aufzüge, Etagen, sichtbar wie die Rippen eines Skeletts; Säle, Höfe, Hallen; Gänge, Winkel, Kontore; Enge und Weite, Tiefe und Höhe; Farben, Glanz, Licht und Lärm: ein ungeheures Durcheinander, scheinbar ohne Plan und Ordnung.«[102]

Warenhäuser lockten die Kunden nicht nur mit breitem Sortiment und niedrigen Preisen. Mit ihren Fahrstühlen und Rolltreppen, ihren repräsentativen Lichthöfen und den hell erleuchteten Schaufenstern boten sie auch technische und visuelle Attraktionen – Traumfabriken, die zur Besichtigung verführten. »Wenn man heute in einer Familie hört: Wir gehen zu Wertheim, so heißt das nicht in erster Linie, wir brauchen irgend etwas besonders notwendig für unsere Wirtschaft, sondern man spricht wie von einem Ausfluge, den man etwa nach irgendeinem schönen Orte der Umgebung macht«, schrieb der junge Gustav Stresemann im Jahre 1907.[103]

Der allmähliche Übergang vom Zwölf- zum Zehnstundenarbeitstag brachte mehr Freizeit und damit auch größere Möglichkeiten, einen

Teil des Tages nach eigenen Bedürfnissen zu gestalten. In den Großstädten entwickelte sich bis 1914 eine ausgedehnte Vergnügungs- und Zerstreuungsindustrie: In Tanzlokalen und Varietés mischten sich unter das vorwiegend bürgerliche Publikum auch schon kleine Angestellte und vereinzelt Arbeiter; auf Rummelplätzen und in Biergärten überwog hingegen der Anteil der proletarischen und kleinbürgerlichen Schichten. Der Sport spielte eine immer größere Rolle, wobei Fußball, entgegen der landläufigen Annahme, zunächst vor allem von Angehörigen der bürgerlichen Mittelschichten gespielt wurde.[104] Am Wochenende zog es die Großstädter zu einem Ausflug ins Grüne, und hierbei leistete das Fahrrad wertvolle Dienste. Um die Jahrhundertwende brach »eine wahre Fahrradbegeisterung« aus: »Jung und alt schwang sich in den Sattel, und das Fahrrad wurde auch für weniger bemittelte Schichten erschwinglich.«[105]

Urlaubsreisen freilich blieben ein Privileg der Bürger, wenn auch nicht mehr nur der wohlhabenden. Wer es sich leisten konnte, der reiste wenigstens einmal im Jahr mitsamt Familie in die *Sommerfrische*, in die Nord- und Ostseebäder, ins deutsche Mittelgebirge oder in die Alpen. Neben der reinen Erholungsreise erfreute sich auch die touristische Vergnügungsfahrt zunehmender Beliebtheit. Im Jahre 1910 kritisierte der Moraltheologe Erich Vogeler, das Reisen habe »etwas Übertriebenes und Krankhaftes«, es sei »allmählich bis in die mittleren Stände« herabgesickert, »zur Mode und zum Sport« geworden: »Ohne besonderes Interesse an der Eigenart von Land und Volk, an den Kunst- und Naturschätzen durchjagt man Tausende von Kilometern, lediglich in dem stolzen Bewußtsein, einmal da und dort gewesen zu sein, wo andere noch nicht gewesen sind.«[106]

Erleichtert wurde das Reisen durch die modernen Verkehrsmittel, durch Eisenbahnen und Dampfschiffe, mit deren Hilfe große Entfernungen rasch und sicher überbrückt werden konnten. Durch den forcierten Ausbau des Schienennetzes in den achtziger und neunziger Jahren des 19. Jahrhunderts wurde das Eisenbahnfahren eigentlich erst jetzt »zu einer massenhaften Form der Fortbewegung«.[107] In den großen Bahnhöfen der Metropolen, die mit ihren kühnen Eisen- und Glaskonstruktionen hinter repräsentativen Steinfassaden wie moderne Kathedralen der Technik wirkten, fand die neue Erfahrung einer

Raum und Zeit überwindenden Schnelligkeit ihren vielleicht sinnfälligsten Ausdruck.

Das Automobil allerdings blieb noch lange ein Statussymbol der vermögenden Schichten. Ihnen kam der neue Motorwagen gerade recht, »um sich als die Herren der heraufbrechenden neuen Zeit in Szene zu setzen«.[108] Zwischen 1907 und 1914 erhöhte sich die Zahl der Autos in Deutschland von 10 000 auf 65 000; auf 1000 Einwohner kam ein Personenkraftwagen. Für viele Zeitgenossen galt das Auto, auch wenn sie es sich nicht leisten konnten, als das Verkehrsmittel der Zukunft. So prophezeite der Schriftsteller und frühe Automobilist Otto Julius Bierbaum im Jahre 1906: »Wir stehen am Anfang der Entwicklung ... Es wird sich beim Automobil wiederholen, was wir beim Fahrrad erlebt haben – nur noch in größerem Umfange. Der Rhythmus und die Intensität des Verkehrs werden sich auf dieses schon fast ideal zu nennende Verkehrsmittel einstellen. Es wird, und nicht bloß für die ganz reichen Leute, eine neue Epoche des Reisens anheben.«[109]

Die Eroberung der Straße durch das neue Vehikel ging nicht ohne Konflikte ab. Denn Autos verbreiteten nicht nur Lärm und Gestank; sie stellten auch für Fußgänger, Pferdefuhrwerke und spielende Kinder eine neuartige Gefahrenquelle dar. Auf Neuankömmlinge wirkte das ungewohnte Verkehrsgetümmel in Berlin um 1900 wie ein Schock: »Das Getriebe in den Hauptverkehrsstraßen wie Leipziger- und Friedrichstraße ist förmlich betäubend; die elektrischen Wagen aller Art, Droschken, Drei- und Zweiräder zu Hunderten fahren neben-, vor-, hinter- und oft aufeinander, das Läuten aller dieser Vehikel, das Rasseln der Räder ist ohrenzerreißend, der Übergang der Straßen ein Kunststück für den Großstädter, eine Pein für den Provinzler.«[110]

Zur brausenden Symphonie des Massenverkehrs kam, als weiterer starker neuer Eindruck, die gleißende Lichterflut der Elektrizität, die das großstädtische Nachtleben in bislang unbekannte Helligkeit tauchte. Der Grad der Elektrifizierung galt als Ausweis von Modernität, und Berlin wetteiferte mit den anderen europäischen Metropolen darin, die erste *Lichtstadt* auf dem Kontinent zu sein.[111] Festlich illuminiert auch bei Nacht waren nicht nur die Schaufenster der großen Kaufhäuser, sondern auch die Vergnügungspaläste und Etablissements, die das flanierende Publikum mit unerhörten Sensationen

Ein »Schutzmann« regelt den Verkehr der »Benzinkutschen« in Berlin, 1914.

lockten. »Die Nächte explodieren in den Städten, / Wir sind zerfetzt von wildem, heißem Licht«, so begann ein Gedicht von Ernst Wilhelm Lotz, das die Atmosphäre im Berlin der Vorkriegszeit einfing.[112]

Das Gefühl, einer schnellebigen, hektischen Zeit anzugehören, wurde durch die Entwicklung auf dem Medienmarkt wesentlich verstärkt. Zeitungen und Zeitschriften veränderten ihr Gesicht. Neue Drucktechniken erlaubten Massenauflagen von mehreren hunderttausend Exemplaren. Die großen Tageszeitungen lieferten eine Morgen- und Abendausgabe aus; manche erschienen dreimal täglich. Verbesserte Transportmittel und Verkehrssysteme sorgten für eine rasche Verbreitung auch über große Entfernungen hinweg.[113] Insgesamt wurde das Informationsangebot bis 1914 nicht nur breiter und vielfältiger, sondern auch aktueller. Meldungen aus aller Welt konnten dank der neuen Kommunikationsmittel wie Telefon und Telegraph übermittelt werden und innerhalb weniger Stunden in Druck gehen. Die 1904 im Berliner Ullstein-Verlag gegründete BZ AM MITTAG setzte besonderen Ehrgeiz darin, als »schnellste Zeitung der Welt« zu gelten.[114] Tatsächlich verging von der Bekanntgabe der Kurse an der Berliner Börse bis zum ersten Verkauf der noch druckfeuchten Exemplare kaum eine halbe Stunde.

Mit der Expansion und dem zunehmend heftigeren Kampf um Marktanteile wuchs auch die Abhängigkeit der Zeitungen vom Anzeigengeschäft. Das galt nicht nur für die sogenannten GENERALANZEIGER, die den neuen Typus einer kommerzialisierten Presse verkörperten, sondern selbst für die großen liberalen Berliner Tageszeitungen wie das BERLINER TAGEBLATT oder die VOSSISCHE ZEITUNG.[115] Zu Recht hat Hans-Ulrich Wehler es als einen »Glücksfall« bezeichnet, daß gerade in der Phase des Ausbaus einer marktorientierten Massenpresse mit Leopold Ullstein und Rudolf Mosse zwei Verleger mit liberalen Grundüberzeugungen »einen Spielraum für liberale Kritik und Urbanität offenhielten, der dem politischen Pluralismus der meinungsprägenden Tageszeitungen der Reichshauptstadt jahrzehntelang zugute gekommen ist«.[116] Es gehört zu den Paradoxien des Kaiserreichs, daß das autoritär-obrigkeitliche politische System nicht mit einem klaren Übergewicht der konservativen Presse einherging, vielmehr die Meinungsführerschaft der großen liberalen Blätter in der bürgerlichen Öffentlichkeit gewahrt blieb.

In die beiden Jahrzehnte vor 1914 fallen auch die Pionierjahre des Stummfilms, des »neuesten und faszinierendsten Mediums der Epoche«.[117] Die erste öffentliche Filmvorführung in Deutschland fand am 1. November 1895 im Berliner *Wintergarten* statt: Max Skladanowsky, der Sohn eines Schaustellers, präsentierte im Rahmen eines Varieté-Programms »lebende Photographien« mit Hilfe seines *Bioscops*, eines Doppelbildprojektors. »Varieté und Zirkus waren nicht nur Geburtshelfer des Kinos – sie liehen auch die Kulissen, die Atmosphäre, den Glanz und die Hochspannung für seinen Start in die Arena der Massenunterhaltung.«[118]

Zwanzig Jahre später gab es im Deutschen Reich schon über 2000 Kinos, war aus der Varieté-Nummer eine Industrie geworden, lockten die *Lichtspielhäuser* täglich Hunderttausende Besucher an. In den Ateliers der *Deutschen Bioscop*, einer Keimzelle der späteren Ufa-Stadt

Der große Lichthof des Kaufhauses Wertheim in Berlin.

Neubabelsberg, entstanden die ersten künstlerisch anspruchsvollen Produktionen. Berühmte Schauspieler aus Max Reinhardts *Deutschem Theater* wirkten mit. Wie kein anderes Medium populärer Unterhaltung spiegelte der frühe Stummfilm mit seinen flirrenden Bildern das nervöse Grundgefühl der Zeit. Seine Montagesprache antwortete wie ein Echo auf die verwirrende Fülle der Sinnesreize, denen sich die Zeitgenossen im *Moloch Großstadt* ausgesetzt sahen. Nicht von ungefähr verglich Egon Friedell 1912 das Leben Berlins mit dem eines »Kinematographentheaters«.[119]

Der Lärm des Verkehrsgetriebes, das gesteigerte Tempo des Lebensrhythmus, die permanente Reizüberflutung – all das führte zu einer verstärkten Belastung der Großstadtbewohner. Um die Jahrhundertwende war von einem steilen Anstieg nervöser Leiden die Rede, ja, »Nervosität« wurde überhaupt zu einem Schlüsselwort der neuartigen Modernitätserfahrung.[120] 1906 bezeichnete der Berliner Nervenarzt Willy Hellpach den Städter als den »typischen Repräsentanten der Nervosität in ihrer modernen Gestalt«.[121] Doch nicht nur Mediziner und Psychologen, sondern auch Sozialwissenschaftler und Publizisten beteiligten sich eifrig an der Debatte über die neue Modekrankheit *Neurasthenie*. Der Kulturhistoriker Karl Lamprecht sprach von einem »Zeitalter der Reizbarkeit«[122] – ein Begriff, der die kollektive Mentalität der wilhelminischen Zeit besser als alle anderen zu treffen scheint.

Theodor Lessing, Dozent für Pädagogik und Philosophie an der Technischen Hochschule Hannover, gründete 1908 einen *Deutschen Antilärmverein* (»Wer ... gegen den Lärm kämpft, der muß Lärm schlagen«), der allerdings über das Stadium einer Sekte nie hinausgelangte und schon 1911 wieder einging. Lessing mußte sich vorhalten lassen, er wolle eine »Tyran-

Max Skladanowsky (1863–1939) bei einer Kino-Vorführung mit seinem Bioskop.

nei der Nervösen« errichten, dem unaufhaltsamen Aufstieg Deutschlands zur führenden Industrienation der Welt Steine in den Weg legen.[123]

So war die Debatte über die moderne »Nervosität« von Anfang an verknüpft mit der Frage nach der Zukunft des Industriekapitalismus. Dem Zustand der Reizbarkeit entsprach auf der Gegenseite die »Kulturgebärde des aggressiven und ungeduldigen Niederwalzens aller Hemmnisse, die dem vermeintlichen Fortschritt im Wege standen«.[124] Diese Fortschrittsungeduld trug durchaus Züge einer kollektiven Zwangsvorstellung. Sie erhielt durch den Untergang der *Titanic*, des damals größten Passagierdampfers, bei den Neufundlandbänken im April 1912 einen starken Dämpfer. Einen Rekord für die schnellste Atlantiküberquerung hatte die *Titanic* aufstellen wollen und dabei, »vibrierend im Geschwindigkeitsrausch«, alle Eiswarnungen mißachtet. Der Untergang wurde als ein Menetekel wahrgenommen, die »Identitätsgewißheit des Maschinenzeitalters« war angeschlagen, »die technische Wunderwelt hatte sich als höchst verletzlich erwiesen«.[125]

»Die Zeit ist aus den Fugen«, so hatte der Theaterkritiker Alfred Kerr bereits in einer Betrachtung zur Jahrhundertwende am 31. Dezember 1899 geschrieben. »Als das Raubtier Rom die Welt ausgesogen hatte, als eine Welt erstand und eine Welt zusammenbrach, da war kaum die Ratlosigkeit toller als heut. Was will das werden? fragen sich alle, blicken einander von der Seite an und sagen: wir wissen es nicht.«[126]

4. Nationalismus – Antisemitismus – Militarismus vor 1914

Die Radikalisierung des Nationalismus und der Aufstieg der Agitationsverbände

Mit der Reichsgründung von 1871 war das vordringliche Ziel der Nationalbewegung erreicht. Der Nationalstaat war keine Zukunftsvision mehr; er bildete vielmehr den realen politischen Rahmen, innerhalb dessen sich die kleindeutsche Reichsnation zu formieren begann. Mit dieser von Grund auf neuen Konstellation verbunden war »eine substantielle Inhaltsveränderung des deutschen Nationalismus«[1]: Von einer ursprünglich antiständischen, liberalen Emanzipationsideologie, die auf die Veränderung des Bestehenden gerichtet war, ja für die Perspektive des Fortschritts schlechthin stand, wandelte er sich zu einer illiberalen, staatskonformen Integrationsideologie, die *Nation* und *Reich* ineinssetzte, also mit der herrschenden politischen und sozialen Ordnung identifizierte.

Die eigentliche Zäsur auf diesem »gleitenden Weg des Nationalismus nach rechts«[2] bildete der Kurswechsel der Bismarckschen Politik in den späten siebziger Jahren, mit dem die Ära liberaler Vorherrschaft während der Reichsgründerzeit ein jähes Ende fand. Fortan versuchten die bisherigen Gegner der Liberalen, die konservativen Kräfte, die nationale Sache zu der ihren zu machen und sich als eifrigste Befürworter eines neuen Reichsnationalismus zu profilieren. Im Jahre 1888 beklagte der freisinnige Reichstagsabgeordnete Ludwig Bamberger diese Okkupation des Nationalen durch die Konservativen: »Das nationale Banner in der Hand der preußischen Ultras und der sächsischen Zünftler ist die Karikatur dessen, was es einst bedeutet hat, und diese Karikatur ist ganz einfach so zustande gekommen, daß die überwundenen Gegner sich das abgelegte Gewand des Siegers angeeignet und dasselbe nach ihrer Fasson gewendet, aufgefüllt und zurechtgestutzt haben, um als die lachenden Erben der nationalen Bewegung darin einherstolzieren zu können.«[3]

Sowohl nach innen wie nach außen entwickelte der junge Reichsnationalismus eine über den bisherigen Liberalnationalismus weit hinausschießende aggressive Dynamik: Wer der Bismarckschen Form der Reichsgründung nicht bedingungslos zustimmte, der geriet rasch in den Geruch des »Reichsfeindes«. Der Bannstrahl traf zunächst die Katholiken, später vor allem die Sozialdemokraten, und in zunehmendem Maße auch die Angehörigen nationaler Minderheiten und die Bürger jüdischer Herkunft und jüdischen Glaubens, denen die Zugehörigkeit zur deutschen *Volksnation* abgesprochen wurde. Die ethnische Verengung des Begriffs der Nation, der anders als etwa in Frankreich nicht von der Staatsbürgerschaft, sondern von der Idee einer homogenen, durch das Blut definierten Gemeinschaft ausging, hat solche Tendenzen zur Ausgrenzung des angeblich »Fremden« entscheidend gefördert.

Nicht nur gegen innere Gegner machte der neue Nationalismus mobil; auch nach außen verband er den Großmachtanspruch mit aggressiven Feindstereotypen. Sie richteten sich nach 1871 vor allem gegen den »revanchelüsternen Erzfeind« Frankreich, der als besondere Bedrohung der deutschen Machtstellung wahrgenommen wurde.[4] Später, in den achtziger Jahren, gesellte sich zur Frankophobie eine zunehmend rassistisch eingefärbte Slawenfeindschaft, schließlich, seit der Jahrhundertwende, auch ein wachsender Haß gegen England, das »perfide Albion«, das sich dem deutschen Weltmachtstreben entgegenstellte. »Alle diese Phobien erwiesen sich als fatal steigerungsfähig, während der kosmopolitische Traum von der friedlichen Koexistenz aller Nationen, den auch der deutsche Liberalnationalismus jahrzehntelang gehegt hatte, ins Nichts zerstob.«[5]

Parallel zur Radikalisierung des Reichsnationalismus seit den achtziger Jahren vollzog sich das, was George L. Mosse »die Nationalisierung der Massen« genannt hat.[6] Der Nationalismus drang, vermittelt vor allem über Schule und Militär, in immer breitere Schichten der Bevölkerung. Gefördert wurde dieser Prozeß durch eine offizielle Staatssymbolik, die zur Identifikation mit dem neuen Reich einlud. Sie knüpfte sowohl an Traditionen der preußischen Monarchie als auch an die der liberal-nationalen Bewegung an und verband beide zu einem unsicheren, spannungsreichen Miteinander. So war zwar die Flagge des Kaiserreichs eine Trikolore, doch nicht in den Farben der Nationalbewegung und der deutschen Revolution von 1848, dem Schwarz-Rot-Gold, sondern in einer neuen Kombination, die das Schwarz-Weiß des preußischen Hegemonialstaates zu einem Schwarz-Weiß-Rot erweiterte. Ursprünglich nur Handelsflagge, wurde sie durch kaiserlichen Erlaß vom 8. November 1892 zur Nationalflagge erklärt.[7] Eine offizielle Nationalhymne wurde nicht kreiert; statt dessen wurden, wenn das Protokoll es erforderte, die preußische Monarchenhymne *Heil Dir im Siegerkranz* oder das patriotische Lied des Jahres 1840, Max Schneckenburgers *Die Wacht am Rhein*, angestimmt. Seit den neunziger Jahren wurde auch Hoffmann von Fallerslebens *Deutschlandlied* zunehmend populärer, nicht zuletzt deshalb, weil sein »Über alles«-Pathos sich vortrefflich mit dem neuen deutschen Weltmachtanspruch kombinieren ließ.[8]

Die stärkste Integrationskraft ging freilich von der ins Imperiale gewendeten Kaiseridee aus. *Für Kaiser und Reich* – das wurde zur konkurrenzlos breitenwirksamen Losung des neuen Nationalismus. Die Kaisergeburtstage, für Wilhelm I. der 22. März, für Wilhelm II. der 27. Januar, boten den reichs- und kaisertreuen Teilen des Bürgertums jeweils Gelegenheit, ihre monarchische Loyalität öffentlich zu zelebrieren. Die Zentenarfeier zur Erinnerung an Wilhelm I. am 22. März 1897 war »eine der größten und spektakulärsten Festveranstaltungen im Kaiserreich« überhaupt.[9] Sie diente allerdings mehr der Selbstinszenierung des Enkels, der sich der integrativen Wirkung des symbolisch überhöhten Festtags wohl bewußt war.

Auf ein gemeinsames Nationalfest vermochten sich die verschiedenen gesellschaftlichen Gruppen und politischen Parteien im Kaiserreich nicht zu einigen. Am ehesten erfüllte der Sedantag am 2. September den Charakter eines Reichsfeiertages, wenngleich er heftig umstritten blieb. Nicht nur Katholiken und Sozialdemokraten lehnten es ab, die Erinnerung an die siegreiche Schlacht im deutsch-französischen Krieg 1870 festlich zu begehen; auch liberale Zeitgenossen wie der Althistoriker Theodor Mommsen sprachen sich um die Jahrhundertwende dagegen aus, weil »die Jahrestage der großen Siege … sich auf die Dauer zu Nationalfesten nicht eignen« und eine derartige Feier »immer noch blutende Wunden aufreißt«.[10] Tatsächlich geriet die Sedanfeier im Laufe der Jahre zu einem Tag des lautstarken nationalen Siegesgetöns, aus dessen Organisation vor allem die Kriegervereine ihre Existenzberechtigung ableiteten. Das Zeremoniell war immer das gleiche: Glockengeläute, Kanonendonner, Gottesdienst, Umzüge, Festbankette, Bälle, Feuerwerk, Illuminationen, Häuserschmuck – und patriotische Reden im Übermaß.[11] Der wilhelminische Hang zum pompösen, überladenen Feierstil führte allerdings zu einer gewissen Ermüdung; der Sedantag verlor an Zugkraft, nicht zuletzt auch deshalb, weil er sich als ungeeignet erwies, die inneren Spannungen und Bruchlinien der wilhelminischen Gesellschaft wenigstens für Augenblicke zu verkleistern.

Seit Ende der achtziger Jahre fand der Radikalnationalismus eine Plattform in zahlreichen neuentstehenden »vaterländischen« und imperialistischen Agitationsvereinen. Dieser organisierte Nationalismus von rechts war »das eigentliche Novum in der politischen Geschichte des Kaiserreichs«.[12] Er sprang gleichsam in eine Lücke, welche die herkömmliche konservative Partei- und Verbandspolitik nicht hatte ausfüllen können. Bei den meisten dieser neuen »nationalen« Kampfverbände ließ bereits der Name erkennen, welchen Zielen sie sich verschrieben hatten. So trat die Deutsche Kolonialgesellschaft (gegründet 1887) nachdrücklich für verstärkte Expansion nach Übersee ein. Der Deutsche Flottenverein von 1898, mit über 300 000 Einzelmitgliedern die größte Massenorganisation dieser Art, warb für die Flottenrüstung des kaiserlichen Deutschland; ihm war es vor allem darum zu tun, die Flottenbegeisterung in »die weitesten Kreise unseres geliebten deutschen Volkes ... bis in die kleinsten Hütten« zu tragen.[13] Der Deutsche Ostmarkenverein, 1894 aus Enttäuschung über die angeblich zu weiche Polenpolitik der Regierung ins Leben gerufen, organisierte in den östlichen Provinzen Preußens den *Volkstumskampf* gegen die Polen; er stand für eine rücksichtslose Politik der Germanisierung – bis hin zur Forderung nach Enteignung polnischen Grundbesitzes und »Umsiedlung« und »Ausweisung« jener Polen, die sich widersetzten.[14]

Unterstützung erhielten solche Bestrebungen durch den Verein für das Deutschtum im Ausland (aus dem Allgemeinen Deutschen Schulverein von 1881 hervorgegangen), der sich gezielt um die »Auslandsdeutschen« bemühte, und durch den 1886 gegründeten Allgemeinen Deutschen Sprachverein, der »die Reinigung der deutschen Sprache von unnötigen fremden Bestandteilen« fördern und auf diese Weise »das allgemeine nationale Bewußtsein im deutschen Volke« kräftigen wollte.[15] Speziell gegen den Hauptfeind im Innern, die in der SPD versammelten »vaterlandslosen Gesellen«, richtete sich der Reichsverband gegen die Sozialdemokratie (gegründet 1904), der in den Kampagnen zu den *Hottentottenwahlen* von 1907 seinem Spitznamen *Reichslügenverband* alle Ehre machte.[16] Nach dem Vorbild des Flottenvereins entstand schließlich im Januar 1912 der Wehrverein, der sich für eine verstärkte Heeresrüstung einsetzte. Die von ihm entfesselte Agitation bereitete den Boden für die Durchsetzung der großen Heeresvorlage von 1913.

Nicht an Mitgliederzahl, wohl aber an Aktivität und Radikalität übertraf der Alldeutsche Verband alle anderen nationalistischen Vereine. Entstanden aus der Protestbewegung gegen den Helgoland-Sansibar-Vertrag 1890, entwickelte er sich zur Speerspitze der neuen »nationalen« Opposition von rechts. Die Mitgliederzahl erreichte um die Jahrhundertwende mit rund 23 000 einen Höchststand und pendelte sich bis 1914 auf 18 000 ein. Überwiegend rekrutierte er sich aus Honoratioren des Bildungsbürgertums: Oberlehrern, Professoren, Journalisten, Freiberuflern, Beamten. Fast zwei Drittel der Aktivisten besaßen eine akademische Ausbildung, und mehr als die Hälfte gehörte dem öffentlichen Dienst an.[17] Verbandsvorsitzender von 1893 bis 1908 war der Leipziger Professor für Statistik Ernst Hasse, der zugleich als Abgeordneter der Nationalliberalen im Reichstag saß. Sein Nachfolger wurde der Mainzer Justizrat Heinrich Claß, unter dessen Leitung die völkisch-antisemitischen Tendenzen im Verband deutliches Übergewicht bekamen. Zur Führungsgruppe zählten unter anderem der Regierungsassessor Alfred Hugenberg, der 1903 zum Vorsitzenden des Direktoriums der Firma Krupp aufrückte, der Berliner Bankier und Kolonialpolitiker Karl von der Heydt, der Führer der Reichs- und Freikonservativen Partei Wilhelm von Kardorff-Wabnitz, der Rittergutsbesitzer und Vorsitzende der Reichstagsfraktion der Konservativen

Partei Julius Graf von Mirbach-Sorquitten, ferner der Herausgeber der schwerindustriellen RHEINISCH WESTFÄLISCHEN ZEITUNG, Theodor Reismann-Grone.[18]

In der radikalnationalistischen Ideologie des Alldeutschen Verbandes waren antimodernistische, pangermanische, expansionistische und sozialdarwinistische Elemente aufs engste verwoben.[19] Als Maß aller Dinge galt das als ethnische Einheit verstandene eigene Volk, das »Deutschtum«, von dessen Überlegenheit man zutiefst überzeugt war. Dementsprechend weitgespannt waren die Ziele der Alldeutschen: Neben der Errichtung eines großen Kolonialimperiums strebten sie die Zusammenfassung aller Deutschen in einem mitteleuropäischen Großreich an. Bereits 1894 war im Verbandsorgan, den ALLDEUTSCHEN BLÄTTERN, zu lesen: »Nach Osten und Südosten müssen wir Ellenbogenraum gewinnen, um der germanischen Rasse diejenigen Lebensbedingungen zu sichern, deren sie zur vollen Entfaltung ihrer Kräfte bedarf, selbst wenn darüber solch minderwertiges Völklein wie Tschechen, Slowenen und Slowaken … ihr für die Zivilisation nutzloses Dasein einbüßen sollten.«[20] Kein Zweifel: In solchen rassistisch motivierten Expansionsplänen war die »Lebensraum«-Ideologie der Nationalsozialisten bereits vorweggenommen.

Charakteristisch für die alldeutsche »Weltanschauung« war eine radikal dualistische Teilung der Welt in gut und böse. Die *Bösen* – das waren die Feinde im Innern, Sozialdemokraten, Linksliberale, Juden, ethnische Minderheiten und die mißgünstigen Nachbarn, die sich den Expansionsbestrebungen des Reiches in den Weg stellten. Bedrohungsangst mischte sich auf merkwürdige Weise mit Aggressionslust. »Feinde ringsum: Das war von jeher unsere Lage. Und wir haben darunter gelitten wie kein anderes Volk. Feinde ringsum, das bleibt auch unsere Lage für alle Zukunft. Und das ist unser Glück«, verkündete der Verbandsvorsitzende Hasse im Jahr 1907.[21] Aus dieser Bedrohungsparanoia, die der Alldeutsche Verband mit den wilhelminischen Machteliten teilte, wuchs die Bereitschaft, den Krieg nicht nur als unvermeidlich zu betrachten, sondern ihn als »Allheilmittel« geradezu herbeizusehnen. So haben gerade die Alldeutschen mit ihrer Kriegspropaganda »in besonderem Maße dazu beigetragen … daß im Wilhelminischen Deutschland die Kriegserwartung nicht einschlief«.[22]

Die Beziehungen des Alldeutschen Verbandes zur Reichsleitung waren allerdings alles andere als ungetrübt. Von Anfang an besaß der alldeutsche Radikalnationalismus auch eine antigouvernementale Spitze. Denn selbst die auftrumpfende wilhelminische Welt- und Flottenpolitik erschien den Ideologen um Hasse und Claß immer noch als viel zu kompromißlerisch, und auch in der Innenpolitik verlangten sie eine schärfere Gangart gegen die *Reichsfeinde*. In den *Hottentottenwahlen* von 1907 und verstärkt in der Marokkokrise von 1911 bahnten sich jedoch erste Ansätze einer Kooperation zwischen der Reichsleitung und der um den Alldeutschen Verband zentrierten militanten »neuen Rechten« an. Die Strategie des Staatssekretärs im Auswärtigen Amt, Alfred von Kiderlen-Wächter, die nationalistischen Verbände zu mobilisieren, »alle Hunde bellen zu lassen«, um dann vor dem Hintergrund der aufgebauten Drohkulisse sich dem Ausland gegenüber als vergleichsweise moderater Politiker zu präsentieren, erwies sich nicht nur als kontraproduktiv,[23] sondern trug auch dazu bei, daß die Alldeutschen in wachsenden Kreisen des Bürgertums gesellschaftsfähig wurden. Es sei völlig verfehlt, so nahm der Vorsitzende der Nationalliberalen Partei, Ernst Bassermann, den ADV gegen sozialdemokratische Kritik in Schutz, die von »glühendem Patriotismus« erfüllten Leute als »alldeutsche Kriegshetzer, Kanonen- und Panzerplattenenthusiasten und -interessenten« zu verteufeln; vielmehr handele es sich »um hervorragende Schichten des Volkes«.[24]

Zweifellos nahm der Einfluß des Alldeutschen Verbandes auf die deutsche Politik bis 1914 noch zu. Seine Kontakte zu den konservativen Parteien und den Nationalliberalen sowie zu den im *Kartell der schaffenden Stände* vereinigten industriell-agrarisch-mittelständischen Interessengruppen intensivierten sich.[25] Er war eng liiert mit dem Deutschen Wehrverein, dessen Vorsitzender, der Generalmajor a. D. August Keim, zugleich Mitglied der Hauptleitung des Alldeutschen Verbandes war und dessen Stellvertreter, der Historiker Dietrich Schäfer, zu den eifrigsten Propagandisten des Verbandes zählte. Auch in der Umgebung des Kaisers, insbesondere beim Kronprinzen, stießen die radikalen alldeutschen Losungen, wie zum Beispiel die Forderung nach einem Staatsstreich, auf offene Sympathien. Ein Indiz für die wachsende Akzeptanz der alldeutschen Agitation war auch der Erfolg, den Claß mit seinem 1912 unter dem Pseudonym Daniel Fryman veröffentlichten Buch WENN ICH DER KAISER WÄR' fand – eine Kampfschrift, in der sämtliche alldeutschen Forderungen zusammengetragen waren, von der Bildung eines großgermanischen Reiches über die Abschaffung des Reichstagswahlrechts bis hin zu Ausnahmegesetzen gegen Sozialdemokraten und Juden. Das Buch brachte es bis 1914 auf fünf Auflagen (à 5000 Exemplare); wie die breiten, zum Teil positiven Besprechungen in der konservativen und nationalliberalen Presse zeigten, handelte es sich um »ein Syndrom politischen Selbstverständnisses«.[26]

Gewiß, die »neue Rechte«, wie sie sich am Vorabend des Ersten Weltkriegs formierte, war noch nicht mehrheitsfähig, stieß auf entschiedene Gegenkräfte, vor allem im linksliberalen Bürgertum und in der Sozialdemokratie. Doch sie war auch keineswegs mehr nur eine Randerscheinung. Früher, warnte der Herausgeber der PREUSSISCHEN JAHRBÜCHER, der liberale Historiker und Publizist Hans Delbrück, im Dezember 1913, habe man sich in dem Glauben wiegen dürfen, die Alldeutschen seien eine kleine, eher komische Sekte ohne Bedeutung. Davon könne nicht länger die Rede sein.[27] Am beunruhigendsten war zweifellos der doktrinäre Rassenantisemitismus, der in der alldeutsch-völkischen »Weltanschauung« der Vorkriegsjahre eine immer größere Rolle spielte.

Die Ausbreitung des Antisemitismus

Die siebziger Jahre des 19. Jahrhunderts markierten nicht nur das Ende der liberalen Reichsgründungsära; sie waren zugleich die Geburtsstunde des modernen politischen Antisemitismus in Deutschland. Der Schock des *Gründerkrachs* von 1873 provozierte zum erstenmal seit längerer Zeit wieder Ausbrüche eines offenen Judenhasses. Wie oft in Zeiten der Krise mußten die Juden als Sündenböcke herhalten; diesmal wurden sie für die schmerzhaften Folgen verantwortlich gemacht, die mit dem ökonomischen und gesellschaftlichen Modernisierungsprozeß verbunden waren.[28]

Obwohl der moderne Antisemitismus an ältere Traditionen der Judenfeindschaft anknüpfte, stellte er doch ein qualitativ neuartiges Phä-

Schmuhls Brautwerbung um Germania.

Du holdes Weib, ich liebe Dich,
Sink' mir an's Herz und küsse mich!
Komm her zu mir und sei nicht kalt!
Und willst Du nicht, brauch ich Gewalt.

Du birgst vor mir Dein Angesicht?
Du zauderst noch? Du willst mich nicht?
Ich beug' Dir Deinen trotz'gen Sinn!
Denn 'wiss', daß ich Dein König bin.

Ich habe Dich erkauft mit Gold,
Drum liebe mich und sei mir hold!
Aus Angst und Noth und Fährlichkeit
Hat Dich allein mein Geld befreit.

Was wärst Du ohne Itzig Schmuhl?
Er hob Dich auf den goldnen Stuhl,
Er kaufte Dir die güldne Kron,
Und Du – Du weigerst ihm den Lohn!

Was sträubst Du Dich und thust so blöd?
Ergieb Dich mir und sei nicht spröd!
Komm her und reich mir Deine Hand,
Sonst stoß' ich Dich in Schmach und Schand!

So wehr Dich nur, Du stolzes Weib!
Mein bist Du doch mit Seel und Leib.
In Judas Hand, Dein Schicksal ruht,
Mein ist Dein letzter Tropfen Blut.

Antisemitische Karikatur: »Schmuhls Brautwerbung um Germania«.
Holzschnitt, in: »Die Wahrheit«, Nr. 35 vom 26.8.1882.

nomen dar: Er war »eine post-emanzipatorische Bewegung«,[29] das heißt, ihm ging es zunächst darum, die rechtliche und politische Gleichstellung der Juden rückgängig zu machen. Er richtete sich mithin nicht gegen den Anspruch einer seit langem diskriminierten Minderheit, in die Gesellschaft aufgenommen zu werden, sondern gegen eine Gruppe, die gesellschaftlich bereits weitgehend integriert, wenn auch nicht voll assimiliert war. Dieser Gruppe wurde eine ihren tatsächlichen Einfluß grotesk übertreibende Machtposition in Wirtschaft, Politik und Kultur des Kaiserreichs zugeschrieben. »Juda ist eine Macht. Der Antisemitismus setzt sich derselben entgegen«, hieß es 1894 im STAATSLEXIKON der Görres-Gesellschaft.[30]

Zu diesem Zeitpunkt hatte sich der Begriff *Antisemitismus*, der zuerst 1879 aufgetaucht war, schon fest im politischen Schlagwortrepertoire etabliert. Mit der Wahl dieser hochtrabenden Bezeichnung suchten die Exponenten der neuen antijüdischen Bewegung den Eindruck zu erwecken, als seien ihre dumpfen Ressentiments und Vorurteile rational begründet und wissenschaftlich belegbar. Aufgeladen wurde der Antisemitismus durch rassentheoretische und völkische Ideologien, die in Deutschland im letzten Drittel des 19. Jahrhunderts »mehr Blüten trieben als je zuvor und als anderswo«.[31] Eugen Dühring zum Beispiel, der Berliner Privatdozent für Philosophie und Nationalökonomie, stellte in seiner 1881 erschienenen Schrift DIE JUDENFRAGE ALS RACEN-, SITTEN- UND CULTURFRAGE die als unveränderbar angenommenen negativen »Raceneigenschaften« des jüdischen Volkes in den Mittelpunkt und leitete daraus die Forderung nach »Ausnahmegesetzen« ab. Unter Umständen könne sogar »der Fall vorkommen, ganze beteiligte Judengruppen wegzuschaffen«.[32]

In der radikalen Kulturkritik Paul de Lagardes, eines bekannten Orientalisten, verschmolzen Antimodernismus und Antiintellektualismus mit einem pathologischen Judenhaß. Juden waren in seinen Augen gefährliche Krankheitserreger, »Träger der Verwesung«, deren man sich gewaltsam entledigen mußte. »Mit Trichinen und Bacillen wird nicht verhandelt«, verkündete er 1887. »Trichinen und Bacillen werden auch nicht erzogen, sie werden so rasch und so gründlich wie möglich vernichtet.«[33] Neben Dühring und Lagarde avancierte der Schriftsteller und Kulturphilosoph Houston Stewart Chamberlain, ein gebürtiger Engländer, der als Schwiegersohn Richard Wagners die Bayreuther Gemeinde führte, mit seinem zuerst 1899 erschienenen Bestseller DIE GRUNDLAGEN DES XIX. JAHRHUNDERTS zum dritten *Klassiker* des Antisemitismus im wilhelminischen Deutschland. In diesem Werk deutete er die gesamte abendländische Geschichte als ein fortwährendes gigantisches Ringen der arisch-germanischen mit der jüdischen Rasse: »Wo der Kampf nicht mit Kanonenkugeln geführt wird, findet er geräuschlos im Herzen der Gesellschaft statt, durch Ehen ... welche Vermischungen fördert ... durch Verschiebung der Vermögensverhältnisse. Mehr als andere ist gerade dieser Kampf ein Kampf auf Leben und Tod.«[34] Das Machwerk wurde zu einem Kultbuch der Gebildeten. Gefördert durch höchstkaiserliches Wohlwollen, gehörte es zum Lesekanon des nationalbewußten Bürgertums und übte auf das politische Denken im wilhelminischen Deutschland, vor allem auf die Anhänger der *neuen Rechten*, eine nachhaltige Wirkung aus.

Von Beginn an verband sich der rassistisch motivierte Antisemitismus mit dem illiberalen Reichsnationalismus. Diese »Legierung von Antisemitismus und Nationalismus« (Friedrich Meinecke)[35] erwies sich als fest und dauerhaft, und sie war für die deutsche Geschichte in verhängnisvoller Weise folgenreich. Die nervöse neudeutsche Befindlichkeit suchte ihre Unsicherheit gerade dadurch zu überspielen, daß sie die jüdische Minderheit »als Fremdkörper und damit als permanente Bedrohung des jungen Kaiserreichs« stigmatisierte.[36] Juden wurden nicht nur identifiziert mit Liberalismus und Kapitalismus, den verhaßten Erscheinungen der Moderne, sie galten auch als eine für den Zusammenhalt der Nation schädliche, ja gefährliche Gruppe. In der Tendenz zielte der völkische Nationalismus, der sich an der ethnischen Herkunft, dem gemeinsamen »Blut« orientierte, auf innere Homogenität durch Ausgrenzung alles Fremdartigen. Dieses »Fremde« verdichtete sich im Negativbild »des« Juden, »dem gegenüber erst die Nation – über alle Stammes-, Klassen- und Konfessionsgegensätze hinweg – mit sich selbst sollte identisch werden können«.[37]

Was der Hofprediger Adolf Stöcker im Jahre 1883 in einer öffentlichen Versammlung kundtat, war keineswegs die Meinung eines sektiererischen Außenseiters: »Wenn wir gesunden wollen, wenn wir unsre deutsche Volkstümlichkeit festhalten wollen, müssen wir den giftigen Tropfen der Juden aus unsrem Blut loswerden.«[38] Stöcker war der erste Politiker im Kaiserreich, der den Antisemitismus ganz bewußt als Instrument zur politischen Mobilisierung der Massen einsetzte. Mit der von ihm Ende der siebziger Jahre gegründeten Christlich-sozialen Partei beginnt die Geschichte der antisemitischen Organisationen und Sammlungsbewegungen in Deutschland. Der erhoffte Durchbruch zu einer konservativen Massenpartei gelang ihm zwar nicht, die Berliner Arbeiterschaft zeigte Stöcker die kalte Schulter; doch fand der wortgewaltige Volkstribun starken Anklang im Mittelstand und beim akademischen Nachwuchs. Der Zulauf zu seinen Versammlungen war groß, und auch in den Reichstagswahlen konnten die Christlich-Sozialen einige Erfolge verbuchen. In Berlin stieg ihre Stimmenzahl von 14 000 im Jahre 1878 auf 56 000 im Jahre 1884.[39]

Schon bald erhielt Stöckers Christlich-soziale Partei Konkurrenz durch radikalere antisemitische Gruppierungen, die ab Ende der siebziger Jahre wie giftige Pilze aus dem Boden schossen. Es ist nicht notwendig, auf die verwirrende Vielfalt dieser Antisemitenparteien im einzelnen einzugehen. Denn bei den meisten handelte es sich eher um sektenmäßige Zusammenschlüsse, die sich schon nach wenigen Jahren aufgrund von persönlichen Rivalitäten der Wortführer spalteten oder ganz auflösten, um dann unter anderem Namen wiederzuerstehen. Eine einheitliche, organisatorisch geschlossene antisemitische Bewegung ist daraus nicht erwachsen; vielmehr prägte der Wechsel zwischen Aufstieg und Niedergang den Parteienantisemitismus im Kaiserreich.[40]

Am erfolgreichsten operierte zeitweise der Marburger Bibliothekar Otto Böckel, der die hessische Landbevölkerung mit antisemitischen Parolen aufwiegelte und 1887 als erster Abgeordneter einer Antisemitenpartei in den Reichstag gewählt wurde. 1893 zog die Böckel-Bewegung gar mit sieben Abgeordneten ins Parlament ein, insgesamt erreichten die Antisemitenparteien 3,5 Prozent der Stimmen und 16 Mandate.[41] Danach setzte allerdings ein rascher Zerfall ein; bei den Reichstagswahlen von 1912 spielte der organisierte Parteienantisemitismus keine nennenswerte Rolle mehr.

Starke Gegensätze entzündeten sich unter den radikalen Antisemiten immer wieder an der Frage nach dem Verhältnis zum Konservatismus. Während die einen die Nähe zu den konservativen Parteien suchten, um dort verstärkt ihre antisemitischen Überzeugungen hineinzutragen, gingen andere auf Distanz, und zwar in der Absicht, das soziale Protestpotential in bäuerlichen und mittelständischen Schichten auf die eigenen Mühlen zu leiten. Bei allen Differenzen gab es im Lager des politisch organisierten Antisemitismus jedoch einige fundamentale Gemeinsamkeiten. Einig war man sich in dem klar profilierten Feindbild, »die« Juden, deren rassisch begründete »Andersartigkeit« außer Frage stand und die zur tödlichen Gefahr für den deutschen »Volkskörper« dämonisiert wurden. Und einig war man sich auch in den politischen Folgerungen, die aus dieser wahnhaften Fixierung gezogen werden sollten: Zurücknahme der Judenemanzipation, zumindest aber Einschränkung der rechtlichen Gleichstellung der Juden, Beschränkung oder sogar Verbot jeglicher jüdischer Einwanderung vor allem aus dem Osten, drastische Beschneidung des Zugangs zu bestimmten Berufen, in denen Juden nach Ansicht der Antisemiten überrepräsentiert waren.

Einige fanatische Judenhasser gingen über diese Forderungen hinaus, indem sie die Vertreibung der Juden aus Deutschland zum Programm erhoben. Der Leipziger Schriftsteller Theodor Fritsch zum Beispiel, einer der skupellosesten antisemitischen Hetzer im Kaiserreich, faßte 1886 in der von ihm herausgegebenen ANTISEMITISCHEN KORRESPONDENZ zusammen: »Summa summarum: Ausscheidung der jüdischen Rasse aus dem Völkerleben.«[42] Noch deutlicher hieß es in einer auf dem Parteitag von 1902 verabschiedeten Resolution der Deutschsozialen Reformpartei: »Dank der Entwicklung unserer modernen Verkehrmittel dürfte die Judenfrage im Laufe des 20. Jahrhunderts zur Weltfrage werden und als solche von den anderen Völkern gemeinsam und endgültig durch die völlige Absonderung und (wenn die Notwehr es gebietet) schließliche Vernichtung des Judenvolkes gelöst werden.«[43]

Keiner der Delegierten konnte sich damals vermutlich vorstellen, daß aus dieser Vernichtungsrhetorik einmal Realität werden würde. Doch auch die weniger radikalen Vorschläge zur »Lösung der Judenfrage« bewegten sich vor 1914 noch jenseits des politisch Möglichen.

Der Grundsatz der rechtlichen Gleichstellung der Juden war im Kaiserreich – trotz fortbestehender Diskriminierung in manchen gesellschaftlichen Bereichen – zu keinem Zeitpunkt ernsthaft gefährdet. Dennoch blieb das Wirken der Antisemitenparteien nicht folgenlos. Ihre Agitation hielt die »Judenfrage« ständig in der öffentlichen Diskussion, die von ihnen mobilisierten antijüdischen Ressentiments vergifteten das gesellschaftliche Klima nachhaltig. Der Niedergang des Parteienantisemitismus war deshalb auch nicht gleichbedeutend mit einer nachlassenden Virulenz antisemitischer Einstellungen; vielmehr breiteten diese sich bis 1914 ständig aus und gewannen an Bedeutung, vor allem an den Hochschulen, in den Verbänden und den »nationalen« Agitationsvereinen.

Besonders unter den Studenten fiel der Antisemitismus seit Ende der siebziger Jahre auf fruchtbaren Boden. Mehr noch als die Agitation Stöckers spielte hier eine Rolle, daß sich im Herbst 1879 mit dem Historiker Heinrich von Treitschke einer der einflußreichsten Gelehrten seiner Zeit offen zu antisemitischen Ansichten bekannte. In den von ihm herausgegebenen PREUSSISCHEN JAHRBÜCHERN pries er »die leidenschaftliche Bewegung gegen das Judentum«; er wetterte gegen jene »Jahr für Jahr aus der unerschöpflichen polnischen Wiege« hereindrängende »Schar strebsamer hosenverkaufender Jünglinge«, »deren Kinder und Kindeskinder dereinst Deutschlands Börsen und Zeitungen beherrschen sollen«, und er steigerte schließlich seine Anwürfe bis zu jenem verhängnisvollen Satz, der künftig zum Schlachtruf aller Antisemiten wurde: »Bis in die Kreise der höchsten Bildung hinauf … ertönt es heute wie aus einem Munde: die Juden sind unser Unglück.«[44]

Bei den meisten seiner Berliner Kollegen stieß Treitschke mit seinen antisemitischen Tiraden auf entschiedene Abwehr. Am kompromißlosesten trat der Althistoriker Theodor Mommsen dem »Wahn« entgegen, »der jetzt die Massen erfaßt« habe und dessen »rechter Prophet« Heinrich von Treitschke sei. Durch sein Prestige als Gelehrter und Schriftsteller habe er den Antisemitismus gesellschaftsfähig gemacht: »Der Kappzaum der Scham war dieser ›tiefen und starken Bewegung‹ abgenommen; und jetzt schlagen die Wogen und spritzt der Schaum.«[45]

In der Studentenschaft hingegen fand Treitschke Gehör; er »prägte entscheidend das Denken und die politische Orientierung der nachfolgenden Akademikergeneration«.[46] Studenten engagierten sich seit Sommer 1880 in der Kampagne für eine *Antisemitenpetition*, welche das Verbot der Einwanderung von Juden, ihren Ausschluß aus allen öffentlichen Ämtern und strenge Beschränkung ihrer Tätigkeit im Schul- und Justizwesen verlangte. An einigen norddeutschen Universitäten unterzeichneten 30 bis 50 Prozent aller Immatrikulierten diese Petition.[47] Aus den Ausschüssen zur Unterschriftensammlung gingen 1880/81 die ersten Vereine Deutscher Studenten hervor, die versprachen, »sich zur Wehr zu setzen gegen das fremde Geschlecht, das unser deutsches Vaterland in eine fremde Börse verwandelt«.[48] Im August 1881 trafen sich 600 Studenten und 200 Sympathisanten am Fuße des Kyffhäuser, des sagenumwobenen Berges am Südrand des Harzes. Die Veranstaltung, die an die Tradition des Wartburgfestes von 1817 anknüpfte, stand ganz im Zeichen eines aggressiven Nationalismus und einer scharfen Abgrenzung gegen alles »Undeutsche« und »Fremde«, vor allem gegen die Juden. Der größte Teil der Studentenschaft, so erklärte ein Festredner, wisse, daß »eine mutige, sachliche Bekämpfung der schlechten und schädlichen Seiten des vaterlandslosen Judentums zur Rettung unseres Vaterlands durchaus erforderlich« sei.[49]

Die Kyffhäuserbewegung war nur der stärkste Ausdruck einer ideologischen Tendenzwende in der Studentenschaft, die sich in einer deutlichen Abkehr von der liberalen Grundhaltung der akademischen Vätergeneration manifestierte. Sie vollzog sich vor dem Hintergrund einer *Überfüllungskrise* des akademischen Arbeitsmarkts. Der überproportional hohe Anteil jüdischer Studenten an preußischen Hochschulen – Folge des ausgeprägten Bildungsdrangs der jüdischen Minderheit im Kaiserreich – weckte Konkurrenzängste und Neidgefühle. Die antisemitischen Vereine Deutscher Studenten knüpften hier an, indem sie die Überfüllung der Universitäten auf das Schuldkonto der Juden buchten: »Handel und Börse sind bei uns fast zu einem Monopol des Judentums geworden ... Geld sichert oder erleichtert den Zutritt zur akademischen Laufbahn, daher bevölkern die Juden in ungeheurer Zahl unsere Universitäten.«[50]

Vom Kyffhäuserverband drang der rassistisch geprägte Antisemitismus auch in andere studentische Verbindungen ein. 1896 beschlossen die Burschenschaften, dem Beispiel der Vereine Deutscher Studenten folgend, keine jüdischen Mitglieder mehr aufzunehmen. Und auch in den elitären Corps rückte man zunehmend von jedem geselligen Umgang mit Juden ab. »Die gesellschaftliche Isolierung des jüdischen Studenten ist heute in der Hauptsache vollzogen«, frohlockte ein Mitglied des Kyffhäuserverbandes 1902, und 1910 stellte ein anderer Kommilitone aus demselben Verband lapidar fest: »Heute ist der Gedanke des gesellschaftlichen Antisemitismus ja so ziemlich ein selbstverständliches Gemeingut aller akademischen Kreise geworden.«[51]

Für die weitere deutsche Geschichte wurde es zur schweren Hypothek, daß der akademische Nachwuchs sich aus einer Studentengeneration rekrutierte, in der spätestens seit der Jahrhundertwende der Antisemitismus zur sozialen Norm geworden war.[52] In wichtige Positionen von Verbänden und Parteien, Verwaltung und Justiz, Universitäten und Schulen rückten bald Männer auf, die ihre politische Sozialisation im völkischen und antisemitischen Milieu der Studentenverbindungen erfahren hatten. Sie wirkten als Multiplikatoren eines Weltbildes, dem antisemitische Einstellungen als selbstverständlicher Bestandteil eingeschrieben waren. Das Versagen der akademischen Eliten angesichts der Judenverfolgung nach 1933 kann nur verstanden werden, »wenn die fatale ... Kontinuität zurück zum studentischen Antisemitismus des Kaiserreichs offengelegt wird«.[53]

Neben den Studenten erwies sich vor allem der *alte* Mittelstand als empfänglich für den Antisemitismus. Für Handwerker wurden die judenfeindlichen Ressentiments spätestens in den neunziger Jahren »zu einem wesentlichen und bleibenden Element ihrer Weltanschauung«,[54] und auch Einzelhändler, die sich durch die Konkurrenz der »jüdischen« Warenhäuser bedroht sahen, waren immer mehr geneigt, antisemitischen Parolen nachzulaufen. Im *neuen* Mittelstand war es vor allem der Deutschnationale Handlungsgehilfen-Verband, der offen antisemitische Auffassungen propagierte. Er schloß »Juden und nachweislich von Juden abstammende Personen« von der Mitgliedschaft aus; seine Verbandsführung pflegte zudem enge Kontakte zu völkisch-antisemitischen Gruppierungen.[55]

Schließlich spielte der Antisemitismus auch im Bund der Landwirte eine nicht zu unterschätzende Rolle, ja, diese größte und mächtigste agrarische Interessenorganisation im Kaiserreich muß sogar als »der wichtigste Multiplikator gezielter antisemitischer Vorurteile mit politischer Konsequenz« betrachtet werden.[56] Der BdL knüpfte an die traditionelle Judenfeindschaft der ländlichen Bevölkerung, unter anderem an das Klischee vom *Wucherjuden,* an, lud sie aber durch die ›modernen‹ Elemente der völkischen und sozialdarwinistischen Rassenlehre auf. Zu einem Zeitpunkt, da die völkischen Antisemitenparteien an Einfluß verloren und zu Sekten herabsanken, sprang der BdL gewissermaßen in die Bresche und half, den Antisemitismus in konservativen Kreisen salonfähig zu machen. Kraftvolle Unterstützung erhielt er hierbei vom Alldeutschen Verband, in dem spätestens seit 1908, als Justizrat Heinrich Claß die Verbandsführung übernahm, die Rassenideologie voll zum Durchbruch kam. In seinem Buch WENN ICH DER KAISER WÄR' waren alle Stereotypen und Forderungen der Radikalantisemiten zusammengefaßt. Claß sah in den Juden die Hauptursache für die »Verwüstung und Verderbnis unseres öffentlichen Lebens«; für ihn stand fest, daß »durch das Gift der jüdischen Rasse das ganze deutsche Volk zugrunde gerichtet wird«. Nur durch rigorose Maßnahmen konnte nach seiner Ansicht diese innere »Zersetzung« aufgehalten werden. Darunter verstand Claß zum einen die vollständige Sperrung der Grenze gegen jede weitere jüdische Einwanderung, zum anderen die Ausweisung der Juden, die noch kein Bürgerrecht erworben hatten, und drittens verlangte er, die ansässigen Juden unter Fremdenrecht zu stellen.[57] Diese radikalen Vorschläge stießen im politischen Establishment des wilhelminischen Deutschland auf keine Gegenliebe; Wilhelm II. nannte sie geradezu »kindlich«.[58] In konservativen Zeitungen gab es jedoch auch klammheimliche, seltener offene Zustimmung. »Diese Forderungen«, kommentierte die KREUZZEITUNG, »sind gewiß so populär wie der Märchentraum vom Tischleindeckdich«, doch ihre Verwirklichung sei nicht möglich, sonst müßte der Titel des Buches WENN ICH DIKTATOR WÄR' lauten. Dessenungeachtet sei der Verfasser »ein beredter Dolmetsch aller Sorgen und Kümmernisse nationalgesinnter Deutscher«.[59]

Die Reaktionen auf das Claß-Buch zeigen, wie verbreitet antisemitische Ressentiments inzwischen in der wilhelminischen Gesellschaft waren. Auch wenn das staatlich-administrative System den Grundsatz der bürgerlichen Gleichstellung der Juden nach wie vor respektierte, gab es in der Praxis doch zahlreiche Fälle von Diskriminierung. Bei der Lehrstuhlbesetzung an deutschen Universitäten wurden jüdische Gelehrte in der Regel benachteiligt; Privatdozenten jüdischer Herkunft mußten häufig doppelt so lange auf einen Ruf warten wie ihre nichtjüdischen Kollegen. So bekam der Philosoph Ernst Cassirer, der sich durch hervorragende Leistungen längst vor 1914 einen Namen gemacht hatte, erst nach dem Ende des Kaiserreichs 1919 einen Lehrstuhl.[60]

Besonders rigoros war die Zurücksetzung der Juden im Offizierskorps. Es gab im kaiserlichen Deutschland nicht einen einzigen jüdischen Berufsoffizier. In Preußen konnten seit den achtziger Jahren die *Einjährig-Freiwilligen* jüdischer Herkunft auch nicht mehr zum Leutnant der Reserve avancieren. Etwas günstiger lagen die Verhältnisse in Bayern, wo sich immerhin einige jüdische Bewerber mit der gesellschaftlich begehrten Uniform eines Reserveoffiziers schmücken konnten. Wie sehr antisemitische Vorurteile gerade im Offizierskorps kultiviert wurden, brachte beispielhaft der preußische Kriegsminister Karl von Einem zum Ausdruck: Der »ganze jüdische Charakter, die ganze Denk- und Handlungsweise des einzelnen sowie ihrer Sippe« seien von der im deutschen Offizierskorps »glücklicherweise noch durchgängig vorhandenen Sinnesart so grundverschieden, daß ein Eindringen jüdischer Elemente in das aktive Offizierskorps nicht nur für schädlich, sondern für direkt verderblich zu erachten sei«.[61]

Offener oder latenter Antisemitismus war jedoch nicht nur ein Kennzeichen des kaiserlichen Offizierskorps; er wurde vielmehr »zum Bestandteil einer ganzen Kultur«,[62] wirkte prägend im täglichen Umgang. Die bloße Anwesenheit von Juden, etwa in der Stammtischrunde kleinstädtischer Honoratioren, wurde als Provokation empfunden. Durch die Hervorhebung bestimmter als typisch bezeichneter Teile der Physiognomie, etwa der *krummen Nase*, wurde das Bild der Juden in Karikaturen und Spottversen bösartig verzeichnet. Auch der im Kaiserreich überaus populäre Wilhelm Busch hatte keine Bedenken, den Juden stigmatisierende Merkmale zuzuschreiben, so in der FROMMEN HELENE (1872): »Und der Jud, mit krummer Ferse,/Krummer Nas' und krummer Hos'/Schlängelt sich zur hohen Börse/Tiefverderbt und seelenlos.«[63] Auf der ostfriesischen Badeinsel Borkum wurde vor dem Ersten Weltkrieg allabendlich das *Borkum-Lied* gesungen, das mit den Versen endete: »Doch wer dir naht mit platten Füssen, / Mit Nasen krumm und Haaren kraus, / Der soll nicht deinen Strand genießen / Der muß hinaus! Der muß hinaus! Raus!«[64]

Ein weiteres Element des alltäglichen Antisemitismus war die stigmatisierende Verwendung von als typisch angesehenen jüdischen Familiennamen wie Cohn oder Itzig. Die Namen mußten als Zielscheibe herhalten für Neckverse (»Jude, Jude Itzig, mach dich nicht so witzig«) oder Spottlieder (»Hab'n Sie nicht den kleinen Cohn geseh'n«). Nicht wenige Träger dieser Namen entschlossen sich, einen anderen Namen anzunehmen, um der Verhöhnung zu entgehen.[65]

Gewiß, es gab auch Gegenkräfte, vor allem im Lager des Linksliberalismus und der sozialdemokratischen Arbeiterbewegung. Auf Anregung des linksliberalen Berliner Oberbürgermeisters Max von Forckenbeck protestierten im November 1880 75 Repräsentanten des deutschen Geisteslebens – darunter Größen der Berliner Universität wie Theodor Mommsen, Rudolf Virchow oder Johann Gustav Droysen – dagegen, daß »in unerwarteter und tief beschämender Weise ... der Racenhaß und der Fanatismus des Mittelalters wieder ins Leben gerufen und gegen unsre jüdischen Mitbürger gerichtet« werden.[66] Ende der achtziger Jahre, als die Antisemitenparteien wieder im Aufwind waren, gründeten liberale Politiker und Gelehrte den *Verein zur Abwehr des Antisemitismus*. Er wandte sich entschieden gegen Verwaltungswillkür und Diskriminierung, verband damit allerdings auch eine bestimmte Assimilationserwartung an die jüdische Minderheit. Auf Vernunft und Überzeugung setzend, blieb die Reichweite seiner Aufklärungsarbeit freilich begrenzt. Denn gerade mit Vernunftargumenten war den Antisemiten nicht beizukommen, wie Theodor Mommsen in einem Anflug von Resignation 1894 erkannte: »Sie täuschen sich, wenn Sie glauben, daß man da überhaupt mit Vernunft etwas machen kann. Ich habe das früher auch gemeint und immer wieder gegen die ungeheure Schmach protestiert, welche Antisemitismus heißt. Aber es nützt nichts. Es ist alles umsonst. Was ich Ihnen sagen könnte, was man überhaupt in dieser Sache sagen kann, das sind doch immer nur Gründe, logische und sittliche Argumente. Darauf hört doch kein Antisemit. Die hören nur auf den eigenen Haß und den eigenen Neid, auf die schändlichen Instinkte. Alles andere ist ihnen gleich.«[67]

Auch die Sozialdemokratie nahm in ihren offiziellen Verlautbarungen scharf gegen den Antisemitismus Stellung. In ihrer Praxis allerdings fiel diese Ablehnung nicht immer so entschieden aus; vielmehr befleißigte sie sich in Wahlkämpfen eher einer gewissen Zurückhaltung, um die auch von den Antisemiten umworbenen kleinbürgerlichen Wählerschichten nicht zu sehr vor den Kopf zu stoßen.[68] Überdies erblickte die sozialdemokratische Parteiführung in den Auseinandersetzungen um die moderne *Judenfrage* ausschließlich ein Problem der bürgerlichen Gesellschaft, das sich mit der Beseitigung des Kapitalismus von selbst erledige. »Uns kann es nur recht sein«, erklärte August Bebel, »wenn sich die herrschenden Klassen untereinander bekriegen und alles Vertrauen wankt und der Ekel vor dieser Ordnung der Gesellschaft wächst. Wir sehen ruhig zu und warten ab.«[69]

Unterschwellig gab es auch in der Sozialdemokratischen Partei antijüdische Animositäten. Sie äußerten sich zum Beispiel gegenüber den in den Theoriedebatten stark engagierten Intellektuellen jüdischer Herkunft. In den Unterhaltungsblättern der SPD erschienen Witze und Karikaturen, die von antijüdischen Klischees nicht immer ganz frei waren. Auch wenn Beamte der Politischen Polizei in Hamburger Arbeiterkneipen nur selten antisemitische Äußerungen auffingen,[70] kann man daraus nicht ohne weiteres den Schluß ziehen, daß die sozialdemokratisch beeinflußten Arbeiter völlig immun gegen antisemitisches Gedankengut gewesen seien. Zumindest aber läßt sich sagen, daß sie weniger davon infiziert waren als andere Gesellschaftsschichten im Kaiserreich.

Die meisten der assimilierten, politisch dem Liberalismus verbundenen deutschen Juden hielten den Antisemitismus für eine zwar gefährliche, aber doch vorübergehende Erscheinung, »eine heilbare Krankheit«.[71] Sie fühlten sich in der wilhelminischen Gesellschaft zu Hause, wollten gute deutsche Patrioten sein, und wurden doch durch das Verhalten ihrer Umgebung schmerzlich an ihr angebliches Anderssein erinnert. Selbst die erfolgreichsten jüdischen Unternehmer und Bankiers stießen in höchsten Gesellschaftskreisen »immer wieder auf

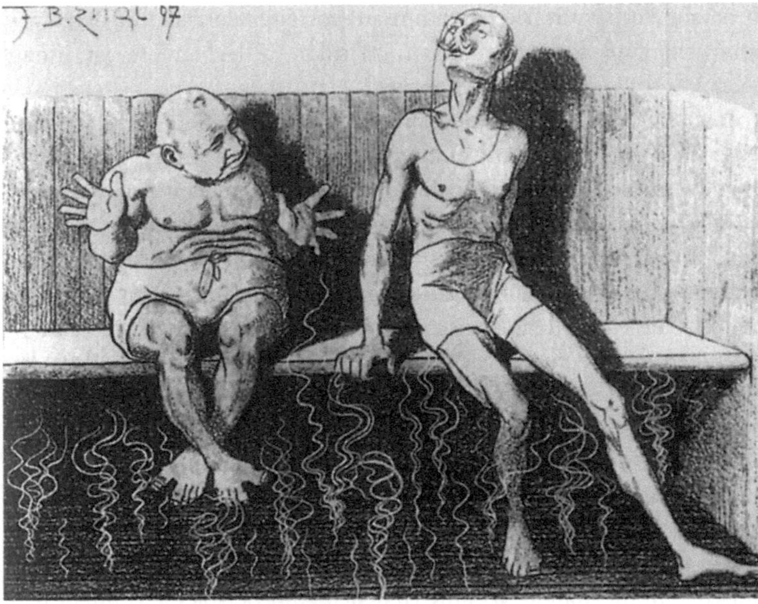

Karikatur von Josef Benedikt Engl im »Simplicissimus«:
»Herr Lieutenant tragen das Monocle im Bad?«
»Äh, befürchte, sonst für Civilisten gehalten zu werden.«, 1897.

die Fremdheitsmauer, die sie von ihrer nichtjüdischen Umgebung isolierte«.[72] Diese Erfahrung brachte viele assimilationswillige Juden dazu, sich wieder verstärkt mit ihrem Judentum zu beschäftigen. Eine kleine Minderheit zog daraus die Konsequenz und schloß sich der zionistischen Bewegung an. Aber auch die Mehrheit der assimilierten Juden sah sich Anfang der neunziger Jahre, als die antisemitische Welle einen Höhepunkt erreichte, zur organisierten Abwehr gezwungen. 1893 wurde der *Centralverein deutscher Staatsbürger jüdischen Glaubens* gegründet, der sich rasch zur größten jüdischen Interessenvertretung in Deutschland entwickelte. Neben der Bekämpfung der antisemitischen Agitation erblickte er seine wichtigste Aufgabe darin, die vollkommene Durchführung des Grundsatzes der Gleichberechtigung und damit ein Ende der Benachteiligung von Juden im Staatsdienst einzufordern. Mochte der Centralverein in Einzelfällen auch

Erfolge erzielen: im ganzen änderte sich an der Praxis der Diskriminierungen vor 1914 nichts.

So bietet sich einer resümierenden Betrachtung ein widersprüchliches Bild. Der Einfluß der radikalen Antisemitenparteien auf politisch-parlamentarischer Ebene war bis 1914 faktisch auf Null gesunken. Zugleich aber hatten sich antisemitische Einstellungen über studentische Verbindungen, mittelständische Berufs- und Interessenorganisationen und »nationale« Vereine wie den Alldeutschen Verband tief in die wilhelminische Gesellschaft eingefressen. Sie waren – nach der treffenden Charakterisierung Franz Oppenheimers – gleichsam »das nach innen gewandte Gesicht des aggressiven chauvinistischen Nationalismus«,[73] und als solche übten sie auf die kollektive Mentalität der wilhelminischen Eliten und die nationalgesinnten Schichten des Bürgertums und des Mittelstands eine nicht zu unterschätzende Kraft aus. Antisemitische Vorurteile stellten ein explosives gesellschaftliches Potential dar – besonders für den Fall, daß in Krisensituationen wieder einmal nach *Sündenböcken* gesucht werden sollte.

Die Militarisierung der Gesellschaft und die Schwäche der Gegenkräfte

In einem Rückblick auf die Entwicklung von *Staatsverfassung und Heeresverfassung* aus dem Jahre 1906 erkannte der Historiker Otto Hintze im Preußen des 18. Jahrhunderts »das klassische Musterbeispiel des Militarismus«. Er fügte allerdings hinzu: »Der Militarismus durchdringt noch heute unser Staatswesen und das Volksleben überhaupt in einer vielfach maßgeblichen Weise.«[74]

Wenn es eines Beweises für diese Feststellung bedurft hätte, so lieferte ihn ein Vorfall, der im Oktober 1906 in ganz Deutschland für großes Aufsehen sorgte – das Husarenstück des Schuhmachers Wilhelm Voigt, der als Hauptmann verkleidet eine Abteilung Soldaten nach dem Köpenicker Rathaus dirigierte, dort den Bürgermeister verhaften ließ und sich anschließend mit der Gemeindekasse aus dem Staub machte. Diese Episode zeigte, welches Ausmaß die Uniformgläubigkeit im Kaiserreich inzwischen angenommen hatte. Der *Rock des Königs* galt als ein unzweifelhaftes Statussymbol; er stattete seinen Träger automatisch mit einer respektheischenden Autorität aus, der Zivilisten nichts Gleichwertiges entgegenzusetzen hatten.

Die Grundlage für die Hochschätzung alles Militärischen im Kaiserreich war durch die drei erfolgreichen *Einigungskriege* von 1864, 1866 und 1870/71 gelegt worden. Sie hatten dem Offizierkorps einen enormen Zuwachs an gesellschaftlichem Prestige beschert und seine exklusive Sonderstellung als »erster Stand im Staate« nachhaltig befestigt. Kritische Stimmen, wie sie vor allem in Süddeutschland in Erinnerung an das Wüten preußischer Truppen 1849 verbreitet waren, traten ganz zurück und machten zunehmend einer Militärfrömmigkeit Platz. Militärische Wertvorstellungen und Leitbilder breiteten sich in der Gesellschaft aus; sie wirkten verhaltensprägend bis in die alltäglichen Gewohnheiten hinein. Der forsche Kasinoton und das schneidige Auftreten, Disziplin und Strammstehen wurden auch im Zivilleben selbstverständlich. »Es ist, als ob die ganze Welt von heute mit Säbeln über das Pflaster klirrte«, bemerkte der Münchner Schriftsteller Ludwig Thoma.[75]

Die Militarisierung des Alltagslebens nahm teilweise groteske Züge an: »Man trank aus Tassen, die mit Symbolen und Darstellungen der Waffengattungen, mit Abschiedsszenen, Sinnsprüchen und Hohenzollernköpfen dekoriert waren, aß von Tellern mit Schlachtenszenen, schmückte sein Heim mit militärischem Nippes: Soldatischem in Porzellan, Miniaturausgaben von Pfalzen, Burgen, Musikkorps, Nachbildungen von Garderegimentern, Denkmälern und Kanonen, mit Bleisoldaten in Schlachtordnung; Reservistenkrüge, Bierseidel, selbst Barttassen zierte säbelrasselndes Dekor. Wandschmuck zeigte mit Vorliebe Uniformen; Deckchen, Überhandtücher, Wandbehänge blieben vom Kaiser- und Militärkult nicht verschont.«[76] Geradezu zum Sinnbild für den Verlust an Zivilität wurde der Kaiser-Wilhelm-Schnurrbart, der Haar für Haar unter der Brennschere des Friseurs hochgebogen und unter einer täglich angelegten Binde in Form gehalten werden mußte – ein »in weiten Teilen des Bürgertums hochgeschätztes Männlichkeitssymbol mit martialischem Signalwert«.[77]

Wilhelminische Kinder wuchsen in der Bewunderung des Militärischen auf – »mit Soldatenspiel, Zinnsoldaten, Kanonen, ganzen Garnisonen in Kleinformat. Schon die Kleinsten sangen: ›Morgen kommt der Weihnachtsmann, kommt mit seinen Gaben, Trommel, Pfeifen und Gewehr, Fahn' und Säbel und noch mehr, ja ein ganzes Kriegesheer möcht' ich gerne haben‹.«[78] Die Einübung militärischer Denk- und Verhaltensmuster setzte sich in der Schule fort. In der PÄDAGOGISCHEN WARTE, einer reformorientierten Zeitschrift, wurde 1891 beklagt, daß der Schulbetrieb »in vielen Städten dem Exerzierplatze« gleiche und man an Schulinspektoren, Rektoren und Lehrern mit »Vorliebe die Schneidigkeit« rühme.[79] Berichte über »Prügelpädagogen, die durch reichliche Verwendung des Stockes ihr mangelndes pädagogisches Geschick auszugleichen versuchten«, die sich »wie Vorgesetzte« aufführten und einen »unbeschreiblichen Korporalgeist« verbreiteten, sind in den Erinnerungen von Zeitgenossen an ihre wilhelminische Schulzeit in unzähligen Variationen überliefert.[80] Kein Wunder, daß in der von Alfred Graf 1912 herausgegebenen Sammlung SCHÜLERJAHRE keiner der prominenten Autoren mit der Gymnasialzeit »auch nur die Spur einer dankbaren Erinnerung« verband, vielmehr alle mit »großem Grauen« zurückdachten an ihre Lehrer, die – »halb Feldwebel, halb Stubengelehrte« – selten »den Ton ›vertraulicher‹, richtiger Menschlichkeit« gefunden hätten.[81]

»Lerne vom Militär!« lautete die Devise der pädagogischen Fachliteratur der Kaiserzeit. »Gerade sitzen! Ruhe! Mund halten! Griffel hoch! Hände hoch! Hefte zeigt! – und nach beendigter Revision: Ab! ... Die Ausführung des Kommandos muß eingeübt werden, damit dem Lehrer das Kommandieren, dem Schüler die pünktliche Befolgung zur zweiten Natur werde«, empfahl der Didaktiker H. F. Kahle in seinem vielbenutzen Werk GRUNDZÜGE DER EVANGELISCHEN VOLKSERZIEHUNG.[82] Das Aufstehen der Schüler beim Eintreten des Lehrers ins Klassenzimmer habe »mit einem einzigen Ruck zu geschehen« und müsse »›klappen‹ wie ein Bataillonstritt bei der Parade«, hieß es in einem Lexikon der Pädagogik 1914. Im »Gänsemarsch mit regelrechtem Soldatenschritt« müßten die Schüler in den Pausen das Klassenzimmer verlassen und »zwei und zwei im Schulhof ordnungsgemäß auf u(nd) ab marschieren. Köpfe u(nd) Schultern der Jungen müssen in der Klasse in militärischer Haltung scharf gerichtet sein, so daß das

Auge des Schulbefehlshabers nach keiner Seite hin eine Abweichung zu sehen vermag.«[83]

So vorbereitet, traten die jungen Männer zwischen ihrem 20. und ihrem 22. Lebensjahr ihren drei-, seit den neunziger Jahren zweijährigen Militärdienst an. Der Kasernenalltag war, zumindest in den ersten Monaten der Grundausbildung, gekennzeichnet durch einen sturen Drill.[84] Die Übungen des Strammstehens, des Grüßens, der richtigen Gewehrgriffe, des Marschierens »in Reih' und Glied« wurden so lange wiederholt, bis sie sich eingeschliffen hatten. Wichtigstes Erziehungsziel der Armee war der unbedingte Gehorsam; jede Individualität und Spontaneität sollte den Rekruten ausgetrieben werden. Wer sich dieser Dressur widersetzte, war den Sanktionen der Vorgesetzten, Offiziere und Unteroffiziere, ausgeliefert, gegen die er sich kaum zur Wehr setzen konnte. Soldatenmißhandlungen waren im wilhelminischen Heer an der Tagesordnung. Dennoch wurde der Militärdienst von den meisten Rekruten in der verklärenden Rückschau als eine Phase bestandener Bewährungsproben geschildert, als ein harter, aber unverzichtbarer Initiationsritus auf dem Weg zum Eintritt ins Erwachsenenleben.

Söhne aus besitz- und bildungsbürgerlichen Schichten mit gymnasialem Abschluß konnten durch das Einjährig-Freiwilligen-Privileg nicht nur ihre Militärzeit auf ein Jahr verkürzen; sie konnten auch im Anschluß daran jenes begehrte Reserveoffizierspatent erwerben, das sie am hohen Sozialprestige des Offizierkorps teilhaben ließ und gleichsam eine Art Ersatznobilitierung darstellte. »Der preußische Leutnant ging als junger Gott, der bürgerliche Reserveleutnant wenigstens als Halbgott durch die Welt«, so hat der Historiker Friedrich Meinecke rückblickend das pfauenhafte Auftreten und das dünkelhafte Selbstverständnis dieser jungen Männer beschrieben.[85] Gewiß wäre es übertrieben, das »Reserveleutnantswesen« als einzige und allein ausschlaggebende Ursache für die Militarisierung der reichsdeutschen Gesellschaft zu betrachten, wie es gelegentlich in der zeitgenössischen sozialdemokratischen Kritik geschah. Aber unbestritten ist, daß die Institution des Reserveoffiziers ein wichtiges Bindeglied zwischen Militär und Gesellschaft war und in ganz erheblichem Maße dazu beigetragen hat, im Bürgertum noch vorhandene Reserven gegen die Dominanz des Militärischen abzubauen.

In dieselbe Richtung wirkten auch die Kriegervereine, die nach 1871 gegründet wurden, um die Erinnerung an die Einigungskriege wachzuhalten. Darüber hinaus sollten sie den »Geist der Hingabe … an Reich und Kaiser, Fürst und Vaterland« pflegen.[86] In dem Maße, wie sich die Vereine über den Kreis der ehemaligen Kriegsteilnehmer hinaus für alle »Gedienten« öffneten, wuchs ihre Zahl rasch an. 1913 zählte der Kyffhäuserbund, der 1899 gegründete Dachverband, fast 32 000 Vereine mit über 2,8 Millionen Mitgliedern – die mit Abstand größte organisierte Massenbewegung im wilhelminischen Deutschland.

Ohne Frage haben die Kriegervereine im Prozeß der Nationalisierung und Militarisierung breiter Bevölkerungsschichten im Kaiserreich eine herausragende Rolle gespielt. Der Historiker und Pazifist Ludwig Quidde bezeichnete sie 1893 »als wirksamstes Mittel, die kleinbürgerliche Gesellschaft mit dem Geiste des Militarismus zu durchdringen«.[87] Tatsächlich kamen die meisten Mitglieder aus dem Kleinbürgertum; daneben waren aber auch gewerbliche Arbeiter und Landarbeiter überraschend stark vertreten. Die Führungspositionen wurden jedoch nahezu ausnahmslos von den bürgerlichen Honoratioren besetzt, so daß man zu Recht von einer »Hegemonie der lokalen Eliten« sprechen kann.[88] Außer der Pflege monarchischer Gesinnung sollten die Kriegervereine als festes Bollwerk gegen die »Kräfte des Umsturzes« dienen, das heißt die Mitglieder gegen die Einflüsse der Sozialdemokratie immunisieren. Sozialdemokraten durften – laut Beschluß des Kyffhäuser-Bundes von 1901 – nicht dazugehören, ja schon die Stimmabgabe für die SPD sollte mit Ausschluß geahndet werden. Allerdings setzte sich die militant antisozialistische Politisierung nicht überall widerspruchslos durch. Besonders in ländlichen Gemeinden und in Kleinstädten war der gesellige Zusammenhang wichtiger. Nationale Feste und Gedenktage mit Umzügen, Fahnenappellen, Militärparaden, Denkmalseinweihungen und abendlichen Bällen markierten die Höhepunkte im Vereinsleben.

Der Gesinnungsmilitarismus, wie er hier kultiviert wurde, mußte nicht künstlich beschworen werden; er war selbstverständlich akzeptierter Bestandteil einer Lebensform, die alle Poren der wilhelminischen Gesellschaft durchdrang und für »eine Art Festalltag mit

Kasernenhofstimmung« sorgte.[89] Unübertroffen hat Ludwig Quidde das Ritual der Kriegervereinsumzüge mit der Fahne als wichtigstem Vorzeigesymbol charakterisiert: »Die Fahne erfüllt gewiß gar manche mit dem heiligen Schauer militärischen Subordinationsgefühls, und wenn der Verein sich dann hinter ihr im Zuge ordnet, in Reih und Glied aufmarschiert, in ganz anders straffer Haltung als das schlampige Zivil, die älteren Mitglieder mit einigen Kriegsgedenkmünzen auf der Brust, da mag man sich wohl vorkommen als etwas, was berufen ist, in der bürgerlichen Gesellschaft eine ganz besondere Rolle zu spielen, während man in Wirklichkeit mit seiner kindlichen Freude an den Äußerlichkeiten des Soldatenspielens sich nur dazu hergibt, einem System, das im Grunde hochmütig auf die bürgerlichen Kreise herabsieht, ergebenst die Schleppe zu tragen.«[90]

In einer so stark militaristisch geprägten Gesellschaft wie der wilhelminischen besaß die Gegenbewegung des Pazifismus von vornherein kaum eine Chance.[91] Der unerwartete Erfolg, den die österreichische Autorin Bertha von Suttner 1889 mit ihrem Antikriegsbuch DIE WAFFEN NIEDER! erzielt hatte, ermutigte indessen den jungen Journalisten Alfred Hermann Fried, auch in Deutschland eine Friedensbewegung ins Leben zu rufen. Im Dezember 1892 gründete er zusammen mit einigen Abgeordneten der Freisinnigen Partei und dem populären Schriftsteller Friedrich Spielhagen eine Deutsche Friedensgesellschaft (DFG). Doch deren Einfluß blieb denkbar gering. Bis zum Vorabend des Ersten Weltkriegs brachte sie es gerade einmal auf 10 000 Mitglieder – angesichts der in den Kriegervereinen organisierten Massen eine verschwindend kleine Zahl.

Von Anfang an waren die *Friedensschwärmer*, wie sie genannt wurden, bösen Verdächtigungen und Verunglimpfungen ausgesetzt. Ihnen wurde vorgeworfen, das kostbarste Gut der deutschen Nation, ihre »Wehrbereitschaft«, untergraben und einer allgemeinen »Verweichlichung« Vorschub leisten zu wollen. Da unter den namhaften Pazifisten neben Juden auch Frauen in Erscheinung traten, bot die Friedensbewegung eine willkommene Zielscheibe nicht nur für antisemitische, sondern auch für antifeministische Ressentiments. Ganz offensichtlich sah sich der wilhelminische Virilitätskult, der mit der Militärfrömmigkeit aufs engste verschwistert war, durch das Häuflein der Pazifisten auf besondere Weise provoziert. Jedenfalls zeigt die schrille Ablehnung zum weiteren Mal, welche tiefsitzenden Ängste sich hinter dem anscheinend so selbstsicheren martialischen Habitus verbargen.

Sich im Kaiserreich in der bürgerlichen Friedensbewegung zu engagieren, hieß, sich existentiell zu exponieren. Das konnte sich im Grunde nur jemand leisten, der finanziell unabhängig war und deshalb die Folgen gesellschaftlicher Ächtung nicht zu fürchten brauchte – wie Ludwig Quidde, der Autor der berühmten Kaiser-Satire CALIGULA (1894), der als vermögender Privatgelehrter in München lebte und seit Mitte der neunziger Jahre eine zunehmend wichtige Rolle in der Deutschen Friedensgesellschaft spielte. Quidde organisierte den Weltfriedens-Kongreß in München 1907, und er war der einzige deutsche Vertreter im Internationalen Friedensbüro in Bern. In dieser schwachen internationalen Repräsentanz der deutschen Friedensbewegung spiegelte sich das fundamentale Dilemma des organisierten Pazifismus im Kaiserreich wider – ihre durch die Dominanz des Militarismus bedingte Unfähigkeit, »sich aus ihrer Lage am Rande der Gesellschaft zu befreien« und – wie in Frankreich, England oder den USA – zu einem »akzeptierten Element der politischen Kultur« zu werden.[92]

Von der deutschen Sozialdemokratie hatte die bürgerliche Friedensbewegung wenig Unterstützung zu erwarten. In ihrer öffentlichen Rhetorik warnte die SPD zwar unermüdlich vor Militarismus und Wettrüsten, welche die internationalen Spannungen erhöhten und die Gefahr kriegerischer Konflikte näher rücken ließen. Doch selbst der Parteiführer August Bebel war insgeheim fasziniert von der preußischen Militärmaschine; sie erschien ihm, wie er auf dem Jenaer Parteitag 1905 bemerkte, in organisatorischer Hinsicht geradezu als »ein Meisterwerk«.[93] Tatsächlich trug nicht nur die sozialdemokratische Organisationsdisziplin, sondern auch ihre Zukunftsutopie Züge des wilhelminischen Kasernenhofs. Am deutlichsten hat dies der Historiker Otto Hintze erkannt, der bereits 1906 darauf hinwies, daß »selbst die Sozialdemokratie, die grundsätzlich gegen alles ist, was mit dem Militarismus zusammenhängt … ihm nicht nur die Disziplin (verdankt), sondern sie hat unbewußt auch in ihren Zukunftsidealen eine starke Zutat von jenem Zwang des Individuums durch die Gemeinschaft aufgenommen, der aus dem preußischen Militärstaat stammt«.[94]

Auch für die einfachen sozialdemokratischen Mitglieder bedeutete der Militärdienst nicht allein Zwang und Schikane; nicht wenige von ihnen verbanden damit auch positive Erinnerungen, weil er oft den einzigen Lebensabschnitt darstellte, in dem sie der Monotonie der Fabrikarbeit entfliehen und neue Erfahrungen in einer für sie fremden Region sammeln konnten. Nach dem Urteil ihrer militärischen Vorgesetzten gehörten gerade Sozialdemokraten zu den tüchtigsten Soldaten.[95] Eine erfolgreich absolvierte Militärzeit galt auch für viele Arbeiter als eine Bewährungsprobe ihrer Männlichkeit, und nicht selten kam es vor, daß ausgemusterte Rekruten an ihren Arbeitsplätzen Bilder aus ihrer Soldatenzeit aufhängten. Der wilhelminische Militarismus hat, vermittelt über Volksschule und Militär, tiefe Spuren auch in der sozialdemokratischen Arbeiterbewegung hinterlassen. So kam der fliegende Wechsel der Sozialdemokratie ins Lager der Kriegsbefürworter im August 1914 keineswegs überraschend.

TEIL IV

DER ERSTE WELTKRIEG

»Ein Reich, das einzig auf Gewalt bestanden hat und nicht auf Freiheit, Gerechtigkeit und Wahrheit, ein Reich, in dem nur befohlen und gehorcht, verdient und ausgebeutet, des Menschen aber nie geachtet ward, kann nicht siegen, und zöge es aus mit übermenschlicher Macht. Nicht so verteilt die Geschichte ihre Preise.«

(Heinrich Mann: »Zola«. Essay, November 1915)

1. Kriegführung und Politik 1914 bis 1916

Der Erste Weltkrieg war »die große Urkatastrophe« (George F. Kennan) des an Katastrophen reichen 20. Jahrhunderts. Er stürzte nicht nur die überkommenen Vorstellungen der Kriegführung von Grund auf um, verschlang nicht nur Hekatomben von Menschenleben, sondern erzwang auch eine nie gekannte Mobilisierung aller Ressourcen. Damit wurden Politik und Gesellschaft in allen kriegführenden Staaten vor völlig neue Herausforderungen gestellt. Das deutsche Kaiserreich zeigte sich – genau wie das zaristische Rußland und die österreichisch-ungarische Doppelmonarchie – der extremen Belastungsprobe nicht gewachsen. Unter dem zweifachen Druck von militärischer Niederlage und innerer Radikalisierung brach es im Herbst 1918 zusammen. Fast geräuschlos trat die Dynastie der Hohenzollern von der Bühne der Geschichte ab.

Vom Scheitern des Schlieffenplans bis zum Sturz Falkenhayns

Es ist hier nicht der Ort, der militärischen Geschichte des Ersten Weltkriegs im Detail nachzugehen. Wohl aber muß sie zumindest in den Grundzügen skizziert werden, weil sowohl der Streit um die Kriegsziele als auch die eng damit zusammenhängende Suche nach Friedensmöglichkeiten in starkem Maße durch den Verlauf der militärischen Ereignisse bestimmt wurden. Und auch das Problem der inneren Reformen im Krieg, die Veränderungen von Wirtschaft, Gesellschaft und Alltag blieben ohne Kenntnis des Kriegsgeschehens zusammenhanglos und unverständlich.

Die militärische Ausgangsposition war für die Mittelmächte alles andere als günstig. Während sie mit 3,8 Millionen Soldaten antraten, konnte die Triple-Entente 5,8 Millionen aufbieten. Noch schlechter fiel die Relation aus, wenn man die Bevölkerung insgesamt – 118 Millionen standen hier gegen 260 Millionen Menschen – ins Auge faßte.[1] Zeichnete sich für die Mittelmächte die Gefahr ab, durch die Seeblockade von lebenswichtigen Rohstoff- und Lebensmittelzufuhren abgeschnitten zu werden, konnten die Alliierten auf die schier unerschöpflichen kolonialen Resssourcen vor allem des britischen Weltreichs zurückgreifen. Schon aus diesem Grunde mußte der militärischen Führung des Reiches daran gelegen sein, einen längeren, zermürbenden Zweifrontenkrieg zu vermeiden. Mit dem Schlieffenplan glaubte der deutsche Generalstabschef von Moltke tatsächlich ein sicheres Rezept für eine rasche militärische Entscheidung zu besitzen: Der rechte Flügel des Westheeres sollte durch das neutrale Belgien nach Nordfrankreich vorstoßen, um danach in einer gewaltigen Zangenbewegung die im Festungsgürtel um Verdun und Metz massierten französischen Streitkräfte einzukesseln und zu vernichten. Danach sollten alle verfügbaren Kräfte an die Ostfront geworfen werden, um hier den endgültigen Sieg sicherzustellen.[2]

Der mit großer Präzision innerhalb weniger Tage vollzogene deutsche Aufmarsch – »eine glänzende organisatorische Leistung, nicht zuletzt der Eisenbahn«[3] – entsprach der strategischen Planung: Sieben Armeen wurden im Westen bereitgestellt; nur einer einzigen Armee blieb der Schutz der deutschen Ostgrenze überlassen. Doch schon beim Vormarsch durch Belgien tauchten unerwartete Schwierigkeiten auf. Belgische Verbände leisteten tapferen Widerstand gegen die Invasoren. Der Zeitplan der Westoffensive drohte schon in der Anfangsphase des Feldzugs durcheinanderzugeraten. Die Nervosität der vorrückenden deutschen Truppen steigerte sich zu einer regelrechten Psychose, wobei es zu zahlreichen Übergriffen gegen die belgische Zivilbevölkerung kam. Überall witterte man, wie seinerzeit in der zweiten Phase des deutsch-französischen Krieges von 1870/71, Heckenschützen, sogenannte *Franctireurs*. In mehreren Orten wurden, angeblich um Vergeltung zu üben, Hunderte von Zivilisten zusammengetrieben und erschossen.[4]

Ihren Höhepunkt erreichten die deutschen Greueltaten mit dem *Strafgericht* über Löwen am Abend des 25. August 1914. Nach einer

Schießerei, die wahrscheinlich von angetrunkenen deutschen Soldaten ausgelöst worden war, wurden über zweihundert Einwohner massakriert, Teile der Altstadt planmäßig zerstört und die berühmte Universitätsbibliothek in Brand gesteckt. Dieser Akt der Barbarei wurde nicht nur in der Propaganda der Ententemächte, sondern auch in der öffentlichen Meinung der neutralen Staaten zum Sinnbild für die häßliche Seite Deutschlands, den gewalttätigen Militarismus. »Die Nachricht von der Zerstörung Löwens macht mich krank«, notierte der französische Schriftsteller Romain Rolland, ein Bewunderer deutscher Kultur, in seinem Tagebuch. »Welcher Wahnsinn treibt diese Deutschen in ihren moralischen Ruin? Jeder Schritt, den sie tun, gräbt einen Abgrund von Haß.«[5] Tatsächlich war die deutsche Kriegführung durch die Greuel in Belgien, der etwa fünfeinhalbtausend Zivilisten zum Opfer fielen, bereits in einer frühen Phase des Feldzugs moralisch kompromittiert.

Von Belgien stießen die deutschen Armeen rasch nach Nordfrankreich vor. Im Großen Hauptquartier in Koblenz machte sich Ende August Siegeszuversicht breit. Doch nüchternen Beobachtern blieb nicht verborgen, daß die französischen Truppen sich der geplanten Umfassung entzogen und einen geordneten Rückzug angetreten hatten. Am 4. September 1914, als die Spitzen der deutschen Infanterie nur noch wenige Kilometer von Paris entfernt waren, gab der französische Oberbefehlshaber Joffre den Befehl zur Gegenoffensive, die als Marneschlacht (6. bis 9. September) in die Geschichte einging. Der rechte deutsche Angriffsflügel geriet in schwere Bedrängnis; zeitweilig tat sich zwischen der 1. und 2. Armee eine Lücke von vierzig Kilometern auf, in die französische und englische Verbände hineinstießen. Angesichts der unübersichtlichen Lage entsandte Moltke einen seiner Mitarbeiter, Oberstleutnant Hentsch von der Operationsabteilung, an die Front. Dieser gab am 9. September den später vieldiskutierten Befehl zum Rückzug. Damit war der Angriffsschwung der deutschen Offensive gebrochen, der Feldzugsplan gescheitert. »Deutschland hatte alles auf die Karte des Schlieffen-Plans gesetzt – und verloren.«[6]

Der Wechsel der Kriegslage schlug sich in einem abrupten Stimmungsumschwung im Großen Hauptquartier (seit dem 30. August) in Luxemburg nieder. »Im Schulhaus zu Luxemburg ist es still wie in einem Sterbehaus«, notierte der bayerische Militärbevollmächtigte im Großen Hauptquartier, General von Wenninger, am 10. September, »man geht auf den Zehen, die Generalstabsoffiziere huschen mit gesenkten Augen an einem vorüber – nur nicht ansprechen, nicht fragen. Was ist aus der Koblenzer Stimmung geworden, aus diesem gloria in excelsis?«[7] Generalstabschef von Moltke erlitt einen Nervenzusammenbruch und mußte am 14. September durch Kriegsminister Erich von Falkenhayn ersetzt werden. Nach außen wurde der Wechsel in der Heeresleitung zunächst nicht bekanntgemacht, wie überhaupt die deutsche Öffentlichkeit nur höchst unzureichend über die Marneschlacht und den dadurch verursachten dramatischen Rückschlag für die deutsche Kriegführung unterrichtet wurde.[8] Das sollte auch im weiteren Verlauf des Krieges so bleiben – mit der Folge, daß breite Kreise der Bevölkerung sich bis zuletzt Illusionen über die wahre militärische Lage Deutschlands machten.

Falkenhayn hielt zunächst in »ungerechtfertigter Überschätzung der eigenen Kräfte«[9] am Offensivkonzept seines Vorgängers fest. Durch eine Stärkung des rechten Flügels hoffte er, die französischen und englischen Armeen doch noch überflügeln zu können. Es begann jener vielbeschriebene *Wettlauf zum Meer*, eine Folge von Schlachten, die sich immer weiter zur Kanalküste verlagerten. Die deutschen Angreifer erlitten hohe Verluste, nicht zuletzt unter den jungen Kriegsfreiwilligen, die voller Todesverachtung in die feindlichen Maschinengewehrgarben hineinliefen. Ein kleiner Ort in Flandern, Langemarck, wurde zum Inbegriff jugendlicher Opferbereitschaft, zu einem populären Mythos, der das militärisch sinnlose Anrennen der Freiwilligenregimenter nachträglich mit einem höheren Sinn aufladen sollte – einer jener vielen Versuche, »militärische Niederlagen in moralische Siege umzudeuten«.[10] Nachdem auch der zweite Anlauf zur operativen Entscheidungsschlacht gescheitert war, erstarrte die Westfront im November 1914 im Stellungskrieg. Von der belgischen Kanalküste bis zur Schweizer Grenze gruben sich die erschöpften Truppen ein. Auf einer Länge von 800 Kilometern entstand ein tiefgestaffeltes System von Schützengräben und Stacheldrahtverhauen, das – wie die Erfahrung bald lehrte – auch mit weit überlegenen Kräften kaum zu überwinden war, weil den Verteidigern mit dem

Maschinengewehr eine höchst wirksame Waffe im Abwehrkampf zur Verfügung stand.

Das Scheitern des Schlieffenplans lenkte den Blick auf die Ostfront. Hier waren die russischen Armeen bei Kriegsbeginn rascher als erwartet vorgerückt, und die schwachen Kräfte der 8. Armee unter dem kopflosen Generalobersten von Prittwitz vermochten sie nicht aufzuhalten. Als Prittwitz den Rückzug hinter die Weichsellinie unter Preisgabe von Teilen Ostpreußens ins Auge faßte, wurde er von seinem Kommando abgelöst. Zu seinem Nachfolger (und späteren Oberbefehlshaber im Osten) ernannte man den bereits pensionierten General der Infanterie Paul von Hindenburg, dem der energische Generalstabsoffizier Erich Ludendorff, der sich gerade bei der Erstürmung Lüttichs ausgezeichnet hatte, zur Seite gestellt wurde. In der Schlacht von Tannenberg (26. bis 30. August) gelang das Kunststück, die weit überlegene russische Narew-Armee einzukesseln und zu vernichten. Seitdem war das Feldherrenduo Hindenburg-Ludendorff mit dem Nimbus der Unbesiegbarkeit ausgestattet. Das sollte sich nicht nur für den weiteren Gang der militärischen Ereignisse, sondern auch für die innenpolitische Entwicklung im Kaiserreich als höchst folgenreich erweisen.

Zwischen Falkenhayn und dem Oberkommando Ost (*Oberost*) entspann sich um die Jahreswende 1914/15 ein heftiger Konflikt darüber, wo und mit welchem Ziel die Operationen fortzusetzen seien. Falkenhayn zweifelte nach dem Abbruch der Westoffensive im November an der Möglichkeit eines militärischen Endsieges. »Wenn wir den Krieg nicht verlieren, haben wir ihn gewonnen«, äußerte er wiederholt, ja in einem Anflug von Untergangsstimmung nannte er das deutsche Heeer gar ein »zertrümmertes Werkzeug«.[11] Dem Reichskanzler von Bethmann Hollweg schenkte er am 18. November 1914 reinen Wein ein über die kritische Lage und forderte ihn auf, die Möglichkeit eines Separatfriedens mit Rußland zu erkunden.[12]

Hindenburg und Ludendorff hielten demgegenüber nach wie vor einen entscheidenden militärischen Sieg für erreichbar, vorausgesetzt, man verlegte den Schwerpunkt der Kriegführung definitiv an die Ostfront und füllte die dort stationierten Verbände mit hinreichend starken Reserven auf. Unterstützt wurde *Oberost* bei diesem Vorhaben nicht nur vom Reichskanzler, dem Falkenhayns Pessimismus als übertrieben erschien, sondern auch vom österreichisch-ungarischen Bundesgenossen, der sich des Drucks der »russischen Dampfwalze« an der Karpatenfront kaum erwehren konnte und eine Niederlage nach der anderen hinnehmen mußte.

Der Gegensatz über die Frage der Gesamtstrategie spitzte sich im Januar 1915 zu einer schweren *Führungskrise* zu.[13] Gemeinsam bedrängten *Oberost* und Reichskanzler den Kaiser, Falkenhayn von seinem Posten abzulösen. Hindenburg drohte geradezu ultimativ – »ein Novum in der preußischen Militärgeschichte«[14] – mit seinem Rücktritt, falls dieser Forderung nicht entsprochen werde. In diesem an Insubordination grenzenden Vorgehen gegen Generalstabschef und Kaiser deutete sich an, wie unangreifbar sich Hindenburg aufgrund seiner Popularität als Sieger von Tannenberg bereits fühlte. Doch Wilhelm II. gab dem erpresserischen Manöver nicht nach; er ließ sich in seinem Vertrauen zu Falkenhayn auch nicht beirren, als dessen Gegner den Kronprinzen und die Kaiserin ins Spiel brachten.[15] Allerdings mußte der Generalstabschef das Amt des Kriegsministers, das er noch nebenbei ausgeübt hatte, an den bisherigen Generalquartiermeister, Generalleutnant Wild von Hohenborn, abtreten, und er mußte auch einwilligen, einen großen Teil der Heeresreserven der Ostfront zur Verfügung zu stellen.

Die Winterschlacht in Masuren (Februar 1915) brachte allerdings nicht die erhoffte Entscheidung; immerhin war Ostpreußen nun vollständig von russischen Truppen befreit. Gleichzeitig lief sich aber die österreichische Offensive an der Karpatenfront schon in den Anfängen fest. Am 22. März 1915 kapitulierte die seit November von Russen eingekesselte galizische Festung Przemyśl; 120 000 Mann gingen in Gefangenschaft. Auf die Kampfmoral der Donaumonarchie wirkte sich der Verlust dieses Prestigeobjekts verheerend aus.[16]

Im Februar und März 1915 griffen starke französische und englische Verbände in der Champagne an und brachten das deutsche Westheer zeitweilig in Bedrängnis, ohne allerdings mehr als unbedeutende Geländegewinne zu erzielen. Mitte Februar 1915 begannen die Alliierten überdies ihren Angriff auf die Dardanellen. Dadurch wurde ein Problem wieder akut, das seit dem Kriegseintritt der Türkei auf seiten der Mittelmächte im November 1914 zwischen Reichsleitung und Oberster Heeresleitung hin- und hergeschoben wurde: wie nämlich eine direkte Landverbindung nach Konstantinopel hergestellt werden könne, um die türkische Armee mit den dringend benötigten militärischen Gütern auszustatten.[17] Reichskanzler und Auswärtiges Amt erblickten das beste Mittel in einer militärischen Operation gegen Serbien; Falkenhayn widersetzte sich dem Ansinnen mit dem nicht unbegründeten Einwand, daß zunächst einmal dem schwer angeschlagenen Bündnispartner Österreich-Ungarn geholfen werden müsse.

Diesem Ziel diente die Offensive bei Tarnow-Gorlice nördlich der Karpaten, die am 2. Mai 1915 begann und auf Anhieb tiefe Einbrüche in die russischen Stellungen erzielte. Kam sie auch zu spät, um Italien noch vom Beitritt zur alliierten Kriegskoalition abzuhalten, so bedeutete sie doch eine spürbare Entlastung der österreichischen Karpatenfront. Fast ganz Galizien wurde zurückerobert; am 3. Juni fiel die Festung Przemyśl, am 22. Juni Lemberg, die Hauptstadt Galiziens. Der große Erfolg ermutigte Falkenhayn, die operativen Ziele weiter zu stecken und den nördlichen Abschnitt der Ostfront einzubeziehen. Auch hier wurde die russische Front im Juli 1915 rasch zum Einsturz gebracht; die Russen mußten Kongreß-Polen und Kurland räumen. Am 5. August 1915 rückten deutsche und österreichisch-ungarische Truppen in Warschau ein.

Wieder kam es zu einem heftigen Streit zwischen Falkenhayn und *Oberost*. Hindenburg und Ludendorff wollten den Durchbruch im Osten zu einer gigantischen Umfassungsoperation ausweiten. Falkenhayn zweifelte an der Erfolgschance einer Vernichtungsschlacht, weil die deutschen Kräfte nach seinem Urteil dazu nicht ausreichten, überdies bei der Weite des russischen Raumes die Offensive »in exzentrischer Richtung zu zerflattern« drohte.[18] Ihm ging es nicht darum, das russische Heer entscheidend zu schlagen, sondern seine Offensivkraft zu brechen. Dieses Ziel sah er Ende August 1915 erreicht: »Rußland ist durch die seinem Heere in den letzten vier Wochen versetzten Schläge so geschwächt, daß es uns für absehbare Zeit nicht ernsthaft gefährlich werden kann.«[19]

Damit war, nachdem sich Anfang September 1915 Bulgarien den Mittelmächten angeschlossen hatte, der Weg frei für den von der

Reichsleitung seit langem geforderten Feldzug gegen Serbien. Er begann Anfang Oktober und führte rasch zu dem gewünschten Erfolg: Bereits nach einem Monat war der serbische Widerstand gebrochen, ganz Serbien bis zur griechischen, Grenze von den Mittelmächten besetzt, der Verbindungsweg nach Konstantinopel offen. Ein Teil des serbischen Heeres konnte sich allerdings der Einkreisung entziehen und sich zur Adriaküste durchschlagen. »Die Reste der geschlagenen, flüchtenden Armee hatten auf ihrem Rückzug unvorstellbar Grauenhaftes erlitten. Dieser Zusamenbruch war, jenseits der Frage nach Sieg oder Niederlage, eines der erschütternden Dramen des großen Krieges«, schrieb ein österreichischer Hauptmann.[20]

Doch eine entscheidende Klärung der Lage auf dem Balkan brachte auch der Serbienfeldzug nicht. Denn im Gegenzug hatten die Allierten am 7. Oktober 1915 begonnen, unter Verletzung der griechischen Neutralität Truppen bei Saloniki zu landen. Damit besaßen sie einen neuen Stützpunkt, der ihnen als Ersatz für die nicht mehr haltbare Position auf der Halbinsel Gallipoli am Bosporus weiterhin Pressionsmöglichkeiten auf dem Balkan bot.

Dennoch war die Lage der Mittelmächte Ende 1915 viel besser als noch im Frühjahr. An der Ostfront war Rußland weit zurückgedrängt und Österreich-Ungarn spürbar entlastet worden; an der Westfront hatten die deutschen Verteidigungslinien allen Angriffswellen, zuletzt noch der großen Herbstoffensive der Alliierten in der Champagne und bei Arras, standgehalten. Durch den Anschluß Bulgariens, die Niederringung Serbiens und die Öffnung des Weges zur Türkei war die Südostflanke fürs erste gesichert. Da sich trotz der eindrucksvollen Bilanz des Jahres 1915 nirgendwo Friedensmöglichkeiten abzeichneten, stellte sich für Falkenhayn die Frage, wie er die gewonnene Rückenfreiheit im Osten strategisch nutzen sollte. Seine Überlegungen faßte er zusammen in seiner berühmten »Weihnachtsdenkschrift« vom Dezember 1915:[21] Der Generalstabschef wollte noch einmal an der Westfront ansetzen, um England, dem »Erzfeind in diesem Krieg«, die Aussichtslosigkeit seines Beginnens vor Augen zu führen. Freilich plante er keinen großen Durchbruchsversuch, der nach allen Erfahrungen selbst bei größter Überlegenheit an Menschen und Material »nicht als aussichtsvoll betrachtet werden« konnte. Vielmehr war der

Schlachtfeld bei Verdun.

Grundgedanke, Frankreich, Englands *Festlandsdegen*, in eine Abnutzungsschlacht zu verwickeln. Die Offensive sollte deshalb gegen einen Punkt gerichtet werden, den die französische Führung aus Prestigegründen nicht preisgeben, dessen Verteidigung sie vielmehr zwingen würde, »den letzten Mann einzusetzen«: gegen Verdun, den Eckpfeiler des französischen Festungssystems. Hier sollten sich die französischen Armeen »verbluten«, ohne daß Deutschland auch nur zu einem annähernd vergleichbaren Kräfteeinsatz gezwungen wäre.

Wie schon die gescheiterte Blitzkriegstrategie des Schlieffenplans beruhte auch Falkenhayns *Ermattungsstrategie* auf einer fahrlässigen Unterschätzung der französischen Widerstandskraft. Verdun, auf dessen Forts die deutsche Artillerie am 21. Februar 1916 ein neunstündiges Trommelfeuer eröffnete, wurde tatsächlich zur »Blutmühle« – aber nicht nur für die französischen, sondern auch für die deutschen Armeen. Monatelang wogte die Materialschlacht auf wenigen Quadratkilometern hin und her; am Ende zählte man 317 000 französische und 282 000 deutsche Tote, Verwundete und Vermißte. Der Name dieses Schlachtortes hat sich dem kollektiven Gedächtnis beider Völker tief eingeprägt; wie kein anderer steht er für den menschenverachtenden Zynismus der deutschen militärischen Führung und die unbeschreiblichen Leiden der einfachen Soldaten. Was ein Infanterist am 2. Juli 1916 in einem Feldpostbrief schrieb, war die Erfahrung von Hunderttausenden, die wochen-, monatelang einem mörderischen Dauerfeuer ausgesetzt waren, ohne feste Stellungen, in Wasserlöchern, Granattrichtern und Schlamm: »Tag und Nacht Granatfeuer – oft daß es in der Sekunde 10–20 Geschosse heranhagelte, uns verschüttete und wieder aufgrub. Unser Leutnant hat geweint wie ein Kind; ja wie sie da lagen, ein Fuß weg – Arme weg, ganz zerfetzt. Gott, das war furchtbar ... Ihr könnt Euch keine Vorstellung von diesem Schrecken machen und niemand der's nicht mitgemacht.«[22] Divisionen schmolzen auf Regimentsstärke zusammen. Wer der Hölle von Verdun entrann, der war – wie es im kühlen Generalstabsjargon hieß – bis »zur Schlacke ausgebrannt«. Hier, am Oberlauf der Maas, wurden nicht nur die Knochen, sondern auch Moral und Kampfgeist der Truppe zerrieben: »Hier feiert die sinnlose Materialschlacht. Hier geht alles verloren, was den Geist früherer Kämpfe ausmachte«, liest man in einer Regimentsgeschichte.

Spät, viel zu spät, erst Anfang Juni 1916, entschloß sich Falkenhayn zum Abbruch des Gemetzels. Das Vertrauenskapital, das er durch die erfolgreichen Operationen des Jahres 1915 erworben hatte, war verbraucht. Als am 4. Juni 1916 General Brussilow am Südabschnitt der russischen Front einen Überraschungsangriff begann, der erneut die Gefahr eines Zusammenbruchs der Donaumonarchie heraufbeschwor, als gleichzeitig im Westen die große Somme-Schlacht der Engländer und Franzosen losbrach – ein schlagender Beweis dafür, daß von einer Schwächung der alliierten Kampfkraft nicht die Rede sein konnte –, da waren Falkenhayns Tage als Generalstabschef gezählt. Seine alten Widersacher im Oberkommando Ost drängten erneut auf seine Ablösung, und wieder war es der Reichskanzler, der ihnen hilfreich zur Seite stand. Bethmann Hollwegs Zweifel an Falkenhayns strategischen Fähigkeiten waren durch die Rückschläge erneut geweckt worden: »Wo hört die Unfähigkeit auf und fängt das Verbrechen an?« fragte er Anfang Juli 1916 in einem Schreiben an den Chef des Zivilkabinetts,

Rudolf von Valentini.[23] Es waren jedoch nicht in erster Linie militärische, sondern politische Gründe, die den Reichskanzler bewogen, sich nunmehr mit Nachdruck für die Berufung Hindenburgs und Ludendorffs an die Spitze der Heeresleitung einzusetzen. Ein Friedensschluß, der die hochgespannten Erwartungen der Öffentlichkeit enttäuschte, war nach seinem Urteil innenpolitisch nur durchsetzbar, wenn er durch die Popularität der Sieger von Tannenberg, vor allem Hindenburgs, »gedeckt« wurde. »Der Name Hindenburg«, so schrieb er Ende Juni 1916 an den Chef des Militärkabinetts, General von Lyncker, »ist der Schrecken unserer Feinde, elektrisiert unser Heer und Volk, die grenzenloses Vertrauen zu ihm haben ... Selbst wenn wir eine Schlacht verlören, was Gott verhüten wolle, unser Volk würde auch das hinnehmen, wenn Hindenburg geführt hat, und ebenso jeden Frieden, den sein Name deckt.«[24]

Der Mythos Hindenburg, den der Reichskanzler sich zunutze machen wollte, ist, wie Peter Graf Kielmansegg bemerkt hat, »ein erstaunliches massenpsychologisches Phänomen«.[25] Ein wenig erinnert er an den Hitler-Mythos, der selbst am Ende des Zweiten Weltkriegs noch als stärkste Integrationsklammer der sich auflösenden NS-Diktatur wirksam bleiben sollte. Ganz ähnliche Bindekraft ging von dem irrationalen Vertrauen in das Feldherrngenie Hindenburgs aus, das mit seinen tatsächlichen Fähigkeiten und Leistungen allerdings wenig zu tun hatte. Man kann dahinter wohl das Bedürfnis nach Kompensation für die vielfachen Enttäuschungen vermuten, die der bisherige Kriegsverlauf gebracht hatte – Enttäuschung auch darüber, daß der Monarch sich seiner Aufgaben im Krieg noch weniger gewachsen zeigte als zuvor. So fiel Hindenburg gleichsam von selbst die Rolle eines *Ersatzkaisers* zu.

Wilhelm II. hat wohl gespürt, welche Gefahr seiner im Krieg ohnehin stark im Schwinden begriffenen monarchischen Autorität aus Hindenburgs Popularität erwuchs. Das Verlangen, den Feldmarschall zu berufen, weil die Volksstimmung es verlange, empfand er als Zumutung. Dann müsste er ja faktisch in seine eigene »Abdankung« einwilligen, während Hindenburg seine Stelle als »Volkstribun« einnehme, beschwerte er sich Anfang Juli 1916.[26] Überdies besaß der Kaiser ein durchaus richtiges Empfinden für die problematischen Seiten Ludendorffs. Das sei »ein zweifelhafter, von persönlichem Ehrgeiz zerfressener Charakter«, hatte er schon während der *Führungskrise* Anfang 1915 geäußert. Noch also hielt Wilhelm II. an Falkenhayn fest, doch als am Abend des 27. August 1916 im Hauptquartier die überraschende Nachricht von Rumäniens Kriegserklärung an Österreich-Ungarn eintraf, war das Vertrauen des Kaisers in den Generalstabschef zum erstenmal nachhaltig erschüttert. Jetzt widersetzte er sich nicht länger seiner Abberufung. Am 29. August 1916 wurde der Wechsel an der Spitze der Obersten Heeresleitung vollzogen.

Die Ablösung Falkenhayns durch Hindenburg und Ludendorff markierte einen Einschnitt nicht nur in der militärischen, sondern auch in der politischen Geschichte des Kaiserreichs. Sie machte einerseits den Weg frei für eine Radikalisierung der Kriegführung, die auf den militärischen Gesamtsieg setzte und dafür alle Ressourcen rücksichtslos zu mobilisieren bereit war; andererseits bedeutete sie einen stillen Verfassungswandel, denn durch ihren überwältigenden Rückhalt im Volke besaßen Hindenburg und Ludendorff eine plebiszitär abgestützte Machtposition, die sie gleichermaßen unentbehrlich wie unangreifbar machte. Diese Tatsache konnte das Feldherrngespann sich zunutze machen, um mit der Drohung, den Abschied zu nehmen, seine Wünsche gegenüber Kaiser und ziviler Reichsleitung durchzusetzen. Bethmann Hollweg sah sich bald in der Rolle des Zauberlehrlings, der mit den Geistern, welche er gerufen hatte, nicht mehr fertig wurde. Fortan bestimmte vor allem ein Mann die Geschicke Deutschlands – Ludendorff. »Eine geniale Energie, vielleicht ein großer Stratege – aber politisch ahnungslos und überaus ungebildet, nervös und jäh«, so charakterisierte ihn der Kanzler-Gehilfe Kurt Riezler im November 1916. »Würde, wenn frei losgelassen, Deutschland binnen kurzem in den Abgrund stürzen.«[27]

Das Streben nach Hegemonie: die Kriegszielbewegung und die Politik Bethmann Hollwegs

In den ersten Wochen des Krieges, als die deutschen Armeen im Westen anscheinend unaufhaltsam voranstürmten, wiegten sich große Teile der Öffentlichkeit in der Illusion eines nahe bevorstehenden *Blitzsieges.* Die überschäumende Siegeszuversicht war die Geburtsstunde der sogenannten »Kriegszielbewegung«. Wirtschaftliche Interessengruppen und nationale Verbände, Abgeordnete des Reichstags und Repräsentanten der bundesstaatlichen Dynastien meldeten sich mit ausschweifenden Annexionsforderungen zu Worte; die Reichsleitung wurde mit Memoranden und Eingaben geradezu überschwemmt. »Man watet in Denkschriften!« bemerkte der Staatssekretär des Reichskolonialamtes, Wilhelm Solf, im September 1914.[28]

Den Anfang machte der umtriebige Zentrumspolitiker Matthias Erzberger. In einer Denkschrift, die er am 2. September 1914 unter anderem auch an den Reichskanzler sandte, war so ziemlich alles versammelt, »was viele deutsche Durchschnittspatrioten sich auf dem Höhepunkt deutscher Waffenerfolge in Frankreich als Siegespreis ausmalten«: im Westen die »militärische Oberhoheit« über Belgien und die nordfranzösische Kanalküste von Dünkirchen bis Boulogne, die Annexion des Beckens von Longwy-Briey in Lothringen mit seinen reichhaltigen Eisenerzvorkommen; im Osten die »Befreiung der nichtrussischen Völkerschaften vom Joch des Moskowitertums« und die Gründung eines »unter deutscher Oberhoheit« stehenden Königreichs Polen; dazu die Errichtung eines großen zentralafrikanischen Kolonialreichs und eine hohe Kriegsentschädigung.[29]

Über diese Forderungen noch hinaus ging eine Denkschrift des Ruhr-Großindustriellen August Thyssen vom 28. August 1914, die Erzberger der Reichsleitung am 9. September zuleitete. Sie sah neben weiteren Annexionen im Westen, darunter des französischen Festungsgürtels um Belfort, eine Ausdehnung des deutschen Machtbereichs im Osten bis in das Dongebiet, die Krim und den Kaukasus vor, »um auf dem Landwege Kleinasien und Persien zu erreichen«. Darüber hinaus verlangte Thyssen »die Bildung eines großen mitteleuropäischen Zollvereins«, der neben dem größeren Deutschland die

Staaten Holland, Dänemark, die Schweiz, Österreich-Ungarn und die Balkanstaaten umfassen sollte: »Dieses Ziel wird sich zwar nicht ohne Anwendung von Zwang erreichen lassen, jedoch wird die politische Situation, wie sie sich bei einem siegreichen Kriege für Deutschland ergeben dürfte, die denkbar günstigste sein, die, wenn einmal verpaßt, in Jahrhunderten vielleicht nicht wiederkehren wird.«[30]

An Radikalität noch weit übertroffen wurde dieses Programm durch eine umfangreiche Denkschrift des Vorsitzenden des Alldeutschen Verbandes, Heinrich Claß, »betreffend die national-, wirtschafts- und sozialpolitischen Ziele des deutschen Volkes im gegenwärtigen Kriege«, die Mitte September »als Handschrift gedruckt« vorlag. Danach sollte Belgien in eine »vlämische« und »wallonische« Mark geteilt und »diktatorisch« verwaltet werden; Frankreich sollte so »zerschmettert« werden, »daß es nicht mehr aufstehen kann«, Rußland »im wesentlichen in die Grenzen vor Peters des Großen Zeit zurückgeworfen« werden. Mehr noch: In den vom Reich annektierten Gebieten sollte die einheimische Bevölkerung um- und ausgesiedelt werden, um Platz zu schaffen für deutsche Siedler. Jedwede völkerrechtliche Bedenken waren Claß fremd: »Die staatlichen Dinge sind keine Beschäftigung für Nervenschwache und Gefühlsmenschen – sie sind ein hartes Geschäft, das so besorgt sein will, daß das eigene Volk dabei am besten fährt.«[31]

Man ginge fehl, wenn man diese maßlosen Forderungen allein auf das Konto der Siegeseuphorie der ersten Kriegswochen buchte. Gerade die Claß-Denkschrift zeigt, daß vieles von dem, was jetzt anvisiert wurde, in der wilhelminischen *Weltpolitik* vor 1914 angelegt war. So sehr sich die diversen Programme auch in der Reichweite der Ziele unterschieden, in einem waren sie sich einig: Das Deutsche Reich sollte mit dem erwarteten militärischen Sieg endlich das erreichen, was ihm vor 1914 versagt geblieben war – die Erringung und langfristige Sicherung der deutschen Hegemonie auf dem Kontinent und damit den Durchbruch zu einer unangefochtenen Weltmachtstellung.[32]

Die Denkschriften, in denen dieses zentrale Kriegsziel vielfach variiert vorgetragen wurde, korrespondierten mit den hektischen Bemühungen der Reichsleitung, sich über die bei einem Friedensschluß zu fordernden Bedingungen Klarheit zu verschaffen. Zu diesem Zweck wurden zahlreiche Experten in Bürokratie, Armee und Wirtschaft zu

Rate gezogen. Das Ergebnis fand seinen Niederschlag in jener »vorläufigen Aufzeichnung über die Richtlinien unserer Politik beim Friedensschluß«, die der Reichskanzler am 9. September 1914 aus dem Großen Hauptquartier an seinen Stellvertreter in Berlin, den Staatssekretär des Innern Clemens von Delbrück, sandte. Sie hat seit Fritz Fischers Buch über die deutsche Kriegszielpolitik im Ersten Weltkrieg unter der Bezeichnung *Bethmann Hollwegs Septemberprogramm* Eingang in die Forschungsdiskussion gefunden.[33]

Als das »allgemeine Ziel des Krieges« wurde darin gleich zu Anfang formuliert: »Sicherung des Deutschen Reiches nach West und Ost auf erdenkliche Zeit. Zu diesem Zweck muß Frankreich so geschwächt werden, daß es als Großmacht nicht neu erstehen kann, Rußland von der deutschen Grenze nach Möglichkeit abgedrängt und seine Herrschaft über die nichtrussischen Vasallenvölker gebrochen werden.«

Die Einzelforderungen des Programms wurden im Blick auf den Westen spezifiziert, weil man glaubte, daß Frankreich in Kürze um einen *Präliminarfrieden* nachsuchen würde, womit man am 9. September 1914 in der Umgebung Bethmann Hollwegs allerdings nicht mehr fest rechnete. Vielmehr war in dem von Riezler entworfenen Anschreiben an Delbrück davon die Rede, daß »es eher den Anschein« habe, »als gelänge es England, seine Bundesgenossen in einem Widerstand à outrance festzuhalten«. Dennoch waren die ins Auge gefaßten Ziele alles andere als maßvoll: Frankreich sollte, wenn die Militärs es wünschten, die Festung Belfort, den Westabhang der Vogesen und einen Küstenstreifen von Dünkirchen bis Boulogne abtreten; »in jedem Falle« gefordert werden sollten die Annexion des Erzbeckens von Longwy-Briey und eine so hohe Kriegsentschädigung, daß Frankreich außerstande sein würde, »in den nächsten 15–20 Jahren erhebliche Mittel für die Rüstung aufzuwenden«. Belgien sollte – »wenn es auch als Staat äußerlich bestehen bleibt« – militärisch und wirtschaftlich zu einem Vasallenstaat herabsinken, darüber hinaus Lüttich, eventuell auch Antwerpen an Preußen abtreten; das um belgisches Gebiet vergrößerte Luxemburg sollte annektiert und neuer »deutscher Bundesstaat« werden.

Im Mittelpunkt des *Septemberprogramms* stand »die Gründung eines mitteleuropäischen Wirtschaftsverbandes durch gemeinsame

Zollabmachungen«. Diesen Plan hatte der Chef der AEG, Walther Rathenau, bereits im August an Bethmann Hollweg herangetragen; vor allem unter der Perspektive eines auch nach Niederringung Frankreichs erwarteten langanhaltenden Wirtschaftskrieges gegen England griff der Kanzler den Gedanken auf. Als Mitglieder der Zollunion waren außer dem Deutschen Reich Frankreich, Belgien, Holland, Dänemark, Österreich-Ungarn, Polen, eventuell auch Italien, Schweden und Norwegen vorgesehen. Zwischen ihnen sollte zwar »äußerliche Gleichberechtigung« herrschen; tatsächlich aber sollte der Verband »unter deutscher Führung« stehen und »die wirtschaftliche Vorherrschaft Deutschlands über Mitteleuropa« sicherstellen.

Wohl blieb dieses Programm, das überdies »die Schaffung eines mittelafrikanischen Kolonialreichs« als erstrebenswert bezeichnete, hinter dem Annexionismus der Alldeutschen zurück. Dennoch ist unverkennbar, wie stark die ins Kraut schießende Kriegszielbewegung Ende August/Anfang September 1914 auch die Überlegungen der Reichsleitung beeinflußte und wie sehr diese zunächst geneigt war, den dadurch geschürten Erwartungen der Öffentlichkeit im Hinblick auf einen für Deutschland möglichst vorteilhaften Kriegsausgang Rechnung zu tragen. Die Durchsetzung des *Septemberprogramms* hätte ohne Zweifel zu einer gründlichen Umgestaltung der Machtverhältnisse in Europa zugunsten des Deutschen Reiches geführt, ja, sie wäre einem »Griff nach der Weltmacht« gleichgekommen.

Mit dem Scheitern des deutschen Feldzugsplans an der Marne war freilich die Voraussetzung, unter der die Septemberdenkschrift entworfen worden war – die militärische Niederwerfung Frankreichs –, zunächst hinfällig geworden. »Vielleicht ist der heroische Versuch dieses Krieges, uns eine unantastbare Weltmachtstellung I. Ranges zu sichern, halb unmöglich und daher das Volk in seinem Drange so rührend und tragisch«, notierte Riezler im November 1914.[34] Das klang schon wesentlich kleinlauter als noch im September. Man sollte sich deshalb davor hüten, der ja ausdrücklich als »vorläufig« bezeichneten Aufzeichnung eine zu große Verbindlichkeit im Sinne eines festumrissenen und zäh verfolgten Programms zuzuschreiben, wie das Fritz Fischer getan hat. Ihm zufolge blieben die Richtlinien vom 9. September 1914 »im Prinzip Grundlage der deutschen Kriegszielpolitik bis zum Ende des Krieges, wenn sich auch je nach Gesamtlage einzelne Modifikationen ergaben«.[35]

Tatsächlich konnte jedoch von einer definitiven Festlegung noch keine Rede sein. Vielmehr ging es Bethmann Hollweg zunächst darum, die von verschiedenen Seiten an ihn herangetragenen Anregungen zu sammeln und von den zuständigen Ressorts vorsorglich prüfen zu lassen. Dabei spielte für ihn die Frage, von welcher kontinentalen Basis der *Krieg à outrance* gegen England am besten zu führen sei, eine wichtige Rolle. Allerdings dürfen die Überlegungen des Kanzlers nicht, wie es Egmont Zechlin versucht hat, auf diesen Gesichtspunkt reduziert werden.[36] Die Septemberdenkschrift war nicht nur ein Entwurf von Kampfmitteln in der Auseinandersetzung mit dem *Hauptgegner* England; sie beschrieb auch – gleichsam als kleinster gemeinsamer Nenner –, was der politischen Führungsschicht des Reiches vorschwebte für den Fall, daß sie die Nachkriegsordnung Europas nach ihrem Bilde würde gestalten können.

Im Projekt eines mitteleuropäischen Wirtschaftsverbandes besaßen diese Vorstellungen einen harten Kern. In ihm kristallisierten sich nicht nur die Überlegungen zur Kriegführung gegen England, sondern auch die zur Durchsetzung der deutschen Vormachtstellung auf dem europäischen Kontinent. Diese Lösung bot gegenüber dem für problematisch erachteten Mittel der direkten Annexion den Vorzug einer indirekten Beherrschung, die es erlaubte, die deutsche Hegemonie hinter der Fassade äußerer Gleichberechtigung der Mitgliedstaaten zu verschleiern. Von einer »europäischen Verbrämung unseres Machtwillens« sprach Riezler in diesem Zusammenhang.[37]

Allerdings stießen die Zollunionspläne in den Ressorts auf erhebliche Widerstände. Delbrück etwa wies auf die innenpolitischen Konsequenzen hin: Die Öffnung des deutschen Marktes für billigere Agrarprodukte würde die Axt an die Wurzel der Machtstellung Ostelbiens legen, sei also nur mit einer liberalen Mehrheit, unter Einbeziehung der Sozialdemokratie, gegen die preußischen Konservativen durchzusetzen, was faktisch auf einen »Selbstmord« hinauslaufe.[38] Andere Beamte warnten vor den Folgen einer wirtschaftspolitischen Isolierung der unter deutscher Herrschaft stehenden mitteleuropäischen Zollunion; als hochentwickeltes industrielles Exportland bleibe Deutschland auf die Weltmärkte angewiesen; nur wenn sich erweisen sollte, daß der Zugang zu ihnen nach dem Kriege nicht mehr in gewohnter Weise gewährleistet sei, dürfe überhaupt an eine so radikale Revision der traditionellen Handelspolitik gedacht werden. Eine Entscheidung war zunächst nicht gefordert. Erst im Spätsommer 1915 begann der Mitteleuropaplan unter veränderten Bedingungen wieder stärker ins Blickfeld zu rücken.[39]

Seit im Spätherbst 1914 die Fronten im Stellungskrieg erstarrt waren, sah die Reichsleitung sich mit dem Problem konfrontiert, wie die hochtönenden Siegesfanfaren in weiten Kreisen der Öffentlichkeit auf die veränderten militärischen Realitäten herabgestimmt werden könnten. Bethmann Hollwegs Hoffnung, durch ein Verbot der öffentlichen Diskussion von Kriegszielen dämpfend auf die illusionären Erwartungen einwirken zu können, erfüllte sich nicht. Statt dessen nährte er nur den Verdacht, die Reichsleitung wolle sich mit bescheidenen Forderungen zufriedengeben, gar einem Frieden des Status quo das Wort reden. Gegen die vermutete Gefahr eines »faulen Friedens« formierte sich im Frühjahr 1915 eine Kriegszielbewegung aus rheinisch-westfälischer Schwerindustrie, nationalen Verbänden, bürgerlichen Parteien und konservativer Professorenschaft.[40] Sie verband die Forderung nach weitgesteckten Annexionen mit einer schroffen Ablehnung jeder innenpolitischen Liberalisierung. Ein *Siegfrieden* wurde in diesen Kreisen für unverzichtbar gehalten, weil man glaubte, nur so das bestehende gesellschaftliche und politische System gegen die Ansprüche vor allem der sozialdemokratischen Arbeiterbewegung verteidigen zu können.

Auf die Konsequenzen einer »unangebrachten Nachgiebigkeit beim Friedensschluß« machte bereits eine Denkschrift der führenden Wirtschaftsverbände vom März 1915 warnend aufmerksam: Wenn »unsere heimkehrenden Krieger dereinst als einziges Ergebnis ihres tapferen Durchhaltens nur eine erdrückende Steuerlast vorfinden« sollten, müßte dies die »verhängnisvollsten Folgen für den inneren Frieden unseres Vaterlandes« nach sich ziehen.[41] Noch deutlicher wurde Krupp-Direktor Alfred Hugenberg, einer der Initiatoren der Denkschrift und Gründungsmitglied des Alldeutschen Verbandes, in einem Gespräch mit dem stellvertretenden kommandierenden General des

VII. Korpsbezirks in Münster, von Gayl, im Mai 1915: »Die Arbeiter, die aus dem Kriege zurückkommen, werden mit großen Ansprüchen an die Arbeitgeber herantreten, und wenn nicht auf der Grundlage eines großen Zuwachses an Gebiet und wirtschaftlicher Kraft auf dem Gebiete der Lohnfrage in weitherziger Weise verfahren werden kann, dann wird es zwischen Arbeitgebern und Arbeitnehmern einen fürchterlichen Kampf geben.«[42]

Uneingeschränkte Unterstützung fand die Kriegszielagitation der wirtschaftlichen Interessengruppen in Teilen der akademischen Intelligenz. Im Juni 1915 organisierte der Berliner Theologe Reinhold Seeberg eine sogenannte *Intellektuellen-Eingabe*, die es in kürzester Zeit auf 1347 Unterschriften von Repräsentanten des geistigen Lebens, darunter 352 Hochschullehrern, brachte.[43] Über die Denkschrift der Wirtschaftsverbände hinausgehend, wurde in der stark von alldeutscher Programmatik beeinflußten Professorenpetition einer rücksichtslosen deutschen Siedlungspolitik im Osten das Wort geredet. Eine von Hans Delbrück, dem Herausgeber der PREUSSISCHEN JAHRBÜCHER, initiierte Gegendenkschrift, welche die maßvollere Linie des Reichskanzlers in der Kriegszielfrage stützen sollte, konnte hingegen nur ein Zehntel der Unterschriften auf sich vereinen und blieb wirkungslos.

Dem auftrumpfenden Annexionismus der schwerindustriell-alldeutschen Phalanx begegnete Bethmann Hollweg auffallend defensiv. Wohl beobachtete er mit Sorge, wie sich die Kluft zwischen öffentlicher Siegeszuversicht und interner Lagebeurteilung vergrößerte und die unter der Hand propagierten Kriegsziele sich immer weiter von den tatsächlichen militärischen Möglichkeiten Deutschlands entfernten. Doch mit einer nüchternen Informationspolitik dagegen anzugehen, hielt er aus psychologischen Gründen nicht für ratsam. Die Reichsleitung wurde hier zum Gefangenen einer verbreiteten politischen Mentalität, an deren Entstehung vor 1914 sie nicht unbeteiligt war. »Die Psyche unseres Volkes ist während der letzten 25 Jahre so durch Renommisterei vergiftet«, klagte der Kanzler im Frühjahr 1915, »daß sie wahrscheinlich zaghaft würde, wenn man ihr die Großsprecherei verböte.«[44] Und auf den Vorschlag des Unterstaatssekretärs in der Reichskanzlei, Adolf von Wahnschaffe, den Autoren der Denkschrift vom März 1915 »die Augen zu öffnen«, entgegnete er: »Aufklären über die militärische Situation kann ich die Petenten nicht. Entweder sie bezichtigen mich des Flaumachens, oder sie werden selbst ängstlich. Beides können wir nicht brauchen. Die Aufklärung kann nur ganz allmählich durch die militärischen Ereignisse selbst stattfinden.«[45]

Durch den Verzicht, den annexionistischen Strömungen offensiv entgegenzutreten, nahm Bethmann Hollweg in Kauf, daß seine eigene Position in der Kriegszielfrage immer mehr ins Schußfeld der Kritik geriet. So sah er sich nicht nur einer Kampagne der Rechten ausgesetzt, die ihn, ganz zu Unrecht, als Zauderer und Schwächling diffamierten, sondern bald auch von den Sozialdemokraten bedrängt, die von ihm eine unzweideutige Erklärung verlangten, daß das deutsche Reich nach wie vor einen *Verteidigungskrieg* führe und keinerlei Eroberungen beabsichtige. Diesem Drängen wich der Kanzler in seinen Reichstagsreden immer wieder aus, indem er sich auf die vieldeutige Formel von den »Sicherheiten« und »Garantien« zurückzog, die das Reich verlangen müsse, um künftig vor »Überfällen« geschützt zu sein.

Mit dieser Taktik, einer eindeutigen Stellungnahme in der Kriegszielfrage auszuweichen und statt dessen zwischen den Fronten zu lavieren, konnte Bethmann Hollweg keine Seite zufriedenstellen. Seine Politik rückte ins Zwielicht der Unaufrichtigkeit, zumal da der Kanzler in vertraulichen Gesprächen mit Vertretern der verschiedenen politischen Lager jeweils recht Unterschiedliches über die Reichweite seiner Ziele verlauten ließ. Das macht es auch für den Historiker schwierig, zu erkennen, was Bethmann Hollweg wirklich wollte. Manche seiner Äußerungen seit dem Spätherbst 1914 deuten darauf hin, daß er schon damit zufrieden gewesen wäre, wenn es den Mittelmächten gelang, sich gegen die stärkere feindliche Koalition zu behaupten. »Wenn wir diese Übermacht bestehen und entwicklungsfähig herauskommen, so haben wir gewonnen«, erklärte er zum Beispiel am 30. Oktober 1916 im Bundesratsausschuß für Auswärtige Angelegenheiten.[46]

Andererseits galt ein Frieden auf der Basis des Status quo Bethmann Hollweg keineswegs als erstrebenswert. Das hätte ja die Rückkehr zu einer Konstellation bedeutet, die der Kanzler mit seiner fatalen, den Weltkrieg provozierenden Risikopolitik im Juli 1914 hatte aufbrechen wollen. Hinter der Formel von den »Sicherheiten« und »Garantien«

verbarg sich in der Tat der Wunsch, die deutsche Machtposition entscheidend zu verbessern, wenn möglich die Hegemonie des Reiches auf dem Kontinent festzuschreiben. Doch hielt es der Kanzler für müßig, sich auf bestimmte Forderungen – seien es Maximal- oder Minimalziele – festzulegen, da, wie er am 15. August 1915 seinen Kollegen im preußischen Staatsministerium eröffnete, »er nicht wisse, ob er sie durchsetzen könne«.[47] Bethmann Hollweg ging davon aus, daß der Krieg vermutlich mit einem militärischen Patt enden werde und daß es in den anschließenden Friedensverhandlungen darauf ankäme, das herauszuholen, was herauszuholen war. »Politik (wird) immer die Kunst des Erreichbaren bleiben«, schrieb er Hindenburg Anfang Januar 1917. So könne er nicht die Verantwortung dafür übernehmen, den Erwerb von Longwy-Briey – so wichtig er in seinen Augen auch sei – »als eine conditio sine qua non für den Friedensschluß ohne Einschränkung zu proklamieren«, wenn etwa »die Absprengung Frankreichs von der Koalition oder überhaupt der ganze Friedensschluß von der Frage abhängig sein würde«.[48]

Doch entgegen seiner Absicht, die deutsche Verhandlungsposition möglichst offen zu halten, wurde Bethmann Hollweg im Laufe des Krieges in stärkerem Maße zu Festlegungen gedrängt, als ihm lieb sein konnte. Das galt besonders für zwei Problemkomplexe, die in der deutschen Kriegszielpolitik eine besondere Rolle spielten: die belgische und die polnische Frage.

»Belgien ist eine harte Nuß«, mit diesen Worten rückte Bethmann Hollweg im November 1914 von seiner in der Septemberdenkschrift formulierten Position ab. »Ich habe anfangs die Phrase vom halbautonomen Tributärstaat nachgeschwätzt. Jetzt halte ich das für eine Utopie, selbst wenn wir den Bären schon erlegt hätten.«[49] Und dem württembergischen Ministerpräsidenten von Weizsäcker gegenüber bekannte er in jenen Tagen, Belgien sei »ein schauderhaftes Problem«, bei dem man unter allen Lösungen nur nach der am wenigsten schlechten suchen könne.[50] Eine Lösung schied für den Reichskanzler von vornherein aus: Das war die Annexion Belgiens, wie sie vor allem von alldeutsch-schwerindustriellen Kreisen und der Marineführung um Tirpitz gefordert wurde.[51] Denn er erkannte klar, daß jede Form der Eingliederung Belgiens nicht nur große innenpolitische Probleme aufwerfen, sondern auch eine Verewigung der Gegnerschaft Englands zur Folge haben würde. Doch auch Bethmann Hollweg trat nicht für eine uneingeschränkte Wiederherstellung Belgiens auf der Basis des Status quo ein. Deutschland, so hat er auch öffentlich, etwa in einer Reichstagsrede vom 5. April 1916, betont, brauche »reale Garantien«, damit Belgien »nicht ein englisch-französischer Vasallenstaat« und »als Vorwerk gegen Deutschland ausgebaut« werde.[52] Während er dabei vor allem an eine Intensivierung der wirtschaftlichen Abhängigkeiten durch eine Zoll- und Währungsunion dachte, forderten die Militärs um Generalstabschef Falkenhayn weitgehende militärische Kontrollrechte, unter anderem ein Besatzungs- und Durchmarschrecht sowie Stützpunkte an der belgischen Küste. Diese Forderungen schlossen, wie die deutsch-belgischen Geheimgespräche über einen Sonderfrieden im Winter 1915/16 zeigten, im Grunde jede Verständigungsmöglichkeit mit Belgien aus.[53]

Belastet wurde das künftige Verhältnis zu Belgien allerdings auch durch die deutsche Besatzungspolitik unter dem deutschen Generalgouverneur, Freiherr von Bissing. Auf der einen Seite förderte sie ganz entschieden die flämischen Autonomiebestrebungen, um die Sympathien wenigstens eines Teils der belgischen Bevölkerung zu gewinnen, auf der anderen Seite betrieb sie eine »hemmungslose Ausbeutung des Landes, ohne Rücksicht auf die daraus erwachsenden Schäden für das belgische Wirtschaftsleben«.[54] Das preußische Kriegsministerium verfiel gar auf die Idee, belgische Arbeitslose zwangsweise für die deutsche Rüstungswirtschaft zu verpflichten und setzte sich damit im Herbst 1916 auch gegen den Widerstand Bissings durch: Über 60 000 belgische Arbeiter wurden in Massentransporten nach Deutschland deportiert und in Lagern untergebracht – die nationalsozialistische »Fremdarbeiter«-Politik im Zweiten Weltkrieg war hier bereits vorweggenommen.[55] Aufgrund zahlreicher Proteste vor allem in den neutralen Ländern wurde die Aktion bereits im Februar 1917 abgebrochen. Ihr Schaden für das Ansehen Deutschlands im Ausland war immens; sie festigte das Bild vom deutschen Militarismus, der sich bedenkenlos über alle völkerrechtlichen Schranken hinwegsetzte.

Noch schwieriger als das belgische Problem war die Frage der künftigen Gestaltung der polnischen Verhältnisse zu lösen. Denn sie berührte nicht nur die innere Struktur Preußens mit seiner starken polnischen Minderheit, die vor 1914 einer rigorosen Politik der Germanisierung ausgesetzt gewesen war; sie belastete vom ersten Tag des Krieges an auch das Verhältnis zwischen den Bündnispartnern Deutschland und Österreich-Ungarn.[56] Bereits im August 1914 meldete Wien den Anspruch auf eine »austropolnische Lösung« an, das heißt auf Angliederung des russischen Teils Polens, des sogenannten *Kongreßpolens*, an die Donaumonarchie. In Berlin nahm man diesen Wunsch sehr reserviert auf: »Wir haben den Bären noch nicht erlegt, dessen Fell verteilt werden soll.«[57] Die Neigung der Reichsleitung, die ganze polnische Frage zunächst »dilatorisch zu behandeln«, wurde einerseits verstärkt durch die seit November 1914 unternommenen Bemühungen, einen Separatfrieden mit Rußland in die Wege zu leiten, zum anderen durch die ungünstige militärische Entwicklung an der Ostfront im Winter 1914/15, in deren Verlauf die russischen Truppen den größten Teil des österreichischen Galiziens besetzten.

In den internen Beratungen der deutschen Führung schälte sich allerdings bereits im Spätherbst 1914 ein Kriegsziel heraus, das Reichsleitung und Heeresleitung bis Ende des Krieges nie aus dem Auge verloren: die Annexion eines »polnischen Grenzstreifens«.[58] Nicht nur die Militärs hielten strategische Grenzverbesserungen nach den Erfahrungen der russischen Invasion im August 1914 für unverzichtbar; auch Bethmann Hollweg machte sich die Idee zu eigen. Der »an Preußen fallende schmale Landstrich«, erklärte er Anfang Dezember 1914 dem bayerischen Ministerpräsidenten Graf Hertling, müsse »von den Russen evacouiert werden«.[59] Damit war ein Stichwort gefallen, das in den kommenden Monaten in den Beratungen der Ressorts konkrete Gestalt annehmen sollte: die Um- und Aussiedlung der Bevölkerung in den zu annektierenden Gebieten. Am weitesten ging darin eine Denkschrift des Regierungspräsidenten von Frankfurt/Oder, Friedrich von Schwerin, vom 25. März 1915, die den vielsagenden Titel trug: »Die Notwendigkeit und die Möglichkeit, als Ziel des Krieges neues Siedlungsland im Anschluß an die Grenzen Deutschlands zu schaffen«. Schwerin predigte die Wiederaufnahme der »kolonisatorischen Mission nach dem Osten« und verlangte die »Freimachung des erforderlichen Landes für deutsche Siedler«: »An den Gedanken einer

›Umsiedlung‹ großer Volksmengen heißt es sich rechtzeitig zu gewöhnen.«[60]

Die hier entwickelte Konzeption einer ethnischen Flurbereinigung zeigt, daß völkische und pangermanische Ideen kein Monopol der Alldeutschen waren, sondern bis hinauf in die Spitzen von Bürokratie und Militär Anhänger besaßen. Im Denken Ludendorffs verdichteten sie sich bereits im zweiten Kriegsjahr zur Vorstellung einer rassischen *Auslese,* die der gewaltsamen deutschen Ostexpansion der Zukunft den Weg bereiten sollte: »Hier gewinnen wir Zuchtstätten für Menschen, die für weitere Kämpfe nach Osten nötig sind. Diese werden kommen, unausbleiblich«, schrieb er Ende 1915 an Hans Delbrück.[61] Von hier führt eine gerade Linie zur »Lebensraum«-Ideologie und -Politik des nationalsozialistischen Deutschland.

Mit der über Erwarten erfolgreichen Offensive an der russischen Front im Sommer 1915 traten die akademischen Überlegungen über die Ordnung des *Ostraums* in ein neues Stadium. Kongreßpolen sowie fast ganz Kurland und Litauen wurden erobert. Kongreßpolen wurde in zwei Verwaltungsbezirke, *Gouvernements,* geteilt: einen deutschen mit Sitz in Warschau und einen österreichischen mit Sitz in Lublin. Während der deutsche Generalgouverneur, von Beseler, dem Kaiser unmittelbar unterstellt wurde, fielen die zu einem Verwaltungsbereich zusammengefaßten baltischen Territorien Litauen und Kurland als »Land des Oberbefehlshabers Ost« direkt unter Militärverwaltung. Hier konnte Ludendorff, unterstützt von der publizistisch sehr einflußreichen Baltenlobby um Theodor Schiemann und Paul Rohrbach und in Kooperation mit der deutschbaltischen Oberschicht, erste Proben seiner Politik der Angliederung ablegen, die auf die volle Beherrschung des Baltikums als Kolonisations- und Aufmarschgebiet für den nächsten Krieg zielte. Nicht nur durch Beschlagnahmungen, sondern auch durch Willkürmaßnahmen wie die Einführung der Grußpflicht gegenüber deutschen Offizieren oder das Verbot, bestimmte Verkehrsmittel zu benutzen, machte sich das Besatzungsregime verhaßt. So war es kein Wunder, daß die im Hinterland der deutschen Front agierenden russischen Partisanen bald Unterstützung bei der Bevölkerung fanden.[62]

Die Aufmerksamkeit der Reichsleitung wurde jedoch vor allem von der Frage nach dem Schicksal Kongreßpolens in Anspruch genommen. Nicht nur Falkenhayn verlangte im August 1915 vom Reichskanzler, »auf die polnische Frage mit allen ihren Konsequenzen eine Antwort zu finden«,[63] auch die österreichisch-ungarische Regierung drängte mit verstärktem Nachdruck auf eine Entscheidung in ihrem Sinne. Bethmann Hollweg ahnte: »Eine günstige und gefahrenlose Lösung des polnischen Problems gibt es für uns überhaupt nicht.«[64] Aber er war sich auch bewußt, daß die bisherige dilatorische Taktik sich nicht länger durchhalten ließ. Er wie auch der Staatssekretär des Auswärtigen Amtes, von Jagow, neigten der »austropolnischen Lösung« als dem kleineren Übel zu, allerdings nur unter der Bedingung, daß die Donaumonarchie wirtschaftlich und politisch dauerhaft mit dem Reich verbunden wurde. Dies war auch der Ausgangspunkt für die Wiederbelebung der Mitteleuropa-Diskussion in der Reichsleitung. Ein engerer Zusammenschluß der beiden Mittelmächte schien geeignet, manche Bedenken gegen die Überlassung Kongreßpolens an Österreich-Ungarn zu entkräften.

Diese Idee erhielt durch Friedrich Naumanns MITTELEUROPA-Buch im Herbst 1915 eine ungeahnte Publizität. Auch Naumann ging von der engeren Gemeinschaft zwischen Deutschland und Österreich-Ungarn als Kern *Mitteleuropas* aus, der sich die kleineren Völker Ostmitteleuropas anschließen sollten. Er erkannte aber auch, daß der mitteleuropäische Staatenverbund den Völkern nicht aufgezwungen, sondern nur auf der Basis der Freiwilligkeit aufgebaut werden dürfe. Hier lag wohl die eigentliche Illusion Naumanns. Denn das deutsche Kaiserreich war aufgrund seiner inneren Machtstrukturen kaum fähig, eine ihm zugedachte Führungsrolle in Europa mit der notwendigen Selbstbeschränkung zu verbinden. Ein »mitteleuropäischer Imperialismus der leichten Hand«, wie er auch Kurt Riezler vorschwebte,[65] hätte liberale Reformen in Preußen-Deutschland vorausgesetzt. Dagegen sperrten sich gerade jene mächtigen wirtschaftlichen und gesellschaftlichen Interessengruppen, die mit der Propagierung weitreichender annexionistischer Ziele zugleich den innenpolitischen Status quo konservieren wollten.

Kaum daß Berlin und Wien im November 1915 die Verhandlungen über eine Zollunion aufgenommen hatten, traten auch schon die unterschiedlichen Interessen zutage. Auf österreichischer Seite fürchtete man vor allem, in ökonomische Abhängigkeit vom Bundesgenossen zu geraten, vor allem der Konkurrenz der überlegenen deutschen Industrie nicht gewachsen zu sein. Die Expertengespräche kamen nur schleppend voran; bis zum Ende des Krieges blieb ihnen ein entscheidender Durchbruch versagt.

Überdies sperrte sich die deutsche Heeresleitung gegen den Plan, das vorwiegend von deutschen Truppen eroberte Kongreßpolen als Siegespreis der Donaumonarchie zu überlassen – einem Staatswesen, das in den Augen Falkenhayns einem »Kadaver« glich, »an den wir uns nicht binden könnten«.[66] Die Militärs drängten auf die Umwandlung Kongreßpolens in einen autonomen Staat mit Anlehnung an das deutsche Reich. Anfang 1916 schwenkte auch die Reichsleitung auf diese Linie ein. Erleichtert wurde ihr der Kurswechsel dadurch, daß das angestrebte Junktim zwischen »austropolnischer Lösung« und mitteleuropäischem Zollbund sich vorderhand als nicht realisierbar herausgestellt hatte.

Nach langwierigen Verhandlungen einigten sich die Bündnispartner Ende Juli 1916 schließlich auf einen Kompromiß: Österreich-Ungarn stimmte der Gründung eines autonomen polnischen *Pufferstaates* zu, der allerdings nicht einseitig an Deutschland, sondern an beide Zentralmächte angelehnt werden sollte. Vor allem die neue Oberste Heeresleitung unter Hindenburg und Ludendorff forderte den raschen Erlaß einer entsprechenden Proklamation, weil sie sich davon eine massenhafte Rekrutierung von polnischen Soldaten für die Kriegführung der Mittelmächte erhoffte. Diesem Begehren vermochte Bethmann Hollweg sich nicht zu widersetzen. Hier wurde bereits deutlich, daß er sich gegenüber den beiden populären Feldherrn, deren Berufung an die Spitze der OHL er tatkräftig gefördert hatte, in einer sehr schwachen Position befand.

Am 5. November 1916 wurde das *Königreich Polen* proklamiert. Allerdings sollte es erst nach dem Krieg errichtet werden, war also zunächst nicht mehr als ein vages Versprechen auf die Zukunft. Dies war kaum dazu angetan, viele Sympathien bei der polnischen Bevölkerung zu wecken. Noch ungünstiger wirkte es sich aus, daß bereits wenige Tage später ein Aufruf zur Werbung polnischer Freiwilliger erlassen wurde. »Nur allzu deutlich wurde damit vor aller Welt, was das entscheidende, für Ludendorff sogar einzige Motiv der Proklamation gewesen war: die Ausbeutung des polnischen *Menschenmaterials* für den Krieg.«[67] Die Aktion erwies sich als völliger Fehlschlag; bis Ende April 1917 meldeten sich gerade einmal ein paar tausend Mann.

Letztlich hing das Scheitern der deutschen Polenpolitik im Ersten Weltkrieg damit zusammen, daß sie nicht auf Partnerschaft angelegt war, sondern allein der Logik der überkommenen Machtpolitik folgte. »Das Wagnis, (den Polen) wirkliche Selbständigkeit zu gewähren und diese Geste als ein tragfähiges Fundament anzusehen, wurde nicht gemacht«, kritisiert Peter Graf Kielmansegg zu Recht.[68] Allerdings hätte dieses Wagnis auch kaum unternommen werden können, ohne von den Grenzstreifenplänen Abschied zu nehmen, mehr noch: ohne die Politik gegenüber den in den preußischen Ostprovinzen lebenden Polen von Grund auf zu ändern. Das wiederum hätte eine Abwendung von den konservativen Strukturen des preußisch-deutschen Systems vorausgesetzt, was kein deutscher Politiker riskieren konnte, ohne sich selbst zur Disposition zu stellen.

Überdies waren die Meinungsverschiedenheiten zwischen den Bündnispartnern über die Zukunft Polens mit dem Kompromiß von 1916 keineswegs ausgeräumt; vielmehr dauerte der Streit an, ja, er verschärfte sich in den letzten beiden Kriegsjahren. Im Herbst 1917 brachte die Wiener Regierung noch einmal die »austropolnische Lösung« ins Gespräch; wieder wurde monatelang darum gerungen – ohne sichtbares Resultat. Bis in die letzten Kriegstage hinein blieben die Mittelmächte in ihre Dauerfehde über die Zukunft Polens verstrickt.

Das Dilemma der Friedenssondierungen

Der 18. November 1914 war ein Schlüsseldatum in der politischen Geschichte des Kaiserreichs im Ersten Weltkrieg. An diesem Tage kam es im Großen Hauptquartier in Charleville zu einer denkwürdigen Aussprache zwischen Falkenhayn und Bethmann Hollweg. Ohne Umschweife eröffnete der Generalstabschef dem Reichskanzler, daß er an einen entscheidenden militärischen Erfolg nicht mehr glaube: »Solange Rußland, Frankreich und England zusammenhielten, sei es uns unmöglich, unsere Gegner so zu besiegen, daß wir zu einem anständigen Frieden kämen. Wir würden vielmehr Gefahr laufen, uns langsam zu erschöpfen.« Daraus zog Falkenhayn den Schluß, daß entweder Rußland oder Frankreich von der gegnerischen Koalition »abgesprengt« werden müsse: »Gelingt es, was in erster Linie anzustreben sei, Rußland zum Frieden zu bringen, so würden wir Frankreich und England so niederzwingen können, daß wir den Frieden diktierten, selbst wenn die Japaner über See nach Frankreich kämen, und wenn England immer neue Nachschübe ins Feld schickte. Es sei aber mit Sicherheit zu erwarten, daß, wenn Rußland Frieden machte, auch Frankreich klein beigäbe. Dann würden wir England, wenn es uns nicht völlig zu Willen wäre, dadurch niederzwingen, daß wir es, gestützt auf Belgien, durch Blockade aushungerten, auch wenn dazu Monate erforderlich sein sollten.«[69]

Bethmann Hollweg nahm dieses Eingeständnis des Scheiterns der deutschen operativen Planungen gefaßt auf. Auch er bezweifelte, »daß eine militärische Niederwerfung unserer Gegner noch möglich« sei, »solange die Triple-Entente zusammenhält«. Deshalb, so teilte er in seinem *Raisonnement* an den Unterstaatssekretär Zimmermann im Auswärtigen Amt vom folgenden Tage mit, könne er sich »dem fortgesetzten Drängen des Generals von Falkenhayn auf Separatverständigung mit Rußland … nicht entziehen«. Allerdings schien ihm »die Zuversicht auf einen absoluten Sieg über Frankreich und England«, selbst wenn es gelingen sollte, Rußland »abzusprengen«, »nicht ganz ungewagt«. Er vermutete, daß bei Falkenhayn noch eine andere Überlegung mitspielte, der Wunsch nämlich, »die Schuldfrage günstig zu regulieren«.[70] Der unausgesprochene Verdacht, die eine Seite wolle die andere mit der Verantwortung für einen vermutlich enttäuschenden Kriegsausgang belasten, sollte das Verhältnis zwischen Kriegführung und Politik während des gesamten Krieges überschatten.

Der Zufall wollte es, daß bereits wenige Tage, nachdem Falkenhayn dem Kanzler die Dringlichkeit eines Separatfriedens mit Rußland vor Augen geführt hatte, sich unverhofft ein Weg bot, in dieser Richtung diplomatisch aktiv zu werden. Am 20. November 1914 erschien der dänische Reeder und Staatsrat Hans Niels Andersen, ein Geschäftsmann mit internationalen Verbindungen, beim Generaldirektor der HAPAG in Berlin, Albert Ballin, um im Auftrag seines Königs Christian X. dem deutschen Kaiser »ganz vertraulich« den Vorschlag einer Friedensvermittlung zu unterbreiten.[71] Falkenhayn, Bethmann Hollweg und Wilhelm II. einigten sich rasch, das Angebot aufzugreifen, weil sie darin eine Chance sahen, einen Kontakt mit Petersburg herzustellen, ohne dabei selbst initiativ werden zu müssen. Denn das war und blieb bei allen Friedenssondierungen im Ersten Weltkrieg die größte Sorge der Reichsleitung: daß nämlich, wie der Kanzler in seinem *November-Raisonnement* ausführte, eine deutsche Initiative in der Friedensfrage von der Triple-Entente »als Schwäche ausgelegt werden« und dort »etwaige Friedensneigungen im Keime ersticken« könnte. Deshalb war auch die Antwort auf das dänische Vermittlungsangbot vom 30. November 1914 so abgefaßt, daß das eigene Interesse verschleiert und die Initiative zu Gesprächen der Gegenseite zugewiesen wurde: Die militärische Lage sei derart, »daß wir nicht um Frieden bitten brauchen«. Dennoch werde der Kaiser »etwaige Friedensvorschläge, die ihm durch Vermittlung des Königs von Dänemark seitens einer unserer Gegner zugehen sollten, im Einvernehmen mit seinen Verbündeten mit der der Person und hohen Stellung des Vermittlers angemessenen Sorgfalt prüfen und ihrem Inhalt nach behandeln«.[72]

In Kopenhagen hatte man es aber plötzlich gar nicht mehr eilig mit der geplanten Aktion. Es verstrichen über vier Wochen, bis sich König Christian endlich Anfang Januar 1915 in einem Brief an Zar Nikolaus II. vorsichtig nach der Möglichkeit einer dänischen Initiative zur »Wiederherstellung des Friedens« erkundigte und zu diesem Zweck den Besuch Andersens in Petersburg vorschlug. Dieser könnte »mündlich manches vortragen, was sich schriftlich nicht erläutern lasse«.[73] Der Grund für die Verzögerung liegt auf der Hand: Der Versuch der deutschen Reichsleitung, die Mission Andersens zunächst ganz auf die angestrebte Separatverständigung mit Rußland zu lenken, brachte die dänische Regierung in eine heikle Situation. Denn auch nur der leiseste Verdacht, eventuell deutsch-russische Sonderfriedenspläne zu fördern, mußte das für Dänemarks Neutralitätspolitik besonders wichtige Verhältnis zu Großbritannien schwer belasten. Deshalb beeilte sich

Andersen, bei seinen Gesprächen in London im Januar und Februar 1915 etwaige britische Bedenken hinsichtlich einer einseitigen Indienstnahme seiner Mission für deutsche Interessen zu zerstreuen. Gleichzeitig blieb die dänische Regierung aber auch bemüht, der deutschen Reichsleitung gegenüber die Rolle einer glaubwürdigen neutralen Vermittlungsinstanz zu spielen. In dieser doppelgleisigen Taktik lag die Quelle für zahlreiche Mißverständnisse und Fehlinterpretationen, welche die Erfolgschancen der dänischen Friedensvermittlung von vornherein erheblich beeinträchtigten.

Dennoch hat Bethmann Hollweg an die Friedensfühler über Dänemark zeitweilig einige Hoffnungen geknüpft, ohne allerdings darauf zu verzichten, gleichzeitig noch andere »Kanäle« nach Petersburg, etwa über den als deutschfreundlich geltenden ehemaligen russischen Ministerpräsidenten Graf Witte, ausfindig zu machen.[74] Die Antwort des Zaren an König Christian Anfang Februar 1915 dämpfte die deutschen Erwartungen: Sie ließ keinerlei Neigung zu einem Friedensschluß, schon gar nicht zu einem Sonderfrieden erkennen. Immerhin lud Nikolaus II. Andersen für Ende Februar nach Petersburg ein. Was dieser Anfang März von dort mitbrachte, war niederschmetternd: »Je länger ich reise, desto weiter entferne ich mich vom Friedensgedanken«, faßte Andersen das Ergebnis seiner Gespräche mit dem Zaren und dem russischen Außenminister Sasonow zusammen.[75]

Ungeachtet dessen wurde das Ziel eines Separatfriedens mit Rußland weiterverfolgt, ja Falkenhayn drängte Ende Mai 1915, nach den ersten Erfolgen der deutschen Offensive von Tarnow-Gorlice, die Reichsleitung erneut zu energischen Schritten. Und er ließ sich auch dadurch nicht beirren, daß der Zar die Bitte des dänischen Königs, einen Vertrauensmann zu Gesprächen nach Kopenhagen zu entsenden, Anfang Juni 1915 kategorisch zurückwies: »My reply can only be a negative one.«[76] Im Laufe des Sommers 1915 wurde schließlich deutlich, daß selbst die großen militärischen Siege der Mittelmächte das Zarenreich nicht zu Friedensgesprächen bewegen konnten, sondern im Gegenteil seine Kampfentschlossenheit eher gesteigert hatten. »Die schweren Niederlagen in Polen und Kurland werden … in Petersburg nicht als entscheidend für den endgültigen Ausgang des Krieges betrachtet und nur als vorübergehende Mißerfolge hingestellt«, berichtete Andersen Ende Juli 1915 über seine zweite Reise nach Petersburg.[77] Unter dem Eindruck der unverminderten russischen Kriegsbereitschaft rückte nun auch Falkenhayn von der Idee eines Sonderfriedens mit Rußland ab. Angesichts der Einmütigkeit, mit der in der Duma der »Krieg bis zum äußersten« gepredigt werde, so ließ er den Reichskanzler am 4. August 1915 wissen, sei jede deutsche Initiative, auch nur in Form einer »offiziösen Benachrichtigung des Zaren und seiner nächsten Ratgeber«, zwecklos.[78]

Überblickt man die Versuche, im Laufe des Jahres 1915 mit Rußland zu einem Sonderfrieden zu gelangen, so drängt sich der Eindruck auf, daß sie von vornherein zum Scheitern verurteilt waren. Die Hoffnungen, die von deutscher Seite vor allem an die Andersen-Mission geknüpft wurden, beruhten auf Selbsttäuschungen und Illusionen. Denn »der gleiche Gesichtspunkt, der einen Sonderfrieden für Deutschland so erstrebenswert machte – die Aussicht auf dauerhafte Zerstörung der Koalition der Gegner –, mußte ihn eben diesen Gegnern fragwürdig und gefährlich erscheinen lassen«.[79] Am 5. September 1914 hatten sich Großbritannien, Frankreich und Rußland im Londoner Vertrag ausdrücklich verpflichtet, nur gemeinsam Frieden schließen zu wollen. Ein Eingehen auf Sonderfriedensavancen hätte nicht nur Vertragsbruch und diplomatische Isolierung bedeutet, sondern auch weitgehenden Verzicht auf eigene Kriegszielwünsche – ein Verzicht, der auch durch das vage Versprechen der deutschen Reichsleitung, die Bedingungen im Falle einer Separatverständigung maßvoll zu halten, nicht kompensiert werden konnte. Bevor Rußland nicht »wirklich am Boden läge«, so beschrieb Albert Ballin Anfang Januar 1915 treffend die unterschiedliche Interessenlage, könne es sich von einem Gesamtfrieden immer noch bessere Geschäfte versprechen als von einem »an sich schon höchst blamablen Separat-Abkommen«.[80]

Das galt, um ein weiteres Beispiel zu nennen, auch für Japan, das am 23. August 1914 Deutschland den Krieg erklärt hatte. Die Versuche, mit dem fernöstlichen Inselreich zu einer Separatverständigung zu gelangen, setzten ebenfalls Ende November 1914 ein.[81] Dabei spielte neben der Sorge vor einem Eingreifen japanischer Truppen auf dem europäischen Kriegsschauplatz auch die Absicht eine Rolle, japanische Waffen- und Munitionslieferungen an Rußland zu verhindern. Die

Sondierungen liefen über die deutsche Gesandtschaft in Peking und – seit Januar 1915 – auch in Stockholm. Auch sie bewegten sich von Anfang an in einem Dilemma: Deutschland hatte der japanischen Regierung nichts zu bieten, was diese veranlassen konnte, noch während des Krieges die Fronten zu wechseln. Das deutsche Pachtgebiet von Kiautschou mit der Festung Tsingtau war bereits im November 1914 von den Japanern eingenommen worden; sie betrachteten dieses Gebiet als ihren Besitz, während die deutsche Seite darin immer noch ein Faustpfand für künftige Verhandlungen sah. Doch selbst ein völliger Verzicht auf die eigenen Interessen in China und die Anerkennung der japanischen Hegemonialstellung im Fernen Osten waren für Tokio wertlos, solange unsicher blieb, ob Deutschland überhaupt den Krieg in Europa zu seinen Gunsten würde entscheiden können.

Sowohl die deutschen als auch die japanischen Diplomaten spielten mit verdeckten Karten. Auf deutscher Seite wollte man die Verständigung mit Japan vor allem als Druckmittel einsetzen, um Rußland für einen Separatfrieden geneigt zu machen. »In diesem Sinne betrachtete man in Berlin Tokios Rolle als die eines Boten nach Petersburg.«[82] Umgekehrt benutzte die japanische Regierung die Kontakte mit dem deutschen Kaiserreich, um die Ententemächte, vor allem den Verbündeten England, zu einer Anerkennung der japanischen Hegemonialansprüche in Ostasien zu bewegen und eine mögliche Annäherung Rußlands an Deutschland zu torpedieren. Daher versäumte sie es auch nicht, die vertraulich geführten Gespräche in Stockholm umgehend den alliierten Regierungen zur Kenntnis zu bringen – um kein Mißtrauen aufkommen zu lassen, aber auch als versteckte Drohung, daß Japan sich auch anders orientieren könne. Der Reichsleitung gegenüber täuschten die japanischen Diplomaten hingegen ein höheres Maß an Verständigungsbereitschaft vor, als es tatsächlich vorhanden war. Das führte dazu, daß man in Berlin immer wieder zu hohe Erwartungen an die Sondierungen knüpfte, die dann regelmäßig enttäuscht wurden.

Nach dem Scheitern der Sonderfriedensbemühungen blieb, solange die Militärs keine Entscheidung in Aussicht stellen konnten, nur ein Weg, um aus dem Krieg herauszukommen, nämlich Verhandlungen über einen allgemeinen Frieden aufzunehmen. Auch hier sah sich die

Reichsleitung genötigt, den Anschein eigener Initiative zu vermeiden, weil dies von den Gegnern womöglich als Schwäche gedeutet worden wäre. Ein deutsches Friedensangebot wurde zwar nicht grundsätzlich ausgeschlossen, aber das damit verbundene Risiko schien nur aus einer starken militärischen Position heraus tragbar zu sein. So äußerte Bethmann Hollweg Ende Juli 1915 die Hoffnung, daß Deutschland nach dem erfolgreichen Abschluß des Serbienfeldzugs und der Abwehr der alliierten Angriffe an der Westfront »stark genug dastehen« werde, »um, wenn unsere Gegner nicht kommen, selbst die Hand zum Frieden auszustrecken«.[83]

Tatsächlich trat seit Beginn des Serbienfeldzugs Anfang Oktober 1915 der Gedanke eines Verhandlungsfriedens im Großen Hauptquartier in den Mittelpunkt der Erörterungen. »Man spricht hier viel über die Möglichkeit eines Friedensschlusses für den Fall eines glücklichen Ausgangs unserer Balkan-Expedition«, berichtete der württembergische Militärbevollmächtigte, von Graevenitz.[84] Doch schon im November 1915 mußte sich die Reichsleitung eingestehen, daß die Erfolge der verbündeten Mächte auf dem Balkan, die Öffnung der Landverbindung zur Türkei und der Anschluß Bulgariens die Aussichten auf einen Frieden nicht verbessert hatten. »Friedensangebote durch einen unserer Gegner bzw., da jede Aussicht auf Separatfrieden aufgegeben werden muß, durch die Gesamtheit unserer Gegner erhalten wir in absehbarer Zeit nicht«, zog Bethmann Hollweg Bilanz.[85] Aber er sah auch keinen Ansatzpunkt für eine eigene Initiative in der Friedensfrage. Nach den neuesten Berichten über die Stimmung in den Ententeländern, so beschied er die auf eine Aktion drängenden sozialdemokratischen Parteiführer, könne er zur Zeit keine »öffentlichen Friedensangebote« machen. »Damit würde ich das Gegenteil dessen erreichen, was ich mit Ihnen erreichen will, den baldigen Frieden.«[86] Wohl räumte der Reichskanzler ein, »daß einmal das erste Wort gesprochen werden müsse und daß die Folgen furchtbar seien, wenn der Krieg nur deshalb weitergeführt werde, weil jede der beiden Parteien auf das erste Wort der Gegenseite wartet«.[87] Doch zog er aus dieser Einsicht Ende 1915 noch keine Konsequenzen. Vielmehr erwartete er von der Triple-Entente auch in einer für sie ungünstigen militärischen Lage als Vorleistung eine eindeutige Bekundung des Friedenswillens und damit faktisch doch den ersten Schritt, den die deutsche Seite in gleicher Situation nicht zu gehen bereit war.

So bewegten sich alle Überlegungen zur Kriegsbeendigung in einem Circulus vitiosus, den ein kluger Beobachter, der württembergische Liberale Conrad Haußmann, Anfang Dezember 1915 so beschrieb: »Jeder will, der andere soll wollen, und keiner muß. Die Contenance von allen ist Pose. Aber solange man posieren kann, ist man noch leidlich kräftig.«[88] Dieses Verfahren des *Posierens* war im Grunde unbegrenzt fortzusetzen, solange die militärischen Mittel nicht erschöpft waren und solange die Antikriegsbewegung im eigenen Land kleingehalten werden konnte. Gerade dies wurde jedoch in dem Maße schwieriger, wie der zu Beginn des Krieges geschlossene *Burgfrieden* verfiel und Friedenssehnsucht immer weitere Kreise der Bevölkerung erfaßte. »Es ist kaum möglich, das von wachsender Friedenssehnsucht ergriffene Land zu einem Bluff zusammenzufassen«, notierte Kurt Riezler am 2. Dezember 1915. »Die anderen hoffen das aber von Monat zu Monat, daß wir kommen oder daß unsere Bedingungen immer billiger werden.«[89] Was Riezler verschwieg, war, daß die gleiche Hoffnung ja auch auf deutscher Seite wirksam war.

Letztlich verbarg sich hinter den fruchtlosen Erörterungen der Politiker ein Grunddilemma: die Tatsache, daß in einem Krieg, der zusehends totale Züge annahm, die traditionellen Mittel der Kabinettspolitik nicht mehr ausreichten, um Wege der Friedensanbahnung zu weisen. Die Radikalisierung der Kriegführung bis hin zum Einsatz neuer Massenvernichtungswaffen wie Giftgas, die ungeheuren Opfer an Menschen und Material, die rücksichtslose Mobilisierung aller Ressourcen und die damit einhergehende Aufstachelung der nationalen Leidenschaften und des Völkerhasses – all das schränkte den Handlungsspielraum der Diplomatie ein. In allen kriegführenden Staaten wuchs die Neigung, den Krieg bis zum militärischen Zusammenbruch der Gegner oder doch bis zu deren völliger »Erschöpfung« auszukämpfen. Auch Generalstabschef Falkenhayn, der im November 1914 vor der Gefahr eines *Erschöpfungskriegs* gewarnt hatte, war Ende 1915 entschlossen, »den Krieg so lange fortzuführen, bis der Wille der Feinde zum Durchhalten des Krieges gebrochen ist, selbst auf die Gefahr hin, daß Deutschland dabei den letzten Mann und den letzten Groschen einsetzen müßte«.[90] Sein verhängnisvoller Entschluß zur Offensive bei Verdun war denn auch ganz auf das Ziel fixiert, den Gegner durch eine »Blutabzapfung« zu zermürben.

Hinzu kam, daß keine der kriegführenden Parteien zum labilen Status quo ante zurückzukehren bereit war, solange nur die leiseste Hoffnung auf einen Wandel der militärischen Lage zu ihren Gunsten bestand. Ging es den führenden Schichten des wilhelminischen Reiches – bei allen Differenzen über Einzelpunkte – im Kern darum, die langerstrebte Hegemonie auf dem Kontinent zu etablieren, so war auf seiten der Alliierten der Wunsch leitend, gerade diesem »Hegemoniestreben des preußischen Militarismus« endlich ein Ende zu setzen, und das hieß vor allem: die wirtschaftliche Macht Deutschlands drastisch zu beschneiden.[91] Ein obsessives, vor dem Hintergrund der deutschen Vorkriegspolitik allerdings verständliches Sicherheitsdenken war vor allem für die französischen Kriegszielplanungen kennzeichnend. Daß die Rückgliederung Elsaß-Lothringens nicht ausreichte, daß darüber hinaus auch das Saargebiet, Luxemburg und Teile des Rheinlands an Frankreich gebunden werden sollten, darüber waren sich die französischen Politiker, gleich welcher Couleur, weitgehend einig. Das vieldeutige Verlangen nach »Garantien« und »Sicherheiten« durchzog auch die Kriegszieldiskussion der Ententemächte. Ein Verzicht darauf wurde mit dem Verlust des Krieges gleichgesetzt. Er kam für die alliierten Staatsmänner genausowenig wie für die Regierungen der Mittelmächte in Betracht. So waren alle Friedensbemühungen im Ersten Weltkrieg belastet mit den Vorstellungen einer die Vorkriegskonstellation aufhebenden Nachkriegsordnung, die über die jeweilige Kriegszielpolitik erreicht werden sollte.

Im Spätherbst 1916 faßte Bethmann Hollweg, allen Bedenken zum Trotz, doch noch den Entschluß, ein Friedensangebot an die Entente zu richten. Und er besaß dafür ein neues, zwingendes Motiv: Es galt, die Forderung von Marineführung und Heeresleitung nach Eröffnung des uneingeschränkten U-Boot-Krieges abzuwehren, der, wie der Kanzler befürchtete, den Kriegseintritt Amerikas und »eine Verrufserklärung der ganzen zivilisierten Welt, eine Art Kreuzzug gegen Deutschland« zur Folge haben würde. »Es bleibt ein Würfelspiel, dessen Einsatz tatsächlich die Existenz Deutschlands ist.«[92] Erst wenn jede Aussicht auf einen Verhandlungsfrieden geschwunden war, wollte Bethmann Hollweg dieses extreme Risiko eingehen. Mit der Friedensaktion verband sich allerdings von Anfang an die taktische Überlegung, daß, wenn sie scheiterte, immerhin die politische Ausgangslage für den dann unvermeidlichen uneingeschränkten U-Boot-Krieg verbessert war, indem sie den Vereinigten Staaten zuvor den guten Willen Deutschlands vor Augen geführt hatte.[93]

Am 18. Oktober 1916 regte der österreichisch-ungarische Außenminister, Baron Burian, auf einer Konferenz mit dem deutschen Reichskanzler in Pleß eine gemeinsame Friedensinitiative der Mittelmächte an. Bethmann Hollweg griff den Gedanken sofort auf und holte sich wenige Tage später dafür die Zustimmung des Kaisers und der Obersten Heeresleitung. In den langwierigen Verhandlungen zwischen Berlin und Wien, die dem Friedensangebot der Mittelmächte vorausgegangen waren, wünschte Burian die Fixierung einer Kriegszielliste, die mit der Übergabe der Friedensnote bekanntgegeben werden sollte. Die Forderung stieß auf den entschiedenen Widerstand des Reichskanzlers: »Nennen wir den andern ein hohes Maximum (wie es der öffentlichen Meinung und den Forderungen der OHL entspricht), so lehnen sie ab. Fordern wir zu wenig, so handeln sie uns noch weiter herunter«, begründete er vor dem Bundesratsausschuß für Auswärtige Angelegenheiten am 30. Oktober 1916 seine Ablehnung.[94]

Tatsächlich wurden in dem Friedensangebot, das am 12. Dezember 1916 den alliierten Regierungen übermittelt und noch am selben Tage in einer Reichstagserklärung Bethmann Hollwegs bekanntgemacht wurde, keine konkreten Bedingungen genannt; vielmehr hieß es unverbindlich, die Mittelmächte wollten »Dasein, Ehre und Entwicklungsfähigkeit ihrer Völker« sichern.[95] Im Ton waren Note wie Reichstagsrede ausgesprochen selbstbewußt und kampfentschlossen gehalten, was die Glaubwürdigkeit der bekundeten Friedensabsicht nicht gerade erhöhte. Einen »meisterhaften Coup« nannte Riezler in seinem Tagebuch das Friedensangebot.[96] Das legt die Frage nahe, ob es überhaupt ernst gemeint war oder nicht ganz andere Zwecke damit verfolgt wurden.

Bethmann Hollweg schätzte die Aussichten für eine Annahme des Angebots, wie er am Vorabend der Bekanntgabe den Vertretern der

Bundesstaaten mitteilte, nicht sehr hoch ein. Dennoch werde es günstig wirken auf die Haltung der neutralen Staaten und auf die friedenswilligen Kräfte im Lager der Entente. Das heißt aber nicht, daß der Kanzler es von vornherein auf die Ablehnung des Friedensangebots abgesehen hatte, die ganze Aktion also nur ein täuschendes Manöver war. Bethmann Hollweg hätte es auf jeden Fall begrüßt, wenn es zu Gesprächen gekommen wäre, und er war offenbar bereit, für diesen Fall die deutschen Kriegsziele im Westen auf ein Minimum zu reduzieren.[97] Mehr noch: Er traute sich zu, einen solchen »mageren« Frieden auch innenpolitisch durchzusetzen, und zwar selbst gegen das mächtige Feldherrenduo Hindenburg-Ludendorff. »Ich weiß ganz genau, in dem Augenblick, wo eine greifbare Friedensmöglichkeit vorliegt und ich damit komme, daß ich beim Kaiser alles durchsetze«, so hat Riezler später (vor dem Untersuchungsausschuß des Reichstags) die Position des Kanzlers wiedergegeben. Die OHL würde ihn zwar mit Vorwürfen überschütten, und die Nationalisten würden sich empören: »Aber der Frieden wird gemacht.«[98]

Zu einer Nagelprobe kam es jedoch nicht. In ihrer Antwortnote vom 30. Dezember 1916 wiesen die Ententemächte das Verhandlungsangebot schroff zurück. Es wurde als ein bloßes Propagandamanöver bezeichnet, darauf berechnet, Europa »einen deutschen Frieden aufzunötigen«, »die öffentliche Meinung in den alliierten Ländern zu verwirren« und »vor den Augen der Welt im voraus neue Verbrechen zu rechtfertigen« – wie den uneingeschränkten U-Boot-Krieg. Überdies erinnerte die Antwortnote daran, daß es schließlich die Mittelmächte gewesen seien, die den Krieg »gewollt, hervorgerufen und erklärt« hätten, und die nun dafür die Rechnung bezahlen müßten.[99]

Mitten hinein in die Überlegungen, die der Antwort der Entente vorausgingen, platzte am 21. Dezember 1916 eine Friedensnote des amerikanischen Präsidenten Woodrow Wilson. Sie suchte dem Friedensprozeß eine neue Richtung zu geben, indem sie die kriegführenden Mächte aufforderte, endlich ihre Kriegsziele zu präzisieren und öffentlich bekanntzugeben. Vielleicht lägen diese ja gar nicht so weit auseinander, so daß eine Verständigung möglich sei.[100] Die amerikanische Vermittlung hatte eine lange Vorgeschichte. Schon kurz nach Kriegsbeginn hatte Wilson den Konfliktparteien seine guten Dienste als Vermittler angeboten, war damit aber auf keine Gegenliebe gestoßen. In Deutschland bestand ein lebhaftes Mißtrauen gegen den amerikanischen Präsidenten, den man verdächtigte, hinter der Maske des Friedensfreundes die Interessen der Entente zu betreiben. Die beiden Missionen, die der Wilson-Vertraute Oberst House im März 1915 und Januar 1916 nach Europa unternahm, blieben ohne praktische Resultate, zumal sie von den deutsch-amerikanischen Auseinandersetzungen um den U-Boot-Krieg überschattet wurden.[101] Erst im Laufe des Jahres 1916 begann die deutsche Reichsleitung sich mit der Idee einer amerikanischen Friedensinitiative anzufreunden; seit September 1916 bedrängte sie Washington sogar, möglichst bald in Aktion zu treten. Doch noch zögerte Wilson. Im State Department befürchtete man, die Entente könnte eine amerikanischen Vermittlung ablehnen, die deutsche Regierung sie aber annehmen – was Wilson bei den im November anstehenden Präsidentenwahlen in eine schiefe Situation gebracht hätte.

Tatsächlich reagierten die Alliierten auf Wilsons Schritt vom 21. Dezember recht kühl. Sie betonten noch einmal die Alleinschuld Deutschlands und seiner Verbündeten am Kriege und verwahrten sich dagegen, mit ihren Gegnern moralisch auf eine Stufe gestellt zu werden. Als Friedensbedingungen wurden genannt: die Wiederherstellung Belgiens, Serbiens und Montenegros, die Räumung der besetzten französischen, russischen, rumänischen Gebiete, verbunden mit Entschädigungszahlungen für die Opfer der Aggression, die Rückgabe von Elsaß-Lothringen, die Befreiung der von Österreich-Ungarn unterdrückten Völker, was konkret die staatliche Auflösung der Donaumonarchie bedeutete, die vollständige Verdrängung der Türkei aus Europa, schließlich Gebiets- und Grenzkorrekturen zur Verteidigung gegen den *preußischen Militarismus*.[102] Das war nicht eben wenig und löste, wie Theodor Wolff, der Chefredakteur des BERLINER TAGEBLATTS, konstatierte, »tiefes Entzücken bei den Alldeutschen u(nd) ähnlichen Elementen« aus,[103] die sich in ihren eigenen Kriegszielforderungen bestätigt sahen.

Bereits am 26. Dezember 1916, also noch vor der alliierten Antwort auf das eigene Friedensangebot vom 12. Dezember, wies die Reichsleitung Wilsons Anregung im Ton verbindlich, in der Sache aber entschieden zurück. Sie erklärte sich zwar bereit zu Verhandlungen, aber ohne Beteiligung Amerikas und ohne, wie von Wilson gewünscht, vorher Bedingungen zu nennen.[104] Dieses beharrliche Schweigen über die Kriegsziele, zuerst in der eigenen Note, dann in der Antwort auf Wilson, mußte in den Augen der Weltöffentlichkeit um so ungünstiger wirken, als die Alliierten ihrerseits zum erstenmal recht offen ihre Kriegsziele dargelegt hatten. Wilson freilich ließ nicht locker. Über seinen Freund House bat er wenigstens um eine streng vertrauliche Mitteilung der deutschen Bedingungen, und in seiner berühmten *Peace without victory*-Botschaft an den Senat vom 22. Januar 1917 erklärte er sich weiterhin zur Vermittlung eines Friedens ohne Sieger und Besiegte bereit.

Doch am 9. Januar 1917 war im deutschen Hauptquartier in Pleß die Entscheidung für den uneinschränkten U-Boot-Krieg gefallen,[105] und es nutzte nichts, daß Bethmann Hollweg am 31. Januar 1917 in einer vertraulichen Botschaft an Wilson nun endlich eine Liste gemäßigter Kriegsziele als Verhandlungsbasis vorlegte. Denn gleichzeitig mußte der deutsche Geschäftsträger in Washington, Graf von Bernstorff, die Erklärung über den Beginn des uneingeschränkten U-Boot-Krieges übergeben – eine Parallelaktion, die auf Washington geradezu »als grotesker Affront wirken« mußte.[106] Wenn es jemals eine Chance auf einen von Wilson vermittelten Frieden gegeben hatte – jetzt war sie endgültig verspielt. »Den Mann, den wir durch kluge Diplomatie zu unserem Freunde hätten machen können … haben wir, fürchte ich, zu unserem ärgsten Feinde gemacht«, so charakterisierte der Staatssekretär des Reichskolonialamts, Wilhelm Solf, die Folgen der verfehlten deutschen Politik. »Wer mit der einen Hand den Ölzweig reicht und mit der anderen die Pistole losschießt, der paßt nicht in die Gedankengänge des Verfassers der Botschaft an den Senat … Der Verstand hat vor der Macht seine Fahne heruntergeholt.«[107]

Burgfriede, innenpolitische Neuorientierung und die Spaltung der Sozialdemokratie

Am 4. August 1914 wurde in einer Sitzung des Reichstags besiegelt, was schon bald *Burgfriede* genannt wurde: das Versprechen, über alle Partei- und Klassengrenzen hinweg zusammenzustehen im Deutschland angeblich aufgezwungenen »Schicksalskampf«. Seinen prägnanten Ausdruck erhielt der Akt symbolischer Versöhnung in den vielzitierten Worten Wilhelms II.: »Ich kenne keine Parteien mehr, ich kenne nur noch Deutsche.« Das war eine Einladung vor allem an die Sozialdemokraten, sich nun vorbehaltlos in die *nationale Einheitsfront* einzureihen. Und die einst als »vaterlandslos« Verfemten ließen sich nicht lange bitten. In einer feierlichen Erklärung, die vom Parteivorsitzenden Hugo Haase verlesen wurde, gab die SPD-Reichstagsfraktion ihre Zustimmung zu den Kriegskrediten: »Da machen wir wahr, was wir immer betont haben: Wir lassen in der Stunde der Gefahr das eigene Vaterland nicht im Stich.«[108] Eduard David, einer der Wortführer der Parteirechten, notierte noch am selben Abend: »Der ungeheure Jubel der gegnerischen Parteien, der Regierung, der Tribünen, als wir uns zur Zustimmung erheben, wird mir unvergessen sein. Es war im Grunde eine uns dargebrachte Ovation.«[109]

Nach den heftigen innenpolitischen Konflikten der Vorkriegszeit erschien vielen Zeitgenossen die plötzlich demonstrierte Einmütigkeit wie ein Wunder. Doch so überraschend kam der historische Positionswechsel der SPD keineswegs; vielmehr hatte er sich bereits lange vor Kriegsbeginn abgezeichnet. In viel stärkerem Maße, als es ihre revolutionär-klassenkämpferische Rhetorik vermuten lassen konnte, war die Sozialdemokratie in den Jahrzehnten vor 1914 in das gesellschaftliche System des Kaiserreichs hineingewachsen. Allen internationalistischen Bekenntnissen zum Trotz hatte sie begonnen, eine intensive Loyalität gegenüber dem nationalen Staat zu entwickeln. Daß sie sich im Verteidigungsfalle nicht verweigern dürfe, war allgemeine Überzeugung, und dies galt besonders dann, wenn das verhaßte zaristische Rußland – in den Augen wilhelminischer Sozialdemokraten ein Hort von Reaktion und Barbarei – das Deutsche Reich angreifen sollte. Er selbst würde die Flinte auf die Schulter nehmen, wenn es um die Abwehr eines russischen Angriffs ginge, hatte der greise Parteiführer August Bebel im März 1904 vor dem Reichstag erklärt – ein geflügeltes Wort, das im Juli 1914 sozialdemokratischen Arbeitern geläufig war, während die Beschlüsse der sozialistischen Internationale gegen den Krieg kaum noch Beachtung fanden.[110]

Genau auf dieses antizaristische Sentiment zielte die fintenreiche Regie Bethmann Hollwegs in der zweiten Phase der Julikrise.[111] Ohne die Unterstützung der Sozialdemokratie, das wußte der Kanzler, war der Krieg nicht zu führen, und deshalb tat er alles, um Rußland in die Rolle des Aggressors zu manövrieren. Die täuschende Inszenierung gelang. Der dadurch erweckte Anschein, Deutschland müsse sich eines russischen Überfalls erwehren, aktivierte den traditionellen sozialdemokratischen Antizarismus: »Es geht gegen Rußland! Nieder mit dem Zarismus! Diese Parole war es, die damals den Krieg mit einem Schlage in unsrem ganzen Lande so ungeheuer volkstümlich machte. Sie war es, die auch Millionen Volksgenossen mit heller Begeisterung zu den Fahnen trieb«, so beschrieb Konrad Haenisch, einer der Linken in der Partei, die sich nach 1914 auf dem rechten Flügel wiederfanden, den Stimmungsumschwung.[112] Die SPD-Presse überschlug sich Anfang August 1914 in Haßgesängen gegen den Zarismus, denen deutlich rassistische Elemente beigemischt waren – »eine der dunkelsten Seiten der sozialdemokratischen Geschichte«.[113] Was Otto Braun, der Parteikassierer, am 5. August 1914 schrieb, entsprach der Auffassung der meisten führenden SPD-Funktionäre: »Sollen die halbasiatischen, schnapsgefüllten russischen Kosakenhorden die deutschen Flure zerstampfen, deutsche Frauen und Kinder martern, die deutsche Kultur zertreten? Das ist jetzt die Frage.«[114]

Die Möglichkeit, die Protestaktionen gegen den drohenden Krieg auszuweiten bis hin zu Massenstreiks, hat der SPD-Parteivorstand nicht einen Augenblick in Erwägung gezogen. Statt dessen suchte er die Antikriegsbewegung von Ende Juli 1914, die eine unerwartet hohe Massenbeteiligung aufwies, zu demobilisieren. Dafür handelte er sich als Gegenleistung das Versprechen der Regierung ein, man werde auf die vorbereiteten Repressivmaßnahmen gegen die organisierte Arbeiterbewegung bei Kriegsbeginn verzichten. Am 31. Juli 1914, nach Verhängung des Belagerungszustands, erging ein Erlaß des preußischen

Kriegsministeriums an die stellvertretenden kommandierenden Generale der Armeekorpsbezirke, auf die laut Artikel 68 der Reichsverfassung im Kriegsfall die Exekutivgewalt übertragen wurde: »Nach sicherer Mitteilung hat die sozialdemokratische Partei die feste Absicht, sich so zu verhalten, wie es sich für jeden guten Deutschen unter den gegebenen Verhältnissen geziemt. Ich halte es deshalb für meine Pflicht, dies zur Kenntnis zu bringen, damit die Militärbefehlshaber darauf Rücksicht nehmen.«[115]

Am 2. August 1914 beschlossen die Gewerkschaftsvorstände, alle noch schwebenden Lohnkämpfe einzustellen und auf Streiks während des Krieges zu verzichten.[116] Damit war die Entscheidung der SPD-Reichstagsfraktion für die Bewilligung der Kriegskredite in gewisser Weise präjudiziert. Sie fiel endgültig am Nachmittag des 3. August, und zwar mit der überwältigenden Mehrheit von 78 gegen 14 Stimmen.

Viele führende Sozialdemokraten verbanden mit der bedingungslosen Unterstützung der Kriegspolitik die Hoffnung, die Partei endlich aus der Pariarolle der Vorkriegsjahrzehnte herausführen und die Hindernisse überwinden zu können, die ihrer politischen und gesellschaftlichen Gleichberechtigung im Kaiserreich bislang im Wege gestanden hatten. Das meinte der junge badische Reichstagsabgeordnete Ludwig Frank, wenn er Ende August 1914 schrieb: »Statt eines Generalstreiks führen wir für das preußische Wahlrecht einen Krieg.«[117] Und auch für Otto Braun war die Reform des preußischen Dreiklassenwahlrechts ein unverzichtbarer Preis für die erbrachte Vorleistung, die Zustimmung zu den Kriegskrediten und den *Burgfrieden*: »Der Kaiser hat erklärt, er kenne jetzt keine Parteien mehr, er kenne nur noch Deutsche. Hoffentlich kennt er auch nach dem Kriege in Preußen nur noch Deutsche, nicht solche I., II., III. Wählerklassen.«[118]

Auch in der Reichsleitung war man sich im klaren darüber, daß die patriotische Haltung der Sozialdemokratie honoriert werden mußte, der alte Kurs der Diffamierung und Ausgrenzung sich also nicht würde fortsetzen lassen. Zwischen Bethmann Hollweg und dem Staatssekretär des Innern Delbrück kam es bereits im September 1914 zu einem Gedankenaustausch über die künftige Richtung der Innenpolitik. Delbrück riet dem Kanzler zu einer hinhaltenden Taktik. Zwar müsse sich »auch auf dem Gebiete der inneren Politik manches wandeln«: »Welche Konsequenzen aber aus dieser Erkenntnis zu ziehen seien, könne erst nach dem Frieden entschieden werden.«[119] Bethmann Hollweg nannte in seiner Antwort den »Preis«, den die Sozialdemokratie für innenpolitische Reformen zu zahlen hätte: die Anerkennung der Tatsache, »daß das deutsche Reich und der preußische Staat im besonderen sich niemals den festen Boden, auf dem sie gewachsen sind, die feste Staatsgesinnung und das System, das die Sozialdemokratie bisher als Militarismus gebrandmarkt hat, lockern lassen« könne: »In dem Augenblick, in dem die Linke dieses System der Wehrhaftigkeit und den ihm entsprechenden Volksgeist zu tragen imstande ist, wird eine Umorientierung unserer Politik möglich sein.«[120]

Mit anderen Worten: Der Reichskanzler dachte nicht im geringsten an Systemveränderungen. Die unumgänglichen inneren Reformen sollten dazu dienen, die sozialdemokratische Arbeiterbewegung in das bestehende Machtgefüge zu integrieren und die konservativen Grundlagen der preußisch-deutschen Monarchie zu festigen. Zwar ist unverkennbar, daß sich die persönliche Einstellung Bethmann Hollwegs zu den Sozialdemokraten unter dem Eindruck des Krieges wandelte: Sie seien »die einzigen, die Idealismus haben«, betonte er wiederholt im vertraulichen Gespräch.[121] Und immer wieder beschwor er den »Geist von 1914«, rühmte er die »Einheit der Nation«, die über den Krieg hinaus erhalten bleiben müsse: »Es müssen die Schranken fallen. Es fängt nach dem Krieg eine neue Zeit an. Die Standesunterschiede sind so stark zurückgetreten wie noch nie.«[122]

Doch das waren Wunschbilder, die mit den Realitäten der Tagespolitik nicht viel zu tun hatten. Hier mußte Bethmann Hollweg Rücksicht nehmen auf die konservativen Kräfte im Lande. Die wurden bereits hellhörig, als Delbrück in einer Besprechung mit den Parteiführern des preußischen Abgeordnetenhauses am 21. Oktober 1914 noch ganz vage eine »Neuorientierung« der inneren Politik für die Zeit nach dem Kriege ankündigte. »Ich habe den Eindruck«, warnte Unterstaatssekretär Wahnschaffe den Reichskanzler Ende Oktober 1914, »daß in großindustriellen Kreisen und von den extremen Konservativen ... gegen Euer Exzellenz gearbeitet wird. Die Kreise befürchten ... zu weites Entgegenkommen gegen demokratische Wünsche nach Friedensschluß.«[123] Im Dezember 1914 erklärte einer der führenden Vertreter der preußischen Konservativen, Preußen müsse »in seiner Eigenart« erhalten bleiben. Dazu gehöre »die politische Prävalenz der besitzenden und gebildeten Klassen«, denn »ein demokratisiertes Preußen würde dem demokratischen Reichstag gegenüber keine Widerstandskraft mehr besitzen«.[124] Im Frühjahr 1915 begann auch die schwerindustriell-alldeutsch-konservative Kriegszielallianz gegen die innenpolitische »Neuorientierung« zu rüsten. Ein uferloser Annexionismus paarte sich hier mit kompromißloser Ablehnung einer Demokratisierung des preußischen Wahlrechts und sozialpolitischer Reformen jedweder Art.

So bewegte sich Bethmann Hollweg auch in seiner Innenpolitik in einer Zwickmühle, der er, wie schon in der Vorkriegszeit, durch eine *Politik der Diagonale* zu entkommen suchte. Doch mit der erprobten Taktik, die Gegensätze zu überbrücken, ohne einer Seite ernstlich weh zu tun, konnte er weder die Reformwünsche der Sozialdemokratie zufriedenstellen noch die Befürchtungen der konservativen Rechten vor einer zu großen Nachgiebigkeit gegenüber eben diesen Wünschen zerstreuen. »Der Kanzler verliert immer mehr die Verbindung nach rechts. Die Rechte ganz unsinnig, ganz beherrscht von der Gewaltphrase ... Auf der anderen Seite wird die Linke immer mißtrauischer wegen Eroberungskrieg«, notierte Riezler im Juni 1915.[125]

Zwar wurden in den ersten Monaten des Krieges einige Ausnahmebestimmungen gegen die Sozialdemokratie aufgehoben: So durften SPD-Zeitungen nun auch in Kasernen verbreitet werden und Staatsbeamte der Partei beitreten. Doch die entscheidenden Fragen der inneren Reformpolitik – die Abschaffung des preußischen Dreiklassenwahlrechts und die Parlamentarisierung der Reichsverfassung – blieben vorerst auf Eis gelegt. Die Grenzen, welche der Politik Bethmann Hollwegs hier gezogen waren, hat der preußische Innenminister von Loebell im November 1915 treffend markiert: »Ganz nach rechts kann sich die Regierung nicht legen, weil dann der unbedingt notwendige Versuch zu einer Eingliederung der Sozialdemokratie in das nationale politische Leben unterbleiben müßte und andere notwendige Reformen undurchführbar blieben. Ebensowenig vermag sich die Regierung ganz nach links zu halten, weil die demokratischen Zugeständnisse ihre Grenze an den staatlichen und verfassungsmäßigen Notwendigkeiten finden müssen ... Der Weg der Regierung endet da, wo die Demokratie den ihren eigentlich anzufangen wünscht: vor den Verfassungsfragen, vor der Verteilung der innenpolitischen Macht zwischen Regierung und Volksvertretung.«[126]

Der Entschluß der Reichsleitung, die innenpolitische *Neuorientierung* (was immer darunter verstanden wurde) auf die Zeit nach dem Krieg zu vertagen, um den *Burgfrieden* zwischen den Parteien nicht zu gefährden, brachte die Befürworter der Kreditbewilligung in den Reihen der Sozialdemokratie in eine schwierige Lage. Denn um die seit dem 4. August 1914 eingeschlagene Politik gegenüber den eigenen Anhängern zu rechtfertigen, brauchten sie den unbezweifelbaren Nachweis von Erfolgen in der inneren Politik. Je länger diese auf sich warten ließen, desto schwerer mußte es der SPD- und Gewerkschaftsführung fallen, die wachsende Unzufriedenheit der Arbeiterschaft über die Beschwernisse des Kriegsalltags zu beschwichtigen. Das wiederum war Wasser auf die Mühlen der sozialdemokratischen Minderheit, die sich dem Schwenk der Partei auf die Linie der Burgfriedenspolitik von Anfang an widersetzt hatte.

Zu Beginn des Krieges war die innerparteiliche Opposition wie gelähmt vom Schock der Kriegskreditbewilligung und nahezu handlungsunfähig. Deutlich wurde dies, als Rosa Luxemburg und Franz Mehring, zwei prominente Vertreter des linken Parteiflügels, noch am Abend des 4. August 1914 versuchten, unter Gleichgesinnten den Protest gegen die Entscheidung der Reichstagsfraktion zu organisieren. Sie holten sich fast überall eine Abfuhr. Clara Zetkin riet von Stuttgart aus dringend von der geplanten Aktion ab, weil sie nur offenbaren würde, »daß wir völlig isoliert in der Luft stehen und wie klein und ohnmächtig wir sind«.[127] Doch schon wenige Monate später, im Herbst 1914, begann sich der Widerstand gegen Krieg und *Burgfrieden* zu formieren. Eine wichtige Rolle spielte die um sich greifende Erkenntnis, daß die Reichsleitung die Öffentlichkeit über ihre Politik im Juli 1914 getäuscht hatte, das Deutsche Reich also mitnichten einen Verteidigungskrieg führte. »Die deutsche Regierung ist die Hauptschuldige am Kriege«, erklärte Eduard Bernstein, einer der Wortführer des Revisionismus vor 1914, der bald ins Lager der Kriegsgegner überwechselte,

Anfang September 1914, »wir sind eingeseift worden; die Bewilligung der Kredite war ein Fehler.«[128] Und Kurt Eisner, der VORWÄRTS-Redakteur, fügte Anfang 1915 hinzu, es sei nicht mehr zu bezweifeln, daß »es sich um einen deutschen Weltkrieg« handele. Man könne ihn verwerfen oder verherrlichen, nur bestreiten könne man diese Tatsache nicht.[129]

Der Kampf zwischen Mehrheit und Minderheit in der Sozialdemokratie fand unter sehr ungleichen Bedingungen statt. An vielen Orten nutzte die Parteirechte ihre organisatorischen Machtmittel und die Verfügungsgewalt über die lokalen Zeitungen rigoros, um die lästige innerparteiliche Opposition mundtot zu machen.[130] Der sozialdemokratische Disziplinbegriff, ursprünglich dazu bestimmt, die Solidarität und Geschlossenheit nach außen zu erhöhen, wurde nun als bevorzugtes Instrument der Disziplinierung nach innen eingesetzt[131] – und zwar um so nachdrücklicher, je mehr der Unmut über die Burgfriedenspolitik wuchs und die Opposition an Boden gewann.

Sehr wirkungsvoll unterstützt wurden die Disziplinierungsanstrengungen der Rechten durch die Handhabung des »Belagerungszustands«. Mit dem Übergang der vollziehenden Gewalt auf die stellvertretenden kommandierenden Generale wurde das Vereins- und Versammlungsrecht weitgehend außer Kraft gesetzt, die Presse einer scharfen Zensur unterworfen.[132] So unterschiedlich die repressive Praxis der Militärbefehlshaber in den einzelnen Korpsbezirken auch war, sie richtete sich in erster Linie gegen die oppositionelle Minderheit in der Sozialdemokratie, während die kooperationsbereite Mehrheit sich bald in der Rolle des umworbenen Partners der Zivil- und Militärbehörden wiederfand. Schon dieser doppelte Kurs staatlicher Politik beweist, daß der *Burgfriede* von Anfang an auf einer Fiktion beruhte. Der Versuch, die politischen Gegensätze während der Kriegszeit stillzulegen, mußte in dem Maße scheitern, wie sich die gesellschaftlichen Spannungen aufluden und die Auseinandersetzungen innerhalb der Sozialdemokratie an Schärfe zunahmen. »Aber es brauchen nur Not und Niederlagen zu kommen, und das Potemkinsche Dorf der Einstimmigkeit wird weggeblasen trotz der Stütze des Belagerungsrechts«, hatte der Krupp-Direktor Wilhelm Muehlon bereits im August 1914 prophezeit.[133]

Innerhalb der Opposition schälten sich seit Frühjahr 1915 zwei Gruppierungen heraus. Da war zunächst die radikale Linke um Rosa Luxemburg und Karl Liebknecht, nach einer von ihr kurzzeitig herausgegebenen Zeitschrift auch *Gruppe Internationale* genannt; sie setzte auf das Mittel des revolutionären Klassenkampfes und wollte den Krieg durch Massenstreiks beenden. Im Laufe des Jahres 1916 gab sie sich, wiederum im Anschluß an eine illegale Zeitschrift, die SPARTAKUSBRIEFE, den Namen *Spartakusgruppe*. Zusammen mit den vor allem in Hamburg und Bremen agierenden *Linksradikalen* bildete sie die Keimzelle der an der Jahreswende 1918/19 gegründeten Kommunistischen Partei.[134] Das Augenmerk der Polizei- und Militärbehörden galt vor allem den Wortführern dieser radikalen Linken: So mußte Rosa Luxemburg, trotz einer bei Kriegsbeginn verkündeten Amnestie, im Februar 1915 eine einjährige Haftstrafe antreten, zu der sie im Frühjahr 1914 verurteilt worden war; sie wurde bald, nachdem sie die Strafe abgesessen hatte, erneut in »Sicherheitshaft« genommen, in der sie die Jahre bis zum Kriegsende zubringen mußte.[135] Karl Liebknecht, der – ein mutiger Schritt – am 2. Dezember 1914 als einziger gegen die Kriegskredite stimmte, wurde bald darauf zum Landsturm eingezogen, nach einer von der Spartakusgruppe organisierten Antikriegskundgebung am 1. Mai 1916 auf dem Potsdamer Platz in Berlin verhaftet und in einem Hochverratsprozeß zu vier Jahren Zuchthaus und Verlust der bürgerlichen Ehrenrechte verurteilt. »Nun wohl«, rief er in seinem Schlußwort seinen Anklägern zu, »Ihre Ehre ist nicht meine Ehre! Aber ich sage Ihnen: Kein General trug je seine Uniform mit soviel Ehre, wie ich den Zuchthauskittel tragen werde.«[136] Karl Liebknecht wurde zur Symbolfigur der Friedensfreunde in aller Welt – und zur meistgehaßten Person der staatstragenden wilhelminischen Eliten: »Alles, was in der deutschen Gesellschaft an Verteufelung der ›vaterlandslosen Gesellen‹ weiterlebte, konzentrierte sich auf seine Person.«[137]

Wie Rosa Luxemburg und Karl Liebknecht erging es Tausenden von Kriegsgegnern im Ersten Weltkrieg: Sie wurden bespitzelt, verhaftet, zur Strafe zum Heeresdienst eingezogen – manchmal auch für verrückt erklärt und in eine Irrenanstalt gesperrt.

Weniger hart von Unterdrückungsmaßnahmen betroffen war die

gemäßigte Richtung der Opposition um den Parteivorsitzenden Hugo Haase. Sie lehnte die Kreditbewilligung ebenso entschieden ab, wollte den Kampf dagegen allerdings in den gewohnten parlamentarischen Bahnen halten; durch außerparlamentarische Aktionen, gar durch Massenstreiks eine revolutionäre Beendigung des Krieges zu erzwingen – darin sah sie keine realistische Strategie. Die gemäßigte Opposition wollte überdies die Parteieinheit wahren, weil sie hoffte, allmählich die Masse der Parteimitglieder auf ihre Seite ziehen zu können. Aber darauf wollte es die Parteirechte gar nicht erst ankommen lassen. Am 24. März 1916 wurden die 18 Abgeordneten, die (wie zuvor schon Karl Liebknecht und Otto Rühle) im Dezember 1915 die neuerliche Kreditbewilligung verweigert hatten und trotz schärfster Verurteilung dieses »Disziplinbruchs« auch in der März-Sitzung des Reichstags bei ihrer ablehnenden Haltung geblieben waren, aus der SPD-Fraktion ausgeschlossen. »Dreckseele«, »schamloser Kerl«, »frecher Halunke« – das waren nur einige der Schimpfworte, mit denen der Parteivorsitzende Haase, der die Ablehnung des Etats begründet hatte, von seinen eigenen Genossen bedacht wurde.[138]

Die Ausgeschlossenen bildeten unter dem Namen *Sozialdemokratische Arbeitsgemeinschaft* (SAG) eine neue Fraktion. Das bedeutete faktisch die Spaltung der Partei, auch wenn diese erst am 18. Januar 1917, nach einer von der SAG einberufenen Konferenz der Opposition in Berlin, durch Beschluß der Parteiführung sanktioniert wurde. Die ausgeschlossene Minderheit gründete Anfang April 1917 in Gotha die *Unabhängige Sozialdemokratische Partei Deutschlands* (USPD). Ihr schloß sich auch die Spartakusgruppe an, während die Hamburger und Bremer Linksradikalen, allerdings ohne Erfolg, sich um den Aufbau einer eigenen Partei der radikalen Linken bemühten. Die USPD konnte vor allem in den größeren Industrieregionen, wenn auch nicht gleichmäßig, Fuß fassen. Für die kriegsmüden Teile der Arbeiterschaft stellte sie, je länger, desto mehr, eine Alternative zur Mehrheitspartei dar, die allerdings, was die Zahl der Mitglieder betraf, ihrer neuen Konkurrenz von links weit überlegen blieb.[139]

War die Spaltung der SPD unvermeidlich? In den sozialistischen Parteien aller kriegführenden Staaten kam es im Krieg zu heftigen Auseinandersetzungen darüber, ob und wieweit die eigene Regierung unterstützt werden dürfe. Doch nirgendwo nahmen die Auseinandersetzungen so erbitterte Formen an, und nirgendwo führten sie zu einem so tiefen Bruch wie in der deutschen Sozialdemokratie. Das hatte, wie Susanne Miller gezeigt hat, auch etwas mit ihrem »besonderen Disziplinbegriff« zu tun,[140] einem nach innen gewendeten Element des wilhelminischen Militarismus, das den Dissidenten keinerlei Möglichkeit ließ, ihren abweichenden Standpunkt im Rahmen der Organisation zu artikulieren. Hätte die Mehrheit der oppositionellen Minderheit einen größeren Bewegungsspielraum eingeräumt, statt sie mit allen Mitteln der Organisationsdisziplin zu bekämpfen, dann wäre die Spaltung zumindest zwischen Mehrheitsflügel und der gemäßigten Richtung der Opposition um Haase vielleicht vermeidbar gewesen. Doch dazu war die Parteirechte von Anfang an nicht bereit, weil sie durch die innerparteiliche Opposition die Grundlage ihrer Burgfriedenspolitik gefährdet sah. So zog Eduard David nach Auseinandersetzungen mit der Minderheit in Berlin-Charlottenburg bereits im Dezember 1914 die Konsequenz: »Es ist kein gemeinsamer Boden mehr da. Bleiben diese Leute in der Partei, so werden sie die ganze Position des 4. August versauen und jeden vernünftigen ferneren Schritt erschweren oder ganz unmöglich machen. Diese klare Erkenntnis gewonnen zu haben, ist der einzige Trost, den ich mit von dannen nehme.«[141]

2. Wirtschaft, Gesellschaft und Kultur im Kriege

Die Organisation der Kriegswirtschaft

Es gehört zu den zahlreichen Ungereimtheiten des wilhelminischen Deutschland, daß eine Nation, deren Führungsschichten sich vor 1914 so martialisch gebärdeten und den Krieg kaum abwarten konnten, in ökonomischer Hinsicht auf den Ernstfall kaum vorbereitet war. Zwar gab es seit 1912 beim Reichsamt des Innern eine ständige Kommission für Fragen der wirtschaftlichen Mobilmachung, doch waren deren Planungen im Juli 1914 noch nicht allzu weit gediehen. Auch hier ging man von der Erwartung eines »kurzen Krieges« aus, der schmerzhafte Eingriffe ins Wirtschaftsleben überflüssig machen würde. Dementsprechend improvisiert und kurzatmig waren die ersten Anstrengungen, die Wirtschaft vom Frieden auf den Krieg umzustellen. Sie stützten sich auf ein vom Reichstag am 4. August 1914 verabschiedetes Gesetz, das dem Bundesrat weitreichende Vollmachten gab, um »diejenigen Maßnahmen anzuordnen, welche sich zur Abhilfe wirtschaftlicher Schädigungen als notwendig erweisen«.[1]

Schneller als erwartet machten sich die ökonomischen Schäden im Gefolge des Krieges bemerkbar. Die von England bereits in den ersten Kriegstagen verhängte Seeblockade schnitt die deutsche Wirtschaft von den wichtigen ausländischen Märkten ab; der Warenaustausch mit den wenigen neutralen Nachbarstaaten konnte dafür keinen Ausgleich bieten. Für ein hochindustrialisiertes Exportland wie das Deutsche Reich, das in hohem Maße auf die Einfuhr von Rohstoffen angewiesen war, bedeutete die Abschnürung vom Weltmarkt eine Katastrophe. Die staatliche Bürokratie mußte also, ob sie wollte oder nicht, zu einer strengen Bewirtschaftung der knappen Ressourcen übergehen. Einer der ersten, die diese Notwendigkeit erkannten, war Walther Rathenau, der Chef der AEG. Auf seinen Vorschlag wurde bereits am 13. August 1914 im Preußischen Kriegsministerium eine *Kriegsrohstoffabteilung*

(KRA) eingerichtet, deren Leitung Rathenau zunächst selbst übernahm. Diese neue Behörde, die bei Kriegsende über 2500 Beschäftigte zählte, war »unbestritten die erfolgreichste Wirtschaftsorganisation, die während des Krieges in Deutschland geschaffen wurde«.[2] Ihr vor allem hatte es die Heeresführung zu verdanken, daß die schwere Munitionskrise des Herbstes 1914 überwunden werden konnte. Als Ersatz für die ausbleibenden Importe von Chilesalpeter, aus dem die Munitionsindustrie bislang die für die Sprengstoffherstellung notwendigen Nitrate gewonnen hatte, wurde nun das bereits vor dem Krieg von Fritz Haber und Robert Bosch entwickelte Verfahren zur synthetischen Gewinnung von Stickstoff zielstrebig industriell nutzbar gemacht.

Für die Erfassung und Verteilung der einzelnen Rohstoffe wurden als Unterorgane der KRA sogenannte *Kriegsrohstoffgesellschaften* geschaffen, die zwar als private Aktiengesellschaften organisiert waren, zugleich aber der Kontrolle durch staatliche Beauftragte unterlagen. So bildete sich über die Rohstoffbewirtschaftung ein System der Kriegswirtschaft heraus, das durch eine »Kombination von freier, marktorientierter und gewinnbewußter Industrieproduktion und staatlich-bürokratischer Wirtschaftslenkung« charakterisiert war.[3] Für Rathenau und seinen Mitarbeiter Wichard von Moellendorff konkretisierte sich darin in Ansätzen bereits ihre Vision einer zukünftigen *Gemeinwirtschaft*, die unternehmerische Initiative und gesamtgesellschaftliches Interesse in ein balanciertes Verhältnis bringen sollte, ohne dabei die kapitalistischen Eigentumsverhältnisse als solche in Frage zu stellen.[4] Solche Vorstellungen übten nicht nur auf Nationalökonomen, sondern auch auf reformistische Sozialdemokraten und Gewerkschaftsfunktionäre eine große Faszination aus. Manche sahen in der Zurückdrängung marktwirtschaftlicher Mechanismen durch staatliche Regulierung bereits eine Vorstufe für die Verwirklichung des Sozialismus nach dem Kriege, andere erkannten in der vorgeblich am Gemeinwohl orientierten Organisation der Kriegswirtschaft die spezifische Form eines deutschen *Kriegssozialismus*. »Eine neue Zeit ist angebrochen«, jubelte die METALLARBEITER-ZEITUNG, das Organ des Metallarbeiterverbandes, im November 1914. »Sozialismus, wohin wir blicken.«[5]

Das war reines Wunschdenken. Denn tatsächlich entwickelte sich das System halb staatlicher, halb privatwirtschaftlicher Lenkung im Kriege, wie Wolfgang J. Mommsen zu Recht betont hat, »mehr und mehr zu einem Lobbyismus größten Stils«.[6] Den Hauptnutzen daraus zogen die großindustriellen Rüstungsunternehmen. Über den *Kriegsausschuß der deutschen Industrie*, zu dem sich die beiden industriellen Spitzenverbände, der Centralverband deutscher Industrieller und der Bund der Industriellen, bereits am 8. August 1914 zusammengeschlossen hatten, übten sie einen nicht zu unterschätzenden Einfluß aus. In der Regel wurden die Kriegsrohstoffgesellschaften von den stärksten Unternehmen der jeweiligen Branche dominiert, während die dem Aufsichtsrat beigegebenen Staatsbeauftragten eher eine Statistenrolle spielten. Da der Staat darauf verzichtete, seine Funktion als Monopolabnehmer der Rüstungsgüter zu nutzen, konnte die Großindustrie Riesengewinne einstreichen,[7] was um so mehr ins Auge stach, als sich für die Masse der Bevölkerung die soziale Lage spürbar verschlechterte.

Vor allem erwiesen sich die staatlichen Behörden als unfähig, eine halbwegs ausreichende Versorgung mit Grundnahrungsmitteln sicherzustellen. Vor dem Krieg hatte Deutschland etwa 20 Prozent der Nahrungsmittel aus dem Ausland bezogen. Die alliierte Blockade schränkte diese Importe drastisch ein; gleichzeitig sorgte der Mangel an Arbeitskräften, an Zugtieren, an Maschinen und Düngemitteln für einen deutlichen Rückgang der Produktivität in der deutschen Landwirtschaft. 1918 erreichten die Ernteerträge bei Kartoffeln und Futtergetreide ungefähr die Hälfte, bei Brotgetreide knapp zwei Drittel derjenigen von 1913.[8] Regierung und Bürokratie reagierten auf die unvorhergesehene Mangelsituation nur zögernd und konzeptionslos. Zunächst wurden Höchstpreise für einzelne landwirtschaftliche Erzeugnisse wie Getreide und Kartoffeln festgesetzt. Das hatte den unwillkommenen Effekt, daß viele Landwirte auf Viehhaltung umstiegen, die ihnen größere Gewinne versprach, oder aber ihre Erzeugnisse vom Markt nahmen und unter der Hand verkauften. Spät, im Januar 1915, wurde die Brotkarte eingeführt, der erste Schritt zur Bewirtschaftung der knappen Lebensmittel. Wie die Höchstpreisfestsetzungen erfolgten jedoch auch die Rationierungsmaßnahmen unkoordiniert und planlos. Kommunalverbände, Reichsstellen und die Beschaffungsämter des Heeres machten sich gegenseitig Konkurrenz in der Verwaltung des Mangels, und erst im Mai 1916 wurde mit dem Aufbau eines zentralen Kriegsernährungsamtes versucht, das administrative Chaos zu bändigen.[9]

Das gelang nur sehr unvollkommen, denn unterhalb des offiziellen Bewirtschaftungssystems hatte sich längst eine »zweite Ökonomie« herausgebildet – ein blühender Schwarzmarkt, auf dem alle rationierten oder gänzlich vom Markt verschwundenen Lebensmittel problemlos zu bekommen waren, wenn auch zu stark überhöhten Preisen. Nicht nur wohlhabende Privatpersonen bedienten sich hier; auch Industriebetriebe und Kommunen gingen zunehmend dazu über, die Engpässe in der Versorgung auf dem Umweg des Schwarzmarktes auszugleichen. Durch die vielfältigen Mängel und Ungerechtigkeiten der Ernährungswirtschaft lud sich ein gewaltiger sozialer Zündstoff auf. Zwischen städtischen Verbrauchern und landwirtschaftlichen Produzenten öffnete sich eine wachsende Kluft gegenseitiger Animosität.[10] Unmut und Verbitterung der darbenden Massen richteten sich gegen die Schieber, Wucherer und Spekulanten, die sich auf Kosten der Allgemeinheit bereicherten, gegen die Prasserei der »Kriegsgewinnler«, die jedes Gefühl für das Gebot der Solidarität vermissen ließen, schließlich auch gegen die staatlichen Behörden, die diesem Treiben weder durch Verbote noch durch hinreichende Kontrollen Einhalt gebieten konnten. Nichts hat den Autoritätsschwund des wilhelminischen Staates im Kriege so befördert und die Auflösung des inneren *Burgfriedens* so beschleunigt wie das Versagen auf dem Gebiet der Ernährungspolitik.

Etwas geschickter operierten die Reichsbehörden auf einem anderen Felde, dem der Kriegsfinanzierung, obwohl auch diese im Kern unsolide war und langfristig entscheidend zur Zerrüttung der deutschen Währung beigetragen hat. 240 Millionen Mark – das war die Summe, welche das Reich vorsorglich als Kriegsschatz im Juliusturm in Spandau gehortet hatte.[11] Sie reichte gerade einmal, zwei Tage Kriegführung zu finanzieren. Wie sollten die Mittel für die enormen Kriegskosten aufgebracht werden? Grundsätzlich gab es zwei Möglichkeiten: die Erschließung neuer Steuerquellen oder die Ausgabe von Staatsanleihen. Der erste Weg schied nach dem fast einmütigen Urteil der Sachver-

Plakat zur Krieganleihe 1916, Lithographie von Fritz Erler.

ständigen in Reichsleitung und Reichsbank aus, und zwar vor allem deshalb, weil die im wesentlichen auf indirekte Steuern angewiesenen Reichsfinanzen ohnehin kaum ausreichten, die Ausgaben für den Normalhaushalt zu decken. Eine Finanzierung der Kriegskosten über das Anziehen der Steuerschraube hätte eine grundlegende Steuerreform, vor allem einen Zugriff des Fiskus auf die direkten Einkommens- und Vermögenssteuern, zur Voraussetzung gehabt. Davor aber scheute die Regierung aufgrund der zu erwartenden Widerstände aus dem konservativen Lager zurück. Überdies war man in den Führungsschichten des Reiches zunächst überzeugt, die Kriegskosten, wie anno 1870/71, schließlich doch den besiegten Gegnern aufbürden zu können. »Das Bleigewicht der Milliarden haben die Anstifter dieses Krieges verdient, sie mögen es durch die Jahrzehnte schleppen, nicht wir«, erklärte der Staatssekretär im Reichsschatzamt, Karl Helfferich, im August 1915 vor dem Reichstag.[12]

Nicht durch Steuern, sondern in der Hauptsache durch Anleihen sollte der Krieg finanziert werden. Die erste Kriegsanleihe wurde bereits im September 1914 aufgelegt; sie erbrachte mit 1,2 Millionen Zeichnern und einem Ertrag von fast 4,5 Milliarden Mark ein unerwartet gutes Ergebnis. Mit weiteren Anleihen, die nun im Halbjahresturnus folgten, konnte dieser Anfangserfolg noch beträchtlich ausgebaut werden. Bis zum Frühjahr 1916 gelang es, die Riesensumme von 36 Milliarden Reichsmark aufzubringen und dadurch die Staatsschuld fast vollständig auf dem Anleiheweg zu konsolidieren.[13] Begleitet war die Auflegung jeder Anleihe von einem Appell ans patriotische Pflichtgefühl, sollte doch – nach den Worten Helfferichs – »der Gedanke der finanziellen Wehrpflicht … hunderttausendfältig den Köpfen eingehämmert werden«.[14] Daß dies weitgehend gelang, belegt die große Zahl der kleinen Zeichner auch aus den weniger bemittelten Schichten der Bevölkerung. Bereitwillig gaben sie ihre Ersparnisse her im Vertrauen darauf, die patriotische Tat später mit einer guten Rendite vergolden zu können.

Ab der fünften Kriegsanleihe im Herbst 1916 vermochten die Anleiheerlöse jedoch mit den explodierenden Kriegskosten nicht mehr Schritt zu halten. Nun mußte das Reich doch noch versuchen, wenigstens einen Teil der Ausgaben über höhere Steuern aufzubringen. So wurde eine Umsatzsteuer eingeführt, dazu eine Verbrauchersteuer auf Kohle und eine Steuer auf Luxuswaren, schließlich eine – wenn auch bescheidene – Kriegsgewinnsteuer. Doch das alles war nicht mehr als ein Tropfen auf dem heißen Stein; die Verschuldung des Reiches stieg in astronomische Höhen. 156 Milliarden Mark Staatsschulden in Form von Kriegsanleihen und kurzfristigen Reichsschatzwechseln hinterließ das Kaiserreich im November 1918 der jungen Republik. Allein der Zinsendienst für diese riesige Summe verschlang im letzten Kriegsjahr 90 Prozent der ordentlichen Reichsausgaben.[15] Damit war eine entscheidende Bedingung gesetzt für den Verfall der deutschen Währung, der in der Hyperinflation des Jahres 1923 endete.[16]

Einen nicht geringen Anteil an der Inflationierung der einstmals so stabilen Reichsmark hatte die Dritte Oberste Heeresleitung. Ohne Rücksicht auf die Kosten wollte sie die totale Mobilmachung der Wirtschaft für den Krieg vorantreiben und die Rüstungsproduktion steigern. Bereits zwei Tage nach ihrer Ernennung, am 31. August 1916, forderten Hindenburg und Ludendorff eine Verdoppelung der Versorgung mit Munition bis zum Frühjahr 1917 und sogar eine Verdreifachung der Produktion von Geschützen, Maschinengewehren und Flugzeugen innerhalb derselben Frist. Zu diesem Zweck sollten alle verfügbaren Arbeitskräfte erfaßt und, soweit möglich, der Rüstungsindustrie zugeführt werden. Dieses sogenannte *Hindenburgprogramm* war ein »Glücksspiel, bei dem die Finanzen und Ressourcen der Nation auf leichtsinnige Art und Weise« eingesetzt wurden.[17] Denn eine so radikale Produktionssteigerung »um jeden Preis« mußte die deutschen Möglichkeiten überfordern, ja in gewisser Weise entsprach sie der »irrationalen Flucht nach vorn«,[18] die schon die Entscheidungen der deutschen Politik in der Julikrise 1914 bestimmt hatte.

Auf Wunsch der Obersten Heeresleitung wurde am 1. November 1916 ein *Kriegsamt* als zentrale Lenkungsinstanz geschaffen. Es blieb zwar formal dem Preußischen Kriegsministerium unterstellt, war aber faktisch eine selbständige Behörde mit weitreichenden rüstungswirtschaftlichen Kompetenzen.[19] Die Leitung übernahm der bisherige Chef des Feldeisenbahnwesens, General Wilhelm Groener – ein Mann mit Organisationstalent, der im Unterschied zu den meisten hohen Militärs im Kaiserreich sozialpolitischen Fragen gegenüber aufgeschlossen war und der deshalb auch bei der angestrebten Einführung einer Arbeits- und Dienstpflicht die gewerkschaftlichen Wünsche berücksichtigt wissen wollte. Tatsächlich stellte das am 2. Dezember 1916 im Reichstag verabschiedete *Gesetz über den Vaterländischen Hilfsdienst* einen wohlabgewogenen Kompromiß dar zwischen dem Interesse der OHL an einer restlosen Mobilisierung der Arbeitskraftressourcen und der Forderung der Gewerkschaften nach angemessenen Kompensationen.[20] Es erklärte alle männlichen Deutschen zwischen dem 17. und 60. Lebensjahr (soweit sie nicht zur Armee eingezogen waren) für dienstpflichtig. Ihnen konnte ein Arbeitsplatz in einem Rüstungsbetrieb, notfalls auch zwangsweise, zugewiesen werden. Wünschte ein Arbeiter einen Stellungswechsel, mußte er die Genehmigung eines Schlichtungsausschusses einholen, der paritätisch aus Arbeitgeber- und Arbeitnehmervertretern zusammengesetzt war. Darüber hinaus sollten in allen Betrieben mit mehr als 50 Beschäftigten Arbeiter- und Angestelltenausschüsse eingerichtet werden.

Der amerikanische Historiker Gerald D. Feldman hat im Blick auf das Hilfsdienstgesetz von einer »entscheidenden Wende in der Sozialgeschichte Deutschlands« gesprochen.[21] Das ist vielleicht etwas überzogen, trifft aber einen wesentlichen Punkt: Zum erstenmal wurden die Gewerkschaften als gleichberechtigte Vertretung der Arbeiterschaft durch den Staat anerkannt. Durch die obligatorische Einführung von Arbeiterausschüssen erhielten sie darüber hinaus Zugang zu den Großbetrieben der Schwerindustrie, die ihnen bislang weitgehend verschlossen geblieben waren. Doch für diesen Erfolg zahlten die Gewerkschaftsführer einen hohen Preis. Sie wurden durch die »noch engere Verkoppelung mit der Kriegsmaschinerie des Kaiserreichs«[22] jetzt mehr als zuvor mit den Kriegsanstrengungen der wilhelminischen Eliten identifiziert. Auf diese Weise gerieten sie selbst mit in den Sog des Autoritätsverfalls, dem die zivilen und militärischen Behörden seit 1916 in steigendem Maße unterlagen. Damit büßten sie zunehmend die Fähigkeit ein, die sich radikalisierenden Proteste in der Arbeiterschaft unter Kontrolle zu halten. Die Massenstreiks vom April 1917 und Januar 1918[23] waren die Kehrseite des gewerkschaftlichen Machtzuwachses im Rahmen des bestehenden Herrschaftssystems.

Aber auch die Erwartungen, welche die Militärs an Hindenburgprogramm und Hilfsdienstgesetz geknüpft hatten, erfüllten sich nicht. Der Mangel an Facharbeitern für die Rüstungsproduktion konnte dadurch nicht behoben werden. Viele Unternehmen nutzten den Paragraphen 9 des Hilfsdienstgesetzes, der einen Stellungswechsel bei »angemessener Verbesserung« der Arbeitsbedingungen gestattete, um sich gegenseitig die Arbeitskräfte abzujagen. Das trieb nicht nur die Löhne in die Höhe, sondern ließ auch die Fluktuationsrate steigen, die doch gerade hatte eingedämmt werden sollen. Im Winter 1916/17 wurde zudem offenbar, daß die Reichsbahn die Anforderungen von Heer und Rüstungswirtschaft nicht mehr erfüllen konnte. Es kam zu einer schweren Transportkrise, die wiederum einen Engpaß in der Kohlenversorgung nach sich zog. Vielerorts konnten die geplanten neuen Rüstungsfabriken nicht zu Ende gebaut werden. »Heute stünden überall halbfertige Werke da, die nicht arbeiten können, weil keine Arbeiter und keine Kohlen verfügbar seien«, kritisierte Staatssekretär Helfferich im Juni 1917. Für ihn war offenkundig, »daß die Munitionsproduktion heute stärker sein würde, wenn man kein Riesenprogramm aufgestellt, sondern die Produktion nach Tunlichkeit in den bestehenden Werken gefördert hätte«.[24]

Soziale Auswirkungen des Krieges

Der Erste Weltkrieg, von den akademischen Eliten des wilhelminischen Reiches ideologisch überhöht als Kampf der deutschen »Kultur« gegen die westliche »Zivilisation«,[25] war in Wirklichkeit ein gigantischer Umverteilungsprozeß, bei dem es wenige Gewinner und viele Verlierer gab.

Zu den Verlierern zählten zweifellos die Arbeiter, deren materielle Lage sich im Kriege bedeutend verschlechterte. Zwar wurden mit dem Rückgang der Arbeitslosigkeit in den ersten Kriegswochen und der Ankurbelung der Rüstungskonjunktur die Nominallöhne schrittweise angehoben, doch gab es zwischen den einzelnen Gewerbezweigen erhebliche Unterschiede. Am schnellsten stiegen die Löhne in den für die Kriegsproduktion wichtigen Branchen – Metallverarbeitung, Maschinenbau, in der chemischen Industrie und der Elektroindustrie –, während sie im Baugewerbe, in der Textil- und Nahrungsmittelindustrie, im graphischen Gewerbe deutlich zurückblieben. Aber selbst unter den Spitzenverdienern der Rüstungsarbeiter gab es nur wenige, zumeist hochqualifizierte Facharbeiter, die ihren Standard halten, das heißt den durch den Anstieg der Lebenshaltungskosten, besonders die Verteuerung der Lebensmittel, verursachten Kaufkraftschwund ausgleichen konnten.

Der allgemeine Trend wies erkennbar in eine andere Richtung, nämlich auf einen deutlichen Reallohnverlust: Zwischen Frühjahr 1914 und September 1916 fiel der durchschnittliche Realverdienst eines Arbeiters in den *Kriegsindustrien* um 21,6 Prozent, in den *Friedensindustrien* sogar um 42,1 Prozent.[26] Erst im Frühjahr 1917 begann sich der Trend umzukehren. Jetzt stiegen die Löhne so rasch, daß sie mit der Preisentwicklung einigermaßen Schritt halten konnten, so daß bis Kriegsende eine Stabilisierung der Reallohnentwicklung – allerdings auf wesentlich niedrigerem Niveau als vor dem Kriege – eintrat.

Wer keine Familienangehörigen hatte, die mitverdienen konnten, der mußte häufig bis zur Erschöpfung Überstunden machen. Ohnehin stieg die tägliche Arbeitszeit in der Mehrzahl der Rüstungsbetriebe an, nicht selten auf 12 Stunden und mehr. Auch Nacht- und Sonntagsarbeit nahm wieder zu. Physischer Raubbau und Unterernährung führten zu einem raschen gesundheitlichen Verschleiß; die Krankheitsrate stieg drastisch. Überdies wurden in vielen Rüstungsbetrieben während des Krieges Schutz- und Sicherheitsbestimmungen außer Kraft gesetzt, so daß sich auch die Zahl der tödlichen Unfälle um ein Vielfaches erhöhte.[27]

Trotz forcierter Überstundenarbeit reichte der Verdienst in der Regel gerade aus, um die allernotwendigsten Ausgaben für die rationierten Lebensmittel, Miete, Heizung und Steuern zu bestreiten. Für Kleidung und andere Bedarfsartikel des täglichen Gebrauchs blieb kaum etwas übrig. Die Folge war, daß viele Arbeiter und deren Angehörige gegen Ende des Krieges sich nicht mehr ordentlich kleiden konnten. »Seht doch die Arbeiter richtig an! Sie laufen mit zerrissenem Zeug, Hemden und Strümpfen herum. Und geht es den Frauen und Kindern besser?« klagten die Teilnehmer einer Versammlung Hamburger Hafenarbeiter im Dezember 1917.[28]

Nimmt man alle Faktoren – Lohnverfall, chronische Unterernährung, überlange Arbeitszeiten, fehlende Betriebssicherheit, mangelhafte Bekleidung – zusammen, so kann man in der Tat davon sprechen, daß der Krieg »für die Arbeiterklasse eine Knappheits-, Verelendungs- und Ausbeutungssituation« schuf, »wie sie seit Beginn der Industrialisierung nicht mehr existiert hatte«.[29]

Im allgemeinen zeigten sich die Verelendungserscheinungen zuerst bei den nicht in kriegswichtigen Industrien Beschäftigten. Denn nicht nur in den Lohn-, sondern auch in den Ernährungsverhältnissen waren die Rüstungsarbeiter deutlich bessergestellt. Die meisten großen Rüstungsbetriebe richteten eigene Werkskantinen für die Verpflegung ihrer Betriebsangehörigen ein. Außerdem bewilligte das Kriegsernährungsamt seit 1916 Sonderzulagen für Schwer- und Schwerstarbeiter, was bei den Arbeitergruppen, die nicht in den Genuß solcher Zusatzrationen kamen, häufig Unmut und Neid auslöste. Auf der anderen Seite wirkte der Krieg insofern eher homogenisierend, als die Verdienstunterschiede zwischen Gelernten und Ungelernten abnahmen, mit Ausnahme einer kleinen Gruppe hochqualifizierter Facharbeiter. Insgesamt zeigte die Entwicklung deutlich in Richtung auf »eine Nivellierung des Lebensstandards der Arbeiter nach unten«;[30] materielle Not wurde in vielen Arbeiterfamilien im Weltkrieg wieder zu einer konkreten Erfahrung.

Zu den Verlierern gehörten auch die Angestellten. Sie mußten sogar noch größere Einbußen hinnehmen, denn bis 1916 lagen ihre Nominalverdienste durchschnittlich unter dem Vorkriegsstand, und auch als die Löhne in den letzten beiden Kriegsjahren spürbar angehoben wurden, blieben sie weit hinter der Inflationsrate, aber auch weit hinter der Steigerung der Arbeiterlöhne zurück. Nach einer Umfrage, die der Deutschnationale Handlungsgehilfenverband unter seinen Mitgliedern veranstaltete, stiegen die Gehälter bis Ende 1917 durchschnittlich um 18 Prozent; zu diesem Zeitpunkt hatte sich der Lebenshaltungsindex bereits um 185 Prozent erhöht.[31] »Dieser Jammer und dieses Elend im Angestelltenstande ist nicht mehr mit anzusehen«, beschwerte sich der Vorsitzende des Verbandes und forderte von der Regierung dringend »durchgreifende Maßnahmen«.[32] Die Nivellierung der Einkommensunterschiede mußte die Angestellten schwer treffen, hatten sie doch vor 1914 ihren sozialen Status vor allem über die scharfe Abgrenzung vom Proletariat definiert. Jetzt, unter dem Zwang der neuen ökonomischen Realitäten, zeigte sich eine gegenläufige Bewegung. Nicht wenige Angestellte begannen sich stärker als »Arbeitnehmer« wahrzunehmen und politisch nach links zu orientieren; in den Angestelltenorganisationen wurde die Anwendung von Streiks, als Kampfmittel bislang den Arbeitergewerkschaften vorbehalten, nicht mehr grundsätzlich verworfen. »Wie groß die Not der Angestellten ist, erhellt daraus, daß immer lebhafter in ihren Reihen der Streikgedanke erörtert wird«, hieß es im Februar 1918.[33]

Dennoch: die Reduzierung des Unterschieds zwischen Arbeitern und Angestellten und die Annäherung von Arbeiter- und Angestelltenorganisationen bedeuteten nicht, daß die Mehrheit der Angestellten nun etwa ein deutlich profiliertes Arbeitnehmerbewußtsein, geschweige denn ein proletarisches Klassenbewußtsein entwickelt hätte. Noch hielten gerade die besser verdienenden Angestellten auf spürbare Distanz zur Arbeiterschaft, manche betonten den Abstand um so stärker, je weniger ihre materielle Lage dazu Anlaß gab. Immerhin dürfte der Verarmungsprozeß im Kriege entscheidend dazu beigetragen haben, daß die Angestellten dem Umsturz vom November 1918 keinen Widerstand entgegensetzten, hier und dort sogar das Vorgehen der Arbeiter unterstützten.

Verlierer des Krieges waren schließlich vor allem die Beamten, und zwar die höheren noch mehr als die mittleren und unteren, weil die Teuerungszulagen, welche die Staatsdiener seit 1917 erhielten, nicht prozentual zum Gehalt, sondern als Festbeträge gezahlt wurden. Die Gehälter sanken bis 1917 für höhere Beamte auf 42,9 Prozent, für mittlere Beamte auf 48,8 Prozent und für untere Beamte auf 53,6 Prozent des Vorkriegseinkommens.[34] »Selbst der sozial hochstehende Beamte … kann nicht mehr mit dem, was er verdient, auskommen«, bemerkte der bayerische Kriegsminister im Juli 1918. »Der Beamte zehrt seine letzten Ersparnisse auf oder hungert. So treibt man der völligen Proletarisierung des Beamtenstandes zu.«[35]

Diese Warnung kehrte in vielen Monatsberichten der stellvertretenden Generalkommandos wieder, und sie verband sich mit der Befürchtung, der wilhelminischen Herrschaftsordnung könne auf diese Weise ihre zuverlässigste Stütze abhanden kommen. Tatsächlich mußte die plötzliche Deklassierung, die der bislang finanziell so gutsituierten höheren Beamtenschaft dramatische Einkommensverluste bescherte, die einst unverbrüchliche Loyalitätsbindung an den monarchischen Obrigkeitsstaat schwer erschüttern. Mit den Vorzügen einer festbesoldeten Beamtenexistenz, die sich im Kriege in ihr Gegenteil verkehrten, mit dem Sozialprestige der Beamten, das unvermeidlich in den Sog des allgemeinen staatlichen Autoritätsverfalls gezogen wurde, brach auch das weg, was bislang als eiserner Bestandteil des Beamtenethos gegolten hatte: der Respekt vor Recht und Gesetz. Kurz vor Kriegsende war nach Erkenntnissen des bayerischen Kultusministers »der deutsche Beamtenstand, der ehrlichste der Welt ... in allen seinen Schichten der Gefahr der Korruption sehr nahe«.[36] Im November 1918 war die Demoralisierung der Beamten so weit fortgeschritten, daß sich kaum eine Hand rührte zur Verteidigung der Ordnung, auf die sie ihren Eid abgelegt hatten.

Weniger eindeutig waren die Auswirkungen des Krieges auf den *alten* Mittelstand, Handwerker und Kleinhändler, und auf die Landwirtschaft. Viele kleine Handwerksbetriebe hatten unter dem Mangel an Rohstoffen und Arbeitskräften zu leiden; seit Erlaß des *Hindenburgprogramms* Ende 1916 waren sie zudem der Gefahr ausgesetzt, Opfer einer staatlich verfügten Stillegung zu werden. Viele Einzelhändler bezahlten den Rückgang der Massenkaufkraft mit starken Umsatzeinbußen, sahen sich überdies bedrückt durch die komplizierten Verordnungen über Preise und Rationierungen. Ihre Geschäfte waren, sofern sie in das großstädtische System der Lebensmittelversorgung einbezogen waren, in der zweiten Hälfte des Krieges immer wieder Zielpunkte von Hungerkrawallen und Plünderungen. Andererseits verdienten Handwerksbetriebe, die für den Heeresbedarf produzierten, nicht schlecht. Die militärischen Beschaffungsstellen sorgten dafür, daß auch kleingewerbliche und mittelständische Betriebe, wenn auch in viel geringerem Maße als die großindustriellen Unternehmen, an der Kriegskonjunktur partizipieren konnten.[37]

Ähnlich ambivalent lagen die Verhältnisse in der Landwirtschaft. Als Selbstversorger mußten die Bauern im Krieg keinen Hunger leiden; überdies bescherten ihnen die Verteuerung agrarischer Produkte und die weitgehende Unwirksamkeit behördlicher Versuche, für dieselben Höchstpreise durchzusetzen, ungeachtet der insgesamt rückläufigen Produktivität satte Einnahmen. Nicht wenige Agrarproduzenten nutzten die Lücke, die das staatliche Erfassungssystem ließ, um über die Kanäle des Schleichhandels zusätzliche Profite zu machen.[38] Dennoch zählten die Landwirte nicht nur zu den Nutznießern der Kriegskonjunktur. Gerade kleinere bäuerliche Betriebe litten darunter, daß immer mehr Landarbeiter, angelockt durch die höheren Löhne in der Rüstungsindustrie, in die Städte abwanderten. Neben dem Arbeitskräftemangel bildeten die bürokratischen Eingriffe in Produktion und Verteilung der landwirtschaftlichen Erzeugnisse eine ständige Quelle der Klagen. Der Verdacht, die einflußreichen Großgrundbesitzer würden von staatlichen Kontrollen und Beschlagnahmen eher ausgenommen als die Kleinbauern, wirkte zusätzlich aufreizend und verbitternd. So verwundert es nicht, daß auch auf dem Lande bereits während des Krieges die Drohung zu hören war: »Das nächste Mal wähle ich rot.«[39]

Zu den eindeutigen Gewinnern des Krieges zählten ohne Zweifel die industriellen Unternehmer, sofern sie in den kriegswichtigen Branchen engagiert waren. Die »Verfilzung von Großindustrie und Staatsapparat«,[40] wie sie die Organisation der Kriegswirtschaft in Gestalt der *Kriegsgesellschaften* und *Kriegsausschüsse* mit sich brachte, sicherte ihnen ökonomische Vorteile, von denen sie im Laufe des Krieges bedenkenlos und ohne Rücksicht auf die Interessen der Gesamtheit Gebrauch machten. Da die Sachbearbeiter der militärischen Beschaffungsstellen bei der Aufgabe, die Preisangebote der Industrie zu überprüfen, zumeist überfordert waren, konnten die Rüstungsproduzenten ungehindert Riesenprofite erwirtschaften. In wichtigen Unternehmen der Eisen- und Stahlindustrie lagen die Gewinne in den ersten drei Kriegsjahren zum Teil achtmal höher als im Hochkonjunkturjahr 1912/13.[41] Obwohl die Firmenleitungen versuchten, in ihren Bilanzen die ausgewiesenen Reingewinne und Dividenden durch Abschreibungen, Rückstellungen und Erhöhung des Aktienkapitals möglichst niedrig zu halten, wurde die ungehemmte Ausnutzung der Kriegskonjunktur durch private Profiteure, die sich zudem noch patriotisch gaben, zu einem öffentlichen Skandal. Zu deutlich hob sich das Wohlleben der wenigen, die sich für teures Geld mit allen Gütern reichlich versorgen konnten, von den Entbehrungen der großen Masse der Bevölkerung ab, und der späte Versuch der Regierung, wenigstens einen Teil der Kriegsgewinne zu besteuern, scheiterte fast vollständig, weil das Gesetz den Unternehmern immer noch genügend Schlupflöcher ließ. Die Losung der radikalen Kriegsgegner »Die Proletarier fallen, die Dividenden steigen«, die bald in Umlauf kam, wirkte deshalb so überzeugend, weil sie einen wesentlichen Aspekt der gesellschaftlichen Wirklichkeit im ausgehenden Kaiserreich traf.

Aus alledem läßt sich mit Jürgen Kocka der Schluß ziehen, daß der Krieg die Klassengegensätze nicht etwa aufhob, wie es die Apologeten des *Burgfriedens* verkündeten, sondern sie im Gegenteil enorm verschärfte. In der Arbeiterschaft wirkten Not und gesteigerte Ausbeutung, trotz fortbestehender innerer Differenzierungen, egalisierend. Die ökonomisch bedingte Klassenzugehörigkeit trat stärker hervor und »ermöglichte gemeinsame Interessen und Kooperationen, die gemeinsame Proteststellung gegen die Herrschenden und teilweise die gemeinsame Stellungnahme im Konflikt«.[42] Die von Militärs und Unternehmern geförderte Privilegierung der Rüstungsarbeiter konnte diese Tendenz nicht wirksam durchkreuzen; vielmehr waren es gerade die hochqualifizierten, gutbezahlten Facharbeiter besonders in der Metallindustrie, aus denen sich die Kerngruppen des Arbeiterprotests im Ersten Weltkrieg rekrutierten.

Zum anderen bewirkten die Deklassierung von großen Teilen des *alten* und *neuen* Mittelstands, die Verarmung breiter Teile des Bildungsbürgertums und die tendenzielle Angleichung der Lebensbedingungen von Angestellten und Arbeitern eine schärfere Profilierung der klassengesellschaftlichen Strukturen des Kaiserreichs. Das Königsberger Generalkommando gab einer weitverbreiteten Sorge Ausdruck, wenn es im Frühjahr 1918 darauf hinwies, »daß der Mittelstand immer mehr zwischen dem sich neu bildenden Kapital auf der einen Seite und der wachsenden Macht der Arbeiterklasse zerrieben wird«.[43] Gewiß, solche Kassandrarufe waren nicht neu, doch unter dem Eindruck des rapiden ökonomischen Abstiegs der Mittelschichten im Ersten Weltkrieg erhielten sie verstärkte Plausibilität. Sie beschrieben als weitgehend vollzogene Realität, was nicht mehr als eine gesellschaftliche

Tendenz und – wie sich zeigen sollte – keineswegs eine unumkehrbare war: die Polarisierung des Mittelstands und der Zerfall der Gesellschaft in zwei feindliche Lager. Tatsächlich war es aber nicht allein die Verschärfung der Klassenspannungen, die das gesellschaftliche Konfliktpotential im Ersten Weltkrieg bestimmte. Daneben zeichneten sich nämlich Konflikt- und Spannungslinien ab, die quer zur Klassenscheidung liefen: die zwischen Stadt und Land, zwischen Front und »Heimat«, zwischen Männern und Frauen.[44]

»Heimatfront« und Schützengraben: der Kriegsalltag

Wo sich zu Beginn des Krieges patriotische Hochstimmung auch in der Arbeiterschaft geregt hatte, wirkte der Kriegsalltag bald ernüchternd. Obwohl bereits im August 1914 ein großer Teil der wehrfähigen Männer einberufen wurde, kam es zu einer Massenarbeitslosigkeit, wie es sie lange Zeit nicht gegeben hatte. Viele Arbeitslose mußten sich, da es keine staatliche Unterstützung gab, an private Wohltätigkeitsorganisationen wenden oder – was noch demütigender war – an die Armenfürsorge. »In nächster Zeit wird auch hier Krieg geführt werden«, klagten arbeitslos gewordene Landsturmleute in einer Eingabe an den Hamburger Senat Mitte August 1914, »da schlägt der Mann die Frau und Kinder tot, der Tod ist doch leichter als das Verhungern. In der Armen-Anstalt wird man auch miserabel behandelt. Da sollen die armen Landwehrleute noch Mut behalten und freudig in den Kampf ziehen!«[45]

An die Familien der eingezogenen Soldaten zahlten Reich und Kommunen zwar eine Kriegsunterstützung. Doch war diese viel zu niedrig bemessen, um die Verteuerung der Lebenshaltungskosten auszugleichen. Viele Familien konnten ihre Miete nicht mehr bezahlen und wurden obdachlos. Am 16. August 1914, zu einem Zeitpunkt, als die Spalten der Zeitungen voll waren mit Siegesnachrichten, schrieb ein junger Hamburger Sozialdemokrat in sein Tagebuch: »Wegen Einberufung der Genossen mußte ich Parteibeiträge kassieren – Wohnungselend, Kummer verlassener Frauen, Arbeitslosigkeit, Mutlosigkeit, vereinzelt gefaßte Menschen.«[46]

Der Krieg als Unterrichtsthema in einer Berliner Schulklasse, August 1914.

Nach der relativen ökonomischen Stabilität der Vorkriegsjahre, die Arbeitern, Angestellten und kleinen Beamten eine zwar bescheidene, aber doch stetige Verbesserung ihres Lebensstandards gebracht hatte, wurde die plötzlich hereinbrechende Not doppelt schwer empfunden. Schon die ersten Kriegswochen enthüllten, wie trügerisch die Parole von der »nationalen Gemeinschaft«, wie brüchig der proklamierte innenpolitische *Burgfriede* war. Diese Erfahrung wirkte nach, auch als von Oktober 1914 an die Arbeitslosigkeit infolge fortgesetzter Einberufungen und vermehrter Heeresaufträge rasch zurückging. Die Normalität des Vorkriegsalltags stellte sich nicht wieder ein.

Besonders schwer wurde das Leben für die Frauen aus den unteren Schichten. Nicht nur die Sorge um das Schicksal der eingezogenen Männer und Söhne begleitete ihren immer grauer werdenden Kriegsalltag. Sie mußten auch zusehen, wie sie sich und ihre Kinder mit der kärglichen Kriegsunterstützung durchbrachten. Viele Frauen waren gezwungen, sich eine Verdienstmöglichkeit zu suchen. Erstaunlich rasch lernten sie, auch im Berufsleben »ihren Mann zu stehen«. Allerdings wurde die Befreiung aus der ökonomischen Abhängigkeit vom Mann kaum als ein Schritt in Richtung Emanzipation empfunden, sondern als ein von außen auferlegter Zwang.[47]

Es entsprach dem tradierten Rollenbild, daß Frauen vor allem aus den bürgerlichen Mittelschichten sich in großer Zahl für soziale Dienste zur Verfügung stellten. Im Vordergrund stand die Fürsorge für Soldaten: Das reichte vom Stricken von Wollsocken und Pulswärmern, dem Packen der *Liebesgaben* für die Front über die Betreuung auf den Bahnhöfen bis hin zur Pflege der Verwundeten. In den Feldlazaretten hinter der Front wurden Zehntausende von freiwilligen Krankenschwestern unmittelbar mit dem Grauen des Krieges konfrontiert: »Wie alle anderen jungen Mädchen hatte ich mir die Verwundetenpflege romantisch vorgestellt: Limonade reichen, Kissen richten, kühle Hände auf Fieberstirnen legen, Vorlesen, mit Genesenden spazierengehen – und flirten ... Der Übergang in die Wirklichkeit war jäh: Sie bedeutete Schweiß- und Uringeruch, bedeutete das hilflose Wimmern von Männern, die als Helden ausgezogen waren und jetzt nach ihrer Mutter, ihrer Frau riefen.«[48]

Nicht nur für Frauen, auch für Kinder bedeutete der Krieg einen tiefen Einschnitt. Der Schulalltag bekam ein anderes Gesicht; das Kriegsgeschehen wurde Bestandteil des Unterrichts. In allen Klassenzimmern hingen Landkarten, auf denen täglich mit kleinen schwarz-weißroten Fähnchen der Frontverlauf abgesteckt wurde; in allen Fächern bemühten sich die Lehrer um aktuelle Bezüge. Oberprimaner konnten, bevor sie im August 1914 ausrückten, noch schnell eine Notreifeprüfung ablegen. Die jüngeren Schüler wurden zu vormilitärischen Übungen, zum Ernteeinsatz oder zu Sammelaktionen herangezogen. An einen geregelten Schulbetrieb war unter diesen Umständen kaum mehr zu denken, insbesondere weil es bei jedem Erfolg auf dem Schlachtfeld »siegfrei« gab.[49]

Doch mit dem Scheitern des deutschen Angriffs an der Marne Anfang September 1914 und dem Übergang zum Stellungskrieg gab es bald nicht mehr allzu viele Gelegenheiten zum Feiern. Die Verlustlisten in den Zeitungen wurden immer länger; immer häufiger überbrachten Briefträger die Nachricht *gefallen*. Nach Hause kamen nicht die Männer, die so siegesgewiß ausgezogen waren, sondern gräßlich verstümmelte Verwundete, Invaliden, Krüppel. Von der Euphorie der Augusttage war schon zwei Monate später nichts mehr zu spüren. »Die Stimmung ist so gedrückt, keine Fahnen, kein Extrablatt – man weiß nicht, was noch werden mag«, schrieb eine Hamburger Kolonialwarenhändlerin Anfang Oktober 1914 ihrem Mann ins Feld, und am Ende des Monats klagte sie: »Wenn doch dieser schreckliche Krieg erst zu Ende wäre! Nichts wünschen die Menschen mehr herbei als das Ende dieses unseligen Krieges.«[50]

Ernüchterung und Desillusionierung zeigten sich früh auch bei den Kriegsfreiwilligen des August 1914, und zwar häufig schon vor dem ersten Fronteinsatz. Der stumpfsinnige Kasernenhofdrill, dazu mancherlei Schikanen und Mißhandlungen durch Unteroffiziere wirkten abkühlend auf den patriotischen Überschwang. Vollends ernüchtert wurden die meisten Kriegsfreiwilligen durch die *Feuertaufe* auf dem Schlachtfeld. Sie entsprach so gar nicht dem Bild, das sie sich vom Krieg gemacht hatten. Gerade Studenten stellten sich den Krieg als eine Art Duell im großen vor – als einen Kampf Mann gegen Mann in offener Feldschlacht, mit mutigen Kavallerieattacken und waghalsigen Unternehmungen, bei denen der Soldat seine Tapferkeit beweisen konnte. Doch die Wirklichkeit des Krieges sah ganz anders aus: An die Stelle individueller Bewährung, des heroischen Beweises von Mut und Männlichkeit trat der anonyme Tod im Granatenhagel und Maschinengewehrfeuer. So schrieb ein Gießener Student Ende Oktober 1914: »Nicht das vergossene Blut, nicht auch der Umstand, daß es vergeblich vergossen war, nein, die ganze Kampfesweise ist es, die abstößt. Kämpfen wollen und sich nicht wehren können! Der Angriff, der mich so schön dünkte, was ist er anders als der Drang: hin zur nächsten Deckung da vorn gegen diesen Hagel tückischer Geschosse. Und der Feind, der sie entsendet, nicht zu sehen.«[51]

Früh regte sich auch an der Front der Wunsch nach Frieden. »Wir alle, die wir hier im Gefecht lagen und liegen, haben einmütig einen Wunsch, der heißt Schluß, Schluß so schnell als möglich und nach Hause zu unseren Lieben«, berichtete ein Berliner Arbeiter Anfang Dezember 1914 in einem Brief an seine Eltern,[52] und im April 1915 schrieb ein junger Kriegsfreiwilliger: »Alle Sehnsucht, die einer ... aufbringen kann, alle Wünsche, die er für sich hegt, und alle Träume, die er in seinem Unterstand von der Zukunft träumt, sind zusammengefaßt in diesem einen linden Wort: Frieden.«[53]

Zur zentralen Erfahrung an der »Heimatfront« wurden die Schwierigkeiten in der Nahrungsmittelversorgung. Bereits in den ersten Tagen der Mobilmachung hatte in den Großstädten ein Sturm auf die Lebensmittelgeschäfte eingesetzt. Panikkäufe trieben die Preise in die Höhe. Im Sommer 1915 waren höherwertige Nahrungsmittel wie Fleisch, Butter und Eier für die Masse der großstädtischen Bevölkerung bereits zu unerschwinglichen Luxusgütern geworden. Im Juni 1915 meldete der Berliner Polizeipräsident: »Wessen Lohn durch den Krieg erheblich gewachsen ist, der kann unter den gegenwärtigen Umständen die frühere Lebenshaltung fortsetzen. In allen anderen Haushaltungen aber ist man zu ständig größeren Einschränkungen, insbesondere auf dem Gebiet des Fleischgenusses, genötigt ... Unter dieser Teuerung leidet die Stimmung, zumal die Dauer des Krieges nicht abzusehen ist.«[54]

Vor allem die zunehmende Knappheit der Lebensmittel bildete eine Quelle ständiger Unzufriedenheit. Im Februar 1915 wurde die Brotkarte eingeführt; bis Ende 1916 fielen auch die wichtigsten anderen Grundnahrungsmittel unter die Zwangsrationierung.[55] Mit dem Kartensystem war allerdings noch längst keine Garantie verbunden, denn häufig waren die Lebensmittelzufuhren so unregelmäßig, daß nicht einmal die auf den Karten verzeichneten Mindestmengen abgegeben werden konnten. Die Lebensmittel wurden aber nicht nur knapper, sondern auch schlechter. Das Brot wurde gestreckt, die Milch verdünnt. Immer häufiger mußte die Bevölkerung auf wenig nährreiche Ersatzstoffe zurückgreifen. Windige Geschäftemacher nutzten die Mangelsituation, um den Markt mit Schwindelfabrikaten zu überschwemmen.

In fast allen größeren Städten wurden öffentliche Kriegsküchen eingerichtet. Hier konnte jeder, der wollte, ein billiges Mittagessen, meistens einen Eintopf, bekommen. Bei vielen Arbeitern bestand zunächst eine deutliche Abneigung gegen die Massenspeisungen, weil sie mit dem Odium der Armut behaftet waren. Als die Not größer wurde,

Berlin im Ersten Weltkrieg: Ausgabe von Kartoffeln am Alexander-Platz.

blieb ihnen – wie auch verarmten Angehörigen des Mittelstands – nichts anderes übrig, als sich ebenfalls anzustellen. Indessen wollten die Klagen über die schlechte Qualität des Kriegsküchenessens nicht verstummen. Im Juli 1916 beschwerte sich ein Besucher der Hamburger Kriegsküchen »im Namen vieler«: »Es wird in letzter Zeit derartig schlecht gekocht, daß man an manchen Tagen diesen Brei mit Ekel und Brechreiz in sich hineinquält. Ist an und für sich der Gang dahin, die Warterei, das Gedränge schon eine Überwindung, so ist dies verabreichte Schweinefutter … meist eine Qual, und nur der heiße Hunger vermag es, all diese schlecht zubereiteten Gerichte mit Todesverachtung runterzuwürgen.«[56]

Ende 1915, Anfang 1916 trat die Versorgungslage in ein kritisches Stadium. Verbraucherschlangen vor Geschäften und Marktständen gehörten seitdem zum Alltagsbild vieler Städten und Gemeinden. Bei Tag und Nacht, Wind und Wetter harrten Frauen und Kinder aus, um ein Pfund Butter, ein paar Eier oder ein Stück Fleisch zu ergattern. Die Behörden beobachteten diese *Lebensmittelpolonaisen* mit großer

Sorge. Denn sie bildeten Kristallisationspunkte der Unzufriedenheit und des Protests. In den Unterhaltungen der abgearbeiteten und hungernden Frauen vor den Geschäften äußerte sich manches, was in der auf den *Burgfrieden* eingeschworenen Presse keinen Niederschlag mehr fand. Nirgendwo sonst – außer im Großbetrieb – war die Möglichkeit zur unkontrollierten Kommunikation unter dem »Belagerungszustand« so günstig. Und die Frauen nutzten sie, um ihrer Verärgerung Luft zu machen. So berichtete ein Berliner Polizeibeamter im September 1915: »An den Verkaufsstellen der in den Arbeitervierteln gelegenen Markthallen und Lebensmittelgeschäfte lassen sich mitunter Wahrnehmungen machen, die sehr zu denken geben. Sobald zum Beispiel irgendein notwendiges Lebensmittel eine weitere, teilweise wucherische Preissteigerung erfahren hat, stehen die wartenden Arbeiterfrauen in kleineren und größeren Gruppen herum und geben ihrem Unwillen in lebhafter Weise untereinander Ausdruck. Es herrscht hierbei eine äußerst gereizte Stimmung unter diesen Proletarierfrauen, und die Maßnahmen der Regierung erfahren häufig eine recht gehässige Kritik. Es ... muß damit gerechnet werden, daß es gelegentlich solcher Vorkommnisse mal zu Tumulten kommt.«[57]

Im Oktober 1915 kam es in Lichtenberg, einem proletarischen Stadtteil Berlins, zu ersten Lebensmittelunruhen. Seitdem riß die Kette der Hungerkrawalle nicht mehr ab: Frauen demonstrierten für »Frieden und Brot«, stürmten Rathäuser und plünderten Lebensmittelgeschäfte. Hierbei handelte es sich immer um regellose, weder vorbereitete noch gesteuerte, vielmehr aus einem akuten Versorgungsengpaß heraus entstandene Selbsthilfeaktionen. Häufig kam es zu handgreiflichen Auseinandersetzungen mit den Ordnungskräften – ein deutliches Anzeichen dafür, wie groß das Maß der Erbitterung war. Die rebellierenden Frauen glaubten sich von den Behörden im Stich gelassen und daher berechtigt, sich das zu nehmen, was sie zum Leben brauchten. Sie wurden zur treibenden Kraft des sozialen Protests, der sich mit zunehmender Dauer des Krieges politisch radikalisierte und mit Ressentiments gegen die Besitzenden und Herrschenden verband.[58]

Neben Frauen waren Jugendliche, nicht selten auch Kinder an den Hungerunruhen beteiligt. Das überrascht nicht, denn gerade Jugendliche waren im Krieg einer gewaltsamen Veränderung ihrer bisherigen

Lebensweise ausgesetzt. Da die Väter an der Front waren, die Mütter in der Fabrik arbeiteten und in der ihnen verbleibenden knappen Zeit sich um die Beschaffung von Lebensmitteln kümmern mußten, waren die Heranwachsenden weitgehend sich selbst überlassen. Häufig mußten sie, um zum Lebensunterhalt der Familien beizutragen, auf eine Lehre verzichten und als ungelernte Arbeitskräfte in der Rüstungsindustrie arbeiten. Den meisten fiel es schwer, sich patriarchalisch-autoritären Vorstellungen anzupassen. Ab 1916 häuften sich die Klagen der Behörden über die wachsende »Disziplinlosigkeit« und »Verwahrlosung« der Großstadtjugend.[59]

Im Winter 1916/17 wurde die Geduld der Bevölkerung auf eine besonders harte Probe gestellt. Die Kartoffelzufuhren setzten fast vollständig aus, Kohlen gab es nicht einmal mehr auf Bezugsschein. An die Stelle der Kartoffel trat die Steckrübe – das Ernährungssymbol dieses Winters. Sie diente zur Herstellung der Suppe, des Gemüses und selbst des Nachtisches. Es wurden Kriegskochbücher verfaßt und in großen Mengen verteilt, die den Hausfrauen die Zubereitung von Steckrübengerichten schmackhaft machen sollten. Da die knappen Rationen längst nicht mehr ausreichten, litten immer mehr Menschen an Hunger. Im Februar 1917 klagte eine Frau aus Hamburg in einem Brief: »Hier bei uns ... sieht es traurig aus, schon fünf Wochen keine Kartoffeln, Mehl und Brot knapp ... Man geht hungrig zu Bett und steht hungrig wieder auf ... Nur die ewigen Rüben, ohne Kartoffeln, ohne Fleisch, alles in Wasser gekocht.«[60]

Im Frühjahr 1917 traten in den Großstädten die ersten Hungerödeme auf – eine Krankheit, bei der Arme und Beine stark anschwollen. Die Beschaffung von Nahrungsmitteln unter Umgehung des staatlichen Rationierungssystems wurde zu einer Überlebensfrage. Kolonnen von Frauen und Kindern fielen am Wochenende in die ländlichen Gebiete ein, um bei den Bauern zusätzliche Lebensmittel zu kaufen oder einzutauschen. Alle Verbote und Kontrollen konnten nicht verhindern, daß das »Hamstern« immer größere Ausmaße annahm. Große Erbitterung löste es jedesmal aus, wenn Polizeibeamte bei ihren Bahnhofskontrollen den kleinen *Rucksackhamsterern* die mühsam ergatterten Lebensmittel wegnahmen, während die großen Schieber und Spekulanten ungeschoren davonkamen. Der Löwenanteil der auf dem

Hamsternde Kinder im Münsterland, Juli 1918.

Schwarzmarkt gehandelten Waren landete in den Taschen der Begüterten.

Im Februar 1917 empörte sich eine Frau in einer Hamburger Kriegsküche: »Alles wird für die Reichen, für die Besitzenden reserviert. Sobald es heißt, Entbehrungen mitmachen zu müssen, dann wollen die Herrschaften keine Brüder und Schwestern mehr von der arbeitenden Klasse sein. Die schönen Reden vom Durchhalten gelten nur für die arbeitende Klasse, die herrschende Klasse hat sich mit ihrem Geldsack schon genügend versorgt.«[61] Das offenkundige Versagen der Behörden bei der Bekämpfung des Schleichhandels wirkte demoralisierend. Das Empfinden für Recht und Gesetz ließ nach. Die Zahl der Eigentums- und Vermögensdelikte nahm sprunghaft zu. Diebstähle und Fälschungen von Lebensmittelkarten waren an der Tagesordnung. Auch harte Strafen hatten kaum noch abschreckende Wirkung. Denn die Selbsthilfe war inzwischen zum Normalfall der Versorgung geworden. Der Hunger schuf seine eigenen Gesetze, die stärker waren als alle behördlichen Vorschriften.

Auch im betrieblichen Alltag vollzogen sich im Laufe des Krieges tiefgreifende Veränderungen. Die Belegschaften wurden völlig neu zusammengesetzt. In die expandierende Rüstungswirtschaft strömten Bevölkerungsgruppen, die dem industriellen Arbeitsprozeß bislang ferngestanden hatten: kleine Gewerbetreibende und Handwerker, die ihr Geschäft oder ihre Werkstatt hatten schließen müssen; Landarbeiter, die durch die höheren Löhne angelockt wurden; Jugendliche, die die Schulbank früh mit der Werkbank vertauschen mußten; vor allem aber Frauen, die mit der geringen Kriegsunterstützung nicht auskommen konnten. Der Frauenanteil in der Industrie stieg von knapp 22 Prozent im Jahr 1913 auf 34 Prozent im Jahr 1918.[62] Besonders verbreitet war Frauenarbeit in der Munitionsindustrie. Hier arbeiteten Frauen und Mädchen unter zum Teil extrem gefährlichen Arbeitsbedingungen. Schwere Unfälle waren an der Tagesordnung. So flog im Februar 1917 in Quickborn nördlich von Hamburg eine ganze Munitionsfabrik in die Luft – 120 Frauen fanden den Tod, 150 wurden zum Teil schwer verletzt.[63]

Wie der Alltag in einem Rüstungsbetrieb aussah, hat Karl Retzlaw, Werkzeugschleifer im Kabelwerk Cassirer in Berlin-Charlottenburg, in seinen Erinnerungen überliefert: »Immer war ›etwas los‹. Besonders in den Nachtschichten. Keine Nacht ohne Zusammenbruch einer oder mehrerer Frauen an den Maschinen, infolge Erschöpfung, Hunger, Krankheit ... An manchen Tagen im Winter wurde nicht geheizt, die Arbeiter standen in Gruppen herum, sie konnten und wollten nicht arbeiten ... In der Kantine kam es fast täglich zu Schreianfällen von Frauen, manchmal auch zu deprimierenden Schlägereien untereinander, wenn angeblich ›die Kelle nicht gefüllt‹ war.«[64]

In einer so zusammengewürfelten Belegschaft war das Gefühl für Solidarität nicht mehr stark entwickelt. Viele der neu in die Rüstungsproduktion strömenden Arbeitskräfte besaßen weder eine Verbundenheit mit dem für sie fremden Betrieb noch eine Bindung an die gewerkschaftlichen Organisationen. Das machte sie zu einem unruhigen, für Unternehmer wie Gewerkschaftsführer gleichermaßen schwer zu kontrollierenden Element. Es ist kein Zufall, daß gerade diese Arbeiter besonders gereizt auf die sich verschlechternden Arbeits- und Lebensbedingungen reagierten.

Auf der anderen Seite vollzogen sich innerhalb der Belegschaften der Rüstungsbetriebe auch integrative Prozesse. Die Zusammenballung von Tausenden von Arbeitern und Arbeiterinnen führte dazu, daß sich traditionelle berufliche Unterschiede abschliffen und damit manche Hindernisse fortfielen, die bislang einem gemeinsamen Handeln im Wege gestanden hatten. Wo bestehende Kommunikationsstrukturen nicht durch massive Eingriffe von außen zerstört wurden und sich ein qualifizierter Stamm von betrieblich erfahrenen, gewerkschaftsoppositionellen Metallarbeitern behaupten konnte – wie etwa in den Berliner Großbetrieben oder auf den Hamburger Werften –, wurde die Konfliktfähigkeit durch die starke Fluktuation der neu hinzukommenden Arbeitskräfte eher begünstigt. So wird man gerade in dem Zusammentreffen einer selbstbewußten, kämpferischen lokalen Organisationstradition mit einem Zustrom un- und angelernter Arbeiter, die aus ihrem bisherigen sozialen Bezugsfeld herausgerissen und noch nicht an gewerkschaftliche Organisationsdisziplin gewöhnt waren, einen der wichtigsten Faktoren für die Massenbewegungen der Arbeiterschaft im Ersten Weltkrieg zu suchen haben.[65]

Bereits 1916 kam es zu den ersten *wilden* Streiks in der Rüstungsindustrie. In der Regel handelte es sich um spontane, auf wenige Stunden befristete Aktionen. Motive und Ziele waren überwiegend wirtschaftlicher Natur: Die Arbeiter verlangten Teuerungszulagen oder zusätzliche Lebensmittel, und sobald die Unternehmer Entgegenkommen zeigten, nahmen sie die Arbeit wieder auf. Selbst solche kurzfristigen Arbeitsniederlegungen waren nicht ohne Risiko. Da die Gewerkschaftsleitungen bei Kriegsbeginn auf alle Kampfmaßnahmen verzichtet hatten, konnten die Streikenden von dieser Seite weder mit finanzieller noch mit moralischer Unterstützung rechnen. Außerdem mußten sie, sofern sie wehrdienstfähig waren, fürchten, zur Strafe eingezogen zu werden. Die »Drohung mit dem Schützengraben« war ein sehr wirksames Instrument zur Disziplinierung der Belegschaften. Deshalb zogen es viele Arbeiter vor, ihre Unzufriedenheit auf andere Weise zu äußern – etwa durch Verlangsamung des Arbeitstempos, durch unerlaubtes Fernbleiben von der Arbeit, Ablehnung von Überstunden oder einfach durch renitentes Verhalten. Im Dezember 1917 berichtete die Leitung der Hamburger Vulcan-Werft: »Die Arbeiter zeigen den vorgesetzten Ingenieuren, Meistern und Vorarbeitern gegenüber ein derartig freches Benehmen, daß es außerordentlich schwierig ist, die notwendige Autorität der Vorgesetzten den Arbeitern gegenüber zu wahren. Die oft geübte Faulheit und Bummelei hindert ein schnelles Fortschreiten der Arbeit.«[66]

Der zermürbenden Erfahrung des Hungers und des Mangels in der »Heimat« entsprach die des massenhaften Todes und Sterbens an der Front. In Stellungskrieg und Materialschlachten verflüchtigte sich endgültig der Siegespatriotismus der ersten Kriegsmonate. Was blieb, war die Gemeinschaft des Schützengrabens – ein Leben in Unterständen, manchmal bis zu zehn Metern unter der Erde, inmitten einer surrealistischen, wieder und wieder umgepflügten Schlachtenlandschaft aus Laufdrähten und Stacheldrahtverhauen, die mit verstümmelten, faulenden Leichen und zerrissenen Gliedmaßen übersät war.

An die Stelle des idealistischen Kriegsfreiwilligen von 1914 trat der desillusionierte Frontkämpfer, der Krieger im technischen Zeitalter, für den das Kämpfen und Töten kalte, mechanische Pflichterfüllung war: »Der Krieg verroht Herz und Gemüt, macht den Menschen kalt gegen alles, was ihn sonst ergriff und bewegte; doch sind diese Eigenschaften, Härte und Unbarmherzigkeit gegen das Schicksal und den Tod, notwendig für die heißen Kämpfe, zu denen der Schützengrabenkrieg führt.«[67] Alltag im Schützengraben – das hieß, sich eingraben wie ein Maulwurf, bedeutete nervenzehrendes Warten auf den nächsten Angriff, die Angst vor einem plötzlichen Feuerüberfall, inmitten von Dreck, Gestank und Ungeziefer. Bürgerliche Normen waren in dieser rauhen Männergesellschaft außer Kraft gesetzt. Ein ganz eigenes Kommunikations- und Zeichensystem bildete sich heraus, ein Gemisch aus zotigem Slang und derber Kameraderie. Abstumpfung, Verrohung, Haß auf die militärischen Vorgesetzten und Verachtung für die Etappe prägten den Umgang untereinander.[68] Nur gelegentlich, zwischen den Kampfpausen, tauchten die Erinnerungen an »bessere Tage« auf, an das friedliche Zusammenleben daheim. Doch solche Träume und Phantasien entlasteten nur für Augenblicke von der furchtbaren Allgegenwart des Todes.

Es gab jedoch noch eine andere, vom späteren heroisierenden Mythos des *Kriegserlebnisses* verdrängte Erfahrung des Frontalltags. Sie war bestimmt von Langeweile, eintönigen Routinearbeiten und banalen Verrichtungen. Besonders in ruhigen Frontabschnitten entwickelte sich zwischen den sich nur auf kurzer Distanz gegenüberliegenden Truppen eine Form der stillschweigenden Übereinkunft, nicht aufeinander zu schießen. Das Prinzip »leben und leben lassen«, wie es der englische Historiker Tony Ashworth formuliert hat,[69] konnte manchmal sogar zu spontanen Verbrüderungen führen. Erstaunliches ereignete sich zum Beispiel in den Weihnachtstagen 1914 an der Westfront, als deutsche Soldaten auf der einen und französische und englische Soldaten auf der anderen Seite sich im Niemandsland zwischen den Schützengräben trafen, Getränke und Zigaretten austauschten, Weihnachtslieder sangen, miteinander feierten und gemeinsam die Toten bestatteten.[70]

Zwischen Front und »Heimat« entwickelte sich ein komplexes Beziehungsgeflecht.[71] Auf der einen Seite traten die verschiedenen Erlebnis- und Vorstellungswelten immer weiter auseinander. Wer als Fronturlauber für wenige Wochen in das Normalleben zurückkehrte, fühlte sich nicht selten fremd, war aber auch Frau und Kindern, Eltern und Geschwistern nicht selten ein Fremder geworden. Die Folge war eine oft beklemmende Sprachlosigkeit, die Unfähigkeit, sich über die trennenden Erlebnisse zu verständigen. Sie setzte sich in den Briefen fort, die Soldaten an ihre Angehörigen schrieben. Darin wurde die mörderische Realität des Krieges häufig ausgespart oder hinter trivialisierenden Alltagsfloskeln versteckt. Und nur selten wurde offen thematisiert, was die Soldaten auch belastete – ihre sexuellen Wünsche, Nöte, Ersatzhandlungen und die Furcht vor der Untreue der Ehefrauen, die durch Berichte über die allgemeine Lockerung der Sitten in der »Heimat« noch verstärkt wurde.[72]

Gleichzeitig rückten Front und »Heimat« in einem Punkt auch wieder näher: in der Gegnerschaft gegen den Krieg. In den Briefen an ihre eingezogenen Männer berichteten verzweifelte Frauen von den Entbehrungen ihres Kriegsalltags.[73] Die Postüberwachungsstellen bemühten sich zwar zu verhindern, daß solche Briefe ihre Adressaten erreichten, doch war eine lückenlose Kontrolle und Zensur des Briefverkehrs angesichts des gewaltigen Umfangs der Feldpost nicht möglich. So verlegten sich die Behörden darauf, die Frauen zu ermahnen, keine

»Jammerbriefe« ins Feld zu schicken. Indessen blieben solche Appelle weitgehend wirkungslos. Umgekehrt verstanden es auch viele Soldaten an der Front, die Briefzensur zu unterlaufen, etwa indem sie Urlaubern Briefe zur Beförderung mitgaben. Im April 1917 mußte die Oberste Heeresleitung eingestehen: »Es gelangen Nachrichten in die Heimat und werden dort verbreitet, trotz aller Ermahnungen zur Verschwiegenheit, trotz allen Appells an das Pflichtgefühl, daß man auf Urlaubsreisen und in Feldpostbriefen nichts erzählen soll. Es geschieht eben doch.«[74]

Zwischen der Kriegsmüdigkeit an der Front und in der »Heimat« bestand eine enge Wechselwirkung: Urlauber trugen die Mißstimmung im Heer in die »Heimat« und kehrten, erst recht des Krieges überdrüssig, an die Front zurück. In ihren Erzählungen über die Zustände in der »Heimat« mischten sich eigene Beobachtungen mit Gerüchten, die in der Bevölkerung kursierten. Solche Gerüchte waren nicht nur ein Ventil für die aufgestaute Erbitterung, sondern auch ein Ausdruck des Mißtrauens in die staatliche Informationspolitik und die von ihr gelenkte Presse. Eine ideale Gerüchtebörse war das Eisenbahnabteil: Hier trafen Frauen auf Hamsterfahrt mit Soldaten auf Heimaturlaub zusammen. Und hier wurden die ungeheuerlichsten Geschichten erzählt über Prassereien der Offiziere in der Etappe und ausschweifende Vergnügungen der Kriegsgewinnler. Solche Gerüchte fanden offene Ohren, weil sie die für alle sichtbare ungleiche Versorgung zu erklären schienen.

Die gemeinsame Erfahrung von Ungleichheit war es auch, die in der »Heimat« wie an der Front in entscheidendem Maße dazu beitrug, daß die Kriegsgegnerschaft sich mit Gesellschaftskritik verbinden und sich gegen das herrschende System richten konnte. »Sehr weit verbreitet ist im Heere die Überzeugung, der Krieg werde nur weitergeführt im Interesse der Kapitalisten«, so beschrieb der Vorsitzende des Zentralverbands christlicher Textilarbeiter, Schiffer, im August 1916 die Stimmung an der Front,[75] und ein Jahr später, im August 1917, hieß es im Brief eines Bauschlossers aus München, der von der Zensur abgefangen wurde: »Für die verdammten Preußen u(nd) Großkapitalisten halte ich meinen Schädel nicht länger hin.« Die »innere Revolutionierung der wilhelminischen Gesellschaft« und »die Revolutionierung der deutschen Armee im Ersten Weltkrieg« bedingten sich wechselseitig.[76] Und nur wenn man beide Vorgänge als korrespondierende Teile eines Gesamtprozesses sieht, wird verständlich, warum am Ende des Krieges eine Revolution stand.

Die Radikalisierung des Antisemitismus

»Das nach zwei Jahren großer Zeit und völliger Hingabe an unsere Heimat! Mir ist, als hätte ich eben eine furchtbare Ohrfeige erhalten«, notierte Georg Meyer, im Zivilberuf Prokurist der Siemens-Schuckert-Werke in Berlin, seit August 1914 Hauptmann in einem bayerischen Feldartillerie-Regiment, Ende Oktober 1916 in sein Tagebuch. »Im Frieden würde ich den Abschied nehmen, jetzt muß ich natürlich erst recht aushalten.«[77] Meyer fiel im Dezember 1916 bei Verdun – einer von über 12 000 Juden, die im Ersten Weltkrieg ihr Leben für Deutschland gaben.

Die »furchtbare Ohrfeige«: Das war die vom preußischen Kriegsministerium am 11. Oktober 1916 angeordnete »Nachweisung der beim Heere befindlichen … wehrpflichtigen Juden«, kurz *Judenzählung* genannt – eine der folgenreichsten innenpolitischen Entscheidungen im Ersten Weltkrieg. Denn mit dieser kalten bürokratischen Maßnahme mußten die deutschen Juden alle Hoffnung aufgeben, im Kaiserreich jemals als gleichberechtigte Staatsbürger behandelt zu werden.

Diese Hoffnung hatte sich zu Beginn des Krieges noch einmal mächtig geregt. Gerade unter Deutschlands Juden fand der patriotische Überschwang der ersten Augusttage 1914 einen begeisterten Widerhall. »Es war wirklich ein ganz großer Rausch, der uns alle gepackt hatte«, erinnerte sich der Breslauer Historiker und Pädagoge Willy Cohn noch über zwei Jahrzehnte später, und mit ähnlichen Worten beschrieb der Göppinger Rabbiner Arnold Tänzer »jene einzigartige Empfindung hingebungsvoller Begeisterung«, welche damals »jedes deutschfühlende Herz höher schlagen ließ«: »Noch heute zittert diese Empfindung in mir nach und haftet unverwischbar in meiner Erinnerung.«[78]

Auch für die deutschen Juden bestand nicht der geringste Zweifel daran, daß das Deutsche Reich Opfer eines feindlichen Überfalls geworden sei, also einen gerechten Verteidigungskrieg führe. »Wir sind in äußerster Notwehr und in allerreinstem Recht«, notierte der junge Münchner Romanist Victor Klemperer am 3. August 1914. »Geht es wirklich um Deutschlands Existenz ... dann muß eben der letzte Mann heraus.«[79] Ganz in diesem Sinne riefen die jüdischen Organisationen ihre Mitglieder dazu auf, »über das Maß der Pflicht hinaus« ihre Kräfte dem Vaterland zur Verfügung zu stellen.[80] Über zehntausend deutsche Juden folgten dem Appell und meldeten sich freiwillig zum Kriegsdienst, unter ihnen der sozialdemokratische Reichstagsabgeordnete Ludwig Frank. »Jetzt ist für mich der einzig mögliche Platz in der Linie, in Reih und Glied, und ich gehe wie alle anderen freudig und siegessicher«, schrieb er am 23. August; wenige Tage später fiel er an der Westfront.[81]

Wie Frank glaubten viele jüdische Kriegsfreiwillige, durch besonderen Einsatz ihre nationale Zuverlässigkeit beweisen und damit endlich die vollkommene Gleichstellung der Juden durchsetzen zu können. Und tatsächlich schien es in den ersten Kriegsmonaten, als erfüllte sich diese Hoffnung. Es fielen die diskriminierenden Beschränkungen, die Juden bislang den Zugang zu höheren Positionen in der Verwaltung versperrt hatten. Zum erstenmal seit Jahrzehnten wurden Juden auch bei Beförderungen in der preußischen Armee nicht mehr übergangen. Gerade der Ausschluß vom Offizierskorps war im wilhelminischen Deutschland, in dem alles Militärische hoch im Kurs stand, als besonders schmerzliche Zurücksetzung empfunden worden.

Selbst in Kreisen der fanatischen Rassenantisemiten legte man sich in den ersten Kriegswochen Zurückhaltung auf. Houston Stewart Chamberlain schien es im September 1914, als seien die deutschen Juden »wie weggeputzt von der gewaltigen Erhebung, als ›Juden‹ nicht mehr auffindbar, denn sie tun ihre Pflicht als Deutsche vor dem Feinde und daheim«.[82] Wenige Monate später allerdings bekannte er aufs neue: »Diesem Teufelsgezücht gegenüber steht Deutschland als Gottes Streiter: Siegfried wider den Wurm.«[83]

Tatsächlich hatte sich der Antisemitismus, der bereits vor 1914 in alle Poren der wilhelminischen Gesellschaft eingedrungen war,[84] mit

Beginn des Krieges keineswegs verflüchtigt. Vielmehr machte er sich, je länger der Krieg dauerte und je mehr die sozialen Spannungen im Innern wuchsen, verstärkt bemerkbar. Von »antisemitischen Schwierigkeiten« hörte Victor Klemperer seine Verwandten aus Berlin im Frühjahr 1915 berichten. »Man spreche von jüdischen ›Drückebergern‹, obschon es doch unverhältnismäßig viel jüdische Freiwillige gebe und gerade die Juden auf korrekte Pflichterfüllung ängstlich bedacht seien, um nur nicht anzustoßen.«[85]

Auch an der Front war seit Herbst 1914 ein deutliches Anwachsen antisemitischer Ressentiments zu beobachten. In manchen Offizierskasinos gehörte es zum guten Ton, Witze über Juden zu erzählen.[86] Es häuften sich die Fälle, in denen jüdische Soldaten beleidigt und bei Beförderungen zurückgesetzt wurden. »Seit einiger Zeit kann ich es ja mit Händen greifen, daß man mich als Juden scheel ansieht«, schrieb der Unteroffizier Julius Marx Anfang Oktober 1914. »Bei Kriegsbeginn schien jedes Vorurteil verschwunden, es gab nur noch Deutsche. Nun hört man wieder die alten verhaßten Redensarten.«[87] Und im September 1916 klagte er: »Der Durchschnittsdeutsche mag eben den Juden nicht. Ich möchte hier nichts sein als ein deutscher Soldat – aber man sorgt nachgerade dafür, daß ich's anders weiß.«[88]

Bereits Ende August 1914 hatte der Reichshammerbund, eine der radikalsten antisemitischen Organisationen, in einem internen Rundschreiben dazu aufgerufen, »Kriegsermittlungen« über die Juden anzustellen, und zwar sowohl was ihre aktive Teilnahme am Kriegsdienst als auch ihre Mitarbeit in Einrichtungen der »öffentlichen Mildtätigkeit« betraf.[89] Ziel der von den Alldeutschen unterstützten Kampagne war es, die patriotische Haltung der deutschen Juden in Zweifel zu ziehen und die durch vielerlei Nöte des Kriegsalltags entstandene Mißstimmung auf diese seit je verfemte Minderheit zu lenken. Ab Ende 1915 wurde das preußische Kriegsministerium mit Beschwerden über »jüdische Drückebergerei« geradezu überschwemmt. Angehörige jüdischen Glaubens, behaupteten die Denunzianten, würden in großer Zahl Geld und Beziehungen nutzen, um in Schreibstuben und Etappenkommandos bequem durch den Krieg zu kommen. Angeblich übten sie durch die Besetzung wichtiger Posten in den Kriegsgesellschaften überdies einen beherrschenden Einfluß auf die Kriegswirtschaft aus und bereicherten sich schamlos an der Not der Bevölkerung. Alfred Roth, der Bundeswart des Reichshammerbundes, sprach in diesem Zusammenhang von der »jüdischen Verfilzung des deutschen Wirtschaftslebens durch das System Ballin-Rathenau«.[90]

Der Vorwurf der »Drückebergerei« verband sich so mit Ressentiments gegen die »Kriegsgewinnler«. »Äußerungen wie z. B.: Die Juden haben noch nicht genug verdient, deshalb hört der Krieg nicht auf, seien nicht selten«, berichtete ein Landrat im Februar 1917.[91] Eine weitere Ursache für die Radikalisierung des Antisemitismus im Weltkrieg war die sogenannte *Ostjudenfrage*.[92] Mit der Besetzung Polens und weiterer Gebiete Osteuropas fiel ein nicht geringer Teil der osteuropäischen Juden unter deutsche Besatzung. Diese rekrutierte 1916/17 mehrere Tausend jüdische Zwangsarbeiter für die deutsche Rüstungsindustrie. Die Aushebungen verliefen noch brutaler als die in Belgien: »Man befahl die männliche jüdische Bevölkerung auf Marktplätze und Kirchhöfe, umstellte sie, um sie dann auf die Bahnhöfe zu führen und abzutransportieren ... Wenn sich jemand der Zwangsaushebung durch Flucht entzog, wurden dessen Familienangehörige so lange zur Zwangsarbeit herangezogen, bis sich der Entwichene den militärischen Okkupationsbehörden stellte. Es wurden wahllos Männer zusammengetrieben und deportiert, ungeachtet ihres Alters und ihrer Arbeitsfähigkeit.«[93]

Gemessen an der Gesamtzahl der in den besetzten Gebieten Osteuropas lebenden Juden, war die Zahl der nach Deutschland transportierten Zwangsarbeiter ziemlich gering. Dennoch wurde die Diskussion über eine angeblich drohende Massenzuwanderung der *Ostjuden* dadurch aufs neue angeheizt.[94] Die Kampagne für eine Schließung der Grenzen für Juden, wie sie die Alldeutschen bereits vor 1914 gefordert hatten, wurde nun forciert, und sie war erfolgreich: Im April 1918 wurde unter dem Vorwand seuchenpolitischer Notwendigkeiten die preußische Ostgrenze gegen jüdische Arbeiter gesperrt, was faktisch auf eine Unterbindung der jüdischen Einwanderung nach Deutschland hinauslief.[95]

Unter dem Eindruck der wachsenden antisemitischen Welle schrieb Walther Rathenau bereits im August 1916: »Je mehr Juden in diesem Krieg fallen, desto nachhaltiger werden ihre Gegner beweisen, daß sie alle hinter der Front gesessen haben, um Kriegswucher zu betreiben.

Der Haß wird sich verdoppeln und verdreifachen.«[96] Zu diesem Zeitpunkt hatte Rathenau bereits die Leitung der Kriegsrohstoffabteilung niedergelegt und jede Hoffnung aufgegeben, der Antisemitismus werde durch geduldige Aufklärung und sachliche Information allmählich zum Verstummen gebracht werden können.

Rathenaus Skepsis war nur allzu berechtigt. Denn nur wenige Wochen später, am 11. Oktober 1916, ordnete der preußische Kriegsminister Wild von Hohenborn die bereits erwähnte statistische Erhebung über die Dienstverhältnisse der deutschen Juden im Kriege an. Offiziell begründet wurde die *Judenzählung* mit der Absicht, die fortgesetzt beim Kriegsministerium einlaufenden Klagen über die bevorzugte Behandlung der jüdischen Wehrpflichtigen bei der Freistellung vom Heeresdienst »nachprüfen und ihnen gegebenenfalls entgegentreten zu können«.[97] Vorgeschichte und Durchführung des Erlasses weisen allerdings in eine ganz andere Richtung: Es ging dem preußischen Kriegsministerium nicht um eine Widerlegung der antisemitischen Anwürfe, sondern im Gegenteil darum, Material für deren Bestätigung in die Hand zu bekommen. Der traditionell starke Antisemitismus im preußischen Offizierskorps wirkte sich hier aus, aber auch das Interesse der neuen Obersten Heeresleitung unter Hindenburg und Ludendorff, alle verfügbaren Kräfte für die Front und Rüstungsindustrie zu mobilisieren.

Eine Woche später, am 19. Oktober 1916, stellte der Zentrumsabgeordnete Matthias Erzberger im Hauptausschuß des Reichstags den Antrag, den Reichskanzler zu ersuchen, dem Reichstag alsbald »eine Übersicht über das Personal aller Kriegsgesellschaften« zu unterbreiten, und zwar »getrennt nach Geschlecht, militärpflichtigem Alter, Bezügen und Konfession«.[98] Die Tatsache, daß ein prominenter Vertreter des Zentrums einen Zentralpunkt der antisemitischen Haßpropaganda aufgriff, zeigt, wie groß deren Resonanz inzwischen war. Und obwohl der Sozialdemokrat Ebert und der Abgeordnete der Fortschrittspartei, Gothein, gegen die Aufnahme des Kriteriums *Konfession* votierten, wurde der Antrag angenommen.

Erst durch die Reichstagsdebatte Anfang November 1916 erfuhr die Öffentlichkeit vom Oktober-Erlaß des Kriegsministeriums. Die Wirkung auf die deutschen Juden war ungeheuer. Am 7. November 1916 protestierte Justizrat Oscar Cassel, einer der Vorsitzenden des Verbandes deutscher Juden, »gegen Ausnahmebestimmungen für Juden«, welche »die Aufopferungsfähigkeit unserer Glaubensgenossen im Felde und im Lande herabsetzen und herabwürdigen«.[99] Der Oberrat der Israeliten im Großherzogtum Baden sprach von einer »durch nichts gerechtfertigten Ehrenbeleidigung«, durch die »das Andenken der Tausende geschändet« werde, »die ihr Blut und Leben in begeisterungsvoller Opferfreudigkeit hingegeben haben«.[100] Und Justizrat Senator Meyer in Hannover sandte dem Zentrumsführer Peter Spahn die Todesanzeige seines gefallenen Bruders mit der Frage: »Wird Ihnen und Ihren Freunden nicht bange vor den Anklagen, welche diese noch in ihrem Todeskampfe beschimpften Helden als stumme Blutzeugen vor dem Thron des Höchsten erheben?«[101]

Doch weder die Intervention des Hamburger Bankiers Max M. Warburg beim Reichskanzler noch die wiederholten Eingaben jüdischer Organisationen konnten das Kriegsministerium zu einer Rücknahme des Oktober-Erlasses oder wenigstens zu einem deutlichen Wort der Anerkennung für das von Juden im Kriege Geleistete bewegen. Das einzige, wozu sich Kriegsminister von Stein, der Nachfolger Wild von Hohenborns, im Januar 1917 bereitfand, war die Versicherung, »daß das Verhalten der jüdischen Soldaten und Mitbürger während des Krieges keine Veranlassung zu der Anordnung meines Herrn Vorgängers gegeben hat und damit nicht in Beziehung gebracht werden kann«.[102]

Noch mehr Erbitterung löste die *Judenzählung* unter den jüdischen Kriegsteilnehmern aus. »Was soll denn dieser Unsinn?! Will man uns zu Soldaten zweiten Ranges degradieren, uns vor der ganzen Armee lächerlich machen?« rief Vizefeldwebel Julius Marx aus, als sein Kompaniechef Anfang November 1916 seine Personalien für die *Judenstatistik* aufnehmen wollte. Und er schloß seine Tagebucheintragung: »Pfui Teufel! Dazu also hält man für sein Land den Schädel hin.«[103] In der Reichstagsdebatte vom November 1916 zitierte der Sprecher der Fortschrittlichen Volkspartei, Ludwig Haas, aus Briefen jüdischer Soldaten, in denen immer wieder die Wendung vorkam: »Nun sind wir gezeichnet.«[104]

Der Erlaß vom 11. Oktober 1916 markierte eine Zäsur in der Geschichte der Judenheit in Deutschland. Viele gerade der national fühlenden Juden empfanden das Vorgehen des Kriegsministeriums als den »untilgbar schmählichsten Schimpf, der unsere Gemeinschaft seit ihrer Einbürgerung schändete«.[105] Für sie hatte die staatlich angeordnete Sonderbehandlung endgültig erwiesen, daß die Hoffnung, »nun endlich hineinzuwachsen in das Leben dieses fremden geliebten Volkes«, auf einer Selbsttäuschung beruhte, wie der Kriegsfreiwillige Ernst Simon im Rückblick schrieb.[106] Simon wurde Zionist, und wie für ihn war auch für den Schriftsteller Jakob Wassermann durch die Erfahrung der Kriegszeit der liberal-assimilatorische Traum von einer deutsch-jüdischen Symbiose endgültig zerstört: »Es ist vergeblich für sie zu leben und für sie zu sterben. Sie sagen: Er ist ein Jude.«[107]

Franz Oppenheimer, einer der führenden Repräsentanten des Zionismus im Kaiserreich, hat die *Judenzählung* als »die größte statistische Ungeheuerlichkeit« bezeichnet, »deren sich eine Behörde jemals schuldig gemacht hat«.[108] Trotz des Drängens der jüdischen Organisationen weigerte sich das Kriegsministerium, die Ergebnisse der Erhebung zu veröffentlichen; allerdings gestattete es nach 1918 einem der rabiatesten Antisemiten, Alfred Roth, Einblick in das gesamte statistische Material, das dieser anschließend zu zwei Hetz-Broschüren verarbeitete.[109] Es erübrigt sich, auf diese Machwerke näher einzugehen. Denn ganz unstrittig ist, daß die deutschen Juden, wie Jacob Segall in einer Studie aus dem Jahr 1921 bilanzierte, »restlos den auf sie entfallenden Anteil an Kriegsteilnehmern gestellt« und an Opfern wie an Leistungen »in einer dem Durchschnitt mindestens entsprechenden Weise teilgenommen« haben.[110]

Natürlich gab es auch Juden, die sich auf verschiedene Weise dem Einsatz an der Front zu entziehen suchten – zumal nach dem Scheitern der letzten deutschen Offensive im Frühjahr 1918, als Gehorsamsverweigerungen und Desertionen in starkem Maße zunahmen. Doch auch für diese Phase gilt, was Franz Oppenheimer für die gesamte Dauer des Krieges festgestellt hat: »daß es den deutschen Juden durchschnittlich viel schwerer gemacht worden sein dürfte, sich zu drücken, als den Nichtjuden. Denn der Verdacht der Feigheit hing unausgesprochen bis zum Beweise des Gegenteils und sogar darüber hinaus über jedem Gestellungspflichtigen jüdischer Konfession«.[111]

Dennoch blieb das Brandmal der »Drückebergerei« allein an den Juden haften. Auch nachdem sich die Erregung über die *Judenstatistik* ein wenig gelegt hatte, rissen die Klagen über Willkürmaßnahmen einzelner Militärbehörden nicht mehr ab. So wurde im August 1917 durch einen Korpsbefehl in Stettin angeordnet, daß alle jüdischen Heerespflichtigen, die vom Kriegsdienst freigestellt worden waren, nachgemustert werden sollten. Diese erneute Sonderbehandlung löste unter den deutschen Juden wiederum große Entrüstung aus. Ahnungsvoll schrieb im Oktober 1917 die Zeitschrift des Centralvereins deutscher Staatsbürger jüdischen Glaubens IM DEUTSCHEN REICH: »Uns (Juden) steht ein Krieg nach dem Kriege bevor.«[112] Im April 1918 konstatierte Heinrich Claß, der Vorsitzende des Alldeutschen Verbandes, ein »erfreuliches Anwachsen der antisemitischen Stimmung, die bereits einen riesigen Umfang angenommen« habe. Aufgabe des Verbandes müsse es sein, »diese Bewegung nationalpolitisch hochzuleiten«: »Für die Juden hat der Kampf ums Dasein begonnen.«[113] In der wenige Monate zuvor gegründeten Deutschen Vaterlandspartei, einer Sammlungsbewegung der Rechten, die innerhalb kurzer Zeit 800 000 Mitglieder (davon allerdings die Hälfte korporativ angeschlossene) gewann,[114] besaßen die alldeutschen Radikalantisemiten nunmehr einen breiten Resonanzboden für ihre Agitation gegen die Juden, die als Anstifter eines Verständigungsfriedens, eines *Judenfriedens* denunziert wurden.

Im Herbst 1918, als sich die militärische Niederlage des Kaiserreichs abzeichnete, verschärfte sich die antisemitische Hetze. »Nur ein sehr scharfes Eingreifen aller Vaterlandsfreunde gegenüber Sozialdemokraten, Juden und Judengenossen« sei noch »in der Lage ... uns zu retten«, schrieb Conrad Freiherr von Wangenheim, der langjährige Vorsitzende des Bundes der Landwirte, am 20. September 1918 an den Vorsitzenden der Vaterlandspartei, den ostpreußischen Generallandschaftsdirektor Wolfgang Kapp.[115] Die Propaganda gegen jüdische »Drückeberger« und »Kriegsgewinnler« verband sich jetzt mit dem nicht minder bösartigen Vorwurf, das deutsche Heer sei durch das von »den Linken« und »den Juden« ausgestreute »Gift der Zersetzung« entscheidend geschwächt und um die Früchte des Sieges betrogen worden. Mit dieser Dolchstoßlegende suchten sich die gesellschaftlichen Führungsschichten, die das Kaiserreich ins Verderben gestürzt hatten, aus ihrer Verantwortung zu stehlen und sie anderen, vor allem den Ju-

Der Vernichtungsfriede — Werk der Juden!

Nicht die auswärtigen Feinde, so viele es ihrer auch waren, haben uns den Sieg entrissen, sondern der Feind im eigenen Hause ist uns in den Rücken gefallen. Dieser heimtückische Feind ist aus Asien eingewandert und mit ihm die geistige Verseuchung Europas. Vertrauensselig gaben wir ihm Wohnung und Verdienst — leider nur allzureichlich! Und nun dankt er es seinem Wirt damit, daß er ihn aus Haus und Staat verjagt und wenn er ihm nicht Knechtesdienste leisten will, zur Auswanderung zwingt.

Das deutsche Schwert ist von der Judenfeder besiegt worden. — Das darf kein Deutscher vergessen!

Deutsche Jünglinge und Mädchen! Schneidet es in alle Rinden ein, schreibt es an alle Wände in allen Räumen, auf jedes Plätzchen: daß der Jude uns im Weltkriege grausam und schamlos verraten und an unsere erbarmungslosen Feinde wehr- und ehrlos ausgeliefert hat. Es genügt wenn ihr schreibt:

„Der Vernichtungsfriede — Werk der Juden!"

Schreibt es auch an alle Türen und Wände in den Judenhäusern! Beschafft euch Stempel und benützet jede sich bietende Gelegenheit, auch auf diese Weise es hinauszuschreien in alle Welt, hineinzuhämmern in die Gehirne aller Deutschen:

„Der Vernichtungsfriede — Werk der Juden!"

Das muß zum geflügelten Wort für die ganze Welt werden, denn für diese Schande ist Europa zu klein! Sammelt Gelder für diesen Zweck! Deutsche Vereine! Stellt Zettelchen dieses Inhaltes in zahlloser Menge her und bringt sie unter das Volk. Man soll sie zum werfen auf den Straßen gebrauchen, in Theatern, Konzerten, auf Bällen, kurz überall wo Israel sich frech hervordrängt. Wählt verschiedenfärbiges Papier. Weiß erinnere an den Tod von Tausenden unschuldiger deutscher Kinder, die infolge des jüdischen Kettenhandels Hungers haben sterben müssen. Rot gemahne an den Tod von Tausenden und Abertausenden unserer braven Soldaten. die durch den Verat der Hebräerpresse und nur durch diese ums Leben gekommen sind. Gelb wählt dann, wenn ihr darauf hinweisen wollt, daß die Zeitungsjuden, die uns um alles gebracht, von der Entente mit Gold bestochen waren, bestochen sind!

Ans Werk denn, es ist notwendig! Die Juden werden von Tag zu Tag frecher. So kann es unmöglich fortgehen. Es muß etwas geschehen! Schon sind die Semiten bestrebt, das deutsche Volk aufs neue zu betören, um es noch tiefer ins Elend stürzen zu können.

Deutsche Männer und Frauen! Schwöret, daß ihr nicht ruhen wollt, bis 1918, dieser Verrat, der schändlichste der Weltgeschichte, furchtbar gerächt ist!

Der Vernichtungsfriede — Werk der Juden!

Antisemitisches Flugblatt: »Der Vernichtungsfriede – Werk der Juden!«, 1918.

den, aufzubürden. Ende Oktober 1918 forderte der zweite Vorsitzende des Alldeutschen Verbandes, Konstantin Freiherr von Gebsattel, seine Gesinnungsgenossen auf, »die Lage zu Fanfaren gegen das Judentum und die Juden als Blitzableiter für alles Unrecht zu benutzen«. Und Heinrich Claß sekundierte: »Ich werde vor keinem Mittel zurückschrecken und mich in dieser Hinsicht an den Ausspruch Heinrich von

Kleists, der auf die Franzosen gemünzt war, halten: Schlagt sie tot, das Weltgericht fragt Euch nach den Gründen nicht.«[116]

Kultur und Krieg

An der geistigen Mobilmachung von 1914 haben sich die Intellektuellen in allen kriegführenden Staaten bereitwillig beteiligt. Nirgendwo aber taten sie das mit einer solchen Inbrunst wie in Deutschland. »Eine spätere Zeit wird es kaum begreifen können, mit welcher Willenlosigkeit, um nicht zu sagen welcher Unterwürfigkeit sich alle Strömungen in der Tatsache des Krieges selbst verloren haben und in ihr zu neuem Leben wiederfinden zu können glaubten«, konstatierte der Soziologe Emil Lederer 1915,[117] und sein Kollege Max Weber bekräftigte 1917: »Was akademische Lehrer an Mangel an politischem Augenmaß insbesondere im Kriege geleistet haben, übersteigt bekanntlich alles Dagewesene.«[118] Freilich hatte Max Weber selber bei Kriegsbeginn Augenmaß vermissen und sich von der Kriegsbegeisterung der Hurrapatrioten mitreißen lassen.[119]

Die meisten deutschen Hochschullehrer betrachteten es vom ersten Kriegstag an als ihre Pflicht, die deutschen Kriegsanstrengungen mit den »Waffen des Geistes« zu unterstützen, oder, wie der Religionsphilosoph Ernst Troeltsch sich ausdrückte, »mit gläubigen Worten ... als Wahrzeichen deutscher Gesinnung den Heersäulen der Nation voranzuziehen«.[120] Zu diesem Zweck wurde der Krieg stilisiert zu einem Kampf der deutschen »Kultur« gegen die westliche »Zivilisation«. Das beschämendste Dokument dieser intellektuellen Willfährigkeit war der *Aufruf an die Kulturwelt* vom 4. Oktober 1914, in dem 93 prominente Vertreter des deutschen Geistes- und Kulturlebens die Kriegsgreuel in Belgien gegen die Vorwürfe der Alliierten verteidigten und sich rückhaltlos zum preußischen Militarismus bekannten: »Es ist nicht wahr, daß der Kampf gegen unseren sogenannten Militarismus kein Kampf gegen unsere Kultur ist, wie unsere Feinde heuchlerisch vorgeben. Ohne den deutschen Militarismus wäre die deutsche Kultur längst vom Erdboden getilgt ... Deutsches Heer und deutsches Volk sind eins. Dieses Bewußtsein verbrüdert heute 70 Millionen Deutsche ohne Unterschied der Bildung, des Standes und der Partei.«[121] Noch deutlicher wurde eine Erklärung von über 3000 deutschen Hochschullehrern vom 16. Oktober 1914: »Unser Glaube ist«, hieß es darin, »daß für die ganze Kultur Europas das Heil an dem Siege hängt, den der deutsche ›Militarismus‹ erkämpfen wird, die Manneszucht, die Treue, der Opfermut des einträchtigen freien Volkes.«[122]

In den beiden Aufrufen waren nahezu alle Argumente enthalten, die deutsche Gelehrte zur ideologischen Rechtfertigung der deutschen Kriegführung vorzutragen wußten: die Überzeugung, daß das Kaiserreich in einem ihm »aufgezwungenen Existenzkampf« stehe, daß es angesichts seiner exponierten Mittellage eines starken Heeres und einer straffen Führung bedürfe, daß gerade in der halbkonstitutionellen Verfassung des Reiches ein spezifischer Ausweis »deutscher Freiheit« liege, die dem westlichen Parlamentarismus turmhoch überlegen sei, schließlich, daß Kultur und Militarismus keinen Gegensatz bildeten, sondern zu einer symbiotischen Einheit verschmolzen seien. Im Ausland wirkten solche Bekenntnisse der deutschen Hochschullehrerschaft geradezu verheerend. Romain Rolland sah darin ein »Zeugnis für die Militarisierung der deutschen Elite«.[123] Das Ansehen, daß sich deutsche Wissenschaftler vor 1914 in aller Welt erworben hatten – es wurde mit einem Schlage verspielt.

Am ehesten wäre von den noch jungen Disziplinen der Sozialwissenschaften eine gewisse Distanz zu dem allenthalben grassierenden Kriegschauvinismus zu erwarten gewesen. Doch sie ließen sich ebenso widerstandslos in den Dienst der offiziellen Propaganda nehmen wie alle anderen Wissenschaften auch.[124] Der Münsteraner Soziologe Johann Plenge prägte im Herbst 1914 das Schlagwort von den *Ideen von 1914*, die den Ideen der Französischen Revolution von 1789 entgegengestellt wurden. Er verstand darunter eine neue, planmäßige Organisation der deutschen Wirtschaft, in der die Klassengegensätze und Interessenkonflikte gleichsam aufgehoben würden in der »Volksgemeinschaft des nationalen Sozialismus«.[125] Selbst Georg Simmel, der vor 1914 so viel zum Dialog zwischen deutscher und französischer Kultur beigetragen hatte, verfiel dem kollektiven Kriegstaumel. Im Erlebnis des Krieges sah er, der Vertreter des »individuellen Gesetzes« in der Soziologie, nunmehr ein »neues Verhältnis von Individuum und Gemeinschaft« entstehen, als »dessen reinste Anschaulichkeit« ihm der »Krieger im Felde« erschien.[126]

Als »Hauptfeind« in der Kriegspublizistik deutscher Gelehrter figurierte England, das »perfide Albion«. Nach allgemeiner Überzeugung hatte das Inselreich aus »schnödem« Konkurrenzneid einen »krämerischen« Wirtschaftskrieg gegen das Kaiserreich entfesselt. Am krassesten trat die Neigung zur ideologischen Überhöhung des deutsch-britischen Gegensatzes in Werner Sombarts Schrift HÄNDLER UND HELDEN aus dem Jahre 1915 zutage. Darin wurde das kriegerische Heldentum der Deutschen in scharfen Kontrast gestellt zur englischen Händlerkultur mit ihrem platten Materialismus. Sombart war vor 1914 nicht als nationalistischer Scharfmacher hervorgetreten. Um so mehr überraschte sein Kriegspamphlet, dessen haßtrunkene Radikalität selbst in der chauvinistischen deutschen Professorenliteratur des Ersten Weltkriegs seinesgleichen sucht. »Ihr nationalistischer Furor kommt mir etwas stark verblüffend«, tadelte Max Weber den Kollegen.[127]

Daß die geistige Leibgarde der Hohenzollern, die Historikerschaft, sich beim Waffendienst mit der Feder besonders anstrengte, verstand sich von selbst. Bedenkenlos wurde das hehre Prinzip wissenschaftlicher Objektivität, für das die Nachfolger Rankes doch immer so vehement, wenn auch wenig überzeugend eingetreten waren, auf dem Altar plattester Kriegspropaganda geopfert. Die ganze deutsche Geschichte, vom »Heldenzeitalter der germanischen Recken« in grauer Vorzeit bis zum »Kampf ums Dasein« in der unmittelbaren Gegenwart, schnurrte zusammen zu einer einzigen waffenstarrenden Rüstkammer, aus der sich die nationalkonservativen Historiker recht großzügig munitionierten.[128] Selbst ein eher gemäßigter Repräsentant der Zunft wie der Herausgeber der HISTORISCHEN ZEITSCHRIFT, Friedrich Meinecke, ließ es sich nicht nehmen, in seiner Abhandlung DIE DEUTSCHE ERHEBUNG VON 1914 die Erinnerung an den Geist der *Freiheitskriege* von 1813 zu beschwören und dem Krieg damit eine höhere Weihe zu verleihen. Auch der Hinweis auf Bismarck durfte in diesem Zusammenhang nicht fehlen: »Jetzt ... ist vom Kaiser und Reichskanzler bis zum Arbeiter herunter unausgesprochen der eine Gedanke in uns lebendig: da wir keinen Bismarck unter uns haben, so muß jeder von uns ein Stück Bismarck sein.«[129]

Kaum anders als die Gelehrten reagierten zunächst Künstler und Schriftsteller. Sie begrüßten den Krieg als Befreiung von der »Dekadenz« der Vorkriegszeit, als läuternde Katastrophe, von der sie sich eine Erneuerung auch des Kulturlebens in Deutschland versprachen. »Das Volk hat Instinkt. Es weiß, daß der Krieg es reinigen wird. Um Reinigung wird der Krieg geführt und das kranke Blut vergossen«, schrieb der Maler Franz Marc im November 1914.[130] Marc bezahlte seinen anfänglichen Kriegsenthusiasmus mit dem Leben: Er fiel im März 1916 vor Verdun. Namhafte Kunstkritiker wie Karl Scheffler, der Herausgeber der Zeitschrift KUNST UND KÜNSTLER, erhofften sich vom Krieg »eine mächtige Regeneration des Idealismus«: »Jetzt flüstert uns der Genius der Rasse vernehmbar ins Ohr, daß nur durch Katastrophen eine Wiedergeburt möglich ist.«[131]

Ähnliche Stellungnahmen sind, in vielfachen Variationen, auch von den Schriftstellern überliefert. Sie feierten den »Waffengang« nicht nur als kulturelle Katharsis, sondern als Aufbruch zu neuer Gemeinschaft. Richard Dehmel, der sich trotz seiner 51 Jahre noch freiwillig zum Kriegsdienst meldete, notierte in sein Kriegstagebuch: »All das hemmende, lärmende Mißtrauen zwischen den einzelnen Ständen und Klassen, all der Parteihader und Cliquendünkel ... all die zersetzende Machtprotzerei, die das englische Lohnklassensystem bei uns eingebürgert hatte ... plötzlich war das wie weggezaubert.«[132]

Gerhart Hauptmann, einst führender Vertreter der vom Kaiser als *Rinnsteinkunst* gescholtenen literarischen Moderne, hatte am 1. August 1914, wie er seinem Tagebuch anvertraute, Mühe, »nicht aufzuschluchzen angesichts des ungeheuren, nahenden Völkermordens«;[133] doch das hinderte ihn nicht, wenige Tage später in hurrapatriotischen Gedichten die Trinität von »Gott, Kaiser und deutschem Heer« zu beschwören und »Germaniens blaues Auge« zu besingen. Freilich, nicht nur die meisten professionellen deutschen Schriftsteller stellten sich willig in den Dienst der poetischen Mobilmachung; auch viele andere Zeitgenossen fühlten sich plötzlich berufen, ihren chauvinistischen Gefühlen in bewegten Versen Ausdruck zu verleihen. Die Redaktionen der Zeitungen wurden täglich mit rund 50 000 Kriegsgedichten überschwemmt –[134] ein einmaliges Phänomen, das sich nur aus dem emotionalen Überschwang der ersten Kriegswochen erklären läßt. Seinen populärsten Ausdruck fand der aufgeheizte Nationalismus jener Tage in Ernst Lissauers *Haßgesang gegen England* mit dem Refrain: »Wir haben alle nur einen Haß, / Wir lieben vereint, wir hassen vereint, / Wir haben alle nur einen Feind: England!«[135]

Schon bald machte sich jedoch unter Schriftstellern und Künstlern Ernüchterung breit, und zwar zuerst bei jenen, die sich im August 1914 als Kriegsfreiwillige gemeldet hatten und nun unvermittelt mit den Schrecken der Materialschlachten konfrontiert wurden. »Ich habe kein Wort. Ich kenne kein Wort. Ich muß immer nur stieren, stieren um mich stumpf zu machen«, schrieb der expressionistische Lyriker August Stramm im Februar 1915.[136] In seinem Gedicht STURMANGRIFF hat Stramm dann doch eine Sprache gefunden, die das Entsetzen in wenigen assoziativ gereihten Wortfetzen eindringlich zum Ausdruck brachte:

Aus allen Winkeln gellen Fürchte Wollen
kreisch
peitscht
das
Leben
vor
sich
her
den keuchen Tod
die Himmel fetzen
blinde schlächtert wildum das Entsetzen.[137]

Eine ähnliche Steigerung und Intensivierung des Ausdrucks erfuhr die Bildersprache in den Kriegszeichnungen von Otto Dix und Max Beckmann. Beide hatten sich freiwillig gemeldet, beide waren bald desillusioniert, und dennoch blieb ihre Einstellung zum Krieg ambivalent. »Für mich ist der Krieg ein Wunder, wenn auch ein ziemlich unbequemes. Meine Kunst kriegt zu fressen«, schrieb Max Beckmann im April 1915.[138] Und Otto Dix erinnerte sich später: »Der Krieg war eine scheußliche Sache, aber trotzdem etwas Gewaltiges. Das durfte ich auf keinen Fall versäumen. Man muß den Menschen in diesem entfesselten Zustand gesehen haben, um etwas über den Menschen zu wissen.«[139]

Der Bildermann

Preis 30 Pf.

№ 18

Herausgegeben von Paul Cassirer

20. Dezember, 1916
ERSTER JAHRGANG

DONA NOBIS PACEM!

»Dona Nobis Pacem«, Lithographie von Ernst Barlach, in: »Der Bildermann«, 1. Jahrgang, Nr. 18 vom 20.12.1916.

Anders freilich als Ernst Jünger, der in seinem 1920 veröffentlichten Buch IN STAHLGEWITTERN die Entfesselung »gewaltiger Urtriebe« positiv deutete und den Schützengrabenkampf als heroische Bewährungsprobe pries, gestaltete Dix in seinem berühmten Zyklus von 1923/24 den Krieg als das, was er für die meisten Soldaten bedeutet hatte: einen blutigen Alptraum, einen schaurigen Totentanz, eine Hölle aus Erniedrigung, Brutalität und Zerstörung.

Unter dem Eindruck des Fronterlebnisses wandelten sich die meisten Künstler und Schriftsteller zu überzeugten Pazifisten. Ernst Barlach, der wie viele andere den Krieg wie eine Erlösung begrüßt hatte, widmete der Titelseite der Weihnachtsausgabe von DER BILDERMANN (einer von Paul Cassirer herausgegebenen Zeitschrift) eine Lithographie: Sie zeigt eine betende Frau, deren Hände vor dem Gesicht gefaltet sind und die von allen Seiten von Schwertern bedroht wird, vor dem Hintergrund der aufgehenden Sonne: »Dona nobis pacem«.[140] Beispielhaft hat Ernst Toller den eigenen Läuterungsprozeß vom begeisterten Kriegsfreiwilligen des Jahres 1914 zum radikalen Kriegsgegner in seinem expressionistischen Stationendrama DIE WANDLUNG (1917/18) beschrieben.[141] In der ekstatisch bewegten Schlußszene verkündet Friedrich, der Protagonist des Stückes, in einer Rede an das Volk: »Nun, ihr Brüder, rufe ich euch zu: Marschiert! Marschiert am lichten Tag! Nun geht hin zu den Machthabern und kündet ihnen mit brausenden Orgelstimmen, daß ihre Macht ein Truggebilde sei. Geht hin zu den Soldaten, sie sollen ihre Schwerter zu Pflugscharen schmieden. Geht hin zu den Reichen und zeigt ihnen ihr Herz, das ein Schutthaufen ward ... Marschiert – marschiert am lichten Tag. Bruder, recket zermarterte

Hand
Flammender feuriger Ton!
Schreite durch unser freies Land
Revolution! Revolution!«[142]

Von entschiedener Kriegsgegnerschaft, zugleich aber von dem Willen beseelt, die überkommene künstlerische Formensprache radikal zu zertrümmern, war auch die Bewegung des Dadaismus, die ihren Ausgang nahm von einer Vereinigung avantgardistischer Künstler und Schriftsteller im *Cabaret Voltaire* in Zürich im Februar 1916. Hugo

»Widmung an Oskar Panizza«, 1917/1918.
Gemälde von George Grosz.

Ball und Richard Hülsenbeck hatten bereits 1915 programmatisch erklärt: »Wir wollen: Aufreizen, umwerfen, bluffen, trietzen, zu Tode kitzeln, wirr, ohne Zusammenhang, Draufgänger und Negationisten sein.«[143] Die Botschaft wurde auch in Deutschland aufgenommen –

zum Beispiel von dem in Berlin lebenden Maler George Grosz, auch er ein Kriegsfreiwilliger von 1914, der allerdings schon 1915 als »dienstuntauglich« entlassen worden war. »Wir verhöhnten einfach alles, nichts war uns heilig, wir spuckten auf alles, und das war Dada«, erinnerte sich Grosz in seiner Autobiographie.[144] Mit seinem großen Bild *Widmung an Oskar Panizza* (1917/18) hat Grosz gestaltet, was ihn damals bewegte: »In einer seltsamen Straße wälzt sich zur Nacht eine höllische Prozession entmenschter Figuren, in den Gesichtern spiegeln sich Alkohol, Syphilis, Pest. Eine Figur bläst Trompete, eine andere schreit Hurra. Über dieser Menge reitet der Tod auf einem schwarzen Sarg – direkt als Symbol, als Knochenmann … Ich malte dieses Protest gegen eine Menschheit, die verrückt geworden war.«[145]

Bilder gegen den Krieg – aber auch: Krieg der Bilder. Der Erste Weltkrieg markierte, auch was die Rolle der populären Medien für die Propaganda betraf, einen Entwicklungssprung: »Zum ersten Mal dienten diese Medien in diesem Umfang der Beeinflussung der eigenen Bevölkerung wie der neutralen Länder; sie propagierten Feindbilder und konstruierten solche des nationalen Selbstverständnisses.«[146] Das traditionelle Medium der Militär- und Schlachtenmalerei verlor an Bedeutung. Zwar traten zu Beginn des Krieges ganze Heerscharen von Historienmalern, bewaffnet mit Zeichenstift und Staffelei, an, um »St. Michaels Volk« gegen die »französische Moderne« zu verteidigen.[147] Doch die neue Wirklichkeit des technisierten Massenabschlachtens bot für monumentale Schlachtengemälde alten Stils wenig Stoff.

Wichtiger im internationalen Bilderkampf wurde die Plakatkunst. In Deutschland diente sie vor allem dem Ziel, den »Barbaren«-Vorwurf der Ententepropaganda zu entkräften, aber auch dazu, die Opferbereitschaft der Bevölkerung, etwa bei der Zeichnung von Kriegsanleihen, zu stimulieren.[148] Noch wichtiger waren die Bildpostkarten, die in Millionen von Exemplaren von der »Heimat« an die Front und in umgekehrter Richtung versandt wurden. Sie waren ein ideales Propagandainstrument und wurden als solches auch gezielt eingesetzt. Die Bildmotive sparten die schreckliche Realität des Krieges weitgehend aus; gezeigt wurden lustige Begebenheiten aus dem Soldatenleben, vor allem aber süßlich-romantisierende Inszenierungen von Trennungsschmerz und Wiedersehensfreude.[149]

Auch die Kriegsphotographie durfte, sofern sie offiziellen Zwecken diente, kein realistisches Bild des Krieges vermitteln. Die Photographien der professionellen Kriegsbildberichterstatter waren beherrscht von wenigen stereotyp wiederkehrenden Motiven: zerstörte Gebäude und erobertes Kriegsgerät, Zivilisten bei Frontbesuchen, Offiziere im freundschaftlichen Umgang mit der Bevölkerung in den besetzten Gebieten, einsame Soldaten auf Wachposten, nur selten ungeschönte Aufnahmen vom Schlachtfeld, wobei immer nur die Toten der Gegenseite gezeigt werden durften. Aber auch die Amateurphotographie, welche die Soldaten mit kleinen Feldkameras in großem Umfang betrieben, zeigten in der Regel den Kriegsalltag jenseits der Materialschlachten. Besonders beliebt waren Erinnerungsphotos mit den Kameraden des Regiments. Aber es gab auch Ausnahmen: Photographien, die in der erkennbaren Absicht aufgenommen wurden, die Verheerungen des Krieges in allen ihren Dimensionen ins Bild zu rücken.[150]

Neben der Photographie gewann auch der Film im Laufe des Krieges an Bedeutung. Vor 1914 hatte das neue Medium vor allem der Unterhaltung gedient; nach Kriegsbeginn wurde es den Zwecken der Propaganda dienstbar gemacht. In der Spielfilmproduktion waren jetzt patriotische Themen gefragt; »Wochenschauen« brachten Berichte von den Kriegsschauplätzen. Allerdings mußten sich die Kameramänner – nicht nur aus Gründen der Zensur, sondern auch wegen technischer Schwierigkeiten – zumeist auf Aufnahmen hinter den Frontlinien beschränken. Die Dritte Oberste Heeresleitung unter Hindenburg/Ludendorff unternahm energische Schritte, die Film- und Bildpropaganda zu intensivieren. Ende Januar 1917 wurde in Berlin ein Bild- und Filmamt (Bufa) geschaffen, das die verschiedenen militärischen Film- und Photostellen zusammenfaßte. Unter der Ägide des neuen Amtes entstand unter anderem der Propagandafilm »Bei unseren Helden an der Somme«, ein Streifen, der als Antwort auf den englischen Film »The Battle of the Somme« gedacht war, dessen Qualität allerdings nicht annähernd erreichte.[151]

Auf Ludendorffs Drängen ging auch die Gründung einer großen deutschen Filmfirma, der Universum Film AG (Ufa), am 18. Dezember 1917 zurück. Nach dem Willen der OHL sollte der Zusammenschluß der wichtigsten deutschen Filmfirmen der Propaganda zugute kommen; doch die Zivilisten bei der Ufa scherten sich nicht um den Auftrag der Militärs, sie boten dem Publikum das, was es suchte: Unterhaltung. Das Kino erfreute sich in den Kriegsjahren eines lebhaften Zuspruchs. In Berlin kletterte die Zahl der Lichtspielhäuser von 195 (im April 1914) auf 312 (im November 1918). Hier konnte das Publikum die Tristesse des Kriegsalltags für einige Stunden vergessen – den knurrenden Magen, die Sorge um die Angehörigen an der Front, den Kummer über den Tod geliebter Menschen. Und hier, in den plüschbeladenen, goldleistenverzierten Innenräumen der Filmpaläste konnten sich auch Angehörige des Kleinbürgertums und der Arbeiterschaft den »besseren Kreisen« zugehörig fühlen – und die neuen Lieblinge der Leinwand anhimmeln, die Schauspielerin Henny Porten zum Beispiel, den ersten großen Ufa-Star.[152]

Das Kino war jedoch nur einer der Fluchtorte vor der grauen Kriegswirklichkeit. In den Kapitalen aller kriegführenden Länder, aber auch in der Etappe in sicherer Entfernung von der Front, etablierte sich eine blühende Vergnügungsindustrie, die Ablenkung und Zerstreuung in allen möglichen Variationen bot. Genußsucht und Lebensgier nahmen zu, und zwar nicht nur bei jener kleinen Schicht neureicher »Kriegsgewinnler«, deren ausschweifender Lebenswandel geradezu sprichwörtlich wurde. Auch Soldaten, die auf Urlaub waren, wollten sich amüsieren, wollten verdrängen. »Die Sinne waren nach Sensationen hungrig, und gierig wurde von den meisten jede Gelegenheit ergriffen, die durch Amüsement zeitweises Vergessen der alltäglichen Miseren versprach.«[153] Der gesteigerte Lebenshunger traf auf ein verändertes Sexualverhalten vieler Männer und Frauen. In zahlreichen Orten der Etappe wurden Bordelle – getrennt für Offiziere und Mannschaften – eingerichtet. Von den militärischen Behörden wurde das nicht nur geduldet, sondern gefördert, weil die kontrollierte Prostitution eine Möglichkeit zu bieten schien, die rapide Ausbreitung von Geschlechtskrankheiten im Heer einzudämmen.[154]

Aber auch an der »Heimatfront« »lockerte die Moral Korsett und Gürtel«.[155] Freilich müssen die Berichte über eine Zunahme der »geheimen Prostitution« mit Vorsicht betrachtet werden. Denn in der Regel wurden darunter auch nichteheliche Beziehungen außerhalb der gewerbsmäßig betriebenen Prostitution gefaßt. Die Zunahme solcher Beziehungen war in der Tat auffällig. Viele *Kriegerfrauen* suchten sich während der Abwesenheit ihrer Männer einen Liebhaber; auf dem Lande knüpften sie nicht selten ein Verhältnis mit französischen Kriegsgefangenen an, die hier als Arbeitskräfte eingesetzt waren.[156] Daß Frauen ihr Recht im erotischen Leben geltend machten, daß sie sich freizügiger kleideten und ein neues Selbstbewußtsein zur Schau trugen – das rief die Hüter der männlichen Doppelmoral auf den Plan. Die Klagen über das »schamlose« Verhalten der Soldatenfrauen und über den allgemeinen Verfall der Sitten wollten nicht mehr verstummen.

Amüsement und Zerstreuung hier, Schrecken und Tod dort – Etappe und Schützengraben, »Heimat« und Front polarisierten sich gegeneinander. Die bis dahin unbekannten Gewalterfahrungen, denen Soldaten im Stellungskrieg ausgesetzt waren, hat der Neurologe und Militärarzt Ernst Simmel am Ende des Krieges eindrucksvoll geschildert: »Man muß die Kriegsereignisse selbst oder ihre Rekapitulation in der analytisch-karthatischen Hypnose miterlebt haben, um zu verstehen, welchen Anstürmen das Seelenleben eines Menschen ausgesetzt ist, der ... sich unrettbar dem Mordungetüm eines Tanks oder einer sich heranwälzenden feindlichen Gaswelle ausgesetzt sieht, der durch Granattreffer verschüttet und verwundet, oft stunden- und tagelang unter blutigen, zerrissenen Freundesleichen liegt und nicht zuletzt der, dessen Selbstgefühl schwer verletzt ist durch ungerechte, grausame, selbst komplexbeherrschte Vorgesetzte und der doch still sein, sich selbst stumm niederdrücken lassen muß von der Tatsache, daß er als einzelner nichts gilt und nur ein unwesentlicher Bestandteil der Masse ist.«[157]

Der Hölle der Materialschlachten standzuhalten, das verlangte, wie es hieß, »eiserne Nerven«; doch es konnte bald nicht mehr übersehen werden, daß viele Soldaten den Anspannungen nicht gewachsen waren, daß ihnen buchstäblich »die Nerven rissen«. Aus Verdun berichtete der Neuropsychiater und Generaloberst Robert Gaupp: »Ganze Kompanien (wurden) von nervösen Zuständen, Weinkrämpfen, Erbrechen usw. befallen«; die Ärzte sahen »Zittern, Schwäche der Beine, Heulen und Lachen in wildem Durcheinander«.[158] Die »Kriegszitterer« wurden zum Inbegriff der seelischen Traumatisierungen, welche die Schrecken des Krieges hinterließen. Für die meisten Militärärzte waren sie »haltlose Affektmenschen«, »schwächliche Psychopathen«; mit brutalen Behandlungsmethoden, unter anderem Elektroschocks, suchten sie die »Kriegsneurotiker« an die Front zurückzutherapieren. Nicht zu Unrecht hat Sigmund Freud diese »Therapeuten« mit »Maschinengewehren hinter der Front« verglichen.[159]

Der große Wiener Seelenforscher gehörte zu den wenigen, die nicht der Kriegspsychose anheimfielen. »Man beobachtet an allen Leuten die echtesten Symptomhandlungen«, notierte er im Juli 1914, und im November 1914 schrieb er Lou Andreas-Salomé: »Ich zweifle nicht daran, daß die Menschheit auch diesen Krieg verwinden wird, aber ich weiß sicher, daß ich und meine Altersgenossen die Welt nicht mehr froh sehen werden.«[160] Der Krieg war für Freud eine Bestätigung dafür, daß die psychoanalytische Theorie der Wahrheit über die menschliche Natur nahekam: Im Krieg, so seine Diagnose, kämen elementare, aggressive Triebregungen zum Durchbruch, die durch die moderne Kultur nur oberflächlich überdeckt worden seien. In seinen 1917 erschienenen VORLESUNGEN ZUR EINFÜHRUNG IN DIE PSYCHOANALYSE ging er ausdrücklich auf diesen Zusammenhang ein: »Und nun blicken Sie vom Individuellen weg auf den großen Krieg, der noch immer Europa verheert, denken Sie an das Unmaß von Brutalität, Grausamkeit und Verlogenheit, das sich jetzt in der Kulturwelt breitmachen darf. Glauben Sie wirklich, daß es einer Handvoll gewissenloser Streber und Verführer geglückt wäre, all diese bösen Geister zu entfesseln, wenn die Millionen von Geführten nicht mitschuldig wären? Getrauen Sie sich auch unter diesen Verhältnissen, für den Ausschluß des Bösen aus der seelischen Konstitution des Menschen eine Lanze zu brechen?«[161]

3. Das Epochenjahr 1917

Die Entscheidung für den uneingeschränkten U-Boot-Krieg und der Kriegseintritt der USA

Am Abend des 9. Januar 1917 beschloß ein Kronrat im deutschen Hauptquartier in Pleß unter Vorsitz Kaiser Wilhelms II., den uneingeschränkten U-Boot-Krieg am 1. Februar zu eröffnen: eine Entscheidung von historischer Tragweite. Denn dadurch wurden die Vereinigten Staaten von Amerika in den Konflikt hineingezogen; der europäische Krieg weitete sich endgültig zum Weltkrieg aus, der nicht nur den Untergang des Kaiserreichs besiegeln, sondern auch die Vorherrschaft des europäischen Mächtesystems beenden sollte.

Lange hatte sich Bethmann Hollweg gegen die Entscheidung gesträubt. Ihm war das extreme Risiko, das damit verbunden war, bewußt: »Leichten Herzens hat er nicht zugesagt«, kommentierte sein Adlatus Riezler den Beschluß vom 9. Januar 1917, und wie im Juli 1914 sprach er auch jetzt von einem »Sprung ins Dunkle«: »Wir haben alle die Empfindung, daß diese Frage wie ein Fatum über uns lastet.«[1] Warum aber hat der Reichskanzler, im Grunde wider besseres Wissen, am Ende doch seinen Widerstand aufgegeben und damit dem Verhängnis seinen Lauf gelassen? Diese Frage lenkt den Blick zurück auf die Entstehungsgeschichte des U-Boot-Krieges, eines der trübsten Kapitel in den Annalen des Kaiserreichs. Wenn einmal diese Geschichte geschrieben werde, so hat Riezler im April 1917, nachdem der befürchtete Bruch mit Amerika Wirklichkeit geworden war, bemerkt, dann müsse sie »die Unbildung, Dummheit des ›Militarismus‹ und die Morschheit der ganzen chauvinistisch gerichteten Oberschicht enthüllen.«[2]

Damit sprach Riezler einen entscheidenden Punkt an: Der Streit um den Einsatz der U-Boote war keine rein militärische Auseinandersetzung, nicht nur ein Problem der Abstimmung zwischen Politik und

Kriegführung – er war von Anfang an auch Gegenstand einer ungewöhnlich leidenschaftlich geführten öffentlichen Debatte. Seit das Boot U9 Ende September 1914 drei englische Panzerkreuzer versenkt hatte, galt das neue Kriegsinstrument in den Augen der Annexionisten als eine *Wunderwaffe*, mit der man das englische Inselreich entscheidend treffen zu können meinte – eine Hoffnung, an die sich Rechtsparteien, Wirtschaftsverbände und Alldeutsche um so nachdrücklicher klammerten, je mehr die mit viel Geld erbaute Schlachtflotte sich als grandiose militärische Fehlinvestition entpuppte. Die rührige Propagandaabteilung des Reichsmarineamts trug das ihre dazu bei, illusionäre Erwartungen der Öffentlichkeit hinsichtlich der Wirkung der U-Boot-Waffe zu schüren, wohl wissend, daß die geringe Zahl der einsatzfähigen Tauchboote (1914 gab es davon gerade einmal 20!) solch übertriebenen Optimismus eigentlich gar nicht zuließ.

Der *uneingeschränkte* – also gleichermaßen gegen Kriegs- wie gegen Handelsschiffe gerichtete – U-Boot-Krieg sei, argumentierte die Marineführung, nicht nur militärisch notwendig, sondern auch moralisch legitim, als Gegenmaßnahme gegen die völkerrechtswidrige Nordseeblockade Großbritanniens. »Da England also versucht, unseren Handel zu vernichten, üben wir nur gerechte Vergeltung, wenn auch wir den Handelskrieg mit allen Mitteln betreiben«, hieß es in einem Memorandum des Chefs der Hochseeflotte, von Ingenohl, vom 10. Oktober 1914. »Wir treffen England am empfindlichsten durch Schädigung seines Handels. Durch das U-Boot ist uns ein Mittel in die Hand gegeben, diese Schädigung in weitgehendstem Maße zu erreichen.«[3] Was diese Argumentation verschwieg, war, daß natürlich auch die Versenkung von Handelsschiffen ohne vorherige Warnung gegen das Völkerrecht verstieß, und vor allem, daß durch dieses Vorgehen im Unterschied zur englischen Blockade das Leben unschuldiger Zivilisten unmittelbar bedroht wurde, was von den Alliierten und in den neutralen Staaten nur als neuerlicher Beweis für die barbarische Art der deutschen Kriegführung gedeutet werden konnte.

Die Fragwürdigkeit der deutschen Position wurde rasch deutlich, nachdem Anfang Februar 1915 die Gewässer um England und Irland zum Kriegsgebiet erklärt und gleichzeitig den Neutralen mitgeteilt worden war, daß Deutschland die Verantwortung für die Sicherheit ihrer Handelsschiffe nicht übernehmen könne. Auf scharfen Protest der amerikanischen Regierung mußte die Reichsleitung versprechen, Schiffe unter neutraler Flagge, »soweit sie als solche erkennbar sind«, zu schonen. Doch damit waren Zwischenfälle keineswegs ausgeschlossen. Am 7. Mai 1915 versenkte ein deutsches U-Boot den englischen Passagierdampfer *Lusitania;* 1198 Menschen, darunter 120 amerikanische Staatsbürger fanden den Tod. Eine Welle der Entrüstung ging durch Amerika; es folgte ein monatelanger erbitterter Notenwechsel zwischen Washington und Berlin. Bethmann Hollweg gelang es, dem Kaiser den geheimen Befehl abzutrotzen, daß große Passagierdampfer, einerlei ob feindliche oder neutrale, nicht mehr versenkt werden durften. Daraufhin forderten der Staatssekretär des Reichsmarineamts Tirpitz und der Chef des Admiralstabs Bachmann Anfang Juni 1915 ihren Abschied, den Wilhelm II. ihnen jedoch verweigerte: »Nein! Zu solchen Momenten ist das Felonie! ... Die Herren haben zu gehorchen und zu bleiben.«[4] Bei den zahlreichen U-Boot-Enthusiasten auf der Rechten geriet Bethmann Hollweg indessen unter »eine Art Generalverdacht«,[5] den Krieg gegen England gar nicht energisch betreiben, vielmehr aus Nachgiebigkeit und Schwäche einen Ausgleich mit dem Inselreich anstreben zu wollen. Die Agitation für den uneingeschränkten U-Bootkrieg verband sich so mit dem Kampf gegen den verhaßten Reichskanzler, dessen unentschiedene Haltung in der Kriegszielfrage den Annexionisten ohnehin ein Dorn im Auge war.

Bereits im August 1915 kam es zu einem neuen Zwischenfall, als ein britischer Frachtdampfer, die *Arabic,* ohne Warnung torpediert wurde. Unter den 44 Opfern waren wiederum zwei Amerikaner. Er könne »doch nicht dauernd auf einem Vulkan wandeln«, klagte der Kanzler in einer Krisensitzung am 26. August 1915.[6] Er verlangte, daß der U-Boot-Krieg künftig nur nach Prisenordnung geführt werden dürfe, was hieß, daß ein Schiff vor der Versenkung gewarnt und Passagieren wie Mannschaften hinreichend Gelegenheit zur Rettung gegeben werden sollte. Damit konnte er sich, unterstützt von Falkenhayn, gegen die Marineführung durchsetzen. Unter dem neuen Admiralstabschef von Holtzendorff, der Anfang September 1915 Bachmann im Amt folgte, wurde der U-Boot-Krieg daraufhin stark gedrosselt, ja in den Gewässern um England und im Kanal sogar ganz eingestellt. In den deutsch-amerikanischen Beziehungen trat eine spürbare Entspannung ein.

Doch damit war der Konflikt um den U-Boot-Krieg nicht beendet. An der Jahreswende 1915/16 spitzte er sich vielmehr aufs neue zu. Entscheidend war, daß der Generalstabschef, bislang zuverlässige Stütze des Kanzlers im Kampf gegen die Admiräle, plötzlich die Seiten wechselte und, als flankierende Maßnahme zur geplanten Offensive von Verdun, nunmehr den rücksichtslosen Einsatz der U-Bootwaffe forderte. Deutschland könne gar nicht mehr wählen, ob es dieses Mittel anwenden wolle oder nicht: »Wir sind ganz einfach dazu gezwungen.«[7] Gerade einer solchen Zwangslage suchte Bethmann Hollweg weiterhin auszuweichen. Er mißtraute den Versprechungen der Marine, England spätestens in einem halben Jahr auf die Knie zwingen zu können. Und er schätzte das Risiko eines Kriegseintritts der USA und weiterer neutraler Staaten auf seiten der Alliierten nach wie vor sehr hoch ein. »Bethmann sah im Geiste sämtliche noch neutralen Völker vereint gegen uns, den tollen Hund unter den Völkern, aufstehen«, notierte der Chef des Marinekabinetts, Admiral von Müller, am 12. Januar 1916. »Das sei dann Finis Germaniae.«[8]

Freilich mußte Bethmann Hollweg sich nicht nur der gemeinsamen Pression von Heeres- und Marineleitung erwehren, sondern auch einer von der »nationalen« Rechten aufgeheizten öffentlichen Meinung, die sich in der Kritik an der angeblich »schwächlichen« Politik des Kanzlers keinerlei Zurückhaltung mehr auferlegte. »Es sieht beinahe so aus, als dränge der Wille der Nation in den Abgrund«, schrieb Riezler im Februar 1916. »Der uneingeschränkte U-Boot-Krieg (ist) für die Menschen wie eine Orgie rücksichtsloser Gewaltanwendung, an der sie sich berauschen. Wie trunken. Es haben, wenn man das Geschrei hört, die Engländer beinahe recht, wenn sie immer sagen, die Deutschen sind toll geworden. Rausch an der gewaltsamen Methode. Daß es Grenzen der Gewalt gibt, daß alles davon abhängt, ob die Anwendung der Gewalt sich in den Gesamtfolgen lohnt: das will keiner bedenken.«[9]

Gegen die scheinbar übermächtige Phalanx aus Armee, Marine und öffentlicher Meinung leistete der Reichskanzler zähen Widerstand. In einer hochdramatischen Auseinandersetzung mit Falkenhayn und

Holtzendorff im Kronrat vom 4. März 1916 gelang es ihm, Kaiser Wilhelm II. zu bewegen, die Entscheidung für den uneingeschränkten U-Boot-Krieg noch einmal zu vertagen. Seinem stärksten Argument, daß der Bruch mit Amerika gleichbedeutend sein würde mit dem Verlust des Krieges, hatten seine Widersacher nichts entgegenzusetzen: »Hier handele es sich um die Vernichtung zum mindesten der Großmachtstellung Deutschlands und um die Dynastie. Das sei für ihn sonnenklar.«[10] Durch einen geschickten Schachzug gelang es Bethmann Hollweg obendrein, sich seines alten Rivalen Tirpitz zu entledigen. Er veranlaßte den Kaiser, dem Nachrichtenbüro des Reichsmarineamts, der publizistischen Schaltstelle der Hetze gegen den Kanzler, die Pressezensur zu entziehen und diese dem Admiralstab zu übertragen. Tirpitz, durch die Vertagung des uneingeschränkten U-Bootkriegs ohnehin aufs äußerste aufgebracht, fühlte sich brüskiert und reichte am 12. März 1916 sein Abschiedsgesuch ein, das er diesmal ohne weiteres bewilligt bekam. Längst hatte der einst mächtige Mann die Gunst des Monarchen verloren, und sein Abgang löste auch in der Öffentlichkeit nicht mehr die erwarteten Schockwellen aus.

Schließlich gelang es Bethmann Hollweg durch einen überzeugenden Auftritt im Hauptausschuß des Reichstags Ende März 1916, einen Vorstoß der Konservativen und der Nationalliberalen in der U-Bootfrage abzuwehren.[11] Die Reichstagsparteien (mit Ausnahme der sozialdemokratischen Minderheitsfraktion, der SAG) einigten sich auf eine Kompromißformel, die sich zwar grundsätzlich für den uneingeschränkten U-Boot-Krieg aussprach, der Reichsleitung aber die »erforderliche Freiheit im Gebrauch« dieser Waffe zugestand.

Doch dem Reichskanzler blieb keine Zeit, seinen Triumph auszukosten. Denn gerade in den letzten Märztagen 1916 sorgte ein neuer Zwischenfall für eine dramatische Verschlechterung im Verhältnis zu den USA. Am 24. März wurde der französische Passagierdampfer *Sussex* im Kanal von einem deutschen U-Boot torpediert; 80 Passagiere, darunter auch einige Amerikaner, wurden getötet oder verletzt. Präsident Wilson vermutete, die Deutschen seien insgeheim bereits zum uneingeschränkten U-Boot-Krieg übergegangen, und drohte ultimativ mit einem Abbruch der diplomatischen Beziehungen, falls die Regeln der Prisenordnung nicht strikt eingehalten würden. Nach einem erbitterten Streit mit Falkenhayn, der starr auf seiner Forderung nach rücksichtslosem Einsatz der U-Boote beharrte, konnte Bethmann Hollweg den Kaiser noch einmal zum Nachgeben bewegen: Der Anfang Februar 1916 wiederaufgenommene *verschärfte* U-Boot-Krieg wurde Ende April abgebrochen.

Nun steigerte sich die Kampagne der Konservativen und Alldeutschen gegen Bethmann Hollweg zu einer wahren Haßorgie. Unverblümt forderte der Kronprinz seinen Vater auf, den Kanzler endlich zu entlassen, »der sich nur auf Juden und Sozialdemokraten« stütze: »Schmeiß doch den Kerl raus!«[12] Wenn Bethmann Hollweg gehofft hatte, in der neuen Obersten Heeresleitung unter Hindenburg und Ludendorff eine Stütze zu finden, sah er sich bald eines Besseren belehrt. Die beiden Feldherren ließen keinen Zweifel daran, daß sie den uneingeschränkten U-Boot-Krieg eröffnen würden, wenn sie den Zeitpunkt für gekommen hielten. Im Oktober 1916 konnte der Reichskanzler einen neuen Vorstoß der Rechtsparteien, dem sich das Zentrum anschloß, nur mehr dadurch parieren, daß er sich auf eben dieses Votum der OHL berief – »ein taktisches Spiel am Rande des Abgrunds!«[13] Manches deutet darauf hin, daß Bethmann Hollweg im Laufe der zweiten Jahreshälfte 1916 selbst in seiner Überzeugung unsicher wurde: »Der Kanzler sagte gestern abend, die U-Boote würden ihn bis ins Grab verfolgen, es wird immer das große Rätsel bleiben, was passiert wäre, wenn man sie rücksichtslos losgelassen hätte.«[14]

Mit dem Friedensangebot vom 12. Dezember 1916 unternahm die Reichsleitung einen letzten Versuch, den uneingeschränkten U-Bootkrieg zu verhindern. Nach dem Scheitern dieser Initiative vermochte sie es jedoch nicht mehr, der Entscheidung auszuweichen. So setzte Bethmann Hollweg in den Beratungen in Pleß am 9. Januar 1917 dem Drängen der OHL auch keinen ernsthaften Widerstand mehr entgegen. Es war, wie Gerhard Ritter bemerkt hat, »die dunkelste Stunde« in seiner politischen Laufbahn. »Denn sie bedeutete die förmliche Kapitulation der politischen Autorität vor der militärischen in der entscheidungsvollsten Frage des Ersten Weltkriegs überhaupt.«[15]

Der Chef des Zivilkabinetts, von Valentini, empfahl dem Kanzler noch am Abend des verhängnisvollen Tages, den Abschied einzureichen. Doch Bethmann Hollweg mochte dem Rat, so »verlockend« er sei, nicht folgen, weil sein Rücktritt »die Dissonanz der Meinungen innerhalb der leitenden Gewalten der Öffentlichkeit, insbesondere der feindlichen, preisgeben müsse«.[16] Es war also Pflichtgefühl, das den Kanzler weiter im Amt ausharren ließ; nur wenige Monate später wurde er von seinen Gegnern zu einem Schritt gezwungen, den er im Januar noch freiwillig hätte tun können.

»Gott gebe, daß der 9. Januar 1917 nicht der Todestag des Deutschen Reiches gewesen ist«, schrieb ahnungsvoll Bethmann Hollwegs Schwiegersohn Graf Zech wenige Tage später.[17] Die Befürchtung war nur allzu berechtigt. Am 3. Februar 1917, zwei Tage nach Beginn des uneingeschränkten U-Boot-Kriegs, brachen die USA die diplomatischen Beziehungen zum Deutschen Reich ab. Wenn es noch Widerstände in der amerikanischen Öffentlichkeit gegen einen Kriegseintritt gab, so wurden sie endgültig beseitigt durch einen Vorfall, der Anfang März bekannt wurde: Der deutsche Staatssekretär des Auswärtigen Amtes Zimmermann (er war im November 1916 Jagow gefolgt) hatte in einem – vom britischen Abhördienst entzifferten – Telegramm Mexiko ein Bündnisangebot gemacht und ihm die Rückgewinnung von weiten Teilen des amerikanischen Südwestens in Aussicht gestellt. »Das war der Gipfel! Begehrenswertes Material für eine Operette!« kommentierte Albert Ballin diese kaum glaubliche diplomatische Fehlleistung.[18] Am 6. April 1917 erklärten die Vereinigten Staaten dem Deutschen Reich den Krieg. Damit neigte sich die Waage endgültig zugunsten der Entente. Denn den gewaltigen Kräftezuwachs, den der Beitritt der USA für sie bedeutete, konnten die Mittelmächte nicht ausgleichen –[19] selbst dann nicht, als Rußland unerwartet im Laufe des Jahres 1917 militärisch zusammenbrach.

Die russische Februar-Revolution und ihre Rückwirkungen auf Deutschland

Fünf Monate saß Rosa Luxemburg bereits als politische Gefangene in der Festung Wronke, fünf harte Monate einer erzwungenen politischen Untätigkeit, als sie die ersten Nachrichten vom Beginn der russischen Revolution erreichten. »Nun, und die herrlichen Dinge in Rußland wirken auf mich wie Lebenselexier«, begeisterte sie sich Ende April 1917 in einem Brief an eine Freundin. »Das ist für uns alle eine Heilsbotschaft, was von dort kommt … Das muß, das wird auf die ganze Welt erlösend wirken, das muß ausstrahlen nach ganz Europa, ich bin felsenfest überzeugt, daß eine neue Epoche beginnt und der Krieg nicht mehr lange dauern kann.«[20]

Eine neue Epoche der Weltgeschichte: Sie begann in der Tat mit dem Drama an der Newa, das die dreihundertjährige Herrschaft der Romanows hinwegfegte. Lange hatte sich dieses Ende angekündigt. Militärische Niederlagen, Versorgungsmängel, Teuerung, Mißwirtschaft, Reformunfähigkeit, Friedenssehnsucht – all das verband sich zu einer explosiven Mischung. Der revolutionäre Funke zündete am 8. März 1917, dem internationalen Frauentag, als die Textilarbeiterinnen von Vyborg, dem wichtigsten Industriebezirk in der Hauptstadt Petrograd, auf die Straße gingen und nach Frieden und Brot riefen. Die Arbeiter der meisten Fabriken solidarisierten sich. Am 10. März weiteten sich die Proteste zum Generalstreik aus. Die Kosaken, sonst ein zuverlässiges Instrument der Unterdrückung, verweigerten diesmal den Gehorsam, und auch die Garderegimenter des Zaren schlugen sich auf die Seite der Rebellion. Binnen weniger Tage brach die zaristische Autokratie zusammen. Am 15. März 1917 unterzeichnete Nikolaus II. in seinem Salonwagen in Pskow an der Nordfront seine Abdankungsurkunde. Von Petrograd schlug die revolutionäre Welle über auf Moskau und andere Städte des Reiches und erfaßte, mit einer gewissen Verzögerung, auch die Dörfer.[21] Eine provisorische Regierung, gestützt auf die bürgerlich-liberale Mehrheit in der Duma, dem russischen Parlament, übernahm die Macht. Im Petrograder Sowjet der Arbeiter- und Soldatendeputierten besaß sie allerdings von Anfang an einen Mit- und Gegenspieler, so daß man von einer »Doppelherrschaft« sprechen kann. Während die Provisorische Regierung sich den Alliierten gegenüber zu ihren Bündnisverpflichtungen bekannte, also für die Fortsetzung des Krieges eintrat, rief der Petrograder Sowjet Ende März in einem Manifest »An die Völker der Welt« dazu auf, das Joch des Kapitalismus abzuschütteln und den Krieg durch einen Frieden »ohne Annexionen und Kontributionen« zu beenden.

Daß dieser Appell auf die kriegsmüden Massen auch in den Mittelmächten starken Eindruck machen mußte, war vorauszusehen. Das revolutionäre Beispiel der russischen Arbeiter und Soldaten wirkte anfeuernd und reizte zur Nachahmung. »Es muß kommen wie in Rußland, um von dem verdammten Militarismus befreit zu werden«, so klang es in Briefen deutscher Soldaten von der Ostfront, welche die Postüberwachungsstelle abfing,[22] und auch in den Unterhaltungen vor den Lebensmittelgeschäften wurden die revolutionären Ereignisse in Rußland eifrig besprochen. »Die Vorgänge in Rußland scheinen ihre Wirkung auf die Masse nicht verfehlt zu haben«, berichtete ein Hamburger Polizeibeamter im April 1917, »denn an verschiedenen Stellen sind Äußerungen laut geworden: ›Wir müssen es nur machen wie in Rußland, dann wird es auch bald anders werden‹.«[23] Systemkritische Untertöne waren in solchen Unmutsäußerungen nicht zu überhören. Auch Kaiser Wilhelm II. wurde davon nicht mehr ausgenommen. Er galt den abgearbeiten und hungernden Frauen als Repräsentant jener verhaßten Kräfte, die aus Egoismus und Profitgier an einer Verlängerung des Krieges interessiert waren. So fiel wiederum einem Beobachter der Hamburger Politischen Polizei Anfang Mai 1917 auf: »Ab und zu lassen sich jetzt Äußerungen vernehmen, welche die antimonarchische Gesinnung vorläufig nur einzelner Personen erkennen lassen. So hat eine Frau vor einem Schlachterladen ... geäußert: ›Deutschland, wie tief bist du gesunken. Runter mit Wilhelm, ehe wir alle zugrunde gehen!‹«[24]

Der Mehrheitsflügel der deutschen Sozialdemokratie geriet durch diese Entwicklung in eine schwierige Lage. Wollte er nicht den Anschluß an die sich radikalisierenden Massenstimmungen verlieren, dann mußte er von der bisher geübten Praxis einer loyalen Unterstützung der Kriegspolitik des kaiserlichen Deutschland abgehen. Dies um so mehr, als ihm mit der Gründung der *Unabhängigen Sozialdemokratischen Partei Deutschlands* (USPD) in Gotha Ostern 1917 eine linke Konkurrenz erwuchs, die gerade auf die kriegsmüden Teile der Arbeiterschaft eine wachsende Anziehungskraft ausübte. Bereits am 19. März 1917 forderte Philipp Scheidemann in einem aufsehenerregenden VORWÄRTS-Artikel, überschrieben »Zeit zur Tat«, sofortige innenpolitische Reformen, vor allem die Einführung des allgemeinen und gleichen Wahlrechts in Preußen: »Die Schwierigkeiten, die entstehen könnten, wenn die Regierung jetzt das Reichstagswahlrecht für Preußen verlangt, wiegen federleicht im Vergleich zu den Schwierigkeiten, die entstehen können, wenn eine solche Vorlage nicht kommt.«[25] Am 19. April 1917 forderten Parteivorstand und Parteiausschuß der SPD in einer gemeinsamen Erklärung »die sofortige Beseitigung aller Ungleichheit der Staatsbürgerrechte in Reich, Staat und Gemeinde«, ferner »die Beseitigung jeder Art bürokratischen Regiments und seine Ersetzung durch den entscheidenden Einfluß der Volksvertretung«, also die Parlamentarisierung, und schließlich erklärten sie auch ihre Zustimmung zu der Losung des Petrograder Sowjets von einem Frieden »ohne Annexionen und Kriegsentschädigungen auf der Grundlage einer freien nationalen Entwicklung aller Völker«.[26]

Durch das Vorpreschen der MSPD geriet nun wiederum die Reichsleitung in arge Bedrängnis. »Situation im Innern ungeheuer prekär. Hunger, Unruhe, daher die Soz(ial)Dem(okraten) Taten im Innern fordernd – leider nicht ohne Unterton der Erpressung und (mit) Finger nach Rußland zeigend. Alles Zureden umsonst«, notierte Riezler am 28. März 1917.[27] Seine bisherige Strategie, die »Neuorientierung« in der Innenpolitik auf die Zeit nach dem Krieg zu vertagen und auch in der Kriegszielfrage einer eindeutigen Festlegung auszuweichen, konnte Bethmann Hollweg unter diesen Umständen nicht einfach fortsetzen. Freilich mußte er nicht nur Rücksicht nehmen auf die Sozialdemokraten, sondern auch auf die preußischen Konservativen und auf die Oberste Heeresleitung, die nach wie vor von innenpolitischen Reformen nichts wissen wollten und auch in ihren maßlosen Kriegszielforderungen zu keinerlei Abstrichen bereit waren. Der Reichskanzler galt ihnen ohnehin als »Flaumacher«, als allzu willfährig gegenüber »jüdischem Liberalismus und Sozialdemokratie«, wie Oberstleutnant Bauer, Ludendorffs Intimus, sich im März 1917 ausdrückte.[28]

Seit Frühjahr 1917 arbeitete die OHL offen auf einen Sturz Bethmann Hollwegs hin. So benutzte Hindenburg die Erklärung des MSPD-Vorstands vom 19. April, um vom Kaiser die sofortige Entlassung des Kanzlers zu verlangen, »der die Sozialdemokraten nicht mehr meistern könne«. Nur durch Intervention des Chefs des Zivilkabinetts, von Valentini, der die Frage aufwarf, wer denn an Bethmann Hollwegs Stelle treten sollte, »der doch eine große Mehrheit hinter sich habe und vor allen Dingen auch in Süddeutschland großes Ansehen genösse«, konnte dieser Vorstoß noch einmal abgewehrt werden.[29]

Bethmann Hollwegs Stellung war um so prekärer, als im Frühjahr 1917 der Bündnispartner Österreich-Ungarn deutlich signalisierte, daß er den Krieg nicht mehr lange würde durchhalten können. Warnend wies Außenminister Czernin auf die Gefahr revolutionärer Unruhen auch in der Donaumonarchie hin, und er drängte die deutsche Reichsleitung, jede sich bietende Chance zu einer Verständigung mit der neuen russischen Regierung zu nutzen, notfalls auch unter der Bedingung eines Friedens »ohne Annexionen und Kontributionen«.[30] Doch sich auf die Friedensformel des Petrograder Sowjets einzulassen, kam für den Reichskanzler, schon gar für die OHL nicht in Betracht. Auf deutscher Seite setzte man vielmehr auf die weitere Destabilisierung Rußlands. Zu diesem Zweck sollten – in Anknüpfung an die schon bald nach Kriegsbeginn unternommene *Revolutionierungspolitik*[31] – die Gegensätze im Lager der russischen Revolutionäre geschürt und die Dekomposition des Riesenreiches vorangetrieben werden. »Wir sollten ... alles daransetzen, unter der Hand die Gegensätze zwischen den gemäßigten und den extremen Parteien zu vertiefen; denn wir haben das größte Interesse daran, daß die letzteren die Oberhand gewinnen, weil dann die Umwälzung unvermeidlich und Formen annehmen wird, die den Bestand des russischen Reiches erschüttern müssen«, empfahl der deutsche Botschafter in Kopenhagen, Graf Brockdorff-Rantzau, am 2. April 1917.[32] In diesen Zusammenhang gehört der wenige Tage später organisierte Rücktransport Lenins, des Führers der russischen Bolschewiki, und einiger seiner Mitstreiter aus dem Schweizer Exil quer durch Deutschland nach Schweden (von dort wurde die Reise nach Petrograd fortgesetzt) – eine Aktion, die auch von den deutschen Militärs ausdrücklich befürwortet worden war.

Zugleich aber unternahm die Oberste Heeresleitung energische Schritte, um die Reichsleitung auf ein gemeinsames Kriegszielprogramm festzulegen. Am 23. April 1917 wurden Bethmann Hollweg und Staatssekretär Zimmermann ins Hauptquartier nach Kreuznach zitiert, wo ihnen Hindenburg und Ludendorff ihre Wunschliste präsentierten – ein Dokument »völliger Maßlosigkeit«, wie Admiral von Müller sogleich in seinem Tagebuch festhielt:[33] Im Osten sollten Kurland und Litauen, dazu Teile Livlands und Estlands annektiert, Kongreßpolen (bis auf den abzutretenden Grenzstreifen) formal selbständig, faktisch aber eng an Deutschland gebunden werden; die Donaumonarchie sollte zum Ausgleich Kompensationen auf dem Balkan und in der Walachei erhalten; im Westen sollte Belgien als Vasallenstaat deutscher militärischer Kontrolle unterliegen und Lüttich sowie die flandrische Küste (mit Brügge) abtreten; Luxemburg sollte zu einem deutschen Bundesstaat umgewandelt und das Erzbecken von Briey-Longwy annektiert werden; darüber hinaus waren einige weitere »Grenzverbesserungen« zugunsten Deutschlands vorgesehen.[34]

Das Ganze erinnert in seinen hybriden Ansprüchen an die Septemberdenkschrift von 1914. Dennoch ist Fritz Fischer zu widersprechen, wenn er in der Kreuznacher Kriegszielabsprache vom 23. April 1917 »nicht nur die Kontinuität des deutschen Kriegszielwillens«, sondern auch den Beweis für eine »prinzipielle Übereinstimmung zwischen militärischer und ziviler Reichsleitung in ihren Kriegszielforderungen« sieht.[35] Bethmann Hollweg betonte »wiederholt und nachdrücklich«, er halte die Bedingungen »nur für erreichbar… wenn wir den Frieden diktieren können«.[36] Und in einer Aktennotiz für die Reichskanzlei hielt er fest: »Ich habe das Protokoll mitgezeichnet, weil mein Abgang über Phantastereien lächerlich wäre. Im übrigen lasse ich mich durch das Protokoll in keiner Weise binden.«[37] Freilich täuschte sich der Kanzler, wenn er meinte, daß seine Unterschrift unter die Kreuznacher Vereinbarung folgenlos bleiben würde. Die OHL konnte sich schon in den anschließenden Verhandlungen mit dem österreichisch-ungarischen Bundesgenossen darauf berufen, daß Bethmann Hollweg ja selbst diesem Kriegszielkatalog zugestimmt hatte. Daß der Reichskanzler es nicht mehr wagte, den Forderungen der Militärs offen zu widersprechen und auf dem Primat der Politik zu beharren, zeigt, wie schwach seine Position im Machtkampf mit der Heeresleitung bereits war. Mochte er sich selbst auch einreden, sich in keiner Weise gebunden zu haben – faktisch bedeutete sein Taktieren in Kreuznach eine Kapitulation vor der Arroganz der Militärs. »Die Weichen in Richtung auf einen extremen Annexionsfrieden, wie er sieben Monate später in

Brest-Litowsk abgeschlossen werden sollte, waren unwiderruflich gestellt.«[38]

Ähnlich halbherzig und unentschieden agierte Bethmann Hollweg auf dem Felde der inneren Reformpolitik. Am 14. März 1917 – am Tage, als die ersten Nachrichten über die russische Revolution nach Deutschland drangen – hatte er in einer für ihn ungewöhnlich kämpferischen Rede vor dem preußischen Abgeordnetenhaus ein Bekenntnis zur »Umgestaltung unseres innenpolitischen Lebens« abgelegt und eine Reform des preußischen Wahlrechts angekündigt, die »auch den breiten Massen vollberechtigte und freudige Mitwirkung an der staatlichen Arbeit ermöglicht«. »Wehe dem Staatsmann«, rief er beschwörend aus, »der die Zeichen der Zeit nicht erkennt, wehe dem Staatsmann, der glaubt ... er könnte einfach anknüpfen an das, was vorher war.«[39] Die Rede wurde von den preußischen Konservativen als Kampfansage aufgefaßt und erregte wegen ihrer »liberalen Tendenz« auch »bei vielen Herren des Hauptquartiers Entsetzen«.[40] Zu Recht befürchteten die Konservativen, daß mit der Einführung des Reichstagswahlrechts die Zeit ihrer Vorherrschaft im größten deutschen Bundesstaat zu Ende gehen würde, und sie setzten alle Hebel in Bewegung, diese Entwicklung aufzuhalten. »Der preußische Staat darf nicht durch ein demokratisches Wahlrecht ruiniert werden«, erklärte Graf Roon in einer Sitzung des preußischen Herrenhauses am 28. März 1917.[41]

Auf der anderen Seite forderten in einer Reichstagssitzung vom 29. März 1917 Vertreter aller Parteien, mit Ausnahme der Konservativen, den Kanzler auf, das innere Reformwerk endlich anzupacken. Mit großer Mehrheit wurde die Einsetzung eines Verfassungsausschusses beschlossen, der alle im Zusammenhang damit stehenden verfassungsrechtlichen Fragen prüfen sollte. Damit war auch das Problem der preußischen Wahlrechtsreform »beim deutschen Reichstag anhängig gemacht«.[42] Bethmann Hollweg erkannte wohl, daß er keine Zeit mehr verlieren durfte, wenn er das Gesetz des Handelns nicht den Parlamentariern überlassen wollte. In einer Besprechung mit seinen engsten Mitarbeitern am Abend des 31. März 1917 fiel die Entscheidung, die Einführung des Reichstagswahlrechts in Preußen schon jetzt anzukündigen, verbunden mit dem Versprechen einer zeitgemäßen

Umgestaltung des preußischen Herrenhauses.[43] Die entsprechende Vorlage für eine zu Ostern geplante kaiserliche Botschaft wurde von Unterstaatssekretär Wahnschaffe ausgearbeitet und am 5. April im preußischen Staatsministerium eingebracht. Hier stieß der Kanzler jedoch, wie nicht anders zu erwarten, auf den entschiedenen Widerstand der hochkonservativen preußischen Ressortminister. Kategorisch lehnten sie das gleiche Wahlrecht für Preußen ab. Wohin es denn führen solle, fragte zum Beispiel Kriegminister von Stein, »wenn man den König dahin bringe, die Konservativen zu beseitigen, auf deren Wirken sich Preußen während zweier Jahrhunderte aufgebaut habe«.[44]

Bethmann Hollweg wich zurück. In der Sitzung des preußischen Staatsministeriums am folgenden Tag legte er einen neuen Entwurf vor, der im Unterschied zum ersten die Reform doch auf die Zeit nach dem Krieg vertagte und anstelle des gleichen Wahlrechts nur mehr die Aufhebung des Klassenwahlrechts versprach. Diese Fassung wurde im Staatsministerium einstimmig verabschiedet und am 7. April 1917 als *Osterbotschaft* Wilhelms II. feierlich verkündet. Es war, alles in allem, »nicht viel mehr als der klägliche Rest eines groß angelegten Versuchs, durch die Initiative der monarchischen Staatsführung Preußen-Deutschland von oben herab auf eine neue Grundlage zu stellen«.[45] Dennoch ging selbst dieses verwässerte Reformvorhaben den Militärs im Hauptquartier zu weit. Ludendorff bezeichnete die *Osterbotschaft* als einen »Kotau vor der russischen Revolution«,[46] und dem Generaladjutanten des Kaisers, von Plessen, fiel nichts Besseres ein als die Parole der preußischen Konterrevolution von 1848/49: »Gegen Demokraten helfen nur Soldaten.«[47] Das war keineswegs nur dumm dahergeredet. Die latente Drohung mit dem Staatsstreich, die von Anfang an ein ungeschriebener Bestandteil der von Bismarck geschaffenen Verfassungsordnung war, lebte jetzt wieder auf in Plänen zur Errichtung einer Militärdiktatur. Ein uneingeschränkter Befürworter solcher innenpolitischen Radikalrezepte war Ludendorffs enger Mitarbeiter, Oberstleutnant Bauer, der sich bester Beziehungen zu alldeutsch-schwerindustriellen Kreisen erfreute. Im Frühjahr 1917 verkündete er wiederholt, mit dem Reichstag könne man künftig nicht mehr arbeiten. Auf den Einwand, man könne doch dem Volk nach dem Krieg nicht das Wahlrecht nehmen, erwiderte er: »Wir behalten ja die Maschinengewehre!«[48]

Die vagen Versprechungen der *Osterbotschaft* waren kaum dazu angetan, die kriegsmüden Teile der Arbeiterschaft zu beschwichtigen. Mitte April 1917 kam es in Berlin und Leipzig zu den ersten Massenstreiks im Kriege – ein Warnzeichen, das schwere Erschütterungen ankündigte. Auch die auf Reformen drängende Mehrheit im Reichstag ließ sich nicht länger ruhigstellen. Anfang Mai 1917 nahm der Verfassungsausschuß seine Beratungen auf. Zwei Probleme der Verfassungsreform standen dabei im Vordergrund: zum einen die Fixierung einer Verantwortlichkeit des Reichskanzlers gegenüber Reichstag und Bundesrat, zum anderen die Forderung, Ernennung und Beförderung von Offizieren an die Gegenzeichnung durch den Kriegsminister zu binden. Besonders der zweite Punkt, der in den geheiligten Bereich der kaiserlichen Prärogative in allen Militärangelegenheiten eingriff, mußte Wilhelm II. schwer treffen. In einem aufgebrachten Schreiben vom 12. Mai 1917 forderte er den Reichskanzler auf, allen Bestrebungen »im Reich und in Preußen, die äußere Lage zur Verwirklichung des sogenannten parlamentarischen Systems auszunutzen, mit Festigkeit entgegen(zu)treten«. Zugleich ließ der Kaiser keinen Zweifel daran, daß mit der *Osterbotschaft* für ihn bereits die Grenze der Konzessionsbereitschaft erreicht war: »Die Osterbotschaft wird – nach dem Kriege – durchgeführt, darüber hinaus gehe ich unter keinen Umständen.«[49]

So befand sich Bethmann Hollweg auch in seiner Innenpolitik in einer Zwickmühle. »Scheußliche Lage«, bemerkte Riezler, »die Parlamente gegeneinander. Herrenhaus will contra Verfassungsausschuß, der kann nur mit äußerster Mühe im Zaum gehalten werden. Die Rechte tobt – das alte Preußen bäumt sich auf – die Linke will nicht mehr warten.«[50] Ende Juni 1917 kündigte der sozialdemokratische Parteivorstand in einer großen Denkschrift an, dem Reichskanzler die Unterstützung zu entziehen, wenn die Regierung sich nicht ohne Wenn und Aber zu einem Verständigungsfrieden bekenne und wenn sie nicht endlich mit den beiden großen innenpolitischen Reformen, dem gleichen Wahlrecht in Preußen und der Parlamentarisierung der Reichsverfassung, ernst mache: »Es geht ums Ganze! Das Deutsche Reich und seine Zukunft stehen auf dem Spiel.«[51] In einer Unterredung mit den Parteiführern in der Reichskanzlei am 2. Juli 1917 wich Bethmann

Hollweg jedoch abermals einer Festlegung aus, und so verscherzte er sich auch die letzten Sympathien bei seinen bisher treuesten Anhängern. »Kanzler appelliert an Einigkeit, stahlharte Nerven usw., lehnt Bekenntnis zu Petersburger Friedensformel ab und bringt nichts von Neuorientierung«, erboste sich der SPD-Reichstagsabgeordnete Eduard David. »Ein unentschiedener bürokratischer Kleber... Hier politisierendes Hauptquartier und hier Parlament; dazwischen hin und her pendelt der Kanzler.«[52] Bethmann Hollweg hatte seine »Politik der Diagonale« überspannt; bei keiner der einflußreichen gesellschaftlichen Gruppen oder politischen Parteien besaß er noch Rückhalt. Seine Tage als Reichskanzler waren gezählt. Es bedurfte nur noch eines Anstoßes, um ihn zu stürzen.

Die Julikrise 1917, der Sturz Bethmann Hollwegs und der Beginn der Parlamentarisierung

Am 6. Juli 1917 meldete sich der Zentrumsabgeordnete Matthias Erzberger im Hauptausschuß des Reichstags zu Wort, und was er sagte, erregte auch bei seinen eigenen Fraktionskollegen Aufsehen: Detailliert wies er nach, daß die Militärs bei ihren Berechnungen über die Wirkung des U-Boot-Krieges von falschen Zahlen ausgegangen waren. Wer sich so sehr geirrt habe, dürfe vom Parlament kein Vertrauen mehr erwarten. Jetzt müßten entschlossen politische Konsequenzen gezogen werden, und das hieß für Erzberger, nach außen den unzweifelhaften Willen des Reichstags zu einem Verständigungsfrieden zu bekunden und im Innern demokratische Reformen in die Wege zu leiten: »Nie dürfe unser Volk dem Reichstag das grausame Wort entgegenschleudern: ›Zu spät!‹«[53]

Erzbergers Rede löste ein politisches Erdbeben aus. »Sensation in allen politischen Kreisen«, notierte Theodor Wolff.[54] Die große Wirkung beruhte darauf, daß es nicht ein Sozialdemokrat war, sondern ein führender Vertreter der bürgerlichen Zentrumspartei, der hier so unverblümte Kritik an der deutschen Kriegspolitik übte – ein Parlamentarier zudem, der vor noch nicht allzu langer Zeit selber ausschweifende Kriegsziele propagiert hatte. Ausgerechnet er zerriß nun mit einem Schlage das Gespinst der Lügen und Selbsttäuschungen; das mußte wie ein Schock wirken. »Noch niemals war die nackte, brutale Wahrheit so deutlich ausgesprochen worden, wie es jetzt geschah«, beschrieb ein Abgeordneter seinen unmittelbaren Eindruck.[55]

Mit seinem Vorstoß überrumpelte Erzberger den rechten Flügel seiner Partei, der sich immer noch gegen eine Zusammenarbeit mit den Sozialdemokraten sträubte. Damit war der Weg frei für eine neue parlamentarische Konstellation. Noch am Nachmittag desselben Tages kamen führende Abgeordnete von MSPD, Zentrum und liberaler Fortschrittspartei zusammen und vereinbarten die Koordinierung ihrer Aktivitäten in einem »Interfraktionellen Ausschuß«. Das war der Beginn einer institutionalisierten Zusammenarbeit der drei Parteien der sogenannten *Reichstagsmehrheit*, an der sich zunächst auch die nationalliberale Fraktion beteiligte. »Es sieht aus«, freute sich Theodor Wolff am 7. Juli 1917, »als marschiere die Reichstagsmehrheit hinter Erzberger entschlossen auf Verständigungsfrieden, ohne Annexion, und auf Parlamentarisierung los, und als sei alles im Wanken.«[56]

Tatsächlich kam die Frage der Parlamentarisierung bereits in der ersten Sitzung des Interfraktionellen Ausschusses auf die Tagesordnung. Sollte die geplante Friedensresolution im Ausland glaubwürdig wirken, dann schien nicht nur ein personeller Wechsel an der Spitze der Reichsleitung, sondern auch eine Systemveränderung im parlamentarischen Sinne unumgänglich. »Ohne Änderung des Systems in Deutschland kommen wir nicht durch«, erklärte Erzberger, und der Vertreter der Fortschrittspartei, Friedrich von Payer, pflichtete ihm bei: »Die Welt muß sehen, daß die Initiative vom Parlament ausgeht. Ohne Deutelei.«[57]

Uneinigkeit und Unklarheit herrschten allerdings darüber, was eigentlich unter »Parlamentarisierung« zu verstehen und wie sie praktisch zu bewerkstelligen sei. Da man die Einführung eines vollen parlamentarischen Systems von heute auf morgen nicht für möglich hielt, wurden verschiedene Übergangsregelungen diskutiert. Der Sozialdemokrat Südekum dachte an einen parlamentarischen Beirat zur Kontrolle der Reichsleitung; der Zentrumsabgeordnete Konstantin Fehrenbach und der Liberale Georg Gothein regten die Ernennung von parlamentarischen Staatssekretären mit und ohne Portefeuille an. Damit war allerdings das Problem des Artikels 9 der Reichsverfassung aufgeworfen, der die gleichzeitige Mitgliedschaft in Reichstag und Bundesrat untersagte. Mit erstaunlicher Unbekümmertheit schob der nationalliberale Abgeordnete Hartmann von Richthofen alle verfassungsrechtlichen Bedenken beiseite: »Mit einer Kabinettsordre ist die Sache gemacht.«[58] Insgesamt erwecken die Debatten im Interfraktionellen Ausschuß den Eindruck, daß die Abgeordneten von der neuen Entwicklung unvorbereitet getroffen wurden und selbst nicht recht wußten, wie sie darauf reagieren sollten – gewiß auch eine Spätfolge des von Bismarck geschaffenen Systems, das die Parteien im Vorhof der Macht festgehalten hatte. Auf ein klares Konzept, geschweige denn auf ein gemeinsames Aktionsprogramm vermochten sie sich nicht zu einigen. Enttäuscht notierte der Sozialdemokrat Eduard David schon nach wenigen Tagen: »Langes Hin- und Herreden. Einig im Ziel, aber Auseinanderfallen über die rasche Realisierung.«[59]

Während sich die Vertreter der neuen Reichstagsmehrheit noch die Köpfe über die nächsten Schritte heiß redeten, waren ihre Gegner im großen Hauptquartier in Bad Kreuznach bereits höchst aktiv, um die Krise für ihre Zwecke zu nutzen. »Nun ist es aber höchste Zeit, daß der Kanzler verschwindet«, rief Oberstleutnant Bauer aus, als die Nachricht von Erzbergers alarmierender Rede in Kreuznach eintraf.[60] Am Nachmittag des 6. Juli meldeten sich Hindenburg und Ludendorff beim Kaiser, der gerade auf Staatsbesuch in Wien weilte, zu einer Audienz schon für den nächsten Tag an. Noch in der Nacht setzten sich die beiden Feldherren in den Zug nach Berlin. Während der Fahrt herrschte, wie ein Teilnehmer sich erinnerte, eine »frisch-fröhliche Kampfstimmung«: »Der Feldzugsplan stand fest. Der Kanzler muß weg, und General Ludendorff hält im Reichstag eine fulminante Rede, in der er den ›ganzen Unsinn, ja das Verbrecherische dieser parlamentarischen Weichheit darlegen würde‹.«[61]

Doch in der Hauptstadt liefen die Dinge ganz anders, als die Militärs sich das vorgestellt hatten. Auf eine Bitte Bethmann Hollwegs ließ sich der Kaiser nach seiner Rückkehr aus Wien am Nachmittag des 7. Juli zunächst vom Kanzler Vortrag halten. Dieser verstand es, den Monarchen davon zu überzeugen, daß die durch Erzbergers Initiative angestoßene Entwicklung gar nicht so dramatisch sei. Als Hindenburg und Ludendorff anschließend bei ihm aufkreuzten, bereitete Wilhelm II. ihnen einen recht frostigen Empfang: »Fahrt nur wieder heim und überlaßt die politischen Fragen den dafür verantwortlichen Reichsstellen.«[62] Unverrichteter Dinge mußten die beiden Generäle nach Kreuznach zurückkehren.

Ludendorff ließ indessen nicht locker. Um sein Ziel, den Kanzlersturz, doch noch durchzusetzen, suchte er ein Zweckbündnis mit den verhaßten Repräsentanten der Reichstagsmehrheit. Zur Schlüsselfigur in diesem machiavellistischen Manöver wurde Oberstleutnant Bauer, der in Berlin zurückblieb. Noch am Abend traf er sich mit Erzberger und dem Parteiführer der Nationalliberalen, Gustav Stresemann, um eine gemeinsame Strategie zum Sturz Bethmann Hollwegs auszuhecken.[63] Tags darauf wurden gezielt Gerüchte gestreut: Ludendorff, so hieß es, sei einer Parlamentarisierung gar nicht abgeneigt und hätte dies den Abgeordneten am 7. Juli auch höchstpersönlich gesagt, wenn der Reichskanzler das Treffen nicht vereitelt hätte. Diese Gerüchte wurden, wie das Tagebuch Eduard Davids zeigt, selbst von Sozialdemokraten für bare Münze genommen: »Mitteilung, daß der Kanzler den Kaiser gegen das parlamentarische System scharf macht und die Rückreise Ludendorffs und Hindenburgs, die gekommen waren, um mit dem Parlament Fühlung zu nehmen, ins Hauptquartier veranlaßt habe. Große Entrüstung. Entschluß, den Mann unschädlich zu machen.«[64]

So sah sich Bethmann Hollweg von zwei Seiten in die Zange genommen: von den Männern der Obersten Heeresleitung, denen er in seinem Reformeifer zu weit ging, und den Parteien der Reichstagsmehrheit, denen er darin gerade nicht energisch genug war. Gleichzeitig wurde in der Öffentlichkeit der Ruf nach seinem Rücktritt immer lauter: »Die Hetze gegen Bethmann, fast in der ganzen Presse, ist unglaublich. Alle konservativen, alldeutschen, nationalliberalen Blätter … greifen ihn mit tollster Heftigkeit an, fordern seinen Sturz, von den andern wird er nur lau verteidigt. Er ist beinahe isoliert.«[65] Alles hing jetzt davon ab, ob der Kaiser trotz des Kesseltreibens weiter am Kanzler festhielt.

Am 10. Juli 1917 bot Bethmann Hollweg noch einmal alle seine

Überzeugungskraft auf, um dem Monarchen in einer zweistündigen Aussprache im Park des Schlosses Bellevue nun doch das Versprechen des gleichen Wahlrechts für Preußen abzuringen. »Und den Mann soll ich entlassen, der alle die anderen um Haupteslänge überragt!« äußerte Wilhelm II. im Anschluß an die Unterredung.[66] Am 12. Juli erfuhr die Öffentlichkeit, daß der nächste preußische Landtag nach dem neuen Wahlrecht gewählt werden sollte. Noch einmal schien sich der Reichskanzler behauptet zu haben.

Doch nun brachten seine Gegner eine weitere Figur ins Spiel: den Kronprinzen. Dieser zitierte am Morgen des 12. Juli Mitglieder aller Reichstagsfraktionen zu sich, um ihre Ansichten über ein weiteres Verbleiben Bethmann Hollwegs im Amt in Erfahrung zu bringen. Während er sie der Reihe nach ausfragte, saß Oberstleutnant Bauer – ein unerhörter Vorgang! – hinter einer Tapetentür und nahm die Aussagen zu Protokoll. Bis auf den Fortschrittler Payer sprachen sich alle Parlamentarier für die Entlassung Bethmann Hollwegs aus, am entschiedensten Stresemann und Erzberger.[67] Damit war klargestellt, daß der Reichskanzler über keinen parlamentarischen Rückhalt mehr verfügte. Der Kronprinz informierte noch am Abend seinen Vater, wobei er nicht vergaß, ihm das von Bauer heimlich aufgesetzte Protokoll vorzulegen. Jetzt wurde auch Wilhelm II., der noch am Tag zuvor dem bayerischen Gesandten Graf Lerchenfeld versichert hatte, »Herrn von Bethmann im Amte zu erhalten«,[68] in seinem Vertrauen zum Reichskanzler wankend. War das der Dank des Parlaments dafür, daß der Kaiser eben noch das Reichstagswahlrecht für Preußen konzediert hatte?

Am Abend des 12. Juli schließlich spielten Hindenburg und Ludendorff ihren letzten, aber wirkungsvollsten Trumpf aus: Sie drohten mit ihrem Rücktritt, falls der Kanzler nicht entlassen werde. Wilhelm II. empörte sich zwar über das erpresserische Verhalten seiner höchsten Offiziere, die ihm »die Pistole auf die Brust gesetzt (hätten) mit ihrem Abschiedsgesuch«,[69] doch blieb ihm angesichts der Drohung der beiden unentbehrlichen Heerführer gar keine andere Wahl, als sich nunmehr von Bethmann Hollweg zu trennen. Um dem Monarchen die Möglichkeit zu geben, den Rücktritt wenigstens der Form nach unabhängig vom Ultimatum der OHL zu bewilligen, reichte Bethmann

Hollweg am Morgen des 13. Juli 1917 sein Abschiedsgesuch ein. Wilhelm II. nahm es sichtlich erleichtert an. Als Hindenburg und Ludendorff wenige Stunden später im Schloß Bellevue eintrafen, konnte ihnen ein gutgelaunter Herrscher zurufen: »Was macht ihr denn für ernste Köpfe? Ich habe ja den Kanzler schon weggeschickt.«[70]

Bethmann Hollwegs Sturz bedeutete das Scheitern eines bürokratischen Regiments oberhalb der Parteien, mit dem er versucht hatte, einen Mittelweg zwischen den politischen Lagern zu steuern und diese am offenen Austrag ihrer Differenzen zu hindern. Je mehr sich die gesellschaftlichen und politischen Spannungen im Kriege aufluden und radikalisierten, desto weniger hatte diese Politik ihre ausgleichende Funktion erfüllen können; sie erweckte den Eindruck der Unentschiedenheit und konnte letztlich keine Gruppe zufriedenstellen. Sich offen auf die Seite der Reformmehrheit im Reichstag zu stellen und mit dieser zusammen dem Machtanspruch der OHL entgegenzutreten, das kam für Bethmann Hollweg, der bei aller Aufgeschlossenheit für zeitgemäße Neuerungen doch fest in das alte konservative System eingebunden blieb, nicht in Frage. Zwar war der Kanzler spätestens seit Sommer 1916 geplagt vom »Alpdruck der Revolution nach dem Kriege«, zwar war ihm bewußt, daß die Struktur, die er mit dem Wort *Ostelbien* umschrieb, letztlich nicht reformierbar war (»muß gebrochen werden – untergehen«),[71] doch hat er solche Einsichten in seiner Politik nicht konsequent umsetzen können. Denn die einzig wirksame Alternative, die entschlossene Parlamentarisierung im Reich und die durchgreifende Demokratisierung Preußens, lag jenseits dessen, was diesem bedächtigen Reformkonservativen möglich und auch wünschenswert erschien.

»Es ist erreicht! Wir sind den Reichsverderber los!« jubelte der Vorsitzende des Alldeutschen Verbandes, Heinrich Claß,[72] und für den Kronprinzen war der Rücktritt Bethmann Hollwegs »der schönste Tag seines Lebens«.[73] Wer an die Stelle des gestürzten Reichskanzlers treten sollte, darüber hatte sich kaum jemand ernsthaft Gedanken gemacht. So geriet die Suche nach einem Nachfolger zu einem Schmierentheater. Nach langem Hin und Her fiel die Wahl schließlich auf den preußischen Staatskommissar für Ernährung, Georg Michaelis – einen konturlosen Verwaltungsbeamten, der von sich selbst sagte, »bisher als gewöhnlicher Zeitgenosse neben dem Wagen der großen Politik hergelaufen« zu sein.[74] Daß ein solcher Mann auf den Platz berufen werden konnte, den einst Bismarck eingenommen hatte, verdeutlicht mehr als alles andere den Niedergang der politischen Klasse im spätwilhelminischen Deutschland. »Die Null der Nullen ist Michaelis. Der Posten eines Reichskanzlers sollte nicht mehr besetzt werden«, notierte Gerhart Hauptmann.[75] Die Parteien der Reichstagsmehrheit, die kräftig mitgeholfen hatten, Bethmann Hollweg zu stürzen, wurden in der Nachfolgefrage nicht einmal zu Rate gezogen. Einen überzeugenden Kandidaten aus den eigenen Reihen zu präsentieren – dazu waren sie ohnehin nicht in der Lage.

Am Nachmittag des 13. Juli 1917 wurden die Mitglieder des Interfraktionellen Ausschusses zu Hindenburg und Ludendorff kommandiert. Vergeblich versuchten die Heerführer, den Volksvertretern die geplante Friedensresolution auszureden; doch in diesem Punkt konnte die Reichstagsmehrheit nicht mehr zurück, wenn sie nicht gänzlich ihr Gesicht verlieren wollte. Immerhin erlaubte sie der OHL, bei der Bearbeitung der Resolution mit Hand anzulegen. So kam am Ende eine Fassung zustande, die nur sehr allgemein gehaltene Wendungen über einen »Frieden der Verständigung und der dauernden Versöhnung der Völker« enthielt.[76]

Der neue Reichskanzler tat ein übriges, den Eindruck der Friedensresolution abzuschwächen, indem er sie in einer Rede vor dem Reichstag am 19. Juli 1917 mit dem Zusatz »wie ich sie auffasse« versah. Wie er sie auffaßte, das verhehlte Michaelis in einem Brief an den Kronprinzen vom 25. Juli nicht: »Die berüchtigte Resolution ist mit 212 gegen 126 Stimmen bei 17 Stimmenthaltungen angenommen. Durch meine Interpretation derselben habe ich ihr die größte Gefährlichkeit geraubt. Man kann schließlich mit der Resolution jeden Frieden machen, den man will.«[77]

So endete der Versuch der Reichstagsmehrheit, im dritten Kriegsjahr gestaltenden Einfluß auf die deutsche Politik zu erlangen, mit einem Fiasko. Die Parlamentarier hatten der OHL die Hand zur Zusammenarbeit geboten, ohne zu erkennen, daß sie sich damit für deren Zwecke mißbrauchen ließen. Aus der Krise des Juli 1917 gingen Hindenburg und Ludendorff nicht geschwächt, sondern gestärkt hervor, ja, ihr politischer Einfluß war nie größer als nach dem erzwungenen Rücktritt Bethmann Hollwegs. Ohne erkennbaren Willen zur Macht, untereinander in vielem uneins, boten die Parteien der Reichstagsmehrheit ein wenig imponierendes Bild. Weder sachlich noch personell waren sie im Sommer 1917 auf den Übergang zur parlamentarischen Regierungsweise vorbereitet.

Allerdings waren Militärs und konservative Politiker im Juli 1917 auch noch nicht bereit, der Reichstagsmehrheit die Macht zu überlassen. Die Entlassung des Hardliners Arthur Zimmermann als Staatssekretär im Auswärtigen Amt und seine Ersetzung durch den geschmeidigeren Diplomaten Richard von Kühlmann Anfang August 1917 sowie die Berufung von Parlamentariern zu Unterstaatssekretären in einigen weniger wichtigen Ressorts waren nicht mehr als kosmetische Korrekturen. Der neue Reichskanzler verstand sich, anders als sein Vorgänger, in erster Linie als Erfüllungsgehilfe der Obersten Heeresleitung; mit der Reichstagsmehrheit konnte und wollte er nicht kooperieren. Diese drängte deshalb schon Ende Oktober 1917 auf seine Entlassung, und sie konnte sich damit auch durchsetzen. Der Vorgang zeigt: Die Parteien der Reichstagsmehrheit regierten nicht; gegen ihren Willen aber war Deutschland auch nicht mehr zu regieren. Insofern kann, trotz der Machtfülle, die die OHL auf sich vereinigte, von einer »Militärdiktatur« nicht gesprochen werden. Vielmehr bewegte sich das Kaiserreich in einem »eigentümlichen Zwischenzustand zwischen Konstitutionalismus und Parlamentarismus«.[78] Dem entsprach, daß der neue Reichskanzler erst bestellt werden konnte, nachdem auch die Mehrheitsparteien ihre Zustimmung gegeben hatten: Die Wahl fiel diesmal auf den bereits 72jährigen bayerischen Ministerpräsidenten, Graf Hertling. Mit der Ernennung des Fortschrittlers Payer zum Vizekanzler und des Nationalliberalen Robert Friedberg zum Vizepräsidenten des preußischen Staatsministeriums wurden zum erstenmal auch Parlamentarier in höchste Staatsämter berufen. Freilich, von einer eindeutigen Gewichtsverlagerung zugunsten der Mehrheitsparteien konnte auch jetzt keine Rede sein. Eher ging deren politischer Einfluß im Spätherbst 1917 zurück. Denn seit dieser Zeit gab sich die OHL, bestärkt durch die Aussicht auf einen Sonderfrieden mit dem revolutionären Rußland, in wachsendem Maß wieder illusionären Siegeshoffnungen hin.

4. Der Zusammenbruch 1918

Die Januarstreiks: das Vorspiel zur Revolution

»Heute morgen habe ich hier etwas ganz Imposantes gesehen«, berichtete eine Hamburger Büroangestellte am 28. Januar 1918. »Vor ungefähr einer Stunde kommt mein Alter ganz atemlos in die Tür und sagt: ›Sehen Sie mal dort unten die streikenden Arbeiter.‹ Wir natürlich gleich ans Fenster. Da zog eine riesig lange Reihe von Arbeitern und Arbeiterinnen durch die Mönckebergstraße anscheinend nach dem Gewerkschaftshaus … Ich kann Dir sagen, als ich das sah, diesen Zug ernster Arbeiter und Frauen, so still und geschlossen durch die Straßen ziehen, da ging es mir ordentlich wie ein Jubel durch und durch.«[1]

Was in Hamburg geschah, wiederholte sich Ende Januar 1918 in vielen anderen deutschen Großstädten: Hunderttausende Arbeiter und Arbeiterinnen demonstrierten für eine rasche Beendigung des Völkermordens. Alle Erregungsmomente flossen in dieser größten Massenaktion während des Krieges zusammen: die Erbitterung über die schlechte Versorgungslage, der Ärger über die Verschleppung der inneren Reformen und die ungehinderte annexionistische Propaganda der Vaterlandspartei, vor allem die nicht unbegründete Befürchtung, die deutschen Politiker und Generäle könnten um maßloser Kriegsziele willen die Friedensverhandlungen mit dem revolutionären Rußland in Brest-Litowsk zum Scheitern bringen. Die Nachrichten über die schroffe Verhandlungsführung der Obersten Heeresleitung hatte bereits zwei Wochen zuvor Massenstreiks in Österreich-Ungarn provoziert. »Bewegung beginnt revolutionären Charakter anzunehmen«, meldete der deutsche Generalkonsul am 18. Januar aus Budapest.[2] Erst am 23. Januar hatte die Wiener Regierung die Lage wieder einigermaßen unter Kontrolle.

Der sozialdemokratische Vorwärts, der über den politischen Hintergrund der Streikbewegung in der Donaumonarchie berichtet hatte, wurde am 21. Januar für drei Tage verboten. Über diesen Willkürakt aufgebracht, erklärte Philipp Scheidemann im Hauptausschuß des Reichstags: »Die Zensoren sollten sich darüber klar sein, daß die Situation in Deutschland jetzt genau so wie die in Österreich unmittelbar vor dem Ausstand ist ... Wir drohen nicht, aber wir warnen Sie.«[3]

Daß die Mehrheitssozialdemokraten warnten, aber nicht drohten, war verständlich. Denn nichts lag ihnen ferner, als selbst eine große Massenbewegung gegen den Krieg zu entfesseln. Und auch bei ihrer Konkurrenzpartei, der USPD, gab es manche Bedenken gegen eine so risikoreiche Aktion, deren Folgen nicht abzusehen waren. Die revolutionäre Linke – die Spartakusgruppe und die norddeutschen »Linksradikalen« – hingegen, die auf die Strategie der Massenstreiks setzte, war zahlenmäßig viel zu schwach und zu wenig in den Großbetrieben verankert, um solche Bewegungen selbst initiieren zu können. Wenn in der Geschichtsschreibung der DDR der Spartakusgruppe und ihren Flugblättern ein entscheidender Anteil an der Auslösung der Januarstreiks zugesprochen wurde, so war das nichts als heroisierende Legendenbildung.[4] Von einer systematischen Vorbereitung der Streiks konnte keine Rede sein, schon gar nicht von einer zentralen Steuerung, wie sie die von Verschwörungsängsten geplagten Polizeibehörden vermuteten. Vielmehr handelte es sich um eine weitgehend spontane, in unkoordinierten Schüben sich vollziehende Protestbewegung, in der sich die lang aufgestaute Erbitterung ein Ventil suchte. Die Initiative lag in der Regel bei den oppositionellen Vertrauensmännern des Metallarbeiterverbandes in den Großbetrieben der Rüstungsindustrie. In Berlin waren das die sogenannten »revolutionären Obleute«, die der USPD angehörten oder ihr politisch nahestanden. Am Sonntag, dem 27. Januar, faßten sie den Beschluß, bereits am folgenden Montag den Streik auszurufen. Es war »ruhig, fast unheimlich still ... als sich 1500 Hände wie zum Schwur erhoben«, so hat Richard Müller, der Sprecher der revolutionären Obleute, die Szene beschrieben.[5]

Am Morgen des 28. Januar traten in Berlin die meisten Arbeiter der großen Rüstungsbetriebe in den Ausstand[6] und zogen in großen Demonstrationszügen durch die Stadt. Am Nachmittag konstituierte sich aus den Delegierten der bestreikten Betriebe eine Streikleitung, die sich den Namen *Arbeiterrat* gab – ein deutlicher Hinweis darauf, daß das revolutionäre Beispiel Rußlands auch in der deutschen Arbeiterbewegung zu wirken begann. An der Spitze des sieben Punkte umfassenden Streikprogramms stand die Forderung nach »schleuniger Herbeiführung des Friedens ohne Annexion, ohne Kriegsentschädigung, aufgrund des Selbstbestimmungsrechtes der Völker« sowie nach »Zuziehung von Arbeitervertretern aller Länder zu den Friedensverhandlungen«. Die folgenden Punkte betrafen die Verbesserung der Lebensmittelversorgung, die Aufhebung des Belagerungszustands und der Militarisierung der Betriebe, die Freilassung der politischen Gefangenen, die »durchgreifende Demokratisierung der gesamten Staatseinrichtungen«, insbesondere die Einführung des Reichstagswahlrechts in Preußen.[7] Eindeutig rangierten in diesem Forderungskatalog die politischen vor den wirtschaftlichen Streikzielen. Dennoch handelte es sich nicht um ein revolutionäres, sondern um ein radikalpazifistisches und zugleich reformorientiertes Programm.[8] Das entsprach der Stimmung der breiten Massen der Arbeiterschaft, die sich zuallererst eine Beendigung des Krieges wünschten und an zweiter Stelle demokratische Reformen.

Auch in Hamburg, wo die Werftarbeiter seit dem 29. Januar nahezu geschlossen streikten, ging es nach den Erkenntnissen der Polizeibehörde »nicht um eine Arbeitsniederlegung zur Abhilfe von Mißständen, sondern um eine allgemeine politische Friedensdemonstration«. Als in der großen Streikversammlung am selben Tage ein Sprecher des Arbeiterausschusses von Blohm & Voss erklärte, es seien »keine politischen Motive«, sondern »rein wirtschaftliche Gründe« gewesen, die zur Arbeitseinstellung geführt hätten, notierte der überwachende Polizeibeamte: »Rufe: Nicht wahr!« und »Große Unruhe«. Was die streikenden Arbeiter bewegte, sprach ein Versammlungsteilnehmer aus: »Wir sollen nicht sagen dürfen, was uns hierher führt: Wir wollen Frieden, Freiheit und Recht.«[9]

Neben Berlin und Hamburg waren vor allem Kiel, Nürnberg und München Zentren des Streiks. Im mitteldeutschen Industriegebiet, besonders in Leipzig, der Hochburg des Aprilstreiks 1917, war die Resonanz dagegen schwächer, ebenso in Braunschweig, wo bereits im August 1917 ein großer Antikriegsstreik stattgefunden hatte.[10] Auch im rheinisch-westfälischen Industrierevier erreichten die Streiks bei weitem nicht das Ausmaß der Berliner Bewegung. In Köln streikten nur 4000 bis 5000 Arbeiter.[11] Von Ort zu Ort, von Region zu Region waren die Verhältnisse unterschiedlich, je nach lokaler Tradition der Arbeiterbewegung und der Stärke der Gegenkräfte. Eine wesentliche Rolle spielte, inwieweit die USPD sich bereits als ernsthafte Alternative zur alten SPD hatte profilieren können. Dort, wo sie über ein funktionierendes System von Vertrauensleuten in den Betrieben verfügte, gelang es offensichtlich am leichtesten, die Arbeiter für den Streik zu mobilisieren.

Die MSPD- und Gewerkschaftsführer sahen sich angesichts der Ausbreitung der Streiks in einem Dilemma. Sie hatten diese Bewegung nicht gewollt, konnten ihr aber auch nicht offen entgegentreten, wenn sie sich nicht um allen Kredit bei den radikalisierten Arbeitern bringen wollten. So nahm der sozialdemokratische Parteivorstand das Angebot des Aktionsausschusses des Berliner *Arbeiterrates* an, wie die USPD drei Vertreter in die Streikleitung zu entsenden. Unversehens fanden sich Friedrich Ebert, Philipp Scheidemann und Otto Braun an einem Tisch vereint mit den verhaßten Konkurrenten von der USPD, Hugo Haase, Wilhelm Dittmann und Georg Ledebour. Der Vorgang wiederholte sich in ähnlicher Weise auch in anderen Städten. Nachdem den Vertretern von MSPD und Gewerkschaften zunächst ein starkes Mißtrauen entgegengeschlagen war – als »Kaiserlakaien« wurden sie in Berlin beschimpft –,[12] drängten die streikenden Arbeiter bald auf eine Beendigung des »Bruderkampfes«, auf eine Wiederherstellung der Aktionseinheit der Arbeiterbewegung. Und sie waren bereit, den MSPD-Führern manche Sünden der Vergangenheit zu verzeihen, wenn sie sich nur – wie es jetzt den Anschein hatte – auf eine kämpferische Vertretung von Arbeiterinteressen zurückbesannen.

Die tiefverwurzelte Neigung der sozialdemokratisch geschulten Arbeiterschaft, sich den alten Autoritäten in der Arbeiterbewegung anzuvertrauen, kennzeichnet nichts besser als ein Vorfall, der sich in der großen Streikversammlung in Hamburg am 30. Januar ereignete: Da die Stimmung äußerst erregt war, verbot der überwachende Polizeibeamte eine Diskussion. Damit löste er heftige Proteste der Versammlung aus. Doch Otto Stolten, der große alte Mann der Hamburger Sozialdemokratie, mahnte zur Besonnenheit: »Die Hamburger Arbeiter haben sich bisher dadurch ausgezeichnet, daß sie die Dinge in kritischen Situationen zu meistern verstanden. Sie dürfen sich darüber nicht aufregen, was der Beamte angeordnet hat.«[13] Und die Streikenden gehorchten. Sie ließen es zu, daß ein einziger Vertreter der schwer angeschlagenen wilhelminischen Obrigkeit einer Riesenversammlung von weit über 10 000 Arbeitern seinen Willen aufzwingen konnte. Darin liegt ein Schlüssel zum Verständnis einer Konstellation, die sich im November 1918 wiederholen sollte. Der linkssozialistische Historiker Arthur Rosenberg hat die Januarstreiks als eine »Generalprobe für die Novemberrevolution« bezeichnet.[14] Dieses Urteil trifft vor allem dann zu, wenn man es auf das Scheitern der Revolution bezieht.

Mit dem Eintritt in die Streikleitung waren die Mehrheitssozialdemokraten aus ihrem Dilemma freilich nicht heraus, im Gegenteil, ihre Position wurde dadurch noch prekärer. Denn jetzt setzten sie sich bei ihren Partnern im Interfraktionellen Ausschuß und bei Militär- und Zivilbehörden dem Verdacht aus, mit den Streikenden gemeinsame Sache machen zu wollen. Mochten die MSPD-Führer auch noch so deutlich zu verstehen geben, daß ihr einziges Bestreben dahin ging, die Bewegung »in geordnete Bahnen« zu lenken, sprich: sie abzuwürgen, mochten sie die Reichsleitung auch direkt ermuntern, »jetzt unter keinen Umständen Schwäche (zu) zeigen«, weil der Streik »ohne jedes Verhandeln« bald »in sich zusammenfallen« werde –[15] für die Machthaber im spätwilhelminischen Deutschland waren sie jetzt wieder unsichere Kantonisten geworden. Die »moralische Schuld« an den Januarstreiks, erklärte Oberstleutnant Bauer, das Sprachrohr Ludendorffs, trage »zweifellos die Sozialdemokratie, und zwar in allen ihren Färbungen von rechts bis zu den Ultraradikalen«. Für ihn stand außer Frage, daß auch die gemäßigten Sozialdemokraten »im innersten Herzen auf seiten der Streikenden standen, auch wenn sie äußerlich zur Ruhe und Wiederaufnahme der Arbeit mahnten«.[16] Im kaiserlichen Gefolge in Bad Homburg fragte man sich: »Warum werden die Sozialisten, auch Scheidemann nicht einfach an die Wand gestellt?«[17]

Zivil- und Militärbehörden waren von Anfang an entschlossen, die Streikbewegung mit allen nur möglichen Mitteln niederzuschlagen. »Jeder Versuch, die russischen Zustände auch bei uns herbeizuführen«, müsse »rücksichtslos unterdrückt«, »gegen irregeleitete Volksmassen unter allen Umständen mit Strenge« vorgegangen werden, forderte der Oberbefehlshaber in den Marken, Generaloberst von Kessel.[18] Dieser Maxime folgend wurden Versammlungen und Demonstrationen verboten, Gewerkschaftshäuser geschlossen, sozialdemokratische Zeitungen wie der VORWÄRTS am Erscheinen gehindert, außerordentliche Kriegsgerichte eingesetzt. Nachdem es in einigen Berliner Stadtteilen zu heftigen Auseinandersetzungen zwischen Streikenden und der Polizei gekommen war, wurde am 31. Januar der verschärfte Belagerungszustand verhängt.[19] All das zeigt, wie hektisch die Reichsspitze auf die Demonstrationsstreiks reagierte. Die Angst vor einer revolutionären Zuspitzung der Situation saß ihr im Nacken; nicht Stärke, sondern Schwäche diktierte ihre Maßnahmen. So verlangte Ludendorff von Reichskanzler Hertling, »auf (die) Verhaftung der Berliner Streikrädelsführer und der hetzenden Abgeordneten … hinzuwirken«: »Wenn die Regierung jetzt nicht zugriffe, fürchte er Schlimmstes.«[20] Am 31. Januar wurde daraufhin Wilhelm Dittmann, einer der drei USPD-Vertreter in der Streikleitung, während einer nicht genehmigten Kundgebung im Treptower Park verhaftet und von einem außerordentlichen Kriegsgericht zu fünf Jahren Festungshaft und zwei Monaten Gefängnis verurteilt.[21]

Die Repressalien zeigten Wirkung. Die Streikbewegung flaute ab; im Laufe des 2. und 3. Februar wurde in den meisten bestreikten Betrieben die Arbeit wiederaufgenommen. Behörden und Unternehmer übten massive Vergeltung. Vielerorts wurden die Betriebe »militarisiert«. Das bedeutete, daß die Arbeiter, die sich am Streik beteiligt hatten, ihren »Gestellungsbefehl«, den sogenannten »roten Schein«, erhielten und damit den Militärgesetzen unterlagen. Nicht wenige, die sich während des Streiks exponiert hatten, wurden zu Zuchthaus- und Gefängnisstrafen verurteilt, Tausende zur Strafe zum Militärdienst eingezogen – mit dem Vermerk *Berlin 1918* in ihren Personalpapieren.[22] Doch auch verschärfte Unterdrückung konnte die aus den Fugen geratene wilhelminische Gesellschaft nicht noch einmal stabilisieren. Die Streiks hatten, auch wenn sie mit einer Niederlage der Arbeiter endeten, ein wichtiges Resultat: Sie enthüllten, wie brüchig die Grundlagen des wilhelminischen Herrschaftssystems inzwischen waren. In einem Brief vom 2. Februar 1918 zog eine junge Hamburger

Sozialdemokratin Bilanz: »Es war ein gewaltiger Ruck, der durch unser aller Gefühl gegangen ist. Die Arbeiterschaft zog ihre Hand zurück von den Maschinen, die Waffen liefern, mit denen dieser Krieg geführt wird. Haß und Wut tobten sich bei jenen aus, denen der Krieg noch etwas einbringen soll ... Sie eiferten gegen die ›Landesverräter‹ und mußten doch die Ruhe und Würde anerkennen, mit der die Arbeiterschaft ihren Willen kundgab ... Es waren die ersten züngelnden Flammen aus dem glimmenden Feuer.«[23]

Der Gewaltfrieden von Brest-Litowsk und das deutsche Ostimperium

Am Morgen des 7. November 1917 wurde die Provisorische Regierung unter Ministerpräsident Kerenski gestürzt; die Bolschewiki übernahmen die Macht in Petrograd. Es begannen jene »zehn Tage, die die Welt erschütterten«: »Das alte Rußland war nicht mehr. Die alte Gesellschaft schmolz in der Gluthitze der Revolution, und aus dem brodelnden Flammenmeer stiegen der Klassenkampf, gewaltig und mitleidslos, und die noch zerbrechliche, langsam erkaltende Kruste einer neuen Welt.«[24]

Bereits einen Tag später richtete die neue Regierung einen Aufruf an die kriegführenden Mächte, einen »gerechten, demokratischen« Frieden zu schließen, ohne Annexionen und Kontributionen unter voller Wahrung des Selbstbestimmungsrechts der Völker. Während die einstigen Verbündeten Rußlands keine Neigung zeigten, dieser Einladung zu folgen, erklärten die Mittelmächte Ende November ihre Verhandlungsbereitschaft. Am 3. Dezember begannen in Brest-Litowsk Gespräche über ein Waffenstillstandsabkommen, die am 15. Dezember erfolgreich abgeschlossen werden konnten. Die Reichsleitung hatte damit ihr erstes Ziel, die »Absprengung« Rußlands von der gegnerischen Koalition, erreicht. Wie aber sollte der Friede aussehen, der jetzt mit der bolschewistischen Regierung auszuhandeln war?

Darüber war man sich in der Führung des Reiches uneins. Die Oberste Heeresleitung sah in der militärischen Ohnmacht Rußlands eine Chance, das im April 1917 in Kreuznach beschlossene Maximalprogramm in vollem Umfang durchzusetzen. Entschlossen, die militärische Entscheidung in einer großen Offensive im Westen zu suchen, drängte sie auf rasche Einleitung und zügigen Abschluß der Verhandlungen in Brest-Litowsk. Die Reichsleitung war einer Ausweitung des deutschen Machtbereichs in Osteuropa keineswegs abgeneigt; das sollte allerdings, mit Rücksicht auf die Reichstagsmehrheit, möglichst in verdeckter Form geschehen. Bereits Bethmann Hollweg hatte im Mai 1917 angeregt, den Russen den Verzicht auf die Provinzen Kurland und Litauen »schmackhaft« zu machen, indem man versuchte, »sie als selbständige Staaten (zu) frisieren«.[25] An diese Linie knüpfte Graf Hertling an, als er in seiner ersten Ansprache als Reichskanzler vor dem Reichstag am 29. November erklärte: »Was die ehemals dem Zepter des Zaren unterworfenen Länder Polen, Kurland, Litauen betrifft, so achten wir das Selbstbestimmungsrecht ihrer Völker.«[26]

Das klang aufrichtig, war in Wirklichkeit aber ein Manöver zur Täuschung der Öffentlichkeit. Denn die Berufung auf das Selbstbestimmungsrecht war nur als taktisches Mittel gedacht, um nunmehr durch Schaffung eines Systems von Satellitenstaaten die Neuordnung Ostmitteleuropas unter deutscher Vorherrschaft zielbewußt in Angriff zu nehmen. Was Polen betraf, war mit der Proklamation vom 5. November 1916 bereits eine Vorentscheidung gefallen.[27] In Kurland und Litauen wiederum waren im Herbst 1917 mit mehr oder weniger starker deutscher Nachhilfe sogenannte *Landesräte* gebildet worden, die um den »Schutz und Schirm« des Deutschen Reiches nachgesucht hatten. Diese manipulierten Erklärungen wurden von deutscher Seite als hinreichende Willensbekundungen interpretiert, obwohl die *Landesräte* nur einen Bruchteil der Bevölkerung repräsentierten. Freilich richteten sich die begehrlichen Blicke der Obersten Heeresleitung über Polen, Kurland und Litauen hinaus auch auf Estland und Livland. Auch diese Gebiete sollten dem deutschen Herrschaftsbereich einverleibt werden, was bedeutete, daß Rußland nahezu vollständig von der Ostsee abgedrängt wurde. Die Reichsleitung meldete Bedenken an, weil man sich dadurch Rußland für erdenkliche Zeit zum unversöhnlichen Gegner mache.

Auf einer Kriegszielbesprechung im Großen Hauptquartier in Bad Kreuznach am 18. Dezember schlichtete Wilhelm II. den Streit, indem er empfahl, »den Esten und Livländern gegenüber abzuwarten, bis sie kommen«.[28] Mit anderen Worten: Es sollten auch hier zunächst einmal willfährige Vertretungskörperschaften eingerichtet werden, die dann ebenfalls mit manipulierten Selbständigkeitsbekundungen den deutschen Expansionsinteressen dienlich sein konnten.

Am 22. Dezember 1917 begannen in Brest-Litowsk die Friedensverhandlungen zwischen den Mittelmächten und dem bolschewistischen Rußland. Die äußere Kulisse war gespenstisch, denn der Festungsort in Weißrußland war, mit Ausnahme einiger Gebäude, die vom deutschen Stab besetzt waren, zerstört. Die deutsche Delegation leitete der Staatssekretär des Äußeren, Richard von Kühlmann; als Vertreter der Obersten Heeresleitung war ihm der Chef des Generalstabs Oberost, Max Hoffmann, beigegeben. Seine Teilnahme signalisierte, daß die OHL von vornherein nicht willens war, den Diplomaten allein das Terrain zu überlassen. Die österreichisch-ungarische Delegation führte Außenminister Czernin an. An der Spitze der russischen Vertreter erschien zunächst Joffe, der spätere sowjetische Botschafter in Berlin, in der zweiten Phase der Verhandlungen der Volkskommissar für auswärtige Angelegenheiten, Leo Trotzki: »Historische Umstände hatten es gefügt, daß die Delegierten des revolutionärsten Regimes, das die Menschheit je gekannt hat, an einem Tisch sitzen mußten mit den diplomatischen Vertretern der allerreaktionärsten Kaste unter den regierenden Klassen«, so hat Trotzki in seiner Autobiographie die ungewöhnliche Konstellation umrissen.[29]

Die russische Delegation legte zu Beginn der Verhandlungen ein Sechs-Punkte-Programm vor: Darin wurde der Rückzug aller Truppen aus den besetzten Gebieten gefordert, ferner die Wiederherstellung der politischen Selbständigkeit der Völker, freie Entscheidung für nationale Gruppen, sich durch Referendum einer anderen Nation anzuschließen oder staatliche Selbständigkeit zu erlangen, Sicherung der Rechte nationaler Minderheiten, Verzicht auf Reparationen.[30] Am 25. Dezember akzeptierte Czernin im Namen der vier Mittelmächte die Vorschläge der russischen Seite als eine »diskutable Grundlage« für den Frieden und erklärte sich zugleich »mit einem sofortigen Frieden ohne gewaltsame Gebietserwerbungen und ohne Kriegsentschädigungen einverstanden« – allerdings nur unter der Voraussetzung, daß alle kriegführenden Mächte »innerhalb einer angemessenen Frist ausnahmslos und ohne Rückhalt« sich ebenso zu diesen Bedingungen verpflichteten.[31] Dieser Vorbehalt war bedeutsam, denn tatsächlich rechneten weder Czernin noch Kühlmann damit, daß die Westmächte sich auf dieser Grundlage zu Verhandlungen bereit erklären und Vertreter nach Brest-Litowsk entsenden würden.[32]

Waren die russischen Delegierten vom scheinbaren Entgegenkommen der Mittelmächte zunächst positiv überrascht, so wurden sie bereits einen Tag später eines Besseren belehrt. Im Einverständnis mit Kühlmann klärte General Hoffmann sie darüber auf, daß Verzicht auf gewaltsame Annexionen die Loslösung von Polen, Litauen und Kurland aus dem russischen Staatsverband und ihren Anschluß an das Deutsche Reich bzw. an Österreich-Ungarn keineswegs ausschließe. Die Russen waren über diese Eröffnung schockiert; ein Mitglied der Verhandlungskommission, Pokrowski, Professor für Geschichte an der Universität Moskau, rief mit tränenerstickter Stimme: »Wie können Sie von einem Frieden ohne Annexionen reden, wenn fast 18 Gouvernements aus Rußland gerissen werden?«[33] Kaum, daß die Verhandlungen begonnen hatten, waren sie bereits vom Scheitern bedroht. Am 27. Dezember legte Kühlmann den Entwurf eines Vertrages vor, der den Russen über Polen, Litauen und Kurland hinaus den Verzicht auf Teile von Estland und Livland abverlangte und sie überdies aufforderte, die bislang vorliegenden Selbständigkeitserklärungen in diesen Territorien als »Ausdruck des Volkswillens« anzuerkennen.[34] Danach wurden die Friedensverhandlungen zunächst für zehn Tage unterbrochen.

In der Zwischenzeit sah sich Kühlmann heftigster Angriffe der Obersten Heeresleitung ausgesetzt, die seine mehrgleisige Verhandlungstaktik nicht verstand und hinter der Erklärung vom 25. Dezember wiederum nur »schwächliche« diplomatische Kompromißbereitschaft witterte. »Aus den Verhandlungen gewinnt man den Eindruck, als ob nicht wir, sondern Rußland die Fordernden wären«, beschwerte sich Hindenburg,[35] und gegenüber dem Reichskanzler glaubte er klarstellen zu müssen: »Ich werde niemals meinem Vertreter die Genehmigung zur Unterzeichnung eines schmählichen Friedens erteilen, der nicht der Würde von Thron und Altar entspricht.«[36] Um die Jahreswende 1917/18 tobte in Berlin ein erbitterter Streit zwischen Reichsleitung und OHL, in dessen Verlauf Hindenburg und Ludendorff wieder einmal mit Rücktritt drohten. Allerdings gelang es ihnen noch nicht, die Entlassung Kühlmanns beim Kaiser durchzusetzen; statt dessen erzwangen sie den Abgang des Chefs des Zivilkabinetts, von Valentini. Mit ihm ging eine der letzten »Stützen des Systems Bethmann in der Umgebung des Kaisers«.[37] Unter dem Nachfolger, dem stockkonservativen Friedrich Wilhelm von Berg, wurde Wilhelm II., wie Admiral von Müller auffiel, ganz einseitig »nach der Richtung der Gewaltpolitik« beeinflußt: »Die Randbemerkungen Sr. Majestät sind fortgesetztes Rasseln mit dem Säbel, Verachtung der Diplomaten und Antisemitismus.«[38]

Am 8. Januar 1918 wurden die Verhandlungen in Brest-Litowsk wiederaufgenommen. Jetzt hatte es Kühlmann mit Trotzki zu tun, einem gewieften, dialektisch geschulten Unterhändler, der die Delegationen der Mittelmächte ein ums andere Mal in Verlegenheit brachte. Die Auseinandersetzungen stießen rasch zur Kernfrage vor, der unterschiedlichen Interpretation des Selbstbestimmungsrechts. Kühlmann beharrte darauf, daß in den von deutschen Truppen besetzten Gebieten die *Landesräte* als bevollmächtigte Körperschaften von ihrem Selbstbestimmungsrecht bereits Gebrauch gemacht und sich von Rußland losgesagt hätten. Trotzki wandte demgegenüber ein, daß das Prinzip der Selbstbestimmung nur von den Völkern selbst, nicht aber von priviligierten Teilen derselben ausgeübt werden könne. Damit der Wille eines Volkes sich frei und ungehindert äußern könne, müßten allerdings die fremden Truppen von seinem Territorium zurückgezogen werden.[39] Insoweit war die Unvereinbarkeit der Standpunkte klargestellt.

Im Grunde handelte es sich jedoch um ein rhetorisches Scheingefecht, bei dem beide Seiten ihre wahren Absichten zu bemänteln suchten. Kühlmann ging es, wie er in seinen Erinnerungen freimütig eingestand, darum, »Trotzki in eine rein akademische Diskussion über das Selbstbestimmungsrecht der Völker und seine mögliche praktische Anwendung zu verstricken, und was wir an territorialen Zugeständnissen brauchten, uns durch das Selbstbestimmungsrecht der Völker herauszuholen«.[40] Trotzki wollte die öffentlich geführten Verhandlungen möglichst in die Länge ziehen und Brest-Litowsk als agitatorisches Forum nutzen, um die Stimmung der Arbeiterschaft in Deutschland und Österreich-Ungarn in revolutionärem Sinne zu beeinflussen. Entnervt über das diplomatische Katz-und-Maus-Spiel, mischte sich am 12. Januar General Hoffmann in die Verhandlungen ein: Die russischen Delegierten sprächen so, »als ob sie siegreich in unserem Lande ständen und Bedingungen diktieren könnten«: »Ich möchte darauf hinweisen, daß die Tatsachen entgegengesetzt sind. Das siegreiche deutsche Heer steht in Ihrem Gebiet.« Die deutsche Oberste Heeresleitung müsse sich jede »Einmischung« in die Angelegenheiten der besetzten Territorien verbieten: »Für uns haben die Völker der besetzten Gebiete ihren Wunsch der Lostrennung von Rußland bereits klar und unzweideutig zum Ausdruck gegeben.«[41]

Das war die auftrumpfende Sprache des Siegers, und den Bolschewiki lieferte der *Faustschlag* des Generals Hoffmann einen willkommenen Anlaß, die Gewaltpolitik der Mittelmächte als in krassem Gegensatz zu ihren Lippenbekenntnissen vom 25. Dezember stehend anzuprangern. Die Januarstreiks in Österreich-Ungarn und Deutschland waren ein Echo auf diese höchst wirksame Propaganda. Als Hoffmann schließlich am 18. Januar eine Karte präsentierte, auf der bereits mit blauer Linie die künftige Grenze zwischen Deutschland und Rußland eingezeichnet war (sie trennte Polen, Kurland, Litauen und Teile Livlands und Estlands von Rußland ab), war vollends klargestellt, wer in Brest-Litowsk die Federführung besaß. »Der Stiefel des Generals Hoffmann«, so hat Trotzki später ganz zu Recht festgestellt, sei »die einzige ernste Realität bei diesen Verhandlungen« gewesen.[42] Die russische Delegation beantragte eine Unterbrechung, um sich in Petrograd neue Instruktionen zu holen.

Unterdessen bemühten sich die Mittelmächte, die Verhandlungen mit der ukrainischen Delegation voranzutreiben. Im November 1917 hatte sich die Zentralrada, die parlamentarische Vertretung der drei sozialistischen Parteien in Kiew, von der russischen Regierung losgesagt und die Unabhängigkeit der Ukrainischen Volksrepublik ausgerufen. Obwohl sich in Charkow eine bolschewistische Gegenregierung bildete und die Position der Rada alles andere als stabil war, erkannten die Mittelmächte die Kiewer Regierung an und erlaubten ihr, eine selbständige Delegation nach Brest-Litowsk zu entsenden.[43] »Man muß energisch mit (der) Ukraine arbeiten und mit ihr Frieden zustande bringen«, empfahl Wilhelm II. am 13. Januar 1918. Denn das würde »Trotzki nebst Bande« ins Unrecht setzen und den Norden und Westen Rußlands von der Kornkammer des Landes abschneiden: »Das bringt mit Hungers Hilfe Petersburg zur Raison.«[44] Die Bemühungen um einen Separatfrieden mit der Regierung in Kiew waren tatsächlich vor allem von der Absicht diktiert, auf die russische Verhandlungsdelegation Druck auszuüben. Kühlmann wollte auf jeden Fall erst den Vertrag mit den Ukrainern unter Dach und Fach bringen, bevor er – worauf die Militärs und der Kaiser seit Ende Januar 1918 drängten – Trotzki ein Ultimatum stellte, und er war bereit, dafür das Cholmer Land (das jahrhundertelang zu Polen gehört hatte) an die Ukraine abzugeben. Am 9. Februar 1918 wurde der Vertrag mit der Ukrainischen Volksrepublk unterzeichnet – »der erste Friedensschluß des Weltkriegs überhaupt«.[45] Am selben Tag eroberten bolschewistische Truppen Kiew; die Restmacht der Rada-Regierung war also allein gestützt auf die Bajonette der Mittelmächte.

Einen Tag später, am 10. Februar, setzte Trotzki einen Schlußpunkt unter die Verhandlungen in Brest-Litowsk, indem er erklärte, Rußland betrachte den Kriegszustand für beendet und werde seine Armeen an allen Fronten demobilisieren: »Wir können nicht die Gewalt sanktionieren. Wir gehen aus dem Krieg heraus, sehen uns aber genötigt, auf die Unterzeichnung eines Friedens-Vertrages zu verzichten.«[46] Die Frage war, wie die Mittelmächte auf diesen überraschenden Schritt reagieren sollten. Kühlmann empfahl, den dadurch geschaffenen Schwebezustand zwischen Krieg und Frieden bestehen zu lassen, weil er für Deutschland »die vorteilhaftesten Verhältnisse« schaffe: »In den besetzten Gebieten haben wir vollkommen freie Hand zu tun, was uns geeignet erscheint ... Außerdem, wer soll uns in Osteuropa mit Gewalt aus den einmal eingenommenen Stellungen hinauswerfen?«[47] Dagegen wollte General Hoffmann den Waffenstillstand kündigen und die Bolschewiki mit Gewalt zum Abschluß des Friedens zwingen: »Die Kerle schlagen sonst die Ukrainer, die Finnländer und Balten tot, schaffen sich in Ruhe eine Revolutionsarmee und stiften Schweinerei in ganz Europa.«[48]

Auf einem Kronrat in Bad Homburg am 13. Februar 1918 fiel die Entscheidung für die Wiederaufnahme der militärischen Operationen im Osten. »Wir müssen im Osten zum Schluß kommen, damit wir dann ruhig weitere Divisionen nach dem Westen werfen können«, mit diesem Argument überzeugte Ludendorff den anfänglich widerstrebenden Reichskanzler.[49] Allerdings sollte das militärische Vorgehen als polizeiliche *Hilfsaktion* zur Unterstützung der bedrohten Balten getarnt werden: »Die Hilfeschreie der Balten müssen auf Hilfe gegen Räuber gehen. Wir müssen dann helfen«, schlug der Kaiser vor, und Reichsleitung und Heeresleitung griffen die Anregung begeistert auf. Über das Baltikum hinaus sollte die Aktion auf Finnland und die Ukraine ausgedehnt werden; auch von dort sollten rechtzeitig »Hilferufe« organisiert werden, die die Deutschen zur Intervention aufforderten.

Der deutsche Vormarsch begann am 18. Februar 1918. Innerhalb weniger Tage drangen deutsche Truppen über Minsk hinaus vor, besetzten Livland und Estland und erreichten die Südspitze des Peipussees – 150 Kilometer westlich von Petrograd. Die russischen Verbände leisteten keinen nennenswerten Widerstand mehr. »Ich bin neugierig, ob sich der Russe noch wehren wird, oder ob er kampflos abbaut«, hatte General Hoffmann einen Tag vor Wiederaufnahme der Feindseligkeiten notiert. »Das ganze Rußland ist weiter nichts als ein großer Haufen Maden – alles fault, alles wimmelt ordnungslos durcheinander.«[50] In diesem »Chaos« sich als Ordnungs- und Führungsmacht zu etablieren, der bolschewistischen Revolution, die man zuvor tatkräftig gefördert hatte, so schnell wie möglich den Garaus zu machen – dies war das Ziel der Obersten Heeresleitung im Frühjahr 1918. Freilich behauptete sich gegenüber dieser Linie zunächst das Interesse der Reichsleitung, Lenin an der Macht zu halten, um den Prozeß der Dekomposition Rußlands noch weiter voranzutreiben.

Unter dem Eindruck des deutschen Vormarsches gelang es Lenin in einer dramatischen Nachtsitzung vom 23. auf den 24. Februar 1918, im Zentralkomitee der bolschewistischen Partei eine Mehrheit für die Annahme des deutschen Ultimatums zu gewinnen. Am 3. März 1918 wurde in Brest-Litowsk der Vertrag unterzeichnet – ein Unterwerfungsfriede, an dem gemessen das spätere *Diktat* von Versailles sich geradezu milde ausnimmt. Rußland mußte Polen, Litauen und Kurland abtreten, Estland und Livland räumen, die von »deutscher Polizeimacht« besetzt blieben, ferner die staatliche Selbständigkeit der Ukraine anerkennen. Damit verlor es nicht nur seine reichsten Korngebiete, sondern auch einen großen Teil seiner Kohlen- und Eisenlager. Die östliche Großmacht wurde durch den Brester Vertrag auf das vorpetrinische Kerngebiet zurückgeworfen; in der zeitgenössischen deutschen Publizistik bürgerte sich für dieses Restrußland bereits die Bezeichnung *Moskowien* ein.[51] Vor aller Welt war damit demonstriert, welche Behandlung ein besiegter Gegner von einem siegreichen deutschen Kaiserreich zu erwarten hatte. Nichts hätte den Kampfeswillen der Entente mehr anstacheln können als der Gewaltfrieden von Brest-Litowsk, hinter dem die Umrisse eines »imperialistischen Programms von beispielloser Reichweite« sichtbar wurden.[52]

Am 18. März begannen die Beratungen des Reichstags über die Ratifizierung des Vertrages. Die Parteien der Reichstagsmehrheit waren während der Verhandlungen von jeder Mitwirkung ausgeschlossen worden, und selbst wenn sie ihren Einfluß hätten geltend machen können, wäre dies ohne Wirkung geblieben, weil sie sich auch in dieser Frage nicht einig waren. Zentrum und Fortschrittspartei erklärten sich zur Zustimmung bereit – und desavouierten damit die Friedensresolution des Reichstags vom 19. Juli 1917. Als Sprecher der Sozialdemokraten geißelte Eduard David zwar die Art und Weise, wie der Vertrag zustande gekommen war: »Das war nicht die Methode der gegenseitigen Verständigung, sondern das war die Methode eines ausgesprochenen Gewaltfriedens.«[53] Doch bei der Abstimmung am 22. März enthielt sich die SPD-Fraktion der Stimme, was die Glaubwürdigkeit sozialdemokratischer Politik im In- und Ausland nicht gerade erhöhte. Allein die USPD stimmte gegen den Vertrag. Ihr Sprecher, der alte Georg Ledebour, warnte am 19. März: »Die Zeit wird kommen, wo der Fluch der Annexionspolitik so kraß in Erscheinung treten wird, daß das Volk sein Unheil erkennen und dann mit den Annexionspolitikern aufräumen wird, welcher Parteifarbe sie auch angehören werden.«[54]

Schon bald zeigte sich, daß die deutschen Militärs die in Brest-Litowsk vereinbarten Grenzen nicht als bindend betrachteten. Vielmehr schoben sie, die inneren Wirren des beginnenden russischen Bürgerkriegs und die alliierten Interventionen ausnutzend, ihren Herrschaftsbereich immer weiter nach Osten vor. Die Ostseedivision unter Generalmajor von der Goltz wurde im April 1918 nach Finnland entsandt, wo sie gemeinsam mit finnischen Streitkräften des Generals Mannerheim Anfang Mai den Bürgerkrieg gegen die Truppen der sowjetischen Regierung entschied. Im Südosten setzten deutsche Verbände den am 18. Februar begonnenen Vormarsch in der Ukraine fort. Im Laufe der Monate April und Mai stießen sie über die Grenzen der Ukraine vor bis ins Donezbecken mit seinen reichen Erz- und Kohlelagern und zur Halbinsel Krim mit der Festung Sewastopol, dem Stützpunkt der russischen Schwarzmeerflotte. (Der größte Teil der Flotte entzog sich am 18. Juni der Beschlagnahme durch Selbstversenkung.) »Binnen zweieinhalb Monaten war ein Raum in deutsche Hand gelangt, der weitaus größer als Deutschland war.«[55]

Doch damit nicht genug: Angetrieben von wahnwitzigen Weltherrschaftsplänen, richteten die Militärs ihr Augenmerk auf den Raum zwischen Schwarzem Meer und Kaspischem Meer.[56] Hier lockten nicht nur die Manganerzgruben von Batum und Poti und die Ölfelder von Baku; von hier führte der Landweg in den Mittleren Osten bis nach Indien. Anfang Juni 1918 wurden die ersten deutschen Bataillone in den Kaukasus entsandt. Georgien, das sich am 26. Mai für unabhängig erklärt hatte, fiel unter deutschen Einflußbereich. In den Zusatzverträgen von Brest-Litowsk, die am 27. August in Berlin unterzeichnet wurden, mußte Rußland nicht nur in die endgültige Abtretung Livlands und Estlands, sondern auch in Georgiens Anlehnung an Deutschland einwilligen.

All das summierte sich zu einem gigantischen *Imperium Germanicum.*[57] Im Rausch der Macht und aus Gier nach Raum hatten die Militärs und mit ihnen die wirtschaftlichen Interessengruppen, die hinter dem deutschen Ausgreifen standen, jedes Maß verloren; sie wandelten tatsächlich, wie man im Auswärtigen Amt bemerkte, auf den Spuren der »Alexanderzüge« und in »napoleonischen Bahnen«.[58] Was ein anderer oberster Feldherr, im Ersten Weltkrieg noch einfacher Gefreiter, dreiundzwanzig Jahre später im neuen Anlauf zu erreichen suchte, das lag bereits im Jahre 1918 in greifbarer Nähe: »Hitlers in den

1920er Jahren fixiertes Fernziel, ein deutsches Ost-Imperium auf den Trümmern der Sowjetunion aufzubauen, war somit nicht bloß eine aus Wunschvorstellungen erwachsene ›Vision‹. Diese Zielvorstellung besaß vielmehr einen konkreten Ansatzpunkt in dem 1918 schon einmal Erreichten. Das deutsche Ost-Imperium war – wenn auch nur für kurze Zeit – bereits einmal Wirklichkeit«, so hat Andreas Hillgruber diese beängstigende Kontinuität beschrieben.[59]

Doch mit ihren uferlosen Eroberungszügen im Osten legte die Oberste Heeresleitung selbst den Schlußstein für die militärische Niederlage des Kaiserreichs. Denn der deutsche Vormarsch bis in den Kaukasus und an die Grenze Persiens band beträchtliche Kräfte, die eigentlich für die geplante Frühjahrsoffensive an der Westfront benötigt wurden.

Das Scheitern der deutschen Frühjahrsoffensive

Seit Spätherbst 1917 war die Oberste Heeresleitung entschlossen, alles auf eine Karte zu setzen und im Westen die militärische Entscheidung zu erzwingen. Ein entsprechender Beschluß wurde am 11. November in Mons nach einer Aussprache mit den Chefs der Heeresgruppen gefaßt. »Unsere Gesamtlage fordert«, so hielt Ludendorff fest, »früh zuzuschlagen, möglichst Ende Februar oder Anfang März, ehe die Amerikaner starke Kräfte in die Waagschale werfen können.«[60]

Wo aber sollte der Angriff erfolgen? In der Operationsabteilung wurde eine Vielzahl von Möglichkeiten geprüft und wieder verworfen. Schließlich einigte man sich darauf, den entscheidenden Schlag gegen die britische Armee zu führen. »Wir nahmen an«, hat Ludendorff später zur Rechtfertigung angeführt, »daß England wohl eher dem Frieden geneigt sein würde, wenn ihm selbst eine vernichtende Niederlage auf französischem Boden beigebracht, als wenn sein Bundesgenosse Frankreich getroffen wurde.«[61] Als geeigneten Ansatzpunkt schlug die OHL den südlichen Abschnitt der englischen Front im Raum St. Quentin vor. Hier, an der sensiblen Nahtstelle zwischen britischen und französischen Streitkräften, sollten die Linien durchstoßen, die von ihrem Alliierten getrennten Engländer in einer großen

Umfassungsbewegung an den Kanal zurückgeworfen und vernichtend geschlagen werden.

Seit Mitte Januar 1918 liefen die Vorbereitungen für das geplante Riesen-Cannae unter dem Decknamen *Michael*. Um das Unternehmen zum Erfolg zu führen, ließ sich die OHL einiges einfallen: 90 sogenannte *Mob.-Divisionen*, besonders bewegliche Einheiten, wurden eigens für die Offensive trainiert und ausgerüstet; um den Überraschungseffekt sicherzustellen, sollte das Artilleriefeuer ganz plötzlich, ohne das bislang übliche Einschießen, und in einer noch nie dagewesenen Massierung einsetzen. Im Schutze dieser *Feuerwalze* sollte die deutsche Infanterie vorwärtsstürmen, das gegnerische Verteidigungssystem in seiner ganzen Tiefe durchstoßen und dann im Rücken der englischen Front die operative Bewegungsfreiheit nutzen.

Trotz intensiver Vorbereitungen waren die Aussichten auf ein Gelingen der Offensive von vornherein gering. Seit Herbst 1914 waren alle Versuche, den Stellungskrieg im Westen wieder in einen Bewegungskrieg zu verwandeln, blutig gescheitert. Ein strategisch entscheidender Durchbruch, wie ihn die OHL anvisierte, setzte eine große Überlegenheit des Angreifers an Menschen und Material voraus. Zwar gelang es der deutschen Heeresleitung, das Westheer durch 33 Divisionen aus dem Osten zu verstärken und die personelle Überlegenheit der Alliierten einigermaßen auszugleichen; doch was die Ausrüstung mit Flugzeugen, Tanks, Lastkraftwagen und Geschützen betraf, war das deutsche Heer deutlich unterlegen. Vor allem verfügte es kaum noch über einsetzbare Reserven, falls der Angriff steckenblieb, während die alliierte Führung mit der Ankunft frischer amerikanischer Verbände rechnen konnte.

Die meisten hohen deutschen Offiziere im Westen waren sich der Risiken der bevorstehenden Entscheidungsschlacht bewußt. Kronprinz Rupprecht von Bayern, Führer einer Heeresgruppe, äußerte am 25. Januar 1918 unverhohlen Zweifel: »Ob uns ein Durchbruch gelingen wird, kann niemand voraussagen; bisher ist er unseren Gegnern nicht einmal bei großer Überlegenheit gelungen.«[62] Ähnlich skeptisch äußerte sich General Wilhelm Groener: »Diese Offensive im Westen ist eine sehr, sehr schwierige Arbeit und wird nach meinem Dafürhalten von vielen sowohl draußen wie in der Heimat weit unterschätzt.

Zehn Hindenburge und Ludendorffe vermögen auch nicht die Überlegenheit von Menschen, Waffen und Munition herbeizuführen, wie sie für einen Entscheidungskampf im Westen eigentlich notwendig wäre.«[63]

Auch Ludendorff war sich, obwohl er nach außen Zuversicht zur Schau trug, seiner Sache keineswegs sicher. Auf dem Kronrat in Bad Homburg am 13. Februar 1918 sprach er zwar von einer »entscheidenden, den Frieden erzwingenden Offensive im Westen«,[64] doch in einer Denkschrift, die er für diese Besprechung vorbereitet hatte, hieß es schon weniger bestimmt: »Es wird ein gewaltiges Ringen, das an einer Stelle beginnt, sich an der anderen fortsetzt und lange Zeit in Anspruch nehmen wird, das schwer ist, aber siegreich sein wird.«[65] Offenbar faßte Ludendorff von vornherein die Möglichkeit weiterer, zeitlich eng aufeinanderfolgender Angriffe ins Auge, falls die *Michael*-Offensive nicht die erhoffte Entscheidung brachte. Zumindest wollte er sich diese strategische Option offenhalten.

Am 21. März 1918, nach einem fünfstündigen Artillerieorkan, traten drei Armeen (die 17., 2. und 18.) zum Angriff an. Die Anfangserfolge schienen die kühnsten Hoffnungen zu rechtfertigen. Die deutschen Truppen drangen tief in das englische Stellungssystem ein. Im Großen Hauptquartier in Spa, hundert Kilometer von der Front entfernt, schlugen die Wogen der Begeisterung hoch. »Die Schlacht ist gewonnen, die Engländer total geschlagen!« jubelte Wilhelm II. am 23. März.[66] Man berauschte sich an der Vorstellung, daß England, dieser hartnäckigste aller Gegner, nun bald um Frieden betteln würde. »Wenn ein englischer Parlamentär komme«, tönte der Kaiser am 26. März, »so müsse er erst vor der Kaiserstandarte knien, denn es handle sich um den Sieg der Monarchie über die Demokratie.«[67]

Schon Ende März setzte Ernüchterung ein. Der Angriff geriet überall ins Stocken. Immer schwieriger wurde es, die vorgerückten Truppen durch das Trichtergelände der Somme-Schlacht hindurch mit Nachschub zu versorgen. Währenddessen gelang es den Alliierten, durch Bildung eines gemeinsamen Oberkommandos die Abwehr zu koordinieren und eine neue Verteidigungslinie aufzubauen. Bereits am 5. April mußte Ludendorff die Einstellung der Offensive befehlen.

Auf den ersten Blick nahmen sich die Erfolge des *Michael*-Unternehmens imponierend aus: Die deutschen Truppen hatten die englische Front auf einer Breite von 80 Kilometern durchbrochen und waren bis 60 Kilometer tief vorgedrungen. Doch das operative Ziel, die Engländer von den Franzosen zu trennen, um sie danach entscheidend zu schlagen, war nicht erreicht worden. In strategischer Hinsicht war die Offensive ein Fehlschlag, zumal da der Geländegewinn mit enormen Verlusten – fast 240 000 Mann – erkauft war. Was lag näher als die Konsequenz, von der Illusion des Siegfriedens endgültig Abschied zu nehmen und den Weg einer politischen Verständigung zu suchen?

Doch davon war Ludendorff weit entfernt. Vielmehr klammerte er sich an die Hoffnung, durch eine Serie von Teilangriffen den Gegner »mürbe machen« zu können. »Wir müssen versuchen«, faßte Oberstleutnant Wetzell, Chef der Operationsabteilung, die Überlegungen der OHL zusammen, »durch großzügige, eng zusammenhängende Teilschläge das feindliche Gebäude derart zu erschüttern, daß es gelegentlich doch einmal zusammenbricht«.[68] Diese Zermürbungsstrategie hatte mit einem rationalen militärischen Kalkül nur noch wenig zu tun, eher erinnert sie an ein verzweifeltes Umsichschlagen. Auf Fragen nach dem operativen Ziel der ins Auge gefaßten neuen Offensiven reagierte Ludendorff unwirsch: »Das Wort ›Operation‹ verbitte ich mir. Wir hauen ein Loch hinein. Das Weitere findet sich. So haben wir es in Rußland auch gemacht.«[69] Ähnlich beschied Hindenburg Anfang Mai 1918 einen besorgten Besucher: »Sehen Sie mal, in Rußland ist das auch mit einem Male gegangen, bis der Koloß umfiel. Da haben wir auch immer wieder, bald hier, bald da, angegriffen, und auf einmal war's dann so weit. So wird's hier im Westen auch gehn.«[70]

Wie sehr Wunschdenken inzwischen jede nüchterne Analyse der Wirklichkeit überlagerte, zeigte sich im Laufe der Monate April und Mai 1918, als die OHL zwei weitere Angriffe unternahm: den einen gegen den Nordflügel der englischen Front bei Armentières, den anderen gegen die englische Front zwischen Reims und Montdidier. Noch einmal erzielten die deutschen Truppen beträchtliche Geländegewinne. Ende Mai 1918 erreichten sie sogar die Marne. Wie im September 1914 waren die Spitzen der deutschen Armeen nur noch drei Tagesmärsche von Paris entfernt. Doch die strategische Position des Westheeres hatte sich durch die jüngsten Erfolge nur weiter verschlechtert, weil die weit vorspringenden Frontlinien Gegenangriffe geradezu herausforderten. Unverkennbar war, daß die OHL den Bogen überspannt, die deutsche Offensivkraft sich erschöpft hatte.

Wer die Augen vor der Realität nicht verschloß, für den war spätestens jetzt klar, daß, wie Kronprinz Rupprecht seinem Tagebuch anvertraute, Deutschland »den Krieg militärisch nicht gewinnen« konnte: »Es muß also an Friedensverhandlungen gedacht werden.«[71] Doch gerade daran dachte Ludendorff am allerwenigsten. »Was soll Ihr ganzes Geunke?« schrie er Oberst von Thaer an, nachdem dieser ihm einen ungeschminkten Bericht von der Front gegeben hatte. »Was wollen Sie von mir? Soll ich jetzt Frieden à tout prix machen?«[72] Mochten sich in Ludendorff insgeheim auch Zweifel am Erfolg seiner Zermürbungsstrategie regen: nach außen demonstrierte er weiter Siegeszuversicht. »Die OHL«, klagte Kronprinz Rupprecht, »glaubt im Grunde selbst nicht mehr an die Möglichkeit einer für uns günstigen Entscheidung, ohne aus dieser Erkenntnis Folgerungen zu ziehen, und alle Leute scheuen sich, die Wahrheit zu sagen. Es ist eine Vogel-Strauß-Politik, die bei uns getrieben wird.«[73]

Einer, der jetzt eine politische Initiative für unumgänglich hielt, war Staatssekretär von Kühlmann. Am 24. Juni 1918 warb er im Reichstag für den Gedanken einer Verständigung. Seine Rede gipfelte in der Feststellung, daß »bei der ungeheuren Größe dieses Koalitionskrieges und bei der Zahl der in ihm begriffenen überseeischen Mächte durch rein militärische Entscheidungen allein ohne alle diplomatischen Verhandlungen ein absolutes Ende kaum erwartet werden« könne.[74] Eigentlich war das eine Selbstverständlichkeit, doch löste gerade dieser Passus im Großen Hauptquartier helle Empörung aus. »So etwas kann man denken, aber nicht sagen, vor allem nicht als deutscher Außenminister«, polterte Ludendorff.[75] Die OHL forderte Kühlmanns Rücktritt, und der müde Reichskanzler Hertling hatte keine Kraft, sich diesem Verlangen zu widersetzen. Nachfolger Kühlmanns wurde Admiral Paul von Hintze, der deutsche Gesandte in Christiana, dem Sympathien mit der annexionistischen Vaterlandspartei nachgesagt wurden.

Das war der letzte Triumph der Militärs. Denn Mitte Juli 1918 wendete sich das Blatt endgültig zuungunsten Deutschlands. Der deutsche Zangenangriff beiderseits Reims, mit dem noch einmal große Hoffnungen verbunden worden waren, mußte schon nach zwei Tagen abgebrochen werden. Am 18. Juli setzte die französische Gegenoffensive aus dem Walde von Villers-Cotterêts ein; sie führte sofort zu einem tiefen Einbruch in die deutschen Stellungen. Fortan lag die Initiative beim alliierten Oberbefehlshaber, General Foch. Auch jetzt freilich weigerte sich Ludendorff, Konsequenzen zu ziehen. Als General Fritz von Loßberg, Generalstabschef der 6. Armee, ihm am 20. Juli riet, zur strategischen Defensive überzugehen, das heißt, die Truppen im Westen auf eine ausgebaute Verteidigungslinie zurückzuführen, entgegnete ihm Ludendorff: »Ich halte Ihre Vorschläge für zutreffend, aber ich kann sie nicht ausführen – aus politischen Gründen.« Auf die Nachfrage: »Was sind das für Gründe?« erhielt er zur Antwort: »Die Rücksicht auf die Eindrücke auf den Feind, auf unser Heer und auf die Heimat.«[76] Ludendorff wußte wohl, daß, befolgte er den Ratschlag Loßbergs, dies gleichbedeutend wäre mit dem Eingeständnis der militärischen Niederlage – und daß man dann zu Recht ihn für die entstandene Situation verantwortlich machen würde. Sein ganzes Sinnen und Trachten kreiste in den folgenden Wochen um die Frage, wie er die Verantwortung von sich auf andere abwälzen konnte. Das war die Zeit, in der die Dolchstoßlegende ausgebrütet wurde.

Im Gefolge des Kaisers ahnte man mittlerweile, was die Stunde geschlagen hatte. Am Abend des 23. Juli 1918 sprach Wilhelm II. »von sich als dem geschlagenen Feldherrn, mit dem wir Nachsicht haben müßten«.[77] Und am nächsten Morgen erzählte der Monarch, was ihn in schlafloser Nacht geplagt hatte: »Wie eine Vision seien seine englischen und russischen Verwandten und die Minister und Generale aus seiner ganzen Regierungszeit an ihm vorübergezogen, zum Teil ihn verhöhnend. Nur die kleine Königin von Norwegen sei freundlich zu ihm gewesen.«[78] Wenige Tage später, am 8. August 1918, durchbrachen britische Tanks im Raum von Amiens die deutschen Linien. Dieser »schwarze Tag« des deutschen Heeres, wie Ludendorff das Desaster nannte,[79] kündigte die bevorstehende militärische Niederlage an. Der Vorhang senkte sich über das Kaiserreich.

Die wilhelminische Gesellschaft in der Auflösung

Nach dem Scheitern der Frühjahrsoffensive 1918 geschah an der Westfront etwas ganz Ungewöhnliches: Deutsche Soldaten verweigerten den Gehorsam, und zwar in so großer Zahl, daß man von einem »verdeckten Militärstreik« sprechen kann.[80] Zu Beginn der Offensive hatte noch eine zuversichtliche Stimmung geherrscht; mancher Beobachter fühlte sich gar an den *Geist von 1914* erinnert. Nach den zermürbenden Jahren des Stellungskrieges sollte es jetzt wieder vorangehen, schien ein Ende des Krieges in greifbare Nähe gerückt. Und auch in der »Heimat« wurden durch diese Aussicht Kriegsmüdigkeit und Protestbereitschaft vorübergehend in den Hintergrund gedrängt. Dominik Richert, ein Soldat aus dem Elsaß, dessen Einheit im Frühjahr 1918 von der Ost- an die Westfront verlegt wurde, hat in seinen Erinnerungen geschildert, welche Stimmung in der Reichshauptstadt herrschte: »Wir passierten Berlin, als eben die ersten Siegesmeldungen aus dem Westen eintrafen. Diese Nachricht schien der halbverhungerten Bevölkerung neuen Mut gebracht zu haben, denn überall wurde uns gewaltig zugejubelt.«[81]

Um so größer war die Enttäuschung, als auch die letzte große Anspannung der Kräfte nicht zum Erfolg führte. Mitte April 1918 registrierte Oberst von Thaer Anzeichen einer rapide abnehmenden Kampfmoral unter den Frontsoldaten: »Sie hatten zu sehr darauf gehofft, daß dieser große Schlag im März den Krieg beenden würde. Man hatte daraufhin noch einmal allen Schneid und alle Energie zusammengerissen. Nun ist die Enttäuschung da, und sie ist groß.«[82]

Im Frühsommer 1918 häuften sich Meldungen über Disziplinverstöße und Befehlsverweigerungen. Zahlreiche Soldaten versuchten, sich durch vorgetäuschte Krankheiten oder Selbstverstümmelung dem Frontdienst zu entziehen. Andere fanden Gelegenheit, in der Etappe unterzutauchen oder – was seltener vorkam – zu desertieren. Einer, der im Juli 1918 zu den Franzosen überlief, Dominik Richert, hat in seinen Erinnerungen als Motiv für seinen Entschluß den Ekel vor dem »verfluchten Kriegsspiel« genannt.[83] Wie er hatten die meisten Soldaten den Krieg satt und keine Lust mehr, am Ende noch ihr

Leben aufs Spiel zu setzen. »Dreiviertel der Mannschaften hier will Schluß. Wie ist ihnen ganz egal«, hieß es in einem Feldpostbrief vom August 1918.[84]

Häufig kam es jetzt vor, daß ganze Einheiten den Befehl zum Angriff verweigerten und die Offiziere bedrohten. Bei den Ersatztruppenteilen aus der »Heimat« war es, wie Kronprinz Rupprecht Ende Mai 1918 feststellte, »nichts Ungewöhnliches mehr, daß ... bis zu 20 v. H. der Mannschaften sich unerlaubterweise entfernen, wofür sie, wenn wieder aufgegriffen, meist mit zwei bis vier Monaten Gefängnis bestraft werden. Dies ist aber gerade, was manche wollen, da sie so der einen oder anderen Schlacht entgehen.«[85]

Auch in den Heimatgarnisonen gärte es. In Erlangen machte im Mai 1918 eine Schar Soldaten, die vor dem Abtransport an die Front stand, die Stadt unsicher. Polizisten, die für Ordnung sorgen wollten, bezogen Prügel, die Fenster des Rathauses und die Auslagen eines Kaufhauses wurden zertrümmert.[86] Im Monat darauf kam es auch in München zu Soldatenkrawallen. Ausgelöst wurden sie wiederum durch Angehörige eines Truppenteils, der an die Westfront gehen sollte. Auf dem Weg von der Kaserne zum Bahnhof randalierten die Soldaten und schossen unentwegt in die Luft. Ein Major, der die Leute zur Ordnung rufen wollte, bekam die Antwort: »Was wollt ihr Himmel-Hergottsakramenter, ist's nicht genug, daß wir für Euch ins Feld gehen, schikanieren wollt ihr einen auch noch ... Haut ihn nieder den Hund.« Nicht viel besser erging es Münchens Polizeipräsident. Er mußte sich sagen lassen: »Was willst du, du saudummer Zivil, von einem Zivilisten lasse ich mir gar nichts sagen, ich fahr' dir an die Gurgel, du Kriegswucherer.«[87]

Soldaten waren auch nicht mehr bereit, bei Bekämpfung innerer Unruhen als Hilfstruppe der Polizei zu dienen. Im Gegenteil: im Laufe des Jahres 1918 wurde deutlich, daß ihre Sympathien bei denen lagen, die gegen den Krieg rebellierten. Bei Demonstrationen solidarisierten sich Soldaten mit den *Kriegerfrauen*; bei Bahnhofskontrollen ergriffen sie Partei für die Rucksack-Hamsterer gegen die Polizeibeamten. Seit Sommer 1918 konnten die Frauen sicher sein, daß, wenn es zu Revolten kommen sollte, das Militär nicht gegen sie vorgehen würde. Ende Juli belauschte ein Regensburger Bürger in einem Zugabteil ein Gespräch zwischen Straubinger Frauen, die sich darüber erregten, daß ihr Bürgermeister den bayerischen König zur bevorstehenden 700-Jahr-Feier Straubings eingeladen hatte. Man werde den hohen Herrn schon gebührend mit faulen Kartoffeln empfangen: »De moano, wenns a Militär hinstelln, dös hilft eana was – die Soldaten helfa alle zu uns – dö ham von dem Schwindel a gnua!«[88]

Der Verfall militärischer Disziplin ging einher mit einer Zunahme antimonarchischer Stimmungen. Anfang August 1918 mußte sich eine Urlaubsreisende aus Norddeutschland auf einer Zugfahrt nach München in einem Abteil 4. Klasse mit anhören, wie ein Soldat »die unflätigsten Reden gegen den Kaiser« ausstieß, »der die ganze Welt gegen uns gehetzt hätte«. »Ich sagte, durch solche Reden machen Sie sich noch strafbar, da meinte er, da könne hier ein General sitzen, dann würde er dasselbe sagen, er hätte seinen Kohlrabi lange genug hingegeben. Es waren noch mehrere Soldaten im Wagen, niemand trat gegen den Mann auf, sondern gaben ihm alle recht, und erntete ich nur Spott und Hohn mit meinen Verteidigungen, so daß ich ganz verstummen mußte.«[89] Das war kein Einzelfall. Wo immer die Lauschposten der wilhelminischen Obrigkeit im Sommer und Herbst 1918 horchten, vernahmen sie Äußerungen wie: Man habe es satt, sich als »Schlachtvieh für Wilhelm und Söhne«[90] mißbrauchen zu lassen, oder: »Der Krieg werde doch nur für die Firma Wilhelm und Söhne geführt. Ehe die nicht fallit mache, gebe es doch keinen Frieden.«[91] Mit dem Autoritätsverlust von Armeeführung und hoher Beamtenschaft sowie mit dem Zerfall der monarchischen Loyalität verlor der wilhelminische Staat die wichtigsten politischen und ideologischen Stützen seiner Herrschaft. Eine allgemeine Desintegration war die Folge. »Respekt vor Obrigkeit und Gesetz ist völlig geschwunden«, klagte Oberstleutnant Bauer Ende Juli 1918.[92] Um behördliche Anordnungen und Vorschriften scherte sich kaum noch jemand. »Noch laufen Gendarmen und beauftragte Soldaten die Landstraßen, die Dörfer ab, prüfen das Gepäck der Reisenden auf den Bahnhöfen, während die Herren Wachtmeister im fahrenden Zuge Nachschau halten – aber das Volk kümmert sich nicht mehr um sie«, meldete die Berliner Zeitung DER TAG am 11. Juli 1918. »Kümmert sich um sie so wenig wie um die im Winter und Sommer niederschneienden Verordnungen der Behörden, die ihm bestenfalls ein augenzwinkerndes Lächeln entlocken.«[93]

Nachdem die Hoffnungen auf einen militärischen Sieg sich endgültig zerschlagen hatten, traten Kriegsmüdigkeit und Erschöpfung in bislang unbekanntem Ausmaß hervor. In seinem Stimmungsbericht vom Juli 1918 meldete der Berliner Polizeipräsident: »Im Volk wird nur noch eine Frage mit Interesse erörtert, die Beendigung des Krieges, und es mehren sich in bedenklichem Umfange die Stimmen für ›Frieden um jeden Preis‹ ... Denn jeden graut es vor einem fünften Kriegswinter.«[94] Einen Monat später hieß es: »Die Stimmung unter der Bevölkerung Groß-Berlins ... ist nach wie vor als sehr gedrückt zu bezeichnen ... Die Aussicht auf einen baldigen Frieden ist nach Ansicht der Bevölkerung in weite Ferne gerückt. Im Vordergrund steht natürlich immer wieder die Magenfrage, und davon hängt auch in Zukunft ab, ob es gelingt, die Bevölkerung ruhig zu halten.«[95] Da die Versorgung sich nicht besserte und zugleich die Lage an der Front im Westen sich immer mehr verdüsterte, beschleunigte sich der Stimmungsabfall rapide. »Keiner glaubt mehr, daß wir den Krieg gewinnen«, notierte der Münchner Schriftsteller und Gymnasialprofessor Josef Hofmiller Mitte August 1918. »Alle wissen, daß wir ihn verloren haben, und doch rückt keiner mit der Sprache heraus.«[96]

Nach all den Leiden und Entbehrungen fiel es schwer zu akzeptieren, daß der Krieg verloren war. Statt die Wahrheit ungeschminkt darzulegen, verbreitete die amtliche Propaganda weiterhin Siegeszuversicht. Dadurch trug sie unfreiwillig zur Entstehung der wildesten Gerüchte bei. So erzählte man sich im Sommer 1918, daß Hindenburg längst gestorben sei, die Führung des Reiches dies aber verschleiern wolle. Vergeblich versuchten die militärischen Propagandastäbe, der Gerüchteflut entgegenzutreten: »Vergißt denn die Heimat ganz, welches unerhörte Mißtrauensvotum sie dem Heere draußen und den Führern ausstellt, wenn sie jedes irrsinnige, vielleicht durch feindliche Agenten ausgesprengte Gerücht prompt und gebührend aufgebauscht weiterbefördert?«[97] An der »Gemütsschlappheit«, dem Defaitismus der »Heimat« also lag es nach dem Urteil der Militärs, wenn es mit Deutschland bergab ging.

Doch alle Appelle ans patriotische Pflichtgefühl verhallten wirkungslos. »Kriegsmüdigkeit und Gedrücktheit ist allgemein«, meldete die Postüberwachungsstelle der 6. Armee Anfang September 1918.

»Ein Gefühl der Vaterlandsliebe wird in den Briefen fast gar nicht geäußert.« Vielmehr scheine »beinahe ein gewisses Schamgefühl zu bestehen, einen vaterländischen Gedanken auch nur in Worte zu kleiden«.[98] »Wofür sich aufopfern, wofür?« fragte ein Soldat. »Etwa fürs Vaterland und seine heiligsten Güter? Nein, den Patriotismus haben sie schon alle längst begraben.«[99] Was ein Polizeispitzel Mitte August 1918 aus einem Gespräch zweier Lazarettinsassen in Bremerhaven erlauschte, entsprach offenbar einer weitverbreiteten Stimmung unter den Soldaten: »Siehst du, Kamerad, wir sind kaputt, keiner denkt mehr an Sieg, was die Zeitungen schreiben, ist Lug und Trug … Wenn wir jetzt Schluß machen, können wir noch viel retten, Geld und Menschen. Sollen wir uns denn die Knochen kaputt schießen lassen, nur weil die Oberen noch Lust haben zu dieser wahnsinnigen Schlachterei? … Wir kriegen unsere Kameraden so weit, daß sie alle mitmachen wie in Rußland, wir haben ja nichts mehr zu verlieren.«[100]

Auch in den Unmutsäußerungen der Zivilisten war »das Spielen mit der Revolution« inzwischen ganz selbstverständlich. »So kann's nicht weitergehen!« – »Wir werden bald was erleben!« Solche und ähnliche Drohungen registrierten die Behörden im September 1918, und zwar nicht nur in der Arbeiterschaft, sondern bis weit in die Kreise des Mittelstands und der Bauern hinein.[101] Zwischen der Verweigerungs- und Auflehnungsbereitschaft der Truppen und dem Revolutionierungsprozeß an der »Heimatfront« bestand ein untrennbarer, sich wechselseitig verstärkender Zusammenhang. Soldaten überbrachten die Nachrichten, wie schlecht es wirklich um die militärische Lage stand. So war unter Arbeitern der Hamburger Vulcan-Werft bereits am 8. August, dem Tag des Durchbruchs englischer Verbände bei Amiens, »die Ansicht verbreitet, daß der deutsche Militarismus seinem Zusammenbruch entgegengeht«: »Von der Westfront zurückkommende, zur Arbeitsleistung auf der Werft kommandierte Soldaten sollen gesagt haben, daß es an der Westfront schlecht aussieht. Es sollen sogar geschlossene deutsche Truppenteile zum Feind übergegangen sein.«[102]

Umgekehrt verloren selbst Frontsoldaten, die noch kampfeswillig waren, während eines Heimaturlaubs 1918 nach Beobachtungen der aufs höchste alarmierten Militärbehörden »wie von einem unseligen

Gifthauch angesteckt ... die soldatische Haltung«.[103] Und nicht selten kam es vor, daß sie sich auf dem Rückweg zur Front einfach »verkrümelten«.

Im Oktober 1918 meldete die Briefüberwachungsstelle der 5. Armee: »Die Zahl derjenigen, die da nach Hause schreiben, ich halte den Kopf nicht hin, ich werde nicht so dumm sein, noch zwecklos mein Leben auf's Spiel zu setzen, ist erschreckend groß.«[104] In dem Augenblick, als die militärische Disziplin zusammenbrach, war das wilhelminische Herrschaftssystem am Ende. Die Revolution war nicht mehr aufzuhalten.

Reform von oben und Revolution von unten

Am 29. September 1918 versammelte sich die gesamte Führungsspitze des kaiserlichen Deutschland im Hauptquartier in Spa, um aus dem Munde der beiden obersten Feldherren, Hindenburg und Ludendorff, zu vernehmen, was manche geahnt, sich aber nicht hatten eingestehen wollen: der Krieg war verloren. Lange hatte es gedauert, bis die Oberste Heeresleitung sich zu ihrem militärischen Offenbarungseid hatte durchringen können. Noch auf einem Kronrat in Spa am 14. August, wenige Tage nach dem Umschwung an der Westfront, hatte sie ihrer Zuversicht Ausdruck gegeben, durch eine »strategische Defensive« den Kriegswillen des Feindes lähmen und ihm »schließlich ... unseren Willen aufzwingen« zu können.[105] Einen Monat später holte die Wirklichkeit auch das deutsche Hauptquartier ein. Am 25. September traf die Nachricht ein, daß Bulgarien die Alliierten um einen Waffenstillstand gebeten hatte. Damit war die Verbindung zur Türkei, dem anderen Bündnispartner der Mittelmächte, unterbrochen, die lebenswichtige Zufuhr des rumänischen Öls gefährdet. Einige Tage später begann in Flandern und in der Champagne eine neue Großoffensive der Alliierten, die sofort tiefe Breschen in die deutschen Verteidigungslinien schlug. Der Zusammenbruch der Westfront schien nur noch eine Frage von Tagen zu sein.

Während Ludendorff sich in eine Depression flüchtete, ergriffen einige jüngere Offiziere seiner Umgebung die Initiative: Der Reichsleitung in Berlin mußte endlich reiner Wein über den Ernst der militärischen Lage eingeschenkt werden. Ohne Wissen ihres Chefs beauftragten sie den Vertreter des Auswärtigen Amtes im Hauptquartier, Legationsrat von Lersner, den Staatssekretär von Hintze »sofort über die Aussichtslosigkeit weiteren militärischen Widerstands telefonisch aufzuklären« und ihn zu ersuchen, sich »möglichst bald« zu einer Aussprache mit der OHL nach Spa zu begeben.[106]

Ludendorff scheint geradezu erleichtert gewesen zu sein, daß seine Offiziere die Sache selbst in die Hand genommen hatten. Nach Tagen lähmender Handlungsunfähigkeit rang er sich schließlich dazu durch, den aussichtslos gewordenen Kampf abzubrechen. Am Nachmittag des 28. September ging er zu Hindenburg, um ihn von seinem Entschluß in Kenntnis zu setzen. Die Würfel waren gefallen: Die OHL hatte sich für die Aufnahme von Waffenstillstands- und Friedensverhandlungen entschieden.

Zu einer ähnlichen Schlußfolgerung war bereits Staatssekretär von Hintze in Berlin gelangt. Aufgeschreckt durch die Alarmrufe der Abteilungschefs aus dem Großen Hauptquartier, hatte er sich von den leitenden Beamten des Auswärtigen Amtes am 28. September ein Programm für die Beendigung des Krieges ausarbeiten lassen, das zu den »erstaunlichsten Dokumenten dieser Behörde«[107] in der Endphase des wilhelminischen Deutschland zählt. Denn darin wurde als »wichtigste Voraussetzung für die Einleitung des Friedens« die »sofortige Bildung einer neuen Regierung auf breiter nationaler Basis« gefordert.[108] Das bedeutete, daß im Angesicht der militärischen Niederlage konzediert werden sollte, was die Führungsschichten des Kaiserreichs bislang konsequent verweigert hatten: die Parlamentarisierung, das heißt die Bildung einer Regierung, die vom Vertrauen der Reichstagsmehrheit getragen war. Und das hieß auch, daß an einer solchen Regierung die Sozialdemokraten beteiligt werden mußten – ein für die Konservativen bis vor kurzem noch gänzlich unvorstellbarer Gedanke.

Dennoch war Hintze überzeugt, daß dieser Schritt unvermeidlich sei, weil nur so die mit Bekanntwerden der militärischen Niederlage erwartete Schockreaktion aufgefangen und eine revolutionäre Zuspitzung der Lage vermieden werden könne. Die »Revolution von oben« sollte der »Revolution von unten« zuvorkommen – das war der Kern der Konzeption, die Hintze am 29. September in Spa präsentierte.[109] Sowohl Hindenburg und Ludendorff als auch der Kaiser erklärten sich damit einverstanden. Als Reichskanzler Hertling am Mittag des 29. September in Spa eintraf, war die Entscheidung bereits gefallen. Ihm blieb nichts anderes übrig, als sofort seine Demission einzureichen. Noch am Abend desselben Tages reisten Hintze und der Staatssekretär des Reichsschatzamtes, Graf von Roedern, mit einem Extrazug nach Berlin zurück, um dort mit Vizekanzler von Payer und den Parteiführern die Modalitäten der neuen Regierung zu besprechen. Ludendorff gab ihnen als Begleiter den Major von dem Bussche mit. Er sollte die Parlamentarier über die militärische Lage aufklären und die Regierungsbildung forcieren. Am 30. September unterschrieb Wilhelm II. einen Erlaß, in dem der Rücktritt Hertlings bekanntgemacht und der Wünsch ausgesprochen wurde, »daß Männer, die vom Vertrauen des Volkes getragen sind, in weiterem Umfang teilnehmen an den Rechten und Pflichten der Regierung.«[110]

Warum entschloß sich die Oberste Heeresleitung, nachdem sie die wahre Lage monatelang vertuscht hatte, am 29. September zu einer Flucht nach vorn? In der Umgebung des Kaisers, aber auch in politischen Kreisen in Berlin glaubte man, daß Ludendorff einfach »die Nerven verloren« habe.[111] Tatsächlich aber hatte sich der Generalquartiermeister am 29. September längst wieder gefangen, war er ganz Herr seiner Beschlüsse. Diese entsprangen keineswegs einer Panikreaktion, sondern kühler Überlegung. Sicher spielte der Wunsch eine Rolle, durch einen Waffenstillstand die Armee vor völligem Zusammenbruch zu bewahren. Entscheidend aber war ein anderes Motiv, nämlich die Absicht, die Parteien der Reichstagsmehrheit, allen voran die Sozialdemokraten, mit dem Odium der Niederlage zu belasten und sich selbst aus der Verantwortung zu stehlen. Er habe, erklärte Ludendorff am Abend des 29. September vor seinen Offizieren, den Kaiser »gebeten, jetzt auch diejenigen Kreise an die Regierung zu bringen, denen wir es in der Hauptsache zu danken haben, daß wir so weit gekommen sind. Wir werden also diese Herren jetzt in die Ministerien einziehen sehen. Die sollen nun den Frieden schließen, der jetzt geschlossen werden muß. Sie sollen die Suppe jetzt essen, die sie uns eingebrockt haben.«[112]

Während die OHL ihren Anschlag auf die noch nicht einmal gebildete parlamentarische Regierung vorbereitete, stilisierte sie sich (und das deutsche Heer insgesamt) in die Rolle des Opfers, das durch einen hinterrücks aus der »Heimat« geführten Dolchstoß um die Früchte des Sieges geprellt worden sei. Ludendorffs Auftritt vor den Generalstabsoffizieren diente bereits der Inszenierung dieser bösartigen Geschichtsfälschung. »Als wir versammelt waren«, so hat Oberst von Thaer das Schauspiel überliefert, »trat Ludendorff in unsere Mitte, sein Gesicht von tiefstem Kummer erfüllt, bleich, aber mit erhobenem Haupt. Eine wahrhaft schöne germanische Heldengestalt! Ich mußte an Siegfried denken mit der tödlichen Wunde im Rücken von Hagens Speer.«[113] Alle Elemente der Dolchstoßlegende waren hier bereits vorgeprägt. Sie sollte – ebenso wie die Mär von der *Kriegsschuldlüge* – nach 1918 weite Kreise ziehen und das innenpolitische Klima der Weimarer Republik nachhaltig vergiften.

Wie reagierten die Mehrheitsparteien des Reichstags auf die neue Situation? Am 12. September, nach der Sommerpause, war der Interfraktionelle Ausschuß zusammengetreten, um über ein gemeinsames Aktionsprogramm zu beraten. Doch die Debatten schleppten sich hin, ohne daß ein Wille erkennbar geworden wäre, die Dinge kraftvoll in die Hand zu nehmen. Der entscheidende Anstoß zum Sturz Hertlings und zur Neubildung der Regierung auf parlamentarischer Grundlage ging Ende September 1918 nicht von den Aktivitäten der Reichstagsmehrheit aus, sondern von Hintze und Ludendorff, bislang erbitterte Gegner demokratischer Reformen. Die Führer der Mehrheitsparteien ließen sich an die Macht kommandieren. Das war der entscheidende Geburtsfehler der jungen Demokratie: »Die Parlamentarisierung Deutschlands ist nicht vom Reichstag erkämpft, sondern von Ludendorff angeordnet worden.«[114]

Wie schon im Juli 1917, als sie mithalfen, Bethmann Hollweg zu stürzen, konnten die Mehrheitsparteien auch diesmal keinen eigenen Kandidaten für das Amt des Reichskanzlers benennen. Man einigte sich schließlich auf den Prinzen Max von Baden, der als liberaler Reform-Monarchist galt. In ihm erblickten die bisherigen Führungsschichten einen Garanten dafür, daß die »Revolution von oben« nicht außer Kontrolle geriet. Ob aber gerade ein Angehöriger des Hochadels geeignet war, die politische Wende in Deutschland glaubhaft zu machen, das durfte man von vornherein bezweifeln.

Der Regierung des Prinzen Max gehörten neben elf Beamten der alten konservativen Eliten nur sieben Vertreter der Reichstagsmehrheit an: Vizekanzler blieb Payer von der Fortschrittlichen Volkspartei, der Zentrumsabgeordnete Karl Trimborn übernahm das Reichsamt des Innern, der Sozialdemokrat Gustav Bauer das neugeschaffene Reichsarbeitsamt. Matthias Erzberger (Zentrum), Conrad Haußmann (FVP), Philipp Scheidemann (MSPD) und Adolf Groeber (Zentrum) wurden zu Staatssekretären ohne Portefeuille ernannt, womit ihre Möglichkeit, politisch Einfluß zu nehmen, von vornherein begrenzt war.

Unter den Mehrheitssozialdemokraten war die Frage einer Beteiligung an der Regierung des Prinzen Max nicht unumstritten. Am Vormittag des 2. Oktober gab Major von dem Bussche, der Abgesandte Ludendorffs, den Parteiführern im Reichstag einen Bericht über die militärische Lage. Die Wirkung war niederschmetternd: »Die Abgeordneten waren ganz gebrochen; Ebert wurde totenblaß und konnte kein Wort herausbringen; der Abgeordnete Stresemann sah aus, als ob ihm etwas zustoßen würde.«[115] Scheidemann sprach sich in der Fraktionssitzung am 3. Oktober dagegen aus, in »ein ›bankrottes‹ Unternehmen« einzusteigen – in der richtigen Vorahnung, daß die Sozialdemokraten für etwas verantwortlich gemacht werden sollten, was sie gar nicht zu verantworten hatten. Doch Ebert glaubte, wieder einmal ein vorgebliches »nationales« Interesse vor das Parteiinteresse stellen zu müssen: Jetzt da alles zusammenbreche, dürfe die SPD sich nicht verweigern; sie müsse sich »in die Bresche werfen«, um zu retten, was noch zu retten sei.[116] Mit großer Mehrheit schloß sich die Fraktion dieser Auffassung an.

Die Verhandlungen über die Regierungsbildung standen unter dem stärksten Druck der Obersten Heeresleitung. In immer neuen Telegrammen mahnte sie die Politiker in Berlin, unverzüglich das Waffenstillstands- und Friedensangebot herauszugeben. Keine 48 Stunden könne die Armee mehr warten. So wurde in der Nacht vom 3. auf den 4. Oktober eine deutsche Note nach Washington gesandt mit der Bitte an Präsident Wilson, »die Herstellung des Friedens in die Hand zu nehmen« und, »um weiteres Blutvergießen zu vermeiden«, auf »den sofortigen Abschluß eines Waffenstillstands« hinzuwirken.[117] Damit hatte sich die neue Regierung eine schwere Last aufgebürdet. Denn dem Publikum war unbekannt geblieben, daß dieser Schritt auf das Drängen der OHL erfolgt war, und Prinz Max tat nichts, um die Verantwortlichkeit öffentlich klarzustellen. Nachdem jahrelang ein völlig unbegründeter Optimismus genährt worden war, mußte die Nachricht, Deutschland habe um Waffenstillstand nachgesucht, wie ein Schock wirken. Es war ein Irrtum zu meinen, man könne das Volk danach noch einmal zu einer letzten Kraftanstrengung, zu einer *levée en masse* aufrufen, wie Walther Rathenau in einem Artikel in der Vossischen Zeitung vom 7. Oktober vorschlug.[118] Nach Lage der Dinge bedeutete das Waffenstillstands- und Friedensersuchen nichts anderes als das Eingeständnis der Niederlage. »Das also ist die Niederlage«, notierte Kurt Riezler am 1. Oktober. »Die Niederlage in ihrer schlimmsten Form – wenn nicht ein Wunder geschieht, oder die gegnerische Koalition in Unordnung gerät, werden wir nahezu das Diktat akzeptieren müssen ... Der Welt(macht)traum zuende auf immer.«[119]

Richtig an dieser Prognose war die Annahme, daß das Ergebnis auf eine Kapitulation hinauslaufen werde. Was durfte man nach vier Jahren eines mörderischen Krieges, nach dem die deutschen Eroberungsabsichten enthüllenden Friedensdiktat von Brest-Litowsk anderes erwarten? Im Laufe des sich über den ganzen Monat Oktober hinziehenden Notenwechsels schraubte Wilson die Forderungen immer höher. In seiner ersten Note vom 8. Oktober hieß es, die Deutschen müßten als Grundlage der Verhandlungen sein Vierzehn-Punkte-Programm vom Januar 1918 vorbehaltlos akzeptieren und als Vorleistung für einen Waffenstillstand die besetzten Gebiete im Westen räumen. Außerdem erkundigte sich der amerikanische Präsident, ob der Kanzler etwa »nur für diejenigen Gewalten« spräche, »die bisher den Krieg geführt haben«[120] – ein deutlicher Hinweis darauf, daß die Frage der innenpolitischen Neuordnung in Deutschland für die Gegenseite von größter Bedeutung war.

In seiner Antwortnote wies Wilhelm Solf, der neue Staatssekretär des Auswärtigen Amtes, darauf hin, daß die Regierung des Prinzen Max »durch Verhandlungen und in Übereinstimmung mit der großen Mehrheit des Reichstages« gebildet worden sei, also ein demokratisches Mandat habe.[121] Die Glaubwürdigkeit dieser Versicherung wurde allerdings in diesen Tagen schwer erschüttert, als eine Schweizer Zeitung einen Privatbrief des Prinzen Max vom Januar 1918 veröffentlichte, in dem er die Friedensresolution des Reichstags vom Juli 1917 ein »scheußliches Kind der Angst« genannt und sich höchst abfällig über die parlamentarische Regierungsweise geäußert hatte.[122] Diese Enthüllung führte zu einer ernsten Regierungskrise. Die Sozialdemokraten sahen sich getäuscht und spielten für einige Tage mit dem Gedanken, aus dem Kabinett auszutreten, ließen sich dann aber wieder in die Pflicht nehmen. Beglückt äußerte sich Prinz Max am 15. Oktober in einem Brief an den Großherzog von Baden: »Gottlob, daß ich in den Sozialdemokraten Männer auf meiner Seite habe, auf deren Loyalität wenigstens gegen mich ich mich vollkommen verlassen kann. Mit ihrer Hilfe werde ich hoffentlich imstande sein, den Kaiser zu retten. Welche Ironie des Schicksals.«[123]

Doch die Aussichten für das gemeinschaftliche Rettungswerk verschlechterten sich Mitte Oktober 1918 dramatisch. In seiner zweiten Note vom 14. Oktober schlug Wilson bereits wesentlich schärfere Töne an. Nicht nur verlangte er »Sicherheiten und Bürgschaften für die Fortdauer der gegenwärtigen militärischen Überlegenheit« der Alliierten, sondern auch eine Abkehr von der den Frieden der Welt bedrohenden Macht, »welche bis jetzt das Schicksal der deutschen Nation bestimmt hat«.[124] Damit waren, wenn auch noch verklausuliert, Wilhelm II. und die Hohenzollernmonarchie zur Disposition gestellt.

Wilsons zweite Note schlug »wie eine Bombe in Deutschland« ein.[125] Im Kriegskabinett, das am 16. Oktober über die neue Lage beriet, erging man sich in Vorwürfen gegen den amerikanischen Präsidenten. »Das Schlimmste an seiner Note«, empörte sich Staatssekretär Solf, »sei nicht der Inhalt, sondern der Ton. So spräche ein Diktator, nicht der Mann, der einen Rechtsfrieden wolle, sondern das Haupt eines Bundes, das unsere Vernichtung wolle.«[126] Auch im Großen Hauptquartier schlug die Stimmung um. Plötzlich war nicht mehr von einer unmittelbar drohenden militärischen Katastrophe die Rede, sondern davon, daß die Widerstandskraft des deutschen Heeres »noch lange nicht erschöpft« sei. »Ist der Waffenstillstand unter ehrenvollen Bedingungen nicht zu erreichen, so muß weitergekämpft werden«, erklärte Ludendorff.[127] Es war keine drei Wochen her, da hatte die OHL noch jede Möglichkeit des »Weiterkämpfens« kategorisch verneint. Diese plötzliche Kehrtwende entsprang nicht einer grundsätzlich neuen Beurteilung der militärischen Lage, sondern war ein weiterer Schachzug in dem Spiel, die Verantwortung für die Niederlage auf die Politiker der Reichstagsmehrheit abzuwälzen. Deren Defaitismus wollten es die Militärs zuschreiben, wenn es nicht gelang, das Volk zu einem »Kampf bis zum Äußersten« zu mobilisieren.

In der Sitzung des Kriegskabinetts am 17. Oktober zeichnete Ludendorff zur Überraschung der versammelten Runde ein wesentlich positiveres Bild von der militärischen Lage als noch Ende September: Ein Durchbruch sei zwar immer noch möglich, aber nicht mehr wahrscheinlich. Wenn der Kriegsminister, wie angekündigt, das Heer mit ausreichendem Ersatz versorge, könne man »wieder hoffnungsfreudig sein«. Die Politiker forderte Ludendorff auf, »dafür zu sorgen, daß die Stimmung in der Heimat gehoben wird«. Wörtlich erklärte er: »Packen Sie das Volk. Reißen Sie es hoch. Kann das nicht Herr Ebert tun? Es muß gelingen.« Sich selbst hatte Ludendorff auf diese Weise aus der Schußlinie manövriert. Prinz Max von Baden blieb nichts anderes übrig, als zu Protokoll zu geben: »Die Lage ist heute nicht mehr dieselbe, wie sie am 3. Oktober war, als wir veranlaßt wurden, den Friedensschritt bei Wilson zu tun.«[128]

Doch der Prozeß, der Ende September in Gang gesetzt worden war, ließ sich nicht mehr umkehren. In seiner dritten Note vom 23. Oktober forderte Wilson, daß ein Waffenstillstand »eine Wiederaufnahme der Feindseligkeiten seitens Deutschlands unmöglich« machen müßte. Darüber hinaus übte er Kritik an der unzureichenden inneren Neuordnung. Nach wie vor würde »die entscheidende Initiative« bei denen liegen, »die bisher die Beherrscher Deutschlands waren« – eine angesichts des anmaßenden Auftretens der OHL nur allzu zutreffende Beschreibung der Situation. Verhandlungen mit den »militärischen Beherrschern und monarchischen Autokraten Deutschlands« könne es nicht geben.[129]

Am Abend des 24. Oktober wandte sich Hindenburg daraufhin, ohne jede Rücksprache mit der Reichsleitung, in einem Aufruf an die Armee. Darin wurden Wilsons Forderungen als »unannehmbar«

zurückgewiesen. Sie seien ein Beweis dafür, »daß der Vernichtungswille unserer Feinde, der 1914 den Krieg entfesselte, unvermindert fortbesteht«. Für die Soldaten könne es darauf nur eine Antwort geben, nämlich »den Widerstand mit äußersten Kräften fortzusetzen«.[130] Damit hatte die OHL der Regierung des Prinzen Max den offenen Kampf angesagt. Am 25. Oktober reisten Hindenburg und Ludendorff nach Berlin, um vom Kaiser den Abbruch der Verhandlungen mit Wilson zu verlangen.

Prinz Max war nun gezwungen, den Fehdehandschuh aufzunehmen. »Für mich stand fest«, so hat er in seinen Erinnerungen bemerkt, »diese Reise durfte nur mit der Entlassung des Generals Ludendorff enden.«[131] In einer Immediateingabe an den Kaiser bat er um seinen Abschied, »falls ein Wechsel in der Obersten Heeresleitung nicht möglich« sei. Denn bliebe deren neuerliche Einmischung in die Politik ohne »eine kräftige Antwort«, würde dies im Ausland als Beweis dafür angesehen, »daß die Regierung den militärischen Gewalten wieder erlegen ist«.[132] Auch Wilhelm II. war nun entschlossen, Ludendorff den Laufpaß zu geben: »Erst stürzt er mir den Bethmann, dann Valentini, mischt sich in alle politischen Dinge ein, von denen er gar nichts versteht ... Aber jetzt ist es zu Ende, jetzt muß er gehen.«[133]

In einer stürmischen Audienz im Schloß Bellevue am Morgen des 26. Oktober kam es zum Bruch. Die Waffe der Rücktrittsdrohung, mit der die »Halbgötter« von der OHL bislang so erfolgreich operiert hatten, sie war stumpf geworden. Ludendorff verlangte seinen Abschied, und diesmal stimmte Wilhelm II. scheinbar widerstrebend, in Wirklichkeit aber erleichtert zu. Hindenburg indessen fügte sich dem kaiserlichen Befehl »Sie bleiben!« ohne Widerrede.[134] Ludendorff war über den Treubruch des Generalfeldmarschalls so enttäuscht, daß er ihm noch vor dem Schloß eine Szene machte und es auch ablehnte, mit ihm gemeinsam nach Spa zurückzureisen. Vor seiner Abfahrt prophezeite er: »In 14 Tagen wird auch S(eine) M(ajestät) abdanken müssen«[135] – womit er ausnahmsweise einmal recht behielt.

Die Entlassung des einst mächtigen Mannes wurde im Offizierskorps ohne Murren hingenommen. Selbst in den Reihen seiner engsten Gefolgsleute hatte Ludendorff durch sein Verhalten Ende September, Anfang Oktober 1918 an Achtung verloren. Zu seinem Nachfolger wurde

Wilhelm Groener bestellt, früher Leiter des Kriegsamts im Preußischen Kriegsministerium. Dem als vergleichsweise liberal geltenden württembergischen General traute man etwas mehr Fingerspitzengefühl zu im Umgang mit der parlamentarischen Regierung.

Am 26. Oktober fand nicht nur die »Nebenregierung« der OHL ihr Ende; an diesem Tage verabschiedete der Reichstag auch mehrere Gesetze, die den Übergang zur parlamentarischen Regierungsweise besiegelten. Zwei Tage später traten die sogenannten *Oktoberreformen* in Kraft. Dem alten Artikel 15 der Reichsverfassung wurde die Bestimmung hinzugefügt: »Der Reichskanzler bedarf zu seiner Amtsführung das Vertrauen des Reichstags.« Die kaiserliche Kommandogewalt wurde der parlamentarischen Kontrolle unterstellt; die Sonderstellung der Armee, ein Kernstück der Bismarckschen Verfassungskonstruktion, war damit beseitigt.

Durch die Verfassungsreformen von Ende Oktober 1918 hatte sich das Kaiserreich dem Modell westlicher parlamentarischer Demokratien angenähert; die Forderungen der Reichstagsmehrheit waren weitgehend erfüllt. War also die *Revolution von unten* Anfang November eigentlich ganz überflüssig, geboren aus einem Mißverständnis, wie Arthur Rosenberg in seiner zuerst 1928 veröffentlichten Studie über die ENTSTEHUNG DER WEIMARER REPUBLIK gemeint hat?[136] Tatsächlich standen die Reformen nur auf dem Papier, sie waren noch nicht Wirklichkeit. Diese blieb, bis in die Alltagssphäre hinein, geprägt durch den wilhelminischen Obrigkeitsstaat und seine Organe. Nach wie vor herrschte im Oktober 1918 der »Belagerungszustand«, entschieden die stellvertretenden kommandierenden Generale in den einzelnen Korpsbezirken nach Gutdünken über Zensurmaßnahmen und Versammlungsverbote. Statt eine allgemeine Amnestie für politische Gefangene zu erlassen, gab es neue Verhaftungen von Kriegsgegnern. Das alte Militärsystem dauerte, trotz Parlamentarisierung, anscheinend ungebrochen fort. Und in den vornehmen Restaurants, etwa im Hotel Adlon in Berlin, tummelten sich, allen revolutionären Zeichen zum Trotz, »die satten Bourgeois und eleganten Offiziere, dicke, breitspurig auftretende Leute, die auch jetzt noch sehr gut leben und doch gleichsam schon auf durchsägten Stühlen sitzen«, wie Alfons Paquet, Journalist bei der FRANKFURTER ZEITUNG, am 20. Oktober beobachtete.[137]

Eine radikale Friedenssehnsucht, gemischt mit Wut und Sarkasmus, beherrschte die Stimmung der Großstädter Ende Oktober 1918. Selbst Hindenburgs Stern war im Sinken. Die Berliner witzelten: »Warum ist Hindenburg die Sonne der Nation? Er geht im Osten auf und im Westen unter.«[138] In den Kinos wurde gepfiffen, wenn Bilder von ihm, Ludendorff und dem Kaiser gezeigt wurden.[139] Aber auch die Regierung des Prinzen Max war unpopulär. Nicht einmal in der schnellen Anbahnung eines Waffenstillstands besaß sie, so schien es, eine glückliche Hand.

Spätestens seit der dritten Wilson-Note stand die Frage der Abdankung des Kaisers im Mittelpunkt der innenpolitischen Diskussion. Nicht nur unter sozialdemokratischen Arbeitern, sondern auch im liberalen Bürgertum galt Wilhelm II. als entscheidendes Friedenshindernis. Selbst in konservativen Kreisen wurden Stimmen laut, die im Thronverzicht des Kaisers das einzige Mittel sahen, die Institution der Monarchie zu retten. Doch Wilhelm II. war von einer solchen Einsicht weit entfernt. »Ein Nachfolger Friedrichs des Großen dankt nicht ab«, erklärte er großspurig,[140] und reiste am 29. Oktober ins Hauptquartier nach Spa, dessen Kasinoatmosphäre ihm besser behagte als das unruhige politische Getriebe in der Reichshauptstadt.

Auch Prinz Max hielt inzwischen einen Thronverzicht Wilhelms II. für unumgänglich, doch glaubte er, seinen Verwandten auf dem Hohenzollernthron nicht bedrängen zu dürfen. Die Abdankung des Kaisers, erklärte er am 31. Oktober im Kriegskabinett, müsse eine freiwillige sein; nur so könnten »das Reich und Heer vor Schaden bewahrt« werden.[141] Der preußische Innenminister Drews, der am 1. November nach Spa entsandt wurde, um den Monarchen vorsichtig auf das Unvermeidliche vorzubereiten, holte sich eine deftige Abfuhr. Er denke gar nicht daran, »wegen der paar 100 Juden und der 1000 Arbeiter« abzudanken, erklärte Wilhelm II., und er drohte: »Wenn mir das Geringste passiert, dann schreibe ich denen die Antwort mit Maschinengewehren auf das Pflaster, und wenn ich mein eigenes Schloß zerschieße, aber Ordnung soll sein.«[142] Der Gedanke, sich an die Spitze eines Regiments an die Front zu begeben, um dort ein »ehrenvolles Ende« zu finden, also eine Art *Königsopfer* zu bringen, wie es manche Generalstabsoffiziere als rettenden Ausweg empfahlen,[143] kam dem Kaiser überhaupt nicht in den Sinn. Nicht einmal für »den Mut zu einer großen Geste« reichte es, wie der Journalist Alfons Paquet beklagte: »Also was läge daran, daß er in der so oft bei Paraden getragenen Admiralsuniform auf die Kommandobrücke stiege, seinen ganzen Generalstab mitnähme und heroisch unterginge. Es wäre groß, Götterdämmerung. Aber dazu fehlt die Größe.«[144]

Wäre es nach dem Willen der Seekriegsleitung gegangen, dann hätte es dennoch einen »ehrenvollen Untergang« gegeben. Hinter dem Rücken der parlamentarischen Regierung bereitete sie Ende Oktober 1918 einen Vorstoß der Schlachtflotte, dieser teuren Waffe, die im Krieg stumpf geblieben war, in den Kanal vor, um dort in einem letzten Gefecht ein ruhmvolles Ende zu finden. Auf die Rebellion der Admirale folgte der Aufstand der Matrosen.[145] Daß der revolutionäre Funke auf den Großkampfschiffen der kaiserlichen Marine zündete, war kein Zufall. Denn hier, wo Mannschaften und Offiziere, unterschiedlich verpflegt, auf engstem Raum zusammenlebten, wo das System des Militarismus die empörendsten Auswüchse hervorbrachte, hatte sich seit langem Konfliktstoff angehäuft. Bereits im August 1917 war es zu ersten Meutereien gekommen, die damals noch durch brutale Repression niedergeschlagen werden konnten. Ende Oktober 1918 war den Matrosen überhaupt nicht mehr einsichtig zu machen, wieso sie in letzter Stunde, einer heroischen Geste zuliebe, ihr Leben opfern sollten. In der Nacht vom 29. auf den 30. Oktober kam es auf den vor Wilhelmshaven ankernden Schlachtschiffen zu Befehlsverweigerungen. Der geplante Flottenvorstoß mußte abgeblasen werden; die »Rädelsführer« wurden festgenommen.

Jetzt überschlugen sich die Ereignisse. Am 31. Oktober lief das 3. Geschwader in Kiel ein. Die Matrosen forderten in Versammlungen die Freilassung ihrer inhaftierten Kameraden; Kieler Werftarbeiter solidarisierten sich mit ihnen. Als am 3. November ein gemeinsamer Demonstrationszug sich zur Marinearrestanstalt bewegte, eröffnete eine Militärpatrouille das Feuer: Es gab neun Tote und zahlreiche Verletzte. Das war das Signal zum Aufstand. In der Nacht vom 3. auf den 4. November wurden überall auf den Schiffen die Offiziere entwaffnet, rote Fahnen gehißt. Zwar gelang es, dem eilends nach Kiel entsandten MSPD-Reichstagsabgeordneten Noske bereits nach wenigen Tagen, die revolutionäre Bewegung in der Ostseestadt unter Kontrolle zu bringen, aber inzwischen hatte sie sich wie ein Steppenbrand über ganz Norddeutschland ausgebreitet. Überall wurden – nach Kieler Vorbild – Arbeiter- und Soldatenräte gebildet. Fast widerstandslos brach die alte Ordnung zusammen.

Es war nur eine Frage der Zeit, wann die Revolution die Reichshauptstadt erreichen würde. Unter den Reichen machte sich Panik breit. »Man spricht von nichts anderem, obgleich die Zeitungen höchstens Andeutungen bringen dürfen. Alle Welt erwartet Ereignisse in Berlin, Villenbesitzer ziehen aus den Vororten herein«, notierte Theodor Wolff am 6. November.[146] Noch glaubten die führenden Mehrheitssozialdemokraten, die Monarchie retten und die auf Berlin zumarschierende *Revolution von unten* aufhalten zu können, wenn Wilhelm II. sofort abdanke. Tue er dies nicht, äußerte der Parteivorsitzende Friedrich Ebert gegenüber dem Reichskanzler, dann allerdings sei »die soziale Revolution unvermeidlich«: »Ich aber will sie nicht, ja, ich hasse sie wie die Sünde.«[147] So weit war es gekommen mit den kaiserlichen Sozialdemokraten, die einst angetreten waren, das kapitalistische System aus den Angeln zu heben, und nun, zu ihrem größten Leidwesen, die Chance zugespielt bekamen, es auch tatsächlich zu tun.

Am 8. November scheiterten alle Versuche des Prinzen Max, den Kaiser zu einem freiwilligen Thronverzicht zu bewegen. In einer Wahnwelt gefangen, phantasierte sich Wilhelm II. in die Vorstellung von einem neuen Mirakel des Hauses Brandenburg hinein: »Jetzt heißt es Kampf gegen den Bolschewismus in Europa. Es ist nicht ausgeschlossen, daß die Engländer mir noch Truppenhilfe anbieten, um den Bolschewismus in Deutschland zu unterdrücken.«[148] Und noch einmal drohte er: »Werdet ihr in Berlin nicht anderen Sinnes, so komme ich nach Abschluß des Waffenstillstandes mit meinen Truppen nach Berlin und schieße die Stadt zusammen, wenn es sein muß.«[149]

Die kaisertreuen Truppen, über die Wilhelm II. noch zu gebieten meinte – sie gab es nicht mehr. Für den Vormittag des 9. November hatte Groener 50 Frontoffiziere nach Spa beordert; 39 trafen zur festgesetzten Stunde ein. Die meisten von ihnen verneinten die Frage, ob die Armee noch zum Kaiser stehe und bereit sei, mit ihm an der Spitze »die Heimat im Kampfe« zurückzuerobern. Die Truppe sei »total müde und abgekämpft«, sie wolle »nichts wie Ruhe haben«. Dieses Ergebnis wurde Wilhelm II. in den Mittagsstunden des 9. November gemeldet. Jetzt begann auch der Monarch einzusehen, daß seine Zeit abgelaufen war. Aber immer noch konnte er sich nicht zu einem vollen Thronverzicht durchringen. So verfiel er auf die obskure Idee, zwar »als Deutscher Kaiser ... abzudanken, nicht aber als König von Preußen«.[150]

Inzwischen war die Entwicklung in der Hauptstadt längst über alle Beschlüsse des Hauptquartiers hinweggeschritten. Am Morgen des 9. November traten die Berliner Großbetriebe in den Generalstreik; ein gewaltiger Demonstrationszug bewegte sich zum Regierungsviertel, mit bewaffneten Arbeitern an der Spitze. Die Truppen der Garnison schlossen sich an. Um 9 Uhr machten die Sozialdemokraten ihre Drohung wahr und traten aus der Regierung aus. In pausenlosen Telefongesprächen versuchte Prinz Max vergeblich, den Kaiser in letzter Minute zur Abdankung zu bewegen. So entschloß er sich, auf eigene Verantwortung zu handeln. Gegen 12 Uhr ließ er durch das Wolffsche Telegraphenbüro die Meldung verbreiten, daß der Kaiser und König auf seinen Thron verzichtet habe. Kurze Zeit später übertrug er Friedrich Ebert die Reichskanzlerschaft. Auf die Frage, ob er bereit sei, das Amt »auch innerhalb der monarchischen Verfassung« zu führen, antwortete Ebert ausweichend: »Gestern hätte ich diese Frage unbedingt bejaht, heute muß ich mich erst mit meinen Freunden beraten.« Als Prinz Max daraufhin die Frage einer Regentschaft anschnitt, rief Ebert: »Es ist zu spät.« Und hinter ihm echote der Trauerchor seiner Parteigenossen: »Zu spät, zu spät!«[151]

Um 2 Uhr nachmittags proklamierte Scheidemann von einem Fenster im Reichstagsgebäude die deutsche Republik. Kaum war er ins Reichstagsrestaurant zurückgekehrt, um seine Kartoffelsuppe auszulöffeln, stürzte Ebert »vor Zorn dunkelrot« auf ihn zu, schlug mit der Faust auf den Tisch und schrie: »Ist das wahr?« Als Scheidemann bejahte, machte er ihm eine Szene: »Du hast kein Recht, die Republik auszurufen: Was aus Deutschland wird, ob Republik oder was sonst, das entscheidet eine Konstituante.«[152] Es mußte eben alles ganz ordentlich und der Reihe nach zugehen für den sozialdemokratischen Parteivorsitzenden, der die Revolution nicht gewollt hatte und sich ihrer nun doch annehmen mußte wie eines mißgestalteten Kindes.

Wilhelm II. auf dem Bahnsteig von Eijsden/Holland, 10. November 1918.

Das Ende

Es war bitterkalt an jenem Morgen des 10. November 1918, als der Posten der holländischen Grenzstation Eijsden zwei Autos, die sich in raschem Tempo der Grenze näherten, ein »Halt!« entgegenrief. Ein Blick in den zweiten Wagen genügte, und er wußte, woran er war: »Der Kaiser steht an der Grenze!« meldete er dem Garnisonskommandanten in Maastricht.[153] Der geleitete Wilhelm II. mitsamt Gefolge gegen 8 Uhr auf holländisches Gebiet. »In die Hände von eigenen meuternden Truppen konnte der deutsche Oberste Kriegsherr nicht mehr fallen«, notierte erleichtert sein Flügeladjudant Sigurd von Ilsemann.[154]

Die Entscheidung zur Flucht nach Holland hatten Hindenburg, Groener und Hintze dem Kaiser am Nachmittag des 9. November nahegelegt, nachdem Gerüchte über den Anmarsch revolutionärer Truppenteile das Hauptquartier in Spa erreichten. Wilhelm II. übertrug den Oberbefehl auf Hindenburg: »Ich habe soeben abgedankt. Ich habe keine Lust, mich von irgendwelchen hergelaufenen Kerls aufhängen zu lassen«, ließ er einen Vertrauten wissen.[155] Und wie später Hitler in seinen letzten Tagen im Bunker der Reichskanzlei erging sich der gestürzte Monarch in wüsten Beschimpfungen seiner Untertanen: »Ja, wer hätte das gedacht, daß es so kommen würde. Das deutsche Volk ist eine Schweinebande.«[156]

Am Abend des 9. November stieg der Exkaiser mit seinem Gefolge in den Hofzug um. Noch sträubte er sich dagegen, ins holländische Exil abzureisen. Noch immer phantasierte er von einem Kampf »bis zum Äußersten«: »Und wenn wir alle totgeschlagen werden – vor dem Tode habe ich keine Angst! Nein, ich bleibe hier!« um dann gleich wieder ganz kleinmütig zu werden: »Das beste wird schon sein, ich schieße mich tot.«[157]

In den frühen Morgenstunden des 10. November rollte der kaiserliche Hofzug aus dem Bahnhof von Spa. Zehn Kilometer hinter Spa ließ Wilhelm II. den Zug halten und stieg, sicherheitshalber, mit seinen engsten Vertrauten in zwei Autos um. Die Karabiner schußbereit, ängstlich nach »Bolschewisten« ausspähend, so erreichte die seltsame Reisegesellschaft die sechzig Kilometer entfernte holländische Grenze.

Die Nachricht von der Ankunft des gestürzten deutschen Kaisers verbreitete sich wie ein Lauffeuer. Während Wilhelm II. auf dem Bahnsteig von Eijsden das Eintreffen des kaiserlichen Hofzugs abwartete, sammelte sich vor dem Bahnhofsgebäude eine aufgebrachte Menschenmenge. Flügeladjutant von Ilsemann notierte: »Von allen Seiten kamen die Menschen gelaufen, und immer wieder hörte man Rufe: ›Ah, Kamerad, kaputt!‹ oder ›Vive la France!‹ Man sah drohende Fäuste und andere ekelhafte Zeichen. Man hörte Pfuirufe und grelles Pfeifen. Der arme Kaiser tat mir in der Seele leid. Er ging aber ruhig weiter auf und ab, als ob er nichts hörte. Photographen nahmen Bilder auf. Eine Erlösung war es, als der Zug einlief, der den Kaiser vor diesen Erniedrigungen schützte.«[158]

Im Speisewagen, in dem er bei geschlossenen Vorhängen den ganzen Tag zubrachte, zerfloß Wilhelm II. vor Selbstmitleid. Ununterbrochen redete er davon, »wie er während seiner Regierungszeit stets das Gute gewollt, und auf welche Schwierigkeiten er überall gestoßen« sei, wie Bismarck nach seinem Sturz »eine große Hetze« gegen ihn betrieben und wie in seiner Kindheit »jeder an ihm herumerzogen« habe: »Nie habe er Ruhe gefunden. Jetzt sei er zum erstenmal in seinem Leben frei.«[159] Frei sein – das hieß für Wilhelm II. wie für seine Militärs, sich aus der Verantwortung zu flüchten für das, was sie angerichtet hatten. Die Täter stilisierten sich in der Stunde der Wahrheit zu Opfern – das Leitmotiv deutscher Geschichte im 20. Jahrhundert.

Dem deutschen Gesandten in Den Haag, Friedrich Rosen, der ihn im Zug aufsuchte, gestand der entthronte Monarch: »Ich bin ein gebrochener Mann.« Als Rosen ihm vorschlug, seinen neuen Lebensabschnitt mit dem Schreiben seiner Memoiren zu verbringen, war Wilhelm II. sogleich Feuer und Flamme: »Ich werde morgen damit beginnen.«[160] Gegen Mitternacht überbrachte eine Delegation aus Den Haag die Nachricht, daß die niederländische Regierung dem abgesetzten Herrscher Asyl gewähren wolle. Als vorläufige Unterkunft sollte ihm das Kastell Amerongen bei Utrecht zur Verfügung gestellt werden. Am 11. November 1918, zur selben Zeit, als der Leiter der deutschen Delegation, Matthias Erzberger, in einem Eisenbahnwaggon im Walde von Compiègne seine Unterschrift unter das Waffenstillstandsabkommen setzte, verließ der kaiserliche Hofzug die Station Eijsden und fuhr über Maastricht, Nymwegen und Arnheim zur Station Maarn. Während der gesamten Fahrt säumten Tausende Niederländer die Strecke, um ihren Protest gegen die Anwesenheit des verhaßten Hohenzollern Ausdruck zu geben. Doch Graf Bentinck, der Besitzer des Kastells Amerongen, empfing den unerwarteten Gast recht freundlich. Artig begrüßte der die Gastgeberin: »Verehrte Gräfin, entschuldigen Sie, daß ich störe, es ist aber nicht meine Schuld.«[161] Nach einem standesgemäßen Diner mit vielen Gängen und erlesenen Weinen sank der erschöpfte Exmonarch in das für ihn hergerichtete Prunkbett, in dem 1672 Ludwig XIV. geschlafen hatte – der französische Sonnenkönig, in dessen Schloß am 18. Januar 1871 das Deutsche Kaiserreich ausgerufen worden war.

Bilanz und Ausblick

> »Da regiert der Bürger in seiner übelsten Gestalt. Da regiert der Offizier alten Stils. Da regiert der Beamte des alten Regimes. Und wie sie regieren! Keine Erkenntnis hat sich da Bahn gebrochen. Kein Luftzug einer neuen Zeit weht da herein. Da ist alles noch beim alten … da wehen noch die schwarz-weiß-roten Fahnen im Wind, da herrscht im Grunde noch Wilhelm der Zweite, und, wenn er einen gehabt hätte, sein Geist.«
> (Kurt Tucholsky: In der Provinz, 1920)

Nicht nur im Reich, sondern auch in den Bundesstaaten bedeuteten militärische Niederlage und Novemberrevolution das Ende der monarchischen Ära. Überall räumten die alteingesessenen dynastischen Herrscher ohne großen Widerstand, fast freiwillig, das Feld. Dieses fast geräuschlose Verschwinden einst so selbstverständlich respektierter Institutionen war ein Vorgang, der schon manche Zeitgenossen irritierte: »Mir griff es an die Gurgel, dieses Ende des Hohenzollernhauses; so kläglich, so nebensächlich, nicht einmal Mittelpunkt der Ereignisse«, schrieb Harry Graf Kessler am 9. November 1918, den er einen »der denkwürdigsten, furchtbarsten Tage der deutschen Geschichte« nannte.[1] Tatsächlich bewies der sang- und klanglose Abschied der Hohenzollern von der Bühne der Geschichte nur, wie restlos der monarchische Obrigkeitsstaat unter den Belastungen des Krieges seine Legitimität aufgezehrt, wie sehr vor allem der Kaiser jedes Ansehen verspielt hatte. »Das Ungeheure ist zur Tatsache geworden«, notierte Gerhart Hauptmann ebenfalls am 9. November 1918. »Die Bahn Wilhelms II., dieses eitlen, überheblichen und fleißigen Monarchen ist beendet.«[2]

Nicht wenige Anhänger des untergegangenen Systems beeilten sich nun, den gestürzten Hohenzollernherrscher für alle Fehler und Versäumnisse der deutschen Politik seit Bismarcks Abgang verantwortlich zu machen. Gegen diese Neigung zur kollektiven Selbstentlastung wandte sich Theodor Wolff in einem Leitartikel des Berliner Tageblatts vom 9. November 1918: »Wilhelm II. war nicht der alleinige Urheber, aber der Repräsentant einer aberwitzig kurzsichtigen, die Kräfte und Ideen des Auslandes falsch einschätzenden Politik, und er war das Symbol einer Zeit und eines Geistes, der, in Machtbegehren und Selbstüberhebung, die Katastrophe herbeigeführt hat.«[3] Auch Walther Rathenau rief in seinem feinfühligen Kaiserporträt aus dem Jahre 1919 ins Gedächtnis, wie eng die Bindungen zwischen dem Kaiser und dem deutschen Volk vor dem Kriege gewesen waren: »Dies Volk in dieser Zeit, bewußt und unbewußt, hat ihn so gewollt, nicht anders gewollt, hat sich selbst in ihm so gewollt, nicht anders gewollt … Niemals zuvor hat so vollkommen ein sinnbildlicher Mensch sich in der Epoche, eine Epoche sich im Menschen gespiegelt.«[4]

Die Schnurrbart-Majestät war, was viele in der Stunde der Niederlage nicht mehr wahrhaben wollten, lange Zeit sehr populär gewesen. »Wie dicht standen sie, und wie jubelten sie ihm zu, wenn er, von Exerzierübungen oder einer Parade zurückkehrend, an der Spitze seiner Regimenter durch das Brandenburger Tor einzog«, erinnerte sich Ludwig Quidde 1926. Auch für ihn stand ganz außer Frage, daß »das deutsche Volk … besser gesagt: ein großer Teil des deutschen Volkes in allen seinen Schichten« »nicht ohne schwere Mitschuld« daran sei, daß der Kaiser »das Kapital von internationalem Vertrauen auf deutsche Politik … verwirtschaftet und damit das Unheil über uns heraufbeschworen hat«.[5] Tatsächlich war die wilhelminische Welt- und Flottenpolitik, die das Kaiserreich vor 1914 in die außenpolitische Isolierung geführt hatte, keineswegs dem unerforschlichen Ratschluß des Monarchen allein entsprungen; sie wußte sich getragen von der begeisterten Zustimmung großer Teile des »nationalen« Bürgertums, ja selbst in den Reihen der Sozialdemokraten, besonders unter den Vertretern des rechten Flügels, war der Widerstand dagegen immer schwächer geworden. Anders wäre es auch gar nicht zu verstehen, wie rasch und bereitwillig die deutsche Sozialdemokratie sich im August 1914 auf die Seite der Kriegspolitik schlagen konnte. »Wer waren die, die zweimal wöchentlich flaggten, auf den Untergang der Lusitania tranken, dem

Unterseekrieg zustimmten, über jede Kriegserklärung scherzten? Es waren manche guten Sozialisten darunter«, stellte Walther Rathenau 1919 nüchtern fest, und er knüpfte daran die Bemerkung: »Das sind keine Vorwürfe, sondern Erinnerungen. Erinnerungen daran, wie tief das monarchisch-militärische Bewußtsein in den Massen saß.«[6]

Das Laute und Prahlerische, das Operettenhafte und Martialische – all das, was den von Wilhelm II. kreierten Politik- und Regierungsstil kennzeichnete: es hatte mentalitäts- und verhaltensprägend gewirkt und an deutschen Stammtischen ein ungebrochenes Echo gefunden. »Die Züge reiner Menschlichkeit werden verwischt; behagliches Weltbürgertum hat keinen Boden mehr«, konstatierte Ludwig Thoma vor dem Kriege. »Alles ist Pathos, Phrase. Der Durchschnittsdeutsche von heute ist ein ekelhafter Komödiant, der seine Gefühle, seinen Patriotismus auf den Markt trägt.«[7] Und Mitte Oktober 1918, als der von den Hurrapatrioten herbeigewünschte Krieg verloren war, schrieb der Journalist Alfons Paquet erbittert über die sich plötzlich allerorten regende Wehleidigkeit: »Ich bin schließlich außer mir vor Wut auf das deutsche Volk, das es nicht besser verdient hat, als jetzt am Ende eines mit wahnsinnigen Opfern geführten Krieges als ein Bettler dazustehen: denn es war dumm, beschränkt ... seine eigenen Phrasen hauen ihm jetzt aufs Maul.« Und diese Maulhelden, fügte Paquet sarkastisch hinzu, wollten »einen Krieg gegen die ganze Welt gewinnen ohne Genie, nur mit roher Kraft. Hole sie der Teufel. Ich kann dies öde, tragische Feldgrau, diese müden erschütterten Männergesichter nicht mehr sehen.«[8]

In solchen Typisierungen des Durchschnittsverhaltens der Deutschen zu Zeiten Wilhelms II. erkennt man unschwer den wilhelminischen *Untertanen*, wie ihn Heinrich Mann in seinem Roman porträtiert hat. Das Buch, das der Autor kurz vor Beginn des Krieges fertiggestellt hatte, das aber erst im Dezember 1918 erscheinen konnte, sollte ursprünglich den Untertitel tragen: »Geschichte der öffentlichen Seele unter Wilhelm II.«[9] Im Rückblick aus dem Jahr 1945 hat Heinrich Mann allerdings hervorgehoben, daß der Roman nicht nur auf die deutsche Niederlage von 1918, sondern »gleichfalls schon« auf den Faschismus verweise, »wenn man die Gestalt des *Untertan* nachträglich betrachtet«: »Als ich sie aufstellte, fehlte mir von dem ungeborenen Faschismus der Begriff, und nur die Anschauung nicht.«[10] Das ist keine nachträgliche Konstruktion: Aus Heinrich Manns Psychogramm der wilhelminischen Epoche kann man noch heute mehr über die Vorgeschichte des Nationalsozialismus lernen als aus vielen gelehrten Geschichtsbüchern. Nirgendwo sonst ist die Modellierung des autoritären Sozialcharakters so genau beschrieben, sind die politischen Folgen so eindringlich dargestellt worden wie hier. Kurt Tucholsky lobte den Roman in der WELTBÜHNE als »das Herbarium des deutschen Mannes«. Dieser werde so geschildert, wie er sei, »in seiner Sucht zu befehlen und zu gehorchen, in seiner Rohheit und in seiner Religiosität, in seiner namenlosen Zivilfeigheit.«[11]

Die entscheidenden Prägestätten dieses Sozialisationstypus waren die Universitäten, genauer: die studentischen Korporationen, und die Armee. Die schlagenden Verbindungen waren nicht nur, wie Max Weber bissig bemerkte, »Avancementsversicherungsanstalten«;[12] in ihnen wurden die Probanden, vor allem über den atavistischen Ritus der Mensur, auch einer Abhärtungsdressur unterworfen, die notwendigerweise auf die gesamte Persönlichkeit deformierend und verrohend wirken mußte. Zu Recht hat Norbert Elias in seinen STUDIEN ÜBER DIE DEUTSCHEN darin eine der Wurzeln für die Entzivilisierung der deutschen Gesellschaft gesehen: »Wer sich schwach zeigte, galt nichts. Im Grunde wurden Menschen hier dazu erzogen, sowie sie sich einem Schwächeren gegenüber wußten, hart zuzuschlagen, ihn die eigene Überlegenheit und seine Unterlegenheit alsbald und unzweideutig fühlen zu lassen. Das nicht zu tun, war Schwäche; und Schwäche war etwas Verächtliches.«[13] Die Korpsstudenten, die derlei Maximen verinnerlichten, bildeten das Reservoir, aus dem die wilhelminischen Eliten ihren Nachwuchs rekrutierten: Generäle, Minister, Bankiers, Professoren, Mediziner, Anwälte.

Eine zweite wesentliche Bedingung für die Entzivilisierung der Gesellschaft war die Sonderstellung der Armee – ein dauerhaft belastendes Erbe, das Preußen in das deutsche Kaiserreich eingebracht hatte. Am deutlichsten zeigte es sich in der Leitbildfunktion, die der preußische Reserveleutnant gerade auch für bürgerliche Kreise besaß: »Man muß diesen Typus im Laufe eines langen Lebens in unzähligen Exemplaren vor Augen gehabt haben, um seine Macht über die Gemüter zu verstehen«, urteilte Friedrich Meinecke im Rückblick.[14] Über die Institution des Reserveoffiziers drangen militaristische Werte und Verhaltensmuster in alle Bereiche des bürgerlichen und kleinbürgerlichen Lebens ein. Im Jahr 1914 kritisierte der sozialdemokratische Reichstagsabgeordnete Hermann Wendel, daß das Ideal des Deutschen nicht der »ehrenwerte Bürger« sei, sondern »der schneidige Herr ›von‹ mit dem aufgedrehten Schnurrbart«, dem Monokel und dem königlich-preußischen Schnarrton. Das Reichstagsprotokoll verzeichnete »Heiterkeit«, was darauf schließen läßt, daß Wendel mit seiner Charakterisierung ins Schwarze traf.[15] Was der SPD-Politiker allerdings verschwieg, war, daß seine eigene Partei, aller antimilitaristischen Rhetorik zum Trotz, selbst bereits stark von militaristischem Gedankengut durchdrungen war. Ein Mann wie Gustav Noske, ein gelernter Korbmacher aus Brandenburg an der Havel, der zum Militärexperten der SPD-Fraktion avancierte, wünschte sich bereits vor 1914 nichts sehnlicher, als von den bewunderten Repräsentanten der preußisch-deutschen Militärmacht als einer der ihren anerkannt zu werden, und verzichtete deshalb auch weitgehend auf Kritik an der wahnwitzigen Rüstungspolitik. Daß er es war, der im Januar 1919 als Volksbeauftragter und Oberbefehlshaber der Regierungstruppen in Berlin die Verantwortung für die Ermordung Rosa Luxemburgs und Karl Liebknechts übernahm, war alles andere als ein Zufall.[16]

Gewiß, das wilhelminische Deutschland geht im Bilde der »Untertanengesellschaft« nicht auf. Es gab Gegenkräfte und Gegeninitiativen – die pädagogische Reformbewegung zum Beispiel oder die literarische Bewegung des Expressionismus, die sich beide auf ihre Weise gegen die wilhelminische Väterwelt und ihre Normen richteten. Es gab die Anfänge der Frauenbewegung, die, jedenfalls durch ihre entschiedensten Vertreterinnen, ein neues Verhältnis der Geschlechter propagierte und das männliche Politikmonopol in Frage stellte. Es gab die Pazifisten, die sich mit ihren schwachen Kräften der Aufrüstung und Kriegsvorbereitung entgegenstemmten. Es gab Freiräume für große liberale Zeitungen wie das Berliner Tageblatt und für satirische Zeitschriften wie den Simplizissimus, die mit Kritik am Obrigkeitsstaat und seinen Repräsentanten nicht sparten – und deren Auflage mit jedem Zensureingriff des Staatsanwalts stieg.[17]

Doch das alles ändert nichts an der Tatsache, daß der deutschen Gesellschaft in der Zeit des Kaiserreichs etwas zutiefst Unbürgerliches, Unziviles anhaftete. Das Bürgertum hatte es trotz seiner unbestreitbar großen Leistungen in Wirtschaft, Wissenschaft und Kultur nicht vermocht, die alte Machtelite des Adels aus ihrer Spitzenposition in Armee, Bürokratie und Diplomatie zu verdrängen; es war bei der Verwirklichung seines Zielprojekts einer bürgerlich-liberalen Gesellschaft gleichsam auf halbem Wege stehengeblieben. Lothar Gall hat am Beispiel der Mannheimer Familie Bassermann gezeigt, wie das Bürgertum seine ideellen Ansprüche Schritt um Schritt zurückschraubte und sich in die bestehenden Machtstrukturen einpaßte: »Man war in vielerlei Hinsicht in ein bürgerliches Zeitalter eingetreten. Aber gleichzeitig war unübersehbar, daß sich im Kern, im Eigentlichen der einst universale, jedenfalls schichten- und klassenübergreifende Anspruch des ›Bürgerlichen‹, wie er im Begriff der *bürgerlichen Kultur* am klarsten angemeldet und formuliert worden war, immer stärker reduziert hatte. Er diente zunehmend zur Abgrenzung gegenüber anderen Gruppen in der Gesellschaft und kaum noch zu ihrer Integration in die gemeinsame, ›bürgerliche‹ Gesellschaft.«[18] Es war dieser Widerspruch zwischen Ideal und Wirklichkeit, der Theodor Mommsen 1899 zur resignativen Feststellung trieb, daß es ihm, der »stets ein animal politicum gewesen« sei, in der deutschen Nation verwehrt werde, »ein Bürger zu sein«, weil hier »der einzelne, auch der Beste, über den Dienst im Gliede und den politischen Fetischismus nicht hinauskommt«.[19]

Es soll hier nicht noch einmal die lange Zeit beliebte, verführerisch einfache These von der *Feudalisierung* des deutschen Großbürgertums aufgewärmt werden. Über deren Mängel ist im Kapitel über die Gesellschaftsordnung des Kaiserreichs ausführlich gesprochen worden. Das Verhältnis zwischen Adel und Bourgeoisie war nicht durch eine einseitige Anpassung bürgerlicher Normen an feudale Vorbilder bestimmt, sondern durch wechselseitige Annäherungs- und Austauschprozesse. Konstant blieb allerdings das Streben der bürgerlichen Oberklassen »nach Staatsnähe bis hin zur devoten Staatsuntertänigkeit«.[20] Einer, der es wissen mußte, Walther Rathenau, hat nach 1918 die Haltung des Großbürgertums als »schmachvoll« bezeichnet, weil es »seinen Vorteil im Ankriechen an die herrschende Schicht und in der Lobpreisung des

Bestehenden suchte«: »Bei uns standen hinter dem Thron die Feudalen. Sie wahrten ihre alten Rechte, vergaben sich nichts, lächelten bisweilen, und hatten keinen Grund, Einspruch zu erheben. Hinter ihnen, lüstern und grinsend, stand das Großbürgertum, gierig nach Würden, Verkehr und Einfluß, überbot sich in Servilismus gegen das System und rächte sich für jeden Mißerfolg durch persönliche Kritik.«[21]

In ähnlich scharfer Weise hat Heinrich Mann im Jahre 1919 die eigentümliche Zwittergestalt des wilhelminischen Bourgeois gekennzeichnet, der »nicht Bürger, nicht Junker, aber beides in einem war, ein Wesen mit Sporen und einem Zahlengehirn, ein wandelndes Paradox«.[22] Dieser Befund läßt sich auf das Kaiserreich insgesamt übertragen: Wohin immer man blickt, überall zeigen sich Paradoxien und Ambivalenzen, wie sie charakteristisch sind für Gesellschaften im Übergang: Ein dynamisches, wagemutiges industrielles Unternehmertum verband sich mit einem autoritären »Herr-im-Hause«-Standpunkt; ein modernes, effizientes Bildungssystem mit der Produktion eines elitären, illiberalen Akademikertypus, der sich als eine schwere Belastung für die Entwicklung Deutschlands zu einer Zivilgesellschaft erweisen sollte; ein relativ intaktes rechtsstaatliches System ging einher mit einer rigiden Klassenjustiz gegen die »Reichsfeinde«, eine auch im europäischen Vergleich fortschrittliche Sozialpolitik mit einer Ausgrenzung der sozialdemokratischen Arbeiterbewegung.

Diese widersprüchlichen Entwicklungen vollzogen sich vor dem Hintergrund eines rapiden technisch-industriellen Wandels, der den Menschen ein bislang unbekanntes Maß an Mobilität und Veränderungsbereitschaft abverlangte. Innerhalb weniger Jahrzehnte erlebte die wilhelminische Generation den Ausbau des Eisenbahnnetzes, die Elektrifizierung, die Einführung des Fahrrads, des Automobils, des Flugzeugs, dazu die Anfänge einer modernen Massenkultur mit Film und Grammophon, Telefon und Schreibmaschine. All das bedeutete eine Flut von neuartigen Reizen und Anforderungen, die gleichermaßen faszinierend wie bedrohlich erschienen. Aus dieser Konstellation speiste sich jene Mixtur aus Kraftbewußtsein und Zukunftsangst, die man geradezu als Grundgefühl der wilhelminischen Epoche bezeichnen kann. Der naturalistische Schriftsteller Hermann Conradi sprach 1889 von einer »Generation der Übergangsmenschen« und prophezeite, daß

»die Zukunft, vielleicht schon die nächste Zukunft ... uns mit Kriegen und Revolutionen überschütten« werde.[23]

Solche Vorahnungen kommender großer Krisen und epochaler Erschütterungen begleiteten untergründig auch die Debatte um die moderne »Nervosität«, die seit der Rezeption des Buches NEURASTHENIE (1880) des New Yorker Nervenarztes George M. Beard immer weitere Kreise zog. Joachim Radkau hat die wilhelminische Ära ein »nervöses Zeitalter« genannt, und dies nicht nur bezogen auf die ungewohnte Hektik des Berufslebens, das neue Tempo des Verkehrs, die Reizüberflutung durch Konsumangebote und Massenmedien, sondern auch auf die Politik des Kaiserreichs.[24] In der Tat entsprach die wilhelminische *Weltpolitik* mit ihrer vibrierenden Unruhe und Sprunghaftigkeit ganz der neuen Erfahrung der Beschleunigung, wie sie für die Gesellschaft insgesamt, vor allem für das Leben in den Großstädten, charakteristisch war. »Je eher desto besser« und »Jetzt oder nie« – in solchen Regieanweisungen des Generalstabschefs Moltke und des Kaisers spiegelte sich die reizbare Ungeduld, das Gefühl, keine Zeit mehr verlieren zu dürfen bei der Verwirklichung der angestrebten Ziele. »Die zunehmende Zwangsvorstellung, daß jedes Jahr des friedlichen Status quo für das Deutsche Reich verlorene Zeit sei, wurde eine der verhängnisvollsten Obsessionen des späten Kaiserreichs.«[25]

Zwar warnte der deutsche Reichskanzler Bethmann Hollweg im internen Kreis gelegentlich vor einer »nervösen Hampelmannpolitik«;[26] doch gerade er war es, der mit seiner halsbrecherischen Risikostrategie im Juli 1914 den Weltkrieg unvermeidlich machte – einen Krieg, der von den Führungsschichten des wilhelminischen Reiches und ihren eilfertigen intellektuellen Stichwortgebern schon lange als ein heilendes »Stahlbad« für die durch die lange Friedenszeit erschlafften »Nerven« herbeigeredet worden war.[27] »Der nächste Krieg und die nächste Seeschlacht fordern gesunde Nerven von Ihnen. Durch Nerven wird er entschieden«, so ließ sich Wilhelm II. 1910 vor Offizieren und Kadetten der Marineschule Flensburg-Mürwik verlauten.[28] Es entbehrt nicht der Ironie, daß ausgerechnet Ludendorff, der Feldherr mit den angeblich »eisernen Nerven«, am Ende des Krieges, als er alles auf eine Karte gesetzt und verspielt hatte, die Nerven verlor.

Im Jahre 1910 nahm der Schriftsteller Berthold Viertel in Wien an einer Kinovorführung teil, die von Wilhelm II. und dem alten Kaiser Franz Joseph besucht wurde: »Sie sahen dort sich selber zu. Sie sahen ein getreues Abbild ihrer selbst, welches zu sprechen, zu grüßen oder zu lachen schien. Und das Publikum im Bilde applaudierte. Und das Publikum im Zuschauerraum applaudierte auch. Und die Monarchen im Bilde dankten. Und die wirklichen Monarchen dankten in der Wirklichkeit. Aber plötzlich riß ein Film und es ward dunkel. – Bei dieser Stelle des Berichts lief es mir kalt über den Rücken. Wie? Ging dieser Riß auch durch die Wirklichen? und mit Entsetzen fragte ich mich: ja, wer ist denn hier der Wirkliche?«[29] Eine gespenstische Szene, in der Tat. Sie steht an der Schnittstelle eines Zeitalters, in dem die neuen Medien und die von ihnen produzierten Bilder eine zweite Ebene der Wirklichkeit schufen und ungeahnte Möglichkeiten der Manipulation im Dienste der Mächtigen eröffneten. Der Filmriß nimmt symbolisch vorweg, was nur acht Jahre später sich in der Wirklichkeit vollziehen wird: das Ende der Monarchien der Habsburger und der Hohenzollern.

War der Untergang des Kaiserreichs unvermeidlich? Über diese Frage haben sich schon die Zeitgenossen die Köpfe zerbrochen. Max Weber zum Beispiel gewann bereits Ende 1889 angesichts des Tempos, das der junge Kaiser einschlug, »den Eindruck, als säße man in einem Eisenbahnzuge von großer Fahrgeschwindigkeit, wäre aber im Zweifel, ob auch die nächste Weiche richtig gestellt werden würde«.[30] Um im Bilde zu bleiben: Die Gefahr des Entgleisens war der Bismarck-Schöpfung zwar in die Wiege gelegt worden; dennoch waren die Weichen nicht von Anfang an eindeutig und unwiderruflich auf Scheitern und Untergang gestellt. Vielmehr hätte es immer wieder Gelegenheiten zur Kurskorrektur gegeben: so 1908, als die Veröffentlichung des DAILY-TELEGRAPH-Interviews Wilhelms II. einen Sturm der Entrüstung über das *persönliche Regiment* des Kaisers auslöste; so 1913, als die Ausschreitungen der Militärs in Zabern den grundlegenden Strukturdefekt des Kaiserreichs – die außerkonstitutionelle Stellung der Armee und die Schwäche der Zivilgewalten – enthüllte; so 1917, als eine Mitte-Links-Mehrheit im Reichstag die Frage der Parlamentarisierung auf die Tagesordnung setzte.

Doch alle diese Gelegenheiten blieben ungenutzt, zum einem, weil das reformfeindliche Lager mit seinem »harten reaktionären Kern«,[31] der großagrarisch-schwerindustriellen Allianz und ihren Verbündeten in Bürokratie und Militär, eine höchst wirksame Blockadepolitik betrieb; zum anderen, weil die Reformkräfte im Reichstag sich nicht auf ein gemeinsames verfassungspolitisches Programm einigen konnten. »Eine zielgerichtete und eindeutige Parlamentarisierungspolitik des Reichtags, die eine feste Mehrheitsbildung vorausgesetzt hätte, oder der einzelnen Reichstagsparteien gab es nicht.«[32] Sie gab es auch 1917 nicht, als sich Zentrum, Fortschrittliche Volkspartei und Sozialdemokratie im Interfraktionellen Ausschuß zusammenfanden. Die Parlamentarisierung der Verfassung wurde nicht von dieser Reichstagsmehrheit erkämpft, sondern im Herbst 1918 von der Obersten Heeresleitung im Angesicht der militärischen Niederlage angeordnet, was sich als eine schwere Belastung für die Weimarer Demokratie erweisen sollte.

Beispielhaft zeigte sich die Reformunfähigkeit des Kaiserreichs in den Auseinandersetzungen um das preußische Dreiklassenwahlrecht. In engstirnigem Interessenegoismus verteidigten die Konservativen dieses Relikt aus vordemokratischen Zeiten, das ihnen die politische Vorherrschaft in Preußen, dem größten und mächtigsten Bundesstaat, sicherte. Bis zum Untergang der Monarchie blieb die preußische Wahlrechtsfrage ungelöst. »Das ist der Gesinnungswahn, der Preußen heißt. Die Leute kommen eben über den Militärstaat und seine Allüren nicht hinaus«, so hat Kurt Riezler im Frühjahr 1917 die Obstruktionshaltung der alten Machtelite charakterisiert.[33] Im November 1918 bekam sie die Quittung für die mangelnde Lernbereitschaft. Doch nur wenige Angehörige in Bürokratie und Offizierskorps waren geneigt, den eigenen Anteil am Untergang der Monarchie einzugestehen. Zu diesen Ausnahmen gehörte Oberst Ernst van den Bergh, Abteilungsleiter im preußischen Kriegsministerium. »Nun haben wir unser politisches Jena erlebt, es mußte wohl so kommen«, notierte er am 15. November 1918. »In der äußeren Politik hat unser impulsives Schwanken, das abwechselnde Säbelrasseln und Nachlaufen schlimmen Schaden angerichtet und uns diskreditiert. In der inneren Politik haben wir trotz aller gutdeutschen Gewissenhaftigkeit und organisatorischen Tüchtigkeit, trotz aller sozialen, wirtschaftlichen und wissenschaftlichen Leistungen eine erstaunliche Engherzigkeit und Einseitigkeit gezeigt. Blind waren wir für die politische Fortentwicklung in der Welt, oder wollten es sein.«[34]

In seinen unmittelbar nach dem Ende des »Dritten Reiches« verfaßten Betrachtungen DIE DEUTSCHE KATASTROPHE hat Friedrich Meinecke jene Frage gestellt, der »ein mutiges und aufgeschlossenes Geschichtsdenken« nicht ausweichen dürfe und die bis heute eine zentrale Frage geblieben ist: ob nicht in dem 1871 gegründeten Kaiserreich »Keime des späteren Unheils ... von vornherein wesenhaft steckten«.[35] Meinecke bejahte diese Frage uneingeschränkt: Der »üble Borussismus und Militarismus« habe »wie eine schwere Hypothek ... auf dem Werke Bismarcks« gelegen »und sich von diesem aus weiter auf das Werk seines hybriden Nachfolgers vererbt«. Scharf geißelte Meinecke die wilhelminischen Eliten mit ihrem »verhärteten« Nationalismus, ihrer »gefährlichen« Weltpolitik und ihrem »unsozialen Herrengeist«, schärfer noch die Alldeutschen, die mit ihren »ausschweifenden Eroberungszielen« die Mentalität des Bürgertums allmählich verdorben hätten. In dem Alldeutschen Verband und der mit ihm verwandten Vaterlandspartei von 1917 erkannte Meinecke nicht nur die Speerspitze der radikalnationalistischen Bewegung im Kaiserreich, sondern zugleich »ein genaues Vorspiel für den Aufstieg Hitlers«.[36]

Tatsächlich wird man die ideologischen Verbindungslinien, die von den Alldeutschen zu den Nationalsozialisten führen, kaum leugnen können. Brigitte Hamann hat jüngst nachgewiesen, wie stark der junge Hitler in Wien unter dem Einfluß der österreichischen Alldeutschen stand und wie genau er deren politische Grundsätze studierte und kopierte – jenes Konglomerat aus vulgärdarwinistischen, deutschvölkischen, antisozialistischen und antisemitischen Versatzstücken, mit dessen Hilfe die alldeutschen Agitatoren die Arbeiter der Sozialdemokratie abspenstig machen wollten.[37] Auch die im Herbst 1917 gegründete Vaterlandspartei versuchte von Anfang an, »vaterländisch gesinnte Arbeitergruppen« zu mobilisieren, etwa durch die Bildung von Arbeiterausschüssen »für einen guten Frieden«. An der Spitze eines solchen Ausschusses in München stand seit März 1918 der Werkzeugschlosser in der Reichsbahn-Hauptwerkstätte, Anton Drexler, der spätere Gründer der *Deutschen Arbeiterpartei*, aus der die NSDAP hervorgehen sollte.[38] Die Hitlerbewegung übernahm nicht nur Programmpunkte der Alldeutschen, sondern wurde von ihnen auch direkt unterstützt. Im Dezember 1920 besuchte Hitler in Berlin den Vorsitzenden des Alldeutschen Verbandes, Heinrich Claß, und bekannte sich als sein »treuer Schüler«. In dessen Buch WENN ICH DER KAISER WÄR' aus dem Jahre 1912 sei bereits alles enthalten, was für das deutsche Volk »wichtig und notwendig« sei.[39]

Dazu gehörte auch die rassistisch motivierte Forderung nach Eroberung von »Lebensraum im Osten«, die bereits vor 1914 ein fester Bestandteil der alldeutschen Programmatik war und im Ersten Weltkrieg in Ludendorffs Plänen zur Errichtung eines gigantischen *Ostimperiums* zum erstenmal Gestalt annahm. Diese 1918 bereits ansatzweise verwirklichte Zielvorstellung, die ethnische »Flurbereinigungen« im großen Stil ins Auge faßte, wurde – wie Fritz Fischer zu Recht betont hat – »unmittelbar an Hitler weitergegeben«[40] und bildete eine unverrückbare Konstante in dessen außenpolitischen Überlegungen.

Nahtlos knüpften die Nationalsozialisten auch an Ludendorffs Konzept einer »totalen« Kriegführung an, das auf die restlose Mobilisierung aller menschlichen und materiellen Ressourcen zielte.[41] In diesen Zusammenhang gehören sowohl die Anfänge einer »Fremdarbeiter«-Politik, die von den Nationalsozialisten in noch viel größeren Dimensionen wiederaufgenommen wurde, als auch Verfolgung und Unterdrückung aller Kriegs- und Regimegegner, die ebenfalls in der NS-Diktatur mit größter Brutalität praktiziert und ins Kriminelle gesteigert wurde.

Die weitaus folgenreichste Erbschaft freilich, die das Kaiserreich hinterließ, war der aggressive Antisemitismus. Friedrich Meinecke sah im Rückblick des Jahres 1946 in der antisemitischen Bewegung zu Beginn der achtziger Jahre »ein erstes Wetterleuchten« und in dem zeitweiligen Erfolg der Antisemitenparteien »ein leises Vorspiel späterer Hitlererfolge«.[42] Bis 1914 war zwar der Einfluß der Antisemitenparteien zurückgegangen; gleichzeitig aber hatte sich die Judenfeindschaft in studentischen Organisationen, mittelständischen Interessengruppen und »nationalen« Verbänden der Rechten immer weiter ausgebreitet und war allmählich in alle Poren der wilhelminischen Gesellschaft eingesickert. Antisemitische Einstellungen wurden in großen Teilen des akademischen Bürgertums, des gewerblichen Mittelstands und der ländlichen Bevölkerung zur sozialen Norm; sie waren auch in der wilhelminischen Hofgesellschaft virulenter, als dies lange angenommen wurde.[43] Im Ersten Weltkrieg radikalisierten sich die judenfeindlichen Ressentiments, und sie gewannen erstmals auch Einfluß auf das gouvernementale Handeln. Die *Judenzählung* vom Oktober 1916 und die *Grenzsperre* vom April 1918 waren Ausdruck dieser neuen antisemitisch beeinflußten Politik, die für die Zukunft nichts Gutes verhieß.

Direkt bedrohlich wurde es für die deutschen Juden am Ende des Krieges, als Alldeutsche und Rechtskreise sich dazu entschlossen, die Juden zu Sündenböcken für die militärische Niederlage und deren Folgen zu stempeln. »Flugblätter werden verteilt, die zur Judenhetze auffordern, sie kommen von den Rechts-Parteien, die den Zorn des Volkes ablenken wollen, der alte geschichtliche Kniff«, berichtete Betty Scholem Anfang Dezember 1918 in einem Brief an ihren Sohn Gerhard aus Berlin.[44] Der Antisemitismus verband sich mit der Dolchstoßlegende – dem Vorwurf, das deutsche Heer sei nicht in offener Feldschlacht, sondern hinterrücks von innen, durch die Machenschaften von Juden und radikalen Linken, besiegt worden. Beides, die Hetze gegen die Juden und gegen die Linke, vor allem gegen den Spartakusbund, wurde nun zusammengezogen zu einer Haßformel von ungeheurer Aggressivität und Destruktivität: der vom »jüdischen Bolschewismus«. Dieses Feindbild mußte von Hitler nicht erst erfunden werden; es war bereits in den ersten Tagen des November 1918 fest in den Köpfen der konservativen Gegenrevolutionäre verankert.

Beispielhaft zeigen dies die Tagebücher des Fregattenkapitäns Bogislav von Selchow. Am 11. November 1918 notierte er: »Vormittags ging ich auf das Reichs-Marineamt, auf dem die rote Fahne wehte. Davor stand ein jüdischer Bolschewik in Zivil mit einer Flinte Posten.« Und wenige Tage später, am 15. November 1918, hieß es: »Wir kamen an allerhand Großstadtgesindel vorbei. Juden und Deserteure, das Pack, das nichts ist als die Gosse in gemeinstem Sinne des Worts, beherrscht jetzt Deutschland. Aber für die Juden wird auch noch die Stunde schlagen, und dann wehe ihnen!«[45] Der dies schrieb, war kein fanatischer Angehöriger einer rechten Sekte, sondern ein gebildeter, angesehener Marineoffizier aus altem preußischen Adel. Unter dem Eindruck der Kriegsniederlage und der Novemberrevolution hatte sich der »gemäßigte« Salonantisemitismus der Vorkriegszeit mit Mordlust aufgeladen, war daraus der Wunsch nach Vernichtung der Juden geworden, und nach 1933 sollte dann »die Stunde schlagen«.

Die Führer der Mehrheitssozialdemokratie in der Regierung der Volksbeauftragten taten nichts, um der Hetze der Rechten entgegenzutreten. Im Gegenteil: Beherrscht von »fast pathologischer Bolschewistenfurcht«,[46] konzentrierten sie alle ihre Anstrengungen darauf, im Bund mit den kaiserlichen Offizieren die Bestrebungen der radikalen Linken zu unterdrücken und »Ruhe und Ordnung« wiederherzustellen. Sie halfen damit, jene Pogromstimmung zu schüren, der nicht nur Rosa Luxemburg und Karl Liebknecht, sondern auch andere führende Vertreter der Linken – Kurt Eisner, Gustav Landauer, Eugen Leviné, Leo Jogiches – zum Opfer fielen. In der Gegenrevolution des Jahres 1919 begann die Kette der Gewalt, die in den Holocaust münden sollte. Die Genickschüsse, mit denen der junge Leutnant der Infanterie und Jurastudent an der Münchner Universität, Anton Graf Arco auf Valley, den zuvor als »jüdischen Bolschewisten« verunglimpften bayerischen Ministerpräsidenten Kurt Eisner am 21. Februar 1919 umbrachte – sie sollten sich hunderttausendfach wiederholen im Morden der deutschen Einsatzgruppen, Polizeibataillone und Wehrmachteinheiten im Vernichtungskrieg gegen die Sowjetunion. Es waren zum Teil noch in der wilhelminischen Gesellschaft sozialisierte Männer, die, durch das *Fronterlebnis* brutalisiert, als Mitglieder der Freikorps in der blutigen Unterdrückung der sozialistischen Linken erste Bewährungsproben ablegten, um bald darauf das Vernichtungsprogramm des Nationalsozialismus zu exekutieren.

Die Führer der Mehrheitssozialdemokratie unternahmen auch nichts, um die Verantwortlichkeit der alten Machteliten für Kriegsauslösung und Kriegsniederlage in der Öffentlichkeit klarzustellen. Im Gegenteil: Sie verhinderten, daß die von Karl Kautsky im März 1919 fertiggestellte Aktenedition zum Kriegsausbruch 1914, welche die deutsche Hauptschuld eindrücklich belegte, während der Friedensverhandlungen in Versailles erscheinen konnte.[47] Die Deutschen Dokumente zum Kriegsausbruch wurden noch einmal überarbeitet, das heißt: entschärft, und erst im Dezember 1919 veröffentlicht – zu spät, um die öffentliche Meinung noch zu beeinflussen, die bereits ganz von der Kampagne gegen das *Schanddiktat* von Versailles beherrscht wurde. Mutwillig hatten die regierenden Sozialdemokraten die Gelegenheit zur rückhaltlosen Aufklärung verstreichen lassen und damit der Rechten und ihrer Propaganda das Feld geräumt.

Theodor Wolff hat die Revolution des November 1918 eine »gutmütige« genannt und die Rolle der mehrheitssozialdemokratischen Führer verglichen mit der eines »Mimen, der immer fleißig und anständig die Rolle des alten Vater Miller in KABALE UND LIEBE gespielt hat und plötzlich den jungen feurigen Ferdinand darstellen soll«: »Sie waren gezwungen, die revolutionäre Sache in die Hand zu nehmen, weil es eine proletarische Bewegung war und weil sie nicht zulassen konnten, daß der unausgereifte Rebell und der bolschewistische Spartakismus ihnen die Arbeiterschaft entrissen und ein Chaos erzeugten, vor dem ihre alte, an Ordnung, Vernunft und Disziplin gewöhnte Gewerkschafterseele Abscheu empfand.«[48]

Von dem Augenblick an, als Ebert und Scheidemann sich entschlossen, die ungeliebte Revolution zu »adoptieren« und in die Regierung der Volksbeauftragten einzutreten, war für die alten Eliten und das ruhebedürftige Bürgertum klar, daß sie sich keine großen Sorgen mehr zu machen brauchten. »Auf allen Gesichtern stand geschrieben: Die Gehälter werden weiterbezahlt«, so beschrieb Ernst Troeltsch die Stimmung in Berlin am 10. November 1918, dem zweiten Tag der Revolution.[49] Und der Romanist Victor Klemperer beobachtete in Leipzig, wie das Leben offenbar unbeeinflußt von der Umwälzung weiterging: »Im Merkur klatschten gestern Philister ihre Skatkarten auf den Tisch, wie im schönsten Alltag.«[50] In Offizierskreisen wußte man, daß die Mehrheitssozialdemokraten »vernünftige ruhige Leute« waren, mit denen man gemeinsame Sache machen konnte gegen das »raub- und plünderungslustige Gesindel«, als welches besonders die revolutionären Anhänger des Spartakusbundes diffamiert wurden.[51] Selbst für einen strammen Reaktionär wie Bogislav von Selchow waren Ebert und Noske im November und Dezember 1918 Hoffnungsträger; gleichzeitig aber verachtete er die »zahmen Mehrheitssozialisten« ein wenig, weil sie nicht den geringsten revolutionären Elan erkennen ließen: »Diese ganze Revolution war ja rein bürgerlich und damit im Grunde kläglich.«[52]

Wilhelm Dittmann, einer der drei USPD-Vertreter im Rat der Volksbeauftragten, hat in seinem nach 1933 im Exil geschriebenen Erinnerungen den November 1918 als einen »unerhört günstigen geschichtlichen Augenblick« bezeichnet, »mit einem gewaltigen Ruck die politische, wirtschaftliche und soziale Entwicklung vorwärtszustoßen«.[53] Die Sozialisierung des Steinkohlebergbaus, eine durchgreifende Agrarreform in Ostelbien, die Entlassung von kaiserlichen Spitzenbeamten und eine Demokratisierung der Verwaltung, der Aufbau einer republiktreuen Truppe – all das war im Winter 1918/19 nicht nur möglich, sondern auch notwendig, um den alten Eliten aus Großindustrie, Großlandwirtschaft, Bürokratie und Militär wenigstens einen Teil ihrer angestammten Machtbasis zu nehmen. Doch die regierenden Sozialdemokraten scheuten vor strukturellen gesellschaftlichen Reformen zurück. Ihre erste Sorge galt der »demokratischen Legitimierung und Verrechtlichung der neuen Verhältnisse«, das heißt der Einberufung einer Nationalversammlung und der Verabschiedung einer Verfassung. »Der Gedanke, daß die erstrebte Demokratie gesellschaftlicher Veränderungen bedurfte, hatte demgegenüber keine Durchschlagskraft.«[54]

Die Folgen dieses Versäumnisses zeigten sich in einer Dauerschwäche der demokratischen Institutionen von Weimar. Die überkommenen Machtstrukturen blieben, trotz des Wechsels der Regierungsform, im wesentlichen unangetastet. Die konservativen Führungsschichten des Kaiserreichs erfreuten sich weiterhin privilegierter Positionen. Dennoch verharrten sie in Fundamentalopposition gegen die demokratische Republik. Sie schürten den Haß auf das »System von Weimar« und förderten gegenrevolutionäre, antidemokratische Kräfte, wo immer sie es konnten. Am deutlichsten zeigte sich diese Parteinahme in der skandalösen Blindheit der Weimarer Justiz gegenüber dem rechten Terror: »Trotz aller Revolution regieren im Grunde die alten Beamten, urteilen die Gerichte im Sinn des alten Systems, werden die Vertreter der Linken ermordet, wird denen der Rechten kein Haar gekrümmt. Die Mörder können mit Hilfe der breiten und reichen Organisationen stets verschwinden, die Helfershelfer finden die Gunst des Gesetzes und werden freigesprochen«, schrieb Ernst Troeltsch nach der Ermordnung des Reichsaußenministers Walther Rathenau im Juni 1922.[55]

Was die Außenpolitik betraf, so waren die an den Schalthebeln der Macht verbliebenen konservativen Eliten keineswegs geneigt, das Ergebnis des Ersten Weltkriegs hinzunehmen und die Versailler Friedensordnung von 1919 anzuerkennen. Von Anfang an ging ihr Bestreben dahin, den Status quo in Europa zu verändern und die deutsche Großmachtstellung wiederherzustellen. Der außenpolitische Revisionismus knüpfte bruchlos an die Traditionen wilhelminischer Hegemonialkonzepte an.[56] Das galt auch für die so vielgerühmte »Verständigungspolitik« Gustav Stresemanns in den Jahren 1924 bis 1929. Seine Bereitschaft zur Aussöhnung mit Frankreich schloß zu keinem Zeitpunkt eine Anerkennung der Ostgrenze, also ein »Ost-Locarno«, ein. Wie zu Zeiten des Kaiserreichs zielte der deutsche Expansionismus auf die Schaffung eines Großwirtschaftsraums mit Schwerpunkt in Ostmittel- und Südosteuropa; hier sollte ein Kranz mehr oder weniger wirtschaftlich von Deutschland abhängiger Staaten entstehen.[57]

Parallel dazu betrieb die Reichswehrführung hinter dem Rücken des Parlaments und unter Umgehung der Versailler Vertragsbestimmungen eine geheime Wiederaufrüstung – und dies in weitaus größerem Stil, als bislang angenommen.[58] Seit Mitte der zwanziger Jahre waren die Planungen für einen Revanchekrieg faktisch abgeschlossen und wurden nun, Schritt für Schritt, umgesetzt. Die NS-Aufrüstungspolitik mußte nur noch vollenden, was die monarchistisch-konservative Generalität minuziös vorbereitet hatte. Ohne diese Vorarbeit hätte das *Dritte Reich* kaum innerhalb kurzer Zeit die stärkste und modernste Streitmacht des Kontinents aufbieten können.

Auch im Prozeß der Auflösung der Weimarer Republik in den Jahren 1930 bis 1933 spielten die alten Eliten eine verhängnisvolle Rolle, indem sie alle demokratischen Alternativen zu autoritären Krisenlösungen systematisch zerstörten. An der unmittelbaren Machtübertragung an den *Führer* der NSDAP waren die ostelbischen Agrarier stärker beteiligt als die Großindustriellen, weil sie direkten Zugang zur Schlüsselfigur, dem greisen Reichspräsidenten Paul von Hindenburg, besaßen. Daß es der ehemalige kaiserliche Feldmarschall war, der am 30. Januar 1933 Hitler mit der Kanzlerschaft beauftragte, hatte hohen Symbolwert. Der Schulterschluß der konservativen Eliten mit der nationalsozialistischen Massenbewegung, wie er am *Tag von*

Potsdam am 21. März 1933 zelebriert wurde, war damit vollzogen. Was die ungleichen Partner einte, war vor allem »das Bekenntnis zum nationalen Machtstaat nach innen und außen«: »In der organisierten Unterordnung des Volkes unter die Träger der staatlichen Macht und in der kriegerischen Selbstbehauptung und Expansion wurde an die Traditionen des kaiserlichen Deutschlands angeknüpft, auf deren Hintergrund die Weimarer Jahre wie ein Spuk von Desorganisation und Schwäche erscheinen mußten.«[59]

Mitten im Ersten Weltkrieg, als die Kriegszielbewegung sich noch an Weltmachtphantasien berauschte, hatte Kurt Riezler als eine »Grundwahrheit« in seinem Tagebuch festgehalten, daß »ein auf Gewalt und Eroberungsgebärden aufgebauter Staat in der Mitte Europas unhaltbar« sei. Vielmehr gehöre in die Mitte Europas »ein nach allen Seiten föderativ und anziehend, nicht abstoßend und erobernd wirkendes politisches Gebilde«. Das aber verlangte nach Riezler eine »Überwindung all der kleinen Nationalismen« und eine »Zurückbiegung der bismarckschen Politik in die Paulskirche«.[60] Doch diese Lehre, die die Summe aus den gescheiterten hegemonialen Ambitionen des Kaiserreichs zog, wurde von den traditionellen deutschen Eliten in den Wind geschlagen. In ihrer Weigerung, die militärische Niederlage von 1918 als selbstverschuldet zu akzeptieren und auf rationale Weise zu verarbeiten, lag zugleich die Versuchung zu einem zweiten Griff nach der Weltmacht. »Wie ein schwer verwundeter Löwe richtete sich der Preußengeist aus seiner Betäubung auf«, so hat Ludwig Dehio in seiner klassischen Studie GLEICHGEWICHT ODER HEGEMONIE aus dem Jahr 1948 den »neuen hegemonialen Anlauf Deutschlands« beschrieben.[61]

In der Expansionspolitik des *Dritten Reiches* sah der im Doorner Exil verweilende Wilhelm II. eine Erfüllung seiner eigenen Ziele. Nach der Eroberung von Paris und der Kapitulation Frankreichs im Juni 1940 sandte er ein Glückwunschtelegramm an Hitler und jubelte in einem Brief an seine Schwester: »Die Hand Gottes schafft eine neue Welt und wirkt Wunder … Wir werden die Vereinigten Staaten von Europa unter deutscher Führung, ein vereinigter europäischer Kontinent, den niemand je zu hoffen wagte.« Und voller Genugtuung fügte er hinzu: »Die Juden verlieren ihre unheilvollen Positionen in allen Ländern, die sie seit Jahrhunderten zur Feindlichkeit getrieben haben.«[62]

Wilhelm II. starb im Juni 1941, drei Wochen bevor die Hitler-Armeen die Sowjetunion überfielen – der Anfang vom Ende des *Dritten Reiches*. Mit ihm ging, in einem Meer von Verbrechen, auch der erste deutsche Nationalstaat endgültig unter.

Anhang

Anmerkungen

Vorwort

1 Th. Nipperdey: Deutsche Geschichte 1866–1918, Bd. I: Arbeitswelt und Bürgergeist; Bd. II: Machtstaat vor der Demokratie, München 1990–1992; W. J. Mommsen: Das Ringen um den nationalen Staat. Die Gründung und der innere Ausbau des Deutschen Reiches unter Otto von Bismarck 1850 bis 1890, Berlin 1993; ders.: Bürgerstolz und Weltmachtstreben. Deutschland unter Wilhelm II. 1890–1918, Berlin 1995; H.-U. Wehler: Deutsche Gesellschaftsgeschichte, Bd. III: Von der »Deutschen Doppelrevolution« bis zum Beginn des Ersten Weltkrieges 1849–1914, München 1995.

2 Th. Nipperdey: Deutsche Geschichte 1866–1918, Bd. I (wie Anm. 1), S. 838.

3 R. J. Evans: Nipperdeys Neunzehntes Jahrhundert. Eine kritische Auseinandersetzung, in: Geschichte und Gesellschaft, 20. Jg. (1994), S. 136.

4 S. dazu die instruktive Skizze von P. Nolte: 1900: Das Ende des 19. und der Beginn des 20. Jahrhunderts in sozialgeschichtlicher Perspektive, in: Geschichte in Wissenschaft und Unterricht, 47. Jg. (1996), S. 281–300 (bes. S. 239ff.) sowie Th. Kuchenbuch: Die Welt um 1900. Unterhaltungs- und Technikkultur, Stuttgart – Weimar 1992, und jetzt im europäischen Vergleich K. Maase: Grenzenloses Vergnügen. Der Aufstieg der Massenkultur 1850–1970, Frankfurt a. M. 1997, S. 20ff.

5 Die Debatte ist zum Teil dokumentiert in: J. H. Schoeps (Hrsg.): Ein Volk von Mördern? Die Dokumentation zur Goldhagen-Kontroverse um die Rolle der Deutschen im Holocaust, Hamburg 1996; vgl. auch W. Wippermann: Wessen Schuld? Vom Historikerstreit zur Goldhagen-Kontroverse, Berlin 1997.

6 Th. Nipperdey: Deutsche Geschichte 1866–1918, Bd. II (wie Anm. 1), S. 880.

7 H.-U. Wehler: Deutsche Gesellschaftsgeschichte, Bd. III (wie Anm. 1), S. 1251.

8 H.-U. Wehler: Das Deutsche Kaiserreich 1871–1918, 6. Aufl., Göttingen 1988; zur Kritik vgl. Th. Nipperdey: Wehlers »Kaiserreich«. Eine kritische Auseinandersetzung, in: ders.: Nachdenken über die deutsche Geschichte, Göttingen 1976, S. 360–390.

9 Vgl. G. Eley: Die deutsche Geschichte und die Widersprüche der Moderne. Das Beispiel des Kaiserreiches, in: F. Bajohr/W. Johe/U. Lohalm (Hrsg.): Zivilisation und Barbarei. Die widersprüchlichen Potentiale der Moderne, Hamburg 1991, S. 17–65 (bes. S. 30ff.); ferner die Rezension von R. J. Evans: Bürgerliche Gesellschaft und charismatische Herrschaft, in: Die Zeit Nr. 42 (13. 10. 95), Literaturbeilage S. 32–33.

10 Vgl. dazu die kritischen Bemerkungen von Th. Nipperdey: War die wilhelminische Gesellschaft eine Untertanen-Gesellschaft?, in: ders.: Nachdenken (wie Anm. 8), S. 172–185, sowie die Entgegnung von R. Alter: Heinrich Manns »Untertan« – Prüfstein für die ›Kaiserreich-Debatte‹?, in: Geschichte und Gesellschaft, 17. Jg. (1991), S. 370–389.

11 Vgl. J. Radkau: Die wilhelminische Ära als nervöses Zeitalter, oder: Die Nerven als Netz zwischen Tempo- und Körpergeschichte, in: Geschichte und Gesellschaft, 20. Jg. (1994), S. 211–241; ders.: Nationalismus und Nervosität, in: W. Hardtwig/H.-U. Wehler (Hrsg.): Kulturgeschichte heute, Göttingen 1996, S. 284–315.

12 Th. Nipperdey: Deutsche Geschichte 1866–1918, Bd. II (wie Anm. 1), S. 880.

13 W. J. Mommsen: Das Ringen um den nationalen Staat (wie Anm. 1), S. 17.

14 Th. Nipperdey: Deutsche Geschichte 1866–1918, Bd. II (wie Anm. 1), S. 909.

Teil I Das Deutsche Reich im Zeitalter Bismarcks

1. Die Gründung des Kaiserreichs

1 Vgl. Th. Toeche-Mittler: Die Kaiserproklamation in Versailles am 18. Januar 1871, Berlin 1896, S. 17.

2 P. Bronsart von Schellendorff: Geheimes Kriegstagebuch 1870–1871, hrsg. von P. Rassow, Bonn 1954, S. 295f.

3 Kaiser Friedrich III.: Das Kriegstagebuch von 1870/71, hrsg. von H. O. Meisner, Berlin und Leipzig 1926, S. 337.

4 Ebd. S. 342.

5 O. Fürst von Bismarck: Die gesammelten Werke (Friedrichsruher Ausgabe), 15 in 19 Bde., Berlin 1924–1935 (künftig zitiert GW), Bd. XIV, 2, S. 810.

6 M. Doeberl: Bayern und die Bismarcksche Reichsgründung, München und Berlin 1925, S. 174f.

7 Zit. nach G. A. Ritter (Hrsg.): Das Deutsche Kaiserreich 1871–1914. Ein historisches Lesebuch, 5. Aufl., Göttingen 1992, S. 180.

8 J. Heyderhoff/P. Wentzcke (Hrsg.): Deutscher Liberalismus im Zeitalter Bismarcks, Bd. 1, Bonn 1925, S. 494.

9 E. Eyck: Bismarck, Bd. 2, Erlenbach-Zürich 1943, S. 564.

10 Vgl. P.-Ch. Witt: Die Gründung des Deutschen Reiches von 1871 oder dreimal Kaiserfest, in: U. Schultz (Hrsg.): Das Fest. Eine Kulturgeschichte von der Antike bis zur Gegenwart, München 1988, S. 310ff.

11 A. von Werner: Erlebnisse und Eindrücke 1870–1890, Berlin 1930, S. 30.

12 Vgl. Th. W. Gaehtgens: Anton von Werner. Die Proklamierung des deutschen Kaiserreiches. Ein Historienbild im Wandel preußischer Politik, Frankfurt a. M. 1990, S. 22ff.; D. Bartmann (Hrsg.): Anton von Werner. Geschichte in Bildern, München 1993, S. 332ff.

13 E. Fehrenbach: Die Reichsgründung in der deutschen Geschichtsschreibung, in: Th. Schieder/E. Deuerlein (Hrsg.): Reichsgründung 1870/71. Tatsachen, Kontroversen, Interpretationen, Stuttgart 1970, S. 261.
14 J. Burckhardt: Briefe, Bd. 5, Basel-Stuttgart 1963, S. 184.
15 H. von Treitschke: Deutsche Geschichte im 19. Jahrhundert, 5 Bde., Berlin 1879–94, Bd. 1, S. V, VII.
16 Ebd., Bd. 3, S. VI.
17 Zit. nach R. Glatzer: Berlin wird Kaiserstadt. Panorama einer Metropole 1871–1890, Berlin 1993, S. 32.
18 F. Nietzsche: Sämtliche Werke. Kritische Studienausgabe in 15 Bde., München 1988, Bd. 1, S. 159f.
19 L. Dehio: Gleichgewicht oder Hegemonie. Betrachtungen über ein Grundproblem der neueren Staatengeschichte, Krefeld 1948, S. 190.
20 Vgl. D. Beyrau: Der deutsche Komplex. Rußland zur Zeit der Reichsgründung, in: E. Kolb (Hrsg.): Europa und die Reichsgründung. Preußen-Deutschland in der Sicht der großen europäischen Mächte 1860–1880, München 1980, S. 63ff.
21 Vgl. K. Hildebrand: Großbritannien und die deutsche Reichsgründung, in: E. Kolb (Hrsg.): Europa und die Reichsgründung (wie Anm. 20), S. 9ff.; ders.: No Intervention. Die Pax Britannica und Preußen 1865/66–1869/70, München 1997, bes. S. 383ff.
22 GW XIII, S. 559.
23 Kaiser Friedrich III. (wie Anm. 3), S. 302.
24 W. F. Monypenny/G. E. Buckle: The Life of Benjamin Disraeli, Earl of Beaconsfield, Bd. 2, London 1929, S. 473f.
25 Zit. nach E. Kolb: Der Pariser Commune-Aufstand und die Beendigung des deutsch-französischen Krieges, in: ders.: Umbrüche deutscher Geschichte 1866/71–1918/19–1929/33. Ausgewählte Aufsätze, hrsg. von D. Langewiesche und K. Schönhoven, München 1993, S. 184.
26 W. von Schweinitz (Hrsg.): Briefwechsel des Botschafters General von Schweinitz, Berlin 1928, S. 99.
27 E. Kolb: Der Pariser Commune-Aufstand (wie Anm. 25), S. 186.

2. Probleme der inneren Reichsgründung

1 GW X, S. 329 (11. 3. 1867).
2 M. Weber: Der Nationalstaat und die Volkswirtschaft, in: ders.: Gesammelte politische Schriften, hrsg. von J. Winckelmann, 2. erw. Aufl., Tübingen 1958, S. 20.
3 G. A. Ritter unter Mitarbeit von M. Niehuss: Wahlgeschichtliches Arbeitsbuch. Materialien zur Statistik des Kaiserreichs 1871–1918, München 1980, S. 38.
4 Vgl. Am Hof der Hohenzollern. Aus dem Tagebuch der Baronin Spitzemberg 1865–1914, hrsg. von R. Vierhaus, München 1965, S. 54 (21. 3. 1871).
5 M. Stürmer: Regierung und Reichstag im Bismarckstaat 1871–1880. Cäsarismus oder Parlamentarismus, Düsseldorf 1974, S. 43.

6 W. J. Mommsen: Das deutsche Kaiserreich als System umgangener Entscheidungen, in: ders.: Der autoritäre Nationalstaat. Verfassung, Gesellschaft und Kultur im deutschen Kaiserreich, Frankfurt a. M. 1990, S. 11ff. Vgl. zum folgenden: E. R. Huber: Deutsche Verfassungsgeschichte seit 1789, Bd. III: Bismarck und das Reich, Stuttgart 1963, S. 785ff.; H. Boldt: Deutsche Verfassungsgeschichte. Politische Strukturen und ihr Wandel, Bd. 2: Von 1806 bis zur Gegenwart, München 1990, S. 168ff.

7 Th. Nipperdey: Deutsche Geschichte 1866–1918, Bd. II: Machtstaat vor der Demokratie, München 1992, S. 92.

8 H. Boldt (wie Anm. 6), S. 181.

9 W. J. Mommsen: Der autoritäre Nationalstaat (wie Anm. 6), S. 54.

10 L. Bamberger: Bismarck Posthumus, Berlin 1899, S. 8.

11 Siehe die zeitgenössischen Stimmen bei H.-U. Wehler: Das Deutsche Kaiserreich 1871–1918, 6. Aufl., Göttingen 1988, S. 63f. und ders.: Deutsche Gesellschaftsgeschichte, Bd. III: Von der »Deutschen Doppelrevolution« bis zum Beginn des Ersten Weltkrieges 1849–1914, München 1995, S. 362f., 373f. Zur Charisma-Deutung s. ebd., S. 368ff.; zur Kritik daran vgl. R. J. Evans: Bürgerliche Gesellschaft und charismatische Herrschaft, in: Die Zeit Nr. 42 (13. 10. 1995), Beilage, S. 32f.

12 W. J. Mommsen: Das Ringen um den nationalen Staat. Die Gründung und der innere Ausbau des Deutschen Reiches unter Otto von Bismarck 1850 bis 1890, Berlin 1993, S. 344.

13 D. Hertz-Eichenrode: Deutsche Geschichte 1871–1890. Das Kaiserreich in der Ära Bismarck, Stuttgart-Berlin-Köln 1992, S. 44.

14 Vgl. G. A. Ritter: Die deutschen Parteien 1830–1914. Parteien und Gesellschaft im konstitutionellen Regierungssystem, Göttingen 1985, S. 43.

15 H. Boldt (wie Anm. 6), S. 177.

16 K. E. Pollmann: Die Bismarcksche Reichsverfassung – Verfassungsintention und -realität, in: J. Dülffer/H. Hübner: Otto von Bismarck. Person – Politik – Mythos, Berlin 1993, S. 102.

17 GW XII, S. 277 (28. 11. 1881).

18 Vgl. E. Fraenkel: Belastungen der parlamentarischen Demokratie in Deutschland, in: ders.: Deutschland und die westlichen Demokratien, erw. Ausgabe, Frankfurt am Main 1991, S. 23ff. Vgl. zur Entwicklung der Parteien im einzelnen unten S. 165ff.

19 Vgl. K. E. Born: Wirtschafts- und Sozialgeschichte des Deutschen Kaiserreichs (1867/71–1914), Stuttgart 1985, S. 116.

20 J. Hansen: Gustav von Mevissen, Bd. I, Berlin 1906, S. 773.

21 Vgl. M. Ohlsen: Der Eisenbahnkönig Bethel Henry Strousberg. Eine preußische Gründerkarriere, Berlin 1987; J. Borchart: Der europäische Eisenbahnkönig Bethel Henry Strousberg, München 1991.

22 F. Philippi: Alt-Berlin. Erinnerungen aus der Jugendzeit (1913); zit. nach

R. Glatzer: Berlin wird Kaiserstadt. Panorama einer Metropole 1871–1890, Berlin 1993, S. 88f.

23 Freiherr Lucius von Ballhausen: Bismarck-Erinnerungen, Stuttgart und Berlin 1920, S. 21f.

24 Vgl. R. Glatzer (wie Anm. 22), S. 68ff.

25 Ebd., S. 82–84.

26 Vgl. L. Machtan: Streiks im frühen Kaiserreich, Frankfurt a. M. 1983; ders.: Streiks und Aussperrungen im Deutschen Kaiserreich. Eine sozialgeschichtliche Dokumentation, Berlin 1984.

27 Vgl. G. Seeber: Eduard Lasker, in: Gestalten der Bismarckzeit, Berlin 1978, S. 168f.

28 Vgl. H.-U Wehler: Bismarck und der Imperialismus, 4. Aufl., München 1976, S. 59.

29 F. Philippi: Alt-Berlin; zit. nach R. Glatzer (wie Anm. 22), S. 94.

30 Ebd.

31 H. Motteck: Die Gründerkrise, in: Jahrbuch für Wirtschaftsgeschichte, 1966/I, S. 72.

32 F. Reulaux: Briefe aus Philadelphia, Braunschweig 1877, S. 4; zit. nach E. Engelberg: Bismarck. Das Reich in der Mitte Europas, Berlin 1990, S. 159.

33 Zahlen nach R. Glatzer (wie Anm. 22), S. 109, 111.

34 H. Rosenberg: Große Depression und Bismarckzeit. Wirtschaftsablauf, Gesellschaft und Politik in Mitteleuropa, Berlin 1967; zur Kritik vgl. K. E. Born (wie Anm. 19), S. 107ff.

35 H.-U. Wehler: Bismarck und der Imperialismus (wie Anm. 28), S. 63. Vgl. auch ders.: Deutsche Gesellschaftsgeschichte, Bd. III (wie Anm. 11), S. 552ff.

36 Zit. in G. A. Craig: Deutsche Geschichte 1866–1945. Vom Norddeutschen Bund bis zum Ende des Dritten Reiches. München 1980, S. 85.

37 F. Stern: Gold und Eisen. Bismarck und sein Bankier Bleichröder, Reinbek bei Hamburg 1988, S. 681.

38 O. Glagau: Der Börsen- und Gründungs-Schwindel in Berlin, Leipzig 1876, S. XXX.

39 Vgl. dazu unten, S. 383ff.

40 J. Willms: Nationalismus ohne Nation. Deutsche Geschichte 1789–1914, Düsseldorf 1983, S. 441.

41 M. L. Anderson: Windthorst. Zentrumspolitiker und Gegenspieler Bismarcks, Düsseldorf 1988, S. 146.

42 H. Bornkamm: Die Staatsidee im Kulturkampf, München 1950, S. 66.

43 L. Ficker: Der Kulturkampf in Münster. Aufzeichnungen, bearb. u. veröffentl. von O. Hellinghaus, Münster 1928, S. 47f.

44 Zit. nach W. J. Mommsen: Das Ringen (wie Anm. 12), S. 407.

45 J. B. Kissling: Geschichte des Kulturkampfes im Deutschen Reiche, 3 Bde., Freiburg i. Br. 1911–1916, Bd. 2, S. 299.

46 I. S. Lorenz: Eugen Richter. Der entschiedene Liberalismus in wilhelminischer Zeit 1871–1906, Husum 1980, S. 116.

47 Vgl. E. Foerster: Adalbert Falk, Gotha 1927, S. 65ff.
48 L. Gall: Bismarck. Der weiße Revolutionär, Frankfurt a. M.-Berlin-Wien 1983 S. 485.
49 Zit. nach H. Kohl (Hrsg.): Die politischen Reden des Fürsten Bismarck, 13 Bde. Stuttgart-Berlin 1892–1905, Bd. 5, S. 228ff.
50 Zit. nach M. L. Anderson (wie Anm. 41), S. 156.
51 Vgl. H. Just: Wilhelm Busch und die Katholiken. Kulturkampfstimmung im Bismarck-Reich, in: Geschichte in Wissenschaft und Unterricht, Jg. 25 (1974) S. 64–78.
52 H. Kohl: Reden (wie Anm. 49), Bd. 5, S. 338.
53 Vgl. J. Becker: Liberaler Staat und Kirche in der Ära von Reichsgründung und Kulturkampf. Geschichte und Strukturen ihres Verhältnisses in Baden 1860–1876, Mainz 1973, S. 237ff.
54 Vgl. zum folgenden auch: E. Schmidt-Volkmar: Der Kulturkampf in Deutschland 1871–1890, Göttingen-Berlin-Frankfurt a. M. 1962, S. 116ff.
55 Zahlen nach M. L. Anderson (wie Anm. 41), S. 181.
56 Zit. nach J. B. Kissling (wie Anm. 45), Bd. 2, S. 292.
57 Vgl. D. Blackbourn: Volksfrömmigkeit und Fortschrittsglaube im Kulturkampf, Stuttgart 1988, S. 30f.; ders.: Marpingen. Apparition of the Virgin Mary in Bismarckian Germany, Oxford 1994.
58 Vgl. R. Lill: Die Wende im Kulturkampf. Leo XIII., Bismarck und die Zentrumspartei 1878–1880, Tübingen 1973; Chr. Weber: Kirchliche Politik zwischen Rom, Berlin und Trier 1876–1888. Die Beilegung des preußischen Kulturkampfes, Mainz 1970.
59 Zit. nach M. L. Anderson (wie Anm. 41), S. 195.
60 G. A. Craig (wie Anm. 36), S. 80.
61 Zit. nach H. Böhme: Deutschlands Weg zur Großmacht. Studien zum Verhältnis von Wirtschaft und Staat während der Reichsgründungszeit, Köln 1966, S. 391.
62 Ebd., S. 400.
63 Th. Nipperdey (wie Anm. 7), S. 382.
64 Zit. nach H. Böhme (wie Anm. 61), S. 538.
65 M. Stürmer (wie Anm. 5), S. 184.
66 Ebd., S. 204.
67 Christoph von Tiedemann: Sechs Jahre Chef der Reichskanzlei unter dem Fürsten Bismarck. Erinnerungen, Leipzig 1909, S. 215.
68 W. P. Fuchs (Hrsg.): Großherzog Friedrich I. von Baden und die Reichspolitik 1871–1907, Bd. I, Stuttgart 1968, S. 280; vgl. auch Chr. v. Tiedemann (wie Anm. 67), S. 231: »Wenn auch niemand damals, im März 1878, den ungeheuren Umschwung voraussehen konnte, den unsere gesamte Wirtschaftspolitik im Laufe der nächsten Jahre erfuhr, so lag doch ein Systemwechsel gewissermaßen in der Luft.«
69 GW VIc, S. 109.

70 Chr. v. Tiedemann (wie Anm. 67), S. 263.

71 Zit. nach L. Gall (wie Anm. 48), S. 566. Zu Recht schreibt Gall (S. 564): »Es gehört zweifellos zu den dunkelsten Punkten in Bismarcks politischer Laufbahn, wie er sich die beiden Attentate zunutze machte.«

72 So Bismarck in einem Gespräch mit dem nationalliberalen Abgeordneten Benda im August 1878: »Komme man jetzt nicht zum Ziele, so könne man ja noch einmal und zum dritten mal auflösen; er wünsche das nicht, aber man könne dazu kommen.« Hermann Oncken: Rudolf von Bennigsen. Ein deutscher liberaler Politiker, Stuttgart und Leipzig 1910, Bd. II, S. 382f.

73 E. Foerster (wie Anm. 47), S. 489f.; vgl. auch die von Baronin von Spitzemberg überlieferte Äußerung Bismarcks vom 13. 6. 1878: »Wenn ich nicht staatsstreichere, setze ich nichts durch.« Am Hof der Hohenzollern (wie Anm. 4), S. 78.

74 M. Stürmer (wie Anm. 5), S. 240.

75 J. Willms (wie Anm. 40), S. 465; vgl. auch E. Eyck: Bismarck, Bd. 3, Erlenbach-Zürich 1944, S. 237: »Es war mehr als eine politische, es war eine moralische Niederlage.«

76 Zit. nach W. J. Mommsen: Das Ringen (wie Anm. 12), S. 485.

77 H. Kohl: Reden (wie Anm. 49), Bd. 8, S. 36f.

78 H. Böhme (wie Anm. 61), S. 419, 566.

79 E. Engelberg (wie Anm. 32), S. 319. Kritisch zu Böhmes Deutung auch O. Pflanze: Bismarck and the Development of Germany. Vol. II: The Period of Consolidation, 1871–1880, Princeton N. J. 1990, S. 445ff., bes. S. 462ff.

80 W. J. Mommsen: Das Ringen (wie Anm. 12), S. 490.

81 H. Rosenberg (wie Anm. 34), S. 189.

82 Vgl. G. Seeber: Zwischen Bebel und Bismarck. Zur Geschichte des Linksliberalismus in Deutschland 1871–1893, Berlin 1965, S. 110ff.

83 E. Feder (Hrsg.): Bismarcks großes Spiel. Die geheimen Tagebücher Ludwig Bambergers, Frankfurt a. M. 1932, S. 339.

84 Vgl. W. Sauer: Das Problem des deutschen Nationalstaates, in: H.-U. Wehler: Moderne deutsche Sozialgeschichte, Köln-Berlin 1966, S. 430f.; H.-U. Wehler: Kaiserreich (wie Anm. 11), S. 96f.

85 Vgl. D. Groh/P. Brandt: Vaterlandslose Gesellen. Sozialdemokratie und Nation 1860–1990, München 1992, S. 17ff.

86 Stenographische Berichte über die Verhandlungen des Deutschen Reichstags 1871, Bd. 2, S. 921.

87 H. Kohl: Reden (wie Anm. 49), Bd. 7, S. 267.

88 Vgl. die regionalgeschichtliche Untersuchung von H. Kutz-Bauer: Arbeiterschaft, Arbeiterbewegung und bürgerlicher Staat in der Zeit der Großen Depression. Eine regional- und sozialgeschichtliche Studie zur Geschichte der Arbeiterbewegung im Großraum Hamburg 1873 bis 1890, Bonn 1988.

89 Th. Schieder: Das Problem der Revolution im 19. Jahrhundert, in: ders: Staat und Gesellschaft im Wandel unserer Zeit, München 1958, S. 40.

90 So die Kapitelüberschrift bei F. Mehring: Geschichte der deutschen Sozialdemokratie, 2. Teil, Berlin 1960, S. 583.
91 GW VIc, S. 10.
92 Zit. nach M. Stürmer (Hrsg.): Bismarck und die preußisch-deutsche Politik 1871–1890, München 1970, S. 46.
93 Vgl. A. Bebel: Aus meinem Leben, 2. Teil, Stuttgart 1914, S. 260.
94 F. Mehring (wie Anm. 90), S. 442.
95 Zit. nach W. J. Mommsen: Das Ringen (wie Anm. 12), S. 454.
96 Zit. nach M. Stürmer (Hrsg.): Bismarck (wie Anm. 92), S. 125.
97 Abgedruckt in: G. A. Ritter (Hrsg.): Das Deutsche Kaiserreich 1871–1914. Ein historisches Lesebuch, 5. Aufl., Göttingen 1992, S. 232–235.
98 F. Mehring (wie Anm. 90), S. 509.
99 Zit. nach I. Auer: Nach zehn Jahren, Stuttgart 1889, S. 99.
100 A. Bebel (wie Anm. 93), 3. Teil, S. 21.
101 Zit. nach D. Fricke: Bismarcks Prätorianer. Die Berliner politische Polizei im Kampf gegen die deutsche Arbeiterbewegung (1871–1898), Berlin 1962, S. 93.
102 F. Mehring (wie Anm. 90), S. 542; vgl. auch A. Bebel (wie Anm. 93), 3. Teil, S. 160.
103 Vgl. A. Bebel (wie Anm. 93), 3. Teil, S. 108ff. In seinen Briefen an seine Frau Julie hat Bebel allerdings seine Erbitterung über den »Zustand der vollkommensten Rechtsunsicherheit« immer wieder zum Ausdruck gebracht: »O Deutschland! Du Nationalzuchthaus!« (A. und J. Bebel: Briefe einer Ehe. Hrsg. von U. Hermann, Bonn 1997, S. 503 v. 28. 6. 1887, S. 379 v. 22. 2. 1887).
104 Dokumente aus geheimen Archiven. Übersichten der Berliner politischen Polizei über die allgemeine Lage der sozialdemokratischen und anarchistischen Bewegung 1878–1913, Bd. I: 1878–1889, bearb. von D. Fricke und R. Knaack, Weimar 1983, S. 74.
105 Zit. nach Chr. Studt: Lothar Bucher (1817–1892). Ein politisches Leben zwischen Revolution und Staatsdienst, Göttingen 1992, S. 283.
106 Zit. nach K. Saul: Industrialisierung, Systemstabilisierung und Sozialversicherung. Zur Entstehung, politischen Funktion und sozialen Realität der Sozialversicherung des kaiserlichen Deutschland, in: Zeitschrift für die gesamte Versicherungswirtschaft, 2/3 (1980), S. 183.
107 Vgl. G. A. Ritter: Sozialversicherung in Deutschland und England. Entstehung und Grundzüge im Vergleich, München 1983.
108 Vgl. K. Saul (wie Anm. 106), S. 190ff.
109 Dokumente (wie Anm. 104), S. 290.

3. Deutsche Außenpolitik nach 1871

1 S. Haffner: Von Bismarck zu Hitler. Ein Rückblick, München 1987, S. 62.
2 So L. Dehio: Deutschland und die Weltpolitik im 20. Jahrhundert, Frankfurt a. M. und Hamburg 1961, S. 13.

3 Zit. nach H. Wolter: Bismarcks Außenpolitik 1871–1881. Außenpolitische Grundlinien von der Reichsgründung bis zum Dreikaiserbündnis, Berlin 1983, S. 76.
4 Zit. nach H. Oncken: Das Deutsche Reich und die Vorgeschichte des Weltkriegs, Bd. I, Leipzig 1933, S. 123.
5 M. Stürmer: Das ruhelose Reich. Deutschland 1866–1918, Berlin 1983, S. 188.
6 GW XII, S. 378 (Rede Bismarcks vor dem Reichstag, 14. 6. 1882).
7 Die große Politik der europäischen Kabinette von 1871–1914. Sammlung der diplomatischen Akten des Auswärtigen Amtes, hrsg. von J. Lepsius, A. Mendelssohn-Bartholdy, F. Thimme, 40 Bde., Berlin 1922–27 (künftig zitiert: GP), Bd. 1, Nr. 86, S. 163 (Bismarck an Arnim, 2. 2. 1873).
8 Europäischer Geschichtskalender, hrsg. von H. Schulthess, Jg. 1871, S. 73.
9 E. Engelberg: Bismarck. Das Reich in der Mitte Europas, Berlin 1990, S. 93.
10 Schweinitz an Bismarck, 17. 4. 1872; zit. nach U. Lappenküper: Die Mission Radowitz. Untersuchungen zur Rußlandpolitik Otto von Bismarcks (1871–1875), Göttingen 1990, S. 44.
11 W. J. Mommsen: Das Ringen um den nationalen Staat. Die Gründung und der innere Ausbau des Deutschen Reiches unter Otto von Bismarck 1850 bis 1890, Berlin 1993, S. 260.
12 Zit. nach W. Bußmann: Das Zeitalter Bismarcks, Konstanz 1956, S. 130.
13 A. Hillgruber: Die »Krieg-in-Sicht«-Krise 1875 – Wegscheide der Politik der europäischen Großmächte in der späten Bismarck-Zeit, in: ders.: Deutsche Großmacht- und Weltpolitik im 19. und 20. Jahrhundert, Düsseldorf 1977, S. 44.
14 U. Lappenküper (wie Anm. 10), S. 563.
15 Ebd., S. 563f.
16 Zit. nach ebd., S. 462.
17 Der Artikel ist abgedruckt bei: Freiherr Lucius von Ballhausen: Bismarck-Erinnerungen, Stuttgart und Berlin 1920, S. 531–534.
18 Vgl. U. Lappenküper (wie Anm. 10), S. 465f.; M. Winckler: Der Ausbruch der »Krieg-in-Sicht«-Krise vom Frühjahr 1875, in: Zeitschrift für Ostforschung, 14. Jg. (1965), S. 682f.
19 So Bismarck gegenüber Lucius von Ballhausen am 11. 4. 1875: Lucius von Ballhausen (wie Anm. 17), S. 70.
20 S. die Belege bei U. Lappenküper (wie Anm. 10), S. 493–496.
21 Deutsche Übersetzung in: Vicomte de Gontaut-Biron: Meine Botschafterzeit am Berliner Hofe 1872–1877, Berlin 1909, S. 476–478.
22 A. Hillgruber: »Krieg-in-Sicht«-Krise (wie Anm. 13), S. 46.
23 Zit. nach U. Lappenküper (wie Anm. 10), S. 506.
24 R. F. Schmidt: Die gescheiterte Allianz. Österreich-Ungarn, England und das Deutsche Reich in der Ära Andrassy (1867 bis 1878/79), Frankfurt a. M.-Bern-New York-Paris 1992, S. 176.
25 GP, Bd. 1, Nr. 182, S. 283.
26 GW XV, S. 364.

27 R. F. Schmidt (wie Anm. 24), S. 174.
28 A. Hillgruber: »Krieg-in-Sicht«-Krise (wie Anm. 13), S. 49.
29 U. Lappenküper (wie Anm. 10), S. 550; vgl. auch S. Haffner (wie Anm. 1), S. 64: »Zum erstenmal zeigte sich so etwas wie ein Vorschatten des Ersten Weltkrieges.« O. Pflanze (Bismarck and the Development of Germany, Vol. II, Princeton N. J. 1990, S. 272) nennt Bismarcks Schlappe im Frühjahr 1875 »the greatest diplomatic defeat of his career«.
30 D. Hertz-Eichenrode: Deutsche Geschichte 1871–1890. Das Kaiserreich in der Ära Bismarck, Stuttgart-Berlin-Köln 1992, S. 118.
31 H. Kohl (Hrsg.): Die politischen Reden des Fürsten Bismarck, 13 Bde., Stuttgart-Berlin 1892–1905, Bd. 6, S. 461.
32 GP, Bd. 2, Nr. 239, S. 53.
33 GP, Bd. 2, Nr. 251, S. 76.
34 K. Hildebrand: Deutsche Außenpolitik 1871–1918, München 1989, S. 8.
35 GP, Bd. 2, Nr. 294, S. 154.
36 E. Zechlin: Die Reichsgründung, Frankfurt a. M.-Berlin 1967, S. 178.
37 Vgl. W. J. Mommsen: Das Ringen (wie Anm. 11), S. 273.
38 Vgl. E. Zechlin: Die türkischen Meerengen – ein Brennpunkt der Weltgeschichte, in: ders.: Krieg und Kriegsrisiko. Zur deutschen Politik im Ersten Weltkrieg. Aufsätze, Düsseldorf 1979, S. 314–352.
39 H. Kohl: Reden (wie Anm. 31), Bd. 7, S. 92.
40 Zit. nach E. Zechlin (wie Anm. 36), S. 179.
41 Vgl. K. O. v. Aretin (Hrsg.): Bismarcks Außenpolitik und der Berliner Kongreß, Wiesbaden 1978; R. Melville und H. J. Schröder (Hrsg.): Der Berliner Kongreß von 1878, Wiesbaden 1982.
42 L. Gall: Bismarck. Der weiße Revolutionär, Frankfurt a. M.-Berlin-Wien 1983, S. 520.
43 W. Bußmann (wie Anm. 12), S. 137f.
44 W. J. Mommsen: Das Ringen (wie Anm. 11), S. 279.
45 GP, Bd. 3, Nr. 446, S. 16.
46 GP, Bd. 3, Nr. 455, S. 33.
47 Im Unterschied zu W. J. Mommsen: Das Ringen (wie Anm. 11), S. 495, meint Th. Nipperdey: Deutsche Geschichte 1866–1918, Bd. II: Machtstaat vor der Demokratie, München 1992, S. 440, daß man der Mitteleuropa-Idee Bismarcks nicht »sonderlich viel Gewicht beimessen« dürfe.
48 GP, Bd. 3, Nr. 458, S. 41f.
49 GP, Bd. 3, Nr. 493, S. 111.
50 G. A. Craig: Deutsche Geschichte 1866–1945. Vom Norddeutschen Bund bis zum Ende des Dritten Reiches, München 1980, S. 112.
51 D. Hertz-Eichenrode (wie Anm. 30), S. 126.
52 GP, Bd. 3, Nr. 461, S. 53.
53 Zit. nach E. Engelberg (wie Anm. 9), S. 351.
54 Ebd., S. 352.

55 W. J. Mommsen: Das Ringen (wie Anm. 11), S. 505.
56 M. Busch: Tagebuchblätter, Bd. II, Leipzig 1899, S. 157 (9. 2. 1871).
57 Zit. nach H.-U. Wehler: Bismarck und der Imperialismus, 4. Aufl., München 1976, S. 427.
58 Zit. nach B. Wedi-Pascha: Die deutsche Mittelafrika-Politik 1871–1914, Pfaffenweiler 1992, S. 60.
59 Vgl. K. J. Bade: Friedrich Fabri und der Imperialismus der Bismarckzeit. Revolution-Depression-Expansion, Freiburg 1975, S. 79ff.
60 H.-U. Wehler (wie Anm. 57), S. 156.
61 Ebd., S. 163.
62 Zit. nach E. Engelberg (wie Anm. 9), S. 365.
63 H.-U. Wehler (wie Anm. 57), S. 429. Vgl. auch ders.: Deutsche Gesellschaftsgeschichte, Bd. III: Von der »Deutschen Doppelrevolution« bis zum Beginn des Ersten Weltkrieges, 1849–1914, München 1995, S. 985ff.
64 L. Gall (wie Anm. 42), S. 617.
65 Ebd., S. 620f.
66 Zit. nach H.-U. Wehler (wie Anm 57), S. 444.
67 Zit. nach ebd., S. 475.
68 GP, Bd. 4, Nr. 758, S. 96.
69 Zit. nach G. A. Craig (wie Anm. 50), S. 116.
70 Zit. nach H.-U. Wehler (wie Anm. 57), S. 425.
71 W. J. Mommsen: Das Ringen (wie Anm. 11), S. 517.
72 Vgl. S. Förster/W. J. Mommsen/R. Robinson (Hrsg.): Bismarck, Europe and Africa. The Berlin Africa Conference 1884–1885 and the Onset of Partition, London 1988.
73 D. Hertz-Eichenrode (wie Anm. 30), S. 136.
74 GW VIII, S. 646.

4. Das Ende der Bismarck-Ära

1 Zit. nach W. Bußmann: Das Zeitalter Bismarcks, Konstanz 1956, S. 198.
2 Zit. nach J. C. G. Röhl: Wilhelm II. Die Jugend des Kaisers 1859–1888, München 1993, S. 600.
3 Ebd., S. 617.
4 H. Kohl (Hrsg.): Die politischen Reden des Fürsten Bismarck, 13 Bde., Stuttgart-Berlin 1892–1905, Bd. 12, S. 186, 177.
5 K. Hildebrand: Deutsche Außenpolitik 1871–1918, München 1989, S. 20.
6 W. Bußmann (wie Anm. 1), S. 204.
7 W. J. Mommsen: Das Ringen um den nationalen Staat. Die Gründung und der innere Ausbau des Deutschen Reiches unter Otto von Bismarck 1850 bis 1890, Berlin 1993, S. 543.
8 L. Gall: Bismarck. Der weiße Revolutionär, Frankfurt a. M.-Berlin-Wien 1983, S. 624.

9 W. Bußmann (Hrsg.): Staatssekretär Graf Herbert von Bismarck. Aus seiner politischen Privatkorrespondenz, Göttingen 1964, S. 457.
10 GP, Bd. 5, Nr. 1100, S. 267.
11 GW VIc, S. 378.
12 M. Stürmer: Die Reichsgründung. Deutscher Nationalstaat und europäisches Gleichgewicht im Zeitalter Bismarcks, München 1984, S. 104f.
13 D. Hertz-Eichenrode: Deutsche Geschichte 1871–1890. Das Kaiserreich in der Ära Bismarck, Stuttgart-Berlin-Köln 1992, S. 143.
14 Vgl. F. Stern: Gold und Eisen. Bismarck und sein Bankier Bleichröder, Reinbek bei Hamburg 1988, S. 607ff.
15 Zit. nach L. Gall (wie Anm. 8), S. 638f.
16 Zit. nach H. Krausnick: Holsteins Geheimpolitik in der Ära Bismarck 1886–1890, 2. Aufl., Hamburg 1942, S. 161.
17 G. Ebel (Hrsg.): Paul Graf von Hatzfeldt. Nachgelassene Papiere, Bd. I, Boppard 1976, S. 657.
18 Th. Nipperdey: Deutsche Geschichte 1866–1918, Bd. II: Machtstaat vor der Demokratie, München 1992, S. 420.
19 Detailliert nachzulesen ist die Krankengeschichte und der Streit der Mediziner bei J. C. G. Röhl (wie Anm. 2), S. 643ff.
20 Am Hof der Hohenzollern. Aus dem Tagebuch der Baronin Spitzemberg 1865–1914, hrsg. von R. Vierhaus, München 1965, S. 110 (7. 11. 1887).
21 J. C. G. Röhl (wie Anm. 2), S. 775.
22 Ebd., S. 788.
23 Ebd., S. 819.
24 Am Hof der Hohenzollern (wie Anm. 20), S. 117 (11. 4. 1888).
25 Kronprinzessin Victoria an Queen Victoria, 22./23. 4. 1887; zit. nach J. C. G. Röhl (wie Anm. 2), S. 634.
26 F. Nietzsche: Sämtliche Werke. Kritische Studienausgabe in 15 Bde., München 1988, Bd. 15, S. 175.
27 J. C. G. Röhl (wie Anm. 2), S. 553.
28 H. Seier: Friedrich III. Deutscher Kaiser 1888, in: A. Schindling/W. Ziegler (Hrsg.): Die Kaiser der Neuzeit 1519–1918, München 1990, S. 418.
29 J. C. G. Röhl (wie Anm. 2), S. 405.
30 Ebd., S. 421.
31 Ebd., S. 419.
32 Bismarck an Prinz Wilhelm, 6. 1. 1888; GW VIc, S. 382ff.
33 J. C. G. Röhl (wie Anm. 2), S. 739.
34 Ebd., S. 755.
35 Am Hof der Hohenzollern (wie Anm. 20), S. 120 (19. 8. 1888).
36 Zit. nach W. Frank: Hofprediger Adolf Stöcker und die christlich-soziale Bewegung, Hamburg 1928, S. 318.
37 Zit. nach E. Eyck: Bismarck, Bd. 3, Erlenbach-Zürich 1944, S. 549.
38 M. Stürmer (Hrsg.): Bismarck und die preußisch-deutsche Politik 1871–1890, München 1970, S. 276, 278.

39 G. Frhr. von Eppstein: Fürst Bismarcks Entlassung, Berlin 1920, S. 37.

40 L. Gall (wie Anm. 8), S. 694. Vgl. zur Entlassungskrise auch O. Pflanze: Bismarck and the Development of Germany, Vol. III: The Period of Fortification, 1880–1898, Princeton N. J. 1990, S. 350ff.

41 J. C. G. Röhl (Hrsg.): Philipp Eulenburgs Politische Korrespondenz. Bd. I: Von der Reichsgründung bis zum Neuen Kurs 1866–1891, Boppard 1976, S. 377.

42 Am Hof der Hohenzollern (wie Anm. 20), S. 125 (7. 12. 1888).

43 Eulenburgs Politische Korrespondenz (wie Anm. 41), S. 406, Anm. 3.

44 M. Stürmer (Hrsg.): Bismarck (wie Anm. 38), S. 290–292.

45 Ebd., S. 292.

46 W. J. Mommsen (wie Anm. 7), S. 698.

47 Protokoll des preußischen Staatsministeriums, 2. 3. 1890; zuerst veröffentlicht von E. Zechlin: Staatsstreichpläne Bismarcks und Wilhelms II. 1890–1894, Stuttgart und Berlin 1929, S. 179–184.

48 E. Engelberg: Bismarck. Das Reich in der Mitte Europas, Berlin 1990, S. 570.

49 C. Fürst von Hohenlohe-Schillingfürst: Denkwürdigkeiten, Bd. II, Stuttgart-Leipzig 1906, S. 465.

50 Th. Fontane: Briefe in zwei Bänden, hrsg. von G. Erler, Berlin-Weimar 1968, Bd. II, S. 273.

51 GW XV, S. 531.

52 Vgl. H.-W. Hedinger: Bismarck-Denkmäler und Bismarck-Verehrung, in: E. Mai/St. Waetzoldt (Hrsg.): Kunstverwaltung, Bau- und Denkmal-Politik im Kaiserreich, Berlin 1981, S. 277ff.; V. Plagemann: Bismarck-Denkmäler, in: H. E. Mittig/V. Plagemann (Hrsg.): Denkmäler im 19. Jahrhundert, München 1972, S. 217ff.; L. Machtan (Hrsg.): Bismarck und der deutsche Nationalmythos, Bremen 1994.

53 H.-G. Zmarzlik: Das Bismarck-Bild der Deutschen – gestern und heute, Freiburg 1967, S. 14.

54 Zit. nach E. Engelberg (wie Anm. 48), S. 643.

55 H. Oncken: Rudolf von Bennigsen. Ein deutscher liberaler Politiker, Bd. II, Stuttgart-Leipzig 1910, S. 382.

56 Zit. nach L. Gall (wie Anm. 8), S. 707.

57 M. Weber: Gesammelte Politische Schriften, 2. erw. Aufl., neu hrsg. von J. Winckelmann, Tübingen 1958, S. 307f.

58 Zit. nach H.-G. Zmarzlik (wie Anm. 53), S. 28.

59 Zit. nach ebd., S. 29f.

60 H.-U. Wehler: Das Deutsche Kaiserreich 1871–1918, 6. Aufl., Göttingen 1988, S. 182.

61 Ebd., S. 183.

Teil II Das wilhelminische Deutschland

1. Vom Agrar- zum Industriestaat

1 D. S. Landes: Der entfesselte Prometheus. Technologischer Wandel und industrielle Entwicklung in Westeuropa von 1750 bis zur Gegenwart, München 1983, S. 220.
2 E. J. Hobsbawm: Das imperiale Zeitalter 1875–1914, Frankfurt a. M.-New York 1989 (Taschenbuchausgabe: Frankfurt a. M. 1995).
3 W. J. Mommsen: Bürgerstolz und Weltmachtstreben. Deutschland unter Wilhelm II. 1890 bis 1918, Berlin 1995, S. 12.
4 H.-U. Wehler: Deutsche Gesellschaftsgeschichte, Bd. III: Von der »Deutschen Doppelrevolution« bis zum Beginn des Ersten Weltkrieges 1849–1914, München 1995, S. 612.
5 G. A. Ritter/J. Kocka (Hrsg.): Deutsche Sozialgeschichte. Dokumente und Skizzen, Bd. II: 1870–1914, 2. Aufl., München 1977, S. 14.
6 D. S. Landes (wie Anm. 1), S. 259.
7 G. A. Ritter/K. Tenfelde: Arbeiter im Deutschen Kaiserreich 1871 bis 1914, Bonn 1992, S. 40.
8 T. Pierenkemper: Die westfälischen Schwerindustriellen 1852–1913, Göttingen 1979, S. 125.
9 W. J. Mommsen: Bürgerstolz und Weltmachtstreben (wie Anm. 3), S. 16.
10 H.-U. Wehler: Deutsche Gesellschaftsgeschichte, Bd. III (wie Anm. 4), S. 622.
11 L. Gall u. a.: Die Deutsche Bank 1870–1995, München 1995, S. 36.
12 R. H. Tilly: Vom Zollverein zum Industriestaat. Die wirtschaftlich-soziale Entwicklung Deutschlands 1834 bis 1914, München 1990, S. 93; vgl. auch V. Hentschel: Wirtschaft und Wirtschaftspolitik im wilhelminischen Deutschland. Organisierter Kapitalismus und Interventionsstaat, Stuttgart 1978, S. 130f.: »Man mag getrost von Verflechtung sprechen, wenn dem Wort der Ruch des Verschwörerischen und Verderblichen genommen wird.«
13 V. Wellhöner: Großbanken und Industrie im Kaiserreich, Göttingen 1989, S. 244.
14 J. Kocka: Unternehmensverwaltung und Angestelltenschaft am Beispiel Siemens 1847 bis 1914. Zum Verhältnis von Kapitalismus und Bürokratie in der deutschen Industrialisierung, Stuttgart 1969, S. 429ff.
15 L. Gall u. a.: Die Deutsche Bank (wie Anm. 11), S. 52.
16 Zit. nach F. Lenger: Sozialgeschichte der deutschen Handwerker seit 1800, Frankfurt a. M. 1988, S. 112.
17 Ebd., S. 121.
18 W. J. Mommsen: Bürgerstolz und Weltmachtstreben (wie Anm. 3), S. 42.
19 Th. Nipperdey: Deutsche Geschichte 1866–1918, Bd. I: Arbeitswelt und Bürgergeist, München 1990, S. 192.
20 W. J. Mommsen: Bürgerstolz und Weltmachtstreben (wie Anm. 3), S. 33.

21 Th. Nipperdey: Deutsche Geschichte 1866–1918, Bd. I (wie Anm. 19), S. 9.
22 K. J. Bade: Homo migrans. Wanderungen aus und nach Deutschland, Essen 1994, S. 27.
23 D. Langewiesche: Wanderungsbewegungen in der Hochindustrialisierungsperiode, in: Vierteljahrsschrift für Sozial- und Wirtschaftsgeschichte, Bd. 64 (1977), S. 2.
24 Zit. nach ebd., S. 1.
25 F. J. Brüggemeier: Leben vor Ort. Ruhrbergleute und Ruhrbergbau 1889–1919, München 1983, S. 16.
26 Chr. Kleßmann: Einwanderungsprobleme im Auswanderungsland: das Beispiel der ›Ruhrpolen‹, in: K. J. Bade (Hrsg.): Deutsche im Ausland – Fremde in Deutschland. Migration in Geschichte und Gegenwart, München 1992, S. 302.
27 U. Herbert: Geschichte der Ausländerbeschäftigung in Deutschland 1880 bis 1980, Berlin-Bonn 1986, S. 28.
28 Zit. nach M. Just: Transitland Kaiserreich: ost- und südosteuropäische Massenauswanderung über deutsche Häfen, in: K. J. Bade (wie Anm. 26), S. 301.
29 K. J. Bade: Vom Auswanderungsland zum Einwanderungsland? Deutschland 1880–1980, Berlin 1983, S. 32.
30 U. Herbert (wie Anm. 27), S. 39.
31 R. H. Tilly (wie Anm. 12), S. 133.
32 J. Reulecke: Geschichte der Urbanisierung in Deutschland, Frankfurt a. M. 1985, S. 11.
33 W. Köllmann: Bevölkerung in der industriellen Revolution. Studien zur Bevölkerungsgeschichte Deutschlands, Göttingen 1974, S. 115.
34 J. Reulecke (wie Anm. 32), S. 100.
35 A. von Saldern: Häuserleben. Zur Geschichte städtischen Arbeiterwohnens vom Kaiserreich bis heute, Bonn 1995, S. 71.
36 R. J. Evans: Tod in Hamburg. Stadt, Gesellschaft und Politik in den Cholera-Jahren 1830–1910, Reinbek bei Hamburg 1990, S. 542.
37 F. J. Brüggemeier (wie Anm. 25), S. 65.
38 G. A. Ritter/K. Tenfelde: Arbeiter im Kaiserreich (wie Anm. 7), S. 598.
39 H.-U. Wehler: Deutsche Gesellschaftsgeschichte, Bd. 3 (wie Anm. 4), S. 606f.; detaillierte Untersuchungen der Einkommensverhältnisse der Arbeiterschaft bei G. A. Ritter/K. Tenfelde: Arbeiter im Kaiserreich (wie Anm. 7), S. 469ff.

2. Das Herrschaftssystem unter Kaiser Wilhelm II.

1 Am Hof der Hohenzollern. Aus dem Tagebuch der Baronin Spitzemberg 1865–1914, hrsg. von R. Vierhaus, München 1965, S. 137 (31. 12. 1890).
2 E. Friedell: Kulturgeschichte der Neuzeit. Die Krisis der europäischen Seele von der schwarzen Pest bis zum Ersten Weltkrieg, München o. J., S. 1362.
3 Zit. nach E. Fehrenbach: Wandlungen des deutschen Kaisergedankens 1871–1918, München 1969, S. 91.

4 R. J. Evans (Hrsg.): Kneipengespräche im Kaiserreich. Stimmungsberichte der Hamburger Politischen Polizei 1892–1914, Reinbek bei Hamburg 1989, S. 324.
5 Am Hof der Hohenzollern (wie Anm. 1), S. 141 (6. 3. 1891).
6 Zit. nach W. Gutsche: Wilhelm II. Der letzte Kaiser des Deutschen Reiches. Eine Biographie, Berlin 1991, S. 61.
7 Am Hof der Hohenzollern (wie Anm. 1), S. 146 (30. 11. 1891).
8 J. C. G. Röhl (Hrsg.): Philipp Eulenburgs politische Korrespondenz, Bd. III: Krisen, Krieg und Katastrophen 1895–1921, Boppard 1983, Nr. 1300, S. 1795.
9 Th. Fontane: Briefe in zwei Bänden, hrsg. von G. Erler, Berlin-Weimar 1968, Bd. II, S. 418.
10 Zit. nach E. Fehrenbach (wie Anm. 3), S. 114.
11 Vgl. J. C. G. Röhl: Kaiser, Hof und Staat. Wilhelm II. und die deutsche Politik, München 1987, S. 95ff.
12 H. von Moltke: Erinnerungen, Briefe, Dokumente 1877–1916, Stuttgart 1922, S. 316. – Vgl. zur Wiederbelebung der höfischen Tänze unter Wilhelm II.: R. Braun/D. Gugerli: Macht des Tanzes – Tanz der Mächtigen. Hoffeste und Herrschaftszeremoniell 1550–1914, München 1994, S. 275ff.
13 J. C. G. Röhl: Kaiser, Hof und Staat (wie Anm. 11), S. 12.
14 J. C. G. Röhl (Hrsg.): Philipp Eulenburgs politische Korrespondenz, Bd. II: Im Brennpunkt der Regierungskrise 1892–1895, Boppard 1979, Nr. 1052, S. 1414.
15 Zit. nach B. Sösemann: Der Verfall des Kaisergedankens im Ersten Weltkrieg, in: J. C. G. Röhl (Hrsg.): Der Ort Kaiser Wilhelms II. in der deutschen Geschichte, München 1991, S. 149.
16 Vgl. z. B. Eulenburg an Bülow, 21. 7. 1903: »Ich sprach gestern mit dem Generalarzt Leuthold sehr eingehend über den armen lieben Herrn, der wie in einer Traumwelt einherwandelt und sein Ich zu einem immer größeren Phantom entwickelt.« Eulenburgs Korrespondenz, Bd. III (wie Anm. 8), Nr. 1497, S. 2091.
17 L. Quidde: Caligula. Schriften über Militarismus und Pazifismus. Mit einer Einleitung hrsg. von H.-U. Wehler, Frankfurt a. M. 1977, S. 13.
18 Vgl. auch zum folgenden: I. V. Hull: »Persönliches Regiment, in: J. C. G. Röhl (Hrsg.): Der Ort Kaiser Wilhelms II. (wie Anm. 15), S. 4ff.; ferner Th. Nipperdey: Deutsche Geschichte 1866–1918, Bd. II: Machtstaat vor der Demokratie, München 1992, S. 478–485.
19 E. Eyck: Das Persönliche Regiment Wilhelms II. Politische Geschichte des Deutschen Kaiserreiches von 1890 bis 1914, Erlenbach-Zürich 1948, S. 782: »Der wahre Schuldige ist das System, das die Entscheidungen über das Schicksal eines ganzen Volkes in die Hand eines einzelnen, noch dazu völlig unfähigen Individuums legte und das die richtige Verteilung der Kräfte zwischen politischer und militärischer Gewalt nicht gefunden hatte.«
20 E. Fehrenbach (wie Anm. 3), S. 95, 97.
21 H.-U. Wehler: Das Deutsche Kaiserreich 1871–1918, 6. Aufl., Göttingen 1988, S. 69–72; vgl. auch H.-U. Wehler: Deutsche Gesellschaftsgeschichte, Bd. III: Von der »Deutschen Doppelrevolution« bis zum Beginn des Ersten Weltkrieges 1849–1914, München 1995, S. 1000f.; ähnlich urteilt auch W. J. Mommsen:

Bürgerstolz und Weltmachtstreben. Deutschland unter Wilhelm II. 1890 bis 1918, Berlin 1995, S. 92: Die Selbstherrschaft Wilhelms II. sei »weitgehend nur Fassade« gewesen: »die Realität dahinter sah erheblich anders aus.«

22 J. C. G. Röhl: Kaiser, Hof und Staat (wie Anm. 11), S. 126.

23 Vgl. ebd., S. 11f.

24 Vgl. z. B. Eulenburg an Bülow, 8. 6. 1896: »Man ist zu der Überzeugung gekommen, daß der Kaiser sich absolut von seiner militärischen Umgebung leiten läßt.« Eulenburgs Korrespondenz, Bd. III (wie Anm. 8), Nr. 1233, S. 1696.

25 J. C. G. Röhl: Kaiser, Hof und Staat (wie Anm. 11), S. 92.

26 I. V. Hull, in: J. C. G. Röhl: Der Ort Kaiser Wilhelms II. (wie Anm. 18), S. 12.

27 Vgl. I. V. Hull: The Entourage of Kaiser Wilhelm II., 1888–1918, Cambridge 1982, S. 76ff.

28 Vgl. auch zum folgenden: J. C. G. Röhl: Kaiser, Hof und Staat (wie Anm. 11), S. 35ff.; W. J. Mommsen: Bürgerstolz und Weltmachtstreben (wie Anm. 21), S. 92 nennt Eulenburg eine »Schlüsselfigur innerhalb des Beziehungsnetzes der Führungselite des Reiches«.

29 J. C. G. Röhl: Kaiser, Hof und Staat (wie Anm. 11), S. 126.

30 Ebd., S. 126f.

31 W. Gutsche: Wilhelm II. (wie Anm. 6), S. 69; vgl. Eulenburg an Bülow, 9. 8. 1903: »Es geht zu wie in dem frivolsten Lieutnantscasino.« Eulenburgs Korrespondenz, Bd. III (wie Anm. 8), Nr. 1499, S. 2097.

32 E. Jäckh (Hrsg.): Kiderlen-Wächter, der Staatsmann und Mensch, Bd. I, Berlin 1924, S. 124; vgl. auch Eulenburg an Bülow, 26. 7. 1903: »Ein geradezu ekelhaftes Schauspiel.« Eulenburgs Korrespondenz, Bd. III (wie Anm. 8), Nr. 1498, S. 2092.

33 Eulenburgs Korrespondenz, Bd. III (wie Anm. 8), Nr. 1309, S. 1805.

34 Vgl. zu den Einzelheiten J. C. G. Röhl: Deutschland ohne Bismarck. Die Regierungskrise im Zweiten Kaiserreich 1890–1900, Tübingen 1969, S. 133ff.

35 Bülow an Eulenburg, 23. 7. 1896; Eulenburgs Korrespondenz, Bd. III (wie Anm. 8), Nr. 1245, S. 1714.

36 J. C. G. Röhl: Wilhelm II. Deutscher Kaiser, in: A. Schindling/W. Ziegler (Hrsg.): Die Kaiser der Neuzeit 1519–1918, München 1990, S. 431.

37 Th. Nipperdey: Deutsche Geschichte 1866–1918, Bd. II (wie Anm. 18), S. 485.

38 Vgl. B. Sösemann, in: J. C. G. Röhl (Hrsg.): Der Ort Kaiser Wilhelms II. (wie Anm. 15), S. 145ff. Vgl. auch L. Cecil: Wilhelm II, Vol. 2: Emperor and Exile 1900–1941, Chapel Hill and London 1996, S. 232ff.

39 Vgl. zum folgenden K.-R. Metze: Leo von Caprivi, in: W. von Sternburg (Hrsg.): Die deutschen Kanzler. Von Bismarck bis Kohl, Frankfurt a. M. 1994, S. 39ff.; J. C. G. Röhl: Deutschland ohne Bismarck (wie Anm. 34), S. 57ff.; H. O. Meisner: Der Reichskanzler Caprivi. Eine biographische Skizze, Darmstadt 1969.

40 R. Arndt (Hrsg.): Die Reden des Grafen von Caprivi im Deutschen Reichstage, Preußischen Landtage und bei besonderen Anlässen 1883–1893, Berlin 1894, S. 371.

41 Zit. nach J. C. G. Röhl: Deutschland ohne Bismarck (wie Anm. 34), S. 65.
42 H. Kohl (Hrsg.): Die politischen Reden des Fürsten Bismarck, 13 Bde., Stuttgart-Berlin 1892–1905, Bd. 13, S. 249.
43 Vgl. dazu unten S. 185f.
44 Am Hof der Hohenzollern (wie Anm. 1), S. 167 (27. 10. 1894).
45 Vgl. zum folgenden W. Baumgart: Chlodwig zu Hohenlohe-Schillingsfürst, in: W. von Sternburg: Die deutschen Kanzler (wie Anm. 39), S. 55ff.; J. C. G. Röhl: Deutschland ohne Bismarck (wie Anm. 34), S. 112ff.
46 Zit. nach J. C. G. Röhl: Deutschland ohne Bismarck (wie Anm. 34), S. 115.
47 N. Rich/M. H. Fisher (Hrsg.): Friedrich von Holstein. Die geheimen Papiere, Bd. III, Göttingen 1961, S. 517.
48 Zit. nach J. C. G. Röhl: Deutschland ohne Bismarck (wie Anm. 34), S. 166.
49 Eulenburgs Korrespondenz, Bd. II (wie Anm. 14), Nr. 1086, S. 1464.
50 Eulenburgs Korrespondenz, Bd. III (wie Anm. 8), Nr. 1178, S. 1621.
51 Bülow an Eulenburg, 20. 7. 98; zit. nach J. C. G. Röhl: Deutschland ohne Bismarck (wie Anm. 34), S. 223.
52 Zit. nach J. C. G. Röhl: Deutschland ohne Bismarck (wie Anm. 34), S. 223.
53 Eulenburgs Korrespondenz, Bd. III (wie Anm. 8), Nr. 1391, S. 1933.
54 I. V. Hull: Bernhard von Bülow, in: W. von Sternburg (Hrsg.): Die deutschen Kanzler (wie Anm. 39), S. 69; vgl. ferner G. Fesser: Reichskanzler Bernhard Fürst von Bülow. Eine Biographie, Berlin 1991; P. Winzen (Hrsg.): Biographische Einführung, in: Bernhard Fürst von Bülow: Deutsche Politik, Bonn 1992, S. 5ff.
55 Bülow an Eulenburg, 15. 2. 1898; Eulenburgs Korrespondenz, Bd. III (wie Anm. 8), Nr. 1362, S. 1885.
56 I. V. Hull: Bernhard von Bülow (wie Anm. 54), S. 73.
57 Wilhelm II. an Eulenburg, 24. 7. 1901; Eulenburgs Korrespondenz, Bd. III (wie Anm. 8), S. 2025.
58 S. dazu unten S. 219f.
59 Bethmann Hollweg an Karl von Eisendecher, 20. 7. 1909; zit. nach J. Dülffer (Hrsg.): Einleitung zur Neuausgabe von Theobald von Bethmann Hollweg: Betrachtungen zum Weltkriege, Essen 1989, S. 6.
60 K. H. Jarausch: The Enigmatic Chancellor. Bethmann Hollweg and the Hybris of Imperial Germany, New Haven-London 1973; vgl. ferner: E. von Vietsch: Bethmann Hollweg. Staatsmann zwischen Macht und Ethos, Boppard 1969; W. Gutsche: Aufstieg und Fall eines kaiserlichen Reichskanzlers. Theobald von Bethmann Hollweg 1856–1921, Berlin 1973; K. Hildebrand: Bethmann Hollweg. Der Kanzler ohne Eigenschaften? Urteile der Geschichtsschreibung, Düsseldorf 1970; F. Fischer: Theobald von Bethmann Hollweg, in: W. von Sternburg (Hrsg.): Die deutschen Kanzler (wie Anm. 39), S. 87ff., G. Wollstein: Theobald von Bethmann Hollweg. Letzter Erbe Bismarcks, erstes Opfer der Dolchstoßlegende, Göttingen-Zürich 1995.
61 J. Dülffer (wie Anm. 59), S. 6.

62 M. Stürmer: Das ruhelose Reich. Deutschland 1866–1918, Berlin 1983, S. 113.
63 M. Rauh: Föderalismus und Parlamentarismus im Wilhelminischen Reich, Düsseldorf 1973, S. 15.
64 G. A. Ritter: Entwicklungsprobleme des deutschen Parlamentarismus, in: ders. (Hrsg.): Gesellschaft, Parlament und Regierung, Düsseldorf 1974, S. 18.
65 M. Rauh: Föderalismus (wie Anm. 63), S. 7, 134.
66 M. Rauh: Die Parlamentarisierung des Deutschen Reiches, Düsseldorf 1977, S. 36.
67 Th. Nipperdey: Deutsche Geschichte 1866–1918, Bd. II (wie Anm. 18), S. 488.
68 M. S. Cullen/U. Kieling: Der deutsche Reichstag. Geschichte eines Parlaments, Berlin 1992, S. 69.
69 Zit. ebda.
70 B. Fürst von Bülow: Denkwürdigkeiten, Bd. II, Berlin 1930, S. 7.
71 Zit. nach F. Fellner: Wilhelm II. und das wilhelminische Deutschland im Urteil österreichischer Zeitgenossen, in: J. C. G. Röhl (Hrsg.): Der Ort Kaiser Wilhelms II. (wie Anm. 15), S. 82f.
72 Ebd., S. 83.
73 K. von Zwehl: Zum Verhältnis von Regierung und Reichstag im Kaiserreich (1871–1918), in: G. A. Ritter (Hrsg.): Regierung, Bürokratie und Parlament in Preußen und Deutschland von 1848 bis zur Gegenwart, Düsseldorf 1983, S. 105.
74 H.-U. Wehler: Deutsche Gesellschaftsgeschichte, Bd. III (wie Anm. 21), S. 1039.
75 Grundlegend dazu Th. Nipperdey: Die Organisation der deutschen Parteien vor 1918, Düsseldorf 1961; knapp zusammenfassend G. A. Ritter: Die deutschen Parteien 1830–1914, Göttingen 1985, S. 23ff.
76 S. Neumann: Die Parteien der Weimarer Republik (zuerst 1932), 4. Aufl., Stuttgart-Berlin-Köln-Mainz 1977, S. 25.
77 Vgl. zum folgenden J. S. Sheehan: Der deutsche Liberalismus. Von den Anfängen im 18. Jahrhundert bis zum Ersten Weltkrieg 1770–1914, München 1983, S. 259ff.; D. Langewiesche: Liberalismus in Deutschland, Frankfurt a. M. 1988, S. 133ff.
78 W. J. Mommsen: Bürgerstolz und Weltmachtstreben (wie Anm. 21), S. 123f.
79 J. S. Sheehan: Deutscher Liberalismus im postliberalen Zeitalter 1890–1914, in: Geschichte und Gesellschaft 4 (1978), S. 30.
80 Vgl. zu diesem Begriff M. R. Lepsius: Parteiensystem und Sozialstruktur. Zum Problem der Demokratisierung der deutschen Gesellschaft, in: W. Abel u. a. (Hrsg.): Wirtschaft, Geschichte und Wirtschaftsgeschichte, Stuttgart 1966, S. 371ff.
81 J. S. Sheehan: Deutscher Liberalismus (wie Anm. 79), S. 31.
82 J. S. Sheehan: Der deutsche Liberalismus (wie Anm. 77), S. 294.
83 Zit. nach J. S. Sheehan: Deutscher Liberalismus (wie Anm. 79), S. 39.
84 D. Langewiesche (wie Anm. 77), S. 134.
85 Zit. nach W. J. Mommsen: Wandlungen der liberalen Idee im Zeitalter des Imperialismus, in: K. Holl/G. List (Hrsg.): Liberalismus und imperialistischer Staat, Göttingen 1975, S. 117.

86 D. Langewiesche (wie Anm. 77), S. 221.
87 G. A. Ritter (wie Anm. 75), S. 76.
88 S. dazu die grundlegende Studie von Th. Kühne: Dreiklassenwahlrecht und Wahlkultur in Preußen 1867–1914, Düsseldorf 1994.
89 Vgl. dazu unten S. 387f.
90 G. A. Ritter (wie Anm. 75), S. 77.
91 Vgl. dazu unten S. 178f.
92 H.-J. Puhle: Agrarische Interessenpolitik und preußischer Konservatismus im wilhelminischen Reich 1893–1914, 2. Aufl., Bonn-Bad Godesberg 1975.
93 Th. Nipperdey: Deutsche Geschichte 1866–1918, Bd. II (wie Anm. 18), S. 543.
94 W. Loth: Katholiken im Kaiserreich. Der politische Katholizismus in der Krise des wilhelminischen Deutschlands, Düsseldorf 1984, S. 17.
95 Ebd., S. 19.
96 Zit. nach ebd., S. 24f.
97 P. Lösche: Kleine Geschichte der deutschen Parteien, Stuttgart-Berlin-Köln 1993, S. 55.
98 G. A. Ritter (wie Anm. 75), S. 61.
99 E. Bernstein: Die Voraussetzungen des Sozialismus und die Aufgaben der Sozialdemokratie (1899); zit. nach D. Lehnert: Sozialdemokratie zwischen Protestbewegung und Regierungspartei 1848–1983, Frankfurt a. M. 1983, S. 93.
100 Vgl. dazu H.-J. Steinberg: Sozialismus und deutsche Sozialdemokratie. Zur Ideologie der Partei vor dem 1. Weltkrieg, 4. Aufl., Bonn-Bad Godesberg 1976, S. 111ff.
101 Zit. nach G. A. Ritter: Die Arbeiterbewegung im Wilhelminischen Reich. Die Sozialdemokratische Partei und die Freien Gewerkschaften 1890–1900, Berlin 1959, S. 201.
102 Dazu grundlegend D. Groh: Negative Integration und revolutionärer Attentismus. Die deutsche Sozialdemokratie am Vorabend des Ersten Weltkrieges, Frankfurt a. M. 1974.
103 So zuerst G. Roth: The Social Democrats in Imperial Germany. A Study in Working-Class Isolation and National Integration, Totowa 1963.
104 Th. Nipperdey: Interessenverbände und Parteien in Deutschland vor dem ersten Weltkrieg, in: H.-U. Wehler (Hrsg.): Moderne deutsche Sozialgeschichte, Köln–Berlin 1966, S. 375.
105 H. Kaelble: Industrielle Interessenpolitik in der wilhelminischen Gesellschaft. Centralverband Deutscher Industrieller 1895–1914, Berlin 1967, S. 9.
106 Zit. nach H.-P. Ullmann: Der Bund der Industriellen. Organisation, Einfluß und Politik klein- und mittelbetrieblicher Industrieller im Deutschen Kaiserreich 1895–1914, Göttingen 1976, S. 31.
107 Vgl. zum folgenden H.-J. Puhle: Agrarische Interessenpolitik (wie Anm. 95), S. 37ff.
108 Zit. nach ebd., S. 314.
109 Th. Nipperdey: Deutsche Geschichte 1866–1918, Bd. II (wie Anm. 18), S. 588.

110 S. Mielke: Der Hansa-Bund für Gewerbe, Handel und Industrie 1909–1914. Der gescheiterte Versuch einer antifeudalen Sammlungsfront, Götttingen 1976, S. 50.
111 Zit. nach ebd., S. 34.
112 Dies betont zu Recht gegen Kaelble D. Stegmann: Die Erben Bismarcks. Parteien und Verbände in der Spätphase des Wilhelminischen Deutschlands, Köln-Berlin 1970, S. 190; S. Mielke (wie Anm. 110), S. 83ff., folgt weitgehend der Interpretation Stegmanns.
113 Vgl. D. Stegmann (wie Anm. 112), S. 360ff.
114 H. Kaelble (wie Anm. 105), S. 134.
115 H.-U. Wehler: Das Deutsche Kaiserreich (wie Anm. 21), S. 90.

3. Der »Neue Kurs« in der Außen- und Innenpolitik nach 1890

1 Das persönliche Regiment. Reden und sonstige Äußerungen Wilhelms II. Zusammengestellt von W. Schroeder, München 1907, S. 92.
2 Zit. nach R. Lahme: Deutsche Außenpolitik 1890–1894. Von der Gleichgewichtspolitik Bismarcks zur Allianzstrategie Caprivis, Göttingen 1990, S. 107.
3 GP, Bd. 7, Nr. 1368, S. 8.
4 Vgl. R. Lahme (wie Anm. 2), S. 110–114; ferner K. Canis: Von Bismarck zur Weltpolitik. Deutsche Außenpolitik 1890 bis 1902, Berlin 1997, S. 43ff.
5 Vgl. zu den Details die Studie von W. Stribrny: Bismarck und die deutsche Politik nach seiner Entlassung (1890–1898), Paderborn 1977, S. 47ff., 274ff.
6 K. Hildebrand: Das vergangene Reich. Deutsche Außenpolitik von Bismarck bis Hitler, Stuttgart 1995, S. 159.
7 G.F. Kennan: Die schicksalhafte Allianz. Frankreich und Rußland am Vorabend des Ersten Weltkrieges, Köln 1990, S. 44.
8 Münchner Allgemeine Zeitung, 31. 7. 1890; zit. nach R. Lahme (wie Anm. 2), S. 154.
9 Zit. nach M. Peters: Der Alldeutsche Verband am Vorabend des Ersten Weltkrieges (1908–1914), Frankfurt a. M.-Bern-New York-Paris 1992, S. 15.
10 Zit. nach R. Lahme (wie Anm. 2), S. 133.
11 Zit. nach K. Hildebrand (wie Anm. 6), S. 162.
12 Zu den Einzelheiten vgl. R. Lahme (wie Anm. 2), S. 179ff.; K. Canis (wie Anm. 4), S. 71ff.
13 Vgl. R. Weitowitz: Deutsche Politik und Handelspolitik unter Reichskanzler Leo v. Caprivi 1890–1894, Düsseldorf 1978.
14 Aufzeichnung Eulenburgs, 11. 7. 1892; J. C. G. Röhl (Hrsg.): Philipp Eulenburgs politische Korrespondenz, Bd. II, Boppard 1979, Nr. 688, S. 913.
15 W. J. Mommsen: Bürgerstolz und Weltmachtstreben. Deutschland unter Wilhelm II. 1890 bis 1918, Berlin 1995, S. 286.
16 S. oben S. 178f.
17 G. F. Kennan (wie Anm. 7), S. 315.

18 K. Hildebrand (wie Anm. 6), S. 171.
19 Zu den Einzelheiten vgl. H. Rosenbach: Das Deutsche Reich, Großbritannien und der Transvaal (1896–1902), Göttingen 1993, S. 36ff.
20 R. Lahme (wie Anm. 2), S. 30.
21 Th. Nipperdey: Deutsche Geschichte 1866–1918, Bd. II: Machtstaat vor der Demokratie, München 1992, S. 700.
22 K. E. Born: Von der Reichsgründung bis zum ersten Weltkrieg, in: B. Gebhardt: Handbuch der deutschen Geschichte, Bd. 3, Stuttgart 1962, S. 269.
23 W. J. Mommsen (wie Anm. 15), S. 111.
24 H.-J. von Berlepsch: »Neuer Kurs« im Kaiserreich? Die Arbeiterpolitik des Freiherrn von Berlepsch 1890 bis 1896, Bonn 1987, S. 439f.
25 H. Herzfeld: Die Moderne Welt 1789–1945, II. Teil: Weltmächte und Weltkriege 1890–1945, Braunschweig 1960, S. 16.
26 K. E. Born: Staat und Sozialpolitik seit Bismarcks Sturz, Wiesbaden 1957, S. 93.
27 W. J. Mommsen (wie Anm. 15), S. 183.
28 Th. Nipperdey (wie Anm. 21), S. 713.

4. Weltmachtstreben, Schlachtflottenbau und nationale Sammlung

1 Fürst Bülows Reden nebst urkundlichen Beiträgen zu seiner Politik, hrsg. von J. Penzler, Bd. 1, Berlin 1907, S. 71.
2 Zit. nach E. J. Hobsbawm: Das imperiale Zeitalter 1875–1914, Frankfurt a. M.-New York 1989, S. 84.
3 Vgl. G. Schöllgen: Das Zeitalter des Imperialismus, 3. Aufl., München 1994, S. 45, 47.
4 E. J. Hobsbawm: Das imperiale Zeitalter (wie Anm. 2), S. 92.
5 Vgl. W. J. Mommsen: Bürgerstolz und Weltmachtstreben. Deutschland unter Wilhelm II. 1890 bis 1918, Berlin 1995, S. 302.
6 K. Hildebrand: Das vergangene Reich. Deutsche Außenpolitik von Bismarck bis Hitler 1871–1945, Stuttgart 1995, S. 193.
7 P. Winzen: Bülows Weltmachtkonzept. Untersuchungen zur Frühphase seiner Außenpolitik, Boppard 1977; vgl. auch ders.: Zur Genesis von Weltmachtkonzept und Weltpolitik, in: J. C. G. Röhl (Hrsg.): Der Ort Kaiser Wilhelms II. in der deutschen Geschichte, München 1991, S. 189–222. Dagegen K. Canis: Von Bismarck zur Weltpolitik. Deutsche Außenpolitik 1890 bis 1902, Berlin 1997, S. 254ff.
8 Bülow an Tirpitz, 26. 11. 1924; zit. nach G. Schöllgen: Die Großmacht als Weltmacht. Idee, Wirklichkeit und Perzeption deutscher »Weltpolitik« im Zeitalter des Imperialismus, in: Historische Zeitschrift, Bd. 248 (1989), S. 83.
9 So der Titel des Buches von K. Wernecke: Der Wille zur Weltgeltung. Außenpolitik und Öffentlichkeit im Kaiserreich am Vorabend des Ersten Weltkrieges, Düsseldorf 1970.
10 Vgl. dagegen H.-U. Wehler: Das Deutsche Kaiserreich 1871–1918, 6. Aufl.,

Göttingen 1988, S. 177: »Der wilhelminischen ›Weltpolitik‹ kann man offenbar nur unter dieser Perspektive des Sozialimperialismus ihren eigentlichen Sinn abgewinnen.« Vgl. auch ders.: Deutsche Gesellschaftsgeschichte, Bd. III: Von der »Deutschen Doppelrevolution« bis zum Beginn des Ersten Weltkrieges 1849–1914, München 1995, S. 1139.

11 J. C. G. Röhl (Hrsg.): Philipp Eulenburgs politische Korrespondenz, Bd. III: Krisen, Krieg und Katastrophen 1885–1921, Boppard 1983, S. 1877f.

12 M. Weber: Der Nationalstaat und die Volkswirtschaft, in: ders., Gesammelte Schriften, hrsg. von J. Winckelmann, 3. Aufl., Tübingen 1971, S. 23.

13 Zit. nach P. Winzen: Bülows Weltmachtkonzept (wie Anm. 7), S. 62

14 Tirpitz an Admiral von Stosch, 13. 2. 1896; V. R. Berghahn/W. Deist: Rüstung im Zeichen wilhelminischer Weltpolitik. Grundlegende Dokumente 1890–1914, Düsseldorf 1988, S. 114.

15 V. R. Berghahn: Der Tirpitz-Plan. Genesis und Verfall einer innenpolitischen Krisenstrategie unter Wilhelm II., Düsseldorf 1971.

16 S. etwa Th. Nipperdey: Deutsche Geschichte 1866–1918, Bd. II: Machtstaat vor der Demokratie, München 1992, S. 638; K. Hildebrand: Das vergangene Reich (wie Anm. 6), S. 203.

17 V. R. Berghahn/W. Deist (wie Anm. 14), S. 11.

18 Ebd., S. 122.

19 So in einem Brief an Admiral von Stosch, 21. 12. 1895; ebd., S. 103.

20 H.-U. Wehler: Deutsche Gesellschaftsgeschichte, Bd. III (wie Anm. 10), S. 1131.

21 Zit. nach G. Fesser: Reichskanzler Bernhard Fürst von Bülow. Eine Biographie, Berlin 1991, S. 59.

22 K. Hildebrand: Das vergangene Reich (wie Anm. 6), S. 202.

23 Ebd., S. 193.

24 V. R. Berghahn/W. Deist (wie Anm. 14), S. 121.

25 J. Steinberg: Der Kopenhagen-Komplex, in: Kriegsausbruch 1914, München 1967, S. 31–59.

26 Zit. nach B. Fürst von Bülow: Deutsche Politik, hrsg. von P. Winzen, Bonn 1992, S. 30.

27 Zit. nach K. Hildebrand: Das vergangene Reich (wie Anm. 6), S. 208.

28 G. Schöllgen: Imperialismus und Gleichgewicht. Deutschland, England und die orientalische Frage 1871–1914, München 1984, S. 125f.; zur Rolle der Deutschen Bank vgl. B. Barth: Die deutsche Hochfinanz und die Imperialismen. Banken und Außenpolitik vor 1914, Stuttgart 1995, S. 120ff.

29 Hatzfeldt an AA, 29. 3. 1898; GP, Bd. 14, I, Nr. 3782, S. 199.

30 Zit. nach G. Fesser: Bülow (wie Anm. 21), S. 51.

31 K. Hildebrand: Das vergangene Reich (wie Anm. 6), S. 215.

32 Zit. nach P. Winzen: Bülows Weltmachtkonzept (wie Anm. 7), S. 383; dort auch, S. 378ff., eine ausführliche Analyse der Hintergründe und Wirkung der Rede.

33 So P. Winzen in der Einleitung zu B. Fürst von Bülow: Deutsche Politik (wie Anm. 26), S. 34.

34 Die geheimen Papiere Friedrich von Holsteins, hrsg. von R. Rich und M. H. Fisher; deutsche Ausgabe von W. Frauendienst, Bd. IV, Göttingen 1963, S. 230.
35 F. Fellner: Der Dreibund, in: ders.: Vom Dreibund zum Völkerbund. Studien zur Geschichte der internationalen Beziehungen 1882–1919, München 1994, S. 94.
36 M. Behnen: Rüstung-Bündnis-Sicherheit. Dreibund und informeller Imperialismus 1900–1908, Tübingen 1985, S. 63.
37 Zit. nach G. Fesser: Bülow (wie Anm. 21), S. 79f.
38 K. Hildebrand: Das vergangene Reich (wie Anm. 6), S. 222.
39 GP, Bd. 18, II, Nr. 5911, S. 840.
40 Am Hof der Hohenzollern. Aus dem Tagebuch der Baronin Spitzemberg 1865–1914, hrsg. von R. Vierhaus, München 1965, S. 215 (15. 4. 1904).
41 Zitate: Holstein an Ida v. Stülpnagel, 10. 4. 1904, in: F. v. Holstein: Lebensbekenntnis in Briefen an eine Frau, hrsg. und eingel. von H. Rogge, Berlin 1932, S. 231; Holstein an Hammann, 11. 7. 1904, in: O. Hammann: Bilder aus der letzten Kaiserzeit, Berlin 1922, S. 33.
42 Zit. nach K. Hildebrand: Das vergangene Reich (wie Anm. 6), S. 125.
43 Vgl. G. Ritter: Der Schlieffenplan. Kritik eines Mythos, München 1956, S. 43ff.
44 Zit. nach P. Winzen: Bülows Weltmachtkonzept (wie Anm. 7), S. 415.
45 Vgl. zu den Einzelheiten B. Vogel: Deutsche Rußlandpolitik. Das Scheitern der deutschen Weltpolitik unter Bülow 1900–1906, Düsseldorf 1973, S. 201ff.
46 GP, Bd. 19, I, Nr. 125, S. 312.
47 Wilhelm II. an Bülow, 25. 7. 1905; GP, Bd. 19, II, Nr. 6220, S. 463.
48 Zit. nach P. Winzen: Bülows Weltmachtkonzept (wie Anm. 7), S. 416.
49 Bülows Reden (wie Anm. 1), Bd. 2, S. 310.
50 K. Hildebrand: Das vergangene Reich (wie Anm. 6), S. 236; vgl. auch M. Stürmer: Das ruhelose Reich. Deutschland 1866–1918, Berlin 1983, S. 327: »Was den Deutschen seit 1905 zum Trauma der Einkreisung wurde, war in Wahrheit das Verhängnis ihrer eigenen Überhebung.«
51 Vgl. zu den Einzelheiten V. R. Berghahn: Der Tirpitz-Plan (wie Anm. 15), S. 419ff.
52 GP, Bd. 25, I, Nr. 8537, S. 47.
53 GP, Bd. 25, II, Nr. 8820, S. 479.
54 Fürst Bülows Reden (wie Anm. 1), Bd. 3, S. 187.
55 W. J. Mommsen: Bürgerstolz und Weltmachtstreben (wie Anm. 5), S. 362.
56 Vgl. die überzeugende Analyse von P. Winzen: Der Krieg in Bülows Kalkül: Katastrophe der Diplomatie oder Chance zur Machtexpansion, in: J. Dülffer/K. Holl: Bereit zum Krieg. Kriegsmentalität im wilhelminischen Deutschland 1890–1914, Göttingen 1986, S. 182ff.
57 W. J. Mommsen: Bürgerstolz und Weltmachtstreben (wie Anm. 5), S. 365.
58 Vgl. G. Eley: Sammlungspolitik, Sozialimperialismus und das Flottengesetz von 1898, in: ders.: Wilhelminismus, Nationalismus, Faschismus. Zur historischen Kontinuität in Deutschland, Münster 1991, S. 99–143.
59 Bülow an Eulenburg, 6. 2. 1895; P. Winzen: Bülows Weltmachtkonzept (wie Anm. 7), S. 38.

60 Bülow an Eulenburg, 5. 10. 1895: ebd., S. 39.
61 Bülow an Eulenburg, 2. 3. 1890; ebd., S. 39.
62 W. J. Mommsen: Bürgerstolz und Weltmachtstreben (wie Anm. 5), S. 212.
63 Bülow an Eulenburg, 18. 5. 1892; P. Winzen: Bülows Weltmachtkonzept (wie Anm. 7), S. 40.
64 Vgl. zu den Einzelheiten H. Horn: Der Kampf um den Bau des Mittellandkanals. Eine politologische Untersuchung über die Rolle eines wirtschaftlichen Interessenverbandes im Preußen Wilhelms II., Köln und Opladen 1964.
65 B. von Bülow: Denkwürdigkeiten, Bd. I, Berlin 1930, S. 383.
66 I. V. Hull: Bernhard von Bülow, in: W. von Sternburg (Hrsg.): Die deutschen Kanzler von Bismarck bis Kohl, Frankfurt a. M. 1994, S. 76.
67 Vgl. P. Jungblut: Unter vier Reichskanzlern. Otto Hammann und die Pressepolitik der deutschen Reichsleitung 1890 bis 1916, in: U. Daniel/W. Siemann (Hrsg.): Propaganda. Meinungskampf, Verführung und politische Sinnstiftung 1789–1989, Frankfurt a. M. 1994, S. 101–116.
68 Th. Nipperdey: Deutsche Geschichte 1866–1918, Bd. II (wie Anm. 16), S. 728.
69 Vgl. H. Bley: Kolonialherrschaft und Sozialstruktur in Deutsch-Südwestafrika 1894–1914, Hamburg 1968; H. Drechsler: Südwestafrika unter deutscher Kolonialherrschaft. Der Kampf der Herero und Nama gegen den deutschen Imperialismus (1884–1915), Berlin 1966.
70 Zit. nach G. Fesser: Bülow (wie Anm. 21), S. 98.
71 Zit. nach W. J. Mommsen: Bürgerstolz und Weltmachtstreben (wie Anm. 5), S. 234.
72 Zit. nach G. Fesser: Bülow (wie Anm. 21), S. 98. Vgl. die regionale Fallstudie von Frank Morgenthal: »Ohne Knüffe und Püffe geht es da nicht ab«. Die »Hottentottenwahlen« 1907 im Regierungsbezirk Düsseldorf, Siegburg 1995.
73 G. Fesser: Bülow (wie Anm. 21), S. 97.
74 K. Saul: Staat, Industrie und Arbeiterbewegung im Kaiserreich. Zur Innen- und Sozialpolitik des Wilhelminischen Deutschland 1903–1914, Düsseldorf 1974, S. 130.
75 W. J. Mommsen: Bürgerstolz und Weltmachtstreben (wie Anm. 5), S. 239.
76 Ebd., S. 252.
77 Vgl. Th. Kühne: Dreiklassenwahlrecht und Wahlkultur in Preußen 1867–1914. Landtagswahlen zwischen korporativer Tradition und politischem Massenmarkt, Düsseldorf 1994, S. 493ff.
78 Th. Eschenburg: Das Kaiserreich am Scheidewege. Bassermann, Bülow und der Block, Berlin 1929, S. 78.
79 Th. Kühne: Dreiklassenwahlrecht (wie Anm. 77), S. 517.
80 Zu den Details vgl. I. V. Hull: The Entourage of Kaiser Wilhelm II., 1888–1918, Cambridge 1982; K. A. Lerman: The Chancellor as Courtier. Bernhard von Bülow and the Governance of Germany 1900–1909, Cambridge 1990.
81 Vgl. V. Ullrich: Als der Thron ins Wanken kam. Das Ende des Hohenzollernreiches 1890–1918, Bremen 1993, S. 39–63.

82 Am Hof der Hohenzollern (wie Anm. 40), S. 237 (1. 11. 1908).
83 Th. Eschenburg (wie Anm. 78), S. 151.
84 Zit. in W. Schüssler: Die Daily-Telegraph-Affäre. Fürst Bülow, Kaiser Wilhelm und die Krise des Zweiten Reiches 1908, Göttingen 1952, S. 67.
85 Vgl. zu diesem Komplex vor allem die Studie von P. Chr. Witt: Die Finanzpolitik des Deutschen Reiches von 1903 bis 1913. Eine Studie zur Innenpolitik des wilhelminischen Deutschland, Lübeck und Hamburg 1970.
86 Bülow an Holstein, 23. 8. 1908; Die geheimen Papiere Friedrich von Holsteins (wie Anm. 34), Bd. IV, S. 498.
87 Zitate in P. Chr. Witt (wie Anm. 85), S. 256–259.
88 Fürst Bülows Reden (wie Anm. 1), Bd. 3, S. 220.
89 Zit. in V. R. Berghahn/W. Deist (wie Anm. 14), S. 352.

5. Der Weg in die Sackgasse

1 Aufzeichnung Holsteins vom 24. 2. 1909; Die geheimem Papiere Friedrich von Holsteins, hrsg. von N. Rich und M. H. Fisher. Deutsche Ausgabe von W. Frauendienst, Bd. I, Göttingen 1958, S. 194f.
2 Th. von Bethmann Hollweg: Betrachtungen zum Weltkrieg, Neuausgabe, hrsg. von J. Dülffer, Essen 1989, S. 55.
3 Ballin an M. Harden, 21. 7. 1909; zit. nach M. Epkenhans: Die wilhelminische Flottenrüstung 1908–1914. Weltmachtstreben, industrieller Fortschritt und soziale Integration, München 1991, S. 53.
4 Zit. in ebd., S. 62.
5 Bethmann Hollweg an C. von Eisendecher, 27. 12. 1910; zit. nach W. J. Mommsen: Bürgerstolz und Weltmachtstreben. Deutschland unter Wilhelm II. 1890 bis 1918, Berlin 1995, S. 454.
6 Vgl. E. Oncken: Panthersprung nach Agadir. Die deutsche Politik während der Zweiten Marokkokrise 1911, Düsseldorf 1981, S. 96ff.; Th. Meyer: »Endlich eine Tat, eine befreiende Tat …« Alfred von Kiderlen-Wächters »Panthersprung nach Agadir« unter dem Druck der öffentlichen Meinung, Husum 1996, S. 168ff.
7 Denkschrift Kiderlen-Wächters, 3. 5. 1911; GP, Bd. 29, Nr. 10549, S. 219.
8 Zit. nach M. Peters: Der Alldeutsche Verband am Vorabend des Ersten Weltkrieges (1908–1914), Frankfurt a. M. 1992, S. 112.
9 Zit. nach K. Wernecke: Der Wille zur Weltgeltung. Außenpolitik und Öffentlichkeit im Kaiserreich am Vorabend des Ersten Weltkrieges, Düsseldorf 1970, S. 66.
10 W. J. Mommsen: Bürgerstolz und Weltmachtstreben (wie Anm. 5), S. 463.
11 Zit. nach K. Wernecke: Der Wille zur Weltgeltung (wie Anm. 9), S. 32.
12 Zur englischen Haltung vgl. K. Wormer: Großbritannien, Rußland und Deutschland. Studien zur britischen Weltreichpolitik am Vorabend des Ersten Weltkriegs, München 1980, S. 179ff.

13 K. Hildebrand: Das vergangene Reich. Deutsche Außenpolitik von Bismarck bis Hitler 1871–1945, Stuttgart 1995, S. 226.
14 Zit. nach M. Epkenhans (wie Anm. 3), S. 94.
15 Zit. nach K. Hildebrand: Das vergangene Reich (wie Anm. 13), S. 267.
16 H. von Moltke: Erinnerungen, Briefe, Dokumente 1877–1916, hrsg. von E. von Moltke, Stuttgart 1922, S. 362.
17 Bethmann Hollweg an C. von Eisendecher, 16. 11. 1911; zit. nach F. Fischer: Krieg der Illusionen. Die deutsche Politik von 1911 bis 1914, Düsseldorf 1969, S. 142f.
18 Vgl. W. J. Mommsen: Der Topos vom unvermeidlichen Krieg. Außenpolitik und öffentliche Meinung im Deutschen Reich im letzten Jahrzehnt vor 1914, in: J. Dülffer/K. Holl (Hrsg.): Bereit zum Krieg. Kriegsmentalität im wilhelminischen Deutschland 1890–1914, Göttingen 1986, S. 194–224.
19 Varnbüler an Weizsäcker, 3. 12. 1911; zit. nach M. Epkenhans (wie Anm. 3), S. 108.
20 F. von Bernhardi: Deutschland und der nächste Krieg, Stuttgart-Berlin 1912, S. 121.
21 Bethmann Hollweg an C. von Eisendecher, 26. 12. 1911; zit. nach F. Fischer: Krieg der Illusionen (wie Anm. 17), S. 143.
22 Denkschrift Metternichs, 10. 1. 1912; zit nach M. Epkenhans (wie Anm. 3), S. 110.
23 W. J. Mommsen: Bürgerstolz und Weltmachtstreben (wie Anm. 5), S. 482.
24 Bethmann Hollweg an C. von Eisendecher, 22. 7. 1912; zit. nach M. Epkenhans (wie Anm. 3), S. 316.
25 Vgl. G. Schöllgen: Richard von Kühlmann und das deutsch-englische Verhältnis 1912–1914, in: Historische Zeitschrift, Bd. 230 (1980), S. 293–337.
26 H. Plehn: Deutsche Weltpolitik und kein Krieg!, Berlin 1913.
27 Zu den Einzelheiten vgl. G. Schöllgen: Imperialismus und Gleichgewicht. Deutschland, England und die orientalische Frage 1871–1914, München 1984, S. 374ff.
28 E. Zechlin: Die Adriakrise und der »Kriegsrat« vom 8. Dezember 1912, in: ders.: Krieg und Kriegsrisiko. Zur deutschen Politik im Ersten Weltkrieg. Aufsätze, Düsseldorf 1979, S. 128.
29 Abgedruckt in GP, Bd. 33, S. 424, Anm.
30 Stenographische Berichte des Deutschen Reichstags, Bd. 286, S. 2472.
31 Lichnowsky an Bethmann Hollweg, 3. 12. 1912; GP, Bd. 39, Nr. 15612, S. 120.
32 Tagebuchaufzeichnung Admiral von Müllers, 8. 12. 1912; abgedruckt in: J. C. G. Röhl: An der Schwelle zum Weltkrieg: Eine Dokumentation über den »Kriegsrat« vom 8. 12. 1912, in: Militärgeschichtliche Mitteilungen, Bd. 21 (1977), S. 100; dazu auch die quellenkritische Erörterung von K. H. Pohl: Die »Krisenkonferenz« vom 8. Dezember 1912, in: Geschichte in Wissenschaft und Unterricht, Jg. 45 (1994), S. 91–104.
33 Bethmann Hollweg an C. von Eisendecher, 20. 12. 1912; zit. nach E. Zechlin: Adriakrise (wie Anm. 28), S. 138.

34 Vgl. F. Fischer: Krieg der Illusionen (wie Anm. 17), S. 232ff. Ferner: A. Gasser: Der deutsche Hegemonialkrieg von 1914, in: I. Geiss/B. J. Wendt (Hrsg.): Deutschland in der Weltpolitik des 19. und 20. Jahrhunderts. Festschrift für F. Fischer zum 65. Geburtstag, Düsseldorf 1973, S. 307ff.; J. C. G. Röhl: Die Generalprobe. Zur Geschichte und Bedeutung des »Kriegsrats« vom 8. Dezember 1912, in: D. Stegmann/B. J. Wendt/P. Chr. Witt (Hrsg.): Industrielle Gesellschaft und politisches System. Festschrift für F. Fischer zum 70. Geburtstag, Bonn 1978, S. 357ff.; ders.: Der militärpolitische Entscheidungsprozeß in Deutschland am Vorabend des Ersten Weltkriegs, in: ders.: Kaiser, Hof und Staat. Wilhelm II. und die deutsche Politik, München 1987, S. 175ff.; B. F. Schulte: Zu der Krisenkonferenz vom 8. Dezember 1912 in Berlin, in: Historisches Jahrbuch 102 (1982), S. 182ff.; ders.: Europäische Krise und Erster Weltkrieg. Beiträge zur Militärpolitik des Kaiserreichs 1871–1914, Frankfurt a. M. 1983, S. 18ff.

35 Vgl. E. Zechlin: Adriakrise (wie Anm. 28), S. 138ff.; W. J. Mommsen: Der Topos (wie Anm. 18), S. 207, 221–223; ders.: Bürgerstolz und Weltmachtstreben (wie Anm. 5), S. 497–499; K. Hildebrand: Das vergangene Reich (wie Anm. 13), S. 288f.

36 E. Zechlin: Adriakrise (wie Anm. 36), S. 146.

37 K. Hildebrand: Das vergangene Reich (wie Anm. 13), S. 289.

38 J. C. G. Röhl: An der Schwelle (wie Anm. 32), S. 100.

39 Bethmann Hollweg an C. von Eisendecher, 23. 3. 1913; zit. nach W. J. Mommsen: Bürgerstolz und Weltmachtstreben (wie Anm. 5), S. 512.

40 S. Förster: Der doppelte Militarismus. Die deutsche Heeresrüstungspolitik zwischen Status-quo-Sicherung und Aggression 1890–1913, Stuttgart 1985, S. 272.

41 Wangenheim an Bethmann Hollweg, 26. 4. 1913; GP, Bd. 38, Nr. 15439, S. 200.

42 G. Schöllgen: Imperalismus und Gleichgewicht (wie Anm. 27), S. 367.

43 K. Hildebrand: Das vergangene Reich (wie Anm. 13), S. 298.

44 W. J. Mommsen: Der Topos (wie Anm. 18), S. 213.

45 K. Wernecke: Der Wille zur Weltgeltung (wie Anm. 9), S. 249.

46 Ebd., S. 264.

47 Zitate bei E. Zechlin: Deutschland zwischen Kabinettskrieg und Wirtschaftskrieg, in: Historische Zeitschrift, Bd. 199 (1964), S. 400.

48 Aufzeichnung Jagows (nach 1919); zuerst abgedruckt bei E. Zechlin: Motive und Taktik der Reichsleitung 1914, in: Der Monat, H. 209 (1966), S. 92 (auch für das folgende Zitat). Ähnlich äußerte der Oberquartiermeister im deutschen Generalstab Graf Georg von Waldersee in einer Denkschrift vom 18. 5. 1914, »daß die Aussichten, einen großen europäischen Krieg schnell und siegreich zu bestehen, heute noch sehr günstig für Deutschland liegen und ebenso für den Dreibund. Heute. In kurzem wird dies nicht mehr der Fall sein.« Zit. nach J. C. G. Röhl: Vorsätzlicher Krieg? Die Ziele der deutschen Politik im Juli 1914, in: W. Michalka (Hrsg.): Der Erste Weltkrieg. Wirkung, Wahrnehmung, Analyse, München 1994, S. 208.

49 Vgl. dazu zuletzt M. Rauh: Die britisch-russische Marinekonvention von 1914 und der Ausbruch des Ersten Weltkrieges, in: Militärgeschichtliche Mitteilungen, Bd. 41 (1987), S. 37–62. Rauh verschiebt allerdings die Verantwortlichkeiten für den Ausbruch des Ersten Weltkrieges einseitig, wenn er feststellt (S. 53): »Auf dem Weg über die Marinekonvention brachten England und Frankreich das europäische Gleichgewicht gegen die Mittelmächte zum Einsturz.«

50 S. oben S. 179f.

51 Th. von Bethmann Hollweg: Betrachtungen zum Weltkrieg (wie Anm. 2), S. 58.

52 Zit. nach W. J. Mommsen: Bürgerstolz und Weltmachtstreben (wie Anm. 5), S. 369.

53 H. G. Zmarzlik: Bethmann Hollweg als Reichskanzler 1909–1914, Düsseldorf 1957, S. 42.

54 Th. Nipperdey: Deutsche Geschichte 1866–1918, Bd. II: Machtstaat vor der Demokratie, München 1992, S. 742.

55 Denkschrift des Unterstaatssekretärs im preußischen Innenministerium Holtz, 14. 8. 1909; zit. nach Th. Kühne: Dreiklassenwahlrecht und Wahlkultur in Preußen 1867–1914. Landtagswahlen zwischen korporativer Tradition und politischem Massenmarkt, Düsseldorf 1994, S. 530.

56 W. J. Mommsen: Bürgerstolz und Weltmachtstreben (wie Anm. 5), S. 374 (dort auch S. 373 das folgende Zitat).

57 Th. Kühne: Dreiklassenwahlrecht (wie Anm. 55), S. 540.

58 Zit. in ebd., S. 545.

59 Vgl. dazu Th. Lindenberger: Straßenpolitik. Zur Sozialgeschichte der öffentlichen Ordnung in Berlin 1900 bis 1914, Bonn 1995, S. 326ff.

60 W. J. Mommsen: Bürgerstolz und Weltmachtstreben (wie Anm. 5), S. 395.

61 H. G. Zmarzlik (wie Anm. 53), S. 38.

62 W. J. Mommsen: Bürgerstolz und Weltmachtstreben (wie Anm. 5), S. 400.

63 Bethmann Hollweg selbst gebraucht diesen Begriff in seinen Erinnerungen erst für seine Innenpolitik während des Krieges (s. Betrachtungen [wie Anm. 2] S. 170); er ist aber auch schon auf seine Vorkriegspolitik anwendbar (vgl. die Einleitung von J. Dülffer, ebd., S. 24f.).

64 Th. Nipperdey: Deutsche Geschichte 1866–1918, Bd. II (wie Anm. 54), S. 747.

65 G. Schmidt: Innenpolitische Blockbildungen in Deutschland am Vorabend des Ersten Weltkrieges, in: Aus Politik und Zeitgeschichte. Beilage zum Parlament B 20/72 vom 13. 5. 1972, S. 4.

66 Vgl. dagegen z. B. B. Seebacher-Brandt: Bebel. Künder und Kärrner im Kaiserreich, Berlin-Bonn 1988.

67 K. Saul: Staat, Industrie und Arbeiterbewegung im Kaiserreich. Zur Innen- und Sozialpolitik des wilhelminischen Deutschland, 1903–1914, Düsseldorf 1974, S. 323 (dort auch S. 368 und 365f. die folgenden Zitate).

68 Ebd., S. 323.

69 Ebd., S. 272.

70 Zit. nach ebd., S. 282.
71 Vgl. zu den Einzelheiten ebd., S. 279–281; F. J. Brüggemeier: Leben vor Ort. Ruhrbergleute und Ruhrbergbau 1889–1919, München 1983, S. 232.
72 Vgl. H. Pogge-von Strandmann: Staatsstreichpläne, Alldeutsche und Bethmann Hollweg, in: Die Erforderlichkeit des Unmöglichen, Hamburg 1965, S. 16ff.; K. Stenkewitz: Gegen Bajonett und Dividende. Die politische Krise in Deutschland am Vorabend des ersten Weltkrieges, Berlin 1960, S. 290ff.
73 S. oben S. 180f.
74 P. Chr. Witt: Die Finanzpolitik des Deutschen Reiches 1903 bis 1913, Lübeck und Hamburg 1970, S. 372.
75 Vgl. dazu zuletzt V. Ullrich: Als der Thron ins Wanken kam. Das Ende des Hohenzollernreiches 1890–1918, Bremen 1993, S. 65–85.
76 H. Afflerbach: Falkenhayn. Politisches Denken und Handeln im Kaiserreich, München 1994, S. 120.
77 Zit. nach K. Stenkewitz (wie Anm. 72), S. 134.

6. Die Flucht nach vorn: Julikrise und Kriegsausbruch 1914

1 I. Geiss: Julikrise und Kriegsausbruch 1914. Eine Dokumentation, 2 Bde., Hannover 1963/64, Bd. I, Nr. 2, S. 59 (künftig zit. Geiss).
2 Geiss, Bd. I, Nr. 12, S. 72.
3 Geiss, Bd. I, Nr. 27, S. 93.
4 F. Fellner: Die »Mission Hoyos«, in: ders.: Vom Dreibund zum Völkerbund. Studien zur Geschichte der internationalen Beziehungen 1882–1919, Wien-München 1994, S. 137.
5 K. Riezler: Tagebücher, Aufsätze und Dokumente, hrsg. von K. D. Erdmann, Göttingen 1972, S. 183 (7. 7. 1914) – künftig zit. Riezler-Tgb.
6 So F. Fellner: Mission Hoyos (wie Anm. 4), S. 123.
7 So J. C. G. Röhl: Vorsätzlicher Krieg? Die Ziele der deutschen Politik im Juli 1914, in: W. Michalka (Hrsg.): Der Erste Weltkrieg. Wirkung, Wahrnehmung, Analyse, München-Zürich 1994, S. 201.
8 Vgl. dazu zuletzt G. Schöllgen: Griff nach der Weltmacht? 25 Jahre Fischer-Kontroverse, in: Historisches Jahrbuch, 106. Jg. (1986), S. 386ff.
9 F. Fischer: Griff nach der Weltmacht. Die Kriegszielpolitik des kaiserlichen Deutschland 1914/18, Düsseldorf 1961 (4. Aufl. 1971).
10 Am prägnantesten F. Fischer: Vom Zaun gebrochen – nicht hineingeschlittert. Deutschlands Schuld am Ausbruch des Ersten Weltkriegs, in: DIE ZEIT Nr. 36 vom 3. 9. 1965, S. 30.
11 S. zuletzt F. Fischer: Die Außenpolitik des kaiserlichen Deutschland und der Ausbruch des Ersten Weltkriegs, in: G. Schöllgen (Hrsg.): Flucht in den Krieg? Die Außenpolitik des kaiserlichen Deutschland, Darmstadt 1991, S. 25ff.; wiederabgedruckt in: F. Fischer: Hitler war kein Betriebsunfall. Aufsätze, München 1992, S. 29ff.

12 S. zuletzt W. J. Mommsen: Bürgerstolz und Weltmachtstreben. Deutschland unter Wilhelm II. 1890 bis 1918, Berlin 1995, S. 535ff. (bes. S. 563); H.-U. Wehler: Deutsche Gesellschaftsgeschichte, Bd. III: Von der »Deutschen Doppelrevolution« bis zum Beginn des Ersten Weltkriegs 1849–1914, München 1995, S. 1152ff. (bes. S. 1154: »Das Bündel der entscheidenden Bedingungen wurde in außergewöhnlich hohem Maße innenpolitisch präformiert«).

13 Vgl. E. Zechlin: Krieg und Kriegrisiko. Zur deutschen Politik im Ersten Weltkrieg. Aufsätze, Düsseldorf 1979; ders.: Zum Kriegsausbruch 1914. Die Kontroverse, in: Geschichte in Wissenschaft und Unterricht 35. Jg (1984), S. 211ff.; K. D. Erdmann, Einleitung zu Riezler-Tgb., S. 51ff.; ders./E. Zechlin: Krieg oder Frieden. Europa 1914, Kiel 1985; A. Hillgruber: Deutschlands Rolle in der Vorgeschichte des beiden Weltkriege, 2. Aufl., Göttingen 1979, S. 34ff.; K. Hildebrand: Das vergangene Reich. Deutsche Außenpolitik von Bismarck bis Hitler 1871–1945, Stuttgart 1995, S. 302ff.

14 Vgl. dazu unten S. 421ff.

15 F. Fischer: Krieg der Illusionen. Die deutsche Politik von 1911 bis 1914, Düsseldorf 1969.

16 F. Fischer: Die Außenpolitik (wie Anm. 11), S. 42.

17 Vgl. V. Ullrich: Das deutsche Kalkül in der Julikrise 1914 und die Frage der englischen Neutralität, in: Geschichte in Wissenschaft und Unterricht, 34. Jg. (1983), S. 79ff.; dagegen F. Fischer: Die Neutralität Englands als Ziel der deutschen Politik 1908/09–1914, in: Von der freien Gemeinde zum föderalistischen Europa. Festschrift für A. Gasser zum 80. Geburtstag, Berlin 1983, S. 261ff. Zuletzt: M. Epkenhans: Die wilhelminische Flottenrüstung 1908–1914. Weltmachtstreben, industrieller Fortschritt, soziale Integration, München 1991, S. 403f.

18 H.-U. Wehler: Deutsche Gesellschaftsgeschichte, Bd. III (wie Anm. 12), S. 1168.

19 Riezler-Tgb., S. 183 (7. 7. 1914).

20 H.-U. Wehler: Deutsche Gesellschaftsgeschichte, Bd. III (wie Anm. 12), S. 1159.

21 So E. Zechlin: Ein Nachwort, in: W. Schieder (Hrsg.): Erster Weltkrieg. Ursachen, Entstehung und Kriegsziele, Köln/Berlin 1969, S. 199; auch Th. Nipperdey, Deutsche Geschichte 1866–1918, Bd. II.: Machtstaat vor der Demokratie, München 1992, S. 687, beschreibt die deutsche Politik in der Julikrise als »präventiv-defensiv«; mit der Behauptung, daß die – unprovozierte – russische Mobilmachung vom 29. Juli der »entscheidende krisenverschärfende Schritt ... letzten Endes den Krieg auslösend« gewesen sei (S. 691), fällt er dann allerdings in alte Positionen zurück.

22 Vgl. B. Sösemann: Die Tagebücher Kurt Riezlers. Untersuchungen zu ihrer Echtheit und Edition, in: Historische Zeitschrift, Bd. 236 (1983), S. 327ff.; K. D. Erdmann: Zur Echtheit der Tagebücher Kurt Riezlers, in: ebd.: S. 371ff.; dazu das ZEIT-Dossier von K. H. Janßen, in: DIE ZEIT vom 10. 6. 1983, S. 9–11; A. Blänsdorf: Der Weg der Riezler-Tagebücher. Zur Kontroverse über die Echtheit der Tagebücher Kurt Riezlers, in: Geschichte in Wissenschaft und Unterricht, 35. Jg. (1984), S. 651ff.; unnötig polemisch: B. F. Schulte: Die Verfäl-

schung der Riezler-Tagebücher. Ein Beitrag zur Wissenschaftsgeschichte der 50iger und 60iger Jahre, Frankfurt a. M. 1985.

23 Vgl. A. Hillgruber: Riezlers Theorie des kalkulierten Risikos und Bethmann Hollwegs politische Konzeption in der Julikrise 1914, in: Historische Zeitschrift, Bd. 202 (1966), S. 333ff.

24 K. Hildebrand: Das vergangene Reich (wie Anm. 13), S. 302.

25 Riezler-Tgb., S. 182 (7. 7. 1914).

26 Riezler-Tgb., S. 183 (7. 7. 1914).

27 Riezler-Tgb., S. 187 (20. 7. 1914).

28 Riezler-Tgb., S. 184 (8. 7. 1914).

29 Riezler-Tgb., S. 185 (14. 7. 1914).

30 Riezler-Tgb., S. 185 (11. 7. 1914)

31 So Bethmann Hollweg in einem Brief an den Kronprinzen, 17. 7. 1914; zit. nach: J. C. G. Röhl: Vorsätzlicher Krieg? (wie Anm. 7), S. 204.

32 Geiss, Bd. II, Nr. 556, S. 157.

33 Zuerst abgedruckt bei E. Zechlin: Bethmann Hollweg, Kriegsrisiko und SPD, in: Der Monat, H. 208 (1966), S. 32.

34 Geiss, Bd. II, Nr. 784, S. 373.

35 Vgl. S. Förster: Mit Hurra und vollem Bewußtsein in die Katastrophe. Der Erste Weltkrieg und das Kriegbild des deutschen Generalstabs, in: Frankfurter Rundschau Nr. 183 vom 9. 8. 1994, S. 10; ders.: Der deutsche Generalstab und die Illusion des kurzen Krieges, 1871–1914, in: J. Burkhardt u. a.: Lange und kurze Wege in den Ersten Weltkrieg, München 1996, S. 115–158; H. Afflerbach: Falkenhayn. Politisches Denken und Handeln im Kaiserreich, München 1994, S. 171.

36 T. T. Cole: German Decision Making on the Eve of the First World War: The Records of the Swiss Embassy in Berlin, in: J. C. G. Röhl (Hrsg.): Der Ort Kaiser Wilhelms II. in der deutschen Geschichte, München 1991, S. 70. Vgl. auch Tagebuchaufzeichnung des bayerischen Militärattachés vom 31. 7. 1914: »Ich eile ins Kriegsministerium. Überall strahlende Gesichter, Händeschütteln auf den Gängen, man gratuliert sich, daß man über dem Graben ist.« Zit. nach B. F. Schulte: Neue Dokumente zu Kriegsausbruch und Kriegsverlauf 1914, in: Militärgeschichtliche Mitteilungen, Bd. 25 (1979), S. 140.

37 Zit. nach F. Fischer: Krieg der Illusionen (wie Anm. 15), S. 724.

38 Riezler-Tgb., S. 192 (27. 7. 1914).

39 Geiss, Bd. II, Nr. 578, S. 187.

40 Aufzeichnung über eine Unterredung Capelles mit Gwinner, 22. 8. 1914; abgedruckt in A. von Tirpitz: Deutsche Ohnmachtspolitik im Weltkrieg, Hamburg und Berlin 1926, S. 66. Als Friedrich Thimme, einer der drei Herausgeber der deutschen Aktenpublikation »Die Große Politik der Europäischen Kabinette«, welche die Versailler Kriegsschuldthese widerlegen sollte, dieses Dokument 1926 las, war er entsetzt, weil dadurch die sorgfältig aufgebaute deutsche Verteidigungsposition in sich zusammenfiel und »unsere verantwortlichen Staats-

männer von 1914... schwer belastet« wurden. Thimme an Gwinner, 10.12.1926; abgedruckt in: A. Thimme (Hrsg.): Friedrich Thimme 1868–1938. Ein politischer Historiker, Publizist und Schriftsteller in seinen Briefen, Boppard 1994, Nr. 175, S. 282.

41 Zuschrift Gwinners an die Vossische Zeitung, 21.10.1926; zit. nach L. Gall: Die Deutsche Bank von ihrer Gründung bis zum Ersten Weltkrieg 1870–1914, in: ders. u. a.: Die Deutsche Bank 1870–1995, München 1995, S. 107.

42 Ballin an Jagow, 3.7.1915; zit. nach Th. Wolff: Tagebücher 1914–1919. Eingeleitet und hrsg. von B. Sösemann, Teil 1, Boppard 1984, S. 343, Anm. 9.

43 Zitate nach G. Fesser: Bernhard von Bülow und der Ausbruch des Ersten Weltkriegs, in: Militärgeschichtliche Mitteilungen, Bd. 51 (1992), S. 321f.

44 Th. Wolff: Tagebücher (wie Anm. 42), Nr. 95, S. 166f.

45 Ebd., Nr. 213, S. 284.

46 Zuerst zit. in W. Steglich: Die Friedenspolitik der Mittelmächte 1917/18, Bd. I, Wiesbaden 1964, S. 418, Anm. 3.

47 Zit. nach B. Sösemann: Tagebücher (wie Anm. 22), S. 359, Anm. 34.

48 Vgl. stellvertretend für viele andere Th. Nipperdey: Deutsche Geschichte 1866–1918, Bd. II (wie Anm. 21), S. 778f.: »Im August 1914 ergriff eine gewaltige Woge der Kriegsbegeisterung die Deutschen. Für sie war der Krieg ein Verteidigungskrieg. Das Vaterland war in Gefahr, man mußte es schützen ... Die nationale Zusammengehörigkeit im Moment von Bedrohung und Krise war ein Urerlebnis ... Kaum jemand konnte sich dieser Stimmung, diesem ›Erlebnis‹ des August 1914 entziehen.«

49 Vgl. dazu die lokalgeschichtliche Fallstudie von M. Stöcker: »Augusterlebnis 1914« in Darmstadt. Legende und Wirklichkeit, Darmstadt 1994; ferner: Chr. Geinitz/U. Hinz: Das Augusterlebnis in Südbaden: Ambivalente Reaktionen der deutschen Öffentlichkeit auf den Kriegsbeginn 1914, in: G. Hirschfeld/G. Krumeich/D. Langewiesche/H. P. Ullmann (Hrsg.): Kriegserfahrungen. Studien zur Sozial- und Mentalitätsgeschichte des Ersten Weltkriegs, Essen 1997, S. 20–35.

50 Zit. nach W. J. Mommsen: Max Weber und die deutsche Politik 1890–1920, 2. Aufl., Tübingen 1974, S. 206.

51 Vgl. B. Ulrich: Die Desillusionierung der Kriegsfreiwilligen von 1914, in: W. Wette (Hrsg.): Der Krieg des kleinen Mannes. Eine Militärgeschichte von unten, München–Zürich 1992, S. 110ff.

52 Th. Mann: Gedanken im Krieg, in: Die Neue Rundschau, November 1914; zit. nach R. Boschert: »Eine Utopie des Unglücks stieg auf«. Zum literarischen und publizistischen Engagement deutscher Schriftsteller für den Ersten Weltkrieg, in: August 1914. Ein Volk zieht in den Krieg, hrsg. von der Berliner Geschichtswerkstatt, Berlin 1989, S. 130. Harry Graf Kessler, der Ästhet und Kunstliebhaber, notierte am 31. Juli 1914 in sein Tagebuch: »Man atmet auf, Druck und Schwüle weichen, die kühle Entschlossenheit tritt an ihre Stelle.« Zit. nach P. Grupp: Harry Graf Kessler 1868–1937. Eine Biographie, München 1995, S. 163.

53 E. Mühsam: Tagebücher (1910–1924), hrsg. von Chr. Hirte, München 1994, S. 101f. (3./4. 8. 1914).

54 S. Zweig: Die Welt von gestern. Erinnerungen eines Europäers, Frankfurt a. M. 1947, S. 207. Weitere Stimmen deutscher Juden zum Kriegsausbruch bei E. Zechlin: Die deutsche Politik und die Juden im Ersten Weltkrieg, Göttingen 1969, S. 87ff.

55 Zitate nach B. Ziemann: Zum ländlichen Augusterlebnis 1914 in Deutschland, in: B. Loewenstein (Hrsg.): Geschichte und Psychologie. Annäherungsversuche, Pfaffenweiler 1992, S. 194, 196.

56 Ebd., S. 201. Vgl. jetzt auch ders.: Front und Heimat. Ländliche Kriegserfahrungen im südlichen Bayern, Essen 1997, S. 39ff.

57 W. Kruse: Krieg und nationale Integration. Eine Neuinterpretation des sozialdemokratischen Burgfriedensschlusses 1914/15, Essen 1994, S. 30f.

58 R. J. Evans (Hrsg.): Kneipengespräche im Kaiserreich. Die Stimmungsberichte der Hamburger Politischen Polizei 1892–1914, Reinbek bei Hamburg 1989, S. 415.

59 W. Eildermann: Jugend im ersten Weltkrieg. Tagebücher, Briefe, Erinnerungen, Berlin 1972, S. 61. Weitere Belege bei W. Kruse: Krieg und nationale Integration (wie Anm. 57), S. 57–60; V. Ullrich: Kriegsalltag. Hamburg im ersten Weltkrieg, Köln 1982, S. 14, 20f.

60 Berichte des Berliner Polizeipräsidenten zur Stimmung und Lage der Bevölkerung in Berlin 1914–1918, bearb. von I. Materna und H. J. Schreckenbach unter Mitarbeit von B. Holtz, Weimar 1987, S. 7.

61 Abgedruckt in: B. Ulrich/B. Ziemann (Hrsg.): Frontalltag im Ersten Weltkrieg. Wahn und Wirklichkeit. Quellen und Dokumente, Frankfurt a. M. 1994, S. 29. Der Hannoveraner Privatdozent für Philosophie Theodor Lessing, der am 4. August 1914 in Goslar als »russischer Spion« verhaftet wurde, schrieb später: »Wie viel Mißbrauch, wie viele Bosheiten, Racheakte, Bestialitäten wurden in diesen gräßlichen Tagen geübt. – Keiner war seines Lebens sicher.« Th. Lessing: Wir machen nicht mit! Schriften gegen den Nationalismus und zur Judenfrage, hrsg. von J. Wollenberg unter Mitarbeit von H. Donat, Bremen 1997, S. 23.

62 W. Muehlon: Ein Fremder im eigenen Land. Erinnerungen und Tagebuchaufzeichnungen eines Krupp-Direktors 1908–1914, hrsg. und eingeleitet von W. Benz, Bremen 1989, S. 120. Vgl. auch H. von Gerlach: Die große Zeit der Lüge. Der Erste Weltkrieg und die deutsche Mentalität (1871–1921), hrsg. von H. Donat und A. Wild, Bremen 1994, S. 33: »Jeder Zweifel war in jenen Tagen ein todeswürdiges Verbrechen.«

63 W. Muehlon (wie Anm. 62), S. 112.

64 Ebd., S. 157 (25. 8. 1914).

Teil III Die Gesellschaft des Kaiserreichs

1. Soziale Schichtung und Gesellschaftsordnung

1 F. Naumann: Demokratie und Kaisertum, Berlin 1900, S. 92f.
2 D. Lieven: Abschied von Macht und Würden. Der europäische Adel 1815–1914, Frankfurt a. M. 1995, S. 27.
3 Vgl. K. Heß: Junker und bürgerliche Großgrundbesitzer im Kaiserreich, Stuttgart 1990, S. 315f.
4 Zitate: H. Rosenberg: Die Pseudodemokratisierung der Rittergutsbesitzerklasse, in: H. U. Wehler (Hrsg.): Moderne deutsche Sozialgeschichte, Köln-Berlin 1966, S. 287.
5 H.-U. Wehler: Deutsche Gesellschaftsgeschichte, Bd. III: Von der »Deutschen Doppelrevolution« bis zum Beginn des Ersten Weltkrieges 1849–1914, München 1995, S. 806.
6 Vgl. D. Lieven (wie Anm. 2), S. 174–176.
7 A. J. Mayer: Adelsmacht und Bürgertum. Die Krise der europäischen Gesellschaft 1848–1914, München 1984, S. 84.
8 Nach Hanna Schissler reichte die ›Öffnung der Junker‹ für homines novi »nur gerade soweit, daß die Dominanz des Adels innerhalb der neu sich konsolidierenden Gutsbesitzerklasse gewahrt blieb«. H. Schissler: Die Junker. Zur Sozialgeschichte und historischen Bedeutung der agrarischen Elite in Preußen, in: H.-J. Puhle/H.-U. Wehler (Hrsg.): Preußen im Rückblick, Göttingen 1980, S. 103.
9 F. L. Carsten: Der preußische Adel und seine Stellung in Staat und Gesellschaft bis 1945, in: H.-U. Wehler (Hrsg.): Europäischer Adel 1750–1950, Göttingen 1990, S. 119.
10 H. Rosenberg: Die Pseudodemokratisierung (wie Anm. 4), S. 301.
11 S. Whitman: Das kaiserliche Deutschland, 4. Aufl., Hamburg 1898, S. 148f.
12 H. Rosenberg: Die Pseudodemokratisierung (wie Anm. 4), S. 293.
13 Ebd., S. 303.
14 Zahlen nach F. L. Carsten: Der preußische Adel (wie Anm. 9), S. 120.
15 R. Hauf: Die Oberpräsidenten von Ost- und Westpreußen 1871–1918, in: K. Schwabe (Hrsg.): Die preußischen Oberpräsidenten 1815–1945, Boppard 1985, S. 114.
16 Zit. nach J. C. G. Röhl: Die höhere Beamtenschaft im wilhelminischen Deutschland, in: ders.: Kaiser, Hof und Staat. Wilhelm II. und die deutsche Politik, München 1987, S. 156f.
17 L. Cecil: Albert Ballin. Business and Politics in Imperial Germany 1888–1918, Princeton 1967, S. 123.
18 Zahlen nach J. C. G. Röhl: Glanz und Ohnmacht des deutschen diplomatischen Dienstes, in: ders.: Kaiser, Hof und Staat (wie Anm. 16), S. 164.
19 Alfred v. Bülow an seinen Bruder Bernhard, 10. 9. 1889; zit. nach L. Cecil: Der

diplomatische Dienst im kaiserlichen Deutschland, in: K. Schwabe (Hrsg.): Das diplomatische Korps 1871–1945, Boppard 1985, S. 21.

20 H.-U. Wehler: Deutsche Gesellschaftsgeschichte, Bd. III (wie Anm. 5), S. 819.

21 Vgl. K. Demeter: Das Deutsche Offizierskorps in Gesellschaft und Staat 1650–1945, 4. Aufl., Frankfurt a. M. 1965, S. 29f.

22 W. Deist: Militär, Staat und Gesellschaft. Studien zur preußisch-deutschen Militärgeschichte, München 1991, S. 51.

23 Vgl. M. Kitchen: The German Officer Corps 1890–1914, Oxford 1968, S. 31.

24 Zit. nach H. John: Das Reserveoffizierskorps im Deutschen Kaiserreich 1890–1914, Frankfurt a. M.-New York 1981, S. 283.

25 S. dazu unten S. 400f.

26 Zit. nach H. John (wie Anm. 24), S. 296.

27 U. Frevert: Ehrenmänner. Das Duell in der bürgerlichen Gesellschaft, München 1991, S. 101.

28 Ebd., S. 119.

29 F. L. Carsten: Der preußische Adel (wie Anm. 9), S. 125.

30 D. Lieven (wie Anm. 2), S. 329.

31 J. Kocka: Bürgertum und Bürgerlichkeit als Probleme der deutschen Geschichte vom späten 18. zum frühen 20. Jahrhundert, in: ders. (Hrsg.): Bürger und Bürgerlichkeit im 19. Jahrhundert, Göttingen. 1987, S. 21–68, bes. S. 42ff.

32 Diese und die folgenden Zahlen nach H.-U. Wehler: Deutsche Gesellschaftsgeschichte, Bd. III (wie Anm. 5), S. 713.

33 Vgl. für die Gruppe der Schwerindustriellen des Ruhrgebiets T. Pierenkemper: Die westfälischen Schwerindustriellen 1852–1913, Göttingen 1979, S. 51–61; ferner H. Berghoff/R. Möller: Unternehmer in Deutschland und England. Aspekte eines kollektivbiographischen Vergleichs, in: Historische Zeitschrift, 256 (1993), S. 362ff. Für die Finanzelite: Morten Reitmeyer: Bankiers als Bildungsbürger. Sozialprofil und kulturelle Praxis der Großbankiers im Kaiserreich, in: Werkstatt Geschichte, 5. Jg (1996), S. 39–56.

34 D. L. Augustine: Patricians and Parvenus. Wealth and High Society in Wilhelmine Germany, Oxford/Providence 1994, S. 239. Die Arbeit basiert auf der Auswertung von Rudolf Martins »Jahrbuch der Millionäre« (18 Bde., Berlin 1912–14) und schließt 502 Unternehmer mit einem Vermögen von mindestens 6 Millionen Mark ein.

35 F. Zunkel: Die Rheinisch-Westfälischen Unternehmer 1834–1879, Köln 1962, bes. S. 107, 121, 248f.

36 Vgl. vor allem H. Kaelble: Wie feudal waren die deutschen Unternehmer im Kaiserreich?, in: R. Tilly (Hrsg.): Beiträge zur quantitativen deutschen Unternehmensgeschichte, Stuttgart 1985, S. 148–174; David Blackbourn: The Discret Charm of the German Bourgeoisie, in: ders.: Populists and Patricians. Essays in Modern German History, London 1987, S. 67–83.

37 Vgl. H. Berghoff: Aristokratisierung des Bürgertums? Zur Sozialgeschichte der Nobilitierung von Unternehmern in Preußen und Großbritannien 1870 bis

1918, in: Vierteljahrsschrift für Sozial- und Wirtschaftsgeschichte, Bd. 81 (1994), S. 182f.

38 T. Pierenkemper (wie Anm. 33), S. 73.

39 H. Berghoff: Aristokratisierung (wie Anm. 37), S. 190.

40 D. Augustine (wie Anm. 34), S. 43, 59.

41 D. Schumann: Bayerns Unternehmer in Gesellschaft und Staat 1834–1914, Göttingen 1992, S. 274.

42 Vgl. D. Augustine (wie Anm. 34), S. 70–90.

43 H. Berghoff: Aristokratisierung (wie Anm. 37), S. 202; vgl. dazu auch D. Augustine (wie Anm. 34), S. 147ff.

44 Vgl. Y. Cassis: Wirtschaftselite und Bürgertum. England, Frankreich und Deutschland um 1900, in: J. Kocka (Hrsg.): Bürgertum im 19. Jahrhundert, Bd. II, Göttingen 1995, S. 9–34; U. Haltern: Die Gesellschaft der Bürger, in: Geschichte und Gesellschaft, Jg. 19 (1993), S. 112.

45 H.-U. Wehler: Deutsche Gesellschaftsgeschichte, Bd. III (wie Anm. 5), S. 721.

46 D. Augustine (wie Anm. 34), S. 183–188.

47 H. Kaelble unter Mitarbeit von H. Spode: Sozialstruktur, und Lebensweisen deutscher Unternehmer 1907–1927, in: Scripta Mercaturae, 24. Jg. (1990), S. 141.

48 Zit. nach H. Kaelble: Französisches und deutsches Bürgertum 1870–1914, in: J. Kocka (Hrsg.): Bürgertum im 19. Jahrhundert, Bd. I, Göttingen 1995, S. 138.

49 H. Berghoff: Aristokratisierung (wie Anm. 37), S. 197.

50 Vgl. dazu die Studie von K. Kaudelka-Hanisch: Preußische Kommerzienräte in der Provinz Westfalen und im Regierungsbezirk Düsseldorf 1810–1918, Dortmund 1993.

51 D. Augustine (wie Anm. 34), S. 35–43.

52 Vgl. A. Thompson: Honours Uneven. Decorations, the State and Bourgeois Society in Imperial Germany, in: Past & Present, 144 (1994), S. 201.

53 H.-U. Wehler: Deutsche Gesellschaftsgeschichte, Bd. III (wie Anm. 5), S. 725.

54 Vgl. B. Weisbrod: Arbeitgeberpolitik und Arbeitsbeziehungen im Ruhrbergbau. Vom »Herr-im-Haus« zur Mitbestimmung, in: G. D. Feldman/K. Tenfelde (Hrsg.): Arbeiter, Unternehmer und Staat im Bergbau, München 1989, S. 107–162.

55 H.-U. Wehler: Deutsche Gesellschaftsgeschichte, Bd. III (wie Anm. 5), S. 732.

56 Zit. nach U. Engelhardt: »Bildungsbürgertum«. Begriffs- und Dogmengeschichte eines Etiketts, Stuttgart 1986, S. 185.

57 Zit. nach ebd., S. 11.

58 Zit. nach G. Bollenbeck: Bildung und Kultur. Glanz und Elend eines deutschen Deutungsmusters, Frankfurt a. M.-Leipzig 1994, S. 160.

59 Ebd., S. 252.

60 Zit. nach ebd., S. 245.

61 Vgl. H.-U. Wehler: Deutsche Gesellschaftsgeschichte, Bd. III (wie Anm. 5), S. 749.

62 Zit nach G. Bollenbeck (wie Anm. 58), S. 247.
63 Vgl. K. Vondung: Zur Lage der Gebildeten in der wilhelminischen Zeit, in: ders. (Hrsg.): Das wilhelminische Bürgertum, Göttingen 1976, S. 20–33.
64 Zit. nach H. Mommsen: Die Auflösung des Bürgertums seit dem späten 19. Jahrhundert, in: J. Kocka (Hrsg.):. Bürger und Bürgerlichkeit (wie Anm. 31), S. 300.
65 Zit. nach H.-U. Wehler: Deutsche Gesellschaftsgeschichte, Bd. III (wie Anm. 5), S. 733.
66 Vgl. den immer noch anregenden, wenngleich die Feudalisierungsthese überbetonenden Aufsatz von E. Kehr: Zur Genesis des Königlich-Preußischen Reserveoffiziers, in: ders.: Der Primat der Innenpolitik. Gesammelte Aufsätze zur preußisch-deutschen Sozialgeschichte im 19. und 20. Jahrhundert, hrsg. und eingel. von H.-U. Wehler, Frankfurt a. M.-Berlin-Wien 1976, S. 53–63; ferner H. John (wie Anm. 24), S. 54ff.
67 Zit. nach H. John (wie Anm. 24), S. 302.
68 Zit. nach U. Frevert: Ehrenmänner (wie Anm. 27), S. 120f.
69 Einzelheiten bei H. John (wie Anm. 24), S. 315–322; G. Bollenbeck (wie Anm. 58), S. 235.
70 Zit. nach U. Frevert: Ehrenmänner (wie Anm. 27), S. 150.
71 Ebd., S. 134, 184, 191. Demgegenüber hat Kevin McAleer jüngst in einer Parallelstudie (Dueling. The Cult of Honour in Fin-de-Siècle Germany, Princeton 1994) die Verbreitung, die das Duell in gehobenen bürgerlichen Schichten fand, als Beweis für die »Feudalisierung« des Bürgertums im Sinne einer Überanpassung an adlige Leitbilder gedeutet. Vgl. kritisch zu dieser Neuauflage der Feudalisierungsthese D. Klenke: War der deutsche Mann im 19. Jahrhundert ›bürgerlich‹ oder ›feudal‹?, in: Werkstatt Geschichte, H. 12 (1995), S. 56–64.
72 Vgl. U. Frevert: Bürgerlichkeit und Ehre. Zur Geschichte des Duells in England und Deutschland, in: J. Kocka (Hrsg.): Bürgertum im 19. Jahrhundert, Bd. II, Göttingen 1995, S. 129.
73 D. Klenke (wie Anm. 71), S. 63.
74 P. Bourdieu: Die feinen Unterschiede. Kritik der gesellschaftlichen Urteilskraft, Frankfurt a. M. 1984, S. 530f.
75 Vgl. B. Franke: Die Kleinbürger. Begriff, Ideologie, Politik, Frankfurt a. M.-New York 1988, S. 24f.; D. Blackbourn: Between Resignation und Volatility. The German Petty Bourgeoisie in the Nineteenth Century, in: ders.: Populists and Patricians (wie Anm. 36), S. 96f.
76 Zit. nach J. Kocka: Die Angestellten in der deutschen Geschichte 1850–1980, Göttingen 1981, S. 137.
77 H.-U. Wehler: Deutsche Gesellschaftsgeschichte, Bd. III (wie Anm. 5), S. 751.
78 Vgl. F. Lenger: Sozialgeschichte der deutschen Handwerker seit 1800, Frankfurt a. M. 1988, S. 115.
79 Vgl. im einzelnen R. Gellately: The Politics of Economic Despair. Shopkeepers and German Politics 1890–1914, London-Beverly Hills 1974, S. 28ff.

80 Vgl. H.-G. Haupt: Kleine und große Bürger in Deutschland und Frankreich am Ende des 19. Jahrhunderts, in: J. Kocka (Hrsg.): Bürgertum im 19. Jahrhundert, Bd. III, Göttingen 1995, S. 95.

81 Zit. nach H. A. Winkler: Zwischen Marx und Monopolen. Der deutsche Mittelstand vom Kaiserreich zur Bundesrepublik, Frankfurt a. M. 1991, S. 25.

82 Vgl. Sh. Volkov: Zur sozialen und politischen Funktion des Antisemitismus. Handwerker im späten 19, Jahrhundert, in: dies.: Jüdisches Leben und Antisemitismus im 19. und 20. Jahrhundert, München 1990, S. 27–53.

83 Vgl. D. Blackbourn: Between (wie Anm. 75), S. 99f., 105f.; A. v. Saldern: The Old Mittelstand 1830–1933: How ›Backward‹ were the Artisans?, in: Central European History, Bd. 25 (1992), S. 35; H.-U. Wehler: Deutsche Gesellschaftsgeschichte, Bd. III (wie Anm. 5), S. 759f.

84 H.-G. Haupt (Hrsg.): Die radikale Mitte. Lebensweise und Politik von Handwerkern und Kleinhändlern seit 1848, München 1985, S. 11.

85 H. A. Winkler: Zwischen Marx und Monopolen (wie Anm. 81), S. 10. Vgl. dazu auch oben S. 180f.

86 Zahlen nach H.-U. Wehler: Deutsche Gesellschaftsgeschichte, Bd. III (wie Anm. 5), S. 759.

87 Zahlen nach J. Kocka: Unternehmensverwaltung und Angestelltenschaft am Beispiel Siemens 1847–1914. Zum Verhältnis von Kapitalismus und Bürokratie in der deutschen Industrialisierung, Stuttgart 1969, S. 468.

88 Vgl. J. Kocka: Die Angestellten (wie Anm. 76), S. 79.

89 Ebda., S. 7f., 143.

90 Vgl. J. Kocka: Unternehmensverwaltung (wie Anm. 87), S. 492.

91 Ebd., S. 522.

92 S. Kracauer: Die Angestellten, Frankfurt a. M. 1971, S. 81.

93 T. Pierenkemper: Arbeitsmarkt und Angestellte im deutschen Kaiserreich 1880–1913, Stuttgart 1987, S. 277.

94 Vgl. I. Hamel: Völkischer Verband und nationale Gewerkschaft. Die Politik des »Deutschnationalen Handlungsgehilfen-Verbandes« 1893–1933, Frankfurt a. M. 1966, S. 9ff., 52ff.

95 W. Sombart: Das Proletariat. Bilder und Studien, Frankfurt a. M. 1906, S. 68. Vgl. dazu F. Lenger: Werner Sombart 1863–1941. Eine Biographie, München 1994, S. 148ff.

96 Vgl. zum quantitativen Anstieg der Industriearbeiterschaft im einzelnen G. A. Ritter/K. Tenfelde: Arbeiter im Deutschen Kaiserreich 1871 bis 1914, Bonn 1992, S. 166ff.

97 G. Briefs: Das gewerbliche Proletariat, in: Grundriß der Sozialökonomik, Bd. 9, 1, Tübingen 1926, S. 219.

98 G. A. Ritter/K. Tenfelde: Arbeiter (wie Anm. 96), S. 430.

99 Ebd., S. 529.

100 Vgl. M. Grüttner: Arbeitswelt an der Wasserkante. Sozialgeschichte der Hamburger Hafenarbeiter 1886–1914, Göttingen 1984, S. 80f.

101 G. A. Ritter/K. Tenfelde: Arbeiter (wie Anm. 96), S. 197.
102 O. Rühle: Illustrierte Kultur- und Sittengeschichte des Proletariats, Berlin 1930; Neudruck: Frankfurt a. M. 1971, S. 258.
103 Vgl. D. Schmidt: Massenhafte Produktion? Produkte, Produktion und Beschäftigte im Stammwerk von Siemens vor 1914, Münster 1993, S. 133f.
104 Vgl. M. Grüttner (wie Anm. 100), S. 101.
105 L. Hölscher: Weltgericht oder Revolution. Protestantische und sozialistische Zukunftsvorstellungen im deutschen Kaiserreich, Stuttgart 1989, S. 140.
106 Vgl. F. J. Brüggemeier: Leben vor Ort. Ruhrbergleute und Ruhrbergbau 1889–1919, München 1983, S. 238.
107 Vgl. dazu L. Hölscher (wie Anm. 105), S. 290ff.
108 R. J. Evans (Hrsg.): Kneipengespräche im Kaiserreich. Stimmungsberichte der Hamburger Politischen Polizei 1892–1914, Reinbek bei Hamburg 1989, S. 57, 59.
109 P. Göhre: Drei Monate Fabrikarbeit und Handwerksbursche. Eine praktische Studie, Leipzig 1891, S. 74. Vgl. dazu A. Lüdtke: Eigen-Sinn. Fabrikarbeit, Arbeitererfahrungen und Politik vom Kaiserreich bis in den Faschismus, Hamburg 1993, S. 25ff.
110 Vgl. zur Entwicklung der Arbeitszeit und Freizeit G. A. Ritter/K. Tenfelde: Arbeiter (wie Anm. 96), S. 362ff.
111 Zit. nach Th. Welskopp: Arbeit und Macht im Hüttenwerk. Arbeits- und industrielle Beziehungen in der deutschen und amerikanischen Eisen- und Stahlindustrie von den 1860er bis zu den 1930er Jahren, Bonn 1994, S. 328.
112 Ebd., S. 321.
113 Vgl. oben S. 140f.
114 Zu Arbeitsmarkt und Arbeitslosigkeit vgl. G. A. Ritter/K. Tenfelde: Arbeiter (wie Anm. 96), S. 241ff.
115 R. J. Evans (Hrsg.): Kneipengespräche (wie Anm. 108), S. 59.
116 Vgl. A. Lüdtke: Eigen-Sinn (wie Anm. 109), S. 112ff., 139ff.
117 L. Machtan: »Es war ein wundervolles Gefühl, daß man nicht allein war«. Streik als Hoffnung und Erfahrung, in: W. Ruppert (Hrsg.): Die Arbeiter. Lebensform, Alltag und Kultur, München 1986, S. 259.
118 Zit. nach M. Grüttner (wie Anm. 100), S. 108.
119 Vgl. M. Grüttner: Die Kultur der Armut in: Jahrbuch Soziale Bewegungen, Bd. 3, Frankfurt a. M.-New York 1987, S. 12–32.
120 U. Wyrwa: Branntwein und »echtes« Bier. Die Trinkkultur der Hamburger Arbeiter im 19. Jahrhundert, Hamburg 1990, S. 15.
121 Zit. nach K. Saul u. a.: Arbeiterfamilien im Kaiserreich. Materialien zur Sozialgeschichte in Deutschland 1871–1914, Düsseldorf 1982, S. 109.
122 R. J. Evans (Hrsg.): Kneipengespräche (wie Anm. 108), S. 418.
123 Vgl. G. A. Ritter: Arbeiterkultur im Deutschen Kaiserreich. Probleme und Forschungsansätze, in: ders. (Hrsg.): Arbeiterkultur, Königstein/Ts. 1979, S. 15ff.; M. Grüttner: Arbeiterkultur versus Arbeiterbewegungskultur, in: A. Lehmann (Hrsg.): Studien zur Arbeiterkultur, Münster 1984, S. 244–282.

124 Th. Nipperdey: Deutsche Geschichte 1866–1918, Bd. I: Arbeitswelt und Bürgergeist, München 1990, S. 314.

125 Ebd., S. 319.

126 Vgl. I. Weber-Kellermann: Landleben im 19. Jahrhundert, München 1987, S. 388 ff.; R. Schulte: Das Dorf im Verhör. Brandstifter, Kindsmörderinnen und Wilderer vor den Schranken des bürgerlichen Gerichts, Reinbek bei Hamburg 1989, S. 9–16.

127 H.-U. Wehler: Deutsche Gesellschaftsgeschichte, Bd. III (wie Anm. 5), S. 831.

128 U. Jeggle: Kiebingen – eine Heimatgeschichte. Zum Prozeß der Zivilisation in einem schwäbischen Dorf, Tübingen 1977, S. 182.

129 W. Kaschuba: Lebenswelt und Kultur der unterbürgerlichen Schichten im 19. und 20. Jahrhundert, München 1990, S. 35.

130 Zahlen nach H.-U. Wehler: Deutsche Gesellschaftsgeschichte, Bd. III (wie Anm. 5), S. 827f.

131 Ebd., S. 830.

132 Vgl. J. Flemming: Die vergessene Klasse. Literatur zur Geschichte der Landarbeiter in Deutschland, in: K. Tenfelde (Hrsg.): Arbeiter und Arbeiterbewegung im Vergleich, München 1986, S. 392–395.

133 F. Rehbein: Das Leben eines Landarbeiters, hrsg. und mit einem Nachwort von U. J. Diederichs und H. Rudel, Hamburg 1985, S. 108.

134 Vgl. R. Schulte: Peasants and Farmers' Maids. Female Farm Servants in Bavaria at the End of the Nineteenth Century, in: R. J. Evans/W. R. Lee (Ed.): The German Peasantry. Conflict and Community in Rural Society from the Eighteenth to the Twentieth Centuries, London-Sydney 1986, S. 158–173.

135 I. Weber-Kellermann (wie Anm. 126), S. 164.

136 J. Flemming: Die vergessene Klasse (wie Anm. 132), S. 409f.

137 I. Weber-Kellermann (wie Anm. 126), S. 201.

138 Zit. nach J. Flemming: Die vergessene Klasse (wie Anm. 132), S. 400.

139 F. Rehbein (wie Anm. 133), S. 93.

140 J. Flemming: Fremdheit und Ausbeutung. Großgrundbesitz, »Leutenot« und Wanderarbeiter im Wilhelminischen Deutschland, in: H. Reif (Hrsg.): Ostelbische Agrargesellschaft im Kaiserreich und in der Weimarer Republik, Berlin 1994, S. 349.

141 Zit. nach ebd., S. 352.

142 Vgl. K. Saul: Der Kampf um das Landproletariat. Sozialistische Landagitation, Großgrundbesitz und preußische Staatsverwaltung 1890 bis 1913, in: Archiv für Sozialgeschichte, Bd. 15 (1975), S. 163–208, bes. S. 170.

143 Zit. nach G. A. Ritter/K. Tenfelde: Arbeiter (wie Anm. 96), S. 113.

144 H.-U. Wehler: Deutsche Gesellschaftsgeschichte, Bd. III (wie Anm. 5), S. 846.

145 Zit. nach G. A. Ritter/K. Tenfelde: Arbeiter (wie Anm. 96), S. 138.

146 Zit. nach H.-U. Wehler: Deutsche Gesellschaftsgeschichte, Bd. III (wie Anm. 5), S. 844.

147 Vgl. dazu vor allem die Studie von H. Kaelble: Soziale Mobilität und Chancengleichheit im 19. und 20. Jahrhundert, Göttingen 1983.

148 R. Michels: Zur Soziologie des Parteiwesens in der modernen Demokratie, 2. Aufl., Stuttgart 1957, S. 267f. Vgl. dazu auch G. A. Ritter/K. Tenfelde: Arbeiter (wie Anm. 96), S. 456f.

149 W. J. Mommsen: Bürgerstolz und Weltmachtstreben. Deutschland unter Wilhelm II. 1890 bis 1918, Berlin 1995, S. 70f.

2. Frauen in der Männergesellschaft

1 Vgl. W. H. Hubbard: Familiengeschichte. Materialien zur deutschen Familie seit dem 18. Jahrhundert, München 1983, S. 51ff.

2 Vgl. D. Blasius: Bürgerliche Rechtsgleichheit und die Ungleichheit der Geschlechter. Das Scheidungsrecht im historischen Vergleich, in: U. Frevert (Hrsg.): Bürgerinnen und Bürger. Geschlechterverhältnisse im 19. Jahrhundert, Göttingen 1988, S. 75ff.; ders.: Ehescheidung in Deutschland 1794–1945. Scheidung und Scheidungsrecht in historischer Perspektive, Göttingen 1987, S. 127ff.

3 U. Gerhard: Verhältnisse und Verhinderungen. Frauenarbeit, Familie und Rechte der Frauen im 19. Jahrhundert, Frankfurt a. M. 1978, S. 177.

4 Zit. nach U. Frevert: »Mann und Weib, und Weib und Mann«. Geschlechter-Differenzen in der Moderne, München 1995, S. 117, 119.

5 Zit. nach ebd., S. 98.

6 Zit. nach E. Kleinau/C. Qpitz (Hrsg.): Geschichte der Mädchen- und Frauenbildung, Bd. 2: Vom Vormärz bis zur Gegenwart, Frankfurt a. M.-New York 1996, S. 300.

7 Zit. nach U. Frevert: Frauen-Geschichte. Zwischen bürgerlicher Verbesserung und Neuer Weiblichkeit, Frankfurt a. M. 1986, S. 121.

8 K. H. Jarausch: Deutsche Studenten 1800–1970, Frankfurt a. M. 1984, S. 76.

9 Vgl. die biographische Studie von G. v. Leitner: Der Fall Clara Immerwahr. Leben für eine humane Wissenschaft, München 1993.

10 Zit. nach U. Frevert: »Mann und Weib« (wie Anm. 4), S. 150.

11 Zit. nach W. J. Mommsen: Das Ringen um den nationalen Staat. Die Gründung und der innere Ausbau des Deutschen Reiches unter Otto von Bismarck 1850–1890, Berlin 1993, S. 317f.

12 U. Frevert: Frauen-Geschichte (wie Anm. 7), S. 106.

13 Vgl. zum folgenden die ausgezeichnete Untersuchung von G.-F. Budde: Auf dem Weg ins Bürgerleben. Kindheit und Erziehung in deutschen und englischen Bürgerfamilien 1840–1914, Göttingen 1994, S. 27f.

14 Zit. nach ebd., S. 45.

15 Vgl. ebd., S. 183f.

16 Zit. nach ebd., S. 119.

17 Zit. nach K. Saul u. a.: Arbeiterfamilien im Kaiserreich. Materialien zur Sozialgeschichte in Deutschland 1871–1914, Düsseldorf 1982, S. 7.

18 Ebd., S. 11.

19 Vgl. G. A. Ritter/K. Tenfelde: Arbeiter im Deutschen Kaiserreich 1871 bis 1914, Bonn 1992, S. 543ff.
20 Zit. nach K. Saul u. a. (wie Anm. 17), S. 44.
21 Zit. nach U. Frevert: Frauen-Geschichte (wie Anm. 7), S. 89.
22 Vgl. R. J. Evans (Hrsg.): Kneipengespräche im Kaiserreich. Stimmungsberichte der Hamburger Politischen Polizei 1892–1914, Reinbek bei Hamburg 1989, S. 153.
23 A. Popp: Jugend einer Arbeiterin, hrsg. und eingel. von H. J. Schütz, Berlin-Bonn-Bad Godesberg 1977, S. 25.
24 G. A. Ritter/K. Tenfelde: Arbeiter (wie Anm. 19), S. 562.
25 Vgl. ebd., S. 643f.
26 K. Saul u. a. (wie Anm. 17), S. 140.
27 Vgl. zu diesem Aspekt den Abschnitt bei Th. Nipperdey: Deutsche Geschichte 1866–1918. Bd. I: Arbeitswelt und Bürgergeist, München 1990, S. 95ff.
28 S. Zweig: Die Welt von gestern. Erinnerungen eines Europäers, Frankfurt a. M. 1949, S. 96.
29 V. Plagemann (Hrsg.): Industriekultur in Hamburg. Des Deutschen Reiches Tor zur Welt, München 1984, S. 290.
30 A. Mommsen: Mein Vater. Erinnerungen an Theodor Mommsen, München 1992, S. 66f.
31 L. Braun: Memoiren einer Sozialistin, Berlin-Bonn 1985, S. 10.
32 P. Gay: Erziehung der Sinne. Sexualität im bürgerlichen Zeitalter, München 1986; ders.: Die zarte Leidenschaft. Liebe im bürgerlichen Zeitalter, München 1987.
33 Vgl. G.-F. Budde (wie Anm. 13), S. 47f.
34 Vgl. auch zum folgenden R. Schulte: Sperrbezirke. Tugendhaftigkeit und Prostitution in der bürgerlichen Welt, Frankfurt a. M. 1979, S. 20ff.
35 Zit. nach ebd., S. 96.
36 Vgl. zum folgenden C. Lipp: Sexualität und Heirat, in: W. Ruppert (Hrsg.): Die Arbeiter. Lebensform, Alltag und Kultur, München 1986, S. 186ff.
37 Vgl. das in dieser Hinsicht eindrucksvolle Zeugnis von K. Hirche: Immer in Bewegung. Lebensweg eines deutschen Sozialisten, Bd. 1: Unruhe und Aufbruch, Marburg 1994, S. 266ff.
38 I. Bloch: Das Sexualleben unserer Zeit in seinen Beziehungen zur modernen Kultur, Berlin 1907, S. 89; vgl. P. Gay: Erziehung der Sinne (wie Anm. 32), S. 148.
39 S. Freud: Drei Abhandlungen zur Sexualtheorie und verwandte Schriften, Frankfurt a. M. 1961, bes. S. 134; Vgl. U. Frevert: Frauen-Geschichte (wie Anm. 7), S. 130.
40 Vgl. dazu H.-G. Stümke: Homosexualität in Deutschland. Eine politische Geschichte, München 1989.
41 Vgl. M. Herzer: Magnus Hirschfeld. Leben und Werk eines jüdischen, schwulen und sozialistischen Sexologen. Frankfurt a. M.-New York 1992, S. 57ff.

42 Vgl. oben S. 218f. Neuerdings zur Eulenburg-Affäre mit psychoanalytischem Zugriff N. Sombart: Wilhelm II. Sündenbock und Herr der Mitte, Berlin 1996, S. 159ff.

43 Vgl. F. Wedekind: Die Tagebücher. Ein erotisches Leben, hrsg. von G. Hay, Frankfurt a. M. 1986.

44 Vgl. G. Haefs/K. Gille: Von Sittenstrenge und Aufbegehren. Die Wilhelminische Zeit, Hamburg 1994, S. 46f.

45 Zit. nach Chr. Conti: Abschied vom Bürgertum. Alternative Bewegungen in Deutschland von 1890 bis heute, Reinbek bei Hamburg 1984, S. 21.

46 E. J. Hobsbawm: Das imperiale Zeitalter 1875–1914, Frankfurt a. M.-New York 1989, S. 257.

47 Zit. nach G. Haefs/K. Gille (wie Anm. 44), S. 181f. Vgl. auch A. Kerr: Wo liegt Berlin? Briefe aus der Reichshauptstadt 1895–1900. Hrsg. von G. Rühle, Berlin 1997, S. 315 v. 12. 7. 1896: »Und gerade in diesem heißen Julimond tritt auch eine andere Gattung befreiter Frauen scharf hervor – die elegantesten und zahmsten; die nur körperlich emanzipierten: die Radlerinnen.«

48 Th. Nipperdey, Deutsche Geschichte 1866–1918, Bd. I (wie Anm. 27), S. 110.

49 Zit. nach G. Haefs/K. Gille (wie Anm. 44), S. 74.

50 Zit. nach G. A. Ritter/K. Tenfelde: Arbeiter (wie Anm. 19), S. 634.

51 Vgl. dazu U. Linse: Arbeiterschaft und Geburtenentwicklung im Deutschen Kaiserreich von 1871, in: Archiv für Sozialgeschichte, Bd. 12 (1972), S. 205–271.

52 Vgl. Th. Nipperdey: Deutsche Geschichte 1866–1918, Bd. I (wie Anm. 27), S. 76. Vgl. zur Entwicklung der Frauenarbeit auch V. R. Berghahn: Imperial Germany, 1871–1914. Economy, Society, Culture and Politics, Providence-Oxford 1994, S. 65ff.

53 Zahlen nach K. Saul u. a. (wie Anm. 17), S. 165.

54 Zit. nach G. A. Ritter/K. Tenfelde: Arbeiter (wie Anm. 19), S. 207.

55 Vgl. K. Walser: Dienstmädchen. Frauenarbeit und Weiblichkeitsbilder um 1900, Frankfurt a. M. 1985, S. 17ff.; D. Wierling: Mädchen für alles. Arbeitsalltag und Lebensgeschichte städtischer Dienstmädchen um die Jahrhundertwende, Berlin-Bonn 1987, S. 12ff.

56 D. Wierling (wie Anm. 55), S. 203.

57 D. Schmidt: Massenhafte Produktion? Produkte, Produktion und Beschäftigte im Stammwerk von Siemens vor 1914, Münster 1993, S. 116ff.

58 Vgl. R. Beier: Frauenarbeit und Frauenalltag im Deutschen Kaiserreich. Heimarbeiterinnen in der Berliner Bekleidungsindustrie 1880–1914, Frankfurt a. M.-New York 1983, S. 36ff.

59 Ebd., S. 57.

60 Vgl. T. Pierenkemper: Arbeitsmarkt und Angestellte im Deutschen Kaiserreich 1880–1913, Stuttgart 1987, S. 199ff.; U. Nienhaus: Berufsstand weiblich. Die ersten weiblichen Angestellten, Berlin 1982, S. 17ff.

61 Vgl. I. Hardach-Pinke: Die Gouvernante. Geschichte eines Frauenberufs, Frankfurt a. M.-New York 1993, S. 146ff.

62 Vgl. U. Frevert: Frauen-Geschichte (wie Anm. 7), S. 119.

63 Zit. nach C. Stodolsky: Geschlecht und Klasse im Kaiserreich. Das Beispiel der »Lehrerinnenfrage«, in: H. Schissler (Hrsg.): Geschlechterverhältnisse im historischen Wandel, Frankfurt a. M.-New York 1993, S. 168.

64 Vgl. U. Frevert: Frauen-Geschichte (wie Anm. 7), S. 102.

65 Vgl. zum folgenden vor allem R. J. Evans: The Feminist Movement in Germany 1894–1933, London 1976.

66 Zit. nach U. Frevert: Frauen-Geschichte (wie Anm. 7), S. 115.

67 Zit nach Chr. Sachße: Mütterlichkeit als Beruf. Sozialarbeit, Sozialreform und Frauenbewegung 1871–1929, Frankfurt a. M. 1986, S. 109.

68 Vgl. Chr. Wickert (Hrsg.): »Heraus mit dem Frauenwahlrecht«. Die Kämpfe der Frauen in Deutschland und England um die politische Gleichberechtigung, Pfaffenweiler 1990.

69 Vgl. H.-J. Steinberg: Sozialismus und deutsche Sozialdemokratie. Zur Ideologie der Partei vor dem 1. Weltkrieg, 4. Aufl., Bonn-Bad Godesberg 1976, S. 129ff.

70 Zit. nach R. J. Evans: Sozialdemokratie und Frauenemanzipation im deutschen Kaiserreich, Berlin-Bonn 1979, S. 46.

71 Zit nach U. Frevert: »Mann und Weib« (wie Anm. 4), S. 106.

72 Eine befriedigende Biographie Clara Zetkins liegt bislang nicht vor. Vgl. zuletzt G. Badia: Clara Zetkin. Eine neue Biographie, Berlin 1994.

73 R. J. Evans: Sozialdemokratie (wie Anm. 70), S. 144.

74 Vgl. die Tabelle in ebd., S. 193.

75 Zit. nach A. Laschitza: Im Lebensrausch, trotz alledem. Rosa Luxemburg. Eine Biographie, Berlin 1996, S. 372 (das vorstehende Zitat S. 268).

3. Bildung – Wissenschaft – Kultur

1 Zit. nach H. Becker/G. Kluchert: Die Bildung der Nation. Schule, Gesellschaft und Politik vom Kaiserreich zur Weimarer Republik, Stuttgart 1993, S. 1.

2 Ebd., S. 3.

3 Vgl. auch zum folgenden F.-M. Kuhlemann: Niedere Schulen, in: Chr. Berg (Hrsg.): Handbuch der deutschen Bildungsgeschichte, Bd. IV: 1870–1918. Von der Reichsgründung bis zum Ende des Ersten Weltkriegs, München 1991, S. 192ff.

4 H.-U. Wehler: Deutsche Gesellschaftsgeschichte, Bd. III: Von der »Deutschen Doppelrevolution« bis zum Beginn des Ersten Weltkrieges 1849–1914, München 1995, S. 1195.

5 F.-M. Kuhlemann (wie Anm. 3), S. 196.

6 H. Becker/G. Kluchert (wie Anm. 1), S. 18.

7 R. Bölling: Sozialgeschichte der deutschen Lehrer. Ein Überblick von 1800 bis zur Gegenwart, Göttingen 1983, S. 75.

8 H. Titze: Lehrerbildung und Professionalisierung, in: Chr. Berg (Hrsg.): Handbuch, Bd. 4 (wie Anm. 3), S. 367.

9 F.-M. Kuhlemann (wie Anm. 3), S. 186.
10 So noch H.-U. Wehler: Das Deutsche Kaiserreich 1871–1918, 6. Aufl., Götttingen 1988, S. 124. Vgl. dagegen differenzierter ders.: Deutsche Gesellschaftsgeschichte, Bd. III (wie Anm. 4), S. 1197.
11 Th. Nipperdey: Deutsche Geschichte 1866–1918, Bd. I: Arbeitswelt und Bürgergeist, München 1990, S. 538.
12 H. Becker/G. Kluchert (wie Anm. 1), S. 5.
13 Vgl. J. C. Albisetti/P. Lundgreen: Höhere Knabenschulen, in: Chr. Berg (Hrsg.): Handbuch, Bd. 4 (wie Anm. 3), S. 229ff.
14 Vgl. M. Kraul: Das deutsche Gymnasium 1780–1980, Frankfurt a. M. 1984, S. 113f.
15 J. C. Albisetti/P. Lundgreen (wie Anm. 13), S. 246.
16 Vgl. H. Becker/G. Kluchert (wie Anm. 1), S. 12.
17 H.-U. Wehler: Deutsche Gesellschaftsgeschichte, Bd. III (wie Anm. 4), S. 1205.
18 Vgl. auch zum folgenden H. Titze: Lehrerbildung und Professionalisierung, in: Chr. Berg (Hrsg.): Handbuch, Bd. 4 (wie Anm. 3), S. 347.
19 R. Bölling (wie Anm. 7), S. 39.
20 H. Titze (wie Anm. 18), S. 356.
21 Vgl. zusammenfassend U. Hermann: Pädagogisches Denken und Anfänge der Reformbewegung, in: Chr. Berg (Hrsg.): Handbuch, Bd. 4 (wie Anm. 3), S. 147ff.
22 H.-U. Wehler: Deutsche Gesellschaftsgeschichte, Bd. III (wie Anm. 4), S. 1223.
23 Chr. Simon: Kaiser Wilhelm II. und die deutsche Wissenschaft, in: J. C. G. Röhl (Hrsg.): Der Ort Kaiser Wilhelms II. in der deutschen Geschichte, München 1991, S. 93.
24 Rede in Görtliz, 29. 11. 1902; zit. nach ebd., S. 92.
25 K. H. Jarausch: Universität und Hochschule, in: Chr. Berg (Hrsg.): Handbuch, Bd. 4 (wie Anm. 3), S. 319.
26 Th. Nipperdey: Deutsche Geschichte 1866–1918, Bd. I (wie Anm. 11), S. 573. Vgl. auch B. vom Brocke: Hochschul- und Wissenschaftspolitik in Preußen und im Deutschen Kaiserreich 1882–1907. Das »System Althoff«, in: P. Baumgart (Hrsg.): Bildungspolitik in Preußen zur Zeit des Kaiserreichs, Stuttgart 1980, S. 9–118.
27 Zit. nach G. A. Ritter: Großforschung und Staat in Deutschland. Ein historischer Überblick, München 1992, S. 13.
28 Vgl. die Tabelle bei H.-U. Wehler: Deutsche Gesellschaftsgeschichte, Bd. III (wie Anm. 4), S. 1211 (auch für die folgenden Zahlen).
29 Vgl. K. H. Jarausch: Deutsche Studenten 1800–1970, Frankfurt a. M. 1984, S. 74.
30 Ebd., S. 75.
31 F. K. Ringer: Die Gelehrten. Der Niedergang der deutschen Mandarine 1890–1933, München 1987, S. 44.
32 Vgl. M. Schmeiser: Akademischer Hasard. Das Berufsschicksal des Professors

und das Schicksal der deutschen Universität 1870–1920. Eine verstehend soziologische Untersuchung, Stuttgart 1994, S. 38.

33 K. H. Jarausch: Universität und Hochschule (wie Anm. 25), S. 329.

34 Zit. nach M. Schmeiser (wie Anm. 32), S. 66f.

35 K. H. Jarausch: Universität und Hochschule (wie Anm. 25), S. 330.

36 Vgl. H.-U. Wehler: Deutsche Gesellschaftsgeschichte, Bd. III (wie Anm. 4), S. 1221.

37 Vgl. R. vom Bruch: Wissenschaft, Politik und öffentliche Meinung. Gelehrtenpolitik im wilhelminischen Deutschland (1890–1914), Husum 1980.

38 Vgl. F. K. Ringer (wie Anm. 31), S. 132f.

39 Vgl. K. H. Jarausch: Deutsche Studenten (wie Anm. 29), S. 75–78; H.-U. Wehler: Deutsche Gesellschaftsgeschichte, Bd. III (wie Anm. 4), S. 1213–1216.

40 M. Studier: Der Corpsstudent als Idealbild der wilhelminischen Ära. Untersuchungen zum Zeitgeist 1888 bis 1914, Schernfeld 1990.

41 Vgl. U. Frevert: Ehrenmänner. Das Duell in der bürgerlichen Gesellschaft, München 1991, S. 149f. und neuerdings P. Gay: Kult der Gewalt. Aggression im bürgerlichen Zeitalter, München 1996, S. 17ff.

42 M. Studier (wie Anm. 40), S. 74.

43 N. Elias: Studien über die Deutschen. Machtkämpfe und Habitusentwicklung im 19. und 20. Jahrhundert, Frankfurt a. M. 1989, S. 132.

44 Zit. nach L. Elm/D. Heither/G. Schäfer (Hrsg.): Füxe, Burschen, Alte Herren. Studentische Korporationen vom Wartburgfest bis heute, Köln 1992, S. 67.

45 Vgl. K. H. Jarausch: Deutsche Studenten (wie Anm. 29), S. 62ff., 96ff.

46 Ebd., S. 59.

47 N: Elias (wie Anm. 43), S. 128.

48 Zit. nach G. A. Ritter: Großforschung (wie Anm. 27), S. 13.

49 Vgl. H. Fuhrmann: »Sind eben alles Menschen gewesen«. Gelehrtenleben im 19. und 20. Jahrhundert. Dargestellt am Beispiel der Monumenta Germaniae Historica und ihrer Mitarbeiter, München 1996, S. 50.

50 Zit. nach G. A. Ritter: Großforschung (wie Anm. 27), S. 18f.

51 Ebd., S. 25.

52 Zit. nach L. Burchardt: Wissenschaftspolitik im Wilhelminischen Deutschland. Vorgeschichte, Gründung und Aufbau der Kaiser-Wilhelm-Gesellschaft zur Förderung der Wissenschaften, Göttingen 1975, S. 33.

53 Vgl. im einzelnen B. vom Brocke: Die Kaiser-Wilhelm-Gesellschaft im Kaiserreich. Vorgeschichte, Gründung und Entwicklung bis zum Ausbruch des Ersten Weltkriegs, in: R. Vierhaus/B. v. Brocke (Hrsg.): Forschung im Spannungsfeld von Politik und Gesellschaft. Geschichte und Struktur der Kaiser-Wilhelm-/Max-Planck-Gesellschaft, Stuttgart 1990, S. 143ff.

54 L. Burchardt (wie Anm. 52), S. 142.

55 J. Burckhardt: Weltgeschichtliche Betrachtungen, Pfullingen 1949, S. 131. Vgl. zum folgenden: V. R. Berghahn: Imperial Germany 1871–1914. Economy, Society, Culture and Politics, Providence-Oxford 1994, S. 132ff.

56 Vgl. D. Bartmann: Anton von Werner. Zur Kunst und Kunstpolitik im Deutschen Kaiserreich, Berlin 1985.
57 Vgl. M. Stather: Die Kunstpolitik Wilhelms II., Konstanz 1994, S. 62ff.
58 A. Dörner: Politischer Mythos und symbolische Politik. Sinnstiftung durch symbolische Formen, Opladen 1995, S. 236.
59 W. Hardtwig: Nationsbildung und politische Mentalität. Denkmal und Fest im Kaiserreich, in: ders.: Geschichtskultur und Wissenschaft, München 1990, S. 267.
60 Zit. nach E. Roters: Kunst im Widerspruch, in: J. Boberg/T. Fichter/E. Gillen (Hrsg.): Die Metropole. Industriekultur in Berlin im 20. Jahrhundert, München 1986, S. 57.
61 M. Stather (wie Anm. 57), S. 115.
62 Vgl. Th. Nipperdey: Nationalidee und Nationaldenkmal im 19. Jahrhundert, in: Historische Zeitschrift, 206 (1968), S. 543ff.
63 Vgl. W. Hardtwig: Bürgertum, Staatssymbolik und Staatsbewußtsein im Deutschen Kaiserreich 1871–1914, in: ders.: Nationalismus und Bürgerkultur in Deutschland 1500–1914, Göttingen 1994, S. 214ff.
64 H. Plessner: Die verspätete Nation. Über die Verführbarkeit bürgerlichen Geistes, Frankfurt a. M. 1974, S. 95.
65 Th. Nipperdey: Deutsche Geschichte 1866–1918, Bd. I (wie Anm. 11), S. 721.
66 Ebd., S. 748.
67 Ebd., S. 749.
68 Vgl. W. J. Mommsen: Das Ringen um den nationalen Staat. Die Gründung und der innere Ausbau des Deutschen Reiches unter Otto von Bismarck 1850 bis 1890, Berlin 1993, S. 735f.
69 Vgl. V. Veltzke: Vom Patron zum Paladin. Wagnervereinigungen im Kaiserreich von der Reichsgründung bis zur Jahrhundertwende, Bochum 1987.
70 Vgl. H. Zelinsky: Kaiser Wilhelm II., die Werkidee Richard Wagners und der »Weltkampf«, in: J. C. G. Röhl (Hrsg.): Der Ort (wie Anm. 23), S. 297–356; J. Köhler: Wagners Hitler. Der Prophet und sein Vollstrecker, München 1997, S. 181ff.
71 Zit. nach M. Stather (wie Anm. 57), S. 122.
72 W. Rathenau: Schriften aus Kriegs- und Nachkriegszeit, Berlin 1929, S. 171.
73 E. Meyer-Krentler: »Gibt es nicht Völker, in denen vergessen zu werden eine Ehre ist?« Wilhelm Raabe und die deutsche Einigung, in: K. Amann/K. Wagner (Hrsg.): Literatur und Nation. Die Gründung des Deutschen Reiches in der deutschsprachigen Literatur, Wien-Köln-Weimar 1996, S. 188.
74 Wilhelm Raabe an Wilhelm Jensen, 31. 12. 1884; zit. nach ebd., S. 194.
75 Zitate nach H.-H. Reuter: Fontane. Neu hrsg. von P. Görlich, Bd. 1, Berlin-Bayreuth-Zürich 1995, S. 465ff.
76 Zit. nach G. A. Craig: Der Triumph des Borussismus. Theodor Fontane und Wilhelm II., in: ders.: Das Ende Preußens. Acht Portraits, München 1985, S. 76f.

77 Zit. nach ebd., S. 93.

78 Vgl. auch zum folgenden W. J. Mommsen: Das Ringen (wie Anm. 68), S. 738ff.; Th. Nipperdey: Deutsche Geschichte 1866–1918, Bd. I (wie Anm. 11), S. 770ff.

79 N. Teeuwisse: Vom Salon zur Secession. Berliner Kunstleben zwischen Tradition und Aufbruch zur Moderne 1871–1900, Berlin 1986, S. 20.

80 Vgl. zu den Einzelheiten P. Paret: Die Berliner Secession. Moderne Kunst und ihre Feinde im Kaiserlichen Deutschland, Berlin 1981, S. 79ff.

81 Ebd., S. 10.

82 N. Teeuwisse (wie Anm. 79), S. 238.

83 R. Lenman: Die Kunst, die Macht und das Geld. Zur Kulturgeschichte des kaiserlichen Deutschland 1871–1918, Frankfurt a. M.-New York 1994, S. 58.

84 Zit. nach N. Teeuwisse (wie Anm. 79), S. 240. Vgl. zum Berliner Kunstleben um die Jahrhundertwende auch R. Glatzer: Das wilhelminische Berlin. Panorama einer Metropole 1890–1918, Berlin 1997, S. 194ff.

85 Vgl. P. Paret (wie Anm. 80), S. 137ff.

86 P. Grupp: Harry Graf Kessler 1868–1937. Eine Biographie, München 1995, S. 110.

87 Zit. nach P. Paret (wie Anm. 80), S. 207.

88 Ebd., S. 208.

89 Vgl. dazu oben S. 219f.

90 P. Paret (wie Anm. 80), S. 44. Vgl. dazu auch R. vom Bruch: Kaiser und Bürger. Wilhelminismus als Ausdruck kulturellen Umbruchs um 1900, in: A. M. Birke/L. Kettenacker (Hrsg.): Bürgertum, Adel, Monarchie. Wandel der Lebensformen im Zeitalter des. bürgerlichen Nationalismus, München-London-New York-Paris 1989, S. 135.

91 Vgl. W. Hardtwig: Nationale und kulturelle Identität im Kaiserreich und der umkämpfte Weg in die Moderne. Der Deutsche Werkbund, in: H. Berding (Hrsg.): Nationales Bewußtsein und kollektive Identität. Studien zur Entwicklung des kollektiven Bewußtseins in der Neuzeit, Bd. 2, Frankfurt a. M. 1994, S. 507–540.

92 Vgl. Th. Nipperdey: Deutsche Geschichte 1866–1918, Bd. I (wie Anm. 11), S. 724, 733.

93 Vgl. C. Hepp: Avantgarde. Moderne Kunst, Kulturkritik und Reformbewegungen nach der Jahrhundertwende, München 1987, S. 89ff.

94 P. Vogt (Hrsg.): Deutscher Expressionismus 1905–1920, München 1981, S. 10.

95 Vgl. P. Paret (wie Anm. 80), S. 287ff.

96 Zit. nach K. Pinthus: Menschheitsdämmerung. Ein Dokument des Expressionismus, Hamburg 1959, S. 39.

97 Vgl. den grundlegenden Aufsatz von P. Nolte: 1900. Das Ende des 19. und der Beginn des 20. Jahrhunderts in sozialgeschichtlicher Perspektive, in: Geschichte in Wissenschaft und Unterricht, Jg. 47 (1996), S. 281–300 (Zitat S. 283). – Wichtig ferner Th. Kuchenbuch: Die Welt um 1900. Unterhaltungs- und Technikkultur, Stuttgart–Weimar 1992, sowie W. Kaschuba: 1900. Kaiser-

reich, Arbeiterkultur und Moderne, in: Von der Arbeiterbewegung zum modernen Sozialstaat. Festschrift für G. A. Ritter zum 65. Geburtstag, hrsg. von J. Kocka, H.-J. Puhle, K. Tenfelde, München-New Providence-London-Paris 1994, S. 71–92.

98 A. G. Frei (Hrsg.): Habermus und Suppenwürze. Singens Weg vom Bauerndorf zur Industriestadt, Konstanz 1987, S. 120.

99 W. Schivelbusch: Das Paradies, der Geschmack und die Vernunft. Eine Geschichte der Genußmittel, Frankfurt a. M.-Berlin-Wien 1983, S. 137.

100 P. Nolte (wie Anm. 97), S. 296.

101 Vgl. A. Kuhn: »Verkauf von Waren und Träumen«. Die Warenhausgesellschaft, in: A. Nitschke u. a. (Hrsg.): Jahrhundertwende. Der Aufbruch in die Moderne 1880–1930, Bd. 2, Reinbek bei Hamburg 1990, S. 61–75. Zum ganzen vgl. K. Strohmeyer: Warenhäuser, Geschichte, Blüte und Untergang im Warenmeer, Frankfurt a. M. 1979.

102 P. Göhre: Das Warenhaus, in: Die Gesellschaft. Sammlung sozialpschylogischer Monographien, Bd. 12, hrsg. von Martin Buber, Frankfurt a. M. 1907, S. 15.

103 G. Stresemann: Die Warenhäuser. Ihre Entstehung, Entwicklung und volkswirtschaftliche Bedeutung, in: Zeitschrift für die gesamten Staatswissenschaften, Berlin 1900, S. 713f. Vgl. über einen Besuch bei Wertheim 1908 auch R. Glatzer (wie Anm. 84), S. 64–66.

104 Vgl. Chr. Eisenberg: Fußball in Deutschland 1890–1914, in: Geschichte und Gesellschaft, 20. Jg. (1994), S. 181–210.

105 W. Sachs: Die auto-mobile Gesellschaft. Vom Aufstieg und Niedergang einer Utopie, in: F. J. Brügemeier/Th. Rommelspacher (Hrsg.): Besiegte Natur. Geschichte der Umwelt im 19. und 20. Jahrhundert, München 1987, S. 109.

106 Zit. nach H. Bausinger: Grenzenlos ... Ein Blick auf den modernen Tourismus, in: ders. u. a. (Hrsg.): Reisekultur. Von der Pilgerfahrt zum modernen Tourismus, München 1991, S. 346.

107 A. Lüdtke: Lebenswelten und Alltagswissen, in: Chr. Berg (Hrsg.): Handbuch, Bd. 4 (wie Anm. 3), S. 68.

108 W. Sachs (wie Anm. 105), S. 111.

109 Zit. nach W. Ruppert: Das Auto. »Herrschaft über Raum und Zeit«, in: ders. (Hrsg.): Fahrrad, Auto, Fernsehschrank. Zur Kulturgeschichte der Alltagsdinge, Frankfurt a. M. 1993, S. 119.

110 Zit. nach K. Strohmeyer: »Der Kumpel liebt Berlin nicht ...« Metropole und Industrielandschaft, in: A. Nitschke u. a. (Hrsg.): Jahrhundertwende (wie Anm. 101), Bd. 1, S. 40f. Vgl. zum Verkehr in Berlin auch R. Glatzer (wie Anm. 84), S. 79ff.

111 J. Schlör: Nachts in der großen Stadt. Paris-Berlin-London 1840–1930, München und Zürich 1991, S. 68f. Zum ganzen W. Schivelbusch: Lichtblicke. Zur Geschichte der künstlichen Helligkeit im 19. Jahrhundert, Frankfurt a. M. 1986.

112 Zit. nach K. Strohmeyer (wie Anm. 110), S. 39.

113 Vgl. R. vom Bruch: Der Zug der Millionen. Massengesellschaft im Aufbruch, in: A. Nitschke u. a. (Hrsg.): Jahrhundertwende (wie Anm. 101), Bd. 1, S. 110. Vgl. zum ganzen K. Koszyk: Deutsche Presse im 19. Jahrhundert, Berlin 1966.

114 Vgl. P. de Mendelssohn: Zeitungsstadt Berlin, 2. Aufl., Berlin 1982, S. 200ff.

115 Vgl. J. Requate: Journalismus als Beruf. Entstehung und Entwicklung des Journalistenberufs im 19. Jahrhundert. Deutschland im internationalen Vergleich, Göttingen 1995, S. 358ff.

116 H.-U. Wehler: Deutsche Gesellschaftsgeschichte, Bd. III (wie Anm. 4), S. 1243.

117 G. Albrecht: Stummfilmzeit, in: A. Nitschke u. a. (Hrsg.): Jahrhundertwende (wie Anm. 101), Bd. 2, S. 87.

118 K. Kreimeier: Die Ufa-Story. Geschichte eines Filmkonzerns, München-Wien 1992, S. 15.

119 Zit. nach ebd., S. 18. Vgl. auch K. Hickethier: Beschleunigte Wahrnehmung, in: J. Boberg/T. Fichter/E. Gillen (Hrsg.): Die Metropole (wie Anm. 60), S. 148ff. In ihrer »Soziologie des Kinos« (Jena 1914, S. 56) nannte Emilie Altenloh das Kino und seine Besucher »typische Produkte unserer Zeit, die sich durch ein fortwährendes Beschäftigtsein und durch nervöse Unruhe auszeichnen«.

120 Vgl. zum folgenden den instruktiven Aufsatz von J. Radkau: Die wilhelminische Ära als nervöses Zeitalter, oder: Die Nerven als Netz zwischen Tempo- und Körpergeschichte, in: Geschichte und Gesellschaft, Jg. 20 (1994), S. 211–241.

121 Zit. nach J. Schlör (wie Anm. 111), S. 206.

122 J. Radkau (wie Anm. 120), S. 218; vgl. ferner R. vom Bruch: Kaiser und Bürger (wie Anm. 90), S. 137.

123 Vgl. K. Saul: Wider die ›Lärmpest‹. Lärmkritik und Lärmbekämpfung im Deutschen Kaiserreich, in: D. Machule u. a. (Hrsg.): Macht Stadt krank? Vom Umgang mit Gesundheit und Krankheit, Hamburg 1996, S. 151–192 (Zitate S. 176, 180).

124 Vgl. M. Scharfe: Die Nervosität des Automobilisten, in: R. van Dülmen (Hrsg.): Körper-Geschichten. Studien zur historischen Kulturforschung, Bd. 5, Frankfurt a. M. 1996, S. 200–222 (Zitat S. 217).

125 H. Glaser: Maschinenwelt und Alltagsleben. Industriekultur in Deutschland vom Biedermeier bis zur Weimarer Republik, Frankfurt a. M. 1981, S. 167, 170f.

126 A. Kerr: Wo liegt Berlin? Briefe aus der Reichshauptstadt 1895–1900, Hrsg. von G. Rühle, Berlin 1997, S. 545f.

4. Nationalismus — Antisemitismus — Militarismus vor 1914

1 H.-U. Wehler: Deutsche Gesellschaftsgeschichte, Bd. III: Von der »Deutschen Doppelrevolution« bis zum Beginn des Ersten Weltkriegs 1849–1914, München 1995, S. 947.

2 D. Langewiesche: Reich, Nation und Staat in der jüngeren deutschen Geschichte, in: Historische Zeitschrift, 254 (1992), S. 371.

3 Zit. nach H. A. Winkler: Vom linken zum rechten Nationalismus. Der deutsche Liberalismus in der Krise von 1878/79, in: ders.: Liberalismus und Antiliberalismus. Studien zur politischen Sozialgeschichte des 19. und 20. Jahrhunderts, Göttingen 1979, S. 36.

4 Vgl. M. Jeismann: Das Vaterland der Feinde. Studien zum nationalen Feindbegriff und Selbstverständnis in Deutschland und Frankreich 1792–1918, Stuttgart 1992, S. 262ff.

5 H.-U. Wehler: Deutsche Gesellschaftsgeschichte, Bd. III (wie Anm. 1), S. 953.

6 George L. Mosse: Die Nationalisierung der Massen. Politische Symbolik und Massenbewegungen in Deutschland von den Napoleonischen Kriegen bis zum Dritten Reich, Frankfurt a. M.-Berlin 1976.

7 Vgl. H. Hattenhauer: Geschichte der deutschen Nationalsymbole. Zeichen und Bedeutung, 2. Aufl., München 1990, S. 23ff.

8 Vgl. ebd., S. 67f.

9 F. Schellack: Nationalfeiertage in Deutschland von 1871 bis 1945, Frankfurt a. M.-Bern-New York-Paris 1990, S. 33.

10 Zit. nach H. Hattenhauer (wie Anm. 7), S. 145.

11 Vgl. S. Haffner: Sedantag, in: ders.: Im Schatten der Geschichte. Historisch-politische Variationen aus 20 Jahren, Stuttgart 1985, S. 63ff.; ferner die sorgfältige Regionalstudie von U. Schneider: Politische Festkultur im 19. Jahrhundert. Die Rheinprovinz von der französischen Zeit bis zum Ende des Ersten Weltkrieges (1806–1918), Essen 1995, S. 238ff. Vgl. zum Sedankult auch J. Vogel: Nationen im Gleichschritt. Der Kult der ›Nation in Waffen‹ in Deutschland und Frankreich, 1871–1914, Göttingen 1997, S. 144ff.

12 O. Dann: Nation und Nationalismus in Deutschland 1770–1990, München 1993, S. 185.

13 Zit. nach G. Eley: Die Umformung der Rechten: Der radikale Nationalismus und der Deutsche Flottenverein 1898–1908, in: ders.: Wilhelminismus – Nationalismus – Faschismus. Zur historischen Kontinuität in Deutschland, Münster 1991, S. 162.

14 Vgl. A. Galos u. a.: Die Hakatisten. Der deutsche Ostmarkenverein (1894–1934). Ein Beitrag zur Geschichte der Ostpolitik des deutschen Imperialismus, Berlin 1966.

15 Zit. nach R. Chickering: Nationalismus im Wilhelminischen Reich. Das Beispiel des Allgemeinen Deutschen Sprachvereins, in: O. Dann (Hrsg.): Die deutsche Nation. Geschichte – Probleme – Perspektiven, Vierow bei Greifswald 1994, S. 65.

16 S. dazu oben S. 216.

17 Vgl. zum Sozialprofil des Alldeutschen Verbandes R. Chickering: We Men Who Feel Most German. A Cultural Study of the Pan-German League, 1886–1914, Boston 1984, S. 103ff.

18 Vgl. M. Peters: Der Alldeutsche Verband am Vorabend des Ersten Weltkrieges (1908–1914). Ein Beitrag zur Geschichte des völkischen Nationalismus im spätwilhelminischen Deutschland, Frankfurt a. M.-Bern-New York-Paris 1992, S. 22.

19 Zur Ideologie der Alldeutschen vgl. R. Chickering: We Men (wie Anm. 17), S. 74ff.

20 Zit. nach E. Hartwig: Alldeutscher Verband, in: Lexikon der Parteigeschichte, Bd. 1, Leipzig 1983, S. 19.

21 Zit. nach R. Chickering: Die Alldeutschen erwarten den Krieg, in: J: Dülffer/K. Holl (Hrsg.): Bereit zum Krieg. Kriegsmentalität im wilhelminischen Deutschland 1890–1914, Göttingen 1986, S. 24.

22 Ebd., S. 20.

23 Vgl. R. Chickering: We Men (wie Anm. 17), S. 262ff.; D. Blackbourn: The Politics of Demagogy in Imperial Germany, in: ders.: Populists and Patricians. Essays in Modern German History, London 1987, S. 233.

24 Zit. nach M. Peters (wie Anm. 18), S. 151.

25 Vgl. ebd., S. 141ff.

26 D. Stegmann: Die Erben Bismarcks. Parteien und Verbände in der Spätphase des wilhelminischen Deutschland, Köln-Berlin 1970, S. 303 (dort auch S. 296ff. eine ausführliche Erörterung des Presseechos).

27 Zit. nach R. Chickering: We Men (wie Anm. 17), S. 283.

28 Vgl. oben S. 44f.

29 Vgl. auch zum folgenden R. Rürup/Th. Nipperdey: Antisemitismus. Entstehung, Funktion und Geschichte eines Begriffs, in: R. Rürup: Emanzipation und Antisemitismus. Studien zur »Judenfrage« in der bürgerlichen Gesellschaft, Göttingen 1975, S. 95ff. (Zitat, S. 104).

30 Ebd., S. 105.

31 H. Berding: Moderner Antisemitismus in Deutschland, Frankfurt a. M. 1988, S. 141.

32 Zit. nach ebd., S. 147.

33 Zit. nach ebd., S. 148.

34 Zit. nach ebd., S. 149f.; Vgl. auch J. Köhler: Wagners Hitler. Der Prophet und sein Vollstrecker, München 1997, S. 177ff.

35 Zit. nach W. Jochmann: Gesellschaftskrise und Judenfeindschaft in Deutschland 1870–1945, Hamburg 1988, S. 27.

36 H. G. Zmarzlik: Antisemitismus im Kaiserreich 1871–1918, in: B. Martin/E. Schulin (Hrsg.): Die Juden als Minderheit in der Geschichte, München 1981, S. 256.

37 R. Rürup/Th. Nipperdey: Antisemitismus (wie Anm. 29), S. 108.

38 Zit. nach H. Berding (wie Anm. 31), S. 94.

39 Vgl. ebd., S. 90.

40 Zu den Einzelheiten vgl. ebd., S. 99ff

41 Vgl. die Tabelle bei W. J. Mommsen: Bürgerstolz und Weltmachtstreben. Deutschland unter Wilhelm II. 1890 bis 1918, Berlin 1995, S. 138.

42 Zit. nach H. Berding (wie Anm. 31), S. 103.

43 Zit. nach W. J. Mommsen: Bürgerstolz (wie Anm. 41), S. 137.

44 Zit. nach W. Boehlich (Hrsg.): Der Berliner Antisemitismusstreit, Frankfurt a. M. 1965, S. 6, 7, 11.

45 Zit. nach ebd., S. 214, 220.

46 W. Jochmann (wie Anm. 35), S. 17.

47 Vgl. N. Kampe: Studenten und »Judenfrage« im Deutschen Kaiserreich. Die Entstehung der akademischen Trägerschicht des Antisemitismus, Göttingen 1988, S. 23.

48 Zit. nach H. Berding (wie Anm. 31), S. 116.

49 Zit. nach K. H. Jarausch: Deutsche Studenten 1800–1970, Frankfurt a. M. 1984, S. 82.

50 Zit. nach N. Kampe (wie Anm. 47), S. 106.

51 Zit. nach ebd., S. 205.

52 Zu diesem Ergebnis kommt die vorzügliche Studie von N. Kampe: vgl. ebd., bes. S. 13, 185ff.

53 Ebd., S. 212.

54 Sh. Volkov: Zur sozialen und politischen Funktion des Antisemitismus. Handwerker im späten 19. Jahrhundert, in: dies., Jüdisches Leben und Antisemitismus im 19. und 20. Jahrhundert, München 1990, S. 52.

55 Vgl. I. Hamel: Völkischer Verband und nationale Gewerkschaft. Der Deutschnationale Handlungsgehilfen-Verband 1893–1933, Frankfurt a. M. 1967 (Zitat S. 53).

56 H.-J. Puhle: Agrarische Interessenpolitik und preußischer Konservatismus im wilhelminischen Reich 1893–1914, 2. Aufl., Bonn-Bad Godesberg 1975, S. 125.

57 Vgl. H. Berding (wie Anm. 31), S. 138.

58 So in einem Brief an Kronprinz Wilhelm, 20. 11. 1913; zit. nach E. Zechlin: Die deutsche Politik und die Juden im Ersten Weltkrieg, Göttingen 1969, S. 48.

59 Zit. nach D. Stegmann (wie Anm. 26), S. 302.

60 Vgl. N. Hammerstein: Antisemitismus und deutsche Universitäten 1871–1933, Frankfurt a. M.-New York 1995, S. 68ff.

61 Nach dem Bericht des bayerischen Militärbevollmächtigten in Berlin, von Gebsattel, vom 14. 1. 1907; zit. nach H. John: Das Reserveoffizierskorps im Deutschen Kaiserreich 1890–1914, Frankfurt a. M.-New York 1981, S. 170f.

62 Sh. Volkov: Antisemitismus als kultureller Code, in: dies.: Antisemitismus (wie Anm. 54), S. 33.

63 Zit. nach U. Mai: »Wie es der Jude treibt«. Das Feindbild der antisemitischen Bewegung am Beispiel der Agitation Hermann Ahlwardts, in: Chr. Jahr/U. Mai/K. Roller (Hrsg.): Feindbilder in der deutschen Geschichte. Studien zur Vorurteilsgeschichte des 19. und 20. Jahrhunderts, Berlin 1994, S. 64.

64 Zit. nach ebd., S. 65.

65 Vgl. D. Bering: Der Name als Stigma. Antisemitismus im deutschen Alltag 1812–1933, Stuttgart 1987, S. 206ff.

66 Zit. nach W. Boehlich (Hrsg.) (wie Anm. 44), S. 205.

67 So in einem Interview mit dem Journalisten und Schriftsteller Hermann Bahr 1894; zit. nach H. Berding (wie Anm. 31), S. 156.

68 Vgl. W. Jochmann (wie Anm. 35), S. 82.

69 Zit. nach H. Berding (wie Anm. 31), S. 158.

70 Vgl. R. J. Evans: Kneipengespräche im Kaiserreich. Stimmungsberichte der Hamburger Politischen Polizei 1892–1914, Reinbek bei Hamburg 1989, S. 305f.

71 Zit. nach E. Zechlin (wie Anm. 58), S. 56.

72 Ebd., S. 54.

73 Zit. nach ebd., S. 47.

74 O. Hintze: Staatsverfassung und Heeresverfassung (1906), in: ders.: Staat und Verfassung, hrsg. von G. Oestreich, 2. Aufl., Göttingen 1962, S. 52–83 (bes. S. 70ff.).

75 L. Thoma: Gesammelte Werke, Bd. 7, München 1933, S. 354.

76 Chr. Berg/U. Hermann: Industriegesellschaft und Kulturkrise, in: Chr. Berg (Hrsg.): Handbuch der deutschen Bildungsgeschichte, Bd. 4: 1870–1918, München 1991, S. 13.

77 H. John (wie Anm. 61), S. 355.

78 Chr. Berg/U. Hermann (wie Anm. 76), S. 13.

79 Zit. nach H. John (wie Anm. 61), S. 332.

80 Zit. nach ebd., S. 330.

81 Zit. nach ebd., S. 331.

82 Zit. nach H. Lemmermann: Kriegserziehung im Kaiserreich. Studien zur politischen Funktion von Schule und Schulmusik 1890–1918, Bd. 1, Bremen 1984, S. 30.

83 Zit. nach H. John (wie Anm. 61), S. 331.

84 Vgl. zum folgenden Th. Rohkrämer: Der Militarismus der »kleinen Leute«. Die Kriegervereine im Deutschen Kaiserreich 1871–1914, München 1990, S. 147ff.

85 Zit. nach H. John (wie Anm. 61), S. 298.

86 Vgl. dazu vor allem Th. Rohkrämer (wie Anm. 84), S. 27ff. (Zitat S. 37).

87 L. Quidde: Der Militarismus im heutigen Deutschen Reich (1893), in: ders.: Caligula. Schriften über Militarismus und Pazifismus, hrsg. von H.-U. Wehler, Frankfurt a. M. 1977, S. 103.

88 So M. Siedenhans: Nationales Vereinswesen und soziale Militarisierung. Die Kriegervereine im wilhelminischen Bielefeld, in: J. Meynert/J. Mooser/V. Rodekamp (Hrsg.): Unter Pickelhaube und Zylinder. Das östliche Westfalen im Zeitalter des Wilhelminismus 1888–1914, Bielefeld 1991, S. 374.

89 D. Düding: Die Kriegervereine im wilhelminischen Reich und ihr Beitrag zur Militarisierung der deutschen Gesellschaft, in: J. Dülffer/K. Holl (Hrsg.): Bereit zum Krieg (wie Anm. 21), S. 108.

90 L. Quidde (wie Anm. 87), S. 104.

91 Vgl. zum folgenden die grundlegende Darstellung von K. Holl: Pazifismus in Deutschland, Frankfurt a. M. 1988, S. 41ff.

92 Ebd., S. 60.
93 Zit. nach G.A. Ritter/K. Tenfelde: Arbeiter im Deutschen Kaiserreich, Bonn 1992, S. 731.
94 O. Hintze (wie Anm. 74), S. 79,
95 Vgl. G. A. Ritter/K. Tenfelde (wie Anm. 93), S. 742f.

Teil IV Der Erste Weltkrieg

1. Kriegführung und Politik 1914 bis 1916

1 Zahlen nach: Autorenkollektiv unter der Leitung von F. Klein: Deutschland im ersten Weltkrieg, Bd. 1, Berlin 1968, S. 306f.
2 Vgl. G. Ritter: Der Schlieffenplan. Kritik eines Mythos, München 1956; J. L. Wallach: Das Dogma der Vernichtungsschlacht. Die Lehren von Clausewitz und Schlieffen und ihre Wirkung in zwei Weltkriegen, Frankfurt a. M. 1967.
3 P. Graf Kielmansegg: Deutschland und der Erste Weltkrieg, 2. Aufl., Stuttgart 1980, S. 33.
4 Vgl. A. Kramer: »Greueltaten«. Zum Problem der deutschen Kriegsverbrechen in Belgien und Frankreich 1914, in: G. Hirschfeld/G. Krumeich (Hrsg.): Keiner fühlt sich hier mehr als Mensch... Erlebnis und Wirkung des Ersten Weltkriegs, Essen 1993, S. 85–109.
5 Zit. nach W. Schivelbusch: Eine Ruine im Krieg der Geister. Die Bibliothek von Löwen August 1914 bis Mai 1940, Frankfurt a. M. 1993, S. 27.
6 G. Mai: Das Ende des Kaiserreichs. Politik und Kriegführung im Ersten Weltkrieg, München 1987, S. 67; vgl. auch K. Riezler: Tagebücher, Aufsätze und Dokumente, hrsg. und eingel. von K.D. Erdmann, Göttingen 1972, S. 251 (20. 2. 1915): »Die ganze ursprüngliche Rechnung ist durch die Schlacht an der Marne ins Wanken geraten« (Künftig zit. Riezler-Tgb.).
7 Zit. nach B.F. Schulte: Europäische Krise und Erster Weltkrieg. Beiträge zur Militärpolitik des Kaiserreichs 1871–1914, Frankfurt a. M.-Bern 1983, S. 269.
8 Vgl. K. Lange: Marneschlacht und deutsche Öffentlichkeit 1914–1939. Eine verdrängte Niederlage und ihre Folgen, Düsseldorf 1974, S. 51ff.
9 H. Afflerbach: Falkenhayn. Politisches Denken und Handeln im Kaiserreich, München 1994, S. 192.
10 B. Hüppauf: Schlachtenmythen und die Konstruktion des »Neuen Menschen«, in: G. Hirschfeld/G. Krumeich (Hrsg.): Keiner fühlt sich hier mehr als Mensch (wie Anm. 4), S. 47.
11 Zitate: H. Afflerbach: Falkenhayn (wie Anm. 9), S. 198, 219; vgl. auch Riezler-Tgb., S. 228 (22. 11. 1914) mit der Äußerung Falkenhayns: »Mit einem zerbrochenen Instrument kann ich keinen Krieg führen.«
12 Vgl. dazu unten S. 433f.
13 Vgl. zu den Details E. Zechlin: Friedensbestrebungen und Revolutionierungs-

versuche im Ersten Weltkrieg, in: Aus Politik und Zeitgeschichte. Beilage zur Wochenzeitung »Das Parlament« 20/1963, 15.5.1963, S. 26ff.; K.H. Janßen: Der Kanzler und der General. Die Führungskrise um Bethmann Hollweg und Falkenhayn (1914–1916), Göttingen-Berlin-Frankfurt a. M.-Zürich 1967, S. 56ff.

14 G. Ritter: Staatskunst und Kriegshandwerk, Bd. III: Die Tragödie der Staatskunst. Bethmann Hollweg als Kriegskanzler (1914–1917), München 1964, S. 68.

15 Vgl. E.P. Guth: Der Gegensatz zwischen dem Oberbefehlshaber Ost und dem Chef des Feldheeres 1914/15. Die Rolle des Majors v. Haeften im Spannungsfeld zwischen Hindenburg, Ludendorff und Falkenhayn, in: Militärgeschichtliche Mitteilungen, Bd. 35 (1984), S. 75–111.

16 Vgl. M. Rauchensteiner: Der Tod des Doppeladlers. Österreich-Ungarn und der Erste Weltkrieg, Graz-Wien-Köln 1993, S. 207f.

17 Vgl. V. Ullrich: Entscheidung im Osten oder Sicherung der Dardanellen. Das Ringen um den Serbienfeldzug 1915, in: Militärgeschichtliche Mitteilungen, Bd. 32 (1982), S. 45–63.

18 Zit. nach ebd., S. 51.

19 Zit. nach H. Afflerbach: Falkenhayn (wie Anm. 9), S. 312.

20 Zit. nach M. Rauchensteiner (wie Anm. 16), S. 301.

21 Abgedruckt in E. v. Falkenhayn: Die Oberste Heeresleitung 1914–1916 in ihren wichtigsten Entscheidungen, Berlin 1920, S. 176–184; vgl. dazu auch H. Afflerbach: Falkenhayn (wie Anm. 9), S. 360ff.; P. Graf Kielmansegg: Deutschland und der Erste Weltkrieg (wie Anm. 3), S. 301ff.

22 Zit. nach B. Ulrich/B. Ziemann (Hrsg.): Frontalltag im Ersten Weltkrieg. Wahn und Wirklichkeit. Quellen und Dokumente, Frankfurt a. M. 1994, S. 92. Die beiden folgenden Zitate nach G. Werth: Schlachtfeld Verdun. Europas Trauma (Das Tagebuch Europa 1916), Berlin 1994, S. 38, 37.

23 R. v. Valentini: Kaiser und Kabinettschef, Oldenburg 1931, S. 237; vgl. dazu K.H. Janßen: Der Wechsel in der Obersten Heeresleitung 1916, in: Vierteljahrshefte für Zeitgeschichte, 7. Jg. (1959), S. 337–371.

24 Zit. nach G. Ritter: Staatskunst und Kriegshandwerk, Bd. III (wie Anm. 14), S. 227.

25 P. Graf Kielmansegg: Deutschland und der Erste Weltkrieg (wie Anm. 3), S. 331. Von »der geradezu vergötternden, stürmischen Liebe der Leute« zu Hindenburg berichtete Wild von Hohenborn in einem Brief an seine Frau von 27. 8. 1915; Adolf Wild von Hohenborn: Briefe und Tagebuchaufzeichnungen, hrsg. von H. Reichold, Boppard 1986, S. 84.

26 G.A. v. Müller: Regierte der Kaiser? Kriegstagebücher, Aufzeichnungen und Briefe des Chefs des Marine-Kabinetts 1914–1918, hrsg. von W. Görlitz, Göttingen-Berlin-Frankfurt a. M. 1959, S. 200 (Tagebucheintragung vom 3. 7. 1916). Das folgende Zitat nach E. Zechlin: Friedensbestrebungen (wie Anm. 13), B 20/1963, S. 49.

27 Riezler-Tgb., S. 383 (22. 11. 1916).
28 Zit. nach K.H. Janßen: Macht und Verblendung. Kriegszielpolitik der deutschen Bundesstaaten 1914–1918, Göttingen-Berlin-Frankfurt a. M.-Zürich 1963, S. 235, Anm. 88; das folgende Zitat nach G. Ritter: Staatskunst und Kriegshandwerk, Bd. III (wie Anm. 14), S. 37.
29 Denkschrift Erzbergers abgedruckt in: A. v. Tirpitz: Deutsche Ohnmachtspolitik im Weltkriege, Hamburg und Berlin 1926, S. 69–72.
30 Denkschrift Thyssens abgedruckt in: W. Basler: Deutschlands Annexionspolitik in Polen und im Baltikum 1914–1918, Berlin 1962, S. 359–362.
31 Zit. nach E. Hardtwig: Alldeutscher Verband, in: Die bürgerlichen Parteien in Deutschland, Bd. 1, Berlin 1968, S. 15; W. J. Mommsen: Bürgerstolz und Weltmachtstreben. Deutschland unter Wilhelm II. 1890–1918, Berlin 1995, S. 620. Vgl. dazu auch H. Hagenlücke: Deutsche Vaterlandspartei. Die nationale Rechte am Ende des Kaiserreichs, Düsseldorf 1997, S. 53f.
32 Vgl. F. Fischer: Griff nach der Weltmacht. Die Kriegszielpolitik des kaiserlichen Deutschland 1914/18, Düsseldorf 1961, S. 101ff., 178ff.
33 Vgl. ebd., S. 107ff.; mit dem Anschreiben abgedruckt bei E. Zechlin: Friedensbestrebungen (wie Anm. 13) S. 41–44 (danach die folgenden Zitate).
34 Riezler-Tgb., S. 229 (22. 11. 1914).
35 F. Fischer: Griff nach der Weltmacht (wie Anm. 32), S. 113.
36 Vgl. zu Zechlins Interpretation der Septemberdenkschrift: E. Zechlin: Friedensbestrebungen (wie Anm. 13), S. 10ff.; ders.: Deutschland zwischen Kabinettskrieg und Wirtschaftskrieg, in: Historische Zeitschrift, 199 (1964), S. 405ff.; ders.: Probleme des Kriegskalküls und der Kriegsbeendigung, in: Geschichte in Wissenschaft und Unterricht, Jg. 16 (1965), S. 76ff.
37 Riezler-Tgb., S. 268 (18. 4. 1915).
38 Vgl. zur Mitteleuropa-Diskussion in den Ressorts E. Zechlin: Kabinettskrieg (wie Anm. 36), S. 429ff.
39 S. dazu unten S. 431f.
40 Vgl. zu den Einzelheiten F. Fischer: Griff nach der Weltmacht (wie Anm. 32), S. 178ff.; P. Graf Kielmansegg: Deutschland und der Erste Weltkrieg (wie Anm. 3), S. 243ff.; H. Hagenlücke: Deutsche Vaterlandspartei (wie Anm. 31), S. 49ff.
41 Zit. nach W. J. Mommsen: Bürgerstolz und Weltmachtstreben (wie Anm. 31), S. 627.
42 Zit. nach ebd., S. 628.
43 Vgl. K. Schwabe: Wissenschaft und Kriegsmoral. Die deutschen Hochschullehrer und die politischen Grundfragen des Ersten Weltkrieges, Göttingen-Zürich-Frankfurt a. M. 1969, S. 69ff.
44 R. v. Valentini: Kaiser und Kabinettschef (wie Anm. 23), S. 226 (Brief vom 12. 3. 1915).
45 Zit. nach E. Zechlin: Kabinettskrieg (wie Anm. 36), S. 443f.
46 Zit. nach E. Zechlin: Friedensbestrebungen (wie Anm. 13), S. 5; ähnlich äußerte

sich Bethmann Hollweg am 27. Oktober 1916 im preußischen Staatsministerium: »Wenn wir der Welt gezeigt hätten, daß wir nicht zu besiegen seien, daß unsere Entwicklungsfähigkeit nicht gehemmt werden könnte, wenn wir das 1870 Erreichte erfolgreich verteidigt hätten, dann müßten wir Gott dankbar sein.« Zit. nach G. Ritter: Staatskunst und Kriegshandwerk, Bd. III (wie Anm. 14), S. 335.

47 Zit. nach E. Zechlin: Friedensbestrebungen (wie Anm. 13), B 20/63, S. 7.

48 Zit. nach ebd., S. 7.

49 Zit. nach W. J. Mommsen: Die Regierung Bethmann Hollweg und die öffentliche Meinung 1914–1917, in: Vierteljahrshefte für Zeitgeschichte, 17. Jg. (1969), S. 125.

50 Bethmann Hollweg an Weizsäcker, 10. 10. 1914; zit. nach K. H. Janßen: Macht und Verblendung (wie Anm. 28), S. 237, Anm. 121; vgl. auch Riezler-Tgb., S. 216 (11. 10. 1914): »Der Kanzler wiederholt: Denken Sie sich eine Lösung des belgischen Problems aus. Er hat recht, das Problem ist furchtbar ... beinahe unlösbar.«

51 Vgl. zum folgenden auch F. Wende: Die belgische Frage in der deutschen Politik des Ersten Weltkriegs, Hamburg 1969, S. 40ff.

52 Zit. nach ebd., S. 93.

53 Vgl. dazu ebd., S. 86ff.

54 Ebd., S. 74.

55 Vgl. U. Herbert: Geschichte der Ausländerbeschäftigung in Deutschland 1880 bis 1980. Saisonarbeiter – Zwangsarbeiter – Gastarbeiter, Berlin-Bonn 1986, S. 95ff.; G. Ritter: Staatskunst und Kriegshandwerk, Bd. III (wie Anm. 14), S. 433ff.

56 Vgl. zum ganzen W. Conze: Polnische Nation und deutsche Politik im Ersten Weltkrieg, Köln-Graz 1958; H. Lemke: Allianz und Rivalität. Die Mittelmächte und Polen im ersten Weltkrieg, Berlin 1977.

57 Zit. nach E. Zechlin: Kabinettskrieg (wie Anm. 36), S. 373 (auch für das folgende Zitat).

58 Vgl. zum folgenden I. Geiss: Der polnische Grenzstreifen 1914–1918. Ein Beitrag zur deutschen Kriegszielpolitik im Ersten Weltkrieg, Lübeck und Hamburg 1960, S. 70ff.

59 Zit. nach ebd., S. 72.

60 Zit. nach ebd., S. 83f.

61 Zit. nach E. Zechlin: Ludendorff im Jahr 1915. Unveröffentlichte Briefe, in: Historische Zeitschrift, 211 (1970), S. 352.

62 Vgl. zu den Einzelheiten A. Strazhas: Deutsche Ostpolitik im Ersten Weltkrieg. Der Fall Oberost 1915–1917, Wiesbaden 1993, S. 13ff., 27ff.

63 Vgl. zum folgenden V. Ullrich: Die polnische Frage und die deutschen Mitteleuropapläne im Herbst 1915, in: Historisches Jahrbuch, 104. Jg. (1984), S. 348–371 (Zitat S. 349).

64 Bethmann Hollweg an Treutler, 4. 8. 1915; zit. nach ebd., S. 351; vgl. auch Riezler-Tgb., S. 286 (21. 5. 1915): »Polnische Frage unerhört schwierig.«

65 Riezler-Tgb., S. 305 (11. 10. 1915).

66 Bethmann Hollweg an Jagow über Unterredung mit Falkenhayn, 13. 10. 1915; zit. nach V. Ullrich: Die polnische Frage (wie Anm. 63), S. 363. Ludendorff sprach in seinen Briefen aus dem Jahre 1915 nur abfällig von dem »Jammervolk« Österreich-Ungarn; zit. nach E. Zechlin: Ludendorff im Jahr 1915 (wie Anm. 61), S. 334, 337.

67 G. Ritter: Staatskunst und Kriegshandwerk, Bd. III (wie Anm. 14), S. 279.

68 P. Graf Kielmansegg: Deutschland und der Erste Weltkrieg (wie Anm. 3), S. 557.

69 Das sogenannte »Novemberraisonnement« Bethmann Hollwegs an Unterstaatssekretär Zimmermann, 19. 11. 1914; abgedruckt in: André Scherer/Jacques Grunewald: L'Allemagne et les problèmes de la paix pendant la première guerre mondiale. Documents extraits des archives de l'Office allemand des Affaires étrangères, Bd. 1, Paris 1962, S. 15–19 (künftig zit. Scherer/Grunewald 1).

70 Auch Kurt Riezler interpretierte Falkenhayns Drängen als »Sicherheitsventil um, wenn es schief geht, sagen zu können, ich habe rechtzeitig zum Frieden geraten, die politische Leitung hat nicht gewollt«. Riezler-Tgb., S. 228 (22. 11. 1914).

71 Vgl. zur »Andersen-Mission« E. Zechlin: Friedensbestrebungen (wie Anm. 13), B 20/61 v. 17. 5. 1961, S. 277ff.; B 12/63 v. 29. 5. 1963, S. 3ff.; ferner die alle Aspekte ausschöpfende Darstellung von W. E. Winterhager: Mission für den Frieden. Europäische Mächtepolitik und dänische Friedensvermittlung im Ersten Weltkrieg. Vom August 1914 bis zum italienischen Kriegseintritt Mai 1915, Stuttgart 1984, S. 170ff.

72 Die endgültige Antwortnote vom 30. 11. 1914 in: Scherer/Grunewald 1, S. 31; vgl. dazu W. E. Winterhager: Mission für den Frieden (wie Anm. 71), S. 218.

73 W. E. Winterhager: Mission für den Frieden (wie Anm. 71), S. 250.

74 Zu den Einzelheiten vgl. E. Zechlin: Friedensbestrebungen (wie Anm. 13), B 22/63, S. 5ff.

75 Zit. nach ebd., S. 21; vgl. auch Riezler-Tgb., S. 257f. (11. 3. 1915): »Andersen kam aus Petersburg zurück … Von Frieden keine Rede. Witte ohne Einfluß. Der Zar, Sasonow siegesbewußt und zuversichtlich. Also nichts zu machen.«

76 Der deutsche Botschafter in Kopenhagen, Brockdorff-Rantzau, an AA, 3. 6. 1915; Scherer/Grunewald 1, S. 115.

77 Brockdorff-Rantzau an AA, 29. 7. 1915; ebd., S. 145f.

78 Treutler an AA (für Reichskanzler), 4. 8. 1915; ebd., S. 150f.

79 P. Graf Kielmansegg: Deutschland und der Erste Weltkrieg (wie Anm. 3), S. 233.

80 Zit. nach E. Zechlin: Friedensbestrebungen (wie Anm. 13) B 22/63, S. 9.

81 Vgl. dazu V. Ullrich: Die deutschen Verständigungsversuche mit Japan 1914/15. Beitrag zu den deutschen Sonderfriedensbestrebungen im Ersten Weltkrieg, in: Saeculum, 33. Jg. (1982), S. 359–374; A. Hayashima: Die Illusion des Sonder-

friedens. Deutsche Verständigungspolitik mit Japan im ersten Weltkrieg, München-Wien 1982.

82 A. Hayashima: Die Illusion (wie Anm. 81), S. 183.

83 Bethmann Hollweg an Falkenhayn, 30. 7. 1915; zit. nach V. Ullrich: Entscheidung im Osten (wie Anm. 17), S. 55.

84 Graevenitz an Weizsäcker, 26. 10. 1915; zit. nach V. Ullrich: Zwischen Verhandlungsfrieden und Erschöpfungskrieg. Die Friedensfrage in der deutschen Reichsleitung Ende 1915, in: Geschichte in Wissenschaft und Unterricht, 37. Jg. (1986), S. 397–419 (Zitat S. 400).

85 Bethmann Hollweg an Treutler, 17. 11. 1915; Die graue Exzellenz. Zwischen Staatsraison und Vasallentreue. Aus den Papieren des kaiserlichen Gesandten Karl Georg von Treutler, hrsg. und eingel. von K. H. Janßen, Frankfurt a. M. 1971, S. 233.

86 Ph. Scheidemann: Memoiren eines Sozialdemokraten, Bd. 1, Dresden 1928, S. 376.

87 So in einem Gespräch mit dem Pazifisten Ludwig Quidde, Mitte November 1915; zit. nach V. Ullrich: Zwischen Verhandlungsfrieden und Erschöpfungskrieg (wie Anm. 84), S. 406.

88 C. Haußmann: Schlaglichter. Reichstagsbriefe und Aufzeichnungen, hrsg. von U. Zeller, Frankfurt a. M. 1924, S. 51 v. 3. 12. 1915.

89 Riezler-Tgb., S. 316 (2. 12. 1915).

90 Falkenhayn an Bethmann Hollweg, 29. 11. 1915; zit. nach V. Ullrich: Zwischen Verhandlungsfrieden und Erschöpfungskrieg (wie Anm. 84), S. 409.

91 Vgl. G.-H. Soutou: Die Kriegsziele des Deutschen Reiches, Frankreichs, Großbritanniens und der Vereinigten Staaten während des Ersten Weltkriegs. Ein Vergleich, in: W. Michalka (Hrsg.): Der Erste Weltkrieg. Wirkung, Wahrnehmung, Analayse, München-Zürich 1994, S. 28–53 (Zitat S. 31). Vgl. auch ders.: L'or et sang. Les buts de guerre économiques de la Première Guerre mondiale, Paris 1989.

92 Zitate: G. A. v. Müller: Regierte der Kaiser? (wie Anm. 26), S. 146 (11. 1. 1916); K. E. Birnbaum: Peace Moves and U-Boat-Warfare. A Study of Imperial Germany's Policy towards the United States, Upsala 1958, S. 346f.

93 Vgl. P. Graf Kielmansegg: Deutschland und der Erste Weltkrieg (wie Anm. 3), S. 409f.; für den Gesamtzusammenhang W. Steglich: Bündnissicherung oder Verständigungsfrieden. Untersuchungen zu dem Friedensangebot der Mittelmächte vom 12. Dezember 1916, Göttingen-Berlin-Frankfurt a. M. 1958, S. 13ff.

94 Zit. nach G. Ritter: Staatskunst und Kriegshandwerk, Bd. III (wie Anm. 14), S. 339.

95 Text der Note vom 12. 12. 1916 abgedruckt in: Scherer-Grunewald 1, S. 613ff.

96 Riezler-Tgb., S. 387 (23. 12. 1916).

97 Vgl. G.-H. Soutou: Die Kriegsziele (wie Anm. 91), S. 32.

98 Zit. nach G. Ritter: Staatskunst und Kriegshandwerk, Bd. III (wie Anm. 14), S. 354.

99 Text der Antwortnote vom 30. 12. 1916 abgedruckt in: U. Cartarius (Hrsg.): Deutschland im Ersten Weltkrieg. Texte und Dokumente 1914–1918, München 1982, S. 207ff.

100 Vgl. G. Ritter: Staatskunst und Kriegshandwerk, Bd. III (wie Anm. 14), S. 358f.

101 Zu den House-Missionen vgl. ebd., S. 166ff., 185ff.

102 Vgl. G. Ritter: Staatskunst und Kriegshandwerk, Bd. III (wie Anm. 14), S. 359f.

103 Th. Wolff: Tagebücher 1914–1919, hrsg. v. B. Sösemann, Bd. 1, Boppard 1984, S. 471f. (12. 1. 1917).

104 G. Ritter: Staatskunst und Kriegshandwerk, Bd. III (wie Anm. 14), S. 364.

105 S. dazu unten S. 507ff.

106 P. Graf Kielmansegg: Deutschland und der Erste Weltkrieg (wie Anm. 3), S. 428.

107 Zit. nach T. Oppelland: Reichstag und Außenpolitik im Ersten Weltkrieg. Die deutschen Parteien und die Politik der USA 1914–1918, Düsseldorf 1995, S. 197.

108 Zit. nach S. Miller: Burgfrieden und Klassenkampf. Die deutsche Sozialdemokratie im Ersten Weltkrieg, Düsseldorf 1974, S. 63.

109 Das Kriegstagebuch des Reichstagsabgeordneten Eduard David 1914 bis 1918. In Verbindung mit E. Matthias bearb. von S. Miller, Düsseldorf 1966, S. 12 (Eintragung vom 4. 8. 1914). (Künftig zit. David-Tgb.).

110 Vgl. H. J. Bieber: Gewerkschaften in Krieg und Revolution. Arbeiterbewegung, Staat und Militär in Deutschland 1914–1920, Hamburg 1981, Bd. 1, S. 78.

111 S. dazu oben, S. 258f.

112 Zit. nach H. J. Bieber: Gewerkschaften in Krieg und Revolution (wie Anm. 110), Bd. 1, S. 79.

113 So F. Boll: Frieden ohne Revolution? Friedensstrategien der deutschen Sozialdemokratie vom Erfurter Programm 1891 bis zur Revolution von 1918, Bonn 1980, S. 93.

114 Zit. nach W. Kruse: Krieg und nationale Integration. Eine Neuinterpretation des sozialdemokratischen Burgfriedensschlusses 1914/15, Essen 1994, S. 72.

115 Zit. nach ebd., S. 52.

116 Vgl. dazu H. J. Bieber: Gewerkschaften in Krieg und Revolution (wie Anm. 110), Bd. 1, S. 85ff.

117 Zit. nach S. Miller: Burgfrieden und Klassenkampf (wie Anm. 108), S. 72. Vgl. auch David-Tgb., S. 15 (11. 8. 1914): »Die preußische Wahlreform muß als Frucht gepflückt werden; um diesen Preis auch Konzession unsererseits an die monarchische Form.«

118 Tgb.-Aufz. Otto Brauns vom 5. 8. 1914; zit. nach W. Kruse: Krieg und nationale Integration (wie Anm. 114), S. 80.

119 Delbrück an Bethmann Hollweg, 13. 9. 1914; E. Zechlin: Friedensbestrebungen (wie Anm. 13), B 20/63, S. 46. In diesem Sinne beschied Delbrück am 24. 8. 1914 auch den SPD-Reichstagsabgeordneten David, der eine Reform des preußischen Wahlrechts forderte: Es sei »verfrüht, inmitten der gewaltigen

sonstigen Aufgaben und Ereignisse dieser Frage positiv näherzutreten«. David-Tgb., S. 24 (24. 8. 1914).

120 Bethmann Hollweg an Delbrück, 19. 9. 1914; zit. nach Autorenkollektiv: Deutschland im ersten Weltkrieg (wie Anm. 1), Bd. 1, S. 424.

121 Riezler-Tgb., S. 248 (17. 2. 1915).

122 So im Gespräch mit C. Haußmann im Oktober 1914; zit. nach G. Ritter: Staatskunst und Kriegshandwerk, Bd. III, (wie Anm. 14), S. 33.

123 Wahnschaffe an Bethmann Hollweg, 23. 10. 1914; Autorenkollektiv: Deutschland im ersten Weltkrieg (wie Anm. 1), Bd. I, S. 425.

124 Zit. nach H. J. Bieber: Gewerkschaften in Krieg und Revolution (wie Anm. 110), Bd. I, S. 123.

125 Riezler-Tgb., S. 279f. (23. 6. 1915).

126 Immediatbericht des preußischen Ministers des Innern v. Loebell, 22. 11. 1915; Autorenkollektiv: Deutschland im ersten Weltkrieg (wie Anm. 1), Bd. II, S. 241.

127 Zit. nach S. Miller: Burgfrieden und Klassenkampf (wie Anm. 108), S. 81.

128 David-Tgb., S. 32 (3. 9. 1914); Philipp Scheidemann vertrat bereits Mitte August 1914 die Auffassung, »daß die deutsche Regierung den Krieg gewollt habe als Präventivkrieg«. Zit. nach ebd., S. 17 (15. 8. 1914). Politische Konsequenzen im Hinblick auf eine Überprüfung des seit dem 4. August 1914 eingeschlagenen Kurses zog er allerdings nicht.

129 Zit. nach W. Kruse: Krieg und nationale Integration (wie Anm. 114), S. 209.

130 Vgl. für Hamburg: V. Ullrich: Die frühe Opposition in der Hamburger Arbeiterbewegung 1914/15, in: Internationale wissenschaftliche Korrespondenz zur Geschichte der deutschen Arbeiterbewegung, 28. Jg. (1992), S. 210–222. Zum Stuttgarter Parteikonflikt 1914/15 vgl. M. Schenk: Zwischen Weltkrieg und Revolution. Zur Geschichte der Arbeiterbewegung in Württemberg 1914–1920, Köln und Wien 1981, S. 51ff.

131 Dies hat sehr gut herausgearbeitet S. Miller: Burgfrieden und Klassenkampf (wie Anm. 108), bes. S. 91ff.

132 Vgl. zu diesem Komplex: W. Deist (Bearb.): Militär und Innenpolitik im Weltkrieg 1914–1918, Düsseldorf 1970, Bd. I, S. 63ff.

133 W. Muehlon: Ein Fremder im eigenen Land. Erinnerungen und Tagebuchaufzeichnungen eines Krupp-Direktors 1908–1914, hrsg. und eingel. von W. Benz, Bremen 1989, S. 149.

134 Eine zuverlässige wissenschaftliche Monographie über die Spartakusgruppe gibt es bislang nicht, so daß wir hier immer noch auf die einseitigen Darstellungen der DDR-Geschichtsschreibung angewiesen sind (vgl. u. a. H. Wohlgemuth: Die Entstehung der Kommunistischen Partei Deutschlands 1914 bis 1918, Berlin 1968). Eindrucksvoll ist der Erinnerungsbericht von Karl Retzlaw: Spartakus. Aufstieg und Niedergang eines Parteiarbeiters, Frankfurt a. M. 1971. Zu den in der Literatur zumeist vernachlässigten Bremer und Hamburger Linksradikalen vgl. V. Ullrich: Die Hamburger Arbeiterbewegung vom

Vorabend des Ersten Weltkrieges bis zur Revolution 1918/19, Hamburg 1976, Bd. I, S. 404ff.; ders.: Ex oriente lux. Die Hamburger Linksradikalen im Ersten Weltkrieg, in: Patient Geschichte, hrsg. von K. Linne und Th. Wohlleben, Frankfurt a. M. 1993, S. 80–99.

135 Vgl. A. Laschitza: Im Lebensrausch trotz alledem. Rosa Luxemburg. Eine Biographie, Berlin 1996, S. 487ff., 531ff.

136 Vgl. H. Trotnow: Karl Liebknecht. Eine politische Biographie, Köln 1980, S. 209ff., S. 239ff. (Zitat S. 248).

137 S. Miller: Burgfrieden und Klassenkampf (wie Anm. 108), S. 100.

138 David-Tgb., S. 168 (24. 3. 1916).

139 Die Frühgeschichte der USPD ist – über H. Krauses Studie hinaus (USPD. Zur Geschichte der Unabhängigen Sozialdemokratischen Partei Deutschlands, Frankfurt a. M. 1975) – noch wenig erforscht. Vgl. dazu als regionale Fallstudie: V. Ullrich: Die USPD in Hamburg und im Bezirk Wasserkante 1917/18, in: Zeitschrift des Vereins für Hamburgische Geschichte, Bd. 79 (1993), S. 133–162.

140 S. Miller: Burgfrieden und Klassenkampf (wie Anm. 108), S. 155.

141 David-Tgb., S. 84f. (14./21. 12. 1914).

2. Wirtschaft, Gesellschaft und Kultur im Kriege

1 Abgedruckt in: W. D. Bihl (Hrsg.): Deutsche Quellen zur Geschichte des Ersten Weltkrieges, Darmstadt 1991, S. 52f.; vgl. zum folgenden auch das instruktive Kapitel bei H.-P. Ullmann: Das Deutsche Kaiserreich 1871–1918, Frankfurt a. M. 1995, S. 236ff.

2 G. D. Feldman: Armee, Industrie und Arbeiterschaft in Deutschland 1914 bis 1918, Berlin-Bonn 1985, S. 57.

3 W. J. Mommsen: Bürgerstolz und Weltmachtstreben. Deutschland unter Wilhelm II. 1890 bis 1918, Berlin 1995, S. 670.

4 Vgl. dazu W. Michalka: Kriegsrohstoffbewirtschaftung, Walther Rathenau und die »kommende Wirtschaft«, in: ders. (Hrsg.): Der Erste Weltkrieg. Wirkung, Wahrnehmung, Analyse, München-Zürich 1994, S. 485–505; W. Kruse: Kriegswirtschaft und Gesellschaftsvision. Walther Rathenau und die Organisierung des Kapitalismus, in: Walther Rathenau 1867–1922, hrsg. von H. Wilderotter, Berlin 1993, S. 151–168.

5 Zit. nach W. Kruse: Krieg und nationale Integration. Eine Neuinterpretation des sozialdemokratischen Burgfriedensschlusses 1914/15, Essen 1994, S. 119. Vgl. dazu auch F. Zunkel: Industrie und Staatssozialismus. Der Kampf um die Wirtschaftsordnung in Deutschland, Düsseldorf 1974, S. 68ff.; D. Krüger: Kriegssozialismus. Die Auseinandersetzung der Nationalökonomen mit der Kriegswirtschaft 1914–1918, in: W. Michalka (Hrsg.): Der Erste Weltkrieg (wie Anm. 4), S. 506–529.

6 W. J. Mommsen: Bürgerstolz und Weltmachtstreben (wie Anm. 3), S. 670.

7 Vgl. dazu die Angaben bei H. J. Bieber: Gewerkschaften in Krieg und Revolution. Arbeiterbewegung, Industrie, Staat und Militär in Deutschland 1914–1920, Hamburg 1981, Bd. 1, S. 144f.

8 Nach J. Flemming: Landwirtschaftliche Interessen und Demokratie. Ländliche Gesellschaft, Agrarverbände und Staat 1890–1925, Bonn 1978, S. 83.

9 Vgl. die Fallstudie von A. Roerkohl: Hungerblockade und Heimatfront. Die kommunale Lebensmittelversorgung in Westfalen während des Ersten Weltkriegs, Stuttgart 1991, S. 65ff.

10 Vgl. R. G. Moeller: German Peasants and Agrarian Politics 1914–1924. The Rhineland and Westphalia, Chapel Hill and London 1986, S. 47ff.

11 K. Roesler: Die Finanzpolitik des Deutschen Reiches im Ersten Weltkrieg, Berlin 1967, S. 23.

12 Zit. nach M. Zeidler: Die deutsche Kriegsfinanzierung 1914 bis 1918 und ihre Folgen, in: W. Michalka (Hrsg.): Der Erste Weltkrieg (wie Anm. 4), S. 421.

13 Ebd., S. 425.

14 Zit. nach ebd., S. 424.

15 Ebd., S. 429.

16 Vgl. zu diesem Zusammenhang die große Darstellung von G. D. Feldman: The Great Disorder. Politics, Economies and Society in the German Inflation 1914–1924, New York-Oxford 1993. S. 26ff.

17 G. D. Feldman: Armee, Industrie und Arbeiterschaft (wie Anm. 2), S. 136 (dort auch das folgende Zitat).

18 H. J. Bieber: Gewerkschaften in Krieg und Revolution (wie Anm. 7), Bd. 1, S. 306.

19 Vgl. G. D. Feldman: Armee, Industrie und Arbeiterschaft (wie Anm. 2), S. 164ff.

20 Vgl. zum Hilfsdienstgesetz und seinen Auswirkungen H. J. Bieber: Gewerkschaften in Krieg und Revolution (wie Anm. 7), Bd. 1, S. 296ff.

21 G. D. Feldman: Armee, Industrie und Arbeiterschaft (wie Anm. 2), S. 205.

22 K. Schönhoven: Die Kriegspolitik der Gewerkschaften, in: W. Michalka (Hrsg.): Der Erste Weltkrieg (wie Anm. 4), S. 684.

23 S. dazu unten S. 530ff.

24 Zit. nach G. D. Feldman: Armee, Industrie und Arbeiterschaft (wie Anm. 2), S. 223.

25 Vgl. W. J. Mommsen (Hrsg.): Kultur und Krieg. Die Rolle der Intellektuellen, Künstler und Schriftsteller im Ersten Weltkrieg, München 1996.

26 Zahlen nach H. J. Bieber: Gewerkschaften in Krieg und Revolution (wie Anm. 7), Bd. 1, S. 199.

27 Vgl. ebd., S. 200ff.

28 Zit. nach V. Ullrich: Kriegsalltag und deutsche Arbeiterschaft 1914–1918, in: Geschichte in Wissenschaft und Unterricht, 43. Jg. (1992), S. 223.

29 J. Kocka: Klassengesellschaft im Krieg. Deutsche Sozialgeschichte 1914–1918, Frankfurt a. M. 1988, S. 37.

30 Ebd., S. 36.
31 Zahlen nach ebd., S. 99.
32 Zit. nach H. J. Bieber: Gewerkschaften in Krieg und Revolution (wie Anm. 7), Bd. 1, S. 426.
33 Zit. nach G. D. Feldman: Armee, Industrie und Arbeiterschaft (wie Anm. 2), S. 375.
34 Vgl. die Tabelle bei J. Kocka: Klassengesellschaft (wie Anm. 29), S. 102.
35 Zit. nach H. J. Bieber: Gewerkschaften in Krieg und Revolution (wie Anm. 7), Bd. 1, S. 436.
36 Zit. nach ebd., S. 437.
37 Vgl. J. Kocka: Klassengesellschaft (wie Anm. 29), S. 116ff.
38 Vgl. J. Flemming: Landwirtschaftliche Interessen und Demokratie (wie Anm. 8), S. 91.
39 Zit. nach G. D. Feldman: Armee, Industrie und Arbeiterschaft (wie Anm. 2), S. 373.
40 So H. J. Bieber: Gewerkschaften in Krieg und Revolution (wie Anm. 7), Bd. 1, S. 141.
41 Zahlen nach ebd., S. 145.
42 J. Kocka: Klassengesellschaft (wie Anm. 29), S. 129.
43 Zit. nach ebd., S. 113.
44 Vgl. H. P. Ullmann: Das Deutsche Kaiserreich (wie Anm. 1), S. 249.
45 Zit. nach V. Ullrich: Kriegsalltag. Hamburg im Ersten Weltkrieg, Köln 1982, S. 20.
46 Zit. nach ebd., S. 21.
47 Vgl. E. Hagener: »Es lief sich so sicher an Deinem Arm«. Briefe einer Soldatenfrau 1914, Weinheim-Basel 1986; ferner B. Kundrus: Kriegerfrauen. Familienpolitik und Geschlechterverhältnisse im Ersten und Zweiten Weltkrieg, Hamburg 1995, S. 200ff.
48 Zit. nach G. Haefs/K. Gille: Von Sittenstrenge und Aufbegehren. Die wilhelminische Zeit, Hamburg 1994, S. 216f.
49 Vgl. J. Mihaly: … da gibt's ein Wiedersehn! Kriegstagebuch eines Mädchens 1914–1918, Heidelberg 1982; I. Rürup: »Es entspricht nicht dem Ernste der Zeit, daß die Jugend müßig gehe«. Kriegsbegeisterung, Schulalltag und Bürokratie in den höheren Lehranstalten Preußens 1914, in: August 1914. Ein Volk zieht in den Krieg, hrsg. von der Berliner Geschichtswerkstatt, Berlin 1989, S. 181–191.
50 E. Hagener (wie Anm. 47), S. 68, 77.
51 Kriegsbriefe gefallener Studenten, hrsg. von Ph. Witkop, München 1930, S. 16.
52 Zit. nach W. Kruse: Krieg und Klassenheer. Zur Revolutionierung der deutschen Armee im Ersten Weltkrieg, in: Geschichte und Gesellschaft, 22. Jg. (1996), S. 535. Weitere frühe Feldpostbriefe mit Äußerungen der Kriegsgegnerschaft in W. Kruse: Krieg und nationale Integration (wie Anm. 5), S. 185ff.; Chr. Brocks/B. Ziemann: »Vom Soldatenleben hätte ich gerade genug«. Der Er-

ste Weltkrieg in der Feldpost von Soldaten, in: R. Rother (Hrsg.): Die letzten Tage der Menschheit. Bilder des Ersten Weltkrieges, Berlin 1994, S. 113ff.

53 Kriegsbriefe (wie Anm. 51), S. 51.

54 Berichte des Berliner Polizeipräsidenten zur Stimmung und Lage der Bevölkerung in Berlin 1914–1918. Bearb. von I. Materna und H.-J. Schreckenbach unter Mitarbeit von B. Holtz, Weimar 1987, S. 67.

55 Vgl. A. Roerkohl: Hungerblockade und Heimatfront (wie Anm. 9), S. 113ff.

56 Zit. nach V. Ullrich: Kriegsalltag (wie Anm. 45), S. 43.

57 Zit. nach R. Scholz: Ein unruhiges Jahrzehnt. Lebensmittelunruhen, Massenstreiks und Arbeitslosenkrawalle in Berlin 1914–1923, in: Pöbelexcesse und Volkstumulte in Berlin. Zur Sozialgeschichte der Straße (1830–1980), hrsg. von M. Gailus, Berlin 1984, S. 82.

58 Zu den noch wenig erforschten Lebensmittelunruhen im Ersten Weltkrieg vgl. M.-H. Geyer: Teuerungsprotest und Teuerungsunruhen 1914–1923, in: M. Gailus/H. Volkmann (Hrsg.): Der Kampf um das tägliche Brot. Nahrungsmangel, Versorgungspolitik und Protest 1770–1990, Opladen 1994, S. 319–345 (bes. S. 325ff.). Für Hamburg: V. Ullrich: Kriegsalltag (wie Anm. 45), S. 51ff., 68ff.; für Chemnitz: St. Pfalzer: Der »Butterkrawall« im Oktober 1915, in: Demokratie und Emanzipation zwischen Saale und Elbe. Beiträge zur Geschichte der sozialdemokratischen Arbeiterbewegung bis 1933, hrsg. von H. Grebing, H. Mommsen, K. Rudolph, Essen 1993, S. 196–201; für Hannover: F. Boll: Massenbewegungen in Niedersachsen 1906–1920, Bonn 1981, S. 201ff.; vgl. auch die anschauliche Schilderung eines »Butterkrawalls« in München bei E. Mühsam: Tagebücher (1910–1924), hrsg von Chr. Hirte, München 1994, S. 174ff. (18. 6. 1916).

59 Vgl. K. Saul: Jugend im Schatten des Krieges, in: Militärgeschichtliche Mitteilungen, Bd. 34 (1983), S. 91–184.

60 Zit. nach V. Ullrich: Kriegsalltag (wie Anm. 45), S. 65.

61 Zit. nach ebd.

62 J. Kocka: Klassengesellschaft (wie Anm. 29), S. 28. Zur Entwicklung der Frauenarbeit im Krieg vgl. U. Daniel: Arbeiterfrauen in der Kriegsgesellschaft. Beruf, Familie und Politik im Ersten Weltkrieg, Göttingen 1989.

63 Vgl. V. Ullrich: Kriegsalltag (wie Anm. 45), S. 73ff.

64 K. Retzlaw: Spartakus. Aufstieg und Niedergang. Erinnerungen eines Parteiarbeiters, Frankfurt a. M. 1971, S. 72.

65 Vgl. G. D. Feldman/E. Kolb/R. Rürup: Die Massenbewegungen der Arbeiterschaft in Deutschland am Ende des Ersten Weltkrieges (1917–1920), in: Politische Vierteljahresschrift, Jg. 13 (1972), S. 84–105 (bes. S. 87); V. Ullrich: Massenbewegungen in der Hamburger Arbeiterschaft im Ersten Weltkrieg, in: A. Herzig, D. Langewiesche, A. Sywottek (Hrsg.): Arbeiter in Hamburg, Hamburg 1983, S. 407–418.

66 Zit. nach V. Ullrich: Kriegsalltag (wie Anm. 45), S. 83; vgl. dazu auch H. J. Bieber: Die Entwicklung der Arbeitsbeziehungen auf den Hamburger Großwerf-

ten zwischen Hilfsdienstgesetz und Betriebsrätegesetz (1916–1920), in: Arbeiterschaft in Deutschland 1914–18, hrsg. von G. Mai, Düsseldorf 1985, S. 126ff.

67 Kriegsbriefe (wie Anm. 51), S. 244.

68 Vgl. die zahlreichen aufschlußreichen Dokumente in B. Ulrich/B. Ziemann: Frontalltag im Ersten Weltkrieg. Wahn und Wirklichkeit, Frankfurt a. M. 1994.

69 T. Ashworth: Trench Warfare 1914–1918. The Live and Let Live System, London 1980; vgl. dazu auch B. Ziemann: Verweigerungsformen von Frontsoldaten in der deutschen Armee 1914–1918, in: A. Gestrich (Hrsg.): Gewalt im Krieg, Münster 1996, S. 102ff. und ders.: Front und Heimat. Ländliche Kriegserfahrungen im südlichen Bayern 1914–1923, Essen 1997, S. 97ff.

70 Vgl. M. Eksteins: Tanz über Gräben. Die Geburt der Moderne und der Erste Weltkrieg, Reinbek bei Hamburg 1990, S. 171ff.

71 Vgl. G. Krumeich: Kriegsfront – Heimatfront, in: Kriegserfahrungen. Studien zur Sozial- und Mentalitätsgeschichte des Ersten Weltkriegs, hrsg. von G. Hirschfeld/G. Krumeich/D. Langewiesche/H.-P. Ullmann, Essen 1997, S. 12ff.

72 Vgl. B. Kundrus: Kriegerfrauen (wie Anm. 47), S. 374ff., U. Daniel: Arbeiterfrauen (wie Anm. 62), S. 139ff.

73 B. Ulrich: Feldpostbriefe im Ersten Weltkrieg. Bedeutung und Zensur, in: Kriegsalltag, hrsg. von P. Knoch, Stuttgart 1989, S. 40–83.

74 Zit. nach ebd., S. 63.

75 Zit. nach B. Ulrich/B. Ziemann: Frontalltag (wie Anm. 68), S. 67; dort auch, S. 164, das folgende Zitat.

76 Vgl. V. Ullrich: Kriegsalltag. Zur inneren Revolutionierung der wilhelminischen Gesellschaft, in: W. Michalka (Hrsg.): Der Erste Weltkrieg (wie Anm. 4), S. 603–621; W. Kruse: Krieg und Klassenheer. Zur Revolutionierung der deutschen Armee im Ersten Weltkrieg (wie Anm. 52), S. 530–561.

77 W. T. Angress: Das deutsche Militär und die Juden im Ersten Weltkrieg, in: Militärgeschichtliche Mitteilungen, Bd. 19 (1976), S. 99.

78 W. Cohn: Verwehte Spuren. Erinnerungen an das Breslauer Judentum vor seinem Untergang, Köln-Weimar-Wien 1995, S. 210; M. Richarz (Hrsg.): Bürger auf Widerruf. Lebenszeugnisse deutscher Juden 1780–1945, München 1989, S. 344.

79 V. Klemperer: Curriculum vitae. Jugend um 1900, Bd. 2, Berlin 1989, S. 179f.

80 Zit. nach E. Zechlin: Die deutsche Politik und die Juden im Ersten Weltkrieg, Göttingen 1969, S. 87.

81 Abgedruckt in: Kriegsbriefe gefallener deutscher Juden, hrsg. vom Reichsbund jüdischer Frontsoldaten, Berlin 1935, S. 21.

82 Zit. nach E. Zechlin: Die deutsche Politik und die Juden (wie Anm. 80), S. 93.

83 Zit. nach H. Zelinsky: Kaiser Wilhelm II., die Werk-Idee Richard Wagners und der »Weltkampf«, in: J. C. G. Röhl (Hrsg.): Der Ort Kaiser Wilhelms II. in der deutschen Geschichte, München 1991, S. 303.

84 Vgl. dazu oben S. 383ff.

85 V. Klemperer: Curiculum vitae (wie Anm. 79), Bd. 2, S. 278.

86 Vgl. zum Beispiel A. Dornheim: Kriegsfreiwilliger, aber Annexionsgegner: Alois Fürst zu Löwenstein-Wertheim-Rosenberg und seine »Kriegsbriefe«, in: Kriegserfahrungen (wie Anm. 71), S. 173.

87 J. Marx: Kriegstagebuch eines Juden, 2. Aufl., Frankfurt a. M. 1964, S. 112.

88 Ebd., S. 88.

89 W. Jochmann: Gesellschaftskrise und Judenfeindschaft in Deutschland 1870–1945, Hamburg 1988, S. 101.

90 Otto Arnim (d. i. A. Roth): Die Juden in den Kriegsgesellschaften, München 1921, S. 14.

91 Zit. nach J. Kocka: Klassengesellschaft (wie Anm. 29), S. 138. Vgl. auch die Aufzeichnung des Oberstleutnants Bauer von Ende Juli 1918: »Eine ganz ungeheure Wut herrscht endlich auf die Juden ... Wenn man in Berlin ist, durch die Wirtschaftsämter geht oder die Tauentzienstraße kommt, kann man durchaus glauben, daß man in Jerusalem wäre. Vorne an der Front sieht man dagegen kaum einen Juden. Fast jeder denkende Mensch ist empört über die geringe Heranziehung der Juden.« Zit. nach W. Deist (Bearb.): Militär und Innenpolitik im Weltkrieg 1914–1918, Bd. 2, Düsseldorf 1970, S. 1243.

92 Vgl. E. Zechlin: Die deutsche Politik und die Juden (wie Anm. 80), S. 101ff.; C. Picht: Zwischen Vaterland und Volk. Das deutsche Judentum im Ersten Weltkrieg, in: W. Michalka (Hrsg.): Der Erste Weltkrieg (wie Anm. 4), S. 740ff.

93 L. Heid: Maloche – nicht Mildtätigkeit. Ostjüdische Arbeiter in Deutschland 1914–1923, Hildesheim-Zürich-New York 1995, S. 130.

94 Solche Befürchtungen waren bis in die Spitzen der Reichsleitung verbreitet. Vgl. Riezler-Tgb., S. 314 (2. 11. 1915): »Jagow kommt immer wieder auf die Juden zurück, die Danzig überschwemmen.«

95 Vgl. E. Zechlin: Die deutsche Politik und die Juden (wie Anm. 80), S. 260ff.

96 Zit. nach W. Jochmann: Gesellschaftskrise (wie Anm. 89), S. 111.

97 W. T. Angress (wie Anm. 77), S. 97.

98 Der Hauptausschuß des Deutschen Reichstages 1915–1918. Eingel. von R. Schiffers und M. Koch in Verbindung mit H. Boldt, Bd. 2, Düsseldorf 1981, S. 924ff.

99 W. T. Angress (wie Anm. 77), S. 101

100 Ebd., S. 105.

101 Ebd., S. 113.

102 Ebd., S. 102.

103 J. Marx: Kriegstagebuch (wie Anm. 87), S. 138.

104 Zit. nach E. Zechlin: Die deutsche Politik und die Juden (wie Anm. 80), S. 533.

105 Zit. nach H. Berding: Moderner Antisemitismus in Deutschland, Frankfurt a. M. 1988, S. 169.

106 E. Simon: Unser Kriegserlebnis (1919), wieder abgedruckt in: ders.: Gesammelte Aufsätze, Heidelberg 1965, S. 20f.

107 Zit. nach H. Berding: Moderner Antisemitismus (wie Anm. 105), S. 170.

108 F. Oppenheimer: Die Judenstatistik des preußischen Kriegsministeriums, München 1922, S. 14.

109 Otto Arnim (d. i. A. Roth): Die Juden im Heer, München 1919; ders.: Die Juden in den Kriegsgesellschaften (wie Anm. 90).

110 J. Segall: Die deutschen Juden als Soldaten im Kriege 1914–1918, Berlin 1921; vgl. dazu E. Zechlin: Die deutsche Politik und die Juden (wie Anm. 80), S. 538f.

111 F. Oppenheimer (wie Anm. 108), S. 45.

112 Zit. nach E. G. Reichmann: Der Bewußtseinswandel der deutschen Juden, in: W. E. Mosse (Hrsg.): Deutsches Judentum in Krieg und Revolution 1916–1923, Tübingen 1971, S. 519.

113 Zit. nach D. Stegmann: Zwischen Repression und Manipulation. Konservative Machteliten und Arbeiter- und Angestelltenbewegung 1910–1918, in: Archiv für Sozialgeschichte, Bd. 12 (1972), S. 397.

114 Vgl. dazu jetzt H. Hagenlücke: Deutsche Vaterlandspartei. Die nationale Rechte am Ende des Ersten Weltkriegs, Düsseldorf 1997, S. 143ff.

115 Zit. nach ebd., S. 376.

116 Zit. nach U. Lohalm: Völkischer Radikalismus. Die Geschichte des Deutsch-Völkischen Schutz- und Trutzbundes 1919–1923, Hamburg 1970, S. 53.

117 E. Lederer: Zur Soziologie des Weltkriegs, in: ders.: Kapitalismus, Klassenstruktur und Probleme der Demokratie in Deutschland 1910–1940, Göttingen 1979, S. 137.

118 M. Weber: Das preußische Wahlrecht, in: ders.: Zur Politik im Weltkrieg. Schriften und Reden 1914–1918, hrsg. von W. J. Mommsen in Zusammenarbeit mit G. Hübinger, Tübingen 1984, S. 229f.

119 Vgl. dazu oben, S. 264.

120 Zit. nach K. Schwabe: Wissenschaft und Kriegsmoral. Die deutschen Hochschullehrer und die politischen Grundfragen des Ersten Weltkrieges, Göttingen-Zürich-Frankfurt a. M. 1969, S. 21.

121 K. Böhme (Hrsg.): Aufrufe und Reden deutscher Professoren im Ersten Weltkrieg, Stuttgart 1975, S. 47–49; vgl. dazu B. vom Brocke: »Wissenschaft und Militarismus«. Der Aufruf der 93 »An die Kulturwelt!« und der Zusammenbruch der internationalen Gelehrtenpolitik im Ersten Weltkrieg, in: W. M. Calder III/H. Flashar/Th. Lincken (Hrsg.): Wilamowitz nach 50 Jahren, Darmstadt 1985, S. 649–719.

122 K. Böhme (Hrsg.): Aufrufe (wie Anm. 121), S. 50.

123 Tgb.-Aufz. vom 4. 10. 1914; zit. nach L. Wieland: Belgien 1914. Die Frage des belgischen Franktireurkrieges und die deutsche öffentliche Meinung von 1914 bis 1936, Frankfurt a. M. 1984, S. 68.

124 Vgl. H. Joas: Die Sozialwissenschaften und der Erste Weltkrieg. Eine vergleichende Analyse, in: W. J. Mommsen (Hrsg.): Kultur und Krieg (wie Anm. 25), S. 17–29.

125 Zit. nach K. Schwabe: Wissenschaft und Kriegsmoral (wie Anm. 120), S. 43.

126 Zit. nach W. Gephart: Die französische Soziologie und der Erste Weltkrieg, in: W. J. Mommsen (Hrsg.): Kultur und Krieg (wie Anm. 25), S. 50.

127 Zit. nach F. Lenger: Werner Sombart als Propagandist eines deutschen Krieges,

in: ebd., S. 66. Zur deutlich antisemitischen Reaktion Sombarts auf die Kritik an »Händler und Helden« vgl. ders.: Werner Sombart 1863–1941. Eine Biographie, München 1994, S. 250f.

128 Vgl. Chr. Cornelißen: Politische Historiker und deutsche Kultur, in: W. J. Mommsen (Hrsg.): Kultur und Krieg (wie Anm. 25), S. 119–142.

129 F. Meinecke: Die deutsche Erhebung von 1914, Stuttgart-Berlin 1914, S. 29; vgl. dazu W. J. Mommsen: Bürgerstolz und Weltmachtstreben (wie Anm. 3), S. 835f.; zum »Augusterlebnis« Meineckes vgl. St. Meineke: Friedrich Meinecke. Persönlichkeit und politisches Denken bis zum Ende des Ersten Weltkrieges, Berlin-New York 1995, S. 213ff.

130 Zit. nach J. Segal: Krieg als erlösende Perspektive für die Kunst, in: W. J. Mommsen (Hrsg.): Kultur und Krieg (wie Anm. 25), S. 167.

131 Zit. nach H. Börsch-Supan: Die Reaktion der Zeitschriften »Kunst und Künstler« und »Die Kunst« auf den Ersten Weltkrieg, in: ebd., S. 197.

132 R. Dehmel: Zwischen Volk und Menschheit. Kriegstagebuch, Berlin 1919, S. 12.

133 G. Hauptmann: Tagebücher 1914 bis 1918, hrsg. von P. Sprengel, Berlin 1997, S. 24 (dort auch S. 430 das folgende Zitat).

134 Vgl. H. Fries: Deutsche Schriftsteller im Weltkrieg, in: W. Michalka (Hrsg.): Der Erste Weltkrieg (wie Anm. 4), S. 827.

135 Abgedruckt in: Die Dichter und der Krieg. Deutsche Lyrik 1914–1918, hrsg. von Th. Anz und J. Vogl, München 1982, S. 185f.

136 Zit. nach H. Fries (wie Anm. 134), S. 841.

137 Zit. nach Lyrik des expressionistischen Jahrzehnts. Von den Wegbereitern bis zum Dada, München 1962, S. 133f.

138 M. Beckmann: Briefe 1899–1925, Bd. I, München 1993, S. 118.

139 Zit. nach D. Schubert: Otto Dix zeichnet im Ersten Weltkrieg, in: W. J. Mommsen (Hrsg.): Kultur und Krieg (wie Anm. 25), S. 184.

140 R. Cork: Das Elend des Krieges. Die Kunst der Avantgarde und der Erste Weltkrieg, in: R. Rother (Hrsg.): Die letzten Tage der Menschheit (wie Anm. 52), S. 344.

141 Vgl. R. Dove: Ernst Toller. Ein Leben in Deutschland, Göttingen 1993, S. 34ff., 68ff.

142 E. Toller: Prosa, Briefe, Dramen, Gedichte. Mit einem Vorwort von K. Hiller, Reinbek bei Hamburg 1961, S. 285.

143 Dada. Eine internationale Bewegung. Katalog der Ausstellung, München 1993, S. 80; vgl. W. J. Mommsen: Bürgerstolz und Weltmachtstreben (wie Anm. 3), S. 868.

144 G. Grosz: Ein kleines Ja und ein großes Nein. Sein Leben vom ihm selbst erzählt, Reinbek bei Hamburg 1974, S. 130.

145 G. Grosz: Eintrittsbillet zu meinem Gehirnzirkus. Erinnerungen, Schriften, Briefe, Leipzig und Weimar 1988, S. 57f.; vgl. auch L. Fischer: George Grosz, Reinbek bei Hamburg 1976, S. 46ff.

146 R. Rother (Hrsg.): Die letzten Tage der Menschheit (wie Anm. 52), S. 9.
147 E. Mai: »Ja, das ist der Krieg!« Zur Militär- und Schlachtenmalerei im Kaiserreich, in: ebd., S. 251.
148 Vgl. D. Vorsteher: Bilder für den Sieg. Das Plakat im Ersten Weltkrieg, in: ebd., S. 149–162.
149 Vgl. S. Metken: »Ich hab' diese Karte im Schützengraben geschrieben ...«. Bildpostkarten im Ersten Weltkrieg, in: ebd., S. 137–148; ferner B. Otto: ›Treu ist die Soldatenliebe‹. Anmerkungen zu Bildpostkarten aus dem Ersten Weltkrieg, in: Spuren des 1. Weltkriegs im Landkreis Lüchow-Dannenberg. Ein Lesebuch, Wustrow 1986, S. 121–141; G. L. Mosse: Gefallen für das Vaterland. Nationales Heldentum und namenloses Sterben, Stuttgart 1993, S. 148ff.
150 Vgl. B. von Dewitz: Zur Geschichte der Kriegsphotographie des Ersten Weltkriegs, in: R. Rother (Hrsg.): Die letzten Tage der Menschheit (wie Anm. 52), S. 163–175; B. Hüppauf: Kriegsfotographie, in: W. Michalka (Hrsg.): Der Erste Weltkrieg (wie Anm. 4), S. 875–909; G. Krumeich: Kriegsphotographie zwischen Erleben und Propaganda, in: U. Daniel/W. Siemann (Hrsg.): Propaganda. Meinungskampf, Verführung und politische Sinnstiftung 1789–1989, Frankfurt a. M. 1994, S. 117–132.
151 Vgl. R. Rother: Vom »Kriegssofa« zum »Flug an die Front«. Anmerkungen zum deutschen Film im Ersten Weltkrieg, in: R. Rother (Hrsg.): Die letzten Tage der Menschheit (wie Anm. 52), S. 197–206; M. Creutz: Die Pressepolitik der kaiserlichen Regierung während des Ersten Weltkriegs, Frankfurt a. M. 1996, S. 164ff.; G. L. Mosse: Gefallen für das Vaterland (wie Anm. 149), S. 164–167.
152 Vgl. K. Kreimeier: Die Ufa-Story Geschichte eines Filmkonzerns, München-Wien 1992, S. 39ff.
153 M. Hirschfeld/A. Gaspar (Hrsg.): Sittengeschichte des Ersten Weltkriegs. Nachdruck der 2. neubearb. Aufl., Hanau o. J., S. 311.
154 Vgl. zur Organisation der Kriegsbordelle ebd., S. 231ff.
155 M. Eksteins: Tanz über Gräben (wie Anm. 70), S. 338.
156 Vgl. U. Daniel: Arbeiterfrauen (wie Anm. 62), S. 139ff.; B. Kundrus: Kriegerfrauen (wie Anm. 47), S. 212ff.
157 Zit. nach B. Ulrich: Kampfmotivation und Mobilisierungsstrategien. Das Beispiel Erster Weltkrieg, in: H. von Stietencron/J. Rüpke (Hrsg.): Töten im Krieg, München 1995, S. 402.
158 Zit. nach R. Riedesser/A. Verderber: »Maschinengewehre hinter der Front«. Zur Geschichte der deutschen Militärpsychiatrie, Frankfurt a. M. 1996, S. 23; vgl. auch B. Ulrich: Nerven und Krieg. Skizzierung einer Beziehung, in: Geschichte und Psychologie. Annäherungsversuche, hrsg. von B. Loewenstein, Pfaffenweiler 1992, S. 163–192.
159 Zit. nach R. Riedesser/A. Verderber (wie Anm. 158), S. 34.
160 Zit. nach P. Gay: Freud. Eine Biographie für unsere Zeit, Frankfurt a. M. 1989, S. 395, 399.

161 S. Freud: Vorlesungen zur Einführung in die Psychoanalyse. Biographisches Nachwort von P. Gay, Frankfurt a. M. 1991, S. 139f.

3. Das Epochenjahr 1917

1 Riezler-Tgb., S. 395 (10. 1. 1917).
2 Ebd., S. 426 v. 13. 4. 1917.
3 Zit. nach A. v. Tirpitz: Deutsche Ohnmachtspolitik im Weltkriege, Hamburg und Berlin 1926, S. 282. Vgl. zum folgenden auch die eindringliche Darstellung von G. Ritter: Staatskunst und Kriegshandwerk, Bd. III: Die Tragödie der Staatskunst. Bethmann Hollweg als Kriegskanzler (1914–1917), München 1964, S. 145ff., 183ff.
4 Vgl. die Abschiedsgesuche mit den kaiserlichen Randbemerkungen in: A. v. Tirpitz: Ohnmachtspolitik (wie Anm. 3), S. 350f.
5 So T. Oppelland: Reichstag und Außenpolitik im Ersten Weltkrieg. Die deutschen Parteien und die Politik der USA 1914–1918, Düsseldorf 1995, S. 64.
6 A. v. Tirpitz: Ohnmachtspolitik (wie Anm. 3), S. 404.
7 Aufzeichnung Bethmann Hollwegs über Unterredung mit Falkenhayn am 7. 1. 1916; K. H. Janßen: Kanzler und General. Die Führungskrise um Bethmann Hollweg und Falkenhayn (1914–1916), Göttingen 1967, S. 288f.; zum Positionswechsel Falkenhayns vgl. auch H. Afflerbach: Falkenhayn. Politisches Denken und Handeln im Kaiserreich, München 1994, S. 378ff.
8 G. A. v. Müller: Regierte der Kaiser? Kriegstagebücher, Aufzeichnungen und Briefe, hrsg. v. W. Görlitz, Göttingen-Berlin-Frankfurt a. M. 1959, S. 147; vgl. auch Riezler-Tgb., S. 322 (11. 1. 1916): »Wenn wir verlieren, würden wir wie ein toller Hund totgeschlagen.«
9 Riezler-Tgb., S. 334f. (22. 2. 1916).
10 G. A. v. Müller: Regierte der Kaiser? (wie Anm. 8), S. 162 (4. 3. 1916).
11 Vgl. Der Hauptausschuß des Deutschen Reichstags 1915–1918, bearb. von R. Schiffers und M. Koch in Verbindung mit H. Boldt, Bd. 2, Düsseldorf 1981, S. 375ff.; zu den Verhandlungen im Hauptausschuß vgl. auch T. Oppelland (wie Anm. 5), S. 115ff.
12 G. A. v. Müller: Regierte der Kaiser? (wie Anm. 8), S. 230 (14. 10. 1916).
13 So W. J. Mommsen: Bethmann Hollweg und die öffentliche Meinung 1914–1917, in: Vierteljahrshefte für Zeitgeschichte, 17. Jg. (1969), S. 148.
14 Riezler-Tgb., S. 371 (10. 8. 1916).
15 G. Ritter: Staatskunst und Kriegshandwerk, Bd. III (wie Anm. 3), S. 382.
16 R. v. Valentini: Kaiser und Kabinettschef, Oldenburg 1931, S. 146.
17 Graf Zech an Treutler, 14. 1. 1917; Die graue Exzellenz. Zwischen Staatsräson und Vasallentreue. Aus den Papieren des kaiserlichen Gesandten Karl Georg von Treutler, hrsg. und eingel. von K. H. Janßen, Frankfurt a. M.-Berlin 1971, S. 248.
18 A. Ballin an E. Bassermann, 21. 3. 1917; zit. nach T. Oppelland (wie Anm. 5), S. 210, Anm. 59.

19 Vgl. R. Fiebig-von Hase: Der Anfang vom Ende des Krieges. Deutschland, die USA und die Hintergründe des amerikanischen Kriegseintritts vom 6. April 1917, in: W. Michalka (Hrsg.): Der Erste Weltkrieg. Wirkung, Wahrnehmung, Analyse, München-Zürich 1994, S. 125–158.

20 R. Luxemburg an M. Rosenbaum, 29.4.1917; R. Luxemburg: Gesammelte Briefe, Bd. 5, 2. Aufl., Berlin 1987, S. 226.

21 Vgl. M. Hildermeier: Die Russische Revolution 1905–1921, Frankfurt a. M. 1989, S. 133ff.; B. Bonwetsch: Die russische Revolution 1917. Eine Sozialgeschichte von der Bauernbefreiung 1861 bis zur Oktoberrevolution, Darmstadt 1991, S. 120ff.

22 B. Ulrich/B. Ziemann (Hrsg.): Frontalltag im Ersten Weltkrieg. Wahn und Wirklichkeit, Frankfurt a. M. 1994, S. 128.

23 Zit. nach V. Ullrich: Kriegsalltag. Hamburg im Ersten Weltkrieg, Köln 1982, S. 87.

24 Zit. nach ebd., S. 88.

25 Ph. Scheidemann: Der Zusammenbruch, Berlin 1921, S. 41f.

26 Abgedruckt ebd., S. 119.

27 Riezler-Tgb., S. 420 (28. 3. 1917).

28 Aufzeichnung von Oberstleutnant Bauer über die Stellung des Reichskanzlers, Mitte März 1917; abgedruckt in W. Deist (Bearb.): Militär und Innenpolitik im Weltkrieg 1914–1918, Bd. 2, Düsseldorf 1970, S. 673–675.

29 G. A. v. Müller: Regierte der Kaiser? (wie Anm. 8), S. 278 (21. 4. 1917).

30 Vgl. G. Ritter: Staatskunst und Kriegshandwerk, Bd. III (wie Anm. 3), S. 492ff.

31 S. dazu E. Zechlin: Friedensbestrebungen und Revolutionierungsversuche, in: Aus Politik und Zeitgeschichte. Beilage zur Wochenzeitung »Das Parlament«, B 24/61 v. 14. 6. 1961, S. 329ff.; B 25/61 v. 21. 6. 1961, S. 341ff.

32 Brockdorff-Rantzau an AA, 2. 4. 1917; zit. nach W. Hahlweg: Lenins Rückkehr nach Rußland 1917, Leiden 1957, S. 47f.

33 G. A. v. Müller: Regierte der Kaiser? (wie Anm. 8), S. 278 (23. 4. 1917).

34 Aufzeichnung über die Kreuznacher Kriegszielbesprechung am 23. 4. 1917; abgedruckt in: A. Scherer/J. Grunewald: L'Allemagne et les problèmes de la paix pendant la première guerre mondiale, Paris 1966, Bd. 2, S. 149f.

35 F. Fischer: Griff nach der Weltmacht. Die Kriegszielpolitik des kaiserlichen Deutschland 1914/18, Düsseldorf 1961, S. 449.

36 So die Marginalien Bethmann Hollwegs im Begleitschreiben Grünaus vom 24. 3. 1917; Scherer-Grunewald, Bd. 2, S. 151, Anm. 6. Vgl. auch G. A. v. Müller: Regierte der Kaiser? (wie Anm. 8), S. 279 (23. 4. 1917): »Dem Reichskanzler und Zimmermann konnte man den Gedanken aus den Augen ablesen: Es schadet ja nichts, daß wir Maximalziele festsetzen. Es kommt ja doch anders.«

37 Zit. nach G. Ritter: Staatskunst und Kriegshandwerk, Bd. III (wie Anm. 3), S. 507.

38 W. J. Mommsen: Bürgerstolz und Weltmachtstreben. Deutschland unter Wilhelm II. 1890 bis 1918, Berlin 1995, S. 750.

39 Zit. nach L. Bergsträsser: Die preußische Wahlrechtsfrage und die Entstehung der Osterbotschaft 1917, Tübingen 1929, S. 118f.; vgl. zum folgenden auch R. Patemann: Der Kampf um die preußische Wahlreform im Ersten Weltkrieg, Düsseldorf 1964, S. 65ff.

40 G. A. v. Müller: Regierte der Kaiser? (wie Anm. 8), S. 265 (15. 4. 1917).

41 Zit. nach F. Fischer: Griff nach der Weltmacht (wie Anm. 35), S. 435, Anm. 20.

42 K. Helfferich: Der Weltkrieg. Ausgabe in einem Band, Berlin 1919, S. 433.

43 Vgl. Riezler-Tgb. S. 421 (1. 4. 1917): »Gestern Sitzung beim Kanzler. Beschluß, die Wahlreform und Reform des Herrenhauses jetzt anzukündigen ... Und zwar möglichst schnell – die Ereignisse haben anscheinend Eile.«

44 W. Deist (Bearb.): Militär und Innenpolitik (wie Anm. 28), Bd. 2, S. 704.

45 So F. Fischer: Griff nach der Weltmacht (wie Anm. 35), S. 433.

46 Th. v. Bethmann Hollweg: Betrachtungen zum Weltkriege, hrsg. von J. Dülffer, Essen 1989, S. 243.

47 G. A. v. Müller: Regierte der Kaiser? (wie Anm. 8), S. 273 (8. 4. 1917).

48 W. Deist (Bearb.): Militär und Innenpolitik (wie Anm. 28), Bd. 2, S. 783.

49 Wilhelm II. an Bethmann Hollweg, 12. 5. 1917; ebd., S. 748f.

50 Riezler-Tgb., S. 432 (9. 5. 1917).

51 Abgedruckt in: Ph. Scheidemann (wie Anm. 25), S. 161–167 (Zitat S. 166).

52 David-Tgb., S. 239 (2. 7. 1917).

53 Abgedruckt in: Der Hauptausschuß des Deutschen Reichstags (wie Anm. 11), Bd. 3, S. 1525–1529.

54 Th. Wolff: Tagebücher 1914–1919, Bd. 1, hrsg. und eingel. von B. Sösemann, Boppard 1984, S. 509.

55 Zit. nach K. Epstein: Matthias Erzberger und das Dilemma der deutschen Demokratie, Berlin-Frankfurt a. M. 1962, S. 213.

56 Th. Wolff: Tagebücher (wie Anm. 54), Bd. 1, S. 510.

57 Der Interfraktionelle Ausschuß 1917/18. Teil 1, bearb. von E. Matthias unter Mitwirkung von R. Morsey, Düsseldorf 1959, S. 6f.

58 Ebd., S. 7.

59 David-Tgb., S. 244 (12. 7. 1917).

60 Auszug aus den Erinnerungen des Generalmajors Mertz von Quirnheim: W. Deist (Bearb.): Militär und Innenpolitik (wie Anm. 28), Bd. 2, S. 791.

61 Ebd.

62 Ebd., S. 792.

63 Zur »Verschwörer«-Sitzung am Abend des 7. Juli 1917 vgl. die Aufzeichnungen von Stresemann und Bauer: Der Interfraktionelle Ausschuß 1917/18 (wie Anm. 57), Bd. 1, S. 75f., 81.

64 David-Tgb., S. 241 (8. 7. 1917).

65 Th. Wolff: Tagebücher (wie Anm. 54), Bd. 1, S. 513 (11. 7. 1917).

66 R. v. Valentini: Kaiser und Kabinettschef (wie Anm. 16), S. 162.

67 Das Protokoll vom 12. 7. 1917 abgedruckt in E. Ludendorff: Urkunden der Obersten Heeresleitung über ihre Tätigkeit 1916/18, Berlin 1922, S. 408–411.

68 Lerchenfeld an König Ludwig III., 12. 7. 1917; Briefwechsel Hertling-Lerchenfeld 1912–1917, Bd. 2, hrsg. und eingel. von E. Deuerlein, Boppard 1973, S. 876.
69 G. A. v. Müller: Regierte der Kaiser? (wie Anm. 8), S. 303 (13. 7. 1917). Vgl. auch ebd., S. 304 (16. 7. 1917): »Der Kaiser meinte, dieses Verhalten preußischer Generale sei das Unerhörteste, was je in der Geschichte Preußens passiert« sei.
70 Erinnerungen Mertz von Quirnheims: W. Deist (Bearb.): Militär und Innenpolitik (wie Anm. 28), Bd. 2, S. 792.
71 Sämtliche Zitate: Riezler-Tgb., S. 359 (14. 6. 1916).
72 Zit. nach H. Hagenlücke: Deutsche Vaterlandspartei. Die nationale Rechte am Ende des Kaiserreichs, Düsseldorf 1997, S. 248.
73 Zit. nach E. Vietsch: Bethmann Hollweg. Staatsmann zwischen Macht und Ethos, Boppard 1960, S. 277.
74 C. Haußmann: Schlaglichter. Reichstagsbriefe und Aufzeichnungen, hrsg. von U. Zeller, Frankfurt a. M. 1924, S. 131.
75 G. Hauptmann: Tagebücher 1914 bis 1918, hrsg. von P. Sprengel, Berlin 1997, S. 197 (23. 9. 1917).
76 Text der Friedensresolution vom 19. 7. 1917 in: U. Cartarius (Hrsg.): Deutschland im Ersten Weltkrieg. Texte und Dokumente 1914–1918, München 1982, S. 231f.
77 Zit. nach K. Epstein (wie Anm. 55), S. 228.
78 So Th. Nipperdey: Deutsche Geschichte 1866–1918, Bd. II: Machtstaat vor der Demokratie, München 1992, S. 843.

4. Der Zusammenbruch 1918

1 Zit. nach V. Ullrich: Kriegsalltag. Hamburg im Ersten Weltkrieg, Köln 1982, S. 126.
2 Zit. nach M. Rauchensteiner: Der Tod des Doppeladlers. Österreich-Ungarn und der Erste Weltkrieg, Graz-Wien-Köln 1993, S. 536.
3 Zit. nach S. Miller: Burgfrieden und Klassenkampf. Die deutsche Sozialdemokratie im Ersten Weltkrieg, Düsseldorf 1974, S. 373.
4 Vgl. als repräsentative Darstellung: Autorenkollektiv unter der Leitung von J. Petzold: Deutschland im Ersten Weltkrieg, Berlin 1969, Bd. 3, S. 140ff.
5 R. Müller: Vom Kaiserreich zur Republik. Ein Beitrag zur Geschichte der revolutionären Arbeiterbewegung während des Weltkrieges. Reprint, Berlin 1974, S. 102.
6 Die Zahlen weichen stark voneinander ab: Während R. Müller, ebd., S. 103, von 400 000 Streikenden spricht, nennt der Bericht des preußischen Kriegsministers v. Stein an Wilhelm II. vom 5. 2. 1918 nur 45 000 für den ersten Streiktag, für den 30. 1. 150- bis 180 000 Ausständische in Berlin: W. Deist (Bearb.): Militär und Innenpolitik im Weltkrieg 1914–1918, Bd. 2, Düsseldorf 1970, S. 1160.
7 Abgedruckt in: Autorenkollektiv: Deutschland im ersten Weltkrieg (wie Anm. 4), Bd. 3, S. 150f.

8 Das betont zu Recht St. Bailey: The Berlin Strike of January 1918, in: Central European History, Bd. 17 (1980), S. 160.

9 V. Ullrich: Der Januarstreik 1918 in Hamburg, Kiel und Bremen. Eine vergleichende Studie zur Geschichte der Streikbewegungen im Ersten Weltkrieg, in: Zeitschrift für Hamburgische Geschichte, Bd. 71 (1985), S. 45–74 (Zitate S. 62).

10 Vgl. F. Boll: Spontaneität der Basis und politische Funktion des Streiks 1914–1918. Das Beispiel Braunschweig, in: Archiv für Sozialgeschichte, Bd. 17 (1977), S. 361f.

11 Vgl. M. Faust: Sozialer Burgfrieden im Ersten Weltkrieg. Sozialistische und christliche Arbeiterbewegung in Köln, Essen 1992, S. 125ff.

12 K. Retzlaw: Spartakus. Aufstieg und Niedergang. Erinnerungen eines Parteiarbeiters, Frankfurt a. M. 1971, S. 83.

13 Zit. nach V. Ullrich: Der Januarstreik 1918 (wie Anm. 9), S. 70.

14 A. Rosenberg: Entstehung der Weimarer Republik, hrsg. von K. Kersten, Frankfurt a. M. 1961, S. 181.

15 Zit. nach F. Boll: Frieden ohne Revolution? Friedensstrategien der deutschen Sozialdemokratie vom Erfurter Programm 1891 bis zur Revolution 1918, Bonn 1980, S. 241.

16 Aufzeichnung Bauers vom 10. 2. 1918; W. Deist (Bearb.): Militär und Innenpolitik (wie Anm. 6), Bd. 2, S. 1171.

17 G. A. v. Müller: Regierte der Kaiser? Kriegstagebücher, Aufzeichnungen und Briefe des Chefs des Marine-Kabinetts 1914–1918, hrsg. von W. Görlitz, Göttingen-Berlin-Frankfurt a. M. 1959, S. 350 (2. 2. 1918).

18 Bericht von Kessels an Wilhelm II., 6. 2. 1918, über den Verlauf des Streiks; W. Deist (Bearb.): Militär- und Innenpolitik (wie Anm. 6), Bd. 2, S. 1165.

19 Vgl. R. Scholz: Ein unruhiges Jahrzehnt: Lebensmittelunruhen, Massenstreiks und Arbeitslosenkrawalle in Berlin 1914–1923, in: M. Gailus (Hrsg.): Pöbelexzesse und Volkstumulte. Zur Sozialgeschichte der Straße (1830–1980), Berlin 1984, S. 96f.

20 W. Deist (Bearb.): Militär und Innenpolitik (wie Anm. 6), Bd. 2, S. 1143.

21 Vgl. die Darstellung in W. Dittmann: Erinnerungen, bearb. und eingel. von J. Rojahn, Frankfurt a. M. 1995, Bd. 2, S. 527ff.

22 Vgl. W. Deist (Bearb.): Militär und Innenpolitik (wie Anm. 6), Bd. 2, S. 1169f.

23 Zit. nach V. Ullrich: Kriegsalltag (wie Anm. 1), S. 132.

24 J. Reed: Zehn Tage, die die Welt erschütterten, Berlin 1988, S. 208f.

25 Zit. nach W. Hahlweg: Der Diktatfrieden von Brest-Litowsk 1918 und die bolschewistische Weltrevolution, Münster 1960, S. 17.

26 Zit. nach W. Baumgart: Deutsche Ostpolitik. Von Brest-Litowsk bis zum Ende des Ersten Weltkrieges, Wien und München 1966, S. 15.

27 Vgl. dazu oben S. 432f.

28 Protokoll der Besprechung vom 18. 12. 1917 in: W. Hahlweg (Bearb.): Der Friede von Brest-Litowsk. Ein unveröffentlichter Band aus dem Werk des Untersuchungsausschusses der Deutschen Verfassunggebenden Nationalversammlung und des Deutschen Reichstages, Düsseldorf 1971, S. 129f.

29 L. Trotzki: Mein Leben. Versuch einer Autobiographie, Frankfurt a. M. 1961, S. 338.
30 Text in: Kühlmann an AA, 23. 12. 1917; W. Hahlweg (Bearb.): Der Friede von Brest-Litowsk (wie Anm. 28), S. 133f.
31 Protokoll der Sitzung der Friedenskonferenz, 25. 12. 1917; ebd., S. 144, Anm. 2.
32 W. Steglich: Die Friedenspolitik der Mittelmächte 1917/18, Bd. I, Wiesbaden 1964, S. 310f., unterschätzt die Bedeutung dieses Vorbehalts und neigt daher zu einer Überbewertung der Erklärung der Mittelmächte vom 25. Dezember 1917.
33 Zit. nach W. Ribhegge: Frieden für Europa. Die Politik der deutschen Reichstagsmehrheit 1917–18, Essen 1988, S. 211.
34 Text in: Protokoll der Sitzung der Friedenskonferenz, 27. 12. 1917; W. Hahlweg (Bearb.): Der Friede von Brest-Litowsk (wie Anm. 28), S. 161.
35 Lersner an AA, 26. 12. 1917; ebd., S. 148.
36 Zit. nach W. Steglich: Die Friedenspolitik (wie Anm. 32), S. 318.
37 G. A. v. Müller: Regierte der Kaiser? (wie Anm. 17), S. 348 (22. 1. 1918).
38 Ebd., S. 359 (27. 2. 1918).
39 Vgl. W. Hahlweg: Der Diktatfrieden von Brest-Litowsk (wie Anm. 25), S. 32ff.
40 R. v. Kühlmann: Erinnerungen, Heidelberg 1948, S. 523f.
41 Protokoll der Sitzung vom 12. 1. 1918; W. Hahlweg (Bearb.): Der Friede von Brest-Litowsk (wie Anm. 28), S. 299. Kaiser Wilhelm II. notierte zu diesen Erklärungen: »bravo!« und »gut!«
42 L. Trotzki: Mein Leben (wie Anm. 29), S. 342.
43 Vgl. zu den Einzelheiten P. Borowsky: Deutsche Ukrainepolitik 1918 unter besonderer Berücksichtigung der Wirtschaftsfragen, Hamburg 1970, S. 41ff., 52ff.
44 Randbemerkungen Wilhelms II. zum Telegramm des Gesandten v. Rosenberg an AA, 13. 1. 1918; W. Hahlweg (Bearb.): Der Friede von Brest-Litowsk (wie Anm. 28), S. 307, Anm. 6.
45 P. Borowsky: Deutsche Ukrainepolitik 1918 (wie Anm. 43), S. 61.
46 Protokoll der Sitzung vom 10. 2. 1918; W. Hahlweg (Bearb.): Der Friede von Brest-Litowsk (wie Anm. 28), S. 539.
47 Kühlmann an Hertling, 10. 2. 1918; ebd., S. 533f.
48 K. F. Nowak (Hrsg.): Die Aufzeichnungen des Generalmajors Max Hoffmann, Bd. 1, Berlin 1929, S. 185 (17. 2. 1918).
49 G. A. v. Müller: Regierte der Kaiser? (wie Anm. 17), S. 354 (13. 2. 1918). Zum Homburger Kronrat vom 13. 2. 1918 vgl. F. Fischer: Griff nach der Weltmacht. Die Kriegszielpolitik des kaiserlichen Deutschland 1914/18, Düsseldorf 1961, S. 657f.; Autorenkollektiv: Deutschland im ersten Weltkrieg, (wie Anm. 4), Bd. 3, S. 192ff.; W. Baumgart: Ostpolitik (wie Anm. 26), S. 24ff.
50 K. F. Nowak (Hrsg.): Die Aufzeichnungen (wie Anm. 48), S. 185 (17. 2. 1918).
51 W. Baumgart: Ostpolitik (wie Anm. 26), S. 27.
52 P. Graf Kielmansegg: Deutschland und der Erste Weltkrieg, 2. Aufl., Stuttgart 1980, S. 592f.

53 Zit. nach W. Ribhegge: Frieden für Europa (wie Anm. 33), S. 266.
54 Zit. nach ebd., S. 272.
55 W. Baumgart: Ostpolitik (wie Anm. 26), S. 120.
56 Vgl. dazu die Studie von W. D. Bihl: Die Kaukasus-Politik der Mittelmächte, Bd. 2, Wien-Köln-Weimar 1992, S. 51ff.
57 F. Fischer: Griff nach der Weltmacht (wie Anm. 49), S. 817.
58 Zit. nach W. Baumgart: Ostpolitik (wie Anm. 26), S. 377.
59 A. Hillgruber: Die gescheiterte Großmacht. Eine Skizze des Deutschen Reiches 1871–1945, Köln 1984, S. 58.
60 Der Weltkrieg 1914 bis 1918. Im Auftrage des Oberkommandos des Heeres bearb. und hrsg. von der kriegsgeschichtlichen Forschungsanstalt des Heeres (vorm. Reichsarchiv), Bd. 14: Die Kriegführung an der Westfront im Jahre 1918, Berlin 1944 (Nachdruck Koblenz 1956), S. 53f.
61 Ebd., S. 54.
62 Kronprinz Rupprecht von Bayern: Mein Kriegstagebuch, hrsg. von E. v. Frauenholz, Bd. 3, München 1929, S. 20f.
63 Wilhelm Groener: Lebenserinnerungen. Jugend – Generalstab – Weltkrieg, hrsg. von F. Frhr. v. Gaertringen, Göttingen 1957, S. 380.
64 G. A. v. Müller: Regierte der Kaiser? (wie Anm. 17), S. 354 (13. 2. 1918).
65 E. Ludendorff: Urkunden der Obersten Heeresleitung über ihre Tätigkeit 1916/18, Berlin 1922, S. 471.
66 G. A. v. Müller: Regierte der Kaiser? (wie Anm. 17), S. 365 (23. 3. 1918).
67 Ebd., S. 366 (26. 3. 1918).
68 B. Schwertfeger: Die politischen und militärischen Verantwortlichkeiten im Verlaufe der Offensive von 1918, Berlin 1925, S. 189.
69 Kronprinz Rupprecht: Kriegstagebuch (wie Anm. 62), Bd. 2, S. 372, Anm. zum Tgb.-Eintrag vom 5. 4. 1918.
70 A. v. Thaer: Generalstabsdienst an der Front und in der O. H. L. Aus Briefen und Tagebuchaufzeichnungen 1915–1919, hrsg. von S. A. Kaehler, Göttingen 1958, S. 196 (2. 5. 1918).
71 Kronprinz Rupprecht: Kriegstagebuch (wie Anm. 62), Bd. 2, S. 398 (17. 5. 1918).
72 A. v. Thaer: Generalstabsdienst (wie Anm. 70), S. 197 (2. 5. 1918).
73 Kronprinz Rupprecht: Kriegstagebuch (wie Anm. 62), Bd. 2, S. 401 (20. 5. 1918).
74 Stenographische Berichte des Reichstags, Bd. 313, S. 561f.
75 A. v. Thaer: Generalstabsdienst (wie Anm. 70), S. 210 (23./25. 6. 1918).
76 F. v. Loßberg: Meine Tätigkeit im Weltkriege 1914–1918, Berlin 1939, S. 346.
77 G. A. v. Müller: Regierte der Kaiser? (wie Anm. 17), S. 396 (22. 7. 1918).
78 Ebd., S. 396 (23. 7. 1918).
79 A. v. Thaer: Generalstabsdienst (wie Anm. 70), S. 222 (15. 8. 1918): »Er sieht wohl nun ein, daß unsere Truppe mehr oder weniger kaputt ist.«
80 Vgl. zum folgenden W. Deist: Verdeckter Militärstreik im Kriegsjahr 1918?, in: W. Wette (Hrsg.): Der Krieg des kleinen Mannes. Eine Militärgeschichte von unten, München-Zürich 1992, S. 146–167; B. Ziemann: Verweigerungsformen

von Frontsoldaten in der deutschen Armee 1914–1918, in: A. Gestrich (Hrsg.): Gewalt im Krieg. Ausübung, Erfahrung und Verweigerung von Gewalt in Kriegen des 20. Jahrhunderts, Münster 1996, S. 99–122.

81 D. Richert: Beste Gelegenheit zum Sterben. Meine Erlebnisse im Kriege 1914–1918, hrsg. von A. Tramitz und B. Ulrich, München 1989, S. 291.

82 A. v. Thaer: Generalstabsdienst (wie Anm. 70), S. 182 (18. 4. 1918).

83 D. Richert (wie Anm. 81), S. 367; zum Gesamtkomplex jetzt B. Ziemann: Fahnenflucht im deutschen Heer 1914–1918, in: Militärgeschichtliche Mitteilungen, Bd. 55 (1996), S. 93–130.

84 B. Ulrich/B. Ziemann: Frontalltag im Ersten Weltkrieg. Wahn und Wirklichkeit, Frankfurt a. M. 1994, S. 202.

85 Kronprinz Rupprecht: Kriegstagebuch (wie Anm. 62), Bd. 2, S. 402 (26. 5. 1918).

86 Vgl. K.-L. Ay: Die Entstehung einer Revolution. Die Volksstimmung in Bayern während des Ersten Weltkrieges, Berlin 1968, S. 186.

87 Zit. nach ebd., S. 106, 186f.

88 Zit. nach ebd., S. 122.

89 Zit. nach B. Ulrich/B. Ziemann: Frontalltag (wie Anm. 84), S. 74f.

90 Zit. nach F. Höffler: Kriegserfahrungen in der Heimat, in: G. Hirschfeld/G. Krumeich/D. Langewiesche/H. P. Ullmann (Hrsg.): Kriegserfahrungen. Studien zur Sozial- und Mentalitätsgeschichte des Ersten Weltkriegs, Essen 1997, S. 74.

91 Stimmungsbericht des stellv. Generalkommandos des XIII. AK., 16. 9. 1918; W. Deist (Bearb.): Militär und Innenpolitik (wie Anm. 6), Bd. 2, S. 964.

92 Aufzeichnung des Oberstleutnants Bauer, Ende Juli 1918; ebd., S. 1240.

93 Zit. nach W. J. Mommsen: Bürgerstolz und Weltmachtstreben. Deutschland unter Wilhelm II. 1890 bis 1918, Berlin 1995, S. 695.

94 Berichte des Berliner Polizeipräsidenten über Stimmung und Lage der Bevölkerung in Berlin 1914–1918, bearb. von I. Materna und H.-J. Schreckenbach unter Mitarbeit von B. Holtz, Weimar 1987, S. 278.

95 Ebd., S. 282.

96 Zit. nach E. Johann (Hrsg.): Innenansicht eines Krieges, Frankfurt a. M. 1968, S. 324.

97 Zit. nach ebd., S. 327.

98 Zit. nach B. Ulrich/B. Ziemann: Frontalltag (wie Anm. 84), S. 203f.

99 Ebd., S. 204.

100 Zit. nach J. Berlin (Hrsg.): Die deutsche Revolution 1918/19. Quellen und Dokumente, Köln 1979, S. 110.

101 Stimmungsbericht des stellv. Generalkommandos XIII. AK., 16. 9. 1918; W. Deist (Bearb.): Militär und Innenpolitik (wie Anm. 6), Bd. 2, S. 964.

102 Zit. nach V. Ullrich: Kriegsalltag (wie Anm. 1), S. 152.

103 Stimmungsbericht des stellv. Generalkommandos XIII. AK., 16. 9. 1918; W. Deist (Bearb.): Militär und Innenpolitik (wie Anm. 6), Bd. 2, S. 963.

104 Zit. nach W. Kruse: Krieg und Klassenheer. Zur Revolutionierung der deut-

schen Armee im Ersten Weltkrieg, in: Geschichte und Gesellschaft, 22. Jg. (1996), S. 558.

105 Amtliche Urkunden zur Vorgeschichte des Waffenstillstandes 1918, hrsg. vom Auswärtigen Amt und vom Reichsministerium des Innern, 3. Aufl., Berlin 1927, Nr. 1, S. 3ff.

106 Aufzeichnung des Generalmajors a. D. v. Haeften über die Entstehung der Waffenstillstandsforderung innerhalb der OHL; W. Deist (Bearb.): Militär und Innenpolitik (wie Anm. 6), Bd. 2, S. 1284.

107 G. Ritter: Staatskunst und Kriegshandwerk. Das Problem des »Militarismus« in Deutschland, Bd. IV: Die Herrschaft des deutschen Militarismus und die Katastrophe von 1918, München 1968, S. 418.

108 Amtliche Urkunden (wie Anm. 105), Nr. 12, S. 47.

109 In Gesprächen mit Kanzler Hertling und Vizekanzler Payer äußerte Hintze, »wenn es mit der Verschlechterung unserer politischen und militärischen Lage so weiter gehe, könne die Revolution von unten nur noch durch eine solche von oben vermieden werden«. F. Payer: Von Bethmann Hollweg bis Ebert. Erinnerungen und Bilder, Frankfurt a. M. 1923, S. 82.

110 Amtliche Urkunden (wie Anm. 105), Nr. 13, S. 48.

111 G. A. v. Müller: Regierte der Kaiser? (wie Anm. 17), S. 424 (1. 10. 1918); vgl. auch Riezler-Tgb., S. 479 (1. 10. 1918).

112 A. v. Thaer: Generalstabsdienst (wie Anm. 70), S. 235 (1. 10. 1918).

113 Ebd., S. 234 (1. 10. 1918); vgl. dazu H. Münkler/S. Storch: Siegfrieden. Politik mit einem deutschen Mythos, Berlin 1988, S. 86.

114 A. Rosenberg: Entstehung der Weimarer Republik, hrsg. von K. Kersten, Frankfurt a. M. 1961, S. 212. Rosenbergs Urteil ist im Kern immer noch zutreffend, wenngleich die Forschung seit Veröffentlichung der Protokolle des »Interfraktionellen Ausschusses« durch E. Matthias/R. Morsey 1959 die Aktivitäten der Reichstagsmehrheit stärker betont, gelegentlich auch, wie vor allem W. Ribhegge: Frieden für Europa (wie Anm. 33), S. 306ff., deutlich überbetont hat.

115 Prinz Max von Baden: Erinnerungen und Dokumente, Berlin und Leipzig 1927, S. 342.

116 Die Reichstagsfraktion der deutschen Sozialdemokratie 1898–1918, bearb. von E. Matthias und E. Pikart, Düsseldorf 1966, S. 463ff.; Ph. Scheidemann: Der Zusammenbruch, Berlin 1921, S. 175f.

117 Amtliche Urkunden (wie Anm. 105), Nr. 34, S. 74.

118 Abgedruckt in: Prinz Max von Baden (wie Anm. 115), S. 380–382.

119 Riezler-Tgb., S. 480 (1. 10. 1918).

120 Prinz Max von Baden (wie Anm. 115), S. 387f.

121 Ebd., S. 397.

122 Abgedruckt in: ebd., S. 183ff.

123 Ebd., S. 405f.

124 Ebd., S. 407f.

125 So C. Haußmann in der Sitzung des Kriegskabinetts vom 16. 10. 1918; Die Regierung des Prinzen Max von Baden, bearb. von E. Matthias und R. Morsey, Düsseldorf 1962, Nr. 61, S. 210.

126 Ebd., S. 212.

127 Bericht des bayerischen Militärbevollmächtigen vom 20. 10. 1918; W. Deist (Bearb.): Militär und Innenpolitik (wie Anm. 6), Bd. 2, S. 1327.

128 Protokoll der Sitzung des Kriegskabinetts vom 17. 10. 1918; Die Regierung des Prinzen Max (wie Anm. 125), Nr. 64, S. 220–242 (Zitate S. 226, 228, 230, 238).

129 Prinz Max von Baden (wie Anm. 115), S. 492f.

130 Abgedruckt in: W. Deist (Bearb.): Militär und Innenpolitik (wie Anm. 6), Bd. 2, S. 1334, Anm. 6.

131 Prinz Max von Baden (wie Anm. 115), S. 500.

132 Die Regierung des Prinzen Max (wie Anm. 125), Nr. 94, S. 359f.

133 S. v. Ilsemann: Der Kaiser in Holland. Aufzeichnungen des letzten Flügeladjutanten Kaiser Wilhelms II. aus Amerongen und Doorn 1918–1923, München 1967, S. 28 (26. 10. 1918).

134 Zum Verlauf der Audienz vgl. A. v. Thaer: Generalstabsdienst (wie Anm. 70), S. 247f. (28. 10. 1918); Aufzeichnung Haeftens in: Die Regierung des Prinzen Max (wie Anm. 125), Nr. 95, S. 363f.; S. v. Ilsemann (wie Anm. 133), S. 29 (26. 10. 1918). Quellenkritisch: S. A. Kaehler: Studien zur deutschen Geschichte des 19. und 20. Jahrhunderts. Aufsätze und Vorträge, hrsg. von W. Bußmann, Göttingen 1961, S. 270–275.

135 Aufzeichnung Haeftens in: W. Deist (Bearb.): Militär und Innenpolitik (wie Anm. 6), Bd. 2, S. 1343.

136 A. Rosenberg (wie Anm. 114), S. 224: »Die Massen, die hinter der Reichstagsmehrheit standen, rebellierten gegen die Regierung Max von Baden, das heißt eigentlich gegen sich selbst.«

137 W. Baumgart (Hrsg.): Von Brest-Litowsk zur Deutschen Novemberrevolution. Aus den Tagebüchern, Briefen und Aufzeichnungen von Alfons Paquet, Wilhelm Groener und Albert Hopmann März bis November 1918, Göttingen 1971, S. 186 (10. 10. 1918).

138 Ebd., S. 189 (21. 10. 1918).

139 B. Ulrich/B. Ziemann: Frontalltag (wie Anm. 84), S. 204.

140 Zit. nach G. Ritter: Staatskunst und Kriegshandwerk, Bd. 4 (wie Anm. 107), S. 458.

141 Protokoll der Sitzung des Kriegskabinetts vom 31. 10. 1918; Die Regierung des Prinzen Max (wie Anm. 125), Nr. 111, S. 437–448 (Zitat S. 438).

142 Zit. nach W. Gutsche: Wilhelm II. Der letzte Kaiser des Deutschen Reiches, Berlin 1991, S. 192.

143 W. Groener: Lebenserinnerungen (wie Anm. 63), S. 444; S. Kaehler (wie Anm. 134), S. 280ff.

144 W. Baumgart (Hrsg.): Von Brest-Litowsk (wie Anm. 137), S. 189 (21. 10. 1918).

145 Vgl. W. Deist: Die Politik der Seekriegsleitung und die Rebellion der Flotte

Ende Oktober 1918, in: Vierteljahrshefte für Zeitgeschichte, 14. Jg. (1966), S. 341–368.

146 Th. Wolff: Tagebücher 1914–1919, eingel. und hrsg. von B. Sösemann, Boppard 1984, S. 644f. (6. 11. 1918).

147 Prinz Max von Baden (wie Anm. 115), S. 599f.

148 S. v. Ilsemann (wie Anm. 133), S. 35 (8. 11. 1918).

149 Ebd.

150 W. Groener: Lebenserinnerungen (wie Anm. 63), S. 458, 462.

151 Prinz Max von Baden (wie Anm. 115), S. 638.

152 Ph. Scheidemann: Memoiren eines Sozialdemokraten, Bd. 2, Dresden 1928, S. 313f.

153 W. Gutsche: Ein Kaiser im Exil. Der letzte deutsche Kaiser Wilhelm II. in Holland, Marburg 1991, S. 25f.

154 S. v. Ilsemann (wie Anm. 133), S. 45 (10. 11. 1918).

155 Zit. nach W. Gutsche: Ein Kaiser im Exil (wie Anm. 153), S. 22.

156 Zit. nach ebd.

157 S. v. Ilsemann (wie Anm. 133), S. 40 (9. 11. 1918).

158 Ebd., S. 46 (10. 11. 1918).

159 Ebd.

160 Zit. nach L. Cecil: Wilhelm II., Bd. 2: Emperor and Exile 1900–1941, Chapel Hill-London 1996, S. 294.

161 Zit. nach W. Gutsche: Ein Kaiser im Exil (wie Anm. 153), S. 29.

Bilanz und Ausblick

1 H. Graf Kessler: Aus den Tagebüchern 1918–1937. Hrsg. von W. Pfeiffer-Belli, München 1965, S. 9, 11.

2 G. Hauptmann: Tagebücher 1914 bis 1918. Hrsg. von P. Sprengel, Berlin 1997, S. 244.

3 B. Sösemann (Hrsg.): Theodor Wolff. Der Journalist. Berichte und Leitartikel, Düsseldorf-Wien-New York-Moskau 1993, S. 124.

4 W. Rathenau: Der Kaiser. Eine Betrachtung, Berlin 1919, S. 24.

5 L. Quidde: Caligula. Schriften über Militarismus und Pazifismus. Mit einer Einleitung hrsg. von H.-U. Wehler, Frankfurt a.-M. 1977, S. 58, 57.

6 W. Rathenau: Der Kaiser (wie Anm. 4), S. 8.

7 Zit. nach B. Mahlberg-Gräper: Starke Typen. 100 Jahre Simplizissimus, Eupen 1996, S. 27f.

8 W. Baumgart (Hrsg.): Von Brest-Litowsk zur Deutschen Novemberrevolution. Aus den Tagebüchern, Briefen und Aufzeichnungen von Alfons Paquet, Wilhelm Groener und Albert Hopmann März bis November 1918, Göttingen 1971, S. 181f. (18. 10. 1918).

9 Vgl. W. Jasper: Der Bruder. Heinrich Mann. Eine Biographie, München-Wien 1992, S. 227.
10 H. Mann: Ein Zeitalter wird besichtigt, Reinbek bei Hamburg 1976, S. 131.
11 Zit. nach W. Jasper: Der Bruder (wie Anm. 9), S. 229.
12 Zit. nach P. Gay: Kult der Gewalt. Aggression im bürgerlichen Zeitalter, München 1996, S. 25.
13 N. Elias: Studien über die Deutschen. Machtkämpfe und Habitusentwicklung im 19. und 20. Jahrhundert, hrsg. von M. Schröter, Frankfurt a. M. 1989, S. 144.
14 F. Meinecke: Die deutsche Katastrophe. Betrachtungen und Erinnerungen, 3. Aufl., Wiesbaden 1947, S. 25.
15 Zit. nach P. Gay: Kult der Gewalt (wie Anm. 12), S. 24f.
16 Vgl. W. Wette: Gustav Noske. Eine politische Biographie, Düsseldorf 1987, S. 65ff., 308ff.; K. Gietinger: Eine Leiche im Landwehrkanal. Die Ermordung der Rosa L., Berlin 1995.
17 Vgl. B. Mahlberg-Gräper: Starke Typen (wie Anm. 7), S. 20ff.
18 L. Gall: Bürgertum in Deutschland, Berlin 1989, S. 439.
19 Zit. nach ebd., S. 17.
20 H.-U. Wehler: Deutsche Gesellschaftsgeschichte, Bd. III: Von der »Deutschen Doppelrevolution« bis zum Beginn des Ersten Weltkrieges 1849–1914, München 1995, S. 1269.
21 W. Rathenau: Der Kaiser (wie Anm. 4), S. 11, 22.
22 H. Mann: Kaisertum und Republik (1919); zit. nach R. Alter: Heinrich Manns »Untertan« – ein Prüfstein für die ›Kaiserreich-Debatte‹?, in: Geschichte und Gesellschaft, 17. Jg. (1991), S. 383. In ähnlicher Weise hat Alfred Kerr bereits kurz vor der Jahrhundertwende die Ambivalenzen der bürgerlichen Epoche charakterisiert: »Das Jahrhundert geht zu Ende. Mit jeder anbrechenden Nacht rückt der Punkt näher, wo wir die große Einkehr halten. Der Wahnsinn und die Glorie unserer Zeit steigen herauf, beide hart nebeneinander; die Größe und die Bestialität; der Fortschritt und der Servilismus; der machtvolle Gedanke der Freiheit, der Zauber technischen Könnens, die listige Lüftung stiller Elementargeheimnisse, die Verfeinerung und Erhöhung der Menschlichkeit, die Verbreitung der ethischen Idee – auf der anderen Seite die stärkste Machtanbetung aller Zeiten, zum mindesten die bewußteste aller Zeiten, die erste Philosophie der Machtanbetung, die Herrschaft des Säbels, und noch über dem Säbel die Vergottung des Geldes.« A. Kerr: Wo liegt Berlin? Briefe aus der Reichshauptstadt 1895–1900. Hrsg. von G. Rühle, Berlin 1997, S. 524 (v. 15. 10. 1899).
23 Zit. nach M. Doerry: Übergangsmenschen. Die Mentalität der Wilhelminer und die Krise des Kaiserreichs, Weinheim und München 1986, S. 177.
24 J. Radkau: Die wilhelminische Ära als nervöses Zeitalter, oder: Die Nerven als Netz zwischen Tempo- und Körpergeschichte, in: Geschichte und Gesellschaft, 20. Jg. (1994), S. 211–241.
25 J. Radkau: Nationalismus und Nervosität, in: W. Hardtwig/H.-U. Wehler (Hrsg.): Kulturgeschichte heute, Göttingen 1996, S. 295.

26 Zit. nach J. Radkau: Die wilhelminische Ära (wie Anm. 24), S. 239.

27 Zit. nach ebd., S. 236.

28 Zit. nach B. Ulrich: Krieg und Nerven. Skizzierung einer Beziehung, in: B. Loewenstein (Hrsg.): Geschichte und Psychologie. Annäherungsversuche, Pfaffenweiler 1992, S. 164.

29 Zit. nach K. Maase: Grenzenloses Vergnügen. Der Aufstieg der Massenkultur 1850–1970, Frankfurt a. M. 1997, S. 113.

30 Zit. nach W. J. Mommsen: Max Weber und die deutsche Politik 1890–1920, 2. Aufl., Tübingen 1974, S. 151, Anm. 20. August Bebel nannte Wilhelm II. bereits Anfang Mai 1888 in einem Brief an Friedrich Engels den »Zugrunderichter der Hohenzollernherrlichkeit« Zit. in A. und J. Bebel: Briefe einer Ehe. Hrsg. von U. Hermann, Bonn 1997, S. 545, Anm. 2.

31 F. Fischer: Bündnis der Eliten. Zur Kontinuität der Machtstrukturen in Deutschland 1871–1945, 2. Aufl., Düsseldorf 1985, S. 13.

32 P. Brandt: War das deutsche Kaiserreich reformierbar?, in: K. Rudolph/ Chr. Wickert (Hrsg.): Geschichte als Möglichkeit. Festschrift für Helga Grebing, Essen 1995, S. 199.

33 Riezler-Tgb., S. 411 (28. 2. 1917).

34 W. Wette (Hrsg.): Aus den Geburtsstunden der Weimarer Republik. Das Tagebuch des Obersten Ernst van den Bergh, Düsseldorf 1991, S. 29.

35 F. Meinecke: Die deutsche Katastrophe (wie Anm. 14), S. 26 (auch für das folgende Zitat).

36 Ebd., S. 38f., 50.

37 B. Hamann: Hitlers Wien. Lehrjahre eines Diktators, München-Zürich 1996, S. 337ff.

38 Vgl. dazu D. Stegmann: Zwischen Repression und Manipulation: Konservative Machteliten und Arbeiter- und Angestelltenbewegung 1910–1918. Ein Beitrag zur Vorgeschichte der DAP/NSDAP, in: Archiv für Sozialgeschichte, Bd. 12 (1972), S. 385ff.

39 A. Kruck: Geschichte des Alldeutschen Verbandes 1890–1939, Wiesbaden 1954, S. 192; vgl. auch J. Petzold: Claß und Hitler. Über die Förderung der frühen Nazibewegung durch den Alldeutschen Verband und dessen Einflußnahme auf die nazistische Ideologie, in: Jahrbuch für Geschichte, Bd. 21 (1980), S. 247ff.

40 F. Fischer: Bündnis der Eliten (wie Anm. 31), S. 55.

41 Vgl. J. Ph. Reemtsma: Die Idee des Vernichtungskriegs. Clausewitz – Ludendorff – Hitler, in: H. Heer/K. Naumann (Hrsg.): Vernichtungskrieg. Verbrechen der Wehrmacht 1941–1944, Hamburg 1995, S. 377–401.

42 F. Meinecke: Die deutsche Katastrophe (wie Anm. 14), S. 29f.

43 Vgl. J. C. G. Röhl: Kaiser Wilhelm II. und der deutsche Antisemitismus, in: W. Benz/W. Bergmann (Hrsg.): Vorurteil und Völkermord. Entwicklungslinien des Antisemitismus, Freiburg-Basel-Wien 1997, S. 252–285.

44 B. Scholem – G. Scholem. Mutter und Sohn im Briefwechsel 1917–1946, hrsg. von I. Shedletzky in Verbindung mit Th. Sparr, München 1989, S. 28.

45 M. Epkenhans: »Wir als deutsches Volk sind doch nicht klein zu kriegen...« Aus den Tagebüchern des Fregattenkapitäns Bogislav von Selchow 1918/19, in: Militärgeschichtliche Mitteilungen, Bd. 55 (1996), S. 199f.
46 W. Dittmann: Erinnerungen. Bearb. und eingel. von J. Rojahn, Frankfurt a. M. 1995, Bd. 2, S. 557.
47 Vgl. U. Heinemann: Die verdrängte Niederlage. Politische Öffentlichkeit und Kriegsschuldfrage in der Weimarer Republik, Göttingen 1983, S. 74ff.; M. Dreyer/O. Lembcke: Die deutsche Diskussion um die Kriegsschuldfrage 1918/19, Berlin 1993, S. 101ff.
48 Th. Wolff: Die Wilhelminische Epoche. Fürst Bülow am Fenster und andere Begegnungen, hrsg. und eingel. von B. Sösemann, Frankfurt a. M. 1989, S. 167.
49 E. Troeltsch: Die Fehlgeburt einer Republik. Spektator in Berlin 1918 bis 1922, Frankfurt a. M. 1994, S. 9.
50 V. Klemperer: Leben sammeln, nicht fragen wozu und warum. Tagebücher 1918–1924, hrsg. von W. Nowojski unter Mitarbeit von Chr. Löser, Berlin 1996, S. 8 (23. 11. 1918).
51 Zit. nach: Aus den Geburtsstunden (wie Anm. 34), S. 42, 56.
52 M. Epkenhans: »Wir sind als deutsches Volk...« (wie Anm. 45), S. 219 (20. 12. 1918).
53 W. Dittmann: Erinnerungen (wie Anm. 46), Bd. 2, S. 631.
54 H. A. Winkler: Weimar 1918–1933. Die Geschichte der ersten deutschen Demokratie, München 1993, S. 68.
55 E. Troeltsch: Die Fehlgeburt (wie Anm. 49), S. 284.
56 Vgl. K. Hildebrand: Das vergangene Reich. Deutsche Außenpolitik von Bismarck bis Hitler, Stuttgart 1995, S. 383ff.
57 Vgl. D. Stegmann: »Mitteleuropa« 1925–1934. Zum Problem der Kontinuität deutscher Außenhandelspolitik von Stresemann bis Hitler, in: D. Stegmann/B.-J. Wendt/P.-Chr. Witt (Hrsg.): Industrielle Gesellschaft und politisches System, Bonn 1978, S. 203–221.
58 Vgl. K. H. Janßen: Der große Plan, in: DIE ZEIT Nr. 11 (7. 3. 1997), S. 15–20.
59 F. Fischer: Bündnis der Eliten (wie Anm. 31), S. 74.
60 Riezler-Tgb., S. 364f., 382 (6. 7. 16 und 22. 11. 16).
61 L. Dehio: Gleichgewicht oder Hegemonie. Betrachtungen über ein Grundproblem der neueren Staatengeschichte, hrsg. und mit einem Nachwort versehen von K. Hildebrand, Zürich 1996, S. 354.
62 J. C. G. Röhl: Kaiser Wilhelm II. und der deutsche Antisemitismus (wie Anm. 43), S. 285; vgl. auch W. Gutsche: Ein Kaiser im Exil. Der letzte deutsche Kaiser Wilhelm II. in Holland, Marburg 1991, S. 204f.

Ausgewählte Bibliographie

Aufgeführt werden vor allem Standardwerke und neuere Untersuchungen. Weitere Literatur zu Spezialthemen sowie Aufsätze in wissenschaftlichen Fachzeitschriften und Beiträge zu Sammelwerken sind den Anmerkungen zu entnehmen.

Quellensammlungen, Aktenpublikationen, Dokumentationen

Amtliche Urkunden zur Vorgeschichte des Waffenstillstandes 1918, hrsg. vom Auswärtigen Amt und vom Reichsministerium des Innern, 3. Aufl., Berlin 1927.

Berghahn, V.R./W. Deist: Rüstung im Zeichen wilhelminischer Weltpolitik. Grundlegende Dokumente 1890–1914, Düsseldorf 1988.

Berichte des Berliner Polizeipräsidenten zur Stimmung und Lage der Bevölkerung in Berlin 1914–1918. Bearb. von I. Materna und H.J. Schreckenbach unter Mitarbeit von B. Holtz, Weimar 1987.

Bihl, W.D. (Hrsg.): Deutsche Quellen zur Geschichte des Ersten Weltkrieges, Darmstadt 1991.

Bismarck, O. Fürst von: Die gesammelten Werke. Friedrichsruher Ausgabe, 15 in 19 Bde., Berlin 1924–35.

Boehlich, W. (Hrsg.): Der Berliner Antisemitismusstreit, Frankfurt a.M. 1965.

Cartarius, U. (Hrsg.): Deutschland im Ersten Weltkrieg. Texte und Dokumente 1914–1918, München 1982.

Deist, W. (Bearb.): Militär und Innenpolitik im Weltkrieg 1914–1918, 2 Bde., Düsseldorf 1970.

Der Hauptausschuß des Deutschen Reichstages 1915–1918. Eingel. von R. Schiffers und M. Koch in Verbindung mit H. Boldt, 4 Bde., Düsseldorf 1981.

Der Interfraktionelle Ausschuß 1917/18. Bearb. von E. Matthias unter Mitwirkung von R. Morsey, 2 Bde., Düsseldorf 1959.

Die Regierung des Prinzen Max von Baden. Bearb. von E. Matthias und R. Morsey, Düsseldorf 1962.

Die Reichstagsfraktion der deutschen Sozialdemokratie 1898–1918. Bearb. von E. Matthias und E. Pikart, Düsseldorf 1966.

Evans, R.J. (Hrsg.): Kneipengespräche im Kaiserreich. Stimmungsberichte der Hamburger Politischen Polizei 1892–1914, Reinbek bei Hamburg 1989.

Fricke, D./R. Knaack (Bearb.): Dokumente aus geheimen Archiven. Übersichten der Berliner politischen Polizei über die allgemeine Lage der sozialdemokratischen und anarchistischen Bewegung 1878–1913, Bd. I: 1878–1889, Weimar 1983.

Geiss, I.: Julikrise und Kriegsausbruch, 2 Bde., Hannover 1963/64.

Hahlweg, W. (Bearb.): Der Friede von Brest-Litowsk. Ein unveröffentlichter Band aus dem Werk des Untersuchungsausschusses der Deutschen Verfassungsgebenden Nationalversammlung und des Deutschen Reichstags, Düsseldorf 1971.

Haupt, H. G. (Hrsg.): Die radikale Mitte. Lebensweise und Politik von Handwerkern und Kleinhändlern seit 1848, München 1985.

Johann, E. (Hrsg.): Innenansicht eines Krieges, Frankfurt a. M. 1968.

Kohl, H. (Hrsg.): Die politischen Reden des Fürsten Bismarck, 13 Bde., Stuttgart-Berlin 1892–1905.

Lepsius, J./A. Mendelssohn-Bartholdy/F. Thimme (Hrsg.): Die große Politik der europäischen Kabinette von 1871–1914. Sammlung der diplomatischen Akten des Auswärtigen Amtes, 40 Bde., Berlin 1922–27.

Ludendorff, E.: Urkunden der Obersten Heeresleitung über ihre Tätigkeit 1916/18, Berlin 1922.

Rich, N./M. H. Fisher (Hrsg.): Die geheimen Papiere Friedrich von Holsteins. Deutsche Ausgabe von W. Frauendienst, 4 Bde., Göttingen-Berlin-Frankfurt a. M. 1963.

Ritter, G. A. (Hrsg.): Das Deutsche Kaiserreich 1871–1914. Ein historisches Lesebuch, 5. Aufl., Göttingen 1992.

Ritter, G. A./J. Kocka (Hrsg.): Deutsche Sozialgeschichte. Dokumente und Skizzen, Bd. II: 1870–1914, 2. Aufl., München 1977.

Saul, K. u. a.: Arbeiterfamilien im Kaiserreich. Materialien zur Sozialgeschichte in Deutschland 1871–1914, Düsseldorf 1982.

Scherer, A./J. Grunewald: L'Allemagne et les problèmes de la paix pendant la première guerre mondiale. Documents extraits des archives de l'office allemand des Affaires étrangères, T. 1/2, Paris 1962.

Sösemann, B. (Hrsg.): Theodor Wolff. Der Journalist. Berichte und Leitartikel, Düsseldorf-Wien-New York-Moskau 1993.

Stürmer, M. (Hrsg.): Bismarck und die preußisch-deutsche Politik 1871–1890, München 1970.

Tirpitz, A. von: Deutsche Ohnmachtspolitik im Weltkriege, Hamburg und Berlin 1926.

Ulrich, B./B. Ziemann (Hrsg.): Frontalltag im Ersten Weltkrieg. Wahn und Wirklichkeit. Quellen und Dokumente, Frankfurt a. M. 1994.

Biographien, Erinnerungen, Tagebücher, Briefe

Afflerbach, H.: Falkenhayn. Politisches Denken und Handeln im Kaiserreich, München 1994.

Anderson, M. L.: Windthorst. Zentrumspolitiker und Gegenspieler Bismarcks, Düsseldorf 1988.

Baumgart, W. (Hrsg.): Von Brest-Litowsk zur Deutschen Novemberrevolution. Aus den Tagebüchern, Briefen und Aufzeichnungen von Alfons Paquet, Wilhelm Groener und Albert Hopmann März bis November 1918, Göttingen 1971.

Bebel, A. und J.: Briefe einer Ehe. Hrsg. von U. Hermann, Bonn 1997.

Beckmann, M.: Briefe 1899–1925, Bd. I, München 1993.

Bethmann Hollweg, Th. von: Betrachtungen zum Weltkriege. Hrsg. von J. Dülffer, Essen 1989.

Briefwechsel Hertling-Lerchenfeld 1912–1917. Hrsg. und eingel. von E. Deuerlein, 2 Bde., Boppard 1973.

Bülow, B. Fürst von: Denkwürdigkeiten, 4 Bde., Berlin 1930.

Cecil, L.: Albert Ballin. Business and Politics in Imperial Germany, 1888–1918, Princeton 1967.

Cecil, L.: Wilhelm II. Vol. 2: Emperor and Exile 1900–1941, Chapel Hill and London 1996.

Das Kriegstagebuch des Reichstagsabgeordneten Eduard David 1914–1918. In Verbindung mit E. Mathias bearb. von S. Miller, Düsseldorf 1966.

Dittmann, W.: Erinnerungen. Bearb. und eingel. von J. Rojahn, 3 Bde., Frankfurt a. M. 1995.

Dove, R.: Ernst Toller. Ein Leben in Deutschland, Göttingen 1993.

Dülffer, J./H. Hübner: Otto von Bismarck. Person – Politik – Mythos, Berlin 1993.

Engelberg, E.: Bismarck. Das Reich in der Mitte Europas, Berlin 1990.

Epstein, K.: Matthias Erzberger und das Dilemma der deutschen Demokratie, Berlin-Frankfurt a. M. 1962.

Eyck, E. Bismarck, 3 Bde., Erlenbach-Zürich 1943/44.

Fesser, G.: Reichskanzler Bernhard Fürst von Bülow. Eine Biographie, Berlin 1991.

Fuchs, W. P. (Hrsg.): Großherzog Friedrich I. von Baden und die Reichspolitik 1871–1907, 2 Bde., Stuttgart 1968/75.

Gall, L.: Bismarck. Der weiße Revolutionär, Frankfurt a. M.-Berlin-Wien 1983.

Gay, P.: Freud. Eine Biographie für unsere Zeit, Frankfurt a. M. 1989.

Groener, W.: Lebenserinnerungen. Jugend – Generalstab – Weltkrieg. Hrsg. von F. Frhr. von Gaertringen, Göttingen 1957.

Grosz, G.: Ein kleines Ja und ein großes Nein. Sein Leben von ihm selbst erzählt, Reinbek bei Hamburg 1974.

Grupp, P.: Harry Graf Kessler 1868–1937 Eine Biographie, München 1995.

Gutsche, W.: Aufstieg und Fall eines kaiserlichen Reichskanzlers. Theobald von Bethmann Hollweg 1856–1921, Berlin 1973.

Gutsche, W.: Wilhelm II. Der letzte Kaiser des Deutschen Reiches. Eine Biographie, Berlin 1991.

Gutsche, W.: Ein Kaiser im Exil. Der letzte deutsche Kaiser Wilhelm II. in Holland, Marburg 1991.

Hagener, E.: »Es lief sich so sicher an Deinem Arm.« Briefe einer Soldatenfrau 1914, Weinheim-Basel 1986.

Hamann, B.: Hitlers Wien. Lehrjahre eines Diktators, München-Zürich 1996.

Hauptmann, G.: Tagebücher 1914 bis 1918. Hrsg. von P. Sprengel, Berlin 1997.

Haußmann, C.: Schlaglichter. Reichstagsbriefe und Aufzeichnungen, hrsg. von U. Zeller, Frankfurt a. M. 1924.

Hohenborn, A. Wild von: Briefe und Tagebuchaufzeichnungen, hrsg. von H. Reichold, Boppard a. Rh. 1986.

Ilsemann, S. von: Der Kaiser in Holland. Aufzeichnungen des letzten Flügeladjudanten Kaiser Wilhelms II. aus Amerongen und Doorn 1918–1923, München 1967.

Jarausch, K. H.: The Enigmatic Chancellor. Bethmann Hollweg and the Hybris of Imperial Germany, New Haven-London 1973.

Jasper, W.: Der Bruder. Heinrich Mann. Eine Biographie, München-Wien 1992.

Kerr, A.: Wo liegt Berlin? Briefe aus der Reichshauptstadt 1895–1900. Hrsg. von G. Rühle, Berlin 1997.

Kessler, H. Graf: Aus den Tagebüchern 1918–1937. Hrsg. von W. Pfeiffer-Belli, München 1965.

Klemperer, V.: Curriculum vitae. Jugend um 1900, 2 Bde., Berlin 1989.

Kronprinz Rupprecht von Bayern: Mein Kriegstagebuch. Hrsg. von E. von Frauenholz, 3 Bde., München 1929.

Laschitza, A.: Im Lebensrausch trotz alledem. Rosa Luxemburg. Eine Biographie, Berlin 1996.

Leitner, G. von: Der Fall Clara Immerwahr. Leben für eine humane Wissenschaft, München 1993.

Lenger, F.: Werner Sombart 1863–1941. Eine Biographie, München 1994.

Marx, J.: Kriegstagebuch eines Juden, 2. Aufl., Frankfurt a. M. 1964.

Meinecke, F.: Die deutsche Katastrophe. Betrachtungen und Erinnerungen, 3. Aufl., Wiesbaden 1947.

Meineke, St.: Friedrich Meinecke. Persönlichkeit und politisches Denken bis zum Ende des Ersten Weltkrieges, Berlin-New York 1995.

Mihaly, J.: … da gibt's ein Wiedersehn! Kriegstagebuch eines Mädchens 1914–1918, Heidelberg 1982.

Moltke, H. von: Erinnerungen, Briefe, Dokumente 1877–1916, Stuttgart 1922.

Muehlon, W.: Ein Fremder im eigenen Land. Erinnerungen und Tagebuchaufzeichnungen eines Krupp-Direktors 1908–1914. Hrsg. und eingel. von W. Benz, Bremen 1989.

Mühsam, E.: Tagebücher (1910–1924). Hrsg. von Chr. Hirte, München 1994.

Müller, G. A. von: Regierte der Kaiser? Kriegstagebücher, Aufzeichnungen und Briefe des Chefs des Marine-Kabinetts 1914–1918. Hrsg. von W. Görlitz, Göttingen-Berlin-Frankfurt a. M. 1959.

Oncken, H.: Rudolf von Bennigsen. Ein deutscher liberaler Politiker, 2 Bde., Stuttgart-Leipzig 1910.

Pflanze, O.: Bismarck and the Development of Germany, 3 Bde., Princeton N. Y. 1990.

Prinz Max von Baden: Erinnerungen und Dokumente, Berlin und Leipzig 1927.

Rehbein, F.: Das Leben eines Landarbeiters. Hrsg. und mit einem Nachwort von U. J. Diederichs und H. Rudel, Hamburg 1985.
Retzlaw, K.: Spartakus. Aufstieg und Niedergang. Erinnerungen eines Parteiarbeiters, Frankfurt a. M. 1971.
Richert, D.: Beste Gelegenheit zum Sterben. Meine Erlebnisse im Kriege 1914–1918. Hrsg. von A. Tramitz und B. Ulrich, München 1989.
Riezler, K.: Tagebücher, Aufsätze und Dokumente, hrsg. von K. D. Erdmann, Göttingen 1972.
Röhl, J. C. G. (Hrsg.): Philipp Eulenburgs Politische Korrespondenz, 3 Bde., Boppard 1976–83.
Röhl, J. C. G. (Hrsg.): Der Ort Kaiser Wilhelms II. in der deutschen Geschichte, München 1991.
Röhl, J. C. G.: Wilhelm II. Die Jugend des Kaisers 1859–1888, München 1993.
Scheidemann, Ph.: Der Zusammenbruch, Berlin 1921.
Scheidemann, Ph.: Memoiren eines Sozialdemokraten, 2 Bde., Dresden 1928.
Seebacher-Brandt, B.: Bebel. Künder und Kärrner im Kaiserreich, Berlin-Bonn 1988.
Sombart, N.: Wilhelm II. Sündenbock und Herr der Mitte, Berlin 1996.
Stern, F.: Gold und Eisen. Bismarck und sein Bankier Bleichröder, Reinbek bei Hamburg 1988.
Sternburg, W. von: (Hrsg.): Die deutschen Kanzler. Von Bismarck zu Kohl, Frankfurt a. M. 1994.
Studt, Chr.: Lothar Bucher (1817–1892). Ein politisches Leben zwischen Revolution und Staatsdienst, Göttingen 1992.
Thaer; A. von: Generalstabsdienst an der Front und in der O. H. L. Aus Briefen und Tagebuchaufzeichnungen 1915–1919. Hrsg. von S. A. Kaehler, Göttingen 1958.
Thimme, A. (Hrsg.): Friedrich Thimme 1868–1938. Ein politischer Historiker, Publizist und Schriftsteller in seinen Briefen, Boppard 1994.
Troeltsch, E.: Die Fehlgeburt einer Republik. Spektator in Berlin 1918 bis 1922, Frankfurt a. M. 1994.
Trotnow, H.: Karl Liebknecht. Eine politische Biographie, Köln 1980.
Trotzki, L.: Mein Leben. Versuch einer Autobiographie, Frankfurt a. M. 1961.
Valentini, R. von: Kaiser und Kabinettschef, Oldenburg 1931.
Vierhaus, R. (Hrsg.): Am Hof der Hohenzollern. Aus dem Tagebuch der Baronin Spitzemberg 1865–1914, München 1965.
Vietsch, E. von: Bethmann Hollweg. Staatsmann zwischen Macht und Ethos, Boppard 1969.
Wette, W.: Gustav Noske. Eine politische Biographie, Düsseldorf 1987.
Wette, W. (Hrsg.): Aus den Geburtsstunden der Weimarer Republik. Das Tagebuch des Obersten Ernst van den Bergh, Düsseldorf 1991.
Wolff, Th.: Tagebücher 1914–1919. Eingel. und hrsg. von B. Sösemann, 2 Bde., Boppard 1984.
Wolff, Th.: Die wilhelminische Epoche. Fürst Bülow am Fenster und andere Begegnungen. Hrsg. und eingel. von B. Sösemann, Frankfurt a. M. 1989.

Wollstein, G.: Theobald von Bethmann Hollweg. Letzter Erbe Bismarcks, erstes Opfer der Dolchstoßlegende, Göttingen-Zürich 1995.

Allgemeine Darstellungen, Handbücher, Aufsatzsammlungen

Autorenkollektiv unter der Leitung von F. Klein: Deutschland im ersten Weltkrieg, 3 Bde., Berlin 1968.

Berghahn, V. R.: Imperial Germany 1871–1914. Economy, Society, Culture and Politics, Providence-Oxford 1994.

Blackbourn, D.: Populists and Patricians. Essays in Modern German History, London 1987.

Bußmann, W.: Das Zeitalter Bismarcks, Konstanz 1956.

Craig, G. A.: Deutsche Geschichte 1866–1945. Vom Norddeutschen Bund bis zum Ende des Dritten Reiches, München 1980.

Eley, G.: Wilhelminismus, Nationalismus, Faschismus. Zur historischen Kontinuität in Deutschland, Münster 1991.

Eyck, E.: Das Persönliche Regiment Wilhelms II. Politische Geschichte des Deutschen Kaiserreiches von 1890 bis 1914, Erlenbach und Zürich 1948.

Fischer, F.: Bündnis der Eliten. Zur Kontinuität der Machtstrukturen in Deutschland 1871–1945, 2. Aufl., Düsseldorf 1985.

Fischer, F.: Hitler war kein Betriebsunfall. Aufsätze, München 1992.

Gebhardt, B.: Handbuch der deutschen Geschichte, Bd. III: Von der Französischen Revolution bis zum Ersten Weltkrieg, 8. Aufl., Stuttgart 1960.

Haffner, S.: Von Bismarck zu Hitler. Ein Rückblick, München 1987.

Hertz-Eichenrode, D.: Deutsche Geschichte 1871–1890. Das Kaiserreich in der Ära Bismarck, Stuttgart-Berlin-Köln 1992.

Hildebrand, K.: Deutsche Außenpolitik 1871–1918, München 1989.

Hildebrand, K.: Das vergangene Reich. Deutsche Außenpolitik von Bismarck bis Hitler, Stuttgart 1995.

Hillgruber, A.: Deutsche Großmacht- und Weltpolitik im 19. und 20. Jahrhundert, Düsseldorf 1977.

Hillgruber, A.: Deutschlands Rolle in der Vorgeschichte der beiden Weltkriege, 2. Aufl., Göttingen 1979.

Hillgruber, A.: Die gescheiterte Großmacht. Eine Skizze des Deutschen Reiches 1871–1945, Köln 1984.

Hobsbawm, E. J.: Das imperiale Zeitalter 1875–1914, Frankfurt a. M.-New York 1989.

Kehr, E.: Der Primat der Innenpolitik. Gesammelte Aufsätze zur preußisch-deutschen Sozialgeschichte im 19. und 20. Jahrhundert. Hrsg. und eingel. von H.-U. Wehler, Frankfurt a. M.-Berlin-Wien 1976.

Kielmannsegg, P. Graf: Deutschland und der Erste Weltkrieg, 2. Aufl., Stuttgart 1980.

Kolb, E. (Hrsg.): Europa und die Reichsgründung. Preußen-Deutschland in der Sicht der großen europäischen Mächte 1860–1880, München 1980.

Langewiesche, D. (Hrsg.): Ploetz. Das deutsche Kaiserreich. 1867/71 bis 1918. Bilanz einer Epoche, Freiburg-Würzburg 1984.

Michalka, W. (Hrsg.): Der Erste Weltkrieg. Wirkung, Wahrnehmung, Analyse, München 1994.

Mommsen, W. J.: Das Ringen um den nationalen Staat. Die Gründung und der innere Ausbau des deutschen Reiches unter Otto von Bismarck 1850 bis 1890, Berlin 1993.

Mommsen, W. J.: Bürgerstolz und Weltmachtstreben. Deutschland unter Wilhelm II. 1890 bis 1918, Berlin 1995.

Mommsen, W. J.: Der autoritäre Nationalstaat. Verfassung, Gesellschaft und Kultur im deutschen Kaiserreich, Frankfurt a. M. 1990.

Nipperdey, Th.: Deutsche Geschichte 1866–1918, Bd. I: Arbeitswelt und Bürgergeist; Bd. II: Machtstaat vor der Demokratie, München 1990–92.

Rosenberg, A.: Entstehung der Weimarer Republik, hrsg. von K. Kersten, Frankfurt a. M. 1961.

Schieder, Th./E. Deuerlein (Hrsg.): Reichsgründung 1870/71. Tatsachen, Kontroversen, Interpretationen, Stuttgart 1970.

Schieder, Th.: Das Deutsche Kaiserreich von 1871 als Nationalstaat, 2. Aufl., Göttingen 1992.

Schöllgen, G.: Das Zeitalter des Imperialismus, 3. Aufl., München 1994.

Stürmer, M.: Das ruhelose Reich. Deutschland 1866–1918, Berlin 1983.

Stürmer, M.: Die Reichsgründung. Deutscher Nationalstaat und europäisches Gleichgewicht im Zeitalter Bismarcks, München 1984.

Ullmann, H.-P.: Das Deutsche Kaiserreich 1871–1918, Frankfurt a. M. 1995.

Ullrich, V.: Als der Thron ins Wanken kam. Das Ende des Hohenzollernreiches 1890–1918, Bremen 1993.

Wehler, H.-U: Das Deutsche Kaiserreich 1871–1918, 6. Aufl., Göttingen 1988.

Wehler, H.-U.: Deutsche Gesellschaftsgeschichte, Bd. III: Von der »Deutschen Doppelrevolution« bis zum Beginn des Ersten Weltkrieges 1849–1914, München 1995.

Wehler, H.-U.: Krisenherde des Kaiserreichs 1871–1918. Studien zur deutschen Sozial- und Verfassungsgeschichte, 2. Aufl., Göttingen 1979.

Willms, J.: Nationalismus ohne Nation. Deutsche Geschichte 1789–1914, Düsseldorf 1988.

Winkler, H. A.: Liberalismus und Antiliberalismus. Studien zur politischen Sozialgeschichte des 19. und 20. Jahrhunderts, Göttingen 1979.

Winkler, H. A.: Weimar 1918–1933. Die Geschichte der ersten deutschen Demokratie, München 1993.

Zechlin, E.: Die Reichsgründung, Frankfurt a. M.-Berlin 1967.

Wirtschaft, Wirtschaftspolitik, Interessenverbände

Barth, B.: Die deutsche Hochfinanz und die Imperialismen. Banken und Außenpolitik vor 1914, Stuttgart 1995.

Böhme, H.: Deutschlands Weg zur Großmacht. Studien zum Verhältnis von Wirtschaft und Staat während der Reichsgründungszeit, Köln 1966.

Born, K. E.: Wirtschafts- und Sozialgeschichte des Deutschen Kaiserreichs (1867/71–1914), Stuttgart 1985.

Feldman, G. D.: Armee, Industrie und Arbeiterschaft in Deutschland 1914 bis 1918, Berlin-Bonn 1985.

Feldman, G. D.: The Great Disorder. Politics, Economies and Society in the German Inflation 1914–1924, New York-Oxford 1993.

Flemming, J.: Landwirtschaftliche Interessen und Demokratie. Ländliche Gesellschaft, Agrarverbände und Staat 1890–1925, Bonn 1978.

Gall, L. u. a.: Die Deutsche Bank 1870–1995, München 1995.

Hentschel, V.: Wirtschaft und Wirtschaftspolitik im wilhelmischen Deutschland. Organisierter Kapitalismus und Interventionsstaat, Stuttgart 1978.

Horn, H.: Der Kampf um den Bau des Mittellandkanals. Eine politologische Untersuchung über die Rolle eines wirtschaftlichen Interessenverbandes im Preußen Wilhelms II., Köln und Opladen 1964.

Kaelble, H.: Industrielle Interessenpolitik in der wilhelminischen Gesellschaft. Centralverband Deutscher Industrieller 1895–1914, Berlin 1967.

Kocka, J.: Unternehmensverwaltung und Angestelltenschaft am Beispiel Siemens 1847 bis 1914. Zum Verhältnis von Kapitalismus und Bürokratie in der deutschen Industrialisierung, Stuttgart 1969.

Landes, D. S.: Der entfesselte Prometheus. Technologischer Wandel und industrielle Entwicklung in Westeuropa von 1750 bis zur Gegenwart, München 1983.

Machtan, L.: Streiks im frühen Kaiserreich, Frankfurt a. M. 1983.

Mielke, S.: Der Hansa-Bund für Gewerbe, Handel und Industrie 1909–1914. Der gescheiterte Versuch einer antifeudalen Sammlungsfront, Göttingen 1976.

Pierenkemper, T.: Die westfälischen Schwerindustriellen 1852–1913, Göttingen 1979.

Puhle, H.-J.: Agrarische Interessenpolitik und preußischer Konservatismus im wilhelminischen Reich (1893–1914), 2. Aufl., Bonn-Bad Godesberg 1975.

Roesler, K.: Die Finanzpolitik des Deutschen Reiches im Ersten Weltkrieg, Berlin 1967.

Rosenberg, H.: Große Depression und Bismarckzeit. Wirtschaftsablauf, Gesellschaft und Politik in Mitteleuropa, Berlin 1967.

Schmidt, D.: Massenhafte Produktion? Produkte, Produktion und Beschäftigte im Stammwerk von Siemens vor 1914, Münster 1993.

Stegmann, D.: Die Erben Bismarcks. Parteien und Verbände in der Spätphase des wilhelminischen Deutschlands, Köln-Berlin 1970.

Tilly, R. H.: Vom Zollverein zum Industriestaat. Die wirtschaftlich-soziale Entwicklung Deutschlands 1834 bis 1914, München 1990.

Ullmann, H.-P.: Der Bund der Industriellen. Organisation, Einfluß und Politik klein- und mittelbetrieblicher Industrieller im Deutschen Kaiserreich 1895–1914, Göttingen 1976.

Weitowitz, R.: Deutsche Politik und Handelspolitik unter Reichskanzler Leo von Caprivi 1890–1894, Düsseldorf 1978.

Wellhöner, V.: Großbanken und Industrie im Kaiserreich, Göttingen 1989.

Welskopp, Th.: Arbeit und Macht im Hüttenwerk. Arbeits- und industrielle Beziehungen in der deutschen und amerikanischen Eisen- und Stahlindustrie von den 1860er bis zu den 1930er Jahren, Bonn 1994.

Zunkel, F.: Industrie und Staatssozialismus. Der Kampf um die Wirtschaftsordnung in Deutschland, Düsseldorf 1974.

Gesellschaft, Alltag, Mentalitäten

Ashworth, T.: Trench Warfare 1914–1918. The Live and Let Live System, London 1980.

Augustine, D. L.: Patricians and Parvenus. Wealth and High Society in Wilhelmine Germany, Oxford-Providence 1994.

Ay, K.-L.: Die Entstehung einer Revolution. Die Volksstimmung in Bayern während des Ersten Weltkrieges, Berlin 1968.

Bade, K. J. (Hrsg.): Deutsche im Ausland – Fremde in Deutschland. Migration in Geschichte und Gegenwart, München 1992.

Beier, R.: Frauenarbeit und Frauenalltag im Deutschen Kaiserreich. Heimarbeiterinnen in der Berliner Bekleidungsindustrie 1880–1914, Frankfurt a. M.-New York 1983.

Benz, W./W. Bergmann (Hrsg.): Vorurteil und Völkermord. Entwicklungslinien des Antisemitismus, Freiburg-Basel-Wien 1997.

Berding, H.: Moderner Antisemitismus in Deutschland, Frankfurt a. M. 1988.

Bering, D.: Der Name als Stigma. Antisemitismus im deutschen Alltag 1812–1933, Stuttgart 1987.

Berliner Geschichtswerkstatt (Hrsg.): August 1914. Ein Volk zieht in den Krieg, Berlin 1989.

Boll, F.: Massenbewegungen in Niedersachsen 1906–1920, Bonn 1981.

Bourdieu, P.: Die feinen Unterschiede. Kritik der gesellschaftlichen Urteilskraft, Frankfurt a. M. 1984.

Braun, R./D. Gugerli: Macht des Tanzes – Tanz der Mächtigen. Hoffeste und Herrschaftszeremoniell 1550–1914, München 1994.

Brüggemeier, F. J.: Leben vor Ort. Ruhrbergleute und Ruhrbergbau 1889–1919, München 1983.

Budde, G.-F.: Auf dem Weg ins Bürgerleben. Kindheit und Erziehung in deutschen und englischen Bürgerfamilien 1840–1914, Göttingen 1994.

Chickering, R.: We Men Who Feel Most German. A Cultural Study of the Pan-German League, 1886–1914, Boston 1984.

Daniel, U.: Arbeiterfrauen in der Kriegsgesellschaft. Beruf, Familie und und Politik im Ersten Weltkrieg, Göttingen 1989.

Dann, O.: Nation und Nationalismus in Deutschland 1770–1990, München 1993.

Deist, W.: Militär, Staat und Gesellschaft. Studien zur preußisch-deutschen Militärgeschichte, München 1991.

Doerry, M.: Übergangsmenschen. Die Mentalität der Wilhelminer und die Krise des Kaiserreichs, Weinheim und München 1986.

Dülffer, J./K. Holl: Bereit zum Krieg. Kriegsmentalität im wilhelminischen Deutschland 1890–1914, Göttingen 1986.

Elias, N.: Studien über die Deutschen. Machtkämpfe und Habitusentwicklung im 19. und 20. Jahrhundert, Frankfurt a. M. 1989.

Elm, L./D. Heither/G. Schäfer (Hrsg.): Füxe, Burschen, Alte Herren. Studentische Korporationen vom Wartburgfest bis heute, Köln 1992.

Engelhardt, U.: »Bildungsbürgertum«. Begriffs- und Dogmengeschichte eines Etiketts, Stuttgart 1986.

Evans, R. J.: The Feminist Movement in Germany 1894–1933, London 1976.

Evans, R. J.: Sozialdemokratie und Frauenemanzipation im deutschen Kaiserreich, Berlin-Bonn 1979.

Evans, R. J.: Tod in Hamburg. Stadt, Gesellschaft und Politik in den Cholera-Jahren 1830–1910, Reinbek bei Hamburg 1990.

Franke, B.: Die Kleinbürger. Begriff, Ideologie und Politik, Frankfurt a. M.-New York 1988.

Frevert, U.: Frauen-Geschichte. Zwischen bürgerlicher Verbesserung und Neuer Weiblichkeit, Frankfurt a. M. 1986.

Frevert, U.: Ehrenmänner. Das Duell in der bürgerlichen Gesellschaft, München 1991.

Frevert, U.: »Mann und Weib, und Weib und Mann.« Geschlechter-Differenzen in der Moderne, München 1995.

Gailus, M. (Hrsg.): Pöbelexzesse und Volkstumulte in Berlin. Zur Sozialgeschichte der Straße (1830–1980), Berlin 1984.

Gall, L.: Bürgertum in Deutschland, Berlin 1989.

Gay, P.: Erziehung der Sinne. Sexualität im bürgerlichen Zeitalter, München 1986.

Gay, P.: Die zarte Leidenschaft. Liebe im bürgerlichen Zeitalter, München 1987.

Gay, P.: Kult der Gewalt. Aggression im bürgerlichen Zeitalter, München 1996.

Gellately, R.: The Politics of Economic Despair: Shopkeepers and German Politics 1890–1914, London-Beverly Hills 1974.

Gerhard, U.: Verhältnisse und Verhinderungen. Frauenarbeit, Familie und Rechte der Frauen im 19. Jahrhundert, Frankfurt a. M. 1978.

Grüttner, M.: Arbeitswelt an der Wasserkante. Sozialgeschichte der Hamburger Hafenarbeiter 1886–1914, Göttingen 1984.

Haefs, G./K. Gille: Von Sittenstrenge und Aufbegehren. Die wilhelminische Zeit, Hamburg 1994.

Hamel, I.: Völkischer Verband und nationale Gewerkschaft. Die Politik des »Deutschnationalen Handlungsgehilfen-Verbandes« 1893–1933, Frankfurt a. M. 1966.

Heid, L.: Maloche – nicht Mildtätigkeit. Ostjüdische Arbeiter in Deutschland 1914–1933, Hildesheim-Zürich-New York 1995.

Heither, D./M. Gehler/A. Kürth/G. Schäfer: Blut und Paukboden. Eine Geschichte der Burschenschaften, Frankfurt a. M. 1997.

Herbert, U.: Geschichte der Ausländerbeschäftigung in Deutschland 1880 bis 1980, Berlin-Bonn 1986.

Herbert, U.: Arbeit, Volkstum, Weltanschauung. Über Freunde und Deutsche im 20. Jahrhundert, Frankfurt a. M. 1995.

Heß, K.: Junker und bürgerliche Großgrundbesitzer im Kaiserreich, Stuttgart 1990.

Hirschfeld, G./G. Krumeich (Hrsg.),: Keiner fühlt sich hier mehr als Mensch ... Erlebnis und Wirkung des Ersten Weltkriegs, Essen 1993.

Hirschfeld, G./G. Krumeich/D. Langewiesche/H.-P. Ullmann (Hrsg.): Kriegserfahrungen. Studien zur Sozial- und Mentalitätsgeschichte des Ersten Weltkriegs, Essen 1997.

Hölscher, L.: Weltgericht oder Revolution. Protestantische und sozialistische Zukunftsvorstellungen im deutschen Kaiserreich, Stuttgart 1989.

Holl, K.: Pazifismus in Deutschland, Frankfurt a. M. 1988.

Jahr, Chr./U. Mai/K. Roller (Hrsg.): Feindbilder in der deutschen Geschichte, Berlin 1994.

Jeismann, M.: Das Vaterland der Feinde. Studien zum nationalen Feindbegriff und Selbstverständnis in Deutschland und Frankreich 1792–1918, Stuttgart 1992.

Jochmann, W.: Gesellschaftskrise und Judenfeindschaft in Deutschland 1870–1945, Hamburg 1988.

John, H.: Das Reserveoffizierskorps im Deutschen Kaiserreich 1890–1914, Frankfurt a. M.-New York 1981.

Kaelble, H.: Soziale Mobilität und Chancengleichheit im 19. und 20. Jahrhundert, Göttingen 1983.

Kampe, N.: Studenten und »Judenfrage« im Deutschen Kaiserreich. Die Entstehung der akademischen Trägerschicht des Antisemitismus, Göttingen 1988.

Kaschuba, W.: Lebenswelt und Kultur der unterbürgerlichen Schichten im 19. und 20. Jahrhundert, München 1990.

Kaudelka-Hanisch, K.: Preußische Kommerzienräte in der Provinz Westfalen und im Regierungsbezirk Düsseldorf 1810–1918, Dortmund 1993.

Kitchen, M.: The German Officer Corps 1890–1914, Oxford 1968.

Kundrus, B.: Kriegerfrauen. Familienpolitik und Geschlechterverhältnisse im Ersten Weltkrieg, Hamburg 1995.

Kocka, J.: Die Angestellten in der deutschen Geschichte 1850–1980, Göttingen 1981.

Kocka, J. (Hrsg.): Bürger und Bürgerlichkeit im 19. Jahrhundert, Göttingen 1987.

Kocka, J.: Klassengesellschaft im Krieg. Deutsche Sozialgeschichte 1914–1918, Frankfurt a. M. 1988.

Kocka, J. (Hrsg.): Bürgertum im 19. Jahrhundert, 3 Bde., Göttingen 1995.

Köllmann, W.: Bevölkerung in der industriellen Revolution. Studien zur Bevölkerungsgeschichte Deutschlands, Göttingen 1974.

Lenger, F.: Sozialgeschichte der deutschen Handwerker seit 1800, Frankfurt a. M. 1988.

Lieven, D.: Abschied von Macht und Würden. Der europäische Adel 1915–1914, Frankfurt a. M. 1995.

Lindenberger, Th.: Straßenpolitik. Zur Sozialgeschichte der öffentlichen Ordnung in Berlin 1900 bis 1914, Bonn 1995.

Lüdtke, A.: Eigen-Sinn. Fabrikarbeit, Arbeitererfahrungen und Politik vom Kaiserreich bis in den Faschismus, Hamburg 1993.

Lohalm, U.: Völkischer Radikalismus. Die Geschichte des Deutsch-Völkischen Schutz- und Trutzbundes 1919–1923, Hamburg 1970.

Mai, G. (Hrsg.): Arbeiterschaft in Deutschland 1914–1918, Düsseldorf 1985.

Mayer, A. J.: Adelsmacht und Bürgertum. Die Krise der europäischen Gesellschaft 1848–1914, München 1984.

McAleer, K.: Dueling. The Cult of Honour in Fin-de-Siècle Germany, Princeton 1994.

Meynert, J./J. Mooser/V. Rodekamp (Hrsg.): Unter Pickelhaube und Zylinder. Das östliche Westfalen im Zeitalter des Wilhelminismus 1888–1914, Bielefeld 1991.

Moeller, R. G.: German Peasants and Agrarian Politics, 1914–1924. The Rhineland and Westphalia, Chapel Hill and London 1986.

Mosse, G. L.: Die Nationalisierung der Massen. Politische Symbolik und Massenbewegungen in Deutschland von den Napoleonischen Kriegen bis zum Dritten Reich, Frankfurt a. M.-Berlin 1976.

Mosse, G. L.: Das Bild des Mannes. Zur Konstruktion der modernen Männlichkeit, Frankfurt a. M. 1997.

Nienhaus, U.: Berufsstand weiblich. Die ersten weiblichen Angestellten, Berlin 1982.

Pierenkemper, T.: Arbeitsmarkt und Angestellte im deutschen Kaiserreich 1880–1913, Stuttgart 1987.

Quidde, L.: Caligula. Schriften über Militarismus und Pazifismus, hrsg. von H.-U. Wehler, Frankfurt a. M. 1977.

Reif, H. (Hrsg.): Ostelbische Agrargesellschaft im Kaiserreich und in der Weimarer Republik, Berlin 1994.

Reulecke, J.: Geschichte der Urbanisierung in Deutschland, Frankfurt a. M. 1985.

Ritter, G. A./K. Tenfelde: Arbeiter im Deutschen Kaiserreich 1871 bis 1914, Bonn 1992.

Roerkohl, A.: Hungerblockade und Heimatfront. Die kommunale Lebensmittelversorgung in Westfalen während des Ersten Weltkriegs, Stuttgart 1991.

Rohkrämer, Th.: Der Militarismus der »kleinen Leute«. Die Kriegervereine im Deutschen Kaiserreich 1871–1914, München 1990.

Rürup, R.: Emanzipation und Antisemitismus. Studien zur »Judenfrage« in der bürgerlichen Gesellschaft, Göttingen 1975.

Ruppert, W. (Hrsg.): Die Arbeiter. Lebensform, Alltag und Kultur, München 1986.
Sachße, Chr.: Mütterlichkeit als Beruf. Sozialarbeit, Sozialreform und Frauenbewegung 1871–1929, Frankfurt a.M. 1986.
Saldern, A. von: Häuserleben. Zur Geschichte städtischen Arbeiterwohnens vom Kaiserreich bis heute, Bonn 1995.
Schumann, D.: Bayerns Unternehmer in Gesellschaft und Staat, 1834–1914, Göttingen 1992.
Studier, M.: Der Corpsstudent als Idealbild der wilhelminischen Ära. Untersuchungen zum Zeitgeist 1888 bis 1914, Schernfeld 1990.
Ullrich, V.: Kriegsalltag. Hamburg im ersten Weltkrieg, Köln 1982.
Volkov, Sh.: Jüdisches Leben und Antisemitismus im 19. und 20. Jahrhundert, München 1990.
Vondung, K. (Hrsg.): Das wilhelminische Bürgertum, Göttingen 1976.
Walser, K.: Dienstmädchen. Frauenarbeit und Weiblichkeitsbilder um 1900, Frankfurt a.M. 1985.
Weber-Kellermann, I.: Landleben im 19. Jahrhundert, München 1989.
Wehler, H.-U. (Hrsg.): Moderne deutsche Sozialgeschichte, Köln-Berlin 1966.
Wehler, H.-U. (Hrsg.): Europäischer Adel 1750–1950, Göttingen 1990.
Wette, W. (Hrsg.): Der Krieg des kleinen Mannes. Eine Militärgeschichte von unten, München-Zürich 1992.
Wierling, D.: Mädchen für alles. Arbeitsalltag und Lebensgeschichte städtischer Dienstmädchen um die Jahrhundertwende, Berlin-Bonn 1987.
Winkler, H.A.: Zwischen Marx und Monopolen. Der deutsche Mittelstand vom Kaiserreich zur Bundesrepublik, Frankfurt a.M. 1991.
Ziemann, B.: Front und Heimat. Ländliche Kriegserfahrungen im südlichen Bayern 1914–1923, Essen 1997.
Zmarzlik, H.-G.: Das Bismarck-Bild der Deutschen – gestern und heute, Freiburg 1967.

Außen-, Innen-, Sozial- und Militärpolitik

Bade, K.J.: Friedrich Fabri und der Imperialismus der Bismarckzeit. Revolution – Depression – Expansion, Freiburg 1975.
Baumgart, W.: Deutsche Ostpolitik. Von Brest-Litowsk bis zum Ende des Ersten Weltkrieges, Wien und München 1966.
Berghahn, V.R.: Der Tirpitz-Plan. Genesis und Verfall einer innenpolitischen Krisenstrategie unter Wilhelm II., Düsseldorf 1971.
Berlepsch, H.-J. von: »Neuer Kurs« im Kaiserreich? Die Arbeiterpolitik des Freiherrn von Berlepsch 1890 bis 1896, Bonn 1987.
Bieber, H.J.: Gewerkschaften in Krieg und Revolution. Arbeiterbewegung, Staat und Militär in Deutschland 1914–1920, 2 Bde., Hamburg 1981.

Bihl, W. D.: Die Kaukasus-Politik der Mittelmächte, 2 Bde., Wien-Köln-Weimar 1992.

Birnbaum, K. E.: Peace Moves and U-Boat-Warfare. A Study of Imperial Germany's Policy towards the United States, Upsala 1958.

Blackbourn, D.: Volksfrömmigkeit und Fortschrittsglaube im Kulturkampf, Stuttgart 1988.

Blackbourn, D.: Marpingen. Apparition of the Virgin Mary in Bismarckian Germany, Oxford 1994.

Boldt, H.: Deutsche Verfassungsgeschichte. Politische Strukturen und Wandel, Bd. 2: Von 1806 bis zur Gegenwart, München 1990.

Born, K. E.: Staat und Sozialpolitik seit Bismarcks Sturz, Wiesbaden 1957.

Bley, H.: Kolonialherrschaft und Sozialstruktur in Deutsch-Südwestafrika 1884–1914, Hamburg 1968.

Boll, F.: Frieden ohne Revolution? Friedensstrategien der deutschen Sozialdemokratie vom Erfurter Programm bis zur Revolution von 1918, Bonn 1980.

Borowsky, P.: Deutsche Ukrainepolitik 1918 unter besonderer Berücksichtigung der Wirtschaftsfragen, Hamburg 1970.

Canis, K.: Von Bismarck zur Weltpolitik. Deutsche Außenpolitik 1890 bis 1902, Berlin 1997.

Conze, W.: Polnische Nation und deutsche Politik im Ersten Weltkrieg, Köln-Graz 1958.

Dreyer, M./O. Lembcke: Die deutsche Diskussion um die Kriegsschuldfrage 1918/19, Berlin 1993.

Dülffer, J./M. Kröger/R.-H. Wippich: Vermiedene Kriege. Deeskalation von Konflikten der Großmächte zwischen Krimkrieg und Erstem Weltkrieg (1856–1914), München 1997.

Epkenhans, M.: Die wilhelminische Flottenrüstung 1908–1914. Weltmachtstreben, industrieller Fortschritt und soziale Integration, München 1991.

Eschenburg, Th.: Das Kaiserreich am Scheidewege. Bassermann, Bülow und der Block, Berlin 1929.

Fehrenbach, E,: Wandlungen des deutschen Kaisergedankens 1871–1918, München 1969.

Fellner, F.: Vom Dreibund zum Völkerbund. Studien zur Geschichte der internationalen Beziehungen 1882–1919, München 1994.

Fesser, G.: Der Traum vom Platz an der Sonne. Deutsche »Weltpolitik« 1897–1914, Bremen 1996.

Fischer, F.: Griff nach der Weltmacht. Die Kriegszielpolitik des kaiserlichen Deutschland 1914/18, Düsseldorf 1961.

Fischer, F.: Krieg der Illusionen. Die deutsche Politik von 1911 bis 1914, Düsseldorf 1969.

Förster, St.: Der doppelte Militarismus. Die deutsche Heeresrüstungspolitik zwischen Status-quo-Sicherung und Aggression 1890–1913, Stuttgart 1985.

Fricke, D.: Bismarcks Prätorianer. Die Berliner politische Polizei im Kampf gegen die deutsche Arbeiterbewegung (1871–1898), Berlin 1962.

Geiss, I.: Der polnische Grenzstreifen 1914–1918. Ein Beitrag zur deutschen Kriegszielpolitik im Ersten Weltkrieg, Lübeck und Hamburg 1960.

Groh, D.: Negative Integration und revolutionärer Attentismus. Die deutsche Sozialdemokratie am Vorabend des Ersten Weltkrieges, Frankfurt a. M. 1974.

Groh, D./P. Brandt: Vaterlandslose Gesellen. Sozialdemokratie und Nation 1860–1990, München 1992.

Hagenlücke, H.: Deutsche Vaterlandspartei. Die nationale Rechte am Ende des Kaiserreichs, Düsseldorf 1997.

Hahlweg, W.: Der Diktatfrieden von Brest-Litowsk 1918 und die bolschewistische Weltrevolution, Münster 1960.

Hayashima, A.: Die Illusion des Sonderfriedens. Deutsche Verständigungspolitik mit Japan im ersten Weltkrieg, München-Wien 1982.

Heinemann, U.: Die verdrängte Niederlage. Politische Öffentlichkeit und Kriegsschuldfrage in der Weimarer Republik, Görttingen 1983.

Hildebrand, K.: No Intervention. Die Pax Britannica und Preußen 1856/66–1869/70. Eine Untersuchung zur englischen Weltpolitik im 19. Jahrhundert, München 1997.

Holl, K./G. List (Hrsg.): Liberalismus und imperialistischer Staat, Göttingen 1975.

Hull, I. V.: The Entourage of Kaiser Wilhelm II., 1888–1918, Cambridge 1982.

Janßen, K. H.: Macht und Verblendung. Kriegszielpolitik der deutschen Bundesstaaten 1914–1918, Göttingen-Berlin-Frankfurt a. M.-Zürich 1963.

Janßen, K. H.: Der Kanzler und der General. Die Führungskrise um Bethmann Hollweg und Falkenhayn (1914–1916), Göttingen-Berlin-Frankfurt a. M.-Zürich 1967.

Kennan, G. F.: Die schicksalhafte Allianz. Frankreich und Rußland am Vorabend des Ersten Weltkrieges, Köln 1990.

Kruse, W.: Krieg und nationale Integration. Eine Neuinterpretation des sozialdemokratischen Burgfriedensschlusses 1914/15, Essen 1994.

Kühne, Th.: Dreiklassenwahlrecht und Wahlkultur in Preußen 1867–1914, Düsseldorf 1994.

Lahme, R.: Deutsche Außenpolitik 1890–1894. Von der Gleichgewichtspolitik Bismarcks zur Allianzstrategie Caprivis, Göttingen 1990.

Lange, K.: Marneschlacht und deutsche Öffentlichkeit 1914–1939. Eine verdrängte Niederlage und ihre Folgen, Düsseldorf 1974.

Langewiesche, D.: Liberalismus in Deutschland, Frankfurt a. M. 1988.

Lappenküper, U.: Die Mission Radowitz. Untersuchungen zur Rußlandpolitik Otto von Bismarcks (1871–1875), Göttingen 1990.

Lemke, H.: Allianz und Rivalität. Die Mittelmächte und Polen im ersten Weltkrieg, Berlin 1977.

Lerman, K. A.: The Chancellor as Courtier. Bernhard von Bülow and the Governance of German, 1900–1909, Cambridge 1990.

Lösche, P.: Kleine Geschichte der deutschen Parteien, Stuttgart-Berlin-Köln 1993.

Loth, W.: Katholiken im Kaiserreich. Der politische Katholizismus in der Krise des wilhelminischen Deutschlands, Düsseldorf 1984.

Mai, G.: Das Ende des Kaiserreichs. Politik und Kriegführung im Ersten Weltkrieg, München 1987.

Meyer, Th.: »Endlich eine Tat, eine befreiende Tat...« Alfred von Kiderlen-Wächters »Panthersprung nach Agadir« unter dem Druck der öffentlichen Meinung, Husum 1996.

Miller, S.: Burgfrieden und Klassenkampf. Die deutsche Sozialdemokratie im Ersten Weltkrieg, Düsseldorf 1974.

Mommsen, W. J.: Max Weber und die deutsche Politik 1890–1920, 2. Aufl., Tübingen 1974.

Nipperdey, Th.: Die Organisation der deutschen Parteien vor 1918, Düsseldorf 1961.

Oncken, E.: Panthersprung nach Agadir. Die deutsche Politik während der Zweiten Marokkokrise 1911, Düsseldorf 1981.

Oppelland, T.: Reichstag und Außenpolitik im Ersten Weltkrieg. Die deutschen Parteien und die Politik der USA 1914–1918, Düsseldorf 1995.

Patemann, R.: Der Kampf um die preußische Wahlrechtsreform im Ersten Weltkrieg, Düsseldorf 1964.

Peters, M.: Der Alldeutsche Verband am Vorabend des Ersten Weltkrieges (1908–1914), Frankfurt a. M.-Bern-New York-Paris 1992.

Rauh, M.: Föderalismus und Parlamentarismus im wilhelminischen Reich, Düsseldorf 1973.

Rauh, M.: Die Parlamentarisierung des Deutschen Reiches, Düsseldorf 1977.

Rauchensteiner, M.: Der Tod des Doppeladlers. Österreich-Ungarn und der Erste Weltkrieg, Graz-Wien-Köln 1993.

Ribhegge, W.: Frieden für Europa. Die Politik der deutschen Reichstagsmehrheit 1917–18, Essen 1988.

Ritter, G.: Der Schlieffenplan. Kritik eines Mythos, München 1956.

Ritter, G.: Staatskunst und Kriegshandwerk, Bd. III/IV, München 1964–68.

Ritter, G. A.: Die Arbeiterbewegung im wilhelminischen Reich. Die Sozialdemokratische Partei und die Freien Gewerkschaften 1890–1900, Berlin 1959.

Ritter, G. A. unter Mitarbeit von M. Niehuss: Wahlgeschichtliches Arbeitsbuch. Materialien zur Statistik des Kaiserreichs 1871–1918, München 1980.

Ritter, G. A.: Sozialversicherung in Deutschland und England. Entstehung und Grundzüge im Vergleich, München 1983.

Ritter, G. A.: Die deutschen Parteien 1830–1914. Parteien und Gesellschaft im konstitutionellen Regierungssystem, Göttingen 1985.

Röhl, J. C. G.: Deutschland ohne Bismarck. Die Regierungskrise im Zweiten Kaiserreich 1890–1900, Tübingen 1969.

Röhl, J. C. G.: Kaiser, Hof und Staat. Wilhelm II. und die deutsche Politik, München 1987.

Rosenbach, H.: Das Deutsche Reich, Großbritannien und der Transvaal (1896–1902), Göttingen 1993.

Roth, G.: The Social Democrats in Imperial Germany. A Study in Working-Class Isolation and National Integration, Totowa 1963.

Saul, K.: Staat, Industrie und Arbeiterbewegung im Kaiserreich. Zur Innen- und Sozialpolitik des Wilhelminischen Deutschland 1903–1914, Düsseldorf 1974.

Schmidt, R. F.: Die gescheiterte Allianz. Österreich-Ungarn, England und das Deutsche Reich in der Ära Andrassy (1867 bis 1878/79), Frankfurt a. M.-Bern-New York-Paris 1992.

Schöllgen, G.: Imperialismus und Gleichgewicht. Deutschland, England und die orientalische Frage 1871–1914, München 1984.

Schöllgen, G. (Hrsg.): Flucht in den Krieg? Die Außenpolitik des kaiserlichen Deutschland, Darmstadt 1991.

Schulte, B. F.: Europäische Krise und Erster Weltkrieg. Beiträge zur Militärpolitik des Kaiserreichs 1871–1914, Frankfurt a. M. 1983.

Seeber, G.: Zwischen Bebel und Bismarck. Zur Geschichte des Linksliberalismus in Deutschland 1871–1893, Berlin 1965.

Sheehan, J. S.: Der deutsche Liberalismus. Von den Anfängen im 18. Jahrhundert bis zum Ersten Weltkrieg 1770–1914, München 1983.

Soutou, G.-H.: L'or et sang. Les buts de guerre économiques de la Première Guerre mondiale, Paris 1989.

Steglich, W.: Bündnissicherung oder Verständigungsfrieden. Untersuchungen zu dem Friedensangebot der Mittelmächte vom 12. Dezember 1916, Göttingen-Berlin-Frankfurt a. M. 1958.

Steglich, W.: Die Friedenspolitik der Mittelmächte 1917/18, Bd. I, Wiesbaden 1964.

Steinberg, H. J.: Sozialismus und deutsche Sozialdemokratie. Zur Ideologie der Partei vor dem 1. Weltkrieg, Bonn-Bad Godesberg 1976.

Stenkewitz, K.: Gegen Bajonett und Dividende. Die politische Krise in Deutschland am Vorabend des ersten Weltkrieges, Berlin 1960.

Strazhas, A.: Deutsche Ostpolitik im Ersten Weltkrieg. Der Fall Oberost 1915–1917, Wiesbaden 1993.

Stribrny, W.: Bismarck und die deutsche Politik nach seiner Entlassung (1890–1898), Paderborn 1977.

Stürmer, M.: Regierung und Reichstag im Bismarckstaat 1871–1880. Cäsarismus und Parlamentarismus, Düsseldorf 1974.

Vogel, B.: Deutsche Rußlandpolitik. Das Scheitern der deutschen Weltpolitik unter Bülow 1900–1906, Düsseldorf 1973.

Wehler, H.-U: Bismarck und der Imperialismus, 4. Aufl., München 1976.

Wende, F.: Die belgische Frage in der deutschen Politik des Ersten Weltkrieges, Hamburg 1969.

Wernecke, K.: Der Wille zur Weltgeltung. Außenpolitik und Öffentlichkeit im Kaiserreich am Vorabend des Ersten Weltkrieges, Düsseldorf 1970.

Wieland, L.: Belgien 1914. Die Frage des Franktireurkrieges und die deutsche öffentliche Meinung von 1914 bis 1936, Frankfurt a. M. 1984.

Winterhager, W. E.: Mission für den Frieden. Europäische Mächtepolitik und dänische Friedensvermittlung im Ersten Weltkrieg. Vom August 1914 bis zum italienischen Kriegseintritt Mai 1915, Stuttgart 1984.

Winzen, P.: Bülows Weltmachtkonzept. Untersuchungen zur Frühphase seiner Außenpolitik, Boppard 1977.

Witt, P. Chr.: Die Finanzpolitik des Deutschen Reiches von 1903 bis 1913. Eine Studie zur Innenpolitik des wilhelminischen Deutschland, Lübeck und Hamburg 1970.

Wolter, H.: Bismarcks Außenpolitik 1871–1881. Außenpolitische Grundlinien von der Reichsgründung bis zum Dreikaiserbündnis, Berlin 1983.

Wormer, K.: Großbritannien, Rußland und Deutschland. Studien zur britischen Weltreichpolitik am Vorabend des Ersten Weltkriegs, München 1980.

Zechlin, E.: Die deutsche Politik und die Juden im Ersten Weltkrieg, Göttingen 1969.

Zechlin, E.: Krieg und Kriegsrisiko. Zur deutschen Politik im Ersten Weltkrieg. Aufsätze, Düsseldorf 1979.

Zmarzlik, H. G.: Bethmann Hollweg als Reichskanzler 1909–1914, Düsseldorf 1957.

Kultur, Bildung, Wissenschaft

Amann, K./K. Wagner (Hrsg.): Literatur und Nation. Die Gründung des Deutschen Reiches in der deutschsprachigen Literatur, Wien-Köln-Weimar 1996.

Bartmann, D.: Anton von Werner. Zur Kunst und Kunstpolitik im Deutschen Kaiserreich, Berlin 1985.

Bartmann, D. (Hrsg.): Anton von Werner. Geschichte in Bildern, München 1993.

Becker, H./G. Kluchert: Die Bildung der Nation. Schule, Gesellschaft und Politik vom Kaiserreich zur Weimarer Republik, Stuttgart 1993.

Berg, Chr. (Hrsg.): Handbuch der deutschen Bildungsgeschichte, Bd. IV: 1870–1918, München 1991.

Boberg, J./T. Fichter/E. Gillen (Hrsg.): Die Metropole. Industriekultur in Berlin im 20. Jahrhundert, München 1986.

Bollenbeck, G.: Bildung und Kultur. Glanz und Elend eines deutschen Deutungsmusters, Frankfurt a. M.–Leipzig 1994.

Bölling, R.: Sozialgeschichte der deutschen Lehrer. Ein Überblick von 1800 bis zur Gegenwart, Göttingen 1983.

Bruch, R. von: Wissenschaft, Politik und öffentliche Meinung. Gelehrtenpolitik im wilhelminischen Deutschland (1890–1914), Husum 1980.

Brüggemeier, F. J./Th. Rommelspacher (Hrsg.): Besiegte Natur. Geschichte der Umwelt im 19. und 20. Jahrhundert, München 1987.

Burchardt, L.: Wissenschaftspolitik im Wilhelminischen Deutschland. Vorgeschichte, Gründung und Aufbau der Kaiser-Wilhelm-Gesellschaft zur Förderung der Wissenschaften, Göttingen 1975.

Dörner, A.: Politischer Mythos und symbolische Politik. Sinnstiftung durch symbolische Formen, Opladen 1995.

Eksteins, M.: Tanz über Gräben. Die Geburt der Moderne und der Erste Weltkrieg, Reinbek bei Hamburg 1990.

Glaser, H.: Maschinenwelt und Alltagsleben. Industriekultur in Deutschland vom Biedermeier bis zur Weimarer Republik, Frankfurt a. M. 1981.

Glatzer, R.: Berlin wird Kaiserstadt. Panorama einer Metropole 1871–1890, Berlin 1993.

Glatzer, R.: Das Wilhelminische Berlin. Panorama einer Metropole 1890–1918, Berlin 1997.

Hammerstein, N.: Antisemitismus und deutsche Universitäten 1871–1933, Frankfurt a. M.-New York 1995.

Hardtwig, W.: Geschichtskultur und Wissenschaft, München 1990.

Hardtwig, W.: Nationalismus und Bürgerkultur in Deutschland 1500–1914, Göttingen 1994.

Hattenhauer, H.: Geschichte der deutschen Nationalsymbole. Zeichen und Bedeutung, 2. Aufl., München 1990.

Hepp, C.: Avantgarde. Moderne Kunst, Kulturpolitik und Reformbewegungen nach der Jahrhundertwende, München 1987.

Hübinger, G./W. J. Mommsen: Intellektuelle im Deutschen Kaiserreich, Frankfurt a. M. 1993.

Jarausch, K. H.: Deutsche Studenten 1800–1970, Frankfurt a. M. 1984.

Kleinau, E./C. Opitz (Hrsg.): Geschichte der Mädchen- und Frauenbildung, Bd. 2: Vom Vormärz bis zur Gegenwart, Frankfurt a. M.-New York 1996.

Köhler, J.: Wagners Hitler. Der Prophet und sein Vollstrecker, München 1997.

Kraul, M.: Das deutsche Gymnasium 1780–1980, Frankfurt a. M. 1984.

Kreimeier, K.: Die Ufa-Story. Geschichte eines Filmkonzerns, München-Wien 1992.

Kuchenbuch, Th.: Die Welt um 1900. Unterhaltungs- und Technikkultur, Stuttgart-Weimar 1992.

Lemmermann, H.: Kriegserziehung im Kaiserreich. Studien zur politischen Funktion von Schule und Schulmusik, 2 Bde., Bremen 1984.

Lenman, R.: Die Kunst, die Macht und das Geld. Zur Kulturgeschichte des kaiserlichen Deutschland 1871–1918, Frankfurt a. M.-New York 1994.

Maase, K.: Grenzenloses Vergnügen. Der Aufstieg der Massenkultur 1850–1970, Frankfurt a. M. 1997.

Mommsen, W. J. (Hrsg.): Kultur und Krieg. Die Rolle der Intellektuellen, Künstler und Schriftsteller im Ersten Weltkrieg, München 1996.

Mosse, G. L.: Gefallen für das Vaterland. Nationales Heldentum und namenloses Sterben, Stuttgart 1993.

Nitschke, A. u. a. (Hrsg.): Jahrhundertwende. Der Aufbruch in die Moderne 1880–1930, 2 Bde., Reinbek bei Hamburg 1990.

Paret, P.: Die Berliner Secession. Moderne Kunst und ihre Feinde im kaiserlichen Deutschland, Berlin 1981.

Requate, J.: Journalismus als Beruf. Entstehung und Entwicklung des Journalistenberufs im 19. Jahrhundert. Deutschland im internationalen Vergleich, Göttingen 1995.

Riedesser, R./A. Verderber: »Maschinengewehre hinter der Front«. Zur Geschichte der deutschen Militärpsychiatrie, Frankfurt a. M. 1996.

Ringer, F. K.: Die Gelehrten. Der Niedergang der deutschen Mandarine 1890–1933, München 1987.

Ritter, G. A.: Großforschung und Staat in Deutschland. Ein historischer Überblick, München 1992.

Rother, R. (Hrsg.): Die letzten Tage der Menschheit. Bilder des Ersten Weltkrieges, Berlin 1994.

Ruppert, W. (Hrsg.): Fahrrad, Auto, Fernsehschrank. Zur Kulturgeschichte der Alltagsdinge, Frankfurt a. M. 1993.

Schellack, F.: Nationalfeiertage in Deutschland von 1871 bis 1945, Frankfurt a. M.-Bern-New York-Paris 1990.

Schivelbuch, W.: Lichtblicke. Zur Geschichte der künstlichen Helligkeit im 19. Jahrhundert, Frankfurt a. M. 1986.

Schlör, J.: Nachts in der großen Stadt. Paris-Berlin-London 1840–1930, München und Zürich 1991.

Schneider, M.: Akademischer Hasard. Das Berufsschicksal des Professors und das Schicksal der deutschen Universität 1870–1920, Stuttgart 1994.

Schneider, U.: Politische Festkultur im 19. Jahrhundert. Die Rheinprovinz von der französischen Zeit bis zum Ende des Ersten Weltkrieges (1806–1918), Essen 1995.

Schwabe, K.: Wissenschaft und Kriegsmoral. Die deutschen Hochschullehrer und die politischen Grundfragen des Ersten Weltkrieges, Göttingen-Zürich-Frankfurt a. M. 1969.

Stather, M.: Die Kunstpolitik Wilhelms II., Konstanz 1994.

Stietencron, H. von/J. Rüpke (Hrsg.): Töten im Krieg, München 1995.

Strohmeyer, K.: Warenhäuser. Geschichte, Blüte und Untergang im Warenmeer, Frankfurt a. M. 1979.

Teeuwisse, N.: Vom Salon zur Secession. Berliner Kunstleben zwischen Tradition und Aufbruch zur Moderne 1871–1900, Berlin 1986.

Veltzke, V.: Vom Patron zum Paladin. Wagnervereinigungen im Kaiserreich von der Reichsgründung bis zur Jahrhundertwende, Bochum 1987.

Vierhaus, R./B. vom Brocke (Hrsg.): Forschung im Spannungsfeld von Politik und Gesellschaft. Geschichte und Struktur der Kaiser-Wilhelm-/Max-Planck-Gesellschaft, Stuttgart 1990.

Vogel, J.: Nationen im Gleichschritt. Der Kult der ›Nation in Waffen‹ in Deutschland und Frankreich, 1871–1914, Göttingen 1997.

Nachwort zur Neuausgabe
Neue Forschungen zum Kaiserreich

Das Deutsche Kaiserreich von 1871 erfreut sich nach wie vor des anhaltenden Interesses der nationalen und internationalen Geschichtswissenschaft. Über kaum eine Periode der deutschen Geschichte, mit Ausnahme der zwölf Jahre der nationalsozialistischen Diktatur, ist mittlerweile so intensiv geforscht worden. Dabei konnten die Historiker, wie Volker R. Berghahn in seiner Überblicksdarstellung »Das Deutsche Kaiserreich 1871 – 1914« (Stuttgart 2003, »Gebhardt: Handbuch zur deutschen Geschichte«, Band 16) zu Recht hervorhebt, von der »enormen Ausweitung der Perspektiven und Methoden« profitieren, welche die Historiographie in den vergangenen Jahrzehnten erlebte. Vor allem von der neuen Kulturgeschichte gingen zuletzt wichtige Anstöße aus. Sie hat, so Berghahn, »die Forschung über das Kaiserreich, bunter, vielseitiger und lebendiger gemacht«, ohne allerdings mit grundlegenden Neuinterpretationen aufwarten zu können.

Seit der Erstveröffentlichung des vorliegenden Buches im Herbst 1997 ist eine Vielzahl von Monographien und Quelleneditionen erschienen, die das hier gezeichnete Bild ergänzen und gelegentlich auch vertiefen. In der folgenden Skizze der Forschungsentwicklung kann es nicht darum gehen, alle Titel aufzuführen. Wer sich darüber informieren möchte, der sei auf das genannte Handbuch von Berghahn verwiesen und auf den Anschlussband von Wolfgang J. Mommsen: »Die Urkatastrophe Deutschlands. Der Erste Weltkrieg 1914–1918« (Stuttgart 2002). Vielmehr sollen vorwiegend solche Neuerscheinungen vorgestellt werden, die wichtige Trends der Forschung spiegeln und den Zugang zu neuen Einsichten öffnen.

Einen guten Überblick über den aktuellen Forschungsstand bietet der von Sven-Oliver Müller und Cornelius Torp herausgegebene Band »Das Deutsche Kaiserreich in der Kontroverse« (Göttingen 2009), der aus einer Konferenz anlässlich des 75. Geburtstages von Hans-Ulrich

Wehler im Januar 2007 hervorgegangen ist. Einmal mehr wird hier deutlich, wie sehr sich die Fragestellungen, Themen und Methoden in der Geschichtsschreibung zum Kaiserreich ausdifferenziert haben. Dass das Bild dadurch komplexer und vielschichtiger, zugleich aber auch in gewisser Weise unübersichtlicher wird – was eine historische Bilanz nicht einfacher macht –, unterstreicht auch Sönke Neitzel in der Einleitung des von ihm gemeinsam mit Bernd Heidenreich veröffentlichten Tagungsbandes »Das Deutsche Kaiserreich 1890–1914« (Paderborn 2011).

I. Bismarck und Bismarckreich

Otto von Bismarck hat es seinen Biographen nicht leicht gemacht. »Faust klagt über die zwei Seelen in seiner Brust; ich beherberge aber eine ganze Menge, die sich zanken. Es geht da zu wie in einer Republik«, gestand er einem seiner Vertrauten. »Das meiste, was sie sagen, teile ich mit. Es sind aber auch ganze Provinzen, in die ich nie einen anderen Menschen werde hineinsehen lassen.« Dennoch gibt es drei Biographien, die sich dem Begründer des kleindeutsch-großpreußischen Nationalstaates von 1871 auf bemerkenswerte Weise angenähert haben: Lothar Galls Darstellung des »weißen Revolutionärs« von 1980, der zum ersten Mal das Kunststück gelang, zwischen der Skylla der Bismarck-Verehrung und der Charybdis der Bismarck-Verdammung souverän hindurchzusteuern; Ernst Engelbergs zweibändiges Werk aus der Spätphase der DDR, das den preußischen Junker ohne ideologische Scheuklappen betrachtete; und schließlich die 1990 abgeschlossene und 1997 / 98 bei C. H. Beck in deutscher Übersetzung herausgebrachte Arbeit des amerikanischen Historikers Otto Pflanze, die stärker als die beiden anderen die komplizierte Persönlichkeit Bismarcks in den psychoanalytisch geschulten Blick nahm.

Jonathan Steinberg geht es in seiner Biographie »Bismarck. A Life« (New York 2011; auf Deutsch »Bismarck. Magier der Macht«, Berlin 2012), darum, den drei großen Vorgängern eine korrigierende Sicht entgegenzusetzen. Ein »neuer Begriff«, verkündet der US-Historiker, müsse her, um Bismarcks Lebensgeschichte zu erklären. Wie der lauten könnte, erläutert er im einführenden Kapitel: Bismarcks Macht habe nicht auf politischen Institutionen beruht, auch nicht auf einem stabilen gesellschaftlichen Rückhalt, sondern »auf der Souveränität eines außergewöhnlichen, gigantischen Selbst«. Darunter versteht der Autor eine geheimnisvolle, ja dämonische Fähigkeit, die es Bismarck erlaubt habe, sich über alle Schranken hinwegzusetzen und die Bühne in Preußen-Deutschland und danach in Europa zu dominieren. Nun wird niemand bestreiten, dass Bismarck ein Politiker von ungewöhnlichem Format war, ausgestattet mit einem robusten Machtwillen. Doch dass alles, was er durchsetzte, sich einzig und allein der magischen Anziehungskraft seiner Persönlichkeit verdankt haben soll – das ist eine Mystifikation, für die Bismarck selbst vermutlich nur milden Spott übrig gehabt hätte. Denn wie kaum ein anderer Politiker des 19. Jahrhunderts war er sich der Grenzen seines Handelns stets bewusst. Trotzdem kann man die Biographie mit Gewinn lesen. Denn Steinberg hat sich intensiv darum bemüht, auch weniger bekannte Zeugnisse von Zeitgenossen Bismarcks, Bewunderern und Gegnern, Deutschen und Ausländern, zusammenzutragen. In Tagebüchern, Briefen und Memoiren kommen sie ausgiebig zu Wort. Auf diese Weise gelingen immer wieder Momentaufnahmen, die Aufschluss geben über die frappierenden Widersprüche von Bismarcks Persönlichkeit.

Im Jahr 1924, kurz nach Überwindung der Hyperinflation, erschien der erste Band der »Gesammelten Werke« Otto von Bismarcks, bald nach dem Alterssitz des ehemaligen Reichskanzlers »Friedrichsruher Ausgabe« genannt. Die Edition sollte, wie es im Vorwort hieß, »ein Denkmal« sein, »das Deutschland in seiner tiefsten Erniedrigung dem Reichsgründer errichtet«. 1935, als der letzte der neunzehn großformatigen Bände herauskam, gehörte die viel geschmähte Weimarer Republik bereits der Geschichte an, jubelte der Bearbeiter Werner Frauendienst: »Wie eine Schicksalsfügung mutet es an, daß die Vollendung in eine neue Zeit fällt …, dem Dritten Reich wird das fertige Werk geschenkt.«

Schon immer waren die »Gesammelten Werke« ein Ärgernis, weil die tagespolitischen Absichten auch Auswahl und Kommentierung der Dokumente beeinflusst hatten. Deshalb ist es zu begrüßen, dass die

Otto-von-Bismarck-Stiftung sich vor einiger Zeit entschlossen hat, mit einer »Neuen Friedrichsruher Ausgabe« die Einseitigkeiten und Verzerrungen der alten zu korrigieren. Das Unternehmen konzentriert sich zunächst auf die Reichskanzlerschaft Bismarcks zwischen 1871 und 1890, die in der früheren Edition sträflich vernachlässigt wurde. Doch soll im Anschluss daran auch der gesamte Zeitraum vor 1871 neu bearbeitet und um eine Fülle bislang unbekannter Quellen ergänzt werden. Am Ende werden es wohl 30 Bände werden – ein ehrgeiziges Projekt, das mit dem 200. Geburtstag Bismarcks 2015 noch nicht zum Abschluss gebracht sein wird.

Bereits die ersten Bände (Abteilung III: 1871–1898; Schriften, Bd. 1: 1871–1873; Bd. 2: 1874–1876; Bd. 3: 1877–1878; Bd. 4:1879–1881; Bd. 5: 1882–1883; Bd. 6: 1884–1885; Paderborn 2004–2011) zeigen, wie sinnvoll die Anstrengung ist und welche Impulse davon auf die Bismarck-Forschung ausstrahlen werden. Viele Dokumente, aus den verschiedensten Archiven zusammengetragen, werden erstmals präsentiert. In ihrer Summe bieten sie zwar keine grundlegend neue Sicht auf die der Reichsgründung folgende Phase, doch treten manche Züge in Bismarcks Denken und Handeln schärfer hervor. Sowohl in der Außen- als auch in der Innenpolitik zeigt er sich keineswegs immer als rationaler, jederzeit kontrolliert agierender Machttaktiker, sondern auch als ein von irrationalen Ängsten getriebener Politiker, welcher der Dauerhaftigkeit der von ihm geschaffenen Ordnung nicht recht traute.

In seiner Edition »Bismarcks spanische ›Diversion‹ 1870 und der preußisch-deutsche Reichsgründungskrieg« (3 Bde., Paderborn 2003–2008) hat Josef Becker mit einer zählebigen Legende gebrochen: Es war nicht der französische Kaiser Napoleon III., sondern der preußische Ministerpräsident Otto von Bismarck, der 1870 zum Konflikt trieb. Auf der Basis eines überwältigenden Quellenmaterials kann Becker nachweisen, dass Bismarck die Kandidatur eines Hohenzollernprinzen für den spanischen Thron sehr zielstrebig als Lockmittel nutzte, um Frankreich in den Krieg hineinzuprovozieren – einen Krieg, den er brauchte, um die kleindeutsche Einigungspolitik aus der Sackgasse herauszuführen. Sein Kalkül ging auf: Am Ende stand Napoleon III. als Aggressor da, während sich der Preuße in der Rolle der verfolgten Unschuld aufführen durfte.

Kritisch fällt auch das Urteil von Konrad Canis aus. Der ehemalige DDR-Historiker hatte bereits mit seinem Buch »Von Bismarck zur Weltpolitik« (Berlin 1997) einen wichtigen Beitrag zur deutschen Außenpolitik der Nach-Bismarck-Ära geleistet. Sein anschließendes Werk »Bismarcks Außenpolitik 1870–1990« (Paderborn 2004) hält sich auf ähnlich hohem Niveau. Die Kernthese lautet: Die außenpolitische Existenz des Kaiserreichs war von Anfang an in einem größeren Ausmaß gefährdet, als es die Zeitgenossen damals erkennen konnten oder wahrhaben wollten. Der Reichskanzler wird geschildert als ein Politiker, der sich der Zerbrechlichkeit seiner Schöpfung wohl bewusst war. Dabei habe er sich keineswegs, wie der Autor – von gängigen Bismarck-Deutungen abweichend – darlegt, darauf beschränkt, das Deutsche Reich als »saturiert« zu erklären und vom Status quo als dem Maximum des Erreichbaren auszugehen. Vielmehr sei er ständig auf der Suche nach Alternativen gewesen, um die Stellung des Reiches auszubauen und zu sichern. Selbst der Gedanke an eine friedliche Vormacht in Europa habe ihm nicht so fern gelegen. »Es geht an der Sache vorbei, Bismarck als Kriegs- oder Friedenspolitiker sui generis zu bewerten. Die Sicherheit des Reiches stand ihm obenan.« Und diese Sicherheit blieb, das unterstreicht der Autor, auch in den Jahren zwischen 1879 und 1883 prekär, als Bismarck das Netz seines vielgepriesenen Bündnissystems knüpfte.

Am 9. April 1875 erschien in der Berliner »Post« ein Artikel mit der Überschrift »Ist der Krieg in Sicht?«. Dieser Artikel markierte den Auftakt einer diplomatischen Krise, an deren Ende Bismarck die empfindlichste Niederlage in seiner Karriere als Außenpolitiker hinnehmen musste. Johannes Janorschke ist in seinem Buch »Bismarck, Europa und die ›Krieg-in-Sicht‹-Krise von 1875« (Paderborn 2010) den Ursachen und den einzelnen Phasen der Krise nachgegangen. Gegenüber bislang vorliegenden Studien zeichnet sich die Arbeit durch eine intensive Einbeziehung aller beteiligten europäischen Großmächte aus. Bismarcks Verhalten in den kritischen Wochen wird als »politische Gratwanderung« beschrieben: Einerseits habe er einen offenen Konflikt mit Frankreich vermeiden, andererseits aber auch das auf Revanche für die Niederlage von 1870 sinnende Nachbarland zwingen wollen, von seinen forcierten Rüstungsanstrengungen Abstand zu nehmen. Gerade durch diese doppelgleisige Strategie habe er aber den Argwohn der übrigen Mächte erregt, dass er mehr im Schilde führe, als nur eine Drohkulisse aufzubauen. Sie nutzten die Chance, um dem Reichskanzler Grenzen aufzuzeigen und ihren eigenen Interessen Geltung zu verschaffen. Daraus leitet der Autor den Schluss ab: »Das Maß, in dem Bismarck die europäische Politik zu dominieren vermochte, hing ganz von dem Geschick der übrigen Mitspieler ab.«

Wie schwierig es für Bismarck war, den Primat der Politik auch gegenüber den »Halbgöttern« im Generalstab zu behaupten, das belegt Michael Schmid in einer umfangreichen Untersuchung: »Der ›Eiserne Kanzler‹ und die Generäle. Die deutsche Rüstungspolitik in der Ära Bismarck 1871–1890« (Paderborn 2002). Das Buch bietet vor allem Einblicke in das Denken der Militärs, die in den achtziger Jahren zunehmend mit einem Präventivkrieg liebäugelten, von Bismarck aber nach allen Regeln diplomatischer Kunst an der Ausführung ihrer abenteuerlichen Planspiele gehindert wurden.

Als Kronprinz Friedrich Wilhelm Anfang März 1888 als Friedrich III. den Thron bestieg, war er bereits ein vom Kehlkopfkrebs gezeichneter, todkranker Mann. So konnte er nur 99 Tage regieren. Mit ihm, so sahen es nicht nur viele liberale Zeitgenossen, sondern auch manche Historiker, sei eine große Hoffnung auf eine freiheitliche Entwicklung zu Grabe getragen worden. Aber war Friedrich III. überhaupt ein Liberaler? Und wollte er tatsächlich an den bestehenden Machtstrukturen etwas ändern? Wenn es eine Quelle gibt, die in dieser alten Streitfrage Aufschlüsse verspricht, dann sind es die Tagebücher, die der Kronprinz von seinem 16. Lebensjahr, seit den revolutionären Märztagen 1848, bis zu seinem Tode am 15. Juni 1888 geführt hat. Die Forschung hat dem umfangreichen Tagebuchwerk nur wenig Beachtung geschenkt. Zwar besorgte Heinrich Otto Meissner 1929 eine Auswahl für die Jahre von 1848 bis zum preußisch-österreichischen Krieg 1866. Doch eine Edition, die den entscheidenden Zeitraum zwischen 1866 und 1888 umspannt, stand bislang aus. Diese Lücke hat der Mainzer Historiker Winfried Baumgart mit seiner Auswahledition geschlossen: »Kaiser Friedrich III. Tagebücher 1866–1888« (Paderborn 2012).

Nach dieser Veröffentlichung kann es keinen Zweifel mehr geben: Die Vorstellung, dass mit Friedrich III. an der Spitze ein neues, fortschrittliches Zeitalter in Preußen-Deutschland heraufgezogen wäre, gehört ins Reich der Legenden. Die Sympathien des Kronprinzen für die liberalen Ideen seiner Frau, der ältesten Tochter von Queen Victoria und Prinz Albert, gingen keineswegs so weit, dass er einen Systemwechsel bis hin zum Parlamentarismus angestrebt hätte. Obwohl er Kontakte zu freisinnigen Politikern pflegte, blieb er dem militärischen Milieu am preußischen Königshof stark verhaftet. Noch wichtiger freilich war, dass ihn die unerwartet lange Wartezeit auf die Thronnachfolge allmählich zermürbt und seinen Willen, Bismarcks diktatorischem Machtanspruch entgegenzutreten, gelähmt hatte. »Sonach entscheidet der Wille oder besser die Laune eines einzigen Menschen, lediglich u(nd) ausschließlich über Wohl und Wehe eines großen Volkes«, zog er im April 1879 Bilanz. »Werde ich Kraft u(nd) Zähigkeit haben hier Wandel und Besserung dermaleinst zu schaffen, u(nd) Land wie Volk in ruhige, gesetzmäßige Bahnen zurückzuführen?« Diese Frage beantwortete der Kronprinz selbst. Im Juli 1885 lud er Bismarck nach Potsdam ein und traf mit ihm ein geheimes Arrangement: Der Reichskanzler erhielt die feste Zusicherung, auch unter dem Nachfolger Wilhelms I. im Amt bleiben und seine bisherige Politik ungehindert fortsetzen zu können. Deutlicher hätte die Resignation der einstigen Hoffnungsgestalt der Liberalen nicht zum Ausdruck gebracht werden können. Von einer Kurskorrektur im Innern war keine Rede mehr, und Bismarck musste auch nicht mehr fürchten, dass die anglophilen Tendenzen des Kronprinzenpaares im Falle eines Thronwechsels die fein gesponnenen Netze seiner Außenpolitik verwirren könnten.

Dass es dennoch lohnt, sich mit der Figur des Kronprinzen näher zu beschäftigen, beweist die erste wissenschaftliche Biographie von Frank Lorenz Müller: »Der 99-Tage-Kaiser. Friedrich III. von Preußen. Prinz, Monarch, Mythos« (München 2013). Dem an der Universität St. Andrews in Schottland lehrenden Historiker geht es nicht nur darum, die bis heute fortwirkende Ansicht, Kaiser Friedrich hätte, wäre ihm eine längere Regierungszeit beschieden gewesen, der deutschen Geschichte eine andere Richtung geben können, als Mythos zu entlarven. Vielmehr möchte er über die Auseinandersetzung mit Friedrichs Lebensgeschichte Aufschlüsse erhalten über die Funktionsweise der Hohenzollernmonarchie. Er zeigt, dass der Kronprinz einerseis für die Ideen eines gemäßigten Liberalismus offen war, andererseits aber auch den militärischen Traditionen der preußischen Dynastie verpflichtet blieb und romantisch-mittelalterlichen Vorstellungen vom deutschen Kaisertum anhing. Eindrucksvoll arbeitet der Autor die Diskrepanz heraus zwischen der enormen Popularität, die der liebevoll »Unser Fritz« genannte Thronfolger in der Bevölkerung genoss, und der Geringschätzung seiner politischen Befähigung, die ihm in seinem Umfeld, von seiner Frau »Vicky« abgesehen, entgegengebracht wurde – eine Diskrepanz, die sich auch noch im Kampf um sein Andenken nach 1888 fortsetzen sollte.

Schon bald nach Bismarcks Entlassung 1890, mehr noch nach seinem Tode 1898 setzte ein blühender Kult um den »Reichsgründer« ein. Er wurde zum »Eisernen Kanzler« stilisiert und damit zur Leitfigur eines überhitzten Nationalismus erhoben. Robert Gerwarth beleuchtet in seiner aufschlussreichen Untersuchung »Der Bismarck-Mythos. Die Deutschen und der Eiserne Kanzler« (München 2007) die Entstehung und Wirkungsweise der Legendenbildung um Bismarck. Vor allem geht er der Frage nach, inwieweit die politische Kultur Deutschlands seit dem Kaiserreich davon geprägt oder richtiger: deformiert wurde. Schlüssig weist er nach, dass der Bismarck-Mythos nach dem Ende der Hohenzollernmonarchie 1918 einen fundamentalen Funktionswandel erlebte: Hatte er zuvor dazu gedient, das bestehende gesellschaftliche und politische System des Kaiserreichs zu legitimieren, so wurde er nun zu einer Waffe im Kampf gegen die neue Demokratie von Weimar. »Zurück zu Bismarck« – das war der Schlachtruf, auf den sich die Weimarer Rechte – Deutschnationale, Völkische und Antisemiten – rasch verständigen konnte, und er erscholl, wie der Autor zeigt, in allen großen politischen Debatten zwischen 1918 und 1933. So trug der Bismarck-Mythos nicht unwesentlich dazu bei, die Legitimität der Weimarer Republik zu untergraben, indem er antiparlamentarische Ressentiments schürte und die Sehnsüchte vieler Deutscher nach einem »Retter«, einer charismatischen Führerfigur, mobilisierte.

II. Innere Reichsgründung und Globalisierung

Anfang Juli 1876 behaupteten drei Mädchen aus Marpingen, einer kleinen Gemeinde im Saarland, ihnen sei die Jungfrau Maria erschienen. Die Nachricht über das »Wunder« verbreitete sich in Windeseile. Bereits nach einer Woche strömten Tausende von Pilgern in das »deutsche Lourdes«, wie das Dorf bald genannt wurde. In einer eindrucksvollen Untersuchung ist der britische Historiker David Blackbourn dem Phänomen nachgegangen: »›Wenn ihr sie seht, fragt wer sie sei‹. Marienerscheinungen in Marpingen – Aufstieg und Niedergang des deutschen Lourdes« (Reinbek bei Hamburg 1997). Die denkwürdigen Ereignisse in Marpingen dienen dem Autor als Kulisse, vor der er ein großartiges Panorama von Gesellschaft und Politik des Bismarckreichs zur Zeit des »Kulturkampfes« entfaltet. Blackbourn wendet sich dagegen, die Marienerscheinungen als bloßes Symptom eines bedauerlichen Irrationalismus oder eines schlimmen Rückfalls in mittelalterlichen Aberglauben abzutun. Vielmehr nimmt er sie ernst als Ausdrucksform einer neuen Volksfrömmigkeit in Reaktion auf die staatliche Verfolgung der Katholiken. »Historiker dürfen sich gegenseitig auslachen oder tadeln«, begründet er seinen Ansatz, »was sie nicht sollten, ist, sich auf Kosten der historischen Akteure ein billiges Vergnügen zu verschaffen oder sie über ihre Fehler und Irrtümer aufzuklären.« Bemerkenswert ist, wie gekonnt hier Mikro- und Makrogeschichte zusammengeführt werden, wie über die Betrachtung des »kleinen Falles« die übergreifenden Strukturen und Prozesse keineswegs aus dem Blick geraten. Kurzum: ein kulturgeschichtliches Glanzstück – und ein erhellender Beitrag zur Frühgeschichte des Kaiserreichs.

Der »Kulturkampf« verzögerte die Integration der katholischen Bevölkerung ins Bismarckreich. Dass dennoch mächtige Prozesse in Richtung einer inneren Reichsgründung wirkten, belegt Siegfried Weichlein in seiner innovativen Studie »Nation und Region« (Düsseldorf 2004). 1871 war der äußere Rahmen für den Nationalstaat geschaffen, aber – so Weichlein – es gab in großen Teilen der Bevölkerung noch kein nationales Gemeinschaftsbewusstsein und keine Reichsloyalität. Vielmehr hielten sich zunächst hartnäckig ältere Formen eines regionalen Sonderbewusstseins. Diese für den neuen Nationalstaat anschlussfähig zu machen, sei eine der großen Herausforderungen deutscher Politik nach der Reichsgründung gewesen. Weichlein beschreibt, auf welchen Ebenen und mit welchen Mitteln diese Aufgabe in Angriff genommen wurde. Eine besondere Rolle weist er dabei der Ausweitung von Verkehr und Kommunikation mittels Bahn und Post, der Vereinheitlichung des Rechts und der Verwaltung sowie der Konsensstiftung durch Volksschulerziehung und politische Feiern zu. Wichtig ist der Befund, dass der innere Ausbau des Nationalstaats insgesamt nicht zu einer Schwächung der Regionen führte. »Die staatlich verfasste Region und der Nationalstaat konstituierten sich gleichzeitig, teilweise als Verbündete in gemeinsamer Vorteilsbildung, teilweise in gegenstrebigen Prozessen.«

Einen umgekehrten Weg schlägt eine neue Forschungsrichtung ein, die den Nationalstaat als Analyserahmen überschreiten und das Kaiserreich in transnationaler Perspektive beleuchten will. In dem gemeinsam von ihnen herausgegebenen Band »Das Kaiserreich transnational. Deutschland in der Welt 1871–1914« (Göttingen 2004) haben Sebastian Conrad und Jürgen Osterhammel diesen Anspruch erstmals programmatisch formuliert. Der deutsche Nationalstaat – so heißt es – sei »in dem Moment auf die historische Bühne« getreten, als »ein neuer Schub von ›Globalisierung‹ die kapitalistisch verfassten Länder ... in ein engeres Verhältnis zueinander rückte«. Und dieser Prozess habe sich in den Jahrzehnten nach 1871 noch verstärkt, zumal nachdem Deutschland in den neunziger Jahren in die Phase seiner »Weltpolitik« eingetreten sei. Zwei Ansätze sollen hier kombiniert werden: zum einen die »postcolonial studies«, die nach den Auswirkungen des Kolonialismus auf die westlichen Gesellschaften fragen; zum anderen die aktuelle Diskussion um die Globalisierung, die, wie sich zeigt, kein neues Phänomen ist, sondern bereits vor 1914 mit der stürmischen Entwicklung der Weltwirtschaft zu vielfältigen Austauschprozessen geführt hat.

In seiner Fallstudie »Die Herausforderung der Globalisierung. Wirtschaft und Politik in Deutschland 1860–1914« (Göttingen 2005) hat Cornelius Torp untersucht, inwieweit der Prozess fortschreitender weltwirtschaftlicher Verflechtung die Rahmenbedingungen und Handlungsmöglichkeiten der Reichsleitung vor dem Ersten Weltkrieg veränderte. Dabei legt er den Akzent auf die Geschichte der deutschen Außenhandelspolitik, die tatsächlich – wie er betont – »auch heute noch ein in weiten Teilen unerforschtes Terrain« darstellt. Das Ergebnis ist freilich weniger überraschend, als man nach den hochgemut formulierten Erwartungen annehmen könnte. Denn der Autor bestätigt, dass die Ministerialbürokratie den protektionistischen Forderungen derjenigen gesellschaftlichen Gruppen weit entgegenkam, für welche die Weltmarktintegration eine Verschlechterung ihrer Einkommmenschancen bedeutete, das heißt vor allem den in schlagkräftigen Interessengruppen organisierten Agrariern. Andererseits konnte die deutsche Zoll- und Handelspolitik nicht umhin, auch den Interessen der Exportindustrien Rechnung zu tragen. Die daraus resultierenden Spannungen und Konflikte hat Torp eindrucksvoll am Beispiel der Auseinandersetzungen um den Bülow-Tarif 1902 rekonstruiert.

Auch Sebastian Conrad versucht in seiner wegweisenden Untersuchung »Globalisierung und Nation im deutschen Kaiserreich« (München 2006), die transnationale Perspektive am empirischen Material zu erproben. »Die Entwicklung der deutschen Gesellschaft muss spätestens seit den 1880er Jahren immer auch im Zeichen der Globalisierungsvorgänge betrachtet werden«, hebt er hervor. Vor allem interessiert ihn das Verhältnis von Nationalisierung und Globalisierung. Seine These, die am Topos der »Deutschen Arbeit« entfaltet wird, läuft darauf hinaus, dass die globale Vernetzung vor dem Ersten Weltkrieg nicht zur Einebnung nationaler Unterschiede führte, sondern im Gegenteil zu einer Verfestigung nationaler Abgrenzungen. Conrads Buch macht deutlich, dass es sich bei dem neuen Ansatz nicht um einen grundlegenden Paradigmenwechsel handelt, sondern um eine ergänzende Perspektive, die in der Tat manche Einseitigkeiten der bisherigen Nationsforschung korrigieren kann.

III. Der Kaiser und das wilhelminische Deutschland

Dass Wilhelm II. einer der großen Unheilbringer der deutschen Geschichte war, darüber herrscht unter den Historikern weitgehend Einigkeit. Allerdings hat es in den letzten Jahren nicht an Versuchen gefehlt, das Bild aufzuhellen. Nicolaus Sombart etwa pries den Kaiser als genialen Ausstattungskünstler (»Wilhelm II. Sündenbock und Herr der Mitte«, Berlin 1996), der englische Publizist Giles MacDonough stilisierte ihn zu einem Ahnherrn der europäischen Gemeinschaft (»The Last Kaiser. William the Impetuous«, London 2001), und Eberhard Straub beförderte ihn gar zum Friedensfürsten und Anhänger der Demokratie (»Kaiser Wilhelm II. in der Politik seiner Zeit. Die Erfindung des Reiches aus dem Geist der Moderne«, Berlin 2008). Nimmt man den zweiten und den abschließenden dritten Band der monumentalen Wilhelm II.-Biographie von John C. G. Röhl zur Hand: »Der Aufbau der Persönlichen Monarchie 1888–1900«, »Der Weg in den Abgrund 1900–1941« (München 2001 / 2008), so drängt sich unabweisbar der Schluss auf: Für eine Revision gibt es nicht den geringsten Anlass. Im Gegenteil: Was Röhl in jahrelanger Forschungsarbeit an unbekanntem Material aus vielen Archiven ans Tageslicht gefördert hat, verdüstert das Bild ins Rabenschwarze.

Röhl möchte den Nachweis führen, dass die Herrschaft Wilhelms II. tatsächlich den Übergang zum neuen System einer »Persönlichen Monarchie« markierte, in dem nicht mehr der Reichskanzler, sondern der Kaiser und sein Hof den Mittelpunkt bildeten und die Richtlinien der Innen- und Außenpolitik bestimmten. Diese Interpretation richtet sich in erster Linie gegen Hans-Ulrich Wehler, der in seinem berühmten Kaiserreich-Buch aus dem Jahr 1973 Wilhelm II. auf die Rolle eines »Schattenkaisers« reduziert und sein »Persönliches Regiment« als trügerische Illusion abgetan hat – eine Deutung, die der Bielefelder Sozialhistoriker auch noch im dritten Band seiner »Deutschen Gesellschaftsgeschichte« (München 1995) im Kern aufrechterhalten hat. Röhl dagegen schildert die Etablierung des »Persönlichen Regiments« als einen Prozess, in dem Wilhelm II. Zug um Zug die Sphäre der kaiserlichen Entscheidungsgewalt erweiterte, bis er als quasi neoabsolutistischer Herrscher nahezu uneingeschränkt schalten und walten konnte. Diesen Eindruck kann der britische Historiker freilich nur erwecken, indem er seine Perspektive auf die höfisch-dynastische Sphäre beschränkt. Gesellschaftliche Strukturen und politische Kräfteverhältnisse werden weitgehend ausgeblendet. Lässt sich die Machtstellung Wilhelms II. angemessen charakterisieren, ohne den exklusiven Status des konservativen preußischen Adels in der Gesellschaft des Kaiserreichs hervorzuheben? Darf man den Reichstag und die Parteien, die industriellen und agrarischen Interessenverbände, die nationalistischen Agitationsvereine, schließlich auch bürgerliche Öffentlichkeit und Presse fast gänzlich außer Acht lassen? Wilhelm II. war gewiss kein »Schattenkaiser«, aber das einzige und allein ausschlaggebende Bewegungszentrum deutscher Politik war er auch nicht.

Dass das Deutsche Reich seit der Jahrhundertwende immer mehr in die Isolierung geriet und sich seit 1907 einer mächtigen Triple-Entente aus England, Frankreich und Russland gegenübersah, führt Röhl ebenfalls in erster Linie auf das unheilvolle Wirken Wilhelms II. und seiner Hofclique zurück. Dabei neigt er dazu, den Einfluss der dynastischen Beziehungen auf die internationale Politik zu überschätzen. Auf vielen Seiten lässt er sich darüber aus, wie das persönliche Verhältnis zwischen Wilhelm und seinem Neffen, dem englischen König Edward VII., sich verschlechterte, bis hin zum offenen Zerwürfnis. Doch nicht Abscheu vor dem unberechenbaren, großmäuligen deutschen Kaiser trieb die britische Regierung dazu, sich mit Frankreich und Russland zu verbünden, sondern die höchst reale Sorge hinsichtlich der wirtschaftlichen und militärischen Stärke des Deutschen Reiches.

Wenn der Kaiser tönte: »Ich bin der einzige Lenker & Herr der deutschen Außenpolitik«, nimmt Röhl das allzu wörtlich. Der Reichskanzler, die Staatssekretäre der Reichsämter, die preußischen Minister, die Diplomaten und hohen Beamten – sie alle erscheinen als ausführende Organe des »Allerhöchsten Willens«, gewissermaßen als Puppen, die nach der Pfeife Seiner Majestät tanzen mussten. Das komplizierte Kräftefeld gesellschaftlicher Interessen und politischer Institutionen, innerhalb dessen sich der Monarch bewegen musste und das seinen autokratischen Gelüsten Grenzen setzte, wird weitgehend ausgeblendet. Stattdessen wird Röhl nicht müde, die abstoßenden Formen der Liebedienerei zu geißeln, wie sie in der kaiserlichen Entourage gang und gäbe waren.

Auch auf dem Weg Deutschlands in den Weltkrieg sieht Röhl den Kaiser als die treibende Kraft. Durch eine Vielzahl von Dokumenten sucht er zu belegen, dass Wilhelm seit Beginn der Balkankriege im Oktober 1912 kriegsbereit war, ja sich entschlossen zeigte, den großen Krieg bei der ersten besten Gelegenheit vom Zaune zu brechen. Vom notwendigen »Endkampf zwischen Slawen und Germanen« war in seinen berüchtigten Randbemerkungen tatsächlich mehr als einmal die Rede. Es fragt sich allerdings, ob von den martialischen Äußerungen des Kaisers umstandslos auf die Ernsthaftigkeit seiner Absichten geschlossen werden kann. Anders als Röhl waren sich die führenden Politiker und Generäle im kaiserlichen Deutschland keineswegs sicher, ob der Oberste Kriegsherr nicht dann, wenn es wirklich hart auf hart ginge, vor dem Risiko eines Weltkriegs zurückschrecken würde. Nur so ist ja auch die Strategie der deutschen Reichsleitung in der Julikrise 1914 zu verstehen, den Kaiser vom Zentrum der Entscheidungen fernzuhalten, indem er auf seine traditionelle Nordlandreise geschickt wurde.

Eindrucksvoll schildert Röhl den dramatischen Bedeutungsverlust Wilhelms II. im Kriege, und er spart auch das letzte Kapitel, die immerhin noch 21 Jahre währende Zeit im Doorner Exil, nicht aus. Dabei kann er nachweisen, dass Wilhelms Antisemitismus, der sich bereits vor seiner Abdankung 1918 deutlich radikalisiert hatte, in den zwanziger Jahren zunehmend genozidale Züg annahm. Dass die Juden »vom Deutschen Boden vertilgt und ausgerottet« werden müssten, hat er immer weder in Briefen und Gesprächen gefordert, ja im August 1928 auf gespenstische Weise vorgedacht, was unter Hitlers Herrschaft im Zweiten Weltkrieg grauenvolle Wirklichkeit werden sollte: »das Beste wäre wohl Gas«.

In seinem Buch »War der Kaiser an allem schuld? Wilhelm II. und die preußisch-deutschen Machteliten« (München 2003) versucht Wolfgang J. Mommsen (er starb im August 2004), zwischen den Deutungen Wehlers und Röhls zu vermitteln. Er bestreitet nicht die große Machtfülle Wilhelms II. und die schädlichen Folgen seines persönlichen Herrschaftsstils. Zugleich aber wendet er sich dagegen, ihn zum

Allein- oder auch nur Hauptverantwortlichen für das Scheitern der deutschen Außen- und Innenpolitik vor 1914 zu erklären. Vielmehr müsse nach dem Anteil der preußisch-deutschen Führungsschichten am Debakel des »Persönlichen Regiments« gefragt werden. Denn bei näherem Hinsehen zeige sich, dass der Kaiser auf wichtige politische Entscheidungen in geringerem Maße Einfluss genommen habe, als schon die Zeitgenossen glaubten. Diese These kann Mommsen durchaus pausibel belegen, auch wenn kritisch anzumerken ist, dass er es versäumt, den Begriff der »preußisch-deutschen Machteliten« inhaltlich zu präzisieren. Am aufschlussreichsten ist das Kapitel über die Ära Bülows, seit 1897 Staatssekretär des Äußeren und von 1900 bis 1909 Reichskanzler. Bülow, der wilhelminische Blender par excellence, habe es besser verstanden als seine drei Vorgänger Bismarck, Caprivi und Hohenlohe-Schillingsfürst, dem Kaiser das Gefühl zu geben, er halte alle Fäden in der Hand, während Bülow ihn in Wirklichkeit lenkte, ja als Speerspitze für seine ehrgeizige Weltmachtpolitik instrumentalisierte.

An diese Deutung schließt der englische Historiker australischer Herkunft, Christopher Clark, in seiner konzisen Biographie »Wilhelm II. Die Herrschaft des letzten deutschen Kaisers« (München 2008) an. Er bezeugt seinem Kollegen Röhl viel Respekt für seine imponierende Forschungsleistung, betont aber ebenfalls die Grenzen, die dem »Persönlichen Regiment« des Monarchen im komplexen politischen System des Kaiserreichs gezogen waren. Clarks Absicht ist nicht, den letzten deutschen Kaiser zu rehabilitieren, wohl aber ihn zu entdämonisieren und »Verunglimpfung und Verständnis wieder in ein angemessenes Verhältnis zueinander zu bringen«. Einen besonderen Akzent legt Clark auf Wilhelms Umgang mit der Öffentlichkeit. Er nennt ihn einen »Medienmonarchen«, und prägte damit einen Begriff, an den deutsche Historiker anknüpfen sollten.

»Zeitgenossen, blicken Sie, mit mir, auf den Redner Wilhelm von Hohenzollern: um zu erkennen, ein wie unendlich langer Weg bis zur Vervollkommnung der Menschheit vor uns liegt«, schrieb der Theaterkritiker Alfred Kerr 1898. Tatsächlich waren die vielen anstößigen Reden Wilhelms ein konstitutives Merkmal seines »Persönlichen Regiments«. Zum ersten Mal systematisch untersucht werden sie von

Michael A. Obst: »›Einer nur ist Herr im Reiche‹. Kaiser Wilhelm II. als politischer Redner« (Paderborn 2010). Im Mittelpunkt steht die Frage nach den Wirkungen der kaiserlichen Reden im politischen System des Kaiserreichs. Dabei gelangt der Autor zu einem widersprüchlichen Befund: Einerseits habe es Wilhelm verstanden, »diffuse öffentliche Stimmungen aufzugreifen und in prägnanten, politisierbaren Schlagworten Ausdruck zu geben«. Andererseits habe er mit seinen rhetorischen Eskapaden immer wieder auch für skandalträchtige Auftritte gesorgt und dem Ansehen der Monarchie schwer geschadet.

In seinem Buch »Der Monarch im Skandal. Die Logik der Massenmedien und die Transformation der wilhelminischen Monarchie« (Berlin 2005) bringt Martin Kohlrausch zusammen, was bisher getrennt behandelt wurde: die höfische Sphäre der Hohenzollern, die unter Wilhelm II. eine monströse Spätblüte erlebte, und die Massenmedien, die sich um die Jahrhundertwende rasch entwickelten. Die Wechselbeziehung zwischen den beiden Welten wird anhand von Skandalen untersucht, welche die Monarchie erschütterten und ein breites mediales Echo fanden, darunter die homosexuelle Affäre um den Kaiserfreund Philipp Fürst zu Eulenburg 1906 / 09 und die »Daily Telegraph«-Affäre von 1908. Es waren vor allem Zeitungen und Zeitschriften, in denen die Kritik am Kaiser zuerst und am unverhülltesten formuliert wurde. Sie hatten somit einen entscheidenden Anteil an der Legitimitätskrise des monarchischen Systems, die bereits vor 1914 einsetzte, im Kriege dann allerdings dramatische Ausmaße annahm.

Interessante Ergänzungen zur Arbeit von Kohlrausch bieten die Studien von Frank Bösch (»Öffentliche Geheimnisse. Skandale, Politik und Medien in Deutschland und Großbritannien 1890–1914«, München 2009), der die deutschen Skandale mit ähnlichen Fällen in England vergleicht, und Norman Domeier (»Der Eulenburg-Skandal. Eine politische Kulturgeschichte des Kaiserreichs«, Frankfurt a. M. 2010), der die Enthüllungen um den Kaiserfreund als »transnationales Medienereignis«, gewissermaßen als Gegenstück zur französischen Dreyfus-Affäre, in den Blick nimmt.

Einen bislang vernachlässigten Aspekt im »Persönlichen Regiment« des Kaisers rückt auch Wolfgang König in den Mittelpunkt: »Wilhelm II. und die Moderne. Der Kaiser und die technisch-industrielle

Welt« (Paderborn 2007). Wie Obst und Kohlrausch stellt er die ambivalenten Züge im Bilde Wilhelms II. heraus: Einerseits war der Kaiser dem Vergangenen verhaftet, etwa in der Betonung des »Gottesgnadentums« seiner Herrschaft, andererseits aber dem Neuen gegenüber durchaus aufgeschlossen. Das galt besonders für die Welt der Technik, welcher Wilhelm ein großes Interesse entgegenbrachte. Im Einzelnen untersucht der Autor die Felder, auf denen sich der Monarch engagierte und eigene Initiativen entwickelte: den Aufbau einer hochmodernen Schlachtflotte, das Steckenpferd Wilhelms II., die Entwicklung des drahtlosen Funkverkehrs, die Konstruktion von Zeppelinen und Flugzeugen, den Ausbau der Wasserwege, insbesondere des Nord-Ostsee-Kanals und des Mittelland-Kanals, die Förderung der Technischen Hochschulen, die Gründung der Kaiser-Wilhelm-Gesellschaft, schließlich auch die Ausstattung der Schlösser, der kaiserlichen Yachten und des Fuhrparks mit den neuesten technischen Errungenschaften. Freilich warnt König davor, die Kompetenz des Kaisers zu überschätzen. Sein technisches Wissen, mit dem er Zeitgenossen immer wieder verblüffen konnte, sei oberflächlich und sein Einfluss auf konkrete technikpolitische Entscheidungen doch eher gering gewesen.

In seinem 1908 verfassten, allerdings erst 1919 veröffentlichten Essay »Der Kaiser« merkte Walther Rathenau an: »Alle Tage ist irgendwo ein Fest, alle Stunden ist irgendwo ein feierlicher Augenblick. Er wird, wie man sagt, festgehalten: Photographisch, kinematographisch ... Weltgeschichte wickelt sich von der Walze.« Damit verwies Rathenau auf ein neuartiges Phänomen der Inszenierung von Herrschaft – die Kinematographie. 1895 erfunden, entwickelte sie sich bereits vor 1914 zu einem wichtigen Segment der populären Massen- und Unterhaltungskultur. Wilhelm II. avancierte zum ersten deutschen Filmstar. In über dreihundert Streifen sieht man ihn bei Denkmalsenthüllungen, Monarchenbegegnungen, Stapelläufen und anderen öffentlichen Auftritten. Diesem bislang kaum beachteten Zusammenhang ist Dominik Petzold in einer grundlegenden Studie nachgegangen: »Der Kaiser und das Kino. Herrschaftsinszenierung, Populärkultur und Filmpropaganda im Wilhelminischen Zeitalter« (Paderborn 2012). Er zeigt, wie bewusst der Kaiser und seine höfische Entourage das neue Medium nutzten, um die monarchische

Herrschaft zu popularisieren. Wilhelm II. konnte sich hier in unterschiedlichen Rollen inszenieren: als »Bürgerkönig«, »Flottenkaiser«, »Reisekaiser«, auch als Privatmann im Kreise der Familie. Das frühe Kino wurde so zu einem »zentralen Ort des monarchischen Kults«. Zugleich aber war, so der Autor, mit der medialen Dauerpräsenz die Gefahr einer Abnutzung des kaiserlichen Nimbus und einer »Entauratisierung der Monarchie« verbunden.

Dem neuen Interesse für Mediengeschichte ist auch die Arbeit von Dominik Geppert: »Pressekriege. Öffentlichkeit und Diplomatie in den deutsch-britischen Beziehungen 1886–1912« (München 2007) verpflichtet. Am Beispiel der deutsch-britischen »Zeitungskriege« in den beiden Jahrzehnten vor Ausbruch des Ersten Weltkrieges untersucht er die Wechselbeziehung zwischen der aufkommenden Massenpresse und der weiter im Stil traditioneller Kabinettsdiplomatie betriebenen Außenpolitik. Vom enormen publizistischen Echo auf das »Krügertelegramm« Wilhelms II. 1896, über die Auseinandersetzungen um den Burenkrieg bis hin zu den Kampagnen in Zusammenhang mit dem deutschen Schlachtflottenbau und den Marokkokrisen spannt sich der Bogen. Das Ergebnis: Neben dem Wettrüsten hat nichts so sehr die Beziehungen zwischen beiden Ländern vor 1914 vergiftet wie die Berichterstattung der Presse mit ihren wechselseitigen Verdächtigungen und Schuldzuweisungen. Außen- und rüstungspolitische Differenzen wurden dadurch ideologisch aufgeladen und zu Fragen des nationalen Prestiges erklärt, gegenseitige Fehlwahrnehmungen verstärkt und Feindbilder verfestigt.

Wie reformfähig war das deutsche Kaiserreich? Diese Frage hat die Historiker immer wieder beschäftigt. Den wohl anregendsten Beitrag dazu hat die amerikanische Historikerin Margaret Lavinia Anderson geleistet, die bereits mit ihrer Biographie des Zentrumspolitikers Ludwig Windthorst (1988) hervorgetreten war.: »Practicing Democracy« (Princeton 2000), auf Deutsch erschienen unter dem Titel: »Lehrjahre der Demokratie. Wahlen und politische Kultur im deutschen Kaiserreich« (Stuttgart 2009). Anderson sieht das wilhelminische Deutschland bereits vor 1914 auf dem Weg zur Demokratie, und zwar als Folge eines praktischen Lernprozesses im Umgang mit dem allgemeinen, gleichen und geheimen Männerwahlrecht auf Reichsebene. Tatsächlich sind die demokratisierenden Effekte der frühen Einführung des Reichstagswahlrechts nicht zu unterschätzen. Die wahlberechtigten Teile der Bevölkerung gewöhnten sich an Formen der politischen Partizipation und machten, wie die hohe Wahlbeteiligung vor 1914 zeigte, davon in steigendem Maße Gebrauch. Parallel dazu entwickelte sich ein »politischer Massenmarkt« (Hans Rosenberg) mit modernen Parteien, großen Interessenverbänden und einer breit gefächerten Medienlandschaft. Doch Politisierung und Demokratisierung gingen nicht einher mit einer Parlamentarisierung des politischen Systems, das heißt der Bildung einer vom Vertrauen des Reichstags und nicht des Monarchen abhängigen Regierung – ein bis 1918 unaufgelöster Widerspruch, den zu konstatieren auch die amerikanische Historikerin nicht umhin kann.

IV. Nervöse Reizbarkeit

Seit 1880 häuften sich in Deutschland die Klagen über Nervosität und Nervenschwäche. »Neurasthenie« – der vom New Yorker Nervenarzt George M. Beard geprägte Begriff – machte auch im Kaiserreich rasch Karriere. Um die Jahrhundertwende war hier das Gefühl weitverbreitet, dass man in einem »Zeitalter der Nervosität« lebe. So lautet auch der Titel eines Buches von Joachim Radkau, das auf faszinierende Weise Medizin-, Sozial- und Mentalitätsgeschichte verbindet (München und Wien 1998). Der Untertitel »Deutschland zwischen Bismarck und Hitler« weckt allerdings falsche Erwartungen. Der Schwerpunkt des Werkes liegt auf den Jahrzehnten zwischen 1880 und 1914, umfasst also vor allem die Zeit des wilhelminischen Deutschlands.

Nachdrücklich betont Radkau das »Doppelgesicht der Nervosität«: »Sie war ein kulturelles Konstrukt und zugleich eine echte Leidenserfahrung.« Gestützt auf eine Vielzahl neuer Quellen, darunter vor allem Patientenakten aus psychiatrischen Kliniken, umkreist der Autor alle Aspekte des Nerven-Diskurses vor 1914. Einerseits zeigt er den Zusammenhang zwischen der Zunahme nervöser Krankheiten und den Veränderungen in nahezu allen Bereichen des Erwerbslebens. Andererseits macht er deutlich, dass das Reden über Nervosität »über weite Strecken ein halbverdeckter Diskurs über die Sexualität« war, die im wilhelminischen Deutschland mit starken Tabus belastet war. Eine der Hauptursachen neurasthenischer Beschwerden gerade bei Männern war die Onanie, die für viele mit Ängsten und Schuldgefühlen belastet war. Der Autor nennt sie »die große Angstlust schlechthin«.

Besonders anregend sind Radkaus Beobachtungen über »die weiche Seite des Wilhelminismus«, die sich hinter der Pose betonter Schneidigkeit verbarg. Denn in der Geschichtsschreibung zum Kaiserreich herrscht immer noch die Neigung vor, die männlich-martialischen Selbstentwürfe und Leitbilder mit der gesellschaftlichen Wirklichkeit zu identifizieren. Radkaus Studie beschränkt sich jedoch nicht auf die psychosozialen Befindlichkeiten der Zeitgenossen Wilhelms II. Sie versteht sich zugleich als ein Beitrag zur politischen Geschichte des Wilhelminismus. In der nervösen Ungeduld und Reizbarkeit, die er als ein schichten- und klassenübergreifendes Mentalitätsmuster beschreibt, erkennt er auch ein spezifisches Merkmal der deutschen »Weltpolitik« seit 1897. Tatsächlich gibt es hier verblüffende Wechselbeziehungen, die in der Debatte um die Entstehung des Ersten Weltkriegs noch nicht genügend beachtet wurden. Doch Radkau überstrapaziert seinen Ansatz, wenn er glaubt, daraus eine grundlegende Korrektur der Interpretation Fritz Fischers zum Kriegsausbruch ableiten zu können – pointiert zusammengefasst in der Kapitelüberschrift: »Die Überwindung der Nervosität als nationale Aktion«. Neben den mentalen Voraussetzungen, auf die der Autor zu Recht verweist, bleibt die Analyse der sozioökonomischen und politischen Ursachen und Bedingungen des deutschen »Griffs nach der Weltmacht« unverzichtbar.

An Radkaus Untersuchung schließt das Buch von Andreas Killen an: »Berlin Electropolis. Shocks, Nerves, and German Modernity« (Berkeley–Los Angeles–London 2006). Es verbindet den Nervositäts-Diskurs mit der Entwicklung Berlins zur modernen Kapitale. Der beschleunigte technisch-industrielle Wandel, die Revolution der Verkehrs- und Kommunikationsmittel, die Entstehung einer Massenkultur – all das brachte, wie der Autor zeigt, nicht nur Erleichterungen und Attraktionen mit sich, sondern auch neue Anforderungen und Belastungen, welche die Nerven angriffen und die Gemüter reizten.

Wie sich die rasanten Veränderungen des großstädtischen Lebens in der Berliner Tagespresse abbildeten, hat Peter Fritzsche eingehend untersucht: »Als Berlin zur Weltstadt wurde. Presse, Leser und die Inszenierung des Lebens« (Berlin 2008).

Tempo war ein Lieblingswort der Wilhelminer. Die Erfahrung der Beschleunigung erstreckte sich auf alle Lebensbereiche – von der hohen Politik bis in den Arbeitsalltag. »Heute aber reißt die geschäftliche Unrast alles in ihrem Wirbel mit sich. Jeder empfindet die Notwendigkeit, rasch zu gehen. Wer stecken bleibt, dem ist nicht zu helfen.« Das schrieb der französische Journalist Jules Huret zu Beginn des 20. Jahrhunderts aus Berlin. Seine Reportagen, die neben Alfred Kerrs Briefen aus der Reichshauptstadt von 1895 bis 1900 (»Wo liegt Berlin?«, hrsg. von Günther Rühle; Berlin 1997) zu den wichtigsten kulturgeschichtlichen Zeugnissen des Umbruchs um 1900 gehören, sind wiederaufgelegt worden: »Berlin um Neunzehnhundert« (Berlin 1997).

Dem Streben nach Temposteigerung um jeden Preis entsprachen die neuen Verkehrsmittel – allen voran das Automobil. Es avancierte bereits vor dem Ersten Weltkrieg zum Inbegriff des Fortschritts. »Wir werden nie Gefahr laufen, mit unausstehlichen Menschen in ein Kupee gesperrt zu werden«, pries der Schriftsteller Otto Julius Bierbaum 1903 die Vorzüge des Autofahrens gegenüber der Eisenbahn. Die Auswirkungen des frühen Automobilismus auf die wilhelminische Gesellschaft hat Barbara Haubner erforscht: »Nervenkitzel und Freizeitvergnügen. Automobilismus in Deutschland 1886–1914« (Göttingen 1998). Eine aufschlussreiche Lektüre, denn die Autorin zeigt, wie unpopulär das neue Verkehrsmittel zunächst war. Autos verursachten Lärm, wirbelten Staub auf und verpesteten die Luft. Sie machten die Pferde der Kutschen scheu und gefährdeten spielende Kinder. Die Rücksichtslosigkeit, mit der viele Autofahrer ihr Recht auf die Straße beanspruchten, erzeugte immer wieder Unmut. Nicht selten wurden die fahrenden Vehikel mit Steinen beworfen oder durch Blockaden am Weiterfahren gehindert. Vor allem aber: Autos waren vor 1914 noch ein Luxusgut, das sich nur Wohlhabende leisten konnten. In die Proteste mischten sich klassenkämpferische Töne gegen die »Geldprotze«, die sich ein Freizeitvergnügen auf Kosten der arbeitenden Bevölkerung verschafften.

Mit einer anderen Art von Sensation befasst sich die Studie von Philipp Müller: »Auf der Suche nach dem Täter. Die öffentliche Dramatisierung von Verbrechen im Berlin des Kaiserreichs« (Frankfurt a. M. 2006). Sie spürt den Verbrechen in der wilhelminischen Metropole und ihrer Darstellung in den großen Blättern der Berliner Zeitungsverlage nach. Anhand zweier spektakulärer Fälle, dem des Raubmörders Rudolph Hennig und dem des »Hauptmanns von Köpenick«, Wilhelm Voigt, zeigt der Autor, wie dramatisierende Berichterstattung und öffentliche Sensationslust sich wechselseitig verstärkten und über soziale Milieugrenzen hinweg die Aufmerksamkeit okkupierten.

Eine Fülle von interessanten Dokumenten unter anderem zur Nervositäts-Debatte, zur Erfahrung der Beschleunigung und zu Umweltproblemen findet sich in dem von Jens Flemming, Klaus Saul und Peter-Christian Witt herausgegebenen Band »Quellen zur Alltagsgeschichte der Deutschen 1871–1914« (Darmstadt 1997). In ihrem Vorwort betonen die Herausgeber die Ambivalenz der Erfahrungen unter den wilhelminischen Zeitgenossen: »Für die Miterlebenden vor 1914 war es vor allem eine Periode rasant sich vollziehender Umbrüche, auf die sie mit Zukunftsangst, zum Teil im Bewußtsein der neuen Möglichkeiten auch mit Optimismus, ja Euphorie reagierten.«

Wie in kaum einem anderen Werk spiegelt sich die widersprüchliche Bewusstseinslage in den Tagebüchern des Intellektuellen, Verlegers und Kunstmäzens Harry Graf Kessler, die im Klett-Cotta-Verlag erschienen sind: »Das Tagebuch« (Bd. 2: 1892–1997; Bd. 3: 1897–1905; Bd. 4: 1906–1914; Bd. 5: 1914–1916; Bd. 6: 1916–1918; Stuttgart 2004–2008). Kessler kannte sie alle, die Künstler, Schriftsteller und Politiker seiner Zeit. Seine umfangreichen Notate sind ein einzigartiges Zeugnis zur Mentalitäts- und Kulturgeschichte des Kaiserreichs. Was er an scharfsinnigen Beobachtungen aus den Berliner Salons mitteilt, wirft Schlaglichter auf die ebenso selbstbewusste wie unsichere wilhelminische Gesellschaft um die Jahrhundertwende.

Auf einen frappierenden Widerspruch im Leben Kesslers machen seine Biographen Laird M. Easton: »Der Rote Graf. Harry Graf Kessler und seine Zeit« (Stuttgart 2005) und Friedrich Rothe: »Harry Graf Kessler. Biographie« (München 2008) aufmerksam: Seine Homosexualität wie auch seine Sensibilität für die künstlerische Avantgarde stempelten ihn in der wilhelminischen Gesellschaft zu einem Außenseiter. Zugleich aber war er, was seine politischen Überzeugungen betraf, ein nicht ganz untypischer Vertreter der wilhelminischen Generation. Er stand, wie viele seiner Zeitgenossen, unter dem Einfluss Friedrich Nietzsches, und von ihm – so Easton – übernahm er einen »gewissen rhetorischen *furor teutonicus*«. Seine Bewunderung für französische Kunst und englischen Habitus schloss eine Unterstützung der aggressiven deutschen »Weltpolitik« und Flottenrüstung keineswegs aus. Und er teilte die weitverbreitete Überzeugung von der Unvermeidlichkeit eines großen europäischen Krieges. Er könne, schrieb er im September 1911 seiner Schwester, »nicht behaupten, daß mir diese Perspektive sehr zuwider ist«.

Dass die Erfahrung der Beschleunigung und einer tiefen Verunsicherung keineswegs auf das wilhelminische Deutschland beschränkt blieb, sondern alle europäischen Gesellschaften in mehr oder weniger starkem Ausmaß vor 1914 prägte, veranschaulicht der Wiener Kulturhistoriker Philipp Blom in seinem Porträt: »Der taumelnde Kontinent. Europa 1900–1914« (München 2009). Der Autor nähert sich der Epoche nicht in einem analytischen Zugriff, sondern durch ein impressionistisches Verfahren, gleichsam mit dem Objektiv einer Kamera. Jedes der fünfzehn Kapitel steht für ein Jahr, in dem jeweils ein bestimmtes Leitthema entfaltet wird. Den Auftakt macht die Pariser Weltausstellung von 1900, die das neue Jahrhundert mit seiner charakteristischen Mischung aus Fortschrittsgläubigkeit und Zukunftsangst einläutete. Man liest von starken Frauen und verunsicherten Männern, von neuen Technologien und alternativen Lebensformen, von schrecklichen Kolonialverbrechen und ermutigenden Friedenskongressen, von revolutionären wissenschaftlichen Entdeckungen und faszinierenden Neuerungen in Kunst und Malerei. Insgesamt ein beindruckend vielschichtiges Panorama einer Zeitenwende, die angesichts der Schrecken des Ersten Weltkriegs gern als Belle Époque verklärt wurde, doch alle Keime des Untergangs bereits in sich trug.

V. Antisemitismus, Nationalismus, Militarismus

Am 11. März 1900 wurde in Konitz, einer Kleinstadt in Westpreußen, ein 18-jähriger Gymnasiast ermordet. Die Ermittlungen nach dem Täter blieben erfolglos, und je länger die Polizei im Dunkeln tappte, desto mehr machte sich ein Klima der Angst und der Gerüchte breit. Der junge Mann, so erzählte man sich, sei Opfer eines jüdischen Ritualmords geworden. Der Verdacht heizte die Stimmung auf. Seit Ende März wurde die kleine jüdische Gemeinde der Stadt terrorisiert. Demonstranten zogen mit »Hepp-Hepp«-Rufen durch die Straßen, warfen Fensterscheiben ein und drohten, alle Juden umzubringen. Von Konitz breiteten sich die Unruhen auf benachbarte Orte aus. Ihren traurigen Höhepunkt erreichten sie Anfang Juni, als eine Menge in die Konitzer Synagoge eindrang und dort schwere Verwüstungen anrichtete.

Mit den Konitzer Ereignissen haben sich zwei Historiker parallel beschäftigt: Christoph Nonn: »Eine Stadt sucht ihren Mörder. Gerücht, Gewalt und Antisemitismus im Kaiserreich« (Göttingen 2002) und Helmut Walser Smith: »Die Geschichte des Schlachters. Mord und Antisemitismus in einer deutschen Kleinstadt« (Göttingen 2002). Ein Vergleich beider Bücher ist reizvoll, denn die Autoren setzen, obwohl sie im Wesentlichen von denselben Quellen ausgehen, ganz verschiedene Akzente, und sie kommen auch zu höchst unterschiedlichen Ergebnissen.

Christoph Nonn interessiert sich vor allem für die Frage, wie Gerüchte entstehen und was sie bewirken können. Dass die Ritualmordlegende unter allen Gerüchten am meisten Anklang fand, führt er nicht auf tiefverwurzelte antisemitische Überzeugungen zurück, sondern auf »die Faszination des Bizarren«, die von dieser Legende ausging. Ihre Akzeptanz bis weit ins Bürgertum hinein sei begünstigt worden durch Unkenntnis der religiösen Riten und Gebräuche der Juden. Trotz nachbarlicher Nähe hätten christliche und jüdische Einwohner in getrennten Welten gelebt. Glaubt man dem Autor, so war es ein diffuses Gemisch aus Angst, Ignoranz und Geltungsbedürfnis, das zum Auslöser der gewalttätigen Auschreitungen wurde. Der Antisemitismus tritt als Erklärungsmuster in den Hintergrund. Jedenfalls sind die Konitzer Ereignisse für Nonn kein Beispiel, aus dem sich Schlüsse ziehen ließen auf den weiteren Gang der deutschen Geschichte.

Eine entgegengesetzte Position vertritt Helmut Walser Smith. Für ihn sind die antisemitischen Exzesse in Konitz »die Vorboten einer Katastrophe, die vierzig Jahre später völlig andere Ausmaße annehmen sollten«. Dem amerikanischen Historiker geht es darum, einen historischen Prozess zu beschreiben, der einen latenten Antisemitismus manifest werden ließ und eine eigene Gewaltdynamik entfesselte. Zu Recht kritisiert er, dass die Forschung zum Kaiserreich sich bislang auf die Analyse antisemitischer Ideen und ihrer Verbreitung in Parteien und Verbänden konzentriert, Untersuchungen auf lokaler Ebene hingegen vernachlässigt habe. Gerade der mikrogeschichtliche Zugriff biete jedoch bessere Voraussetzungen, um den Antisemitismus in seiner konkreten Ausprägung und Wirkungsweise zu verstehen. Anders als Nonn begreift Walser Smith die Gerüchte als Bruchstücke einer Erzählung, die, richtig gelesen, direkt hineinführt ins trübe Reich antisemitischer Fiktionen und Phantasien. In einem langen Exkurs schildert er, wie die Legende vom Ritualmord im 12. Jahrhundert entstand und bis in die Neuzeit hinein »als eine Unterströmung im kollektiven Gedächtnis haften« blieb, um bei Ausbrüchen antisemitischer Gewalt, etwa den »Hepp-Hepp«-Krawallen 1819, erneut zum Vorschein zu kommen. Vor diesem Hintergrund entwickelt der Autor seine Kernthese: Die Demonstranten in Konitz folgten einem vertrauten Handlungsmuster. Sie drohten zwar, die Juden umzubringen, hatten aber nicht die Absicht, es wirklich zu tun. Sie begnügten sich damit, Gewalt rituell zu inszenieren. Für die Juden indes bedeutete das Schauspiel öffentlicher Erniedrigung eine traumatische Erfahrung. Mit einem Schlage fühlten sie sich aus der Gemeinschaft ausgestoßen, was faktisch einem »gesellschaftlichen Tod« gleichkam. »Nicht die Juden, sondern ihre christlichen Beschuldiger verübten einen Ritualmord« – in dieser Pointe fasst der Autor seine Überlegungen zusammen.

Christoph Nonns Arbeit steht in einer Tradition deutscher Geschichtsschreibung, die immer noch geneigt ist, den Antisemitismus im Kaiserreich in seiner Virulenz zu unterschätzen. Helmuth Walser Smith hingegen macht ebendiese Virulenz sichtbar, und er zeigt, welche latent wirksame Bedrohung davon ausging. Gestützt wird seine Position durch eine wichtige Untersuchung von Olaf Blaschke: »Katholizismus und Antisemitismus im Deutschen Kaiserreich« (Göttingen 1997). Sie rückt der Legende zu Leibe, der zufolge Katholiken weniger judenfeindlich gewesen seien als Protestanten. Vielmehr wird überzeugend nachgewiesen, dass im deutschen Katholizismus die Neigung, die Juden zu Sündenböcken für alle negativen Folgen der Modernisierung zu machen, weit verbreitet war. Wie auch unter gebildeten Protestanten antisemitische Klischees und Stereotypen immer einflussreicher wurden, zeigt Uffa Jensen: »Gebildete Doppelgänger. Bürgerliche Juden und Protestanten im 19. Jahrhundert« (Göttingen 2005). Im Zentrum der Studie steht eine Analyse des sogenannten »Berliner Antisemitismusstreits« von 1879 / 80 – ein Begriff, den der Autor für verfehlt hält und ihn ersetzt wissen möchte durch die Formulierung: »Der erste Streit über jüdische Identität in der bürgerlichen Bildungskultur«.

Besonders widerwärtige Züge nahm der Antisemitismus bereits vor 1914 in den Bädern an der Nord- und Ostsee an. Dem vernachlässigten Thema hat Frank Bajohr eine instruktive Studie gewidmet: »›Unser Hotel ist judenfrei‹. Bäder-Antisemitismus im 19. und 20. Jahrhundert« (Frankfurt a. M. 2003). Die Darstellung beginnt mit einer Schilderung der Zustände auf Borkum, einer Hochburg des Antisemitismus bereits um die Jahrhundertwende. Ein Inselführer von 1897 pries als »besonderen Vorzug« Borkums, »daß es judenrein ist«. In den Nordseebädern breiteten sich judenfeindliche Ressentiments vor dem Ersten Weltkrieg geradezu epidemisch aus, und nicht besser sah es in den Ostseebädern aus. »Eine vergleichbare Massierung antisemitischer Erholungsorte« habe es »in keiner anderen deutschen Ferienregion« gegeben, stellt Bajohr nüchtern fest. Wie immer die Juden auf die feindselige Abwehr reagierten, sie konnten es den Antisemiten nie recht machen: Traten sie selbstbewusst auf, dann galten sie als »protzig« und »unverschämt«; übten sie sich in betonter Bescheidenheit, so wurde ihr Verhalten als »süßlich-zuvorkommend« oder »schmierig-unaufrichtig« denunziert. Auch dieses Buch macht also deutlich, dass der Antisemitismus in seiner weit ins Alltagsleben hineinwirkenden gesellschaftlichen und politischen Virulenz schon für die Zeit des

Kaiserreichs ernster genommen werden muss, als dies häufig geschieht.

Zur Speerspitze des Antisemitismus und Radikalnationalismus entwickelte sich vor 1914 der Alldeutsche Verband. Eine umfassende Untersuchung über das unheilvolle Wirken dieser Organisation hat Rainer Hering vorgelegt: »Konstruierte Nation. Der Alldeutsche Verband 1890 bis 1939« (Hamburg 2003). Die rund 20 000 Mitglieder kamen, wie sorgfältig belegt wird, aus der Mitte der Gesellschaft. Sie rekrutierten sich aus den akademischen Eliten, vor allem aus Vertretern des Bildungsbürgertums. Das Urteil über die Wirkung der alldeutschen Hetze lässt an Deutlichkeit nichts zu wünschen übrig: »Kein anderer Agitationsverband hat rassistisches Denken derart ›salonfähig‹ gemacht … Von dort sickerte es über die Multiplikatoren der politischen Bildung – Professoren, Lehrer, Ärzte, Juristen, Journalisten, Schriftsteller – in die breite Bevölkerung.« Zwar bezeichnete sich der Alldeutsche Verband als »überparteilich«, doch das war, wie gezeigt wird, nichts weiter als Ideologie. Denn die Verbandsführung unterhielt enge Beziehungen nicht nur zu anderen nationalistischen Organisationen, etwa dem deutschen Flottenverein oder der Deutschen Kolonialgesellschaft, sondern auch zu rechten politischen Parteien, im Kaiserreich besonders zu den Nationalliberalen und zu den Konservativen. Zum ersten Mal wird hier das weitgespannte Netz personeller und institutioneller Verflechtungen herausgearbeitet, das der Alldeutsche Verband knüpfen und für sich nutzen konnte.

Eine Spinne in diesem Netzwerk war der langjährige Vorsitzende des Alldeutschen Verbandes, Heinrich Claß, dem Johannes Leicht eine biographische Studie gewidmet hat: »Heinrich Claß 1868–1953. Die politische Biographie eines Alldeutschen« (Paderborn 2012). Im Denken und Wirken von Claß verband sich die Vision einer deutschen Weltmachtstellung mit dem Konzept einer ethnisch und kulturell homogenen »Volksgemeinschaft«. Ihren radikalsten Ausdruck fanden diese Ideen in seinem berüchtigten, unter Pseudonym 1912 veröffentlichten Bestseller »Wenn ich der Kaiser wär'«, der sich, so Leicht, wie »ein Maßnahmekatalog zur Errichtung eines totalen Staates« liest: »Während die rassistisch definierte deutsche ›Volksgemeinschaft‹ in relativer Rechtssicherheit hätte leben können, wären andere Gruppen, vor allem Juden, Sozialdemokraten, ethnische Minderheiten sowie fremde Staatsangehörige, in die Rechtlosigkeit gestoßen und uneingeschränkt der Verfolgung preisgegeben worden.« An dieses Programm konnte Hitler 1919 / 20 anknüpfen. Einen weiteren einflussreichen Exponenten der Alldeutschen nimmt Stefan Frech in den Blick: »Wegbereiter Hitlers? Theodor Reismann-Grone. Ein völkischer Nationalist (1863–1949)« (Paderborn 2009). Gemeinsam mit Claß verhalf Reismann-Grone dem völkischen Nationalismus innerhalb des Alldeutschen Verbandes zum Durchbruch. Unter seiner verlegerischen Leitung entwickelte sich die »Rheinisch-Westfälische Zeitung«, das Sprachrohr der Schwerindustrie an der Ruhr, zu einem extrem rechten, antisozialistischen Kampfblatt. Schon in den frühen zwanziger Jahren sollte Reismann-Grone die Verbindung zu den Nationalsozialisten suchen und schließlich wichtige Vermittlerdienste zwischen Hitler und den Ruhrindustriellen leisten.

Den allgemeinen Rahmen zu diesen Forschungen bietet die Untersuchung von Peter Walkenhorst: »Nation – Volk – Rasse. Radikaler Nationalismus im Deutschen Kaiserreich 1890–1914« (Göttingen 2007). Der Autor untersucht, von einem diskurstheoretischen Ansatz ausgehend, die Konstruktion der für den radikalen Nationalismus charakteristischen Deutungsmuster und Weltbilder und zeigt auf, wie sie sich in der politischen Praxis der Agitationsverbände auswirkten. Auch dieses Buch ist ein wichtiger Beitrag zur viel diskutierten Frage nach der Kontinuität vom Kaiserreich zum »Dritten Reich«, vom Wilhelminismus zum Nationalsozialismus.

»Der preußische Leutnant ging als Gott, der bürgerliche Reserveleutnant wenigstens als Halbgott durch die Welt.« Wie zutreffend die Beobachtung des Historikers Friedrich Meinecke über den Militarismus im Kaiserreich war, belegt eine von Bernd Ulrich, Jacob Vogel und Benjamin Ziemann herausgegebene Sammlung zeitgenössischer Quellen: »Untertan in Uniform. Militär und Militarismus im Kaiserreich 1871–1914« (Frankfurt a. M. 2001). Der Band zeigt eindrucksvoll die abstoßenden, teilweise grotesken Züge von Uniformgläubigkeit und Untertanenmentalität. Dokumentiert wird aber auch: Es gab Gegenstimmen und Gegenkräfte, vor allem unter bürgerlichen Pazifisten und sozialdemokratischen Arbeitern. Allerdings waren sie zu schwach, um dem herrschenden Zeitgeist Paroli zu bieten. Eine vorzügliche Einführung in das Thema bietet Wolfram Wette: »Militarismus in Deutschland. Geschichte einer kriegerischen Kultur« (Darmstadt 2008).

VI. Der Weg in den Ersten Weltkrieg

In den letzten Jahrzehnten hat sich, im Anschluss an die bahnbrechenden Bücher Fritz Fischers aus den 1960er Jahren, ein weitgehender Konsens in der Forschung zur Vorgeschichte des Ersten Weltkriegs herausgebildet. Danach erschien das Deutsche Reich unter Wilhelm II. als die Großmacht, die durch ihren weltpolitischen Aktionismus und ihre auftrumpfende Flottenrüstung die internationale Ordnung destabilisierte und daher die Hauptverantwortung nicht nur für die Verschärfung der Spannungen, sondern auch für die Auslösung des Krieges im Juli / August 1914 trug.

Gegen diese Interpretation macht eine Generation jüngerer Historiker neuerdings Front. So hat Friedrich Kießling (»Gegen den ›großen Krieg‹?«, München 2002) die Auffassung vertreten, dass nicht Spannung, sondern Entspannung (*détente*) das eigentliche Charakteristikum der internationalen Beziehungen in den Jahren vor 1914 gewesen sei. Nach der zweiten Marokko-Krise 1911 hätten sich die Regierungen in Berlin, Wien und London intensiv darum bemüht, die Konfrontation der Bündnissysteme zu reduzieren und die Konflikte zu entschärfen. Diese These, die der Autor noch einmal pointiert in einem Aufsatz zusammengefasst hat (»Wege aus der Stringenzfalle. Die Vorgeschichte des Ersten Weltkriegs als ›Ära der Entspannung‹«, in: Geschichte in Wissenschaft und Unterricht H. 5 / 6, 2004, S. 284–304), vermag allerdings auf die Frage, warum es im Sommer 1914 trotzdem zum Kriege kam, keine schlüssige Antwort zu geben.

Hier knüpft die umfangreiche Studie von Holger Afflerbach an: »Der Dreibund. Europäische Großmacht- und Allianzpolitik vor dem Ersten Weltkrieg« (Wien–Köln–Weimar 2002). Auch Afflerbach möchte »die bislang vernachlässigten friedenserhaltenden Tendenzen des internationalen Systems vor 1914« in den Vordergrund rücken. Als Exempel dient ihm der Dreibund, jene 1882 zwischen dem Deutschen Reich, Österreich-Ungarn und Italien geschlossene Allianz, die vor 1914 immer wieder verlängert wurde, allerdings dann ein abruptes Ende fand, als Rom zu Beginn des Krieges seine Neutralität verkündete und im Mai 1915 sogar auf seiten der Triple-Entente in den Krieg gegen die Mittelmächte eintrat. Über den Dreibund ist viel geschrieben worden, zumeist aus deutscher oder österreichischer Perspektive. Der Vorzug von Afflerbachs Arbeit ist, dass sie, gestützt auf eine umfassende Auswertung auch der römischen Archive, der italienischen Politik besondere Aufmerksamkeit zuwendet. Entgegen der verbreiteten Annahme, Italien sei ein notorisch unzuverlässiger Verbündeter gewesen und habe die Allianz niemals wirklich ernst genommen, kann der Autor zeigen, dass der Dreibund von allen gesellschaftlichen Kräften Italiens befürwortet, ja zu einem »Grundbestandteil des gesamten politischen Lebens« wurde. Allerdings macht Afflerbach auf ein Kernproblem aufmerksam, das die Allianz von Anfang an belastete: Italien galt in den Augen seiner beiden Partner als ein Verbündeter zweiter Klasse, und es wurde auch so behandelt. Seit der ersten Marokko-Krise 1905/06, als Italien aus der Solidarität des Bündnisses ausscherte, mehrten sich die Zweifel, ob es im Kriegsfall seinen Verpflichtungen nachkommen werde. Das Wort von den »verbündeten Feinden« machte die Runde. Umso mehr überrascht, dass Afflerbach dem Dreibund dennoch eine wichtige Rolle bei der Bewahrung des Friedens in Europa vor 1914 zuschreibt. Mehr noch: Auch in der Formierung des Gegenbündnisses zum Dreibund, der Triple-Entente, erkennt er ein »Element der Entspannung«, weil dadurch das Gleichgewicht der Mächte wiederhergestellt worden sei. Der Autor spricht sogar von »einem europäischen Konsens, einen großen Krieg zu vermeiden und statt dessen den friedlichen Ausgleich zu suchen«.

Auch hier stellt sich jedoch die Frage, warum dann der lokale Krieg Österreich-Ungarns gegen Serbien Ende Juli 1914 innerhalb weniger Tage zum Weltkrieg eskalierte. Afflerbach führt dies in erster Linie auf Fehleinschätzungen der Politiker in Berlin und Wien zurück, die geglaubt hätten, ihr riskantes Manöver unterhalb der Schwelle eines großen Krieges durchziehen zu können. Doch damit bleibt immer noch unbeantwortet, wieso es zu einer so gravierenden Fehleinschätzung kommen konnte. Afflerbach unterschätzt den Einfluss, den die deutschen Militärs vor und während der Julikrise auf das Handeln der politischen Reichsleitung ausübten. Ihr Drängen auf einen Präventivkrieg sollte, worauf Dieter Hoffmann jüngst zu Recht hingewiesen hat (»Der Sprung ins Dunkle oder Wie der 1. Weltkrieg entfesselt wurde«, Leipzig 2010), die Entscheidungen des Reichskanzlers Theobald von Bethmann Hollweg in starkem Maße bestimmen.

Der Versuch, das Modell der Entspannungspolitik auf das internationale System vor 1914 zu übertragen, kann nicht überzeugen. Ohne eine Berücksichtigung der ökonomischen Interessen, der gesellschaftlichen Strukturen, der mentalen Dispositionen ist der Weg in den Weltkrieg nicht zu erklären. Immerhin verdanken wir den neueren Forschungen die Einsicht, dass der Kriegsausbruch kein zwangsläufiges Resultat der internationalen Entwicklungen vor 1914 war, dass es gegenläufige Tendenzen gab, auch wenn sich diese am Ende nicht durchsetzen konnten. Das Bild der Vorkriegspolitik wird dadurch vielschichtiger und widersprüchlicher, ohne dass die Hauptverantwortung der deutschen Reichsleitung für die Auslösung des Krieges in Frage gestellt würde.

Eben dies versuchte das *enfant terrible* unter den britischen Historikern, Niall Ferguson, bereits 1998 mit seinem provokanten Buch »The Pity of War« (deutsch: »Der falsche Krieg«, Stuttgart 1999), das die Vorgeschichte des Weltkriegs in eine neue Perspektive rücken wollte. Nach Ferguson war der Erste Weltkrieg ein tragischer Irrtum, der allen Seiten, auch den Siegern, einen zu hohen Preis abforderte. Sein Vorwurf richtet sich in erster Linie an die Adresse des eigenen Landes, Großbritannien. Es hätte Anfang August 1914 nicht in den Krieg eintreten, sondern neutral bleiben sollen. Was aber wäre dann geschehen? Die Antwort ist verblüffend: Deutschland hätte, im Bunde mit Österreich-Ungarn, Frankreich und Russland rasch besiegt und damit freie Hand gehabt, den Kontinent nach seinen Vorstellungen zu ordnen. Das heißt für Ferguson: Es hätte schon damals einen Zustand herstellen können, der dem der heutigen Europäischen Union ähnlich gewesen wäre – eine auf den mitteleuropäischen Wirtschaftsbund begründete Hegemonie Deutschlands. Der Zusammenbruch Russlands, die Schrecken des Bürgerkriegs und des Stalinismus wären Europa erspart geblieben, ebenso der Faschismus, der Zweite Weltkrieg und der Holocaust.

Eine interessante Spekulation. Doch sie übersieht, dass die englische Regierung sich aus wohlerwogenen Gründen entschloss, in den Krieg gegen die Mittelmächte einzutreten. Schließlich konnte sie kaum untätig zusehen, wie der Hauptrivale, das deutsche Kaiserreich, das *balance of power*-Prinzip außer Kraft setzte und seine Vorherrschaft auf dem Kontinent errichtete. Natürlich kennt Ferguson diese Achillesferse seines kontrafaktischen Szenarios. Deshalb bemüht er sich nach Kräften, die Rivalität zwischen dem Deutschen Reich und Großbritannien vor 1914 herunterzuspielen. Deutschlands auftrumpfende »Weltpolitik« sei für das Inselreich keine Bedrohung gewesen, auch nicht der Bau der deutschen Schlachtflotte, die rein defensiven Zwecken gedient habe. An der »Einkreisung« war demnach die deutsche Reichsleitung gänzlich unschuldig; sie war das Werk englischer Missgunst! Dem englischen Außenminister Sir Edward Grey wirft Ferguson nicht nur vor, ein *appeasement* gegenüber Russland betrieben, sondern die deutsche Regierung bewusst über die englische Haltung im Falle eines Krieges getäuscht zu haben. Dadurch habe er die Neigung deutscher Militärs und Politiker zum Präventivkrieg entscheidend gefördert. Mit dieser Sicht der Dinge dreht Ferguson den Erkenntnisprozess der Forschung hinter die »Fischer-Kontroverse« der 1960er Jahre zurück. Zu Recht ist sein Buch auf die nahezu einhellige Ablehnung unter deutschen Fachhistorikern gestoßen.

Anders verhält es sich mit dem neuen Werk von Christopher Clark: »The Sleepwalkers. How Europe went to War in 1914« (London 2012), das bereits vor dem Erscheinen der deutschen Übersetzung im Herbst 1913 (»Die Schlafwandler«, München 2013) als wichtigstes Buch zum 100. Jahrestag des Kriegsbeginns 2014 bezeichnet worden ist (Gerd Krumeich in: Süddeutsche Zeitung v. 30. 11. 2012; Holger Afflerbach in: Der Spiegel v. 24. 9. 2012). Der Cambridge-Historiker hat sich noch einmal in die Archive begeben und hier neue Quellen, unter anderem in russischer und serbischer Sprache, erschlossen. Auch Clark wendet sich explizit gegen die These, dass es in erster Linie das Deutsche Kaiserreich gewesen sei, das mit seinen Weltmachtambitionen Europa in den Abgrund des Krieges gestürzt habe. Im Unterschied zu Ferguson sucht er die Schuld jedoch nicht bei Großbritannien, sondern bei allen beteiligten Großmächten. Er spricht zwar die deutsche und österreichisch-ungarische Regierung keineswegs von jeder Verantwortung frei, beleuchtet aber die Politik Frankreichs, Russlands und Englands ebenso kritisch. Besonders hart geht er mit der serbischen Regierung ins Gericht, die, wie er glaubt nachweisen zu können, in die Attentatspläne der terroristischen Organisation »Schwarze Hand« gegen das österreichisch-ungarische Thronfolgerpaar eingeweiht war. Der Titel des Buches »Die Schlafwandler« bringt die These des Autors auf den Punkt: Auf allen Seiten hätten die verantwortlichen Staatsmänner den Krieg im Grunde nicht gewollt, allerdings auch keine ernsthaften Schritte unternommen, ihn zu verhindern. Jeder hätte sich falsche Bilder von den Intentionen der jeweils anderen Seite gemacht, und allesamt hätten sie die Dimension der Katastrophe unterschätzt, die der moderne Krieg mit seinen Massenvernichtungswaffen nach sich ziehen würde. Im Ergebnis läuft Clarks Deutung auf eine Wiederbelebung der alten Vorstellung vom »Hineinschlittern« der Mächte in den Weltkrieg hinaus, wie sie der ehemalige britische Premierminister David Lloyd George Anfang der 1920er Jahre formuliert hatte – eine Auffassung, die man nach der »Fischer-Kontroverse« endgültig überwunden glaubte.

Das Gegenstück zu Clarks Interpretation bietet Konrad Canis' weitausholende Darstellung »Der Weg in den Abgrund. Deutsche Außenpolitik 1902–1914« (Paderborn 2011), mit der er seine dreibändige Geschichte der deutschen Außenpolitik von 1870 bis 1914 abschließt. An der Hauptverantwortung der deutschen Reichsleitung für den Krieg lässt Canis nicht rütteln. Den deutschen Blankoscheck an Österreich-Ungarn vom 5. / 6. Juli 1914 bezeichnet er als den »flagranten Fehler, der alle weiteren Fehler nach sich zog«. Von Anfang an habe die Führung in Berlin das Risiko einkalkuliert, dass aus der militärischen »Strafaktion« gegen Serbien der große Krieg hervorgehen würde. Allerdings beantwortet Canis die Motivfrage anders als Fritz Fischer: Nicht aus einem auf die Hegemonie in Europa gerichteten Eroberungsdrang habe die Reichsleitung das Kriegsrisiko auf sich genommen, sondern im Gegenteil: um einer vermeintlichen Bedrohung seiner Großmachtposition zuvorzukommen. Es habe sich also nicht um einen Hegemonialkrieg, sondern um einen Präventivkrieg gehandelt, wobei der Autor auf seiten des Reichskanzlers Bethmann Hollweg »Fatalismus, ja die blanke Verzweiflung« am Werke sieht. Es fragt sich freilich, ob die Bedrohungsszenarien, wie sie vor allem die Militärs an die Wand malten, nicht weit übertrieben waren. Jedenfalls gibt es keinerlei Anhaltspunkte dafür, dass die Ententemächte für 1916 / 17 einen Angriffskrieg planten. Verbargen sich vielleicht hinter der defensiven Motivation nicht auch offensive Ziele?

Seit Gerhard Rittters Studie »Der Schlieffen-Plan. Kritik eines Mythos« (München 1956) herrschte in der deutschen und internationalen Forschung Konsens über die Frage der operativen Vorbereitungen für den Zweifrontenkrieg. Demnach sollte die Masse des deutschen Heeres zunächst im Westen angreifen und das französische Heer in einer großen Umfassungsbewegung vernichten, um danach den Schwerpunkt der Kriegführung nach Osten zu verlegen und Russland zu besiegen. Diese Deutung wurde vor einigen Jahren vom amerikanischen Historiker und ehemaligen Major des US-Armee, Terence Zuber, radikal in Frage gestellt: »Inventing the Schlieffen Plan. German War Planning 1871–1914« (Oxford–New York 2003). Er vertritt die Auffassung, beim Schlieffen-Plan habe es sich um einen reinen »Mythos«, eine »Erfindung« ehemaliger Generalstabsoffiziere gehandelt, die sich nachträglich hätten reinwaschen wollen. Im Herbst 2004 veranstaltete das Militärgeschichtliche Forschungsamt in Potsdam eine Tagung, um die provokative These Zubers zu diskutieren. Die Beiträge liegen in einem von Hans Ehlert, Michael Epkenhans und Gerhard P. Groß herausgegebenen Band »Der Schlieffenplan. Analysen und Dokumente« (Paderborn 2006) vor. Annika Mombauer, die selbst mit einer beachtlichen Studie über den Nachfolger Schlieffens hervorgetreten ist: »Helmuth von Moltke and the Origins of the First World War« (Cambridge 2001), betont den offensiven Charakter der deutschen militärischen Planungen vor 1914, und auch Herausgeber Groß weist die These Zubers entschieden zurück: Es gab die von Schlieffen entwickelte grundlegende operative Doktrin, an der auch Moltke trotz einiger Modifizierungen unbeirrt festgehalten habe. In diesem Band werden erstmals die Aufmarschpläne veröffentlicht, die bislang als verschollen galten. Damit wird die Diskussion über die Entwicklung des operativen Denkens im deutschen Generalstab vor 1914 auf eine solide Grundlage gestellt.

Ein interessantes Kapitel der internationalen Diplomatiegeschichte, über dessen Bedeutung für die Vorgeschichte des Ersten Weltkriegs heftig diskutiert wurde, schlägt Stephen Schröder auf: »Die englisch-russische Marinekonvention. Das Deutsche Reich und die Flottenverhandlungen der Tripelentente am Vorabend des Ersten Weltkriegs« (Göttingen 2006). Im Mai 1914 stimmten die Briten Verhandlungen über ein geheimes Marineabkommen mit Russland zu, das für den Kriegsfall koordinierte Aktionen der Flotten, unter anderem ein gemeinsames Landungsunternehmen in Pommern, ins Auge fasste. Über einen Informanten in der russischen Botschaft in London war die deutsche Reichsleitung über die Verhandlungen unterrichtet. Schröder rekonstruiert nicht nur den Gang der Verhandlungen, sondern geht vor allem der Frage nach, welche Rückwirkung das Bekanntwerden der Pläne auf die deutsche Reichsleitung hatte und inwieweit es ihre Haltung in der Julikrise 1914 beeinflusste. Er kommt zu dem Ergebnis, dass die englisch-russischen Marinegespräche die Bereitschaft der deutschen Politik, bewusst das Risiko eines Weltkriegs einzugehen, erheblich verstärkten, allerdings nicht als ursächlicher oder auch nur entscheidender Faktor für den Entschluss zum Krieg in Rechnung zu stellen seien. Mit dieser abgewogenen, klug argumentierenden Arbeit dürfte einer der umstrittensten Komplexe in der Kriegsursachenforschung endgültig geklärt sein.

Im August 1914 zogen die Deutschen begeistert in den Krieg: Diese zum Klischee erstarrte Vorstellung wurde durch eine Reihe von Lokalstudien zunehmend in Frage gestellt. Durch die Pionierarbeit von Jeffrey Verhey: »Der ›Geist von 1914‹ und die Erfindung der Volksgemeinschaft« (Hamburg 2000) ist sie endgültig ins Reich der Legenden verwiesen worden. Der amerikanische Historiker stützt sich vor allem auf eine gründliche Auswertung der zeitgenössischen Presse, die, wie er hervorhebt, »im allgemeinen eine feine Witterung für die Gesinnung und Stimmung ihres Leserkreises« hatte. Wenn man bedenkt, wie vielfältig das wilhelminische Zeitungswesen war, kann man ermessen, welcher Arbeit sich der Autor unterziehen musste. Das

Quellenverzeichnis weist 85 Periodika aus – von den großen Hauptstadtzeitungen bis zu kleinen Provinzblätttern. Die Anstrengung hat sich gelohnt. Zum ersten Mal liegt hier eine Untersuchung vor, welche die Entwicklung der öffentlichen Meinung in Deutschland in den Monaten Juli und August 1914 umfassend beschreibt und deutet. Die Befunde werden nach zeitlichen Phasen, sozialen Grupppen und Klassen, politischen Parteien sowie lokalen und regionalen Gegebenheiten differenziert. Darüber hinaus wird überzeugend der Prozess der Mythenbildung rekonstruiert und gezeigt, wie aus dem »Augusterlebnis« der »Geist von 1914« wurde, welchen Gebrauch die amtliche Propaganda davon machte und wie dieser Mythos auch noch nach 1918 fortwirkte.

VII. Die Urkatastrophe des 20. Jahrhunderts

Im kollektiven Gedächtnis von Franzosen und Briten hat der Erste Weltkrieg – »La Grande Guerre« oder »The Great War«, wie sie ihn nennen – seit jeher eine bedeutende Rolle gespielt. Anders in Deutschland: Hier stand die Beschäftigung mit dem Zweiten Weltkrieg und dem Holocaust so sehr im Vordergrund, dass die Erinnerung an den Ersten Weltkrieg darüber eher verblasst ist. Das scheint sich zu ändern. 2004, als sich der Kriegsbeginn zum 90. Mal jährte, präsentierte das Deutsche Historische Museum in Berlin eine große historische Ausstellung. Begleitet wurde sie von einer Flut neuer Bücher und TV-Dokumentationen. 2014, wenn der 100. Jahrestag ansteht, werden wir voraussichtlich eine weitere Steigerung des medialen Erinnerungs- und Gedächtnisbooms erleben.

Zweifellos hat das neue Interesse etwas zu tun mit dem wachsenden zeitlichen Abstand, der die nachwachsenden Generationen vom Zweiten Weltkrieg und dem Holocaust trennt. Mit der unvermeidlichen Historisierung des Nationalsozialismus wird der Blick frei für die unerhörten Gewalt- und Leidenserfahrungen, die auch schon die Kriegsjahre von 1914 bis 1918 charakterisierten. Der Erste und der Zweite Weltkrieg rücken in dieser Perspektive näher zuammen. Ob man deshalb von einem »Zweiten Dreißigjährigen Krieg« sprechen kann, wie Hans-Ulrich Wehler, einen Begriff des französischen Sozialwissenschaftlers Raymond Aron aufgreifend, im vierten Band seiner »Deutschen Gesellschaftsgeschichte« (München 2003) vorgeschlagen hat, steht dahin. Aber dass mit dem Epochenbruch des Ersten Weltkriegs Entwicklungen freigesetzt wurden, die den Zündstoff für einen zweiten Weltenbrand in sich bargen, das wird nun immer deutlicher. Allerdings ist es nicht mehr die politische oder militärische Geschichte des Krieges, sondern seine kulturelle Dimension, die seit einiger Zeit den größten Reiz auf Historiker ausübt. »Erfahrung« und »Erinnerung« sind die neuen Leitbegriffe; nach Mentalitäten und Mythen wird insistierend gefragt, und zwar über alle nationalen Grenzen hinweg. (Vgl. Antoine Prost / Jay Winter: »The Great War in History. Debates and Controversies, 1914 to the Present«, Cambridge 2005; zuerst in französischer Sprache: »Penser la Grande Guerre. Un essai d'historiographique«, Paris 2004.)

Als »transnationale Kulturgeschichte« versteht sich auch das Buch von John Horne und Alan Kramer: »Deutsche Kriegsgreuel 1914. Die umstrittene Wahrheit« (Hamburg 2004). Die in Dublin lehrenden Historiker gehen einer der ungeklärten Fragen der Weltkriegsforschung nach: Was hat es mit den Kriegsverbrechen auf sich, die deutsche Truppen in den ersten Wochen nach dem völkerrechtswidrigen Einfall ins neutrale Belgien verübt haben sollen? Tag für Tag, Ort für Ort verfolgen sie die Spuren der Gewalt und Vernichtung: Nach ihren akribischen Berechnungen wurden zwischen August und Oktober 1914 6427 Zivilisten, darunter auch Frauen und Kinder, umgebracht und an die 20 000 Häuser zerstört.

Wie konnte es zu diesen Gewaltexzessen kommen? Die Erklärung ist ebenso einfach wie einleuchtend: Die deutschen Soldaten waren, als sie in Belgien einmarschierten, von der Vorstellung beherrscht, überall auf Freischärler zu stoßen, die heimtückisch aus dem Hinterhalt operierten. Eine wesentliche Rolle spielte dabei die Erinnerung an den Deutsch-Französischen Krieg von 1870/71, in dem so genannte *franctireurs* tatsächlich in großer Zahl gegen die Invasionstruppen gekämpft hatten. In Belgien kam es zwar ganz vereinzelt auch zu Attacken auf die Eindringlinge, doch von einem breiten Widerstand der

Zivilbevölkerung konnte keine Rede sein. Unter den Deutschen war die Einbildung jedoch stärker als die Wirklichkeit. Es handelte sich nach Horne / Kramer um einen »außerordentlichen Fall von kollektiver Autosuggestion, wie er in einem modernen Heer seinesgleichen suchen dürfte«. Über die Rekonstruktion der Massaker hinaus untersuchen die beiden Historiker, wie die Ereignisse sich in den Erfahrungen von Besatzern und Besetzten spiegelten und welche Bedeutung ihnen in der Propaganda und Erinnerungspolitik beider Seiten noch während des Krieges und im Anschluss daran zugeschrieben wurden. Auf vorbildliche Weise werden die Autoren so ihrem Anspruch gerecht, das Gewebe der Lügen, Legenden und Mythen zu zerstören und der Wahrheit endlich zu ihrem Recht zu verhelfen.

Unverzichtbar als Nachschlagewerk ist die »Enzyklopädie Erster Weltkrieg«, herausgegeben von Gerhard Hirschfeld, Gerd Krumeich und Irina Renz (Paderborn 2003). Dieser erste umfassende Versuch auf deutscher Seite, die thematischen und nationalen Grenzen der Weltkriegsforschung zu überwinden, verbindet Essays und Überblicksdarstellungen zu allen kriegführenden Staaten mit einem lexikalischen Teil, in dem unter 650 Stichworten ergänzende Informationen geliefert werden. In der britischen Geschichtsschreibung hat die Internationalisierung der Perspektive schon eine längere Tradition. Nach John Keegans Werk »Der Erste Weltkrieg. Eine europäische Tragödie« (Reinbek bei Hamburg 2000), das den Akzent auf die militärische Geschichte legt, und nach Hew Strachans Auftaktband einer großangelegten Geschichte des Ersten Weltkriegs »The First World War« (Volume I: »To Arms«; Oxford 2001) hat David Stevenson, Professor für Internationale Geschichte an der London School of Economics, erneut das Wagnis einer Gesamtdarstellung unternommen: »1914–1918. Der Erste Weltkrieg« (Düsseldorf 2006). Der Ehrgeiz des Autors richtet sich darauf, den Krieg in allen seinen militärischen, politischen, gesellschaftlichen und ökonomischen Aspekten darzustellen, und dies gleichermaßen für alle am Krieg beteiligten Parteien – ein anspruchsvolles Programm. Tatsächlich hat Stevenson den vergleichenden Ansatz konsequent durchgehalten, auch wenn einschränkend festzuhalten ist, dass die militärische Geschichte gegenüber den anderen Bereichen ein Übergewicht besitzt. Stevenson macht deutlich, dass es gerade die Pattsituation nach dem Scheitern des Bewegungskrieges im Herbst 1914 war, die für eine unvorhersehbare Eskalation des Krieges sorgte. Jede Seite versuchte die andere zu übertrumpfen, um doch noch den militärischen Sieg zu erringen: durch restlose Mobilisierung aller ökonomischen Ressourcen, durch eine enorme Steigerung der Rüstungsproduktion, durch eine intensive Feindpropaganda, auch im populären Medium des Films, vor allem aber durch Erfindung immer neuer, schrecklicherer Waffensysteme. In diesem auf die allmähliche Zermürbung und Erschöpfung des Gegners angelegten totalen Krieg besaßen die Alliierten einen Vorteil: Sie konnten, weil sie die Seeherrschaft errungen hatten, auf ihre Ressourcen in den Kolonien zurückgreifen, während sich die Mittelmächte durch die alliierte Seeblockade von Zufuhren weitgehend abgeschnitten sahen. Im Blick auf die verheerenden weltpolitischen Langzeitwirkungen der europäischen Katastrophe von 1914 bis 1918 warnt Stevenson am Ende seines Buches davor, allzu leichtfertig mit der militärischen Option zu spielen: »Jede Entscheidung zum Krieg muss mit der historischen Tatsache konfrontiert werden, dass der Krieg ein schrecklich stumpfes Instrument ist; seine Nachwirkungen können nicht zuverlässig vorausgesagt werden – und er kann die Dinge nur noch schlimmer machen.«

Eine Reihe wichtiger neuer Quelleneditionen hat in den letzten Jahren unseren Blick auf die Spätphase des wilhelminischen Deutschlands geschärft. Unter Historikern galten die Tagebücher Albert Hopmans, die im Bundesarchiv-Militärarchiv in Freiburg verwahrt werden, schon lange als Geheimtipp. Denn dieser hohe Marineoffizier war die rechte Hand von Großadmiral Alfred von Tirpitz, Staatssekretär des Reichsmarineamts seit 1897 und Schöpfer der deutschen Schlachtflotte, in der sich die Weltmachtambitionen des Kaiserreichs am sinnfälligsten offenbarten. Michael Epkenhans hat die Tagebücher in einer vorzüglich kommentierten Auswahl herausgegeben, ergänzt um Denkschriften und Briefe aus dem privaten Nachlass: »Albert Hopmann: Das ereignisreiche Leben eines ›Wilhelminers‹. Tagebücher, Briefe, Aufzeichnungen 1901 bis 1920« (München 2004). Es handelt sich um eine interessante, streckenweise sogar aufregende Lektüre, denn aufgrund seiner Nähe zu wichtigen Entscheidungsträgern in der Reichsleitung war Hopman über die Interna der deutschen Politik in der Regel außerordentlich gut informiert. Eine besonders ergiebige Quelle sind die Tagebücher für die ersten Monate des Krieges, die Hopmann im Großen Hauptquartier zunächst in Koblenz, später in Luxemburg und danach in Charleville verbrachte. Sie spiegeln in seltener Deutlichkeit den radikalen Umschlag der Stimmung nach dem Scheitern des deutschen Angriffs an der Marne Anfang September 1914 wider. Von nun an plagten Hopman düstere Gedanken im Blick auf die Zukunft: »Ein dunkles Gefühl sagt mir, daß nun die Sühne kommt, auch für das Volk, das sich solchem aufs Äußere und den Schein gerichteten Regiment willig gefügt hat.« Bereits zu dieser Zeit findet sich im Tagebuch die Einsicht, zu der sich die Oberste Heeresleitung erst vier Jahre später, im Angesicht der militärischen Niederlage Ende September 1918, durchringen sollte: dass »weitgehendste Zugeständnisse an (die) demokratische Richtung« notwendig seien, um mit dem System des »Persönlichen Regiments« zu brechen und fähige Politiker an die Spitze der Reichsleitung zu bringen.

Innenansichten aus der Umgebung des Kaisers im Ersten Weltkrieg präsentiert auch der von Holger Afflerbach bearbeitete Band: »Kaiser Wilhelm II. als Oberster Kriegsherr im Ersten Weltkrieg. Quellen aus der militärischen Umgebung des Kaisers 1914–1918« (München 2005). Die Edition enthält das Tagebuch und die Kriegsbriefe des kaiserlichen Generaladjudanten Hans Georg von Plessen sowie die Tagebuchfragmente und Korrespondenzen des Chefs des Kaiserlichen Militärkabinetts, Moritz Freiherr von Lyncker. Deutlich wird, in welch erschütterndem Ausmaß der letzte Hohenzollernkaiser angesichts der Herausforderungen des Krieges versagte und wie weit man sich im Hauptquartier im Laufe des Krieges von den Realitäten an den Fronten entfernte.

Die andere Seite des Krieges, die sogenannte Heimatfront, spiegelt sich in den Aufzeichnungen des Heidelberger Mittelalterhistorikers Karl Hampe, die Folker Reichert und Eike Wolgast herausgegeben haben: »Das Kriegstagebuch 1914–1918« (München 2004) – ohne Frage eines der interessantesten Zeugnisse zur Kultur- und Mentalitätsgeschichte des Ersten Weltkriegs. Denn es gibt, wie bislang kaum ein zweites, Einblicke in den Alltag eines angesehenen Universitätsprofessors und seiner vielköpfigen Familie. Zugleich beleuchtet es auf exemplarische Weise politische Einstellungen und Verhaltensweisen, wie sie für das nationalliberale Bildungsbürgertum im ausgehenden Kaiserreich charakteristisch waren.

Die bislang umfassendste Darstellung einer deutschen Stadt im Ersten Weltkrieg hat der amerikanische Historiker Roger Chickering vorgelegt: »The Great War and Urban Life in Germany: Freiburg, 1914–1918« (Cambridge 2007), auf Deutsch erschienen unter dem Titel: »Freiburg im Ersten Weltkrieg. Totaler Krieg und städtischer Alltag 1914–1918« (Paderborn 2009). Sie beginnt mit dem 24. Juli 1914, als das österreichische Ultimatum an Serbien bekannt wurde, und endet mit dem 11. November 1918, dem Tag der Unterzeichnung des Waffenstillstands. Alle Aspekte des städtischen Alltags werden einbezogen: die demographischen Veränderungen, die Schwierigkeiten der Lebensmittelversorgung, die Entstehung eines Schwarzmarktes, die Auswirkungen des Mangels auf die Sinne, die Auflösung traditioneller Geschlechterrollen, die Erfahrung der sich verschärfenden sozialen Ungleichheit, schließlich die allgemeine Erschöpfung im Sommer und Herbst 1918. Eine Mikrogeschichte, die eindrucksvoll belegt, dass der erste totale Krieg keinen Bereich des Lebens unberührt ließ.

Auf makrogeschichtlicher Ebene diskutiert Alan Kramer den Prozess der Radikalisierung und Totalisierung der Kriegführung: »Dynamic of Destruction. Culture and Mass Killing in the First World War« (Oxford 2007). Zwei Themen werden miteinander verbunden: die Zerstörung der gemeinsamen europäischen Kultur, wie sie symbolhaft in dem von Deutschen gelegten Brand der Löwener Universitätsbibiothek zum Ausdruck kam, und die Entgrenzung der Gewalt, wie sie sich in dem Massensterben an den Fronten, aber auch im Genozid an den Armeniern oder im blutigen Bürgerkrieg in Russland nach der Oktoberrevolution zeigte. Durch seinen konsequent vergleichenden Ansatz korrigiert der Autor manche pauschale Annahme, wie man sie als nationale Besonderheit der einen oder anderen kriegführenden Seite zugeschrieben hat. Ergänzt wird das hier skizzierte Bild in dem von Arnd Bauerkämper und Elise Julien herausgegebenen Band: »Durchhalten! Krieg und Gesellschaft im Vergleich 1914–1918« (Göttingen 2010). Er geht der Frage nach, wie und warum es den beteiligten Gesellschaften und ihren Soldaten gelang, die ungeheuren Anforderungen und Strapazen des Krieges vier Jahre lang durchzuhalten.

Ein ungewöhnliches Buch hat der schwedische Historiker und Schriftsteller Peter Englund geschrieben: »Schönheit und Schrecken. Eine Geschichte des Ersten Weltkriegs erzählt in neunzehn Schicksalen« (Berlin 2011). Er schildert das Drama des Ersten Weltkriegs aus der Perspektive von neunzehn zumeist unbekannten Menschen aus allen kriegführenden Staaten – darunter ein deutsches Schulmädchen, ein französischer Ingenieur, eine englische Krankenschwester, ein belgischer Kampfflieger, ein italienischer Gebirgsjäger und ein amerikanischer Feldchirurg. Anhand von Briefen, Tagebüchern, Erinnerungen wird ein vielstimmiges Gewebe von Eindrücken, Stimmungen und Erfahrungen geknüpft. Wie der Krieg die Gefühlswelt der Protagonisten veränderte, welche physischen und psychischen Verheerungen er anrichtete, das kann man hier ganz hautnah mitverfolgen.

VII. Der Krieg der Bilder und Erinnerungen

Am Abend des 24. Dezember 1914 ereignete sich an der Westfront Unerhörtes: Zunächst vereinzelt, bald in immer größeren Gruppen, stiegen deutsche Soldaten aus ihren Gräben, und nach anfänglichem Zögern taten es ihnen die Briten gleich. Man traf sich im Niemandsland zwischen den Schützenlinien, tauschte Geschenke aus und vereinbarte eine Waffenruhe. Dieselben Männer, die noch wenige Tage zuvor nichts unversucht gelassen hatten, sich gegenseitig umzubringen, standen nun zusammen, lachten, schwatzten, rauchten und prosteten sich zu. »Wir fühlten uns dabei glücklich wie Kinder«, notierte ein sächsischer Offizier in sein Tagebuch.

Die Verbrüderungen an der Westfront haben schon immer die Neugier angelsächsischer Historiker gereizt. Malcolm Brown und Shirley Seaton widmeten ihnen eine Untersuchung: »Christmas Truce. The Western Front December 1914« (1984). Modris Eksteins ging in seinem Buch »Rites of Spring« (Boston–New York 1989; deutsch: »Tanz über Gräben«, Reinbeck bei Hamburg 1990) darauf ein. Neuerdings hat sich Stanley Weintraub: »Silent Night« (New York 2002) des Themas angenommen. Umso erstaunlicher, dass sich kein deutscher Fachhistoriker dafür interessiert hat. Diese Lücke hat Michael Jürgs, der frühere Chefredakteur des »Stern« und Autor zahlreicher erfolgreicher Sachbücher, mit sicherem Gespür für den Reiz des Stoffes genutzt: »Der kleine Frieden im großen Krieg. Westfront 1914: Als Deutsche, Franzosen und Briten gemeinsam Weihnachten feierten« (München 2003). »Einen solchen Frieden von unten gab es noch nie in der Geschichte eines Krieges. Es hat niemals wieder einen gegeben«, betont der Autor gleich zu Beginn. »Diese – aus heutiger Perspektive betrachtet – große Weihnachtsgeschichte besteht aus vielen kleinen Geschichten. Man muss sie alle erzählen.«

Und Jürgs erzählt sie – nicht als distanzierter Chronist, sondern als engagierter Reporter, der sich möglichst nah an das Geschehen, seine Akteure und Schauplätze heranbegeben möchte. Er hat sorgfältig recherchiert und viel Material zusammengetragen: Berichte von Augenzeugen und Zeitgenossen, Regimentstagebücher und Chroniken von Truppenteilen, private Tagebücher und Feldpostbriefe. Und er hat die Schlachtfelder besichtigt, die noch heute, nach bald einem Jahrhundert, die Narben der damaligen Kämpfe tragen, und die zahlreichen Friedhöfe mit ihren weißen Steinen, auf denen die Namen der Gefallenen verzeichnet sind. Die Mühen haben sich gelohnt, denn Jürgs kann zeigen, dass es solche Verbrüderungen weit häufiger gegeben hat, als es in der deutschen Geschichtsschreibung überliefert worden ist. Was am Heiligen Abend begann, steigerte sich am Ersten Weihnachtstag zu einer Massenbewegung, zu einem »spontanen Aufstand von unten«, wie der Autor, vielleicht etwas überpointierend, anmerkt.

Warum aber wurde aus dem »kleinen Frieden« kein großer? Warum ging das Gemetzel, nach dem Intermezzo der Weihnachtstage, weiter, und wieso konnten sich Männer, die sich eben verbrüdert hatten, schon bald wieder massakrieren? Jürgs stellt diese Fragen zwar, aber er gibt darauf keine hinreichend plausiblen Antworten. Zweifellos waren es nicht nur die drakonischen Strafandrohungen, welche die Soldaten von einer Wiederholung der Ereignisse vom Dezember 1914 abhielten. Bei vielen waren die alten Feindbilder keineswegs von heute auf morgen verschwunden, hatten sich Loyalität zur eigenen Nation und Gehorsamsbereitschaft gegenüber den militärischen Vorgesetzten keineswegs in Luft aufgelöst. Dennoch: Für einen kurzen, magischen Moment schien sich damals die Weihnachtsbotschaft zu erfüllen: »Und Friede auf Erden und den Menschen ein Wohlgefallen.«

Was befähigte die deutschen Truppen dazu, auf taktischer Ebene so erfolgreich zu agieren, dass sie sich vier Jahre lang gegen einen personell und materiell überlegenen Gegner behaupten konnten? Dieser Frage ist Christian Stachelbeck exemplarisch anhand einer Division nachgegangen: »Militärische Effektivität im Ersten Weltkrieg. Die 11. Bayerische Infanteriedivision 1915 bis 1918« (Paderborn 2010). Damit wird der Fokus erstmals gerichtet auf die mittlere Führung des Heeres, die ein wichtiges Bindeglied zwischen der Ebene der einfachen Soldaten und den höheren militärischen Entscheidungsinstanzen darstellte.

Eine wichtige Quelle für das Kriegserlebnis sind die Tagebücher Ernst Jüngers, die der Heidelberger Germanist Helmuth Kiesel in einer sorgfältig edierten und kommentierten Ausgabe herausgebracht hat: »Kriegstagebuch 1914–1918« (Stuttgart 2010). Der junge Kriegsfreiwillige kam Anfang Januar 1915 zu seinem Regiment an die Westfront. Mit schonungslosem Realismus hält er das ungeheure Ausmaß an Zerstörung fest, die Verwandlung der Schlachtfelder in Mondlandschaften, das Pulverisieren ganzer Städte und Dörfer. Und es wird geschildert, was der Krieg aus den Menschen macht, wie er sie abstumpft und verroht. Der Autor panzert sich mit Gefühlskälte, um sich von den grauenvollen Erlebnissen nicht überwältigen zu lassen. Er beobachtet die verstümmelten Leichen mit demselben mikroskopischen Blick, mit dem er in den Gefechtspausen Käfer sammelt und präpariert. Diese Haltung unterkühlter Distanz im Angesicht unermesslicher Leiden macht das Besondere, aber auch besonders Verstörende des Tagebuchs aus. Noch im Herbst 1918 begann Jünger damit, seine Aufzeichnungen für eine Buchpublikation zu überarbeiten. Das Kriegserlebnis wurde nun heroisch überformt; der Stoßtruppführer stilisierte sich selbst zum Archetypen des Kriegers, zur Inkarnation des soldatischen Mannes. So konnte »In Stahlgewittern« (zuerst 1920 im Selbstverlag erschienen) zum Kultbuch der deutschnationalen und völkischen Rechten in der Weimarer Republik werden.

In der kollektiven Erinnerung ist das Bild des Ersten Weltkriegs stark bestimmt vom Trauma der Materialschlachten an der Westfront, für die der Name Verdun zum Symbol wurde. Die Kämpfe an der Ostfront sind darüber eher in Vergessenheit geraten, sieht man von der Schlacht von Tannenberg im August 1914 ab. Dies war für das Militärgeschichtliche Forschungsamt in Potsdam ein Grund, um im Jahr 2004 eine Tagung zu diesem Thema zu veranstalten: »Die vergessene Front. Der Osten 1914 / 15. Ereignis, Wirkung, Nachwirkung« (hrsg. von Gerhard P. Groß; Paderborn 2006). Die einzelnen Beiträge beschäftigen sich nicht nur mit den Kampfhandlungen, sondern auch damit, wie die Wirklichkeit des Krieges an der Ostfront erlebt und verarbeitet wurde und welche Rolle die Kriegserfahrungen in der Gedenkkultur nach 1918 spielten.

Die Schlacht von Tannenberg Ende August 1914 begründete den Ruhm des aus dem Ruhestand reaktivierten Generals Paul von Hindenburg. Vielen Deutschen erschien der »Befreier Ostpreußens« als eine Lichtgestalt; er avancierte zur nationalen Symbol- und Integrationsfigur, nachdem Wilhelm II. diese Rolle im Kriege noch weniger ausfüllen konnte als in den Jahren vor 1914. Diesem Prozess der mythischen Überhöhung Hindenburgs hat Wolfram Pyta in seiner großen Biographie: »Hindenburg. Herrschaft zwischen Hohenzollern und Hitler« (München 2007) ein eigenes Kapitel gewidmet, und ihm spürt auch Jesko von Hoegen nach: »Der Held von Tannenberg. Genese und Funktion des Hindenburg-Mythos« (Köln 2007). Dabei können die Autoren nachweisen, dass der Hindenburg-Mythos nicht in erster Linie das Produkt staatlicher Propaganda war, sondern den Bedürfnissen und Sehnsüchten der Bevölkerung nach einem »Volkshelden« und charismatischen »Führer« selbst entsprang. Hindenburg schien das zu verkörpern, was in der von zunehmenden Spannungen zerrissenen deutschen Kriegsgesellschaft verlorenging: unerschütterliche Ruhe, »Nervenstärke«, Siegeszuversicht. Die Entstehung des Hindenburg-Mythos weist damit zurück auf die Befindlichkeit des spätwilhelminischen Deutschlands – und zugleich voraus auf die Rolle, die der »Held von Tannenberg« während seiner Reichspräsidentschaft in der Weimarer Republik und in der Anfangsphase des »Dritten Reiches« spielen sollte.

Kommt Erich Ludendorff in der Darstellung von Pyta entschieden zu kurz, so wird umgekehrt in der Biographie von Manfred Nebelin: »Ludendorff. Diktator im Ersten Weltkrieg« (München 2011) die Rolle Hindenburgs über Gebühr abgewertet. Nebelin sieht in Ludendorff den eigentlichen Macher im Gespann der beiden Feldherren, ja er spricht von einer »Diktatur«, die der General nach dem Sturz des Kanzlers Bethmann Hollweg im Juli 1917 errichtet habe. Doch das ist eine Übertreibung. Denn so mächtig Ludendorff auch war – allein herrschen konnte er nicht. Trotz seines Machtverlusts war der Kaiser immer noch Oberster Kriegsherr, der in allen Personalangelegenheiten ein Wort mitzureden hatte. Und ohne die Rückendeckung Hindenburgs hätte sein Partner nicht agieren können. Vor allem aber verkennt der Autor das wachsende Gewicht der neuen Reichstagsmehrheit aus Sozialdemokratie, katholischem Zentrum und liberaler Fortschrittspartei, auf deren Wünsche auch die Militärs Rücksicht nehmen mussten.

Im Sommer 1915 errangen die deutschen Truppen unter Hindenburg und Ludendorff an der Ostfront ihren größten Sieg. Innerhalb weniger Monate wurden die russischen Armeen über 400 Kilometer zurückgeworfen. Ende September 1915 befanden sich Kongresspolen sowie große Teile des Baltikums in der Hand der Mittelmächte. Litauen und Kurland wurden als »Land des Oberbefehlshabers Ost« – kurz Ober-Ost – direkt unter deutsche Militärverwaltung gestellt. Hier erhielt Ludendorff die Gelegenheit, eine Utopie zu verwirklichen, nämlich ein besetztes Territorium ganz nach seinen Vorstellungen neu zu ordnen.

Dieses wenig bekannte Kapitel in der Geschichte des Ersten Weltkriegs hat der amerikanische Historiker Vejas Gabriel Liulevicius zum Gegenstand einer eingehenden Untersuchung gemacht: »Kriegsland im Osten. Eroberung, Kolonisierung und Militärherrschaft im Ersten Weltkrieg« (Hamburg 2002). Gestützt auf einen reichen Fundus von Quellen aus deutschen und litauischen Archiven, beschreibt er die Praxis der deutschen Militärverwaltung in den Jahren 1915 bis 1918. Er schildert die Konflikte, die sich zwischen den Besatzern und der einheimischen Bevölkerung entwickelten, und er fragt danach, welches »Bild vom Osten« sich in den Köpfen der deutschen Soldaten festsetzte und welche Wirkung es hinterließ.

Militärs und Beamte führten sich im Lande OberOst wie Kolonialherren auf, die glaubten, »primitive« Völker mit den Segnungen deutscher Arbeit und Kultur beglücken zu müssen – und ihnen doch durch Einschränkung der Bewegungsfreiheit, durch willkürliche Requisitionen und demütigende Rituale wie die Grußpflicht gegenüber deutschen Offizieren das Leben immer beschwerlicher machten. Je länger die Besatzung dauerte, desto mehr wuchsen Erbitterung und Hass. Die deutsche Militärverwaltung erreichte das Gegenteil dessen, was sie beabsichtigt hatte: Statt die Grundlagen zu schaffen für eine dauerhafte Beherrschung der eroberten Gebiete, förderten sie die nationalen Bestrebungen der unterjochten Völker. Lange bevor die deutsche Oberste Heeresleitung Ende September 1918 die militärische Niederlage eingestehen musste, war Ludendorffs ehrgeiziges Projekt gescheitert. Doch die langfristigen Folgen waren nach Ansicht des Autors verhängnisvoll. Die rassistischen Klischees vom barbarischen, unzivilisierten Osten wirkten über die Nachkriegszeit hinaus. Sie stellten ein »verborgenes Vermächtnis« dar, an das die Nationalsozialisten anknüpfen konnten. Von Ludendorffs Plänen zur Beherrschung und Besiedlung der eroberten Gebiete führte, wie nachgewiesen wird, eine Linie zu Hitlers Forderung nach »Lebensraum im Osten« und dem – wiederum gescheiterten – Versuch ihrer Realisierung im Vernichtungskrieg der Wehrmacht gegen die Sowjetunion.

Über das Los der sowjetischen Kriegsgefangenen im Zweiten Weltkrieg sind wir, vor allem dank der grundlegenden Arbeit von Christian Streit »Keine Kameraden« (1978; Neuausgabe Bonn 1991), gut informiert. Die Geschichte der Kriegsgefangenen im Ersten Weltkrieg ist hingegen bislang nur unzureichend erforscht worden. Dabei handelte es sich auch hier um ein Massenphänomen. Nach einer Statistik des Preußischen Kriegsministeriums vom Oktober 1918 befanden sich fast 2,4 Millionen Soldaten und über 40 000 Offiziere feindlicher Armeen im Gewahrsam des Deutschen Reiches. Das größte Kontingent stellten die Russen (1,4 Millionen), gefolgt von Franzosen (500 000), Briten (185 000), Italienern (130 000), Belgiern (46 000) und Rumänen (43 000). Was ihnen während einer zumeist jahrelangen Haft in deutschen Lagern widerfuhr, das hat Uta Hinz akribisch untersucht:

»Gefangen im Großen Krieg. Kriegsgefangenschaft in Deutschland 1914–1921« (Essen 2006).

Die Autorin schildert das kulturelle Leben, das sich in den Lagern entfaltete – von Lagerzeitungen, Fortbildungskursen bis hin zu Theater- und Musikaufführungen. Sie beschreibt die Kontakte, die sich mit der deutschen Zivilbevölkerung anbahnten – von Tauschgeschäften bis hin zu Liebesbeziehungen. Allerdings macht das Buch deutlich, dass die Verhältnisse in den Lagern alles andere als idyllisch waren. Denn während des gesamten Krieges litten die Gefangenen unter der miserablen Ernährung – eine Folge der alliierten »Hungerblockade«, von der die deutsche Zivilbevölkerung in gleicher Weise betroffen war. Innerhalb der Lager entwickelte sich eine »Hierarchie des Mangels«. Wer, wie viele britische und französische Gefangene, mit Paketen aus der Heimat bedacht wurde, der konnte sich noch einigermaßen verpflegen. Wer dagegen, wie die meisten russischen Gefangenen, keine Pakete bekam, der musste hungern und war daher auch anfälliger für Krankheiten. So erklärt sich, dass die Zahl der Todesfälle unter den Russen fast doppelt so hoch war wie unter Briten und Franzosen. Mit 5,06 Prozent war sie indes um ein Zehnfaches niedriger als im Zweiten Weltkrieg, wo 57,8 Prozent aller sowjetischen Kriegsgefangenen in deutschem Gewahrsam umgebracht wurden. Uta Hinz verknüpft ihre Darstellung des Lageralltags mit dem fundamentalen Wandel des Kriegsbildes, der sich im Ersten Weltkrieg vollzog. Sie zeigt, dass mit der Ausweitung zum totalen Krieg auch die Kriegsgefangenen als Ressource entdeckt wurden. Sie wurden seit 1915 / 16 zunehmend für den Arbeitseinsatz herangezogen – zunächst vor allem in der Landwirtschaft, bald aber auch in der Rüstungsindustrie. Mit der Einbeziehung der Gefangenen in das System der Kriegswirtschaft war, wie sich im Zweiten Weltkrieg zeigen sollte, eine Büchse der Pandora geöffnet.

Ein weiteres dunkles Kapitel der Weltkriegsgeschichte schlägt Jens Thiel auf: »›Menschenbassin Belgien‹. Anwerbung, Deportation und Zwangsarbeit im Ersten Weltkrieg« (Essen 2007). Rund 60 000 Belgier wurden zwischen Oktober 1916 und Februar 1917 zur Zwangsarbeit nach Deutschland deportiert. Dabei gingen die deutschen Besatzer mit großer Brutalität vor. Die Willkür bei der Auswahl der Arbeitskräfte und ihr Transport in meist ungeheizten Viehwaggons sorgten für viel

Erbitterung in der belgischen Bevölkerung. Eingehend untersucht Thiel die katastrophalen Arbeits- und Lebensbedingungen der deportierten Belgier: Krankheiten, schlechte hygienische Verhältnisse und Unterernährung führten, wie bei den Kriegsgefangenen, zu einer hohen Sterblichkeit. Es waren erst die internationalen Proteste gegen das völkerrechtswidrige deutsche Vorgehen, welche die militärischen und zivilen Behörden in Deutschland dazu veranlassten, die Deportationen einzustellen und die Deportierten nach Belgien zurückzuführen. Die Studie bestätigt die These Ulrich Herberts, dass die deutsche Arbeitskräftepolitik in Belgien während des Ersten Weltkriegs einen Probelauf für die nationalsozialistische Zwangsarbeitspolitik im Zweiten Weltkrieg darstellte.

In allen kriegführenden Staaten gab es im Ersten Weltkrieg Soldaten, die, des Mordens überdrüssig, ihre Waffen beiseitelegten und zum »Feind« überliefen. Christoph Jahr hat in einer vergleichenden Studie das Phänomen für England und Deutschland erforscht: »Gewöhnliche Soldaten. Desertion und Deserteure im deutschen und britischen Heer 1914–1918« (Göttingen 1998). Dabei gelangt er zu einem überraschenden Befund: Die englische Militärjustiz bestrafte Deserteure wesentlich härter als die deutsche. Zwischen 1914 und 1918 wurden 269 britische Soldaten wegen Desertion hingerichtet, dagegen nur 18 in der mehr als doppelt so großen deutschen Armee. Dieses Ergebnis steht in einem auffälligen Kontrast zum Zweiten Weltkrieg, als die deutsche Wehrmachtjustiz sogenannte Fahnenflüchtige gnadenlos verfolgte und mindestens 10 000 von ihnen hinrichten ließ, während in der britischen Armee kein einziges Todesurteil ausgesprochen wurde.

Mit seinem Buch »Die Augenzeugen. Deutsche Feldpostbriefe 1914–1933« (Essen 1997) hat Bernd Ulrich seinen verstreuten Aufsätzen zur Erfahrungs- und Kulturgeschichte des Ersten Weltkriegs einen zusammenfassenden Rahmen gegeben. Die Originalität seiner Untersuchung liegt darin, dass er Feldpostbriefe nicht nur als Zeugnisse nimmt, mit deren Hilfe er die Erfahrungen der Soldaten an der Front rekonstruiert, sondern sie zugleich auf ihre Bedeutung für die Kriegsöffentlichkeit und die Gedenkkultur nach 1918 befragt. Dabei öffnet er unter anderem neue Einsichten in die Funktionsweise der Briefzensur im Ersten Weltkrieg. An die Forschungen Bernd Ulrichs schließt die Arbeit von Anne Lipp an: »Meinungslenkung im Krieg. Kriegserfahrungen deutscher Soldaten und ihre Deutung 1914–1918« (Göttingen 2003). Als Quelle dienen ihr vor allem die deutschen Feldzeitungen, die dafür eingesetzt wurden, die Meinungen der Soldaten zu beeinflussen und zu lenken. Diese Aufgabe wurde im Laufe des Krieges immer dringlicher, da der Militärführung die zunehmende Kriegsmüdigkeit und Friedenssehnsucht natürlich nicht verborgen bleiben konnten. Gezeigt wird, wie die Instanzen der Meinungslenkung die Erfahrungen der Soldaten aufgriffen und sie zugleich in ihrem Sinne umzudeuten suchten. Damit prägten sie Begriffe und Vorstellungen, wie etwa jene von der »Dolchstoßlegende«, die über den Krieg hinaus wirksam bleiben sollten.

Das fast geräuschlose Verschwinden der Monarchien im Herbst 1918 zählt zu den merkwürdigsten Vorgängen der jüngeren deutschen Geschichte. Dennoch hat sich die Geschichtsschreibung erstaunlich wenig dafür interessiert. Dieses Versäumnis macht der Bremer Historiker Lothar Machtan wett: »Die Abdankung. Wie Deutschlands gekrönte Häupter aus der Geschichte fielen« (Berlin 2008). Er zeigt: Nicht nur Wilhelm II., sondern auch die meisten anderen Fürsten versagten vor den Anforderungen, die der totale Krieg stellte. Sie berauschten sich an uferlosen Kriegszielen auch dann noch, als das Scheitern des deutschen strategischen Plans längst zutage lag. Soweit sie sich überhaupt an die Front begaben, lernten sie, wie Machtan schreibt, »den bewaffneten Kampf vorzugsweise durch das Scherenfernrohr kennen«, als Schlachtenbummler also, die von den entsetzlichen Leiden der Soldaten in den Schützengräben nichts wussten und auch nichts wissen wollten. Dennoch hätten die Monarchen nach Überzeugung des Autors die sich spätestens seit 1917 abzeichnende Systemkrise überstehen können, wenn sie rechtzeitig den Ruf nach demokratischen Reformen aufgegriffen hätten. Stattdessen verteidigten sie zäh ihre Privilegien und beschleunigten so ihre Selbstdemontage. Erst als die Oberste Heeresleitung Ende September 1918 die militärische Niederlage eingestehen musste, waren der Kaiser und die anderen Bundesfürsten bereit, dem inneren Reformdruck nachzugeben und den bislang blockierten Übergang zur parlamentarischen Monarchie freizumachen. Doch dieser Schwenk kam zu spät, um die zur Revolution treibende Entwicklung noch aufhalten zu können. Mit der Abdankung der Monarchen war die Geschichte der Monarchie in Deutschland freilich noch nicht beendet. Mit ihren Hinterlassenschaften befasst sich der von Thomas Biskup und Martin Kohlrausch herausgegebene Sammelband: »Das Erbe der Monarchie. Nachwirkungen einer deutschen Institution seit 1918« (Frankfurt a. M. 2008).

Nach dem Ende des Krieges war der Krieg der Bilder, wie ihn die Propaganda aller Seiten geradezu exzessiv betrieben hatte, noch nicht vorbei. Vielmehr setzte er sich auf einer anderen Ebene fort, nämlich im Kampf um die Erinnerung. Aufschlussreiche Quellen und Dokumente dazu versammelt der von Bernd Ulrich und Benjamin Ziemann herausgegebene Band »Krieg im Frieden. Die umkämpfte Erinnerung an den Ersten Weltkrieg« (Frankfurt a. M. 1997). Der amtlichen Erforschung und Darstellung des Ersten Weltkriegs, die seit 1919 in den Händen des neugegründeten Reichsarchivs lag, hat Marcus Pöhlmann eine eingehende Untersuchung gewidmet: »Kriegsgeschichte und Geschichtspolitik. Der Erste Weltkrieg« (Paderborn 2002). Obwohl sich die Mitarbeiter des Reichsarchivs als unparteiliche Sachverständige ausgaben und den Anspruch wissenschaftlicher Objektivität vertraten, betrieben sie doch, wie der Autor nachweist, nichts anderes als Geschichtspolitik im Dienste der politischen Rechten, namentlich der Reichswehr. Mit ihren zahlreichen Publikationen, vom Reihenwerk »Der Weltkrieg 1914–1918« bis zu Regimentsgeschichten, Fotobänden und Filmen, stellten sie sich in den Dienst der Kampagne gegen die sogenannte »Kriegsschuldlüge« und für eine Revision des Versailler Vertrages. Die Nationalsozialisten sollten die Früchte ernten, die hier gesät wurden.

Abbildungsnachweis

Archiv Anna Bergmann, Berlin: S. 328
Archiv der Stiftung Deutsche Kinemathek, Berlin: S. 374
Berliner Geschichtswerkstatt (Hg.), August 1914: Ein Volk zieht in den Krieg. Berlin (Nishen Verlag) 1989: S. 267
Bibliothek Beuron, Abtei Beuron: S. 384
Bildarchiv Dr. H. Glaser, Rosstal: S. 286
Bildarchiv Preußischer Kulturbesitz, Berlin: S. 23, S. 119
Bildstelle des Hochbauamtes der Stadt Nürnberg: S. 138
Bruni Mahlberg-Gräper, Starke Typen. 100 Jahre Simplicissimus. Eupen (Verlag GEV) 1996: S. 396
Deutscher Bundestag, Bonn: S. 415
Deutsches Historisches Museum, Berlin: S. 147, S. 460, S. 499
Hans Wilderotter/Klaus D. Pohl (Hg.), Der letzte Kaiser. Wilhelm II. Im Exil. Gütersloh/München (Bertelsmann Lexikon Verlag GmbH) 1991: S. 571
Historisches Archiv Krupp, Essen: S. 299
Institut für Zeitungsforschung, Dortmund: S. 67
Landesbildstelle, Berlin: S. 141, S. 262
Leipziger Illustrierte: S. 39
Lothar Gall, Karl-Heinz Jürgens, Bismarck Lebensbilder. Bergisch Gladbach (Gustav Lübbe Verlag GmbH), 1990: S. 122
Österreichische Nationalbibliothek, Flugblattsammlung. Aus: Jüdisches Museum der Stadt Wien (Hg.), Die Macht der Bilder. Antisemitische Vorurteile und Mythen. Wien (Picus Verlag) 1995: S. 493
Staatliche Landesbildstelle, Hamburg: S. 200
Stadtarchiv, Münster: S. 479
Ullstein Bilderdienst, Berlin: S. 333, S. 353, S. 371, S. 373, S. 472, S. 476
Ursula E. Koch, Der Teufel in Berlin. Von der Märzrevolution bis zu Bismarcks Entlassung. Illustrierte politische Witzblätter einer Metropole 1848–1890. Informationspresse-C. W. Köln (Leske Verlag) 1991: S. 94
VG Bild-Kunst, Bonn: S. 501

Register